KB076932

이경기의 영화 총서 Vol.29

전세계 225개 국가로 생중계 되는 지구촌 영화 축제

아카데미 영화상 1994-2023, 66회-95회

The Academy Awards, or The Oscars 1994-2023, 66th-95th

이경기의 영화 총서 Vol. 29
전세계 225개 국가로 생중계 되는 지구촌 영화 축제
아카데미 영화상 1994-2023, 66회-95회

발 행 | 2023년 4월 6일
저 자 | 영화 칼럼니스트 이경기
펴낸이 | 한건희
펴낸곳 | 주식회사 부크크
출판사등록 | 2014.07.15.(제2014-16호)
주 소 | 서울시 금천구 가산디지털1로 119 SK트윈테크타워 A동 305-7호
전 화 | 1670-8316
이메일 | info@bookk.co.kr

ISBN | 979-11-410-2126-9

www.bookk.co.kr

아카데미 영화상
1994-2023, 66회-95회

이 경 기
(국내 1호 영화 칼럼니스트)

머리말

지구촌 최대 영화 축제에서 펼쳐지는 파노라마 스토리

'아카데미는 국제 영화제가 아니다. 오스카는 지역 축제 일 뿐이다 The Oscars are not an international film festival. They're very local'

– 2019년 10월 7일 봉준호 감독의 미국 문화 및 연예 전문지 『벌처 Vulture』 인터뷰 중

VULTURE THE MAGAZINE

PROFILE | OCT. 7, 2019

Bong Joon-ho's Dystopia Is Already Here

By E. Alex Jung

Of course, we are dancing around his journey into the carnival that is an Academy Awards campaign, which seems to mildly amuse him from a distance. I ask what he thinks of the fact that no Korean film has ever been nominated for an Oscar despite the country's outsize influence on cinema in the past two decades. "It's a little strange, but it's not a big deal," he says, shrugging. "The Oscars are not an international film festival. They're very local."

봉준호 감독은 2019년 10월 7일 미국 월간지 '벌처'와의 인터뷰 도중 '아카데미는 국제 영화제가 아닌 지역 축제'라는 발언으로 큰 이슈를 만들어 낸다. © Vulture Mag.

2020년 2월 9일 LA 돌비 씨어터에서 진행된 제92회 아카데미 시상식에서 〈기생충〉은 영어가 아닌 외국어 영화로는 최초로 작품상을 수상한 것을 비롯해 감독, 각본, 국제장편영화 등 무려 4관왕을 차지, 해외 영화계 탑 뉴스를 제공한 바 있다.

봉준호 감독은 〈기생충〉에 대한 미국 현지 홍보 차 진행된 여러 매체와의 인터뷰 중 '지난 20여 년 동안 한국 영화가 오스카상에 입후보되지 않은 이유가 무엇인가'라는 질문에 '오스카상은 국제적인 영화 축제가 아니다. 그저 (미국의) 지역 축제일 뿐'이라는 도발적인 대답으로 핫 이슈를 만들어 낸다.

봉 감독의 이런 발언은 '아카데미(오스카)가 지나치게 미국인들만의 협소한 영화 축제로 머물러 있다는 그동안의 비판을 적극 수용해 〈기생충〉에 대한 수상으로 이어졌다'는 분석도 제기됐다.

현재 세계 영화계는 1932년 시작돼 매년 8월 말 전후 진행되는 이태리 베니스 국제 영화제 Venice International Film Festival, 1946년 9월 20일 출범한 칸 영화제 Cannes Film Festival, 1951년 독일 통일을 축원하는 의미로 기획되어 매년 2월 중순 진행되는 베를린 국제 영화제 Berlin International Film Festival 등이 3대 국제 영화제로 공인 받고 있다.

이에 비하면 아카데미 어워드 The Academy Awards 혹은 오스카 the Oscars로 알려진 영화 축제는 '미국 영화 산업의 예술 및 기술적 업적을 치하하는 상 awards for artistic and technical merit in the film industry'으로 출범했으며 '아카데미 회원들의 투표로 평가 받으며 영화계의 뛰어난 업적을 국제적으로 공인 받는 상 the awards are an international recognition of excellence in cinematic achievements as assessed by the Academy's voting membership'으로 인정받고 있다.

1929년 5월 16일 더글라스 페어뱅크스의 진행으로 할리우드 루즈벨트 호텔에서 만찬 형식으로 진행됐던 '1회 아카데미 어워드'는 2020년 92회 행사가 치러지면서 '라이브로 TV 중계 되는 세계에서 가장 오래된 엔터테인먼트 시상 제도 It is the oldest worldwide entertainment awards ceremony and is now televised live worldwide'로 공인받고 있다.

한국 영화 〈기생충〉의 작품상 수상으로 더욱 폭넓은 관심을 받고 있는 아카데미 어워드는 2020년 2월 9일 92회 행사 The 92nd Academy Awards ceremony가 진행되면서 3,096개의 오스카 트로피 A total of 3,096 Oscar statuettes가 영화 및 영화 관계자들에게 증정된 것으로 집계되고 있다.

세드릭 기본즈 Cedric Gibbons가 디자인 한 것을 기초로 조각가 조지 스탠리 George Stanley가 주조한 '오스카 트로피 Oscar statuettes'는 전세계 영화인들이 평생 한번 쯤 받아 보고 싶은 대상으로 추앙받고 있다.

미국은 흔히 정치 경제, 사회, 문화 등 전방위적인 영역에서 '멜팅 포트 이론 melting pot Theory'으로 규정되는 국가이다.

'전세계 각국에서 유입된 능력 있는 다양한 인종과 문화, 민족을 융합시켜 거대한 미국을 만들어 나가고 있다'는 것이다.

A와 B라는 이질적인 것을 혼합시켜 보다 진화되고 혁신적이고 개량화 된 C를 만들어 내는 것이 '도가니 혹은 용광로 a melting pot'의 특징이다.

봉준호 감독이 의도했던지 혹은 그동안 한국 영화의 할리우드 진입 장벽이 높은 것에 대한 반감을 노출 시킨 발언이 됐든지 '지역 영화 축제'라고 폄하(貶下) 한 뒤 '수상을 위한 전방위적 홍보 전략을 시도한 동시에 예상을 깨고 4관왕을 차지했을 때의 감격해 하는 모습 등은 전후 맥락이 맞지 않는 '대가가 큰 오류 행동 costly error action'이라는 느낌을 갖고 있다.

'프랑스 칸' '이태리 베니스' '독일 베를린'이 세계 3대 영화제로서 모두 'International Film Festival' 이라는 명칭을 부기(簿記) 하고 있다.

반면 '아카데미'는 '아카데미상' 혹은 '아카데미 시상식'으로 번역되며 원 타이틀은 'Academy Awards'이다.

명칭에서 '국제 영화제'라는 타이틀을 사용하고 있지 않지만 '아카데미 어워드'가 국제 영화제로 대접 받고 있는 이유를 몇 가지 언급하면 다음과 같다.

1. 2020년 기준 92년 역사를 자랑하고 있는 세계 최장수 영화 축제이다. 국제 영화제 중 가장 오래된 이태리 베니스 국제 영화제(Venice International Film Festival)는 1932년 시작돼 2020년 기준 88회 행사가 진행됐다.

2. 전세계 100여 개 이상 국가에서 매년 행사를 라이브 중계하고 있다. 시청 인구 약 3억 명 추산. 국제 영화제 중 라이브 시상식 중계를 하는 곳은 아카데미 어워드가 유일. 한국에서는 종편 TV 조선이 생중계를 하고 있다.

3. 2019년 기준 수상작 선정을 위한 선거인단이 약 8,500여 명.
『L A 타임즈』 분석에 의하면 매년 투표율은 '약 88% approximately 88% of AMPAS voting membership'
투표인 단 중 94%가 백인 94% were Caucasian, 남성 77% 77% were male, 54%가 60대 이상 54% were found to be over the age of 60의 장년층으로 구성돼 보수주의 투표 성향을 보이고 있다.

선거인 단 중 아카데미 역대 후보 지명자가 14%, 수상자가 19%로 전체 33% . 33% of voting members are former nominees (14%) and winners (19%)를 차지하고 있다.

선거인 단 중 한국은 약 30여명의 선거인단을 이루고 있으며 국가별로는 약 120여개 국가로 추산되고 있다.

'칸' '베를린' '베니스' 등 국제 영화제는 해마다 할리우드 및 유럽 의 명망 있는 감독 및 배우들을 초빙하여 심사위원장을 비롯해 심사 위원 8-9인으로 구성된 이들이 수상작을 선정해 오고 있다.

아카데미는 이처럼 다양한 국적과 연령층으로 구성된 투표인 단 선정으로 수상작을 결정되기 때문에 담합, 수상 로비설 등 잡음이 있는 것도 사실이지만 오스카 트로피에 대한 세계 최고 권위는 유지되고 있는 것이다.

om **정치** | 김정숙 여사, 짜파구리 대접하며 "나도 계획 있었다"-- 봉준호 "사실 안 먹어...

아카데미(오스카) 시상식 4개 부문 수상을 축하했다. 김정숙 여사는 이날 기생충 제작진에게 "저도 계획이 있었다"며 지난 18일 전통시장 방문 때 구입한 진도 대파와 이연복 셰프의 레시피로 만든 '짜파구리'를 대접했다. 이에 봉 감독은 "사실 짜파구리를 한 번도 안 먹어보고 시나리오를 썼다"고 했다.

문재인 대통령이 20일 청와대에서 영화 '기생충' 제작진, 배우 초청 오찬사를 하고 있다. 문 대통령이 메뉴에 대해 말하자 참석자들이 웃음을 보이고 있다. 왼쪽부터 봉준호 감독, 문 대통령, 김정숙 여사. /청와대 제공

2020년 2월 20일 한국 최초의 아카데미 4관왕 수상을 기념해 청와 대 초청 행사를 갖는 봉 감독의 모습. © 조선일보 2020년 2월 21일자.

4. 아카데미가 미국 영화인들의 축제라는 한계와 폐쇄성을 지적당하자 1947년-1955년 '특별 업적상

the Special Achievement Award'을 통해 〈아푸의 세계 The World of Apu〉(1959) 등을 발표하면서 인도 영화계 아버지라는 애칭을 받고 있던 샤트야지트 레이(Satyajit Ray)에게 공로패를 선사하는 등 유럽을 포함한 제3국 영화인들과의 유기적인 관계를 형성해 온다.

이 시상 제도는 1956년 29회 시상식 때부터는 영어가 아닌 외국어 영화끼리 경쟁시키는 부문 For the 1956 (29th) Academy Awards, a competitive Academy Award of Merit, known as the Best Foreign Language Film Award, was created for non-English speaking films 상 '외국어 영화 부문 the Best Foreign Language Film category'으로 확대 개편된다.

아프리카 알제리에서부터 1960년대 냉전 치하에서도 구 소련이 이 부문상에 출품할 정도로 각국의 치열한 수상 경쟁이 벌어진다. 해마다 180여개 나라에서 대표작을 출품해 본선에 5편이 추려지며 이 중 1편이 최종 선정되는 치열한 선정 과정을 거치고 있다. 2020년부터는 '국제 영화상 International Feature Film'으로 명칭이 변경돼 〈기생충〉이 첫 번째 수상의 영예를 차지하게 된다.

5. 영화배우 뿐 아니라 재능 있는 각국의 감독에게 할리우드에서 작품을 제작할 수 있는 기회를 제공하고 있다.

해당 감독에게는 블록버스터 및 전세계 배급망을 통해 자신의 영화적 능력을 유감없이 발휘할 수 있고 할리우드에서는 각국에서 유입된 감독들로부터 재기 발랄하고 새로운 영화 제작 흐름을 등 전반적인 연출 테크닉을 수혈 받을 수 있는 윈-윈 시스템이 되고 있다.

자존심 강한 프랑스의 뤽 베송을 비롯해 독일의 빔 벤더스, 폴커 쉔렌도르프, 이태리의 베르나르도 베르톨루치, 구 소련의 안드레이 콘찰로프스키, 일본의 구로자와 아끼라, 중국의 이 안 감독, 헝가리의 이스트반 자보, 폴란드의 안제이 바이다, 핀란드의 레니 할린, 호주의 피터 웨어 및 조지 밀러, 스페인 페드로 알모도바르, 덴마크 빌 어거스트, 네덜란드의 폴 버호벤, 스웨덴 라세 할스트롬 등이 할리우드에서 자신들의 영화적 역량을 확인 받은 대표적 외국 감독들이다.

앞서 언급했듯이 '아카데미 어워드'는 출범 초기 미국 영화계 종사자들의 노고(勞苦)를 치하해 주는 행사로 시작됐지만 꾸준히 재능 있는 외국 영화인들을 적극 유입시켜 '할리우드'가 세계 영화계의 메카 Mecca로 철옹성 같은 입지를 구축할 수 있는 근원이 된 것이다.

우선 영화 애호가들에게 가장 친숙하게 다가오고 있는 '사운드트랙 작곡가 Best Original Score Composer' 중에 재능 있는 외국인 출신들이 초창기 할리우드 영화 음악을 창작해 냈다.

우리에게도 친숙한 대표적인 외국인 출신 음악가 면면은 다음과 같다. 〈작곡가 이름, 출신 국가, 아카데미 작곡가 수상 작품, 수상 및 후보 지명 연도 順〉

- 에릭 볼프강 콘골드 Erich Wolfgang Korngold(오스트리아)-<로빈 후드의 모험 The Adventures of Robin Hood>(1938)
- 프란츠 왁스만(Franz Waxman, 유대계 독일 출신)-<영 인 하트 The Young in Heart>(1938)
- 막스 스타이너(Max Steiner, 오스트리아)-<지저벨 Jezebel>(1938)
- 디미트리 티옴킨(Dimitri Tiomkin, 구소련 연방 우크라이나)-<스미스씨 워싱턴에 가다 Mr. Smith Goes to Washington>(1939)
- 미크로스 로자(Miklós Rózsa, 헝가리)-<바그다드의 도적 The Thief of Bagdad>(1940)
- 모리스 자르(Maurice Jarre, 프랑스)-<시벨의 일요일 Sundays and Cybele>(1963)
- 미쉘 르그랑(Michel Legrand, 프랑스)-<쉘부르의 우산 The Umbrellas of Cherbourg>(1965)
- 토시로 마유주미(Toshiro Mayuzumi, 일본)-<성경 The Bible: In the Beginning>(1966)
- 앙드레 프레빈(André Previn, 독일)-<모던 밀리 Thoroughly Modern Millie>(1967)
- 루이스 바칼로프(Luis Bacalov, 아르헨티나+이태리 혼혈)-<가스펠 The Gospel According to St. Matthew>(1968)
- 프란시스 레이(Francis Lai, 프랑스)-<러브 스토리 Love Story>(1970)
- 니노 로타(Nino Rota, 이태리)+ 카민 코폴라(Carmine Coppola, 이태리)-<대부 2 The Godfather Part II>(1974)
- 랄로 쉬프린(Lalo Schifrin, 아르헨티나)-<저주의 항해 Voyage of the Damned>(1976)
- 조르쥬 들르류(Georges Delerue, 프랑스)-<줄리아 Julia>(1977)
- 엔니오 모리코네(Ennio Morricone, 이태리)-<천국의 나날 Days of Heaven>(1978)
- 필립 사드(Philippe Sarde, 프랑스)-<테스 Tess>(1980)
- 한스 짐머(Hans Zimmer, 독일)-<레인 맨 Rain Man>(1988)
- 가브리엘 야레(Gabriel Yared, 프랑스+레바논 혼혈)-<리플리 The Talented Mr. Ripley>(1999)

▪ 탄 둔(Tan Dun, 중국)-<와호장룡 Crouching Tiger, Hidden Dragon>(2000)

▪ 얀 A. P. 카즈마렉(Jan A. P. Kaczmarek, 폴란드)-<네버랜드 Finding Neverland>(2004)

▪ 구스타포 산타올라라(Gustavo Santaolalla, 아르헨티나)-<브로크백 마운틴 Brokeback Mountain>(2005)

▪ 알렉산드르 데스플랏(Alexandre Desplat, 프랑스)-<더 퀸 The Queen>(2006)

▪ A. R. 라만(A. R. Rahman, 인도)-<슬럼덕 밀리어네어 Slumdog Millionaire>(2008)

▪ 루드윅 고란손(Ludwig Göransson, 스웨덴)-<블랙 팬더 Black Panther>(2018)

▪ 힐두르 구오나도티르(Hildur Guðnadóttir, 아이슬란드)-<조커 Joker>(2019)

이와 같이 창의력 뛰어난 외국 출신 뮤지션들을 적극 유입시켜 사운드트랙의 풍성함을 조성해 오고 있다.

여기서 그치는 것이 아니라 할리우드는 '은막의 꽃' '팬들의 열화와 같은 환대'를 받고 있는 연기자들의 경우도 끼 있고 패기만만한 외국인에게는 '야망과 통해 확실한 월드 스타'가 될 수 있는 토양을 제공하고 있다.

 # 아카데미 어워드를 수놓았던 외국인 출신 연기자들의 라인 업을 살펴본다.

〈배우 이름, 출신 국가, 아카데미 후보 및 수상작, 발표 연도 順〉

▪ 이자벨 아자니(Isabelle Adjani, 프랑스), <아델 H 이야기 The Story of Adele H>(1975, 여우상 후보)

▪ 소레 아그다시루(Shohreh Aghdashloo, 이란), <모래와 안개의 집 House of Sand and Fog>(2003, 조연 여우상 후보)

▪ 아누크 아메(Anouk Aimée, 프랑스), <남과 여 A Man and a Woman>(1966, 여우상 후보)

▪ 리브 울만(Liv Ullmann, 스웨덴), <이민자 The Emigrants>(1972, 여우상 후보)

▪ 멜리나 메르쿠리(Melina Mercouri, 그리스), <일요일은 참으세요 Never on Sunday>(1960, 여우상 후보)

▪ 소피아 로렌(Sophia Loren, 이태리), <두 여인 Two Women>(1961, 여우상 수상)

- 마르첼로 마스트로얀니(Marcello Mastroianni, 이태리), <이태리식 이혼 Divorce Italian Style> (1962, 남우상 후보)
- 로버트 드 니로(Robert De Niro, 이태리), <대부 2 The Godfather Part II>(1974, 조연 남우상 수상)
- 잉그리그 버그만(Ingrid Bergman, 스웨덴), <가을 소나타 Autumn Sonata>(1978, 여우상 후보)
- 막스 폰 시도우(Max von Sydow, 스웨덴), <정복자 펠레 Pelle the Conqueror/ Pelle Erobreren> (1988, 남우상 후보)
- 제라르 드빠르디유(Gerard Depardieu, 프랑스), <시라노 Cyrano de Bergerac/ Cyrano de Bergerac> (1990, 남우상 후보)
- 카트린느 드뇌브(Catherine Deneuve, 프랑스), <인도차이나 Indochine>(1992, 여우상 후보)
- 마시모 트로이시(Massimo Troisi, 이태리), <일 포스티노 The Postman/ Il Postino>(1998, 남우상 후보)
- 로베르토 베니니(Roberto Benigni, 이태리), <인생은 아름다워 Life Is Beautiful/ La vita è bella> (1998, 남우상 수상)
- 하비에르 바르뎀(Javier Bardem, 스페인), <비포어 나이트 폴 Before Night Falls>(2000, 남우상 후보)
- 베니시오 델 토로(Benicio del Toro, 스페인), <트래픽 Traffic>(2000, 조연 남우상 수상)
- 마리옹 꼬티아르(Marion Cotillard, 프랑스), <라 비엥 로즈 La Vie en Rose/ La Môme>(2008, 여우상 수상)
- 페네로페 크루즈(Penélope Cruz, 스페인), <비키 크리스티나 바르셀로나 Vicky Cristina Barcelona> (2008, 조연 여우상)
- 안토니오 반데라스(Antonio Banderas, 스페인), <페인 앤 글로리 Pain and Glory/ Dolor y Gloria> (2019, 남우상 후보)

외국인 출신 아카데미 연기상 수상자 목록에서도 짐작할 수 있듯이 아카데미 행사를 주관하는 '영화 예술 과학 아카데미 The Academy of Motion Picture Arts and Sciences (AMPAS)' 로부터 초빙 받은 약 8, 500여명에 달하는 심사위원단은 꾸준히 재능 있는 외국 출신 연기자들에게 오스카 트로피를 수여해 그들의 탤런트 기질과 능력을 할리우드에서 마음껏 펼칠 수 있는 기회를 제공해 오고 있다.

봉준호 감독이 다소 힐난조(詰難調)로 '로컬 행사'라고 의미를 축소시켰지만 아카데미 혹은 오스카 트로피에 대해 할리우드 및 각국 영화계 관계자들은 어떤 의미와 평가를 하고 있을까?

이 같은 시류 여론을 단적으로 엿볼 수 있는 징표는 아카데미 수상 소감 혹은 후보자로 지명 받고 난 뒤의 반응이라고 할 수 있다.

'나는 세상의 왕이다 I am King of the World' - 1998년 〈타이타닉 Titanic〉(1997)으로 감독상을 수여 받은 제임스 카메론 James Cameron의 수상 소감 중

2020년 기준 92회 아카데미 어워드 행사를 통해 감독, 남녀 주 조연 수상자만 약 470여 명.

제임스 카메론의 수상 소감은 가장 집약적으로 '오스카 트로피'에 대한 영화인들의 뜨거운 반응을 노출 시켜준 강열한 소감으로 회자(回刺) 되고 있다.

아카데미 어워드 수상자들의 수상 소감도 과격한 정치적 의견을 피력하는 강성 발언 뿐 아니라 가족 및 동료 연예인들에 대한 감사라는 예의범절을 앞세운 소감, 행사 전후 미국 사회 분위기에 대한 의견 제시 등 다양한 장르의 영화처럼 각양각색을 이루고 있는 것도 특징이다.

그 중 가장 기억되고 있는 아카데미 수상 소감을 인용, 소개한다.

'와우! 내 인생의 오랜 갈증 끝에 마시게 되는 최고의 물입니다 Oh, wow. This is the best drink of water after the longest drought of my life' - 스티븐 스필버그 〈쉰들러 리스트 Schindler's List〉로 1994년 감독상 수상

'이 순간을 위한 오랜 여정이었습니다 It has been a long journey to this moment〉 - 1964년 〈들 백합 Lilies of the Field〉으로 흑인 최초 아카데미 남우상을 수상한 시드니 포이티어

'이 순간은 나 자신보다 훨씬 더 큰 순간이에요. 이 순간은 도로시 댄드리지, 레나 혼, 다이안 캐롤을 위한 순간입니다. 이것은 내 옆에 선 제이다 핀케트 스미스, 안젤라 바셋, 비비카 A. 폭스를 위한 순간이에요. 오늘 밤 그들에게도 문이 열렸습니다. 지금은 이름 없고 얼굴 없는 모든 유색인종 여성을 위한 순간입니다 This moment is so much bigger than me. This moment is for Dorothy Dandridge, Lena Horne, Diahann Carroll. It's for the women that stand beside me, Jada Pinkett Smith, Angela Bassett, Vivica A. Fox... and it's for every nameless, faceless woman of color that now has a chance, because the door tonight has been opened' - 2002년 〈몬스터 볼 Monster's Ball〉의 사형수의 아내 역으로 흑인 최초 여우상을 수상

한 할 베리, 할리우드를 장식했거나 활동하고 있는 흑인 여성 연기자들을 언급하고 있다.

'영화를 만드는 모든 이들에게 감사 드립니다. 어린 시절, 영사기 주변에 살다 시피 했죠. 나는 그대들을 관찰했어요. 당신들은 내가 연기자가 되도록 만들어 준 사람들입니다. 여기 있는 것이 아주 자랑스럽습니다. I want to thank everybody who makes movies. . As a little kid, I lived in the projects, and you're the people I watched. You're the people who made me want to be an actor. I'm so proud to be here' - 1991년 〈사랑과 영혼 Ghost〉로 조연 여우상 수상한 우피 골드버그

'말은 백해무익하고 저능한 것 같습니다. 그대들은 사랑스럽고 아름다운 사람입니다, 감사 합니다 Words seem so futile, so feeble. You are all such lovely, beautiful people ... thank you' - 찰리 채플린, 공산주의자라는 혐의를 받고 근 30여 년 동안 유럽 망명 생활을 끝내고 1971년 아카데미 명예상을 수여 받는 장소에서

'무엇인가 말하고 싶어요..아-하! Now I really want to say something ... ah-hah!' - 1987년 〈문스트럭〉으로 여우상을 수여 받은 쉐어

朝鮮日報

chosun.com

'화이트 오스카 92년'을 뒤집다

Parasite! Parasite! Parasite! Parasite!

봉준호 '기생충' 아카데미 4관왕

非영어권 영화 사상 첫 작품상
감독·각본·국제극영화상까지—
봉 "한국적인 것에 세계 매료"

"엄마·아빠를 잃었다
나도… 제발 구해줘"
우한판 '안네의 일기'

봉준호 감독 아카데미 수상을 보도한 조선일보 2020년 2월 11일자 1면. © chosun ilbo.

영화 공부하던 시절 항상 가슴에 새겼던 말이 있었다. '가장 개인적인 것이 가장 창의적인 것이다'라는 말인데

바로 앞에 계신 마틴 스콜세즈 감독의 말이었다. 그리고 같이 후보에 오른 토드나 샘, 제가 너무 존경하는 멋진 감독들인데, 이 트로피를 오스카 측에서 허락한다면 텍사스 전기톱으로 다섯 개로 잘라서 나누고 싶다. When I was young and studying cinema there was a saying that I carved deep into my heart which is 'The most personal is the most creative'. That quote is from our great Martin Scorsese. And Todd and Sam, great directors that I admire. If the Academy allows, I'd like to get a Texas chainsaw, split the Oscar trophy into five and share it with all of you' – 〈기생충〉으로 2020년 92회 아카데미 작품상을 차지한 봉준호 감독의 수상 소감

'1년 동안의 영화 업적을 평가하는 아카데미 시상식'은 배우 뿐 만 아니라 제작사들이 각사의 명분이나 사운(社運)을 걸고 은밀하고 다양하게 수상 홍보 작전을 전개하고 있다는 것은 공공연한 사실이다.

〈기생충〉은 2020년 1월 13일 92회 아카데미 어워드 6개 후보로 지명된 뒤 수상을 위한 다양한 홍보 전략을 펼쳤다. 이미지는 북미 배급사 '네온'이 제작한 홍보 포스터. © Neon.

아카데미상을 따내기 위한 CJ의 오스카(아카데미상 트로피 이름) 캠페인도 뜨겁다. 선거운동만큼이나 오스카를 거머쥐려면 돈과 조직력·인맥이 필요하다고 알려져 있다. 2019년 12월 기준 아카데미 회원은 9537명으로 이 중 8469명이 올해 아카데미 시상식 투표권을 가지고 있다. 최종 투표는 2020년 1월 30일부터 시상식이 개최되기 5일 전인 2020년 2월 4일에 마감된다. 이들을 많이 만날수록 수상에 유리한 것은 당연. 넷플릭스가 작년 〈로마〉 홍보에 6,000만 달러(695억 원)까지 썼다는 소문이 도는 이유다.

CJ ENM 관계자는 '우린 아카데미가 처음이라 조직을 꾸릴 능력이나 예산이 부족하다. 하나하나 직접 부딪치고 발로 뛴다'고 했다. 소셜미디어를 적극 활용하고 가능한 한 많은 GV(Guest Visit·관객과의 대화)를 도는 '노동집약형 홍보'를 한다는 것. 송강호는 골든 글로브상을 받은 직후 미국 콜로라도에서 열린 텔루라이드 영화제를 돌 땐 쌍코피가 터졌다고 말하기도 했다. 매체 인터뷰도 공격적으로 진행 중이다. CJ ENM 관계자는 봉 감독이 칸 영화제 이후 500개 이상의 외신 매체 인터뷰를 가졌다고 했다. 이와 함께

홍보비도 대략 100억 원이 투입된 것으로 알려졌다. - 2020년 1월 16일자 조선일보

[O! STAR]'인터뷰만 600회' 열정으로 뛴 기생충(PARASITE) 오스카 캠페인

OSEN

입력 2020.02.19 16:02

영화 '기생충' 기자회견
'인터뷰만 600회' 열정으로 뛴
오스카 캠페인
OSEN

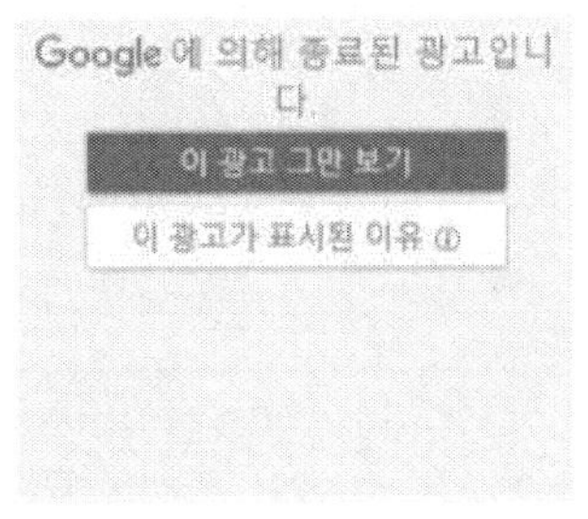

연예 주요뉴스

비·서장훈·홍석천, 임대료 인하 ... 아픔 녹이는 '착한건물주★'

봉준호는 〈기생충〉 4관왕 수상 이후 진행된 수상 에피소드 기자 회견을 통해 2019년 연말부터 미국 현지에 체류하면서 약 600여개 매체와 인터뷰를 진행했다고 밝혔다. © osen.

'혁신적 소재를 담았던 〈밥, 캐롤, 테드, 그리고 앨리스 Bob & Carol & Ted & Alice〉 〈굿바이 콜럼버스 Goodbye Columbus〉 〈스터라일 쿡쿠 The Sterile Cuckoo〉 등이 노미네이션에서 조차 탈락되어 뜻있는 영화 애호가들의 아쉬움을 자아냈다.

20세기 폭스사가 가장 열성적으로 캠페인을 벌인 영화는 1967년 영화 〈닥터 두리틀 Doctor Dolittle〉를 빼놓을 수 없다. 렉스 해리슨 주연의 1천 6백만 달러짜리 이 영화는 흥행 실패작이었지만 과도한 수상 캠페인으로 큰 효과를 얻어냈다. - 본 책자 부록에 게재된 아카데미 수상작 로비설에 얽힌 비화 기사 중 일부

본 책자 부록 특집 기사를 통해서도 공개했지만 아카데미 시상식 장의 화려한 스포트라이트 뒤편에서는 수상을 위한 메이저 영화사들의 치졸한 전략이 펼쳐지고 있다는 것도 숨길 수 없는 아킬레스 건(腱)이다.

심지어 가장 공정하다는 노벨 평화상의 경우도 이러한 수상 로비설로 상의 공정성이 의심 받고 있는 실정이다.

'작품상 Best Picture'의 경우는 세계 최장수 영화 축제를 자랑하는 아카데미 어워드가 어느 부문상

오스카 향방을 가름하는 기품 있는 기사와 수상 이후 연기자들 인터뷰로 유명한 월간 『배너티 페어』는 봉준호 감독을 표지 커버 인터뷰로 다루면서 깊은 관심을 드러냈다. © Vanity Fair.

보다도 가장 심혈을 쏟아 선정해 오는 대상.

하지만 간판 격인 '작품상' 선정에서도 그동안 메이저 제작사와 연예 전문 프로모터들의 로비 덕분에 '2급 작품들이 최종 선정 작의 영예'를 차지했다는 폭로 기사가 꾸준히 보도돼 아카데미 협회를 당혹스럽게 만들고 있다.

필자의 저서 『영화, 스크린에서 절대 찾을 수 없는 1896가지 정보들』에서는 미국 영화 전문 매체 『버라이어티』가 보도했던 〈보통 사람들 Ordinary People〉 〈불의 전차 Chariots of Fire〉 〈간디 Gandhi〉 〈아웃 오브 아프리카 Out of Africa〉 등 '아카데미 작품상, 과대평가 된 수상작 10 Most Overrated Oscar Best Picture Winners'을 인용, 소개하고 있으니 참고하시길 바란다.

음악상의 경우도 1977년 전 세계 음악계에 디스코 열풍을 몰아오면서 사운드트랙만 무려 3,500만장이 판매됐음에도 불구하고 〈토요일 밤의 열기〉가 1978년 아카데미 음악상 분야에서 철저하게 외면당한 것도 아카데미 시상식의 공정성에 치명적 오류로 늘 언급되고 있다.

본 책자는 필자가 1994년 국내 최초로 약 3,500페이지 분량으로 출간했던 〈아카데미 영화제 상, 하〉(세광음악출판사)의 개정판이다.

애초 아카데미 100주년을 맞아 대대적인 개정판을 준비하고 있었지만 〈기생충〉의 수상을 계기로 계획을 변경하게 됐다.

필자의 계획은 이렇다.
일단 〈기생충〉까지 아카데미 어워드를 둘러싸고 펼쳐졌던 92년 수상 역사 및 에피소드를 정리해서 출간한 뒤 2021년 93회 아카데미 어워드에서 부터는 매년 행사가 끝난 후 아카데미 연감 스타일로 출간하려는 야심찬 계획을 갖고 있다.

〈스타 워즈〉〈반지의 제왕〉〈배트맨〉〈슈퍼맨〉〈타이타닉〉〈아바타〉 등 할리우드 블록버스터들은 전 세계 최소 150여 개국-최대 220여 개국에서 동시 상영으로 막대한 수익을 거두어들이고 있다.

모든 상업 영화를 아카데미가 포용하고 있는 것은 아니다.

그렇지만 한 해 한 해 아카데미를 통해 영화계 본산(本山)에서 진행되어 왔던 다양한 작품과 영화인들의 창작 고뇌와 현지 매스컴 및 날 선 비평가들의 의견을 접해 볼 수 있는 것은 국내 영화 관계자 및 애호가들에게도 흥미로운 읽을거리가 될 것이라고 자부한다.

이런 저술 목적 외에 본 책자는

1. 아카데미 시상식 전년도에 발표됐던 흥미진진한 제작 에피소드를 통해 영화 선진국에서 펼쳐지는 영화 홍보 전략 및 제작 노하우를 접해 볼 수 있도록 구성했다

2. 현지 영화 전문지 및 각종 매스컴의 보도 내용을 취합, 정리해서 박스 오피스 상위권을 차지한 영화 제작의 트렌드를 분석, 국내 영화 관계자들의 창작 자극을 제공하고자 했다.

3. 세계 흥행가를 좌지우지 하고 있는 감독 및 영화배우들의 활동상을 정리해 국내 일선 영화 스탭진 및 연기자들의 역량을 증폭시킬 수 있는 실용적 정보 서적으로 꾸몄다.

4. 메이저 제작사들이 신작 정보를 통해 수준 높은 제작 노하우를 벤치마킹할 수 있는 정보 창구가 되도록 원고를 구성했다.

5. 한국인의 시각으로 할리우드가 왜 세계 영화 시장을 석권해 가고 있는 가를 마케팅 관점에서 분석한 기사도 꾸준히 수록시켜 한국 영화의 세계화를 개척할 수 있는 지침 도서가 되고자 했다.

6. 행사 전후 발표된 작품의 의미 및 흥행 가에서 평가 받은 이유를 비롯해 수상작 및 후보작 명단까지 상세하게 수록해 세계 최초이자 방대한 아카데미 참고 자료가 되도록 했다.

7. 아카데미 수상 결과에 대한 납득할 수 없는 여론이 제기됐을 경우 현지 매스컴에서 보도한 불공정 사례를 취합해 부록 1 아카데미상이 남긴 숨겨진 비화(悲話) Academy Untolded Story에서도 엿볼 수 있듯이 보다 공정한 시상 제도가 되기 위한 고언(苦言)도 담아냈다.

8. 92년 동안 배우 및 다양한 스탭진들이 탄생시킨 흥미로운 기록 들은 부록 2 아카데미 진기록 명기록 Academy Guinness Books에 상세하게 수록하였다. 오스카 기네스 자료라고 할 수 있는 흥미 기획 기사를 통해 그동안 파노라마처럼 펼쳐졌던 영화 축제의 현장을 일목요연하게 엿볼 수 있도록 하였다. 이 진기록은 추가적으로 계속 발굴해서 게재할 예정이다.

필자는 원고 구성을 위해 미국 현지에게 발간되거나 출간된 아카데미 관련 단행본 및 수백 종의 영화 및 관련 단행본, 인터넷 사이트를 지속적으로 구독 및 열람하여 보다 다양한 읽을거리를 담고자 노력했다.

서두에 간략하게 언급했듯이 1927년 기획돼 1929년 5월 16일 미국 영화인들의 친목대회로 시작한 아카데미 시상식은 이제 지구촌 영화인의 축제로 확고히 자리 잡고 있다.

2020년 2월 92회까지 진행되는 동안 우리 앞에 다가왔던 스타의 수만큼이나 많은 이야기 거리를 남겨 놓았는데 그 숨겨진 비화의 현장으로 달려가 보자.

'막강한 영향력을 가진 아카데미이기에 숨은 이야기도 많다'

아카데미상은 평론가와 감독과의 논쟁, 제작자가 흥행작을 만들기 위한 고육책 그리고 작품성과 대중성을 놓고 갈등을 벌이는 연출자와 흥행주 들 사이의 갈등이 내재되어 있다.

영원한 적이 될 수밖에 없는 후보자(작) 들 사이에 트로피를 차지하기 위한 치열한 경합과 우승자가 흘리는 눈물이 시상식이 거듭될수록 그 어떤 인생사에서도 겪어보지 못하는 장면들을 연출해 주고 있는 것이다.

영화제 트로피를 수여 받았다는 것을 뜻하는 '오스카 수상 배우 및 감독'이라는 이름 하나로 각자의 분야에서 일약 1급 스타로 대접 받고 있는 막강한 영향력을 가진 아카데미이기에 이곳에는 숨은 이야기도 많다.

역대 시상식이 남긴 숨은 비화를 통해 독자들은 화려한 조명 밑에 드리워져 있는 은막의 진솔한 면까지도 좀 더 가까이 접해 보실 수 있으리라 믿는다.

오스카가 남긴 92년 동안의 장대한 비하인드 스토리. 그 대장정으로 들어가 보자!

할리우드 비평가를 능가하는
아카데미 어워드 전문가 자리를 차지할
포부를 갈망(渴望) 하며...

국내 1호 영화 칼럼니스트 이 경 기

* 일러두기

영화 제목: < >
노래, 앨범 제목, 연설, 의견, 인터뷰: ' '
잡지, 신문, 도서 제목: 『 』
영화 제작 연도: www.us.imdb.com

❖ 알립니다 Notice

'아카데미상' '아카데미 시상식' '아카데미 영화제' '오스카' '아카데미 어워드' – 어느 것이 맞는 표현인가?

필자가 1993년 국내 최초로 출간했던 『아카데미 영화제 상, 하권』에 대한 1993년 9월 8일자 17면 조선일보 기사를 인용하면서 전후 사정을 설명하고자 한다.

신문 보도 기사 뿐 아니라 당시 책자 구매자들이 지적한 사항 중 '아카데미는 영화제가 아니라 영화상이다'는 지적.

「아카데미상의 모든 것」을 상세하게 수록한 자료집 「아카데미영화제」(세광음악출판사 刊)가 지난 봄의 상권에 이어 최근 하권을

「아카데미 영화제」 하권출판

수상기록-에피소드등 풍성

을 내 완간됐다. 지은이는 「재미있는 영화이야기」, 「세계 영화스토리」등을 펴낸 영화칼럼니스트 이경기씨(광주일보 서울지사 문화부기자). 원고지 1만2천장분의 내용과 사진 자료 1천5백여컷이 들어있는 방대한 분량에 원고작성에 3년, 책 편집에 2년이 소요됐다는 이 책은 역대 아카데미상의 수상기록을 비롯, 이 상에 얽힌 각종 진기록이나 스타들의 비화 등을 체계적으로 또 소상하게 소개하고 있어 아카데미의 본 고장 미국에서도 좀처럼 찾아보기 힘든 노작(勞作).

「오스카에 얽힌 비하인드 스토리」라는 부제가 붙은 책의 상권은 아카데미상의 태동과정에서부터 지금까지 매년 세계 영화팬들의 뜨거운 관심속에 65회째 진행돼온 이 상의 시상식에 관한 갖가지 에피소드 등을 담고 있다. 무명의 배우가 스타가 되기까지의 눈물겨운 여정, 연출자와 제작자와의 관계 등과 할리우드가 전 세계 영화산업을 지배해가는 과정등이 상세하게 묘사됐었다.

하권은 아카데미의 선발규칙과 소사(小史), 그리고 감독상, 남우-여우주연상 등의 분야별 역대 수상기록 등이 주요 내용. 지금까지의 작품상 수상작 65편의 지상감상을 비롯, 아카데미 수상작 국내 흥행 결과표와 국내 과정별 오보, 영화광고등을 담고 있어 눈길을 끌고있다.

<玉大錫기자>

조선일보 1993년 9월 8일자 17면 보도 기사.

조선일보 1993년 9월 8일자 17면 전면 원본. © 조선일보.

이에 대한 설명을 하자면 이렇다.

아카데미에 대한 미국 현지의 설명은 '아카데미 어워드, 오스카로 더욱 널리 알려져 있으며 영화 산업의 예술 및 기술적 업적에 대해 주어지는 상 The Academy Awards, more popularly known as the Oscars, are awards for artistic and technical merit in the film industry'으로 풀이하고 있다.

1990년대까지 국내 주요 언론사에서 '아카데미 어워드 시상식 수상 뉴스를 보도할 때 '아카데미' '아카데미 시상식' '오스카'를 비롯해 '아카데미 영화제'라는 용어가 혼용(混用) 돼서 사용되고 있었다.

한국 최장수 신문 조선일보의 보도 일부를 인용한다.

❏ 인용 기사 1

'81세 제시카 텐디 열연(熱演) 볼만, 드라이빙 미스 데이지 올해 아카데미 최우수 작품 여우 주연 각색 분장상을 비롯, 골든글로브 최우수 영화 최우수 남우 최우수 여우상을 받는 등 세계 영화제를 휩쓴 작품. 81세의 연극배우 출신 제시카 텐디가 아카데미 영화제 사상 최고령 여우주연상 수상자가 되어 또 다른 화제를 불러 일으켰었다'
- 조선일보 1990년 5월 20일자, 9면

81세 제시카 텐디 熱演 볼만

드라이빙 미스 데이지

새영화

中国 민며느리제 소재 갈등그려

새연극

文化마당

심상찮은 映画界

公倫기능 싸고 논란 再燃

UIP 공동대응 움직임

「끌로드부인」 허가로 발단

映画界 이야기

변하는 蘇사회 그린 「인터걸」

갑싸고 名画도 즐긴다

학구적 演技·무대미술 돋보여

〈드라이빙 미스 데이지〉 소개 기사 중 '아카데미 영화제'라고 보도된 조선일보 1990년 5월 20일자, 9면 원본 . © 조선일보.

❑ 인용 기사 2

49회 아카데미賞 발표

=作品賞에「록키」=

男優主演賞…作故 피터 핀치

女優主演賞… 페이 더나웨이

自家用영업행위 會社차려 企業化

永登浦市場에 불 24개店鋪태워

조선일보 1977년 3월 3일자 7면 기사 원본. 〈록키〉 수상 기사가 왼쪽 중간 박스로 소개되고 있다. © 조선일보.

'제49회 아카데미 영화제에서 최우수 남우상을 받은 작고 배우 피터 핀치(원내)의 미망인(중앙(中央))과 최우수 여우주연상을 받은 페이 더나웨이(우(右))가 작품상을 받은 「록키」의 주연남우 실베스터 스탈론과 포즈를 취하고 있다. 【할리우드=UPI전송동양(電送東洋)】 1977년 3월 3일 7면 기사(문화).

❑ 인용 기사 3

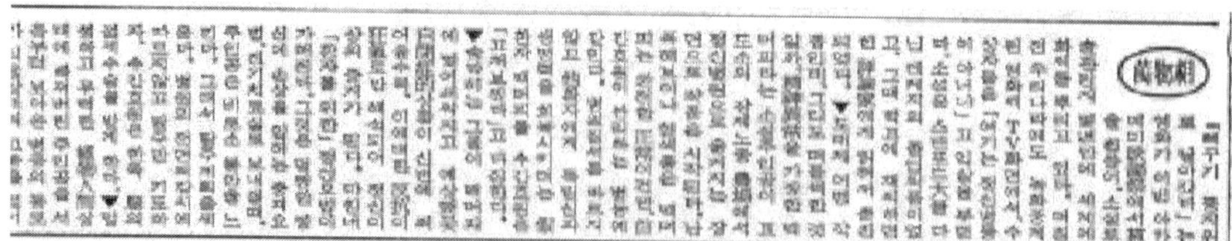

萬物相

'만물상(萬物相)-「뻐꾸기 둥지 위로 날아갔다」는 영화가 이번 아카데미 영화제(映畵祭)에서 상(賞)을 휩쓸어, 소설로 출판된 지 몇 년 만에 세계에 화제를 뿌리고 있다. 며칠 전 우리나라에도 녹화 중계된 영화제 TV화면에서, 수상자들은 「여기는 정신병동이 아니냐」고 익살을 부렸다. 소설은 스탠포드대(大)를 다닌 켄케지의 졸업 작품 이었고, 그때 학교에 재직하던 한 평론가(評論家)에게 읽혀져 출판되었다-이하 생략, 1976년 5월 7일자 1면 기사 (문화)

朝鮮日報

리건, 포드 누르고 先頭에

南北蹴球 고류 제의

韓國, 北傀에 분패

日, 絹織物규제立法 더욱强化

社會·民社黨도 새法案을 마련

絹織物立法 중대問題

代議員 3백60對 2백92로 逆轉

포드, 選擧戰略 재검토

中共, 對話알선 거부

조선일보 1976년 5월 7일자 1면 하단 박스 〈만물상〉 칼럼 기사에서 〈뻐꾸기 둥지 위로 날아갔다〉를 소개하면서 아카데미 영화제(映畵祭)라고 표기하고 있다. © 조선일보.

傳統의 名匠

기원은 新石器시대

1973년 개봉된 변장호 감독의 〈비련의 벙어리 삼용이〉가 아카데미 영화제에 출품된다는 조선일보 광고 선전 문구. © 조선일보.

'한국 영화 사상(韓國 映画 史上) 최초(最初)로 아카데미 영화제(映画祭), 오스카상(賞)에 도전(挑战)하는 문제(问題)의 작품(作品)!'–조선일보 1973년 11월 16일자 5면 하단 박스 기사(전단 광고)

조선일보 인용 기사 3건 및 영화 광고 문안에서도 알 수 있듯이 국내 최고 정론지 및 당시 아카데미 수상작 영화 광고 포스터에서 'Academy Awards'는 '아카데미 영화제'라고 표기해 왔던 것이 관행이었다.

이 당시 필자가 책자를 출간하면서 가장 고심했던 제목은 '아카데미' '아카데미상' '아카데미 영화제' '오스카' 등이다.

이 가운데 필자가 누차 언급했듯이 아카데미상이 초창기부터 외국 영화인들에게 대폭 문호를 개방했다는 전력을 참작해서 매스컴 보도 내용에 따라 '아카데미 영화제'라는 출간 제목을 선택한 것이다.

2020년 아카데미에 대한 개정판을 출간하면서 필자는 이제 여러 논란(?)을 불식시키기 위해 책자 제목을 '아카데미상 혹은 오스카'로 통일시키기로 했다.

이상 사족(蛇足)으로 『아카데미 영화제』 출간 제목에 얽힌 비화(?)를 마무리 하고자 한다.

천상의 선율 남기고 떠난 사운드트랙 마에스트로

이태리 출신 세계적인 영화 음악가 엔니오 모리코네. © imdb.com

이태리 출신 영화 음악 거장 엔니오 모리코네 Ennio Morricone

1928년 11월 10일 이태리 라지오 로마 Rome, Lazio, Italy 태생-2020년 7월 6일 이태리 라지오 로마 Rome, Lazio, Italy 사망, 향년 92세.

注) 엔니오 모리코네가 남긴 흥미로운 에피소드는
〈아카데미 영화상 1994-2020〉 책자 말미에 수록합니다.

1993
66th Academy Awards

스티븐 스필버그, <쉰들러 리스트> 감독 + 작품상

시상식 : 1994년 3월 21일 6:00 PM
장　소 : L A 도로시 챈들러 뮤직 파빌리온 Dorothy Chandler Music Pavilion
사　회 : 우피 골드버그 Whoopi Goldberg, ABC 중계

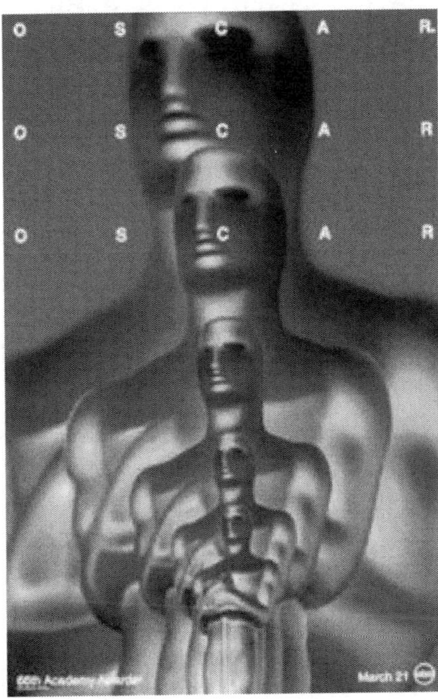

제66회 아카데미 어워드. 스필버그가 유대인 수난사를 묘사한 〈쉰들러 리스트〉로 명장(명장) 반열에 오른다. © A.M.P.A.S/Oscars.org

할리우드 성추문(性醜聞)으로 치부(恥部) 드러나

1993-1994시즌 할리우드의 최대 화제는 단연 성 Sex에 관련된 추문 Scandal 이었다.

할리우드 마담 뚜 Hollywood Madam라고 불렸던 하이디 플라이스 Heidi Fleiss와 팝가수 마이클 잭슨의 10대 소년 성 학대 Sexual Harassment 사건은 꼬리에 꼬리를 물고 확대되어 온 매스컴을 들뜨게 만들었다.

플라이스의 경우는 성인 남성 잡지 『플레이보이』 모델을 포함해 수많은 미녀를 휘하에 두고 클린턴 대통령에서 부터 찰리 쉰, 숀 펜 등 유명 배우들의 시중을 들게 했다고 폭로, 그야말로 벌집을 쑤셔 놓은 듯한 파문을 몰고 왔다.

그녀는 배우 외에도 록 가수 빌리 아이돌, TV 수사극 〈스타 스키와 허치〉의 연출자 이반 내기, 프로듀서 존 피터스 등의 이름을 직접 거명하며 이들이 1회당 1천 5백여 달러를 지불하고 매춘부 Hookers들과 놀아났다고 덧붙였다.

여기에 플라이스는 TV 청소년 극 〈비버리 힐즈의 아이들 Beverly Hills 90210〉의 여주인공 섀넌 도허티 Shannen Doherty는 스스로 총각 파티에 초대되길 원했다고 공개해 '꿈의 공장'이 성적 유희로 깊이 타락해 있음을 느끼게 했다.

그녀의 연이은 쇼킹한 발설은 월간 『배너티 페어 Vanity Fair』 1994년 2월호를 통해 정계 고위층 인사까지 거론, 복마전 Pandemonium의 실상은 점입가경(漸入佳境)의 형국을 맞게 된다.

플라이스의 이 같은 치부 발설에 대해 『타임』 『뉴스위크』AP 통신 등은 일제히 '미국인의 도덕적 가치관이 어느 선까지 타락했는지 보여주는 사례'라고 개탄하면서 '특히 만인의 우상인 연예계 인사들의 추한 행동들은 팬들에 대한 일종의 기만행위'라고 맹비난을 가했다.

여기에 『인콰이어러 Inquirer』지 등 스캔들 전문 언론 매체들도 이 사건을 '1993년에 발생한 가장 어처구니없는 일'이라고 보도, 그 충격파가 어떠했는지를 알 수 있게 했다.

마담뚜 입에 호명됐던 대다수 연기자들은 자신들의 혐의를 '터무니없는 조작'이라고 반박했지만 별 설득력을 전달해 주지 못했다.

빈번하게 남자 문제에 얽혀 방송가를 시끄럽게 했던 섀넌 도허티는 결국 그녀의 출세작인 〈비버리힐즈의 아이들〉의 배역에서 중도 탈락되는 징계를 받는다.

연예계 탑 스타들에게 여자 파티를 마련해준 하이드 플라이스는 할리우드 제작자들에겐 아이디어 뱅크 노릇을 했다.

그녀의 사건이 터지기 전 줄리아 로버츠 주연의 〈귀여운 여인〉은 거리의 여인을 천사의 이미지로 부각시켜 떼돈을 벌었는데 이 같은 장르의 영화는 1930년대 이래로 꾸준히 제작돼 왔었다.

엘리자베스 테일러에게 여우상을 안겨준 〈버터필드 8〉, 버트 랭카스터 주연의 〈엘머 갠트리 Elmer Gantry〉는 영화사에 남겨질 정도로 흥행에 성공했던 작품.

애초 할리우드에서는 '창녀 Prostitute, Whore'라는 단어가 호감스런 느낌을 주지 못한다고 하여 꺼려했지만 짬짬이 공개된 작품이 이처럼 예상외로 알찬 수익을 챙겨 주자 서둘러 제작 열기에 가세하기 시작한 것이다.

1994년의 경우 디즈니 계열사인 터치스톤은 전편의 여세를 이어갈 요량으로 〈귀여운 여인 II〉를 착수한 것을 시발로 〈탑 건〉 제작팀을 초빙해 〈섹스 치료 Sexual Healing〉를 그리고 남자 요리사가 여장을 하고 홍등가에 취직한다는 〈다운 페이먼트 Down Payment〉 등 무려 세 작품을 착수했다.

경쟁사인 20세기 폭스는 창녀들이 자신들의 재산을 수탈해 간 범법자들을 사로잡기 위해 직접 나선다는

〈나쁜 소녀들 Bad Girls〉을 발표한다.

1994 신춘 시즌에 공개된 이 영화는 앤디 맥도웰, 매들렌 스토우, 드류 배리모어 등 1류 급 히로인을 대거 등장시켜 물량 작전을 시도한다.

파라마운트의 〈밀크 머니 Milk Money〉는 멜라니 그리피스 주연.

거리의 여인이 활약해서 소란스런 마을에 평화가 찾아오게 한다는 휴먼 극을 전개했다.

하이디 추문 사건은 연기자들을 곤경에 빠뜨려 놓는 대신 제작자들에게는 또 하나의 상품 판매책을 제공한 수훈자 역할을 한 것이다.

팝 황제 마이클 잭슨, 아동 성 학대 주범으로 몰려

마이클 잭슨의 10대 소년들에 대한 성적 학대 추문은 1993년 8월부터 1994년 중반까지 온 매스컴의 빗발치는 관심을 받았다.

'추행(醜行) 했다'고 구체적 사례를 밝히는 피해자 소년들과 '금품을 노린 협박이다'고 반박하는 잭슨의 반격은 그 진위가 어찌됐든 간에 팝 황제 잭슨에게는 치명적 사건이 아닐 수 없었다.

그는 이런 소문이 계속 증폭되자 앨범 『Dangerous』 발매 기념 세계 순회 콘서트를 긴급히 취소했고 그가 광고 모델을 했던 펩시 콜라사도 본의 아니게 곤경에 빠지게 됐다.

그는 형제들과 그룹 잭슨 파이브를 결성해 노래를 시작한 이후 솔로 데뷔 앨범 『Off The Wall』 『스릴러』그리고 『데인저러스』를 각각 1천 1백만, 4천만, 2천만 장을 팔아 치워 엘비스 프레슬리 이후 최고의 팝 스타임을 간단히 증명했다.

하지만 그는 화려한 명성과는 달리 지독하게 소심한 성격으로 인해 대인 관계를 기피했고 어린이들을 위한 천국 놀이시설인 네버랜드 Neverland를 꾸며 동화 속에서의 개인적 삶을 즐겼다.

이와 같은 폐쇄적인 생활에 대해 1993년 2월 오프라 윈프리 토크 쇼를 통해 고백하면서 '어린 시절 부터 전세계 수 천만 명의 사람들이 지켜보는 가운데 연예 생활을 해오면서 스스로를 고독하게 만들었다'고 털어 놓는다.

그는 유독 어린 아이들을 좋아하는 것에 대해 '도심 빈민가 범죄, 대규모 전쟁, 테러 등 우리 세계가 직면하고 있는 여러 문세는 어린이들이 어린 시절을 제대로 향유하지 못했기 때문에 발생한 것이다. 그래서 난 그들 마음속에 있는 경이로움, 신비, 순수함을 지켜 주어 세상의 상처를 치유할 수 있는 원천지로 보호하고 싶다'고 사뭇 의미심장한 의견을 공개했다.

그는 'Black or White' 뮤직 비디오 촬영 때문에 친숙해진 〈나 홀로 집에〉의 매컬레이 컬킨 그리고 미녀 배우 브룩 실즈, 엘리자베스 테일러 등이 가장 절친한 사이로 알려져 그들이 이번 그의 곤경스런 상황에 대해 적극적인 변론에 나서기도했다.

하지만 동료 가수인 스모키 로빈슨은 잭슨에 대해 '어린 시절 부터 생계 현장에서 보내야 했던 그는 어찌보면 돈을 얻는 대신 어린 시절을 잃어야 했던 애늙은이로 성장했다'고 촌평했다.

지금은 타계했지만 마이클 잭슨 생존 당시 늘상 인기를 의식해 부친과 형제들로부터 구타를 당하고 어린이들이 놀이동산에서 노는 모습을 화려한 호텔 안에서 지켜봐야 했던 그의 또 다른 모습은 당시 소년 성 학대범이라는 의혹의 대상이 되는 수모를 당하고 있는 원인이 됐는지도 모른다.

시사 주간지 『뉴스위크』는 잭슨의 성장 과정과 성 추문을 1993년 8월 8일자를 통해 집중 보도하면서 '그가 어린이들에게 가한 성 추문이 사실로 밝혀진다면 지금까지의 수퍼스타라는 타이틀은 일순간 산산조각이 날 것이다. 그러나 이런 추한 소문이 단지 소문으로 결론지어져도 이미 잭슨이 향유했던 환상적 모습은 상당히 손상되어 그도 평범한 한 남자에 불과하다는 점을 팬들에게 각인시켜 줄 것'이라고 잠정 결론을 내려, 그의 신작 앨범 타이틀처럼 매우 위험한 인생 기로에 서게 되는 불운을 맞게 된 것이다.

소년 성 학대 Sexual Abuse를 강력 부인하던 마이클 잭슨은 결국 소송 취하 조건으로 5백만 달러를 제시, 협의를 간접 시인했다.

하지만 이 사건을 심층 보도한 『뉴욕 타임즈』는 잭슨이 이 사건을 완벽 해결하기까지에는 약 1천만 달러의 비용이 들 것으로 보도, 전무후무한 성 스캔들임을 입증시킨다.

당사자 잭슨은 이에 대해 사건을 원만히 해결하기 위해 거금을 제공하는 것일 뿐 자신은 지금도 무죄라고 주장했다.

할리우드, 유럽 영화계와 UR 공방

1993-1994 시즌 할리우드와 유럽 영화계는 우루과이 라운드(UR) 협상을 놓고 치열한 공방을 벌였다.

미국 측은 UR 정신에 따라 유럽 측에 시청각 산업 분야의 시장도 완전 개방하라고 촉구했다.

이는 유럽 각국에 대한 영화 판권을 보다 용의하게 하기 위한 발판을 확고히 하자는 것.

이에 대해 유럽인들은 '할리우드와 유럽 영화의 대결은 다윗과 골리앗의 싸움'이라고 격렬히 반대 의사를 표시하면서 독일의 빔 벤더스, 영국의 리차드 아텐보로 감독, 프랑스 배우 제라르 드 빠르디유, 이태리 출신 베르나르도 베르톨루치 감독 등 저명 유럽 출신 영화인 수백 명이 할리우드 영화의 유럽 시장 본격 진출 시도에 대해 거세게 반발했다.

여기에 이들 영화인들은 주요 일간지에 '미국 시청각 상품에 대한 유럽 시장 개방을 반대'하는 성명을 연속 게재하여 전면전 양상을 띠었다.

유럽 측이 영화 산업 완전 개방에 민감하게 대응하는 것은 당시 프랑스, 독일, 이태리 등 주요 유럽 국가의 영화 시장을 70-80%씩 석권하고 있는 할리우드 영화가 완전 개방됐을 때에는 유럽 영화가 초토화 되는 것은 시간문제이기 때문.

이 같은 거센 반발로 인해 GATT의 무역 협정에서 할리우드 영화 및 TV 프로그램의 개방은 당분간 유보, 유럽 국가가 일단 판정승 한 것으로 결론이 났다.

이에 대해 가장 적극적인 반대를 표명했던 프랑스 언론들은 '시청각 상품의 UR 제외는 유럽 문화의 승리'라고 대서특필 한다.

반면 미국영화협회(MPAA: Motion Picture Association Of America) 회장인 잭 발렌티는 '유럽 공동체가 시청각 산업에 대한 협의를 무력으로 저지시킨 것은 그들의 오만한 보호 무역주의의 일단을 드러낸 것'이라고 불편한 심기를 드러냈다.

그동안 할리우드는 유럽 공동체와의 타결이 이루어지기 전까지 GATT 협정에 시청각 상품을 포함시키기 위해 클린턴 행정부에 온갖 압력을 가했었고 프랑스가 주도한 EC 측은 GATT는 영화 및 TV 프로그램을 보전하는 첩경이라고 맞대응을 해왔다.

당시 미국은 '외국의 TV 프로그램은 유럽 방송국의 절반을 초과할 수 없다'는 1989년 유럽 령에 견제를 받아 왔다.

당시 GATT 협정에서 시청각 상품을 포함시키는 것에 실패, 결국 미국 영화의 유럽 시장 매매활동은 위축될 것으로 전망 받았다.

하지만 미국 측이 당시 잠정 합의 안에 대해 상당히 못마땅하게 생각하는 의견이 지배적이어서 할리우드와 유럽의 문화 전쟁은 화약고를 품고 있는 휴화산 같은 존재로 남아, 제2라운드를 위한 휴지기로 들어간 것으로 영화계에서는 진단했다.

프랑스, 할리우드 미묘한 신경전

프랑스 영화계가 할리우드 영화로 인해 융단 폭격을 당하고 있지만 그들의 작품이 미국 제작자들의 소재 빈곤 해결 창구가 돼온 것은 주지의 사실이다.

대표적 사례는 1960년대 〈네 멋대로 해라 Breathless〉를 시발로 해서 〈세 남자와 아기 바구니〉 〈마틴 기어의 귀향〉 〈니키타〉 〈네프 무아〉 등이 할리우드로 건너와 짐 멕브라이드 감독의 〈브레드레스 Breathless〉, 탐 셀릭 주연의 〈세 남자와 아기 3 Men and A Baby〉, 브리지트 폰다 주연의 〈니나 Point of No Return〉, 휴 그랜트 주연의 〈나인 먼스〉 등으로 각각 리메이크 Remake 된 것은 영화가에 잘 알려진 사실.

1993년도 미국 극장가에선 클로드 소테 감독의 〈겨울의 심장 Un Coeur En Hiver〉, 알랭 코르노 감독의 〈세상의 모든 아침 Tous Les Matins Du Monde〉 등이 불어 원제 그대로 공개되어 호평을 받는다.

프랑스 영화가 할리우드 영화계의 자존심을 상하게 하자 일부 보수파 영화인들은 '프랑스 작품의 모방은 할리우드 영화인들의 수치이며 미국인의 자존심을 내팽개치는 작태'라고 분개했다.

이런 여론의 뒤편에선 소테 감독의 1969년 작 〈삶의 조건 Les Choese De La Vie〉이 마크 라이델 감독, 리차드 기어, 샤론 스톤 주연의 〈교차로 Intersection〉로 제작되고 있어 그들의 구호가 체면치레용임을 증명시킨다.

L A 지진으로 워너 영화사 큰 피해

1994년 1월 17일 로스 엔젤레스를 강타한 지진으로 할리우드 영화계도 줄초상 분위기에 휩싸였다.

강도 6.6의 지진으로 재산 피해만 근 70억 달러에 달했고 비벌리 힐즈, 웨스트 할리우드가 대거 파손, 이곳에서 촬영 중이던 신작 영화가 자연스레 큰 타격을 받았다.

그 중 워너 브라더스의 16 스튜디오에서 촬영 중이던 〈비버리 힐즈 캅 3 Beverly Hills Cop 3〉는 스튜디오 대부분 무너지는 바람에 상반기 개봉 스케줄을 순연시켜야 되는 피해를 당한다.

유니버셜 측도 자사 휴양지인 유니버셜 스튜디오가 지진으로 인해 시설물에 경미한 파손을 당했지만 안전도 문제로 인해 놀이동산을 당분간 휴업시키는 조치를 취했다.

지진 당일로 예정됐던 미국 유대인 위원회 American Jewish Committee 주최, 클린트 이스트우드 후원의 밤 행사도 급히 취소된다.

감독 겸 영화배우인 캐롤 오코너 Carroll O'Connor도 1960년대 인기 TV 시리즈 〈올 인 더 패밀리 All In The Family〉 촬영 도중 로케이션 장소인 그의 소유의 레스토랑이 대파되는 바람에 드라마 제작이 무기한 연기되는 불운을 당한다.

소니사도 예기치 않는 지진 Earthquake으로 TV 시리즈 물 〈매드 어바웃 유 Mad About You〉 〈메리드...위드 칠드런 Married... With Children〉 〈낸시 Nanny〉 등의 후속편 촬영이 지연된다.

워너 브라더스는 〈비버리 힐즈...〉 외에 〈멜로즈 플레이스 Melrose Place〉 〈어드벤쳐 오브 브리스코 카운티 주니어 The Adventures of Brisco County Jr〉 등의 제작에 차질을 빚는 등 광란의 천재지변으로 인해 가장 큰 피해를 당한 영화사가 됐다.

LA 강진 사태는 의외의 곳에서도 외교 분쟁의 불씨가 되었다.

그것은 프랑스의 토상 뒤 폴랑티에 인터내셔널 회장

이 '수많은 영화 스튜디오가 있는 할리우드와 샌 페르난도를 지진이 강타한 것은 신(神)이 미 · 프랑스간의 문화 전쟁에서 프랑스를 선택했음을 증명하는 사례' 라고 논평한 것에서 발단.

공식 기자 회견 석상에서 밝힌 이 같은 자극적인 발언이 할리우드에 알려지자 잭 발렌티 미국영화협회장은 공개서한을 통해 '프랑스 영화업계의 학식 있는 인사가 엄청난 재앙으로 고통당하고 있는 L A 시민들에게 어떻게 그토록 잔인한 말을 쏟아 부을 수 있는지 모르겠다' 고 분개하면서 '그와 같은 소식을 전해 듣고 충격과 분노의 감정 외에는 나타낼 소감이 없다' 고 강한 불쾌감을 표시한다.

영화 내용으로 이해 당사국간에 신경전 빈발

1993-1994 시즌 할리우드 영화계는 작품 내용을 문제 삼아 이 해 당사국간의 첨예한 대결이 빈번히 발생했던 해였다.

그동안 미국적 시각으로 왜곡되게 전달됐던 관행에 쐐기를 박는 동시에 할리우드 영화가 점차 지구촌화 Globalization 되어 간다는 반증이기도 했다.

마이클 더글라스 주연의 〈폴링 다운 Falling Down〉은 한국인들에 대해 수전노 등 지나치게 인종적 차별 냄새를 담아 재미 한인교포들의 항의 시위 등을 촉발시킨다.

이 영화는 방위 산업체에서 실직한 중년 남자가 지옥 같은 로스 엔젤레스의 교통 체증에 걸리자 차에서 뛰쳐나와 시내를 공포의 도가니로 만든다.

그는 한국인 식료품상에 들어가 전화를 걸기 위해 동전을 바꿔줄 것을 요구하자 한인 상점 주인이 '물건을 사야 거스름돈을 주겠다' 고 하자 '한국 놈들 미국에 와서 돈 만 벌어간다' 라고 폭언을 하며 상점을 뒤엎는다.

〈폴링 다운〉은 이외에도 사사건건 기관총을 난사하면서 무법천지를 조성, 미국인들조차 '인종 차별주의와 폭력을 규탄하면서 오히려 이러한 병적인 본능을 이용해 돈을 벌려는 얄팍한 외도를 보여주고 있다' 고 비판을 가했다.

평론가들도 이 영화에 대해 '다문화(多文化) 사회에서 겪는 중산층의 좌절을 주제로 내세우고 있지만 기회주의적인 싸구려 스릴러를 통해 미국 사회의 문젯거리만 노출시키고 있다' 고 맹공을 가했다.

마이클 클라이튼의 베스트셀러를 영화화 한 〈떠오르는 태양 Rising Sun〉은 미, 일간의 외교 분쟁을 촉발시킨다.

영화는 일본의 대기업 나카모토 그룹의 대형 건물에서 빌딩 준공식이 거행되던 당일 젊은 미모의 미국 여자가 매춘 도중 의문의 살해를 당하는 것으로 시작된다.

이에 나카모토 그룹의 자체 조사반은 이 사건이 회사의 이미지를 실추 시킬 수 있다는 이유로 은폐를 시도한다.

하지만 미국 측 탐정과 수사 요원들은 일본인 플레이보이가 사건 당일 밤 피살된 여인과 동숙했었다는 사실을 밝혀내고 사건 수사망을 좁혀 온다.

이 영화는 표피적으로는 성적 스캔들을 다투고 있지만 일본인들이 미국 기업 인수를 통해 자신들의 경제력을 식민화 하고 있는 실상을 드러내려는 고도의 숨은 의도가 담겨있다는 지적을 받는다.

이에 따라 이 영화에서 일본인들은 백인 여성을 노리개로 삼고, 뇌물 매수, 정치인들에 대한 협박, 경제 정보를 캐내기 위한 도청 등을 다반사로 저지르는 매우 야비한 인물들로 그려지고 있다.

여기에 L A 중심가의 고급 빌딩의 ⅓은 일본인들 소유라는 점을 계속 강조해 그들의 문어발식 경제 침공을 부각시켜 미국인들에게 황색 공포증을 조성했다.

1993년 7월 31일 개봉 되자마자 연일 매진 사태를 빚은 이 영화는 내용에 불만을 품은 일본인들의 집단 시위 움직임이 가속화됐다.

샌프란시스코에 본부를 둔 일본계 미국시민연맹에서 정식 규탄 시위를 연 것을 시발로 수백 개의 아시안-아메리칸 단체들이 인종 차별을 조장한 영화 상영을 중단하라는 압력을 가해왔다.

이런 분위기에 따라 『뉴욕 타임즈』 등 미국 유수의 언론들도 이 영화가 지난 1987년 나카소네 당시 일본 총리의 흑인 열등론 발언과 실직한 백인이 일본인으로 오인한 중국인을 살해한 사건 이후 미・일 간의 최대 인종 갈등을 일으키고 있다고 우려를 보내는 등 한 차례 큰 홍역을 치르게 된다.

쿵푸 신드럼을 선도한 브루스 리 재평가

할리우드 영화계가 1993년 브루스 리 Bruce Lee 李小龍에 대한 재평가에 나서 주목을 받았다.

1960년대 〈정무문〉 〈사망유회〉 등의 작품으로 중국 고유 무술인 쿵푸 바람을 몰고 오기도 했던 그는 1973년 32세 나이로 요절, 극적인 영화 인생을 살았던 인물.

흡사 늑대가 울부짖는 듯한 기괴한 기합 소리와 쌍절권이라는 무기로 악의 무리들을 처단해 당시 전세계 청소년들에게 마치 신화적 존재로 알려지기도 했다.

이소룡에 대한 광적인 열기로 인해 숱한 스타 지망생들이 그의 무술 연수생을 자처하기도 했다.

스티븐 맥퀸, 제임스 코반, 리 마빈 등은 무명 시절 이소룡의 출연작에 엑스트라로 등장했고 성룡, 스티븐 시갈, 장 클로드 반담 등은 쿵푸를 바탕으로 한 액션극으로 국제적 스타가 되기도 했다.

이소룡에 대한 재조명 작업은 재미 태권도 사범 이준구(李俊九)씨 등 한국 무술인들이 주축이 된 것으로 밝혀져 더욱 흥미를 끌기도 했다.

미국 대통령 경호 자문역을 맡기도 했던 이 사범은 무명의 이소룡이 할리우드 영화 가에서 활약할 수 있는 계기를 만들어준 세계 무술계의 거물.

1990년대 들어 다시 쿵푸 바람이 불어 닥치고 있는 것은 지나치게 특수 촬영에 의존하는 요즘의 액션 극에 식상한 영화 관객들의 기호 변화 때문으로 분석되고 있다.

여기에 이소룡의 외아들인 브랜든 리 마저 1993년 3월 31일 알렉 프로야스 Alex Proyas 감독의 〈크로우 Crow〉 촬영 도중 총기 오발 사고로 사망하면서 이소룡에 대한 추모 열기를 더욱 부추겨 주고 있다고 영화 관계자들은 진단했다.

이 해 제이슨 스코트 리 Jason Scott Lee 주연의 〈드래곤 Dragon : The Bruce Lee Story〉은 이소룡의 성공과 좌절을 담담하게 그려 그의 영화 업적을 기리는 데 한몫했다.

할리우드 폭력 영화에 대한 자성의 목소리 고조

오락 영화 본산인 할리우드 영화계의 살인과 폭력에 대한 우려의 목소리가 점차 확산돼 가고 있다.

근래 공개된 할리우드 영화들이 관객들의 눈길을 끌기 위한 방편으로 예외 없이 잔인하고 변태적인 살인 장면들을 담고 있어 인명 경시 풍조를 조장한다는 비난을 받고 있는 것.

레니 하린 Renny Harlin 감독의 〈다이 하드 2 Die Hard 2〉(1990)에서는 항공기가 폭파돼 2백 60여명이 집단 폭사하는 장면과 이 사건 용의자를 붙잡은 형사가 그를 비행기 프로펠러 속으로 밀어 넣어 살해하는 모습이 사실적으로 묘사됐다.

폴 버호벤 Paul Verhoeven 감독 〈로보캅 Robo-Cop〉(1987)은 악당들에게 목숨을 잃은 경찰이 로봇 경찰로 재탄생되어 그들에게 무차별적인 보복을 가하는 것이 주 내용.

시리즈로 선보일 만큼 선풍적 인기를 끌었다.

이처럼 선(善)을 보호한다는 명목으로 화면에 등장하는 사람들이 파리 목숨처럼 사라져 가고 있는 것이다.

변태 성욕자들을 등장시켜 잔인한 살해 극을 전개하는 영화도 부지기수.

대표작이 아카데미 5개 부문을 휩쓴 〈양들의 침묵 The Silence Of The Lambs〉(1991).

여성으로의 성 전환 Sex Transformation을 꿈꾸는 변태 성욕자 Sexual Perversion와 살인을 취미로 저지르는 정신과 의사를 등장시킨 이 영화는 경관을 물어뜯어 죽이는 모습과 끔찍한 모습으로 죽음을 당한 시체들이 자세히 소개돼 시사 주간지 『타임 Times』지 조차도 '미국 사회의 정신적 황폐(荒廢)가 어디까지 왔나를 보여주는 작품'이라고 맹공을 퍼붓기도 했다.

이 영화의 히트 이후 미국 영화계는 온갖 정신 이상증 인물들을 등장시켜 관객들에게 전율스런 공포 분위기를 전달해 주는 이상 현상이 벌어지기도 했다.

골디 혼 주연의 〈행복했던 여자 Deceived〉(1991)에서는 4백 50만 달러짜리 골동품 목걸이를 차지하기 위해 친구 아내를 비닐 랩으로 질식사시키는 장면이 등장해 영화 비평가들로 부터 '가정의 소중함을 파괴하는 졸작'이라는 비판과 함께 불신풍조의 만연이 인간의 이성을 마비시키는 대표적 사례로 지적했다.

과도한 섹스 씬을 남발했던 〈원초적 본능 Basic Instinct〉(1992)에서는 미모의 여인이 별다른 동기 없이 섹스 상대자를 얼음송곳으로 난자하고 있으며 〈환생 Dead Again〉(1991)에서는 어머니의 행복을 찾아준다는 명목을 내걸고 딸이 신부(神父)를 가위로 살해하는 장면이 등장하고 있다.

제작업자들 검열의 경직성이 폭력물 남발 근원이라고 반격

영화 속에서 벌어지는 과도한 폭력 현상에 대해 사회 각계에서 자성의 여론이 일고 있다.

1993년 연말 할리우드 연예인들이 마련한 민주당 후원 행사에 참석한 빌 클린턴 대통령마저도 '할리우드의 폭력이 미국 사회에 미치는 영향력을 고려해 달라'고 특별 주문을 하기도 했다.

정신 분석학자들도 '현대 사회의 물질 제일주의가 낳은 정신적 공허함을 영화가 보여주고 있는 것'이라고 분석하면서 '정신적 황폐를 말초적인 자극으로 메우려는 현대인들의 심리 경향을 할리우드가 재빠르게 반영하고 있다'고 덧붙였다.

할리우드의 이와 같은 제작 풍토는 유럽 영화계까지 영향을 미치게 된다.

프랑스의 〈델리카트슨 Delicatessen〉(1991)은 사람 고기를 먹는 시대를 배경으로 하여 인간의 잔혹한 모습을 고발하고 있다.

하지만 폭력 영화에 대한 거센 비판에 대해 제작자들의 맞대응도 만만치 않은 실정.

〈다이 하드〉 시리즈 제작자인 래리 고든과 〈데몰리션 맨 Demolition Man〉(1993) 프로듀서 조엘 실버 등은 이구동성으로 '영화 속의 폭력은 가상적인 것이어서 심각하게 받아들이는 것 자체가 문제'라고 대수롭지 않게 받아들이면서 '일 예로 남자가 여자의 가슴을 더듬는 장면이 나오면 R등급이지만 남자가 여자의 사지를 절단하는 〈남자가 여자를 사랑할 때 Boxing Helena〉는 PG-13으로 규정하는 검열관들의 경직된 사고도 폭력물 범람의 일차적 요인'이라고 꼬집었다.

근래 들어 문제가 되고 있는 것은 영화 속의 살인이 하나의 장난거리로 남용되고 있다는 점.

이 같은 사례는 최신작 중 〈저수지의 개 Reservoir

Dogs〉〈칼리포니아Kalifornia〉, 올리버 스톤 감독의 〈내츄럴 본 킬러 Natural Born Killers〉와 〈메니스 투 소사이어티 Menace II Society〉 등에서 엿볼 수 있다.

심지어 〈트루 로맨스 True Romance〉 등의 청춘물에서도 패션쇼를 보는 것처럼 살인 행위가 멋드러지게 자행되고 있다.

빼놓을 수 없는 위험스런 징조는 아동 영화에 까지 인명 살상 행위가 화면을 장식하고 있다는 것이다.

폭력물, 아동 정서에까지 심대한 악영향

『할리우드 리포터』가 1993년 '아동 영화 속에 담겨진 폭력, 살상의 현주소'란 기사에 따르면 〈차일드 플레이 3 Child Play III〉(1991)를 모방하여 1993년 2월, 11세 소년이 2세 된 소년을 철도 길에서 구타하여 숨지게 한 사건이 영국 리버풀에서 발생, 그 사태의 심각성을 보여 주었다.

기사에 의하면 〈닥터 기글 Dr. Giggle〉에선 닥터 기글 박사 아들이 사람의 심장을 빼내어 미소 짓는가 하면 소녀가 또래의 소년과 성 접촉을 갖기 직전 그의 생식기를 절단하는 등 형언할 수 없는 폭력이 자행되고 있다고 보도했다.

이 외 〈나이트메어 4 Nightmare IV〉 〈아미티빌 Amityville〉 시리즈 〈디몬 Demons〉 시리즈 〈오멘 4 Omen IV〉 〈펫 세미트리 Pet Cemetery〉 등에서 어린 아이의 정서로는 수용할 수 없는 외설과 잔혹성이 담겨, 폭력에 대한 면역성을 길러 주고 있다고 경고했다.

『뉴스위크 Newsweek』는 이런 논란에 대해 색다른 견해를 피력했다.

1993년 7월 17일자를 통해 '폭력 영화와 공포 영화는 구분되어야 한다'고 주장하면서 구체적 사례를 제시한 것.

즉, '대다수 어른이 건전한 공포 영화를 즐기면서 굳이 아동들에게 그것을 못 보게 할 이유가 무엇이냐?'고 하면서 '아이가 악몽을 한두 번 꾼다고 그 아동의 삶이 비뚤어지는 것은 아니며 그런 관점에서 공포를 경험하는 것은 그리 나쁜 것만은 아니다'고 주장했다.

정신 분석학자 브루노 베틀하임이 동화를 분석한 저서 『마법의 용도 The Uses of Enchantment』에서는 '아동이 무섭고 잔혹한 동화를 읽지 못하도록 부모가 규제하는 것은 아동의 상상력을 억누르게 될지 모른다'는 의견을 그 근거로 인용했다.

이 외 '아동이 공포 영화를 어떻게 대하느냐는 연령에 따라 다르다. 보통 5-6세 이하의 아동은 현실과 허구를 잘 구별하지 못한다. 좀 더 나이든 아동은 독자적인 생각을 통해 〈오즈의 마법사〉에 등장하는 마녀를 보고 이것은 영화 속에서 나오는 이야기라는 판단을 내릴 수 있다'는 성장 치유 론을 제시했다.

그렇지만 〈쥬라기 공원〉에 대해 대다수 정신과 전문의들은 아동이 이 영화를 보고 느끼는 흥분의 강도가 심각한 수준의 악영향을 미칠 수 있다고 말해 폭력 영화에 대한 논쟁은 아동 정서 문제에 대한 논란과 겹쳐서 끊임없이 지속되고 있는 중이다.

아동, 노년층을 대상으로 한 차별 영화 속속 선보여

아동과 노년층들이 영화가의 주 고객으로 대접 받게 된 것도 1990년대 흥행가의 큰 특징 중의 하나가 됐다.

그 동안 이들은 가족용 영화의 범주 안에 갇혀 어중간한 위치에서 영화를 선택해야 하는 수모를 당해 왔었다.

하지만 각 영화사들은 자라나는 세대가 영화계의 잠재 관객이란 마케팅 전략으로 이들을 끌어 들이기 위한 소재 개발에 주력했다.

또한 노후를 맞은 장년층들에게는 영화를 그들의 고독과 외로움을 위안시켜 줄 수 있는 상품으로 부각시켜 두 계층을 끌어 들이기 위한 차별 영화를 속속 공개하기 시작한 것.

아동 영화는 〈나 홀로 집에〉(1990)의 폭발적 성공으로 인해 아동물과 아역 배우가 1960년대 이후 최전성기를 맞는 호황을 누리고 있다.

이 장르는 〈나 홀로 집에 2〉(1992)로 연속 흥행 정상을 차지한 이후 〈마이 걸〉(1992) 〈개구쟁이 데니스 Dennis The Menace〉(1987) 〈내 사랑 컬리 수 Curly Sue〉(1991) 〈작은 천재 테이트 Little Man Tate〉(1992) 〈세 남자와 아기 바구니〉의 속편 격인 〈아빠 셋, 엄마 하나〉(1992) 〈착한 아들 The Good Son〉(1993) 〈호두까기 인형 The Nutcracker〉(1993) 〈아빠 만들기 Fatherhood〉(1993) 등이 속속 개봉, 아동들의 쌈지 돈을 털어갔다.

할리우드 영화계에서는 베이비 붐 세대가 결혼 적령기에 들어서 이들의 자손이 제2의 베이비붐을 이끌 수 있다고 판단, 더욱 더 호기심 어린 시선을 끌기 위한 작품 제작에 박차를 가하고 있다.

하지만 각 영화사들은 단기간에 이들을 끌어 들이기 위해 서두르는 바람에 디즈니사의 〈라이프 위드 미키 Life With Mickey〉와 〈슈퍼마리오 형제 Super Mario Brothers〉 〈포키스 Porky's〉 〈사고뭉치 형사 Cop And A Half〉 등은 호응을 얻는데 실패했다.

〈차일드 플레이 Child Play〉 시리즈 〈배트맨〉 시리즈 〈돌맨과 악마 인형 Dollman vs Demonic Toys〉 등은 지나치게 암울한 메시지와 폭력 과다 묘사로 인해 성인 영화로 분류되는 시행착오를 겪어 이들을 공략하기 위해선 보다 고차원적인 전략이 요구됨을 실증시킨다.

아동 및 장년층, 총 관객 수 36%, 흥행 다크호스로 평가

반면 실버산업 Silver Industry 대상으로 평가된 노인층 대상 영화는 노후의 우정을 그린 〈8월의 고래 The Whales of August〉(1987)를 비롯하여 〈브리지 씨 부부〉(1990) 〈후라이드 그린 토마토 Fried Green Tomatoes〉(1991) 〈러브 어게인 Used People〉(92) 등이 노년들을 극장으로 끌여 들였다.

우주인을 통해 불로장생의 욕망을 꿈꾸는 인간의 행태를 그려준 〈코쿤 Cocoon〉(1985) 〈코쿤 2 Cocoon : The Return〉(1988) 등은 이색 소재로 박수갈채를 이끌어 낸다.

1993 - 1994 시즌 들어서도 〈그럼피 올드 맨 Grumpy Old Men〉 〈레슬링 어네스트 헤밍웨이 Wresting Ernest Hemingway〉가 흥행 차트 40위권에 진입해서 노년층이 소문 없는 수익 창구임을 재차 과시한다.

이들의 발걸음은 1970년대 〈해리와 톤토 Harry and Tonto〉(1974) 〈선샤인 보이스 The Sunshine Boys〉(1975) 1980년대 〈황금 연못 On Golden Pond〉(1981) 〈드라이빙 미스 데이지 Driving Miss Daisy〉(1989)가 아카데미 시상식에서 높은 평가를 받을 수 있는 원동력이 돼주었다.

영화 전문 주간지 『버라이어티 Variety』 자료에 따르면 1993년 영화 관객층 중 45-60세 이하의 장년층이 15%, 60세 이상이 9%, 8세에서 13세까지의 아동층이 12% 정도씩의 점유율을 보여 이 양 대층이 흥행계의 돌풍을 몰고 올 수 있는 다크호스임을 느끼게 했다.

이에 따라 메이저 영화사들과 작품성에서 승부를 걸고 있는 독립 프로덕션들은 차별화된 아이디어를 통해 아동 층과 노년층을 끌어 들이기 위한 영화제작 편수를 점차 확대해 나가고 있는 추세이다.

베스트셀러 작가들 할리우드에서 주가 높여

마이클 클라이튼 Michael Crichton과 존 그리샴 John Grisham은 할리우드의 황금 덩어리들이다.

이들이 발표하는 소설은 곧바로 영화로 만들어져 막대한 수익을 보장, 영화 판권을 위한 영화사 측의 치열한 로비 대상이 되고 있는 것이다.

그리샴은 자신의 전공을 살려 법을 사이에 두고 벌어지는 치졸한 음모와 구시대적 멜로 요소를 적절히 가미하여 흥분과 전율을 심어주고 있다.

1993년 히트 작 〈야망의 함정 The Firm〉은 시드니 폴락 연출, 탐 크루즈, 진 핵크만, 홀리 헌터, 진 트리플혼 등 개성파 연기진 등이 가세 관객들의 구미를 당겼다.

『뉴스위크』가 1993년 7월 14일자를 통해 '할리우드 영화에 대한 신뢰감을 높여준 걸작'이라는 격찬을 보낸 이 영화는 법률 사무소를 둘러싸고 벌어지는 미스터리 극.

동급생인 애비(진 트리플혼)와 학창 시절 결혼한 탓에 여유롭지 못한 생활을 하고 있는 하버드 법대 졸업생 미치(탐 크루즈)는 파격적인 대우를 제공하는 멤피스의 무명 법률 회사에 취직을 하나 이 회사가 마피아와 결탁된 사실을 알아내고 천신만고 끝에 악의 소굴에서 빠져 나온다는 것이 주된 줄거리.

스탭, 캐스트 등이 모두 1급 재능꾼들로만 모여 만든 이 영화는 시드니 폴락 감독의 이전 작품인 〈코드 네임 콘돌 Three Days of The Condor〉(1975)에 버금가는 예측불허 스릴러라는 호평을 받는다.

데이브 그루신의 끈적끈적한 재즈 스타일의 주제 음악도 영화의 품위를 높여 주는데 기여했다.

출연진 가운데 탐 크루즈의 존재는 단연 일품.

그는 초반에는 매우 오만불손한 인물로 선보이나 여러 가지 인생시련 등을 겪으면서 명성이나 재산보다 진실이 이 세상에서 가장 귀중하다는 것을 깨닫게 된다.

〈용서받지 못한 자〉에서 보안관 역으로 아카데미 조연 상을 수상한 진 핵크만은 미치의 법률 스승 애버리 톨라 역으로 등장하고 있다.

이중적이고 자기혐오에 빠진 배역을 예의 탄탄한 개성미로 알차게 포장해 주었다.

에드 해리스는 지적 감각은 없지만 우직하게 사건을 풀어 나가는 FBI 수사관 웨인 역으로 나오고 있으며 개성파 배우 윌포드 브림리 Wilford Brimley는 법률 사무소의 보안 책임자 윌니암 역으로 등장, 긴장감을 부추겨 주었다.

〈야망의 함정〉 〈펠리칸 브리프〉 등으로 법률 드라마 개척 중인 존 그리샴

빼놓을 수 없는 등장인물이 형사 비서 태미 역의 홀리 헌터.

늘 상 풍선껌을 질겅질겅 씹어 대는 그녀는 〈피아노〉로 잘 알려진 국제 스타이며 〈브로드캐스트 뉴스〉로 친숙해진 인물.

미국 사회에 만연하고 있는 물질적 탐욕에 대한 고발과 부와 권력에 집착해 자신의 비천한 출신을 숨기고 출세 지향주의로 치닫는 젊은 세대의 가치관을 낱

낱이 그려낸 것도 이 영화가 관심을 받았던 원인으로 분석됐다.

하지만 격찬 일변도의 이 영화의 최대 흠은 소설의 결말을 따르지 않고 있다는 것.

라스트 장면은 미치와 마피아가 변호사와 고객의 관계를 유지하는 것으로 결말을 내고 있는데 이에 대해 설득력이 약하다는 비판이 제기됐다.

존 그리샴 John Grisham의 연이은 돈 방석 작품인 〈펠리칸 브리프 The Pelican Brief〉는 법과 법률가 여기에 법학도 여학생을 등장시켜 스토리를 이끌어 가고 있다.

2명의 대법관이 암살된다. 그 중 한사람은 투레인 대학 법과 교수이자 수제자인 다비 쇼(줄리아 로버츠)의 연인이기도 한 토마스 칼라한(샘 쉐퍼드).

다비는 두 법률가의 연이은 살해 사건에는 무언가 연관성이 있다는 것을 감지하고 이를 파헤치기로 한다.

그녀는 사건을 탐문해 가면서 백악관이 이 암살 사건에 깊이 개입되어 있다는 징후를 발견하고 모든 사건일지를 담은 보고서 Brief를 작성한다.

그 후 그녀는 이 보고서를 영원히 은폐하려는 정보기관 요원들과 쥐와 고양이의 숨바꼭질을 하며 사건 기자인 그레이(덴젤 워싱톤)에게 이 모든 일을 털어 놓고 해결을 부탁한다.

〈야망의 함정〉과 〈펠리칸 브리프〉는 공통적으로 법을 악용하는 부정한 세력에 대한 도덕성 회복을 촉구하고 있다.

〈귀여운 여인〉 〈사랑을 위하여〉 등에서 다소 연약한 모습을 보여준 줄리아 로버츠는 〈펠리칸 브리프〉를 통해서는 부당한 악의 세력에 과감히 대응하는 강한 모습으로 변신하고 있다.

반면 컴퓨터와 유전공학 등 첨단 과학적 지식을 총동원했던 〈쥬라기 공원〉을 발표해 테크노 스릴러 Techno Thriller라는 용어를 탄생 시켰던 마이클 클라이튼 Michael Crichton은 미국과 일본의 경제 전쟁과 인종 갈등을 다룬 〈떠오르는 태양 Rising Sun〉(1993)으로 픽션 분야 1인자로 부상(浮上) 한다.

마이클 클라이튼, 파격적인 소재로 영화 아이디어맨 자처

그는 두 작품의 명성을 등에 업고 1994년 초엔 성적 희롱을 주제로 한 〈폭로 Disclosure〉를 공개, 초판 70여 만부가 단숨에 매진되는 열풍을 받는다.

신작은 여성 간부가 남자 부하 직원을 성적으로 괴롭히고 여기에 남성이 강력한 응징을 한다는 설정을 세워 이전의 사회 통념으로 지속돼 왔던 남자에 의한 여성 희롱(戲弄)이 역전됐음을 제시해 주목을 받아 낸다.

파격적 메시지를 담은 소설에 대해 작가는 '페미니즘주의자들이 완전 남녀평등을 주장하면서도 그 뒤로는 은근히 여성만을 특별 보호해 달라는 요구를 하고 있다'고 꼬집으면서 '이중적인 가치관을 갖고 있는 이들에게 경종을 울려 주기 위해 작품을 저술했다'고 밝혔다.

클라이튼은 그 동안 〈대열차 강도〉 〈코마〉 등 4편의 극영화를 연출하기도 했던 재능 꾼이지만 안타깝게도 2008년 11월 4일 암cancer으로 타계한다. 향년 66세.

〈폭로〉는 4백여만 달러로 매입되어 워너 브라더스가 마이클 더글라스, 데미 무어를 기용해 영화로도 제작된다.

이들 외에 〈붉은 10월〉 〈패트리어트 게임〉의 탐 클랜시, 〈미저리〉의 스티븐 킹 등의 소설은 극적인 스토리와 오락적 재미를 두루 갖추어 영화 소재 아이디어 뱅크로 주가를 높이고 있다.

1994년 들어 이들도 〈위다웃 리모스 Without Remorse〉와 〈나이트메어 앤드 드림스케이프 Nightmares & Dreamscapes〉를 각각 발표하여 필력을 과시했다.

〈바람과 함께 사라지다〉 속편 촬영 개시

1939년 개봉된 이래 숱한 신화를 창조하며 이야기거리를 제공했던 〈바람과 함께 사라지다〉가 장고(長考)의 준비 끝에 이 해 정초 속편 촬영에 들어갔다.

다소 아쉬운 점이 있다면 스칼렛 오하라와 레트 버틀러의 모습이 영화 화면이 아닌 TV를 통해 가족 극장용으로 제작된다는 점.

1990년대 개방적 윤리관에 맞게 다소 뜨거운 에로 장면도 삽입될 예정인데 스칼렛의 명성은 영국 배우인 조안 휄리 킬머 Joanne Whalley-Kilmer가 이어가게 됐다.

클라크 게이블이 맡았던 버틀러 역은 007 제임스 본드로 명성을 높인 티모시 달톤 Timothy Dalton이 맡아 세계 TV 역사상 가장 많은 관심과 최고의 제작비를 투입한 야심작의 힘찬 제작 행진을 내외에 알렸다.

'약간은 신경이 쓰이지만 환상적인 배역이에요. 만일 제가 이 역할을 못 맡았다면 미쳐 버렸을 거예요 I Was Nervous But It's A Wonderful Role And I Would Be Crazy If I Didn't Do It'라며 캐스팅 당시 31세인 킬머 양은 흥분을 감추지 못하면서 '비비안 리에 버금갈 연기력을 펼쳐 보일지는 의문이예요. 저는 지금도 그녀의 환상적 연기만 생각하면 절로 주눅이 들 정도입니다'고 원작의 완벽함에 재차 찬사를 보냈다.

킬머 양은 1963년 영국 정부 각료를 물러나게 했던 섹스 스캔들주인공 크리스틴 킬러 Christine Keeler의 실화를 다룬 마이클 캐이톤-존스 Michael Caton-Jones 감독의 〈스캔들 Scandal〉(1989)을 통해 육감적인 매력을 보여준 히로인이다.

버틀러 타입의 콧수염으로 분장을 한 달톤은 '아주 어려운 작업입니다. 그러나 훌륭한 시나리오가 있기 때문에 걱정 없습니다. 저는 클라크 게이블을 흉내 내고 싶지 않아요 It Is Quite A Task, But We've Got A Damn Good Script, I Don't Want To Copy Gable'라고 세기적 배역을 맡은 소감을 피력했다.

총 4천만 달러가 투입되어 8시간짜리 시리즈로 선보인 〈바람과 함께 사라지다〉 속편 〈스칼렛 Scarlet〉은 국내에서도 출간 되자 마자 베스트셀러가 된 알렉산드라 리플리 Alexandra Ripley의 작품을 근간으로 했다.

영국, 아일랜드, 미국 등지에서 로케이션 됐으며 1994년 11월 전세계 40여 개 국에서 동시 방영됐다.

애초 〈스칼렛〉의 히로인 역은 줄리아 로버츠, 데미 무어, 니콜 키드만 등이 치열하게 경합을 벌였는데 브라운 눈동자를 갖고 있는 다소 무명의 킬머에게 돌아가 파격적인 캐스팅이라는 지적도 받았다.

이외 주요 출연진들로는 지방유지 마담 역엔 할리우드 여배우 앤 마가렛 Ann Margret, 스칼렛의 조부로는 연기파 배우 존 길거드 John Gielgud 경이 출연하고 있다.

제작을 맡은 로버트 할미 Robert Halmi는 자신의 이번 작품이 'TV 영화 역사상 가장 유명한 연속 모험물 The Most Famous Screen Cliff-Hangers이 될 것이다'고 자신감을 드러내 이 드라마에 쏠리는 전세계 애호가들의 조바심을 더욱 부채질 해주었다.

메이저 담배회사, 영화 통해 판촉전

세계 굴지(屈指)의 담배회사들은 대중예술인 영화를 통해 은근히 흡연 인구의 확대를 꾀하고 있다.

1991년 공개된 미키 루크, 돈 존슨 주연의 〈할리와 말보로 맨 Harley Davison & The Marlboro Man〉은

제목에서 느낄 수 있듯이 세계 제 1의 담배 회사인 필립 모리스가 자사 담배를 판촉하기 위해 선보인 작품.

이 영화에서 범죄 집단을 응징하는 미키 루크와 돈 존슨 양 배우는 무려 30회 이상의 흡연 장면을 보여주어 노골적인 흡연 충동을 불러 일으켰다.

영화 개봉 이후 말보로 담배의 판매량이 5% 이상 증가된 것으로 밝혀져 영화 매체의 위력을 입증시켜 주었다.

애초 필립 모리스 사와 경쟁 관계에 있었던 RJR사가 알 파치노 주연의 〈사랑의 파도 Sea of Love〉(1989)에서 자사의 대표적인 담배인 '입생 로랑'을 선보였는데 이것이 판매량 증가로 연결 되자 영화를 활용한 담배 판촉전이 치열하게 전개되기 시작했다.

미국 영화 학자들은 영화 속에서 가장 멋있게 담배를 피운 배우로 단연 마릴린 몬로를 꼽고 있다.

그녀는 〈돌아오지 않는 강 River of No Return〉(1954) 〈신사는 금발을 좋아해 Gentlemen Prefer Blondes〉(1953) 등을 통해 '마릴린 신드롬'을 불러 일으킬 정도로 멋드러진 모습을 보여 주었다.

그녀가 생전에 늘 애용했던 것은 입생 로랑.

이런 이유로 이 담배는 여성들의 담배로 인식되기 시작했다.

〈원초적 본능 Basic Instinct〉(1992)에서 샤론 스톤이 마이클 더글라스에게 취조(取調)를 당하면서 피우는 담배도 이 회사 제품이다.

이런 붐을 꺾기 위해 필립 모리스사가 남성 담배임을 내세운 것이 락크 Lark.

이 담배는 제임스 코반이 〈대탈출 The Great Escape〉(1963) 〈황야의 7인 The Magnificent Seven〉(1960) 등에서 선보였으며 코반은 락크 전속 모델로 활동했다.

영화 속에서 흡연을 조장(助長)하는 경쟁이 가속화되자 이에 제동을 건 이가 〈왕과 나〉의 대머리 스타 율 브린너. 그는 지나친 흡연으로 폐암 Cancer of The Lungs에 걸려 사망했다.

생전에 '여러분, 제가 일찍 담배를 끊었다면 좀 더 멋진 작품을 남길 수 있었는데 흡연으로 인해 지금 투병 생활을 하고 있습니다'라는 비장한 금연 광고를 남기기도 했다.

영화 속에서 흡연 장면은 〈이지 라이더〉에서 처럼 기성세대에 반항을 하거나 〈블랙 레인 Black Rain〉(1989)처럼 처음 만나 어색한 상태를 해소 시킬 때 즐겨 소도구로 사용된다.

〈카사블랑카〉 〈프랭키와 자니 Frankie and Johnny〉(1991) 〈연인 The Lover〉(1992)처럼 남녀가 서로의 정분을 나눌 때도 아주 효과적으로 등장하고 있어 담배는 유해 논쟁을 불러일으키면서도 영화계와의 유착 관계는 지속될 것으로 전망하고 있다.

할리우드 강타한 중국 영화인 등장

1990년대 들어 할리우드에서는 중국과 독일, 이태리 출신 감독들의 활약이 두드러지고 있다.

죽의 장막 Bamboo Curtain에 가려 외부 세계와 철저히 단절되어 있었던 중국은 1980년대 중반부터 칸, 베를린 영화제를 통해 그들의 높은 영화 감각을 과시해 주목을 받기 시작한다.

장예모는 〈붉은 수수밭〉 〈홍 등〉 〈귀주 이야기〉 등을 잇달아 미국 시장에서 개봉시키는 기염을 토했다.

〈현 위의 인생 Lark on A String〉의 첸 카이거 Chen Kaige도 칸 그랑프리 작품 〈패왕별희 Farewell My Concubine〉를 통해 중국인의 문화 저력을 입증시켜 주었다.

이 영화는 1966년부터 1976년까지의 문화 혁명 당시 극좌파들의 횡포를 동성연애자들을 통해 고발해, 중국 본토에서는 상영 금지 됐다가 해금되는 우여곡절을 겪는다.

장예모와 첸 카이거는 주로 사회주의 어두운 이면과 집권 계층의 부조리 등을 고발, 중국 당국으로 부터 늘 상 감시의 대상이 되고 있다.

반면 〈조이 럭 클럽 The Joy Luck Club〉의 웨인 왕 Wayne Wang, 〈북경 녀석들 Beijing Bastards〉의 장 유안 Zhang Yuan, 〈결혼 피로연〉의 이 안 감독 작품 등은 발표 즉시 해외 영화계에서 호평을 받는 성원을 받는다.

액션 영화의 거물인 오우삼 John Woo은 장 클로드 반담을 기용해 〈하드 타킷 The Hard Target〉을 공개하는 수완을 발휘한다.

중국 영화와 영화인들이 미국 뿐 만 아니라 유럽 시장에서 기대 이상의 성과를 얻자 메이저 자본의 후원 의사가 끊이질 않고 있다.

〈패왕별희〉는 대만의 절대적인 지원으로 빛을 보게 됐다.

『버라이어티 Variety』지는 1994년 신년호를 통해 아시아 영화 시장의 리더인 이들 중국 감독들이 향후 10년 안에 국제 흥행가에서 본격적으로 두각을 나타낼 것이라고 진단했다.

독일 영화인의 미국 시장 진출 논란 분분

독일 영화인들은 빔 벤더스 등 몇몇 이들을 빼곤 대다수 재능인들이 할리우드를 제 2의 활동지로 삼아 기량을 펼치고 있는 중이다.

볼프강 피터센 Wolfgang Petersen 감독은 〈U 보트〉 〈네버 엔딩 스토리〉 〈가면의 정사 Shattered〉 등의 히트를 등에 업고 1993년에 대통령 경호원의 애환을 담은 〈사선에서 In The Line of Fire〉를 발표하여 흥행 감독의 탄탄한 입지를 마련했고 연이어 〈서프라이즈 파티 The Surprise Party〉를 선보인다.

칼 쉔켈 Carl Schenkel 감독은 〈나이트 무브 Knight Moves〉 〈여행 Voyage〉 등으로 할리우드에 데뷔한 뒤 신작으로 〈우회 Detour〉를 공개했다.

또한 〈브룩클린으로 가는 마지막 비상구 Last Exit To Brooklyn〉로 미국 사회의 이면을 파헤쳤던 울리 에델 Uli Edel은 스캔들 메이커 마돈나와 윌렘 대포우를 기용하여 〈육체의 증거 Body of Evidence〉를 발표, 외설 논쟁을 일으키기도 했다.

〈유니버셜 솔저 Universal Soldier〉로 독특한 SF 장르를 개척한 롤란드 에머리히 Roland Enmerich는 오락 영화 전문 메이커인 캐롤코 사의 후원으로 또 다른 SF 액션물 〈스타 게이트 Stargate〉를 연이어 개봉 시켰다.

〈연어 알 Salmonberries〉로 1991년 몬트리올 월드 필림 페스티발 Montréal World Film Festival 그랑프리를 차지했던 퍼시 아드론 Percy Adron 감독은 〈바그다드 카페 Bagdad Cafe〉로 잘 알려진 연출자.

그는 1994년 벽두에 자신이 설립한 L A 소재의 펠리멜 필름 Pelemel Film을 통해 〈영거 앤 영거 Younger and Younger〉를 내놓았다.

이처럼 독일 출신들이 할리우드로 속속 입성하는 것은 국제 영화를 지향하려는 할리우드 제작자들의 의도와 보다 폭넓은 환경에서 영화 안목을 넓히려는 독일 영화 작가들의 이해타산이 맞물려 하나의 현상으로 붐을 이루고 있는 것이다.

21세기 네오 리얼리즘 꿈꾸는 이태리 영화인들

독일의 재능 있는 영화인들이 무지개 꿈을 달성하기 위해 할리우드로 이적하는 것에 대해 독일 영화업계는 상당한 우려를 나타내고 있다.

그것은 이들이 고국을 떠남으로 인해 생기는 자국 영화의 침체를 염두에 두기 때문이다.

시사 전문지 『슈피겔 Der Spiegel』은 '독일 영화인들이 할리우드의 부와 명예를 위해 도박을 벌이는 것은 스스로의 묘혈(墓穴)을 파는 함정도 도사리고 있다는 것을 알아야 한다'고 공개적인 비판을 가했다.

반면 이태리 영화인들은 1993년 작고한 페데리코 펠리니를 비롯 〈시네마 천국〉의 쥬세페 토르나토레, 〈지중해 Mediterraneo〉의 가브리엘 살바토레 등은 고집스럽게 자국을 기반으로 해서 할리우드의 평가를 이끌어 내고 있다.

이들 연출진들은 1940-1960년대 세계 영화 가를 석권했던 비토리오 데시카, 루키노 비스콘티, 피에트로 제르미, 로베르토 로셀리니 등의 화려한 전설을 재차 부흥시키기 위해 작가 역량을 투입하고 있는 것이다.

현재 이태리 영화계는 그 어느 때 보다도 신진 영화인들의 활동이 두드러지고 있다.

〈분리된 영혼 A Split Soul〉의 실비오 솔디니 Silvio Soldini, 〈그레이트 펌프킨 The Great Pumpkin〉의 살바토레 프란체스카 아치부기 Salvatores Francesca Archibugi, 〈쟈니 스테치노 Johnny Stecchino〉의 로베르토 베니그니, 〈도네 콘 르 고네 Donne Con Le Gonne〉의 프란체스코 누티 등이 21세기 네오 리얼리즘 기수로 탄탄한 입지를 개척하고 있다.

여기에 이태리에는 카를로 베르도네, 모리시오 니체티, 마시모 트로이시 등의 중견 배우가 포진해서 마르첼로 마스트로얀니, 소피아 로렌의 위업을 잇기 위한 암중모색을 벌이고 있다.

이태리 영화계는 씨네시타 Cinecitta, 디어 앤 엘리오스 Dear and Elios 등의 대형 스튜디오 외에 루키레드 Lucky Red, 체인지 Change, 데어 컴퍼니 Dare Company 등 독립 프로덕션이 신세대 영화인들의 발표 기회를 적극적으로 마련해 주고 있다.

이들 제작사들은 정치권의 부패로 암울해 있는 이태리 국민들의 문화 정서를 위안시켜 주는 산파역을 자임하면서 칸, 베니스, 베를린, 아카데미 등을 통해 속속 입상작을 탄생시켜 그 어느 때 보다도 기대어린 시선을 받고 있는 것이다.

미국의회 필림 보관소, 〈대부 2〉 등 25편 영구 보관

〈파리의 아메리칸 An American In Paris〉 〈블레이드 러너〉 〈뻐꾸기 둥지 위로 날아간 새 One Flew Over The Cuckoo's Nest〉 등 미국 영화 25편이 미국 의회 필름 보관소 The National Film Registry at The Library of Congress에 1994년분으로 새롭게 등재됐다.

이들 영화 외에 〈어느 날 밤에 생긴 일〉 〈나이트 엣 더 오페라 A Night at The Opera〉 〈대부 2〉 등이 포함됐다.

이번 선정 작업을 주도한 제임스 H. 빌링톤 James H. Billington은 '이들 영화들이 미국 영화계를 대표한다고는 확실히 단정할 수 없다. 하지만 대중적인 관심도 문화, 역사적 가치, 심미안적인 영상 기술 발전도 등을 두루 참작해 객관적인 추천을 했다'고 선정 의미를 밝혔다.

이와 같은 작업은 1988년에 제정된 국가 영화 보호법 National Film Preservation Act에 의해 매년 25편 내외에 작품이 영구 보존 작업을 거치고 있다.

빌링톤은 필름 부식(腐蝕)과 보관 미숙으로 많은 걸작 영화들이 사라지고 있다고 공개하면서 1920년대 무성영화들은 근 80%가 흔적조차 없어져 이 같은 보관 작업은 지속적으로 행해져야 할 국책 사업이라고 강조했다.

'우리 다음 세대들은 지금과 같은 영상 작품의 유실

(遺失)이 지속된다는 것을 결코 잊지 않을 것'이라고 덧붙였다.

이 해의 경우는 보다 폭넓은 장르를 소화시키기 위해 〈래시 Lassie Come Home〉(1943) 〈황무지 Badlands〉(1973) 〈셰인 Shane〉(1953) 〈히즈 걸 프라이데이 His Girl Friday〉(1940) 등과 같은 서부극 애니메이션, 다큐멘터리, SF 영화 등을 포함시켜 지금까지 총 125편이 소장 목록에 오르게 됐다.

안전한 흥행성 확보 위해 속편 제작 가속

1994년 벽두부터 할리우드 스튜디오들은 경쟁적으로 히트작의 속편 만들기에 뛰어 들었다.

1970년대 중반 부터 몰아닥친 속편 제작 붐은 〈스타워즈〉 〈인디아나 존스〉 〈백 투 더 퓨처〉 〈비버리 힐즈 캅〉 〈배트맨〉 〈고스트버스터즈〉 등의 시리즈 작이 모두 알찬 수익을 챙겨 줌으로써 더욱 자신감을 얻게 해 준 것이다.

이 외에도 미국 내 산재되어 있는 5백여개의 CATV에 소프트웨어를 판매할 때도 이미 영화 관객들에게 호응을 얻은 작품이 판매에 수월하다는 점도 이 같은 제작 열기를 부추기는 것으로 알려졌다.

영화 비평가들도 이미 친숙해 진 작품들은 비디오 시장에서도 연달아 대여 열기를 가속시킨다는 소비자들의 취향으로 인해 이러한 영화 제작 패턴은 당분간 지속될 것으로 진단했다.

2년 전 메이저 제작 영화는 총 133편이었는데 1994년은 170여 편에 달했다.

제작 수치를 증가시킨 요인은 신작보다도 이전 히트작의 시리즈 영화가 대부분을 차지한 것은 자명한 일.

이 해 상반기 중 흥행 가에서 공개된 시리즈 물 중 컬럼비아 영화사 제작의 〈마이 걸 2 My Girl 2〉, 뉴 라인 시네마 New Line Cinema의 〈하우스 파티 3 House Party 3〉, 트라이마크 Trimark의 〈데드 위시 5 Death Wish 5〉 등이 주목을 받았다.

유니버셜의 〈베토벤 2 Beethoven's 2nd〉, 파라마운트의 〈웨인즈 월드 2 Wayne's World 2〉, 디즈니사의 〈시스터 액트 2 Sister Act 2〉 등은 4천 7백만에서 5천 3백만 달러의 수익을 챙겨주어 메가톤 급 히트는 못했지만 평균 이상의 소득을 얻게 해주었다.

독립 프로덕션인 뉴 라인 시네마가 소액을 투입한 〈하우스 파티 3〉의 경우, 1천 7백만 달러를 벌어들이자 이 회사는 곧바로 4편에 착수하는 기민성을 보였다.

여름 흥행 가를 통해 디즈니사의 〈마이티 덕 2 Mighty Ducks II〉, 워너 사의 〈메이저 리그 2 Major League II〉, 디즈니의 〈늑대 개 2 White Fang II〉, 파라마운트의 〈총알 탄 사나이 3 Naked Gun 33 3/1〉, MGM의 〈댓즈 엔터테인먼트 3 That's Entertainment III〉, 트라이마크의 〈레프리콘 2 Leprechaun II〉가 속속 제작, 그 어느 해보다도 속편 영화 열기가 뜨겁게 몰아닥친 한 해가 됐다.

1990년대 들어서는 1970년대와 같은 메가톤 급 시리즈 히트 작이 탄생되지는 못했지만 트라이스타 픽처스 TriStar Pictures의 〈터미네이터 2 Terminator 2 : Judgemment Day〉가 2억 달러, 워너 브라더스의 〈배트맨 2〉, 20세기 폭스의 〈나 홀로 집에 2 Home Alone 2 : Lost In New York〉가 각각 5천만 달러의 흥행을 기록, 이 장르가 가장 안전한 장사를 했음을 보여 주었다.

평균 영화 제작비가 2천 5백만 달러를 상회하는 것을 염두에 둘 때 이와 같은 시리즈 영화의 수익 금액은 각 영화사들이 군침을 흘릴 수밖에 없는 요소인 것이다.

메이저 급 영화사들은 시리즈 히트작을 내기 위한 도박에 나섰고 관객들은 7달러의 입장료를 어떤 속편 영화에 던질 것인가 하는 행복한 고민을 하게 됐다.

아카데미 협회와 영화사, 비디오 심사로 설전

영화는 극장을 통해 관람해야 된다는 것은 하나의 가치관으로 정립될 정도로 굳어진 관례.

하지만 이 해 아카데미 협회는 TV를 통한 비디오 심사를 시도하는 일부 영화사들로 인해 매스 미디어 신경전을 벌여야 했다.

예전만해도 5천여 명에 육박하는 아카데미 투표인단은 흘러 넘쳐나는 무료 테이프를 마다하고 극장을 통해 후보작에 대한 심사를 해왔다.

아카데미 협회도 각 영화사들에게 오스카 캠페인은 할리우드 영화 전문 관련지의 광고를 통해서만 시도할 수 있도록 강력히 권유해 왔다.

하지만 근래 들어 비디오 해적판의 범람을 염려하는 의견 속에서도 비디오 카세트 레코더에 의한 심사 권유가 은근히 번져 나가고 있는 것이다.

이 해만 해도 아카데미 회원들은 예술 영화인 〈피아노 The Piano〉 〈남아 있는 나날 The Remains of The Day〉을 비롯해 값싼 아동용 영화인 〈홈워드 바운드 Homeward Bound : The Incredible Journey〉 그리고 쉽게 망각되어 버리는 값싼 스릴러 〈맬리스 Malice〉 등을 비디오테이프로 받아 보았다.

4시간짜리 〈게티스버그 Gettysburg〉는 2개의 비디오로 그리고 데브라 윙거 주연의 〈위험한 여인 A Dangerous Woman〉 등은 지역 극장에서 개봉되기도 전에 협회원들의 자택 문 앞으로 미리 우송됐다는 소식도 전해졌다.

여기에 워너 브라더스 영화사도 해리슨 포드, 토미 리 존스와 감독 앤드류 데이비스의 수상을 위해 〈도망자 The Fugitive〉의 테이프를 각 심사 위원들에게 신속히 전달하는 발 빠른 움직임을 보였다.

이런 시도에 대해 아카데미 관계자들은 '비디오를 통한 심사는 영화 예술이 담고 있는 정확한 메시지를 왜곡시킬 우려가 있다'는 의견을 제시했다.

일부 독립 영화사, 비디오를 통한 투표 이점 홍보에 주력

일례로 로버트 알트만 감독의 〈숏 컷 Short Cuts〉의 경우는 TV 앵커, 경찰관, 일반인 등 다양한 사람들의 하루 일상을 다채로운 사건을 나열해서 펼쳐주는 코미디 드라마.

쉴 새 없이 나열되는 도심과 가정에서 벌어지는 사건은 70미리 대형 화면으로 관람해야만 영화의 진가를 느낄 수 있는 것인데 이를 협소한 비디오 형식으로 시청해서 심사를 한다는 것은 보다 많은 우수 점을 스스로 방기(放棄)하는 행동이 될 것이라고 비디오 심사의 한계점을 구체적 사례를 통해 제시했다.

유니버설측은 이런 혼전 속에서 유태인 대학살 영화 〈쉰들러 리스트〉와 〈쥬라기 공원〉에 대한 심사는 극장 관람을 통해 평가를 내려줄 것을 요구하며 일부 투표 단이 요구하는 비디오 제출을 거부, 아카데미 측을 위안시킨다.

대다수 영화인들은 창조성이 요구되는 의상, 촬영, 특수 효과 등은 비디오 심사를 통해서는 수용할 수 없다는 의견을 내세우며 반드시 극장 관람을 통해 투표권을 행사해 주도록 요청한다.

하지만 독립 배급사 등을 주축으로 한 마이너 영화사들은 '상반기나 여름 시즌에 공개된 작품들은 언제든지 관람해 볼 수 있는 비디오 심사가, 투표 막바지에 공개되어 강한 인상을 줄 수 있는 최신작과 공정히 대결할 수 있는 방편이 될 수 있다' 고 주장, 서로의 의견 차이를 좁히지 못했다.

아카데미 협회와 영화사 측이 벌이는 비디오 심사

공방 중에도 〈헛소동 Much Ado About Nothing〉 〈필라델피아〉 〈아버지의 이름으로 In The Name of The Father〉 등의 비디오테이프와 사운드트랙 그리고 화려한 스틸을 담은 제작 화보집이 아카데미 협회원에게 무료로 속속 전해져 오스카 열기는 1994 정초부터 서서히 달아오른다.

아카데미 임원 2/3 교체

아카데미 시상식을 주관하고 있는 영화 예술 과학 아카데미 Academy of Motion Picture Arts and Sciences는 1993년 하반기에 전체 임원 12인 중 7명을 교체한다.

3년 임기의 새 회원이 된 인물은 배우 그레고리 펙을 비롯, 마사 쿨리지(감독), 로버트 달러(프로듀서), 프랭크 대어슨(시나리오 작가), 알버트 볼스키(미술 감독), 돌 홀(기술 감독), 콘래드 홀(사진작가)과 재신임을 얻은 이들은 브루스 브로그톤(작곡가), 하워드 W. 코치(제작자), 사울 바스(단편 영화감독), 마빈 제이 레비(출판업자) 등이며 『세일즈 맨의 죽음 Death of a Salesman』(1949)으로 유명세를 얻은 극작가 playwright 아서 A 밀러 Arthur Asher Miller가 회장으로 추대 받는다.

〈쥬라기 공원〉, 전세계 8억 달러 수익 챙겨

1994 신년 할리우드 영화 가에 로빈 윌니암스 주연의 〈미세스 다웃파이어 Mrs. Doubt fire〉와 줄리아 로버츠의 〈펠리칸 브리프〉가 용호상박(龍虎相搏)의 치열한 흥행 수치 다툼을 하는 가운데 1993년 흥행 수익 결산의 소식이 전해졌다.

『할리우드 리포터』지 전문 영화분석가 A. D. 머피 A. D. Murphy의 조사 자료에 따르면 1993년 할리우드 영화가가 거두어들인 수익은 총 52억 달러로 집계, 역대 최고 수익을 세웠던 1989년의 50억 3천만 달러를 가볍게 경신한 것으로 최종 집계됐다.

또다른 영화 분석가들의 조사에 의하면 1993년 흥행작은 평균 1억 6천만 달러에서 1억 7천만 달러의 수익을 유지해 그 어느 해보다도 풍성한 흥행 잔치가 벌어졌음을 느끼게 했다.

1993년 11월 공개된 〈미세스 다웃파이어〉는 주말에만 1천 7백만 달러를 벌어 들였고 〈펠리칸 브리프〉는 1천 2백 5십만 달러를 기록, 제작사인 20세기와 워너브라더스는 양보 없는 흥행 선전 작전을 전개시키기도 했다.

1993년 흥행가 상위 작품들은 공룡을 내세워 인간의 탐욕을 응징한 〈쥬라기 공원 Jurassic Park〉을 위시해서 〈사선에서 In The Line Of Fire〉 〈도망자 The Fugitive〉 〈야망의 함정 The Firm〉 〈시애틀의 잠 못 이루는 밤 Sleepless In Seattle〉 〈미세스 다웃파이어〉 〈은밀한 유혹 Indecent Proposal〉 등이 평균 1억 달러를 간단히 돌파, 1993년 행운의 흥행 베스트 7에 랭크된다.

1992년의 경우 흥행 탑은 1억 6천 3백만 달러를 기록한 팀 버튼 감독의 〈배트맨 2 Batman Returns〉였는데 1993년은 〈쥬라기 공원〉이 미국, 캐나다에서만 3억 3천 9백만 달러를 챙겨, 전년도 수위작의 체면을 여지없이 깎아 버렸다.

〈쥬라기 공원〉의 수익은 미국 대륙 수익에서는 〈이티〉의 3억 5천 9백만 달러에 못 미쳤지만 전세계에서

5억 3천 1백 40만 달러를 거둬들여 총 8억 7천 40만 달러를 돌파, 영화 역사상 최고의 흥행 수익을 얻은 영화 중 한편으로 등록되는 영광을 얻는다.

애초 흥행 기대주로 주목 받았으나 참패를 본 작품들로는 골드윈 배급, 케네스 브래너 감독의 〈헛소동 Much Ado About Nothing〉으로 겨우 2천 3백만 달러에 그쳤고 〈결혼 피로연 The Wedding Banquet〉이 6백만 달러, 미라막스 영화사 Miramax Films가 배급한 〈달콤 쌉쌀한 초콜릿 Like Water For Chocolate〉이사 2천만, 그리고 칸 영화제 황금종려상, 아카데미 여우상(홀리 헌터) 수상으로 작품성은 인정받았던 〈피아노 The Piano〉도 할리우드에선 1천 3백만 달러라는 저조한 흥행 수치를 세우는 것으로 만족해야 했다.

앞서 이야기 했듯이 시리즈물이 연속적으로 공개된 것도 1993년의 특징이다.

〈나 홀로 집에 2 Home Alone 2〉 〈리셀 웨폰 3 Lethal Weapon 3〉 〈배트맨 2〉 등이 속편으로 1992년 베스트 10에 차지한 위세를 등에 업고 〈시스터 액트 2 Sister Act 2〉 〈웨인즈 월드 2 Wayne's World 2〉 〈아담 패밀리 2 Addams Family Values〉 등이 속속 극장가에 붙여졌다.

美,『피플 People』지 선정 1993 최우수, 최악의 영화 10

미국 대중 주간지『피플 People』은 1993년도에 개봉된 수많은 작품 중 최우수, 최악의 영화 10을 선정, 1994년 1월 3일자를 통해 발표한다.

이 자료는 아카데미 작품상 선정의 지침서로 활용될 만큼 중요도를 인정받고 있다.

올 해의 경우 예상 적중도는 어떻게 될지 선정 이유를 통해 미리 가늠해 보자. (순위는 무순)

❖ 최우수 영화 베스트 10

1. 〈도망자 The Fugitive〉

▪**선정 이유** : 해리슨 포드가 토미 리 존스에게 쫓기다 225피트 높이의 댐에서 몸을 날리는 모습은 1993년도 영화 중 가장 숨을 막히게 Breathtaking 했던 명장면. 이외 교도소 수용 버스와 열차가 충돌하는 와중에 버스에서 뛰어 내리는 것과 끈질기게 연방 수사관 역할을 수행하는 토미 리 존슨의 행동은 관객들의 손톱을 뜯게 만드는 Nail Biting 즐거움을 주었다.

2. 〈필라델피아 Philadelphia〉

▪ **선정 이유** : 유망한 청년 변호사 Attorney가 AIDS로 서서히 죽어 가는 모습은 탐 행크스의 열연에 힘입어 최루성 영화 Maudlin Film의 수작이 되는데 일조했다. 여기에 조나단 뎀의 섬세한 연출력이 즐거움과 마음의 동요를 이끌어 내는 휴먼 드라마의 걸작이 되게 했다.

3. 〈숏 컷 Short Cuts〉

▪**선정 이유** : 로버트 알트만 감독은 레이몬드 카버 Raymond Carver의 원작을 때로는 거칠게, 한편으로는 유쾌하게 한 수 한 수를 꿰매면서 중산층의 삶의 일단을 묘사해 주었다.

4. 〈데이브 Dave〉

▪**선정 이유** : 케빈 클라인이 보여준 임시 대역 대통

령 Stand-in President 역은 재치와 현명함을 곁들여 장삼이사(張三李四)들의 꿈이 현실화 되는 것 같은 착각을 심어주었다. 또 하나 올리버 스톤의 예기치 않은 카메오 연기 Cameo Role는 고도로 계획된 웃기는 장면 Conspiracy Shtick이다.

5. 〈피아노 The Piano〉

▪ **선정 이유** : 벙어리 홀리 헌터가 피아노의 선율을 통해 자신의 의사 소통을 하는 장면은 19세기 뉴질랜드의 풍경과 어우러져 신비감을 가득 선사해 주었다. 연출자 제인 캠피온 Jane Campion은 시대극의 정의를 재정립시키는 공헌했다.

6. 〈쥬라기 공원 Jurassic Park〉

▪ **선정 이유** : 실제 눈앞에 출현한 듯 한 공룡이 벌이는 난폭한 파괴 행동은 전율 감을 고조 시켰다. 인간들의 휴양지를 영화 소재로 활용할 수 있는 아이디어를 제공한 것도 큰 업적.

7. 〈쉰들러 리스트 Schndler's List〉

▪ **선정 이유** : 스필버그가 재차 건재를 과시한 작품. 과학적 술수를 이용한 마법적 작업이 아니라 한 인간의 행동을 통해 뛰어난 영웅상을 구현한 대학살 소재 영화 Holocaust Movie.

8. 〈사선에서 In The Line of Fire〉

▪ **선정 이유** : 63세의 클린트 이스트우드가 대역적 존 말코비치 John Malkovich를 시원히 때려 눕혀 오만한 대통령의 암살을 모면시켜 준다.

클린트는 대통령 뿐 아니라 영화 흥행계의 구원자로도 단단히 제 역할을 수행하고 있다.

9. 〈칼리토 Carllto's Way〉

▪ **선정 이유** : 마약 중독에 빠진 타락한 법률가 숀 펜과 범죄 세계에서 탈출하려다 동료의 손에 의해 죽음을 당하는 알 파치노의 연기가 1994년 신년 흥행 가를 강타했다. 〈대부〉를 브라이언 드 팔마 감독 스타일로 선보인 작품이라는 지적도 받았다.

10. 〈순수의 시대 The Age of Innocence〉

▪ **선정 이유** : 마틴 스콜세즈의 격조 높은 소프 오페라 Soap Opera. 에디스 워톤 Edith Wharton의 원작을 격조 높은 수준으로 끌어 올렸다.

☺ 탑 10 외의 추천작

〈조이 럭 클럽 The Joy Luck Club〉
〈시애틀의 잠 못 이루는 밤 Sleepless In Seattle〉
〈남아 있는 나날 The Remains of The Day〉
〈달콤 쌉사름한 초콜렛 Lịke Water for Chocolate〉
〈아담 패밀리 2 Addams Family Values〉

❖ 최악의 영화 10 Worst of Screen 10

1. 〈저스티스 Poetic Justice〉

▪ **선정 이유** : 팝 가수 쟈넷 잭슨의 영화 데뷔작이라는 이슈 외에는 특기할 것이 없다.

남부 L A의 우편배달부와 사랑에 빠지는 과정을 지나치게 진지하게 그려 부담을 자아냈다.

2. 〈남자가 여자를 사랑할 때 Boxing Helena〉

▪ **선정 이유** : 주제가 우선 제정신이 아니다.

사랑한다는 이유만으로 연인의 사지를 절단하여 Amputate 그녀를 휴대하기 간편하게 만든다는 정신이상자의 행각이 소름만 끼치게 한다.

제니퍼 린치는 부친 데이비드 린치의 명성에 흠집만 냈다. 결론적으로 지루한 Dull 영화.

3. 〈라이프 위드 미키 Life With MIkey〉

▪ **선정 이유** : 수백만 달러의 제작비가 투입된 92분짜리 영화가 관객들에게 이구동성의 결론을 얻었다.

'이 영화는 정말 아니야!'

4. 〈마지막 액션 히어로 Last Action Hero〉

▪ **선정 이유** : 영화 속의 영화가 진행된다는 것이 그나마 흥밋거리.

하지만 아놀드 슈왈제네거가 맡고 있는 잭 슬레이터는 어느 것이 진짜 아놀드인지를 알아내려는 관객들에게 혼란만 심어 주었다.

5. 〈슬리버 Sliver〉

▪ **선정 이유** : 샤론 스톤과 윌니암 볼드윈의 당위성 없는 성애 장면은 새로운 장르를 개척했는데 그것은 범인이 누구인지 상관하지 않는 추리 극 Whodunit.

6. 〈마이 라이프 My Life〉

선정 이유 : 〈사랑과 영혼〉의 시나리오 작가 브루스 조엘 루빈 Bruce Joel Rubin은 마이클 키튼을 죽음으로 몰아넣어 쇼킹한 충격을 줄려고 했지만 진실성 없는 내용 전개로 과거의 신뢰감만 훼손 시켰다.

7. 〈은밀한 유혹 Indecent Proposal〉

▪ **선정 이유** : 로버트 레드포드가 맡은 잘생긴 억만장자 Billionaires의 모습은 실제 생활에서는 전혀 접할 수 없는 인물이다. 이런 이유로 그의 영화 속 행동은 그저 영화 속 이야기로 치부되어 공감을 확산시키지 못했다.

8. 〈리얼 맥코이 The Real Mccoy〉

▪ **선정 이유** : 킴 신저가 맡고 있는 전직 은행 강도 역은 말문이 막힐 정도로 실망감을 주었다.

그녀가 혼자 흥에 겨워 연기에 열중할 때 극단적 관객은 이런 소리를 했다. '귀신은 뭐하나?…'

9. 〈육체의 증거 Body of Evidence〉

▪ **선정 이유** : 이 영화가 끼친 업적이라고는 '위험한 게임 Dangerous Game' 등과 같은 숱한 모방 작품이 영화가에 넘쳐흐르게 했다는 점.

이 외 마돈나가 〈육체의 증거〉를 통해 보여준 것은 연기보다는 육신을 통해 여배우 타이틀을 얻으려는 눈물겨운 행동 외에는 없었다.

10. 〈크리스마스 전의 악몽 The Nightmare Before Christmas〉

선정 이유 : 눈이 부실 정도로 쏟아 부은 SF 기법은 소년들을 건드려 부모들의 호주머니를 털어내는 데 공헌했다.

하지만 보는 동안 눈요기로 속아 넘어간다는 느낌을 증폭시켜 경멸 Boo의 소리가 저절로 나오게 했다.

☺ 이외 최악의 추천작

〈귀여운 빌리 Born Yesterday〉
〈사위 Son-In-Law〉
〈개구장이 데니스 Dennis The Menace〉
〈메이드 인 아메리카 Made In America〉
〈미스터 존스 Mr. Jones〉

독일, 외국어 영화상 수상 위해 암중모색

독일은 그동안 이태리, 프랑스에 비해 아카데미에서 별다른 업적을 세우지 못했다고 판단, 이 해에는 외국어 영화상을 따내기 위한 치밀한 작전을 펼쳤다.

독일 영화 선정위원회 German Selection Committe는 아카데미의 1개국 한 작품 규정에 따라 수많은 작품 가운데 최종적으로 빔 벤더스 감독의 〈멀고도 가까운 Far Away, So Close〉, 조셉 빌스마이어 감독의 〈스탈린그라드 Stalingrad〉, 한스 게이센도엘퍼 Hans Geissendoerfer 감독의 〈정의 Justice〉를 최종 심의 작품으로 올려놨다.

이 중 10인의 위원들은 만장일치로 〈정의〉를 선택했다.

그 이유는 나머지 두 영화는 작품성에서는 인정받았으나 관객들에게 완전히 외면당했다는 점이 결격 사유가 됐다.

할리우드에 거의 알려지지 않은 한스 감독은 하지만 〈마의 산 The Magic Mountain〉(1982) 〈에디스의 일기 Edith's Diary〉(1983) 〈부메랑, 부메랑 Boomerang, Boomerang〉(1989) 〈구드런 Gudrun〉(1991) 등으로 독일 내에서는 상당한 입지를 굳힌 연출가이다.

〈정의〉는 프리드리히 뒤렌마트 Friedrich Duerennmatt의 동명 소설을 영화화한 것으로 한 살인범의 석방을 위해 노력하다 정신 착란에 빠지게 되는 젊은 변호사의 이야기를 그렸다.

아카데미와 견원지간인 프랑스는 자국의 자존심을 내걸고 〈제르미날 Germinal〉을 출품한다.

〈쥬라기 공원〉과 정면 대결을 벌여 매스컴의 화제를 불러 모았던 이 영화는 1885년 프랑스 광산 촌을 무대로 한 시대극으로 에밀 졸라의 고전 소설이 원안.

연출자 클로드 베리는 〈마농의 샘 Manon of The Spring〉으로 성과를 드높인 프랑스 대표적 영화인.

프랑스 영화사상 최고의 수익을 올린 명성을 등에 업고 미국 시장의 평가를 요구한 것이다.

이처럼 독, 불간의 신경전이 펼쳐질 때 물량작전으로 나선 것이 3 중국.

즉, 유럽 영화 권에서 매년 강세를 나타내고 있는 중국 영화인들은 홍콩의 〈패왕별회〉, 중국의 〈시골 선생님 Country Teachers〉, 대만의 〈결혼 피로연 The Wedding Banquet〉 등으로 나눠어 가장 유리한 위치를 선점했다.

여기에 미국 영화인들이 우상처럼 떠받들고 있는 일본의 구로자와 아끼라 감독이 노익장을 과시하며 선보인 〈마다다요 Madadayo〉로 한치 앞을 내다볼 수 없는 혼전을 예상케 했다.

하지만 출품 국가 간의 이러한 표피적인 경쟁이 가열화 될 때 이들 나라들을 분노케 하는 사건이 터진다.

그것은 제작 국가의 자국 언어가 아니라는 이유로 폴란드의 크쥐스토프 키에슬롭스키(Krzysztof Kieslowski) 감독의 〈블루 Three Color, Blue〉가 출품조차 거부당하는 일이 발생한 것이다.

폴란드 작품 〈블루〉, 접수 거부로 파문

아카데미 협회가 〈블루〉 접수를 받아들이지 않은 것은 프랑스 사회 현실을 다룬 주제에서 우선 출품 국 폴란드의 정서를 느낄 수 없으며 또한 대사가 불어여서 이 역시 외국어 영화상 규정에 배치된다는 점을 들었다.

하지만 이런 조치에 대해 '특정 작품에 대한 고의적인 탄압'이라는 것이 대체적인 여론.

이것은 출품 규정 중 '다이알 로그는 원칙적으로 출품 국의 언어 A Language of The Country of Origin이어야 한다. 하지만 극중 내용 전개상 비영어 Non English의 사용도 일정 범위 내에서 허용할 수 있다'는 예외 규정을 적용시켜야 한다고 주장이 제기된 것.

이 같은 논리를 펴는 주요 원인 중의 하나는 대만의 〈결혼 피로연〉도 미국, 대만 합작으로 전체 대사의 반 이상이 영어로 사용됐지만 대만의 출품작으로 인정한 것과 비교하면 형평에 어긋난다는 것.

처녀 출품한 베트남의 〈그린 파파야의 향기 The Smell Of Green Papaya〉도 배경이 프랑스이고 스탭 진 중 절반이 프랑스인이었지만 베트남 작품으로 접수를 했다는 예를 들었다.

하지만 〈블루〉에 대한 논란이 일자 폴란드는 재빨리 율리우스 마슐스키(Juliusz Machulski) 감독의 〈패배한 승리 Squadron/ Szwadron〉로 교체 한다.

프랑스도 〈제르미날〉에 총력전을 펼쳐 결국 〈블루〉는 본의 아니게 천덕꾸러기 신세가 된 것이다.

이 같은 파동에 대해 『할리우드 리포터 Hollywood Reporter』지 등은 '아카데미 협회 측이 지나치게 출품 규정에 얽매어 훌륭한 작품을 처음부터 배척하는 실수를 자행했다'고 우려를 보내면서 '이러한 의혹스런 사건은 결국 영화제 자체의 권위에도 상당한 손상을 입히게 될 것이다'라고 경고했다.

이 해에는 〈블루〉 외에도 멕시코 영화 〈달콤 쌉쌀한 초콜릿 Like Water For Chocolate〉이 1992년 11월 1일과 1993년 10월 31일에 사이에 본국에서 상영되지 않고 그 이전에 공개됐다는 이유로 제외됐고 〈패왕별회〉는 중국에서 상영 금지 조치를 내리자 홍콩으로 장소를 옮겨 공개, 결국 홍콩 산으로 둔갑을 했다.

그동안 외국어 영화상은 1991년 폴란드 여성 감독 아그네츠카 홀란드(Agnieszka Holland)의 〈올리비에 올리비에 Olivier, Olivier〉가 독일 측에 의해 후보 자격을 빼앗긴 사건과 수상이 유력시 됐던 몇 몇 작품이 석연치 않게 탈락 되어 '로비와 국제 정치 상황에 따라 수상작이 결정 된다'는 소문이 떠돌기도 했다.

이번 〈블루〉 사건 외에도 외국어 영화 심의위원회 Oscar's Foreign Language Film Committe는 그동안 심의 규정을 핑계로 편파적 심사를 자행한다는 비난을 자주 들어왔다.

65회 때는 우루과이 영화 〈어 플레이스 인 더 월드 Un Lungar En El Mundo/ A Place In The World〉가 자격 미달로 출품을 박탈당한 바 있다.

당시 심의 위원회는 제작자, 감독, 시나리오 작가 중 2명은 미국으로 부터 입국 허가가 승인된 국가 출신이어야 하고 이외 미술 감독, 프로덕션 디자이너, 촬영 감독, 의상 디자이너, 작곡가 등 영화 제작의 중요 역할을 한 스탭진 3명도 역시 출품 국가 출신이어야 한다는 규정을 들어 우루과이 작품을 제외시킨 것이다.

이런 규정에 대해 대다수 유럽 출신 감독들은 '다국적 영화란 현 실정을 도외시한 처사'라고 반박하면서 '이런 현실성 없는 조항으로 인해 우수 작품이 탈락 된다면 아카데미를 위해서도 결코 바람직스럽진 않을 것이다'고 재고를 요청했다.

프랑스의 젊은 여성의 시각을 통해 유럽 사회상을 조명한 〈삼색〉은 자유(푸른색), 박애(적색), 평등(흰색) 등 옴니버스 3부작으로 꾸며 졌다.

베니스 등에선 작품상을 수상해 아카데미로 부터 받은 수모가 상당히 부당했음을 증명하는 것으로 위로를 해야 했다.

이 해 외국어 부문상은 1989년의 37개국에는 못 미치는 35개국에서 후보작을 냈다.

이 중 슬로바키아, 슬로베니아 등이 첫 데뷔를 했고 영국은 웨일즈 언어로 제작된 〈헤디 윈 Hedd Wyn〉을 출품해 시선을 끌었다.

이 해 이 부문 출품작 총 리스트는 다음과 같다(국가명 가나다 順)

❖ 제66회 외국어 영화상 출품작 총 리스트

- 네덜란드: 〈리틀 블론드 데스 Little Blond Death〉 -장 반 드 벨데 Jean Van De Velde 감독.
- 노르웨이: 〈텔리그라피스트 The Telegraphist〉 -에릭 구스타브슨 Erik Gustavson 감독.
- 대만: 〈결혼 피로연 The Wedding Banquet〉-이 안 Ang Lee 감독.
- 덴마크: 〈블랙 하비스트 Black Harvest〉-안드레라 로스 Andrera Roth 감독.
- 독일: 〈정의 Justice〉-한스 W. 게이센도 엘퍼 감독.
- 루마니아 : 〈콘푸갈 베드 The Confugal Bed〉-미리시아 다네리우스 Miricea Daneliuce 감독.
- 멕시코: 〈크로노스 Cronos〉-길레르모 델 토로 Guillermo Del Toro 감독.
- 베트남: 〈그린 파파야의 향기 The Smell of Green Papaya〉-트란 안 홍 Tran Anh Hung 감독.
- 벨기에: 〈저스트 프렌드 Just Friends〉-마크 헨리 와인버그 Marc-Henri Wainberg 감독.
- 불가리아: 〈카나리 시즌 Canary Season〉-유진 밀헤이로프 Eugeny Mihaylov 감독.
- 스웨덴: 〈스링가호트 The Slingahot〉-알리 산드그렌 Alee Sandgren 감독.
- 스위스: 〈M 부인의 일기 Le Journal De Lady M〉-알랭 쟈너 Alain Janner 감독.
- 스페인: 〈아름다운 시대 Belle Epoque〉-페르난도 트루에바 Fernando Trueba 감독.
- 슐로발다: 〈내가 좋아하는 모든 것 Everything I Like〉-마틴 술릭 Martin Sulik 감독
- 슬로베니아: 〈눈을 감을 때 When I Close My Eyes〉-프랑시 슬랙 Franci Slak 감독.
- 아르헨티나: 〈카티카, 엘 모노 Catica, El Mono〉 -레오나르도 파비오 Leonardo Favio 감독
- 아일랜드: 〈새크리드 문드 The Sacred Mound〉 -한스 구랭손 Hans Gunlangsson 감독.
- 영국: 〈헤드 윈 Hedd Wyn〉-폴 터너 Paul Turner 감독.
- 오스트리아: 〈인디안 Indian〉-폴 하라더 Paul Harather 감독.
- 이스라엘: 〈리벤지 오브 이직 핀게스타인 The Revenge of Itzik Finkeistein〉-엔빅 로텐버그 Enviguc Rottenberg 감독.
- 이탈리아: 〈그레이트 펌프킨 The Great Pumpkin〉 -프란세스카아치부기 Francesca Archibugi 감독.
- 인도: 〈루다트 Rudaat〉-칼파나 라미 Kalpana Larmi 감독.
- 일본: 〈마다다요 Madadayo〉-구로자와 아끼라 Akira Kurosawa 감독.
- 중국: 〈시골 선생님 Country Teachers〉-헤 쿤 He Qun 감독.
- 칠레: 〈자니 원 헌드레드 피스 Johnny 100 Peace〉 -구스타프 그라프 마리노 Gustave Graef Marino 감독.
- 카나다: 〈르 섹스 데 에톨레스 Le Sexe Dex Etolles〉-폴 베일라겐 Paule Baillargeon 감독.
- 크로아티아: 〈도라 백작부인 Countese Dora〉-즈보니미르 베코빅 Zvonimir Berkovic 감독.
- 터키: 〈블루 엑시트 The Blue Exite〉-에덴 키 랄 Erden Kiral 감독.
- 페루: 〈죽음 보고서 Report on Death〉-대니 가비디아 Danny Gavidia 감독.
- 폴란드: 〈스쿼드론 Squadron〉-줄스 메출라드 Julluse Mechulald 감독.
- 프랑스: 〈제르미날 Germinal〉-클로드 베리

Claude Berri 감독.

- 핀란드: 〈리파 힛 더 스키드 Ripa Hits The Skide〉-크리스티안 린드브라드 Christian Lindblad 감독.
- 홍콩: 〈패왕별희 Farewell My Concubine〉-첸 카이거 Chen Kaige 감독.

『US』 지, 66회 아카데미 수상 후보 예상도 발표

'아직 노미네이션조차 되지 않은 상태에서 아카데미 수상 작품을 예측한다는 것은 어찌 보면 무모한 짓인지도 모른다. 하지만 여러 객관적인 자료를 바탕으로 연기자와 필름 후보작을 제시한다. 또한 만일에 발생할지 모르는 예상 확률의 하락 도를 막기 위해 다크 호스 작품을 병기했음을 밝힌다.'

미국 대중 연예지 『US』지는 1994년 1월호를 통해 이와 같은 전제 조건을 달고 66회 아카데미 주요 부문 예상 작을 선정, 발표한다.

근 3개월 앞서 추론하는 이 기사의 신빙성은 결국 시상식의 커튼이 내려갈 때쯤 판가름 날 것이지만 아카데미를 보는 언론들의 동향을 살펴볼 수 있는 사료적 가치는 충분히 있을 곳으로 보고 여기 그 리스트를 공개한다.

- 최우수 남우상 후보자 Best Actor Nominees
- 탐 행크스 Tom Hanks-〈필라델피아 Philadelphia〉
- 덴젤 워싱톤 Denzel Washington-〈필라델피아〉
- 다니엘 데이 루이스-〈순수의 시대 The Age of Innocence〉
- 제프 브리지스 Jeff Bridges-〈피어리스 Fearless〉
- 로빈 윌니암스-〈미세스 다웃파이어 Mrs. Doubtfire〉

 # 다크 호스 : 음악 영화 〈어제 오늘 그리고 내일 What's Love Got To Do With It?〉은 사실 아카데미 취향의 영화는 아니지만 로렌스 피시번 Laurence Fishburne의 전율스런 연기는 주목할 만. 토미 리 존스 Tommy Lee Jones는 〈하늘과 땅 Heaven and Earth〉의 중반 이후에 얼굴을 비추지만 그의 힘 있는 연기는 평점을 주어야 할 것이다.

- 최우수 조연 남우상 후보자 Best Supporting Actor Nominees
- 토미 리 존스 Tommy Lee Jones-〈도망자 The Fugitive〉
- 제프 다니엘스 Jeff Daniels-〈게티스버그 Gettysburg〉
- 숀 펜 Sean Penn-〈칼리토 Carlito's Way〉
- 존 말코비치 John Malkovich-〈사선에서 In The Line of Fire〉
- 하비 키텔 Harvey Keitel-〈피아노〉

 # 다크 호스 : 〈길버트 그레이프 What's Eating Gilbert Grape〉와 〈숏 컷 Short Cuts〉을 통해 재능을 과시한 레오나드도 디카프리오 Leonardo Dicaprio는 아카데미 애호가들의 사랑을 받을 만한 신성(新星).

또한 영화 속에서 디카프리오의 고뇌에 찬 부친 역을 맡은 브루스 데이비슨 Bruce Davison도 수상 기회를 노릴 만한 인물.

- 최우수 조연 여우상 후보자 Best Supporting

Actress Nominees

- 로시 퍼레즈 Rosie Perez-〈피어리스 Fearless〉
- 조안 첸 Joan Chen-〈하늘과 땅〉
- 위로나 라이더 Winona Ryder-〈순수의 시대〉
- 홀리 헌터-〈야망의 함정 The Firm〉
- 앤 아처 Anne Archer-〈숏 컷 Short Cuts〉

 # 다크 호스 : 〈숏 컷〉의 앤디 맥도웰과 〈피어리스〉의 이자벨라 로셀리니 Isabella Rossellini.

- 최우수 감독상 후보자 Best Director Nominees
- 로버트 알트만 Robert Altman-〈숏 컷 Short Cuts〉
- 마틴 스콜세즈-〈순수의 시대〉
- 스티븐 스필버그-〈쉰들러 리스트〉
- 올리버 스톤-〈하늘과 땅〉
- 조나단 뎀-〈필라델피아〉

 # 다크 호스 : 호주 출신 여류 감독 제인 캠피온 Jane Campion과 역시 같은 나라 출신인 〈피어리스〉의 피터 웨어 Peter Weir.

- 최우수 작품상 후보작 Best Picture Nominees
- 〈순수의 시대〉
- 〈필라델피아〉
- 〈도망자〉
- 〈하늘과 땅〉
- 〈쉰들러 리스트〉

 # 다크 호스 : 〈쥬라기 공원〉 〈숏 컷〉의 존재도 아카데미 회원들은 염두에 두어야 할 듯.

영국 영화 연구소 1993 아카데미 예상도 발표

영국의 권위 있는 영화연구소 BFI: British Film Institute는 1993년 11월 일찌감치 1993 아카데미 어워드 주요 부문상에 대한 예상도를 발표, 이 상에 쏠려있는 국제적 관심도를 실감나게 했다.

시상식 4개월여를 앞두고 공개된 이 자료가 어떤 적중도를 기록할 지는 66회 시상식이 마무리 될 때까지는 그 누구도 정확히 예측 할 수 없는 일.

하지만 국내 독자들에겐 아카데미 전후 기상도를 일목요연하게 살펴볼 수 있는 자료적 가치가 있다고 판단되어 이 연구소 측의 예상기사 전문을 인용, 소개한다.

1993년 아카데미 수상자들에 대해 서둘러 단정을 내린다는 것은 우스운 일인지도 모른다. 그러나 1994년 2월에 공개된 각 부문 노미네이션 발표에 앞서 여러 정황을 분석 판단하여 본 연구소가 판단한 예상도는 오스카 열기에 대해 새해부터 목을 길게 빼고 열망하는 열광적 영화 애호가들에겐 매우 유용한 흥미 자료가 될 것으로 믿는다.

우선 가장 큰 관심을 받고 있는 부문중의 하나인 남우상에는 감독 데뷔를 선언한 멜 깁슨의 〈얼굴 없는 사나이 Man Without A Face〉를 비롯해서 조나단 뎀 감독의 〈필라델피아〉에서 AIDS에 감염된 변호사 역을 맡은 탐 행크스, 비행기 추락 생존자의 심리를 그린 〈피어리스 Fearless〉의 제프 브리지스 Jeff Bridges. 영국의 자존심을 대표하고 있는 연기파 재능 꾼인 〈헛소동 Much Ado About Nothing〉의 케네스 브래너 Kenneth Branagh, 〈남아 있는 나날 The Remains of The Day〉 〈섀도우랜즈 Shadowlands〉 등 두 작품으로 〈양들의 침묵〉 이후 2연패를 노리는 안소니 홉킨스 그리고 이혼의 아픔을 달래는 코믹 극 〈미세스 다웃파이어 Mrs. Doubtfire〉의 로빈 윌니암스가 치열한 접전을 벌일 것으로 예측된다.

중국계 웨인 왕 감독 가장 강력한 다크호스로 꼽혀 질투심 많은 히로 인들의 경연장인 여우상엔 〈순수의 시대 The Age of Innocence〉에서 자유방임적인 사고를 갖고 있는 귀족층 여인 역을 보여준 미쉘 파이퍼 Michelle Pfeiffer를 선두로 해서 〈헛소동〉 〈남아 있는 나날〉 〈아버지의 이름으로〉의 엠마 톰슨이 세 작품이라는 물량 작전을 통해 이 부문 연속 수상을 노리고 있다.

칸을 비롯해 주요 영화상을 휩쓴 〈피아노〉의 홀리 헌터, 〈앤지, 아이 세이 Angle, I Says〉의 지나 데이비스 〈식스 디그리 오브 세퍼레이션 Six Degrees of Separation〉의 스톡카드 채닝 Stockard Channing도 막판 뒤집기의 희망을 버리지 않고 있다.

감독상은 평론가들의 지지를 받고 있는 〈숏 컷 Short Cuts〉의 로버트 알트만 일찌감치 선두 후보 자리를 차지하고 나섰고 아카데미로 부터 외면당했던 마틴 스콜세즈는 〈순수의 시대〉로 얼굴을 내밀고 있다.

오스카와 인연이 없는 스티븐 스필버그도 〈쉰들러의 리스트〉로 비장의 칼날을 갈고 있다.

케네스 브래너, 조나단 뎀, 제임스 아이보리, 올리버 스톤, 피터 웨어를 비롯해 멜 깁슨과 〈브롱크스 이야기 A Bronx Tale〉의 로버트 드 니로가 로버트 레드포드, 워렌 비티, 케빈 코스트너 등과 같이 연기자 출신 감독 수상자 명단에 오르기 위해 숨 가쁜 수상 레이스에 가세할 것으로 보인다.

중국계 출신의 웨인 왕 Wayne Wang 감독이 〈조이 럭 클럽 The Joy Luck Club〉으로 가장 강력한 다크호스 후보로 거론되는 등 올 해에도 그 어느 때 못지않은 이변과 신화 창조의 풍성한 뒷이야기를 남길 것으로 기대되고 있다.

〈쉰들러 리스트〉 12개 부문 후보작에 올라

스티븐 스필버그 감독의 〈쉰들러 리스트〉가 1994년 2월 7일 발표된 66회 아카데미 후보작 발표에서 감독, 작품상을 포함 무려 12개 부문에 지명됐다.

외국어 영화상 부문에서는 스페인의 〈아름다운 시대 Belle Epoque〉, 홍콩의 〈패왕별희 Farewell My Concubine〉, 영국이 웨일즈 언어로 제작한 〈헤드 윈 Hedd Wyn〉, 베트남의 〈그린 파파야의 향기 The Scent of Green Papaya〉, 대만의 〈결혼 피로연〉이 올랐는데 아시아 영화가 70% 이상을 차지하기는 이번이 첫 해여서 이 지역의 영화 잠재력을 국제적으로 알리는 계기가 됐다.

골든 글로브 외국어 영화상을 획득, 가장 수상이 유력시 되는 〈패왕별회〉의 첸 카이게 Chen Kaige 감독은 '놀랍다, 난 후보자에 지명된 것만도 기쁘다 This Is Wonderful, I'm Very Happy The Film Was Nominated'고 소감을 피력하면서 '1994년 최고의 새해 선물'이라고 기쁨을 감추지 못했다.

〈피아노 The Piano〉와 〈남아 있는 나날 The Remains of The Day〉도 작품상을 포함, 각각 8개 부문씩 지명되어 양보 없는 한판 승부를 예고 시켰다.

작품상은 이들 작품 외에 〈도망자 The Fugitive〉와 〈아버지의 이름으로 In The Name of The Father〉가 최종 후보 5에 랭크되는 영예를 누렸다.

남우상은 〈아버지의 이름으로〉의 다니엘 데이 루이스와 〈남아 있는 나날〉의 안소니 홉킨스가 이 부문 2연패를 노렸고 〈필라델피아〉의 탐 행크스, 〈쉰들러 리스트〉의 니암 니슨 Liam Neeson, 〈어제 오늘 그리고 내일 What's Love Got To Do With It〉의 로렌스 피시번 Laurence Fishburne 등이 막판 뒤집기를 노렸다.

콧대 높은 여배우들의 각축장인 여우상에는 〈어제 오늘 그리고 내일〉의 안젤라 바셋 Angela Bassett을 위시해서 〈식스 디그리스 오브 세퍼레이션 Six Degrees Of Separation〉의 스톡카드 채닝 Stockard Channing, 〈피아노〉의 홀리 헌터 Holly Hunter, 〈남아 있는 나날〉의 엠마 톰슨, 그리고 〈새도우랜즈 Shadowlands〉의 데브라 윙거 Debra Winger가 각각 포진했다.

후보자 가운데 한 명인 바셋은 '환상적이다. 마치 꿈만 같다'고 흡사 수상자처럼 감격에 겨워했다.

할리우드 역사상 가장 상업적인 연출자란 수식어가 따라 붙고 있는 스필버그는 올해를 포함, 통상 4차례나 감독상 후보에 올랐지만 번번이 문턱에서 좌절했기 때문에 수상 기대치가 어느 때 보다도 고조됐다.

그는 전 세계적인 히트작인 〈이 티〉와 〈미지와의 조우 Close Encounters of The Third Kind〉의 공적을 인정받아 1986년 명예상 Honorary Oscar을 수상한 바 있다.

여성으로 역대 두 번째 감독상 후보가 된 제인 캠피온

제인 캠피온 Jane Campion은 〈피아노〉로 감독상에 노미네이트되어 지난 1976년 〈7인의 미녀 Seven Beauties〉의 리나 워트뮬러 Lina Wertmuller 이후 아카데미 역사상 여성으로는 두 번째로 감독상 후보에 오른 감독이 됐다.

이 부문은 스필버그, 캠피온에 뒤이어 〈아버지의 이름으로〉의 짐 쉐리단 Jim Sheridan, 〈남아 있는 나날〉의 제임스 아이보리, 〈숏 컷 Short Cuts〉의 로버트 알트만이 랭크됐다.

〈피아노〉의 제작자인 잔 채프만 Jan Chapman은 이 영화로 인해 호주 영화의 인식을 새롭게 각인시키는데 일조한다.

그녀는 '〈피아노〉는 외면할 수 없는 특별한 이야기가 담긴 영화'라고 자화자찬했다.

엠마 톰슨과 홀리 헌터는 조연 여우상 후보에도 올라, 아카데미 역사상 최초로 같은 해에 두 명의 연기자가 두개 분야에 동시에 노미네이션 The First Time In Academy History Two Performers Have Received Two Nominations In The Same Year 되는 첫 주인공들이 됐다.

헌터의 조연 작은 〈야망의 함정 The Firm〉이며 톰슨은 〈아버지의 이름으로〉이다.

조연 여우상은 〈피아노〉의 안나 파퀸 Anna Paquin, 〈피어리스 Fearless〉의 로시 페레즈, 〈순수의 시대 The Age of Innocence〉의 위노나 라이더가 경합을 벌였다.

후보 선정 당시 11세 된 파퀸은 〈피아노〉에서 깜찍하고 프로 배우 못지않은 내면 연기를 보여 주었다.

그녀는 1979년 〈크레이머 대 크레이머〉의 저스틴 헨리가 8세로 후보자가 된 이후 최연소 후보자가 되는 영예를 얻었다.

조연 남우상은 〈길버트 그레이프 What's Eating Gilbert Grape〉의 레오나르도 디카프리오가 제일 먼저 호명된 이후 〈쉰들러 리스트〉의 랄프 피에네스 Ralph Fiennes, 〈도망자〉의 토미 리 존슨, 〈사선에서 In The Line of Fire〉의 존 말코비치, 〈아버지의 이름으로〉의 피트 포스틀스웨이트 Pete Postlethwaite가 후보 낙점을 받았다.

전세계 흥행가의 달러 더미를 삼킨 〈쥬라기 공원〉은 음향, 음향 효과 편집 그리고 시각 효과상 등 기술 분야 3개 부문에 오르는 기염을 토했다.

이 해에는 〈도망자〉가 7개 부문, 〈아버지의 이름으로〉 〈순수의 시대〉 〈필라델피아〉가 각각 5개 분야에 올라 그 어느 해 보다도 수상 트로피를 차지하기 위한 경쟁이 치열함을 느끼게 했다.

〈쉰들러 리스트〉는 앞서 기술한 부문 외에 의상 디자인, 편집, 분장, 오리지널 작곡, 음향상에 올랐다.

〈쉰들러 리스트〉는 이미 보도된 대로 골든 글로브, 보스톤 영화 평론가회 The Boston Society of Film Critics에선 작품, 감독상을 뉴욕 비평가회, L A 비평가회, 전미평론가협회 National Board of Review 작품상을 각각 휩쓸어 1993-1994 시즌 최고의 화제작임을 실감나게 했다.

오리지널 각본상 부문에는 〈데이브〉 〈사선에서〉 〈필라델피아〉 〈피아노〉 그리고 〈시애틀의 잠 못 이루는 밤〉이 올랐다.

각색상에는 〈순수의 시대〉 〈아버지의 이름으로〉 〈남아 있는 나날〉 〈쉰들러 리스트〉 〈새도우랜즈〉가 각각 지명됐다.

다큐멘타리 부문엔 클린턴의 대통령 만들기 과정을 담은 선거 전략가 Strategist 제임스 카빌 James Carville의 활약상을 조명한 〈워 룸 The War Room〉이 단독 입후보, 수상 트로피만 받을 날을 기다렸다.

라이브 액션 단편 부문엔 〈로보캅〉의 주역인 피터 웰러가 제작한 〈파트너 Partners〉가 진출해 주목을 끌었다.

〈필라델피아〉에선 닐 영의 'Philadelphia'와 브루스 스프링스틴의 'Streets of Philadelphia'가 주제가상에 동시 진입, 음악 애호가들의 사운드트랙 구입 붐을 촉진시킨다.

영국, 프랑스 영화인들의 활약에 위축된 할리우드

아카데미 후보작이 발표된 뒤, 할리우드 영화인들은 자국 영화인들의 입지가 점점 위협 받고 있다고 우려했다.

이들은 프랑스 등이 UR 협정에서 미국 영화의 경쟁력을 들어 유럽 시장 진출을 강력히 반대했지만 실제로는 이들의 위력 때문에 미국 영화인들의 생존이 위협 받고 있다고 볼멘소리를 냈다.

할리우드 영화인들은 이 같은 근거로 이해 작품상 후보작의 제작 국가 분포도를 공개했다.

5편의 작품상 노미네이션 작품 중 〈도망자〉를 제외하고는 모두 외국 작품이라는 것.

〈쉰들러 리스트〉는 폴란드를 무대로 7개국 이상의 다국적 스탭진들이 참여한 작품이라고 설명.

여기에 〈아버지의 이름으로 In The Name of The Father〉는 북아일랜드를 배경으로 했으며 아일랜드+영국 Ireland +UK 합작 품.

여류 감독의 저력을 내외에 과시한 〈피아노〉는 프랑스 자금으로 뉴질랜드에서 만들어 졌다.

〈남아 있는 나날 The Remains of The Day〉도 영국 출신 스탭과 캐스트를 초빙해서 영국에서 제작됐다고 조목조목 밝혔다.

이 외 의상, 촬영, 편집 후보자들의 대다수는 이미 오래전에 외국 영화인들의 손에 넘어갔다고 덧붙였다.

20년 전과 비교했을 때 작품상 수상작들인 〈차이나타운〉 〈타워링〉 〈레니 Lenny〉 〈도청 The Convert-sation〉 〈대부 2〉 등은 모두 미국 제작업자들이 영화 도시 할리우드를 무대로 촬영한 것이어서 할리우드 영화인들의 우려가 단순한 엄살이 아님을 입증시켰다.

다국화 추세는 더욱 활성화 될 조짐으로 분석됐다.

그 이유는 영화 제작 기술의 발달과 관객들의 기호 변화로 인해 굳이 할리우드 산(産) 영화를 찾는 선호도는 계속 추락할 것으로 진단됐기 때문이다.

여기에 외국 영화학도들도 최고급 영화 기계로 간편하게 자국에서 작품 실습을 할 수 있어 시드니나 L A에서의 영화 작업에 별다른 차이점을 못 느끼는 것도 꿈의 도시 할리우드가 위력을 잃어가는 점이라고 안타까워했다.

영화 액션으로 감상 추세, 다국적 활성화시키는 원인

〈남아 있는 나날〉의 제작자인 이즈마일 머천트 Ismail Merchant는 '이제 영화계의 장벽은 허물어졌다'고 선언하면서 '전 세계 영화 관객들은 그 영화가 어느 나라 작품이냐를 따지기 보다는 어떤 기술적 재능을 결합해 이름다운 스토리를 전달해 주었는가에 더 많은 관심을 보내고 있다'고 현 추세를 분석했다.

머천트는 이런 흐름은 이제 과거처럼 불 어, 이태리어가 영어의 권익을 침해하는 침입자 Interloper가 아니라는 것을 입증시키는 것이라고 기세가 등등했다.

하지만 할리우드 스튜디오 제작의 영화는 아직도 전 세계 흥행 차트 상위를 독식하고 있다.

〈쥬라기 공원〉이나 〈데몰리션 맨〉 등은 바로 이 같은 저력을 보여준 대표작이며 많은 외국 작품들이 할리우드 흥행계에서 데뷔하지 못하고 문턱에서 서성대는 경우가 부지기수.

그럼에도 불구하고 신속한 통신 체계의 발달과 위성 TV 뉴스 채널의 확대는 지구촌 가족을 일체화시키는 데 기여하고 있으며 제작자들도 이들에게 공감을 불러 일으킬 공통적 주제를 찾느라 고심하고 있는 중이다.

〈피아노〉의 제작자인 잔 채프만 Jan Chapman은 '관객들은 이제 언어나 발성법에 신경을 쓰지 않는다. 이들은 영화 속의 액션을 통해 영화를 이해하려는 분위기가 확산되고 있는데 이 점은 전세계적으로 보편화되어 가고 있다'고 말했다.

지난 수년 동안 미국 영화 관객들은 공허한 주제를 담고 있는 폭력적 영화에 시달렸으며 TV 쇼에서 방영되는 재치 없는 드라마를 봐야 되는 곤혹을 치렀다.

이런 식상감은 〈크라잉 게임〉이나 〈나의 왼발〉 같은 다소 정치적이고 거북한 소재의 영화에 관심을 쏠리게 했던 원인이 됐으며 이런 추세가 할리우드에서 외국 영화가 득세할 수 있는 요인 중의 하나가 됐다고 결론지었다.

빌리 크리스탈 사퇴, MC 구인난

'누가 빌리 크리스탈의 탈주(脫走)를 채울 수 있는가? Who Fill The Crystal Slippers?'

이 해에는 아카데미 쇼를 이끌어 나갈 사회자 선정 때문에 때 아닌 MC 찾기 소동이 벌어졌다.

이런 해프닝은 지난 4년 동안 재치 있는 진행으로 인기를 끌었던 빌리 크리스탈이 일신상의 이유를 들어 66회 축제 지휘봉을 사양하면서 발단이 됐다.

그는 구체적 이유는 공개하지 않았지만 '식상 감을 주지 않고, 지금까지 너무 바쁘게 지내 잠시 휴식이 필요하다'고 덧붙이면서 강력하게 진행자 사퇴를 밝힌 것.

돌발적 사태로 인해 주최 측은 부랴부랴 자니 카슨에게 대권(?)을 넘기려 했지만 그도 '자신의 역할은 더 이상 필요치 않다'는 철학적 논리로 고사했다.

주최 측은 신세대 사회자로 인기를 끌고 있는 데이비드 레터맨을 비롯 코미디언 게리 샌들링, 데니스 밀러, 우피 골드버그, 셰인 펠드 여기에 남우상 수상이 거론되고 있는 탐 행크스까지 다단계 접촉 작전을 시도, 연예계에 때 아닌 아카데미 사회자 구인 파동이 몰아 닥쳤다.

이 같은 촌극 끝에 결국 무대 대권의 월계관은 흑인 여배우 우피 골드버그 Whoopi Goldberg에게 돌아갔다.

〈사랑과 영혼〉에서 사이비 주술사 역으로 웃음을 자아낸 그녀는 코믹물 〈시스터 액트〉, 사회 물 〈사라피나〉 등 다채로운 장르에서 중년 여성의 원숙한 기량을 과시한 연예인.

그녀를 최종 낙점한 제작자 길버트 케이츠는 '수더분한 인상과 뚝심 있는 입담' 등이 발탁 요인이라고 설명.

당사자인 우피는 '아카데미 무대에 사회자로 선다는 것에 너무 기쁘다'고 소감을 밝히면서 '품위를 잃지 않은 가운데 다채로운 즐거움을 줄 수 있는 행사가 되도록 하 겠 다'는 각오를 드러냈다.

그녀는 〈사랑과 영혼〉으로 1991년 조연 여우상을 수상한 바 있다.

일본 교육부 장관, 영화 진흥책 공개

일본은 교육부 장관이 자국 영화 부흥을 위한 획기적 개선책을 발표하여 화제가 됐다.

아카마수 료코 Akamatsu Ryoko 장관은 신년 기자 간담회를 통해 '매년 일본 영화의 제작 편수가 할리우드 영화의 거센 파고로 인해 침체되고 있다. 일본 영화를 재차 부흥시킬 수 있는 모든 방법을 동원 1960년대의 전성기를 되찾겠다'고 의욕적 청사진을 밝힌 것.

여성 장관의 주장에 따르면 최전성기인 1960년대 일본 영화는 547편이 제작됐는데 1992년엔 240편으로 격감했다는 것.

1992년 일본 극장업계의 입장료 수익은 총 1억 2천 5백 60만 달러로 이는 1955년 이래 최저의 수준으로 근래 일본 영화계가 극심한 불황에 시달리는 것을 단적으로 느끼게 했다.

카마수 장관은 이 같은 수치를 내세워 향후 3개월 안에 영화인들과 평론가들의 의견을 취합, 문화 산업으로서 영화 지원책을 강구할 것이라는 의견을 피력했다.

트로피 경매 파문 일으킨 주디 갈란드

주디 갈란드가 〈오즈의 마법사〉로 획득한 오스카 트로피가 1993년 연말 뉴욕 크리스티 경매장에 매물로 나오자 아카데미 협회는 이를 즉각 철회해 줄 것을 유족들에게 요청.

7만 달러에서 9만 달러를 호가할 이 특별 미니어처상 Special Miniature Statuette은 아카데미 협회가 갈란드의 전 남편인 시드 루프트에게 복제품은 경매 대상이 불가하다는 통보를 하면서 이를 강행할 경우, 소송도 불사할 것이라는 강경책을 발표하자, 결국 경매 포기를 선언했다.

갈란드는 1940년 2월 29일 시행된 1939년도 아카데미 시상식에서 오스카를 수여 받았는데 그 후 진품을 도난당하자 아카데미측은 1958년 6월 그녀에게 특별 제작한 모조품을 재차 기증했다.

이것이 이번 경매장에 매물로 나온 것.

아카데미측은 당시 갈란드에게 '어떤 형태로든 이 복제품은 팔거나 영리 목적으로 이용하지 않겠다'라는 조건으로 수여했다는 규정을 들어 경매를 금지 시켰다. 당시 이 복제품을 만드는데 든 비용은 10 달러로 알려졌다.

결국 갈란드의 10달러짜리 오스카 트로피는 법정 대응 움직임이 일자, 유족들은 '적절한 기관에 기증 하겠다'는 조건을 밝히면서 경매를 포기했다.

하지만 그녀가 〈오즈의 마법사〉 촬영 직후 테스트 복으로 입었던 청, 백색 드레스와 마녀 병사들이 썼던 나무칼 등은 각각 10,925 달러와 8,050 달러에 팔렸다.

이 외 마가렛 미첼 여사가 〈바람과 함께 사라지다〉의 영화 판권을 1만 달러에 넘긴다는 제작자 데이비드 O. 셀즈닉과의 계약서 원본은 2만 달러에 매각되어 할리우드 영화 애호가들의 극성스런 수집 열기를 짐작케 했다.

스필버그 나치 대학살 그린 〈쉰들러 리스트〉 어둔 역사 파헤쳐

난폭한 공룡 영화인 〈쥬라기 공원 Jurassic Park〉과 달콤한 사탕 같은 판타지 극 〈이 티〉 등으로 스티븐 스필버그 Steven Spielberg는 동화극의 대가 뿐 아니라 타의 추종을 불허하는 흥행 마술사란 영예를 동시에 차지했었다.

1993년말 이 세계적 영화 재능 꾼은 20세기 어두운 역사인 독일의 나치 학살극의 이면을 다룬 〈쉰들러 리스트 Schindler's List〉로 이제 또 다른 영화세계로 항해를 시작했다.

다소 민감한 주제, 3시간 15분에 달하는 장대한 상영 시간, 특별하게 눈에 띄지 않는 무명 영화인들, 흑백 드라마 등 영화의 제반 조건이 흥행 수치를 돌파할 요건을 갖추지 못한 것도 신작의 특징.

하지만 할리우드 분석가들은 폴란드 계 유대인 1,300명을 구출한 독일인 오스카 쉰들러의 헌신적 희생을 그린 이 작품이 그동안 아카데미로 부터 철저히 외면당했던 스필버그에게 수상에 대한 기대치를 제시하고 있다고 분석했다.

스필버그는 1993년 여름 하이 테크 스릴러 〈쥬라기 공원〉에 연이어 연말 시즌인 1993년 12월에 전격 공개된 아우츠비츠의 공포 Horrors of Auschwitz 극 〈쉰들러 리스트〉를 통해 그의 다채로운 영화 감각을 새삼 과시했다는 칭송을 듣게 된다.

폴란드 현지 로케로 촬영된 영화는 나치의 죽음 수용소의 그림자를 통해 스필버그가 자신의 선조인 유대인의 수난사를 위로해 주고 있다는 지적도 받았다.

미국에서 12월 15일 일제히 개봉에 들어간 것을 시발로 1994년 2월 10일 전세계 극장으로 확대 상영된 영화는 대학살 수난사 뿐 아니라 이야기 재능 꾼의 새 영역 개척에 대한 노력이 대중들의 절대적인 호응을 이끌어 낸다.

스필버그는 '영화 구상에 10년이 소요됐다'고 밝히면서 '〈쉰들러 리스트〉가 자신의 성숙된 예술 열정의 도움이 될 것이다'라는 자신감을 나타냈다.

주역인 오스카 쉰들러 Oskar Schindler를 열연한 아일랜드 출신 연기자 니암 니슨 Liam Neeson도 '이 영화가 그동안 스필버그가 추구해온 트릭과 눈속임 등의 기계 조작을 탈피 하고 순수한 영상 감각으로 관객들의 감정 호응을 유도하고 있다'고 거들어 주었다.

니슨은 이 영화에서 주색잡기에 탐닉하다가 자신의 직업을 활용해서 유대인들의 구조자 Saviour로 극적 변신을 해가는 과정을 펼쳐 주고 있다.

스필버그의 영화 혼이 남긴 걸작으로 칭송

쉰들러의 유대인 회계원 Jewish Accountant 역을 맡았던 영국 배우 벤 킹슬리 Ben Kingsley도 '스필버그가 이전의 쇼 맨 쉽을 탈피해서 진정한 영화 혼을 영상에 담았다 It Has Something To Do With Filming from His Soul Rather Than from His Showmanship'고 극찬했다.

할리우드 역대 흥행작 베스트 10 가운데 무려 4 작품을 랭크 시켰던 스필버그는 이 영화 제작을 위해 3천만 달러를 투입했다.

이제 이 영화의 제작진들도 스필버그란 이름이 대학살 Holocaust이라는 대규모 인종 살해 현장의 참상을 고발해 주는 용기 있는 이로 칭송되기를 희망하고 있다.

배급사인 유니버설 측은 영화 주제의 엄숙함으로 인해 맥도날드 햄버거를 끼워 팔려는 Tie-in 판매 전략을 수정, 다소 소극적인 영화 홍보 작전을 추진했음에도 관객들의 발걸음은 끊임없이 이어졌다.

스필버그는 이 영화의 시사를 앞두고 자신의 조상 중 무려 12명이 대학살로 희생됐다는 사실을 처음 공개하면서 〈쉰들러 리스트〉는 단순한 영화라기보다는 평범한 인물들의 다큐멘터리라고 의미를 부여했다.

촬영 무대인 크라코우 Krakow 시는 1938년 나치의 침공 이후 6만 5천명의 유대인이 대다수 학살되고 현재는 수백 명 만이 간신히 생존해 소읍을 형성하고 있는 의미 있는 지역으로 알려졌다.

사실적 배경을 부각시키기 위해 다양한 세트장이 재연됐다.

그 중 짐승 같은 대접을 받으며 혹사당했던 플라스조우 노동 수용소 P1aszow Labor Camp, 짐승들의 사육 장소 같은 유대인 빈민가 Jewish Ghetto, 가축처럼 벌거벗겨 져 수용되어 있는 유대인 죄수들의 실상 등은 당시의 비인간적인 탄압의 현장을 생생하게 떠올려 주고 있다.

하지만 스필버그는 이미 역사적 증거에 의해 확인된 이 같은 만행적 장면 등이 동정심 보다는 오히려 일반 관객들에게 식상감이나 폭력에 대한 저항심만 불러일으키는 것은 아닌가하고 고뇌했다고 밝혔다.

개봉부터 아카데미 작품상 유력 작으로 거론

제작자 브랑코 루스티크 Branko Lustig는 유고 태생으로 집단 수용소 Concentration Camp의 생존자 출신.

그는 나치의 잔학성을 과도하게 드러내는 것에 소극적이었던 스필버그에게 좀 더 사실적 장면을 거듭 요구했던 강성 스탭진이기도 했다.

'저는 촬영 내내 죄수들을 두들겨 패는 나치 병사들의 모습을 카메라로 근접 촬영할 것을 제안했죠. 이때마다 스필버그는 배경 장면으로 활용해도 효과는 나타난다구, 지나친 잔혹 행위의 묘사는 관객들에게 역효과를 불러일으킬 뿐이야 라고 주저 했어요'라며 촬영 일화를 들려주었다.

3개월 촬영 내내 로케이션 장은 늘 음울한 분위기에 휩싸여 있었고 몇 몇 배우들은 울분에 못이겨 세트장을 부수기도 했다.

벤 킹슬리는 '스필버그는 6백만의 죽음을 거대한 스케일을 통해 죽음의 법령의 재인준 Re-Enactment을 받으려는 것 같았으며 출연 병사들의 어깨에 모두 유령이 따라 다니는 것 같은 음습함을 느꼈다'고 털어놓았다.

스필버그는 니슨에게 '쉰들러는 돈을 위해 잔혹한 일도 마다하지 않았지만 내면적으로 감성어린 휴머니스트였다'고 배역 설명을 하면서 '그를 오점 없는 인간보다는 성자의 모습 As A Saint As Not Untainted으로 그리고 싶었다'고 덧붙였다.

나치의 위세가 등등할 때 쉰들러는 뇌물을 주고 체코슬로바키아 공장에서 부려 먹는다는 명분으로 유대인 1,300명을 인계 받는다.

그는 이곳을 2차 대전이 끝날 때까지 유대인들의 은신처로 활용했다.

영화를 본 대다수 평론가들은 '1994년 아카데미 감독상의 0순위'에 다가섰다고 일제히 격찬을 보내고 있으며 이 같은 호응에 힘입어 대중적 관심도도 연일 상종가를 달리게 된다.

비록 1993년 12월 14일 발표된 L A 비평가 상에서 〈피아노〉의 제인 캠피온에게 감독상 타이틀은 넘겨주었지만 스필버그는 〈쉰들러 리스트〉로 작품상을 수상, 그 어느 때 보다도 1994년 3월 21일로 예정된 66회 아카데미 시상식의 가장 강력한 최다 수상 후보작으로 거론 받았다.

리차드 아테보로가 선사하는 로맨스극 <새도우랜즈>

근래 들어 영화 속에서 섹스만 난무하고 진정한 로맨스는 찾기 어려워졌다. 이런 이유로 '섹스는 예스, 로맨스는 노 Sex, Yes : Romance, No'라는 감각적인 유행어도 남발되고 있는 실정이다.

그러나 상심하지 말자.

진정한 러브 스토리를 꿈꾸는 관객들에게 오랜 만에 청량제처럼 다가오는 수준 높은 애정물이 1994년 신년 세계 영화가의 잔잔한 소용돌이를 몰고 왔는데 그 화제작이 〈새도우랜즈 Shadowlands〉이다.

눈길을 끄는 과도한 섹스 씬 Overt Sex Scenes이나 폭력, 심지어 거친 대사 등을 철저히 배제시킨 성숙한 러브 스토리 Mature Love Story는 바로 리차드 아텐보로라는 명망 있는 감독에다 안소니 홉킨스, 데브라 윙거라는 두 명의 탄탄한 배우의 면모가 가세해 플래쉬 세례 없이 깔끔한 흥행작이 될 것임을 예고시켜 주었다.

실화를 바탕으로 한 이 드라마는 영국인 작가 겸 옥스퍼드 대학 교수로 활동했던 C. S 루이스의 고풍스런 삶의 편린을 보여주고 있다.

코끝을 적셔주는 천연의 공기처럼 지적인 분위기가 화면 곳곳에서 어우러져 있는 이 작품은 1950년대가 배경.

루이스는 문학계 저명인사인 동시에 『나니아 연대기 : 사자, 마녀 그리고 옷장 The Chronicles of Narnia : The Lion, the Witch & the Wardrobe』이라는 베스트셀러의 주인공이다.

잭 루이스(안소니 홉킨스)는 동생 워니(에드워드 하드윅)와 함께 거친 통나무집에서 기거 하며 간혹 술잔도 곁들이면서 서로의 인생과 문학의 열정을 논하느라 밤을 지새곤 한다.

그런 어느 날 이들에게 조이 그레샴(데브라 윙거)이라는 여성이 찾아온다.

미 동부 해안의 거친 악센트가 특징인 그녀는 재능 있는 미국 작가로 평상시 루이스에 대해 문학을 통해 흠모해 오고 있다.

조이의 8세 된 아들도 루이스의 열렬한 팬으로 이들 모자는 영국을 찾아 문학 속 창조자를 직접 대면하려고 시도하는 것이다.

루이스는 그녀의 방문 소식을 듣고 흔쾌히 초청한다.

결혼에 실패한 뒤 의도적으로 정교한 문학 작품에 몰입했던 조이는 루이스와 팽팽한 거리를 두고 대면을 하지만 서서히 우정을 쌓아 간다.

2시간 11분여의 상영 시간에도 불구하고 〈새도우랜즈〉는 윌니암 니콜슨 William Nicholson의 완숙한 시나리오로 인해 관객들에게 조바심을 차분히 가라 앉혀 주고 이 극중 두 주인공의 평온한 교제에 시선을 보내게 만든다.

영화의 기품 있는 매력을 주도하고 있는 안소니 홉킨스는 〈양들의 침묵〉의 한니발 박사와 〈남아 있는 나날 The Remains of The Day〉에서 보여준 억제된 연기를 한층 완숙하게 승화시켜 그 자신의 연기 경력에 감명적인 레퍼토리를 추가시켰다.

아텐보로가 제작도 담당한 이 영화는 사보이 픽쳐스 Savoy Pictures사의 작품.

어린 아이들은 따분한 하품을 터뜨릴지라도 생인 관객층들로 부터는 오래간만에 접할 수 있는 감정적인 우수 필름이었다는 박수 소리가 쏟아졌다.

할리우드 최고 화제작 된 <쥬라기 공원>

1993년 할리우드 화제작은 단연 〈쥬라기 공원〉이었다.

아이디어의 천재라고 불리우는 스티븐 스필버그 감독의 이 작품은 그의 1982년 작 〈이 티〉가 몰고 왔던 흥행 돌풍을 단번에 경신하면서 새로운 영화 신기록을 연일 기록하게 된다.

원작은 마이클 클라이튼의 동명 베스트셀러를 각색한 것.

작가가 2년여 동안 심혈을 기울여 집필한 이 소설은 '자연 섭리 Providence'를 마음대로 할 수 있다고 생각하면 그때부터 이 자연의 질서는 심각해진다. 인간은 불가능한 일에 자꾸 도전한다. 하지만 우리는 배를 만들지만 바다는 못 만든다. 비행기를 만들 수는 있지만 하늘은 못 만든다. 이 처럼 인간의 능력은 우리가 생각하는 것 이하로 아주 미미한 존재다. 그러나 이것을 망각하고 오늘도 우리들은 자연의 순리를 파괴하는 오만한 행동을 하고 있는 것이다'라고 집필 의도를 공개한다.

작가는 자연 규범을 혼란스럽게 만드는 탐욕스런 인간들은 반드시 응징을 받는다고 경고하고 있다.

영화는 한 공룡 연구가가 관광 단지 안에 전시용으로 활용하기 위해 유전 공학을 이용, 공룡을 완벽하게 탄생시킨다는 것으로 시작된다.

하지만 갑자기 불어 닥친 천둥과 벼락으로 공룡을 통제할 수 있는 기계가 파손 되어 공룡들이 인간 세계를 일순간에 공포의 도가니로 만든다는 것이 주된 줄거리.

연출자 스티븐 스필버그도 '이 영화는 공상 과학 이야기가 아니다. 과학에서 생길 수 있는 돌발성에 의해 충분히 예고할 수 있는 상황'이라고 밝혀 영화를 보는 관객들의 심리를 한껏 위축시켜 주었다.

일본 가전제품 대결장 된 〈쥬라기 공원〉 vs 〈마지막 액션 히어로〉

1993년 여름 흥행가는 〈쥬라기 공원〉과 〈마지막 액션 히어로 Last Action Hero〉로 압축됐다.

〈쥬라기 공원〉은 실제 살아 있는 공룡을 보는 듯한 사실감을 전해 주는 특수 촬영이 오락 영화의 진수를 마음껏 접하게 했다고 갈채를 받았다.

제작팀은 이 영화에서 가장 중요한 등장인물인 공룡을 재생시키기 위해 〈터미네이터〉에서 특수 효과를 전담했던 스탄 윈스톤 스튜디오 Stan Winston Studio 팀을 초빙했고 근 1여 년 동안 생물학자와 유전 공학자들의 자문을 얻어 6m 정도의 공룡을 완벽하게 재생시킨다.

그것이 티라노사우러스라는 공룡이다.

이 공룡은 섬유질 유리로 된 틀에다 140kg 정도의 진흙을 입혔고 표피는 라텍스 Latex 광택제를 발라 진짜 공룡 같은 모형을 만들었다.

〈쥬라기 공원〉에 등장하는 가장 작은 공룡인 T-렉스(일명 왈도)는 머리, 팔, 꼬리 등에 컴퓨터 칩을 설치하여 이를 리모콘으로 작동 시켰다.

6m 크기의 목이 긴 브라키오사우러스, 1.8m의 벨로 시렘터, 지저분한 외모를 가진 트리세라톱스, 갈리미머스, 침 뱉는 것이 특징인 디로포사우러스, 그리고 부화된 아기 렘터 공룡 등의 완벽한 움직임과 모습 등을 만들기 위해 60명 이상의 미술가, 엔지니어, 인형 모형 제작자가 총동원되어 꿈에서만 상상했던 쥬라기 공원 Jurassic Parks을 탄생시킨 것이다.

『뉴스위크 Newsweek』지는 1993년 6월 23일자를 통해 전세계 극장가를 석권하고 있는 〈쥬라기 공원〉에 대한 열기를 소개하면서 '이 영화는 전쟁이 너무 중요해 장군들에게만 맡겨둘 수 없듯이 과학 역시 너무 중요해 과학자들 손에만 맡겨둘 수 없다는 의식을 보는 이들 모두에게 전해주고 있다'고 유전 공학의 위험성을 일깨워 주었다.

상상 속에만 머물렀던 여러 종류의 공룡들이 화면으로 직접 나타나는 것을 보고 환호성과 함께 별천지에 온 듯한 신비감을 맛본다고 즐거워했다.

완벽한 공룡 재현으로 관객 호응을 이끌어 〈쥬라기 공원〉은 휴양지에 관광용으로 복원된 공룡들이 실수로 인간 사회를 공포의 도가니로 만든다는 내용.

반면 〈마지막 액션 히어로〉는 시사회에 참석한 소년이 영화 주인공과 함께 악당을 쳐부순다는 내용으로 관객들에게 현실과 영화 장면을 혼동케 하는 매력을 주고 있다는 평을 얻었다.

두 작품은 1억 달러 가까운 막대한 제작비, 초호화 연기진과 스탭진 때문에 개봉 당일부터 세계 각국의 매스컴에서도 관심을 보냈다.

미국 영화계가 보낸 시선은 이와는 상반된 착잡한 분위기가 지배적이었다.

그 이유는 영화가 모두 일본인의 재원을 밑바탕으로 제작됐다는 점.

즉 〈쥬라기 공원〉은 마쓰시타가 대주주인 MCA사 제작이며 〈마지막 액션 히어로〉는 전자 제품으로 유명한 소니 사 후원 작.

결국 미국 영화인들은 멍석만 마련해 주고 막대한 수익은 일본인들의 호주머니로 들어가게 됐다며 볼멘소리를 터뜨렸다.

〈쥬라기 공원〉, 세계 영화사상 최대 수익 기록

귀에 박히도록 1993년 영화계를 장식한 〈쥬라기 공원〉이 결국 세계 영화 역사상 최대의 수익을 얻는 영화로 기록되는 영예를 차지했다.

『할리우드 리포터 Hollywood Reporter』 1993년 11월 1일자에 따르면 공룡을 복원시켜 돈벌이에 나선 인간들이 응징을 당한다는 과학 스릴러인 이 영화가 개봉 6개월 만에 전세계 극장가에서 총 8억 달러(이 수익은 비디오 대여료를 가산하면 계속 증가될 것으로 추정)를 벌어 들여 지금까지의 최고 기록인 〈이 티〉의 3억 1천만 달러(이 수치는 통계 기관마다 차이가 나고 있는데 이 잡지에서는 극장 수익만을 집계한 수치라고 공표)를 경신했다고 발표.

1993년이 '공룡의 해 The Year of Dinosaur'로 평가될 만큼 숱한 이야기 거리를 몰고 왔던 이 작품은 프랑스가 경쟁 작으로 내세운 〈제르미날 Germinal〉을 단 숨에 풍비박산(風飛雹散)을 내며 유럽 극장가도 휩쓸어 성급한 이들은 10억 달러 돌파도 시간문제라고 호들갑을 떨었다.

동양의 윤회 사상(輪回 思想)을 인용했던 〈사랑과 영혼〉은 2억 9천만 달러로 흥행 3위를 차지한다.

빌보드 역사상 최장 기간인 14주 연속 1위에 랭크된 'I Will Always Love You'가 주제가로 쓰인 〈보디가드〉는 2억 8천만 달러로 역대 4위에 진입하는 행운을 얻는다.

이외 할리우드 흥행 탑 10에는 멜로물로는 〈귀여운 여인〉(5위, 2억 7천만 달러), 〈레인 맨〉 (8위, 2억 4천만 달러)이 액션 극으로는 〈터미네이터 2〉(6위, 2억 6천만 달러)가 올랐고 스필버그는 〈쥬라기 공원〉 외에 〈인디아나 존스 3부〉(7위, 2억 5천만 달러)를 탑 10에 올려놓아 할리우드 최고 흥행 연출가임을 거듭 입증시킨다.

만화 영화 〈미녀와 야수〉가 2억 달러의 수익으로 당당히 10위를 차지, 이 장르가 무시 못 할 황금 방석임을 드러냈다.

샤론 스톤을 은막의 뜨거운 여자로 만들었던 〈원초적 본능〉이 2억 3천만 달러로 9위에 포진, 다채로운 소재의 작품들이 영화 관객들의 기호를 충족시킨 것으로 나타났다.

뮤지컬 명작 〈카바레〉 현대적 감각으로 새롭게 선보여

뮤지컬 〈카바레 Cabaret〉를 거론할 때면 대다수 영화 관객들은 조엘 그레이 Joel Grey의 분필 같은 외모와 라이자 미넬리가 지혜의 문구처럼 읊조린 '인생은 카바레이다 Life is a Cabaret'라는 모습을 떠올릴 것이다.

27년 전 부터 브로드웨이 역사를 장식하며 호평을 받았던 이 사랑스런 뮤지컬은 작곡가 존 캔더 John Kander와 프레드 엡 Fred Ebb 콤비에 의해 1993년 말 영국 런던에서 새롭게 선보였다.

1993년 12월 9일 샘 멘데스가 총연출을 맡아 돈마르 웨어하우스 Donmar Warehouse에서 공연된 것을 시발로 해서 로저스와 햄머스타인 콤비의 〈캐로우절 Carousel〉, 스테판 손다임 Stephen Sondheim의 〈스위니 토드 Sweeney Todd〉도 잇달아 선보여 브로드웨이의 충실한 뮤지컬 진수를 재현시킨다.

1972년 밥 포시 Bob Fosse에 의해 영화로 선보여 불후의 명작 리스트에 당당히 진입했던 〈카바레〉는 런던 공연작에서는 라이자 미넬리가 맡았던 샐리 바울즈 Sally Bowles 역을 제인 호록스 Jane Horrocks가 열연해 주었다.

조엘 그레이가 혼신의 힘을 다한 키트 역은 스코트랜드 출신 알란 커밍 Alan Cumming이 담당, 화려했던 오리지널 명성을 위협한다.

249석을 갖춘 돈마르 극장은 이 작품 공연을 위해 오케스트라 석을 개조해 임시 객석을 꾸며야 할 만큼 연일 성황을 거두었다.

'난 사실 뮤지컬을 싫어해요. 대부분이 너무 어렵기 때문이죠. 하지만 카바레는 좋아 지더군요 I Hate Musicals Most of Them are So Nuts, But I Like Cabaret'라고 〈햄릿〉의 단골 히어로인 커밍스는 배역 소감을 밝혔다.

1991년 마이크 리 Mike Leigh 감독의 〈라이프 이즈 스위트 Life is Sweet〉로 영화 가에 알려진 제인 호록스는 라이자 미넬리의 아성에 과감히 도전장을 냈다.

1992년에도 〈리틀 보이스의 부침 The Rise and Fall of Little Voice〉이란 연극에서 춤과 노래 솜씨를 과시한 촉망 받는 신성이다.

조나단 뎀 감독 AIDS 극영화 1호 〈필라델피아〉 공개

〈양들의 침묵〉으로 심령 스릴러의 진수를 펼쳐 주었던 조나단 뎀 Jonathan Demme 감독은 이 해 AIDS에 관한 최초의 장편극인 〈필라델피아 Philadelphia〉를 발표한다.

인류 천형(天刑)의 질병에 관한 영화는 그동안 실험극이나 언더그라운드 계열 작가들에 의해 몇 차례 영상으로 보여 졌지만 〈필라델피아〉처럼 메이저 영화사 컬럼비아 트라이스타 Columbia TriStar Film 제작으로 선보인 것은 첫 사례로 기록되어 이 질병으로 고통 받고 있는 이들의 심적 상태를 위로 하는데 공헌했다.

페니 마샬 감독의 〈빅 Big〉(1988)을 통해 코믹한 이미지를 한껏 드러냈던 탐 행크스는 이 영화에서 목숨이 경각에 달린 AIDS 환자역 앤드류를 열연하고 있다.

앤드류 베케트는 필라델피아 법률 사무소에 재직하고 있는 유망한 젊은 법률가.

그는 동성연애자로 변태스런 성적 쾌락에 탐닉하고 있다.

어느 날 AIDS에 감염된 것이 밝혀지고 이에 법률 사무소 측은 그를 즉각 해고 한다.

소송에 나선 앤드류. 하지만 과거 동료이기도 했던

법률가들의 싸늘한 냉대로 그는 실의에 빠지고 동료 변호사인 조 밀러(덴젤 워싱톤)의 도움으로 TV에 나가 자신의 처지를 호소한다.

앤드류와 밀러의 행동을 대비시켜 스토리를 전개시켜 나가는 이 극은 법의 공정한 집행보다는 가족 간의 사랑의 깊이에 주된 초점을 맞추고 있다.

지금까지 AIDS 소재 드라마나 영화는 이 질병으로 인해 가족이 분열되고 부모가 자식과 의절(義絶) 해야 하는 아픔의 현장을 보여 주었다.

하지만 〈필라델피아〉에서는 가족이 환자를 최종적으로 돌보아 주고 보호자 역을 자임하는 과정을 다뤄 공감을 확산시킨다.

그는 조카에게 우유병을 들어 주면서 더 이상 AIDS 감염자가 무서운 존재가 아니라는 것을 역설하고 있다.

앤드류의 차분하고 위엄 있는 모친 역을 맡고 있는 조안 우드워드 Joanne Woodward는 앤드류에게 투쟁할 것을 부추겨 주며 가족이 그에게 101%의 존재가 되도록 거들어 주겠다고 용기를 불어 넣는다.

해고의 부당성을 고발하는 재판정에서 앤드류는 그가 왜 법률가가 됐는가를 논리 정연하게 늘어놓으면서 정의는 존중되고 사랑을 받아야 된다고 주장한다.

탐 행크스는 AIDS 환자의 초췌한 몰골을 재현키 위해 무려 30파운드(13.6kg)에 가까운 체중을 감량하는 고통을 감내했다고.

여기에 분장과 카메라 촬영술 등을 결합해 혐오스런 모습으로 변해가는 과정을 열연했다.

〈필라델피아〉는 보는 관객들의 동정적 분위기를 높여 주어 감정의 공감대를 형성했고 한 사나이의 꿈과 야망이 편견과 불공정으로 인해 산산이 부서지는 것도 함께 보여 주었다.

일부에서는 '법률적 잣대의 부당성을 꼬집는 법정극'으로 평가하려는 시도도 있었다.

또한 이 영화에서 그려지는 여러 가지 상황은 설사 흠집이 눈에 띄더라도 관객들이 흔쾌하게 용서할 수 있는 자세를 갖도록 정신적 충격을 준 드라마로 영화가에서 받아들여졌다.

〈하늘과 땅〉으로 베트남 전 악몽 재현한 올리버 스톤

〈플래툰 Platoon〉(1986)으로 할리우드 정통 전쟁 영화 기법에 반기를 들었던 올리버 스톤이 1993년 베트남 전의 위대한 악몽 Greatest Obsession을 재현했다.

1991년 〈JFK〉 이후 또다시 영화가의 논쟁거리를 몰고 온 작품은 〈하늘과 땅 Heaven and Earth〉.

이 영화는 〈플래툰〉 〈7월 4일생 Born on the Fourth of July〉(1989)에 이어 3번째로 베트남 전쟁을 채색해 주고 있는 작품이다.

'베트남 인들의 휴머니즘과 전장의 상처를 치유해 주고 싶다 To Humanize The Vietnamese and Help Heal The Wounds of War'는 연출론을 공개했다.

하지만 그의 이러한 사소한(?) 소망은 이 영화가 1993년 크리스마스 시즌 때 첫 개봉되면서 깨진다.

즉, 그의 의도와는 달리 이 영화는 또다시 정치적 논쟁과 열정적 팬들의 성화로 극장계를 흥분의 도가니로 만들었기 때문이다.

월 스트리트의 탐욕에서 부터 존 F. 케네디의 암살 배후를 다룬 일련의 작품을 통해 스톤은 도발적 주제 Provocative Themes의 근원자로 부각된 것이다.

하지만 이런 일부의 지적에 대해

그는 '난 공격 목표가 되고 있다, 그것은 공정하지 못하다 I'm a Target, It's not Fair'라고 불평을 털어 놓으면서 '무지한 사람들의 혹평이 나를 무식한 반미주의자로 몰아가고 있다'고 강한 거부감을 나타낸다.

〈JFK〉 개봉 당시 정치 칼럼니스트 Political Columnists와 신문 논설위원 Newspaper Editorialists들은 스톤에 대해 '역사를 왜곡시키고 사실을 혼미하게 만들어 수백 만 명의 관객들은 영화를 통해 흡사 케네디가 쿠데타에 의해 암살된 것 같은 믿음을 전달받고 있다 Twisting History and Blurring The Facts so Effectively That Millions Who saw The Movie Now Believe Kennedy was Assassinated in a Coup D'etat'라고 비난을 퍼부었다.

미국인의 상처와 잔인한 전쟁 행각 동시에 담아 주목

스톤은 이런 논리에 대해 단순하고 강도 높게 반박했다.

즉, 케네디는 군 당국과 CIA의 음모로 살해당했으며 Murdered by a Military and CIA Conspiracy 이것을 워렌 위원회의 공식적 보고서가 리 하비 오스왈드 Lee Harvey Oswald라는 저격범에게 모든 혐의를 뒤집어 씌웠을 뿐이라고 여전히 논쟁거리를 제시했다.

단지 스톤이 지금까지 〈JFK〉를 공개하면서 유감스럽게 생각하는 단 한 가지는 '영화 제작자로서 정치적 상징물 Political Symbol을 많이 사용한 것이 작품의 질을 떨어뜨린 요인이 됐다'고 아쉬움을 토로했다.

스톤은 이때의 분함을 1994년 연초 로이터 통신과의 인터뷰를 통해 또다시 드러냈다.

'나는 아직도 케네디 사건 보고서는 미국의 최근 역사의 가장 위대한 거짓말이라고 믿고 있다 I Still Think This is The Greated Lie In America Mid-Century'고 선언하면서 '내 영화는 워렌 위원회의 신화에 대한 시적인 반격과 반 신화라고 생각 한다 My Movie was I Think a Poetic Counterattack, A Counter-Myth, to The Mythology of The Warren Commission'라고 덧붙였다.

스톤은 이 처럼 〈JFK〉에 대한 반론을 다양한 언론 보도 매체를 통해 역설한다.

이제 그 논쟁을 중지하고 2년간의 침묵 끝에 선보인 신작이 〈하늘과 땅〉이다.

이전의 베트남 영화인 〈플래툰〉과 〈7월 4일생 Born On The Fourth of July〉으로 아카데미 감독상을 연이어 수상한 스톤이 재차 그 명성을 부활시킬 것인가?

스톤은 그것보다도 한때 미국의 적이었던 베트남에 대해 동정적인 시각 Sympathetic View을 담고 있는 〈하늘과 땅〉에 대한 평론가들의 연이은 탄핵 Denounce에 대비하는 것이 더 중요하다고 밝힌다.

보트 피플 출신의 히앱 티 리 히로인으로 전격 발탁

스톤은 베트남 참전 미군 용사들에게 지난날의 쓰라린 기억을 묘사하면서 아울러 그들이 본의 아니게 저질렀던 잔인한 행동 Acts of Brutality도 함께 드러내 비난 받을 것은 수용하게끔 하고 싶었다고 주장했다.

스톤은 베트남전의 악몽을 다시 건드린 것에 대해 '미국은 아직도 베트남에 대해 분노하고 있다. 이것은 우리의 영혼이나 국가적 숙명에 해가 될 뿐이다 America is Still Angry at Vietnam, and This is Bad for Our Soul, Our National Karma'라고 선언하면서 이제 부처와 같은 수행자의 입장에서 베트남 전을 직시하자고 강조했다.

베트남 여인인 리 리 헤이스립 Le Ly Hayslip의 회고록 Momoirs을 근간으로 한 이 작품은 전쟁 와중에 태어난 한 농촌 소녀의 시각을 통해 전쟁으로 일그러져가는 평화스런 촌락의 모습과 인간성의 황폐화를 그려주고 있다.

그녀는 색다른 변화를 체험한다. 그녀는 반역자, 스파이, 부자의 정부(情婦)였다가 거리의 창녀로 전락한다. 그 후 미군 병사의 아내가 된다는 한 소녀의 기구한 삶의 행적에 동정심을 나타내고 있다.

그는 이 여주인공 배역을 23세의 무명 히엡 티 리 Hiep Thi Le에게 맡겼다.

보트 피플로 9세 때 고국 베트남을 탈출, 현재 미국에서 대학 생활(캘리포니아 대)을 하고 있다.

그녀의 정신적 상흔을 치유해 주는 미군 병사로는 토미 리 존스 Tommy Lee Jones가 등장한다.

스톤은 항시 〈바람과 함께 사라지다〉에 버금가는 러브 스토리를 만들고 싶다는 야심을 꿈꾸어 오고 있는데 〈하늘과 땅〉이 그 목표에 다가설 수 있는 제 일보라고 흡족해 했다.

스톤은 애초 극적 사실감을 높이기 위해 베트남 현재 촬영을 강력히 추진했었는데 미국 측의 탐탁치않은 시각과 베트남 당국자들의 시나리오 수정 요구 등 여러 장애 Obstacles로 인해 〈플래툰〉과 같이 태국으로 무대를 옮겨 영화를 제작한 것이 옥의 티가 되었다고 제작 후의 아쉬움을 드러냈다.

코스타 가브라스가 밝히는 아카데미 영화제 촌평

'오스카 시상식은 우량 농산물을 선발하는 대회'

코스타 가브라스 Costa Gavras는 유럽 영화계에서 가장 명성을 얻고 있는 연출자 중의 한 명이다.

〈제트 Z〉(1970)-감독 및 각색상 후보, 〈미싱 Missing〉(1983)-아카데미 각색상 수상, 터키 영화 〈욜 Yol〉(1982)과 칸 황금종려상 공동 수상이라는 업적을 세운 거장이다.

그리스 출신이지만 프랑스에서 활동하고 있다.

정치적 음모와 술수를 영상으로 폭로해 독특한 연출 세계를 과시하고 있는 가브라스는 1993년 아카데미 시상식 직 후 미국 영화계에 대한 신랄한 비판을 가해 화제가 됐다. 그의 의견은 유럽 영화인들이 할리우드에 보내는 곱지 않은 시선을 단적으로 느낄 수 있는 계기를 주었다.

『뉴스위크』와 가진 특별 인터뷰에서도 이런 그의 감정이 고스란히 담겨 있었다.

이 기사는 아카데미에 대해 객관적 판단을 할 수 있는 자료적 가치가 있다고 판단되어 그 회견문을 게재하는데 혹시 발생할지 모를 행간의 오해를 방지하기 위해 원문을 함께 병기했음을 밝힌다.(자료 Newsweek International Edition, April. 12, 1993)

 # 질문 : 우리가 오스카로 호칭하는 이 연례행사는 할리우드의 자화자찬을 위한 잔치로 보는가? Is This Yearly Ritual That We Call The Oscars Just Hollywood Patting Itself On The Back?

 # 답 : 의심할 바 없이 거기에는 강한 자기 PR적인 요소가 있다. 난 아카데미 수상작이 세상에서 가장 훌륭한 영화라는 것에 반드시 동의하지는 않는다.

하지만 시상식 풍경은 경이적이다. 흡사 그해에 수확한 가장 좋은 토마토, 우량 소, 가장 큰 돼지 등을 선택해 상을 주는 농산물 축제를 떠올리게 한다. 이것이 오스카 축제의 정신이다. Undoubtedly it here is a strong element of self-promotion. I don't necessarily agree that the film they choose is the finest film in the world.

But the presentation of the evening is extraordinary. It reminds me of the agricultural fairs of the past, where they gave out awards for the best tomato, the best cow and the biggest pig. That is the spirit of oscar night.

질문 : 그것은 미국 영화 산업에 토마토에게 상을 주기 위한 것과 같다는 말인가? Is this what the american film industry is producing? prize tomatoes?

답: 할리우드가 영화 제작에 투입하는 막대한 제작비를 차치(且置)하고라도 미국산(美國産) 영화와 유럽 제작 영화에 아직도 막대한 차이점이 있다. 미국의 경우, 영화 종사원들은 그들의 작업에 보다 전문적이어서 그 결과 그들의 영화 작업은 더욱 조직화 되어 있다는 것이다.

반면 유럽의 영화인들은 열정적인 경향이 있다. 어떤 유럽 감독들은 영화를 마무리하기 위해 자신의 저택도 팔고 있는 설정이다.

미국은 영화 작업 방식이 주제를 지나치게 단순화시켜 이끄는 경향이 있다.

하지만 아직도 미국 영화는 세계 영화 시장을 침투할 수 있는 엄청난 능력을 가진 중요한 영화이다. There is still a great difference between films made in america and those made in Europe, aside from the monstrous budgets that Hollywood can count on. In America, people are more professional about their work, and consequently the work is more regimented. In Europe, the crew tends to be more passionate. I think that certain Europe an directors would sell their own homes in order to finish their films. In America, the method of work leads to a tendency to oversimplify Hemesi Still, it is a very important ciner Still, the an incredible capacity to peith an the world market.

질문 : 아테네에 살던 어린 시절 미국 영화를 여러 편 봤다고 하던데 As a boy you saw dozens of American films in athens.

답 : 물론이다. 하지만 그 시절은 특별한 시기였다고 말하고 싶다. 난 〈분노의 포도〉 〈파리의 아메리칸〉을 비롯 프랭크 카프라, 엘리아 카잔, 버스터 키튼의 영화를 봤다. 그땐 〈람보〉나 〈배트맨〉 같은 작품은 없었다.

과거의 위대한 미국제작자들의 위업을 이어받은 이들은 오늘날 위대한 제작자가 아니다. 그들의 자리는 재정 전문가와 거대 기업이 차지했다. 이것은 예술적 빈곤을 초래했다. 아직 우디 알렌, 코헨 형제, 프란시스 코폴라, 마틴 스콜세즈 등이 만든 걸작이 제작되고 있기는 하다.

그러나 미국 영화는 속편이 너무 많다. 거기에서 그들은 팔리는 한 계속 만들어 내는 법칙을 발견할 수 있을 것이다. Yes, but we're taking about an extraordinary epoch. I saw 〈The Grapes of Wrath〉 〈An American in Paris〉. The Films of Frank Capra, Elia Kazan, Buster Keaton. There weren't any 〈Rambos〉 or 〈Batman〉, The great American producers of yesteryear have not been replaced by great producers today. Their places have been taken by financial experts and large corporations. And this has led to an artistic impoverishment. There are still good films being produced, the films of Woody Allen, the Cohen Brothers, Coppola, Scorsese. But there are too many sequel films. Someone finds a formula, and they repeat it as long as it sells.

질문 : 막대한 양의 미국 영화가 유럽 영화를 질식시킬 것으로 보는지 Does the sheer volumn of American films threaten to suffocate European cinema?

답 : 미국 영화가 유럽 극장 공간을 모두 차지, 유럽 영화가 개봉될 장소 조차 확보하지 못할 위험이 있다고 본다. 이것은 미국인들만의 죄는 아니라고 본다. 미국 영화는 유럽에서 대대적인 환호를 받고 있지만 반면 미국시장에서 상영되는 유럽 영화는 극소수다. 미국영화 시장은 흡사 전세계에 수출만 하고 수입은 극도로 적은 일본 경제계를 닮아가고 있다. 이것은 텔레비전 분야에서도 마찬가지다. There is the danger that American films will take up all the space in European theaters, leaving no where for European films to be shown. This isn't only the fault of the Americans, American films are extremely popular in Europe, while very few European films reach the American market. The American Film market is a bit like the Japanese economy, which exports all over the world but imports very little. The Same is true in television

질문 : 감독의 최근 작품에선 TV와 언론의 역할이 중요한 주제로 등장하고 있다. The role of television and the media is an important theme in your latest film.

답 : 언론 미디어 그중 TV는 오늘날 불균형하게 중요한 위치를 차지하고 있다. TV는 모든 물을 획일화 시키는 작업을 하고 있다. 매일 밤 TV는 신화를 창조하고 그 다음날 저녁 신화를 파괴하고 또다른 신화를 창조한다.

난 작품을 통해 오늘날 행동보다 언어가 더욱 중요하다는 것을 강조하려고 노력한다. 만일 당신이 TV 논쟁을 시청한다면 발언자들이 흡사 세상을 변화시킬 못이 보이지만 사실 그들은 아무 것도 변화시키지 못할 것이다.

교황은 아프리카에 대해 희망의 연설을 하지만 그곳에선 수천 명이 굶주림과 AIDS의 창궐(猖獗)로 죽어가고 있다. 그러나 교황은 피임이나 AIDS병에 대한 예방법에 대해서는 언급하려고 하지 않는다. The media, and especially television, have assumed a disproportionate importance today. Television works to make everything uniform. Each night it creates a myth, which it destroys the following night to create another myth. In my film, I try to stress that today speech has become more important than action, if you listen to a televised debate, it seems that the speakers are out to change the world, when in reality they will change nothing. The Pope his speech of hope in Africa, where thousands are dying of hunger and with AIDS rampant. But he will not mention contraception or prophylactics.

질문 : 〈제트〉의 영웅적 시기에 대한 향수심을 갖고 있는가? Are you nostalgic for the heroic times of 〈Z〉?

답 : 난 사안이 단순하고 보다 명확할 때 그것을 선택하기가 용이할 시기가 을 때에 대한 향수감을 갖고 있다. 오늘날 모든 시물이 보다 복잡해지고 있다. 이것이 내가 소극(笑劇)처럼 영화를 만드는 이유다. I'm nostalgic for a time when it was easier to make choices, when the Issues seemed simpler and more clear. Today everything is more complex, this is why I've made a film like this last one, a farce.

질문 : 이것은 패배의 신호인가? Is this a sign of defeat?

답 : 아니다. 그것은 변화와 진화의 신호이다. 내가 명화를 통해 보여 주려고 하는 상황은 세대에 관한 것이다.

그것은 1968년에 변화됐다고 믿는다. 그리고 그것은 세대의 신뢰에 대한 타협이거나 파멸이다. 한 세대는 젊음을 존속시키려고 애쓰다 늙어간다. No, it's a sign of change, an evolution. The situation I show in the film is of a generation that believed in change in 1968, and that has either compromised its beliefs or been ruined by them. A generation that is aging with trying to retain its youth.

 # 질문 : 1993년 할리우드는 클린트 이스트우드의 해 처럼 보인다. This appears to be the year of Clint Eastwood in Hollywood.

 # 답 : 아카데미 시상식 동안 우리는 클린트 왕의 대관식 협력자였는데 그것은 당연한 것이었다. 클린트 이스트우드는 순수하고 명확한 형식의 영화를 만든다. 그의 영화는 대다수 미국 영화에서 처럼 과도한 폭력이나 특수 효과가 없다. 그의 작품은 균형 잡히고 전통적이며 가장 미국적인 상업성 영화이다. 배우로 평가해도 그는 매우 훌륭한 연기인이다. 난 그가 그리스 비극이나 셰익스피어 드라마에서도 똑같이 유능한지는 모른다. 그러나 그가 연기하는 역할은 설득력 있고 효과적이다. During the Academy awards, we assisted at the coronation of king Clint. And justifiably. Clint Eastwood makes a pure, clear type of film. His cinema is not overloaded with violence or with special effects like so many American films. His is a popular cinema, very balanced, very traditional and very American. As an actor, he's quite good. I don't know whether he'd be equally good in greek tragedy or in shakespearean drama. But in the roles he plays, he's convincing and effective.

 # 질문 : 아카데미 협회가 1993년 펠리니에게 평생 공로상을 수여한 것에 대해 어떻게 생각하는가? What Statement did the Academy make with its life time award to Fellini?

 # 답 : 아마 우리 시대 가장 위대한 감독에게 보내는 경의라고 본다. 내 생각엔 소피아 로렌이나 마르셀로 마스트로얀니 등 두 명의 할리우드 우상을 대신해 펠리니에게 오스카를 수여했다는 것은 상당한 의미가 있는 것이다.

그렇지만 할리우드가 펠리니에게 아카데미상을 주는 대신 보다 많은 영화를 만들 수 있는 제작비를 후원해 주었다면 더 좋았을 것이다. Probably an homage to the greatest director of our time. I think it would have been more meaningful had the Oscar been presented to him by two Hollywood Icons, instead of Sophia Loren and Marcello Mastroianni. Then again, Hollywood would probably do better to give Fellini money to make more films instead of giving him an award.

골든 글로브, 스필버그에게 월계수 선사

1994년 1월 17일 L A를 강타한 지진의 참화에도 불구하고 51회 골든 글로브 시상식 The 51st Annual Golden Globe Awards 은 예정대로 22일 거행, 축제의 토요일을 만들어 주었다.

아카데미 전초전 Predictive of The Academy Awards이라고 일컬어지는 이 해의 시상식은 명품 사회자 아세니오 홀 Arsenio Hall과 커티 앨리 Kirstie Alley 등이 가옥이 전파되는 피해로 참석치 않았을 뿐,

팀 로빈슨, 데브라 윙거 등은 뉴욕에서 날아와 페스티벌의 밤을 뜨겁게 만들어 주었다.

'난 L A에 사는 것이 불안하지 않아요 I'm Not Nervous about Living In L A'라고 애향심을 드러낸 탐 행크스 Tom Hanks는 AIDS에 걸린 변호사 역을 맡은 〈필라델피아 Philadelphia〉로 대망의 남우상을 획득하는 기염을 토했다.

'또 한 번 지진이 오리라곤 생각진 않지만 설사 또 발생한다 해도 우리는 안전할 거예요 I Don't Think There'll Be Another Earthquake, But If There is Well Be Ok'라고 거들어준 스티븐 스필버그는 〈쉰들러 리스트〉로 감독상을 수상했다.

이 처럼 84명의 할리우드 주재 외신 기자 클럽 84 Members Of The Hollywood Foreign Press Association이 수여하는 골든 글로브 시상식은 온 통 지진 이야기가 식장의 상들리에 Chandelier와 어우러져 화제의 초점이 되었다.

TBS 케이블 네트워크로 전 미국에 생중계된 시상 식장은 유명 스타들의 비공식 칵테일파티와 만찬 모습이 중간 중간 비추어져 TV를 시청하는 영화 애호가들의 가슴을 두근거리게 했다.

골든 글로브는 이 같이 긴장감과 수상을 위한 고차원의 도박을 볼 수 없다는 점이 아카데미와 구별되는 매력 점이다.

이 해 가장 놀라운 소식은 위노나 라이더 Winona Ryder가 〈순수의 시대 The Age of Innocence〉로 조연 여우상을 가져간 사건.

그녀는 〈피어리스 Fearless〉의 미즈 페레스 Ms Perez, 〈피아노〉의 아역 스타 안나 파퀸 Anna Paquin, 〈칼리토 Carlito's Way〉의 페네로페 앤 밀러 Penelope Ann Miller 그리고 〈아버지의 이름으로 In The Name of The Father〉의 엠마 톰슨 Emma Thompson 등 쟁쟁한 경쟁자를 물리치고 트로피 Trophy를 차지한 것이다.

'〈쥬라기 공원〉이 세운 흥행적인 기록보다는 〈쉰들러 리스트〉가 나에게는 더 큰 의미가 있다'고 작품상까지 거머쥔 스필버그는 소감을 피력했다.

로빈 윌리암스, 뮤지컬 코미디 부문 남우상 차지

그는 오크랜드 고등학생들이 〈쉰들러 리스트〉 중 유대인 여인이 독일 장교에 의해 사살당하는 것을 보고 히히덕거렸다는 소식을 접하고는 '많은 미국 청소년들은 폭력에 둔감해 있는 상태다. 그래서 그들은 대학살 Holocaust 이라는 단어의 진정한 의미를 깨우치지 못하는 것이다'라고 세대 간의 의식차를 안타까워했다.

이 같은 감성적인 소감은 브랑코 루스티그 Branko Lustig가 이어 받았다.

'〈쉰들러...〉의 제작자인 브랑코는 유고 태생으로 2차 세계 대전시 독일 강제수용소에서 3년간을 복역했던 생생한 체험자.

그는 '수감자들은 수시로 불려나가 죽음을 당했다. 그들이 살아있는 우리를 보고 외친 마지막 말은 우리를 잊지 말라 Do Not Forget US'라는 절규였다. 난 그들의 이 같은 소망이 영원히 사라지지 않게 하기 위해 이 영화를 제작했다'고 기자 회견장에서 공개, 주위를 숙연하게 만들었다.

탐 행크스도 장난기 어린 표정을 감추고 '이 상을 AIDS에 감염되어 희생된 모든 이들에게 바 친 다 Paying Tribute To AIDS Victims'라고 품위 있는 수상 소감을 밝혔다.

뉴질랜드를 배경으로 한 서린 벙어리 여인 역을 열연한 홀리 헌터는 〈피아노〉로 여우상을 수상, 프로 연기자의 저력을 인정받는다.

〈도망자 The Fugitive〉에서 해리슨 포드를 끈질기게 괴롭힌 연방 보안관 역의 토미 리 존스 Tommy Lee Jones는 조연 남우상을 획득했다.

또한 뮤지컬 코미디 Musical or Comedy 여우상은 팝가수 티나 터너의 일대기 〈어제 오늘 그리고 내일 What's Love Got to Do With It〉의 안젤라 바세트 Angela Bassett, 〈미세스 다웃파이어 Mrs. Doubtfire〉에서 여장 가정부로 웃음을 선사한 로빈 윌리암스가 이 부문 남우상을 각각 차지했다.

TV극 부문에선 〈세인펠드 Seinfeld〉가 최우수 코미디 상을 〈N.Y.P.D 블루 N.Y.P.D Blue〉가 최우수 드라마 그리고 1980년대 월 스트리트 풍경을 그린 〈바바리안 엣 더 게이트 Barbarians at The Gate〉가 최우수 TV 미니시리즈상의 영예를 획득했다.

이외 〈N.Y.P.D 블루〉에서 경찰 역을 맡은 데이비드 카루소 David Caruso가 TV 드라마 부문 남우상, 〈피키트 펜스 Picket Fences〉의 캐시 베이커 Kathy Baker가 여우상, 외국어 영화상은 첸 카이거 감독의 〈패왕별희 Farewell My Concubine〉가 황금 트로피의 명예를 아로 새겼다.

스필버그 올 해의 연예인으로 선정

미국의 대중 연예 주간지 『엔터테인먼트 위클리 Entertainment Weekly』는 스필버그를 1993년 올 해의 연예인 Entertainer of The Year로 선정했다고 발표.

이 잡지는 1993년 12월 31일자에서 '〈쥬라기 공원〉을 통해 우리와 다른 사물에 대한 두려움을 자각하게 했고 〈쉰들러 리스트〉에선 지금껏 예술 분야가 다루지지 못했던 민감한 내용을 사실적으로 극화시켜 연속적인 공포감을 심어준 것'이 선정 이유라고 공개했다.

스필버그는 막대한 제작비를 투입했던 성인용 피터팬 영화인 '후크 Hook'의 실패와 비평가들의 격찬을 받았지만 티켓 판매고에선 저조한 실적을 올린 '태양의 제국'으로 인해 잠시 침체기를 겪었지만 1993년도 두 작품이 만루 홈런이 되면서 명성을 되찾게 된 것이다.

이 잡지는 스필버그에 이어 명사회자인 데이비드 레터맨 David Letterman을 올 해 연예인 2위로 올려놓았다.

NBC를 떠나 CBS와 이적료로 4천 2백 만 달러를 받아내 주목을 받아낸 레터맨은 수다스런 풍자극으로 TV계를 석권해 왔는데 스필버그의 돌풍에 밀려, 초라한 차석이 되는 수모를 당했다.

3위에 오른 이는 〈피아노〉의 홀리 헌터, 그리고 이야기 재간꾼인 소설가 존 그리샴이 4위를 차지해 문필가도 여느 연예인 못지않는 화제의 인물이 될 수 있다는 것을 입증시켰다.

이외 이 잡지는 팝 가수 휘트니 휴스턴과 〈시애틀의 잠 못 이루는 밤〉 〈필라델피아〉로 인기 상승 곡선을 지속하고 있는 탐행크스를 각각 5, 6위로 추천했다.

촬영가 협회상, 스필버그에게

스필버그는 미 촬영가 협회 상 American Society Of Cinematographer's Board Of Governors Award로 부터 '영상예술 발전에 혁신적인 공헌을 한 공적'이 인정되어 협회상을 수여 받는다.

협회장인 버튼 버드 스톤 Burton Bud Stone은 '스필버그는 뛰어난 시각적 이야기꾼이며 그는 예술 형식을 통해 비교할 수 없는 자극을 추구해 왔다. Steven Spielberg is A Remarkable Visual Storyteller Who Has Made An Incomparable Impact on The Art Form'라고 치하.

스필버그, 감독협회 상도 독식

골든 글로브에서 작품, 감독상을 수상한 스티븐 스필버그가 미국감독협회 Directors Guild of America 상까지도 석권, 그의 독주가 시작됐다.

올 해로 46회째를 맞고 있는 이 시상식은 연출자가 평생 받아 보고싶은 상으로 꼽히는 감독들이 주는 명예상.

후보자들로는 〈쉰들러 리스트〉의 스필버그 외에 〈피아노〉의 제인 캠피온 Jane Campion, 〈도망자〉의 앤드류 데이비스 Andrew Davis, 〈남아 있는 나날 The Remains of The Day〉의 제임스 아이보리 James Ivory 그리고 〈순수의 시대 The Age of Innocence〉의 마틴 스콜세즈가 최종 후보자로 나서 초조한 낙점을 기다렸다.

'올해처럼 의미 있고 아름다운 작품이 양산된 해도 드물었다'고 협회장인 진 레이놀즈 Gene Reynolds는 촌평.

스필버그는 이번의 수상을 포함, 역대 7번째 노미네이션 되는 영예를 얻었는데 그 중 〈칼라 퍼플〉로 수상했지만 아카데미에서는 〈아웃 오브 아프리카〉의 시드니 폴락 Sydney Pollack에게 석패했었다. 시상식은 1994년 3월 5일 거행됐다.

L A 비평가상 석권한 〈피아노〉

1993년 12월 L.A. 비평가회 Los Angeles Film Critics Association는 〈피아노〉를 5개 부문 수상작으로 선정, 발표했다.

이 비평가회는 〈쉰들러 리스트〉를 최우수 작품상으로 추천했다.

홀리 헌터의 여우상을 비롯하여 감독, 각색, 촬영, 조연 여우상을 차지한 〈피아노〉는 제인 캠피온 감독의 명성이 할리우드에 진동시키는 것에 일조했다.

남우상은 〈남아 있는 나날〉과 〈새도우랜즈〉에서 기염을 토한 안소니 홉킨스에게 돌아갔다.

조연 남우상은 〈도망자〉의 토미 리 존스가 그리고 〈피어리스 Fearless〉의 로시 페레스 Rosie Perez와 안나 파퀸 Anna Paquin이 공동 조연여우상 수상자가 됐다.

폴란드, 프랑스 합작 작품인 〈블루 Blue〉는 즈비그뉴 프레이스너 Zbigniew Preisner가 작곡상만을 받아 베니스 작품상 트로피가 초라하게 되어버렸다.

이외 첸 카이거 감독의 〈패왕별희〉가 외국어 영화상을, 〈모두 진실이야 It's All True〉가 최우수 다큐멘터리 선정작이 됐다.

❖ 1993년 미국 3대 비평가상 수상자 총 리스트

L.A. 비평가상 L.A. Film Critics Association

- 작품상: 〈쉰들러 리스트〉
- 감독상: 제인 캠피온-〈피아노〉
- 남우상(공동 수상): ① 안소니 홉킨스-〈남아 있는 나날〉 〈섀도우랜즈〉 ② 다니엘 데이 루이스-〈순수의 시대〉 〈아버지의 이름으로〉
- 여우상(공동 수상): ①안나 파퀸-〈피아노〉 ② 로시 페레즈-〈피어리스 Fearless〉
- 조연 남우상: 토미 리 존스-〈도망자〉
- 각본상: 제인 캠피온-〈피아노〉
- 촬영상(공동 수상): ①스튜어트 드라이버그 Stuart Dryberg-〈피아노〉 ② 야누스 카민스키 Janusz Kamlnski-〈쉰들러 리스트〉
- 음악상(공동 수상): ① 즈비그뉴 프레이스너 Zbigniew Preisner-〈3 가지 색, 블루 Bule〉 〈비밀의 화원 The Secret Garden〉 ② 마이클 니먼 Michael Nyman-〈피아노〉
- 외국어 영화상: 〈패왕별희〉

전미비평가의회 National Board of Review

- 작품상: 〈쉰들러 리스트〉
- 감독상: 마틴 스콜세즈-〈순수의 시대 The Age of Innocence〉
- 남우상: 안소니 홉킨스-〈남아있는 나날〉 〈섀도우랜즈〉
- 여우상: 홀리 헌터-〈피아노〉
- 조연 남우상: 레오나르도 디카프리오 Leonanto Dicaprio-〈길버트 그레이프 What's Eating Gilbert Grape〉
- 조연 여우상: 위노나 라이더 Winona Ryder-〈순수의 시대〉
- 외국어 영화상: 〈패왕별희 Farewell My Concubine〉

뉴욕 비평가 협회상 New York Film Critic's Circle

- 작품상: 〈쉰들러 리스트〉
- 감독상: 제인 캠피온-〈피아노〉
- 남우상: 데이비드 델리스 David Thewlis-〈네이키드 Naked〉
- 여우상: 홀리 헌터-〈피아노〉
- 조연 남우상: 랄프 피에네스 Ralph Fiennes-〈쉰들러 리스트〉
- 조연 여우상: 공리 Gong Li-〈패왕별희〉
- 각본상: 제인 캠피온-〈피아노〉
- 촬영상: 야누스 카민스키-〈쉰들러 리스트〉
- 외국어 영화상: 〈패왕별희〉

1993-1994 할리우드 메이저 영화사 및 CEO 활동상

❖ 월트 디즈니 Walt Disney

만화 왕국 월트 디즈니는 흥행 성적과 부대사업에서 연속 적자를 기록, 회사 주요 임원진이 퇴진하는 등 어수선한 분위기였다.

경쟁사인 유니버설이 〈쥬라기 공원〉, 워너가 〈도망자〉, 파라마운트가 〈야망의 함정〉 그리고 트라이스타가 〈시애틀의 잠 못 이루는 밤〉으로 흥행 1, 2, 3, 4위를 나란히 차지한데 비해 디즈니사는 상영기간이 근 1년 가까이 되는 〈알라딘〉이 겨우 탑 5위를 차지, 과거의 명성이 초라할 지경이었다.

여기에 1993년에 발표한 신작인 패트릭 스웨이지의 〈아빠 만들기 Fatherhood〉와 〈속 스테이크 아웃 Another Stake Out〉 〈사위 Son-In-Law〉 〈슈퍼 마리오 형제들 Super Mario Brothers〉이 줄줄이 참패를 기록했고 〈삼총사 The Three Musketeers〉 〈시스터 액트 2〉, 팀 버튼의 만화 영화 〈크리스마스의 악몽 The Nightmare Before Christmas〉이 성인 관객들의 발걸음에 힘입어 그나마 체면을 유지할 수 있었다.

디즈니사의 경영을 위협하고 있는 골치 덩어리는 유로 디즈니랜드.

무려 37억 달러가 투입된 지상 낙원 휴양지는 유럽인들의 레저관 차이점과 경기침체가 어우러져 매년 적자를 기록했고 이 해만 1억 3천만 달러의 손해를 감내해야 했다.

영국 런던에서 발간되는 『인디펜던트 Independent』지는 '미국이 만들어 놓은 또하나의 베트남'이라고까지 비꼬았다.

악수(惡手)가 계속되자 회사 내외에서는 그 원인이 무엇인가에 대해 집중 조사에 들어갔다.

이에 대해 『할리우드 리포터 Hollywood Reperter』지는 월트 디즈니의 연이은 실책을 진단하는 기사를 게재했다.

영화 전문 주간지에 따르면 '예술보다는 과학이란 경영법을 고수, 지나치게 완벽을 가한 것이 급변하는 경제흐름과 어울리지 않는다'고 지적하면서 '상의하달 식 통제' '근무 시간에 비해서 열악한 임금이 직원들의 사기 저하를 초래했다'고 조목조목 분석했다.

『뉴스위크 Newsweek』도 1993년 10월 27일자를 통해 '디즈니의 최대 장점은 단연 명성이다. 관객들은 디즈니 영화라면 무조건 몰려들지만 〈야망의 함정 The Firm〉은 어느 제작사가 만들었는지 모른다. 그러나 유명한 것이 때론 유익하지 않는 점도 있다. 그것은 작품이 실망스러우면 관객들은 그 제작사를 영원히 기억을 한다는 사실이다. 만일 디즈니사의 명성이 빛을 잃게 된다면 이 영화사는 보다 많은 것에서 손실을 보게 될 것이다'라고 충고했다.

하지만 디즈니사는 영화 제작 사업의 연타석 실패에 좌절하지 않았다.

우선 1994년엔 작년 대비 55%이상이 상승된 55편의 다양한 작품을 통해 관객 되찾기에 나서겠다고 공표했다.

여기에 재개봉한 〈백설 공주〉가 해외시장에서 4천만 달러 이상의 현금을 충당해 주었고 비디오로 출시된 〈알라딘〉이 3일 만에 1천만 개가 팔려나가는 기록을 세워 극장수익을 단번에 경신했다는 소식이 현재의 위기를 한때의 부진으로 평가절하 할 수 있는 용기를 주었다.

디즈니사는 또한 세계적 규모의 영화도서관을 착수해 '미래를 보여주는 영화사란 이미지'를 계속 고양시켜 나갈 것임을 천명했다.

이런 때에 〈조이 럭 클럽 The Joy Luck Club〉이 평론가들의 극찬과 성인 관객들의 시선이 몰려 중대한 시련기를 역할용 할 수 있는 분위기를 만들어 주었다.

❖ 파라마운트사

1960년대 석유 재벌 그룹인 걸프 Gulf사에 인수된 파라마운트사가 또다시 매각 운명에 처하게 된다.

하지만 이번의 인수는 과거와 같은 특정회사로의 순수한 합병이 아니라 현재 미국을 주름잡고 있는 막강한 미디어그룹들이 대거 가세, 치열한 인수싸움을 벌이고 있는 것이 흥미 거리를 제공.

현재 파라마운트사는 막대한 영화 소프트웨어 뿐 아니라 TV 히트 드라마, 사이먼 앤드 슈스터 출판사, 뉴욕 닉스 농구팀이 계열사로 되어있어 이 황금 내용물을 차지하려는 기업들의 애간장을 더욱 태웠다.

가장 치열한 인수싸움을 벌였던 기업은 QVC사와 바이컴 사.

할리우드의 영화 거물 중의 한 명인 배리 딜러 소유의 QVC는 홈쇼핑 채널로 막대한 돈을 쓸어 모은 유망기업이다.

딜러는 입찰가로 97억 달러라는 천문학적인 대금을 제시한다.

여기에 맞불을 넣었던 바이컴 사는 뮤직 비디오 전문채널인 MTV의 모기업으로 경영주는 폭스 TV 창설과 〈심슨 가족〉 탄생에 산파역을 한 섬너 레드스톤.

두 사람의 한 치 양보 없는 싸움은 일개 기업 문제가 아닌 21세기 미디어 제국 선점을 누가 갖느냐는 것과 맞물려 있어 월 스트리트 금융가가 들썩거릴 정도였다.

이 와중에 CNN 사주 테드 터너와 사우스 웨스턴 벨

사 등이 연합 컨소시엄을 제시해 파라마운트의 옷자락을 잡기위해 암중모색을 시도했다.

새 주인을 맞아들일 파라마운트사의 마틴 데이비스 사장은 바이컴 사에게 유리한 제스추어를 보냈지만 혹시 QVC가 인수했을 때 닥칠 불이익을 염두에 두어 모호한 입장을 견지, 인수협상을 근 1여년간 지속하게 만들었다.

QVC는 케이블 TV 대기업인 텔리 커뮤니케이션즈 TIC의 사주인 존 밀론이 막강한 후원자로 나섰고 바이컴 사는 비디오 배급업체인 블럭버스터 소유주 웨인 후이쟁거가 '파라마운트는 우리 손에'라는 기치로 세계적 엔터테인먼트 기업 청사진을 밝혀, 한치 앞을 내다보기 힘든 초유의 인수전쟁을 벌인 것이다.

결국 비아콤 Viacom 사는 근 5개월 동안 QVC네트워크와 벌인 파라마운트 영화사 Paramount Co 수주 경쟁 최종 승리자가 됐다.

음악 전문 방송 MTV의 모기업인 비아콤은 1994년 2월 15일 파라마운트 주식의 74.6%에 달하는 9, 100만 달러를 매입했다고 공식 발표.

이로써 이 회사는 파라마운트의 자기업인 사이먼 앤드 슈스터 출판사 Simon and Schuster Books, 메디슨 스퀘어 가든, 뉴욕 닉클 구단 New York Knicks Basketball, 레인저 하키 Rangers Hockey Teams 팀을 아울러 소유하게 됐다.

이번의 인수 경쟁은 '전 세계의 오락 산업의 독점적 이권을 확보할 수 있다'는 점 때문에 연예계의 초미의 관심사가 됐다.

비아콤의 카리스마 지휘자인 억만장자 섬너 레드스톤 Summer Redstone은 '오늘이 새로운 오락 산업의 출발을 알리는 계기가 될 것'이라고 밝히면서 지구촌 미디어 산업의 황제임을 내외에 과시했다.

❖ 파라마운트 영화사 여성 CEO 셰리 랜싱

1992년 11월 굴지의 파라마운트 영화 담당 사장이 된 셰리 랜싱은 어느 여배우 못지않게 일거수 일투족이 시선을 받고 있는 영화인.

그녀는 로버트 레드포드의 남성미를 최대한 활용한 〈은밀한 유혹〉으로 영화사 재정을 풍부하게 만들어준 공헌자가 됐다.

그녀는 이전에 기획한 〈피고인〉과 〈위험한 정사〉로 영화 감각을 발휘했다.

전직 수학 교사 출신. MGM 각본가를 시작으로 영화계로 전업한 뒤 컬럼비아 사 제작 담당 부시장으로 〈크레이머 대 크레이머〉〈차이나 신드럼〉 제작을 지휘, 만만치 않은 여장부임을 드러냈다.

1980년. 20세기 폭스 사 최초로 제작 담당 사장에 취임, 직장 내 여성 차별을 소재로 한 〈나인 투 파이브 9 To 5〉를 선보였다.

초혼에 실패한 뒤 〈엑소시스트〉 〈프렌치 커넥션〉의 윌리암 프리드킨 감독과 재혼했다.

〈야망의 함정〉으로 연타석 솜씨를 과시한 그녀는 1993년 대비 40% 증가한 연간 25편 내외의 작품을 제작하겠다고 공언, 각종 연예 신문의 표지 인물이 되기도 했다.

❖ 컬럼비아 영화사

컬럼비아는 독선적인 경영주로 심심치 않는 가십거리를 제공하는 영화사.

창립자 해리 콘 Harry Cohn은 무차별적인 독설로 인해 흰 송곳니란 악명을 들었던 인물.

그가 1958년 사망했다는 기사가 나가자 진짜 운명했는지를 확인하려는 영화인이 나설 정도로 무시무시한 제작자였다.

그 후 해리 못지 않는 험담 꾼이 그 자리를 이어 받았는데 그 주인공이 마크 캔턴 회장.

1990년 초 취임하기 전후로 '우리 회사의 최고의 작품'이라고 떠벌렸던 〈허영의 불꽃 Bonfire of The Vanities〉 〈플레이어〉 〈순수의 시대 The Age of Innocence〉를 연속 제작 지휘를 했는데 공통적으로 흥행에 실패.

여기에 1억 달러 이상을 쏟아 부은 아놀드 슈왈제네거의 〈마지막 액션 히어로〉는 요란한 록 음악과 어수선한 아놀드의 목소리만 남긴 채 역시 흥행에 죽을 쑤었다.

위기에 몰린 캔턴은 〈사선에서 In The Line Of Fire〉와 비평가들이 이구동성으로 신랄한 비평을 가한 〈저스티스〉로 간신히 위기에서 벗어났다.

마크 캔턴은 8세부터 아카데미 수상식 연습을 할 정도로 명예욕 집착이 강한 인물로 알려졌다.

그와 형제며 〈백 투 더 퓨처〉의 제작자인 닐 캔턴은 '그가 아카데미 수상 연설을 하면 난 박수를 치면서 어린 시절을 보냈다'고 할 정도.

1971년 UCLA를 졸업한 후 〈빠삐용〉 등의 제작 현장에서 허드렛 일을 하면서 영화 경영 수업을 했다.

1980년 워너 브라더스 제작 담당 사장 재직시 〈허영의 불꽃〉의 실패작과 〈배트맨〉 〈리셀 웨폰〉 시리즈 등의 히트작을 내는 등 명암이 교차한 생활을 보냈다.

1991년 적자에 허덕이던 컬럼비아로 스카웃된 그는 이후 제작한 영화마다 모두 자신의 아이디어로 명작이 될 수 있다고 떠벌려 주위의 따가운 눈총을 받기 시작했다.

결정적으로 그가 구설수에 오른 것은 〈사선에서〉의 PR 문제.

캐슬록 엔터테인먼트가 제작하고 배급만 컬럼비아가 맡은 이 영화에 대해 캔턴은 자신의 업적으로 보도자료를 배포해 캐슬록 팀의 심기를 건드렸던 것이다.

하지만 캔턴은 이에 아랑곳하지 않는다.

'성공한 자에 대한 비난과 질시는 어느 곳에나 있는 것'이라는 인생관이 있기 때문이다.

이런 배짱이 있기 때문에 그는 1994년에 들어서도 서부 영화 〈제로니모〉, 공포 극 〈울프〉 그리고 해적 모험 물 〈미스트리스 오브 더 시즈 Mistress of the Seas〉의 제작 지휘에 여념이 없다.

이런 그의 별명은 듣기에도 거북한 '미친 개'.

아내 배리 크로스트는 방송 프로듀서로 내외간이 문화 첨병사로 활약하고 있는 것이다.

❖ 컬럼비아사 로고 변경

COLUMBIA PICTURES

컬럼비아 영화사는 근 1세기동안 사용된 트레이드 마크를 새롭게 바꾸고 의욕적인 재출발을 천명했다.

새로운 로고는 우선 횃불을 든 손을 왼쪽에서 오른쪽으로 변경했고 청색 구름을 무지개 형태의 호화찬란한 색으로 배치해 좀 더 밝고 화사로운 분위기를 유도했다.

시선의 대상인 여인의 의상과 몸매를 풍성하게 해 여유로움을 유도했고 뒷배경에 영화사를 인식시킬 수 있는 COLUMBIA라는 로고를 삽입했다.

❖ 프랑스 C L 은행,MGM 재정 후견인으로

빚더미에 허덕이는 MGM/ UA사의 재정적자 만회를 위해 프랑스 크레디트 리용네이스 Credit Lyonnais가 팔을 걷어부쳤다.

이 은행은 1980년대 중반부터 스튜디오 빚 삭감 작전에 나섰는데 향후 10여 년간 30억 달러 정도를 지원할 것이라고 밝혔다.

C. L 은행은 할리우드 전문경영인 프랭크 맨쿠소 씨를 영입, 과거의 영화를 재현키 위한 항해에 들어섰다.

❖ MGM/ UA 영화사

MGM/ UA 영화는 첫 장면에서 포효(咆哮)하는 사자 레오 Leo의 모습으로 전세계 영화 팬들을 사로잡은 영화사.

〈오즈의 마법사〉 〈7인의 신부〉 스타일의 뮤지컬과 〈필라델피아 스토리〉 〈가스 등〉 〈미니버 부인〉 등 최루성 멜로물로 1940-50년대 최전성기를 자랑했던 이 영화사는 1994년 창사 70주년을 맞아 제2의 도약을 시작했다.

명 제작자 루이스 B. 메이어의 타계 이후 운영권이 흔들리기 시작한 이 영화사는 계속된 경영 악화로 스튜디오와 막대한 양의 고전 작품들을 매각해야 하는 아픔을 당했다.

CNN이 인수한 수 천편의 소프트웨어는 '터너 클래식 무비'로 1994년 4월부터 미국 전역에서 방영되는 것을 그냥 지켜봐야 하는 이빨 빠진 호랑이 신세가 됐다.

여기에 스튜디오는 컬럼비아 트라이스타가 입주해 MGM은 결국 산타모니카의 오지로 쫓겨나는 악재를 당했다.

이런 끝없는 하향곡선으로 인해 영화사 존폐까지 가는 위기에 휘말렸으나 프랑스의 채권자인 크레디트 리요네 은행은 전직 파라마운트 사장인 프랭크 맨쿠소를 신임사장으로 영입, 마지막 승부수를 던졌다.

프랭크 사장은 취임 즉시 'MGM의 옛 영화를 복원시키자'라는 특별 지시를 내렸고 1994년 벽두부터 LA 카운티 박물관에서 MGM 대표작 40편을 상영, 잃어버린 관객 되찾기에 나섰다.

007 시리즈로 유명세를 날렸던 자회사 UA와 협력하여 1994년부터 매년 25편의 신작 영화를 공개하겠다고 의욕적인 청사진을 밝혔다.

이 영화사의 최신 히트작은 리들리 스코트 감독의 〈델마와 루이스〉였는데 서서히 기지개를 켜듯 할리우드 황금기를 재현시키려는 노력에 여타 경쟁 영화사에서도 격려를 보내 주었다.

❖ 머천트 아이보리사

Merchant Ivory Productions

프로듀서 이스마일 머천트와 〈전망 좋은 방〉의 제임스 아이보리가 공동 설립한 머천트 아이보리 사는 수준 높은 작품의 잇단 발표로 주목을 받고 있는 독립 프로덕션.

〈하워드 엔즈〉 〈남아 있는 나날 Remains of The Day〉을 흥행시킨 이 영화사는 1994년 상반기에 〈파리의 제퍼슨 Jefferson in Paris〉과 〈7월의 축제 Feast of July〉 〈신비한 마시지 사 Mystic Masseur〉, 그리고 머천트의 감독 데뷔작 〈구금 In Custody〉을 연속 공개하는 왕성한 활동을 보였다.

❖ 영화 매출 순위 워너 사가 1위

영화사별 순위를 보면 워너브라더스가 총 매출액의 18%인 9억 달러의 수익을 올려 1991년부터 연속 3년 탑을 차지하는 영예를 누렸다.

뒤를 이어 브에나 비스타, 〈쥬라기 공원〉으로 오랜 부진을 말끔히 씻은 유니버설 영화사가 3위를 차지, 이 3개 영화사가 흥행 Big 3사로 랭크됐다.

이번 순위는 영화 전문 주간지 『버라이어티 Variety』지가 통계 전문 기관인 엔터테인먼트 데이터 사에 의뢰하여 얻은 결과.

이 조사에 의하면 1993년 미국 국민이 극장 관람료를 뿌린 돈은 총 50억 달러 달했다.

이 중 워너 브라더스가 18%인 8억 달러를 독식한 것으로 알려졌다.

적자에 허덕이던 유니버설 사는 〈쥬라기 공원〉 한 편으로 미국 내에서만 3억 3천만 달러를 챙겨, 단숨에 흑자 경영으로 돌아서는 행운을 맞게 된 것이다.

반면 파라마운트사는 〈야망의 함정〉 〈은밀한 유혹〉이 기대 이상의 목돈을 몰아주었음에도 총 4억 5천만 달러에 머물러 종합 순위 7위로 밀려 나는 수모를 당했다.

이 해는 독립 제작사들의 활약이 두드러졌다.

캐슬록 엔터테인먼트의 〈어 퓨 굿 맨〉 〈사선에서〉, 캐롤코 사의 〈클리프행어〉 등이 빅히트작이 되는 성괴를 얻었다.

흥행 총액은 1992년 40억 6천만 달러 보다 약 8% 증가한 수치이며 관람객 수는 11억을 돌파, 역시 전년 대비 5%정도 상승한 것으로 나타났다.

메이저 영화사 가운데 20세기 폭스 사는 〈미세스 다웃파이어〉 등이 선전을 해주었음에도 불구하고 1992년 대비 약 12% 정도 감소한 5억 3천만 달러의 입장 수익을 얻었다.

이외 메이저 영화사들의 1993년 흥행수익 결과는 다음과 같다.

영화사	공개 편수	입장수익 (단위:백만달러)	전년대비 수익증가	시장 점유율
워너 브라더스	37	928.5	+4	18.5
브에나비스타	36	821.2	-6	16.3
유니버셜	22	690.5	+28	13.9
콜럼비아	26	561.2	+6	11.2
20세기폭스	21	538.6	-14	10.7
파라마운트	15	459.8	+1	9.3
트라이스타	13	318.1	-0.5	6.3
뉴라인시네마	13	170.8	+86	3.4
미라막스	24	148.4	+197	2.9
MGM	12	91.3	+58	1.8
사무엘 골드윈	12	37.9	+5	0.7
그래머시	6	32.5	첫진입	0.6
기타	107	221.4	+44	4.4
총계	344	5,020.2		100

(자료인용 Variety誌 1994년 2월 5일자)

1993-1994 작고(作故) 영화인, 돈 아메치 Don Ameche, 〈코쿤〉으로 노익장 과시

1930-1940년대 주역급 스타로 활약한 뒤 1980년대 은막에 복귀 〈코쿤〉으로 오스카 조연상을 수상했던 돈 아메치 Don Ameche(1908년 5월 31일 생)가 1993년 12월 6일 암 Cancer으로 사망했다. 향년 85세.

애초 라디오 성우로 주가를 높이던 그는 1936년 〈죄인 Sins Of Man〉으로 영화계에 데뷔한 뒤 20세기폭스 전속 배우로 12년 동안 활동한다.

뮤지컬, 코미디, 전기물, 멜로 드라마 등 다채로운 장르에서 재능을 떨친 그는 〈알렉산더 그래함 벨 이야기 The Story of Alexander Graham Bell〉가 초창기 대표작.

1948년 영화계에서의 인기가 시들해 지자 곧바로 브로드웨이로 진출, 늘상 새로움을 추구하는 연기 근성을 보여 주었다.

〈실크 스타킹 Silk Stockings〉 〈캉캉 Can Can〉 등의 히트작을 남겼다.

그의 제2의 스크린 인생은 1983년 에디 머피, 댄 애크로이드와 공연한 〈트레이딩 플레이스 Trading Places〉.

2년 후 만수무강을 꿈꾸는 인간의 원초적 욕구를 그린 〈코쿤〉에서 그는 외계인에 의해 개발된 젊음의 샘을 발견하는 은퇴한 플로리다 노인 역을 맡았다.

이 영화로 아카데미 남우 조연 상을 수상하는데 그때 그의 나이가 무려 79세로 만년 배우다운 면목을 내외에 과시했다.

아메치는 수상식 연설에서 '신사들에게만 주는 오스카가 나를 인식해주어 고맙다. 당신들의 사랑만큼 나 자신도 존경 받는 연기자로 평생 정진하고 싶다'는 소감을 피력하여, 기립 박수를 받았다.

1908년 이태리 이주민인 부친과 아일랜드계 독일인인 모친에게서 태어났다.

애초의 본명은 도미니크 펠릭스 아미치 Dominic Felix Amici. 후에 미국으로 이민을 오면서 성을 선생이라는 존칭인 Don으로 축약 시켰다.

마지막 촬영 작은 우피 골드버그, 레이 리오타와 공연한 〈코리나 , 코리나 Corrina, Corrina〉.

아메치는 1950년대를 배경으로 한 이 영화에서 흑인 가정주부와 갈등을 일으키는 아들 리오타를 설득시키는 역을 맡았고 우연히 극중에서도 임종을 맡는 배역이었다.

리버 피닉스 River Phoenix-〈아이다 호〉의 청춘 스타

리버 피닉스(1970년 8월 23일-1993년 10월 31일)가 국제 영화계의 시선을 받게 된 계기는 구스 반 산트 감독의 〈아이다호 My Own Private Idaho〉.

키아누 리브스와 공연한 이 영화에서 그는 고독과 소외감에 지친 소년 마이크로 분해 매춘과 동성연애 등의 연기를 능숙하게 해냈다.

독실한 기독교 신자인 그는 소년시절 자신이 처음으로 잡은 물고기가 죽어버리자 어린 마음에 충격을 받아 이후 고기류를 멀리하고 채식주의자가 됐다는 설이 있다.

리버의 이런 결벽증은 그의 가족에게서도 느낄 수 있는데 부모는 1960년대 베네수엘라와 카리브해의 여러 섬으로 복음을 전파하러 다니던 히피족으로 알려졌다.

형제들의 이름도 매우 특이했다.

리버 River를 시발로 리버티 Liberty, 레인보우 Rainbow, 리프 Leaf, 썸머 Summer 등 주로 자연 풍물을 이름으로 정했던 것이다.

리버의 부모인 존과 알렌은 남미에서 선교 활동을 펼치던 1970년대 초 교회가 위선적인 사기행각에 관련되어 있는 것을 알고는 이곳을 떠났고 그 후 새로운 삶을 시작한다는 의미로 피닉스 Phoenix란 성을 붙여준 것으로 알려졌다.

히피족의 후예인 리버 피닉스가 할리우드로 진출한 것은 모친의 여고 동창생인 페니 마샬 감독의 추천 때문.

이런 인연으로 리버는 CF 모델로 연예계에 얼굴을 내민다.

그의 영화 1호작은 13세 때 출연한 〈익스플로러 Explorers〉.

이후 로브 라이너 감독의 〈스탠 바이 미 Stand By Me〉, 1970년대 미국의 격동기 시절 젊은이들의 고뇌를 담은 〈허공에의 질주 Running On Empty〉로 1988년 아카데미 조연 남우상 후보에 오르는 기염을 토한다.

그는 〈모스키토 코스트 : The Mosquito Coast〉에서 해리슨 포드와 인연을 맺은 이후 〈인디아나 존스 3 Indiana Jones And The Last Crusade〉에서도 호연을 보여준다.

이후 인기에 연연하지 않고 출연작에 응해 왔다.

〈개싸움 Dog Fight〉 〈스니커즈〉, 유고작이 된 〈싱 콜드 러브 A Thing Called Love〉 등이 있다.

탐 크루즈와 〈뱀파이어와 인터뷰 Interview With Vampire〉에 출연 섭외 중 요절하게 된다.

'고독과 외로움의 히어로'로 활약한 그는 농염한 연기 세계의 입문 과정에서 주저앉게 되어 영화 애호가들의 안타까움을 자아냈다.

제임스 딘 이후 고독의 연기자로 은막을 장식했던 리버 피닉스가 23세의 나이로 요절했다는 소식이 알려지자 추모 행렬이 줄을 이었다.

〈스탠 바이 미〉에서 불우한 가정환경에서도 주눅 들지 않는 모험심 많은 악동으로 혜성같이 나타난 그는 주로 기성세대의 과오를 묵묵히 개선하려 했던 연기자로 시선을 모아왔다.

독실한 청교도주의자로 알려진 그의 사망 원인은 아이러니하게도 마약 중독증으로 알려져 더욱 큰 뉴스거리를 제공하기도 했다.

이런 이유로 그가 왜 마약에 손을 댔는지는 아직도 미스테리로 남아 있다.

헤르만 헤세의 소설 『싯다르타』에서 원용했다는 리버라는 이름답게 그는 규율에 얽매이지 않은 청교도

히피족으로 한창 스포트라이트를 받고 있었다.

마가렛 랜던 Margaret Landon-〈왕과 나〉 원작 작가

브로드웨이 뮤지컬과 율 브린너 주연의 영화로 잘 알려진 〈왕과 나〉의 작가 마가렛 랜던 Margaret Landon 여사가 향년 90세로 영면(永眠) 했다. 1903년 9월 7일-1993년 12월 4일.

〈안나와 샴왕 Anna And The King of Saim〉으로 알려진 원작 소설은 그녀의 남편이 1920-1930년대 현재의 태국인 삼국 장로교 선교사로 근무했을 때의 실화를 토대로 작성된 것이었다.

당시 삼국의 몽거트 Monghut 왕에게는 웨일즈 출신의 미망인인 안나 레온노웬 Anna Leonowens이 비서 겸 왕자들의 가정교사로 근무했다.

그녀는 개인적 자유와 민주주의의 실체를 전수, 민간 외교 사절로서 톡톡한 임무를 수행한 인물로 알려졌다.

미르나 로이 Myrna Loy-루즈벨트 대통령 총애 받던 히로인

재치 있는 위트와 편안한 외모 여기에 지적 미모를 겸비, 한 시대를 풍미했던 미르나 로이(1905년 8월 2일-1993년 12월 14일)가 향년 88세로 타계.

한때 모든 남자들이 결혼하고 싶은 여배우 탑으로 손꼽았던 그녀는 미 서북부 몬타나 Montana 출신.

1930년대 6편의 〈날씬한 사내 Thin Man〉 시리즈로 스타덤에 오른 뒤 공연자였던 윌리암 파웰과 영화 같은 결혼식을 올렸다.

하지만 로이는 '결혼 생활이 실제 꿈꾸어 왔던 것과는 상당히 달라 혼란스럽다'는 말을 자주했다.

결국 그녀는 할리우드의 완벽한 배우였지만 한 가정의 부인이 되는 데는 실패, 4차례 결혼과 이혼을 거듭하는 불운의 주인공이 됐다.

1980년 공식 석상에 간간히 얼굴을 내민 그녀는 '지금 결혼했더라면 그처럼 자주 만남과 헤어짐을 거듭하진 않았을 것'이라고 회한에 젖은 소회를 나타내기도 했다.

〈우리 생애 최고의 해〉 등 숱한 명작에 출연했지만 공식적으로 아카데미에 노미네이션 되는 것엔 실패했고 1991년 그동안의 영화 공적이 인정되어 명예상을 받는다.

전성기 시절 프랭클린 루즈벨트 대통령이 가장 좋아하는 여배우라고 평해 더욱 성과를 높이기도 했다.

은막에서 중후하고 깔끔한 매너를 보여 주었지만 사생활에서는 냉정하고 이기적인 인물이었다는 상반된 평가를 받았다.

빈센트 프라이스 Vincent Price-뮤직 비디오 〈스릴러〉의 음산한 목소리 주인공

1911년 5월 27일-1993년 10월 25일 향년 82세. 연극, 영화, 라디오, TV 등의 다양한 매체를 통해 미국 초창기 예술계의 풍부함을 이끌어간 산파역을 맡았다.

부친은 유명한 사탕 제조자 Candy-Manufacturer로 자식의 학업을 위해 아낌없는 후원을 아끼지 않았다고 한다.

프라이스는 고등학교 졸업 후 유럽 각지를 여행하며 박물관의 유적과 풍물을 견학하는데 이때의 경험은 그의 순수 예술에 대한 인식을 폭넓게 해주는 동기가 된다.

예일 대학에서 순수 예술사와 영어 학사 자격증을 바탕으로 뉴욕 연극계에 데뷔하나 신통치 않은 배역에만 머물자 영국으로 건너간다.

런던 대학에서 재차 순수 예술 Fine Arts을 전공해 석사를 이수, 끝없는 지적 열정을 과시한다.

1935년 존 길거드가 주역을 맡은 연극 〈시카고 Chicago〉의 단역으로 정식 데뷔를 선언한다.

이 해 웨스트 엔드 West End 극단 제작의 〈빅토리아 레지나 Victoria Regina〉에서 주역인 알버트 왕자 역을 맡아 무서운 신예임을 과시한다.

후에 이 연극은 할리우드에서도 리바이벌 되는데 그는 거물 헬렌 헤이즈 Helen Hayes를 상대역으로 맞아들여 기대 이상의 기량을 발휘한다.

연극 무대의 성과를 바탕으로 1938년 유니버셜 영화사에 픽업 되어 영화계로의 진출을 선언한다.

초창기에는 로맨틱 물의 주역으로 달콤한 면모를 보여 주었으나 스스로는 악역을 통해 프로연기자가 되고 싶다는 이색 요구를 한다.

결국 그는 자신의 특징인 유창한 Mellifluous 목소리를 십분 활용해 공포 영화 분야를 개척한다.

1953년 〈하우스 오브 왁스 House of Wax〉 〈플라이 The Fly〉 등을 통해 공포 물의 상업성을 인식하게 했고 1960년대는 로저 코만 Roger Corman 감독과 콤비를 이루면서 에드가 알란 포우의 추리 소설을 영화로 선보이는 선두 주자 역을 자임한다.

연기 생활과 함께 자신의 전공을 살려 여러 예술 학교의 강사직을 수행했고 예술품 자문 기관인 시어스 로벅사 Sears Roebuck Company의 예술 전문 위원으로 봉사한다.

예술 서적과 함께 식도락가로서의 입맛을 과시한 조리법 Culinary Art 책을 다수 집필했다.

그중 『I Like What I Know』(1959) 『The Book of Joe』(1962) 『Drawings of Delacroix』(1962) 『The Michelangelo Bible』(1965) 『A Treasury of Greating Around』(1969) 『The Vincent Price Treasury of American Art』(1972) 등은 예술, 요리 분야의 전문 서적으로 그 가치가 지금까지도 인정받고 있다.

다양한 여성 편력으로 숱한 스캔들을 일으키기도 했던 그는 여배우 에디스 바레트 Edith Barrett 이 후 메리 그란트 프라이스 Mary Grant Price, 코랄 브라운 Coral Browne 등과 재혼했다.

이 중 메리는 요리책을 공동 집필하는 협조자로 내조를 했다.

1960년대 출연작 중 〈구멍과 추 The Pit and The Pendulum〉 〈마스크 오브 더 레드 데스 The Masque of The Red Death〉 등은 그의 제 2 전성기를 펼쳐준 히트작이다.

1967년 그는 영국에서 〈위치파인더 제너럴 Witchfiinder General〉을 발표한다.

1973년 영국 작품 〈시어터 오브 블러드 Theatre of Blood〉와 마이클 잭슨의 뮤직 비디오 '스릴러 Thriller'에서 섬뜩한 나레이션 등은 그의 원숙한 진가를 대내외에 떨치는 계기가 된다.

말년인 1991년 팀 버튼 감독의 〈가위손 Edward Scissorhands〉에서 발명가 역을 맡아 평생 연기자로서의 모범을 보였다.

❖ 빈센트 프라이스의 역대 주요 출연작 Price's Films List

- 1938년-〈서비스 드 룩스 Service De Luxe〉
- 1940년-〈돌아온 투명 인간 The Invisible Man Returns〉
- 1941년-〈허드슨 베이 Hudson's Bay〉
- 1943년-〈베나데트의 노래 The Song of Bernadette〉
- 1952년-〈라스 베가스 스토리 The Las Vegas Story〉
- 1955년-〈신바드의 아들 Son of Sinbad〉
- 1956년-〈십 계 The Ten Commandments〉
- 1959년-〈빅 서커스 The Big Circus〉
- 1963년-〈그레이브사이드 스토리 The Graveside Story〉
- 1969년-〈트러블 위드 걸스 The Trouble With Girls〉
- 1972년-〈닥터 피비스 라이즈 어게인 Dr. Phibes Rises Again〉
- 1974년-〈매드하우스 Madhouse〉〈잇즈 낫 더 싸이즈 댓 카운트 It's Not The Size That Counts〉
- 1975년-〈저니 인투 피어 Journey Into Fear〉
- 1980년-〈로맨스 인 더 저글러 베인 Romance In The Jugular Vein〉

아그네스 드 밀 Agnes De Mille-댄서 겸 안무가로 일세 풍미

댄서 겸 안무가 Choreographer로 한 시대를 장식했던 영화 스탭이 바로 아그네스 데밀 Agnes De Mille(1905년 9월 18일-1993년 10월 7일, 향년 88세).

〈오클라호마 Oklahoma〉의 안무를 맡아 이 영화가 기념비적인 작품이 되는데 공헌한다.

역사물의 거장인 세실 B. 드 밀 Cecil B. De Mille의 조카. 삼촌의 영향으로 영화계에 인연을 맺은 그녀는 브로드웨이 등에서 모던 댄스와 발레를 보급해 명성을 얻었다.

1947년 〈브리가둔 Brigadoon〉으로 토니상을 수상했고 1942년 작곡가 아론 코폴란드와 콤비로 발표한 〈로데오 Rodeo〉가 현대 댄스극의 고전으로 남아 있다. 이외 1962년 〈콰미나 Kwamina〉가 대표작.

에밀 아돌리노 Emlle Ardolino-〈더티 댄싱〉 연출자

〈더티 댄싱〉으로 할리우드 흥행감독상위에 랭크, 장래가 촉망되던 감독이 에밀 아돌리노(1943년 5월 9일-1993년 11월 20일).

향년 50세로 급서(急逝). 그의 사인(死因)은 AIDS로 밝혀져 주위를 놀라게 했다.

뉴욕 퀸즈 대학 Queens Colleage에서 연기 학을 전공한다.

1975년-1981년 동안 TV 연출가로 미국 역사와 교양 다큐멘터리 분야에서 명성을 날린다.

극영화는 1988년 〈더티 댄싱 Dirty Dancing〉이 데뷔작.

이 영화 한편으로 1980년대 후반 춤 영화 붐을 몰고 올 정도로 막대한 영향력을 끼친다.

이후 로맨틱 코미디 물과 TV 연출자를 병행하면서

아카데미 다큐멘터리 부문상, 에미상 등을 수상, 흥행 뿐만 아니라 작품성에서도 실력을 인정받는다.

타계 직전에도 병명을 감춘 채 우피 골드버그의 〈시스터 액트 2〉와 매컬리 컬킨 주연의 〈호두까기 인형 The Nutcracker〉을 완성시켜 영화인으로서 최선을 다한 모습을 보여 주었다.

❖ 작품 연보 Filmography

- 〈히 메이크 미 필 라이크 댄싱 He Makes Me Feel Like Dancing〉(1983, 제작, 감독. 아카데미, 에미상 다큐멘터리 부문상, 시네 골든 이글 상 Cine Golden Eagle Awards상 수상)
- 〈더티 댄생〉(1988)
- 〈첸시스 아 Chances Are〉(1989)
- 〈세 남자와 아기 숙녀 Three Men And A Little Lady〉(1990)
- 〈시스터 액트〉(1992)
- 〈호두까기 인형〉(1993)

오스카 프레일리 Oscar Fraley, 〈언터처블〉 시나리오 작가

엘리오트 네스란 인물을 창조해 주가를 높인 〈언터처블〉의 작가 오스카 프레일리 Oscar Fraley(1914년 8월 2일 생)가 탈장 Hernia과 위 수술 Stomach Surgery 후유증으로 1993년 1월 6일 타계했다. 향년 79세.

필라델피아 토속 작가로 명성을 떨친 그는 평생 30권의 저술을 남겼고 한때 UPI 통신사의 기자 생활을 역임, 필봉을 날리기도 했다.

〈언터처블〉의 주인공인 엘리오트 네스는 실존 인물로 알려져 흥미 감을 높여 주었다. 악명 높은 갱단인 알 카포네 일당에게 굴하지 않고 법의 집행자로의 임무를 수행해 가는 연방 재무국 소속 수사관 네스의 행적은 완벽한 소설 감으로 프레일리가 그의 경험담을 바탕으로 명작 〈언터처블〉을 탄생시킨다.

1957년 첫 출간된 이 소설은 곧바로 영화와 TV 드라마로 각색되는 선풍적 인기를 모았고 1987년 브라이언 드 팔마 감독이 재차 영화화, 상업 영화로 성공을 거두었다.

오스카는 이 저서 외에도 『호파 Hoffa The Real Story』 등이 있다.

리 트레비노 Lee Trevino와 샘 스니드 Sam Snead와 공저로 선보인 〈골프 지도서 Golf Instruction Book〉는 이 분야 전문 도서로 지금껏 그 가치를 인정받고 있는 저작물이다.

조셉 코튼 Joseph Cotten-〈시민 케인〉 〈제3의 사나이〉 스타

〈시민 케인 Citizen Kane〉(1941)을 통해 예의 바른 남부 신사상(紳士像)을 과시해 스타덤에 올랐던 주역이 조셉 코튼(1905년 5월 15일 생). 1994년 2월 26일 향년 89세로 운명했다.

임종을 지켜본 여배우 패트리시아 메디나 Patricia Medina는 그가 폐렴 Pneumonia으로 사망했다고 공식 발표.

거친 사내 Tough Guys, 귀족적인 불한당 Aristocrats

And Rogues 등으로 1940년대 할리우드 영화 가를 주름 잡았던 그는 그러나 신사의 전형적 배우로 일세를 풍미했다.

조부가 남북 전쟁 당시 남부군 장교를 역임한 집안답게 그는 영화 속에서도 도회적이고 점잖으며 지적인 품위를 보여주었다.

장신과 사각턱 Squard-Jawed 그리고 낭랑한 목소리 Resonant Voice가 여타 남우와 비교되는 그의 트레이드 마크가 됐다.

데뷔작인 〈시민 케인〉에서 연출자인 오손 웰즈의 죽마고우인 제디디아 르랜드 Jedidiah Leland 역으로 그는 미국 영화 사상 가장 뛰어난 연기자 중 한 명이 되는 행운을 얻게 된다.

1940년대와 1950년대 초반 마릴린 몬로, 잉그리드 버그만, 베티 데이비스와 콤비를 이뤄 숱한 여성 관객의 가슴을 울렁거리게 만들기도 했다.

1949년 2차 대전 직후 비엔나를 무대로 펼쳐지는 〈제 3의 사나이 The Third Man〉에서 옛 친구의 행방을 추격하는 미국인 통속 소설가 Pulp Novelist 역으로 재차 명성을 이어 갔다.

이외 〈위대한 앰버슨 가 The Magnificent Ambersons〉(1942) 알프레드 히치콕 감독의 〈의혹의 그림자 Shadow of A Doubt〉(1943) 〈아이 윌 비 시잉 유 I'll Be Seeing You〉(1945) 〈러브 레터 Love Letters〉(1945) 〈농부의 딸 The Farmer's Daughter〉(1947) 등은 비평가들의 호평을 얻은 작품들.

1960년대 들어 서서히 인기가 조락(凋落)해 갈 무렵엔 〈허쉬 허쉬 스위트 샤롯데 Hush Hush, Sweet Charlotte〉(1965) 〈소이런트 그린 Soylent Green〉(1973) 〈에어포트 77 Airport 77〉(1977) 등의 B급 영화에 출연했다.

1981년 뇌일혈 Stroke로 쓰러진 뒤 언어 치료 Speech Therapy를 받는 등 재기에 힘썼으나 연기자로서는 잊혀진 인물이 되어 갔다.

1989년 암으로 후두 Voicebox 수술을 받은 뒤 거의 말을 할 수 없게 되자 조각을 통해 마지막 예술 혼을 불태웠다.

그는 1960년대 2류 급 배우로 전락한 뒤 인터뷰를 통해 '영화와 연기는 실생활이 아니다. 그것은 단지 한 부분에 불과하다. 우리는 연기를 벗어나서는 그것과 같은 쓰레기 더미와 가까이 하지 않도록 기원할 뿐이다'라는 체험에서 우러나온 연기론을 공개하기도 했다.

조셉은 1936년 제임스 M. 케인 James M. Cain 원작의 〈포스트맨은 벨을 두 번 울린다 The Postman Always Rings Twice〉에서 경찰관 역을 하면서 오손 웰스와 교분을 갖기 시작한 것으로 알려졌다. 그 후 쇼 성우를 하다 두 사람이 동시에 해고당한 뒤부터 평생 영화동지로 뭉쳐 명작을 남기는 파트너가 됐다.

페데리코 펠리니 Federco Fellini-이태리 리얼리즘 걸작 〈길〉 감독

1920년 1월 20일 이태리 리미니 Rimini의 중산층 가정에서 출생. 1993년 10월 31일 타계. 향년 73세.

부친은 과자 Confection 등을 파는 세일즈맨으로 자식이 법률가가 되어 집안의 위신을 세워줄 것을 기대했다.

하지만 펠리니는 학창시절부터 그림에 재능을 보이는 등 예술방면에서 수완을 발휘했다.

그는 성장하면서 교과서적인 가치와 실생활의 행동이 모순 Contradiction된다는 것에 가치관의 혼란을 느꼈고 이런 점은 그의 풍부한 상상력과 결합되어 다양한 형식으로 영향을 주게 된다.

성장기에 맛본 세상의 모호함 Obscurity은 그의 영화를 통해 반영된다.

자전적이고 일그러진 삶의 행적 그러나 선(善)을 잃지 않는 인간의 참됨을 추구하려는 시(詩)적인 아름다움은 펠리니의 전매특허로 영화 관객들에게 각인되게 된다.

7살 때 이동 서커스단에 매료되어 등교 도중 이들을 따라 나섰다가 며칠 만에 집으로 되돌아 왔는데 이것은 그의 첫 번째 가출 이상의 큰 의미를 주게 된다.

이때 맛본 곡마단의 신기한 마술과 무예 등은 펠리니의 영화 작업의 아이디어 뱅크인 동시에 무한한 상상력을 다듬어 준 원천지가 된 것이다.

교과목 중 수학 Mathematics에 전혀 흥미를 못 느껴 선생으로 부터 가혹한 체벌을 당하기도 했다.

1937년 고등학교 졸업반 때 장래 인생에 대한 불확실성으로 인해 텅 빈 거리에 흩날리는 낙엽 같은 무위도식의 나날을 보낸다.

이때의 암담함은 〈일 비테로니 I Vitelloni〉에 잘 묘사되어 있다.

이 작품에서 그려지는 목적 없는 삶, 의욕을 박탈 당한 이들의 행적은 바로 자신의 경험을 바탕으로 했던 것이다.

1938년 가을. 펠리니는 대학 진학을 위해 고향을 떠나 대도시인 플로렌스로 향한다.

이곳에서 6개월 동안 머무르며 코믹 만화 잡지의 편집 교정원 Proofreader과 만화가 Cartoonist로 부업을 한다.

이때의 경험은 영화 〈백인 촌장 Lo Sceicco Bianco / The White Sheik〉의 배경 소재가 됐다.

다시 로마로 진출한 그는 문필을 활용해 신문 기자로 대성하겠다는 1차 인생 목표를 세운다.

하지만 부친의 강권으로 로마 대학 법과에 진학했지만 학업에 취미를 느끼지 못했고 그가 서둘러 대학에 진학한 것은 병역을 회피하기 위해서였다.

재학 시절 일간지 『일 포포로 디 로마 Il Popolo Di Roma』경찰 기자로 경찰서와 재판정의 현장을 직접 목격하게 된다.

이때의 감흥을 촌평과 풍자적 그림으로 각색해 『마르크 우렐리오 Marc Aurelio』라는 책자를 발간하기도 한다.

펠리니는 후에 자신의 작품 인물 특징과 장면 설정 등은 모두 만화로 초안을 구성해 자신의 만화 재능을 최대한 활용한다.

로마에서 풍성한 창작 활동을 한 그는 평생 영화 동료로 지내게 되는 베테랑 연기자 알도 파브리찌 Aldo Fabrizi를 만나게 된다.

알도는 펠리니 영화를 특혜 작품의 긴장도를 이끌어 가는 주역으로 활동하는데 의상, 영화 배경, 연기 등의 노하우를 펠리니에게 전수해 준다.

이때의 체험은 펠리니가 알베르토 라투아다 Alberto Lattuada와 함께 연출 1호 작 〈다양한 조명 Uici Del Varieta / Variety Lights〉을 발표하는 밑바탕이 돼 준다.

1940년 펠리니는 라디오 드라마와 시나리오 집필 생활을 시작한다.

1943년 그는 위생병으로 군대에 차출 소집 서를 받는데 독일군의 공습으로 그의 전력이 보관된 군병원이 폭파되는 바람에 또다시 징집을 회피하는 호기를 맞게 된다.

신체 검사장을 오가면서 한 여인을 만나게 되는데 그녀가 줄리에타 마시나 Giulietta Masina이다.

마시나는 그 후 펠리니의 예술 감각을 원숙하게 만들어 주는데 결정적인 역할을 하는 평생 영화 동지가 된다.

로마가 독일군의 점령에서 벗어나 해방을 맞게 되자 펠리니와 동료들은 미군 병사들의 즉석 초상화와 사진 촬영 그리고 그들의 고국 가족에게 들려주는 육성 메시지 등을 배달해 주는 편의점 '퍼니 페이스 샵 The Funny Face Shop'을 개설한다.

아이디어 상점은 당시 불황으로 허덕이던 로마에서 경이의 눈으로 쳐다볼 만큼 막대한 수익을 가져다준다.

젊은이들의 재치 상점이 각광을 받자 이곳으로 어느 날 영화감독이 호기심 어린 눈으로 찾아오는데 그가 로베르토 로셀리니 Roberto Rossellini였다.

로베르토는 만화와 시나리오 분야에서 서서히 빛을 발휘하기 시작하는 펠리니의 능력에 대해 격찬을 보내면서 자신이 구상하고 있는 다큐멘터리의 시나리오를 맡아줄 것을 의뢰한다.

두 사람의 작업은 후에 이태리 네오 리얼리즘 Neo realism을 촉발시키는 명작으로 탄생된다.

그 작품이 〈무방비 도시 Roma Città Aperta / Open City〉(1945)인 것이다.

펠리니는 로셀리니의 시나리오 작가 겸 조연출자로 정식 스카웃된다.

이렇게 해서 공개한 첫 작품이 〈파이잔 Paisà/ Paisan〉(1946)이다.

펠리니는 로셀리니의 〈라모르 L'-Amore〉(1948)의 스토리를 제공했고 〈일 미라콜로 II Miracolo〉에선 희끗희끗한 머리를 흩날리며 안나 마그나니 Anna Magnani와 연기자로 등장하는 영예도 얻는다.

이런 기반을 토대로 펠리니는 1940년대 후반 피에트로 제르미 Pietro Germi와 알베르토 라투아다 Alberto Lattuada 감독의 시나리오 작가 겸 조연출자 일을 병행한다.

영화계의 현장 감각을 바탕으로 해서 앞서 이야기했듯이 펠리니는 자신의 연출 데뷔작 〈다양한 불빛〉을 라투아다 감독의 적극적 지원에 힘입어 1951년 발표한다.

의욕적으로 발표한 이 영화가 전혀 관심을 받지 못하자 와신상담을 하며 펠리니는 제르미 감독의 조연출자로 되돌아간다.

펠리니는 1952년 이태리 하층계급의 이야기를 풍자적인 색체로 그린 〈백인 촌장〉(1952)으로 베니스 영화제에 출품하는 의욕을 보인다.

비록 평론가들로 부터는 혹평을 받았지만 상업적으로는 성공해서 체면을 살렸고 그는 1960년대 들어와 이 작품을 현대적 감각으로 손질해 재차 선보여 끝내 평론가들의 호평을 이끌어 내는 고집스런 일면을 드러낸다.

펠리니는 초창기 평론가들의 악평과 관객들의 냉담함으로 의기소침했지만 자신의 능력에 대한 자부심을 갖고 있었다.

1953년 〈젊음과 열정 I Vitelloni/ The Young And The Passionate〉은 펠리니의 존재를 국제적으로 인식시키는 계기를 주어 야심찬 그가 마음속의 쾌재를 외칠 수 있었다.

이 영화도 펠리니의 젊은 날의 경험이 밑바탕이 됐다. 한 젊은이가 목표를 잃고 무위도식하는 과정을 통해 인간의 꿈과 유머의 가치를 느끼게 해주고 있고 화면 곳곳에 담긴 이태리 변방지역의 풍경과 냉철한 사회 제도의 비판성은 갈채를 이끌어 내기에 충분한 요소가 됐다.

영화에는 5명의 젊은이가 등장한다.

갱단으로 등장하는 리카르노는 펠리니의 실제(資弟)인 리카르도 펠리니였고 프랑코 인테르렝히 Franco Interlenghi가 맡고 있는 몰라도 역은 펠리니의 자전적인 모습이었다.

펠리니는 이 작품의 호응을 등에 업고 속편 〈몰라도 인 씨타 Moraldo In Citta〉를 기획한다.

내용은 몰라도가 로마라는 대도시에서 겪게 되는 인생사를 담았다.

하지만 그는 자신의 과거를 지나치게 우려먹는다는 여론을 의식해서 이 프로젝트는 기획으로만 끝나게 된다.

그 후 펠리니는 〈달콤한 인생 La Dolce Vita〉을 통해 몰라도의 그 후의 행적을 그려 나간다.

이때 주역 이름은 마르셀로 Marcello란 별칭으로 바꾼다.

펠리니는 1954년 인정사정없는 곡마단의 무뢰한이 한 연약한 여성을 겁탈한 뒤 온갖 행패를 부린다는 〈길 La Strada〉을 통해 '폭력은 육체를 점령할지라도 정신은 굴복시킬 수 없다'는 도덕적 메시지를 남긴다.

이태리 특유의 서정성을 담은 이 작품은 '여성 해방에 대한 고백 Manifesto of Women's Liberation'을 담은 작품으로 해석됐다.

인간 해방이라는 격찬의 물결을 논외로 하더라도 이 영화는 각계에서 박수세례를 받았다.

가톨릭 단체에서는 '여 주인공 젤소미나는 정절과 사랑, 자비 그리고 구원 Gelsomina is A Charity,

Love, Grace, And Salvation'의 상징이라고 추켜세웠다.

반면 좌익계 영화 평론가들은 펠리니를 공격했다.

그가 잔인무도한 히어로를 통해 정치적 억압감을 은연 중 폭로하고 있다고 하면서 '펠리니는 네오 리얼리즘의 개념을 배반하고 있다. Betraying The Concepts Of Neorealism'고 시비를 걸었다.

젤소미나 역을 맡은 줄리에타 마시나를 단번에 국제적 스타로 만들어 주었고 펠리니에게는 아카데미 외국어 영화상 트로피를 안겨 준다.

펠리니는 〈길〉에 대한 좌익계 인사들의 비난에 대해 침묵으로 맞대응 하다가 1955년 〈사기 II Bidone / The Swindle〉를 발표하면서 자신의 심중을 피력한다.

이 영화는 가난한 이들이 영리한 사기꾼들의 농간에 희생되어 거친 인생의 파고를 맞는다는 드라마로 주제나 영화 기술적 흠이 있음에도 불구하고 Despite Thematic and Technical Flaws 사회성 다큐멘터리의 가능성을 제시한 작품으로 칭송된다.

평론가들은 이 작품을 〈길〉 〈카비리아의 밤 Le Notti Di Cabiria〉과 함께 펠리니의 '고독의 3부작 Trilogy of Loneliness'으로 평가하고 있다.

〈카비리아의 밤 Le Notti Di Cabiria/ The Nights Of Cabiria1〉(1957)은 줄리에타 마시나의 예술적 감각과 펠리니의 완숙함이 결합된 또하나의 역작이다.

마시나는 이 영화를 통해 따뜻한 마음씨를 갖고 있는 창녀 Prostitute로 등장해 자신의 불우한 현실 여건에도 불구하고 늘상 평범한 이들이 누리는 보통의 행복을 꿈꾸며 살아가는 감성적인 모습을 보여준다.

이 작품도 세계 각국에서 대중적 환호를 받았고 이런 성원을 바탕으로 펠리니는 외국어 영화상의 영예를 재차 향유하게 된다.

〈달콤한 인생 La Dolce Vita〉(1960)은 펠리니가 1950년대 얻었던 국제적 성과를 완벽하게 만들어준 연속 히트작이었다.

마르첼로라는 한 신문기자의 눈을 통해 로마 사회의 퇴폐적인 생활상을 담아 센세이션 한 반응을 불러 일으켰다.

주역 마르첼로 마스트로얀니 Marcello Mastroianni의 존재를 과시한 작품이기도 했다.

〈달콤한 인생〉은 도발적인 주제와 비도덕적인 행각을 사실적으로 묘사해 〈길〉에서 그의 편을 들어 주었던 가톨릭 단체의 분노와 비난을 받아야 했다.

하지만 이 영화는 이태리뿐만 아니라 유럽 각국에서 호평을 받았고 1961년 칸 그랑프리를 따내는 업적을 추가한다.

펠리니는 이후 연출방향을 선회시켜 안토니오 박사의 위선적인 섹스 행각을 다문 〈보카치오 70 Boccaccio〉(1962)을 공개한다.

펠리니는 1963년 〈8 1/2 Otto E Mezzo〉라는 반정통적 Unorthodox 영화를 발표한다.

이색적인 타이틀로 작품의 궁금증을 불러 일으켰는데 펠리니는 지금까지 7번째의 독자적인 작품을 발표했고 3번의 공동 작품은 1/2로 헤아려 이 해에 발표한 작품을 '8 1/2', 즉 자신의 8번째 반 영화라고 의미를 해석해 주었다.

이전 작품과는 한 차원 높게 펠리니 자신의 분석적인 내용과 순수한 삶의 고백이 담겼다.

연출자 스스로는 '삶의 조각을 취합해 무엇인가를 보여 주려는 작가의 자기 고백을 사실과 환상의 결합을 통해 나타내려고 했다'고 털어 놓았다.

이 영화는 제1회 모스크바 영화제 작품상과 펠리니의 3번째 아카데미 외국어 영화상 수상작이 된다.

1965년 〈영혼의 줄리엣 Giulietta Degli Apiriti / Juliet of The Spirits〉은 펠리니의 첫 번째 칼라 장편으로 환상과 신경증에 시달리는 한 여성이 자신의 남편에 의해 배반당하는 과정을 정신 분석적인 시도를 통해 그려 주고 있다.

1969년 작 〈펠리니 새터리콘 Fellini Satyricon〉은 과감한 상상력을 담은 무대 장치가 돋보였다.

평론가들은 지나친 방종 Excessive Self-Indulgent이 담긴 작품이라고 꼬집었다.

1970년 TV 용으로 만든 〈어릿광대 I Clowns/ The

Clowns〉는 서커스 단원들의 애환을 그린 멜로물로 펠리니의 어린 시절의 추억을 영상으로 담은 것이다.

1972년 작 〈펠리니의 로마 Roma/ Fellin's Roma〉는 자신에게 크나큰 성공을 안겨다 준 영원한 도시 로마에 대한 찬사를 담은 작품으로 감독 특유의 재치 있는 시선을 통해 추억과 환상을 주마등 Kaleidoscope 형식으로 보여주고 있다.

다음해 공개한 〈아마코드 Amarcord〉로 그는 4번째 아카데미 외국어 영화상을 따내는 업적을 세웠다.

이 영화도 작가의 고향인 리미니에 대한 짙은 애정을 밑바탕으로 해서 성장기의 체험이 그의 영화 예술의 천착(穿鑿)지임을 재차 느끼게 했다.

1976년에 선보인 〈펠리니의 카사노바 Casanova / Fellini's Casanova〉는 인간의 자유스런 의지를 흡사 미로 Labyrinthine를 헤매는 듯한 스타일로 그려내어 그의 새로운 표현주의 형식을 과시했다.

말년의 작품인 〈엘라나베바〉 〈진저와 프레드〉 등에서는 유람선에 탑승한 승객들과 노후의 우정을 나누는 인간의 행적을 통해 일상사에 대한 끈끈한 애정을 보여 주었다.

❖ 펠리니 연출작 총 리스트 Fellini's Filmography

- 1940년-〈일 피라타 소노 이오 II Pirata SonoIo〉 〈논메로디레 Non Me Lo Dire〉 〈로베디 코메 세이 Lo Vedi Come Sei〉(이상 공동 시나리오)
- 1942년-〈아반티 세 포스토 Avanti Ce Posto〉 〈도쿠멘토 Z-3 Documeto Z-3〉 〈콰르따파히나 Quarta Pagina〉(이상 스토리 담당)
- 1943년-〈캄포 데 피오리 Campo De Fiori〉 〈아파리지오네 Apparizione〉 〈울티마 카로젤라 L'Ultima Carrozzella〉(이상 스토리 제공) 〈치라비스토 Chi L'ha Visto?〉(조연출 작)
- 1945년-〈무방비 도시 Roma Citta Aperta/ Open City〉(조연출작)
- 1946년-〈파이산 Paisi/ Paisan〉(조연출 작)
- 1947년-〈일 데리토 디 지오반니 에피스코포 II Delitto Di Giovanni Episcopo / Flesh Will Surrender〉 〈레브레오 에란테 L'Ebreo Errante/ The Wandering Jew〉 〈일 파사토레 Il Passatore / A Bullet For Stefano〉
- 1948년-〈센사 피에타 Senza Pieta/ Without Pity〉 〈라모르 L'Amore〉(이상 스토리 제공 겸 연기 작품)
- 1949년-〈마피아 In Nome Delia Legge/ Mafia〉(조연출 작) 〈일 무리노 델 포 II Mulino Del Po / The Mill On The Po〉(조연출작) 〈라 시타 도렌테 La Citta Dolente〉
- 1950년-〈프란세스코 기울라레 디 디오 Francesco Giullare Di Dio / Flowers of St. Francis〉(조연출 작) 〈일 카미노 델라 스페란자 II Camino Delia Speranza / The Path of Hope〉(조연출작)
- 1951년-〈페르시안 치 우세 Persiane Chi Use〉(조연출 작) 〈라 치타 시 디펜데 La Cittl Si Difende〉 (조연출 작) 〈유로파 51 Europa 51/ The Greatest Love〉 〈일 브리간테 디 타카 델 루포 D Brigante Di Tacca Del Lupo〉(이상 스토리 겸 조연출 작) 〈카메리에라 Cameriera Bella Presenza Offresi〉 〈포투네라 Fortunella 1958〉 (공동 시나리오 작) 〈다양한 불빛 Luci Del Varietl/ Variety Lights〉(알베르토 라투아다와 공동 연출작)
- 1952년-〈백인 촌장 Lo Sceicco Bianco/ The White Sheik〉
- 1953년-〈젊음과 열정 I Vitelloni/ The Young and The Passionate〉 〈아모르 인 시타 Amore In Citta/ Love In The City〉
- 1954년-〈길 La Strada〉
- 1955년-〈사기 II Bidone/ The Swindle〉
- 1957년-〈카비리아의 밤 Le Notti Di Cabiria / The Nights of Cabiria〉
- 1960년-〈달콤한 인생 La Dolce Vita〉
- 1962년-〈보카치오 70 Boccaccio 70〉
- 1963년-〈8 ½ Otto E Mezzo〉
- 1965년-〈영혼의 줄리엣 Giulietta Degli Spiriti

/Juliet of The Spirits〉
- 1968년-〈히스토레스 엑스트로오르디나이레스 Histoires Extraordinaires / The Passi Nel Delirio/ Spirits of The Dead〉
- 1969년-〈펠리니 새트리콘 Fellini Satyricon〉
- 1970년-〈어릿광대 I Clowns/ The Clowns〉
- 1972년-〈펠리니의 로마 Roma/ Fellini's Roma〉
- 1973년-〈아마코드 Amarcord〉
- 1976년-〈펠리니의 카사노바 Casanova/ Fellini's Casanova〉
- 1979년-〈오케스트라 리허설 Prova D'Orchestra/ Orchestra Rehearsal〉
- 1980년-〈라 시타 델 도네 La Cittl Delle Donne〉
- 1983년-〈엘 라 나베 바 El La Nave Va〉
- 1985년-〈진저와 프레드 Ginger E Fred〉
- 1987년-〈인터비스타 Intervista〉
- 1990년-〈라 보세 델라 루나 La Voce Delia Luna〉

피에르 볼 Pierre Boulle-〈콰이 강의 다리〉 작가

2차 대전 당시 수용소 체험을 바탕으로 저술한 〈콰이 강의 다리 Bridge On The River Kwai〉의 작가 피에르 볼 Pierre Boulle이 향년 82세로 1994년 1월 30일 작고.

1912년 2월 20일 프랑스 아비뇽 태생.

법률가의 아들로 태어난 그는 에콜로 대학에서 기계공학을 전공. 졸업 후 말레이지아 고무 농장 Plantation에서 노동자 생활을 하기도 했다.

1939년 볼은 프랑스 군의 일원으로 인도차이나 전쟁에 참여했다가 일본군에 의해 전쟁 포로로 사로잡히게 된다.

1944년 수용소에서 탈출할 때까지 그는 강제 노동 수용소 생활을 하게 되는데 이때의 경험이 그의 작품의 주요 소재를 제공하게 된다.

일본군에 의해 포로수용소에서 착취(榨取) 당하는 과정을 보여 준 〈콰이 강의 다리〉는 바로 생생한 체험에서 우러나온 실화 극으로 아카데미 어워드에서도 호평을 받는다.

〈혹성 탈출 Planet of The Apes〉도 영화화 되어 SF 외계물 부흥에 일조한다.

줄리에타 마시나 Giulletta Masina-페데리코 펠리니의 영화 동지

이태리 페데리코 펠리니 감독의 영화 동지 겸 부인으로 활약했던 줄리에타 마시나(1921년 2월 22일 생)가 1994년 3월 23일 영면했다. 향년 73세.

눈물을 금방 흘릴 것 같은 커다란 눈동자로 한시대의 영화계를 풍미했던 마시나는 펠리니 감독의 명작 〈길 La Strada〉을 비롯해서 〈카비리아의 밤 The Nights of Cabiria〉 〈영혼의 줄리엣 Juliet of The Spirits〉 등의 대표작을 남겼다.

1960년대 이후 은막에서 잠정 은퇴 상태에 있다가 근 20년만인 지난 1985년 마르첼로 마스트로얀니와 콤비로 〈진저와 프레드 Ginger and Fred〉에 출연, 만년 배우임을 선언했다.

마시나의 존재를 국제적으로 알린 작품은 단연 〈길〉.

이 작품에서 그녀는 잔인무도한 서커스단원인 안소니 퀸에게 정신과 육체를 유린당하면서도 늘상 인간에 대한 따스한 이해와 포용력을 보여 주어 보는 이들의 눈물주머니를 터트리게 했다.

국제적인 호응을 등에 업고 〈길〉은 아카데미 외국어 영화상을 수상한다.

이태리 볼로그나 Bologna에서 교직자 집안의 장녀로 태어난 그녀는 대학교 연극 반 활동을 하면서 연예계 진출을 꿈꾼다.

1942년 이태리 라디오 쇼를 통해 프로 연기자로 정식 데뷔한다.

이때 대본을 쓴 이가 펠리니로 두 사람의 장구한 인연의 시작을 알리는 계기가 됐다.

두 사람은 그 다음해 백년해로의 부부 인연을 맺고 펠리니가 1993년 10월 31일 타계할 때까지 숱한 명작 제조자로 협심을 한다.

영화계에서 그녀의 정식 데뷔작은 1946년 로베르토 로셀리니 감독의 〈파이잔 Paisan〉으로 당시 배역은 그리 큰 비중이 아닌 조역.

2년 뒤 알베르토 라투아다 Alberto Lattuada 감독의 〈동정심 없이 Without Pity〉로 이태리 비평가 협회 조연 여우상을 수상하면서 활짝 만개한 연기 세계를 펼쳐가기 시작했다.

수상식 후 이야기

제66회 아카데미 시상식은 스티븐 스필버그가 오스카 국외자 Outsider의 굴레를 벗게 되는 영광스런 마당이 됐다.

그는 이 해의 영화 축제에서 〈쉰들러 리스트〉로 작품, 감독상을 비롯 7개 부문을 석권했다.

〈쥬라기 공원〉이 기술상 3개 부문을 모조리 추가해 주어 총 10개의 오스카를 탄생시키는 주역이 된 것이다.

스필버그는 클린트 이스트우드가 감독상 수상자 발표 직전, '이것은 놀라운 일이다. This is a Big Surprise'라고 즉석 촌평을 하는 것을 듣고 자신이 또 다시 제외된 것으로 이해하고 가슴이 철렁했다고 밝혔다.

이처럼 근20년 이상 오스카 트로피를 열망했던 스필버그는 수상자로 호명되자 결국 감격의 눈물을 흘려 그동안 오스카 연속 실패자 String of Loser라는 굴레에 상당히 시달려왔음을 실증시켰다.

그는 〈도망자〉의 주역 해리슨 포드로 부터 재차 작품상 수상자로 연단에 인도된 뒤 '대학살이 역사의 각주(脚註)로 되풀이되지 않도록 노력하자 Please Do Not Allow The Holocaust to Become a Footnote in History'라고 의미심장한 소감을 피력, 장내를 숙연케 만들었다.

코믹 재담꾼 탐 행크스는 AIDS에 감염된 변호사 역을 열연한 〈필라델피아〉로 남우상을 가져가, 제 2의 연기 인생의 서막을 내외에 알렸다.

〈피아노〉는 홀리 헌터의 여우상에 힘입어 모두 3개 부문상을 수상, 〈쥬라기 공원〉과 차석 다수 수상작이 되는 영예를 얻었다.

조연상은 47세의 토미 리 존스와 11세의 안나 파퀸이 각각 차지, 두 수상자 간의 세대차 간격이 가장 긴 사례로 기록됐다.

안나 파퀸의 수상은 이날 수상식의 가장 큰 이변이었다.

꼬마 숙녀도 자신의 수상 사실이 믿기지 않는 듯이 연단에 나와 눈을 깜빡거리며 말을 잇질 못해, 장내의 폭소를 자아냈다.

이로써 그녀는 10세의 테이텀 오닐이 1973년 〈페이퍼 문〉으로 조연 여우상을 탄 이후, 두 번째 최연소 수상자로 등극했다.

여성 영화인들의 절대적 후원을 등에 업었던 제인

캠피온은 스필버그의 광풍에 휘말려 각본상을 수상하는 것으로 만족해야 했다.

스필버그는 그동안 〈이 티〉 〈미지와의 조우〉 〈인디아나 존스〉 시리즈 등 SF 판타지 모험 극에 승부수를 걸었기 때문에 몇몇 독설스런 비평가들은 '현실 도피의 황제 Master of Escapism'라는 악평을 해댔는데 아주 현실적인 〈쉰들러 리스트〉로 이러한 오명을 깨끗이 불식시킨 것이다.

66회 시상식의 돌발적 사건으로는 외국어 영화상 부문에서 수상이 확실시 되던 〈패왕별희〉를 밀어낸 스페인 페르난도 트루에바 Fernando Trueba 감독의 〈아름다운 시대 Belle Epoque〉로 막판 뒤집기의 신화를 창조한 작품으로 남게 됐다.

올리버 스톤의 베트남 전 피날레인 〈하늘과 땅〉은 노미네이션 때부터 철저히 외면당해 이야기 거리를 제공한다.

휘트니 휴스턴이 주제가상 시상자로 등장했을 뿐 흑인 수상자는 단 한명도 배출하지 못해 흑인 최초의 사회자 우피 골드버그의 흥겨움을 부추겨 주지 못했다.

참고로 이날 시상식이 남긴 주요 통계기록은 다음과 같다.

- 오스카 시상자 수 Number of Oscar Presenters : 40
- 오스카 시상 부문 Number of Oscar : 25
- 30초당 TV 광고료 Estimated Cast For 30-Second TV Comercial : 65만 달러
- 공식 후원업체 Advertisers : 레브튼 Revton, 코카 콜라 Coca-Cola, 맥도널드 McDonald's, 셰보레 자동차 Chevrolet
- 시상식장 도로시 챈들러 파빌리온 좌석 수 Number of Seats In Dorothy Chandler Pavilion : 2,700석
- 투표에 참여한 아카데미 회원 Number of Academy Members: 5,000명

제66회 1993 노미네이션, 수상자 총 리스트

(* 표시) 수상자

작품상 Best Picture of The Year

* 〈쉰들러 리스트 Schindlcr's List〉
〈피아노 The Piano〉
〈남아 있는 나날 The Remains of The Day〉
〈아버지의 이름으로 In The Name of The Father〉
〈도망자 The Fugitive〉

주연 남우상
Best Performance By A Leading Actor

* 탐 행크스 Tom Hanks-〈필라델피아 Philadelphia〉
안소니 홉킨스-〈남아 있는 나날〉
다니엘 데이 루이스-〈아버지의 이름으로〉
니암 니슨 Niam Neeson-〈쉰들러 리스트〉
로렌스 피시본 Laurence Fishburne-〈어제 오늘 그리고 내일 What's Got To Do With It〉

주연 여우상
Best Performance By A Leading Actress

* 홀리 헌터 Holly Hunter-〈피아노〉
엠마 톰슨-〈남아 있는 나날〉
안젤라 바세트 Angela Bessett-〈어제 오늘 그리고 내일〉
데브라 윙거 Debra Winger-〈섀도우랜즈 Shadow-lands〉
스톡카드 채닝 Stockard Channing-〈식스 디 그리스 오브 세퍼레이션 Six Degrees of Separation〉

조연 남우상
Best Performance By An Actor In A Supporting Role

* 토미 리 존스 Tommy Lee Jones-〈도망자〉
레오나르도 디카프리오 Leonardo Dicaprio-〈길

버트 그레이프 What's Eating Gilbert Grape?〉
랄프 피에네스 Ralph Fiennes〈쉰들러 리스트〉
존 말코비치 John Malkovich-〈사선에서 In The Line Of Fire〉
피트 포스틀스웨이트 Pete Postlethwaite-〈아버지의 이름으로〉

조연 여우상
Best Performance By An Actress In A Supporting Role

* 안나 파퀸 Anna Paquin-〈피아노〉
홀리 헌터-〈야망의 함정 The Firm〉
위노나 라이더 Winona Ryder-〈순수의 시대 The Age of Innocence〉
엠마 톰슨-〈아버지의 이름으로〉

감독상 Best Achievement In Directing

* 스티븐 스필버그-〈쉰들러 리스트〉
로버트 알트만-〈숏 컷 Short Cuts〉
제인 캠피온 Jane Campion-〈피아노〉
제임스 아이보리-〈남아 있는 나날〉
짐 쉐리단 Jim Sheridan-〈아버지의 이름으로〉

각본상 Best Screenplay Written for The Screen (오리지날 각본 부문)

* 제인 캠피온-〈피아노〉
게리 로스 Gary Ross-〈데이브 Dave〉
제프 마콰이어 Jeff Maguire-〈사선에서〉
론 니스와너 Ron Nyswaner-〈필라델피아〉
노라 에프론 Nora Ephron, 데이비드 S. 워드 David S. Ward, 제프 아치 Jeff Arch-〈시애틀의 잠 못 이루는 밤 Sleepless In Seattle〉

각색상 Best Screenplay Based on Material Previously Produced or Published

* 스티븐 자일리안 Steven Zaillian-〈쉰들러 리스트〉
제이 콕스 Jay Cocks, 마틴 스콜세즈 Martin Scorsese-〈순수의 시대〉
테릴 조지 Terry George, 짐 쉐리단-〈아버지의 이름으로〉-루스 프라워 자브발라 Ruth Prawer Jhabvala

윌리암 니콜슨 William Nicholson-〈새도우랜즈〉

외국어 영화상 Best Foreign Language Film

* 〈아름다운 시대 Belle Epoquc〉-스페인
〈패왕별희 Farewell My Concubine〉-홍콩
〈헤드 윈 Hedd Wyn〉-영국
〈그린 파파야의 향기 The Scent of Green Papaya〉-베트남
〈결혼 피로연 The Wedding Banquet〉-대만

미술 감독상 Art Direction

* 〈쉰들러 리스트〉-알란 스타스키 Alan Starski, 이와 브라운 Ewa Braun
〈아담 패밀리 2 Addams Family Values〉
〈순수의 시대〉
〈올란도 Orlando〉
〈남아 있는 나날〉

촬영상 Cinematography

* 〈쉰들러 리스트〉-야누스 카민스키 Janusz Kaminski
〈패왕별희〉
〈도망자〉
〈피아노〉
〈바비 피처를 찾아서 Searching For Bobby Fischer〉

의상 디자인상 Costume Design

* 〈순수의 시대〉-가브리엘라 파스쿠치 Gabriclla Pascucci
〈올란도〉
〈피아노〉
〈남아 있는 나날〉
〈쉰들러 리스트〉

장편 다큐멘터리상 Documentary Feature

* 〈스탠튼 초등학교 아이들 I Am A Promise : The Children of Stanton Elementary School〉-수잔 레이몬드 Susan Raymond, 알란 레이몬드 Alan Raymond.
〈브로드캐스트 테이프 오브 닥터 피터 The Broad-

cast Tapes of Dr. Peter〉
〈운명의 아이들 Children Of Fate〉
〈포 베터 오어 포 워스 For Better Or For Worse〉
〈워 룸 The War Room〉

단편 다큐멘터리상 Documentary Short Subject

* 〈디펜딩 아워 라이브스 Defendins Our Lives〉-마가렛 라자러스 Margaret Lazarus, 레너 분더리치 Renner Wunderlich
〈블러드 타이 Blood Ties : The Life And Work Of Sally Mann〉
〈칙 친 화이트 새틴 Chicks In White Satin〉

필름 편집상 Film Editing

* 〈쉰들러 리스트〉-마이클 칸 Michael Kahn
〈도망자〉
〈사선에서〉
〈아버지의 이름으로〉
〈피아노〉

분장상 Make-Up

* 〈미세스 다웃파이어 Mrs. Doubtfire〉-그레그 캐놈 Greg Cannom, 베 닐 Ve Neill, 요란다 토시렁 Yoianda Toussleng
〈필라델피아〉
〈쉰들러 리스트〉

오리지널 작곡상 Original Score

* 〈쉰들러 리스트〉-존 윌리암스 John Williams
〈순수의 시대〉
〈야망의 함정〉
〈도망자〉
〈남아있는 나날〉

오리지널 주제가상 Original Song

* 'Streets of Philadelphia'-〈필라델피아〉, 브루스 스프링스틴 노래
'Again'-〈저스티스 Poetic Justice〉
'The Day I Fall In Love'-〈베토벤 2 Beethoven's 2nd〉
'Philadelphia'-〈필라델피아〉
'A Wink And A Smile'-〈시애틀의 잠 못 이루는 밤〉

단편 영화상 Short Film, 만화 영화 부문 Animated

* 〈롱 트라우저 The Wrong Trousers〉-닉 파크 Nick Park
〈브라인드스케이프 Blindscape〉
〈마이티 리버 The Mighty River〉
〈스몰 토크 Small Talk〉
〈빌리지 The Billage〉

단편 영화상, Live Action 부문

* 〈블랙 라이더 Black Rider/ Schwarzfahrer〉-페페 댄쿼트 Pepe Danquart
〈다운 온 더 워터프론트 Down on The Waterfront〉
〈더치 매스터 The Dutch Master〉
〈파트너스 Partners〉
〈스크류 The Screw〉

사운드상 Sound

* 〈쥬라기 공원 Jurassic Park〉-게리 섬머스 Gary Summers, 게리 리드스트롬 Gary Rydstrom, 숀 머피 Shawn Murphy, 론 저드킨스 Ron Judkins
〈클리프 행어 Cliffhanger〉
〈도망자〉
〈제로니모 Geronimo〉
〈쉰들러 리스트〉

음향 효과 편집상 Sound Effects Editing

* 〈쥬라기 공원〉-데니스 머렌 Dennis Muren, 스탠 윈스톤 Stan Winston, 필 티패트 Phil Tippett, 마이클 랜티어리 Michad Lantieri
〈클리프행어〉
〈도망자〉

과학 기술상 Technical Award of Merit

* 파나비젼사 Panavision Inc-렌즈 개발에 공헌
* 맨프레드 G. 미헬슨 Manfred G. Michelson-필림 프로세서 고안

진 허솔트 박애주의상 Jean Hersholt Award

* 폴 뉴먼-기아 난민 돕기 등 인도주의 노력에 대한 평가.

아카데미 명예상 Honorary Award

* 데보라 카 Deborah Kerr-영화 예술을 통해 혁혁한 업적을 세움.

시상식 흥미 사건

1. 브루스 스프링스틴, 첫 번째 맡은 사운드트랙으로 주제가상 수상.
2. 우피 골드버그, 흑인이자 여자로는 최초로 시상식 진행.
3. 스티븐 스필버그는 '교육자들은 학생들에게 대학살의 의미를 가르쳐야한다 Educators To Teach Their Students About The Holocaust'고 역설.
4. 존 윌리암스, 〈쉰들러 리스트〉로 작곡상 수상. 그는 노미네이션 27회에 수상 5회를 기록, 9회 수상의 알프레드 뉴먼의 뒤를 이어 작곡상 부문 최다 수상자가 됐다.
5. 〈아버지의 이름으로〉 〈남아있는 나날〉 등의 영국 작품 단 한개 부문도 수상치 못하는 참패.

작품상에 오르지 못한 흥행작들

〈펠리칸 브리프〉 〈칼리토〉 〈퍼펙트 월드〉 〈삼 총사〉

주요 수상작 노미네이션, 수상 대비표

화 명	대 비
'쉰들러 리스트'	12개 부문 후보 ▪ 7개부문 수상
'피아노'	8개 부문 후보 ▪ 3개부문 수상
'남아있는 나날'	8개 부문 후보 ▪ 0개부문 수상
'도망자'	7개 부문 후보 ▪ 1개부문 수상
'아버지의 이름으로'	7개 부문 후보 ▪ 0개부문 수상
'순수의 시대'	5개 부문 후보 ▪ 1개부문 수상
'필라델피아'	5개 부문 후보 ▪ 2개부문 수상
'쥬라기 공원'	3개 부문 후보 ▪ 3개부문 수상
'클리프행어'	3개 부문 후보 ▪ 0개부문 수상
'사선에서'	3개 부문 후보 ▪ 0개부문 수상

1994
67th Academy Awards

월트 디즈니 <라이언 킹>, 애니메이션 진가 발휘

시상식 : 1995년 3월 27일 6:00 PM
장　소 : L.A. 슈라인 오디토리엄 The Shrine Auditorium
사　회 : 데이비드 레터맨 David Letterman, ABC 중계

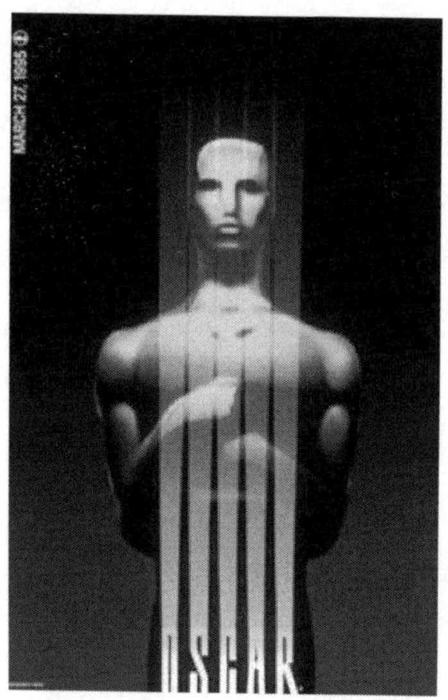

1995년 3월 27일 LA 슈라인 오디토리엄 에서 진행된 제 67회 아카데미 포스터.
© A.M.P.A.S/ Oscars.org

네덜란드 출신 촬영 감독 얀 드 봉, 액션 스릴러 〈스피드〉로 흥행 강타

'월트 디즈니 애니메이션의 진가를 보여 주었다'
- 『할리우드 리포터』

1994년 할리우드를 강타한 작품은 애니메이션 〈라이언 킹 The Lion King〉이다.

수작업(手作業)에 의존하는 전통적인 방식으로 제작된 이 만화 영화는 아카데미 작품, 남우상을 수상한 〈포레스트 검프 Forrest Gump〉 보다 흥행 수익에서는 앞서는 기록을 수립한다.

로저 엘러스와 롭 민코프의 공동 연출로 공개된 〈라이언 킹〉은 사악한 삼촌 스카의 농간에 의해 부친을 잃은 어린 사자 심바가 티몬, 품바의 도움을 얻어 다시 정글의 왕권을 차지해 평화스런 국가를 정착시킨다는 교훈적인 내용을 담고 있다.

1994년 6월 15일 66개 스크린에서 상영됐지만 공개 이후 입소문으로 점차 흥행의 불이 붙기 시작해 2011년 11월 25일 기준으로 누적 전세계 흥행 수익 9억 4천 2백 8만 달러라는 천문학적인 수익을 거둔다.

흥행 여파로 〈라이언 킹 : 티몬과 품바 Timon And Pumbaa〉(1995) 〈라이언 킹 2 The Lion King II : Simba's Pride〉(1998) 〈라이언 킹 3 1½ The Lion King 1½〉(2004) 등의 시리즈 작품이 속속 개봉되는 열기를 지속해 나간다.

월트 디즈니 히트작 〈라이언 킹〉. © Walt Disney.

더욱이 〈아바타〉로 촉발된 3D 제작 열기에 힘입어 2011년 9월 16일 3D 버전으로 음향과 화질을 업그레이드시켜 재개봉되는 장수 인기를 누린다.

권선징악과 사필귀정의 교훈적 내용 못지않게 〈라이언 킹〉의 흥행을 선도한 것은 한스 짐머 작곡의 사운드트랙을 빼놓을 수 없다.

배경지인 아프리카를 염두에 두고 인류 탄생지의 전통 리듬을 적극 활용한 레보 M이 불러준 'Circle of Life'는 어린 심바가 부친의 뒤를 이어 차기 대권주자가 될 것임을 도사 원숭이 라피키로부터 점지 받을 때 흘러 나와 웅장한 감동을 선사한다.

삼촌 스카가 왕권을 찬탈하는 바람에 고향을 떠난 뒤 옛 여자 친구 날라를 만났을 때는 정겨운 사랑의 감정을 담은 엘튼 존의 'Can You Feel the Love Tonight'이 쓰이고 있다.

동료 티몬과 품바와 어울리면서 현실의 어려움이 있더라도 미래를 바라보고 낙천적인 삶을 살 것을 다짐하며 통나무 위를 경쾌하게 걸어가는 장면에서는 경쾌한 곡 'Hakuna Matata', 어린 심바가 서서히 어른 사자로 성장해 나가는 과정에서는 팝 명곡 'The Lion Sleeps Tonight' 등이 삽입돼 웬만한 음악 영화를 제압하는 화려한 배경 음악을 들려준다.

얀 드 봉 Jan de Bont은 네덜란드 동향 출신의 폴 버호벤 감독의 〈포스맨 The Fourth Man / De Vierde Man〉(1983)을 필두로 해서 〈블랙 레인 Black Rain〉(1989) 〈붉은 10월 The Hunt For Red October〉(1990) 〈원초적 본능 Basic Instinct〉(1992) 〈리쎌 웨폰 3 Lethal Weapon 3〉(1992) 〈사랑의 용기 Shining Through〉(1992) 등을 통해 유려하고 박진감 넘치는 화면을 선사해준 촬영 감독.

여세를 몰아 연출 데뷔작으로 공개한 〈스피드 Speed〉(1994)에서는 퇴역 경찰인 폭탄 전문가가 50마일 이하로 운행되면 폭탄이 터진다는 설정을 내세워 거액을 요구한다는 내용을 담아 시종 긴박감 있는 오락 영화의 진수를 선사한다.

철저한 킬링 타임용으로 만든 〈스피드〉를 통해 키아누 리브스와 산드라 블록이 스타급 배우로 부상하는 행운을 얻게 된다.

성격파 배우 데니스 호퍼가 악역 하워드 페인 역을 열연하고 있으며 화면에서 눈을 뗄 수 없을 만큼 시종 속도감 있는 화면을 펼쳐준 촬영 테크닉은 지금도 '스피드로 펼쳐지는 스릴 만점의 액션 극'으로 자리매김되고 있다.

제임스 카메론 〈트루 라이즈〉, 〈스피드〉와 치열한 흥행 대결

〈스피드〉에 맞불을 놓으면서 1994년 대중적인 액션 영화 신드롬을 주도한 작품이 제임스 카메론 감독, 아놀드 슈왈제네거, 제이미 리 커티스 주연의 〈트루 라이즈 True Lies〉이다.

겉으로는 세일즈 맨이 실은 대통령 직속 정보 요원으로 6개 국어에 달인이며 미 정보국 반(反, anti) 스파이 활동 분야의 1인자.

남편의 직업을 전혀 눈치 채지 못한 아내가 첩보원을 사칭한 남자와 데이트를 벌이자 이를 기회로 아내의 진심 어린 사랑을 실험해 본다는 스토리를 얽혀 놓아 액션과 상황 코미디를 결합한 재미를 선사한다.

탱고 프로젝트의 라틴 리듬 'Por Una Cabeza'의 리듬에 맞추어 흥겨운 춤을 추면서 덤덤했던 부부가 돈독한 사이로 발전된다는 것이 보여 관객들의 입가에 미소를 머금게 했다.

정통 코미디도 강세를 보였다.

제임스 카메론 감독의 초기 히트작 〈트루 라이즈〉.

소심한 은행원이 어느 날 강에서 떠내려 온 정체불명의 마스크를 착용한 뒤 괴력을 발휘하는 녹색 사나이로 돌변해 슈퍼 영웅담을 펼쳐준다는 것이 척 러셀 감독의 〈마스크 The Mask〉(1994).

캐나다 출신 스탠딩 개그맨 출신 짐 캐리는 천의 얼굴 표정 연기 재능을 유감없이 발휘해 단번에 스타급 배우로 등극된다.

극중 갱스터 정부(情婦) 티나(카메론 디아즈)와 클럽에서 흥겨운 라틴 리듬에 맞추어 현란한 춤을 출 때의 배경 곡으로 짐 캐리 육성이 담겨 있는 'Cuban Pete'가 사용돼 흥겨운 오락극의 진수를 선사한다.

영국 마이클 뉴웰 감독의 〈네 번의 결혼식과 한 번의 장례식 Four Weddings and a Funeral〉.

매주 토요일 남의 결혼식 들러리로 바쁜 나날을 보내던 노총각이 무려 30번 이상의 연애 사연을 갖고 있는 중년 여인을 통해 진실 된 사랑의 감정을 찾게 된다는 로맨틱 드라마.

수많은 사연을 만들어 내는 결혼식 풍경과 즐거운 결혼식에서 주위 사람들을 즐겁게 해주던 이의 갑작스러운 심장마비 죽음 그리고 결혼식을 치르는 도중 이혼을 하고 식장을 찾아온 여성 캐리를 위해 흔쾌히 예식을 파탄 내는 돌발적 에피소드 등이 골고루 담겨져 있다.

영국 독립 프로덕션 워킹 타이틀의 진가를 드러내준 〈네 번의 결혼식과 한 번의 장례식〉은 영국식 코미디가 SF와 액션을 앞세운 할리우드와 차별적인 흥행 승부를 걸 수 있다는 가능성을 보여준다.

예식장의 흥겨운 분위기를 부추겨준 배경곡 'Stand by Your Man' 'Can't Smile Without You' 'Crocodile Rock' 그리고 엔딩 크레디트에서 흘러나온 그룹 웻 웻 웻(Wet Wet Wet)의 'Love is All Around'는 소품 영화가 블록버스터를 능가할 수 있는 저력을 드러내 준다.

〈네 번..〉이 끼친 여파는 여기서 끝난 것이 아니다.

BAFTA 어워드에서 〈포레스트 검프〉의 위력을 따돌리고 남우(휴 그랜트), 조연 여우(크리스틴 스코트 토마스), 작품(마이크 뉴웰), 그리고 영국을 대표하는 감독을 추모하는 시상 부문인 데이비드 린 감독상(마이크 뉴웰) 등 4개 부분을 석권하는 이변을 기록한 것이다.

음담패설(淫談悖說)이 담겨 있는 시간 죽이기 용 저급한 소설을 지칭하는 용어가 바로 '펄프 픽션'

비디오 가게 점원 출신 쿠엔틴 타란티노 감독이 공개한 〈펄프 픽션 Pulp Fiction〉은 네덜란드 암스테르담에서 귀환한 갱스터가 두목의 정부(情婦)를 보호하면서 벌어지는 해프닝 극이 축을 이루고 있다.

여기에 손님을 가장해 레스토랑에 들어갔다가 강도로 돌변하는 남녀 2인조 강도의 행각이 오프닝과 엔딩에서 반복적으로 이어지는 뫼비우스 띠와 같은 직조(織造) 영상 구조, 사람을 죽일 때마다 성경 구절을 암송하는 괴짜 두목의 버릇, 마약에 빠져 천방지축 행동하는 정부(情婦)의 태도, 항문 속에 시계를 감추어 두고 있는 베트남 참전 용사 등 상식적으로 이해할 수 없는 군상들이 펼쳐주고 있는 B급 스토리가 숨가쁘게 펼쳐지고 있다.

〈펄프 픽션〉은 통속적이고 말초적인 내용을 담았음에도 불구하고 영상 테크닉과 탄탄한 이야기 구조에 점수를 얻어 예술 작품의 집결지인 칸 영화제에서 당당히 황금종려상을 따내는 이변을 기록한다.

〈펄프 픽션〉, 척 베리 등 흥겨운 록큰롤 선율로 흥행 일조

흥겨운 록 선율이 가득한 〈펄프 픽션〉. © Miramax, A Band Apart.

〈펄프 픽션〉에서는 두목으로부터 절대적 신임을 얻고 있는 소장파 갱 빈센트 베가(존 트라볼타)와 정부 미아 왈레스(우마 서먼)이 디스코 경연장에 출전해 손가락으로 눈동자를 가리면서 흥겹게 춤을 출 때의 배경 곡으로 척 베리의 'You Never Can Tell', 미아가 여성스런 행동을 취하는 모습을 보여줄 때 닐 다이아먼드의 원곡을 어지 오버킬이 리메이크 한 'Girl, You'll Be A Woman Soon', 갱단들의 발 빠른 움직임을 떠올려주는 오프닝 장면에서는 딕 데일과 델 톤스 그룹의 'Misirlou' 등이 선곡돼 숨어 있는 정통 록큰롤 곡을 부활시키는 공헌도 세운다.

인간 내면에 도사리고 있는 다양한 광기를 꾸준히 발표하고 있는 작가가 바로 스티븐 킹(Stephen King).

초판 100만부를 보장한다는 입담꾼이 공개한 작품은 할리우드에서 가장 눈독을 들이는 소재가 되고 있다.

교내에서 따돌림 당한 소녀의 처절한 복수를 다룬 〈캐리 Carrie〉(1976)로 영화가의 러브 콜을 받기 시작한 뒤 〈샤이닝 The Shining〉(1980) 〈크립쇼 Creepshow〉(1982) 〈쿠조 Cujo〉(1983) 〈스탠 바이 미 Stand by Me〉(1986) 〈러닝 맨 The Running Man〉(1987) 〈펫 세매트리 Pet Sematary〉(1989)

〈미저리 Misery〉(1990) 등의 기본 얼개를 제공한다.

천부적 이야기꾼의 능력은 1994년 〈쇼생크 탈출 The Shawshank Redemption〉로 정점을 이루게 된다.

단편 소설 『리타 헤이워드와 쇼생크 탈출 Rita Hayworth and Shawshank Redemption』을 극화한 영화는 아내와 정부(情夫)를 살해했다는 혐의를 받은 은행 간부가 교도소 내에서 재무(財務) 특기를 발휘해 간수 소장의 비자금 관리를 맡아 신임을 얻은 뒤 흉악범들만 수용된다는 쇼생크 교도소에서 극적으로 탈출하기까지의 긴박한 사연을 들려주었다.

이 영화에서는 교도소 내 도서관 음반을 정리하던 중 발견한 모차르트의 '피가로의 결혼' 중 아리아 'Duettino - Sull'aria'가 흘러나오면서 '죄는 미워하더라도 인간에게는 관심과 사랑을 보내야 한 다'는 잠언을 새삼 떠올려 주었다.

〈쇼생크 탈출〉은 '두려움은 그대를 죄수로 가두어 둘 것이며 희망은 그대를 자유롭게 하리라 Fear can hold you prisoner. Hope can set you free'는 선전 문구를 내걸고 공개돼 죄수 소재 영화 중 가장 뜨거운 반응을 얻어낸다.

스티브 제임스 감독의 〈후프 드림 Hoop Dreams〉은 아메리칸 드림의 성공 신화를 담은 스포츠 다큐멘터리로 잔잔한 감동의 물결을 선사한다.

시카고 고등학교에 재학하고 있는 아프리카 출신 미국 이주민 고등학생 흑인 2명.

이들은 주변의 냉대와 차별을 극복하고 프로 농구선수로 제 몫을 해나간다는 과정을 보여주어 평단과 관객들 모두로부터 '스포츠 다큐멘터리의 진수를 보여준 수작'이라는 찬사를 듣는다.

〈고인돌 가족 플린스톤 The Flintstones〉은 ABC-TV를 통해 1960년 9월 30일부터 1966년 4월 1일까지 장수 방영된 프라임 타임 시트콤 애니메이션(an animated, prime-time American television sitcom)이다.

한나-바베라 프로덕션(Hanna-Barbera Productions)에서 제작을 맡은 시트콤 애니메이션은 석기 시대를 배경으로 노동자 계급 플린스톤이 아내와 이웃집 친구들과 어울려 살면서 벌어지는 다양한 에피소드를 코믹하게 묘사해 연령을 초월해 환영을 받은 드라마이다.

〈고인돌 가족 프린스톤〉은 2010년 9월 30일에는 방영 50주년을 맞아 역대 주요 하이라이트를 편집한 영상물이 DVD와 VHS로 출시된다.

선사 시대를 배경으로 하고 있지만 인간 사이에서 발생하는 애증과 갈등 그리고 화합하는 풍경이 21세기 첨단 사회 인류 풍속도와 별반 차이가 없어 풍자극의 가치를 인정받게 된 것이다.

눈길을 끌고 있는 것은 애니메이션 창안자 세스 맥파레인(Seth MacFarlane)은 자신의 대표작 〈고인돌 가족 플린스톤〉이 폭스 네트워크를 통해 2011년 가을부터 2013년까지 새로운 소재로 방영하기로 했다는 최신 뉴스를 공개해 이 애니메이션에 대해 지지를 보내왔던 시청자들의 뜨거운 관심을 얻어냈다는 소식이 전해진다.

이 소재는 1994년에는 브라이언 레반트 감독이 존 굿맨, 엘리자베스 퍼킨스, 릭 모라니스를 출연시킨 코미디극으로 각색해 원작에 버금가는 인기를 얻어낸다.

영화 속에서 묘사되는 플린스톤은 막무가내의 성격을 갖고 있지만 심성은 착한 인물.

어느 날, 회사 부사장 클리프로 부터 중역을 선발한다는 이야기를 듣는다.

이에 플린스톤과 바니가 같이 시험을 치른다.

바니가 자신의 답안지를 플린스톤에게 넘겨주는 배려를 해서 마침내 플린스톤은 부사장으로 임명되고 바니는 해고된다.

해고당한 바니 부부는 플린스톤 집에 얹혀살게 된다.

벼락출세를 한 플린스톤은 금전과 지위에 눈이 멀어 바니 가족마저 쫒아낸다.

그런데 플린스톤이 부사장으로 임명된 것은 바로 클리프의 음모가 있던 것.

클리프는 회사 공금을 빼돌리고 모든 책임을 신임

부사장인 플린스톤에게 뒤집어씌운 것이다. 인간사 새옹지마 클리프의 음모로 플린스톤은 이제 공금 횡령 범으로 수배를 받는 처지가 된 것이다.

〈고인돌 가족 플린스톤〉은 이처럼 21세기에 적응시켜도 별반 무리가 없는 소재를 통해 다양한 교훈적인 내용을 들려주어 방송가에서는 흡사 도덕 지침서와 같은 유익한 방송물로 장수 인기를 누리게 된 것이다.

스탠딩 개그맨 짐 캐리, 〈마스크〉 〈덤 앤 더머〉로 주가 상승

연기자 중 캐나다 출신 짐 캐리의 활약이 두드러졌다. 〈마스크〉에 이어 〈덤 앤 더머 Dumb and Dumber〉를 동시에 흥행 탑 10에 올려놓는 기염을 토한다.

얼굴 표정과 행동이 흡사 고무공처럼 자유자재로 변형 시킬 수 있는 천부적인 코미디언 출신 연기자는 영화 메카에서 한껏 기량을 발휘할 수 있는 기회를 얻은 것이다.

재즈 뮤지션 부친의 4 형제 막내로 출생한 짐 캐리는 어린 시절부터 TV 드라마 배우들의 연기를 흉내 내면서 연기자의 꿈을 키운다.

10살 때 가장 인기 있던 토크 쇼인 〈캐롤 버넷 쇼 The Carol Burnett Show〉에 이력서를 보내 출연 신청을 할 정도로 패기만만함을 보인다.

짐 캐리 출세작 〈덤 앤 더머〉. © New Line Cinema.

고국에서 클럽과 마이너 방송 무대에서 활동한 전력을 바탕으로 괴짜 탐정극 〈에이스 벤추라 Ace Ventura: Pet Detective〉(1994)에 출연하면서 훗날 자신의 트레이드 마크가 되는 표정 연기의 진수를 펼쳐 단번에 주목 받는 연기자가 된다.

여세를 몰아 〈마스크〉와 애완동물 가게를 창업하는 것이 꿈인 어리숙한 죽마고우 2명이 겪는 해프닝극 〈덤 앤 더머〉로 단번에 출연료 100만 달러를 보장 받는 스타덤에 오르게 된다.

짐 캐리는 1994년에만 무려 3편에 출연작을 기록하면서 이후 〈배트맨 포에버 Batman Forever〉(1995)에서 로빈 윌리암스가 출연을 고사한 악역 리들러 역, 〈에이스 벤추라 2 Ace Ventura: When Nature Calls〉(1995), 크리스 파리를 대신해 출연을 하게 된 〈케이블 가이 The Cable Guy〉(1996), 승소를 위해 수단과 방법을 가리지 않았던 악질 변호사가 어린 아들이 아빠가 하루만이라도 거짓말을 하지 못하게 해 달라고 기도하는 것이 이루어져 참된 말을 하게 되면서 발생하는 코믹한 상황을 다룬 〈라이어 라이어 Liar Liar〉(1997)로 전성기를 구가한다.

그는 평범한 세일즈맨의 일상이 TV 쇼의 주제로 선택되어 24시간 행동이 모든 사람들에게 노출되면서 겪는 현대인들의 관음증과 매스컴 보도의 후유증을 고발한 사회 풍자 극 피터 웨어 감독의 〈트루먼 쇼 The Truman Show〉(1998)를 통해 골든 글로브 남우상을 수상하면서 그가 일관된 재담에만 의존하는 폭이 한정된 연기자가 아니라는 점을 입증시키게 된다.

탐 행크스의 연기 저력 발휘된 <포레스트 검프>

로버트 저멕키스 감독, 탐 행크스의 〈포레스트 검프 Forrest Gump〉는 〈라이언 킹〉의 위력에 굴복해 최종 흥행 순위에서는 2위로 밀렸지만 가장 많은 주목을 받았던 작품이다.

윈스탐 그룸(Winston Groom)의 1986년 베스트셀러를 에릭 로스 Eric Roth가 시나리오로 구성했다.

조지아 주 서배너.

정신과 육체적 저능아였던 포레스트 검프.

초등학교 시절 따돌림을 시도하는 동급생들의 추격을 따돌리기 위해 도피하다 자신이 달리기에 천부적인 재능이 있다는 것을 알게 된다.

지능 지수(IQ)가 겨우 75에 불과했지만 발군의 달리기 실력을 바탕으로 알라바마 대학교 미식 축구 선수로 특례 입학을 하게 된다.

이어 군 입대 후 엉덩이에 유탄을 맞아 치료를 받던 중 탁구에 소질이 있음을 발견하고 중국 팀들과 탁구 시합 국가 대표로 나선다.

군대에서 사망한 전우의 조언을 듣고 새우 잡이 배를 구입해 막대한 돈을 벌고 사랑하는 연인 제니가 히피들과 어울리다 죽음을 당하지만 아들과 당당한 홀로서기에 나서게 된다는 장대한 이야기를 들려준다.

탐 행크스의 히트 작 〈포레스트 검프〉. © Paramount Pictures.

스필버그의 수제자로 알려진 로버트 저멕키스 Robert Zemeckis 감독은 극중 특수 효과 테크닉을 110% 활용해 관객들에게 첨단 영상의 기기묘묘한 세계를 펼쳐준다.

검프가 1972년 진행됐던 중국과 미국 간의 국가 대항 친선 탁구 대회에 선수로 출전해서 시합을 벌이고 닉슨과 비틀즈의 존 레논과 대담 인터뷰를 갖는다는 가상 장면 등을 절묘하게 재현시켜 할리우드의 수준 높은 영상 기술 능력을 유감없이 펼쳐준다.

〈포레스트 검프〉가 전세계에서 대중적인 호응을 확산시키는 데는 배경 음악도 빼놓을 수 없다.

어린 시절 모친과 거리를 걷다 거리 전파상 흑백 TV로 시청하게 되는 것으로 설정된 엘비스 프레슬리의 'Hound Dog'을 비롯해 자유분방한 히피 세계에 빠져 검프의 간청에도 불구하고 가출을 선택하는 아내 제니의 행동을 보여줄 때는 마마스 앤 파파스의 'California Dreamin'과 밥 딜런의 'Blowin In The Wind' 등 1960년대 청춘들의 가치관을 대변했던 골든 팝송이 흘러나오고 있다.

그룹 도어즈의 'Hello, I Love You' 'People Are Strange', 사이먼과 가펑클의 'Mrs. Robinson', 스코트 맥켄지의 'San Francisco (Be Sure To Wear Flowers In Your Hair)', 그룹 버드의 'Turn! Turn! Turn! (To Everything There Is A Season)', 피프스 디멘션의 'Aquarius', 해리 닐슨의 'Everybody's Talkin', 토미 제임스와 숀델스의 'Hanky Panky', 클래식 명곡 에드워드 엘가의 'Pomp And Circumstance' 등 근 30여곡이 쉴 새 없이 삽입돼 풍성한 록큰롤과 품위 있는 고전 명곡을 감상할 수 있는 음악 영화와도 같은 역할을 하게 된다.

CIA 정보 분석가 잭 라이언은 미국 국가 공무원의 비리와 각국에서 발생하는 정치적 갈등을 해결하기 위해 고군분투하는 인물.

영국과 IRA간의 갈등에 우연히 휘말리게 된다는 해

리슨 포드 주연의 〈패트리어트 게임 Patriot Games〉(1992)에 이어 미국 대통령의 친구가 의문사하는 과정을 추격하다 중남미 콜롬비아 마약 카르텔의 돈 세탁에 관여했다는 것을 단서로 카르텔 두목 제거 작전을 시도한다는 〈긴급 명령 Clear and Present Danger〉(1994) 등은 테크노 스릴러 장르를 개척한 작가 탐 클랜시의 베스트셀러를 연이어 각색한 작품이다.

스티븐 킹이 개인과 개인 간에 발생하는 에피소드를 중심으로 공포, 스릴러 장르에서 독주를 하고 있을 때 탐 클랜시는 국가 정보전에 초점을 맞춘 거시적인 이야기를 다뤄 성인 관객들의 공감을 얻어 나간다.

미국과 구 소련간의 핵 잠수함을 둘러 싼 갈등을 다룬 〈붉은 10월 The Hunt for Red October〉(1990), CIA 잭 라이언이 알렉산더 네메로프가 신임 러시아 대통령이 되자 러시아 핵 사찰에 나섰다가 핵물리학자 3명이 실종된 것을 알아채고 배후의 도사리고 있는 음모를 파헤친다는 〈썸 오브 올 피어스 The Sum of All Fears〉 등으로 할리우드 아이디어 뱅크로 각광 받는다.

여류 작가 메리 셸리의 명성을 드높여준 히트작 『프랑켄슈타인』

과학자 프랑켄슈타인이 모친의 이른 죽음을 애석해 하면서 시체를 활용해 인조인간을 창조하는 실험을 하다 탄생한 괴물에 의해 목숨을 잃는 보복을 당한다는 것이 여류 작가 메리 셸리의 『프랑켄슈타인』.

무성 영화 시절부터 공포극의 단골 소재로 활용돼 오고 있다.

재기 넘치는 여류 작가 앤 라이스는 선배 작가 메리 셸리의 아성에 도전장을 내기 위해 1976년 발표한 소설이 『뱀파이어와의 인터뷰 Interview With The Vampire: The Vampire Chronicles』.

샌프란시스코.

라디오 방송작가 말로이는 뱀파이어 루이스를 단독 인터뷰한다.

200년을 살아왔다는 뱀파이어 루이스(브래드 피트)는 아내와 아이를 잃고 죽음을 갈망하다 뱀파이어 레스타트(탐 크루즈)의 피를 마시면서 흡혈귀 삶을 살게 된다.

죽음의 고통 없이 영원한 젊음을 유지할 수 있지만 늘 신선한 인간의 피를 공급 받아야 하는 루이스.

사람의 피를 거부하던 루이스는 엄마를 잃은 고아 소녀 클라우디아(컨스턴 던스트)를 만나 그녀를 뱀파이어로 만들고 가족을 이룬다.

탐 크루즈 주연의 〈뱀파이어와의 인터뷰〉, 흡혈귀의 고뇌 담아 눈길을 끌었다. © Geffen Pictures.

인간의 피를 늘 탐닉해야 하는 저주 받은 뱀파이어의 일상을 섬뜩하게 다룬 소설을 닐 조단 감독이 극화한다.

대형 화면으로 각색된 작품에서는 탐 크루즈가 레스타트, 브래드 피트가 루이스 등 꽃 미남 뱀파이어 역으로 등장해 여성 관객들에게 신선한 반응을 불러일으키면서 '프랑켄슈타인' '드라큘라'에 이어 뱀파이어가 흥행 가에서 장수 인기를 누리고 있음을 재차 증명시킨다.

어려서부터 어둠에 대해 근원적인 공포감을 느꼈다는 앤 라이스는 알코올 중독자인 모친이 15살 때 사망하면서 인생에 대해 밝음 보다는 비관적인 것에 관심을 갖게 됐다고 한다.

텍사스 여자 대학, 샌프란시스코 주립 대학을 거치는 동안 고등학교 시절 만났던 스탠 라이스와 결혼한다.

1964년부터 습작 생활을 거쳐 작가의 길을 걷다 1970년 단편 『뱀파이어와의 인터뷰』로 단번에 주목을 받게 되고 시나리오까지 담당한 영화가 빅히트를 하면서 주목 받게 된다.

라이스는 무려 1,700만 달러를 받고 『뱀파이어 3부작 Vampire Chronicles』 판권을 판매해 명성과 부를 거머쥐게 된다.

〈에덴의 탈출 Exit to Eden〉(1994) 〈피스트 오브 올 세인트 Feast of All Saints〉(2001) 이어 요절한 팝스타 알리야의 은막 데뷔작 〈퀸 오브 댐 Queen of the Damned〉(2002) 등이 연이어 영화로 공개되면서 뱀파이어 전문 원작자로서 확고한 지위를 구축하게 된다.

예술 작품들의 세계 경연장인 칸 국제 영화제에서는 중국 영화인들의 활약이 두드러졌다.

장예모 감독은 위화의 소설을 극화한 〈인생 Lifetimes〉을 출품해 지주 아들 부귀역의 갈 우(You Ge)가 남우 주연상을 수여 받는 공헌자가 된다.

1940년대 중국.

지주 아들로 태어나 남부럽지 않았던 남자가 도박에 빠져 재산을 탕진한다.

아내가 떠나고 부친마저 홧병으로 죽으면서 집안도 풍비박산이 된다.

삶의 의욕을 잃은 그에게 아내가 두 아이를 데리고 돌아오자 남자는 가족들을 위해 그림자극을 시작하면서 진실 된 인생의 가치를 깨닫게 된다는 내용을 담아 유럽 각국 영화인들로부터 박수갈채를 받아낸다.

이태리 베니스 영화제에서는 차이밍량 감독의 〈애정 만세 Vive L'Amour〉가 밀코 만체브스키 감독의 〈비포 더 레인 Pred doždot/ Before The Rain〉과 함께 황금 사자(Golden Lion) 상에 지명 받는 겹경사를 거둔다.

대만 뉴웨이브 시대를 이끌고 있는 차이밍량 감독의 〈애정 만세〉는 부동산 소개업자, 납골당 판매 세일즈맨, 야시장 길거리에서 옷을 파는 노점상 등 다양한 직업을 갖고 있는 청춘 남녀들이 각자 힘겹지만 하루하루 충실한 삶을 살려는 현대인들의 고단한 일상을 담아 공감을 얻어낸다.

카스트라토의 비애 묘사한 〈파리넬리〉

골든 글로브 외국어 영화상을 수여 받은 제라르 코르비오 Gérard Corbiau 감독의 〈파리넬리 Farinelli : il castrato〉.

1728년 이태리 나폴리와 1734년 런던을 배경으로 해서 상류층의 호사스런 취미를 위해 미소년들이 거세(去勢) 당한 뒤 소프라노 가수로 무대에 서야했던 카스트라토들의 애환과 음악의 어머니라는 애칭을 들었던 헨델과 파리넬리 스승 포로포에 얽힌 음악계 야사를 적절하게 가미시켜 흥미 있는 클래식 영화의 참 맛을 전달시켜 준다.

컴퓨터 합성으로 재현된 여러 아리아 중 리카르도 브로치의 'Son qual nave ch'agitata'를 비롯해 헨델의 명곡 'Lascia ch'io pianga' 'Cara Sposa' 'Rinaldo' 등은 벨기에 출신 제라르 코르비오(Gérard Corbiau)를 유럽 최고의 클래식 음악 영화 전문 감독으로 부상시켜 준다.

아일랜드 출신의 짐 쉐리단 감독이 공개한 묵직한 정치 영화 〈아버지의 이름으로 In the Name of the Father〉는 44회 베를린 영화제에서 황금 곰 상(Golden Bear)을 수여 받으면서 연출자의 메시지가 공감을 얻어낸다.

영국 정부와 끊임없는 분쟁을 벌이고 있는 북아일랜드.

스테파노 디오니시가 열연한 〈파리넬리〉. © Stéphan Films, MG, Italian International Film.

정치적 완전 독립을 주장하면서 IRA가 결성된다.

평범한 청년은 어느 날 IRA가 주도한 폭탄 테러 주범으로 몰려 15년 동안 복역한 뒤 오랜 법적 투쟁 끝에 결국 무죄로 석방된다.

테러 사건 혐의자로 4명이 연루되어 '길포드-4인방 사건'으로 알려진 내용은 쉐리단 감독의 극본 작업을 거쳐 〈아버지의 이름으로〉로 각색된다.

영화에서는 영국과 북아일랜드간의 화합할 수 없는 정치적 갈등에서부터 아들과 함께 아버지마저 공범으로 수감된다.

부친은 결국 교도소에서 숨을 거두고 아들은 변호사의 도움을 받아 영국 정부를 향해 자신과 부친의 명예회복을 시도하면서 아버지가 자신의 진실된 영웅이었음을 깨닫게 된다는 내용까지 가미시켜 공감의 폭을 넓히게 된다.

스웨덴 혼성 그룹 아바 신드롬 불러일으킨 〈뮤리엘의 웨딩〉

호주 P. J. 호간 감독의 〈뮤리엘의 웨딩 Muriel's Wedding〉은 여러 가지 이슈를 만들어 낸 작품이다.

뚱뚱하고 볼품없는 체구를 갖고 있는 뮤리엘(토니 콜레트).

시 의원인 아버지를 비롯하여 친구들과 가족에게 늘 무시당하고 구박 받는 존재이다.

멋진 남자를 만나 결혼식을 갖는 것이 인생 최대의 소망.

마침내 올림픽 출전을 위해 위장 결혼을 시도하는 남아프리카 수영 선수와 정략결혼을 하게 된다.

하지만 암으로 다리를 절단하는 고통을 당한 친구 론다(레이첼 그리피스)로 부터 결혼 보다는 자아를 위한 진정한 성취를 위한 충고를 받고 결혼을 파기하고 친구와 여정을 떠나게 된다는 내용.

〈뮤리엘의 웨딩〉은 보편적으로 공감할 수 있는 노처녀와 주변 가족들로부터 벌어지는 소소한 이야기를 담아 잔잔한 공감을 전파 시킬 수 있게 된다.

더욱이 뮤리엘의 심리적 상황을 1970-1980년대 팝계를 석권했던 스웨덴 혼성 그룹 아바의 주요 히트곡을 테마곡으로 삽입시켰다는 것이 메가급 히트작이 되는 견인차 역할을 하게 된다.

스웨덴 혼성 그룹 아바의 주요 히트 곡을 사용해 인기를 얻은 〈뮤리엘의 웨딩〉. © CiBy 2000, Film Victoria.

쇼 윈도우를 통해 진열된 웨딩드레스만 보면 신부가

된 듯한 환상에 젖는 풍경에서는 'Dancing Queen', 친구들이 하비코스 섬으로 휴가를 떠난 사실을 알고 뒤 쫓아 가서 무대 위에서 흥겹게 노래를 하는 장면에서 불러 주게 되는 'Waterloo', 친구 론다와 공원에 누워 별과 달이 떠 있는 저녁 하늘을 바라보면서 인생의 애환을 이야기할 때 합창해 주는 'Fernando', 남아공 선수와 결혼식을 치르는 장면에서의 삽입곡인 'I do, I do, I do, I do', 그리고 오프닝 장면에서 부케를 서로 받기 위해 실랑이를 하는 장면에서는 배경 곡으로 루베츠 그룹의 'Sugar Baby Love' 등이 사용됐다.

〈뮤리엘의 웨딩〉은 결과적으로 솜사탕 같은 아바 곡이 재평가 되는 기회를 제공하는 동시에 아바 주요 히트 곡으로 공연된 뮤지컬 〈맘마 미아! Mamma Mia!〉가 공연될 수 있는 기반을 제공한 것으로 평가 받고 있다.

이소룡 아들 브랜든 리의 사망 초래한 〈크로우〉

알렉스 프로야스 감독의 〈크로우 The Crow〉는 할리우드 참사를 추가시킨다.

촬영 중 총기 오발사고로 요절한 브랜든 리의 유작 〈크로우〉.
© Crowvision Inc.

쿵푸를 무술 영화 소재로 격상시킨 공헌자 이소룡의 외아들 브랜드 리는 악(惡)과 비리가 난무하는 음산한 슬럼가를 무대로 활동하는 록 가수.

〈크로우〉는 극중 가수 에릭 드라벤과 약혼녀는 악당 톱 달라 부하들에게 살해된 뒤 무덤에서 환상해 까마귀의 인도로 악당들을 찾아나서 복수극을 펼친다는 내용.

총격을 받는 장면에서 오발 사고로 실탄이 발사돼 영화 내용처럼 절명하는 불상사가 발생한 것이다. 1993년 3월 31일 사망.

영화 내용과 같이 브랜드 리는 환생하지 못했고 결국 대역 배우를 등장시켜 영화를 완성시킨다.

이소룡도 1973년 7월 20일 급서하는 바람에 유작 〈사망 유희 Game Of Death / 死亡遊戲〉(1978)가 대역을 통해 마무리가 됐는데 불운한 상황이 부자(父子) 간에 이어서 재연돼 주변의 안타까움을 불러일으킨다.

세계 최대 영화 생산 국가인 인도 볼리우드에서 공개된 세카르 카푸(Shekhar Kapur) 감독의 〈밴디트 퀸 Bandit Queen〉은 여성에게 일방적인 수탈을 강요하는 인도 남성 사회에 반기를 들었던 실존 인물의 영웅적 행보를 다룬 페미니즘 영화이다.

자전거 한 대와 암소 한 마리는 받고 팔려 나간 11세의 풀란 데비.

무지한 남편의 품을 떠나 가출을 시도하고 성숙한 여성으로 성장한 뒤 촌장 및 여러 남자들의 성적 수탈을 당한다.

갱 단원이 된 그녀는 의적으로 공권력의 부당한 횡포를 앞장서서 제압하는 전사(戰士)가 되지만 중과부적(衆寡不敵)임을 깨닫고 자진 굴복해 당국의 처벌을 받게 된다.

남성이 자행하는 여성에 대한 끊임없는 성적 수탈 상황을 고발하는 동시에 인도 천민 계급이 당하고 있는 부당한 상황 등이 인권에 자각한 한 여성의 시각으로 실감나게 고발해 전세계 주요 각국에서 공감의 박수갈채를 얻어낸다.

'나의 모든 재산은 불멸의 여인에게 상속한다'는 베토벤의 유서 내용을 공개하면서 시작되는 버나드 로즈 감독의 〈불멸의 연인 Immortal Beloved〉은 악성

루드비히 반 베토벤이 1827년에 사망한 뒤 모든 유산을 불멸의 연인에게 물려준다는 유언에 따라 베토벤의 절친 안톤 펠릭스 쉰들러가 정체불명의 불멸의 연인을 찾아 나서면서 벌어지는 일화를 다루고 있다.

진실인지 혹은 픽션인지 애매할 정도로 정교하게 진행되는 내용은 사실과 가상의 내용을 결합시킨 '팩션' 드라마의 묘미를 선사해 준다.

첫사랑이었던 줄리에타 백작, 베토벤의 조카 칼, 베토벤의 형 카스퍼의 부인 조안나 등 베토벤 주변을 둘러 싸고 있는 묘령의 여성들의 감추어진 일화와 함께 베토벤이 남긴 불후의 명곡 'Missa Solemnis in D Major, Op. 123' 'Piano Concerto No. 5 in E-flat Major, Op. 73 Kaiser (Emperor)' 'Violin Sonata in A Major, Op. 47 Kreutzer' 'Piano Sonata No. 8 in C minor, Op. 13 Pathétique' 'Symphony No. 3 in E-flat Major, Op. 55 Eroica' 'Piano Sonata No. 14 (Quasi una fantasia) in C-sharp minor, Op. 27, No. 2 Mondschein (Moonlight)' 'Violin Concerto in D Major, Op. 61' 'Symphony No. 5 in C minor, Op. 67' 'Piano Trio No. 4 in D Major, Op. 70, No. 1 Ghost' 'Symphony No. 6 in F Major, Op. 68 Pastorale' 'Für Elise' 'The Thieving Magpie (La gazza ladrà): Overture' 'Symphony No. 9 in D minor, Op. 125' 'Symphony No. 7 in A Major, Op. 92' 'String Quartet, Op. 130' 등 주옥같은 고전 선율이 화면을 가득 채워 클래식 음악 영화만이 선사해 줄 수 있는 기품 있는 분위기를 선사한다.

'비틀즈에게는 제 5의 멤버가 있었다'는 흥미 있는 소재를 담고 공개됐던 음악 영화가 〈백비트 Backbeat〉이다.

팝 역사의 뚜렷한 이정표를 기록한 비틀즈 4인조에 초점을 맞추지 않고 독일 함부르그 항구 지역에서 활동하던 무명 시절 존 레논과 함께 팀을 이끌던 스튜어트 서트클리프(스테판 도프)의 존재를 부각시킨 것이 신선한 호기심을 자극시킨다.

화가를 꿈꾸던 스튜어트는 결국 팀을 탈퇴하지만 자신의 소망을 이루지 못하고 비틀즈는 서서히 명성을 얻어가는 가운데 쓸쓸하게 죽음을 맞게 된다는 애틋한 사연을 담고 있다.

스튜어트의 행적인 사진 작가였던 연인 아스트리드(셰릴 리)가 찍은 흑백 스틸 컷으로 세상에 알려지게 된다.

눈길을 끌고 있는 것은 폴 맥카트니(게리 베이크웰), 조지 해리슨(크리스 오닐), 존 레논(이안 하트) 등은 실존 인물들이 출연하는 듯한 절묘한 외모와 가창력을 선보여 흡사 비틀즈의 공개되지 않은 다큐 필름을 보는 듯한 사실감을 선사해 주었다.

비틀즈의 초기 비사를 담았다는 것을 입증시켜 주듯 이들 그룹의 초기 미발표곡과 1960년대 초 록큰롤 역사를 기록한 명곡들이 사운드트랙을 채색해 주고 있다.

수록 곡 중 척 베리 작곡의 'Carol' 'Rock and Roll Music'을 비롯해서 리틀 리차드 작곡의 'Long Tall Sally', 보 디들리 작곡의 'Road Runner', 엘비스 프레슬리의 'Love Me Tender', 토니 쉐리단의 대표 히트 곡 'My Bonnie', 베리 고디 작곡의 'Money (That's What I Want)', 래리 윌리암스 작곡의 'Slow Down', 브라이언 홀랜드 작곡의 'Please Mr Postman', 버트 러셀 작곡의 'Twist and Shout', 알본 티모시 작곡의 'Kiss Me Honey', 지미 리드의 히트 곡 'Bright Lights Big City' 등이 록 음악 영화의 진수를 유감없이 전달해 준다.

급변하는 러시아 정치 상황 풍자-〈위선의 태양 Burnt By The Sun〉

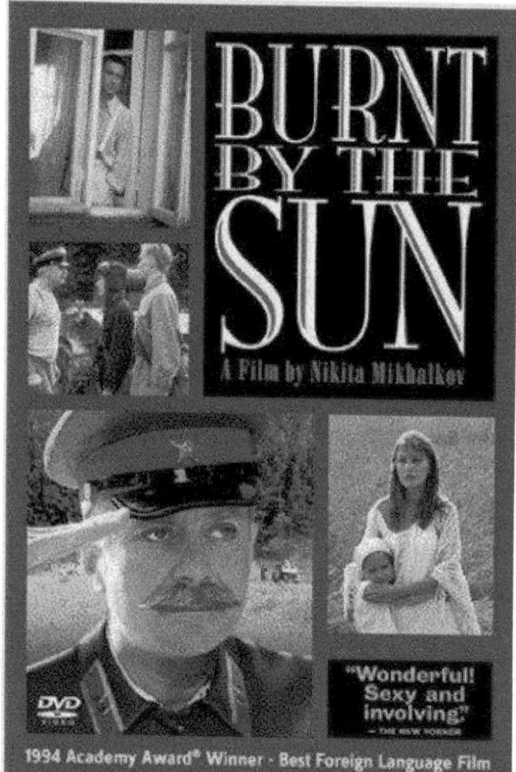

〈위선의 태양〉. © Studio Trite.

외국어 영화상 수상작. 타이틀 'Burnt by the Sun'은 '매섭게 뜨거운 태양열에 의해 지치고 시들어 버린 것'이라는 의미.

1936년 여름 스탈린이 체제 강화를 위해 대대적인 숙청 작업을 벌이던 시기가 배경이다.

목숨이 오가는 냉혹한 상황과는 달리 화면은 수채화를 감상하듯 우려한 화면으로 구성됐다.

아침부터 오후 5시 태양이 떠 있는 여름날 하루에 벌어지는 상황을 담고 있다.

1936년 여름-1938년 봄까지 진행된 숙청은 KGB 전신인 국가정치보안부(GPU) 총수 베리야가 주도한 것으로 기록되고 있다.

스탈린 정적 지노비에프와 카메네프 등 1세대 볼세비키들 수백 명이 사형 당한다.

구 소련 정부 문서보관소 책임자였던 드미트리 불코고노프 장군의 증언에 따르면 1938년 숙청이 끝날 때까지 최소 21,000,000명이 처형 당한 것으로 보고 있다.

스탈린 사후 숙청을 주도한 베리야는 쿠데타를 공모하다 발각돼 1956년 총살 당하는 비운의 인물이 된다.

세르게이 코토프(니키타 미할코프)는 볼세비키 혁명을 주도했던 이제는 늙은 영웅이다.

부인 마로시아(잉게보르가 다프쿠나이트)와 6살된 딸(나디아 미할코프)를 비롯해 주변 여러 가족과 어울려 하루하루 행복한 삶을 즐기고 있다.

이때 디미트리(올레그 멘치코프)라는 한 남자가 찾아온다.

그는 부인의 친구이자 과거 애인이다.

독특한 분장으로 마로시아 가족들을 놀라게 하는 동시에 수준 높은 피아노 연주를 시연한다.

갑작스럽게 찾아온 디미트리의 출현에 마로시아는 반가운 마음과 불안감을 동시에 느낀다.

남편 코토프와 자신을 누구보다도 사랑했던 과거 남자 사이에 놓인 마로시아는 묘한 감정에 휘말린다.

디미트리가 찾아온 목적은 코토프가 목적이었다.

스탈린 비밀경찰인 그는 코토프를 체포하기 위해 온 것.

스탈린이 권력을 장악하자 구세대인 혁명 1세대를 제거하고 처형하라는 명령을 내리자 이를 실행하기 위해 마로시아의 집을 불쑥 방문한 것이다.

고토프 대령은 결국 1936년 8월 총살형, 부인은 1941년 32세 나이로 수용소 사망.

딸 나디아는 어머니와 수용소에 수감됐다 1956년 복권된 뒤 우즈베키스탄 음악 선생을 역임한다.

정권을 잡은 스탈린이 체제를 정비하는 동시에 자신의 통치 권력을 공고히 하기 위해 대대적인 숙청을 벌이던 시기.

혁명을 내세워 많은 정치인, 군인 등이 숙청당하는 시대적 격변 상황을 뛰어난 자연 절경과 붉은 군대 출신 장성의 소소한 개인 일상을 통해 묘사해 주고 있다.

붉은 군대 대령과 일개 병사의 위치가 후반부에는 퇴락한 민중 영웅과 위세 등등한 스탈린 비밀 정보기관 요원의 위치로 역전되는 상황을 통해 급변하는 러시아 정치 상황을 우회적으로 드러내 주고 있다.

감독 니키타 미할코프가 고토프 대령 역, 친딸 이 나

디아 역으로 출연하고 있다. 이외 올렉 멘시코브, 잉게보르가 다프쿠나이트, 나데즈다 미칼코바 등이 공연하고 있다.

수상식 후 이야기

제67회 아카데미는 1994년 할리우드에서 공개된 작품을 대상으로 슈라인 오디토리엄에서 진행됐다.

진행자 데이비드 레터맨의 지나친 흥미 위주의 진행 때문에 많은 이들이 행사 후 비난을 제기하기도 했다.

〈포레스트 검프 Forrest Gump〉로 전년에 이어 탐 행크스가 연속 2회 주연 남우상을 차지한다.

남우상 분야에서 연속 수상 기록은 스펜서 트레이스 Spencer Tracy 이후 두 번째 기록이다.

1986년 〈한나와 그의 자매들 Hannah and Her Sisters〉로 조연 여우상을 수상한 다이안 웨스트는 이 해에 두 번째 조연 여우상을 따낸다.

그녀는 동일 감독(우디 알렌)의 작품에 출연해 연 2회 조연 여우상을 수상하는 진기록 보유자가 된다.

팀 알렌이 수상자를 발표한 단편 라이브 액션상 Best Live Action Short에서는 공동 수상자가 탄생한다.

비평가들로부터 격찬을 받았던 다큐멘터리 〈후프 드림스 Hoop Dreams〉는 작품상 후보작으로도 거명됐지만 〈펄프 픽션〉 〈포레스트 검프〉 〈쇼생크 탈출〉 〈퀴즈 쇼〉 등 쟁쟁한 작품에 밀려 났고 정작 자신의 전문 분야에 장편 다큐멘터리에서도 후보 지명에 실패하는 불운을 당한다.

이런 결과에 대해 권위 있는 비평가 진 시스켈 Gene Siskel과 로저 에버트 Roger Ebert는 '〈후프 드림스〉의 작품상 후보 지명 탈락에 대해 강력한 유감을 표시하는 작은 소동이 벌어진다. 〈후프 드림스〉는 편집상 후보에만 지명 받는다.

팀 버튼의 무성 시대 풍자극 〈에드 우드〉에서 공포영화 전문 배우 벨라 루고시역을 맡은 마틴 랜도우 Martin Landau는 63세의 고령으로 조연 남우상을 수상해 장수 연기자의 진가를 발휘해 준다.

제67회 1994 노미네이션, 수상자 총 리스트

작품상 Best Picture

* 〈포레스트 검프 Forrest Gump〉
〈네 번의 결혼식과 한 번의 장례식 Four Weddings and a Funeral〉
〈펄프 픽션 Pulp Fiction〉
〈퀴즈 쇼 Quiz Show〉
〈쇼생크 탈출 The Shawshank Redemption〉

감독상 Best Director

* 로버트 저멕키스 Robert Zemeckis-〈포레스트 검프 Forrest Gump〉
우디 알렌 Woody Allen-〈브로드웨이를 쏴라 Bullets Over Broadway〉
쿠엔틴 타란티노 Quentin Tarantino-〈펄프 픽션 Pulp Fiction〉
로버트 레드포드 Robert Redford-〈퀴즈 쇼 Quiz

Show〉
크지토프 키에슬롭스키 Krzysztof Kieślowski-〈삼색: 레드 Three Colours: Red〉

남우상 Best Actor

* 탐 행크스 Tom Hanks-〈포레스트 검프 Forrest Gump〉
니겔 호돈 Nigel Hawthorne-〈조지 왕의 광기 The Madness of King George〉
폴 뉴먼 Paul Newman-〈노스바스의 추억 Nobody's Fool〉
존 트라볼타 John Travolta-〈펄프 픽션 Pulp Fiction〉
모간 프리만 Morgan Freeman-〈쇼생크 탈출 The Shawshank Redemption〉

여우상 Best Actress

* 제시카 랭 Jessica Lange-〈블루 스카이 Blue Sky〉
수잔 서랜든 Susan Sarandon-〈의뢰인 The Client〉
위노나 라이더 Winona Ryder-〈작은 여인들 Little Women〉
조디 포스터 Jodie Foster-〈넬 Nell〉
미란다 리차드슨 Miranda Richardson-〈탐 앤 비브 Tom & Viv〉

조연 남우상 Best Supporting Actor

* 마틴 랜도우 Martin Landau-〈에드 우드 Ed Wood〉
차즈 팔민테리 Chazz Palminteri-〈브로드웨이를 쏴라 Bullets Over Broadway〉
게리 시나이즈 Gary Sinise-〈포레스트 검프 Forrest Gump〉
사무엘 L. 잭슨 Samuel L. Jackson-〈펄프 픽션 Pulp Fiction〉
폴 스코필드 Paul Scofield-〈퀴즈 쇼 Quiz Show〉

조연 여우상 Best Supporting Actress

* 다이안 웨스트 Dianne Wiest-〈브로드웨이를 쏴라 Bullets Over Broadway〉
제니퍼 틸리 Jennifer Tilly-〈브로드웨이를 쏴라 Bullets Over Broadway〉
헬렌 미렌 Helen Mirren-〈조지 왕의 광기 The Madness of King George〉
우마 서먼 Uma Thurman-〈펄프 픽션 Pulp Fiction〉
로즈메리 해리스 Rosemary Harris-〈탐 앤 비브 Tom & Viv〉

각본상 Best Original Screenplay

* 〈펄프 픽션 Pulp Fiction〉-쿠엔틴 타란티노 Quentin Tarantino & 로저 애버리 Roger Avary
〈브로드웨이를 쏴라 Bullets Over Broadway〉-우디 알렌 Woody Allen & 더글라스 맥그라스 Douglas McGrath
〈네 번의 결혼식과 한 번의 장례식 Four Weddings and a Funeral〉-리차드 커티스 Richard Curtis
〈천상의 피조물 Heavenly Creatures〉-피터 잭슨 Peter Jackson & 프랜 월시 Fran Walsh
〈삼색: 레드 Three Colours: Red〉-크지토프 키에슬롭스키 Krzysztof Kieślowski

각색상 Best Adapted Screenplay

* 〈포레스트 검프 Forrest Gump〉-에릭 로스 Eric Roth
〈조지 왕의 광기 The Madness of King George〉-알란 베네트 Alan Bennett
〈노스바스의 추억 Nobody's Fool〉-로버트 벤튼 Robert Benton
〈퀴즈 쇼 Quiz Show〉-폴 아탄나지오 Paul Attanasio
〈쇼생크 탈출 The Shawshank Redemption〉-프랭크 다라본트 Frank Darabont

외국어 영화상 Best Foreign Language Film

* 〈위선의 태양 Burnt by the Sun〉(러시아)
〈비포 더 레인 Before the Rain〉(마케토니아)
〈음식 남녀 Eat Drink Man Woman〉(대만)
〈파리넬리 Farinelli Il Castrato〉(벨기에)
〈딸기와 초콜릿 Strawberry and Chocolate〉(쿠바)

장편 다큐멘터리상 Best Documentary Feature

* 〈마야 린 Maya Lin: A Strong Clear Vision〉-프리다 리 목 Freida Lee Mock & 테리 샌더스 Terry

Sanders
〈의무적 딸의 불만 Complaints of a Dutiful Daughter〉-데보라 호프만 Deborah Hoffmann
〈D-데이 추억 D-Day Remembered〉-찰스 구겐하임 Charles Guggenheim
〈프리덤 온 마이 마인드 Freedom on My Mind〉-코니 필드 Connie Field & 마릴린 물포드 Marilyn Mulford
〈그레이트 데이 인 할렘 A Great Day in Harlem〉-장 바흐 Jean Bach

단편 다큐멘터리상 Best Documentary Short

* 〈정의의 시간 A Time for Justice〉-찰스 구겐하임 Charles Guggenheim
〈블루스 하이웨이 Blues Highway〉-빈스 디페르시오 Vince DiPersio & 빌 구텐태그 Bill Guttentag
〈89 유로피 89mm from Europe〉-마르셀 로진스키 Marcel Lozinski
〈아메리칸 암살 학교 School of the Americas Assassins〉-로버트 리히터 Robert Richter
〈스트레이트 프럼 더 하트 Straight from the Heart〉-디 모스바처 Dee Mosbacher & 프란세스 레이드 Frances Reid

라이브 액션 단편상
Best Live Action Short (공동 수상)

* 〈프란츠 카프카의 위대한 생애 Franz Kafka's It's a Wonderful Life〉-피터 카팔디 Peter Capaldi & 루스 켄리-레트 Ruth Kenley-Letts
* 〈트레버 Trevor〉-페기 라스키 Peggy Rajski & 랜디 스톤 Randy Stone
〈캉가루 법정 Kangaroo Court〉-숀 아스틴 Sean Astin & 크리스틴 아스틴 Christine Astin
〈오! 희망 On Hope〉-조베스 윌리암스 JoBeth Williams & 미쉘 맥과이어 Michele McGuire
〈시럽 Syrup〉-폴 운윈 Paul Unwin & 닉 비비안 Nick Vivian

단편 애니메이션상 Best Animated Short

* 〈밥의 생일 Bob's Birthday〉- 알리슨 스노우덴 Alison Snowden & 데이비드 파인 David Fine
〈빅 스토리 The Big Story〉-팀 와트 Tim Watts & 데이비드 스토텐 David Stoten
〈재니터 The Janitor〉-바네사 슈워츠 Vanessa Schwartz
〈승려와 물고기 The Monk and the Fish〉-마이클 두독 드 위트 Michael Dudok de Wit
〈트라이앵글 Triangle〉-에리카 러셀 Erica Russell

작곡상 Best Original Score

* 〈라이언 킹 The Lion King〉-한스 짐머 Hans Zimmer
〈포레스트 Forrest Gump〉- 알란 실베스트리 Alan Silvestri
〈뱀파이어와의 인터뷰 Interview with the Vampire〉-엘리오트 골덴탈 Elliot Goldenthal
〈작은 여인들 Little Women〉-토마스 뉴먼 Thomas Newman
〈쇼생크 탈출 The Shawshank Redemption〉-토마스 뉴먼 Thomas Newman

주제가상 Best Original Song

* 'Can You Feel the Love Tonight'-〈라이언 킹 The Lion King〉, 엘튼 존 Elton John
'Look What Love Has Done'-〈주니어 Junior〉, 캐롤 베이커 세이어 Carole Bayer Sager
'Circle of Life'-〈라이언 킹 The Lion King〉, 엘튼 존 Elton John
'Hakuna Matata'-〈라이언 킹 The Lion King〉, 엘튼 존 Elton John
'Make Up Your Mind'-〈페이퍼 The Paper〉, 랜드 뉴만 Randy Newman

사운드 편집상 Best Sound Editing

* 〈스피드 Speed〉-스테판 헌터 프릭 Stephen Hunter Flick
〈긴급 명령 Clear and Present Danger〉-브루스 스탬블러 Bruce Stambler & 존 레베크 John Leveque
〈포레스트 검프 Forrest Gump〉-글로리아 보더스

Gloria Borders & 랜디 탐 Randy Thom
〈스피드 Speed〉-그레그 랜데이커 Gregg Landaker, 스티브 마슬로우 Steve Maslow, 밥 비머 Bob Beemer
〈긴급 명령 Clear and Present Danger〉-도날드 O. 미첼 Donald O. Mitchell

사운드 믹싱상 Best Sound Mixing

* 〈가을의 전설 Legends of the Fall〉-폴 마세이 Paul Massey
〈포레스트 검프 Forrest Gump〉-랜디 탐 Randy Thom
〈쇼생크 탈출 The Shawshank Redemption〉-로버트 J. 리트 Robert J. Litt

미술 감독 및 세트 장식상
Best Art Direction & Art Direction

* 〈조지 왕의 광기 The Madness of King George〉-켄 아담
〈브로드웨이를 쏴라 Bullets Over Broadway〉-산토 로쿠아스토 Santo Loquasto
〈포레스트 검프 Forrest Gump〉-릭 카터 Rick Carter
〈뱀파이어와의 인터뷰 Interview with the Vampire: The Vampire Chronicles〉-단테 페레티 Dante Ferretti
〈가을의 전설 Legends of the Fall〉-릴리 킬버트 Lilly Kilvert

촬영상 Best Cinematography

* 〈가을의 전설 Legends of the Fall〉-존 톨 John Toll
〈포레스트 검프 Forrest Gump〉-돈 버제스 Don Burgess
〈쇼생크 탈출 The Shawshank Redemption〉-로저 디킨스 Roger Deakins
〈삼색: 레드 Three Colours: Red〉-피오트르 소보신스키 Piotr Sobocinski
〈와이어트 어프 Wyatt Earp〉-오웬 로이즈맨 Owen Roizman

메이크업상 Best Makeup

* 〈에드 우드 Ed Wood〉-비 네일 Ve Neill
〈프랑켄슈타인 Mary Shelley's Frankenstein〉-다니엘 파커 Daniel Parker
〈포레스트 검프 Forrest Gump〉-다니엘 스트리페커 Daniel Striepeke
〈프리실라 The Adventures of Priscilla, Queen of the Desert〉-리지 가디너 Lizzy Gardiner
〈마베릭 Maverick〉-에이프릴 페리 April Ferry

의상 디자인상 Best Costume Design

* 〈작은 여인들 Little Women〉-콜린 아트우드 Colleen Atwood
〈브로드웨이를 쏴라 Bullets Over Broadway〉-제프리 커랜드 Jeffrey Kurland
〈마고 여왕 Queen Margot〉-모이델 비켈 Moidele Bickel

필름 편집상 Best Film Editing

* 〈포레스트 검프 Forrest Gump〉-아서 슈미츠 Arthur Schmidt
〈후프 드림스 Hoop Dreams〉-프레데릭 막스 Frederick Marx
〈스피드 Speed〉-존 라이트 John Wright
〈쇼생크 탈출 The Shawshank Redemption〉-리차드 프란시스-브루스 Richard Francis-Bruce
〈펄프 픽션 Pulp Fiction〉- 샐리 멘케 Sally Menke

시각 효과상 Best Visual Effects

* 〈포레스트 검프 Forrest Gump〉-켄 랄스톤 Ken Ralston
〈트루 라이즈 True Lies〉-존 브루노 John Bruno
〈마스크 The Mask〉-스코트 스콰이어 Scott Squires

아카데미 명예상 Academy Honorary Award

* 미켈란젤로 안토니오니 Michelangelo Antonioni

어빙 G. 탈버그 기념상
Irving G. Thalberg Memorial Award

* 클린트 이스트우드 Clint Eastwood

진 허숄트 박애주의상
Jean Hersholt Humanitarian Award

* 퀸시 존스 Quincy Jones

최다 후보작 및 수상작

〈포레스트 검프 Forrest Gump〉-13개 부문 후보
〈포레스트 검프 Forrest Gump〉-6개 부문 수상

후보 선정 이변사건

〈포레스트 검프 Forrest Gump〉 13개 부분 후보 지명, 〈브로드웨이 쏘라 Bullets over Broadway〉 〈쇼생크 탈출 Shawshank Redemption〉 〈펄프 픽션 Pulp Fiction〉 공동 7개 부분 후보 지명.

작품상에 오르지 못한 흥행작들

〈에이스 벤추라 2 Ace Ventura: Pet Detective〉 〈비버리 힐즈 캅 3 Beverly Hills Cop III〉 〈크로우 The Crow〉

멜 깁슨, <브레이브 하트> 작품상 등 5관왕

시상식 : 1996년 3월 25일 6:00 PM
장 소 : L A 도로시 챈들러 파빌리온 Dorothy Chandler Pavilion
사 회 : 우피 골드버그 Whoopi Goldberg, ABC 중계

제68회 아카데미 공식 포스터. © A.M.P.A.S/ Oscars.org

우피 골드버그 2번째 진행, 퀸스 존스 시상식 프로듀서 활약

68회 아카데미 시상식은 1995년 미국에서 개봉된 가장 우수한 영화들을 대상으로 진행이 된다.

행사를 주관하는 '아카데미 영화 예술 과학 위원회 the Academy of Motion Picture Arts and Sciences (AMPAS)'는 24개 부문 24 categories에서 시상식이 진행된다고 밝혔다.

ABC를 통해 전세계 주요 각국으로 시상식 장면이 송출됐다.

시상식 프로듀서는 작곡가 출신 퀸시 존스 Quincy Jones, 총 연출은 제프 마고리스 Jeff Margolis가 맡았다.

흑인 여배우 우피 골드버그 Actress Whoopi Goldberg는 1994년 66회 아카데미에 이어 2년 연속 진행자로 입담을 과시한다.

이 해 아카데미 최대 수상작은 멜 깁슨에게 감독, 작품상 등 5개 부문 트로피를 안겨 준 〈브레이브하트 Braveheart〉가 차지했다.

〈아폴로 13 Apollo 13〉 〈포카혼타스 Pocahontas〉 〈리스토레이션 Restoration〉 〈유주얼 서스펙트 The Usual Suspects〉가 각 2개 부문상을 수여 받는다.

이외 〈안나 프랭크의 추억 Anne Frank Remembered〉 〈안토니아스 라인 Antonia's Line〉 〈베이브 Babe〉 〈데드 맨 워킹 Dead Man Walking〉 〈일 포스티노 Il Postino: The Postman〉 〈라스베가스를 떠나며 Leaving Las Vegas〉 〈마이티 아프로디테 Mighty Aphrodite〉 등이 흥행가에서 주목을 받은 작품들이다.

이슈를 만들어 낸 주요 작품의 행적을 소개하면 다음과 같다.

〈다이 하드 3〉 액션, 〈브레이브하트〉 역사 극 열기 선도

브루스 윌리스 출세작 〈다이 하드 3〉. © Twentieth Century Fox.

1995년 흥행가 1위를 차지한 작품은 브루스 윌리스의 출세작 〈다이 하드 3 Die Hard with a Vengeance〉가 차지했다.

뉴욕 경찰 존 맥클레인.

조직의 엄격한 룰을 거부하고 자신의 독자적인 판단에 의존해 강력 사건을 해결해 나가는 천방지축 형사이다.

크리스마스 휴가를 아내와 자식과 함께 보내기 위해 LA를 방문한다.

미국 주재 일본 무역회사에 근무하고 있는 아내 홀리를 찾아가기 위해 하이테크 기술로 건축됐다는 나카토미 빌딩을 방문한다.

하지만 크리스마스 파티가 진행되는 경사스러운 날에 나카토미 빌딩 금고에 보관된 거액의 금괴를 겨냥한 테러리스트들의 공격이 시작되자 존은 인질로 잡힌 30여명의 생명을 위해 첨단 무기를 앞세운 12명의 테러리스트를 상대로 홀로 '죽도록 고생하는' 전투를 벌이게 된다는 것이 1988년 존 맥티어난 감독, 브루스 윌리스의 출세작 〈다이 하드 Die Hard〉의 기둥 줄거리.

'가슴 후련한 경찰 액션극의 진수' '냉소적 태도의 브루스 윌리스의 고군분투가 강한 인상을 남긴 작품' 등의 찬사를 듣는다.

'40층 하이테크 빌딩에서 펼쳐지는 서스펜스와 흥분 그리고 모험극'이라는 선전 문구를 내걸고 공개된 1부의 예상을 깨는 빅 히트 덕분에 레니 할린이 메가폰을 잡은 2부에서는 마약 대부 에스페란자를 탈출시키기 위해 LA 공항 승객을 인질로 잡고 있는 상황에 침투해 다시 혈혈단신 테러와의 전쟁을 수행한다.

이어 1995년 흥행가 탑을 차지한 3부는 1부 연출자 존 맥티어난이 귀환해 의혹의 인물 시몬은 자신의 요구 조건이 관철되지 않으면 도시를 폭탄으로 아수라장으로 만들겠다는 협박을 보낸다.

이에 존 형사는 사이코 기질이 다분한 용의자와 숨 막히는 총격전을 벌이게 된다.

땀과 때가 묻어 있는 런닝 차림, 맨발에 깨진 유리 조각을 밟아 고통에 신음하면서 테러와의 전쟁을 벌이는 존 형사는 보통 사람들의 욕구를 충족시켜 주는 서민 영웅의 대표적 인물이 된다.

〈다이 하드〉 시리즈는 '슈퍼맨처럼 초능력을 갖고 있는 존재가 아니라 시니컬한 태도를 갖고 있는 공권력 수호자가 아내와 가족이 위기에 빠지게 되자 앞 뒤 가리지 않고 적대적인 자들과의 목숨을 건 싸움을 벌이게 된다는 설정이 새로운 영웅 탄생을 갈망하는 관객들의 욕구와 맞아 떨어져 흥행가를 강타한 것으로 분석된다.

폭탄 전문가로 존 형사를 궁지에 몰아가는 악인 사이몬 역은 제레미 아이언스가 맡아 성격파 배우의 진면목을 보여 준다.

지독한 여름 날 더위 속에서 펼쳐지는 뉴욕 복수담은 록 밴드 러빙 스픈풀의 'Summer in the City'를 비롯해 델로니어스 몽크의 정통 재즈 'Off Minor', 테드 실베르와 릭 하드의 'Got It Going On', 브람스의 '심포니 1번 Symphony No.1, 1st Movement' 리듬을 샘플링해서 발표된 정통 구전 팝 'When Johnny Comes Marching Home' 등이 배경 음악으로 삽입돼 대중적인 공감을 확산시키는데 일조한다.

실존했던 사건이나 인물들의 흔적과 행적을 재현시킨 역사 극(The historical drama)은 현대를 살고 있는 이들에게 삶의 지표를 바로 잡을 수 있는 교훈이나 반면교사(反面教師) 자료가 되고 있다.

멜 깁슨 감독, 주연의 〈브레이브하트 Braveheart〉는 13세기 스코틀랜드가 잉글랜드의 전제군주의 핍박과 탄압에 시달리자 애국 시민들을 규합해 영국에 저항하다 처형된 민중 영웅 월러스의 영웅담을 다루고 있다.

〈브레이브하트〉로 가치가 입증된 역사극은 역사적 사건(historical events)이나 유명 인물(famous persons) 들의 행적을 주로 다루고 있다.

이들 장르에서는 사실을 있는 그대로 재현시키는 경우도 있고 보다 극적인 사연을 전달시켜 주기 위해 허용 범위 내에서 인위적인 가상 내용을 추가시켜 소재로 다루어지는 내용의 긴박한 감동을 부추겨 주는 경우도 있다.

〈브레이브하트〉의 경우는 13세기 스코틀랜드 독립을 위해 투쟁한 기사 윌리암 월레스의 행적을 가상적 사연을 추가시켜 극적인 효과를 시도한 것으로 알려졌다.

〈타이탄〉 등 그리스 로마 신화 각색한 작품 쏟아져

〈기원 전 100만년 One Million B.C〉(1940) 〈불을 찾아서 Quest for Fire〉(1981) 〈기원전 10,000년 10,000 BC〉(2008) 등은 선사(先史) 시대 인류 조상들의 이야기를 다뤄 흥미감을 불러 일으켰다.

파라호가 지배하던 시절 이집트인들의 탄압을 피해 모세의 영도 아래 엑소더스를 감행하는 유대인들의 행적은 〈십 계 The Ten Commandments〉(1956)에서 다루어졌다.

페르세우스의 영웅담을 다룬 〈타이탄 Clash of the Titans〉(1981, 2010), 〈헤라클레스 Hercules〉(1958), 〈제이슨과 아르곤너트 Jason and the Argonauts〉(1963, 2000) 〈헬렌 오브 트로이 Helen of Troy〉(1956) 〈300〉(2007) 〈알렉산더 대제 Alexander the Great〉(1956, 2004) 등은 그리스 로마 신화에서 등장하는 수많은 인물과 사건, 각국에서 전래되고 있는 민담 등을 다뤄 호응을 얻어낸다.

중세 시대극에서는 전설적인 〈아서 왕 King Arthur〉(2004)의 일대기가 꾸준히 극화되고 있다.

안톤 후쿠아 Antoine Fuqua 감독의 2004년 버전에서는 킹 아더(클라이브 오웬)의 정치적 야심을 위해 활을 쏘고 전투력을 갖춘 용맹스러운 기네비어(키이라 나이틀리)와 협력한다는 이색적인 설정을 내세워 관객들에게 신선한 반응을 불러일으킨다.

이어 〈레이드 오브 에이진 The Raid of the Aegean〉(1946) 〈마이티 크루세이더 The Mighty Crusaders〉(1958) 〈스틸링 헤븐 Stealing Heaven〉(1988) 등은 유럽 전역을 전란에 휩싸이게 했던 십자군 일화를 다루고 있다.

영국 리차드 3세의 전기 영화 〈리차드 3세 Richard III〉(1955), 종교 개혁가 마틴 루더의 업적을 다룬 〈루더 Luther〉(2003) 1492년 신대륙을 발견한 탐험가 〈크리스토퍼 콜럼버스 Christopher Columbus〉(1985) 〈1492 낙원의 정복자 1492: Conquest of Paradise〉(1992) 등도 즐겨 영화 소재로 채택되는 대상이다.

20세기 들어서는 〈북경의 55일 55 Days at Peking〉(1963), 1912년 타이타닉 참사를 다룬 〈나이트 투 리멤버 A Night to Remember〉(1958)와 〈타이타닉 Titanic〉(1997), 러시아 혁명기를 배경으로 한 〈닥터 지바고 Doctor Zhivago〉(1965), 1차 세계 대전의 병사들의 비극을 다룬 〈서부 전선 이상 없다 All Quiet On The Western Front〉(1930, 1979) 〈갈리폴리 Gallipoli〉(1981), 파리 올림픽에 출전한 영국 육상 선수들의 에피소드를 담은 〈불의 전차 Chariots of Fire〉(1981), 아르헨티나 국모 에비타 페론의 전기물 〈에비타 Evita〉(1996), 그리고 최근에는 1924-1939년 영국 국왕으로 재임했던 킹 조지 6세가 말더듬이를 극복해 가는 과정을 다룬 〈킹스 스피치 The King's Speech〉(2010) 등이 역사극의 흥미진진한 매력점을 과시하면서 흥행가에서 환대를 받아낸다.

영국 정부에 대항하는 스코틀랜드 민족 영웅 월리스의 영웅담을 극화한 멜 깁슨 감독, 주연의 〈브레이브하트〉. © Icon Entertainment International.

역사극의 진가를 입증한 〈브레이브하트〉의 주인공 윌리암 월리스 William Wallace는 1861년 6월 24일 스코틀랜드 스털링에 축조 기념비가 조성될 정도로 국민적 영웅으로 추앙 되고 있는 인물이다.

그의 업적과 일상을 담은 일기장 등은 후손들에 의해 지금도 문화유산으로 보존되고 있다고 한다.

한편 이 해는 3D 애니메이션이 흥행가를 뒤흔들어 놓는다.

그 주인공은 오래된 카우보이 인형 우디.

6살 된 주인 앤디로 부터 가장 애지중지 되고 있는 장난감인 동시에 주변 장난감들의 질서를 유지시키고 있는 존재이다.

어느 날 앤디는 생일 선물로 우주복을 착용한 인형 버즈를 받으면서 우디는 단번에 따돌림을 당하게 된다.

라이벌 버즈를 제거하기 위해 혈안이 되는 우디.

하지만 버즈는 마의 황제 저그로 부터 은하계를 지켜야 하는 사명이 주어진 존재이며 앤디 방으로 추락할 때 부서진 우주선이 수리되면 임무를 수행하러 떠날 것이라는 이야기를 듣는다.

마침내 우디는 버즈와 함께 장난감 세상보다 훨씬 큰 바깥세상으로 나오면서 서로를 이해하면서 우정을 쌓게 된다.

〈토이 스토리 Toy Story〉는 만화 왕국 월트 디즈니가 픽사 애니메이션 스튜디오(Pixar Animation Studios)와 전략적 제휴를 맺고 선보인 100% 컴퓨터 그래픽 애니메이션.

대박급 히트를 기록하면서 만화 영화 제작 수준을 한 단계 격상시키는 견인차 역할을 해낸다.

장난감 세계의 리더인 카우보이 우디(Woody)는 1940-1950년대 흑백 TV 시대 방영된 인형극 〈우디 라운드 업 Woody's Round Up〉의 주인공으로 미국 시청자들의 사랑을 받은 바 있다.

애니메이션에서는 등에 붙은 끈을 잡아당기면 '손들어' '이 날을 기다렸다' 등과 같은 의사 표현을 할 수 있는 음성이 나온다.

전세계 흥행가에서 무려 3억 7,000만 달러에 달하는 천문학적인 수익을 거두면서 우디와 그의 동료들은 캐릭터 상품으로 출시돼 아동들의 완구 제품으로 각광 받는다.

월트 디즈니 33번째 장편 애니 〈포카혼타스〉 공개

디즈니는 이와는 별도로 수작업을 통한 정통 제작 방식을 고수한 〈포카혼타스 Pocahontas〉를 연이어 공개한다.

만화 소재로 선택된 '포카혼타스'는 영국인 존 롤프와 결혼한 아메리카 원주민.

런던으로 이주해 유명세를 얻은 실존 인물이다.

작은 눈의 깃털이라는 뜻의 '마토아카 Matoaka'라는 애칭도 갖고 있다.

부친 와훈수나콕은 버지니아 주 알곤킨 부족을 지도하고 있던 추장이었다.

그녀는 문명 세계로 진출해 아메리카 원주민과 영국 정착민들 사이의 갈등을 중재하는 역할로 명성을 얻었다고 전해진다.

마이크 가브리엘, 에릭 골드버그가 공동 연출한 애니메이션 〈포카혼타스〉는 월트 디즈니의 통산 33번째 장편 애니메이션.

역대 디즈니 애니메이션 중 최초로 실화를 바탕으로 한 첫 번째 작품이다.

아메리카 원주민 포카혼타스가 버지니아 회사를 통해 신세계로 건너온 영국인 존 스미스와의 인연을 들려주고 있다.

007 17부 〈골든 아이 Goldeneye〉는 구 소련과 미국이 냉전 시대에 공동 개발했던 첨단 무기. 목표물 구역 안에서 가동되는 모든 전기 장치를 파괴시킬 수 있는 위력을 갖고 있는 기구이다. 골든 아이가 정체불명의 세력에게 넘어가자 영국과 러시아는 도난 책임을 서로에게 전가시킨다. 골든 아이를 차지한 조직은 무기를 활용해서 영국 금융체제를 붕괴시키려고 한다.

피어스 브로스넌 주연의 007 시리즈 〈골든 아이〉. © MGM/UA.

음모를 주도하고 있는 장본인은 바로 본드의 옛 친구.

본드와 러시아 출신 컴퓨터 프로그래머 나탈리아는 팀웍을 이뤄 사건 해결에 나선다.

세계 평화와 질서를 위협하는 이들을 본드와 미모의 본드 걸이 의기투합해 제압한다는 내용이 반복되지만 악인 숀 빈과 이자벨라 스코룹코와 팜케 얀센 등 본드를 둘러 싼 미모의 여성을 2명 등장시켜 본드 피어스 브로스넌의 영웅담을 빛나게 해주고 있다.

프랑스 출신 영화 음악가 에릭 세라가 엔딩 타이틀 'The Experience of Love'를 들려주고 있으며 레닌 동상이 철거 되는 등 구 소련이 정치 체계가 무너지는 과정을 보여주는 오프닝 장면에서는 박력 있는 보컬과 리듬이 돋보이는 티나 터너의 'GoldenEye'가 흘러나오고 있다.

오프닝 주제곡은 록 밴드 U2 멤버 보노와 디 엣지(Bono & The Edge)가 노랫말을 만들었다는 이유로 팝 뉴스를 만들어 낸다.

만화, TV, 영화 소재로 각광 받고 있는 〈배트맨〉

검은 박쥐 영웅 '배트맨 Batman'은 코믹 만화로 출발해 TV 드라마, 극영화 소재로 영역이 확장 되면서 전 세계인들에게 슈퍼 영웅의 대명사로 각인된 존재이다.

만화가 밥 케인과 작가 빌 핑거가 공동으로 창조해 낸 가상 영웅은 1939년 5월 DC 코믹스사 발간한 『디텍티브 코믹스』 #27를 통해 첫 선을 보인다.

기업가이자 플레이보이, 자선 사업가 브루스 웨인(Bruce Wayne).

어린 시절에 건달들에게 부모가 억울하게 피살당하는 장면을 목격한 뒤 '악의 존재를 세상에서 제거해야 한다'는 의무감에 사로잡히게 된다.

성인이 된 그는 저녁에는 박쥐 모양의 복장을 착용하고 어둠의 공간에서 공권력을 유린하면서 보통 시민들을 불안에 떨게 하는 범죄꾼들 소탕 작전을 주도하게 된다.

뉴욕을 의미하는 가상 도시 고담시를 배경으로 해서 로빈, 배트 걸, 집사 알프레드 페니워스 등의 측면 지원을 받으면서 악당과의 전쟁을 수행한다.

작가 밥 케인은 슈퍼맨과 같은 초능력 영웅들이 속속 등장하고 있는 것에 반기를 들고 보다 실생활에서 공감을 받을 수 있는 영웅상 창조를 위해 고심한다.

이런 이유로 배트맨은 여타 슈퍼 영웅들과는 달리 초능력 보다는 '빠른 판단력' '증거를 바탕으로 한 탐문 수사' '막대한 유산을 바탕으로 한 물량 동원' '무술' '강압적인 위협' 등을 내세워 악의 무리 소탕 작전을 추진한다.

사이코 기질과 뛰어난 지략을 갖고 박쥐 사나이의 행동을 사사건건 방해하는 악당 조커와의 숙명적인 대결은 배트맨의 인기를 지속시키는 흥미 포인트가 된다.

조엘 슈마허 감독이 선보인 〈배트맨 포에버 Batman Forever〉는 인간의 뇌파를 자유자재로 조정하는 기계를 발명한 에드워드 니그마가 기계의 실용화 자금을 웨인 그룹 회장 브루스 웨인에게 요구하다 거절당한다.

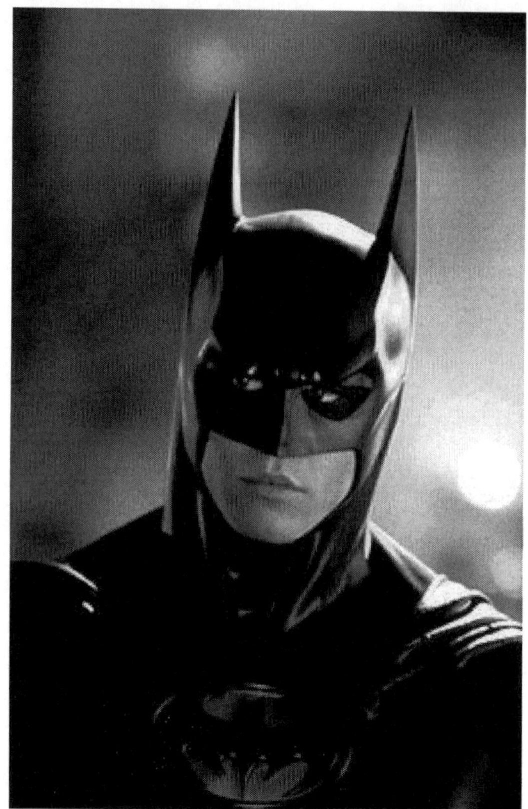
발 킬머 주연의 〈배트맨 포에버〉. © Warner Bros.

이에 앙심을 품게 된 에드워드.

어느 날 서커스 공연장에서 배트맨의 정체를 밝히지 않으면 시한폭탄을 터트린다며 위협하는 하비를 발견하고 자신이 배트맨을 잡아 줄테니 대신 기계를 실용화할 자금 주를 주선해 달라는 청탁을 한다.

이때부터 두 악당은 배트맨을 공격하기 시작한다.

한편 정신분석가 체이스 메리디언 박사는 하비의 정신 질환을 분석하는 동시에 어린 시절 부모의 죽음을 목격한 정신적 상흔을 갖고 있는 배트맨을 동정하게 된다.

이와 중에 배트맨은 하비에게 부모를 잃은 로빈과 팀웍을 이뤄 에드워드와 하비 소탕 작전에 나선다.

'어둠의 기사 The Dark Knight' '망토를 착용한 기사 The Caped Crusader' '세계 최고 탐정 The World's Greatest Detective' 등의 애칭을 갖고 있는 배트맨은 수차례 리바이벌 상영됐음에도 불구하고 늘 궁금증을 불러 일으키는 소재가 되고 있다.

〈배트맨 포에버〉에서는 익히 알려진 악인 조커와 펭귄 대신 하비 투 페이스 겸 하비 덴트(토미 리 존스), 리들러 겸 에드워드 니그마(짐 캐리) 등의 숙적(宿敵)을 등장시킨다.

여기에 맞서 알프레드 페니워스(마이클 고우), 체이스 메리디언(니콜 키드만), 로빈(크리스 오도넬), 고담시 형사 고든(팻 힝글) 등이 배트맨(발 킬머)을 절대적으로 지원하는 우호적인 인물로 출연해 흥미진진한 모험담에 푹빠지게 만들어 주었다.

등장인물 중 로빈은 범죄자들의 횡포로 부모를 잃은 고아라는 설정을 통해 배트맨과 동병상련(同病相憐)의 처지가 된다.

〈배트맨 포에버〉에서는 투 페이스에게 부모를 잃는다는 설정을 보여준다.

로빈은 배트맨과 오랜 동안 팀웍을 과시하지만 의견 차이로 배트맨 곁을 떠난 뒤 '나이트 윙'이라는 독립적 영웅으로 활동상을 넓히게 된다.

〈배트맨 포에어〉를 통해 악한(惡漢)의 진수를 전달시켜준 리들러는 이름 그대로 수수께끼를 제시해 두뇌 추리를 요구하는 독특한 취미를 갖고 있다.

지능이 뛰어 나지만 정확한 사리판단을 할 수 없는 정신 이상자이며 초록색 슈트와 물음표 장식의 지팡이를 트레이드 마크처럼 휴대하고 다닌다.

투 페이스의 본명은 하비 덴트.

고담 시에서 검사로 능력을 인정받았지만 재판 도중 용의자가 뿌린 염산 테러를 당해 얼굴 반쪽이 타들어가는 중상을 당한다.

이후 사회의 암적 존재로 돌변하며 희생양들을 처단할 때는 늘 동전을 허공으로 던져 판정을 내리는 기이한 습관을 보이고 있다.

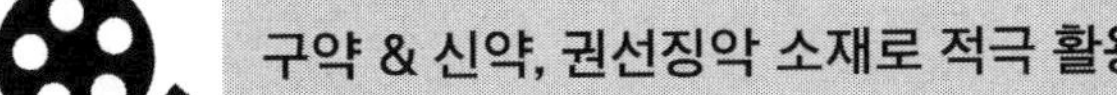

구약 & 신약, 권선징악 소재로 적극 활용

성서 문구나 등장인물들의 행적을 다룬 '성서 영화 The Bible in film'는 할리우드 흥행 역사의 한 페이지를 장식할 정도로 유구한 역사를 자랑하고 있다.

'구약 성서 The Old Testament'는 '신약 성서 The New Testament' 보다 영화가에서 더욱 주목을 받고 있는 대상이다.

노아의 대 홍수를 비롯해 조물주가 악을 제압하는 내용 등은 자연 재난, 대규모 전투 장면과 결합돼 관객들의 티켓 구매를 불러 일으키고 있는 것이다.

구약 성서에서 언급된 인물 중 '이브 Eve' '데릴라 Delilah' '주디스 Judith' 등은 성적인 유혹을 통해 세상을 혼탁하게 만든 대표적인 요부(妖婦, as seductive temptresses)이다.

무분별한 성적 방종은 급기야 소돔과 고모라(Sodom and Gomorrah)가 신의 분노를 불러 일으켜 패망하게 되는 징벌을 당하게 된다.

세실 B. 드 밀(Cecil B. De Mille)은 〈십 계 The Ten Commandments〉 등 성서 내용을 스펙터클한 화면으로 재구성해 종교 영화가 할리우드 영화 산업의 블록버스터급 제작 환경을 조성하는 수훈자 역할을 해낸다.

앞서 언급한 것처럼 〈십 계〉 〈소돔과 고모라〉를 비롯해 〈루스의 이야기 The Story of Ruth〉 〈데이비드와 골리앗 David and Goliath〉 〈다윗 왕과 바세바 David and Bathsheba〉 〈솔로몬과 시바 여왕 Solomon and Sheba〉 〈에스더 앤 킹 Esther and the King〉 등은 종교 서사극으로 빈번하게 각색돼 흥행가에서 환대를 받은 대표작이다.

'신약 성서'는 구약만큼 극적인 스토리나 낭만적 내용 그리고 액션 장면이 부족하고 대신 전체적으로 매우 신중하고 사려 깊은 내용이 주류를 이루어 영화계의 환대(?)를 받지 못하고 있다.

1950년대는 교회의 제작비 지원, 신심(信心) 가득한 신자들의 성금을 기반으로 해서 예수의 행적을 구현하는 작품이 다수 공개된다.

〈위대한 이야기 The Greatest Story Ever Told〉 〈왕 중 왕 King of Kings〉 등은 이런 지원을 받고 제작된 작품이었지만 흥행과 작품성 모두에서는 수준 이하라는 혹평을 듣게 된다.

반면 예수의 행적에 픽션을 가미시킨 〈성의 The Robe〉(1953)와 속편인 〈디미트리우스와 글래디에이터 Demetrius and the Gladiators〉 〈쿼 바디스 Quo Vadis〉 〈벤 허 Ben-Hur〉(1959) 등은 열렬한 반응을 얻어내면서 성서 영화가 흥행가의 마이더스가 될 수 있음을 입증시킨다.

1950년대 이후 대형 영화 제작을 주도한 스튜디오 시스템의 붕괴와 사회적 기호도의 변화, 소재 고갈, 시대 변화에 맞는 새로운 이야기 거리를 요구하는 관객들의 요구 조건에 따라 구약 성서 내용은 과거처럼 지속적인 관심을 얻을 수 있는 데는 한계를 갖게 된다.

성경을 소재로 한 고전 명작 〈벤허〉. 1959년 작품은 윌리암 와일러 감독, 찰톤 헤스톤, 잭 호킨스가 주연을 맡았다. © Metro-Goldwyn-Mayer.

1985년 공개된 〈다윗 왕 King David〉이 흥행 참패를 당하면서 북미, 유럽 흥행 시장에서는 성서 영화 제작이 급격히 감소되는 후유증을 겪는다.

한편 신약 성서의 내용에 실험적인 영상 스타일과 내용을 가미시킨 시도가 전개돼 눈길을 끌게 된다.

이태리 파올로 파졸리니 감독은 〈마태 복음 The Gospel According to St. Matthew〉(1966)을 통해 예수의 삶과 어록을 담은 『마태복음』 1장-28장까지 내용을 다큐멘터리 스타일로 보여준다.

영화는 리얼리즘 촬영 방식을 동원해 예수의 새로운 이미지를 구현하는 동시에 모차르트, 바흐 등이 작곡한 종교 음악을 사운드트랙으로 삽입시켜 시종 경건한 분위기를 조성해 낸다.

〈마태 복음〉은 공개 직후 유럽 평단과 교황청으로부터 '종교적 영감을 충실하게 묘사한 걸작'으로 인정 받으면서 베니스 영화제 심사위원 특별상을 수여 받는다.

이어 록 오페라 〈지저스 크라이스트 슈퍼스타 Jesus Christ Superstar〉(1973), 크리스마스에 출생한 브라이언이 자신이 메시아로 착각해 여러 해프닝이 벌인다는 성서 패러디 극 〈라이프 오브 브라이언 Life of Brian〉(1979), 예수가 평범한 소시민처럼 일상의 여러 유혹에 빠져 있었다는 〈그리스도의 마지막 유혹 The Last Temptation of Christ〉(1988) 등이 공개되면서 성서 영화의 끈질긴 생명력을 입증시킨다.

성서의 충실한 재현으로 칭송도 받아내지만 마틴 스콜세즈의 〈그리스도의 마지막 유혹〉에서는 독실한 개신교 신자들에게는 도저히 용인할 수 없는 예수의 비하적인 내용이 문제가 돼 감독이 공개적인 인신공격을 당하고 상영 반대 시위가 벌어지는 등 극심한 분란을 초래한다.

흑인 마을 아이티(Haiti 해변에 바다 물고기들이 떼죽음을 당하고 아스라엘 네게브 사막(Negev Desert, Israel)에서는 성경 요한 계시록을 바탕으로 세상 종말이 암시된다.

이상 기온으로, 인간끼리 살인이 다반사로 발생하며 산모는 영혼 없는 아이가 사산된 채 출생될 것이라는 끔찍한 경고를 받는다.

인류 종말을 위한 7가지 징조를 사실감 있게 묘사한 칼 슐츠 감독의 〈세븐 사인 The Seventh Sign〉(1989)은 오만한 인간에게 조물주의 강력한 경고 메시지를 담아 간담 서늘한 교훈을 던져준다.

데이비드 세멜 감독은 〈레버레이션 Revelations〉(2005)을 통해 신의 존재 문제와 천재지변 등이 계시록에서 이미 예언한 사건이 구체화 되고 있는 것이라는 메시지를 전달한다.

알버트 휴즈+알렌 휴즈 형제 감독의 〈일라이 The Book of Eli〉(2010)는 핵전쟁 이후 모든 것이 황폐화된 2043년 지구가 배경.

황무지로 변해버린 곳을 한 남자가 홀로 횡단한다.

그는 인류를 구할 수 있는 마지막 희망의 열쇠를 지상 최후의 문명 도시로 전달해야 하는 전사 일라이(덴젤 워싱톤)이다.

그가 온갖 어려움을 극복하고 찾고자 하는 인류 구원의 해법은 바로 성서라는 것을 제시하고 있다.

이처럼 다양한 설정을 내세운 종교 영화는 부침을 거듭하면서 지속적으로 흥행가를 노크해 인류에게 예수의 어록과 그가 남긴 구원의 메시지의 진실된 가치를 음미하도록 만들어 주고 있다.

데이비드 핀처 감독의 〈세븐〉은 성경에 기술된 7가지 죄악인 교만, 시기, 분노, 탐식, 나태, 탐욕, 음란 등을 실행에 옮기는 강력 범죄자의 행각을 담고 있다.

은퇴를 앞둔 노형사와 혈기 방장한 신참 형사가 용의자를 추격하는 과정을 심리 스릴러극으로 전개해 오싹한 공감을 얻어낸다.

케빈 스페이시는 잔혹한 범죄를 태연하게 자행하고 있는 범인 존 도우역을 실감 나게 열연해 관객들의 공감을 넓히는데 일조한다.

<아폴로 13>, 구 소련과의 치열한 우주 탐험 전쟁 일화 담아

'이제 인류는 달 정복을 위한 원대한 프로젝트를 수행할 때이다'.

1961년 4월 12일 구 소련의 유리 가가린은 인류 최초로 유인 우주 비행에 성공하자 미국은 초비상이 걸린다.

프런티어의 기수 존 F. 케네디는 즉각 국가적인 사업으로 인간의 달 착륙을 위한 아폴로 계획(Project Apollo)을 수립한다.

미국항공우주국(NASA)가 중추적 역할을 맡은 이 계획은 1961년-1972년까지 진행되면서 유인 우주 비행 탐사가 본격화 된다.

마침내 1969년 아폴로 11호는 달 정복에 성공한다.

아폴로 계획은 1970년대 초반까지 6차례 성공적인 달 착륙을 달성하지만 그 이면에는 숱한 실패와 우주인들의 희생이 뒤따른다.

'휴스턴, 문제가 발생했다 Houston, we have a problem'는 선전 문구로 공개된 론 하워드 감독의 <아폴로 13호 Apollo 13>는 1970년 4월 11일 13시 13분 (미국 중앙 표준시)에 발사된 아폴로 13호의 쾌적을 다루고 있다.

아폴로 계획을 통해 3번째로 달에 착륙할 예정이었지만 기관 고장으로 달 주변을 선회하다 4월 17일 지구로 귀환하게 된다.

당시 우주선이 발사된 지 3일째 되는 날 우주선의 산소가 유출되어 이산화탄소가 급증하고 동력이 끊어지는 긴급 사고가 발생한다.

이때부터 지구로부터 무려 32만 Km의 거리에 있는 우주선 비행사들은 달 착륙이 아니라 생존해야 한다는 긴박한 문제에 직면하게 되는 것이다.

실패로 끝난 아폴로 13호 계획에 대해 많은 미국인들은 호수가 불길한 13이었고 미 중부 시각 기준 13시 13분에 비행선이 발사됐다는 이유 등 여러 원인을 제기하기도 했다.

다행히 참사 없이 무사 귀환을 하기까지의 긴박했던 상황이 영화 <아폴로 13>를 통해 새삼 묘사돼 달 탐사를 놓고 벌이는 인류의 목숨을 건 도박의 실상을 엿보게 해주었다.

인간의 우주 탐사 일화를 극화한 탐 행크스 주연의 <아폴로 13>. © Universal Pictures.

『엔터테인먼트 위클리』는 '우주 최악의 참사로 기록될 뻔한 아폴로 13호의 무사 귀환은 실패는 선택이 아니다 Failure is not an option라고 역설한 당시 우주항공 실무자들의 자신감을 미국인들의 자부심으로 연결시켜 주었다'는 리뷰를 게재한다.

케빈 코스트너 주연의 <워터월드 Waterworld>는 흥행 9위로 체면치레에 성공했지만 제작 당시 2억 달러가 넘는 천문학적인 제작비와 감독 케빈 레이놀즈와의 불화, 촬영 사고 등 여러 사건 사고로 얼룩져 영화가 가십 뉴스를 제공한다.

지구 온난화 여파로 북극 빙산이 녹아 내려 미래 지구는 온통 물에 잠겨 있다.

흙이 사라진 지구에서 인간들은 인공 섬을 조성해 힘겹게 생활하고 있다.

이때 돌연변이 마리너와 몸에 드라이 랜드(지구에 남은 마지막 육지)의 지도가 새겨진 신비로운 소녀 이놀라, 보호자 헬렌은 드라이 랜드를 찾아온다.

이들은 사람들의 생명과 재산을 위협하는 해적단 스

모커의 공격을 받게 되고 마리너 일행을 해적 소통 작전에 나서게 된다.

지구 수호자 마리너역은 케빈 코스트너가 맡는다.

그는 〈꿈의 구장 Field of Dreams〉(1989)을 필두로 해서 〈늑대와 춤을 Dances With Wolves〉(1990) 〈의적 로빈 후드 (Robin Hood : Prince of Thieves〉(1991) 〈JFK〉(1991) 〈보디가드 The Bodyguard〉(1992) 등을 연이어 히트시키면서 할리우드 최고 남자 배우로 주가를 높인다.

하지만 암울한 미래 묵시록 풍경을 담은 〈워터 월드 Waterworld〉(1995) 〈포스트맨 The Postman〉(1997)의 연이은 흥행 참패로 서서히 쇠락의 길로 접어들어 화무십일홍(花無十日紅)이라는 세간의 속설을 입증시켜 준다.

도박 세계의 화려함과 추함을 고발한 〈카지노〉

마이클 피기스 감독의 〈라스베가스를 떠나며 Leaving Las Vegas〉와 마틴 스콜세즈 감독의 〈카지노 Casino〉는 알코올 중독자의 처절한 삶과 도박장에서 벌어지는 이전투구의 인간 형태를 꼬집어 준다.

이들 작품이 대중적인 호응을 받는 데는 풍성한 사운드트랙이 한 몫을 해낸다.

〈라스베가스를 떠나며〉는 할리우드 시나리오 작가로 활동하던 벤은 알코올 중독에 빠져 죽음을 염두에 두고 쾌락의 도시 라스베가스를 찾아온다.

이곳에서 벤은 역시 고단한 삶을 살고 있는 창녀 세라를 만나 짧지만 모처럼 모성애를 떠올려 주는 여성의 관심과 애정을 받게 된다.

애절한 허스키한 보컬이 돋보이는 스팅은 사라를 천사 처럼 대하는 벤의 처지를 'Angel Eyes'를 통해 묘사해 주고 있다.

이글즈 출신 돈 헨리가 불러주는 재즈 명곡 'Come Rain or Come Shine'은 알코올 중독자가 겪는 기폭 있는 감정 변화를 떠올려 주는 곡으로 쓰이고 있다.

스팅은 'It's A Lonesome Old Town' 'My One and Only Love', 마이클 맥도날드는 'Lonely Teardrops'를 들려주고 있다,

알코올 중독자로 자신의 삶에 조롱을 보내는 벤의 처지는 배역을 맡은 니콜라스 케이지가 육성으로 'Ridiculous'를 불러 주면서 실감나게 캐릭터 역할을 펼쳐주고 있다.

한편 돈과 명예 그리고 사랑은 모두 한 여름 밤의 개꿈과 같은 허망한 것이라는 메시지를 들려주고 있는 것이 〈카지노〉이다.

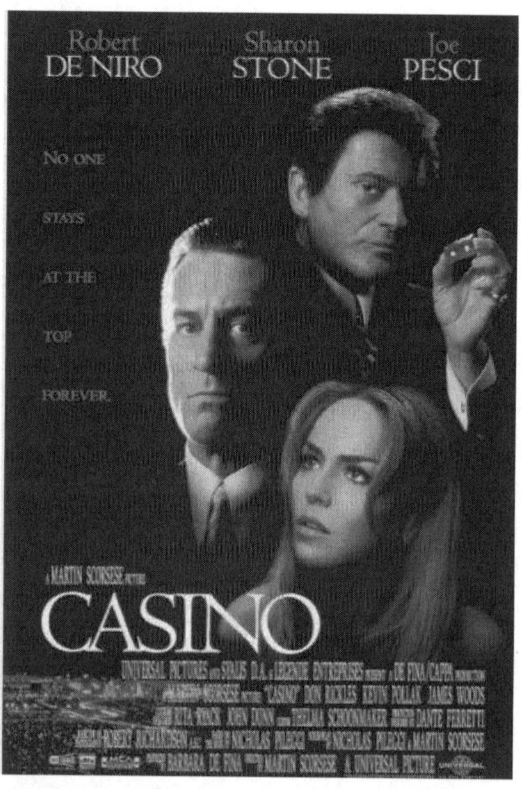

마틴 스콜세즈 감독의 〈카지노〉. © Universal Pictures.

1983년.

도박사 에이스는 재능을 인정받아 마피아 보스들의

절대적 신임을 얻는다.

마피아 보스는 에이스를 보호한다는 명목으로 니키를 보디가드로 붙여준다.

어느 날 에이스는 사기 도박꾼 진저를 만나 푹 빠지지만 바람기 가득한 그녀는 니키와도 불륜 관계를 맺는다.

에이스는 니키 문제와 사업 실패로 궁지에 몰리게 되고 마피아는 공권력의 수배령을 회피하기 위해 에이스 등 자신들의 내막을 알고 있는 이들의 제거 작전에 나선다.

'탐욕, 사기, 돈, 권력 그리고 살인 등 도박 세계에서 펼쳐지는 음습한 풍경'이라는 선전 문구를 내걸고 공개된 〈카지노〉에서는 클래식과 고전 팝 명곡 등이 무려 40여 곡 이상 삽입돼 흡사 록큰롤 영화와 같은 분위기를 풍겨 주었다.

오프닝에서 자동차 폭파 사고로 언제든 목숨을 위협받을 수 있다는 마피아 세계의 냉혹함을 전달시켜 주는 장면에서 바흐의 'J.S. Bach Matthäuspassion BMV'가 흘러나오고 있다.

도박을 통해 한탕 인생을 갈구하는 풍경은 루이스 프라마의 경쾌한 곡 'Sing, Sing, Sing (With a Swing)'으로 표현되고 있다.

칸소네 명곡 'Nel Blu Dipinto Di Blu (Volare)'는 이태리 출신 갱스터 니키(조 페시)의 출신지를 떠올려 주는 선곡이다.

다이나 워싱턴의 끈쩍한 보컬에 담겨 있는 'Unforgettable' 'What A Difference A Day Makes', 호기 카마이클 작곡의 팝 명곡 'Stardust', 스테이플 싱어스의 'I'll Take You There', 제리 발레의 'Love Me the Way I Love You', 그룹 파라곤스의 'Let's Start All Over Again', 롤링 스톤의 'Sweet Virginia' 'Long Long While' '(I Can't Get No) Satisfaction', 딘 마틴의 'You're Nobody Til Somebody Loves You' 등은 마피아와 이들을 제압하려는 공권력과의 치열한 암투를 완화시키면서 환락의 도시 풍경을 부추겨 주는 노래로 쓰이고 있다.

우디 알렌의 성인 코미디 극 〈마이티 아프로디테〉

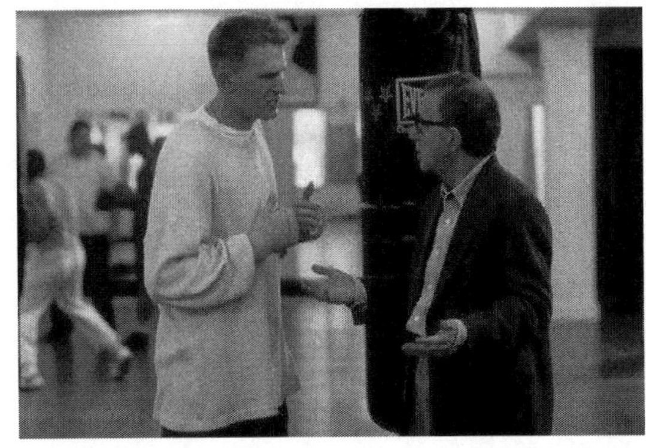

우디 알렌 감독의 〈마이티 아프로디테〉. © Sweetland Films.

우디 알렌 감독의 〈마이티 아프로디테 Mighty Aphrodite〉는 출산을 거부하는 아내 때문에 아이를 입양하게 된 뉴욕 스포츠 기자 레니(우디 알렌).

입양아 맥스를 키우면서 생모에 대한 궁금증을 갖게 돼 수소문 해 보는 친모는 포르노 스타이자 창녀인 린다(미라 소르비노).

천박한 직업과는 달리 린다의 순수하고 지적인 말투를 대하고 레니는 묘한 관심과 연민을 느낀다.

여성에 대해서는 어머니라고 해도 독점적인 소유욕을 갖게 된다는 '오이디푸스 콤플렉스' 성향을 담고 있는 〈마이티 아프로디테〉는 우디 알렌 스타일의 성인 코미디라는 지적을 듣는다.

영화를 통해 철저한 뉴요커임을 드러내고 있는 우디 알렌은 이번 영화에서도 정겨운 뉴욕 분위기를 위해 콜 포터 작곡의 'You Do Something to Me'를 비롯해서 카르멘 카발라로가 불러주는 'Manhattan', 에롤 가너의 'Penthouse Serenade (When We're Alone)', 월버 드 팔스의 'I've Found a New Baby',

데이브 브루벡 사중주단의 'Take Five', 램세이 루이스의 'The In Crowd', 카운트 배시 오케스트라의 'Li'l Darlin', 딕 하이맨의 'Walkin My Baby Back Home', 베니 굿맨 오케스트라의 'Whispering', 버트 앰브로스 오케스트라의 'When Your Lover Has Gone', 딕 하이맨 코러스 앤 오케스트라의 'When You''re Smiling (the Whole World Smiles with You)' 등 풍성한 팝, 재즈, 정통 민요곡 등이 가득 담겨 흐뭇한 미소를 머금으면서 스토리에 빠져들게 하고 있다.

트란 안 훙 감독의 히트작 〈씨클로〉

'그대가 처음 이곳에 왔을 때
난 그대를 쳐다 볼 수 없었습니다
그대는 천사와 같은 존재
그대 모습은 날 울게 만듭니다
그대는 깃털처럼 떠돌고 있습니다
이 아름다운 세상 속에서
난 내가 특별한 존재였으면 좋겠습니다
하지만 난 별 볼일 없는 존재입니다'

록밴드 라디오헤드의 'Creep'으로 더욱 유명세를 얻은 〈씨클로〉. © Canal+.

록 밴드 라디오헤드의 'Creep'은 베트남 출신 프랑스 감독 트란 안 훙의 〈씨클로 Cyclo〉 주제곡으로 쓰이면서 영화와 노래가 동시에 주목 받는 행운을 얻게 된다.

아버지의 갑작스런 죽음으로 자전거 운송으로 생계를 꾸려 가야 되는 18세 소년.

주변 사람들로부터 씨클로 보이라는 애칭을 듣는다.

집안 살림을 하고 있는 누나, 자전거 수리공인 할아버지, 구두 닦기 여동생.

처해 있는 일상은 궁핍으로 혹독하지만 소년은 미래에 대한 꿈을 키우며 호치민 시를 자전거를 끌며 열심히 살아간다.

어느 날 생계 수단인 씨클로를 건달들에게 빼긴 뒤 갱 조직에 가담해 본의 아니게 악의 무리에 휩싸이게 된다.

한편 가난과 절망에서 벗어나기 위해 범죄 소굴로 발을 들여 놓은 시인은 소년의 누나를 사랑하지만 그녀에게 매춘을 알선하고 있는 이중적 태도를 보이고 있다.

시인은 매춘으로 소년의 누나가 순결을 잃었다는 것을 알고 괴로워하다 화염 속으로 몸을 던진다. 소년은 파국이 뻔히 기다리는 것을 알면서도 씨클로에 마약을 싣고 운반한다.

사이공(호치민 시)에서 자전거 택시인 씨클로를 몰면서 힘겨운 일상을 꾸려 나가고 있는 소년과 주변에서 벌어지고 있는 고단한 인생 풍속도가 애처롭게 펼쳐지고 있다.

소년의 누나가 나이트클럽에서 뭇 남성들에게 유혹하는 태도를 보이면서 춤을 추는 장면에서 흘러나오는 애틋한 가락의 노래가 바로 'Creep'이다.

〈씨클로〉는 베니스 영화제 황금사자상을 수상하면서 제3세계 베트남에서 벌어지는 힘겨운 여정에 대해 관심을 보내게 한다.

프랑스 영화 제작사들의 적극적인 재정 지원을 등에 업고 공개된 〈시클로〉에 대해 현지 영화 전문지 『프레미에르 Premiere』는 '〈그린 파파야의 향기〉로 아카데미 후보작으로 추천 받았던 감독이 아름다움, 열정 그리고 능력에 대한 새로운 시각을 제시해 충격파를 안겨 주었다 From the director of the Academy Award Nominated film The Scent of Green Papaya comes a shocking new vision of beauty, passion and power'는 호평을 보낸다.

〈비포 선라이즈〉, 영원한 호기심 청춘 로맨스 극 진수 선사

'어제 네가 한 말 오래된 부부는 서로 무엇을 할지 뻔히 알기에 권태를 느끼고 미워한다고 했지? 내 생각은 반대야. 서로를 아는 것이 진정한 사랑일거야. 머리를 어떻게 빗는지, 어떤 옷을 입을지, 어떤 상황에서 어떻게 말할 것인지. 그것이 진정한 사랑이야' -라스트 무렵 셀린이 제시의 무릎을 베고 건네는 말.

'마치 꿈속에 있는 기분이야. 이 시간을 우리가 만들어낸 것 같아. 서로의 꿈속에 나타나는 것처럼... 정말 멋진 건 이 밤이 계획된 게 아니란 거야. 그래서인지 실감이 안나. 아침이면 다시 호박으로 변할 거야. 넌 유리 구두가 내 발에 맞는지 보겠지. 꼭 맞을 거야' - 어두운 저녁별을 바라보면서 서로 이야기를 나누는 장면의 대사

'난 항상 13살짜리 소년 같은데 어떻게 해야 어른이 되는지도 모르면서 어른스럽게 사는 척 흉내나 내고 어른이 되기만을 기다리는 거지. 연극 리허설 하는 것처럼' - 제시(에단 호크)의 푸념의 대사

'난 신이 존재한다고 믿지 않는다. 그러나 만약 신이 존재한다면 아마도 너나 나에게 존재하는 것이 아니라 너와 나 사이에 존재 할 것 같아' - 셀린(줄리 델피)의 대사.

입에 착착 달라붙는 대사로 가득한 로맨스 극 〈비포 선라이즈 Before Sunrise〉는 요란하거나 자극적인 장면이 없더라고 청춘 남녀 간의 풋풋한 로맨스는 뻔한 설정과 스토리라고 해도 폭넓은 공감을 얻고 있는 소재라는 것을 재차 입증시킨다.

프랑스 명문 대학 소르본 여대생 셀린(줄리 델피).

헝가리 부다페스트에 거주하고 있는 할머니를 만나고 가을 학기 개강에 맞추어 파리로 귀향하는 중이다.

셀린은 옆 좌석의 독일인 부부가 말다툼하는 소리를 피해 뒷 자석으로 자리를 옮기다 스페인 마드리드에 유학 온 여자 친구에게 결별을 통고 받고 쓸쓸하게 미국으로 귀국하는 청년

풋풋한 청춘 로맨스의 진수를 선사한 〈비포 선라이즈〉.

제시(에단 호크)와 운명적 만남을 갖게 된다.

두 청춘 남녀는 곧바로 친숙해져 20대 나이에 어울리는 여러 신변잡사를 나누다 비엔나 역에 도착한다.

예상하지 못한 만남에서 짙은 호감과 사랑의 감정까지 품게 되지만 두 청춘 남녀는 먼 훗날 또 다른 운명적인 만남을 약속하며 절절한 아쉬움을 남긴 채 석별의 정을 나눈다.

유럽의 기차 여행, 고즈넉한 비엔나의 풍경.

'하룻밤만 주어지는 지상 최대의 로맨스가 주어지면 무엇을 하겠는가? 라는 호기심 가득한 선전 문구로 공개된 〈비포 선라이즈〉는 모든 것이 수채화를 보는 듯 열락(悅樂)의 기분을 풍성하게 선사하는 로맨스 극의 진수를 제공한다.

더욱이 열차 여행을 시작하면서 흘러나오는 헨리 퍼첼의 고전 멜로디 'Dido And Aeneas'를 비롯해 베토벤의 'Sonata No. 8 In C Minor, Opus 13 (Pathétique) Rondo: Allegro', 안토니오 비발디의 'Concerto In B-Flat Major for Violin and Oboe with Ripieno Strings, RV 358', 요한 스트라우스의 'Vienna Blood', 루 크리스티의 'Trapeze', 요한 세바스티안 바흐의 "Variatio 25 of The Goldberg Variations' 'Andante from Sonata No. 1 In G Major, BWV 1027', 캐시 맥카티의 'Living Life' 등의 클래식과 팝 명곡은 유럽 명소에서 진행되는 청춘 드라마의 묘미를 배가시켜 준다.

덴마크 감독 라스 폰 트리에, 도그마 95 선언

니콜 키드만의 〈도그빌〉은 도그마 95 선언의 메시지를 담고 있는 대표작이다. © Zentropa Entertainments.

덴마크 출신 라스 폰 트리에(Lars von Trier, 1956년 4월 30일-)는 1984년 데뷔작 〈범죄의 요소 Forbrydelsens Element〉로 국제 영화 시장에 존재감을 드러낸다.

이어 1945년 2차 대전 종전 후 독일.

독일계 미국인 레오폴트 케슬러가 미국으로 이주하면서 겪는 다양한 에피소드를 묘사한 〈유로파 Europa〉(1991)에 이어 늪지대 위에 건립된 덴마크 코펜하겐의 종합병원 킹덤에서 벌어지는 환자와 의료진들이 만들어 내는 의문사, 부두교에 대한 광신적 믿음 기형아의 잇따른 출생 등 음산한 내용을 담은 〈킹 덤 Riget〉(1994)으로 국제적 성과를 재차 확인시킨다.

그는 1995년 3월 22일 파리에서 동료 감독 토마스 빈테르버그(Thomas Vinterberg)와 함께 '도그마 95 영화 운동 The Dogme 95 movement'을 주창한다.

전위 영화감독(avant-garde filmmaking)으로 인정받은 라스 폰 트리에와 토마스 감독의 이 주장은 '도그마 95 선언 Dogme 95 Manifesto' 또는 '정절의 서약 Vow of Chastity'으로 받아들여진다.

이 같은 주장의 주요 요지는 '전통적인 스토리의 가치' '연기' '주제' 등을 적절한 특수 효과와 기술력을 사용해서 영화를 제작하자는 것이다.

덴마크 감독 크리스티안 레브링(Kristian Levring), 소렌 크라프-야콥센(Sø ren Kragh-Jacobsen) 등이 합류한다.

용어 중 'Dogme'는 덴마크어로 '도그마 dogma'를 뜻한다.

국제적으로 인지도가 아직 미미한 일단의 영화감독들의 이같은 움직임을 '영화의 질적 발전을 위한 움직임'으로 판단돼 할리우드를 비롯해 주요 각국 영화인들에게 신선한 반응을 불러일으킨다.

'도그마 선언'의 핵심은 특수 효과의 과대 사용 지양(止揚), 과다 제작비 거부, 기타 기교적인 기술사용 자제 등을 기조로 해서 보다 순수하게 영화를 만들자는 것이다.

이 때문에 '도그마 선언'을 주도한 연출자들의 관심은 '연기자들의 공연과 스토리의 충실성에 모든 것을 집중시킨다고 덧붙인다.

이런 시도를 통해 감독은 관객들에게 보다 공감을 넓힐 수 있는 여건을 마련하는 동시에 의욕만 앞세워 스토리와 영상이 괴리감을 갖게 되는 것도 미연에 방지할 수 있다고 주장했다.

라스 폰 트리에와 토마스 빈테르버그 감독은 도그마 선언의 확고한 실행을 위해 영화 제작 시 준수해야 할 10가지 규칙(ten rules to which any Dogme film must conform)을 공개한다.

1. 영화 촬영은 소품이나 세트장이 아닌 현장 분위기를 전달할 수 있는 로케이션 촬영을 시도해야 한다. 만일 스토리 구성상 특별한 구조물이 필요할 경우에도 소품 보다는 그 같은 장치를 발견할 수 있는 야외 촬영장을 찾아야 한다. Shooting must be done on location. Props and sets must not be brought in (if a particular prop is necessary for the story, a location must be chosen where this prop is to be found).
2. 영상과 부합되지 않는 사운드는 사용하지 않는다. 배경 음악의 경우도 촬영장에서 발생하는 소리를 제외하고는 의도적으로 만들지 않아야 한다. The sound must never be produced apart from the images or vice versa. (Music must not be used unless it occurs where the scene is being shot.)
3. 카메라는 반드시 핸드-헬드 카메라(a hand-held camera)를 사용해야 한다. 그러므로 어떤 움직임도 손을 최대한 활용해 유동성 있는 장면을 촬영해야 한다. 아울러 카메라는 정지할 때나 서 있을 때가 아닌 액션이 발생하는 시점에서 촬영이 이루어져야 한다. The camera must be hand- held. Any movement or immobility attainable in the hand is permitted.
4. 칼라 필름을 사용해야 하며 특수 조명의 사용은 허용되지 않는다. The film must be in colour. Special lighting is not acceptable. (If there is too little light for exposure the scene must be cut or a single lamp be attached to the camera.)
5. 옵티컬 작업(Optical work)과 필터(filters) 사용은 금지된다. Optical work and filters are forbidden.
6. 영화 화면은 피상적인 액션인 '살인, 무기 기타 발생하는 사건' 등은 포함시키지 말아야 한다. The film must not contain superficial action. (Murders, weapons, etc. must not occur.)
7. 영화 촬영은 바로 여기서 지금 촬영해야 한다. 일시적(Temporal)이고 지리적 괴리감(geographical alienation)은 금지된다. Temporal and geographical alienation are forbidden. (That is to say that the film takes place here and now.)
8. 장르 영화(Genre movies)는 허용되지 않는다. Genre movies are not acceptable.
9. 필름 형식은 '아카데미 35 미리 Academy 35 mm'만을 사용해야 한다. The film format must be Academy 35 mm.
10. 감독은 크레디트에 표기하지 않는다. The director must not be credited.

❖ 도그마 규칙을 준수해서 제작된 영화 목록

- Dogme #1: 〈셀레브레이션 The Celebration〉
- Dogme #2: 〈바보들 The Idiots〉
- Dogme #3: 〈미후네의 마지막 노래 Mifune's Last Song〉

- Dogme #4: 〈왕은 살아 있다 The King Is Alive〉
- Dogme #5: 〈연인들 Lovers〉
- Dogme #6: 〈줄리앙 동키-보이 Julien Donkey-Boy〉
- Dogme #7: 〈인터뷰 Interview〉
- Dogme #8: 〈퍽랜드 Fuckland〉
- Dogme #11: 〈디아파송 Diapason〉
- Dogme #12: 〈이태리인은 초보자 Italian for Beginners〉
- Dogme #13: 〈아메리카나 Amerikana〉
- Dogme #14: 〈조이 라이드 Joy Ride〉
- Dogme #15: 〈카메라 Camera〉
- Dogme #17: 〈재결합 혹은 미국인 재결합 Reunion aka American Reunion〉
- Dogme #18: 〈엣 라티트 메네스케 Et Rigtigt Menneske〉
- Dogme #19: 〈나 네테네 블리르 레인지 Når Nettene Blir Lange〉(Norway)
- Dogme #20: 〈스트라스 Strass〉
- Dogme #21: 〈키라의 원인 Kira's Reason: A Love Story〉
- Dogme #22: 〈에라 아웃트라 베즈 Era Outra Vez〉
- Dogme #23: 〈레진 Resin〉(film)
- Dogme #24: 〈보호, 콜로라도 Security, Colorado〉
- Dogme #25: 〈천사와 대화 Converging with Angels〉
- Dogme #28: 〈엘스커 디그 포 에비그트 Elsker Dig For Evigt〉(Open Hearts)
- Dogme #29: 〈브레드 배스킷 The Bread Basket〉
- Dogme #30: 〈디아스 드 보다 Dias de Voda〉
- Dogme #31: 〈엘 데센레이스 El Desenlace〉
- Dogme #32: 〈세 틸 벤스트레 Se til venstre, der er en Svensker〉
- Dogme #33: 〈레지덴시아 Residencia〉
- Dogme #34: 〈포르비라델서 Forbrydelser〉
- Dogme #35: 〈코시와 카소 Così x Caso〉
- Dogme #37: 〈지포 Gypo〉(film)
- Dogme #38: 〈미어 플레이어 Mere Players〉
- Dogme #39: 〈도트 시비: 칸 Dört S ı v ı : Kan〉

❖ 도그마 선언에 동참한 유명 인사들 (Notable figures)

- 토마스 빈테르버그(Thomas Vinterberg)
- 라스 폰 트리에(Lars Von Trier)
- 소렌 크라프-야콥센(Søren Kragh-Jacobsen)
- 크리스티안 레브링(Kristian Levring)
- 장-마크 바(Jean-Marc Barr)
- 안소니 도드 맨틀(Anthony Dod Mantle)
- 팝리카 스틴(Paprika Steen)
- 프란 일리치(Fran Ilich)
- 하모니 코린(Harmony Korine)
- 수잔 비에르(Susanne Bier)
- 리차드 마르티니(Richard Martini)

행사 앞두고 흑인 '레인보우 연대 시위'

68회 아카데미 시상식을 며칠 앞두고 과격 시민 단체 '레인보우 연대 Rainbow Coalition'가 주축이 된 시위 사태가 발생한다.

목사 제시 잭슨 Reverend Jesse Jackson이 주도한 항의 집회는 '미국 영화 산업이 아프리카 출신 미국인을 홀대하고 있으며 아카데미에서도 이러한 노골적인 인종 차별이 확대되고 있다는 것'이 주요 쟁점으로 제기했다.

잭슨 목사는 '영화계뿐만 아니라 TV 등 모든 오락 산업에서 아프리카 출신 흑인 배우들은 미미한 역할을 맡거나 비정규직으로 고된 혹사를 당하고 있다고 목소리를 높인 것이다.

잭슨 목사는 68회 아카데미 후보작에서도 '라이브 액션 단편상 Best Live Action Short Film 부문에서 '다이안 휴스톤 Dianne Houston'이 유일한 아프리카 출신 미국인 the only African American'이라고 역설한다.

행사 장 주위 도로시 챈들러 파빌리온 주변에서 항의 집회를 계속하던 이들은 프로듀서 퀸스 존스와의 원만한 합의를 거쳐 항의 시위를 중단한다.

존스는 이후 '아카데미 시상식에서는 의도적으로 아프리카 출신 연예인에게 차별한 행위를 했다는 구체적 증거는 없다'고 역설, 자칫 시위대의 소란으로 행사가 파행될 수도 있을 해프닝은 별다른 사고 없이 종료된다.

수상식 후 이야기

흑인 영화배우 우피 골드버그가 진행한 68회 아카데미 시상식은 미국에서만 4천 4백만 명, 시청률 30.5%(닐슨 조사 Nielsen ratings)를 달성하는 뜨거운 반응을 얻는다.

시상식 연출은 퀸스 존스 Quincy Jones가 맡아 그 어느 해 보다도 아프리카 출신 연예인들의 재능이 발휘된 해였다.

이 해 행사에서 가장 눈길을 끌었던 것은 배우 폴 소르비노 Paul Sorvino가 딸 미라 소르비노에게 조연 여우상이 수여됐다는 것을 TV 시청을 통해 본 뒤 폭포수 같은 감격의 눈물을 흘린 것.

또한 〈스팔타카스〉 등으로 1960년대 할리우드 흥행을 주도했던 연기파 배우 커크 더글라스가 와병 중임에도 스티븐 스필버그 감독으로부터 명예상 the Honorary Award을 수여 받기 위해 행사장에 참석해, 역시 감격하는 표정을 보여 주어 객석의 기립 박수를 받아낸다.

단편 다큐멘터리 수상작 〈생존자의 추억 One Survivor Remembers〉은 2차 대전 '대학살 생존자 a Holocaust survivor'의 행적을 담았고 장편 다큐는 독일계 출신 네덜란드 유대인 소녀 안나 프랭크의 일화를 다룬 〈안나 프랭크의 추억 Anne Frank Remembered〉이 각각 수상작으로 호명돼 객석에서는 숙연한 분위기가 조성된다.

〈브레이브하트〉는 작품상을 비롯해 5개의 오스카를 석권, 이 해 가장 화려한 업적을 남긴다.

존 라세터는 〈토이 스토리〉를 통해 컴퓨터 그래픽 애니메이션을 시도한 공적을 인정받아 특별상을 수여 받는다.

우디 알렌은 전년도 〈브로드웨이 쏴라〉를 통해 다이안 웨스트가 조연 여우상을 따낸데 기여했는데 이 해에는 〈마이티 아프로디테〉로 미라 소르비노가 조연 여우상을 다시 수상하는 기회를 제공해 오스카 제조자라는 애칭을 듣는다.

2번째로 시상 진행을 맡은 우피 골드버그는 순간순간 재치를 발휘해 오스카 축제의 밤을 더욱 흥겹게 조성해 주는데 일조한다.

제68회 1995 노미네이션, 수상자 총 리스트

작품상 Best Picture

* 〈브레이브하트 Braveheart〉
〈아폴로 13 Apollo 13〉
〈꼬마 돼지 베이브 Babe〉
〈일 포스티노 Il Postino〉
〈센스 앤 센서빌리티 Sense and Sensibility〉

감독상 Best Director

* 멜 깁슨 Mel Gibson-〈브레이브하트 Braveheart〉
크리스 누난 Chris Noonan-〈꼬마 돼지 베이브 Babe〉
팀 로빈스 Tim Robbins-〈데드 맨 워킹 Dead Man Walking〉
마이크 피기스 Mike Figgis-〈라스 베가스를 떠나며 Leaving Las Vegas〉
마이클 래드포드 Michael Radford-〈일 포스티노 Il Postino〉

남우상 Best Actor

* 니콜라스 케이지 Nicolas Cage-〈라스베가스를 떠나며 Leaving Las Vegas〉
숀 펜 Sean Penn-〈데드 맨 워킹 Dead Man Walking〉
마시모 트로이시 Massimo Troisi-〈일 포스티노 Il Postino〉
리차드 드레이퓨스 Richard Dreyfuss-〈홀랜드 오퍼스 Mr. Holland's Opus〉
안소니 홉킨스 Anthony Hopkins-〈닉슨 Nixon〉

여우상 Best Actress

* 수잔 서랜든 Susan Sarandon-〈데드 맨 워킹 Dead Man Walking〉
엠마 톰슨 Emma Thompson-〈센스 앤 센서빌리티 Sense and Sensibility〉
샤론 스톤 Sharon Stone-〈카지노 Casino〉
메릴 스트립 Meryl Streep-〈메디슨 카운티의 다리 The Bridges of Madison County〉

조연 남우상 Best Supporting Actor

* 케빈 스페이시 Kevin Spacey-〈유주얼 서스펙트 The Usual Suspects〉
에드 해리스 Ed Harris-〈아폴로 13 Apollo 13〉
제임스 크롬웰 James Cromwell-〈꼬마 돼지 베이브 Babe〉
팀 로스 Tim Roth-〈롭 로이 Rob Roy.
브래드 피트 Brad Pitt-〈12 몽키스 12 Monkeys〉

조연 여우상 Best Supporting Actress

* 미라 소르비노 Mira Sorvino-〈마이티 아프로디테 Mighty Aphrodite〉
캐슬린 퀸란 Kathleen Quinlan-〈아폴로 13 Apollo 13〉
케이트 윈슬렛 Kate Winslet-〈센스 앤 센서빌리티 Sense and Sensibility〉
조안 알렌 Joan Allen-〈닉슨 Nixon〉
메어 위닝햄 Mare Winningham-〈조지아 Georgia〉

각본상 Best Original Screenplay

* 〈유주얼 서스펙트 The Usual Suspects〉-크리스토퍼 맥쿼리 Christopher McQuarrie
〈브레이브하트 Braveheart〉-랜달 왈리스 Randall Wallace
〈마이티 아프로디테 Mighty Aphrodite〉-우디 알렌 Woody Allen
〈닉슨 Nixon〉-올리버 스톤 Oliver Stone
〈토이 스토리 Toy Story〉-조스 훼돈 Joss Whedon

각색상 Best Adapted Screenplay

* 〈센스 앤 센서빌리티 Sense and Sensibility〉-엠마 톰슨 Emma Thompson
〈아폴로 13 Apollo 13〉-알 라인너트 Al Reinert
〈꼬마 돼지 베이브 Babe〉-조지 밀러 George

Miller
〈라스베가스를 떠나며 Leaving Las Vegas〉-마이크 피기스 Mike Figgis
〈일 포스티노 Il Postino〉-마이클 래드포드 Michael Radford

외국어 영화상 Best Foreign Language Film

* 〈안토니아스 라인 Antonia's Line〉(네덜란드)
〈올 씽스 페어 All Things Fair〉(스웨덴)
〈더스트 오브 라이프 Dust of Life〉(알제리)
〈오 쿼트릴호 O Quatrilho〉(브라질)
〈스타 메이커 The Star Maker〉(이태리)

장편 다큐멘터리상 Best Documentary Feature

* 〈안나 프랭크의 추억 Anne Frank Remembered〉-존 블레어 Jon Blair
〈시민 케인의 전투 The Battle Over Citizen Kane〉-토마스 레논 Thomas Lennon
〈피들러페스트 Fiddlefest〉-로버타 트자바라스 Roberta Tzavaras
〈행크 아론 Hank Aaron: Chasing the Dream〉-마이크 톨린 Mike Tollin
〈트러블 크릭 Troublesome Creek: A Midwestern〉-진 조르단 Jeanne Jordan

단편 다큐멘터리상 Best Documentary Short

* 〈생존자 추억 One Survivor Remembers〉-캐리 안톨리스 Kary Antholis
〈짐 다인 Jim Dine: A Self-Portrait on the Walls〉-낸시 다인 Nancy Dine
〈리빙 시 The Living Sea〉-그레그 맥길리브레이 Greg MacGillivray
〈네버 기브 업 Never Give Up: The 20th Century Odyssey of Herbert Zipper〉- 테리 샌더스 Terry Sanders
〈증오의 그림자 The Shadow of Hate〉- 찰스 구겐하임 Charles Guggenheim

단편 라이브 액션상 Best Live Action Short

* 〈리베라맨 인 러브 Lieberman in Love.-크리스틴 라티 Christine Lahti
〈브룸스 Brooms〉-루크 크레스웰 Luke Cresswell
〈듀크 오브 그루브 Duke of Groove〉-그리핀 듄 Griffin Dunne
〈리틀 서프라이즈 Little Surprises〉-제프 골드브럼 Jeff Goldblum
〈튜즈데이 모닝 라이드 Tuesday Morning Ride〉-디안 휴스턴 Dianne Houston

단편 애니메이션상 Best Animated Short

* 〈왈리스와 그로밋 Wallace & Gromit in A Close Shave〉-닉 파트 Nick Park
〈치킨 프럼 아웃터 스페이스 The Chicken From Outer Space〉-존 딜워스 John Dilworth
〈엔드 The End〉-크리스 랜드레스 Chris Landreth
〈가가린 Gagarin〉-아렉시 카리티디 Alexiy Kharitidi
〈런어웨이 브레인 Runaway Brain〉-크리스 베일리 Chris Bailey

오리지날 드라마 작곡상
Best Original Dramatic Score

* 〈일 포스티노 Il Postino〉-루이스 엔리케 바칼로프 Luis Enriquez Bacalov
〈센스 앤 센시빌리티 Sense and Sensibility〉-패트릭 도일 Patrick Doyle
〈아폴로 13 Apollo 13〉-제임스 호너 James Horner
〈브레이브하트 Braveheart〉-제임스 호너 James Horner
〈닉슨 Nixon〉-존 윌리암스 John Williams
〈포카혼타스 Pocahontas〉-알란 멘켄 Alan Menken

뮤지컬 및 코미디 작곡상
Best Original Musical or Comedy Score

* 〈사브리나 Sabrina〉- 존 윌리암스 John Williams
〈아메리칸 프레지던트 The American President〉-마크 샤이먼 Marc Shaiman
〈토이 스토리 Toy Story〉-랜디 뉴먼 Randy Newman
〈언스트렁 히어로 Unstrung Heroes〉-토마스 뉴먼

Thomas Newman

주제가상 Best Original Song

* ‘Colors of the Wind’-〈포카혼타스 Pocahontas〉, 알란 멘켄 Alan Menken

‘Dead Man Walkin’-〈데드 맨 워킹 Dead Man Walking〉, 브루스 스프링스틴 Bruce Springsteen

‘Have You Ever Really Loved a Woman’-〈돈 후안 Don Juan DeMarco〉, 마이클 케이먼 Michael Kamen

‘Moonlight’-〈사브리나 Sabrina〉, 존 윌리암스 John Williams

‘You've Got a Friend in Me’-〈토이 스토리 Toy Story〉, 랜드 뉴먼 Randy Newman

사운드 편집상 Best Sound Editing

* 〈브레이브하트 Braveheart〉-론 벤더 Lon Bender

〈크림슨 타이드 Crimson Tide〉-조지 와터 2세 George Watters II

〈배트맨 포에버 Batman Forever〉-존 레브키 John Leveque

〈아폴로 13 Apollo 13〉-릭 디오르 Rick Dior

〈브레이브하트 Braveheart〉-앤디 넬슨 Andy Nelson

사운드 믹싱상 Best Sound Mixing

* 〈배트맨 포에버 Batman Forever〉-도날드 O. 미첼 Donald O. Mitchell

〈크림슨 타이드 Crimson Tide〉-케빈 오도넬 Kevin O'Connell

〈워터월드 Waterworld〉-스티브 마슬로우 Steve Maslow

미술 감독 및 세트 장식상
Best Art Direction and Set Decoration

* 〈레스토레이션 Restoration〉-유제니오 자네티 Eugenio Zanetti

〈리틀 프린세스 A Little Princess〉-보 웰치 Bo Welch

〈아폴로 13 Apollo 13〉-마이클 코렌브리스 Michael Corenblith

〈꼬마 돼지 베이브 Babe〉-로저 포드 Roger Ford

〈리차드 3세 Richard III〉- 토니 버러프 Tony Burrough

촬영상 Best Cinematography

* 〈브레이브하트 Braveheart〉-존 톨 John Toll

〈리틀 프린세스 Little Princess〉-엠마누엘 루베즈키 Emmanuel Lubezki

〈샹하이 트라이어드 Shanghai Triad〉-루 예 Lu Yue

〈센스 앤 센시빌리티 Sense and Sensibility〉-마이클 코울터 Michael Coulter

〈배트맨 포에버 Batman Forever〉-스테판 골드블래트 Stephen Goldblatt

메이크업상 Best Makeup

* 〈브레이브하트 Braveheart〉-피터 프램튼 Peter Frampton

〈룸메이트 Roommates〉-그레그 캐놈 Greg Cannom

〈마이 패밀리 My Family, Mi Familia〉-켄 디아즈 Ken Diaz

〈레스토레이션 Restoration〉-제임스 아치슨 James Acheson

〈브레이브하트 Braveheart〉-찰스 크노드 Charles Knode

의상 디자인상 Best Costume Design

* 〈센스 앤 센시빌리티 Sense and Sensibility〉-제니 비반 Jenny Beavan

〈12 몽키스 12 Monkeys〉-줄리 웨이스 Julie Weiss

〈리차드 3세 Richard III〉-수나 하우드 Shuna Harwood

필름 편집상 Best Film Editing

* 〈아폴로 13 Apollo 13〉-마이크 힐 Mike Hill

〈크림슨 타이드 Crimson Tide〉-크리스 레벤존 Chris Lebenzon

〈꼬마 돼지 베이브 Babe〉-마커스 다르시 Marcus D'Arcy

〈세븐 Seven〉-리차드 프란시스-브루스 Richard Francis-Bruce
〈브레이브하트 Braveheart〉-스티벤 로젠블룸 Steven Rosenblum

시각 효과상 Best Visual Effects

* 〈꼬마 돼지 베이브 Babe〉-스코트 앤더슨 Scott Anderson
〈아폴로 13 Apollo 13〉-로버트 레가토 Robert Legato

최다 후보작 및 수상작

〈브레이브하트 Braveheart〉-10개 부문 후보
〈브레이브하트 Braveheart〉-5개 부문 수상

아카데미 명예상 Academy Honorary Award

* 척 존스 Chuck Jones
* 커크 더글라스 Kirk Douglas

고든 E. 소여상 Gordon E. Sawyer Award

* 도날드 C. 로저스 Donald C. Rogers

아카데미 특별 업적상
Special Achievement Award

* 존 라세터 John Lasseter-〈토이 스토리 Toy Story〉

제68회 아카데미 최대 화제작인 멜 깁슨의 〈브레이브하트〉. © Paramount Pictures.

<잉글리시 페이션트>
12개 지명, 9개 수상!

제69회 아카데미는 1996년 미국 주요 극장가에서 공개된 작품을 대상으로 24개 부문 24 categories을 통해 주요 수상자(작)을 선정한다.

배우 빌리 크리스탈은 1990년 62회 시상식 이후 5번째 진행을 맡게 된다.

<잉글리시 페이션트 The English Patient>는 12개 부문에 지명돼 작품상 등 9개 부문을 석권, 69회 최고의 스포트라이트를 독식하게 된다.

흥행가에서는 <파고 Fargo>를 비롯해 <브레딩 레슨 Breathing Lessons: The Life and Work of Mark O'Brien> <디어 다이어리 Dear Diary> <엠마 Emma> <에비타 Evita> <고스트 앤 더 다크니스 The Ghost and the Darkness> <인디펜던스 데이 Independence Day> <제리 맥과이어 Jerry Maguire> <너티 프로페서 The Nutty Professor> <퀘스트 Quest> <샤인 Shine> <슬링 블레이드 Sling Blade> 등이 가장 많은 관심을 받아낸다.

시상식 : 1997년 3월 24일 6:00 PM
장　소 : L A 슈라인 오디토리엄 Shrine Auditorium
사　회 : 빌리 크리스탈 Billy Crystal, ABC 중계

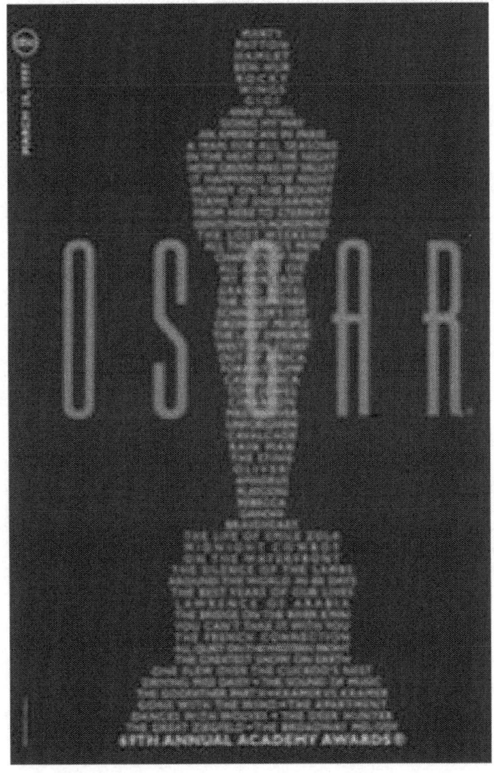

제69회 아카데미 시상 포스터. © A.M.P.A.S /Oscars.org

신세대 공포 극 주도한 <스크림>

'공포 영화 좋아해?
생각나는 영화 있어?
〈할로윈〉, 흰 마스크를 쓰고 소녀를 쫓는 괴물이 나오는 거예요
〈나이트 메어〉
손에 칼날 붙인 놈?
프레디 크루거죠?
맞아, 프레디.
난 그 영화가 좋아
슬슬 게임을 시작할까?
아니면 당장 죽일까?
어떤 게임인데요?
불부터 꺼. 그럼 알게 돼
게임의 방법은 내가 낸 문제를 네가 맞추면
아주 쉬워, 영화 상식인데 연습문제도 있어
제발 그만
〈할로윈〉의 살인마는?
흰 마스크 쓴 놈?
몰라요
잘 생각해 봐
마이클... 마이클 마이어스
정답! 하지만 연습문제였어
제발 그만...
그럼, 진짜 문제
〈13일의 금요일〉 의 살인마는?
제이슨, 제이슨!
유감이군, 틀렸어!
무슨 소리야! 제이슨이 맞아!
어쩐다. 아닌데
제이슨이 분명해
그 영화 20번이나 봤어!
제이슨의 엄마가
오리지널 살인마였어!
제이슨은 속편부터 나왔지
영화를 제대로 봐!

신세대 공포 영화로 갈채를 받은 〈스크림〉. © Dimension Films.

공포 영화에 관련된 퀴즈, 웃음이 터져 나오게 하는 가면 마스크, 끊임없이 걸려오는 전화를 통해 제출하는 '너희 집은 문이 두개 있지. 난 지금 어느 문에 있게?' '내가 누군지 묻지 말고, 내가 어디 있는지 물어야지?' 등 황당한 추궁, 순결을 잃은 여성들은 반드시 죽음을 당한다는 것 등 등.

웨스 크레이븐 Wes Craven 감독의 발칙한 공포, 미스테리 〈스크림 Scream〉은 공개 직후 제목처럼 객석의 비명과 거물급 배우 드류 배리모어가 퀴즈를 맞히지 못하고 반항하다 초반에 허무하게 죽음을 당하는 것 등 깜짝 반전에 대한 찬사가 결합돼 흥행 가를 강타한다.

'고스트 페이스의 음산하면서도 장난기 가득한 목소리를 맡은 로저 L. 잭슨은 〈스크림〉이 2011년까지 시리즈 4부작이 공개되는 수훈자 역할을 해낸다.

남자 친구가 있는 10대 소녀들이 주로 희생양으로 선택하는 '고스트 페이스 ghost face' 행각은 감독이 미국 청소년들에게 갖고 있는 반감을 드러내는 설정이라는 음모론(?)로 제기된다.

'이제 모든 이들은 희생양이 될 수 있는 동시에 살인 용의자다'라는 선전 문구로 공개된 〈스크림〉은 1990년대 후반 하이틴 대상 공포, 스릴러 극이 봇물을 형성하는 계기를 가져온다.

오프닝을 장식하는 소호(SoHo)가 불러 주는 주제곡 'Whisper To A Scream'을 비롯해 거스의 'Don't Fear The Reaper', 캐슬린의 'Whisper', 줄리 크루즈와 플로우가 화음을 맞춘 'Artificial World (Interdimensional Mix)', 닉 케이브와 배드 시드의 'Red Right Hand', 시스터 머신 건의 'Better Than Me', 앨리스 쿠퍼의 'School's Out', 버드 브레인의 'Youth of America', 리퍼블리카의 'Drop Dead Gorgeous', 모비의 'First Cool Hive', 딜론 딕슨+마르코 벨트라미+스티브 카넬리의 'I Don't Care' 등 인디 레이블 곡과 중견 록 가수들의 신곡이 혼재 된 사운드트랙은 호기심 자극시키는 뉴 웨이브 공포극의 흥미 감을 오래도록 간직하게 만든다.

마돈나 〈에비타〉 통해 전천후 엔터테이너 재입증

'이상하게 들릴지 모르지만 그렇게 쉽지는 않군요
지금 내가 어떤 기분인지를 설명한다는 것이
모든 것을 이룬 후에도 여전히 그대들의 사랑을 필요로 하고 있다는 것을
그대들은 날 믿지 않을 거예요
그대 앞에 서있는 소녀가 그대가 알던 그 아이라는 것을
비록 이렇게 멋지게 차려 입었지만
어리둥절한 마음으로 그대 앞에 서있습니다
난 이렇게 해야만 했어요, 난 변화가 필요 했어요
삶을 저 밑바닥 인생으로 팽개쳐둘 수 없어요
태양 빛으로 부터 한 걸음 물러나 창 밖 만 바라볼 수 없어요
그래서 난 자유를 선택 했어요
이곳저곳 뛰어 다니며 새로운 세계를 경험했던 것이죠
하지만 아무 것도 내게 감동을 줄 수는 없었어요
아르헨티나여 울지 말아요.
진실로 난 그대를 배반하지 않았습니다.'

절절함이 가득 묻어 있는 'Don't Cry for Me Argentina'는 알란 파커 감독이 팝 가수 마돈나를 기용해 선보인 록 음악 영화 〈에비타 Evita〉를 통해 재조명을 받게 된다.

〈에비타〉에서 탄탄한 연기력의 소유자임을 입증시킨 마돈나. © Hollywood Pictures.

앤드류 로이드 작곡, 팀 라이스 작사의 'Evita'는 아르헨티나 국모(國母)로 추앙 받고 있는 에바 페론의 뮤지컬 속에서 불러 주는 노래이다.

애초 제목은 'It's Only Your Lover Returning'.

뮤지컬과 영화 모두 동일하게 대통령 궁인 '까사 로사다 Casa Rosada' 발코니에 나와 수많은 군중들을 향해 불러주는 후회와 반항적인 태도를 혼합시켜 애뜻한 감정을 불러일으키는 곡이다.

작곡가 로이드 웨버는 곡의 주요 멜로디를 브람스의 'Violin Concerto in D'(1878) 3악장에서 차용했다고 밝힌다.

뮤지컬 〈에비타〉를 통해 널리 알려지게 된 이 노래

는 엘키 브룩스(Elkie Brooks)가 취입을 의뢰 받았지만 고사하는 바람에 줄리 코빙톤(Julie Covington)이 1976년 스튜디오 앨범으로 발표하면서 대중적인 환영을 받아낸다.

공개 직후 싱글은 1977년 2월 영국 싱글 차트 1위에 오르는 동시에 1주일 만에 무려 100만장이 팔려 나가는 폭발적인 호응을 얻어낸다.

1978년 런던에서 초연된 뮤지컬에서는 에바 역에 엘렌 페이지(Elaine Paige)가 캐스팅 된다.

아이러니하게도 1982년 영국과 아르헨티나가 포크랜드(Falklands) 점유권을 놓고 영토 전쟁을 벌일 때 영국 군악대들이 포크랜드 지역에서 군 열병식장에서 풍자적으로 연주한다.

전쟁 와중에서는 코빙톤의 노래를 BBC에 위해 연주 금지가 된다.

이 노래는 영국 뿐 아니라 필리핀 독재자 페르난드 마르코스(Ferdinand Marcos)의 영부인 이멜다 마르코스(Imelda Marcos)와 에바 페론의 행적이 흡사하다는 이유로 금지곡으로 지정된다.

'Don't Cry for Me Argentina'는 가수들이 한 번쯤 취입해 보고 싶은 명곡으로 선호되고 있다. 주요 가수들의 커버 버전(Cover versions) 명단은 다음과 같다. 〈가수, 발표 연도, 수록 앨범 順〉

- 올리비아 뉴튼-존(Olivia Newton-John)(1977)-앨범 『Making a Good Thing Better』
- 카펜터(Carpenters)(1977)-앨범 『Passage』
- 페츌락 클락(Petula Clark)(1977)-프랑스어 버전 'La Chanson d'Evita', 이태리어 버전 'La No flores por mi Argentina' 출반.
- 엘렌 페이지(Elaine Paige)(1978)-런던 뮤지컬 공연 무대.
- 셜리 베시(Shirley Bassey)(1978)-앨범 『The Magic Is You』, 1993년 발매된 앨범 『Sings the Songs of Andrew Lloyd Webber』에 재수록.
- 탐 존스(Tom Jones)(1979)-앨범 『Rescue Me』
- 둘리스(The Dooleys)(1980)-앨범 『Full House』
- 마티 웹(Marti Webb)(1981)-앨범 『Won't Change Places』, 1995년 앨범 『Music and Songs from Evita』에 재수록. 마티 웹은 엘렌 페이지에 이어 런던 공연 2대 에비타로 발탁된다.
- 스테파니 로렌스(Stephanie Lawrence)(1988)-마티 웹에 이어 3대 에비타로 캐스팅 된다.
- 로라 브래니건(Laura Branigan)(1990)-비디오 및 레이저 디스크 'Laura Branigan in Concert'. 로라는 별도의 앨범용 녹음을 하지 않고 공연장에서만 이 노래를 불러준다
- 시너드 오커너(Sinéad O'Connor)(1992)-앨범 『Am I Not Your Girl』
- 마돈나(Madonna)-〈에비타 Evita〉(1996) 사운드트랙
- 쥬디 콜린스(Judy Collins)(1999)-앨범 『Classic Broadway』
- 미 퍼스트 앤 더 김미 김미(Me First and the Gimme Gimmes)(1999)-앨범 『Me First and the Gimme Gimmes Are a Drag』
- 줄리안 로이드 웨버(Julian Lloyd Webber)(2001)-앨범 『Lloyd Webber Plays Lloyd Webber』
- 게오르규 장피엘(Gheorghe Zamfir)-앨범 『Magic of the Panpipes Collection』

록 뮤지컬 영화 〈에비타〉는 싱어 송 라이터로 재능을 발휘하고 있는 마돈나가 영화 히로인을 맡으면서 1997년 2월 11일 사운드트랙 앨범이 출시된다.

천부적인 가창력에 담아 취입한 이 노래는 발표 직후 뜨거운 성원을 받자 마돈나는 프로듀서를 직접 맡아 댄스 리믹스 버전(dance remix)도 발표해 신선한 충격을 안겨준다.

이어 파블로 프롤레스(Pablo Flores)와 자비에르 가르자(Javier Garza)가 프로듀서를 담당해 영어와 스페인어 가사가 담겨 있는 'The Miami Mix'가 발매된다.

마돈나의 뮤직 비디오는 영화와 같이 알란 파커가 연출을 맡았으며 영화의 하이라이트가 자료 화면으로 활용된다.

〈에비타〉 사운드트랙에 애착을 보인 마돈나는 2001년 진행된 순회공연 Drowned World Tour의 막간 연주곡으로 들려주었으며 2008년 진행된 리버

플레이트 스타디움 쇼 River Plate Stadium shows 와 스티키 & 스윗 투어 Sticky & Sweet Tour 공연장 프로그램으로 불리워진다.

영화 공개 후 음악 전문지 『슬랜트 매거진 Slant Magazine』은 '실존 인물의 일대기를 완벽하게 재현하는 동시에 뛰어난 보컬 능력을 내세워 마돈나만의 발군의 가창력을 전달시켜 주었다'는 극찬을 게재한다.

프랑스 팝 차트 1위, 빌보드 8위, 영국 등 유럽 주요 팝 차트 9위에 오르는 등 고른 호평을 받아내고 미국 시장에서만 34만장이 판매된다.

많은 삽입곡 중 'You Must Love Me'는 아카데미 주제가상 후보로 지명 받는다.

영화 〈에비타〉의 주인공 에바 마리아 두아르테는 사생아 출신.

지독한 가난에서 벗어나기 위해 10대 시절부터 클럽을 전전하다 영화배우의 꿈을 키운다.

15살 때부터 모델, 연극, 영화배우, 라디오 성우 등으로 점차 유명세를 얻게 된다.

정치 모금 집회에서 후안 페론 대령을 만나 마침내 영부인으로 격상되는 신분 상승을 하게 된다.

에바는 남편이 정치적 탄압으로 수감 생활을 할 때 국민들에게 석방을 탄원하는 운동을 전개해 이를 성사시키는 능력을 발휘한다.

대통령에 당선된 남편을 대신해 서민들을 위한 강력한 복지 정책을 추진하면서 국민적인 영웅으로 추앙받은 에바는 겨우 33세 때인 1952년 7월 26일 암으로 타계한다.

에비타(Evita)라는 애칭으로 더욱 유명해진 그녀는 사후에도 아르헨티나 국민들이 가장 숭배하는 영부인이자 국민적 지도자로 대접 받는다.

〈트레인스포팅〉, 걸출한 스타 이완 맥그리거 배출

이완 맥그리거를 세계적 스타로 부상시켜준 〈트레인스포팅〉. © Channel Four Films.

'인생, 직업 그리고 보다 안락한 집을 선택해! 치과보험, 야외 놀이 복장, 여행 가방 그리고 미래를 선택해, 그런데 왜 많은 사람들이 그 같은 선택을 원한다고 생각하는데?'

도발적인 홍보 문안을 내걸고 공개된 〈트레인스포팅 Trainspotting〉은 1993년 발표된 어빈 웰시(Irvine Welsh)의 동명 소설을 대니 보일이 이완 맥그리거, 이웬 브렘너, 자니 리 밀러, 케빈 맥키드 등 영국 청춘 배우들을 대거 출연시켜 공개한 작품이다.

1980년대 말 에딘버러.

경제 공황 여파로 삶의 청사진을 상실한 일단의 청년들이 헤로인, 섹스, 공권력을 조롱하는 파괴적 행동, 거친 언어, 폭력 등을 행사해 자신들에게 닥친 현실적 고단함에 저항하는 행적을 담고 있다.

'미래를 선택하라, 인생을 선택하라, 자니야, 들어봐, 왜 내가 그런 것을 원해야하지? 또다시 벌거숭이가 되네, 난 인생을 선택하는 것을 선택하지 않았다, 난 다른 것을 선택했다, 다른 것을 선택한 이유? 이유는 없다, 마약 할 때도 이유가 필요한가? 그래, 사랑 노래를 부르자, 최면에 걸린 듯이 춤을 추자'

PF Project가 불러주는 'Choose Life'는 '선택하는 것을 거부하고 선택하지 않았지만 결국 선택할 수 밖에 없다'는 아이러니한 상황을 적절하게 묘사한 테마곡으로 쓰여 젊은 음악 팬들의 공감을 얻어낸다.

이 곡 외에 이기 팝의 'Lust For Life' 'The Passenger' 'Nightclubbing', 브라이언 에노의 'Deep Blue Day', 프리멀 스크림의 'Trainspotting', 슬리퍼의 'Atomic', 뉴 오더의 'Temptation', 블러의 'Sing', 루 리드의 'Perfect Day', 펄프의 'Mile End' 등 1990년대 새로운 조류를 형성하고 있는 영국 록 음악을 접해 볼 수 있는 것도 지구촌 청춘 관객들의 열렬한 호응을 끌어내는 요소가 된다.

'건강, 낮은 콜레스테롤 수치, 치아보험 임대, 새집 마련, 운동복, 가방, 비싼 옷, D.I.Y, 쇼 프로, 인스턴트 음식, 자녀들, 공원을 산책하며 9시부터 5시까지 골프도 치고 세차도 하고, 스웨터도 고르고 가족적인 크리스마스도 맞고 복지 연금, 세금감면, 빈민구제 근근이 살다, 비전을 갖다, 사망하다 good health, low cholesterol, dental insurance, mortgage, starter home, leisurewear, luggage, three-piece suite, D.I.Y. game shows, junk food, children, walks in the park, 9:00 to 5:00, good at golf, washing the car, choice of sweaters, family Christmas, indexed pension, tax exemption, clearing gutters, getting by looking ahead to the day, you die'라는 라스트 대사는 뭔가 색다른 것을 위해 선택적인 삶을 갈망하지만 결국 지극히 평범한 굴레에 갇힌 인생을 살 수 밖에 없다는 자조적 결론을 제시하고 있다.

외계 생물체에 대한 공포감 전달한 팀 버튼 〈화성 침공〉

'우주 어딘가에 서식하는 생명체'를 뜻하는 '외계인의 삶 extraterrestrial life'은 미확인비행물체를 뜻하는 U.F.O를 비롯해 〈세계 전쟁 The War of the Worlds〉 〈X 파일 The X Files〉〈외계 행성 Outer Space〉 〈에이리언 Alien〉 〈몬스터의 공격 Attack of The Monsters〉 〈또다른 행성 Another Planet〉 〈신체 약탈자 Body Snatchers〉 〈화성 Mars〉 〈미지와의 조우 Close Encounters of the Third Kind〉 〈콘택트 Contact〉 〈생명체 Creature〉 〈다크 스타 Dark Star〉 〈우주선 Spaceship〉 〈금성 Venus〉 〈침략자 Intruders, Invaders, The Invasion〉 〈플래닛 Planet〉 〈프레데터 Predator〉 등은 인류에게 두려움을 안겨 주는 외계 생명체를 등장 시킬 때 반복 되서 사용되는 제목이다.

다행히 스필버그의 〈이티 E.T. the Extra-Terrestrial〉에서는 우호적인 외계인을 등장 시켰지만 제임스 카메론 감독은 심해에 서식하고 있는 정체불명의 물체를 등장시켜 〈어비스 The Abyss〉를 통해 머나먼 우주 공간 외에 지하 수중에도 뭔가 공포스런 생물체가 생존해 있다고 주장해 관심을 얻는다.

외계인에 대한 공포감을 담은 팀 버튼 감독의 〈화성 침공!〉. © Warner Bros.

팀 버튼 감독의 〈화성 침공! Mars Attacks!〉은 느닷없이 출현한 화성인들이 미국 대통령의 환대를 무시하고 환영장에 있던 미군 장성과 무고한 시민들을 무차별적으로 살해한다.

백악관 집무실까지 침공한 화성인 대사는 지구인과 공생 번영을 위해 노력하자는 연설을 하다 갑자기 미국 대통령까지 죽이는 만행을 저지른다.

강대국 미국을 포함해 지구 곳곳을 초토화시키는 화성인.

그런데 기세등등한 화성인은 할머니가 즐겨 듣는 올드 팝송에서 흘러나온 선율과 파장으로 머리통이 터지면서 죽어간다.

한껏 두려움을 안겨 주던 화성인들을 일거에 무력화시키는 고전 팝송이 슬림 휘트만의 'Indian Love Call'이다.

'허를 찌르는 기발하고 엽기적인 SF 코미디'로 평가받은 <화성 침공!>은 예측을 불허한 팀 버튼 감독만의 재치가 담겨 있는 작품으로 인정받는다.

<제리 맥과이어> 스포츠 에이전트 다뤄 이목 끌어내

'당장은 메이저 리그에 입단은 곤란해도 재능을 타고 난 것 같아, 그 재능을 키워줄 사람을 몇 분 알아, 인생의 모든 것에 대해 명확한 해답을 드릴 수는 없지만 저는 인생을 살아오면서 성공만큼 실패도 많이 했어요, 하지만 전 아내를 사랑했고 제 인생을 사랑 했죠, 부디 여러분도 성공하시길 바랍니다 He won't make the major leagues tomorrow, But you can see he's got talent and I know the right people, I don't have all the answers In life, I've failed as much as I've succeeded, But I love my wife, I love life and I wish you my kind of success'

카메론 크로우 감독의 <제리 맥과이어 Jerry Maguire> 는 승승가도를 달리던 스포츠 에이전트 제리(탐 크루즈)는 돈보다는 인간적인 유대 관계를 중시해야 한다는 보고서를 제출했다가 졸지에 해고당한다.

이후 힘겨운 곡절을 겪은 뒤 제리가 고수하고 있는 도덕적인 가치관에 동조한 흑인 미식축구 선수 로드 티드웰(쿠바 쿠딩 주니어)과 의기투합해 재기에 성공한다.

늘 흥분해서 보다 많은 수익을 얻게 해달라고 다그치는 로드는 'Show Me The Money'를 달고 다닌 덕분에 아카데미 조연 남우상을 차지하게 된다.

기량 있는 프로 선수들을 발굴하거나 이적을 주선하는 스포츠 에이전트의 세계를 다룬 <제리 맥과이어>.

탐 크루즈가 양식 있는 스포츠 에이전트로 열연한 <제리 맥과이어>. © TriStar Pictures.

오프닝을 통해 '60억의 인구가 사는 지구죠, 제가 어렸을 땐 30억 이었으니 엄청난 증가죠? 한결 잘 보이네요, 미국입니다, 스포츠 기록을 즐기는 나라죠, 인디아나주에 사는 13세의 소년 포인트가드 클라크는 지난주에 한 게임에서만 백 점을 뽑았답니다, 올림픽 유망주 에리카이며 시애틀의 몰리는 16세에 여자 프로복싱의 길을 시작 했는데 지금 옛 애인을 상상하며 연습하고 있죠, 캘리포니아 출신 스탈링의 장타력을 눈여겨보세요, 텍사스 오데사시의 쿠쉬 선수입니다, NFL의 26개 프로팀이 그를 낚아채려 혈안입니다. 이 친구도 저의 황금 알입니다. 집중할거야, 말거야? 성공하기 싫어? 프로가 되기 전 어떤 선수는 싹이 파란가

하면...당신이 골프에 대해서 뭘 알아? 노란 녀석도 있답니다.

일선에 나서지 않고 뒤에서 뛰는 저는 스포츠 에이전트죠

The world. Six billion people... When I was a kid, there were three.

It's hard to keep up. Thats better. That's America.

America still sets the tone for the world.

In Indiana, Clark Hodd, thirteen.

The best point-guard in the country.

Last week he scored 100 points in the single game.

Erica Sorgi. You'll see her ln the next Olympics.

In Seattle. Dallas Malloy, 16. One of the premier women boxers.

She's thinking about her boyfriend right now.

Indio, California. Art Stallings.

Check out what pure joy looks like.

Odessa, Texas. The great Frank Cushman.

Next April, 26 teams will be falling over the-meselves to sign him next NFL draft.

He's my client. My most important client.

I'm fine. Start trying! There's a genius everywhere. Some make it...

You don't know diddley about golf! some don't. I'm the guy you don't usually see.

I'm behlnd the scenes. I'm the sports agent'라는 제리의 장황스런 상황 설명을 통해 돈과 명예에 목을 걸고 있는 스포츠 세계에서 최후까지 보호 받아야 할 것은 서로간의 신뢰라는 점을 역설하고 있다.

독자적인 생각으로 부침을 거듭하는 탐 크루즈에게 절대적인 신뢰를 보내고 있는 미혼모 역의 르네 젤웨거가 이 작품을 통해 모성을 불러일으키는 푸근한 인상의 연기를 유감없이 펼쳐준다.

촬영 감독 출신 얀 드봉, 재난 영화 〈트위스터〉 공개

〈원초적 본능 Basic Instinct〉(1992) 〈리쎌 웨폰 3 Lethal Weapon 3〉(1992)를 통해 긴박감 있는 화면을 펼쳐준 주역이 촬영 감독 얀 드 봉(Jan de Bont).

키아누 리브스 주연의 〈스피드 Speed〉(1994)로 감독으로 변신한 그가 데뷔작 성공을 발판을 삼아 2번째 연출작으로 공개한 재난 영화가 〈트위스터 Twister〉이다.

1969년 6월.

어린 조 하딩(헬렌 헌트)은 강력한 회오리바람인 토네이도(Tornado) 일종인 트위스터 바람에 휘말려 아버지가 목전에서 사망하는 것을 목격한다.

성인이 된 조는 부친의 목숨을 앗아간 토네이도를 연구해서 예보 시스템을 개발, 무고한 인명을 구하는 작업을 수행한다.

〈트위스터〉는 재난/ 스릴러 영화(disaster/ thriller film)의 진면목을 보여준 작품이다.

재난(A disaster)은 자연 혹은 인간의 부주의로 인해 발생되는 예기치 못한 재해(災害)로 중요 건물이나 물체의 파괴, 인명 살상, 통제가 불가능한 자연 환경 변화 등을 초래하는 것을 지칭한다.

재난의 대표적인 사례는 '지진 earthquakes' '홍수 floods' '대형 참사 catastrophic accidents' '화재 fires' '폭발 explosions' 등으로 발생된다.

재난은 유용한 시설을 일순간 파괴시켜 위험에 빠트리게 만들고 생물이 서식하거나 생활하는 지역을 황폐화시켜 거처할 수 없도록 만드는 재난을 불러일으

얀 드봉 감독의 스피디한 화면이 시선을 사로 잡은 〈트위스터〉. © Warner Bros.

킨다.

자연 재해 등은 특히 개발도상국이나 제3세계 지역에서 빈번하게 발생해 수많은 인명 살상과 기반 시설의 파괴를 초래해 약소국의 경제 사정을 더욱 핍박하게 만드는 원흉(元兇)이 되고 있다.

비행기 파괴(damaged airliner), 화재(fire), 선박 침몰(shipwreck), 질병(disease), 우주 행성 간 충돌(an asteroid collision), 자연 참사(natural calamities) 등은 재난 영화(disaster film)가 가장 즐겨 다루고 있는 소재이다.

이들 영화에서는 스펙터클한 참사 현장(spectacular disaster), 아수라장 사건(chaotic events) 와중에 벌어지는 개인이나 가족 간의 생존을 위한 노력(efforts for survival)에 초점을 맞추어 흥행 가에서 공감을 얻어오고 있다.

익히 알려진 유명 배우와 수많은 복합적 에피소드, 각 등장인물이 급박한 사건에 대처하는 다양한 모습, 위험한 상황에서 벗어나려는 시도 등은 재난 영화만이 보여주는 흥미 있는 설정이다.

비행기 참사를 다룬 〈에어포트 Airport〉(1970), 해양 참사극 〈포세이돈 어드벤처 The Poseidon Adventure〉(1972), 대도시 LA에서 대형 지진이 강타한다는 〈대지진 Earthquake〉(1974), 초고층 빌딩이 화마(火魔)에 휩싸여 인간의 오만함에 경종을 울려 주었던 〈타워링 The Towering Inferno〉(1974) 등은 1970년대 할리우드 흥행 가에 재난 영화 붐을 이끌어 나간다.

외부 재난이 닥쳐오면서 인간의 나약한 면과 흉사(凶事)를 초래하는 악한의 존재가 반드시 등장한다.

하지만 거대한 고난이 닥치면서 가족 사이의 돈독함을 재확인하게 되고 인간끼리 서로 의지하는 사랑의 감정이 고조되는 부가적인 이득을 가져다준다.

1990년대 들어서 컴퓨터 그래픽의 일취월장(日就月將)한 발전과 풍부한 제작비 투자 덕분에 이들 장르 영화의 발전 속도는 급상승 하게 된다.

1970년대 재난 영화가 주로 등장인물들 간의 의견 충돌에 초점을 맞추었다고 한다면 1990년대 들어서는 화산 폭발을 다룬 〈단테스 피크 Dante's Peak〉, 우주 행성과 지구 충돌 위험을 소재로 한 〈아마겟돈 Armageddon) 등에서는 어마어마한 파괴(destruction)에 비중을 둔 화면을 만들어내 간담 서늘한 재난 영화의 진수를 선사한다.

'악 evil'의 존재와 '이기심 selfish' 등은 인간 사이의 갈등을 증폭시키는 요소가 되고 있다.

이 같은 위기를 설득하고 해결하는 영웅의 등장은 재난 영화의 상업적 성과를 확장시키고 있는데 찰톤 헤스톤(Charlton Heston), 스티브 맥퀸(Steve McQueen)은 바로 재난 영화가 배출한 대표적인 스크린 영웅으로 대접 받는다.

재난 영화의 역사는 영국의 제임스 윌리암슨(James Williamson) 감독의 〈파이어! Fire!〉(1901)로 시작됐을 만큼 유구한 역사를 자랑하고 있다.

무성 시대 만들어진 이 작품은 불타오르는 화재 현장을 혼신을 다해 진압하는 소방관과 위험에 빠진 주민들을 탈출시키는 영웅적 모습을 담고 있다.

이어 〈나이트 앤 아이스 Night and Ice〉(1912), 대서양 횡단 도중 침몰한 타이타닉 호의 참사를 다룬 〈타이타닉: 아틀란티스 Titanic; Atlantis〉(1913), 성경에 언급된 대홍수를 소재로 한 〈노아의 방주 Noah's Ark〉(1928), 뉴욕시에 홍수가 닥친 상황을 다룬 〈폭우 Deluge〉(1933), 거대한 유인원이 뉴욕을 혼란에 빠트린다는 〈킹 콩 King Kong〉(1933), 기원 후 79년 이태리 베수비어스 화산 폭발을 다룬 〈폼페이 최후의 날 The Last Days of Pompeii〉(1935) 등이 재난 영화의 흐름을 이어간다.

남태평양의 한 섬에 열대성 폭풍(tropical cyclone)이 몰아 닥쳐 초토화 되는 피해를 당한다는 존 포드 감독의 〈허리케인 The Hurricane〉(1937), 1906년 발생한 샌 프란시스코 지진 참사를 담은 〈샌 프란시스코 San Francisco〉(1936), 1871년 시카고 대부분의 지역이 화재로 대규모 피해를 본 역사적 사실을 극화한 〈올드 시카고 In Old Chicago〉(1937), 영국의 북동부 광산 갱도가 붕괴된 참사를 다룬 캐롤 리드 감독의 〈스타 룩 다운 The Stars Look Down〉(1939) 등이 뒤를 이어 공개된다.

2차 대전 이후 본격화된 원자력 시대의 도래(the beginning of the Atomic Age)는 방사능 물질이 초래하는 기형 생물과 인간의 생체 변화 초래 등이 '과학을 가미시킨 가상 재난 영화(Science fiction disaster films)'라는 새로운 파생 장르를 탄생시킨다.

〈세계가 충돌할 때 When Worlds Collide〉(1953) 〈세계 전쟁 The War of the Worlds〉(1953) 〈고질라, 괴수의 왕! Godzilla, King of the Monsters!〉(1956) 〈데들리 맨티스 The Deadly Mantis〉(1957) 〈지구가 화마에 휩싸인 날 The Day the Earth Caught Fire〉(1961) 〈세계 붕괴 Crack in the World〉(1965) 등이 과학 재난 영화의 진가를 입증시킨 대표작이 된다.

무성 영화 시대부터 '타이타닉'은 수차례 리바이벌 될 정도로 대중적인 재난 영화 소재로 각광 받는다.

1953년 20세기 폭스는 클립톤 웹, 바바라 스탠윅 등 당대 1급 연기자들을 출연시킨 〈타이타닉 Titanic〉을 공개한 뒤 1958년에는 영국에서 〈나이트 투 리멤버 A Night to Remember〉에 이어 〈마지막 항해 The Last Voyage〉(1960)가 공개된다.

거대 선박이 해일과 빙산과 충돌해 침몰한다는 〈포세이돈 어드벤쳐 The Poseidon Adventure〉는 극중 로버트 스택(Robert Stack)이 위기에 빠진 아내(도로시 말론)과 아이들을 구출하기 위해 혼신을 다하는 장면을 삽입시켜 재난 영화 속에서 돈독한 가족애를 느낄 수 있는 요소를 가미시킨다.

이 영화는 객석에서 대형 참사를 집적 목격하는 생동감 있는 화면을 구성해 아카데미 시각 효과상(Academy Award for Best Visual Effects) 후보작으로 지명 받는다.

비행기도 재난 영화에서 즐겨 다루는 대상이 되고 있다.

바다를 건너는 비행기가 기관 고장을 일으키자 조종사의 생존 분투기를 다룬 존 웨인, 로버트 스택 주연의 〈하이 앤 마이티 The High and the Mighty〉(1954), 기내 음식을 먹고 식중독을 일으킨 비행기 승무원 때문에 창공에서 발생하는 긴박한 상황을 다룬 〈제로 아워! Zero Hour!〉(1957)-시나리오를 쓴 아서 헤일리(Arthur Hailey)는 1968년 유사한 소재를 담은 소설 〈에어포트 Airport〉를 발표 한다-회사에 불만을 품은 정비사의 농간으로 인해 운항 도중 비행 참사가 발생하는 것을 고군분투해서 제어한다는 에드먼드 오브라이언 주연의 〈둠즈데이 플라이트 The Doomsday Flight〉(1966)가 가장 안전하다는 비행기가 참사를 초래할 수 있는 대상이 될 수 있다는 가능성을 제기해 관객들의 오금을 저리게 만든다.

1970년대는 재난 영화의 황금 시기(The Golden Age of the Disaster film)라고 평가될 만큼 다양한 소재의 영화들이 흥행 가를 노크한다.

비행기 안에 설치된 폭탄이 폭파돼 창공에서 운행 불구가 된 참사를 다룬 〈에어포트 Airport〉(1970)는 조지 시튼 감독, 버트 랭카스터, 딘 마틴, 조지 케네디, 재클린 비셋 등 1급 연기 진들의 호연에 힘입어 당시로서는 막대한 수익은 4,500만 달러의 흥행 소득을 거둔다.

이 영화는 아카데미 어워드에서 작품, 조연 여우 등 10개 부분 후보작으로 지명되는 성원을 받아낸다.

1972년 공개된 〈포세이돈 어드벤처 The Poseidon Adventure〉는 해저에서 발생한 지진과 거대 해일을 만나 초호화 유람선이 침몰한다는 내용을 담아 4,200만 달러의 거액을 벌어들이면서 메이저 영화사들이 재난 영화 제작에 올 인하는 열기를 가져온다.

〈포세이돈 어드벤처〉는 아카데미 어워드 8개 후보에 올라 주제가상과 특수 효과상을 수상한다.

초호화 빌딩 개관식에 화재가 발생한다는 〈타워링 The Towering Inferno〉(1974)은 5,500만 달러, 지진 비극을 다룬 〈대지진 Earthquake〉은 3,600만 달러, 1970년 공개된 〈에어포트〉의 속편 〈에어포트 1975 Airport 1975〉는 2,500만 달러 등 재난 영화의 뜨거운 흥행 열기는 식을 줄 모르고 지속된다.

〈타워링〉은 막대한 제작비 부담 때문에 경쟁사였던 20세기 폭스와 워너 브라더스가 합작을 시도해 이후 대형 영화사끼리 윈-윈 전략이 확대되는 계기를 가져온다.

프로듀서 어윈 알렌(Irwin Allen)은 〈타워링〉 외에 〈스웜 The Swarm〉 〈비욘드 포세이돈 어드벤처 Beyond the Poseidon Adventure〉 〈타임 랜 아웃 When Time Ran Out〉 등의 제작을 진두지휘하며 흥행작으로 만들어 내는 수완을 발휘해 '재난의 제왕 The Master of Disaster'이라는 애칭을 듣는다.

비행기, 선박, 지진, 해일, 재난 영화 단골 설정

1970년대 재난 영화의 진수를 선사했던 〈타워링〉.

〈타워링〉은 작품상 등 8개 아카데미 어워드 부문상에 지명 받아 촬영, 편집, 주제가상 등을 수여 받는다.

〈대지진〉도 첨단 대도시 LA가 지진으로 초토화 되는 풍경을 마치 눈앞에서 목격하는 듯한 사실감 있는 화면을 만들어내 아카데미 어워드 사운드, 특수 시각 효과상을 차지한다.

영화계의 재난 영화 신드롬은 급기야 TV용 영화 제작 흐름에도 영향을 끼쳐 〈히트 웨이브! Heat Wave!〉(1974) 〈지구가 움직이는 날 The Day the Earth Moved〉(1974) 〈허리케인 Hurricane〉(1974) 〈홍수! Flood!〉(1976) 〈화재! Fire!〉(1977) 등이 제작, 방영된다.

1970년대 중반에도 운항 도중 비행선이 폭파하는 역사적 사실을 극화한 〈힌덴베르그 The Hindenburg〉(1975), 열차 탈선을 다룬 〈카산드라 크로싱 The Cassandra Crossing〉(1976), 〈2분의 경고 Two-Minute Warning〉(1976), 〈롤러코스터 인 센서라운드 Rollercoaster in Sensurround〉(1977), 〈댐네이션 앨리 Damnation Alley〉(1977), 〈그레이 레이디 다운 Gray Lady Down〉(1978), 〈시티 온 파이어 City on Fire〉(1979) 등이 관객들의 성원을 받아낸다.

대형 항공 여객기에 폭탄이나 납치범들의 횡포로 일순간 비상사태에 빠진다는 〈스카이잭 Skyjacked〉(1972), 〈에어포트 77 Airport 77〉(1977) 〈콩코드,

에어포트 79 The Concorde Airport 79〉(1979) 등이 공개된다.

하지만 대규모 벌떼들의 인간 공격을 다룬 〈스웜 Swarm〉(1978), 운석이 지구를 향해 돌진한다는 〈운석 Meteor〉(1979) 〈타임 랜 아웃 When Time Ran Out〉(1980) 등은 관객들의 외면을 받으면서 서서히 재난 영화의 열기가 식어간다.

1980년대 들어서는 전직 공군 조종사가 탑승한 시카고 행 비행기 승무원들이 식중독 사고를 일으키자 기장 대신 조종대를 잡고 벌이는 해프닝을 다룬 로버트 헤이즈 주연의 〈에어플레인 Airplane〉(1980)이 코믹한 상황으로 객석의 웃음보를 터트리게 하면서 〈에어플레인 2 Airplane II: The Sequel〉(1982)가 곧바로 공개되는 여파를 남긴다.

한동안 소강상태를 보이던 재난 영화 장르는 롤랜드 에머리히 감독, 윌 스미스 주연의 〈인디펜던스 데이 Independence Day〉(1996)가 호응을 얻으면서 부활의 조짐을 보인다.

이 영화는 평온한 지구에 어느 날 직경 550km, 무게가 달의 1/ 4이나 되는 막대한 비행 물체가 세계 주요 도시를 공격해 뉴욕 마천루, 워싱턴 백악관, 이집트 피라미드 등을 단번에 파괴되어 버린다는 냉혹한 외계인들의 침공을 담아 흥행의 불을 다시 지핀다.

롭 코헨 감독이 근육질 스타 실베스타 스탤론을 기용해 공개한 〈데이라잇 Daylight〉(1996)은 뉴 저지와 맨하탄 시를 연결하는 해저 터널 데이라잇이 배경지.

하루 50만 명 시민들이 출, 퇴근하는 교통로에 유독 폐기물을 실은 트럭과 터널을 질주하던 폭주족, 죄수 호송 차량 등이 얽혀있는 상황에서 과속으로 달리던 강도 차량이 충돌해 터널 안에 화재가 발생한 것.

화재는 터널 안에 있던 유독 폐기물 트럭에까지 옮겨 붙어 결국 터널을 파괴시키는 대형 참사로 확대된다.

터널 안으로 순식간에 유독가스와 물이 차오르는 위험한 상황에서

구조대 대장 키트 라투라(실베스타 스탤론)가 투입돼 생존자 구출 작전에 나선다는 내용.

〈데이라잇〉은 〈대지진〉과 포세이돈 어드벤처의 내용을 혼합시켜 1996년 흥행 가에서 기대 이상의 호응을 얻어낸다.

1970년대 재난 영화가 주로 등장인물들 사이의 의견 충돌에 초점을 맞추었다고 한다면 1990년대 들어서는 화산 폭발을 다룬 〈단테스 피크 Dante's Peak〉, 우주 행성과 지구 충돌 위험을 소재로 한 〈아마겟돈 Armageddon〉 등에서는 어마어마한 파괴(destruction)에 비중을 둔 화면을 만들어내 간담 서늘한 재난 영화의 진수를 선사한다.

'악 evil'의 존재와 '이기심 selfish' 등은 인간 사이의 갈등을 증폭시키는 요소가 되고 있다.

이 같은 위기를 설득하고 해결하는 영웅의 등장은 재난 영화의 상업적 성과를 확장시키고 있는데 찰톤 헤스톤(Charlton Heston), 스티브 맥퀸(Steve McQueen)은 바로 재난 영화가 배출한 대표적인 스크린 영웅으로 대접 받는다.

재난 영화의 역사는 영국의 제임스 윌리암슨(James Williamson) 감독의 〈파이어! Fire!〉(1901)로 시작됐을 만큼 유구한 역사를 자랑하고 있다.

무성 시대 만들어진 이 작품은 불타오르는 화재 현장을 혼신을 다해 진압하는 소방관과 위험에 빠진 주민들을 탈출시키는 영웅적 모습을 담고 있다.

이어 〈나이트 앤 아이스 Night and Ice〉(1912), 대서양 횡단 도중 침몰한 타이타닉 호의 참사를 다룬 〈타이타닉: 아틀란티스 Titanic; Atlantis〉(1913), 성경에 언급된 대홍수를 소재로 한 〈노아의 방주 Noah's Ark〉(1928), 뉴욕 시에 홍수가 닥친 상황을 다룬 〈폭우 Deluge〉(1933), 거대한 유인원이 뉴욕을 혼란에 빠트린다는 〈킹 콩 King Kong〉(1933), 기원 후 79년 이태리 베수비어스 화산 폭발을 다룬 〈폼페이 최후의 날 The Last Days of Pompeii〉(1935) 등이 재난 영화의 흐름을 이어간다.

남태평양의 한 섬에 열대성 폭풍(tropical cyclone)이 몰아 닥쳐 초토화 되는 피해를 당한다는 존 포드 감독의 〈허리케인 The Hurricane〉(1937),

1906년 발생한 샌 프란시스코 지진 참사를 담은 〈샌 프란시스코 San Francisco〉(1936), 1871년 시카고 대부분의 지역이 화재로 대규모 피해를 본 역사적 사실을 극화한 〈올드 시카고 In Old Chicago〉(1937), 영국의 북동부 광산 갱도가 붕괴된 참사를 다룬 캐롤 리드 감독의 〈스타 룩 다운 The Stars Look Down〉(1939) 등이 뒤를 이어 공개된다.

2차 대전 이후 본격화된 원자력 시대의 도래(the beginning of the Atomic Age)는 방사능 물질이 초래하는 기형 생물과 인간의 생체 변화 초래 등이 '과학을 가미시킨 가상 재난 영화 (Science fiction disaster films'라는 새로운 파생 장르를 탄생시킨다.

〈세계가 충돌할 때 When Worlds Collide〉(1953) 〈세계 전쟁 The War of the Worlds〉(1953) 〈고질라, 괴수의 왕! Godzilla, King of the Monsters!〉(1956) 〈데들리 맨티스 The Deadly Mantis〉(1957) 〈지구가 화마에 휩싸인 날 The Day the Earth Caught Fire〉(1961) 〈세계 붕괴 Crack in the World〉(1965) 등이 과학 재난 영화의 진가를 입증시킨 대표작이 된다.

무성 영화 시대부터 '타이타닉'은 수차례 리바이벌 될 정도로 대중적인 재난 영화 소재로 각광 받는다.

1953년 20세기 폭스는 클립톤 웹, 바바라 스탠윅 등 당대 1급 연기자들을 출연시킨 〈타이타닉 Titanic〉 을 공개한 뒤 1958년에는 영국에서 〈나이트 투 리멤버 A Night to Remember〉, 〈마지막 항해 The Last Voyage〉(1960)가 공개된다.

거대 선박이 해일과 빙산과 충돌해 침몰한다는 〈포세이돈 어드벤쳐 The Poseidon Adventure〉는 극 중 로버트 스택(Robert Stack)이 위기에 빠진 아내(도로시 말론)과 아이들을 구출하기 위해 혼신을 다하는 장면을 삽입시켜 재난 영화 속에서 돈독한 가족애를 느낄 수 있는 요소를 가미시킨다.

이 영화는 객석에서 대형 참사를 집적 목격하는 생동감 있는 화면을 구성해 아카데미 시각 효과상(Academy Award for Best Visual Effects) 후보작

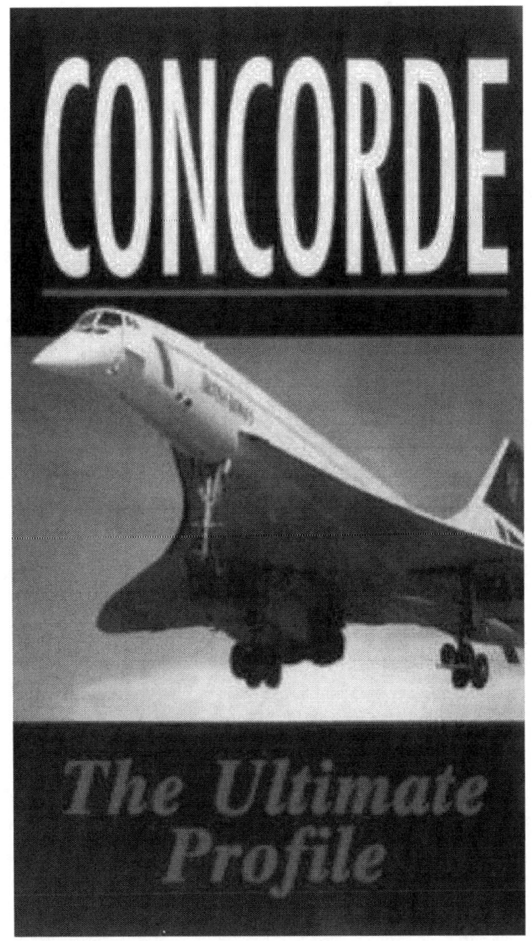

비행기는 대형 참사 극 소재로 단골로 활용되고 있다. © MGM/ Universal.

으로 지명 받는다.

비행기도 재난 영화에서 즐겨 다루는 대상이 되고 있다.

바다를 건너는 비행기가 기관 고장을 일으키자 조종사의 생존 분투기를 다룬 존 웨인, 로버트 스택 주연의 〈하이 앤 마이티 The High and the Mighty〉(1954),

기내 음식을 먹고 식중독을 일으킨 비행기 승무원 때문에 창공에서 발생하는 긴박한 상황을 다룬 〈제로 아워! Zero Hour!〉(1957)-시나리오를 쓴 아서 헤일리(Arthur Hailey)는 1968년 유사한 소재를 담은 소설 〈에어포트 Airport〉를 발표한다-회사에 불만을 품은 정비사의 농간으로 인해 운항 도중 비행 참사가 발생하는 것을 고군분투해서 제어한다는 에드먼드 오

브라이언 주연의 〈돔즈데이 플라이트 The Doomsday Flight〉(1966)가 가장 안전하다는 비행기가 참사를 초래할 수 있는 대상이 될 수 있다는 가능성을 제기해 관객들의 오금을 저리게 만든다.

1970년대는 재난 영화의 황금 시기(The Golden Age of the Disaster film)라고 평가될 만큼 다양한 소재의 영화들이 흥행가를 노크한다.

비행기 안에 설치된 폭탄이 폭파돼 창공에서 운행 불구가 된 참사를 다룬 〈에어포트 Airport〉(1970)는 조지 시튼 감독, 버트 랭카스터, 딘 마틴, 조지 케네디, 재클린 비셋 등 1급 연기 진들의 호연에 힘입어 당시로서는 막대한 수익은 4,500만 달러의 흥행 소득을 거둔다.

이 영화는 아카데미 어워드에서 작품, 조연 여우 등 10개 부문 후보작으로 지명되는 성원을 받아낸다.

1972년 공개된 〈포세이돈 어드벤처 The Poseidon Adventure〉는 해저에서 발생한 지진과 거대 해일을 만나 초호화 유람선이 침몰한다는 내용을 담아 4,200만 달러의 거액을 벌어들이면서 메이저 영화사들이 재난 영화 제작에 올 인하는 열기를 가져온다.

〈포세이돈 어드벤처〉는 아카데미 어워드 8개 후보에 올라 주제가상과 특수 효과상을 수상한다.

초호화 빌딩 개관식에 화재가 발생한다는 〈타워링 The Towering Inferno〉(1974)은 5,500만 달러, 지진 비극을 다룬 〈대지진 Earthquake〉은 3,600만 달러, 1970년 공개된 〈에어포트〉의 속편 〈에어포트 1975 Airport 1975〉는 2,500만 달러 등 재난 영화의 뜨거운 흥행 열기는 식을 줄 모르고 지속된다.

〈타워링〉은 막대한 제작비 부담 때문에 경쟁사였던 20세기 폭스와 워너 브라더스가 합작을 시도해 이후 대형 영화사끼리 윈-윈 전략이 확대되는 계기를 가져온다.

프로듀서 어윈 알렌(Irwin Allen)은 〈타워링〉 외에 〈스웜 The Swarm〉 〈비욘드 포세이돈 어드벤처 Beyond the Poseidon Adventure〉 〈타임 랜 아웃 When Time Ran Out〉 등의 제작을 진두지휘하며 흥행작으로 만들어 내는 수완을 발휘해 '재난의 제왕 The Master of Disaster'이라는 애칭을 듣는다.

〈타워링〉은 작품상 등 8개 아카데미 어워드 부문상에 지명 받아 촬영, 편집, 주제가상 등을 수여 받는다.

〈대지진〉도 첨단 대도시 LA가 지진으로 초토화 되는 풍경을 마치 눈 앞에서 목격하는 듯한 사실감 있는 화면을 만들어내 아카데미 어워드 사운드, 특수 시각 효과상을 차지한다.

영화계의 재난 영화 신드롬은 급기야 TV용 영화 제작 흐름에도 영향을 끼쳐 〈히트 웨이브! Heat Wave!〉(1974) 〈지구가 움직이는 날 The Day the Earth Moved〉(1974) 〈허리케인 Hurricane〉(1974) 〈홍수! Flood!〉(1976) 〈화재! Fire!〉(1977) 등이 제작, 방영된다.

1970년대 중반에도 운항 도중 비행선이 폭파하는 역사적 사실을 극화한 〈힌덴베르그 The Hindenburg〉(1975), 열차 탈선을 다룬 〈카산드라 크로싱 The Cassandra Crossing〉(1976) 〈2분의 경고 Two-Minute Warning〉(1976) 〈롤러코스터 인 센서라운드 Rollercoaster in Sensurround〉(1977) 〈댐네이션 앨리 Damnation Alley〉(1977) 〈그레이 레이디 다운 Gray Lady Down〉(1978) 〈시티 온 파이어 City on Fire〉(1979) 등이 관객들의 성원을 받아낸다.

대형 항공 여객기에 폭탄이나 납치범들의 횡포로 일순간 비상사태에 빠진다는 〈스카이잭 Skyjacked〉(1972), 〈에어포트 77 Airport 77〉(1977) 〈콩코드, 에어포트 79 The Concorde, Airport 79〉(1979) 등이 공개된다.

하지만 대규모 벌떼들의 인간 공격을 다룬 〈스웜 Swarm〉(1978), 운석이 지구를 향해 돌진한다는 〈운석 Meteor〉(1979) 〈타임 랜 아웃 When Time Ran Out〉(1980) 등은 관객들의 외면을 받으면서 서서히 재난 영화의 열기가 식어간다.

1980년대 들어서는 전직 공군 조종사가 탑승한 시카고 행 비행기 승무원들이 식중독 사고를 일으키자 기장 대신 조종 대를 잡고 벌이는 해프닝을 다룬 로버트 헤이즈 주연의 〈에어플레인 Airplane〉(1980)이

코믹한 상황으로 객석의 웃음보를 터트리게 하면서 〈에어플레인 2 Airplane II: The Sequel〉(1982)가 곧바로 공개되는 여파를 남긴다.

한동안 소강상태를 보이던 재난 영화 장르는 롤랜드 에머리히 감독, 윌 스미스 주연의 〈인디펜던스 데이 Independence Day〉(1996)가 호응을 얻으면서 부활의 조짐을 보인다.

이 영화는 평온한 지구에 어느 날 직경 550km, 무게가 달의 1/ 4이나 되는 막대한 비행 물체가 세계 주요 도시를 공격해 뉴욕 마천루, 워싱턴 백악관, 이집트 피라미드 등을 단번에 파괴되어 버린다는 냉혹한 외계인들의 침공을 담아 흥행의 불을 다시 지핀다.

롭 코헨 감독이 근육질 스타 실베스타 스탤론을 기용해 공개한 〈데이라잇 Daylight〉(1996)은 뉴저지와 맨하탄시를 연결하는 해저 터널 데이라잇이 배경지.

하루 50만 명 시민들이 출퇴근하는 교통로에 유독 폐기물을 실은 트럭과 터널을 질주하던 폭주족, 죄수 호송 차량 등이 얽혀있는 상황에서 과속으로 달리던 강도 차량이 충돌해 터널 안에 화재가 발생한 것.

화재는 터널 안에 있던 유독 폐기물 트럭에까지 옮겨붙어 결국 터널을 파괴시키는 대형 참사로 확대된다.

터널 안으로 순식간에 유독가스와 물이 차오르는 위험한 상황에서 구조대 대장 키트 라투라(실베스타 스탤론)가 투입돼 생존자 구출 작전에 나선다는 내용.

〈데이라잇〉은 〈대지진〉과 포세이돈 어드벤처의 내용을 혼합시켜 1996년 흥행가에서 기대 이상의 호응을 얻어낸다.

앞서 기술했듯이 1996년은 미국 중서부를 강타한 토네이도 횡포를 다룬 〈트위스터 Twister〉와 휴화산의 돌연 폭발로 재난이 초래한다는 〈볼케이노 Volcano〉 〈단테스 피크 Dante's Peak〉 등이 연이어 공개된다.

1997년 제임스 카메론 감독이 각본, 프로듀서까지 맡은 〈타이타닉 Titanic〉은 서사적 사실과 가난한 화가와 상류층 출신 여성의 애틋한 로맨스라는 가상 내용을 추가시켜 전세계에서 무려 18억 달러($1.8 billion worldwide)를 벌어들이는 동시에 작품, 감독 등 아카데미 어워드에서 무려 11개 부문상을 휩쓰는 성과를 거둔다.

1998년 떠도는 행성(comet)이 지구를 향해 충돌할 다가온다는 〈딥 임팩트 Deep Impact〉 〈아마겟돈 Armageddon〉이 동시에 공개된다.

2000년에는 폭풍을 다룬 〈퍼펙트 스탐 The Perfect Storm〉, 〈코어 The Core〉(2003), 지구 온난화 여파로 빙하가 녹아 해류의 흐름을 바꿔 지구가 빙하로 뒤덮이게 된다는 〈투모로우 The Day After Tomorrow〉(2004), '포세이돈'을 리메이크한 〈포세이돈 어드벤처 The Poseidon Adventure〉(2006), 2057년 태양이 서서히 죽어가자 지구는 눈과 얼음으로 뒤덮이고 인류는 멸망의 위기에 처하게 된다. 이에 태양을 되살릴 방법으로는 8명의 탐사 대원들을 태운 이카루스 2호가 우주로 출격한다는 대니 보일 감독의 〈선샤인 Sunshine〉(2007) 등이 흥행, 작품 면에서 수준 이상의 평가를 받아낸다.

2009년 알렉스 프로야스 감독은 1959년 미국 초등학생들이 타임캡슐에 담은 미래 참사가 2009년 발견된 종이에서 그동안의 참사가 정확하게 일치한다는 것을 천체물리학자 존 코슬러(니콜라스 케이지)가 알아내고 향후 발생할 지구 재난을 중단하기 위해 고군분투한다는 〈노잉 Knowing〉이 공개된다. 이처럼 재난 혹은 재난 영화는 무성 영화 시절부터 21세기 들어와서까지 다양한 소재를 통해 지속적으로 흥행가를 찾아오고 있는 것이다.

엽기적 실화극 대형 화면으로 재현한 〈파고〉

조엘 코헨 감독의 〈파고 Fargo〉(1996)는 1987년 미네소타 주에서 발생한 엽기적인 실화를 극화했다.

엽기적 범죄 실화 극을 극화한 〈파고〉. © PolyGram Filmed Entertainment.

배경지로 등장하는 '파고 Fargo'는 미국 중북부 노스다코타 주에 있는 도시. 레드 강 연안에 위치하고 있으며 레드 강 건너편은 미네소타 주 무어헤드가 위치해 있다.

1987년 미국 노스 다코타주 파고(Fargo, North Dakota).

채무에 시달리던 자동차 세일즈맨 제리 룬더가드(윌리암 H. 마시).

아내 잔(크리스틴 루드루드)을 유괴해서 갑부 장인 스코티(토니 덴맨)에게 거액을 강탈할 계획을 세운다.

자동차 수리공 샘을 통해 건달 칼(스티브 부세미)과 개어(피터 스토메어)를 소개 받는다.

폭설이 내리는 겨울 밤.

제리는 범인들과 8만 달러의 몸값을 나누어 갖기로 하고 아내 납치를 의뢰한다.

제리 아내 진을 납치하는데 성공하지만 범인들이 고속도로에서 속도위반으로 검문을 받게 되자 경찰관을 살해하고 이 장면을 목격한 무고한 시민마저 죽인다.

시골 경찰 서장 마지(프란시스 맥도먼드)가 살인 사건을 지휘한다.

만삭의 몸인 여성 경찰관이지만 직업의식이 투철하다.

범인의 흔적을 추격하던 마지는 그곳에서 돈을 나누다 씨에라 자동차 소유 문제로 다툼을 벌이다 개어가 칼을 살해해서 분쇄기에 갈고 있는 장면을 목격하고 현행범으로 체포한다.

이후 제리는 모텔에 은둔해 있다 검거된다.

'한적한 작은 마을에서 벌어진 거대한 범죄 그리고 차가운 죽음'이라는 선전 문구를 내걸고 공개된 〈파고〉는 남편이 깡패를 동원해서 아내 인질 금을 받으려다 벌어지는 예기치 못한 해프닝을 스릴러와 코미디 요소를 가미시켜 전개, 런던, LA, 뉴욕 비평가 상을 모두 독식하는 찬사를 얻는다.

제목 '파고'는 사건 발생지인 동시에 '사건이 손을 쓸 수 없을 만큼 확대돼 꼬인 상황'을 뜻하고 있다.

성인 남녀의 애뜻한 애정 드라마 〈잉글리시 페이션트〉

'매일 저녁 그대를 잊으려 해도 아침이면 다시 사랑이 벅차오릅니다.'

안소니 밍겔라 감독의 〈잉글리시 페이션트 The English Patient〉는 성인 남녀의 애틋한 러브 스토리를 담아 공감을 얻어낸다.

2차 대전이 종전으로 치닫고 있을 때.

이태리 수도원.

심한 전신 부상으로 얼굴이나 국적도 확인할 수 없어 '잉글리쉬 페이션트(영국인 환자)'라 불리는 남자 중환자가 병상에 있다.

그에게 헌신적인 관심을 보내고 있는 프랑스계 캐나다 간호원 한나(줄리엣 비노쉬).

남자는 헝가리 탐험가 알마시(랄프 파인즈)로 밝혀진다.

알마시는 영국 귀부인 캐슬린과의 가슴 아픈 사랑의 추억을 잊지 못하고 있다.

이때 수도원으로 두 손에 붕대를 감은 정체불명의 인물 카라바지오(윌렘 대포우)가 찾아온다.

애절한 성인 남녀의 로맨스를 펼쳐준 〈잉글리시 페이션트〉.
© Miramax, Tiger Moth Productions.

몰핀을 구하러 온 그는 2차 대전 당시 연합군 측 스파이로 활약한 인물이자 알마시의 정체를 알고 있는 인물이다.

한나는 자신이 사랑하는 사람들이 모두 죽음을 당해 스스로 저주받은 존재로 자학하고 있다.

한나는 인도 폭탄 전문가 킵(나빈 앤드류)과 사랑을 나누고 죽음을 목전에 둔 알마시는 자신이 겪은 슬픈 사랑 사연을 카라바지오와 한나에게 고백한다.

그 사연은 이렇다.

사하라 사막. 국제 지리학회 회원으로 북부 사막지대 지형을 조사해 지도로 작성하는 작업을 하고 있는 알마시.

어느 날 영국 귀족 부부인 제프리 클리프튼(콜린 퍼스)과 캐슬린 클리프튼(크리스틴 스코트 토마스)를 만난다.

알마시는 캐슬린에게 단번에 운명적인 사랑을 품는다.

캐슬린도 알마시의 매력에 호감을 느끼지만 태연한 척 한다.

그러다 동굴 탐사 길에 나섰다 모래 폭풍으로 고립되면서 두 사람은 격정적인 사랑에 빠진다.

두 사람의 관계를 눈치 챈 캐슬린 남편 제프리는 배신감에 사로 잡혀 경비행기에 몰고 탐사에 나선 알마시에게 돌진한다.

이 돌발 사고로 제프리는 사망, 캐슬린은 중상을 당한다.

치료해줄 사람을 구하기 위해 도착한 연합군 기지에서 알마시는 군인들에게 폭행당하는 동시에 억류된다.

사막 지도를 독일군에게 넘긴 대가로 연료를 얻어 제프리의 경비행기로 동굴에 돌아오지만 그곳에는 절명한 캐슬린의 시신과 그녀가 남긴 애절한 편지가 놓여 있다.

'남성은 여성에 대한 호기심으로 사랑을 시작하고 여성은 남성에 대한 표현할 수 없는 매력 때문에 사랑을 시작한다'는 주제를 제시하고 있다.

L A 타임즈는 '기억 속에 남아 있는 사랑은 영원하다는 속설을 새삼 깨우쳐 준 전쟁을 배경으로 한 멜로 극'이라는 리뷰를 보낸다.

외계 생물체에 대한 지구인의 두려움 담은 〈인디펜던스 데이〉

'지구에 온 기념으로 유행어 하나 가르쳐 주마, 지구를 떠나거라!' - 라스트 무렵, 외계 우주선에게 레이저 포격을 시도할 때 자폭 공격을 시도하는 러셀 캐시(랜디 퀘이드)의 조롱조의 대사.

롤랜드 에머리히 Roland Emmerich 감독의 〈인디펜던스 데이 Independence Day〉는 『뉴스위크』의 리뷰에서도 짐작 할 수 있듯이 '외계인에 대한 지구인들의 원초적 두려움을 담고 있는 영화'로 흥행가에서 주목을 받아낸 작품이다.

1996년 7월 2일.

직경 550km, 무게는 달의 4분의 1이나 되는 괴 비행 물체가 태양을 가려 지구는 빛을 잃어간다.

7월 3일.

정체불명의 비행 물체에서 내뿜는 불기둥이 뉴욕 마천루, 워싱턴 백악관, 이집트의 피라미드 등을 순식간에 잿더미로 만들어 버린다.

7월 4일.

외계인에 대한 지구인들의 원초적 두려움을 담고 있는 롤랜드 에머리히 감독의 〈인디펜던스 데이〉. © Twentieth Century Fox.

살아남은 지구 생존자들은 괴 비행 물체에 대항하기 위한 전면 작전을 펼쳐 인류 생존과 외계인으로 부터 지구 독립을 시도한다.

'외계인들을 모두 몰아낸 날이 진정한 인류 독립의 날 On Independence Day, the human race will CONQUER!'이라는 주제를 내세운 〈인디펜던스 데이〉는 외계생물체의 공격에서 최고의 무기는 끈질긴 인간의 생명력이라는 결론을 제시해 전세계 흥행 시장에서 8억 1천 7백만 달러($817,400,891 World-wide) 이상의 수익을 올리는 반응을 얻는다.

『버라이어티』는 '등장인물 중 닥터 브래키시(브렌트 스피너)는 자유분방한 히피 스타일의 과학자로 냉철한 판단이 요구되는 과학적 분야에서는 부적적한 캐릭터라고 할 수 있다. 이처럼 몇 가지 납득할 수 없는 설정이 있음에도 불구하고 이 영화는 착한 미국인들이 지구에 닥친 위기를 제압한다는 과정을 우습고 행복하고 때로는 슬프지만 행복감을 전달해 주는 일화를 삽입시켜 전달해 주고 있다'는 평가를 내린다.

'불가능한 임무', 탐 크루즈 화려하게 부활시켜

불가능한 임무가 주어지고 1급 문서를 성냥불에 태워진다.

이어지는 기타와 신세사이저를 기조(基調)로 한 랄로 쉬플린의 동명 테마곡이 화면을 장식하면서 첩보원들의 긴박한 임무가 착수된다.

1966년-1973년까지 방영되면서 미드 드라마의 저력을 보여 준 〈제5전선〉은 1996년 브라이언 드 팔마 감독과 탐 크루즈가 의기투합해 장편 극영화 〈미션 임파서블 Mission Impossible〉로 리메이크 된다.

실패는 죽음 혹은 혹독한 고문이 뒤따르는 체포라는 극한적인 상황에서 국가 임무를 수행하는 첩보원들의 활약상은 TV 드라마에서는 브루스 겔러 연출, 피터 그레이브, 바바라 베인, 그레그 모리스 주연으로 전세계 안방 시청자들을 사로잡는다.

1996년 5월 22일 공개된 극영화 〈미션 임파서블〉은 냉전 종식 후 체코 수도 프라하에서 동유럽 첩보원들의 비밀 명단을 훔쳐 무기상에 팔아넘기는 사건이 발생한다.

이를 차단하기 위한 긴급 작전을 수행 중이던 에단 헌트(탐 크루즈).

팀원들이 정체불명의 괴한들의 공격을 받고 피살되자 용의자로 헌트가 지목된다.

누명을 벗는 동시에 진범을 찾기 위한 에단 헌트의 힘겨운 분투가 펼쳐진다.

1부에서는 프랑스 기품 있는 여배우 엠마누엘 베아르와 장 르노, 성격파 배우 존 보이트 등이 가세해 손에 땀을 쥐는 첩보극의 진수를 선사한다.

전세계 평화를 위협하는 이들을 제압하기 위한 CIA 극비 부서 미션 임파서블 팀원의 활약은 홍콩 오우삼 감독이 바이러스 키메라와 이를 차단시킬 수 있는 벨레로폰을 제조한 러시아 생물공학자 네코비치 박사가 피살당하고 벨레로폰을 탈취 당하자 IMF 요원들이 출

2018년 6부작 〈미션 임파서블: 폴 아웃 Mission: Impossible-Fallout〉이 공개 되면서 탐 크루즈에게 돈과 명성을 안겨준 〈미션 임파서블〉 시리즈. © Paramount Pictures.

동한다는 〈미션 임파서블 2 Mission : Impossible 2〉(2000),

사랑하는 연인 줄리아(미셸 모나한)와 행복한 결혼을 꿈꾸는 이단에게 악명 높은 국제 암거래상 오웬 데비언(필립 세이모어 호프만)에게 인질로 잡혀있는 IMF 요원을 구출하라는 명령이 떨어져 작전에 참여한다는 J. J. 에이브람스 감독의 〈미션 임파서블 3 Mission : Impossible 3〉(2006), 모스크바의 감옥에 수감돼 있는 IMF(Impossible Mission Force) 소속 정예 요원 이단 헌트가 탈옥 후 IMF 소속 요원 제인 카터, IT 전문가 벤지 던과 핵무기를 손에 넣으려는 코드명 코발트의 행방을 쫓는다는 브래드 버드 감독의 〈미션 임파서블: 고스트 프로토콜 Mission: Impossible-Ghost Protocol〉(2011), 크리스토퍼 맥쿼리 감독의 〈미션 임파서블: 폴 아웃 Mission: Impossible-Fallout〉(2018) 등이 연속 공개되면서 미남 배우 탐 크루즈는 뛰어난 지력과 판단력을 갖춘 007 제임스 본드의 아성에 도전하는 이단 헌트 캐릭터의 인기를 전파시켜 나가고 있다.

수상식 후 이야기

제69회 아카데미 시상식에서는 그 어느 해 보다 독립 영화사들의 활약이 두드러져 '독립 영화사들의 해 The Year of the Independents'라는 칭송을 듣는다.

미라막스가 제작한 안소니 밍겔라 감독의 〈잉글리시 페이션트〉는 12개 부문에 지명돼 작품상을 포함, 9개상을 독식하는 저력을 발휘한다.

〈파고〉는 7개 후보에 2개 수상, 〈샤인〉은 7개 지명에 1개 수상, 〈제리 맥과이어〉는 5개 지명에 한 개를 수상한다.

작품상을 수상한 〈잉글리시 페이션트〉의 제작자는 사울 자엔츠 Saul Zaentz.

그는 〈뻐꾸기 둥지 위로 날아 간 새 One Flew Over the Cuckoo's Nest〉 〈아마데우스 Amadeus〉에 이어 3번째 작품상 수상자로 지명 받는 행운을 누린다.

여기서 그치는 것이 아니라 그동안의 영화 제작 업적을 인정받아 '어빙 탈버그 기념상 the Irving G. Thalberg Memorial Award' 까지 수여 받는 겹경사의 주인공이 된다.

프란시스 맥도먼드는 배우자가 연출한 작품으로 여우상을 수상한 첫 번째 영화인이라는 기록을 수립하게 된다.

'오리지날 뮤지컬 혹은 코미디 작곡상 Best Original Musical or Comedy Score' 수상자 레이첼 포트만 Rachel Portman은 작곡 분야에서 첫 번째 여성 수상자로 등극된다.

왕년의 육체파 여배우 로렌 바콜은 〈더 미러 해즈 투 페이스〉로 조연 여우상 수상이 확실시 됐지만 막상 수상의 영예는 〈잉글리시 페이션트〉의 줄리엣 비노시에게 돌아가 이 해 최대 이변으로 기록된다.

한 가수가 2곡을 축하 곡으로 부르는 해프닝도 발생했다.

나탈리 콜 Natalie Cole이 유행성 독감으로 축하 공연에 불참하게 되자 셀린 디옹 Céline Dion은 영화 〈업 클로즈 앤 퍼스널 Up Close & Personal〉 주제곡 'Because You Loved Me' 외에 영화 〈더 미러 해즈 투 페이스 The Mirror Has Two Faces〉 삽입곡인 바브라 스트라이샌드의 'I Finally Found Someone '을 대타 곡으로 불러 주는 수고를 했다.

이외 축하 공연자로 케니 로긴스 Kenny Loggins가 〈원 파인 데이〉 주제곡 'For the First Time', 마돈나 Madonna가 〈에비타〉 삽입곡 'You Must Love Me', 탐 행크스가 연출을 맡은 록 음악 영화 〈댓 씽 유 두〉의 동명 타이틀 곡인 더 원더스 The Wonders의 'That Thing You Do'의 공연이 펼쳐져 그 어느 해 보다 흥겹고 풍성한 볼거리를 제공했다.

제69회 1996 노미네이션, 수상자 총 리스트

작품상

* 〈잉글리시 페이션트 The English Patient〉
〈파고 Fargo〉
〈제리 맥과이어 Jerry Maguire〉
〈비밀과 거짓말 Secrets & Lies〉
〈샤인 Shine〉

감독상 Best Director

* 안소니 밍겔라 Anthony Minghella-〈잉글리시 페이션트 The English Patient〉
조엘 코헨 Joel Coen-〈파고 Fargo〉
밀로스 포만 Miloš Forman-〈래리 프린트 The People vs. Larry Flynt〉
스코트 힉스 Scott Hicks-〈샤인 Shine〉
마이크 리 Mike Leigh-〈비밀과 거짓말 Secrets & Lies〉

남우상 Best Actor

* 제프리 러시 Geoffrey Rush-〈샤인 Shine〉
탐 크루즈 Tom Cruise-〈제리 맥과이어 Jerry Maguire〉
랄프 피에네스 Ralph Fiennes-〈잉글리시 페이션트 The English Patient〉
우디 하렐슨 Woody Harrelson-〈래리 프린트 The People vs. Larry Flynt〉
빌리 밥 손튼 Billy Bob Thornton-〈슬라이딩 블레이드 Sling Blade〉

여우상 Best Actress

* 프란시스 맥도먼드 Frances McDormand-〈파고 Fargo〉
브렌다 블리스 Brenda Blethyn-〈비밀과 거짓말 Secrets & Lies〉
다이안 키튼 Diane Keaton-〈마빈스 룸 Marvin's Room〉
크리스틴 스코트 토마스 Kristin Scott Thomas-

〈잉글리시 페이션트 The English Patient〉
에밀리 왓슨 Emily Watson-〈브레이킹 더 웨이브 Breaking the Waves〉

조연 남우상 Best Supporting Actor

* 쿠바 쿠딩 주니어 Cuba Gooding, Jr-〈제리 맥과이어 Jerry Maguire〉
윌리암 H. 마시 William H. Macy-〈파고 Fargo〉
아민 뮬러-스탈 Armin Mueller-Stahl-〈샤인 Shine〉
에드워드 노튼 Edward Norton-〈프라이멀 피어 Primal Fear〉
제임스 우즈 James Woods-〈고스트 오브 미시시피 Ghosts of Mississippi〉

조연 여우상 Best Supporting Actress

* 줄리엣 비노시 Juliette Binoche-〈잉글리시 페이션트 The English Patient〉
조안 알렌 Joan Allen-〈크루서블 The Crucible〉
로렌 바콜 Lauren Bacall-〈미러 해즈 투 페이스 The Mirror Has Two Faces〉
바바라 허시 Barbara Hershey-〈포트레이트 오브 레이디 The Portrait of a Lady〉
마리안 진-뱁티스트 Marianne Jean-Baptiste-〈비밀과 거짓말 Secrets & Lies〉

각본상 Best Original Screenplay

* 〈파고 Fargo〉에단 코헨 Ethan Coen & 조엘 코헨 Joel Coen
〈제리 맥과이어 Jerry Maguire〉-카메론 크로우 Cameron Crowe
〈론 스타 Lone Star〉-존 세일즈 John Sayles
〈비밀과 거짓말 Secrets & Lies〉-마이크 리 Mike Leigh
〈샤인 Shine〉- 쟌 사르디 Jan Sardi & 스코트 힉스 Scott Hicks

각색상 Best Adapted Screenplay

* 〈슬라이딩 블레이드 Sling Blade〉-빌리 밥 손튼 Billy Bob Thornton
〈크루서블 The Crucible〉-아서 밀러 Arthur Miller
〈잉글리시 페이션트 The English Patient〉-안소니 밍겔라 Anthony Minghella
〈햄릿 Hamlet〉-케네스 브래너 Kenneth Branagh
〈트레인스포팅 Trainspotting〉-존 호지 John Hodge

외국어 영화상 Best Foreign Language Film

* 〈콜리야 Kolya〉(체코)
〈산악의 죄수 Prisoner of the Mountains〉(러시아)
〈쉐프 인 러브 A Chef in Love〉(조지아)
〈리디큘 Ridicule〉(프랑스)
〈아서 사이드 오브 선데이 The Other Side of Sunday〉(노르웨이)

장편 다큐멘터리상 Best Documentary Feature

* 〈휀 위 워어 킹 When We Were Kings〉-레온 가스트 Leon Gast
〈라인 킹 The Line King: The Al Hirschfeld Story〉-수잔 W. 드라이푸스 Susan W. Dryfoos
〈만델라 Mandela〉-조 메넬 Jo Menell
〈수잔 파렐 Suzanne Farrell: Elusive Muse〉-앤 벨 Anne Belle
〈진실을 말하고 뛰어라 Tell the Truth and Run: George Seldes and the American Press〉-릭 골드스미스 Rick Goldsmith

단편 다큐멘터리상 Best Documentary Short

* 〈브레딩 레슨 Breathing Lessons: The Life and Work of Mark O'Brien〉-제시카 유 Jessica Yu
〈코스믹 보이지 Cosmic Voyage〉-제프리 마빈 Jeffrey Marvin
〈에세이 온 마티스 An Essay on Matisse〉-페리 울프 Perry Wolff
〈특수 효과 Special Effects: Anything Can Happen〉-수잔 심슨 Susanne Simpson
〈와일드 번치: 몽타쥬 앨범 The Wild Bunch: An Album in Montage〉-폴 세이돌 Paul Seydor

단편 라이브 액션상 Best Live Action Short

* 〈디어 다이어리 Dear Diary〉-데이비드 프랑켈

David Frankel
〈디 트리파스 De tripas, corazón〉-안토니오 우루티아 Antonio Urrutia
〈언스트 & 리셋 Ernst & lyset〉-킴 마구손 Kim Magnusson
〈에스포사도스 Esposados〉-후안 카를로스 프레스나딜로 Juan Carlos Fresnadillo
〈센자 파롤 Senza parole〉-베나데트 카란자 Bernadette Carranza

단편 애니메이션상 Best Animated Short

* 〈퀘스트 Quest〉-티론 몽고메리 Tyron Montgomery
〈칸헤드 Canhead〉-티모시 히틀 Timothy Hittle
〈라 살라 La Salla〉-내셔널 필림 보드 오브 캐나다 National Film Board of Canada
〈왓즈 피그 Wat's Pig〉-피트 로드 Peter Lord

드라마 작곡상 Best Original Dramatic Score

* 〈잉글리시 페이션트 The English Patient〉-가브리엘 야레 Gabriel Yared
〈햄릿 Hamlet〉-패트릭 도일 Patrick Doyle
〈마이클 콜린스 Michael Collins〉-엘리오트 골덴탈 Elliot Goldenthal
〈샤인 Shine〉-데이비드 핫셀펠더 David Hirschfelder
〈슬리퍼스 Sleepers〉-존 윌리암스 John Williams

뮤지컬 혹은 코미디 작곡상 Best Original Musical or Comedy Score

* 〈엠마 Emma〉-레이첼 포트만 Rachel Portman
〈조강지처 클럽 The First Wives Club〉-마크 샤이먼 Marc Shaiman
〈노틀담의 곱추 The Hunchback of Notre Dame〉-알란 멘켄 Alan Menken
〈제임스와 자이안트 피치 James and the Giant Peach〉-랜디 뉴만 Randy Newman
〈목사의 아내 The Preacher's Wife〉-한스 짐머 Hans Zimmer

오리지날 주제가상 Film Best Original Song

* 'You Must Love Me'-〈에비타 Evita〉, 앤드류 로이드 웨버 Andrew Lloyd Webber
'I Finally Found Someone'-〈미러 해즈 투 페이스 The Mirror Has Two Faces〉, 바브라 스트라이샌드 Barbra Streisand
'For the First Time'-〈원 파인 데이 One Fine Day〉-제임스 뉴튼 하워드 James Newton Howard
'That Thing You Do!-〈댓 씽 유 두! That Thing You Do!〉, 아담 슐레진저
'Because You Loved Me'-〈업 클로즈 앤 퍼스널 Up Close & Personal〉, 다이안 워렌 Diane Warren

사운드 편집상 Best Sound Editing

* 〈고스트 앤 다크니스 The Ghost and the Darkness〉-브루스 스탬블러 Bruce Stambler
〈데이라잇 Daylight〉-리차드 L. 앤더슨 Richard L. Anderson
〈이레이저 Eraser〉-알란 로버트 머레이 Alan Robert Murray

사운드 믹싱상 Best Sound Mixing

* 〈잉글리시 페이션트 The English Patient〉-월터 머치 Walter Murch
〈에비타 Evita〉-앤디 넬슨 Andy Nelson
〈인데펜던스 데이 Independence Day〉-크리스 카펜터 Chris Carpenter
〈더 록 The Rock〉-케빈 오도넬 Kevin O'Connell
〈트위스터 Twister〉-스티브 마슬로우 Steve Maslow

미술 감독 및 세트 장식상 Best Art Direction and Set Decoration

* 〈잉글리시 페이션트 The English Patient〉-스튜어트 크레이그 Stuart Craig
〈버드케이지 The Birdcage〉-보 웰치 Bo Welch
〈에비타 Evita〉- 브라이언 모리스 Brian Morris
〈햄릿 Hamlet〉-팀 하비 Tim Harvey
〈윌리암 셰익스피어 로미오와 줄리엣 William Shakespeare's Romeo & Juliet〉-캐슬린 마틴 Catherine Martin

촬영상 Best Cinematography

* 〈잉글리시 페이션트 The English Patient〉-존 실즈 John Seale

〈에비타 Evita〉-다리어스 콘디 Darius Khondji

〈파고 Fargo〉-로저 딘킨스 Roger Deakins

〈플라이 어웨이 홈 Fly Away Home〉-캐럽 데스채널 Caleb Deschanel

〈마이클 콜린스 Michael Collins〉-크리스 멘지스 Chris Menges

메이크업상 Best Makeup

* 〈너티 프로페서 The Nutty Professor〉-릭 베이커 Rick Baker

〈고스트 오브 미시시피 Ghosts of Mississippi〉-매튜 W. 맹글 Matthew W. Mangle

〈스타 트렉: 퍼스트 콘택트 Star Trek: First Contact〉-마이클 웨스트모어 Michael Westmore

의상 디자인상 Best Costume Design

* 〈잉글리시 페이션트 The English Patient〉-앤 로스 Ann Roth

〈천사와 곤충 Angels and Insects〉-폴 브라운 Paul Brown

〈햄릿 Hamlet〉-알렉산더 번 Alexandra Byrne

〈엠마 Emma〉-루스 메이어 Ruth Myers

〈포트레이트 오브 레이디 The Portrait of a Lady〉-자넷 패터슨 Janet Patterson

필름 편집상 Best Film Editing

* 〈잉글리사 페이션트 The English Patient〉-월터 머치 Walter Murch

〈에비타 Evita〉-게리 햄블링 Gerry Hambling

〈파고 Fargo〉-에단 코엔 Ethan Coen & 조엘 코헨 Joel Coen

〈제리 맥과이어 Jerry Maguire〉-조 허싱 Joe Hutshing

〈샤인 Shine〉-핍 카멜 Pip Karmel

시각 효과상 Best Visual Effects

* 〈인디펜던스 데이 Independence Day〉-볼커 엔젤 Volker Engel

〈드래곤하트 Dragonheart〉-스코트 스콰이어스 Scott Squires

〈트위스터 Twister〉-스테판 팡메이어 Stefen Fangmeier

최다 후보작 및 수상작

〈잉글리시 페이션트 The English Patient〉-12개 부문 후보

〈잉글리시 페이션트 The English Patient〉-9개 부문 수상

아카데미 명예상 Academy Honorary Award

* 마이클 키드 Michael Kidd

어빙 G. 탈버그 상 Irving G. Thalberg Award

* 사울 자엔츠 Saul Zaentz

과학 기술상 Scientific and Technical Award

IMAX Corporation

<타이타닉>, 14개 부문 지명 받아 11개 휩쓸다!

제70회 아카데미는 1997년 미국 시장에서 공개된 작품 중 총 24개 부문 24 categories honoring films released in 1997에 지명된 작품을 대상으로 오스카 트로피 수여식이 진행됐다.

연기자 빌리 크리스탈 Billy Crystal은 1990년 62회 아카데미 이후 6번째 시상식 사회자로 초빙 된다.

70회 아카데미 최대 화제작은 <타이타닉 Titanic>.

작품 및 감독상을 비롯해 무려 11개 부문의 트로피를 독식한다.

<타이타닉>은 <벤-허>와 함께 오스카 트로피를 가장 많이 수상 한 작품 동률 Titanic tied with Ben-Hur for the most Academy Awards in Oscar을 이루게 된다.

아울러 <타이타닉>은 14개 부문에서 후보로 지명 받아 <이브의 모든 것 All About Eve>(1950) <라 라 랜드 La La Land>(2016)와 함께 역대 아카데미 최다 후보작 received the most nominations with a record-tying fourteen이라는 명예를 보유하게 된다.

이어 <이 보다 더 좋을 순 없다 As Good as It Gets> <굿 윌 헌팅 Good Will Hunting> <LA 컨피덴셜 LA Confidential>이 각 2개의 트로피를 그리고 <풀 몬티 The Full

Monty> <게리의 게임 Geri's Game> <카라터 Karakter> <롱 웨이 홈 The Long Way Home> <비자와 덕 Visas and Virtue> <맨 인 블랙 Men in Black> 등이 한 개씩의 트로피를 가져간다.

후보자 중 여우상 케이트 윈슬렛 Kate Winslet과 조연 여우상 후보 글로리아 스튜어트 Gloria Stuart는 '동일한 영화에서 같은 배역을 맡아 주연 및 조연 여우상 후보로 지명 받은 첫 번째 became the first pair of actresses nominated for portraying the same character in the same film라는 이색기록을 수립하게 된다.

또한 글로리아는 당시 87세로 연기자 중 아카데미 역대 최고령 지명자라는 타이틀도 기록하게 된다.

이 해 시상식은 미국 전역에서 5,700만 명 more than 57 million viewers이 시청해 역대 최고의 시청률을 기록하게 된다.

시상식 : 1998년 3월 23 6:00 PM
장　소 : L A 슈라인 오디토리엄 Shrine Auditorium
사　회 : 빌리 크리스탈 Billy Crystal, ABC 중계

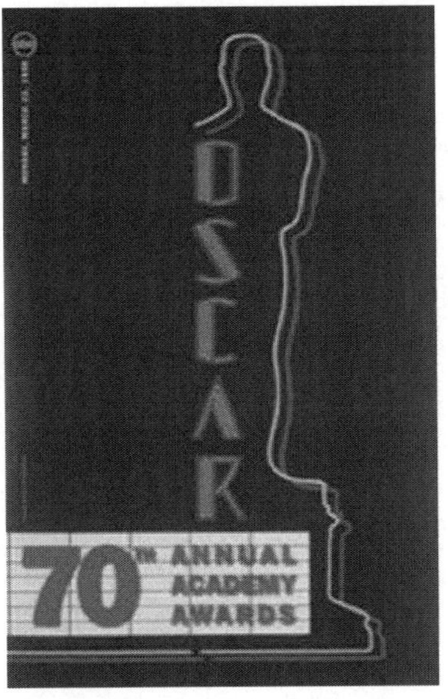

제70회 아카데미 포스터. © A.M.P.A.S/Oscars.org

〈스타 워즈 초기 3부작〉 비디오 출시

'아득한 옛날 어느 먼 은하계에서 내전은 시작되고, 반란군들은 비밀기지를 거점으로 사악한 은하제국에 첫 승리를 거둔다. 반란군 첩보원은 제국의 절대적 무기로서 행성을 파괴할 수 있는 가공할 위력을 지닌 우주선 '죽음의 별'의 설계도를 탈취한다. 레아 공주는 제국군의 추격을 받으며 은하계의 자유를 가져다 줄 설계도를 갖고 고향으로 향하는데'

'루크 스카이워커는 사악한 다스 베이더의 추격을 당하고 있는 레아 공주를 구출하기 위해 팀웍을 꾸린다'.

1977년부터 공개된 〈스타 워즈〉 시리즈는 1999년 '에피소드 1'을 시작으로 장대한 우주 판타지 극이 총 6부작으로 1차 완료됐다. © Lucasfilm, Twentieth Century Fox.

1977년 조지 루카스의 〈스타워즈 에피소드 4 : 새로운 희망 Star Wars Episode IV : A New Hope〉는 다스 베이더의 폭정에 시달리는 은하 제국의 상황을 보여주면서 시작된다.

반군 결성으로 새로운 희망이 보이지만 반군 지도자 레아 공주가 다스 베이더에게 체포됐다는 소식이 전해지면서 반군 진영은 최대 위기를 빠진다.

이 때 시골 청년 루크 스카이워커는 한 솔로, 츄바카, 벤 케노비, 쓰리피오, 알투디투 등의 동료를 규합해서 레아 공주 구출 작전을 시작한다.

이렇게 해서 시작된 별들의 전쟁 〈스타워즈 에피소드 5 : 제국의 역습 Star Wars Episode V : The Empire Strikes Back〉(1980) 〈스타워즈 에피소드 6 : 제다이의 귀환 Star Wars Episode VI : Return Of The Jedi〉(1983)으로 이어진다.

16년 뒤 스타 워즈의 프리퀄의 사연인 〈스타 워즈 에피소드 1 : 보이지 않는 위험 Star Wars Episode I : The Phantom Menace〉(1999)이 공개될 까지 스타 워즈는 숱한 사연을 만들어 내면서 SF 판타지 극의 대표작으로 갈채를 받는다.

1997년 비디오 시장에서는 초기 〈스타 워즈 3부작 특별판 Star Wars trilogy's Special Editions〉이 출시되면서 향후 〈스타 워즈; 에피 소드 3부작〉이 제작될 상황을 만들어 낸다.

〈타이타닉〉, 할리우드 흥행 역사상 최초 10억 달러 돌파

제임스 카메론 감독의 〈타이타닉 Titanic〉은 2010년 〈아바타〉로 경신되기 이전 할리우드 영화사상 최초로 전세계 흥행 수익 10억 달러(US $1,000,000,000)를 돌파한 첫 번째 작품이라는 위업을 기록한다.

'운명과 함께 충돌하다 Collide With Destiny'는 선전 문구를 내걸고 공개된 〈타이타닉〉은 지구촌 극장가에 연일 센세이션한 반응을 불러일으킨다.

당시로서는 천문학적인 2억 달러($200,000,000)의 비용을 투입해 제작사 20세기 폭스사의 재정 압박을 가속화시키지만 1997년 12월 21일 2,674개 극장

〈아바타〉 이전 전세계 최대 흥행작 타이틀을 보유했던 〈타이타닉〉. © Twentieth Century Fox, Paramount Pictures.

에서 첫 주말 수익 2,863만 8천 1백 3십 1달러($28,638,131)를 돌파하면서 예사롭지 않은 수익을 거둘 것임을 예상시킨다.

〈타이타닉〉은 2019년 11월 25일 기점으로 전세계 영화 시장에서 21억 9천 4백만 달러 Cumulative Worldwide Gross: $2,194,439,542라는 전무후무한 수익을 거두어들이는 메가박스 플러스급 히트를 돌파하게 된다.

영화가 공개되면서 새삼 '타이타닉 호' 참사에 대한 관심이 제기된다.

'조물주도 감히 침몰 시킬 수 없는 인간의 기술력이 집대성된 초호화 유람선'을 내건 RMS 타이타닉(RMS Titanic) 호.

영국에서 미국 등 주로 대서양 횡단을 목적으로 제조된 당시 세계에서 최대 선박이다.

주요 재원을 살펴보면 영국 리버풀이 모항.

46,328톤, 전체 길이는 268.8m, 전체 폭은 27.7m이며 최대 속도는 23노트 (42.6 km/h).

심야에는 3,200km까지 연락이 가능한 통신 설비를 갖추고 있다.

승무원 891명을 포함해 최대 승객 정원수는 약 3,500명이 탑승할 수 있다.

제조를 맡은 화이트 스타 라인사는 북대서양 항로를 기반으로 크루즈 등 선박 여행을 주로 운영하는 회사였다.

그렇지만 타이타닉 호는 속도, 설비 등에서 최고급을 지행했고 절대 침몰하지 않는 배로 대대적인 선전이 된다.

마침내 1912년 4월 10일, 영국 사우샘프턴(Southampton)에서 타이타닉 호는 첫 항해를 알린다.

E· J· 스미스 선장과 승무원, 승객 등 약 2,200명이 탑승, 프랑스 셸브루(Cherbourg)와 아일랜드 퀸즈타운에 기항한 뒤 최종 기착지는 미국 뉴욕이었다.

타이타닉 호는 출항 때부터 대서양 곳곳에 빙산이 떠다닌다는 경고 소식을 전달 받지만 이를 무시한다.

4월 14일 심야 11시 40분.

갑판 선원 프레드릭 플리트는 전방 450미터에 높이 20미터 미만의 빙산을 육안으로 확인한다.

플리트는 긴급 무전을 쳤지만 선박이 빙산과 충돌하면서 곳곳에 균열이 발생한다.

12시 45분, 타이타닉 호는 조난 신호를 보내지만 적절한 도움을 받지 못한다.

새벽 1시 15분 선수가 거의 가라앉는다.

새벽 2시 20분. 타이타닉 호는 완전히 침몰한다.

당시로서는 1급 과학 기술을 총동원해 축조된 타이타닉 호가 일순간 침몰한 사건은 서방 선진국에 막대한 충격과 후유증을 남긴다.

최종 생존자는 711명, 사망자는 1,513명을 발생시켜 '세계 최대 해난 사고'라는 오명을 듣게 된다.

1985년 미국 심해 탐험가 로버트 발라드(Robert Ballad)는 뉴 펀들랜드 680km 지점에서 타이타닉 호 잔해를 심해 카메라로 촬영한다.

이 같은 뉴스를 접한 제임스 카메론은 역사적 사실에다 신분과 사회적 배경이 전혀 다른 소년, 소녀가 타이타닉 선상에서 만나 운명적인 러브 스토리를 엮어간다는 가상의 내용을 추가시켜 시대의 걸작 〈타이타닉〉을 공개하는 것이다.

유람선 선상 위에서 팔을 벌리고 바닷바람을 맞으면서 '나는 세상의 왕이다'를 외치는 패기만만한 무명 화가 잭 도슨(레오나르도 디카프리오)과 그에게 운명적 사랑을 느끼는 로즈(케이트 윈슬렛)이 엮어가는 애절한 사연은 제임스 호너 작곡, 셀린 디옹이 불러 주는 주제가 'My Heart Will Go On'은 팝 시장까지 '타이타닉 신드롬'이 확산되는 1등 공신 역할을 한다.

라스트 장면에서 승선했던 감리 교회 신자 월리스 하틀리(1878년-1912년)는 바이올린 연주와 지휘를 맡아 8명의 연주대가 승객들을 위로하기 위한 연주를 들려준다.

비장감 넘치는 이들의 일화는 영화 속에서 '우리가 내 주를 가까이 하게 함은 Nearer my God, to thee'와 찬송가 '가을 Autoume' 등으로 연주되어 재현된다.

이외 일 살로니스티(I Salonisti)가 연주해 주는 'Valse Septembre' 'Wedding Dance' 'Sphinx' 'Vision Of Salome' 'Alexander's Ragtime Band'와 A. 세이무어 브라운과 냇 아이어스가 화음을 맞춘 'Oh You Beautiful Doll', 메이러 브레난의 'Come, Josephine, In My Flying Machine', 개릭 스탐의 연주곡 'An Irish Party in Third Class' 등의 풍성한 선율은 실화와 가상 내용을 결합시킨 팩션(Faction) 드라마의 묘미를 오래도록 각인시켜 준다.

흥행 마술사 스티븐 스필버그, 〈쥬라기 공원〉 속편 공개

'해먼드씨, 신중히 고려한 결과 공원 개장에 반대하기로 결심했습니다, 그만 가야죠, 다 끝났어요'.

DNA 기술로 광부들이 발견한 호박 속 모기로 부터 공룡 부활시킨다.

사업가 존 해몬드는 중남미 코스타리카의 무인도 섬에 살아있는 공룡이 서식하는 놀이 공원을 조성한다.

하지만 공원 내 컴퓨터 시스템이 고장을 일으켜 우리에 갇혀 있던 공룡들이 탈출을 해 공원을 관람하던 관광객을 공격하는 참사가 발생한다.

흥행의 마술사 스티븐 스필버그는 지난 1994년 멸종된 공룡이 부활된다는 〈쥬라기 공원 The Jurassic Park〉을 공개해 다시 한 번 쇼킹한 충격을 안겨준다.

탐욕스런 사업가 존 해먼드는 결국에는 공룡이 뛰노는 놀이 공원 계획을 취소시킨다는 것이 1편의 결론.

1997년 공개된 속편 〈쥬라기 공원 2 : 잃어버린 세계 The Lost World : Jurassic Park〉에서는 DNA 추출로 공룡을 부활시켰던 해먼드 박사가 돌발 사고로 쥬라기 공원을 폐쇄했음에도 불구하고 공룡의 대량 복제 생산을 꿈꾸며 섬에서 살아남은 공룡들을 보호하고 있었다.

그가 운영하는 회사도 생존한 공룡들을 생포해서 제2의 쥬라기 공원을 만들 무모한 계획을 세운다.

공룡 사냥꾼들이 공룡 사냥에 나선다.

인간의 탐욕을 멸종된 공룡을 통해 고발해 준 〈쥬라기 공원〉. © Universal Pictures.

사냥꾼들이 티라노 사우로스를 사로잡아 운송하는데 그만 화물선을 탈출하는 사고가 벌어져 도시는 일순간 아수라장으로 돌변하게 된다.

탐욕스런 해먼드는 교훈을 잃고 무리수를 두고 다시 한 번 치도곤을 당한다.

2부의 결론은 해먼드에 대한 방송사 인물 평가를 들려주면서 마무리 하고 있다.

'그는 한때 인젠사의 생물공학 책임자로서 공룡의 무사귀환과 함께 섬의 보존을 주장하는 운동을 전개하고 있습니다, 이 섬의 보존과 고립을 위해서는 코스타리카 정부의 생태 보존회와 즉각적인 논의를 통해 그에 필요한 규정을 만들어야 합니다, 이 생물들이 살아남으려면 인간의 손길이 닿지 않아야 합니다, 관찰자로서 한걸음 물러서서 자연의 힘을 믿을 때 생명은 그 자생력을 찾을 것입니다!' 라고 역설한다.

〈쥬라기 공원 2 : 잃어버린 세계〉는 '너무나 엄청났던 1부의 충격 때문에 2부는 다소 밋밋했다'는 불만이 제기됐지만 한편에서는 '속편의 스케일이 더욱 방대해 것은 스필버그만이 해낼 수 있는 일'이라는 호평의 의견도 만만치 않게 형성된다.

〈쥬라기 공원〉은 1993년 6월 13일 개봉 첫 주말 5천만 1십 5만 달러($50,159,460)를 포함해 전세계 극장에서 누적 10억 3천 2백만 달러 Cumulative Worldwide Gross: $1,032,020,521의 수익고를 올린다.

반면 〈쥬라기 공원 2 : 잃어버린 세계 The Lost World: Jurassic Park〉는 1997년 5월 27일 첫 주말 9천 1십 6만 1천 8백 8십만 달러($90,161,880)를 포함해 전세계 극장가에서 누적 6억 1천 8백만 달러 Cumulative Worldwide Gross: $618,638,999의 수익을 올려 1부 흥행 수익을 추월 하는 데는 실패한다.

지구로 잠입한 외계인 퇴치 작전 〈맨 인 블랙〉

지구를 침공한 외계인 체포 작전에 나서는 비밀 요원 활약상을 다룬 〈맨 인 블랙〉. © Paramount

한껏 두려운 포즈를 취했지만 묘한 웃음을 터트리게 했던 괴짜 가족의 해프닝 극 〈아담스 패밀리 The Addams Family〉(1991), 영화 마니아인 갱단이 할리우드 제작자로 나선다는 〈겟 쇼티 Get Shorty〉(1995)로 주목 받은 배리 소넨필드 감독.

그가 지구를 점령하기 위해 침입한 외계인들을 발본색원(拔本塞源) 하기 위한 2명의 1급 비밀 첩보요원들의 활약상을 보여준 작품이 〈맨 인 블랙 Men in Black〉이다.

SF 전문 작가 커트 보네거트 주니어(Kurt Vonnegut Jr)가 1959년 출간한 소설 『싸이렌 오브 타이탄 The Sirens of Titan』에서는 지구에 약 1,500여 명의 외계인이 은밀하게 거주하고 있으며 이들은 맨하탄을 최적의 주거 공간으로 여기고 있다고 주장했다.

역시 SF 작가인 더글라스 아담스(Douglas Adams)의 대표 소설 『히치하이커 The Hitchhiker's Guide to the Galaxy』와 『안녕, 모든 물고기들에게 감사 So Long, and Thanks for All the Fish』에서는 '택시 기사들이 모자를 쓰고 있는데 이것은 뉴욕을 찾는 외계인들에게 적당한 생활공간을 안내해 주는 이들을 드러내는 은밀한 신호이다'는 주장을 제기해 독자들에게 호기심을 자극시킨다.

이들 소설은 배리 소넨필드가 〈맨 인 블랙 2 Men in Black 2〉(2002) 〈맨 인 블랙 3 Men in Black 3〉(2012) 등 '검은 복장의 사나이'들 3부작에서 주요 설정으로 활용되고 있다.

미국과 멕시코 국경 지대.

미국 영토로 밀입국자들을 태운 차량이 넘어오고 경찰이 수색을 시작한다.

이때 검은색 차량에서 일급 국가 비밀 조직인 MIB(Men In Black) 요원 2명이 내린다.

양복, 선글라스는 모두 검은 색.

이들은 지구에 정착한 외계인들을 감시하고 불법 체류 외계인들을 색출해서 추방시키는 임무를 수행중이다.

긴장감 넘치는 이들의 출현 장면을 보여주는 오프닝에서 주디 갈란드를 떠올려주는 〈오즈의 마법사〉의 그 유명한 주제곡 'Over the Rainbow'가 흘러 나와 연출자와 프로듀서를 맡은 스티븐 스필버그의 재치를 엿보게 했다.

1부는 제이(윌 스미스)와 케이(토미 리 존스)가 사악한 바퀴벌레 외계인 에드가가 지구로 잠입했다는 첩보를 입수한다.

에드가는 우주의 신비가 담긴 구슬을 차지해서 지구를 탈출하려하자 MIB 요원들이 출동해 구슬이 지구 밖으로 유출되는 것을 차단시키는 것이 기둥 줄거리.

제이와 케이의 긴장감 넘치는 모험담에 푹 빠지게 만든 요소 중 하나는 이들이 착용한 검정색 선글라스.

'레이-방 프레데터 2 선글라스(Ray-Ban Predator 2 glasses)'는 한 해 평균 160만 달러($1.6 million) 어치가 팔려 나가는 애장품. 영화 공개 이후 500만 달러($5 million)로 3배 이상 매출이 폭증했다는 후문을 남긴다.

中, 양자경, 007 〈네버 다이〉 아시아권 최초 본드 걸 발탁

007 〈네버 다이〉에서는 중국 배우 양자경이 본드 사상 최초로 아시아 출신 본드 걸로 출연해 호쾌한 액션 극을 펼쳐 보이는데 일조했다. © Metro-Goldwyn-Mayer, United Artists.

1962년 〈닥터 No〉로 시작된 20세기 최장수 시리즈물이 007 제임스 본드.

1997년 로저 스포티스우드 감독은 18번째 본드 무용담 〈네버 다이 Tomorrow Never Dies〉를 공개한다.

카버 미디어 그룹을 운영하고 있는 엘리어트 카버(조나단 프라이스).

신문, TV, 통신망을 통해 세계 대전을 일으켜 자신이 의도한 세계 대통령이 되겠다는 무모한 음모를 꾸민다.

그는 이를 위한 첫 번째 실행 단계로 인공위성 운항 시스템을 교란시켜 공해상에 있는 영국 구축함의 레이더망을 오작동시켜 중국 영해를 침입하도록 만든다.

이어 중국 전투기가 출동하면 미리 대기하고 있던 카버 미디어 그룹 소유의 잠수함을 동원해 영국 구축함을 파괴시켜 세계 대전을 조성한다는 것이다.

카버의 야욕을 제압하기 위해 본드와 중국에서 파견된 첩보원 웨이 린이 팀웍을 이룬다.

〈네버 다이〉의 두드러진 특징은 늘씬한 서양 미녀들의 독차지였던 본드 걸에 중국 출신 양자경(Michelle Yeoh)이 발탁됐다는 점.

범죄 조직의 일망타진을 위해 악의 무리들과 대결을 마다하지 않는 열혈 홍콩 여형사 미스 양역을 맡은 〈예스 마담 : 황가사저 Yes, Madam / 皇家師姐〉(1985) 시리즈를 비롯해 〈동방삼협 The Heroic Trio / 東方三俠〉(1992) 〈천검절도 Holy Weapon / 武俠七公主〉(1993) 〈태극권 The Tai-Chi Master / 太極張三豊〉(1993) 등을 통해 쿵푸 유단자의 실력을 유감없이 발휘했다.

〈네버 다이〉에서 양자경은 이 같은 특기를 110% 발휘해 오토바이를 타고 좁은 시장 통을 질주하고 수십 명의 악한들과 격투를 벌이고 빌딩과 건물을 날렵하게 넘나드는 모습을 열연해 역대 본드 걸 중 가장 격렬하고 과격한 모습을 보여준다.

동양 출신 양자경이 남성 3-4명을 가뿐히 제압하는 열혈 모습을 보여주면서 새삼 본드 걸의 존재가 주목 받는다.

본드 걸(Bond girl)은 첩보 임무를 수행하는 제임스 본드와 로맨스를 엮어가는 성적 역할로 출발했지만 시리즈가 진행되면서 적극적인 업무 측면 지원 역할로 변모된다.

역대 본드 걸 캐릭터 중 '푸시 갤로우 Pussy Galore' '프렌티 오툴 Plenty O'Toole' '제니어 오나톱 Xenia Onatopp' '홀리 굿헤드 Holly Goodhead' 등은 육감적인 매력과 함께 정체를 단번에 파악할 수 없는 모호한 정체성을 보여주어 남성 관객들의 구미를 당겨주는 존재가 된다.

본드 걸은 주로 악한의 심복 혹은 정부(情婦, Mistress)였다가 수장(首長)이 자행하는 술수에 빠진 본드가 위험한 상황에서 벗어나는데 큰 기여를 하다 목숨을 잃은 비극적 인물로 빈번하게 등장한다.

제임스 본드를 둘러싸고 있는 여성 중 직속 상사 M(주디 덴치)와 업무 보조자 역할인 미스 머니페니(Miss Moneypenny)도 출현하고 있다.

자마이카를 무대로 진행된 테렌스 영 감독의 본드 1호작 〈살인 번호 Dr. No〉(1962)에서 비키니 차림으로 풍성한 성적 매력을 발산했던 허니 라이더역의 우술라 안드레스(Ursula Andress)는 이후 50여년 이상 인기를 끌고 있는 본드 걸 효시가 된다.

〈살인 번호〉에서는 실비아 역으로 유니체 게이슨(Eunice Gayson), 미스 타로 역에 제나 마샬(Zena Marshall)이 등장하고 있지만 볼륨 있는 몸매의 우술라 안드레스의 매력에 압도되고 만다.

제임스 본드는 매번 풍성한 촬영 에피소드를 남겨 흥미 감을 배가 시켰다.

〈네버 다이〉에서 애초 제목은 엘리오트 카버가 언론 재벌을 운영하고 있다는 것을 염두에 두어 '내일은 결코 거짓 보도를 하지 않는다.'는 뜻을 담은 'Tomorrow Never Lies'를 구상했지만 좀 더 강력한 느낌을 주기 위해 최종 제목은 Tomorrow Never Dies로 변경된다.

양자경의 처음 배역 이름은 린 파우 Lin Pow. 하지만 Pow가 중국어로 '엉덩이' '빵 덩어리'라는 발음과 흡사하다고 지적당하자 웨이 린 Wai Lin으로 교체된다.

제임스 본드 〈사느냐 죽느냐 Live and Let Die〉에서 CIA 1급 수사요원으로 로시 카버(Rosie Carver)가 등장했는데 〈네버 다이〉에서 카버는 지구 평화를 교란시키는 악한이 된다.

엘리오트 카버가 운영하는 신문사 정경은 런던 데일리 텔리그라프(London's Daily Telegraph)와 이브닝 스탠다드(Evening Standard) 신문사의 실제 인쇄 공장에서 로케이션 된다.

〈네버 다이〉에서 수중 장면은 〈타이타닉〉의 침몰 장면을 촬영한 20세기 폭스 소유의 멕시코 바자 스튜디오 Fox's Baja Studios in Mexico에서 진행됐다.

두 편의 영화는 공교롭게도 미국 시장에서 동시에 개봉된다.

〈네버 다이〉는 〈타이타닉〉 열풍에 휘말려 피어스 브로스난이 4번째 주연을 맡은 본드는 흥행 1위를 차지하는데 실패하고 만다.

007 제임스 본드의 흥미 감을 배가시켜 주는 요소는 바로 주제 음악.

존 배리가 독주했던 테마 음악 작곡은 그가 2선으로 후퇴하면서 후배 데이비드 아놀드(David Arnold)를 신규 작곡가로 추천한다.

사운드트랙은 영화 발매 전에 출시되는 관행을 깨고 〈네버 다이〉는 영화 공개가 지난 뒤인 2000년 1월 11일 뒤늦게 출시된다.

오프닝 타이틀 송은 셰릴 크로우의 'Tomorrow Never Dies', 라스트 엔딩은 k.d.랭의 'Surrender'가 채택된다.

모비(Moby)가 불러 주었던 'Remix of the James Bond theme'도 주제곡 인기에 버금가는 호응을 얻었다.

데이비드 아놀드는 극중 전개되는 본드와 본드 걸의

맹활약 장면과 맞물려 'Helicopter Ride' 'Bike Chase' 'Bike Shop Fight' 'Kowloon Bay' 'Boarding the Stealth' 'A Tricky Spot for 007' 'All in a Day's Work' 등을 들려주었다.

엔딩 곡 'Surrender'는 재즈 및 리듬 앤 블루스 가수 셜리 베시(Shirley Bassey) 창법 스타일을 모방한 것으로 알려진다.

〈네버 다이〉는 전세계 흥행 수익 3억 3천 3백 1만 1천 6십 8달러($333,011,068)를 거두어 종합 흥행 순위 4위를 차지한다.

잭 니콜슨, 능청스런 연기 백미 〈이 보다 더 좋을 순 없다〉

'당신은 내가 더 좋은 남자가 되고 싶게 만들었소. You make me wanna be a better man' - 캐롤이 자신을 칭찬해 달라고 하자 건네는 대사.

잭 니콜슨의 능청스런 연기가 돋보였던 〈이 보다 더 좋을 순 없다〉 © Columbia

냉소적이고 대화를 꺼내면 쏟아지는 비수 같은 독설, 외출할 때 5번씩 문을 걸어 잠긴 것을 확인해야 하는 결벽증, 아파트 강아지만 보면 질색을 하고 걷어차는 무심함. 강박증을 앓고 있는 로맨스 소설 작가 멜빈 유달(잭 니콜슨).

독기와 안하무인적인 태도로 인해 주변 사람들에게는 두려움의 대상이다.

거리를 걸을 때는 보도블록 틈새를 건너뛰고 인파와 부딪히지 것을 질색한다.

식당에는 늘 고정 좌석만 앉으며 늘상 휴대하는 플라스틱 나이프와 포크를 이용해 식사를 한다.

식당 웨이트레스 캐롤 코넬리(헬렌 헌트).

모두가 꺼려 하는 괴팍한 멜빈을 살갑게 대해주는 유일한 존재이다.

천식으로 고생하는 아이의 치료비 때문에 늘 빠듯하게 살아가지만 낙천적인 태도를 늘 유지하고 있다.

결국 자신의 깊은 내면에 있는 따사로운 본성을 깨우쳐 준 캐롤과 어색하지만 진심이 묻어 있는 로맨스를 시작한다. 그가 글을 통해 묘사한 멋진 사랑 사연처럼.

대인기피적인 증세를 보였던 멜빈의 철옹성 같던 심성은 봄 눈 녹듯이 사라진다.

'내가 당신을 안다는 그 자체가 기분 좋은 일이야 나에 대해서 말야. 그런데 그게 당신한테는 나쁜 것인가? 아니요, 당신을 포옹하겠어, 질문이 아니었는데! 당신을 포옹할꺼야? 내가 그것보다 더 잘 할 수 있어, 더 좋아요, 훨씬 더, 그래? 뭐 먹을래? 따끈한 빵 And the fact that I get it makes me feel good about me, ls that something that it's bad for you to be around? No, I'm going to grab you? I didn't mean for that to be a question. I'm going to grab you. I know I can do better than that. Better. Definitely better, See? Want something? Warm rolls Excuse us'

'누군가에 의해 자신의 삶의 잣대가 바뀐다.'

삶의 희로애락(喜怒哀樂)이 듬뿍 담겨 있는 천연덕스러운 연기를 펼쳐준 잭 니콜슨과 헬렌 헌트.

천상궁합의 열연을 보여준 〈이 보다 더 좋은 순 없다 As Good As It Gets〉는 성인 로맨스극의 절묘한 묘미를 유감없이 전달시켜 주어 크리틱스 초이스, 미국 작가 조합 상, 배우 조합 상, 골든 글로브, 아카데미 어워드 등에서 〈타이타닉〉 열풍을 식히면서 연기상 부문을 모두 독식하는 쾌거를 이룩한다.

남녀 친구는 절대 애인이 될 수 없다? 〈내 남자 친구의 결혼식〉

호주 출신 P. J. 호간 감독의 상큼한 로맨스 극 〈내 남자 친구의 결혼식〉. © Ciby Pics.

'우리는 그렇게 오래 만나면서 사랑한다는 말을 안 했어. 키미가 그러는데 누구를 사랑하면 사랑 한다고 말하래. 그 순간 크게 소리치라고 아니면 그 순간은 영원히 사라져 버리니까!' - 줄리안 포터(줄리아 로버츠)

'넌 말야, 내 가슴 속에 깊이 새겨진 여자야!' - 선박 여행 중 마이클 오닐(더모트 멀로니)가 줄리안에게 건네는 대사

'인생은 멈추면 안 돼' - 조지 도니스(루퍼트 에버렛)가 라스트 무렵 줄리안과 통화한 뒤 춤을 추기 직전의 대사

풍성한 팝 중창단 아바의 노래를 가득 채워 노처녀의 애환기를 담은 〈뮤리엘의 웨딩 Muriel's Wedding〉(1994)으로 단번에 주목 받은 호주 출신의 P. J. 호간 감독이 특기를 살려 연속 공개한 로맨틱 코미디가 〈내 남자 친구의 결혼식 My Best Friend's Wedding〉이다.

줄리안 포터(줄리아 로버츠).

마이클 오닐(더모트 멀로니)과는 9년 전 대학 시절 만나 한때 캠퍼스 커플로 죽자 살자했지만 이제는 덤덤한 친구사이.

두 사람은 28세까지 짝을 찾지 못하면 결혼하자는 약속을 한다.

그런 어느 날.

마이클이 미모에다 갑부의 딸 키미 왈라스(카메론 디아즈)와 결혼한다는 이야기를 듣고 심사가 뒤틀린다.

줄리안은 마이클 결혼식 4일전부터 두 사람의 혼인식 방해 작전을 치열하게 펼치지만 어느덧 마이클과 키미의 진심어린 화촉을 축하해 준다.

그리고 자신은 결혼식 방해 작전에 동원됐던 친구 조지(루퍼트 에버렛)와 축하 댄스를 벌인다.

〈뮤리엘의 웨딩〉 버금갈 정도로 감칠 맛 나는 여러 배경 음악을 빠트릴 수 없다.

줄리안을 언니처럼 따르는 키미를 클럽에 데려가 여러 사람들 앞에서 망신을 주기 위해 갑자기 노래를 시킨다.

당황한 키미가 악을 쓰면서 불러주는 노래가 'I Just Don't Know What To Do With Myself'.

수줍게 노래하는 키미의 모습에 클럽 사람들이 대환호.

줄리안의 음모를 예기치 않은 역습을 당한다.

오프닝에서 웨딩드레스를 착용하고 등장한 여성 4인조가 멋진 화음을 들려주는 노래가 'Wishin and Hopin', 프란시스 레이 작곡의 'A Man and a Woman'은 앙숙(?)인 남녀는 결국 사랑을 할 수 밖에 없는 존재라는 것을 일깨워 준다.

마이클의 결혼에 질투심을 느끼는 정경은 'I am Woman'가 표현하고 있다.

라스트 엔딩 곡으로 흘러나오는 정통 리듬 앤 블루

스 곡은 다이아나 킹의 'I Say a Little Prayer'이다.

이 외 앤 아르텐의 'You Don't Know Me', 리차드 베리 작곡의 'Louie Louie', 로이드 프라이스의 '(You've Got) Personality', 지미 소울의 'If You Wanna Be Happy', 버트 바카락 작곡의 'Do You Know the Way To San Jose?', 토니 베넷의 'The Way You Look Tonight', 재키 디 샤논의 'What the World Needs Now is Love', 존 덴버의 'Annie's Song', 라흐마니노프의 피아노 연주곡에 노랫말을 담아 데일 워랜드 싱어즈가 불러 주는 'Khvalitye Imya Gospodnye (Praise the Name of the Lord)', 메리 채핀 카펜터의 'I'll Never Fall In Love Again' 등이 풍성한 사운드트랙이 되는데 일조한다.

뤽 베송이 제시한 인류 구원 극 〈제5 원소〉

'인류를 구원할 그것을 반드시 찾아내야 한다!'

프랑스를 대표하는 흥행 감독 뤽 베송이 학창 시절부터 구상했다는 장구한 프로젝트가 〈제5 원소 The Fifth Element〉이다.

1914년 이집트 피라미드 발굴 현장.

노학자는 인류 미래의 명운이 달려 있는 피라미드 벽에 새겨진 5개 원소의 비밀을 밝혀낸다.

세월이 흘러 서기 2259년.

괴(怪) 행성이 지구로 다가오면서 세계는 비상사태에 빠진다.

성직자 코넬리우스는 300년 전 예언대로 악마가 찾아온 것이라고 예언한다.

피라미드에 따르면 5, 000년마다 세상이 바뀌고 악마가 찾아온다는 것.

이런 비상시국에 물, 불, 바람, 흙을 상징하는 4개 요소가 악마와 결합하면 지구는 악마의 지배를 받게 된다.

제 5원소를 제외한 4개 원소를 소지한 몬도샤 행성인들이 4개의 돌을 갖고 지구를 찾아온다.

한편 전직 연방 요원 출신 에어 캡 운전사 코벤 달라스.

우연히 탑승시킨 묘령의 여성 릴루.

그녀는 바로 인류를 악으로부터 차단시켜 줄 5번째 원소라는 것이 밝혀진다.

액션+SF+판타지+로맨스 등 흥미 있는 요소를 골고루 융합시킨 〈제5원소〉에서 릴루 역은 한때 뤽 베송의 연인이자 모델 출신으로 상대방을 제압할 듯한 눈동자가 매력인 밀라 요보비치.

뤽 베송이 제시한 인류 구원 모험 극 〈제 5 원소〉. © Gaumont

지구인들의 우주여행을 안내하는 수다스런 DJ 루비 역은 달변의 흑인 배우 크리스 터커가 출연하고 있다.

그가 어수선하게 우주여행을 안내하는 장면에서 떠버리는 노래가 라이오넬 리치의 대표적 히트곡 'All Night Long'이다.

코벤이 우주여행을 갔을 때 촉수가 여러 개 달린 푸른색 복장의 외계 여성이 무대에 등장해 지구인 환영 축하곡을 불러 준다.

이 때 들려주는 아리아가 도니체티의 오페라 'Lucia di Lammermoor' 3막 극 중 'Aria of Lucia di Lammermoor'이다.

〈제5 원소〉에서는 이들 곡 외에 첩 칼레드 작곡의 'Alech Tradi', 에릭 세라 작곡의 'Little Light of Love', 인바 물라의 'The Diva Dance' 등이 프랑스

감독이 제시한 색다른 우주 판타지 로맨스의 잔재미를 추가시킨다.

구조 조정된 철강 노동자들의 삶의 분투기 〈풀 몬티〉

'여기는 셰필드입니다. 발전하는 셰필드 영국 북부 공업 중심지 셰필드는 요크셔 최대의 도시로 인구는 30만이며 매일 수천 명이 쇼핑과 일을 찾아 몰려듭니다. 모두 셰필드의 자랑인 철강 산업 덕분이죠. 총 9만 명이 종사하는 철강 공장들은 세계 최고 품질의 철강을 소재로 건설용 철골에서 가정용 나이프와 포크까지 만들어내죠. 그렇다고 일만 하는 곳이 아닙니다. 한가롭게 수영을 즐기거나 축구 시합을 관전하고 쇼핑도 즐길 수 있습니다. 밤에는 또 다른 재미가 있죠. 수많은 클럽과 디스코텍, 셰필드의 생활은 곧 즐거움입니다. 주택산업도 한 창이죠 재개발 계획의 열기로 빈민가에 미래형 주택이 들어서고 있습니다. 철강 덕분에 셰필드는 미래로 도약하고 있습니다.'

실직 가장(家長)들의 애처로운 삶의 애환을 담아 공감을 얻어낸 〈풀 몬티〉. ⓒ Canal Plus

피터 카타네오 감독의 〈풀 몬티 The Full Monty〉.

총애를 받던 영국 철강 산업 도시는 25년 후.

산업 합리화 정책에 따라 제철소는 이제 천덕꾸러기 신세가 돼 속속 폐업된다.

남부 요크셔 산업 타운.

이혼남 가즈(로버트 카라일), 무능하고 뚱뚱한 친구 데이브(마크 애디), 공장 감독 제랄드(탐 윌킨슨).

3명의 남자 중 가즈는 실직했지만 이혼한 부인에게 아이들 양육비를 지급해야 할 처지.

데이브는 아내와의 잠자리에서 자신감을 잃어버린 상태.

제랄드는 실직한 지 6개월이 지났지만 아내에게는 출근하는 것처럼 매일 밖으로 겉도는 생활을 하고 있다.

이들은 결국 생계를 위해 여성들만의 전용 클럽에서 딱 한 번이라는 조건을 내걸고 스트립 쇼 무대에 나선다.

건국 이래 처음 당하는 IMF 조치에 따라 수많은 가정이 경제적인 핍박에 놓여 있던 한국 상황과 맞물려 공개돼 많은 공감을 받은 작품이 〈풀 몬티〉이다.

타이틀 'The Full Monty'는 옷을 홀딱 벗는다는 뜻.

'6명의 남자, 이제 이들에게는 더 이상 잃을 것이 없다. 그래서 무도한 도전을 시도 한 다'는 선전 문구를 내걸고 공개된 〈풀 몬티〉는 철강 노동자에서 실직한 중년 남자들이 튼튼한 육체 밖에 내세울 것이 없게 되자 급기야 '신체 노출'을 통해 여성들을 위해 환호성을 자아낸다는 스토리는 할리우드 영화와는 달리 매우 공감 가는 생활형 드라마를 전개시켜 예상을 깨는 흥행 성적을 거둔다.

제작비 350만 달러($3,500,000)의 소품 영화는 1997년 8월 17일 미국 6개 극장에서 극히 소규모로 공개됐지만 입소문을 받고 1998년 4월 26일까지 미국 시장을 제외한 전세계 극장가에서 무려 1억 9천 8백 1십만 달러($198,100,000, Worldwide, except USA)를 챙겨 대박급 히트작이 된다.

여류 작곡가 앤 더들리(Anne Dudley)에게 아카데미 작곡상을 안겨줄 만큼 청각을 자극시키는 배경 곡도 일품이다.

구직 센터에서 힘겨운 표정으로 줄을 서서 대기하고

있던 이들이 디스코 리듬의 곡이 흘러나오자 어깨춤을 추면서 잠시 현실적 시름에서 벗어나는 풍경을 보여줄 때 삽입된 노래가 1970년대 디스코 여왕 도나 썸머의 'Hot Stuff'.

뜨겁고 열정적인 사내라는 노랫말은 이들이 장차 성적인 매력을 드러내 깜짝 쇼를 시도할 것임을 짐작시켜 주는 예견 곡으로 쓰이고 있다.

그룹 핫 초콜릿의 'You Sexy Thing', 세르게이 갱즈브루와 제인 버킨의 육감적인 매력이 가득 담겨 있는 샹송 'Je t'aime...moi non plus'는 누드 댄서에 응모하기 위해 허름한 창고에서 오디션을 볼 때 배경음악으로 쓰이고 있다.

아드리안 감독이 제니퍼 빌즈를 기용해 선보인 〈플래시댄스 Flashdance〉(1983)는 미국의 대표적인 철강 도시 피츠버그에서 낮에는 제출 공장 용접공으로 일하고 있는 18세 소녀가 저녁에는 나이트클럽 플로어 댄서로 일하면서 프로 댄서의 꿈을 성취한다는 내용.

〈플래시댄스〉의 주제곡으로 빅히트 된 아이란 카라의 'Flashdance (What a Feeling)'은 영국 철강 노동자들의 심정을 묘사해 주는 곡으로 차용돼 사용되고 있다.

시스터 패밀리의 'We are Family'는 경제적인 궁핍함에도 가족 간의 가치의 중요성을 깨우쳐 주는 노래로 차용된다.

생계를 위한 중년 남자들의 스트립 댄서 도전 풍경은 조 로스 오케스트라가 들려주는 연주곡 'The Stripper' 외에 브리티시 스틸 스톡브리지 밴드의 'Slaidburn' 'Abide with Me', 게리 그리터의 'I'm The Leader of the Gang' 'Rock and Roll Part 2', M 피플의 'Moving On Up', 플래티넘 댄스 오케스트라의 'Adios Muchachos', 윌슨 픽케트의 'Land of a Thousand Dances', 스티브 하리와 칵니 레이블의 'Make Me Smile (Come Up and See Me)', 탐 존스의 'You Can Leave Your Hat On' 등이 슬리퍼(Sleeper) 히트작이 되는데 기여한다.

수상식 후 이야기

70번째 화려한 아카데미 어워드에서 가장 많은 하이라이트가 된 작품은 〈타이타닉〉이었다.

무려 14개 부문에 지명돼 11개상을 독식하는 위업을 이룩한다.

진행을 맡은 빌리 크리스탈은 유려한 진행 솜씨를 인정받아 에미상 공연자 부문 Emmy award for his performance 상을 수여 받는다.

〈타이타닉〉의 14개 부문 후보는 〈이브의 모든 것 All About Eve〉과 타이 기록이며 11개 수상은 〈벤허 Ben-Hur〉와 동률을 이룬 대기록이 된다.

잭 니콜슨의 능청스런 연기가 일품이었던 〈이 보다 더 좋은 순 없다〉는 〈타이타닉〉 광풍에 휘말려 7개 지명을 받았지만 남녀 주연상 등 단 2개를 건진다.

〈굿 윌 헌팅〉도 7개 지명에 각본, 조연 남우 등 2개 마이너 상을 받는 것으로 그친다.

〈타이타닉〉으로 최고의 화제 인물이 된 제임스 카메론은 작품상을 수여 받으면서 객석을 향해 1,517명의 희생자들을 위한 묵념 제안을 했다.

70주년을 맞아 역대 70여 편의 작품상 수상작에 대한 영상 클립이 시연됐으며 생존에 있는 주연 남녀 수상자들이 모두 연단으로 등장해 기념 촬영 행사를 가져 지구촌 영화 축제의 의미를 되새겨 주었다.

제70회 1997 노미네이션, 수상자 총 리스트

작품상 Best Picture

* ⟨타이타닉 Titanic⟩
⟨이보다 더 좋을 순 없다 As Good as It Gets⟩
⟨풀 몬티 The Full Monty⟩
⟨굿 윌 헌팅 Good Will Hunting⟩
⟨L A 컨피덴셜 L.A. Confidential⟩

감독상 Best Director

* 제임스 카메론 James Cameron-⟨타이타닉 Titanic⟩
구스 반 산트 Gus Van Sant-⟨굿 윌 헌팅 Good Will Hunting⟩
커티스 핸슨 Curtis Hanson-⟨L A 컨피덴셜 L.A. Confidential⟩
아탐 에고이안 Atom Egoyan-⟨스위트 히어애프터 The Sweet Hereafter⟩
피터 카타네오 Peter Cattaneo-⟨풀 몬티 The Full Monty⟩

남우상 Best Actor

* 잭 니콜슨 Jack Nicholson-⟨이 보다 더 좋을 순 없다 As Good as It Gets⟩
맷 데이몬 Matt Damon-⟨굿 윌 헌팅 Good Will Hunting⟩
더스틴 호프만 Dustin Hoffman-⟨왝 더 도그 Wag the Dog⟩
로버트 듀발 Robert Duvall-⟨아포지틀 The Apostle⟩
피터 폰다 Peter Fonda-⟨울리스 골드 Ulee's Gold⟩

여우상 Best Actress

* 헬렌 헌트 Helen Hunt-⟨이 보다 더 좋을 순 없다 As Good as It Gets⟩
케이트 윈슬렛 Kate Winslet-⟨타이타닉 Titanic⟩
줄리 크리스티 Julie Christie-⟨애프터글로우 After-glow⟩
헬레나 본햄 카터 Helena Bonham Carter-⟨윙즈 오브 더 도브 The Wings of the Dove⟩
주디 덴치 Judi Dench-⟨미세스 브라운 Mrs. Brown⟩

조연 남우상 Best Supporting Actor

* 로빈 윌리암스 Robin Williams-⟨굿 윌 헌팅 Good Will Hunting⟩
그레그 키니어 Greg Kinnear-⟨이보다 더 좋을 순 없다 As Good as It Gets⟩
로버트 포스터 Robert Forster-⟨재키 브라운 Jackie Brown⟩
버트 레이놀즈 Burt Reynolds-⟨부기 나이트 Boogie Nights⟩
안소니 홉킨스 Anthony Hopkins-⟨아미스타드 Amistad⟩

조연 여우상 Best Supporting Actress

* 킴 베신저 Kim Basinger-⟨L A 컨피덴셜 L A Confidential⟩
글로리아 스튜어트 Gloria Stuart-⟨타이타닉 Titanic⟩
줄리아 무어 Julianne Moore-⟨부기 나이트 Boogie Nights⟩
조안 쿠색 Joan Cusack-⟨인 앤 아웃 In & Out⟩
미니 드라이버 Minnie Driver-⟨굿 윌 헌팅 Good Will Hunting⟩

오리지날 각본상 Best Original Screenplay

* ⟨굿 윌 헌팅 Good Will Hunting⟩-맷 데이먼 Matt Damon
⟨이 보다 더 좋을 순 없다 As Good as It Gets⟩-마크 안드러스 Mark Andrus
⟨디컨스트럭팅 해리 Deconstructing Harry⟩-우디 알렌 Woody Allen
⟨풀 몬티 The Full Monty⟩-사이몬 뷰포이 Simon Beaufoy
⟨부기 나이트 Boogie Nights⟩-폴 토마스 앤더슨

Paul Thomas Anderson

각색상 Best Adapted Screenpla

* 〈L A 컨피덴셜 L A Confidential〉-브라이언 헤겔랜드 Brian Helgeland
〈도니 브라스코 Donnie Brasco〉-폴 아타나시오 Paul Attanasio
〈스위트 히어애프터 The Sweet Hereafter〉-아탐 에고이안 Atom Egoyan
〈왝 더 도그 Wag the Dog〉-데이비드 마멧 David Mamet
〈윙스 오브 더 도브 The Wings of the Dove〉-후세인 아미니 Hossein Amini

외국어 영화상 Best Foreign Language

* 〈카라터 Karakter〉(네덜란드)
〈비욘드 사이런스 Beyond Silence〉(독일)
〈9월의 4일 동안 Four Days in September〉(브라질)
〈마음의 비밀 Secrets of the Heart〉(스페인)
〈도둑 The Thief〉(러시아)

장편 다큐멘터리상 Best Documentary Feature

* 〈롱 웨이 홈 The Long Way Home〉-라비 마빈 히어 Rabbi Marvin Hier
〈4 리틀 걸 4 Little Girls〉-스파이크 리 Spike Lee
〈아인 랜드 Ayn Rand: A Sense of Life〉-마이클 팍스톤 Michael Paxton
〈칼라 스트레이트 업 Colors Straight Up〉-미셀 오하욘 Michèle Ohayon
〈바코 Waco: The Rules of Engagement〉-댄 기포드 Dan Gifford

단편 다큐멘터리상 Best Documentary Short

* 〈스토리 오브 힐링 A Story of Healing〉-도나 듀위 Donna Dewey
〈알라스카 Alaska: Spirit of the Wild〉-조지 케이시 George Casey
〈아마존 Amazon〉-키스 메릴 Kieth Merrill
〈패밀리 비디오 다이어리 Family Video Diaries: Daughter of the Bride〉-테리 랜달 Terri Randall
〈스틸 킥킹 Still Kicking: The Fabulous Palm Springs Follies〉-멜 담스키 Mel Damski

단편 라이브 액션상 Best Live Action Short

* 〈비자와 덕 Visas and Virtue〉-크리스 타시마 Chris Tashima
〈댄스 렉시 댄스 Dance Lexie Dance〉-팀 로안 Tim Loane
〈잇즈 굿 투 토크 It's Good to Talk〉-로저 골드비 Roger Goldby
〈스위트하트? Sweethearts?〉-버거 라젠 Birger Larsen
〈볼프강 Wolfgang〉-앤더 토마스 젠센 Anders Thomas Jensen

단편 애니메이션상 Best Animated Short

* 〈게리 게임 Geri's Game〉-잔 핑카바 Jan Pinkava
〈페이모스 프레드 Famous Fred〉-조안나 퀸 Joanna Quinn
〈늙은 숙녀와 비둘기 The Old Lady and the Pigeons〉-실비아 초메트 Sylvain Chomet
〈리덕스 라이딩 후드 Redux Riding Hood〉-스티브 무어 Steve Moore
〈루살카 Rusalka〉-알렉산더 페트로프 Alexander Petrov

드라마 작곡상 Best Original Dramatic Score

* 〈타이타닉 Titanic〉-제임스 호너 James Horner
〈굿 윌 헌팅 Good Will Hunting〉-대니 엘프만 Danny Elfman
〈L.A 컨피덴셜 L.A. Confidential〉-제리 골드스미스 Jerry Goldsmith
〈아마스타드 Amistad〉-존 윌리암스 John Williams
〈쿤둔 Kundun〉-필립 글래스 Philip Glass

뮤지컬 혹은 코미디 작곡상
Best Original Musical or Comedy Score

* 〈풀 몬티 The Full Monty〉-앤 더들리 Anne Dudley
〈맨 인 블랙 Men in Black〉-대니 엘프만 Danny

Elfman
〈이 보다 더 좋을 순 없다 As Good as It Gets〉-한스 짐머 Hans Zimmer
〈내 남자 친구의 결혼식 My Best Friend's Wedding〉-제임스 뉴튼 하워드 James Newton Howard
〈아나스타샤 Anastasia〉-스테판 플래허티 Stephen Flaherty

오리지널 주제가 Film Best Original Song

* 'My Heart Will Go On'-〈타이타닉 Titanic〉, 제임스 호너 James Horner
'Journey to the Past'-〈아나스타샤 Anastasia〉, 스테판 플래허티 Stephen Flaherty
'How Do I Live'-〈콘 에어 Con Air〉, 다이안 워렌 Diane Warren
'Miss Misery'-〈굿 윌 헌팅 Good Will Hunting〉, 엘리오트 스미스 Elliott Smith
'Go the Distance'-〈헤라클레스 Hercules〉, 알란 멘켄 Alan Menken

사운드 편집 Best Sound Editing

* 〈타이타닉 Titanic〉-탐 벨포트 Tom Bellfort
〈페이스/오프 Face/Off〉-마크 스토킹거 Mark Stoeckinger
〈제5원소 The Fifth Element〉-마크 맨기니 Mark Mangini

사운드 믹싱 Best Sound Mixing

* 〈타이타닉 Titanic〉-게리 리드스트롬 Gary Rydstrom
〈콘택트 Contact〉-랜디 탐 Randy Thom
〈에어 포스 원 Air Force One〉-폴 마세이 Paul Massey
〈콘 에어 Con Air〉-케빈 오도넬 Kevin O'Connell
〈L.A 컨피덴셜 L.A. Confidential〉-앤디 넬슨 Andy Nelson

미술 감독상 Best Art Direction

* 〈타이타닉 Titanic〉-피터 라몽트 Peter Lamont
〈맨 인 블랙 Men in Black〉-보 웰치 Bo Welch
〈쿤둔 Kundun〉-단테 페레티 Dante Ferretti
〈가타카 Gattaca〉-잔 롤프 Jan Roelfs
〈L.A 컨피덴셜 L.A. Confidential〉-지니 오펠월 Jeannine Oppewall

촬영상 Best Cinematography

* 〈타이타닉 Titanic〉-러셀 카펜터 Russell Carpenter
〈L A 컨피덴셜 L.A. Confidential〉-단테 스피노티 Dante Spinotti
〈윙즈 오브 더 도브 The Wings of the Dove〉-에두어르도 세라 Eduardo Serra
〈아미스타드 Amistad〉-후안즈 카민스키 Janusz Kamiński
〈쿤둔 Kundun〉-로저 딘킨스 Roger Deakins

메이크업상 Best Makeup

* 〈맨 인 블랙 Men in Black〉-릭 베이커 Rick Baker
〈미세스 브라운 Mrs. Brown〉-리자 웨스코트 Lisa Westcott
〈타이타닉 Titanic〉-티나 언쇼 Tina Earnshaw

의상 디자인상 Best Costume Design

* 〈타이타닉 Titanic〉-데보라 린 스코트 Deborah Lynn Scott
〈쿤 둔 Kundun〉-단테 페레티 Dante Ferretti
〈오스카 앤 루신다 Oscar and Lucinda〉-자넷 패터슨 Janet Patterson
〈아미스타드 Amistad.-루스 E. 카터 Ruth E. Carter
〈윙스 오브 더 도브 The Wings of the Dove〉-샌디 파웰 Sandy Powell

필름 편집상 Best Film Editing

* 〈타이타닉 Titanic〉-콘래드 버프 4세 Conrad Buff IV
〈L A 컨피덴셜 L A Confidential〉-피터 호네스 Peter Honess
〈굿 윌 헌팅 Good Will Hunting〉-피에트로 스칼리아 Pietro Scalia
〈에어 포스 원 Air Force One〉-리차드 프란시스-브루스 Richard Francis-Bruce

〈이 보다 더 좋을 순 없다 As Good as It Gets〉-리차드 마크 Richard Marks

시각 효과상 Best Visual Effects

* 〈타이타닉 Titanic〉-로버트 레가토 Robert Legato

〈잃어버린 세계: 주라기 공원 The Lost World: Jurassic Park〉-데니스 머렌 Dennis Muren

〈스타쉽 트루퍼스 Starship Troopers〉-필 티퍼트 Phil Tippett

최다 후보작 및 수상작

〈타이타닉 Titanic〉-14개 부문 후보

〈타이타닉 Titanic〉-11개 부문 수상

아카데미 명예상 Academy Honorary Award

* 스탠리 도넨 Stanley Donen

고든 E. 소여상 Gordon E. Sawyer Award

* 돈 이웍스 Don Iwerks

과학 기술상 Scientific and Technical Award

* 군나르 P. 마이클슨 Gunnar P. Michelson

<셰익스피어 인 러브> 팩션 드라마 진가 발휘

제71회 아카데미는 1998년 미국 주요 흥행가에서 상영됐던 작품을 대상으로 시상식이 진행된다.

<인생은 아름다워 Life Is Beautiful>는 1969년 코스타 가브라스 감독의 <제트 Z> 이후 작품상과 외국어 영화상에 동시 지명 되는 두 번째 영화가 된다.

더욱이 외국어 영화로는 보기 드물게 7개 부문에 지명 받는다.

로베르토 베니그니는 로렌스 올리비에의 <햄릿 Hamlet>(1948) 이후 자신이 감독한 작품으로 남우상을 차지하는 2번째 기록을 수립하게 된다.

여우상의 케이트 블랑쉬와 조연 여우상의 주디 덴치는 서로 다른 영화에서 영국 엘리자베스 1세 여왕 Queen Elizabeth I of England 역할로 연기 후보 상에 지명 받는 첫 번째 사례를 기록하게 된다.

시상식 : 1999년 3월 21일 6:00 PM
장　소 : L A 도로시 챈들러 파빌리온 Dorothy Chandler Pavilion
사　회 : 우피 골드버그 Whoopi Goldberg, ABC 중계

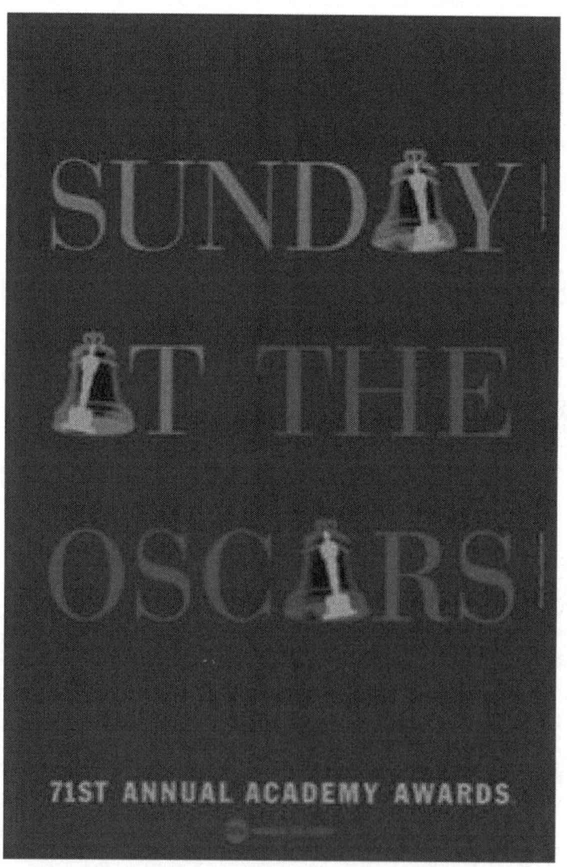

제71회 아카데미 시상식 공식 포스터. © A.M.P.A.S/ Oscars.org

〈아마겟돈〉, 소행성과 지구 충돌 위험성 경고

'이곳은 한 때 공룡들이 살았던 지구입니다, 삼림이 울창하고 비옥한 행성이었죠, 겨우 6마일의 폭을 가진 운석이 모든 것을 바꿔 버렸습니다, 그 운석은 핵폭탄 1만개의 위력으로 충돌해 1조 톤의 먼지와 암석들을 대기 중에 뿜어 올려 수 천 년 동안이나 태양 빛마저 통과할 수 없게 만드는 먼지 층을 만들어 냈습니다, 이것은 전에 일어났었던 일이고 또 다시 일어날지도 모릅니다, 다만 언제 일어나느냐의 문제이죠.'

정체불명의 행성과 지구의 충돌을 차단하는 대원들의 활약상을 묘사한 〈아마겟돈〉. © Jerry Bruckheimer Films

텍사스 크기 정도의 소행성(asteroid)이 시속 22,000 마일의 맹렬한 속도로 지구를 향해 돌진하고 있다. 소행성의 움직임을 차단하지 않으면 지구는 멸망할 것이다.

마이클 베이 감독의 〈아마겟돈 Armageddon〉은 우주를 떠도는 정체불명의 행성이 지구로 돌진해 위험에 빠트린다는 재난 영화의 일종이다.

영화는 절체절명(絶體絶命)의 위기에 빠진 지구를 위해 우주항공국(NASA)의 댄 트루먼 국장은 행성에 800 피트의 구멍을 뚫은 뒤 그 속에서 핵탄두를 폭발시켜 행성을 파괴시키는 해결책을 제안한다.

이에 따라 세계 최고의 유정 굴착 전문가들이 동원돼 소 행성 중앙에까지 구멍을 뚫어 핵폭탄을 장착하고 귀환하는 작전이 시작된다.

〈아마겟돈〉은 실현 가능성이 농후한 소재, 흥행 영화의 귀재 마이클 베이와 프로듀서 제리 브룩하이머, 소 행성을 향해 출발하면서 벌어지는 예기치 않은 돌발사고 속에서 피어나는 굴착 전문가들의 우정과 갈등 그리고 끈끈한 가족의 중요성을 일깨우는 메시지, 가족 영화 전문 제작사인 디즈니 계열 터치스톤 픽쳐스의 제작 지휘 등이 결합돼 1998년 최고 흥행 영화 타이틀을 차지한다.

이 영화에는 브루스 윌리스를 축으로 해서 벤 애플렉, 빌리 밥 손튼, 리브 타일러, 오웬 윌슨, 윌 패튼, 피터 스탐메어, 윌리암 피치트너, 마이클 클라크 던칸, 스티브 부세미 등 스타급 배우와 개성파 연기 진들이 팀웍을 이뤄 유사한 소재를 다룬 로버트 듀발, 모건 프리만 주연의 〈딥 임팩트 Deep Impact〉에 이어 우주 소행성의 위험성을 알리는 산파역을 하게 된다.

〈아마겟돈〉은 전세계 흥행가에서도 고른 인기를 얻어 스티븐 스필버그의 2차 대전 일화를 다룬 〈라이언 일병 구하기 Saving Private Ryan〉의 흥행 열기를 따돌리는 위력을 발휘한다.

〈아마겟돈〉은 1998년 아카데미 어워드에서 수상의 영예로 이어가지 못했지만 '사운드 Best Sound' '시각 효과 Best Visual Effects' '사운드 효과 편집 Best Sound Effects Editing' '주제가 Best Original Song' 등 4개 부문 후보작에 지명 받는다.

임무를 무사히 끝내고 귀환한 뒤 유정 굴착 전문가 해리(브루스 윌리스)의 딸 그레이스(리브 타일러)와 젊은 대원 A. J. 프로스트(벤 애플렉)이 뜨거운 포옹을 할 때 흘러나오는 록 밴드 에어로스미스의 사랑의 테마곡 'I Don't Want To Miss A Thing'은 흥행 지수를 높이는데 기여한다.

사운드트랙에서는 그룹 저니(Journey)가 리드 보컬 스티브 페리(Steve Perry)가 탈퇴한 뒤 신규 멤버

스티브 어게리(Steve Augeri)를 기용하고 첫 번째 발매한 신곡 'Remember Me'가 수록돼 팝 팬들의 관심을 자극시킨다.

비틀즈 그룹 히트 곡 'Come Together'를 하드 록 밴드 에어로스미스 버전으로 수록된 것도 이채로움을 더해 주었다.

젊은 팬들의 성원을 받았던 〈아마겟돈〉 사운드트랙 명단은 다음과 같다. 〈노래 제목, 작사가, 가수(그룹) 順〉

1. I Don't Want to Miss a Thing/ Diane Warren/ Aerosmith
2. Remember Me/ Jonathan Cain, Neal Schon, Jack Blades/ Journey
3. What Kind of Love Are You On/ Steven Tyler, Joe Perry, Jack Blades, Tommy Shaw/ Aerosmith
4. La Grange/ Billy Gibbons, Dusty Hill, Frank Beard/ ZZ Top
5. Roll Me Away/ Bob Seger/ Bob Seger
6. When the Rainbow Comes/ Karl Wallinger/ Shawn Colvin
7. Sweet Emotion/ Tyler, Tom Hamilton/ Aerosmith
8. Mister Big Time/ Alan Menken, Jon Bon Jovi, Aldo Nova/ Jon Bon Jovi
9. Come Together/ John Lennon, Paul McCartney/ Aerosmith
10. Wish I Were You/ Patty Smyth-MacEnroe, Glen Burtnik/ Patty Smyth
11. Starseed/ Raine Maida Our/ Lady Peace
12. Leaving on a Jet Plane/ John Denver/ Chantal Kreviazuk
13. Theme from Armageddon/ Trevor Rabin/ Trevor Rabin
14. Animal Crackers (Dialogue by Ben Affleck and Liv Tyler)/ Warren, Rabin, Harry Gregson-Williams/ Steven Tyler

실감나게 재현시킨 오마하 상륙 작전, 〈라이언 일병 구하기〉

'2차 대전 전장에서 펼쳐진 마지막 위대한 전쟁, 한 명의 미군 병사를 구하기 위한 8명의 전사들의 가장 위험한 전투가 펼쳐진다.'

스티븐 스필버그 감독의 〈라이언 일병 구하기 Saving Private Ryan〉는 위기에 처해 있는 미국인들은 미국 정부가 끝까지 보호하고 책임진다는 메시지를 담아 각국의 부러움을 불러일으킨 작품이다.

전반부에서 펼쳐지는 오마하 해변(Omaha Beach) 상륙 작전에서 독일군과 치열하게 펼치는 전투 장면은 총탄에 맞아 신체가 절단되고 선혈이 낭자한 모습을 실제처럼 재현시켜 영상 발달의 현주소를 실감시킨다.

2차 세계 대전이 막바지로 치닫고 있을 무렵인 1944년 6월 6일 노르망디 상륙 작전.

오마하 해변 상륙을 대기하고 있는 밀러 대위와 가장 어려운 임무를 수행해야 할 두려움에 사로잡혀 있는 7명의 대원들.

이들은 3형제가 전사하고 적진에서 실종된 생존자 막내 라이언 일병을 구출하라는 미 행정부의 특별 임무 수행을 위해 목숨을 건 작전에 착수하게 된다.

'전쟁 영화 War films'는 무력 충돌(warfare), 육해공군의 상륙 작전(naval, air or land battles), 전쟁 포로(prisoners of war)들의 행적, 군사 작전 및 훈련(operations, military training) 등에 초점을 맞추어 전개되는 장르이다.

때로는 목숨이 경각에 놓여 있는 치열한 전투 장면 없이 전쟁 속에서 군인들과 시민들이 겪게 되는 일상생활에 애환에 초점을 맞추는 경우도 있다.

역사적 사실을 충실히 재현시켜 애국적 행동에 대한 칭송과 선대의 업적을 추모하거나 전쟁 영웅담, 가상

오마하 상륙 작전의 실감나는 전투 장면으로 공감을 얻어낸 스필버그의 2차 대전 드라마 〈라이언 일병 구하기〉. © Paramount

적 내용을 통해 나라 사랑에 대한 숭고한 가치를 깨우쳐 주는 것이 전쟁 영화의 가장 큰 역할이다.

반면 정치적 이해관계나 이념에 휘말려 벌어진 무모한 전쟁 때문에 무고한 병사들의 생명이 희생되는 것에 대한 반발을 담은 반전 영화(anti-war film)도 꾸준히 공개되고 있는 상황이다.

전세계를 참화(慘禍)로 몰아넣은 1, 2차 세계 대전을 비롯해 남북 전쟁, 스페인 내전, 아프리카 인종 분규, 보스니아 전쟁, 6. 25 전쟁 등 특정 국가 내부 문제로 초래된 전쟁, 프랑스 혁명 등 시민 의식 고취로 파생된 인권 전쟁, 베트남 및 이라크 등 강대국과 약소국의 이해관계에 따라 발생한 국지전 등 지구촌 곳곳에서는 다양한 형태의 전쟁이 지속적으로 전개되고 있다.

아이러니하게도 이 같은 비극은 영화계에서는 전쟁 영화가 풍성하게 만들어 질 수 있는 소재 제공 역할을 해내고 있다.

무성 영화 시대인 1915년 D. W. 그리피스 감독은 흑인 노예제 폐지 문제를 놓고 발생한 남북 전쟁이 북부군의 승리로 종결된 뒤 주 정부 소속 흑인 군대와 백인 암살단 사이의 전투가 속개 되는 등 민족 분규가 지속된다는 〈국가의 탄생 The Birth of a Nation〉(1915)을 공개한다.

할리우드 전쟁 영화 역사의 서곡이 시작됐음을 선언하게 되는 〈국가의 탄생〉 이후 전쟁 영화는 대중문화 흐름을 이끄는 중추적 역할을 하게 된다.

1914-1918년 1차 세계 대전 와중에 유럽 동부 전선을 종군 취재하던 카메라 기자 알버트 K. 도슨(Albert K. Dawson)은 독일, 호주, 불가리아 병사들의 행적을 다룬 영상물 〈프제미즐 전투와 함락 The Battle and Fall of Przemysl〉(1915)을 공개한다.

전사(戰士) 자료의 가치를 지닌 이 다큐 필름은 '미국 종군 영화 회사 The American Correspondent Film Company'가 배급을 맡아 일반 공개된다.

1939-1945년 치러진 2차 대전은 전쟁 영화가 봇물을 이루는 계기를 준다.

전쟁 와중에 영국, 독일 정부는 자국 병사들의 전투 의지를 복돋워 주기 위한 선전 영화를 대량 제작한다.

영국은 〈사자는 날개를 갖고 있다 The Lion Has Wings〉 〈오늘 밤 목표 Target for Tonight〉, 독일은 〈서부 전선 포위 Sieg im Westen〉를 각각 공개한다.

노웰 코워드(Noel Coward)는 미국 정부의 재정 지원을 받아 자국 청년들의 애국적 행동을 가상 스토리로 구성해 〈우리가 봉사하는 것 In Which We Serve〉(1942) 〈우리와 같은 백만 명 Millions Like Us〉(1943) 〈웨이 어헤드 The Way Ahead〉(1944) 등을 연속적으로 공개한다.

스티븐 스필버그의 〈라이언 일명 구하기〉는 2차 대전 소재 영화가 다시 흥행가에서 환영을 받을 수 있는 기회를 제공한다.

〈진주 만 Pearl Harbor〉 〈에너미 엣 더 게이트 Enemy at the Gates〉는 블록버스터급 영화로 상영됐으며 〈이니그마 Enigma〉 〈다크 블루 월드 Dark Blue World〉 〈코넬리의 만돌린 Captain Corelli's Mandolin〉 〈샤롯 그레이 Charlotte Gray〉 등은 소품 영화로 2차 대전의 상흔에 대한 추억을 감상적으로 묘사한다.

독일과 스웨덴 합작, 요젭 빌스마이어 감독은 1942년 구 소련의 '스탈린그라드를 사수하라'는 히틀러의 명령에 따라 소련군과 치열한 전투를 벌이는 병사들의 사연을 담은 〈스탈린그라드 Stalingrad〉, 1942년 세계 2차 대전이 치열하게 전개되는 와중에 태평양 과 달카날 섬을 놓고 일본군과 교전을 벌이는 미군 병사들의 처지를 묘사한 테렌스 말릭 감독의 〈씬 레드 라인 The Thin Red Line〉 등도 2차 대전의 비화를 엿볼 수 있는 기회를 제공한다.

이 후 〈밴드 오브 브라더스 Band of Brothers〉 〈피아니스트 The Pianist〉 〈아톤먼트 Atonement〉 〈파자마 줄 무늬를 입은 소년 The Boy in the Striped Pajamas〉 〈리더 The Reader〉 〈발키리 Valkyrie〉 〈인생은 아름다워 Life is Beautiful〉 〈이오지마에서 온 편지 Letters from Iwo Jima〉 〈아버지의 깃발 Flags of Our Fathers〉 〈착한 독일인 The Good German〉 〈바스터즈: 거친 녀석들 Inglourious Basterds〉 〈영광의 나날 Days of Glory〉 〈태양의 제국 Empire of the Sun〉 등이 2차 대전 와중에 병사와 일반인들이 겪은 특별한 사연을 내세워 관객들의 공감을 얻어낸다.

괴수 영화의 환생 〈고질라〉

'F-18팀 급파시켜 브룩클린 브리지, 맨해튼 출구, 놈이 덫에 걸렸어요, 알았다, 오버, 스텔리온, 목표물 포착했다, 조준 즉시 발사하라, 이중 발사, 고질라 격멸, 고질라를 격멸시킨 시장!'

〈유니버셜 솔져 Universal Soldier〉(1992) 〈스타게이트 Stargate〉(1994) 〈인디펜던스 데이 Independence Day〉(1996) 등 스펙터클한 영화 제작에서 수완을 보여온 롤랜드 에머리히 감독은 괴수 영화 원조 〈고질라 Godzilla〉를 공개한다.

일본이 창조한 괴수 고질라의 횡포를 할리우드에서 각색한 〈고질라〉. © Columbia Pictures.

프랑스령인 남태평양 폴리네시아 군도.

이곳에서는 극비리에 근 30여 년 동안 핵 실험을 시행해 오고 있다.

모든 생물체가 사라진 상황.

어느 날 일본 원양어선이 자메이카 해변에서 난파된 채 발견된다.

파나마 숲과 해안에서는 대형 생물체의 발자국이 발견된다.

미 국무부는 체르노빌 원자력 발전소 사고 이후 지렁이 DNA의 돌연변이를 연구하던 핵 감시 위원회 소속 니코 타토풀로스 박사와 여류 생물학자 엘시 채프먼을 급파시켜 최근 벌어지고 있는 사건의 배후를 조사하도록 지시한다.

마침내 핵 실험 후유증으로 탄생된 고질라가 뉴욕에 나타나 대도시를 풍비박산 내다가 간신히 제압당하는 사건이 벌어진다.

'무엇인가 거대한 것이 발생했다, 사이즈가 문제 Something Big Is Happening, Size Does Matter'를 내걸고 공개된 〈고질라〉는 핵 개발 이후 늘 인류를 괴롭혀온 생태계 파괴로 초래될 후유증의 일단을 대형 화면으로 극화시켜 간담을 서늘하게 만들어 주었다.

'고질라 Godzilla'는 1954년 이시로 혼다(Ishirō Honda) 감독이 첫 선을 보이면서 흥행가에 등장한 일본산 괴물(Japanese movie monster)이다.

1950년대 당시 도호 영화사(Toho Co)는 무려 28편의 고질라 시리즈를 연속 제작하면서

세계적인 팝 문화 아이콘(a worldwide pop culture icon)으로 각인시킨다.

일본산 고질라가 대중적인 인기를 얻으면서 '비디오 게임' '소설' '코믹 북' 'TV 미니 시리즈' '할리우드 리메이크' 등 다양한 변종으로 부가 이득을 올린다.

2차 대전 당시 세계 최초로 히로시마(Hiroshima)와 나가사키(Nagasaki)에 핵 공격을 받은 일본은 자국이 당한 비극을 모티브로 해서 핵무기 남용이 예기치 않은 막강한 괴수 출현을 초래할 수 있다는 가상 설정을 내세워 전세계인들의 공감을 얻어내는 것이다.

수많은 영화와 드라마, 문학 작품 소재로 활용되면서 '고질라'는 '무차별 파괴를 일삼는 짐승 a destructive beast'의 대명사로 각인되는 것이다.

카툰 전문 제작사인 한나-바베라(Hanna-Barbera) 프로덕션에 의해 고질라는 할리우드로 진출해 〈고질라 2000 Godzilla 2000〉 〈고질라 대 메가기러스 Godzilla vs. Megaguirus〉 〈고질라, 모스라 그리고 기도라의 왕 Godzilla, Mothra and King Ghidorah〉 〈자이안트 몬스터 Giant Monsters All-Out Attack〉 등이 공개된다.

유명 배우 못지 않는 성원을 받아 할리우드 명예의 전당(Hollywood Walk of Fame)에 헌정 됐으며 1996년에는 가상 캐릭터임에도 불구하고 MTV 평생 업적상(MTV Lifetime Achievement Award)을 수여 받는다.

화장실 유머극 〈메리에겐 뭔가 특별한 것이 있다〉 공개

'메리에겐 뭔가 특별한 것이 있다, 아무리 말려도 소용없다네, 딴 여자는 다 싫다네, 티파니도 싫고 인디고도 싫어, 나에겐 오직 메리뿐이네, 메리에겐 뭔가 특별한 게 있어, 인생이란 동화가 아냐, 원하는 걸 전부 이룰 순 없어, 맥주 맛은 알겠는데, 사랑은 잘 모르겠네, 꿈속에서 헤매지 말고 과거를 잊으라지만 그들은 사랑을 몰라 사랑을 맛본 적이 없어 친구들에게 물어보면 잊으라고 하지만 난 메리가 좋아 메리에겐 뭔가 특별한 게 있어'

노골적인 성적 대사와 행위를 담아 화장실 유머극이라는 용어를 탄생시킨 〈메리에겐 뭔가 특별한 것이 있다〉. © 20th Century

바비 패럴리 & 피터 패럴리 형제 감독이 카메론 디아즈, 맷 딜런, 벤 스틸러 등을 기용해 선보인 〈메리에겐 특별한 것이 있다 There's Something about Mary〉는 남성의 정액을 머리 무스 대용으로 사용하고 데이트 직전 남성 심볼이 바지 지퍼에 걸리는 바람에 공수표로 돌아가는 등 19세 이상의 노골적 행동과 언변을 담아 '불결하고 잔혹한 코미디 nasty, cruel comedy'라는 유행어를 탄생시킨다.

17살 된 테드(벤 스틸러)가 모든 남자들의 이상형인 메리(카메론 디아즈)에게 푹 빠져 그녀와의 로맨스를 이루기 위해 사설탐정 팻 힐리(맷 딜런)를 고용하는 등 온갖 방법을 동원하면서 벌어지는 도발적 로맨스 사연을 담고 있다.

보기만 해도 매력이 철철 넘치는 메리의 환심을 얻기 위해 어리숙한 남자들이 벌이는 해프닝이 시종 폭소를 자아내면서 흥행 차트에서도 쟁쟁한 작품을 따돌리고 선전한다.

〈로미오와 줄리엣〉 창작 비화 픽션으로 구성한 〈셰익스피어 인 러브〉

〈로미오와 줄리엣〉의 탄생 비화를 팩션으로 구성해 관심을 받아낸 〈셰익스피어 인 러브〉. © Miramax Film

존 매든 감독의 〈셰익스피어 인 러브 Shakespeare In Love〉는 세계적 문호 셰익스피어의 대표작 〈로미오와 줄리엣〉이 창작됐을 때의 일화를 가상 내용으로 구성해 색다른 로맨스 코미디로 관심을 얻어낸다.

1593년.

촉망 받는 신인 작가 윌리엄 셰익스피어(조셉 파인즈).

기대와 찬사로 인해 단 한 줄도 못 쓰는 슬럼프에 빠진다.

점술가를 찾아간 그는 사랑만이 창작 의욕을 되살려줄 비법이라는 조언을 듣는다.

마침 연극 오디션에서 뛰어난 재능을 보인 소년에게 호기심을 갖게 된다.

소년은 연극배우가 되기 위해 남장을 한 부잣집 딸 바이올라(기네스 펠트로우).

셰익스피어는 그녀를 향한 구애의 감정이 〈로미오와 줄리엣〉을 집필하는 동기가 된다.

〈셰익스피어 인 러브〉는 〈브라질 Brazil〉(1985) 〈태양의 제국 Empire of the Sun〉(1987) 〈러시아 하우스 The Russia House〉(1990) 〈15분 햄릿 The Fifteen Minute Hamlet〉(1995) 등의 시나리오를 담당해 창의력을 인정받은 탐 스톱파드(Tom Stoppard)가 동료 작가 마크 노만(Marc Norman)과 공동 협력으로 공개한 상상력 가득한 작품이다.

셰익스피어가 활동하던 1593년 전후.

〈셰익스피어 인 러브〉는 명작 〈로미오와 줄리엣〉이 셰익스피어와 미모의 남장 여성 바이올라가 엮어가는 사랑 사연이 결정적인 집필 요인이 됐다는 가설을 설정해 호기심을 자극시켰다.

'12번째 밤, 이야기는 바다에서 시작한다, 알려지지 않은 땅에 가는 위험한 항해, 침몰 파도가 거세게 몰아친다, 화려한 배는 산산이 부서지고 그 배를 탄 모든 가여운 사람들은 수장되었다, 그 모든 사람들 중 한 여인, 영혼이 바다보다 크고 영혼이 바다의 품보다 더 강한 여인, 물에 빠져 끝나는 것이 아니라, 이국땅에서 새로운 삶을 시작한다, 사랑의 이야기다, 그녀는 영원한 나의 주인공이기 때문에 그리고 그 이름은 바이올라가 될 것이다.'

〈셰익스피어 인 러브〉에서는 〈로미오와 줄리엣〉을 통해 익히 익숙해져 있는 어법을 극중 셰익스피어와 바이올라가 로맨스 사연을 만들어 가는 상황에서 적절하게 원용돼 허구적 상황이 흡사 실제처럼 펼쳐지는 것 같은 극적 긴장감을 선사하고 있다.

라스트에서 바이올라가 넓은 해변을 홀로 걸어가는 장면에서는 〈십이야〉의 내용을 패러디화 시켜 셰익스피어 연구자들에게는 감탄사를 자아냈다.

문호(文豪) 셰익스피어가 남긴 주옥같은 작품은 영화, TV 드라마로 단골 각색되고 있다.

할리우드에서 그의 작품을 각색해서 선보인 작품은 물경 420여 편으로 집계되고 있다.

인간의 탐욕으로 결국 파멸을 겪게 되는 스토리는 감칠 맛 나는 대사에 담겨져 세월을 초월해 호응을 얻고 있는 이유가 되고 있다.

셰익스피어의 작품 중 〈베니스의 상인 The Merchant of Venice〉〈윈저 부인 The Merry Wives of Windsor〉〈한 여름 밤의 꿈 A Midsummer Night's Dream〉〈헛소동 Much Ado About Nothing〉〈말괄량이 길들이기 The Taming of the Shrew〉〈템페스트 The Tempest〉〈안소니와 클레오파트라 Antony and Cleopatra〉〈햄릿 Hamlet〉〈줄리어스 시저 Julius Caesar〉〈리어 왕 King Lear〉〈멕베스 Macbeth〉〈오델로 Othello〉〈로미오와 줄리엣 Romeo and Juliet〉〈헨리 5세 Henry V〉〈리차드 3세 Richard II〉 등은 널리 알려진 소재이지만 단골 리바이벌 되면서 권력과 세상인심에 대한 염량세태(炎凉世態)를 반추시켜 주고 있다.

희극적 상황 통해 전쟁 비극 아로 새겨준 〈인생은 아름다워〉

'간단하지만 하기 어려운 이야기를 하고자 한다, 동화처럼 슬프고 놀라우며 행복이 담긴 이야기다, 난 세상을 노래하지, 보이는 그대로 혼란에게 말했지, 당신을 섬기겠노라고, 그가 좋아 하길래 난 회의가 들었어, 결국 도망치고 말았지, 내 행복을 뺏는 놈을 섬길 수는 없어, 기차는 떠났다네. 브레이크 없는 기차, 이제는 지쳤네, 박카스여, 날 데려가 다오.'

영화감독 겸 배우 로베르트 베니니의 〈인생은 아름다워 Life is Beautiful〉는 2차 대전 와중에 유대인이라는 이유로 처형당하는 참극(慘劇)을 시종 낙천적이고 밝힌 시선으로 묘사해 이태리 영화계의 건재를 과시한다.

1930년대 말. 이탈리아는 파시즘이 맹위를 떨치고 있다.

유대인 귀도는 약혼자가 있던 초등학교 교사 도라를 만나 운명적인 사랑을 느낀다.

순박한 귀도에게 이끌린 도라는 그와 결혼하여 아들 조슈에를 얻는다.

평화롭고 행복한 삶은 독일의 유태인 말살 정책에 따라 비운의 그림자가 드리운다.

귀도는 아들에게 지금 닥치고 있는 여러 고난은 놀이의 일종이라고 거짓말을 한다.

독일이 패망하고 전쟁이 종식되지만 귀도는 수용소를 탈출하다 발각돼 그만 피살당한다.

아들은 '이것은 나의 이야기다, 아버지가 희생된 이

경쾌한 분위기 속에서 2차 대전 당시 유대인 학살 참상을 고발해 공감을 얻어낸 〈인생은 아름다워〉. © Melampo Cinematografica.

야기, 그것이 아버지가 주신 귀한 선물이었다.'라고 회고한다.

'나치의 죽음의 수용소에 수감된 유대인 남자가 그의 아들과 부인을 보호하기 위해 유머를 잃지 않고 있는 특별난 사랑 이야기'로 선전되면서 할리우드에서도 호평을 받아낸다.

〈인생은 아름다워〉에서는 풍성한 클래식 선율이 작품의 품위를 높여주는데 이바지한다.

귀도(로베르트 베니니)가 음악회에 간 도라(니콜레타 브라치)의 뒤를 쫓아갔을 때 무대 위에서 흘러나오는 아리아가

자크 오펜바흐 작곡의 '호프만의 이야기 Les contes d'Hoffmann' 중 아리아 'Belle nuit (Barcarolle)'이다.

이외 노아의 보컬로 들려주는 'Beautiful that way', 지오반니 가베티 작사의 'Marcia Reale' 등이 사운드트랙으로 삽입된다.

〈베를린 천사의 시〉, 〈시티 오브 엔젤〉로 각색

천사와 인간의 로맨스를 다뤄 호기심을 자극시킨 〈시티 오브 엔젤〉. © Warner Bros, Regency Enterprises

'천사와 인간이 연분을 맺는다?'

빔 벤더스 감독의 〈베를린 천사의 Der Himmel uber Berlin〉(1987)는 동·서로 분단된 독일 사람들에게 '희망'의 메시지를 전파하려는 두 명의 천사들의 일화를 담은 작품.

천사 다미엘은 2차 대전 학살의 희생자, 자식을 걱정하는 부모, 전차 승객, 거리를 오가는 사람들의 생각을 읽으면서 서서히 인간에 대한 호기심을 갖게 된다.

그러다 서커스 단 공중 곡예사 마리온에게 연민과 사랑의 감정을 갖게 되고 급기야 인간들의 느낌을 알고 싶다는 생각으로 다미엘은 인간이 되기로 결심한다.

인간이 되어 버린 천사의 사연은 브래드 실버링 감독이 니콜라스 케이지, 멕 라이언을 기용해 〈시티 오브 엔젤 City of Angel〉로 각색한다.

심장 전문의 매기. 환자가 사망하자 직업적 회의에 빠진다.

절망과 슬픔에 갇혀 있을 때 검은 옷을 착용한 세스가 다가온다.

천사 세스는 눈물 흘리는 매기의 모습을 보고 그녀에게 푹 빠진다.

마침내 인간이 되어 매기와 맺어지기 위해 지상으로의 추락을 선택한다.

'이럴 줄 알았어도 인간이 되었을까? 난 후회하지 않아! 그녀의 머리 향기 그녀의 입술과 그녀의 손길을 느끼는 것이 영원히 사는 것보다 나아, 단 한 번이라 해도'

'천사는 환자를 살려내기 위해 애쓰며 눈물을 흘리는 여성에게 세상에서 가장 아름다운 모습을 발견하고 인간이 되어 그녀를 영원히 사랑할 수 있는 기회를 선택한다.'는 가슴 설이는 사연은 사라 맥라클란의 애절한 보컬이 돋보이는 주제곡 'Angel'에 담겨져 관객들에게 공감의 눈물을 흘리게 만들었다.

지미 헨드릭스의 팝 명곡 'Red House', 에릭 클랩튼의 'Further Up The Road', 존 리 후커의 'Mama You Got A Daughter', 폴라 콜의 'Feelin' Love', U2의 'If God Will Send His Angels', 루이 프리마의 'Hey! Ba-Ba-Re-Bop', 프랭크 시나트라의 'That Old Black Magic', 그룹 구 구 돌스의 'Iris', 피터 가브리엘의 'I Grieve', 롭 카발로와 알라니스 모리세트의 'Uninvited' 등 저력 있는 그룹과 가수들의 널리 알려지지 않은 숨어 있는 명곡들이 가득 화면에 흘러 나와 음악 애호가들의 귀를 쫑긋하게 만들어 주었다.

수상식 후 이야기

흑인 연예인 우피 골드버그가 3번째 진행자를 맡아 재치 있는 입담을 과시하면서 행사를 화기애애한 축제 분위기로 이끌어 나간다.

대부분 주말에 진행됐던 행사가 올 해는 일요일에 거행됐다.

세계적 문호 셰익스피어의 명작『로미오와 줄리엣』의 집필 과정의 일화를 가상적인 설정으로 전개한 〈셰익스피어 인 러브〉가 13개 지명에 7개 부문상을 거두는 성과를 올린다.

스필버그의 전쟁 영화 〈라이언 일병 구하기〉는 11개 지명에 5개 부문상을 가져간다.

이태리 영화인의 시각으로 2차 대전 당시 유대인 학살극을 시종 웃음의 메시지를 담아 전개한 〈인생은 아름다워〉는 7개 지명을 받아 중요 부문상인 주연 남우상을 포함해 3개상을 가져다는 알찬 효과를 거둔다. 작품상 후보작 5편 중 〈인생은 아름다워〉 〈씬 레드 라인〉 〈라이언 일병 구하기〉는 2차 대전, 〈셰익스피어 인 러브〉 〈엘리자베스〉는 영국 엘리자베스 여왕 시절을 각각 시대 배경으로 하고 있다는 공통점으로 인해 뉴스거리를 제공한다.

이 해 가장 큰 이변은 골든 글로브에서 주연 남녀 상을 석권한 〈트루먼 쇼〉가 정작 아카데미에서는 철저하게 외면당했다는 점이다.

이를 염두에 둔 듯 짐 캐리는 편집상 시상자로 연단에 등장해 '자신을 밀어 내고 〈인생은 아름다워〉의 로베르토 베니니가 행운을 차지한 것 같다'는 뼈있는 농담을 건냈다.

71회 행사는 1년 전에 작고한 프랭크 시나트라와 행사 2주전에 타계한 스탠리 큐브릭의 업적을 추모하는 약식 행사가 진행됐다.

또한 카우보이 시대를 주도한 진 어트리 Gene Autry와 로이 로저스 Roy Rogers도 지난해 연이어 작고한 것을 추모해 서부극의 업적을 음미해 보는 특별 이벤트가 펼쳐졌다.

제71회 1998 노미네이션, 수상자 총 리스트

작품상 Best Picture

* 〈셰익스피어 인 러브 Shakespeare in Love〉
〈엘리자베스 Elizabeth〉
〈인생은 아름다워 Life Is Beautiful〉
〈라이언 일병 구하기 Saving Private Ryan〉
〈씬 레드 라인 The Thin Red Line〉

감독상 Best Director

* 스티븐 스필버그 Steven Spielberg-〈라이언 일병 구하기 Saving Private Ryan〉
로베르토 베니니 Roberto Benigni-〈인생은 아름다워 Life Is Beautiful〉
존 메드덴 John Madden-〈셰익스피어 인 러브 Shakespeare in Love〉
테렌스 말릭 Terrence Malick-〈씬 레드 라인 The Thin Red Line〉
피터 웨어 Peter Weir-〈트루먼 쇼 The Truman Show〉

남우상 Best Actor

* 로베르토 베니니 Roberto Benigni-〈인생은 아름다워 Life Is Beautiful〉

탐 행크스 Tom Hanks-〈라이언 일병 구하기 Saving Private Ryan〉
이안 켈렌 Ian McKellen-〈갓 앤 몬스터 Gods and Monsters〉
닉 놀테 Nick Nolte-〈애프릭션 Affliction〉
에드워드 노튼 Edward Norton-〈아메리칸 히스토리 X American History X〉

여우상 Best Actress

* 기네스 펠트로우 Gwyneth Paltrow-〈셰익스피어 인 러브 Shakespeare in Love〉
케이트 블랑쉬 Cate Blanchett-〈엘리자베스 Elizabeth〉
페르만다 몽테네그로 Fernanda Montenegro-〈중앙 역 Central Station〉
메릴 스트립 Meryl Streep-〈원 트루 씽 One True Thing〉
에밀리 왓슨 Emily Watson-〈힐러리 앤 재키 Hilary and Jackie〉

조연 남우상 Best Supporting Actor

* 제임스 코번 James Coburn-〈애프릭션 Affliction〉
로버트 두발 Robert Duvall-〈시빅 액션 A Civil Action〉
에드 해리스 Ed Harris-〈트루먼 쇼 The Truman Show〉
게프리 러시 Geoffrey Rush-〈셰익스피어 인 러브 Shakespeare in Love〉
빌리 밥 손튼 Billy Bob Thornton-〈씸플 플랜 A Simple Plan〉

조연 여우상 Best Supporting Actress

* 주디 덴치 Judi Dench-〈셰익스피어 인 러브 Shakespeare in Love〉
캐시 베이츠 Kathy Bates-〈프라이머리 칼라 Primary Colors〉
브렌다 블리스 Brenda Blethyn-〈리틀 보이스 Little Voice〉
레이첼 그리피스 Rachel Griffiths-〈힐러리 앤 재키 Hilary and Jackie〉
린 레드그레이브 Lynn Redgrave-〈갓 앤 몬스터 Gods and Monsters〉

각본상 Best Original Screenplay

* 〈셰익스피어 인 러브 Shakespeare in Love〉-마크 노만 Marc Norman
〈불워스 Bulworth〉-워렌 비티 Warren Beatty
〈인생은 아름다워 Life Is Beautiful〉-빈센조 세라미 Vincenzo Cerami
〈라이언 일병 구하기 Saving Private Ryan〉-로베트 로다트 Robert Rodat
〈트루먼 쇼 The Truman Show〉-앤드류 니콜 Andrew Niccol

각색상 Best Adapted Screenplay

* 〈갓 앤 몬스터 Gods and Monsters〉-빌 콘돈 Bill Condon
〈아웃 오브 사이트 Out of Sight〉-스코트 프랭크 Scott Frank
〈프라이머리 칼라 Primary Colors〉-엘레인 메이 Elaine May
〈심플 플랜 A Simple Plan〉-스코트 B. 스미스 Scott B. Smith
〈씬 레드 라인 The Thin Red Line〉-테렌스 말릭 Terrence Malick

외국어 영화상 Best Foreign Language

* 〈인생은 아름다워 Life Is Beautiful〉(이태리)
〈중앙 역 Central Station〉(브라질)
〈칠드런 오브 헤븐 Children of Heaven〉(이란)
〈그랜드파더 The Grandfather〉(스페인)
〈탱고 Tango〉(아르헨티나)

장편 다큐멘터리상 Best Documentary Feature

* 〈라스트 데이 The Last Days〉-제임스 몰 James Moll
〈댄스메이커 Dancemaker〉-매튜 다이아몬드 Matthew Diamond
〈농장: 앙고라 USA The Farm: Angola, USA〉-조나단 스택 Jonathan Stack

〈레니 브루스 Lenny Bruce: Swear to Tell the Truth〉-로버트 B. 웨이드 Robert B. Weide
〈정보 유감 Regret to Inform〉-바바라 손네본 Barbara Sonneborn

단편 다큐멘터리상 Best Documentary Short

* 〈퍼스널 The Personals〉-케이코 이비 Keiko Ibi
〈플레이스 인 더 랜드 A Place in the Land〉-찰스 구겐하임 Charles Guggenheim
〈천안문 광장 일출 Sunrise Over Tiananmen Square〉-시우-보 완 Shui-Bo Wang

단편 라이브 액션상 Best Live Action Short

* 〈선거의 밤 Election Night〉-킴 마구슨 Kim Magnusson
〈문화 Culture〉-윌 스펙 Will Speck
〈할리데이 로망스 Holiday Romance〉-알렉산더 조비 Alexander Jovy
〈라 카르타 포스탈 La Carte Postale〉-비비안 고페트 Vivian Goffette
〈빅터 Victor〉-사이몬 샌퀴스트 Simon Sandquist

단편 애니메이션상 Best Animated Short

* 〈버니 Bunny〉-크리스 웨지 Chris Wedge
〈캔터베리 이야기 The Canterbury Tales〉-크리스토퍼 그레이스 Christopher Grace
〈졸리 로저 Jolly Roger〉-마크 베이커 Mark Baker
〈모어 More〉-마크 오스본 Mark Osborne
〈휀 라이프 디파트 When Life Departs〉-카스텐 킬레리치 Karsten Kiilerich

오리지날 드라마 작곡상
Best Original Dramatic Score

* 〈인생은 아름다워 Life Is Beautiful〉-니콜라 피오바니 Nicola Piovani
〈엘리자베스 Elizabeth〉-데이비드 허치펠드 David Hirschfelder
〈플레잰트빌 Pleasantville〉-랜디 뉴만 Randy Newman
〈라이언 일병 구하기 Saving Private Ryan〉-존 윌리암스 John Williams
〈씬 레드 라인 The Thin Red Line〉-한스 짐머 Hans Zimmer

오리지날 뮤지컬 혹은 코미디 작곡
Best Original Musical or Comedy Score

* 〈셰익스피어 인 러브 Shakespeare in Love〉-스테판 워벡 Stephen Warbeck
〈벅스 라이프 A Bug's Life〉-랜디 뉴만 Randy Newman
〈뮬란 Mulan〉-매튜 와일더 Matthew Wilder
〈패치 아담스 Patch Adams〉-마크 샤이먼 Marc Shaiman
〈이집트 왕자 The Prince of Egypt〉-스테판 슈워츠 Stephen Schwartz

오리지날 주제가상 Film Best Original Song

* 'When You Believe'-〈이집트 왕자 The Prince of Egypt〉, 스테판 슈워츠 Stephen Schwartz
'I Don't Want to Miss a Thing'-〈아마겟돈 Armageddon〉, 다이안 워렌 Diane Warren
'That'll Do'-〈꼬마 돼지 베이브 2 Babe: Pig in the City〉, 랜드 뉴먼 Randy Newman
'A Soft Place to Fall'-호스 위스퍼러 The Horse Whisperer〉, 알리슨 무어러 Allison Moorer
'The Prayer'-〈퀘스트 포 카멜롯 Quest for Camelot〉- 캐롤 베이어 Carole Bayer

사운드 편집상 Best Sound Editing

* 〈라이언 일병 구하기 Saving Private Ryan〉-게리 리디스트롬 Gary Rydstrom
〈아마겟돈 Armageddon〉-조지 왓터 2세 George Watters II
〈마스크 오브 조로 The Mask of Zorro〉-데이비드 맥모이러 David McMoyler

사운드 믹싱상 Best Sound Mixing

* 〈라이언 일병 구하기 Saving Private Ryan〉-게리 리디스트롬 Gary Rydstrom
〈아마겟돈 Armageddon〉-케빈 오도넬 Kevin

O'Connell
〈마스크 오브 조로 The Mask of Zorro〉-케빈 오도넬 Kevin O'Connell
〈셰익스피어 인 러브 Shakespeare in Love〉-로빈 오도노규 Robin O'Donoghue
〈씬 레드 라인 The Thin Red Line〉-앤디 넬슨 Andy Nelson

미술 감독 및 세트 장식상
Best Art & Set Decoration

*〈셰익스피어 인 러브 Shakespeare in Love〉-마틴 차일드 Martin Childs
〈엘리자베스 Elizabeth〉-존 미허 John Myhre
〈프레잰트빌 Pleasantville〉- 지닌 오펠월 Jeannine Oppewall
〈라이언 일병 구하기 Saving Private Ryan〉-탐 샌더스 Tom Sanders
〈천국보다 아름다운 What Dreams May Come〉-유제니오 자네티 Eugenio Zanetti

촬영상 Best Cinematography

*〈라이언 일병 구하기 Saving Private Ryan〉-야누스 카민스키 Janusz Kamiński
〈시빌 액션 A Civil Action〉-콘라드 L. 홀 Conrad L. Hall
〈엘리자베스 Elizabeth〉-레미 아데파라신 Remi Adefarasin
〈셰익스피어 인 러브 Shakespeare in Love〉-리차드 그레이트렉스 Richard Greatrex
〈씬 레드 라인 The Thin Red Line〉-존 톨 John Toll

메이크업상 Best Makeup

*〈엘리자베스 Elizabeth〉-제니 셔코어 Jenny Shircore
〈라이언 일병 구하기 Saving Private Ryan〉-로이스 버웰 Lois Burwell
〈셰익스피어 인 러브 Shakespeare in Love〉-리자 웨스트코트 Lisa Westcott

의상 디자인상 Best Costume Design

*〈셰익스피어 인 러브 Shakespeare in Love〉-샌디 파웰 Sandy Powell
〈비러브드 Beloved〉-코린 아트우드 Colleen Atwood
〈엘리자베스 Elizabeth〉-알렉산드라 번 Alexandra Byrne
〈프레잰트빌 Pleasantville〉-주디아나 마코브스키 Judianna Makovsky
〈벨벳 골드마인 Velvet Goldmine〉-샌디 파웰 Sandy Powell

필름 편집상 Best Film Editing

*〈라이언 일병 구하기 Saving Private Ryan〉-마이클 칸 Michael Kahn
〈인생은 아름다워 Life Is Beautiful〉-사이모나 파기 Simona Paggi
〈아웃 오브 사이트 Out of Sight〉-앤 V. 코트 Anne V. Coates
〈셰익스피어 인 러브 Shakespeare in Love〉-데이비드 갬블 David Gamble
〈씬 레드 라인 The Thin Red Line〉-빌리 웨버 Billy Weber

시각 효과상 Best Visual Effects

*〈천국 보다 아름다운 What Dreams May Come〉-조엘 하이넥 Joel Hynek
〈아마겟돈 Armageddon〉-리차드 R. 후버 Richard R. Hoover
〈마이티 조 영 Mighty Joe Young〉-릭 베이커 Rick Baker

최다 후보작 및 수상작

〈셰익스피어 인 러브 Shakespeare in Love〉-13개 부문 후보
〈셰익스피어 인 러브 Shakespeare in Love〉-7개 부문 수상

아카데미 명예상 Academy Honorary Award

*엘리아 카잔 Elia Kazan

어빙 G. 탈버그 상 Irving G. Thalberg Award

* 노만 F. 주이슨 Norman F. Jewison

과학 기술상 Scientific and Technical Award

* Avid Technology, Inc.

제71회 아카데미 최다 화제작 〈셰익스피어 인 러브〉. © Universal Pictures, Miramax.

미국 중산층 치부 고발한 <아메리칸 뷰티> 5관왕!

제72회 아카데미는 1999년 미국 흥행 시장에서 개봉된 작품을 대상으로 시상식을 거행한다.

빌리 크리스탈이 1990년 62회 아카데미 진행 이후 누적 7번째 성대한 축제의 진행을 맡게 된다.

<아메리칸 뷰티 American Beauty>가 작품상을 비롯해 5개 부문상으로 최대 화제작으로 대접 받는다.

이어 <매트릭스>가 4개 부문 상을 석권한다.

샘 멘데스 Sam Mendes는 데뷔작으로 감독상을 수여 받은 6번째 연출자가 된다.

안젤리나 졸리는 조연 여우상을 수상해 부친 존 보이트가 1978년 <귀향 Coming Home>으로 남우상을 수상한 전력이 있어 부녀가 오스카 연기상을 함께 수상한 2번째 사례로 기록된다.

행사를 2주 앞둔 2000년 3월 10일 55개의 오스카 트로피 55 Oscar statuettes가 분실되는 사건이 발생한다.

행사를 주관하는 AMPAS는 즉각 새로운 트로피 제작을 급히 의뢰한다.

다행히 3월 19일 LA 코리아타운 근교 '푸드 4 레스 슈퍼마켓 Food 4 Less supermarket located in the Koreatown' 쓰레기 하치장에서 52개의 분실된 오스카 트로피가 발견된다.

분실 트로피는 현지 주민 윌리 풀기어 Willie Fulgear가 발견한다.

풀기어씨는 사례금으로 5만 달러와 아들 알렌과 함께 아카데미 시상식에 특별 게스트로 초대되는 행운의 사나이가 된다.

사건 범인으로 트로피 운송을 맡고 있는 '로드웨이 익스프레스 Roadway Express' 트럭 운전수 로렌스 르덴트 Lawrence Ledent와 하역 노동자 안소니 하트 Anthony Hart가 이번 절도 사건을 자행한 범인으로 전격 체포 된다.

주범 로렌스는 6개월 징역, 공범 안소니는 석방조치된다.

3년 뒤 분실된 1개의 오스카 트로피는 마이애미 주택가에서 발견됐지만 나머지 2개의 행방은 찾지 못한다.

시상식 : 2000년 3월 26일 6:00 PM
장　소 : L A 슈라인 오디토리엄 Shrine Auditorium
사　회 : 빌리 크리스탈 Billy Crystal, ABC 중계

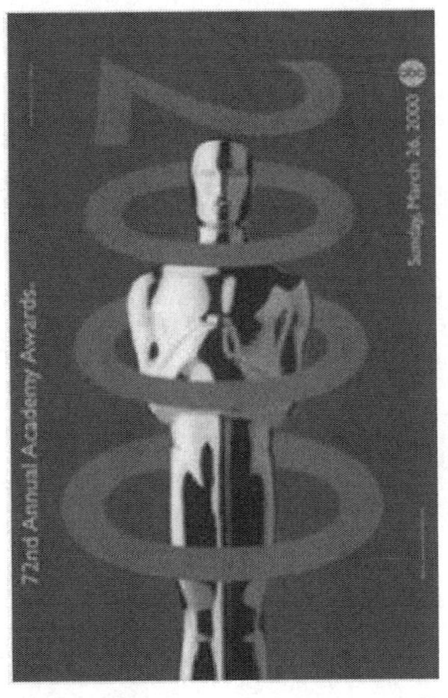

제72회 아카데미 공식 포스터. © A.M.P.A.S/ Oscars.org

〈매트릭스〉, 21세기 걸맞는 영상 시대 선언

21세기 영상 혁명을 선언한 〈매트릭스〉. © Silver Pictures, Warner Bros, Village Roadshow Pictures

1999년 할리우드는 '영화계를 변혁시킨 해 The Year That Changed Movies'라고 평가될 만큼 여러 의미 있는 작품들이 공개된다.

영화 장인(匠人) 스탠리 큐브릭 감독은 유작 〈아이즈 와이드 셧 Eyes Wide Shut〉, 스페인을 대표하는 페드로 알모도바르 감독은 〈내 어머니의 모든 것 All About My Mother〉으로 아카데미와 첫 랑데부를 갖는다.

SF 영화의 신기원을 이룩한 〈매트릭스 The Matrix〉, 애니메이션으로 각색된 〈타잔 Tarzan〉, 미국 중산층 내부에 도사리고 있는 암울한 풍경을 다뤄 아카데미 최대 이슈를 만들어낸 〈아메리칸 뷰티 American Beauty〉, 월트 디즈니와 픽 사의 협업 작품 〈토이 스토리 2 Toy Story 2〉, 19금 애니메이션으로 악명을 떨친 〈사우스 파크 South Park: Bigger Longer and Uncut〉, 찰리 카프만의 상상력이 가득 담겨 있는 〈존 말코비치 되기 Being John Malkovich〉, 인도 출신 M. 나이트 샤마란은 공포, 스릴러 대가로 끌어 올린 〈식스 센스 The Sixth Sense〉, 가이 리치 감독의 파격적 영상이 돋보인 〈파이트 클럽 Fight Club〉, 조지 루카스 감독이 야심차게 선보인 '별들의 전쟁' 프리퀄의 첫 번째 작품이 화려한 포문을 여는 등 다채로운 영상물들이 극장가를 활황으로 채색해 준다.

뉴욕 상류층 인사들의 일탈된 일상 〈아이즈 와이드 셧〉

뉴욕 상류층 인사들의 성적 일탈을 묘사해 호기심을 자극시킨 〈아이즈 와이드 셧〉. © Warner Bros.

'성적 판타지 Sexual Fantasy' '환자 Patient' '파티 Party' '크루즈 Cruise' '키드만 Kidman' '큐브릭 Kubrick' 등의 단어를 내걸고 공개된 〈아이즈 와이드 셧 Eyes Wide Shut〉은 뉴욕 상류층 인사로 대접 받고 있는 의사가 미모의 예술 큐레이터로 근무하고 있는 아내와 저녁마다 은밀하게 진행되는 성적 일탈 행동에 참여해 인간 본심에 도사리고 있는 도덕적 일탈을 꾀한다는 도발적 내용을 담고 있다.

가면을 착용하고 부부를 바꿔 성행위를 시도한다는 스와핑, 올 누드, 거친 언어, 마약 흡입 등의 장면으로 R등급을 받는다.

6,500만 달러의 제작비를 투입, 1999년 7월 18일 미국 전역 2,411개 극장에서 와이드 개봉돼 첫 주에 2,170만 달러라는 호의적인 반응을 얻었고 2020년 4월 10일 기점으로 전세계 누적 수익 1억 6천 2백 2십

3만 8천 658달러 Cumulative Worldwide Gross: $162,238,658를 거두어 큐브릭 감독 작품 중 최다 수익 작품이 된다.

1951년 단편 〈플라잉 파드레 Flying Padre: An RKO-Pathe Screenliner〉를 거쳐 장편 〈공포와 욕망 Fear and Desire〉(1953)으로 본격적인 연출자 생활을 시작한 큐브릭은 〈롤리타 Lolita〉(1962) 〈닥터 스트란젤러브 Dr. Strangelove or: How I Learned to Stop Worrying and Love the Bomb〉(1964) 〈2001 스페이스 오딧세이 2001: A Space Odyssey〉(1968) 〈시계태엽 오렌지 A Clockwork Orange〉(1971) 〈배리 린든 Barry Lyndon〉(1975) 〈메탈 자켓 Full Metal Jacket〉(1987) 〈샤이닝 The Shining〉(1980) 등 대중성 보다는 마니아나 비평가들의 호감에 맞는 작품을 공개해 영화사의 큰 족적을 남긴다.

약 40여 년의 감독 생활 중 16편의 과작(寡作)을 남긴 그는 〈아이즈 와이드 셧〉의 개봉을 앞두고 1999년 3월 7일 영국 허트포드셔 주 하펜덴(Harpenden)에서 영면한다. 향년 70세.

탐 크루즈와 니콜 키드만이 부부 사이였을 때 촬영한 〈아이즈 와이드 셧〉에서는 호색 파티장으로 가기 위해 옷을 갈아입는 장면에서 니콜 키드만의 전신 누드가 노출돼 영화가 화보 뉴스를 제공하기도 했다.

오프닝과 파티 장으로 가기 직전의 분주한 모습에서는 드미트리 쇼스타코비치가 1924년 작곡한 'Jazz Suite, Waltz 2'가 배경 곡으로 흘러 나와 근대 클래식 곡이 음악 애호가들의 애청을 받는 기회를 제공한다.

초록빛 정원, 하지만 내부는 곪은 중산층의 어두운 초상 〈아메리칸 뷰티〉

미국 중산층 가정 내부에 도사리고 있는 여러 추문을 담담히 묘사한 〈아메리칸 뷰티〉. © DreamWorks SKG.

'난 번듯한 아빠를 원해 내 친구나 넘보며 팬티에 사정하는 아빠 말고, 저질! 누가 아빠를 없애 버렸으면 좋겠어, 내가 없애줄까? 그래 줄 수 있어? 내 이름은 레스터 버냄, 여기는 내가 사는 동네며 이곳은 우리 집, 이것이 내 인생이다, 난 올해 42이며 1년 이내로 죽을 것이다, 물론 아직 확신은 없다, 실은 죽은 거나 다름없다, 나의 모습이다, 샤워 중의 자위! 하루 중 가장 짜릿한 순간이며 샤워 뒤엔 늘 무기력뿐이다, 집사람 캐롤린, 가지 치는 가위 손잡이와 나막신의 절묘한 조화, 결코 우연이 아니다 I need a father who's a role model, not some horny geek boy who's going to spray his shorts whenever I bring a girlfriend home from school, What a lameo, Someone really should just put him out of his misery, You want me to kill him for you? Yeah. Would you? My name is Lester Burnham, This is my neighborhood, This is my street, This is my life, I'm 42 years old, in less than a year, I'll be dead, Of course, I don't know that yet, And in a way, I'm dead already, Look at me: jerking off in the shower, This will be the high point of my day, It's all downhill from here, That's my wife, Carolyn, See the way the handle on those pruning shears matches her gardening clogs? That's not an accident'.

연극 연출가로 실력을 인정받고 있는 샘 멘데스 감독의 〈아메리칸 뷰티 American Beauty〉는 중산층 남자의 이같은 푸념으로 시작된다.

멋진 정원과 그림처럼 평온한 교외 마을.

회사원 레스터 버냄.

아내 캐롤린, 딸 제인과 함께 살고 있다.

어느 날 레스터는 아내의 권유에 의해 딸 제인의 치어리더 공연을 보러 농구장을 찾았다가 딸의 친구 안젤라를 보고 단번에 호감을 느낀다.

스포츠 카를 사고, 대마초도 다시 피우면서 안젤라가 원하는 멋진 근육질 몸매를 만들기 위해 운동을 시작한다.

아내와 딸과의 관계는 점 점 악화된다.

그러다 이웃집 해병대 퇴역 장교는 자신의 소심한 아들과 레스터가 동성애 관계에 빠졌다는 오판을 하고 그에게 총격을 가한다.

레스터는 자신이 예측한 대로 허무하게 목숨을 잃는 것이다.

'죽음에 직면하면 살아 왔던 인생이 주마등처럼 스쳐 간다고 한다, 물론 그것은 일순간에 끝나는 장면들이 아니다, 영원의 시간처럼 오랫동안 눈앞에 머문다, 내겐 이런 것들이 스쳐갔다 보이스카웃 때, 잔디에 누워 바라보았던 별똥별 집 앞 도로에 늘어선 노란 빛깔의 단풍잎 메마른 종이 같던 할머니의 손과 살결, 사촌 토니의 신형 화이어 버드를 처음 구경한 순간 그리고 제인 나의 공주! 그리고 캐롤린 살다보면 화나는 일도 많지만 분노를 품어선 안 된다, 세상엔 아름다움이 넘치니까 I had always heard your entire life flashes in front of your eyes the second before you die, First of all that one second isn't a second at all, It stretches on forever like an ocean of time, For me, it was lying on my back at Boy Scout camp watching falling stars, And yellow leaves from the maple trees that lined our street, Or my grandmother's hands and the way her skin seemed like paper, And the first time I saw my cousin Tony's brand-new Firebird, And Janie, And Janie, And Carolyn, I guess I could be pretty pissed off about what happened to me, but it's hard to stay mad when there's so much beauty in the world'

비틀즈 명곡 'Because'는 요절 가수 엘리오트 스미스의 버전으로 라스트를 장식해 주고 있다.

노랫말에서 읊조리고 있는 '사랑은 오래되고 새로운 것, 사랑은 모든 것, 그대는 사랑, 푸른 하늘은 나를 울게 만드네'라는 가사는 중년 남성 본심에 자리 잡고 있는 여러 회한(悔恨)을 위로해 주면서 아카데미 어워드에서도 뜨거운 공감을 받아낸다.

'매트릭스는 바로 당신!', SF 혁명 시도한 〈매트릭스〉

라나 워쇼스키 + 앤디 워쇼스키 공동 연출의 〈매트릭스 The Matrix〉는 공개 직후 'SF 액션극의 새로운 이정표를 수립했다'는 격찬을 받는다.

서기 2199년.

지구는 인공두뇌를 가진 컴퓨터(AI: Artificial Intelligence)가 지배하고 있다.

인간들은 태어나자마자 인공 자궁 안에 갇혀 AI의 생명 연장을 위한 에너지로 사용되고 있는 동시에 AI에 의해 뇌세포에 매트릭스라는 프로그램을 입력 당하는 초라한 신세로 전락되어 있다.

인간은 매트릭스 프로그램이 주입돼 1999년의 가상현실을 살아가고 있다.

한편 외부는 가상현실의 꿈에서 깨어난 유일한 인간들이 생존해 있는 곳이다.

인류의 암울한 초상을 현란한 영상 미학으로 펼쳐준 〈매트릭스〉. © Silver Pictures, Warner Bros. Village Roadshow Pictures.

그곳에는 AI에게 인류 역사상 가장 위험한 인간으로 알려진 모피스와 AI에 맞서 싸우는 동료들이 있다.

낮에는 회사원이지만 밤에는 네오라는 이름으로 컴퓨터 해킹에 나서는 그는 모피스로 부터 매트릭스에 대한 단서를 얻는다.

마침내 매트릭스 밖 우주를 만나게 된 네오는 꿈에서 깨어나 AI에게 양육되고 있는 인간의 비참한 현실을 확인하고 매트릭스를 탈출하게 된다.

'난 미래를 모른다. 이것이 어떻게 끝날지 말하러 온 게 아니다. 어떻게 시작할지를 말하러 온 거다. 난 이제 이 전화를 끊고 이들에게 너희가 보이길 원치 않는 것을 보여 주겠다. 너희가 없는 진짜 세계를 보여 주겠다. 규칙이나 통제 경계나 국경이 없는 세계 모든 것이 가능한 세계를 그 다음에 어떻게 할지는 알아서 하라구.'

'꿈에서 깨어난 자들이 세상을 지배한다.'는 명제를 던진 1부는 6,300만 달러를 투입해 1999년 4월 4일 미국 2,849개 극장에서 상영된다.

첫 주말 2,770만 달러의 수익을 거두고 1999년 9월 12일까지 미국을 제외한 전세계 주요 국가에서 2억 360만 달러($203,600,000, Worldwide except USA)를 거두어들이는 성공작이 된다.

덕분에 〈매트릭스 2 : 리로디드 The Matrix Reloaded〉(2003) 〈매트릭스 3 : 레볼루션 The Matrix Revolutions〉(2003) 등 시리즈 3부작과 〈애니매트릭스 The Animatrix〉(2003) 〈매트릭스 리비지티드 The Matrix Revisited〉(2001) 등 변종 작품들도 잇달아 공개되는 등 여러 여파를 가져온다.

'죽은 사람이 보여요!' 〈식스 센스〉

인도 출신 패기만만한 M. 나이트 샤말란.

브루스 윌리스와 아역 배우 할리 조엘 오스먼트를 기용해서 공개한 〈식스 센스 The Sixth Sense〉.

거리를 오가는 죽은 영혼의 존재를 보게 되는 소년, 그의 정신적 상흔을 치료하는 아동 심리학자 닥터 말콤 크로우(브루스 윌리스)가 실은 죽은 존재였다는 드라마틱한 반전을 담아 연일 쇼킹한 뉴스를 만들어낸다.

'아동 심리학 분야에 탁월한 수훈과 아동과 그 가족들의 삶을 증진시키려 노력하고 있는 업적을 높이 치하하며 필라델피아 시는 자랑스런 우리의 아들 말콤 박사에게 우수 전문인 시장 상을 수여하는 바입니다.'

아동 심리학자로 권위를 인정받고 있는 말콤 크로우 박사. 어느 날 집에 침입한 정신병자가 쏜 총에 맞아 쓰러지고 정신병자는 그가 보는 앞에서 자살한다.

다음 해 가을.

크로우 박사는 8살 된 콜 시어(할리 조엘 오스먼트)의 정신 상담을 의뢰 받는다.

콜은 죽은 자들의 나타나 억울한 죽음에 대해 콜에게 뭔가를 호소하는 바람에 정신적 충격에 빠져 있는 상황.

콜은 과학적으로 설명할 수 없는 처지 때문에 공포감을 느끼고 주변 사람들과의 대화를 단절한다.

콜은 자신이 입수한 사자(死者)들의 죽음의 비밀에 관해 크로우 박사에게 털어놓기 시작한다.

죽은 혼령(魂靈)을 보게 돼 고충을 겪는 10대 소년의 처지를 담은 〈식스 센스〉. © Spyglass Entertainment

'세상에! 아프지도 않아. 어디 봐. 상처 보게 손 좀 치워. 오, 하느님! 괜찮아. 관통한 것 같아. 통증 조차 없는 걸. 그만 떠날게 가기 전에 해결할 일이 있었거든. 누군가를 도와야 했는데 이번에는 제대로 해냈어. 한 가지만 말하고 갈게. 당신은 절대 두 번째가 아니었어. 단 한 순간도. 사랑해. 이제 편히 자! 아침이 되면 모든 게 달라져 있을 거야. 잘 자. 여보! 안녕. 내 사랑.'

죽은 자들의 잇따른 출현으로 정신적 괴로움을 당하고 있는 소년 콜.

반면 말콤도 과거 신혼 시절만을 떠올릴 뿐 남편과의 대화 단절과 젊은 남자를 통한 외도를 즐긴다.

무성의한 진료에 불만을 갖고 눈앞에서 자살한 환자에 대해 죄책감을 갖고 있었던 박사 말콤은 사실 환자의 총격을 받고 현장에서 절명한 상태였다.

살아 있는 인간과 죽은 영혼이 대화를 통해 서로 누군가의 관심과 보살핌을 늘 갈망하고 있다는 것을 보여준 〈식스 센스〉.

콜은 박사에게 '아저씨는 좋은 분 같아요. 하지만 절 도와주실 순 없어요.' 라는 푸념처럼 '세상에는 진실을 말하면 모두가 힘들어 한다'는 메시지를 제시해 인간관계에 대한 진심에 대해 사색할 수 있는 여지를 던진 심리 스릴러극으로 인정받는다.

'별들의 전쟁' 프리퀄 선언 〈스타 워즈: 에피소드 1〉

'시골 청년 루크 스카이워커, 주변 친구들을 규합해 악의 괴수 다스 베이더에게 쫓기는 레아 공주 구출 작전에 나서다.'

1,100만 달러의 제작비를 투입한 〈스타 워즈 에피소드 4 : 새로운 희망 Star Wars Episode IV : A New Hope〉은 1977년 5월 30일 겨우 43개 극장에서 공개되는 초라한 수모를 당했지만 극장 문을 나선 이들의 입소문에 의해 2011년 11월 25일 전세계 누적 수익 7억 7천 5백 3만 달러($775,398,007, Worldwide)라는 천문학적인 수익을 거둔다.

조지 루카스의 '별들의 전쟁'은 〈스타 워즈 에피소드 5 : 제국의 역습 Star Wars Episode V : The Empire Strikes Back〉(1980) 〈스타 워즈 에피소드 6 : 제다이의 귀환 Star Wars Episode VI : Return Of The Jedi〉(1983)을 공개하고 휴지기에 들어간다.

1999년 조지 루카스는 프리퀄을 시도 〈스타 워즈 에피소드 1 : 보이지 않는 위험 Star Wars Episode I : The Phantom Menace〉을 전격 공개한다.

'비행정은 언제 넘겨줄 건가? 그럴 필요가 없지. 우리는 경주에서 분명 이길 테니까! 그래도 상금은 내 거라고, 날 속일 생각해선 안 돼. 아나킨이 질 것 같나? 진다곤 안했어. 확신이 없지. 하지만 확실한 것은 세불바가 승리할 거란 사실이지. 어마! 왜 그렇게 생각하지? 항상 이기니까! 난 세불바에게 전부 걸었다구! 내기 한 번 더하지. 뭘? 내 경주용 차를 걸테니 애와 엄마를. 그것은 비교가 안 돼! 그럼 애만, 글쎄! 그럼 한 사람을 주되, 여기 이 주사위를 던져. 파란색이면 꼬마, 붉은색이면 엄마를 주기로. 선택에선 자네가 이겼지만, 시합만큼은 절대 못 이길걸! 잘하면 당신들까지 내 노예가 되겠어!'

장대한 우주 판타지 극으로 장수 인기를 누렸던 〈스타 워즈: 에피소드 1〉. © Lucasfilm Ltd

연승 우승자 툰드 행성의 쿠안드리를 비롯해 현 챔피언 세불바, 마호닉, 마이티 더드 볼트, 우승을 노리고 출전한 오디 맨델과 그의 핏 드로이드 팀, 그리고 노예 소년 아나킨이 볼스 경주 우승컵을 노리고 시합을 벌이는 장면으로 〈스타 워즈: 에피소드 1〉의 서막을 알린다.

이어 은하계 무역 항로를 장악하려는 무역 연합이 전투함을 출격시켜 아미달라 여왕이 다스리는 나부 행성을 고립시키면서 본격적인 이야기가 펼쳐진다.

〈스타 워즈 에피소드 1〉은 '아나킨 자네는 나보다 더 뛰어난 제다이이고 훌륭한 제다이가 될 걸세. 난 아미달라 여왕이오. 이 행성의 평화를 지키기 위해 왔소. 잘난 척하는 지상 족속들 그대들 때문에 우리까지 이리로 쫓겨 왔어. 그래서 우린 그대들과 동맹을 원하오. 내 안전상의 문제 때문에 나의 신분을 위장을 했던 것 이해해 주시길 바랍니다. 우린 종족은 달라도 항상 평화롭게 공존해왔소. 빨리 우리가 뭉쳐 대항하지 않으면 우리의 모든 것을 잃을 수도 있소. 도움을 요청합니다. 이렇게 무릎 꿇고 군신의 예의로 부탁 합니다. 우리의 운명은 당신에게 달렸소' 라며 아나킨 역할의 중대함을 각인시킨다.

이어 나부 행성을 함락시킨 무역 연합은 아미달라 여왕에게 합병 문서에 서명하라고 강요한다.

위기에 빠진 나부 행성을 위해 제다이 기사들이 출동할 것임을 알리면서 〈스타 워즈 에피소드 1 : 보이지 않는 위험〉은 마무리 된다.

이어 〈스타 워즈 에피소드 2 : 클론의 습격 Star Wars Episode II : Attack of the Clones〉(2002) 〈스타 워즈 에피소드 3 : 시스의 복수 Star Wars Episode III : Revenge of the Sith〉(2005)가 연속 선보이면서 '스타 워즈'는 총 6부작으로 마무리 된다.

우주 공간을 배경으로 호기심 가득한 이야기를 풀어 놓았던 조지 루카스는 입체 영화 제작 붐에 맞추어 2012년에는 〈스타 워즈 에피소드 1 : 보이지 않는 위험 3D Star Wars Episode I : The Phantom Menace〉를 통해 개량화 된 화면과 사운드를 제시해 '별들의 전쟁'에 대한 식지 않는 열기를 이끌어 나간다.

영국식 로맨틱 코미디의 진수 〈노팅 힐〉

〈네 번의 결혼식과 한 번의 장례식〉 〈어바웃 어 보이〉 〈풀 몬티〉 〈브릿지 존스의 일기〉 〈러브 액츄얼리〉.

1990년대 말 부터 영국에서 제작된 휴먼 및 로맨틱 드라마는 생동감 있는 내용과 낯설지만 매우 친숙한 느낌을 주는 개성파 연기진들의 호연을 바탕으로 전 세계 흥행가에서 평균 이상의 성적을 거둔다.

할리우드 탑 배우와 책방 주인이 운명적으로 만나 짧은 로맨스를 나눈다는 내용의 〈노팅 힐〉은 미국의 줄리아 로버츠와 영국의 휴 그랜트가 배역을 맡아 실존하는 스토리와 같은 현실감을 선사한다.

영화 촬영 차 영국의 한적한 도시 노팅 힐에 오게 된 할리우드 탑 스타 애나 스코트(줄리아 로버츠)는 골목길을 걷다 커피 잔을 들고 오는 책방 주인 윌리암 대커(휴 그랜트)와 운명적인 만남을 갖게 된다.

철통같은 감시망을 벗어나 거리에 나선 미모의 공주가 특종거리를 찾고 있던 신문 기자와 짧은 로맨스

할리우드 톱 여배우와 영국 서점 주인이 로맨스를 나눈다는 동화 같은 스토리를 담은 〈노팅 힐〉. © Canal Plus

를 나눈다는 것이 〈로마의 휴일〉.

라스트 장면에서 공주와 알현하는 두 사람은 그들만이 알 수 있는 눈빛을 교환하면서 자신들의 추억을 영원히 간직하기로 한다.

〈노팅 힐〉에서는 탑 스타의 기자 회견장을 찾은 책방 주인이 자신과 탑 스타가 엮어낸 개인적 일화에 대한 본심을 확인하는 질문을 던지는 장면을 보여주고 있다.

라스트에서는 다음과 같은 질문을 주고받는다.

'지난번 영국에 잠시 와계실 때 함께 사진 찍혔던 남성은 누굽니까? 어떤 사이죠? 그와는 친구 사이예요. 그 남자와 연인으로 발전할 가능성도 있습니까? 저도 그러길 바랐지만 불가능합니다. 하지만 만약, 시간 없소. 한분 만 더, 괜찮아요, 뭐라고 하셨죠? 제가 궁금한 것은 혹 그 영국 남자가 대커예요. 이름이. 고마워요. 만약 대커 씨가 자기 실수를 깨닫고 싹싹 빌면서 무릎을 꿇고 생각을 돌려달라고 애원한다면 받아 들일건가요? 네, 그러겠어요. 정말 기쁩니다. 『경마와 사냥』 독자를 대표해서 도미닉, 아까 그 질문 다시 해주겠소? 영국에는 언제까지 계실 거죠? 영원히요!'

〈노팅 힐〉은 〈로마의 휴일〉과는 달리 할리우드 탑 여배우가 영국의 지극히 평범한 남자와의 연분을 계속 엮어갈 가능성을 활짝 열어 놓고 극을 마무리 시켜 관객들이 여러 상상의 나래를 펼칠 수 있도록 한다.

동화 속에서나 가능한 사연이 대형 화면으로 각색돼 잠시나마 스토리에 푹 빠져 볼 수 있도록 만들어 주는 것이 영국산 로맨틱 코미디의 특징이다.

영국 영화의 빠트릴 수 없는 매력 포인트는 감칠 맛 나는 팝 리듬이 화면을 채색해 주어 극중 몰입 도를 증가시키고 있다는 점.

〈노팅 힐〉에서는 여운을 주는 라스트 엔딩 곡으로 엘비스 코스텔로의 'She'가 삽입돼 영화 음악 애호가들로부터 가장 많은 리퀘스트를 받아 낸다.

미남 가수 로난 키팅의 'When You Say Nothing at All'은 저녁 무렵 애나와 윌리암이 드넓은 정원이 있는 집안으로 들어가 신분을 떠난 남녀로 풋풋한 데이트를 즐길 때 배경 곡으로 사용되고 있다.

대커의 절친한 친구 스파이크(라스 이판스)가 자신의 친구 집에 할리우드 탑 여배우가 와 있다는 것을 신문사에 알려 파파라치들이 기습 보도하도록 한다.

이에 애나가 불같이 화를 내면서 자신을 이용하려 했다는 오해를 하고 집을 떠난다.

이에 억울한 오해를 받았다는 처지를 달래 주는 곡으로 알 그린의 'How Can You Mend a Broken Heart'가 흐르고 있다.

대커는 결국 애나와 본의 아니게 결별을 하게 된다.

그는 노팅 힐 시장을 쓸쓸하게 걸어갈 때 봄, 여름, 가을, 겨울이 지나가고 있다는 거리 풍경이 펼쳐진다.

이런 씁쓸한 장면에서는 빌 위더스의 추억의 팝송 'Ain't No Sunshine'이 삽입됐다.

이 외 〈노팅 힐〉 보이존의 'No Matter What', 샤니아 트웨인의 'You've Got A Way (Notting Hill Remix)', 빌 위더스의 'I Do (Cherish You)', 스펜서 데이비스 그룹의 'Gimme Some Lovin', 어나더 레벨의 'From The Heart' 작곡가 트레버 존스의 'Will and Anna' 'Notting Hill' 등이 풍성한 사운드트랙의 묘미를 선사해 준다.

청각을 자극시키는 맛깔스런 대사도 빠트릴 수 없다.

안나 스코트가 대커를 향해 던진 '알다시피 유명하다고 진실 된 것 아니에요. 잊지 말아요, 저는 단지 한 남자 앞에서 사랑을 바라는 여자라는 것을 The fame thing isn't really real, you know. Don't forget, I'm also just a girl. Standing in front of a boy. Asking him to love her'이라는 고백은 신분과 격식을 떠나 진실한 사랑을 갈구하는 한 여성의 진심을 담은 대사로 회자된다.

수상식 후 이야기

제72회 아카데미는 2000년을 맞아 첫 번째로 치루는 의미 있는 행사된다.

오스카 2000 Oscars 2000으로 진행된 영화 축제는 미국 전역에서 4,650만 명의 시청자가 생중계로 시상식 전경을 시청, 전년도 대비 3.75% 증가된 관심을 보인다.

이 해 행사에서는 〈아메리칸 뷰티〉가 8개 부분 지명으로 작품상 등 5개 트로피, 〈매트릭스〉가 특수 효과 등 4개상을 차지한다.

2000년 행사의 경우 TV 중계 시청 연령이 14세 이하는 부모들의 강력한 주위가 요망된다는 TV-14 등급으로 중계됐다.

이런 이유는 〈아메리칸 뷰티〉에서 청소년들이 수용하기에는 노골적인 성적 장면과 폭력, 대사 등이 문제가 됐기 때문이다.

음악상의 경우 전년도 까지 코미디와 드라마 음악을 구분해서 시상해 왔는데 올 해 부터는 이를 통합시켜 '오리지널 작곡 Best Original Score'으로 일원화시킨다.

여우상의 경우 〈아메리칸 뷰티〉의 아네트 베닝이 거의 확정적이었지만 막판에 〈소년은 울지 않는다〉의 힐러리 스왱크로 낙점돼 이 해 최대 이변으로 기록된다.

제72회 1999 노미네이션, 수상자 총 리스트

작품상 Best Picture

* 〈아메리칸 뷰티 American Beauty〉

〈사이더 하우스 룰 The Cider House Rules〉

〈그린 마일 The Green Mile〉

〈인사이더 The Insider〉

〈식스 센스 The Sixth Sense〉

감독상 Best Director

* 샘 멘데스 Sam Mendes-〈아메리칸 뷰티 American Beauty〉

스파이크 존스 Spike Jonze-〈존 말코비치 되기 Being John Malkovich〉

라세 할스트롬 Lasse Hallström-〈사이더 하우스 룰 The Cider House Rules〉

마이클 만 Michael Mann-〈인사이더 The Insider〉

M. 나이트 샤마란 M. Night Shyamalan-〈식스 센스 The Sixth Sense〉

남우상 Best Actor

* 케빈 스페이시 Kevin Spacey-〈아메리칸 뷰티 American Beauty〉

덴젤 워싱턴 Denzel Washington-〈허리케인 The Hurricane〉

러셀 크로우 Russell Crowe-〈인사이더 The Insider〉

리차드 판스워스 Richard Farnsworth-〈스트레이트 스토리 The Straight Story〉

숀 펜 Sean Penn-〈스위트 & 로다운 Sweet and Lowdown〉

여우상 Best Actress

* 힐러리 스왱크 Hilary Swank-〈소년은 울지 않는다 Boys Don't Cry〉

아네트 베닝 Annette Bening-〈아메리칸 뷰티 American Beauty〉

줄리안 무어 Julianne Moore-〈엔드 오브 더 어페어 The End of the Affair〉

메릴 스트립 Meryl Streep-〈뮤직 오브 더 하트 Music of the Heart〉

자넷 맥티어 Janet McTeer-〈트럼블위즈 Tumbleweeds〉

조연 남우상 Best Supporting Actor

* 마이클 케인 Michael Caine-〈사이더 하우스 룰 The Cider House Rules〉

마이클 클라크 던컨 Michael Clarke Duncan-〈그린 마일 The Green Mile〉

탐 크루즈 Tom Cruise-〈매그놀리아 Magnolia〉

할리 조엘 오스몬드 Haley Joel Osment-〈식스 센스 The Sixth Sense〉

주드 로 Jude Law-〈리플리 The Talented Mr. Ripley〉

조연 여우상 Best Supporting Actress

* 안젤리나 졸리 Angelina Jolie-〈처음 만나는 자유 Girl, Interrupted〉

캐슬린 키너 Catherine Keener-〈존 말코비치 되기 Being John Malkovich〉

초로 세비그니 Chloë Sevigny-〈소년은 울지 않는다 Boys Don't Cry〉

토니 콜레트 Toni Collette-〈식스 센스 The Sixth Sense〉

사만사 모튼 Samantha Morton-〈스위트 앤 로다운 Sweet and Lowdown〉

각본상 Best Original Screenplay

* 〈아메리칸 뷰티 American Beauty〉-알란 볼 Alan Ball

〈존 말코비치 되기 Being John Malkovich〉-찰리 카프만 Charlie Kaufman

〈매그놀리아 Magnolia〉-폴 토마스 앤더슨 Paul Thomas Anderson

〈식스 센스 The Sixth Sense〉-M. 나이트 샤마란 M. Night Shyamalan

〈톱시-터비 Topsy-Turvy〉-마이크 리 Mike Leigh

각색상 Best Adapted Screenplay

* 〈사이더 하우스 룰 The Cider House Rules〉-존 어빙 John Irving

〈일렉션 Election〉-알렉산더 페인 Alexander Payne

〈그린 마일 The Green Mile〉-프랭크 다라본트 Frank Darabont

〈인사이더 The Insider〉-마이클 만 Michael Mann

〈리플리 The Talented Mr. Ripley〉-안소니 밍겔라 Anthony Minghella

외국어 영화상 Best Foreign Language Film

* 〈내 어머니의 모든 것 All About My Mother〉(스페인)

〈히말라야 Himalaya〉(네팔)

〈동/ 서 East/ West〉(프랑스)

〈솔로몬과 개노 Solomon and Gaenor〉(영국)

〈태양 아래서 Under the Sun〉(스웨덴)

장편 다큐멘터리상 Best Documentary Feature

* 〈원 데이 인 셉템버 One Day in September〉-아서 콘 Arthur Cohn

〈부에나 비스타 쇼셜 클럽 Buena Vista Social Club〉-빔 벤더스 Wim Wenders

〈겐지스 블루스 Genghis Blues〉-로코 벨릭 Roko Belic

〈온 더 로프 On the Ropes〉-나네트 버스타인 Nanette Burstein

〈스피킹 인 스트링 Speaking in Strings〉-파올라 디 플로리오 Paola di Florio

단편 다큐멘터리상 Best Documentary Short

* 〈킹 김프 King Gimp〉-수잔 한나 하다리 Susan Hannah Hadary
〈목격자 Eyewitness〉-버트 반 보크 Bert Van Bork
〈남쪽의 거친 눈 The Wildest Show in the South: The Angola Prison Rodeo〉-사메온 소퍼 Simeon Soffer

단편 라이브 액션상 Best Live Action Short

* 〈어머니의 꿈 My Mother Dreams the Satan's Disciples in New York〉-바바라 스콕Barbara Schock
〈브로, 민 브로 Bror, Min Bror〉-헨릭 루벤 겐즈 Henrik Ruben Genz
〈킬링 조 Killing Joe〉-메디 노로지안 Mehdi Norowzian
〈클레젤드 Kleingeld〉-마크-안드리아 보처트 Marc-Andreas Bochert
〈메이저 앤 마이너 미라클 Major and Minor Miracles〉-마커스 올슨 Marcus Olsson

단편 애니메이션상 Best Animated Short

* 〈올드 맨 더 시 The Old Man and the Sea〉-알렉산더 페트로프 Alexander Petrov
〈험드럼 Humdrum〉-피터 픽 Peter Peake
〈마이 그랜마더 My Grandmother Ironed the King's Shirts〉-토릴 코브 Torill Kove
〈3 미스 3 Misses〉-폴 드리센 Paul Driessen
〈휀 더 데이 브레이크 When the Day Breaks〉-웬디 틸비 Wendy Tilby

작곡상 Best Original Score

* 〈레드 바이올린 The Red Violin〉-존 코리그리아노 John Corigliano
〈아메리칸 뷰티 American Beauty〉-토마스 뉴먼 Thomas Newman
〈안젤라 애쉬 Angela's Ashes〉-존 윌리암스 John Williams
〈사이더 하우스 룰 The Cider House Rules〉-레이첼 포트만 Rachel Portman
〈리플리 The Talented Mr. Ripley〉-가브리엘 야레 Gabriel Yared

주제가상 Best Original Song

'You'll Be In My Heart'-〈타잔 Tarzan〉, 필 콜린스 Phil Collins
'Blame Canada'-〈사우스 파크 South Park: Bigger, Longer & Uncut〉, 트레이 파커 Trey Parker
'Music of My Heart'-〈뮤직 오브 더 하트 Music of the Heart〉, 다이안 워렌 Diane Warren
'Save Me'-〈매그놀리아 Magnolia〉, 에이미 만 Aimee Mann
'When She Loved Me'-〈토이 스토리 2 Toy Story 2〉, 랜드 뉴먼 Randy Newman

사운드 편집상 Best Sound Editing

* 〈매트릭스 The Matrix〉-다네 A. 데이비스 Dane A. Davis
〈파이트 클럽 Fight Club〉-렌 클라체 Ren Klyce
〈스타 워즈: 에피소드 1 Star Wars: Episode I The Phantom Menace〉-벤 버트 Ben Burtt

사운드 믹싱상 Best Sound Mixing

* 〈매트릭스 The Matrix〉-존 T. 레이츠 John T. Reitz
〈그린 마일 The Green Mile〉-로버트 J.리트 Robert J. Litt
〈인사이더 The Insider〉-앤디 넬슨 Andy Nelson
〈미이라 The Mummy〉-레슬리 샤츠 Leslie Shatz
〈스타 워즈: 에피소드 1 Star Wars: Episode I The Phantom Menace〉-게리 리스트롬 Gary Rydstrom

미술 감독 및 세트 장식상
Best Art Direction & Set Decoration

* 〈슬리피 할로우 Sleepy Hollow〉-릭 하인리히 Rick Heinrichs
〈애나 앤 더 킹 Anna and the King〉-루시아나 어라이히 Luciana Arrighi
〈사이더 하우스 룰 The Cider House Rules〉-데이

비드 그롭맨 David Gropman
〈리플리 The Talented Mr. Ripley〉-로이 워커 Roy Walker
〈톱시-터비 Topsy-Turvy〉-이브 스튜어트 Eve Stewart

촬영상 Best Cinematography

* 〈아메리칸 뷰티 American Beauty〉-콘라드 L. 홀 Conrad L. Hall

〈엔드 오브 더 어페어 The End of the Affair〉-로저 프래트 Roger Pratt
〈인사이더 The Insider〉-단테 스피노티 Dante Spinotti
〈슬리피 할로우 Sleepy Hollow〉-엠마누엘 루베즈키 Emmanuel Lubezki
〈샴나무에 내리는 눈 Snow Falling on Cedars〉-로버트 리차드슨 Robert Richardson

메이크업상 Best Makeup

* 〈톱시-터비 Topsy-Turvy〉-크리스티안 브룬델 Christine Blundell

〈오스틴 파워 Austin Powers: The Spy Who Shagged Me〉-미셸 버크 Michèle Burke
〈바이센터니얼 맨 Bicentennial Man〉-그레그 캐놈 Greg Cannom
〈라이프 Life〉-릭 베이커 Rick Baker

의상 디자인상 Best Costume Design

* 〈톱스-터비 Topsy-Turvy〉-린디 허밍 Lindy Hemming

〈애나 앤 더 킹 Anna and the King〉-제니 비반 Jenny Beavan
〈슬리피 할로우 Sleepy Hollow〉-콜린 아트우드 Colleen Atwood
〈리플리 The Talented Mr. Ripley〉-게리 존스 Gary Jones
〈티투스 Titus〉-밀레나 캐논네로 Milena Canonero

편집상 Best Film Editing

* 〈매트릭스 The Matrix〉-자크 스탠버그 Zach Staenberg

〈아메리칸 뷰티 American Beauty〉-타릭 앤워 Tariq Anwar
〈사이더 하우스 룰 The Cider House Rules〉-리자 제노 처긴 Lisa Zeno Churgin
〈인사이더 The Insider〉-윌리암 골덴버그 William Goldenberg
〈식스 센스 The Sixth Sense〉-앤드류 몬드세인 Andrew Mondshein

시각 효과상 Best Visual Effects

* 〈매트릭스 The Matrix〉-존 개타 John Gaeta

〈스타 워즈: 에피소드 1 Star Wars: Episode I The Phantom Menace.-존 크놀 John Knoll
〈스튜어트 리틀 Stuart Little〉-존 디크스트라 John Dykstra

최다 후보작 및 수상작

〈아메리칸 뷰티 American Beauty〉-8개 부문 후보
〈아메리칸 뷰티 American Beauty〉-5개 부문 수상

아카데미 명예상 Academy Honorary Award

* 안제이 바이다 Andrzej Wajda

어빙 G. 탈버그 상 Irving G. Thalberg Award

* 워렌 비티 Warren Beatty

고든 E. 소여상 Gordon E. Sawyer Award

* 로데릭 T. 라이언 박사 Dr. Roderick T. Ryan

로마 검투사 <글래디에이터> 12개 후보 지명

제73회 아카데미 시상식은 2000년에 공개됐던 수많은 작품 중에서 가장 최적의 작품에 대해 시상식을 거행한다. 시상 부문은 23개 분야 23 categories.

코믹 배우 스티브 마틴 Steve Martin이 첫 번째 사회자로 지명 받아 화기애애한 진행을 무사히 치러낸다.

<글라디에이터>가 작품상을 비롯해 5개 부문상을 석권했으며 <와호장룡 Crouching Tiger, Hidden Dragon>이 아시아 영화로는 가장 많은 4개의 트로피를 가져간다.

이어 <올모스트 페이모스 Almost Famous> <빅 마마 Big Mama> <에린 브로코비치 Erin Brockovich> <아버지와 딸 Father and Daughter> <그린치 How the Grinch Stole Christmas> <폴락 Pollock> <U-571> <원더 보이 Wonder Boys> 등이 이 해 오스카 평가를 받은 작품 명단에 등록된다.

미국 전역으로 생중계된 방송은 4,300만 명 43 million viewers이 시청한 것으로 집계된다.

<글라디에이터 Gladiator>는 <모두가 왕의 신하들 All the King's Men>(1949) 이후 두 번째로 아카데미 회원을 대상으로 한 시사회를 거치지 않고 작품상을 수상하는 영예를 차지한다.

감독상 수상자 스티븐 소더버그 Steven Soderbergh는 <에린 브로코비치 Erin Brockovich>와 <트래픽 Traffic> 2작품을 후보작으로 올려 강력한 경쟁자 리들리 스코트를 제치고 수상의 영예를 가져간다.

<와호장룡 Crouching Tiger, Hidden Dragon>은 작품상과 외국어 영화상에 동시 지명된 역대 3번째 외국 영화라는 기록을 추가시킨다.

<와호장룡>이 4개 부문상을 차지한 것은 잉그마르 베르히만 감독의 <파니와 알렉산더 Fanny and Alexander>와 동률을 이룬 성과가 된다.

1988년 <허공의 질주 Running on Empty>로 리버 피닉스 River Phoenix가 조연 남우상에 지명 받은 전력을 갖고 있는데 호아킨 피닉스 Joaquin Phoenix가 <글라디에이터>로 이 해 조연 남우상 후보에 지명 받아 형제 영화인으로 조연 남우상 지명이라는 이색 기록을 추가시킨다.

시상식 : 2001년 3월 25일 6:00 PM
장 소 : L A 슈라인 오디토리엄 Shrine Auditorium
사 회 : 스티브 마틴 Steve Martin, ABC 중계

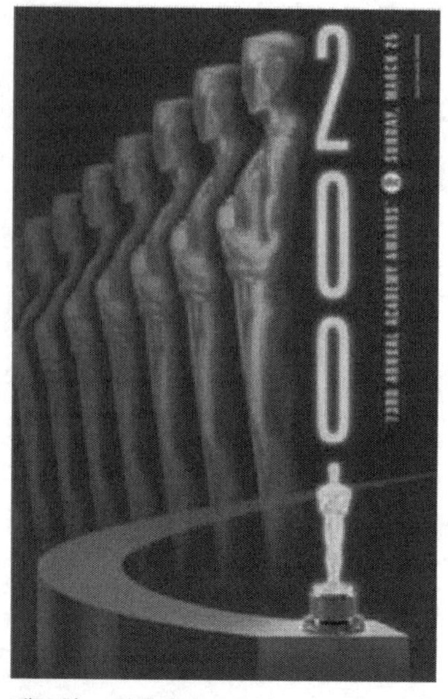

제73회 아카데미 공식 포스터. © A.M.P.A.S/ Oscars.org

오우삼, 〈미션 임파서블〉로 할리우드 흥행 감독 등극

밀레니엄의 시작을 알리는 2000년은 할리우드에서도 여러 의미 있는 사건과 작품들이 대거 공개된다.

중국 오우삼 감독이 메가폰을 잡은 〈미션 임파서블 2 Mission: Impossible II〉와 리들리 스코트, 러셀 크로우 주연의 〈글래디에이터 Gladiator〉가 블록버스터 장르의 진가를 드러내 준다.

〈X-맨 X-Men〉, 〈샹하이 눈 Shanghai Noon〉 등의 액션과 짐 캐리의 천부적인 연기 재능이 농축된 〈미, 마이셀프 아이린 Me, Myself & Irene〉, 시리즈로 인기를 얻은 〈미트 패어런트 Meet the Parents〉 등이 코미디 장르의 흥행 파워를 입증시킨다.

중국 출신 오우삼 감독은 〈미션 임파서블 2〉로 할리우드 흥행 감독 타이틀을 따낸다. © Paramount Pictures, Cruise-Wagner Productions

드림웍스는 휴 토마스의 동명 소설을 애니메이션으로 각색해 〈엘 도라도 The Road to El Dorado〉를 공개하고 줄리아 로버츠는 실화를 바탕으로 한 〈에린 브로코비치 Erin Brockovich〉에서 기업 횡포에 대적하는 열혈 오피스 레이디의 모습을 펼쳐준다.

애니메이션 명가(名家) 월트 디즈니는 공룡을 소재로 한 〈다이너소어 Dinosaur〉로 흥행 성적을 올린다.

'아시아 출신 감독의 능력이 농축된 불가능한 임무'

탐 크루즈 주연의 히트작 〈미션 임파서블 2 Mission : Impossible 2〉는 〈영웅 본색 A Better Tomorrow / 英雄本色〉 시리즈로 1980년대 홍콩 액션 장르의 일가를 이룬 오우삼 감독이 크리스찬 슬레이터, 존 트라볼타를 기용한 〈브로큰 애로우 Broken Arrow〉(1996), 존 트라볼타, 니콜라스 케이지의 〈페이스 오프 Face/ Off〉(1997)에 이어 할리우드에서도 상업적 연출력을 인정받게 되는 히트작이 된다.

'디미트리, 영웅이 탄생하려면 필연적으로 그에 버금가는 악당이 동반 된다네, 그래서 우리의 영웅인 벨레로폰을 위해 치명적 존재인 키메라를 창조했네, 지금 당장 시드니로 와서 아틀란타까지 동행해 주게 목적지에 도착해야 하네!'.

바이러스 키메라와 이를 억제할 벨레로폰을 제조한 러시아 생물 공학자 네코비치 박사.

IMF(impossible mission force) 요원 이단 헌트에게 신변보호를 요청한다.

하지만 이단 헌트로 변장한 테러리스트 앰브로즈에게 벨레로폰을 탈취 당한 채 피살당한다.

헌트는 앰브로즈의 애인이었던 니아 홀을 포섭해 대원으로 만들어 앰브로스의 음모를 차단시킬 계획에 착수한다.

〈영웅본색〉에서 보여준 현란한 액션 구도를 적극 활용해 수천 미터의 암벽을 맨 손으로 올라가는 모습과 바이러스를 유포시켜 세상을 혼탁 시킬 무모한 시도를 하려는 악당 숀 앰브로즈(더그레이 스코트)와 오토바이 추격 및 모래사장에서의 긴박한 격투, 그리고 바이러스를 서로 손에 넣기 위해 대형 수족관 사이를 놓고 벌이는 총격 신 등 오락 영화의 진수를 느낄 흥미로운 장면을 골고루 배치시켜 알찬 흥행작이 된다.

악당 숀을 제거하면서 무사히 임무를 완수한 이단 헌트.

IMF 수장 스완벡(안소니 홉킨스)과 다음과 같은 대사를 나눈다.

'향후 계획은 세웠나? 아직은 요! 휴가나 갈까합니

다. 행선지는 알려 드리죠. 그럴 필요 없네. 그럼 휴가가 아니지! 그럼 사라질까?'라는 대화를 통해 IMF 요원의 시리즈 임무가 대기하고 있음을 노출시킨다.

〈미션 임파서블 2〉는 '불가능한 임무가 다시 시작됐다'는 선전 문구를 내걸고 2000년 5월 28일 3,653개 극장에서 동시 공개된다.

첫 주 흥행 7천만 8십만 달러의 호조를 보인 덕분에 전세계 누적 수익 5억 6천 5백 4십만($565,400,000, Worldwide)를 챙긴다.

줄리아 로버츠, 여배우 사상 최초 2,000만 달러 출연료

입술과 눈동자가 유난히 큰 신체 특징을 갖고 있는 줄리아 로버츠.

1988년 5만 달러를 받고 〈미스틱 피자 Mystic Pizza〉로 은막에 데뷔한 뒤 출세작 〈귀여운 여인 Pretty Woman〉(1990)에서는 30만 달러, 〈노팅 힐 Notting Hill〉(1999)에서는 무려 1,500만 달러, 〈런어웨이 브라이드 Runaway Bride〉(1999)에서는 1,700만 달러로 출연료가 폭등한다.

급기야 〈에린 브로코비치 Erin Brockovich〉(2000)를 통해 여배우 사상 최초로 편당 출연료 2,000만 달러($20,000,000, 한화 약 220억 원)를 받는 초특급 대우를 기록한다.

〈에린 브로코비치〉로 편당 2,000만 달러 출연료를 기록하게 된 줄리아 로버츠. © Columbia Pictures.

스티븐 소더버그 감독의 〈에린 브로코비치〉는 두 번의 이혼 경력, 겨우 16달러 은행 잔고를 갖고 있는 중년 여성이 겪는 실화를 담고 있다.

에린은 고졸에 별다른 특기도 없다.

절망에 빠진 그녀는 자동차 사고 변론으로 알게 된 변호사 에드를 찾아가 일자리를 달라고 억지를 부려 장부 정리를 시킨다.

그런 어느 날 그녀는 대기업 PG &E의 공장에서 유출되는 크롬 성분이 마을 사람들을 병들게 하고 있다는 비밀 정보를 알게 된다.

에린은 에드의 적극적 도움을 받아 거대 기업을 상대로 소송을 벌여 막대한 보상금을 받아내는 열혈 전사가 된다.

'힝클리 주민 대 PG & E의 사건은 보상 기간과 액수로 볼 때 미국 역사상 유래 없는 최대 규모였다. PG & E는 모든 공장에 중크롬을 사용하지 않으며 모든 물탱크에 오염 물질 누출 예방조치를 취하겠다고 공식적으로 밝혔다. 에린과 에드는 PG & E 대 케틀먼 공장 건을 포함해 7건의 소송을 맡은 상태이다.'

지극히 평범했던 여성이 환경오염 물질 배출 업소와 법적 소송을 벌여 피해 보상을 받아내는 과정을 다룬 〈에린 브로코비치〉는 이후 할리우드에서 '관객들이 선정한 최고의 영화 속 주부로 선정'된다.

〈에린 브로코비치〉는 줄리아 로버츠에게 미녀 배우의 굴레를 벗어나 연기력을 갖춘 스타 파워를 입증시켜 아카데미 여우주연상을 따내는 동시에 성격파 배우로 각인되는 기회를 제공한다.

로마 검투사 이야기의 흥행 파워 입증시킨 <글래디에이터>

리들리 스코트 감독, 러셀 크로우 주연의 〈글래디에이터 Gladiator〉는 역사 서사극의 웅장함을 재현시켜 흥행가를 석권한다.

죽음을 앞둔 로마 황제 마르쿠스 아우렐리우스.

아들 코모두스를 신뢰하지 않는 황제는 대권을 심복 부하 막시무스에게 이양할 계획을 은밀하게 밝힌다.

이를 눈치 챈 아들 코모두스는 아버지를 교살시켜 왕권을 찬탈하고 눈엣가시인 막시무스와 일가족의 처형을 지시한다.

가족을 모두 잃고 겨우 살아남게 된 막시무스.

노예로 전락해서 투기장 검투사가 된다.

호쾌한 로마 검투사 이야기를 보여준 〈글래디에이터〉.
© DreamWorks SKG, Universal Pictures

황제 코모도스에 대한 적개심으로 하루하루를 보내고 있는 그는 검투사로 명성을 얻으면서 민중 영웅으로 등극한다.

그는 난폭한 황제 코모두스에 대한 백성들의 원성이 하늘을 찌르고 있다는 것을 알고 동지들을 규합해 폭군을 퇴위시키기 위한 반란 작전에 나선다.

〈글래디에이터〉는 '로마 제국의 번영이 절정에 달했을 당시 아프리카의 사막에서 영국까지 광범위한 식민지를 확보하였다. 전 세계 인구의 4분의1 이상의 사람들이 로마 황제들의 지배하에 살고 죽어 갔던 것이다. 서기 180년 겨울. 마르커스 아우렐리우스 황제하에 계속된 게르마니아 족과의 12년 전쟁이 끝나가고 있었다. 로마 제국의 통합을 방해하는 마지막 저항 세력이었고 그것이 해결되면 평화 유지는 희망적이었다.'는 나레이션으로 시작된다.

막시무스의 반란이 성공을 거두자 주변 사람들은 '공화국의 꿈을 다시 실현시켜 꼭 이루어져야 한다. 아우렐리우스 황제의 소원이었어. 죄수들을 풀어 줘. 그렇게 믿었던 시절의 희망. 그때의 영광을 다시 되살리자. 그는 로마의 위대한 장군이었다. 명예롭게 모셔라! 우린 이제 자유야'라고 억압 정치에서 벗어났음을 선언한다.

『L A 타임즈』는 '호쾌한 액션과 대형 화면으로 각색돼 블록버스트 장르의 진가를 입증시킨 〈글래디에이터〉는 1960년대 붐을 이루었던 검과 샌들 장르 sword-and-sandal genre의 전통을 계승한 작품이다'는 평가를 부여한다.

〈로마 제국의 멸망 The Fall of the Roman Empire〉 〈스팔타카스 Spartacus〉는 강력한 통치를 내세웠던 로마 제국 시대를 배경으로 노예 검투사와 최고 권력자들과의 갈등을 소재로 해서 공감을 얻어낸 대표작이다.

리들리 스코트 감독은 신작 〈글래디에이터〉를 제작하면서 〈스팔타커스〉와 〈벤-허 Ben-Hur〉에서 많은 영향을 받았다고 밝힌다.

감독은 언론과의 인터뷰를 통해 '어린 시절 로마 사극 영화를 보고 느낀 벅찬 감정을 밀레니엄 여명 시대를 맞는 젊은 세대들에게 그대로 전달하고 싶었다. 강력한 정치력. 막강한 군사력이 어떤 요인에 의해 서서히 몰락해 가는 가를 접해 보는 것은 2,000년이 훨씬 지난 지금도 살아 있는 교훈이 될 것이다'는 제작 의미를 덧붙인다.

노예 신분에서 반란을 일으킨 스팔타카스' '줄리어스 시저' '독재자 마커스 리시니우스 크라서스' '코모도스' '클라우디어스' 등은 로마 시대 사극 단골 주인공들로 각광 받고 있다.

〈글래디에이터〉에서 코모두스가 보무도 당당한 군사 행렬을 뿌듯하게 바라보고 있는 장면은 나치의 이념 전도사로 활약했던 여류 감독 레니 리펜슈탈(Leni Riefenstahl)의 나치즘 홍보 영상물 〈의지의 승리 Triumph of the Will〉(1934)에서 시도된 대규모 군사 퍼레이드 장면을 원용(援用)했다고 제작 후일담을 밝혔다.

당시 아돌프 히틀러가 비행기로 도착하면서 지상에 도열된 막강한 나치 군들의 모습을 보고 흡족해 하는 것은 코모두스가 연단에 올라 수많은 병사와 군중들의 환호성을 받는 장면으로 차용된 것으로 알려진다.

〈글래디에어터〉의 감동을 배가시켜준 요소로 한스 짐머의 신세사이저와 리자 제라드(Lisa Gerrard)의 호소력 있는 보컬 주제곡이 큰 역할을 한다.

라스트에서 이제 자유의 몸이 된 막시무스가 두 팔을 쳐들고 그동안의 수모와 역경에서 승리했음을 선언하는 장면에서 흘러나오는 리자 제라드의 'Now We Are Free'는 서사극의 감동을 오래도록 지속시켜 주는 역할을 해낸다.

옥의 티는 전투 장면의 배경 음악이 구스타프 홀스트(Gustav Holst) 작곡의 'Mars: The Bringer of War'와 리듬이 흡사하다는 이유로 2006년 6월 한스 짐머는 저작권 침해 소송을 당한다.

또 하나 코모두스가 로마에서 왕권을 잡은 뒤 군중들의 환호성에 화답하는 장면의 리듬은 바그너의 〈니벨룽겐의 반지 Ring of the Nibelungs〉의 핵심적인 테마곡인 'Prelude to Das Rheingold'와 지그프리드 작곡의 〈장송곡 행진 Funeral March from Götterdämmerung〉과 흡사하다는 지적을 받는다.

오프닝에서 흘러나오는 독일군들의 함성 장면은 리들리 스코트가 명작으로 추천하고 있는 〈줄루 Zulu〉(1964)의 사운드트랙에서 인용한 것이다.

2001년 2월 27일 사운드트랙 〈Gladiator: More Music From the Motion Picture〉이 출시된다.

〈글래디에이터〉의 OST는 여러 곳에서 이슈를 만들어 낸다.

2003년 1월 NFL 플레이 오프 하트 타임에 배경 음악이 사용된다.

같은 해 테너 루치아노 파바로티(Luciano Pavarotti)는 사운드트랙 주제가 취입 요청을 거부한 것에 대해 유감을 표명하면서 수록곡을 자신의 공연장에서 불러 주는 관심을 표한다.

이런 여러 가지 이벤트로 인해 〈글래디에이터〉 사운드트랙은 2000년대 발매된 OST 중 가장 많은 판매 기록을 수립한 음반이 된다.

로마 시대를 배경으로 한 역사 모험 극은 할리우드가 즐겨 채택하는 소재로 각광 받고 있다. © DreamWorks SKG, Universal Pictures

〈글래디에이터〉는 수상 기록 분야에서 타의 추종을 불허하는 기록을 수립한다.

제73회 아카데미에서 7개 후보에 올라 5개 부분 상을 수상한 것을 비롯해 BAFTA 어워드, 골든 글로브 등 119개 부분 상에 지명 받아 모두 48개의 트로피를 챙긴다.

〈글래디에이터〉의 폭발적 흥행 성공으로 할리우드에서는 로마와 고전 역사극 제작이 활발히 제작된다.

『뉴욕 타임즈 The New York Times』는 이런 제작 현상에 대해 '〈글래디에이터〉 효과 Gladiator Effect'라는 용어를 붙여 준다.

출판가에서도 『시세로: 로마의 가장 위대한 정치인 Cicero: The Life and Times of Rome's Greatest Politician』, 그레고리 헤이즈가 번역한 마르쿠스 아우렐리우스의 『명상록 Meditations』 등이 독자들의 구매 열기를 받는다.

역사극의 경우는 〈트로이 Troy〉 〈알렉산더 Alexander〉 〈킹 아서 King Arthur〉 〈킹덤 오브 헤븐 Kingdom of Heaven〉 그리고 〈300〉 등이 제작, 공개된다.

〈글래디에이터〉의 주역인 막시무스 황제는 『토탈 필름』 선정 영화 속 영웅 50 중 12위, 『엠파이어』 선정, 영화 속 위대한 캐릭터 100 중 35위를 차지한다.

로마 왕정(Roman Kingdom), 로마 공화정(the Roman Republic) 혹은 로마 제국(The Roman Empire)은 영화 소재로 꾸준히 활용되고 있는 대상이다.

그동안 흥행가에서 관객들의 호응을 얻었던 로마 관련 영화를 정리하면 다음과 같다.

❖ 로마 공화국(The Roman Republic)

- 〈코리오라너스 Coriolanus〉(1984)
- 〈스팔타카스 Spartacus〉(1960)
- 〈스팔타카스 Spartacus〉(2004)
- 〈스팔타카스: 피와 모래 Spartacus: Blood and Sand〉(2010)
- 〈스팔타카스: 아레나의 신 Spartacus: Gods of the Arena〉(2011)
- 〈줄리어스 시저 Julius Caesar〉(2002)-TV 미니 시리즈
- 〈드루이드 Druids〉(2001)
- 〈시저와 클레오파트라 Caesar and Cleopatra〉(1945)
- 〈정복자 시저 Caesar the Conqueror〉(1962)
- 〈시저를 위한 여왕 A Queen for Caesar〉(1962)
- 〈클레오파트라 Cleopatra〉(1934)
- 〈클레오파트라 Cleopatra〉(1963)
- 〈클레오파트라 Cleopatra〉(1999)
- 〈줄리어스 시저 Julius Caesar〉(1953)
- 〈줄리어스 시저 Julius Caesar〉(1970)
- 〈제국 Empire〉(2005)
- 〈로마 Rome〉(2005)

❖ 2차 푸닉 전쟁(Second Punic War)

- 〈한니발-로마 최악의 악몽 Hannibal-Rome's Worst Nightmare〉(2006)
- 〈주피터 다링 Jupiter's Darling〉(1955)
- 〈센트리온 The Centurion〉(1961)

❖ 로마 제국(The Roman Empire)

- 〈벤-허 Ben Hur〉(2003)
- 〈벤-허 Ben-Hur〉(1925)
- 〈벤-허 Ben-Hur〉(1959)
- 〈칼리굴라 Caligula〉(1979)
- 〈라이프 오브 브레인 The Life of Brian〉(1979)
- 〈성의 The Robe〉(1953)

❖ 네로 황제 통치 시대(Reign of Nero)

- 〈바라바스 Barabbas〉(1961)
- 〈쿼 바디스 Quo Vadis〉(1951)
- 〈쿼 바디스 Quo Vadis〉(2001)
- 〈사티리콘 Satyricon〉(1969)

❖ 프라비안 왕조(Flavian Dynasty)

- 〈폼페이 최후의 날 The Last Days Of Pompeii〉(1935)
- 〈폼페이 최후의 날 The Last Days Of Pompeii〉(1959)
- 〈폼페이 Pompeii: The Last Day〉(2003)
- 〈폼페이 Up Pompeii〉(1971)
- 〈마사다 Masada〉-미니 시리즈
- 〈타이터스 안드로니커스 Titus Andronicus〉(1985)

❖ 하드리안 통치 시대(Reign of Hadrian)

- 〈사라진 센츄리온 9 중대 Centurion disappearance of the Ninth Legion〉(2010)
- 〈사라진 9중대 독수리 The Eagle disappearance of the Ninth Legion〉(2011)

❖ 코모두스 통치 시대(Reign of Commodus)

- 〈로마 제국의 몰락 The Fall of the Roman Empire〉(1964)
- 〈글래디에이터 Gladiator〉(2000)

춤, 열정, 미녀들의 육감적 매력이 담긴 <코요테 어글리>

20대 여성들의 꿈과 열정을 춤과 음악을 통해 묘사한 〈코요테 어글리〉. © Jerry Bruckheimer Films, Touchstone Pictures

할리우드 흥행 마이더스로 주가를 높이고 있는 프로듀서 제리 브룩하이머가 데이비드 맥낼리 감독, 파이퍼 페라보를 기용해 공개한 음악과 포부를 실현시켜 가는 20대 여성의 인생 여정을 담은 〈코요테 어글리 Coyote Ugly〉는 2000년 오락 영화 중 가장 많은 환심을 얻어낸 대표작이다.

'여러분! 우리의 절친한 친구인 바이올렛 샌포드가 내일 뉴 저지 주 사우스 앰보이를 떠나 67km나 떨어진 뉴욕 시로 가기로 결정했다고 합니다! 고향에서 마지막 날인 오늘 노래 한곡을 청해 듣겠습니다. 정말 두려웠었지. 몸이 얼어붙었었어. 당신 없인 절대 살 수 없을 것 같았어. 수많은 밤 당신한테 당한 생각을 하며 난 강해져 갔고 혼자 사는 법을 배웠지. 난 죽지 않아. 살아남을 거야. 사랑이 있는 한 난 살아 있는 거야. 난 아직 젊어 내겐 사랑이 많아. 난 살 거야 살아남을 수 있어.'

고향을 떠나는 마지막 날 'I Will Survive'를 열창하는 21살 바이올렛(파이퍼 페라보).

미모에 어울리는 아름다운 목소리의 소유자이다.

송 라이터로 성공하기 위해 뉴욕으로 건너온 바이올렛.

여러 음반사에서 냉대를 당하면서 생활을 위해 미녀들이 바텐더로 일하는 '코요테 어글리'에서 춤과 노래 솜씨를 발휘한다.

바이올렛은 요리사 케빈(아담 가르시아)을 만난 순수한 사랑을 엮어 가면서 프로 작곡가의 꿈을 한 단계 한 단계 성취해 나간다.

'아무리 숨으려 해도 도망가지 못해요. 아직도 모르시나요. 달빛은 이기지 못해요. 어둠 속 깊은 곳에 마음을 뺏기고. 아직도 모르시나요. 달빛은 이길 수 없어요!'

바이올렛은 마침내 자신의 처지를 담은 'Can't Fight the Moonlight'을 통해 가창력과 작곡 실력을 인정받게 된다.

〈코요테 어글리〉는 뇌쇄적인 춤과 여흥이 펼쳐지는 클럽의 선정적인 댄스 장면을 보여주어 흥행 성적을 올리는데 일조한다.

여기에 슈거 레이의 'Fly (Without Supercat)', 리안 라임스의 'But I Do Love You', 스냅의 'The Power', 타마라 월커의 'Didn't We Love', 레어 브렌드의 'Boom Boom Boom', 조지아 새터라이트의 'Keep Your Hands to Yourself', 데프 레파드의 'Pour Some Sugar On Me', 찰리 다니엘즈 밴드의 'Devil Went Down to Georgia', 브론디 그룹의 'One Way or Another' 등 흥겨운 록 음악을 다수 삽입시켜 청춘 관객들의 혈기를 더욱 뜨겁게 만들어 주었다.

중국 무협 영화 진수 선사한 <와호장룡 Crouching Tiger, Hidden Dragon / 臥虎藏龍>

중국 무협 영화의 진수를 담아낸 〈와호장룡〉. © Asia Union Film & Entertainment Ltd

'행방불명된 보검(寶劍)을 찾기 위한 흥미진진한 무협 극' - 『버라이어티』

'중국 대륙이 품고 있는 유려한 자연 절경과 어우러진 인간 탐욕 드라마' - 『엔터테인먼트 위클리』

이 안 감독이 선보인 〈와호장룡〉은 마술을 행할 수 있는 진검, 이를 선점하기 위해 검객들의 양보 없는 대결 등 무협지 단골 소재와 특수 촬영으로 시도된 화려한 검술 장면을 담아 전세계에서 차이나 검술 드라마의 진가를 일깨워 준 작품이 된다.

19세기 청나라 말기의 대 혼란기.

무당파가 강호의 중심을 유지하고 있다.

무당파는 선대부터 전수된 전설의 보검 청명검과 문파의 초식이 쓰인 책이 보관되어 있다.

무당파의 무예와 권법을 익힌 푸른 눈의 여우라는 자객이 무당파의 수장을 시해하고 청명검을 탈취하려다 실패한다.

사부의 황망한 죽음을 통해 리무바이는 인생의 허무감을 깨닫고 강호의 세계를 떠나려 하면서 자매지간인 무당파 여 전사 수련에게 청명 검을 맡긴다.

수련은 북경으로 건너가 옥대인의 가문에 검을 보관시키지만 그날 밤 검을 도난당하고 만다.

사건을 조사하게 되면서 옥대인의 집안에 범인이 있을 거라 추정해 수사를 벌인다.

이와 중에 사부를 죽인 푸른 눈의 여우의 행방과 무당파의 무공을 전수 받을 후임자를 찾아 나서고 있는 리무바이.

그는 북경에서 청명 검을 극적으로 회수하지만 이 사건 배후에 푸른 눈의 여우가 관련됐음을 알고 그의 행방을 추격한다.

무술 동료인 리(주윤발)과 유이(양자경)의 애틋한 로맨스, 검을 훔친 용의자 메이(장쯔이)와 리가 하늘로 치솟게 성장한 수천 그루의 버드나무 가지 위에서 벌이는 기묘한 칼싸움 장면 등은 동서양 모든 관객들에게 '중국판 무술 영화의 진수'를 체험케 한다.

수상식 후 이야기

2000년 할리우드에서 공개된 작품을 대상으로 진행된 73회 아카데미 어워드는 코미디언 겸 배우 스티브 마틴이 진행을 맡았다.

로마 검투사 이야기를 다룬 〈글래디에이터〉는 12개 후보 지명, 5개 부문상을 수상하는 최고의 화제작이 된다.

대만 무협 영화 〈와호장룡〉은 10개 지명에 4개를 수상해 아시아권 영화 중 최고의 수상 실적을 기록하게 된다.

〈어둠 속의 댄서〉로 연기력을 인정받은 록 가수 뷰욕은 호수에 떠 있는 백조와 같은 의상을 입고 연단에 등단해 카메라 세례를 받아낸다.

이 날 행사장에서 착용한 드레스는 뷰욕이 2001년 발매한 앨범 'Vespertine'에서도 입고 등장해 팝 팬들의 눈길을 끌었다.

줄리아 로버츠가 착용한 '흑백이 조화를 이룬 발렌티노 드레스 black and white Valentino dress'는 아카데미 역사상 가장 특징적인 의상으로 자리매김

된다.

시상식장에서 가장 관심을 받았던 이벤트 쇼는 스탠리 큐브릭 감독의 〈2001 스페이스 오딧세이 2001: A Space Odyssey〉에서 언급한 2001년 행사를 기념해서 우주인 수잔 J. 헬즈 astronauts Susan J. Helms, 유리 우사초프 Yury Usachov, 제임스 S. 보스 James S. Voss가 우주 탐험선 익스피디션 2 Expedition 2 에서 마틴과 우주 교신을 시도한 것.

이런 기념비적 장면에서 빌 콘티 Bill Conti가 편곡한 'Also Sprach Zarathustra'이 흘러나와 객석의 환호성을 불러일으킨다.

〈2001...〉의 작가 아서 C. 클라트 Arthur C. Clarke는 스리랑카에 있는 자택에서 각색상 the Best Adapted Screenplay award 수상자를 호명해 뜻 깊은 축제의 장이 되는데 일조한다.

제73회 2000 노미네이션, 수상자 총 리스트

작품상 Best Picture

* 〈글래디에이터 Gladiator〉
〈초콜릿 Chocolat〉
〈와호장룡 Crouching Tiger, Hidden Dragon〉
〈에린 브로코비치 Erin Brockovich〉
〈트래픽 Traffic〉

감독상 Best Director

* 스티븐 소더버그 Steven Soderbergh-〈트래픽 Traffic〉
스테판 달드리 Stephen Daldry-〈빌리 엘리어트 Billy Elliot〉
이 안 Ang Lee-〈와호장룡 Crouching Tiger, Hidden Dragon〉
스티븐 소더버그 Steven Soderbergh-〈에린 브로코비치 Erin Brockovich〉
리들리 스코트 Ridley Scott-〈글래디에이터 Gladiator〉

남우상 Best Actor

* 러셀 크로우 Russell Crowe-〈글래디에이터 Gladiator〉
하비에르 바르뎀 Javier Bardem-〈비포 나이트 폴 Before Night Falls〉
탐 행크스 Tom Hanks-〈캐스트 어웨이 Cast Away〉
에드 해리스 Ed Harris-〈폴락 Pollock〉
제프리 러시 Geoffrey Rush-〈퀼스 Quills〉

여우상 Best Actress

* 줄리아 로버츠 Julia Roberts-〈에린 브로코비치 Erin Brockovich〉
줄리엣 비노쉬 Juliette Binoche-〈초콜릿 Chocolat〉
조안 알렌 Joan Allen-〈콘텐더 The Contender〉
엘렌 버스틴 Ellen Burstyn-〈레귀엠 Requiem for a Dream〉
로라 리니 Laura Linney-〈유 캔 카운트 온 미 You Can Count on Me〉

조연 남우상 Best Supporting Actor

* 베니시오 델 토로 Benicio del Toro-〈트래픽 Traffic〉
알버트 피니 Albert Finney-〈에린 브로코비치 Erin Brockovich〉
조아킴 피닉스 Joaquin Phoenix-〈글래디에이터 Gladiator〉
제프 브리지스 Jeff Bridges-〈컨텐더 The Contender〉
윌렘 대포우 Willem Dafoe-〈새도우 오브 뱀파이어 Shadow of the Vampire〉

조연 여우상 Best Supporting Actress

* 마르시아 게이 하르덴 Marcia Gay Harden-〈폴락 Pollock〉
프란세스 맥도먼드 Frances McDormand-〈올모스트 페이모스 Almost Famous〉
케이트 허드슨 Kate Hudson-〈올모스트 페이모스 Almost Famous〉
주디 덴치 Judi Dench-〈초콜릿 Chocolat〉
줄리 월터스 Julie Walters-〈빌리 엘리어트 Billy Elliot〉

각본상 Best Original Screenplay

* 〈올모스트 페이모스 Almost Famous〉-카메론 크로우 Cameron Crowe
〈빌리 엘리오트 Billy Elliot〉-리 홀 Lee Hall
〈에린 브로코비치 Erin Brockovich〉-사만사 그랜트 Susannah Grant
〈글래디에이터 Gladiator〉-데이비드 프란조니 David Franzoni
〈유 캔 카운트 온 미 You Can Count on Me〉-케네스 로네간 Kenneth Lonergan

각색상 Best Adapted Screenplay

* 〈트래픽 Traffic〉-스테판 개그한 Stephen Gaghan
〈초콜릿 Chocolat〉-로버트 넬슨 야곱 Robert Nelson Jacobs
〈오! 형제여 어디 있는가? O Brother, Where Art Thou?〉-조엘 & 에단 코헨 Joel & Ethan Coen
〈와호장룡 Crouching Tiger, Hidden Dragon〉-제임스 슈마머스 James Schamus
〈원더 보이스 Wonder Boys〉-스티브 클로브스 Steve Kloves

외국어 영화상 Best Foreign Language Film

* 〈와호장룡 Crouching Tiger, Hidden Dragon〉(대만)
〈아모레스 페로스 Amores Perros〉(멕시코)
〈타인의 향기 The Taste of Others〉(프랑스)
〈에브리바디 페이모스! Everybody's Famous!〉(벨기에)
〈디바디이드 위 폴 Divided We Fall〉(체코)

장편 다큐멘터리상 Best Documentary Feature

* 〈인투 더 암스 오브 스트레인저 Into the Arms of Strangers: Stories of the Kindertransport〉-마크 조나단 해리스 Mark Jonathan Harris
〈레거시 Legacy〉-토드 렌딩 Tod Lending
〈롱 나이트 저니 인투 데이 Long Night's Journey into Day〉-프란시스 레이드 Frances Reid
〈스코트보로 Scottsboro: An American Tragedy〉-바락 굿맨 Barak Goodman
〈사운드 앤 푸어리 Sound and Fury〉-조시 아론손 Josh Aronson

단편 다큐멘터리상 Best Documentary Short

* 〈빅 마마 Big Mama〉-트레이시 세레틴 Tracy Seretean
〈커튼 콜 Curtain Call〉-척 브래버맨 Chuck Braverman
〈돌핀 Dolphins〉-그레그 맥길리브레이 Greg MacGillivray
〈맨 온 링컨 노즈 The Man on Lincoln's Nose〉-다니엘 라임 Daniel Raim
〈온 팁토 On Tiptoe: Gentle Steps to Freedom〉-에릭 시몬슨 Eric Simonson

단편 라이브 액션상 Best Live Action Short

* 〈내가 원하는 것 Quiero ser / I want to be〉-플로리안 갈렌버거 Florian Gallenberger
〈바이 쿠리어 By Courier〉-피터 리게트 Peter Riegert
〈원 데이 크로싱 One Day Crossing〉-조안 스테인 Joan Stein
〈세라그리오 Seraglio〉-게일 러너 Gail Lerner
〈사커 스토리 A Soccer Story〉-파올로 마치라인 Paulo Machline

단편 애니메이션상 Best Animated Short

* 〈아버지와 딸 Father and Daughter〉-마이클 두둑 드 위트 Michael Dudok de Wit

〈페르위그 메이커 Periwig Maker〉-스테펜 샤플러 Steffen Schäffler
〈거절 Rejected〉-돈 헤츠펠트 Don Hertzfeldt

작곡상 Best Original Score

*〈와호장룡 Crouching Tiger, Hidden Dragon〉-탄 둔 Tan Dun
〈초콜릿 Chocolat〉-레이첼 포트만 Rachel Portman
〈글래디에이터 Gladiator〉-한스 짐머 Hans Zimmer
〈말레나 Malèna〉-엔니오 모리코네 Ennio Morricone
〈패트리어트 The Patriot〉-존 윌리암스 John Williams

주제가상 Best Original Song

*'Things Have Changed'-〈원더 보이 Wonder Boys〉, 밥 딜런 Bob Dylan
'A Fool In Love'-〈미트 페어런트 Meet the Parents〉, 랜디 뉴먼 Randy Newman
'I've Seen It All'-〈어둠 속의 댄서 Dancer in the Dark〉, 뷰욕 Björk
'A Love Before Time'-〈와호장룡 Crouching Tiger, Hidden Dragon〉, 호르헤 카란드렐리 Jorge Calandrelli
'My Funny Friend and Me'-〈엠페러 뉴 그루브 The Emperor's New Groove〉, 스팅 Sting

사운드 편집상 Best Sound Editing

*〈U-571〉-존 존슨 Jon Johnson
〈스페이스 카우보이 Space Cowboys〉-알란 로버트 머레이 Alan Robert Murray

사운드 믹싱상 Best Sound Mixing

*〈글래디에이터 Gladiator〉-스코트 밀란 Scott Millan
〈캐스트 어웨이 Cast Away〉-랜디 탐 Randy Thom
〈패트리어트 The Patriot〉-케빈 오도넬 Kevin O'Connell
〈퍼펙트 스탐 The Perfect Storm〉-존 T. 레이츠 John T. Reitz
〈U-571〉-스티브 마슬로우 Steve Maslow

미술 감독 & 세트 장식상
Best Art Direction & Set Decoration

*〈와호장룡 Crouching Tiger, Hidden Dragon〉-티미 입 Timmy Yip
〈그린치 How the Grinch Stole Christmas〉-마이클 코렌브리스 Michael Corenblith
〈글라디에이터 Gladiator〉-아서 막스 Arthur Max
〈퀼스 Quills〉-마틴 차일드 Martin Childs
〈바텔 Vatel〉-잔 라바스 Jean Rabasse

촬영상 Best Cinematography

*〈와호장룡 Crouching Tiger, Hidden Dragon〉-피터 파우 Peter Pau
〈글라디에이터 Gladiator〉-존 마디슨 John Mathieson
〈말레나 Malèna〉-라호스 콜타이 Lajos Koltai
〈오! 형제여 어디 가는가? O, Brother, Where Art Thou?〉-로저 디킨스 Roger Deakins
〈패트리어트 The Patriot〉-캘렙 데스채널 Caleb Deschanel

메이크업상 Best Makeup

*〈그린치 How the Grinch Stole Christmas〉-릭 베이커 Rick Baker
〈셀 The Cell〉-미셸 버크 Michèle Burke
〈섀도우 오브 더 뱀파이어 Shadow of the Vampire〉-앤 부차난 Ann Buchanan

의상 디자인상 Best Costume Design

*〈글라디에이터 Gladiator〉-얀티 예이츠 Janty Yates
〈와호장룡 Crouching Tiger, Hidden Dragon〉-팀 입 Tim Yip
〈그린치 Dr. Seuss How the Grinch Stole Christmas〉-리타 리액 Rita Ryack
〈102 마리 달마시안 102 Dalmatians〉-안소니 파웰 Anthony Powell

〈퀼스 Quills〉-자클린 웨스트 Jacqueline West

필름 편집상 Best Film Editing

* 〈트래픽 Traffic〉-스테판 미리오네 Stephen Mirrione

〈올모스트 페이모스 Almost Famous〉-조 허싱 Joe Hutshing

〈와호장룡 Crouching Tiger, Hidden Dragon〉-팀 스쿼레스 Tim Squyres

〈글래디에이터 Gladiator〉-피에트로 스칼리아 Pietro Scalia

〈원더 보이 Wonder Boys〉-데드 알렌 Dede Allen

시각 효과상 Best Visual Effects

* 〈글라디에이터 Gladiator〉-존 넬슨 John Nelson

〈할로우 맨 Hollow Man〉-스코트 E. 앤더슨 Scott E. Anderson

〈퍼펙트 스탐 The Perfect Storm〉-스테판 판메이어 Stefen Fangmeier

최다 후보작 및 수상작

〈글라디에이터 Gladiator〉-12개 부문 후보

〈글라디에이터 Gladiator〉-5개 부문 수상

아카데미 명예상 Academy Honorary Awards

* 어네스트 레만 Ernest Lehman
* 잭 카디프 Jack Cardiff

어빙 G. 탈버그상 Irving G. Thalberg Award

* 디노 드 로렌티스 Dino De Laurentiis

고든 E. 소여 Gordon E. Sawyer Award

* 어윈 W. 영 Irwin W. Young

덴젤 워싱톤 + 할 베리, 흑인 최초 주연 남녀 동시 수상

제74회 아카데미 시상식은 2001년 미국에서 개봉된 우수 작품을 대상으로 24개 부문 24 categories 수상작을 선정한다.

<뷰티풀 마인드 A Beautiful Mind>가 작품, 감독상 등 4개 부분상을 가져가 최대 화제작이 된다.

이어 <반지의 제왕 The Lord of the Rings: The Fellowship of the Ring> <블랙 호크 다운 Black Hawk Down> <물랑 루즈! Moulin Rouge!> <어카운턴트 The Accountant> <고스포드 파크 Gosford Park> <아이리스 Iris> <몬스터 볼 Monster's Ball> <몬스터 주식회사 Monsters, Inc> <머더 온 어 선데이 모닝 Murder on a Sunday Morning> <진주만 Pearl Harbor> <슈렉 Shrek> <트레이닝 데이 Training Day> 등이 수상의 영예를 차지한 호명작이 된다.

시상식은 미국 전역으로 생중계돼 4,200만 명 nearly 42 million viewers이 시청한 것으로 집계된다.

스티븐 스필버그 감독이 공동 운영주로 참여하고 있는 드림웍스 DreamWorks는 <뷰티풀 마운드 A Beautiful Mind>에 앞서 <아메리칸 뷰티 American Beauty> <글라디에이터 Gladiator> 등 연속 3회 작품상 수상작 three consecutive Best Picture winners을 탄생시킨 명문 영화사로 주목을 받게 된다.

덴젤 워싱톤 Denzel Washington은 1963년 <들 백합 Lilies of the Field>의 시드니 포이티어 Sidney Poitier에 이어 '두 번째 아프리카 출신 아카데미 남우상 the second African-American to win Academy Award for Best Actor' 수상자라는 명예를 차지하게 된다.

아일랜드 출신 영국 소설가 데임 아이리스의 전기 영화 <아이리스 Iris>는 노년의 아이리스 역의 주디 덴치 Judi Dench가 여우상, 20대 청춘 시절의 아이리스 역의 케이트 윈슬렛 Kate Winslet이 조연 여우상에 지명 받아 한 작품 동일한 배역으로 주·조연 여우상 후보자를 배출한 작품이 된다.

2001. 9.11 테러 여파로 인해 74회 아카데미는 관람객 등이 집결하는 일체의 행사를 모두 취소하고 레드 카펫 행사도 최대한 간략하게 진행 되는 후유증을 겪는다.

장편 애니메이션이 꾸준히 흥행 시장을 확대시켜 나가자 '애니메이션 장편 상 Best Animated Feature award'이 신설된다.

최소 70분 상영 at least 70 minutes in length, 중요 애니메이션 캐릭터가 상영 시간 75% significant amount of animated characters, and be at least 75 percent animated 이상 차지해야 출품 자격이 부여된다고 덧붙인다.

장편 애니메이션 중 <백설 공주 Snow White and the Seven Dwarfs>(1937) <제시카와 로저 래빗 Who Framed Roger Rabbit>(1988) <토이 스토리 Toy Story>(1995) 등은 '특별 업적상 Special Achievement Academy Awards'을 수여 받은 바 있다.

시상식 : 2002년 3월 24일 6:00 PM
장 소 : L A 코닥 극장 Kodak Theatre, Hollywood, Los Angeles, California
사 회 : 우피 골드버그 Whoopi Goldberg, ABC 중계

제74회 아카데미 시상식 공식 포스터.
ⓒ A.M.P.A.S/ Oscars.org

우유 값 위해 쓴 〈해리 포터〉, 소설과 영화로 대박 히트

'판타지극의 양보 없는 대결'.

2001년 할리우드에는 〈해리 포터 Harry Potter〉 시리즈와 〈반지의 제왕 The Lord of the Rings〉 3부작이 그 화려한 서막을 알리는 해가 된다.

두 작품 모두 원천은 영국 작가들에 의해 저술된 소설을 바탕으로 했다는 공통점을 갖고 있다.

흥행 대결에서는 2001년 11월 16일 공개된 〈해리 포터: 마법사의 돌 Harry Potter and the Sorcerer's Stone〉이 전세계 수익 9억 7천 4백 7십 3만 3천 5백 5십 달러($974,733,550), 2001년 12월 19일 공개된 〈반지의 제왕: 반지 원정대 The Lord of the Rings: The Fellowship of the Ring〉는 8억 7천만 7십 6만 1천 7백 4십 4달러($870,761,744)를 올린다.

〈해리 포터〉가 1억 달러(한화 약 1,100억 원)를 넘는 수익을 더 많이 챙겨 시리즈 첫 번째 작품끼리의 흥행 대결은 해리 포터의 압승으로 귀결된다.

2001년부터 2012년까지 판타지 열풍을 주도한 〈해리 포터〉 시리즈. © Warner Bros, Heyday Films

'프리벳가 여기 오실 줄 몰랐네요. 맥고나걸 교수님! 안녕하세요. 덤블도어 교수님? 소문이 사실인가요. 교수님? 아무래도 그런 것 같아요. 좋은 소식과 나쁜 소식 모두요. 소년은 요? 해그리드가 데려올 거요. 이렇게 중대한 일을 해그리드한테 맡겨도 될까요? 해그리드 만한 사람은 없어요. 덤블도어 교수님! 맥고나걸 교수님! 별일 없었나. 해그리드? 물론입니다요. 녀석 브리스톨 상공에서 잠들어버렸죠. 안 깨게 조심하세요. 받으시죠. 이 사람들한테 맡겨 두는 게 정말 안전할까요? 하루 종일 지켜봤는데 아주 질 나쁜 머글이더군요. 그 사람들 정말 유일한 친척이에요. 우리 세계에서는 얘 이름만 대면 누구나 알 만큼 유명해질 애예요. 그러니 더더욱 떨어져서 자라게 하는 게 낫죠. 준비될 때 까진 말이오. 울지 말게. 해그리드. 아주 헤어지는 건 아니라구. 서리. 리틀 위닝 프리벳가 4번지 더즐리 부부께. 잘 지내거라. 해리 포터!'

무명작가 조앤 K. 롤링의 〈해리 포터〉는 1997년 〈마법사의 돌〉이 출간되면서 그 화려한 서막을 알린다.

이혼녀였던 롤링이 기초 생활 수급자 상태에서 아이들의 우유 값을 벌기 위해 힘겹게 쓴 소설은 최종 〈해리 포터: 죽음의 성물〉까지 약 4억 5천 만부 이상이 팔려 나가 작가는 미국 경제 주간지 『포브스』 선정 세계 700대 부자에 당당히 가입되는 벼락출세의 화신이 된다.

서막을 알린 〈마법사의 돌〉은 1살 때 부모 살해범인 어둠의 마왕 볼드모트를 몰락시켜 마법세계에서는 유명 인사이다.

하지만 마법사라는 사실을 모른 이모 부부 집에서 기거하면서 천덕꾸러기 신세로 하루하루를 살아가고 있는 처지.

해리 포터는 이모 부부와 아들 두들리. 그의 친구 피어스와 함께 동물원에 갔다가 뱀과 대화할 수 있는 능력이 있다는 것을 알게 된다.

해리 포터 11번째 생일 날.

호그와트 사냥터 지기인 루베우스 해그리드는 해리 포터는 마법사이며 부모님의 변고에 대한 설명을 듣게 된다.

이후 해리 포터는 출생할 때부터 입학자 명단에 있던 덕분에 마법 학교 호그와트에 입교한다.

호그와트 급행열차 안에서 론 위즐리와 만난다.

호그와트에서 해리 포터는 마법의 약 제조법을 비롯해 변신, 어둠의 마법 방어술 등 다양한 마법의 기술과 역사 등을 전수 받는다.

어느 날 해리 포터는 해그리드의 머리가 셋 달린 엄청나게 거대한 개 플러피가 있고 그 개가 마법사의 돌이 있는 문을 지키고 있다는 것을 알게 된다.

마법사 돌은 모든 금속을 순금으로 변화시키며 장수약을 만들어 낼 수 있는 효험을 발휘하는 물질인데 이것을 볼드모트가 차지하기 위해 호시탐탐 노리고 있다는 것을 알게 된다.

해리 포터는 이때부터 친구들과 의기투합해서 볼드모트를 제치고 마법사의 돌을 찾아 지키기 위한 여러 가지 노력을 시도하게 된다.

가냘픈 인상의 체구, 칠흙 같은 머리 털, 초록빛 눈동자, 이마에 마법사라는 증표인 번개표 상처, 헐렁한 옷에 스카치테이프로 붙인 안경.

이 같은 외형상 특징은 해리 포터에 대한 열광적 반응을 유도하는 매우 친근한 모습이 된다.

해리 포터 열풍에 따라 2011년 12월부터는 LA에 해리 포터 테마 파크 조성에 들어간다.

유니버설 스튜디오는 2010년 플로리다 주(州) 올랜도 유니버설 해리 포터 테마 파크가 가족 놀이 공원으로 성원을 받자 LA에도 해리 포터 시리즈를 배경으로 한 테마 파크 건설에 착수한다고 발표한 것.

2010년 올랜도 해리 포터 테마파크는 연인원 750여 만 명의 관람객을 끌어 모으는 특수를 누렸다.

피터 잭슨이 환생시킨 〈반지의 제왕〉

〈해리 포터〉와 선의의 흥행 경쟁을 벌인 〈반지의 제왕: 반지 원정대 The Lord of the Rings : The Fellowship of the Ring〉는 존 로널드 루엘 톨킨이 출간한 3부작 판타지 소설의 첫 번째 극화 작품이다.

서구 문학사에서 〈반지의 제왕〉은 클라이브 스테이플스 루이스의 〈나니아 연대기〉, 어슐러 르 귄의 〈어스시 시리즈〉와 함께 세계 3대 판타지 소설로 추천 받고 있는 작품이다.

〈반지의 제왕〉은 톨킨이 발표한 〈호빗〉의 속편이다.

1937년부터 1955년 사이 완간됐으며 전세계 도서 시장에서 출간돼 〈해리 포터〉와 함께 20세기 가장 대중성 있는 판타지 문학의 정수(精髓)로 인정받고 있다.

톨킨이 창조한 가상 세계 '미들 랜드'에는 인간과 호빗, 난쟁이, 오크, 요정 등이 거주하고 있다.

암흑 군주 사우론이 제조한 절대 반지(the One ring)가 초래할 여러 부작용을 차단하기 위해 호빗 프로도가 이를 파괴시키기 위한 대장정을 다루고 있다.

〈반지의 제왕〉에서 기술된 단어인 '톨키니안 Tolkienian' '톨키니스크 Tolkienesque' 등은 옥스퍼드 영어 사전에 게재될 정도로 대중성을 확보하는 용어가 된다.

톨킨 원작을 스펙터클 화면으로 재현시켜 폭발적 인기를 얻은 피터 잭슨 감독의 〈반지의 제왕〉. © New Line Cinema. The Saul Zaentz Company

'세계는 변하였다. 물에서 느낄 수가 있다. 대지에서 느낄 수가 있다. 대기에서 맡을 수가 있다. 한때 풍성했던 모든 것들을 잃어 버렸다. 이젠 이걸 기억하는 사람은 없다. 그 일은 권력의 반지들이 만들어짐으로써 시작 되었다. 3개는 엘프들에게 주어졌다. 영생을 누리며, 모든 생물 중 가장 현명하고 공평한 그들에게 7개는 드워프 군주들에게 주어졌다. 산마루의 뛰어난 광부이며 장인인 그들에게 그리고 9개의 반지는 인간 종족들에게 주어졌다. 다른 어떤 종족보다 권력을 추구하는 그들에게 이 반지에는 각 종족을 다스릴 힘과 의지가 담겨 있었다. 하지만 또 하나의 반지가 만들어짐으로써 모든 것이 달라졌다. 모르도르의 땅 운명의 산의 용암에서 어둠의 왕. 사우론이 비밀리에 절대 반지를 만들었다. 다른 모든 종족들을 지배하기 위해서 그는 이 반지 안에 자신의 잔악성과 악의와 모든 생물을 지배하려는 의지를 담았다. 다른 모든 반지를 다스릴 하나의 반지! 하나씩, 하나씩 중간계의 자유로운 종족들은 반지의 힘 앞에 쓰러져갔다. 하지만 저항의 세력이 일어났다. 인간과 엘프의 마지막 동맹군이 모르도르의 군에 대항해 행군했다. 운명의 산기슭에서 그들은 중간계의 자유를 위해 싸웠다. 승리는 눈앞에 있었다. 하지만 그 반지의 힘은 절대적인 것이었다. 모든 희망이 사라져 가는 절대절명의 순간에 왕의 아들. 이실두르는 아버지의 검을 빼어 들었고 중간계의 자유 종족들의 적인 사우론은 패배한다. 그리고 반지는 이실두르에게 전해졌다. 악을 근절 시킬 마지막 기회가 그의 손에 달리게 된 것이었다. 그러나 인간들의 마음은 너무 쉽게 타락하였고 이 절대 반지는 자기 의지를 갖고 있었다. 인간들은 이실두르를 배신하고 그를 죽음으로 몰아넣었다. 그리고 잊어버려서는 안 될 것을 잃어 버렸다. 이 전쟁은 전설이 되고 전설은 신화가 되었다. 그 후 2500년 동안 반지는 사람들에게서 완전히 잊혀져 갔다. 자신의 새로운 주인을 유혹할 새로운 기회가 올 때까지. 절대 반지는 골룸이라는 괴물에게 넘어갔고 그는 반지를 안개의 산 깊은 곳으로 가져갔다. 그리고 반지는 그를 지배하였다. 반지는 골룸에게 긴 삶을 선사했다. 그 후 5백 년 동안 반지는 그의 마음을 잠식해 갔다. 그리고 골룸의 어두운 동굴 속에서 때를 기다렸다. 전 세계의 숲에 점차 암흑이 드리워지며 동쪽에서는 새로운 그림자들의 소문이 떠돌고 이름 없는 공포의 속삭임이 들려오자 힘의 반지는 스스로 깨달았다. 지금이 나올 시기라고 반지는 골룸을 버렸다. 하지만 반지가 의도하지 않았던 일이 일어나고 말았다. 반지를 집은 것은 상상도 못했던 존재였기 때문이다, 바로 호빗 족인 샤이어 땅의 빌보 배긴스였다. 호빗족이 모두의 운을 실현할 순간이. 샤이어력으로 1400년 9월 22일. 백엔드, 백샷 로우, 호비튼, 웨스트파싱, 샤이어, 중간계, 이 세상의 세 번째 세대'.

장대한 나레이션을 들려주면서 시작되는 <반지의 제왕: 반지 원정대>.

사우론은 11개의 반지를 손에 넣어 세상을 지배할 수 있게 해 줄 절대반지는 찾을 날만을 기다리고 있다.

한편 111번째 생일을 맞은 빌보는 자신이 갖고 있었던 반지가 절대반지임을 알게 되고 그 소문은 사우론의 귀에도 들어가게 된다.

빌보는 조카 프로도에게 그 사실을 알려주고 엘프와 인간, 난쟁이들은 반지가 사우론의 손에 들어가기 전에 그것을 파괴하기로 결정한다.

절대 반지를 영원히 제거할 수 있는 방법은 반지가 만들어진 불의 산에 그것을 던져 넣는 것.

불의 산은 사우론이 은둔해 있는 곳의 중심부에 위치하고 있다.

절체절명에 놓은 전세계의 운명을 짊어지고 프로도와 친구들은 절대 반지를 파괴할 수 있는 불의 산으로 모험을 떠나게 된다는 사연을 들려주고 있다.

못생긴 그러나 흥미로운 녹색 괴물 <슈렉>

'옛날 옛적에 아름다운 공주가 있었습니다. 그러나 그녀에게는 저주가 걸려 있었답니다. 사랑하는 남자의 첫 키스만이 이 저주를 없앨 수 있었습니다. 그녀는 성에 갇혀 있었고 무서운 불 뿜는 용이 그녀를 못 나오게 했습니다. 많은 용감한 기사들이 그녀를 구출하려고 시도했으나 .아무도 성공하지 못했습니다. 그녀는 용의 성에서 기다렸습니다. 가장 높은 탑의 맨 위에서 그녀의 사랑과 그의 키스를 기다렸습니다.'

못생긴 녹색 괴물 슈렉의 흥미진진 모험담을 담은 〈슈렉〉. © DreamWorks SKG

'왕자는 매력적이지 않았으며 공주도 늘 잠만 자는 것은 아니었다. 부하들은 언제나 위험에서 빠져 나오도록 돕는 것은 아니다. 오르그(ogre)가 영웅인 드라마에서는 기존의 동화 이야기는 전혀 무시된다.'

자신 만만한 차별성을 갖고 공개된 드림웍스 제작 애니메이션 〈슈렉 Shrek〉은 성 밖 늪지대에 거주하는 못생기고 신체가 우람한 괴물 슈렉이 겪는 모험담을 담고 있다.

슈렉은 진흙으로 샤워를 하고 동화책은 화장실 휴지 삼아 쓰고 있다.

늘상 떠들어 대는 당나귀 덩키와 얼굴은 몸의 반을 차지하지만 신장은 1m도 안 되는 숏다리 파콰드 영주.

슈렉은 파콰드 영주와 담판을 지으러 떠났다가 불뿜는 용의 성에 갇힌 피오나 공주 구하기 작전에 나서게 된다.

극적(?)으로 구조된 피오나 공주는 키스를 해달라고 떼를 쓰고 산적들을 만나자 공중제비를 돌며 〈매트릭스〉 발차기를 시도한다.

파콰드 영주와 정략결혼을 앞두고 있는 공주는 급기야 슈렉에게 마음을 빼앗겨 백수건달 처지의 녹색 괴물은 일개 왕국의 사위가 되는 출세를 하게 된다.

『L A 타임즈』는 '호남 형과 미녀들이 독식하고 있는 동화 속 신데렐라 이야기를 철저하게 거부한 〈슈렉〉은 비록 외형은 추하지만 심성 착한 슈렉을 내세워 남성판 신데렐라 스토리를 펼쳐 주어 남녀노소 관객들을 끌어 들이는데 성공했다'고 인기 비결을 진단한다.

모래 샤워를 하면서 흥얼거릴 때 스매시 마우스가 편곡시킨 추억의 팝 선율 'I'm a Believer'가 흘러 나와 관객들이 슈렉 모험담에 관심을 보내게 하는 요소를 제공한다.

이 외 다나 글러버의 'It Is You (I Have Loved)', 바하 멘의 'Best Years Of Our Lives', 하프콕트의 'Bad Reputation', 제이슨 웨이드의 'You Belong To Me', 루퍼스 웨인라이트의 'Hallelujah' 등은 신선한 소재를 갈망하는 변덕스런 관객들의 구미를 당겨 주면서 앞으로 '슈렉' 모험담이 '쭉' 지속될 것임을 예고시켜 준다.

팀 버튼 스타일 담아 〈혹성 탈출〉 리바이벌

'착륙 직전 마지막 기록이다. 우주선은 자동 시스템으로 운행 중이다. 모두들 깊은 잠에 빠졌고 나도 곧 잠들 예정이다. 케이프 케네디를 떠나온 지 6개월로 접어든다. 우주 시간으로 볼 때 6개월이지만 지구의 시간으로는 2673년 3월 23일. 하슬레인 박사의 이론대로 광속으로 가고 있으니 지구의 700년을 뛰어 넘는 셈이 된다. 하지만 우리는 전혀 나이를 먹지 않았다. 가능한 이야기다. 이것은 아마도 사실일 것이다. 상황을 추정해 보자면. 우릴 보낸 사람들은 오래 전에 죽었고 이 기록을 읽을 사람들은 전혀 다른 인류겠지. 보다 나은 종족이길 바란다. 난 20세기의 지구를 미련 없이 떠난다. 그리고 한 마디 더! 누가 듣고 있는지 모르지만 과학 이야기는 아니고 개인적인 사설이다. 여기서 보면 모든 것이 달라 보인다. 시간은 휘었다. 우주는 끝이 없다. 그것이 인간 존재를 무의미하게 만든다. 외롭다. 그쯤하면 됐다. 궁금하군. 날 우주로 보낸 저 위대한 인간이란 작자들은 지금도 전쟁을 일으켜서 무고한 인명을 빼앗고 있을까? 지구 시간 2673년 3월 26일. 지구 시간 2673년 3월 27일'.

팀 버튼 감독이 리바이벌시킨 〈혹성 탈출〉. © 20th Century Fox

〈패튼 대전차 군단(Patton)〉(1970) 〈빠삐용 Papillon〉(1973) 〈바하마의 별 Islands In The Stream〉(1977) 〈우리 마을 Our Town〉(1977) 등으로 흥행 감독 반열에 올랐던 프랭클린 J. 샤프너 감독의 초기 히트작이 〈혹성 탈출 Planet of the Apes〉(1968)이다.

우주선에 탑승해 서기 2673년 지구를 향해 귀환하던 테일러 일행은 불의의 사고로 인해 3878년의 신원을 알 수 없는 혹성에 도착한다.

혹성은 원숭이들이 지배하고 혹성에 존재하는 인간은 노예가 되어 원시인과 같은 비참한 생활을 살아가고 있다. 원숭이들에게 사로잡힌 테일러는 말을 할 줄 안다는 이유로 격리 수용된다.

그는 극적으로 혹성 탈출을 시도하지만 그동안 세월은 2,000여년이 흘렀다.

테일러는 급기야 '인간이 원숭이처럼 행동한다'는 이유로 뇌 시술을 위한 실험대상으로 선택된다는 충격적 결말을 제시해 쇼킹한 반응을 불러일으킨다.

영상 마술사 팀 버튼이 마크 월버그를 기용해 선보인 리메이크 작 〈혹성 탈출 Planet of the Apes〉은 서기 2029년을 시대 배경으로 하고 있다.

우주 정거장은 인류의 종의 기원을 밝히기 위한 연구가 활발히 펼쳐지고 있다.

인간들은 훈련 받은 침팬지를 탑승시킨 소 우주선을 은하계로 내려 보낸다.

침팬지를 태운 우주선이 레이더에서 사라지자 공군 대위 레오 데이비슨(마크 월버그)이 출동하지만 그도 이상한 힘에 휘말려 정체불명의 행성에 추락한다.

행성은 원시의 모습을 갖추고 있으며 이곳에 거주하고 있는 인간들은 유인원에게 길들여져 멸시 당하고 하등 동물 취급 받는 노예 생활을 하고 있었다.

인간 종족을 말살해 버리려는 사악한 지도자 테드(팀 로스). 함께 공존해야 한다는 평화주의자 아리(헬레나 본햄 카터). 속박과 억압에서 독립하려는 인간들이 투쟁하지만 결국 '이 신전은 유인원들 마음속에 자리한 혹성을 구한 테드 장군을 위해 건립됐다는 신전'의 모습을 보여준다.

'지능을 갖춘 인류가 왜 침팬지들의 지배를 받게 됐을까?'에 대한 의문점을 제시한 찰톤 헤스톤 주연의 〈혹성 탈출〉은 리메이크를 거쳐 2011년에는 루퍼트 와이어트 감독이 제임스 프랭코, 앤디 서키스 등을 기용해 〈혹성 탈출 : 진화의 시작 Rise of the Planet of the Apes〉을 공개한다.

신작은 〈혹성 탈출〉 프리퀄을 담고 있다.

부친의 알츠하이머 치료약 개발을 위해 유인원을 이용해 임상시험에 시도한 과학자 윌(제임스 프랭코).

실험에 참가한 유인원이 시저(앤디 서키스)를 출생시키자 어린 유인원은 집으로 데려와 가족처럼 지내게 된다.

시저의 지능은 인간을 능가하게 되고 이웃집 남자와 시비가 벌이게 된 윌의 아버지를 보호하려고 인간을 공격한 시저는 유인원 보호시설에 감금된다.

이곳에서 시저는 자신이 인간과는 다른 존재라는 것을 깨닫게 되면서 유인원 집단과 이들을 적대시 해 온 인간과의 전쟁이 시작됐다는 내용을 제시해 눈길을 끌어낸다.

〈혹성 탈출 : 진화의 시작〉은 2011년 8월 북미 박스 오피스 1위에 올라 인간과 원숭이 무리들 사이에 치유할 수 없는 갈등에 대한 관심이 지속되고 있음을 짐작시켜 주었다.

식인 박사 스크린 다시 노크 〈한니발〉

조나단 뎀 감독의 〈양들의 침묵 The Silence of The Lambs〉(1991)은 토마스 해리스(Thomas Harris)가 발표한 범죄 스릴러 소설을 각색했다.

작가가 연작으로 발표한 '한니발 렉터 시리즈'는 〈양들의 침묵 The Silence of the Lambs〉(1991) 〈한니발 Hannibal〉(2001) 〈레드 드래곤 Red Dragon〉(2002) 〈한니발 라이징 Hannibal Rising〉(2007) 등 4부작이 연이어 극영화로 공개된다.

〈양들의 침묵〉(1991)은 1992년 제 64회 아카데미 어워드에서 남우와 여우주연상의 석권하는 동시에 작품, 감독, 각색 등 5개 주요 부문상을 휩쓴다.

이 덕분에 〈양들의 침묵〉은 지금도 연쇄 살인 스릴러를 소재로 한 작품 중 가장 뛰어난 수작으로 인정받고 있다.

식인 박사의 엽기적 행각을 다룬 〈한니발〉. © Metro-Goldwyn-Mayer (MGM), Universal Pictures

〈양들의 침묵〉은 FBI 수습 요원 클라리스 스탈링(조디 포스터)은 몸집이 비대한 여인들이 피부가 도려지는 엽기적인 사건 수사를 위해 독심술 권위자 한니발 렉터 박사를 만나 사건 수사를 진행한다는 내용.

한니발 박사는 정신과 의사로 명성을 얻었지만 살인 행각으로 죽인 시신을 요리해서 먹었다는 혐의를 받아 식인종(The Cannibal)이라는 악명을 듣고 있는 정신 이상 범죄자이다.

한니발 렉터는 살인을 자행하거나 인육을 시식 할 때도 혈압이 85를 넘지 않을 만큼 냉혈한.

그렇지만 문학. 수학 등에 조예가 깊고 타인의 심리적 고충을 단번에 파악할 수 있는 뛰어난 독심술 때문에 묘한 매력을 느끼게 하고 있는 인물이다.

그는 〈양들의 침묵〉에서는 몇 마디 말을 건네 죄수를 자살하도록 유도한다.

수사관의 귀를 물어뜯는 엽기적 행각을 보이지만 예의를 갖추고 당당하게 나선 여성 수사관 스탈링에게는 유력한 용의자 버팔로 빌을 체포할 수 있는 단서를 제공하는 호의를 베푼다.

버팔로 빌의 정보 제공의 대가로 멤피스 감옥으로 이송 도중 경관 2명을 살해하고 종적을 감춘 이후의 사건이 〈한니발〉에서 펼쳐진다.

영화 〈한니발〉에서는 양들의 침묵 사건 10년 후가 배경.

신참 클라리스 스탈링은 이제 중견 FBI 요원으로 실력을 인정받고 있다.

은둔 생활을 하고 있는 한니발 렉터 박사.

여기에 렉터에게 앙심을 품고 있는 재벌 메이슨이 등장해 사건을 엮어가고 있다.

〈한니발〉은 렉터 박사역은 전작과 동일하게 안소니

홉킨스가 맡아 섬뜩한 카리스마를 선사하고 있지만 아쉽게도 FBI 요원 스탈링역은 조디 포스터의 출연 고사로 줄리안 무어가 등장한다. 연출은 스펙터클 화면에 장점을 보이고 있는 리들리 스코트 감독이 초빙된다.

렉터 박사와 대적하는 또 한 명의 악인 메이슨은 성격파 배우 게리 올드만이 출연하고 있다.

대니 오션과 10명의 일당 라스 베가스를 털다. 〈오션스 일레븐〉

타인과 비교되는 것을 거부하는 특출난 절도 능력을 갖고 있는 대니 오션과 10명의 동료이자 심복.

그들이 지상 최대 환락의 도시 라스베가스의 곳곳을 동시에 침입해 금괴와 거액을 강탈해 낸다는 기발한 내용은 1960년 루이스 마일스톤 감독이 프랭크 시나트라, 딘 마틴, 새미 데이비스 주니어 등 당대 내로라 하는 엔터테이너들을 규합시켜 대형 화면으로 각색해 관객들의 환영을 받아냈던 전력을 갖고 있다.

2001년 작은 스티븐 소더버그 감독. 조지 클루니. 브래드 피트. 줄리아 로버츠. 멧 데이몬. 버니 맥, 엘리오트 굴드 등 역시 스타급 배우들이 집단을 이뤄 출연해 관람 욕구를 불러일으킨다.

11명의 프로 절도범들이 벌이는 〈오션스 일레븐〉. © Warner Bros.

'라스베가스에는 언제 가 봤어? 카지노를 털겠다고? 벨라지오 금고야! 지도상으로 봤지만 개인적으로도 이렇게 정교한 금고는 처음 봐. 맞아. 3개 카지노라고? 미라지와 MGM 그랜드 돈이 이곳으로 집결되지. 벨라지오와 미라지라. 베네딕트가 사장이잖아. 그렇지. 열 받을까? 열만 받을까! 최소 12명은 있어야 가능해. 누가 좋을까? 자네 머릿속에는 보스키. 짐 브라운. 데이지. 레온 스핑스 쯤이 떠오르지 않을까? 엘라 피츠제랄드는 당연 1순위일 테고 자금은 어디서 대려고? 카지노만 털면 봇물 터지는 거야. 베네딕트에겐 사방이 적이야. 돈줄 넉넉하고 잃을 것 없는 적은? 루벤이야. 그런데 라스베가스 사방이 카메라에 경비원에 자물쇠야. 타이머에다 금고도 많고 파리도 점령할 무장 인력은 어떻고! 기죽는 소리만 했군. 시도한 사람 없죠? 몇 명이 시도했는데 얼추 털 뻔했지. 가장 탁월했던 강도 셋을 대볼까? 동메달의 주인공은 호스슈에서 록 박스를 훔친 놈이야. 양복 입은 놈 잡아! 다른 놈들보다 금고 문에 두 발짝 더 가까이 갔었지. 은메달은 1971년. 플라밍고에서야! 잡히기 전까지는 코로 숨쉬다가 얻어맞은 후에는 병원 호스 신세를 졌지. 라스베가스 카지노 털이에 한 획을 그은 녀석은 87년. 시저스 밖에서였어. 돈 다발 들고튀다가 죽었지! 내 말의 요점은 자네들은 프로야. 카지노 밖까지 성공할 수 있어. 절대 명심할 것은 카지노 바깥은 여전히 빌어먹을 사막이란 거지! 맞아. 다 옳아! 궁금해서 그런데 어느 카지노를 털 건가? 벨라지오. 미라지. MGM 그랜드예요. 그 놈 돈 훔치려면 머리 잘 굴려. 카지노도 예전 같지 않아.

복수는 공식이 됐지. 베네딕트 경우에는 자네들 이름조차 모르게 해야 해. 살아있단 걸 알면 죽이고야 말 테니까. 신중하게 진행하고 있어요! 자네들만큼 미친 작자들을 수소문해 봐. 후보가 누구야? 누가 하겠대? 프랭크. 기관지염 때문에 따뜻한 곳으로 옮겨가야 한다는군. 전자공학 전문가는? 리빙스턴 델. FBI 정찰팀에서 일하고 있어. 필 터랜틴은 죽었어. 작업하다가?

피부암으로. 조화는 보냈어? 부인이랑 데이트해줬어. 베쉬어가 돌아왔어. 섭외 해야겠군. 수고들 했어. 대단한 옌이 누구야? 조그만 중국인. 다른 사람은? 옌이 적격이야. 시작하기 전에 말해둘 것은 고수익의 고난도 작업이란 겁니다. 구미가 안 당기는 분은 차린 음식 실컷 먹고 안녕히 돌아가세요. 나머지는 날 따라오세요. 3000블럭이 모인 라스베가스에는 벨라지오. 미라지. MGM 그랜드가 있는데 그야말로 떼돈을 긁어모으는 곳이죠. 이건 지하 60m 아래에 있는 벨라지오 금고로 3 카지노의 돈이 집결되는 곳입니다. 여길 털 겁니다. 속전속결이군요. 네바다 도박 위원회 NGC에서는 늘 충분한 현금을 보유하라고 지시하고 있어요. 주중엔 6.7천만 달러가 늘 있다는 계산이 나오고. 주말엔 8.9천만 우린. 2주에 한번 있는 권투 경기가 있는 날 1억 5천만을 챙기는 겁니다. 몫은 정확히 11등분 합니다.'

3개의 카지노, 11명의 갱단 그리고 1억 5000만 달러를 털기 위한 카지노 습격 작전은 화려한 할리우드 스타 군단들의 모습 만큼 폭넓은 환영을 받는데 성공한다.

수상식 후 이야기

제74회 시상식은 할리우드 코닥 극장에서 진행됐다.

코닥 극장은 1960년 행사가 진행된 뒤 33년 만에 두 번째로 지구촌 영화 축제를 위한 흥겨운 축제를 제공하게 된다.

24개 부분의 상을 놓고 영화인들의 치열한 수상 경쟁은 66회, 68회, 71회에 이어 우피 골드버그가 4번째 진행자로 나서 성대하게 펼쳐졌다.

올해 축제는 수학자 존 내시의 전기 영화 〈뷰티풀 마인드〉과 〈반지의 제왕: 반지 원정대〉가 양보 없는 수상 경쟁을 벌였다.

〈반지 원정대〉가 13개 후보, 〈뷰티풀 마인드〉가 8개 지명을 받아 후보에서는 일단 〈반지 원정대〉가 유리했지만 두 작품 모두 동일하게 5개의 트로피를 균등하게 나누어 갔다.

〈뷰티풀 마인드〉는 작품상, 감독상을 주요 부문상, 〈반지의 제왕〉은 판타지 장르답게 기술 부문상을 독식한다.

74회 행사 중 우디 알렌은 2000년 9. 11 테러로 희생된 이들을 추모하는 영상 작품 소개를 위해 아카데미 시상식장을 처음 방문했다.

존 윌리암스는 74년 동안 음악상을 수상한 작품의 배경 음악을 메들리로 편곡시켜 특별 이벤트 연주곡으로 들려주어 음악 및 영화 애호가들의 환대를 받아낸다.

74회 아카데미 영화제가 탄생시킨 가장 큰 이슈는 주연 남녀상을 모두 아프리카 출신 흑인 배우들이 석권했다는 것을 빼놓을 수 없다.

〈들 백합〉으로 흑인 최초 주연 남우상을 수상했던 시드니 포이티어가 평생 업적상 the Lifetime Achievement award을 수여 받아 매스컴에서는 '블랙카데미 어워드 Blackademy Awards'라는 애칭을 부여한다.

남우상의 경우 〈뷰티풀 마인드〉의 러셀 크로우가 가장 유력한 수상 후보였지만 최종 승자는 꽃미남 흑인 중년배우 덴젤 워싱톤이 차지하게 된다.

번번이 수상 목전에서 고배를 마셨던 작곡가 랜디 뉴먼.

그는 축하 공연자로 등장해 〈몬스터 주식회사〉의 주제곡 'If I Didn't Have You'를 연주해 주었는데 시상식에서 마침내 주제가상 수상자로 호명돼 기립 박수를 받게 된다.

그는 연단에 올라 '여러분의 동정을 원하지 않는다

I don't want your pity!'는 자신만만한 수상 소감을 밝힌다.

74회에서는 장편 애니메이션상이 신설돼 1회 수상작으로 〈슈렉〉이 낙점을 받는다.

제74회 2001 노미네이션, 수상자 총 리스트

작품상 Best Picture

* 〈뷰티풀 마인드 A Beautiful Mind〉
〈고스포드 파크 Gosford Park〉
〈인 더 베드룸 In the Bedroom〉
〈반지의 제왕: 반지 원정대 The Lord of the Rings: The Fellowship of the Ring〉
〈물랑 루즈! Moulin Rouge!〉

감독상 Best Director

* 론 하워드 Ron Howard-〈뷰티풀 마인드 A Beautiful Mind〉
리들리 스코트 Ridley Scott-〈블랙 호크 다운 Black Hawk Down〉
로버트 알트만 Robert Altman-〈고스포드 파크 Gosford Park〉
피터 잭슨 Peter Jackson-〈반지의 제왕: 반지 원정대 The Lord of the Rings: The Fellowship of the Ring〉
데이비드 린치 David Lynch-〈멀홀랜드 드라이브 Mulholland Drive〉

남우상 Best Actor

* 덴젤 워싱톤 Denzel Washington-〈트레이닝 데이 Training Day〉
러셀 크로우 Russell Crowe-〈뷰티풀 마인드 A Beautiful Mind〉
윌 스미스 Will Smith-〈알리 Ali〉
숀 펜 Sean Penn-〈아이 엠 샘 I Am Sam〉
탐 윌킨슨 Tom Wilkinson-〈인 더 베드룸 In the Bedroom〉

여우상 Best Actress

* 할 베리 Halle Berry-〈몬스터 볼 Monster's Ball〉
르네 젤웨거 Renée Zellweger-〈브릿지 존스의 일기 Bridget Jones's Diary〉
시시 스파섹 Sissy Spacek-〈인 더 베드룸 In the Bedroom〉
주디 덴치 Judi Dench-〈아이리스 Iris〉
니콜 키드만 Nicole Kidman-〈물랑 루즈! Moulin Rouge!〉

조연 남우상 Best Supporting Actor

* 짐 브로드벤트 Jim Broadbent-〈아이리스 Iris〉
존 보이트 Jon Voight-〈알리 Ali〉
이안 맥켈렌 Ian McKellen-〈반지의 제왕: 반지 원정대 The Lord of the Rings: The Fellowship of the Ring〉
벤 킹슬리 Ben Kingsley-〈섹시 비스트 Sexy Beast〉
에단 호크 Ethan Hawke-〈트레이닝 데이 Training Day〉

조연 여우상 Best Supporting Actress

* 제니퍼 코넬리 Jennifer Connelly-〈뷰티풀 마인드 A Beautiful Mind〉
헬렌 미렌 Helen Mirren-〈고스포드 파크 Gosford Park〉
매기 스미스 Maggie Smith-〈고스포드 파크 Gosford Park〉
마리사 토메이 Marisa Tomei-〈인 더 룸 In the Bedroom〉
케이트 윈슬렛 Kate Winslet-〈아이리스 Iris〉

각본상 Best Original Screenplay

* 〈고스포드 파크 Gosford Park〉-줄리안 펠로웨스

Julian Fellowes
〈아멜리에 Amélie〉-길라움메 로란트 Guillaume Laurant
〈메멘토 Memento〉-크리스토퍼 놀란 Christopher Nolan
〈몬스터 볼 Monster's Ball〉-밀로 아디카 Milo Addica
〈로얄 테넌바움 The Royal Tenenbaums〉-웨스 앤더슨 Wes Anderson

각색상 Best Adapted Screenplay

* 〈뷰티풀 마인드 A Beautiful Mind〉-아키바 골드맨 Akiva Goldsman
〈고스트 월드 Ghost World〉-다니엘 클로웨스 Daniel Clowes
〈인 더 베드룸 In the Bedroom〉-토드 필드 Todd Field
〈반지의 제왕: 반지 원정대 The Lord of the Rings: The Fellowship of the Ring〉-피터 잭슨 Peter Jackson
〈슈렉 Shrek〉-테드 엘리오트 Ted Elliott

장편 애니메이션상 Best Animated Feature

* 〈슈렉 Shrek〉
〈지미 뉴트론 Jimmy Neutron: Boy Genius〉
〈몬스터 주식회사 Monsters. Inc〉

외국어 영화상 Best Foreign Language Film

* 〈노 맨즈 랜드 No Man's Land〉(보스니아)
〈아멜리에 Amélie〉(프랑스)
〈엘링 Elling〉(노르웨이)
〈라간 Lagaan〉(인도)
〈신부의 아들 Son of the Bride〉(아르헨티나)

장편 다큐멘터리상 Best Documentary Feature

* 〈일요일 아침 살인 Murder on a Sunday Morning〉-장 하비에르 드 레스트라드 Jean-Xavier de Lestrade
〈칠드런 언더그라운드 Children Underground〉-에뎃 벨즈베그 Edet Belzberg
〈라리즈 킨 LaLee's Kin: The Legacy of Cotton〉-수잔 프로엠크 Susan Froemke
〈약속 Promises〉-저스틴 샤피로 Justine Shapiro
〈전쟁 사진 작가 War Photographer〉-크리스틴 프레이 Christian Frei

단편 다큐멘터리상 Best Documentary Short

* 〈토스 Thoth〉-사라 케노찬 Sarah Kernochan
〈아티스트와 고아들 Artists and Orphans: A True Drama〉-리안 클래퍼 맥낼리 Lianne Klapper McNally
〈싱! Sing!〉-프레이다 리 목 Freida Lee Mock

단편 라이브 액션상 Best Live Action Short

* 〈어카운턴트 The Accountant〉-레이 맥킨논 Ray McKinnon
〈카피 샵 Copy Shop.-버질 위드리치 Virgil Widrich
〈그레고의 위대한 발명 Gregor's Greatest Invention〉-요하네스 키퍼 Johannes Kiefer
〈맨 씽 A Man Thing/ Meska Sprawa〉-슬라워미르 파빅키 Slawomir Fabicki
〈스피드 포 테스피안 Speed for Thespians〉-칼맨 애플 Kalman Apple

단편 애니메이션상 Best Animated Short

* 〈포 더 버드 For the Birds〉-랄프 에글스톤 Ralph Eggleston
〈피프티 퍼센트 그레이 Fifty Percent Grey〉-루아리 로빈슨 Ruairi Robinson
〈기브 업 Give Up Yer Aul Sins〉-카살 가프니 Cathal Gaffney
〈스트렌지 인베이더 Strange Invaders〉-코델 바커 Cordell Barker
〈스터블 트러블 Stubble Trouble〉-조셉 E. 메리데스 Joseph E. Merideth

작곡상 Best Original Score

* 〈반지의 제왕: 반지 원정대 The Lord of the Rings: The Fellowship of the Ring〉-하워드 쇼어 Howard Shore
〈뷰티풀 마인드 A Beautiful Mind〉-제임스 호너

James Horner
〈해리 포터 마법사의 돌 Harry Potter and the Sorcerer's Stone〉-존 윌리암스 John Williams
〈몬스터 주식회사 Monsters. Inc〉-랜디 뉴먼 Randy Newman
〈A I Artificial Intelligence〉-존 윌리암스 John Williams

주제가상 Best Original Song

'If I Didn't Have You'-〈몬스터 주식회사 Monsters. Inc〉. 랜디 뉴먼 Randy Newman
'May It Be'-〈반지의 제왕: 반지 원정대 The Lord of the Rings: The Fellowship of the Ring〉-엔야 Enya
'There You'll Be'-〈진주 만 Pearl Harbor〉-다이안 워렌 Diane Warren
'Until'-〈케이트 앤 레오폴드 Kate & Leopold〉. 스팅 Sting
'Vanilla Sky'-〈바닐라 스카이 Vanilla Sky〉. 폴 맥카트니 Paul McCartney

사운드 편집상 Best Sound Editing

* 〈진주 만 Pearl Harbor〉-크리스토퍼 보예스 Christopher Boyes
〈몬스터 주식회사 Monsters. Inc〉-게리 리스트롬 Gary Rydstrom

사운드 믹싱상 Best Sound Mixing

* 〈블랙 호크 다운 Black Hawk Down〉-마이클 밍클러 Michael Minkler
〈아멜리에 Amélie〉-빈센트 아나르디 Vincent Arnardi
〈반지의 제왕: 반지 원정대 The Lord of the Rings: The Fellowship of the Ring〉-크리스토퍼 보예스 Christopher Boyes
〈물랑 루즈! Moulin Rouge!〉-앤디 넬슨 Andy Nelson
〈진주 만 Pearl Harbor〉-그레그 P. 러셀 Greg P. Russell

미술 감독 & 세트 장식상
Best Art Direction & Set Decoration

* 〈물랑 루즈! Moulin Rouge!〉-캐슬린 마틴 Catherine Martin
〈아멜리에 Amélie〉-알린 보네토 Aline Bonetto
〈고스포드 파크 Gosford Park〉-스테판 알트만 Stephen Altman
〈해리 포터 마법사의 돌 Harry Potter and the Sorcerer's Stone〉-스튜어트 크레이그 Stuart Craig
〈반지의 제왕: 반지 원정대 The Lord of the Rings: The Fellowship of the Ring〉-그랜트 메이어 Grant Major; Set Decoration: Dan Hennah

촬영상 Best Cinematography

* 〈반지의 제왕: 반지 원정대 The Lord of the Rings: The Fellowship of the Ring〉-앤드류 레스니 Andrew Lesnie
〈아멜리에 Amélie〉-브루노 델보넬 Bruno Delbonnel
〈블랙 호크 다운 Black Hawk Down〉-슬라워미르 이드지액 Slawomir Idziak
〈그 남자는 거기 없었다 The Man Who Wasn't There〉-로저 디킨스 Roger Deakins
〈물랑 루즈! Moulin Rouge!〉-도날드 M. 맥알핀 Donald M. McAlpine

메이크업상 Best Makeup

* 〈반지의 제왕: 반지 원정대 The Lord of the Rings: The Fellowship of the Ring〉-피터 오웬 Peter Owen
〈뷰티풀 마인드 A Beautiful Mind〉-그레그 캐놈 Greg Cannom
〈물랑 루즈! Moulin Rouge!〉-모리지오 실비 Maurizio Silvi

의상 디자인상 Best Costume Design

* 〈물랑 루즈! Moulin Rouge!〉-캐슬린 마틴 Catherine Martin
〈진주 목걸이 소녀 The Affair of the Necklace〉-

밀레나 캐노네로 Milena Canonero
〈고스포드 파크 Gosford Park〉-제니 비반 Jenny Beavan
〈해리 포터: 마법사의 돌 Harry Potter and the Sorcerer's Stone〉-주디안나 마코프스키 Judianna Makovsky
〈반지의 제왕: 반지 원정대 The Lord of the Rings: The Fellowship of the Ring〉-니길라 딕슨 Ngila Dickson

필름 편집상 Best Film Editing

* 〈블랙 호크 다운 Black Hawk Down〉-피에트로 스칼리아 Pietro Scalia

〈뷰티풀 마인드 A Beautiful Mind〉-마이크 힐 Mike Hill
〈반지의 제왕: 반지 원정대 The Lord of the Rings: The Fellowship of the Ring〉-존 길버트 John Gilbert
〈메멘토 Memento〉-도디 돈 Dody Dorn
〈물랑 루즈! Moulin Rouge!〉-질 빌콕 Jill Bilcock

시각 효과상 Best Visual Effects

* 〈반지의 제왕: 반지 원정대 The Lord of the Rings: The Fellowship of the Ring〉- 짐 리기엘 Jim Rygiel

〈A.I. Artificial Intelligence〉-데니스 무렌 Dennis Muren
〈진주 만 Pearl Harbor〉-에릭 브레빅 Eric Brevig

최다 후보작 및 수상작

〈반지의 제왕: 반지 원정대 The Lord of the Rings: The Fellowship of the Ring〉-13개 후보
〈반지의 제왕: 반지 원정대 The Lord of the Rings: The Fellowship of the Ring〉 〈뷰티풀 마인드 A Beautiful Mind〉-각 4개 부문 수상

아카데미 명예상 Academy Honorary Award

* 시드니 포이티어 Sidney Poitier
* 로버트 레드포드 Robert Redford

진 허숄트 박애주의상
Jean Hersholt Humanitarian Award

* 아서 힐러 Arthur Hiller

재즈와 범죄의 향취가 묻어 있는 뮤지컬 <시카고>

시상식 : 2003년 3월 23일 6:00 PM
장　소 : L A 코닥 극장 Kodak Theatre. Hollywood. Los Angeles. California
사　회 : 스티브 마틴 Steve Martin. ABC 중계

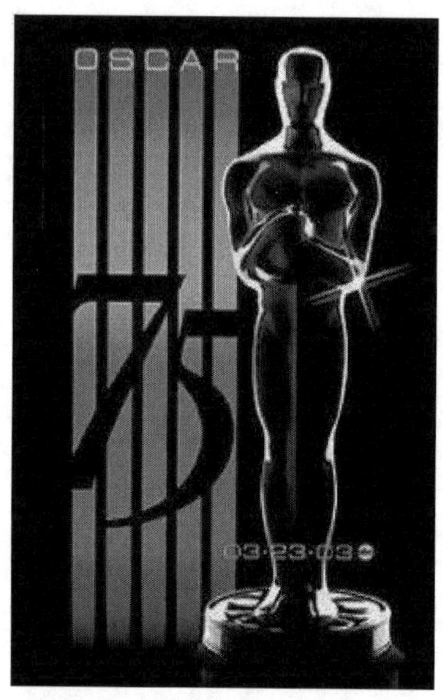

제75회 아카데미 공식 포스터. © A.M.P.A.S / Oscars.org

마이클 무어. 이라크 전쟁 선포한 부시 대통령 맹비난 연설

제75회 아카데미는 2002년 개봉된 우수 작품을 대상으로 24개 부문에서 수상작(자) 선정 축제가 진행됐다.

배우 스티브 마틴 Actor Steve Martin이 2001년 제73회 행사에 이어 2번째로 진행자로 초빙된다.

마틴은 '아카데미 진행자로 다시 초빙 받아 무척 기쁘다. 하지만 축제 진행을 하고 나면 두려움과 메스꺼움으로 체중이 확 줄어든다.'고 너스레를 떨어 객석의 웃음을 유도한다.

이해 〈시카고 Chicago〉가 작품상 등 6개 부문상을 석권한 것을 비롯해 〈피아니스트 The Pianist〉가 3개 트로피를 가져간다.

이어 〈프리다 Frida〉 〈반지의 제왕: 두 개의 탑 The Lord of the Rings: The Two Towers〉 〈어댑테이션 Adaptation〉 〈볼링 포 콜럼바인 Bowling for Columbine〉 〈8 마일 8 Mile〉 〈아워스 The Hours〉 〈로드 투 퍼디션 Road to Perdition〉 〈그녀에게 Talk to Her〉 등이 수상작으로 호명 된다.

미국 전역으로 생중계된 TV는 3,300만 명의 시청자 33 million viewers를 끌어 모은 것으로 집계된다.

특히 '초고화질로 오스카가 송출되는 첫 번째 행사 this was the first Oscar ceremony broadcast in high-definition'라는 방송 역사를 추가시킨다.

아카데미 행사 직전에 미국 주도로 이라크와의 침공전쟁 the American-led invasion of Iraq이 시작됐다는 특보(特報)가 전해지자 케이트 블랑쉬 Cate Blanchett, 짐 캐리 Jim Carrey, 윌 스미스 Will Smith 등은 참전 용사와 그 가족들의 안전을 기원한다면서 시상자로 아카데미 무대에 등장하는 것을 취소한다고 밝힌다.

이에 따라 ABC 측은 행사 연기를 조심스럽게 타진했지만 행사를 주관하는 AMPAS 회장 프랭크 피어슨 Frank Pierson과 행사 중계 연출자 길 케이츠 Gil Cates는 호화스런 갈라 이벤트 및 레드 카펫 행사를 축소시키는 방향으로 예정된 행사를 진행시킨다.

장편 다큐멘터리 수상자 마이클 무어 Michael Moore는 평소 대통령 조지 W. 부시 U.S. President George W. Bush에 대한 정치적 독설로 유명세를 얻은 바 있다.

그는 예의 수상 연설을 통해 '우리는 조작된 선거로 당선된 허구의 대통령이 가짜로 만들어 낸 이유로 전쟁을 벌이는 시대에 살고 있다 We live in a time with fictitious election results that elect fictitious presidents. We live in a time when we have a man sending us to war for fictitious reasons'고 맹비난을 가한다.

그의 연설은 극장을 가득 메운 영화 관객들의 야유, 환호, 기립 박수 등이 혼합된 with a mix of boos, applause, and standing ovations from the audience at the theater' 반응을 불러일으킨다.

상황을 지켜본 진행자 마틴은 '트럭 운전자들은 마이클 무어가 그의 리무진 승용차에 탑승하도록 도와주어야 할 것 The Teamsters are helping Michael Moore into the trunk of his limo'이라는 농담으로 해프닝을 무마시킨다.

여기에 그치지 않고 〈센과 치히로의 행방불명〉으로 장편 애니메이션상 수상자로 지명 받은 미야자키 하야오 Hayao Miyazaki는 '이라크를 공격하는 나라는 방문하고 싶지 않다'는 이유로 행사 참석을 거부하는 사단(事端)이 추가적으로 벌어진다.

한편 수상의 영예를 차지하지 못했지만 메릴 스트립 Meryl Streep은 누적 13회 연기상 후보자로 지명 받아 이 부문 최고 기록자가 된다.

남자 연기자로는 잭 니콜슨 Jack Nicholson으로 12회 후보자 his 12th nomination가 된다.

줄리안 무어 Julianne Moore는 여우상과 조연 여우상에 동시 지명 받아 이 같은 기록을 세운 9번째 여배우로 등록된다.

'Lose Yourself'는 〈8 마일 8 Mile〉 사운드트랙 수록 곡.

랩송으로는 첫 번째 주제가상 became the first rap song to win the Best Original Song award을 수여 받는 명예를 얻게 된다.

아카데미 75주년을 맞아 경쟁 작 및 명예상 시상자 총 59명이 무대에 등장해 '오스카 가족 앨범 Oscar's Family Album'을 촬영하는 이벤트가 진행돼 이라크 전쟁으로 어수선한 정치 상황에도 불구하고 화기애애 하고 뜻 깊은 행사로 마무리 된다.

〈시카고〉, 사랑, 배신 그리고 재즈 가락에 담겨진 욕망 이야기

'당신은 1회용 스타이자 삽시간에 잊혀지는 한순간 물거품이요. 그런 세계가 시카고요'-빌리 플린(리차드 기어)

'그게 바로 쇼 비즈니스 야!'-록시 하트(르네 젤위거)

'하지만 정말 멋진 건 이 순간의 세상!'-록시 하트(르네 젤위거)

'살인은 했지만 범죄자는 아니예요!'-록시 하트(르네 젤위거)

'죽음의 행렬에 뛰어든 2명의 여성, 이들은 천박한 변호사의 관심을 얻기 위해 치열한 경쟁을 벌이고 있다'-『버라이어티』

롭 마샬 감독의 뮤지컬 코미디 범죄 극 〈시카고 Chicago〉는 춤, 음악, 미모의 여성, 그리고 살인이 얽키고 설켜 최고의 뮤지컬 영화로 갈채를 얻어낸다.

차세대 스타를 꿈꾸는 록시 하트(르네 젤위거), 최고의 디바 벨마 켈리(캐슬린 제타 존스), 그리고 승률 100%를 자랑하지만 얄팍한 심성을 갖고 있는 형사 사건 전문 변호사 빌리 플린(리차드 기어)이 꾸미는 짜릿한 법정 쇼를 그린 뮤지컬 영화.

록시의 소망은 화려한 무대 위에서 주목을 받는 스타가 되는 것.

자신을 스타로 만들어 주겠다는 프레드의 약속이 거짓이라는 것이 밝혀지자 살인을 자행한다.

언론의 속성을 이용해 착한 배우 지망생으로 조명 받게 된 록시.

록시 하트는 재판정에서 철저한 연기를 통해 무죄를 선고받고 사회에 나가 자신이 꿈을 이루어 낸다.

'이 재판, 세상 전부 모두 쇼 비즈니스일 뿐이야.'

『타임』지 칼럼니스트 리차드 콜리스는 '극중 빌리 플린(리차드 기어)의 행동과 대사는 야망을 위해 주위 모든 것을 악용할 것인가 아니면 함께 공존해 가는 공동체적인 세상을 갈망한 것인가에 대해 〈시카고〉가 제시하는 주제를 요약적으로 전달시켜 주고 있다'고 풀이해 주고 있다.

'노래와 춤 속에 살인 행위가 동행 하고 있다'고 『버라이어티』는 촌평을 해주고 있으며 『뉴스위크』는 '명성, 범죄에 대한 철저한 우롱 그리고 법을 농간하는 능구렁이 변호사의 행각이 코맹맹이 노래 소리와 오페라 스타일의 중저음을 결합시켜 독특한 뮤지컬 영화로 각인되고 있다'는 평점을 내린다.

1920년대 경제 대공황으로 어수선한 시대를 배경으로 한 〈시카고〉는 권력과 욕망에 대한 인간의 갈망이 시대를 초월해 호응을 받을 수 있는 소재라는 것을 입증시키면서 이해 최고의 작품으로 갈채를 받아낸다.

〈반지의 제왕〉 〈스타 워즈〉 〈해리 포터〉 등 속편 흥행 경쟁

2002년 할리우드 흥행가는 전년에 공개됐던 화제작의 속편이 줄줄이 공개돼 관객들에게 선택의 고민을 안겨준 행복한 한 해가 된다.

〈반지의 제왕: 두 개의 탑 The Lord of the Rings: The Two Towers〉과 〈해리 포터: 비밀의 방 Harry Potter and the Chamber of Secrets〉 〈스타 워즈 에피소드 2: 클론의 공격 Star Wars Episode II: Attack of the Clones〉 〈맨 인 블랙 2 Men in Black II〉 〈애널라이즈 댓 Analyze That〉 〈스파이 키드 2 Spy Kids 2: The Island of Lost Dreams〉 〈스튜어트 리틀 2 Stuart Little 2〉 〈블레이드 2 Blade II〉 〈오스틴 파워 3: 골드멤버 Austin Powers in Goldmember〉, 시리즈 10번째 작품인 〈스타 트렉 네메시스 Star Trek Nemesis〉 〈제이슨 X Jason X〉 등이 전편의 흥행 열기를 이어갈 것을 선언했다.

흥미를 추가시킨 것은 우주 공간을 배경으로 한 장수 시리즈물 〈스타 워즈〉와 〈스타 트렉〉 시리즈가 처음 같은 해 동시에 공개됐다는 것도 눈에 띈 특별한 사건이 된다.

〈반지의 제왕〉, 〈해리 포터〉 제압, 1승 1패

2001년 1억 달러 이상의 흥행 차이로 선두 자리를 넘겨주었던 〈반지의 제왕〉이 속편을 통해 흥행 정상을 차지하게 된다.

〈두개의 탑〉은 총 9억 2천 5백 2십 8만 2천 5백 4달러($925,282,504)를 거두어들인다.

반면 〈비밀의 방〉은 8억 7천 8백 6십 4만 3천 4백 8십 2달러($878,643,482)로 4,700만 달러 차이로 정상의 차지를 놓치게 된 것이다.

'넌 건널 수 없다! 간달프! 난 비밀의 불의 사도이며 아노르의 불꽃의 지배자다. 네 어둠의 불은 무용지물이야. 우둔의 불꽃! 어둠으로 돌아가거라! 넌 여기를 지나갈 수 없다! 안 돼. 안 돼! 간달프! 도망가. 바보들아. 안 돼! 간달프! 왜 그러세요. 프로도 씨. 아무것도 아니야 그냥 꿈이었어. 모르도르. 가까이 가고 싶지 않은 곳 그러나 우리가 가려고 하는 곳 정말이지 갈 수 없을 거 같아요. 생각해 보세요. 프로도 씨, 우린 길을 잃었어요. 간달프도 처음에 이 길로 가려고 했던것 같지 않아요. 처음에는 그도 그렇게 많은 일들을 겪어야 할 줄 몰랐을 거야. 하지만 그랬잖아. 프로도 씨? 반지 때문이군요. 그렇죠? 점점 더 무거워지고 있어. 남은 음식이 뭐가 있지? 어디 한번 보죠. 좋아요. 이건 렘버스 빵이군요. 또 볼까요?

시리즈 3부작으로 완결된 〈반지의 제왕〉 시리즈. © New Line Cinema

렘버스 빵이 더 있군요. 난 다른 곳 음식은 별로 좋아하지 않지만 엘프가 만든 이 빵은 나쁘지 않네요. 너의 영혼이 싫어하는 건 아무 것도 없을 거야. 샘, 먹구름은 싫어해요. 여기 왠지 낯익어요. 이미 왔던 곳이기 때문이야. 우린 같은 곳을 맴돌고 있어'.

9명으로 구성된 반지 원정대.

사악한 사우론의 공격을 받아 간신히 반지는 지켜냈지만 반지 원정대는 흩어지게 된다.

호빗 족으로 절대반지에 유일한 내성을 갖고 있는 프로도는 일행과 떨어져 샘과 함께 불의 산으로 떠나지만 골룸이라는 새로운 위협 인물을 만나게 된다.

한편 사루만이 주도하는 우루크하이 군대에게 잡혀

간 메리와 피핀은 엔트 족의 영역에서 엔트 족 나무수염에게 구출된다.

메리와 피핀을 구하기 위해 우루크하이 군대를 추격하던 아라곤과 레골라스, 김리.

이들은 팡고른 숲에서 백색의 마법사로 부활한 간달프를 만나게 된다.

악의 군주 사우론은 암흑세계의 두 개의 탑 오르상크와 바랏두르를 통합시켜 점점 세력을 확장시켜 가고 있다.

아라곤과 원정대는 중간대륙의 착한 무리들을 규합해 사우론을 제재할 계획을 세우지만 곤도르 왕국과 로한 왕국으로 나누어진 인간 종족의 통합은 쉽지 않다.

마침내 사우론은 로한 왕국을 파괴 시킬 대규모 공격을 시작하고 이에 맞서 원정대는 자유 종족과 결속돼 피할 수 없는 전쟁을 시작한다.

'불쌍한 스미골, 주인님이 우릴 속인거야!

그 자그마한 목을 꺾어버리고 말겠어.

그들을 죽여! 그리고 우리가 그 반지를 차지하는 거야

그리고는 우리가 그것의 주인이 되는 거지.

아냐. 혹시 모르지 그 뚱보 호빗!

그 놈이 우리를 계속 감시하고 있어.

그렇다면 그 놈의 눈깔을 뽑아버려!

그 놈의 눈깔을 뽑아서 기어 다니게 해버리는 거야

그래. 그래. 둘 다 죽여! 그래! 아니. 아니야.

이건 위험해 이건 너무 위험해!

어디 갔지? 골룸, 어딨어?

스미골? 그녀에게 보내자.

그래, 그녀에게 보내자. 그래, 그녀가 그들을 죽일 거야.

그들이 죽으면 우리가 하나뿐인 그 반지를 가질 수 있게 돼

그들이 죽으면 말이지. 쉿! 이리 오세요. 호빗 주인님들 아직도 갈 길이 멀어요.

스미골이 안내해 드릴게요. 절 따라오세요!'

치열한 전쟁 와중에 살아남게 된 프로도 일행은 스미골의 안내를 받으면서 힘겨운 원정대 길을 재촉하는 것으로 종료된다.

타이틀 〈두 개의 탑〉이 어떤 의미를 갖고 있는지에 대해서는 여러 주장이 제기되고 있다.

피터 잭슨은 소설을 각색하면서 '두개의 탑'은 모르도르의 바랏두르와 아이센가드의 오르상크라고 규정했다.

반면 톨킨은 생전에 여러 문장을 통해 2개의 탑 외에 미나스 티리스, 미나스 모르굴, 키리스 웅골의 탑 등 총 5개의 탑을 언급한 바 있다.

〈해리 포터〉 비밀의 방, 마법의 호기심 부추겨

소설 『해리 포터와 비밀의 방 Harry Potter and the Chamber of Secrets』은 1998년 7월 2일 출간된다.

영화는 2002년 12월 13일 전세계에서 동시 공개된다.

메가폰을 지휘한 크리스 콜럼버스는 〈나 홀로 집에 Home Alone〉(1990) 〈온리 더 론리 Only the Lonely〉(1991) 〈나 홀로 집에 2 Home Alone II : Lost in New York〉(1992) 〈미세스 다웃파이어 Mrs. Doubtfire〉(1993) 〈나인 먼쓰 Nine Months〉(1995) 〈스텝맘 Stepmom〉(1998) 등을 통해 가족, 홈 드라마 부분에서는 일가를 이룬 연출자이다.

'해리 포터 만나게 돼서 영광이에요. 넌 누구니? 도비예요. 집 요정 도비. 지금 집요정이 내 방에 있으면 곤란한데 알아요. 도비도 이해해요. 할 이야기가 있어서 왔는데 말하기가 힘드네요. 무엇부터 말할지. 우선 좀 앉아. 앉아요? 앉아요? 도비 미안해 기분이 상했다면, 기분이 상해요? 역시 훌륭한 분이시군요. 도비에게 앉으라고 말해준 마법사는 처음이에요. 친절한 마

법사를 못 만났구나? 네, 맞아요. 도비가 모시는 마법사 가족. 도비는 한 가족만 모셔야 돼요. 여기 온 걸 그들이 알면, 하지만 와야 했어요. 해리 포터에게 경고해야 했거든요. 해리 포터는 새 학기에 호그와트에 돌아가선 안돼요. 음모가 있어요. 무서운 일을 꾸미려는 음모요. 무서운 일을? 누가? 말 못해요. 말 안 해요. 알았어. 말 하지마. 도비! 램프 내려놔. 9번 홀에 도착했을 때. 램프 이리내 놔요! 그만해! 놔요! 들어가 있어! 대체 뭘 하는 거야? 그냥, 좋은 분위기 너 때문에 망쳤어. 죄송해요. 또 떠들면 평생 후회하게 해 줄테다. 저 문 좀 고쳐. 네, 봤지? 이곳은 내 집이 아냐. 난 친구들 있는 호그와트로 가야해. 편지 한통 없는 친구들? 걔들이 바빠서. 편지가 안 온 걸 어떻게 알았어? 도비에게 화내선 안돼요. 친구들이 해리를 잊었다고 생각되면 학교에 안돌아 갈 것 같아서. 편지 내놔 당장! 싫어요! 도비 이리 와! 도비 제발 그러지마. 학교에 안돌아 간다고 약속해요. 학교는 나의 집이야. 그렇다면 도비도 어쩔 수가 없네요. 건물이 온통 물에 잠길 거예요. 그가 말했죠. 저 물 좀 봐. 완전히 물 먹었네.'

〈비밀의 방〉은 이 처럼 집 요정 도비가 앞으로 해리 포터에게 닥칠 위험을 알려 주는 것을 시작된다.

해리 포터에게 여름방학은 유쾌하지 못한 추억만을 남긴다.

마법이라면 질색하는 페투니아 이모와 버논 이모부, 단짝인 론 위즐리와 헤르미온느 그레인저가 편지에 답장 한 통 없다는 것이 가장 서운하다.

어느 날. 꼬마 집 요정 도비가 해리의 침실에 나타나 호그와트 마법학교로 돌아가면 무서운 일을 당한다고 경고하는 것이다.

도비와 더즐리 가족의 방해에도 불구, 해리는 론과 형제들이 타고 온 하늘을 나는 자동차를 이용해 이모집을 벗어나 따뜻한 가족애가 넘치는 론 위즐리의 집으로 간다.

개학식 당일.

론과 해리는 무엇인가의 방해를 받아 9와 3/4 승강장에 못 들어가는 바람에 개학식에 지각할 위기에 놓

크리스 콜럼버스가 연출을 맡은 〈해리 포터와 비밀의 방〉.
© Warner Bros

인다.

하늘을 나는 자동차 포드 앵글리아를 타고 학교에 도착했지만 학교 선생님들이 소중히 여기는 버드나무 위에 불시착하는 바람에 스네이프 교수로 부터 퇴학 경고를 받게 된다.

한편. 해리가 보여준 영웅적인 활약상으로 그는 교내에서 인기 1순위가 된다.

록허트 교수는 해리와 친해지고 싶어 안달이다.

그 역시 학교에서 일어나는 무서운 사건에 대해 명쾌한 설명을 하지 못한다.

모든 이목은 해리에게 집중되고, 급기야 해리는 급우들로부터 의심을 받는다.

주변에서는 해리 포터는 오랫동안 많은 사람들이 두려워했던 슬리데린의 후계자라는 쑤군거림도 들린다.

여자 화장실에 자주 출몰하는 유령 모우닝 머틀, 교수 질데로이 록허트, 그리고 오래 전에 호그와트의 학생이었던 탐 리들가 남긴 일기장 등 여러 가지 사건이 해리와 그의 친구들을 위기에 빠트리게 된다.

'주인이 도비에게 입을 것을 주면 도비는 자유가 돼요. 네놈 땜에 내 노예를 잃었어! 해리 포터를 괴롭히지 말아요! 네 부모도 남 일에 늘 끼어들었지. 똑똑히 들어둬. 곧 너도. 네 부모들처럼 비참하게 끝날 거야. 해리가 도비 해방 시켰어요. 어떻게 보답을 해야 돼죠? 한 가지만 약속해. 말만 하세요. 다신 날 구하려 들지마. 돌아 왔군요 닉. 고맙다. 헤르미온느 반갑다. 고

마워요 닉. 해리. 헤르미온느야. 반갑다. 헤르미온느. 돌아오니 좋다. 사건 해결한 거 축하해. 네 도움이 컸어. 모두 네 덕이야. 고마워. 다 들 주목 하세요. 연회를 시작하기 전에 맨드레이크 즙으로 굳어진 환자들을 고쳐주신 스프라우트 교수와 폼프리 부인께 뜨거운 박수를 쳐드립시다. 그동안 마음고생들 많았죠? 위로하는 뜻에서 모든 시험 일정을 취소합니다. 말도 안돼! 늦어서 죄송합니다. 부엉이 놈이 편지를 늦게 배달했어요. 에롤이 누구 부엉이야? 다들 정말 고맙다. 너희 덕이야 해리. 론 그리고 헤르미온느. 너희가 아니면 난 못 나왔을 거야. 고맙다는 말 밖에는 할 말이 없구나. 아저씨 없이는 호그와트도 없어요.'

〈비밀의 방〉은 이 처럼 해리의 기지로 어둠의 세력이 덫을 놓은 위기 상황에서 벗어나면서 3부 〈해리 포터와 아즈카반의 죄수 Harry Potter and the Prisoner of Azkaban〉의 시작을 알리게 된다.

거미 사나이, 블록버스터로 환생 〈스파이더 맨〉

샘 레이미가 새롭게 각색한 〈스파이더 맨〉. © Columbia Pictures.

1962년 8월 마블 코믹스(Marvel Comics)가 탄생시킨 슈퍼 영웅이 〈스파이더 맨 Spider-Man〉.

'거미줄을 내뱉을 준비가 끝났다'는 선전 문구를 내걸고 공개된 〈스파이더 맨〉 극장판.

천재 영화감독 샘 레이미와 신세대 스타 토비 맥과이어, 커스틴 던스트 등을 기용해 2002년 5월 3일 공개된다.

1억 3천 9백만 달러($139,000,000)를 투입한 대작은 전세계에서 8억 2천 1백 7십만 8천 5백 5십 1달러($821,708,551, Worldwide)라는 알찬 수익을 챙긴다.

'내가 누구냐구? 내가 생각해도 좀 유별나다. 행복과는 거리가 먼데다 흔히 볼 수 있는 평범한 남자는 아니니까. 이것은 한 여자의 이야기이기도 하다. 이 여자는 옆집 사는 엠제이. 내가 처음 사랑한 여자. 저 옆에 앉고 싶다. 아님 여기라도. 멈춰! 저게 나다. 세워달라고 해! 세워요! 계속 뛰어오고 있잖아요. 택시 타. 피터! 늦어서 죄송해요. 얼간이! 꿈도 꾸지마. 안됐다. 피터. 콜럼비아 대학 과학부는 아무나 올 수 있는 곳이 아니냐. 얌전이들 행동해. 놓치지 말고 잘 살펴보도록. 자, 이리 모여. 다들 안으로 들어가도록'

지극히 평범한 고등학생 피터 파커.

우연히 방사능에 감염된 거미에 물린다.

이 후 거미처럼 손에서 거미줄이 튀어 나오고 벽을 기어오를 수 있는 초능력을 갖게 된다.

위험을 본능적으로 감지하는 초감각과 엄청난 파워를 소유하게 된 피터.

벤 아저씨의 억울한 죽음을 계기로 피터는 초능력을 세상에 존재하는 악의 세력에 제압하는 선의로 사용. 현대인들의 슈퍼 영웅으로 대접 받게 된다.

'내 삶이 어떻게 흘러가든 이 말은 잊지 못할 것이다. 큰 힘에는 큰 책임이 따른다. 내게는 축복이자 저주다.

내가 누구냐구? 스파이더 맨 Whatever life holds in store for me. I will never forget these words: With great power comes great responsibility. This is my gift. My curse. Who am I? I'm Spider-Man'.

〈스파이더 맨 1〉은 주변에서 천덕꾸러기 신세였던 고등학생이 졸지에 슈퍼 영웅으로 변하면서 겪게 되는 정체성의 고민과 자신에게 주어진 막대한 능력을 정의를 위해 활용할 것임을 선언하는 것으로 종료된다.

떠들썩한 그리스 결혼 풍경, 〈나의 그리스식 웨딩〉

'민주주의, 철학, 올림픽, 문학, 역사학, 정치학, 희곡의 탄생지'.

남유럽 발칸 반도 남쪽에 위치한 그리스는 근대 인류 문명의 탄생지다.

수도 아테네를 비롯해 로도스 섬, 북부 할키디키 반도, 이오니아 제도의 케르키라, 미코노스, 산토리니, 파로스, 크리티 등은 전세계인들이 죽기 전에 꼭 한번 가보고 싶은 관광 명소로 주목 받고 있다.

그리스는 한 해 평균 2,000만 명의 각국 관광객들이 몰려와 국가 재정 수익의 상당 부분을 책임지고 있다.

〈일리아스〉 〈오디세이아〉 등은 인류 문학 역사상 가장 오래된 그리스어 시 작품이다.

헤시오도스의 『신들의 계보』를 비롯해 호메로스가 발표한 『찬가』 등은 헬레니즘 시대 학자와 시인, 로마 제국의 플루타르코스와 파우사니아스 등에게 막대한 영향을 끼친 것으로 유명하다.

그리스 신화에서 언급된 '트로이 전쟁' '오이디푸스' '아도니스' '다프네' '나르시스' '안드로메다' '카산드라' '아틀라스' '프로메테우스' '바투스' '헤라클레스' '테세우스' '페르세우스' '사이렌' 등은 액션, 로맨스, 서사극의 소재로 단골 활용되고 있다.

줄스 다생 감독, 멜리나 메르쿠리, 안소니 퍼킨스의 〈페드라 Phaedra〉(1962), 미카엘 카코야니스 감독, 안소니 퀸 주연의 〈희랍인 조르바 Alexis Zorbas〉(1964) 등은 그리스 정서를 담아 전세계 관객들에게 공감을 얻은 대표작이다.

조엘 즈윅 감독의 〈나의 그리스 식 웨딩 My Big Fat Greek Wedding〉은 메이저 워너 브라더스가 미국 배급을 맡아 미국 시장을 포함해 전세계 극장가에서 3억 6천 8백 7십 4만 4천 4십 4달러($368,744,044)를 거두어들이는 이변을 기록한다.

떠들썩한 그리스 결혼 풍속도를 극화한 〈나의 그리스식 웨딩〉.

'빨리 결혼하도록 해라. 어째 갈수록 나이 들어 보여. 아빠는 내가 15살 때부터 이런 말씀을 하셨다. 착한 그리스 여자의 평생과업 세 가지. 그리스 남자와 결혼하기. 그리스 아기 낳기. 식솔 먹여 살리기. 모두 죽는 그 날까지! 어렸을 때도 난 남들과 다르다는 걸 알았다. 다른 아이들은 야들야들한 금발인 반면 난 까무잡잡하고 구레나룻 있는 여섯 살 소녀였다. 나도 인기가 많기를 바랬다. 함께 앉아 수다도 떨고 샌드위치를 먹으면서'.

외모 콤플렉스를 갖고 있는 툴라.

커다란 잠자리 안경에 촌티 패션. 30살이 되도록 연애경험 한 번 없는 골치 덩어리다.

시카고에서 가업으로 운영하고 있는 레스토랑 댄싱 조르바의 매니저 겸 웨이트리스 겸 잡일을 하고 있다.

아버지는 신랑감을 구하러 그리스에 가라고 성화.

레스토랑에서 벗어나겠다고 다짐한 툴라는 컴퓨터를 배우고 외모에도 신경을 써가면서 새로운 직장에서 활기찬 생활을 시작한다.

그런 어느 날 툴라에게 이상형 남자 이안과의 로맨스가 시작된다.

하지만 가족들은 이안이 그리스인이 아니라는 이유로 결혼을 반대한다.

미국 청교도인 이안의 부모는 조용한 상견례를 예상하지만 사돈의 팔촌까지 동원된 툴라의 왁자지껄 대가족은 이미 툴라네 집을 가득 메웠다.

식구들 모두가 이안에 대해 한마디씩 품평을 늘어놓고 연거푸 그리스 폭탄주를 권하는 툴라의 이모 덕분에 이안의 부모는 당황스러울 뿐이다.

'아무래도 결혼 못할 것 같아 이렇게는 안돼. 그냥 자기랑 있으면 난 너무 좋지만 내 가족들은 안 그래. 그리스 교회에서 해야 신성하고 즐거운 결혼식이라고 생각하지. 어디로든 도망가 제발 부탁이야. 어디든. 툴라. 당신을 사랑해. 왜? 왜 날 사랑하는데? 당신을 보면 살아있는 것 같으니까. 하지만 우리 가족이. 당신도 가족의 일부야. 난 뭐든 할 수 있어. 결국은 날 받아들이게 될 거야. 이제 당신은 내 인생의 전부니까. 어디로 달아나서 결혼식을 올리자. 우리가 뭘 잘못했는데!.'

결국 툴라와 이안은 집안의 반대를 극복해 나갈 비장의 무기로 사랑의 도피를 시도하는 것이다.

〈나의 그리스 식 웨딩〉은 그리스인들의 떠들썩한 결혼 풍경을 통해 결혼. 가족의 의미를 다시 한 번 깨닫게 해주는 기회를 제공하게 된다.

20세기 폭스의 애니메이션 도전장 〈아이스 에이지〉

빙하 시대 동물들의 일화를 통해 돈독한 가족애의 중요성을 깨닫게 해준 〈아이스 에이지〉는 20세기 폭스가 애니메이션 왕국 월트 디즈니 아성에 도전장을 내걸고 공개한 야심작이다.

컴퓨터 그래픽을 담당한 블루 스카이 스튜디오(Blue Sky Studios)는 빙하기 동물인 공룡을 비롯해 다람쥐, 코끼리, 원시 인간 등 다양한 캐릭터를 등장시킨 〈아이스 에이지〉가 대박 급 히트작이 되는 공헌 자가 된다.

이 스튜디오는 여세를 몰아 곤충을 주인공으로 내세운 〈리프 맨 The Legend of the Leaf Men〉 제작에 착수. 2013년 8월 공개한다.

〈리프 맨〉은 동화 작가 윌리암 조이스의 원작을 각색했다.

거미 여왕의 위협으로 부터 정원의 평화를 지키려는 곤충들의 이야기.

〈아이스 에이지〉 〈로봇〉의 크리스 웻지가 맡아 역시 가족용 애니메이션으로 기대 이상의 호응을 얻어낸다.

빙하 시대 동물들의 생존기를 코믹스런 상황으로 펼쳐준 〈아이스 에이지〉. ⓒ 20th Century Fox.

'지금이 왜 '빙하 시대' 지? 그야 사방이 얼음이니까! 날씨가 좀 추워지긴 했어. 살려줘요! 빨리 와! 무리가 이동하잖니. 하지만 아빠. 멸종 게임은 나중에 해. 안 속네. 애들아, 가자. 에디는 어딨냐? 몰라. 진화의 비밀을 풀었대나? 정말로? 날아간다! 잘도 풀었다. 넌 뭐야? 왜 거꾸로 가? 또라이 맘모스! 야! 왜 통행 방해해? 패 부리지 말고 꺼져! 코도 생기다 만게 누구한테 까불어? 이해해줘요. 온 종일 걸었어요. 됐어. 무리나 따라가. 시끄럽게 하지 말고!'.

2만 년 전.

빙하가 지구 표면을 덮고 있다.

지상의 생물들은 빙하기를 맞아 따뜻한 곳으로 대이동을 시작한다.

이때 인간 최대 적수인 검치 호랑이와 인간 사이에 물러설 수 없는 전쟁이 시작된다.

이 와중에 인간의 아기 로산은 가족과 떨어져 길을 잃게 되고 빙하시대 동물 삼총사에게 맡겨지게 된다.

말썽꾸러기 나무늘보 시드와 불만투성이 맘모스 매니 일행은 검치 호랑이파의 이중간첩 디에고를 만나게 된다.

말썽만 피우는 시드, 음모의 화신 디에고, 본능적으로 디에고를 경계하는 매니.

이들은 천진난만한 아기 로산을 데리고 펄펄 끓는 용암골, 무시무시한 얼음 동굴을 지나 살을 에이는 추위를 이겨내며, 아기를 무사히 가족 품으로 돌려주는 임무를 완수해 낸다.

'빙하 시대 빨리 끝나고 지구 온난화나 됐으면 좋겠다. 꿈 깨셔. 꿈 아니야.'

빙하 시대 영웅 단이 로산을 가족에게 돌려주기 위한 위대한 여정이 성공을 거두는 과정에서 코믹한 배경 음악은 흥행 지수를 높여준다.

오프닝 장면에서 도토리를 갖고 치열한 신경전을 벌이는 다람쥐 풍경에서는 러스티드 루트의 'Send Me on My Way'가 사용되고 있다.

이어 데이비드 뉴먼(David Newman)과 저스틴 스코마로프스키(Justin Skomarovsky)가 작곡한 곡들이 스토리 진행에 따라 배경 음악으로 들려오고 있다.

수록 곡 중 'Opening Travel Music'을 비롯해 'Tigers Going For Baby'. 디미트리 카발레프스키 작곡. 코미디언이 불러 주는 'Walking Through'. 로산을 데려다 주기 위한 힘겨운 여정이 성공했음을 알려주는 'Tigers Try to Get Baby' 'Giving Back the Baby' 등이 〈아이스 에이지〉가 연령을 초월해 호응을 얻어내는 흥행 포인트가 된다.

일본 애니메이션 저력 입증시킨 〈센과 치히로의 행방불명〉

일본 애니메이션의 진가를 입증 받은 〈센과 치히로의 행방불명〉. © Studio Ghibli, Nippon Television Network Corporation (NTV)

'일본 애니메이션만의 창의성이 농축된 최고의 작품'-『버라이어티』

'현란하고 박진감 넘치는 컴퓨터 그래픽 애니메이션이 주류를 이루는 가운데 전통 수작업 애니메이션 작업을 고수하고 있는 미야자키 하야오의 야심이 담겨져 있는 작품'-『할리우드 리포터』

월트 디즈니와 일본의 스튜디오 지브리, 도쿠마 쇼텐, 도호쿠 신샤, NTV 등이 합작하고 미국을 포함해 전세계 배급은 브에나비스타가 맡은 화제작이 〈센과 치히로의 행방불명 The Spiriting Away of Sen and Chihiro〉.

중산층 가정이 교외로 이사 하는 도중 호기심 많은 10대 소녀가 신, 마녀 그리고 괴물들이 지배하는 기이한 세계에서 겪는 환상적인 모험담을 묘사한 이 작품은 아카데미 장편 애니메이션 상을 비롯해 애니메이션으로는 최초로 2002년 베를린 국제 영화제에서 〈블러디 선데이 Bloody Sunday〉와 함께 황금 곰 상(Golden Berlin Bear)을 공동 수상하는 이변을 기록한다.

이외 보스턴, 플로리다, LA, 뉴욕 영화 비평가협회상, 더반 국제영화제 베스트 필름 상, 홍콩 영화제 대상, 샌 프란시스코 영화제 대상 등 권위 있는 전세계 주요 영화제 및 깐깐하기로 소문난 비평가 협회상을 거의 독식하는 쾌거를 이룩한다.

미야자키 하야호는 〈바람 계곡의 나우시카 風の谷のナウシカ〉(1984) 〈천공의 성 라퓨타 天空の城ラピュタ〉(1986) 〈이웃집 토토로 となりのトトロ〉(1988) 〈마녀 배달부 키키 魔女の宅急便〉(1989) 〈붉은 돼지 紅の豚〉(1992) 〈모노노케 히메 もののけ姫〉(1997) 등 수많은 히트작을 통해 일본 애니메이션이 세계적 수준으로 격상하는데 지대한 공헌을 한 창작인이다.

각국에서 모두 공감을 얻은 〈센과 치히로의 행방불명〉은 소녀 치히로가 부모와 함께 새로 이사 갈 집을 찾아가던 중 폐허가 돼버린 테마 파크로 들어서게 된다.

부모가 식당에서 음식을 먹던 중 돼지로 변한다.

이후 치히로는 테마 파크에서 방황하다 또래 남자아이 하쿠라의 권유로 정령과 귀신들이 모이는 온천장 종업원으로 일을 하게 된다.

온천장 주인인 마녀 유바바는 치히로의 인간 이름을 빼앗고 센이라는 이름을 붙여준다.

유바바에게 여러 가지 노역을 당하게 되는 센은 이곳에서 기이하고 흥미로운 체험을 하게 된다는 내용을 들려주고 있다.

'치히로가 미스테리한 마을에서 겪는 에피소드'는 일본 고유의 민속 신앙, 가치관, 의식 등이 담겨 있음에도 불구하고 환상의 공간에서 겪는 일화는 종교와 언어를 뛰어 넘는 보편성을 확보하면서 2001-2002년 시즌 가장 많은 뉴스를 만들어낸 흥행작으로 대접 받는다.

소녀 추문 감독 로만 폴란스키, 〈피아니스트〉로 건재 과시

'1939년 바르샤바. 스필만 씨? 안녕하세요? 당신 연주를 듣기 위해 왔는데. 성함이? 도로타. 유렉 동생이죠. 다쳤군요. 괜찮소. 다음 기회에 봐. 때가 안 좋아. 유렉, 여동생이 있었어? 뭘 가져가야 할지 모르겠군. 필요한 것만 챙겨요. 증명서만 잘 지녀. 폭탄 맞아도 찾을 수 있게. 폭격 때문에 방송 끊겼어. 다른 지역 방송도 마찬 가지야. 어딜 가게요? 외곽으로. 뭣 땜에? 못 들었어? 뭘? 신문 안 봤어? 못 봤어. 신문은? 포장지로 썼어요. 새 방어선 너머로 피난하라는 공고야. 아직 안 떠난 건 우리집뿐 일 걸. 방어선 너머로 간다고 쳐요. 거기서 거지처럼 떠돌게? 짐부터 싸렴. 난 안 가요. 좋아. 나도 안 갈래. 헛소리. 같이 움직여. 어차피 죽을 거면 내 집이 더 낫죠. 신이여 용서 하소서. 조용 좀 해요. 런던의 BBC 방송 속보로 영국 정부는 독일 측의 어떠한 답변도 듣지 않고 독일 나치에 선전 포고를 했습니다. 몇 시간 내로 프랑스 역시 이에 동참. 폴란드는 더 이상 혼자가 아닙니다. 다행이야.'

'전쟁의 소용돌이에 휘말린 유대인 피아니스트. 목숨을 건 연주를 시작하다'-『타임』.

로만 폴란스키 감독의 〈피아니스트〉는 전쟁의 참상을 유대인 피아니스트의 기구한 행적을 통해 묘사 잔잔한 감동을 전파시킨다.

1939년 바르샤바. 천재 피아니스트 블라디슬라프 스필만은 인기를 한 몸에 받고 있는 폴란드 국보급 음악가이다.

스필만은 라디오 프로그램에서 쇼팽의 야상곡을 연주하고 있을 때 방송국이 폭격을 당하고 스필만은 자신의 연주를 완전히 끝내지 못한 채 피난길에 오르게 된다.

나치는 폴란드에서 세력을 확장하고 유대계 스필만

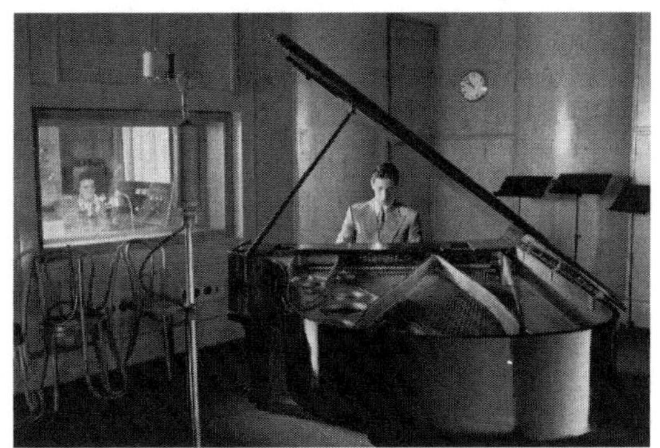

로만 폴란스키의 건재를 과시한 〈피아니스트〉. © R.P. Productions, Heritage Films, Studio Babelsberg

가족들은 모두 죽음으로 가는 기차에 강제로 탑승하게 된다.

자신을 알아보는 사람들의 도움으로 극적으로 목숨을 건진 스필만.

폐허가 된 건물 속에서 스필만에게 주어진 것은 허기, 추위, 고독과 공포뿐이다.

통조림으로 목숨을 지탱하던 스필만은 주변을 떠돌던 독일 장교에게 발각된다.

그가 스필만에게 신분을 밝히라고 요구하자 스필만은 피아니스트였다고 대답한다.

스필만에게 연주를 명령하는 독일 장교.

추위와 허기로 곱은 손가락을 펴서 스필만은 지상에서의 마지막 연주가 될지도 모를 연주를 시작한다.

'당신 혹시 스필만이라는 피아니스트 아냐? 폴란드 라디오 방송? 당연히 알지. 그가 숨었을 때 도와준 적이 있어. 여기 있다고 전해줘요. 도와달라고. 당신 이름이 뭐요? 뭐라고? 여기였지. 확실해. 이젠 없군. 놈들에게 욕설을 막 퍼부어댔지. 자랑할 건 아니지만 그렇게 했었지. 이 장소가 확실해 그 포로들 옆을 지나는데 철망 안에서 독일 장교가 나왔어. 이름 기억해? 아니, 저기 공장에 한 번 물어보지 뭔가 알지도 몰라. 블라디 스필만은 2000년 7월 6일까지 바르샤바에서 살다가 88세를 일기로 생을 마쳤다. 독일 장교 이름은 호센펠트였고 1952년 소련 포로수용소에서 죽었다는 사실만 알려졌다.'

음악을 이해하는 독일 군 장교의 배려로 목숨을 건진 스필만은 전쟁 와중에 극적으로 생환해 천상의 연주를 마음껏 연주해 주다 천수(天壽)를 다한다.

폴란드 출신 유대인 음악인이 2차 대전의 격랑 속에서 바르샤바 게토 지역에서 극적으로 생환하게 되는 스토리는 음악 영화답게 쇼팽의 'Nocturne in C# Minor, Posthumous' 'Grande Polonaise Brillante, Op. 22-Allegro Molto' 'Ballad No. 1 in G Minor, Op. 23'을 비롯해 베토벤의 'Sonata No. 14 in C# Minor, Op. 27/ 2: Mondscheinsonate', 바흐의 'Suite No. 1 BWV 1007 for Solo Cello' 등 기품 있는 클래식 피아노 선율과 함께 장대하게 펼쳐져 공감을 확산시키는데 기여한다.

수상식 후 이야기

2002년 공개된 작품을 대상으로 제 73회 아카데미 어워드가 스티브 마틴의 진행으로 2003년 3월 23일 코닥 극장에서 거행됐다.

2월 11일 사무엘 골드윈 극장에서는 아카데미 협회 회장 프랭크 피어슨 Frank Pierson과 여배우 마리사 토메이 Marisa Tomei가 수상 예비 후보자에 대한 명단을 공개했다.

이 해 시상식에서 〈시카고〉는 13개 지명을 받아 최대 화제작임을 입증시킨다.

〈시카고〉는 작품상을 비롯해 6관왕을 차지한다.

뮤지컬이 작품상을 받은 것은 1968년 〈올리버! Oliver!〉 이후 최초이다.

로만 폴란스키는 4번 지명 끝에 마침내 감독상 트로피를 가져간다.

백인 래퍼 에미넴 Eminem은 축하 공연 곡으로 'Lose Yourself'를 불러 주었는데 아카데미 행사에서 힙 합 송이 불리워진 첫 번째 사례가 된다.

29살의 아드리안 브로드 Adrien Brody는 〈피아니스트〉로 남우상을 차지, 역대 이 부문 최연소 수상자로 기록된다.

아드리안 브로디는 전년도 여우상 수상자 할 베리로부터 수상자로 지명 받아 연단에 오른 뒤 그녀에게 열정적인 키스를 보내 이후 이 같은 행동은 MTV를 비롯해 여러 시상식장에서 패러디 소재로 활용됐다.

마이클 무어는 미국 교내 폭력을 고발한 〈볼링 포 콜럼바인〉으로 다큐 장편상을 수상해 이 장르에서 독보적인 존재임을 인정받는다.

75주년을 맞아 역대 주연 남녀 및 조연 남녀 수상자들의 수상 화면이 특집 영상으로 공개돼 객석에 참석한 선. 후배 영화인들의 뜨거운 박수갈채를 받아낸다.

제75회 2002 노미네이션, 수상자 총 리스트

작품상 Best Picture

* 〈시카고 Chicago〉
〈갱스 오브 뉴욕 Gangs of New York〉
〈아워스 The Hours〉
〈반지의 제왕: 두 개의 탑 The Lord of the Rings: The Two Towers〉
〈피아니스트 The Pianist〉

감독상 Best Director

* 로만 폴란스키 Roman Polanski-〈피아니스트 The Pianist〉
롭 마샬 Rob Marshall-〈시카고 Chicago〉
마틴 스콜세즈 Martin Scorsese-〈갱스 오브 뉴욕 Gangs of New York〉
스테판 달드리 Stephen Daldry-〈아워스 The Hours〉
페드로 알모도바르 Pedro Almodóvar-〈그녀에게 Talk to Her〉

남우상 Best Actor

* 아드리안 브로디 Adrien Brody-〈피아니스트 The Pianist〉
잭 니콜슨 Jack Nicholson-〈어바웃 슈미츠 About Schmidt〉
니콜라스 케이지 Nicolas Cage-〈어댑테이션 Adaptation〉
다니엘 데이-루이스 Daniel Day-Lewis-〈갱스 오브 뉴욕 Gangs of New York〉
마이클 케인 Michael Caine-〈조용한 미국인 The Quiet American〉

여우상 Best Actress

* 니콜 키드만 Nicole Kidman-〈아워스 The Hours〉
르네 젤웨거 Renée Zellweger-〈시카고 Chicago〉
줄리안 무어 Julianne Moore-〈파 프럼 헤븐 Far from Heaven〉
살마 헤이엑 Salma Hayek-〈프리다 Frida〉
다이안 레인 Diane Lane-〈언페이스풀 Unfaithful〉

조연 남우상 Best Supporting Actor

* 크리스 쿠퍼 Chris Cooper-〈어댑테이션 Adaptation〉
크리스토퍼 월켄 Christopher Walken-〈캐치 미 이프 유 캔 Catch Me If You Can〉
존 C. 레일리 John C. Reilly-〈시카고 Chicago〉
에드 해리스 Ed Harris-〈아워스 The Hours〉
폴 뉴먼 Paul Newman-〈로드 투 퍼디션 Road to Perdition〉

조연 여우상 Best Supporting Actress

* 캐슬린 제타-존스 Catherine Zeta-Jones-〈시카고 Chicago〉
캐시 베이츠 Kathy Bates-〈어바웃 슈미츠 About Schmidt〉
메릴 스트립 Meryl Streep-〈어댑테이션 Adaptation〉
퀸 라티파 Queen Latifah-〈시카고 Chicago〉
줄리안 무어 Julianne Moore-〈아워스 The Hours〉

각본상 Best Original Screenplay

* 〈그녀에게 Talk to Her〉-페드로 알모도바르 Pedro Almodóvar
〈파 프럼 헤븐 Far from Heaven〉-토드 헤이네스 Todd Haynes
〈갱스 오브 뉴욕 Gangs of New York〉-제이 콕스 Jay Cocks
〈나의 그리스 식 웨딩 My Big Fat Greek Wedding〉-니아 바다로스 Nia Vardalos
〈이 투 마마 Y tu mamá también〉-카를로스 쿠아론 Carlos Cuarón

각색상 Best Adapted Screenplay

* 〈피아니스트 The Pianist〉-로날드 하워드 Ronald Harwood
〈어바웃 어 보이 About a Boy〉-피터 헤지스 Peter Hedges
〈어댑테이션 Adaptation〉-찰리 카프만 Charlie Kaufman
〈시카고 Chicago〉-빌 콘돈 Bill Condon
〈아워스 The Hours〉-데이비드 헤어 David Hare

장편 애니메이션상 Best Animated Feature

* 〈센과 치히로의 행방불명 Spirited Away〉
〈아이스 에이지 Ice Age〉
〈릴로 & 스티치 Lilo & Stitch〉
〈스피릿 Spirit: Stallion of the Cimarron〉
〈보물 성 Treasure Planet〉

외국어 영화상 Best Foreign Language Film

* 〈러브 인 아프리카 Nowhere in Africa〉(독일)
〈아마로의 범죄 El Crimen del Padre Amaro〉(멕시코)
〈영웅 Hero〉(중국)
〈과거 없는 남자 The Man Without a Past〉(핀란드)
〈저스 & 조 Zus & Zo〉(네덜란드)

장편 다큐멘터리상 Best Documentary Feature

* 〈볼링 포 콜럼바인 Bowling for Columbine〉-마이클 무어 Michael Moore
〈다낭의 딸 Daughter from Danang〉-게일 돌긴 Gail Dolgin
〈천국의 죄수 Prisoner of Paradise〉-말콤 클라크 Malcolm Clarke
〈스펠바운드 Spellbound〉-제프리 블리츠 Jeffrey Blitz
〈윙드 미그레이션 Winged Migration〉-자크 페랑 Jacques Perrin

단편 다큐멘터리상 Best Documentary Short

* 〈트윈 타워 Twin Towers〉-빌 구텐태그 Bill Guttentag
〈콜렉터 오브 베드포드 스트리트 The Collector of Bedford Street〉-앨리스 엘리오트 Alice Elliott
〈마이티 타임 Mighty Times: The Legacy of Rosa Parks〉-로버트 허드슨 Robert Hudson
〈우리는 왜 다시 가족이 되지 못하는가? Why Can't We Be a Family Again?〉-로저 웨이즈버그 Roger Weisberg

단편 라이브 액션상 Best Live Action Short

* 〈디스 차밍 맨 This Charming Man〉-마틴 스트레인지-한센 Martin Strange-Hansen
〈페이트 히버 Fait D'Hiver〉-더크 벨리언 Dirk Beliën
〈다음 사람을 기다림 I'll Wait for the Next One/ J'Attendrai Le Suivant...〉-필립페 오렌디 Philippe Orreindy
〈강아지 Inja/ Dog〉-스티벤 파스볼스키 Steven Pasvolsky

〈자니 플린튼 Johnny Flynton〉-렉시 알렉산더 Lexi Alexander

단편 애니메이션상 Best Animated Short

* 〈첩첩! The ChubbChubbs!〉-에릭 암스트롱 Eric Armstrong
〈아타마-야마 Atama-yama〉-코지 야마무라 Kōji Yamamura
〈다스 라드 Das Rad〉-크리스 스테너 Chris Stenner
〈카테드라 Katedra〉-토멕 바긴스키 Tomek Baginski
〈마이크 뉴 카 Mike's New Car〉-피트 닥터 Pete Docter

작곡상 Best Original Score

* 〈프리다 Frida〉-엘리오트 골덴탈 Elliot Goldenthal
〈캐치 이프 유 캔 Catch Me If You Can〉-존 윌리암스 John Williams
〈파 프럼 헤븐 Far From Heaven〉-엘머 번스타인 Elmer Bernstein
〈아워스 The Hours〉-필립 글래스 Philip Glass
〈로드 투 퍼디션 Road to Perdition〉-토마스 뉴먼 Thomas Newman

주제가상 Best Original Song

'Lose Yourself'-〈8마일 8 Mile〉, 제프 베이스 Jeff Bass
'I Move On'-〈시카고 Chicago〉-존 캔더 John Kander
'Burn It Blue'-〈프리다 Frida〉-엘리오트 골덴탈 Elliot Goldenthal
'The Hands That Built America'-〈갱스 오브 뉴욕 Gangs of New York〉-보노 Bono
'Father and Daughter'-〈와일드 톤베리 무비 The Wild Thornberrys Movie〉-폴 사이몬 Paul Simon

사운드 편집상 Best Sound Editing

* 〈반지의 제왕: 두 개의 탑 The Lord of the Rings: The Two Towers〉-마이크 홉킨스 Mike Hopkins
〈마이너리티 리포트 Minority Report〉-리차드 하임스 Richard Hymns
〈로드 투 퍼디션 Road to Perdition〉-스코트 헥커 Scott Hecker

사운드 믹싱상 Best Sound Mixing

* 〈시카고 Chicago〉-마이클 밍클러 Michael Minkler
〈갱스 오브 뉴욕 Gangs of New York〉-탐 플레이치맨 Tom Fleischman
〈반지의 제왕: 두 개의 탑 The Lord of the Rings: The Two Towers〉-크리스토퍼 보이예스 Christopher Boyes
〈로드 투 퍼디션 Road to Perdition〉-스코트 밀란 Scott Millan
〈스파이더-맨 Spider-Man〉-케빈 오도넬 Kevin O'Connell

미술 감독 & 세트 장식상
Best Art Direction & Set Decoration

* 〈시카고 Chicago〉- 존 미레 John Mhyre
〈프리다 Frida〉-펠리페 페르난데스 Felipe Fernández del Paso
〈갱스 오브 뉴욕 Gangs of New York〉-단테 페레티 Dante Ferretti
〈반지의 제왕: 두 개의 탑 The Lord of the Rings: The Two Towers〉-그랜트 메이저 Grant Major
〈로드 투 퍼디션 Road to Perdition〉-데니스 가스너 Dennis Gassner

촬영상 Best Cinematography

* 〈로드 투 퍼디션 Road to Perdition〉-콘래드 L. 힐 Conrad L. Hall
〈시카고 Chicago〉-디온 비브 Dion Beebe
〈파 프럼 헤븐 Far From Heaven〉-에드워드 라치맨 Edward Lachman
〈갱스 오브 뉴욕 Gangs of New York〉-마이클 볼하우스 Michael Ballhaus
〈피아니스트 The Pianist〉-파웰 에델만 Pawel Edelman

메이크업상 Best Makeup

* 〈프리다 Frida〉-존 E. 잭슨 John E. Jackson
〈타임 머신 The Time Machine〉-존 M. 엘리오트 주니어 John M. Elliott Jr

의상 디자인상 Best Costume Design

* 〈시카고 Chicago〉-콜린 아트우드 Colleen Atwood
〈프리다 Frida〉-줄리 웨이스 Julie Weiss
〈갱스 오브 뉴욕 Gangs of New York〉-샌디 파웰 Sandy Powell
〈아워스 The Hours〉-앤 로스 Ann Roth
〈피아니스트 The Pianist〉-안나 B. 쉐퍼드 Anna B. Sheppard

편집상 Best Film Editing

* 〈시카고 Chicago〉-마틴 월시 Martin Walsh
〈갱스 오브 뉴욕 Gangs of New York〉-델마 스쿨메이커 Thelma Schoonmaker
〈아워스 The Hours〉-피터 보일 Peter Boyle
〈반지의 제왕: 두 개의 탑 The Lord of the Rings: The Two Towers〉-마이클 호튼 Michael Horton
〈피아니스트 The Pianist〉-허브 드 루즈 Hervé de Luze

시각 효과상 Best Visual Effects

* 〈반지의 제왕: 두 개의 탑 The Lord of the Rings: The Two Towers〉-짐 리기엘 Jim Rygiel
〈스파이더-맨 Spider-Man〉-존 디스트라 John Dykstra
〈스타 워즈: 에피소드 2 Star Wars: Episode II - Attack of the Clones〉-롭 콜맨 Rob Coleman

최다 후보작 및 수상작

〈시카고 Chicago〉-13 개 부문 후보
〈시카고 Chicago〉-6개 부문 수상

아카데미 명예상 Academy Honorary Award

* 피터 오툴 Peter O'Toole

<반지의 제왕: 왕의 귀환> 11개 지명, 11개 수상 쾌거

시상식 : 2004년 2월 29일 6:00 PM
장　소 : L A 코닥 극장 Kodak Theatre, Hollywood, Los Angeles, California
사　회 : 빌리 크리스탈 Billy Crystal, ABC 중계

제76회 아카데미 공식 포스터. © A.M.P.A.S/ Oscars.org

〈미스틱 리버〉, 남우 및 조연 남우상 배출

제76회 아카데미 시상식은 2003년 미국 흥행 시장에서 공개된 우수 작품을 대상, 24개 부문 24 categories의 수상작(자)를 선정한다.

〈반지의 제왕: 왕의 귀환〉의 수상 독주에 뒤를 이어 〈마스터 앤 커맨드 Master and Commander〉 〈파 사이드 The Far Side of the World〉 〈미스틱 리버 Mystic River〉 〈바바리안 인베이젼 The Barbarian Invasions〉 〈체르노빌 하트 Chernobyl Heart〉 〈콜드 마운틴 Cold Mountain〉 〈니모를 찾아서 Finding Nemo〉 〈전쟁의 안개 The Fog of War〉 〈하비 크럼펫 Harvie Krumpet〉 〈사랑도 리콜이 되나요 Lost in Translation〉 〈몬스터 앤 투 솔져 Monster and Two Soldiers〉 등이 수상자 명단으로 언급된다.

미국 전역에 생중계된 시상식은 4,400 만 명의 시청률 44 million viewers in North America the United States을 기록해 근래 4년 동안 가장 높은 관심을 받은 행사가 된다.

소피아 코폴라 Sofia Coppola가 감독상 후보에 지명 받으면서 부친 프란시스 포드 코폴라 Francis Ford Coppola, 할아버지 카민 코폴라 Carmine와 함께 3세대 영화 가문이 아카데미에서 수상했거나 후보자로 호명되는 기록 보유자가 된다.

13살 된 케샤 캐슬-휴즈 Keisha Castle-Hughes는 2013년 9살 된 쿠벤자니 월리스 Quvenzhané Wallis에 이어 가장 최연소 여우상 지명자라는 명예를 얻게 된다.

〈미스틱 리버 Mystic River〉는 역대 4번째로 남우상(숀 펜)과 조연 남우상(팀 로빈스)을 배출하는 작품이 된다.

절대 반지 모험담 〈왕의 귀환〉으로 종식

2003년은 전년도와 동일하게 시리즈 속편이 흥행가를 차례로 석권한다.

절대 반지를 파괴하기 위한 호빗의 모험은 3부로 종식된다.

1970년대 미드로 주가를 높였던 〈미녀 3총사〉는 영화 각색 작이 호응을 얻어내면서 시리즈 2부가 공개된다.

이어 〈매트릭스: 리로디드〉와 〈매트릭스: 레볼류션〉이 연속 공개되고 〈터미네이터 3〉 〈엑스맨 2〉 〈나쁜 녀석들 2〉 〈무서운 영화 3〉 〈파이널 데스티네이션 2〉 등이 속편의 위력을 입증시켜 준다.

'빌보가 말했었다. 이 책에서 나의 부분은 끝나도 다음 사람이 계속 이어가야 돼. 빌보의 이야긴 이제 끝났다. 항구예요. 빌보, 요정들이 특별한 예우의 뜻으로써 중간대륙을 떠나는 마지막 배에 태워드리겠대요. 프로도, 그 절대반지를 다시 볼 기회는 없는 거냐? 너한테 줬던 반지 말야. 죄송해요. 유감이지만 잃어버렸어요. 저런 딱하구나. 마지막으로 손에 쥐어보고 싶었는데, 내가 한 번도 본 적이 없는 광경이야. 세 개의 반지의 힘은 끝났어요. 인간이 통치하는 세상이 왔어요. 바다가 우리를 집으로 부르는 군요. 난 지금도 새로운 모험을 즐길 준비가 돼있어. 잘 있게나! 용감한 호빗들이여. 내가 할 일이 다 끝났구나. 마침내 이 해안에서 우리의 원정이 끝나는 구나 울지 말라고는 하지 않겠다. 모든 눈물이 나쁜 건 아니니까. 때가 됐구나. 프로도. 무슨 뜻이죠? 우린 샤이어를 구하려고 떠났었고 끝내 구해냈어. 그런데 내겐 아닌가 봐. 진심이 아닌 거죠? 가지 마세요. 마지막 부분은 널 위해 남겨둘게. 샘, 사랑하는 샘에게 슬픔에만 젖어있지 않길 바란다. 넌

반지 원정대의 장대한 여정은 〈반지의 제왕: 왕의 귀환〉으로 대단원의 막을 내리게 된다. © New Line Cinema, Wing Nut Films, The Saul Zaentz Company

두고두고 건강해야지 돼, 즐기고 싶고 되고 싶고 하고 싶은 게 너무나 많잖아. 너의 이야기를 이어가길 바래.'

11개의 반지를 모아 세상을 지배하려는 사우론.

그의 음모를 저지시키기 위해 111살의 빌보는 조카 프로도에게 절대 반지를 파괴시키기 위한 장대한 모험을 지시한다.

그리하여 사우론이 은둔해 있는 불의 산을 향한 장대한 모험은 〈왕의 귀환〉을 통해 성공적으로 종료됐음을 선언한다.

〈반지의 제왕 : 반지 원정대 The Lord of the Rings : The Fellowship of the Ring〉(2001)로 시작된 원정대 모험 이야기는 〈반지의 제왕 : 두개의 탑 The Lord of the Rings : The Two Towers〉(2002)을 거쳐 〈반지의 제왕 : 왕의 귀환 The Lord of the Rings : The Return of the King〉(2003)으로 대장정이 마무리 된 것이다.

J. R. R 톨킨(J. R. R Tolkien)의 원작 소설은 감독 피터 잭슨과 프란시스 월쉬, 필리파 보엔스의 공동 각색으로 원작의 감흥이 대형 화면으로 고스란히 재현된다.

대하 판타지가 21세기 들어서 그 진가를 발휘하게 된 것은 '미라막스 영화사' 창업주인 밥 웨인스타인과 하비 웨인스타인 형제 기획자와 마크 오데스키의 공헌이 컸다.

이들의 아이디어는 배리 M 오스본, 피터 잭슨, 프란시스 월쉬가 제작을 맡아 〈해리 포터〉와 선의의 흥행 경쟁을 벌이면서 판타지 장르의 무궁무진한 매력을 일깨워 주는 전령사 역할을 해낸 것이다.

2002년 아카데미에서 〈반지 원정대〉는 촬영, 시각 효과, 메이크-업, 작곡 등 4개 부문상을 수상한다. 〈두개의 탑〉은 2003년 아카데미에서 사운드 편집, 시각 효과 등 2개 부문, 결산 작 〈왕의 귀환〉은 2004년 아카데미에서 미술 감독-세트 장식, 의상 디자인, 감독, 편집, 메이크-업, 작곡, 주제가, 사운드 믹싱, 시각 효과, 각색 등 무려 10개 부문을 휩쓰는 저력을 발휘한다.

시리즈 3부작을 통해 모두 16개의 아카데미 트로피를 차지해 이 분야 신기록 보유 작품이 되면서 〈반지의 제왕〉에게 쏟아졌던 열정적 관심이 얼마나 뜨거웠는가를 입증시켜 준다.

잭 스패로우 흥행가 등장, 〈캐리비안의 해적: 블랙 펄의 저주〉

'이 바다는 저주받은 해적들이 항해를 하는 곳이죠. 그들을 지금 여기로 오게 하려는 건 아니겠죠? 그녀는 해적들에 대해 노래를 부르고 있었습니다. 이상야릇하게 짖게 드리운 안개 속에서 해적들의 노래를 부르는 것은 매우 불길하죠. 알았으니 그만하시오. 하던 일이나 하시오. 그러죠. 선장님. 여자를 갑판 위에 데리고 있다는 것 자체가 불길한 것이죠. 아무리 작은 여자애라도 말이죠. 제 생각에는 해적을 만나면 매우 재미있을 것 같아요. 다시 생각해 보시죠. 스완 양, 난폭하고 타락한 녀석들이죠. 해적 깃발 아래서 항해를 하거나 해적 물건을 지니고 있는 녀석을 발견하면 체포하는 게 제 일이죠. 그리고 마땅히 받아야 할 벌을 받겠죠. 아마도 교수형을 받게 될 겁니다. 아, 노링턴 선장. 당신의 열변에 대해 매우 감사히 생각합니다만 이 주제가 제 딸에 끼칠 영향이 염려되는 군요. 아, 실례를 했습니다. 지사님, 정말로 신날 거 같은 걸요? 그래. 그게 바로 내가 걱정하는 부분이란다. 보세요. 저기 바다에 남자 아이가 있어요. 난파된 것 같습니다! 갑판 위로 어서! 아직 숨이 붙어 있어 오, 성모 마리아여. 여기서 무슨 일이 일어난 거지? 아마도 중무장한 무리에게 상선의 화약고가 공격당한 것 같군요. 해적들이에요. 모두가 그렇게 생각하고 있고 난 그걸 말했을 뿐이오. 해적들'.

지중해를 배경으로 한 해적들의 모험담 〈캐리비안의 해적〉의 조니 뎁. © Walt Disney Pictures, Jerry Bruckheimer Films

'황금' '저주' '해적' '보석 같은 바다 캐리비안'.

고어 버빈스키 감독, 조니 뎁, 제프리 러쉬, 올란도 블룸, 키이라 나이틀리 주연의 〈캐리비안의 해적 : 블랙 펄의 저주 Pirates of the Caribbean : The Curse of the Black Pearl〉는 묘한 두려움과 호기심의 대상인 해적 일화를 담아 티켓팅을 유도하는데 성공한다.

시리즈 서막을 알린 〈캐리비안의 해적 - 블랙 펄의 저주〉.

해적 캡틴 잭 스패로우는 카리브 해를 무대로 펼쳤던 해적 생활을 그만두고 이제 한가한 생활을 보내고 있는 처지.

하지만 사악한 해적 캡틴 바르보사가 잭 스패로우의 해적선 블랙 펄을 훔친 다음 포트 로열을 공격해서 총독의 딸 엘리자베스 스완을 납치해 간다.

엘리자베스와 어린 시절 친구 윌 터너는 잭 스패로우에게 부탁해 영국 함대 중에서도 가장 빠른 배인 H.M.S. 인터셉터 호를 무기로 해서 엘리자베스를 구출하고 블랙 펄 호도 환수하는 작전에 착수한다.

'아마도, 드문 경우지만 옳은 일을 하기 위해서는 해적행위도 필요할 듯하네. 스패로우 선장 블랙 펄 호는 당신 거예요. 어서 다들 제자리로 가라. 자, 이제 저 수평선으로 데려다 다오'.

달빛을 받으면 해골로 변하는 저주를 받은 캡틴 바르보사와 부하들.

마침내 매력 넘치는 잭 스패로우는 이들을 상대로 한 힘겨운 싸움의 승리자가 되면서 이어서 〈캐리비안의 해적 : 망자의 함 Pirates of the Caribbean : Dead Man's Chest〉(2006) 〈캐리비안의 해적 : 세상의 끝에서 Pirates of the Caribbean: At World's End〉(2007) 〈캐리비안의 해적 : 낯선 조류 Pirates of the Caribbean : On Stranger Tides〉(2011) 등 흥미진진한 해적 모험담이 계속 이어나갈 것임을 선언하게 된다.

인간 vs 돌연변이 생물체의 대결 〈엑스 맨 2〉

브라이언 싱어 감독의 〈엑스 맨 X-Men〉(2000)은 유전자 변형을 거쳐 창조된 '엑스-맨'들은 인류 보호를 위해 여러 곳에서 헌신한다.

하지만 X-MEN들이 갖고 있는 초능력을 두려워 한 인간들의 의심과 두려움을 갖게 된다.

이와 중에 인간을 지배할 생각을 갖고 있는 사악한 매그니토의 지휘를 받는 X-MEN 그룹과 이에 맞선 찰스 사비 팀이 이끄는 X-MEN들의 대결상이 1부의 주

돌연변이들과 인간들의 양보 없는 영역 전쟁을 극화한 〈엑스맨 2〉. © Twentieth Century Fox Film Corporation, Marvel Enterprises, Donners Company

요 내용.

2003년 속개된 〈엑스 맨 2 X-Men 2 / X2〉.

많은 인간들이 유전자 조작으로 탄생된 돌연변이 엑스 맨들이 인간을 위협할 것이라는 생각을 노골적으로 드러낸다.

급기야 돌연변이들을 격리 수용하는 등록 법안을 제정할 움직임을 보인다.

이같은 조치 때문에 돌연변이와 인간과의 관계는 악화 일로를 걷는다.

이때 정체불명의 괴한이 대통령 암살을 시도하는 사건이 벌어지자 여론은 엑스 맨을 유력한 용의자로 지목한다.

돌연변이 집단 퇴치에 앞장서고 있는 스트라이커 장군은 엑스 맨을 대변하고 있는 사비에 박사를 공격한다.

감옥에서 탈출한 매그니토는 사비에 박사를 구출하고 인간과의 전면전을 벌일 것을 제안한다.

변종 생물체에 대한 원초적인 두려움을 드러내고 있는 〈엑스 맨 The X-Men〉은 마블 코믹스 유니버스(Marvel Comics Universe)가 창조한 슈퍼 영웅의 한 명이다.

작가 스탠 리(Stan Lee)와 아티스트 잭 커비(Jack Kirby)기 팀웍을 이뤄 1963년 9월 『엑스-맨 1호 The X-Men #1』가 발간된다.

인류에게 반감을 불러일으키는 변형 생물체들이 속출한다.

이런 시기를 맞아 자비에르 교수(Professor Xavier)는 웨체스터 맨션(Westchester mansion) 연구소를 근거지로 초능력을 인간에게 유익하게 사용할 젊은 돌연 변이(young mutants)들을 훈련시킨다.

이후 이 돌연변이들은 인류를 위한 슈퍼 영웅 대접을 받는다.

자비에르의 주도로 탄생된 '사이클롭 Cyclops'을 비롯해 '아이스맨 Iceman' '엔젤 Angel' '비스트 Beast' '마블 걸 Marvel Girl' 등을 통칭해서 '엑스-맨 X-Men'이라고 불린다.

이들이 초능력을 발휘하는 원천은 방사능 노출(radiation exposure) 결과로 생성된 것으로 '엑스-진 X-gene'이라고 명명된다.

'엑스-맨'들의 영웅담은 호적수(archenemy) 마그네토(Magneto)가 출현하면서 본격적으로 펼쳐진다. 악한의 존재는 4호부터 등장한다.

'엑스-맨'의 영역은 더욱 확장되면서 울버린 Wolverine, 스탐 Storm, 엠마 프로스트 Emma Frost, 코로서스 Colossus, 나이트크롤러 Nightcrawler, 새도우캣 Shadowcat, 로그 Rogue, 갬비트 Gambit 등이 영웅 대열에 합류한다.

영웅들을 위협하는 악한들의 무리도 증가해 센티넬 the Sentinels, 아포칼립스 Apocalypse, 미니스터 시니스터 Mister Sinister, 헬파이어 클럽 the Hellfire Club 등이 나타난다.

〈엑스-맨〉은 1960년대부터 애니메이션, TV 시리즈, 비디오 게임, 영화 등을 다양한 매체에서 각색되면서 인류를 위한 다양한 슈퍼 영웅 이야기를 선사한다.

20세기 폭스의 흥행 주 역할을 해오고 있는 〈엑스 맨〉은 1, 2부를 거쳐 〈엑스 맨 : 최후의 전쟁 X-Men : Last Stand〉(2006) 〈엑스 맨 탄생 : 울버린 X-Men Origins : Wolverine〉(2009) 〈엑스 맨 : 퍼스트 클래스 X-Men : First Class〉(2011) 등으로 스토리를 이어가고 있다.

일본 검객과 미군 대위의 동질성 〈라스트 사무라이〉

동서양 무관(武官)들의 우정을 담은 〈라스트 사무라이〉. © Warner Bros. Pictures, Bedford Falls Company, The, Cruise/ Wagner Productions

'일본은 칼로 건국됐다고 한다. 신이 산호의 검을 바다에 담갔다가 다시 꺼내자 물방울이 바다에 떨어져 일본 열도가 됐다는 것이다. 내 생각에는 용감한 몇 사람이 일본을 만들었다. 그들은 목숨을 바쳐 잊혀 진 무엇인가를 지켰다.'

'신사 숙녀 여러분 미국 최고의 총기 제조사인 저희 윈체스터사가 건국 백주년을 맞아 소개드리겠습니다. 최고의 무공을 세운 전쟁 영웅, 게티스버그 전투로 명예 훈장을 탄 역전의 용사, 1876년, 샌프란시스코, 야만족 인디언들을 진압한 정예 부대 제7 기병대 출신, 신사 숙녀 여러분 소개 올립니다. 네이든 알그렌 대위.'

조국을 위해 전쟁터를 누볐던 네이든 알그렌 대위(탐 크루즈).

황제와 국가에 목숨 바쳐 충성한 마지막 사무라이 카츠모토(켄 와타나베).

근대 국가의 안전과 명예 vs 황실의 명예와 국가 수호.

실용주의와 새로운 문명의 흐름 속에서 군인들의 애국심은 이제 퇴색한 유물이 되고 만다.

급변하는 시대 조류에 휘말려 무사 정신의 퇴조에 안타까움을 드러내고 있는 동, 서양 두 군인.

서구 열강의 새로운 문물에 호기심을 드러낸 일본 제국의 황제.

황제가 자국 군인을 신식 군대로 조련시키기 위해 알그렌을 일본으로 초빙하면서 운명적인 교류를 갖게 된다는 것이 에드워드 즈윅 감독의 〈라스트 사무라이〉이다.

'폐하, 저를 적으로 여기신다면 자결을 명하십시오. 기꺼이 죽겠습니다. 난 하나 된 일본을 꿈꿨다. 부강한 나라 근대화된 독립 국가를 덕분에 철도와 대포를 갖게 됐지만 그러나 우리가 누군지를 잊어선 안 돼 우리의 본 모습을. 스완벡 대사, 대사가 제시한 조약 내용은 내 백성의 이익에 부합되지 않소. 하지만 폐하, 미안하오. 물러 가시오. 심히 유감입니다. 폐하, 다시 재고를. 오무라, 이제 그만 하라. 제 충절을 못 믿으십니까? 그럼, 그대의 재산을 몰수해 백성에게 돌려줘도 되겠나? 그런 치욕적인! 그토록 치욕적이면 이 칼로 자결하라. 어떻게 죽어갔나? 어떻게 살았었는지를 말씀드리죠. 사무라이 시대는 그렇게 갔다. 국가도 사람처럼 운명이 있는 걸까? 그 미국인 대위는 종적을 감추었다. 부상 때문에 죽었다고도 하고 귀국했다는 소문도 들린다. 하지만 나는 그가 평화를 찾았다고 믿고 싶다. 모두가 원하지만 찾기는 어려운'.

서로 다른 정치 체계에 살고 있지만 무사(武士)의 정도를 지켜 내기 위해 목숨을 걸었던 동, 서양의 무관 이야기를 다룬 〈라스트 사무라이〉는 제목에서처럼 '사무라이'에 대한 서구인들의 끊임없는 관심을 엿볼 수 있는 작품이 된다.

근대화되기 이전 일본 군대의 충성과 귀족적인 가치관을 뜻하는 용어가 '사무라이 Samurai'.

국가 그리고 상류 지배 계층을 위한 맹목적인 충성을 뜻하는 사무라이는 905-914년 일본을 통치했던 코킨 와카수(Kokin Wakashū) 시대부터 사용되기 시작한 것으로 기록되고 있다.

21세기 들러 사무라이는 '검을 통해 지배 계급의 통

치력과 체제를 유지하는 전사 계급(warrior class)'으로 '무사 bushi, 武士'와 동일시된다.

'사무라이'는 단순히 무사 계급을 지칭하는 것이 아니라 학습 방법. 무술 인으로서의 자세와 태도. 강한 남자가 되기 위한 덕목 등 다양한 처세술을 담아 오늘날 일본인들만의 기질과 성향을 살펴볼 수 있는 징표로 인정 받고 있다.

2차 대전 이후 사무라이는 '어둡고 폭력적인 캐릭터로 활용되면서 액션 영화의 한 축으로 각광 받는다.

구로자와 아키라 감독은 사무라이 서사 극을 통해 조국을 위해 목숨을 초개 같이 버리고 폭력을 사용하는 행동을 다소 과장해서 묘사하면서 서구 영화인들에게 큰 호기심을 품게 한다.

1970년대 들어서 할리우드에서는 영화, TV 드라마 등을 통해 사무라이들의 행적을 소재로 택하면서 이들이 새로운 예술 장르로 확산되어 나간다.

사무라이 소재 영화에서는 몇 가지 고정된 캐릭터가 등장하고 있다.

- 자토이치(Zatoichi): 눈먼 검객(the blind swordsman)을 뜻한다. 짧은 고수 머리 털을 하고 있는 자토이치는 적의 움직임을 간파하는 동물적인 청각 능력을 갖고 있다.
- '크림슨 뱃 Crimson Bat': '자토이치'의 여성 형이다. 시력을 상실한 여성 검객인 '크림슨 뱃'은 '자토이치' 소재 영화가 폭발적인 호응을 얻으면서 부가적인 소재로 흥행가 말석을 차지하게 된다.
- '쿄시로 네무리 Kyoshiro Nemuri': 일본 근대화를 주도했던 포르투갈 목사가 일본 여성과 결혼해서 출생한 혼혈 무사. 이들은 부친이 외국인이라는 이유로 자신의 정체성에 대해 끊임없이 고민하는 모습을 보여주고 있다.
- '미야모토 무사시 Miyamoto Musashi': 일본 사무라이 중에서 가장 유명세를 얻고 있는 역사적 인물 미야모토 무사시(Miyamoto Musashi)의 영웅담을 극화한 영화 속 주인공이다.

  일본 현지에서는 요로주야 킨노수케(Yorozuya Kinnosuke)가 단골로 미야모토 역을 맡아 후대 들어서 실존 인물의 대중적 지지도를 넓히는데 일조한다.
- '외로운 늑대와 컵 Lone Wolf and Cub': 아들과 함께 일본 전역을 돌아 다녔던 떠돌이 무사이다. 1973-1976년 사이 요로주와 킨노수케(Yorozuya Kinnosuke)가 정처 없이 떠돌고 있는 방랑 사무라이 오가미 이토(Ogami Ittō)역을 단골로 맡아 유명세를 얻는다.
- '산주로 Sanjuro' 혹은 '이름 없는 로닌 The Ronin with No Name': 구로자와 아끼라 감독의 〈요짐보 Yojimbo〉 〈산주로 Sanjuro〉에서 등장하고 있다. 이름 없는 무사를 지칭하는 것이 산주로 혹은 로닌이다.

  산주로는 '대략 30세 정도 된 남자'라는 뜻. '로닌'도 무명의 떠돌이 검객을 지칭하는 용어이다.

  '이름 없는 로닌 the ronin with no name'은 후에 클린트 이스트우드(Clint Eastwood)가 〈황야의 무법자〉 시리즈를 통해 '이름 없는 사나이 the man with no name'로 모방한다.

수상식 후 이야기

제76회 아카데미 시상식은 코미디언 겸 배우 빌리 크리스탈이 통산 8번째 진행자로 낙점돼 2004년 2월 29일 진행됐다.

이 해 시상식에서 단연 화제작은 〈반지의 제왕: 왕의 귀환〉으로 11개 지명 받아 11개를 모두 독식하는 쾌거를 이룩한다.

11개 수상은 〈타이타닉〉 〈벤 허〉에 이어 역대 최다 수상 기록이 된다.

〈지지〉와 〈마지막 황제〉는 9개 지명을 받아 9개를 수상한 바 있다.

가장 치열한 접전은 남우상 부문으로 숀 펜과 빌 머레이가 호각세를 이루었지만 누적 3번 후보 지명을 받았던 숀 펜이 차지하게 된다.

숀 펜은 2008년 〈밀크〉로 다시 수상, 2회 남우상 수상자라는 타이틀을 보유하게 된다.

제76회 2003 노미네이션, 수상자 총 리스트

작품상 Best Picture

* 〈반지의 제왕: 왕의 귀환 The Lord of the Rings: The Return of the King〉

〈사랑도 통역이 되나요 Lost in Translation〉

〈마스터 앤 커맨더 Master and Commander: The Far Side of the World〉

〈미스틱 리버 Mystic River〉

〈시비스킷 Seabiscuit〉

감독상 Best Director

* 피터 잭슨 Peter Jackson-〈반지의 제왕: 왕의 귀환 The Lord of the Rings: The Return of the King〉

페르난도 메이렐레스 Fernando Meirelles-〈시티 오브 갓 City of God〉

소피아 코폴라 Sofia Coppola-〈사랑도 통역이 되나요 Lost in Translation〉

피터 웨어 Peter Weir-〈마스터 앤 커맨더 Master and Commander: The Far Side of the World〉

클린트 이스트우드 Clint Eastwood-〈미스틱 리버 Mystic River〉

남우상 Best Actor

* 숀 펜 Sean Penn-〈미스틱 리버 Mystic River〉

주드 로 Jude Law-〈콜드 마운틴 Cold Mountain〉

벤 킹슬리 Ben Kingsley-〈모래와 안개의 집 House of Sand and Fog〉

빌 머레이 Bill Murray-〈사랑도 통역이 되나요 Lost in Translation〉

조니 뎁 Johnny Depp-〈캐리비안의 해적: 블랙 펄의 저주 Pirates of the Caribbean: The Curse of the Black Pearl〉

여우상 Best Actress

* 샤를리즈 테론 Charlize Theron-〈몬스터 Monster〉

나오미 왓츠 Naomi Watts-〈21 그램 21 Grams〉

사마사 모튼 Samantha Morton-〈인 아메리카 In America〉

다이안 키튼 Diane Keaton-〈사랑할 때 버려야 하는 것들 Something's Gotta Give〉

케샤 캐슬-휴즈 Keisha Castle-Hughes-〈훼일 라이더 Whale Rider〉

조연 남우상 Best Supporting Actor

* 팀 로빈스 Tim Robbins-〈미스틱 리버 Mystic River〉

베네치오 델 토로 Benicio del Toro-〈21 그램 21 Grams〉

알렉 볼드윈 Alec Baldwin-〈쿨러 The Cooler〉

디지몬 하운수 Djimon Hounsou-〈인 아메리카 In America〉

켄 와타나베 Ken Watanabe-〈라스트 사무라이 The Last Samurai〉

조연 여우상 Best Supporting Actress

* 르네 젤위거 Renée Zellweger-〈콜드 마운틴 Cold Mountain〉

소러 아가다쉬루 Shohreh Aghdashloo-〈모래와 안개의 집 House of Sand and Fog〉

마르시아 게이 하르덴 Marcia Gay Harden-〈미스틱 리버 Mystic River〉
패트리시아 클락슨 Patricia Clarkson-〈4월의 조각 Pieces of April〉
홀리 헌터 Holly Hunter-〈13 Thirteen〉

각본상 Best Original Screenplay

* 〈사랑도 통역이 되나요 Lost in Translation〉-소피아 코폴라 Sofia Coppola
〈더티 프리티 씽 Dirty Pretty Things〉-스티븐 나이트 Steven Knight
〈네모를 찾아서 Finding Nemo〉-앤드류 스탠튼 Andrew Stanton
〈인 아메리카 In America〉-짐 쉐리단 Jim Sheridan
〈야만적 침략 The Barbarian Invasions〉-데니스 아캉드 Denys Arcand

각색상 Best Adapted Screenplay

* 〈반지의 제왕: 왕의 귀환 The Lord of the Rings: The Return of the King〉-피터 잭슨 Peter Jackson
〈아메리칸 스프렌더 American Splendor〉-샤리 스프링거 버만 Shari Springer Berman
〈시티 오브 갓 City of God〉-브라울리오 만토바니 Bráulio Mantovani
〈미스틱 리버 Mystic River〉-브라이언 헬게랜드 Brian Helgeland
〈시비스킷 Seabiscuit〉-게리 로스 Gary Ross

장편 애니메이션상 Best Animated Feature

* 〈니모를 찾아서 Finding Nemo〉
〈브라더 베어 Brother Bear〉
〈트리플릿 오브 벨레빌 The Triplets of Belleville〉

외국어 영화상 Best Foreign Language Film

* 〈야만적 침략 The Barbarian Invasions〉(캐나다)
〈악 Evil〉(스웨덴)
〈트와라이트 사무라이 The Twilight Samurai〉(일본)
〈쌍둥이 Twin Sisters〉(네덜란드)
〈젤라리 Želary〉(체코)

장편 다큐멘터리상 Best Documentary Feature

* 〈안개 전쟁 The Fog of War: Eleven Lessons from the Life of Robert S. McNamara〉-에롤 모리스 Errol Morris
〈발세로스 Balseros〉-카를로스 보시 Carlos Bosch
〈캡쳐링 더 프리드맨 Capturing the Friedmans〉-앤드류 야레키 Andrew Jarecki
〈나의 건축 My Architect〉-나다니엘 칸 Nathaniel Kahn
〈웨더 언더그라운드 The Weather Underground〉-샘 그린 Sam Green

단편 다큐멘터리상 Best Documentary Short

* 〈체르노빌 하트 Chernobyl Heart〉-마린 델레오 Maryann DeLeo
〈수용소 Asylum〉-샌디 맥레오드 Sandy McLeod
〈페리 이야기 Ferry Tales〉-카타 에슨 Katja Esson

단편 라이브 액션상 Best Live Action Short

* 〈2명의 병사 Two Soldiers〉-아론 슈나이더 Aaron Schneider
〈레드 자켓 Die Rote Jacke/ The Red Jacket〉-플로리안 박스메이어 Florian Baxmeyer
〈다리 Most/ The Bridge〉-바비 가라베디안 Bobby Garabedian
〈스쿼시 Squash〉-라이오넬 바일루 Lionel Bailliu
〈토시온 A Torzija/ A Torsion〉-스테판 아센에빅 Stefan Arsenijevic

단편 애니메이션상 Best Animated Short

* 〈하비 크럼펫 Harvie Krumpet〉-아담 엘리오트 Adam Elliot
〈바운딘 Boundin〉-버드 루키 Bud Luckey
〈데스티노 Destino〉-도미니크 몬페리 Dominique Monfery
〈곤 너티 Gone Nutty〉-카를로스 살다나 Carlos Saldanha
〈니블 Nibbles〉-크리스토퍼 힌튼 Christopher

Hinton

작곡상 Best Original Score

* 〈반지의 제왕: 왕의 귀환 The Lord of the Rings: The Return of the King〉-하워드 쇼어 Howard Shore

〈빅 피시 Big Fish〉-대니 엘프만 Danny Elfman

〈콜드 마운틴 Cold Mountain〉-가브리엘 야레 Gabriel Yared

〈모래와 안개의 집 House of Sand and Fog〉-제임스 호너 James Horner

〈니모를 찾아서 Finding Nemo〉-토마스 뉴먼 Thomas Newman

주제가상 Best Original Song

'Into the West'-〈반지의 제왕: 왕의 귀환 The Lord of the Rings: The Return of the King〉-프란 월시 Fran Walsh

'A Kiss at the End of the Rainbow'-〈마이티 윈드 A Mighty Wind〉, 마이클 맥킨 Michael McKean

'You Will Be My Ain True Love'-〈콜드 마운틴 Cold Mountain〉, 스팅 Sting

'Scarlet Tide'-〈콜드 마운틴 Cold Mountain〉, T. 본 베넷 T Bone Burnett

'Belleville Rendez-vous'-〈트리플릿 오브 벨레빌 The Triplets of Belleville〉, 베노이트 샤레스트 Benoît Charest

사운드 편집상 Best Sound Editing

* 〈마스터 앤 커맨더 Master and Commander: The Far Side of the World〉-리차드 킹 Richard King

〈캐리비안의 해적: 블랙 펄의 저주 Pirates of the Caribbean: The Curse of the Black Pearl〉-크리스토퍼 보에스 Christopher Boyes

〈니모를 찾아서 Finding Nemo〉-게리 리디스트롬 Gary Rydstrom

사운드 믹싱상 Best Sound Mixing

* 〈반지의 제왕: 왕의 귀환 The Lord of the Rings: The Return of the King〉-크리스토퍼 보에스 Christopher Boyes

〈라스트 사무라이 The Last Samurai〉-앤디 넬슨 Andy Nelson

〈시비스킷 Seabiscuit〉-앤디 넬슨 Andy Nelson

〈캐리비안의 해적: 블랙 펄의 저주 Pirates of the Caribbean: The Curse of the Black Pearl〉-크리스토퍼 보에스 Christopher Boyes

〈마스터 앤 커맨더 Master and Commander: The Far Side of the World〉-폴 마세이 Paul Massey, 더그 헴필 Doug Hemphill, 아트 로체스터 Art Rochester

미술 감독 & 세트 장식상
Best Art Direction & Set Decoration

* 〈반지의 제왕: 왕의 귀환 The Lord of the Rings: The Return of the King〉-그랜트 메이저 Grant Major

〈진주 목걸이를 한 소녀 Girl with a Pearl Earring〉-벤 반 오스 Ben Van Os

〈시비스킷 Seabiscuit〉-지닌 오펠월 Jeannine Oppewall

〈라스트 사무라이 The Last Samurai〉-릴리 킬버트 Lilly Kilvert

〈마스터 앤 커맨더 Master and Commander: The Far Side of the World〉-윌리암 샌델 William Sandell

촬영상 Best Cinematography

* 〈마스터 앤 커맨더 Master and Commander: The Far Side of the World〉-러셀 보이드 Russell Boyd

〈시티 오브 갓 City of God〉-시저 샤론 Cesar Charlone

〈진주 목걸이를 한 소녀 Girl with a Pearl Earring〉-에두아르도 세라 Eduardo Serra

〈시비스킷 Seabiscuit〉-존 슈워츠맨 John Schwartzman

〈콜드 마운틴 Cold Mountain〉-존 실 John Seale

메이크업상 Best Makeup

* 〈반지의 제왕: 왕의 귀환 The Lord of the Rings: The Return of the King〉-리차드 테일러 Richard Taylor
〈캐리비안의 해적: 블랙 펄의 저주 Pirates of the Caribbean: The Curse of the Black Pearl〉-베 네일 Ve Neill
〈마스터 앤 커맨더 Master and Commander: The Far Side of the World〉-에두아르도 헨리케 3세 Edouard Henriques III

의상 디자인상 Best Costume Design

* 〈반지의 제왕: 왕의 귀환 The Lord of the Rings: The Return of the King〉-니길라 딕슨 Ngila Dickson
〈진주 귀걸이를 한 소녀 Girl with a Pearl Earring〉-디엔 반 스트라렌 Dien van Straalen
〈시비스킷 Seabiscuit〉-주디아나 마코프스키 Judianna Makovsky
〈라스트 사무라이 The Last Samurai〉-니길라 딕슨 Ngila Dickson
〈마스터 앤 커맨더 Master and Commander: The Far Side of the World〉-웬디 스티테스 Wendy Stites

필름 편집상 Best Film Editing

* 〈반지의 제왕: 왕의 귀환 The Lord of the Rings: The Return of the King〉-자미 셀커크 Jamie Selkirk
〈시티 오브 갓 City of God〉-다니엘 리젠드 Daniel Rezende
〈마스터 앤 커맨더 Master and Commander: The Far Side of the World〉-리 스미스 Lee Smith
〈콜드 마운틴 Cold Mountain〉-월터 머치 Walter Murch
〈시비스킷 Seabiscuit〉-윌리암 골덴버그 William Goldenberg

시각 효과상 Best Visual Effects

* 〈반지의 제왕: 왕의 귀환 The Lord of the Rings: The Return of the King〉-짐 라기엘 Jim Rygiel
〈마스터 앤 코멘더 Master and Commander: The Far Side of the World〉-댄 서딕 Dan Sudick
〈캐리비안의 해적: 블랙 펄의 저주 Pirates of the Caribbean: The Curse of the Black Pearl〉-존 크놀 John Knoll

최다 수상작 및 후보작

〈반지의 제왕: 왕의 귀환 The Lord of the Rings: The Return of the King〉-11개 부문 후보
〈반지의 제왕: 왕의 귀환 The Lord of the Rings: The Return of the King〉-11개 부문 수상

아카데미 명예상
Academy Honorary Academy Award

* 블레이크 에드워즈 Blake Edwards

고든 E. 소여상 Gordon E. Sawyer Award

* 피터 D. 파크 Peter D. Parks

2004
77th Academy Awards

11개 후보 <에비에이터>, <밀리언 달러 베이비>에 완패

시상식 : 2005년 2월 27일 6:00 PM
장 소 : L A 코닥 극장 Kodak Theatre, Hollywood, Los Angeles, California
사 회 : 크리스 록 Chris Rock, ABC 중계

제77회 아카데미 공식 포스터. © A.M.P.A.S/Oscars.org

크리스 록, 흑인 진행자 발탁에 대한 찬반 논쟁

제77회 아카데미 시상식은 2004년 미국에서 개봉된 우수 영화를 대상으로 24개 부문에서 수상작(자)를 탄생시킨다.

〈에비에이터〉는 핵심인 작품상은 〈밀리언 달러 베이비〉에서 넘겨주면서 도합 5개 부문상을 차지한다.

이어 〈인크레더블 The Incredibles〉 〈레이 Ray〉 〈본 인투 브로델 Born into Brothels〉 〈이터널 선싸인 Eternal Sunshine of the Spotless Mind〉 〈네버랜드를 찾아서 Finding Neverland〉 〈레모니 스니켓의 위험한 대결 Lemony Snicket's A Series of Unfortunate Events〉 〈마이티 타임즈 Mighty Times: The Children's March〉 〈모터사이클 다이어리 The Motorcycle Diaries〉 〈시 인사이드 The Sea Inside〉 〈사이드웨이 Sideways〉 〈스파이더 맨 2 Spider-Man 2〉 등이 수상자 명단으로 호명된다.

〈모터사이클 다이어리〉 주제곡 'Al otro lado del río'는 1960년 33회 아카데미에서 그리스 영화 〈일요일은 참으세요〉가 주제가상을 수여 받은 이후 2번째로 비영어권 노래가 주제가상을 수여 받은 이색 기록을 수립하게 된다.

한편 아카데미 시상식 쇼 연출을 맡은 길 캣츠 Gil Cates는 '재치 있는 입담과 순발력을 갖고 있는 연기자 겸 코미디언이자 신세대를 겨냥한 웃음 철학을 전파시키고 있는 주인공'이라고 칭송하면서 크리스 록을 진행자로 발탁한다.

크리스는 '아카데미 영화 축제를 단독으로 진행한 첫 번째 아프리카 출신 미국인 the first African American man to solo host the gala'이라는 업적을 보유하게 된다.

하지만 호평만 있었던 것은 아니다.

주간 『엔터테인먼트 위클리』의 조시 울크 Josh Wolk는 '이런, 오스카 시상식에 흑인 남자를 앉혀 놓다니! 공연자가 한명도 없는 뮤직 쇼를 만들려고 하는가?'라는 비아냥을 보낸다.

정치 블로거 맷 드러지 Political blogger Matt Drudge 또한 AMPAS 회원 다수가 '천박한 말투로 시상식을 진행한 록에 대해 해고를 요청했다'는 여론을 전달하는 등 시상식 진행자에 대한 논란의 여지를 남기게 된다.

행사 77주년을 맞아 화려한 볼거리가 펼쳐진다.

영화 음악 작곡가 빌 콘티 Bill Conti의 흥겨운 연주가 진행되는 동안 AMPAS 그래픽 디자이너 브렛 데이비슨 Brett Davidson이 역대 아카데미 포스터를 종합시킨 공식 포스터를 발표한다.

이어 역대 아카데미 수상작 필름이 상영되면서 힙합 뮤지션 블랙 아이드 피스 The Black Eyed Peas가 'Hey Mama'를 들려준다.

이어 2회 아카데미 수상자 더스틴 호프만 Dustin Hoffman이 나레이션을 맡은 영화 산업의 발달사를 몽타쥬 기법으로 편집한 영상이 공개된다.

마틴 스콜세즈가 부활시킨 하워드 휴즈의 업적 〈에비에이터〉

'제77회 아카데미 행사 전에 가장 많은 주목을 받았지만 작품, 감독, 남우상에서 철저하게 외면 받은 불운의 작품' - 『버라이어티』

11개 후보작 〈에비에이터〉는 미술 감독, 촬영 등 스포트라이트를 다소 덜 받는 스탭 상 5개를 가져가는 수모를 당해 마틴 스콜세즈와 레오나르도 디카프리오의 심기가 편하지는 않았다.

그럼에도 불구하고 〈에비에이터〉는 '1920년대 후반-1940년대 중반 할리우드 전설적 감독이자 비행기 조종사로 일세를 풍미한 하워드 휴즈의 드라마틱한 일생 biopic depicting the early years of legendary Director and aviator Howard Hughes' career from the late 1920s to the mid 1940s'을 영상으로 옮겨 다시 한 번 실존 인물에 대한 관심을 촉발시키는 기회를 제공한다.

작품, 남우, 감독 등 11개 부문에 지명 받았지만 미술 감독, 촬영상 등에 차지하면서 주류상에서 외면당했던 〈에비에이터〉. Ⓒ Miramax Films.

'할리우드가 가장 보편적으로 활용하는 영웅적 인물에 대한 업적을 추모하기 위해 제작된 영화'라는 『타임』 평가대로 〈에비에이터〉는 괴팍하지만 타의 추종을 불허했던 업적을 남긴 인물의 감추어져 있던 일화를 2시간 50분이라는 장대한 드라마로 발표한 것이다.

마틴 스콜세즈는 1993년 출간된 찰스 히그햄 Charles Higham의 논픽션 소설 『하워드 휴즈: 은밀한 삶 Howard Hughes: The Secret Life』을 근간으로 해서 시나리오 작가 존 로간 John Logan이 영화적 스토리를 구성한 것을 영상으로 옮긴다.

하워드 휴즈 Howard Hughes는 '비행 조종 개척자 aviation pioneer' 및 〈지옥의 천사들 Hell's Angels〉의 감독'으로 각인된 실존 인물.

감독은 그의 일대기 중 1927-1947년 사이 영화 제작자 및 감독, 비행 운송 업계 거물로 맹활약했던 시기에 초점을 맞추고 있다.

하워드 휴즈(레오나르도 디카프리오)가 라스트 장면에서 역설했던 '미래로 가는 길 the way of the future, the way of the future, the way of the future, the way of the future'은 '강박증과 휴즈의 열정적 삶' 그리고 '주변 우려에도 전혀 꺾이지 않는 한 남자의 열정 괴짜가 세상을 바꾼다'는 평범한 진리를 일깨워 주는 명대사로 회자된다.

영화에서 표현된 그의 행적을 요약하면 다음과 같다.

- 조각 같이 아름다운 외모, 총명한 두뇌, 부모로 부터 물려받은 막대한 유산으로 20대 초반에 억만 장자가 된 인물
- 모두가 불가능하다고 생각되는 분야에 도전하는 야심가
- 전투기 조종사들의 야망과 그 사이에 놓여진 여성을 차지하기 위한 남성들의 동물적 욕구를 적절하게 배합시킨 〈지옥의 천사들〉은 131분 상영 시간, 흑백 시대에 일부 전투 장면과 여배우 진 할로우 Jean Harlow 등장 장면에 대해 칼라 촬영을 시도하는 등 당시 천문학적 예산인 280만 달러 $2.8 million 투자, 극장 개봉으로 적자에 해당되는 250 만 달러 $2.5 million 회수
- 진 할로우, 캐슬린 헵번, 에바 가드너 등 1930-1940년대 육감적 히로인을 차례대로 발굴하는 스타 메이커 기질 발휘
- 비행기 조종 취미를 110% 활용해 최장 비행 날개를 자랑하는 '헤라클레스' 비행기 완성해 '전 세계

에서 가장 빠른 남자'라는 명예 획득
- 전 세계에서 최대 항공사 TWA 인수해 항공 재벌로 성공

마틴 스콜세즈는 '급격한 산업 사회 속에서 최근 젊은이들이 패기와 야망을 포기 한 채 조직 사회의 일원으로 안주하려는 심성을 갖고 있는 것 같다. 이러한 시대에 모두가 불가능하다고 주장하는 일에 돈과 목숨까지도 바쳐 승부수를 걸어 하나하나를 전설로 만들어 낸 1920년대 인물 하워드 휴즈는 청장년 층 모두에게 식어 있던 삶의 열정을 다시 자극 시킬 최적의 인물이다'고 역설하고 있다.

특히 외형적 성공 신화에 가려져 있었지만 그의 내면에서는 '왜 늘 전투적 삶을 살아 왔는지 한 여성에게 안주하지 못하는 불안정한 심리가 결국 플레이보이라는 악평을 들었던 이유가 아니었는지에 대한 의문도 제시해 관객들의 호기심을 자극시키는데 일조한다.

선혈이 낭자한 예수 최후의 행적 〈패션 오브 크라이스트〉

2004년 할리우드는 전년도와 동일하게 시리즈 속편이 강세를 보이는 동시에 파격적인 소재를 다룬 작품들이 공개돼 영화가 이슈를 풍성하게 만들었다.

블록버스터 장르에서는 〈슈렉 2 Shrek 2〉를 비롯해서 〈해리 포터: 아즈카반의 죄수 Harry Potter and the Prisoner of Azkaban〉 〈그리스도의 마지막 유혹 The Passion of the Christ〉 〈미트 더 포커스 Meet the Fockers〉 〈블레이드: 트리니티 Blade: Trinity〉 〈스파이더-맨 2 Spider-Man 2〉 〈에이리언 vs 프리데터 Alien vs. Predator〉 〈킬 빌 2 Kill Bill Vol. 2〉 〈화씨 9/ 11 Fahrenheit 9/11〉 〈아이 로봇 I, Robot〉 〈오션스 12 Ocean's Twelve〉 〈스쿠비-두 2 Scooby-Doo 2: Monsters Unleashed〉 등이 흥행 가를 화려하게 장식한다.

'그가 찔린 것은 우리의 악행 때문이고 그가 으스러진 것은 우리의 죄악 때문이다. 그의 상처로 우리는 나았다' - 『이사야 예언서 53장』, 기원전 700년.

'케파! 단 한 시간도 깨어 있을 수 없단 말이냐? 스승님, 괜찮으십니까? 다른 이들을 부를까요, 주님? 아니다, 요한, 이런 모습 보이고 싶지 않다, 위험에 처하신 겁니까? 어디로 피할까요? 아니다, 깨어 있어라, 기도하면서! 왜 그러시지? 두려우신 것 같아, 만찬 때에 뭔가 괴로워하시며 말씀하셨잖아, 우리 중 누군가가 배반할 거라고 서른 닢, 은돈 서른 닢이지, 유다? 우리가 약속한 돈 말이다

그렇습니다, 어디냐? 어디에 있나? 아버지, 제 기도를 들어 주십시오, 일어나시어, 저를 지켜 주십시오, 그들이 쳐놓은 그물에서 저를 빼내 주십시오, 한 사람이 혼자서 그 모든 죄의 값을 다 치룰 수 있다고 생각하나? 주님! 저를 구하소서, 당신을 믿습니다! 당신께 이 몸 피하나 이다! 누구도 감당할 수 없다, 내 말을 들어라, 너무나도 힘겨울 뿐더러 그 댓가는 엄청날 것이다, 아무도 할 수 없지, 불가능해, 절대로'.

멜 깁슨이 제임스 카비젤을 기용해 공개한 〈패션 오브 크라이스트 The Passion of the Christ〉는 수많은 예수 소재 영화 중 가장 뜨거운 반응을 불러일으킨 화제작이다.

나자렛 예수의 이승에서의 최후 12시간의 행적을 다루고 있다.

그리스도가 마지막 만찬 후에 기도하기 위해 갔던 게쎄마니 동산.

사탄의 유혹을 물리친 그리스도는 유다의 배신으로 체포돼 예루살렘으로 압송된다.

바리새인들은 그를 신성 모독 죄로 단죄하고 재판에서 사형을 선고한다.

팔레스타인의 로마 제독 빌라도는 바리새인들의 주

멜 깁슨이 재해석한 예수 수난사 〈패션 오브 크라이스트〉. © Icon Productions

장을 들으며 그의 앞에 끌려온 예수 처리 문제로 심사숙고에 들어간다.

예수 처리 문제로 인해 자신이 정치적 위기에 직면해 있음을 깨달은 빌라도.

헤롯왕에게 의논하자 왕은 예수를 돌려보내고 군중들에게 예수와 죄수 바라바 중 누구를 석방할지 결정하도록 한다.

군중은 바라바에게 자유를, 예수에게 비난을 가할 것을 요구한다.

로마 병사들로부터 혹독한 채찍질을 당한 예수는 다시 빌라도 앞에 끌려온다.

빌라도는 만신창이가 된 그를 군중에게 보이며 '이 정도면 충분하지 않은가?'라고 묻지만 피에 굶주린 군중들은 만족하지 못한다.

딜레마에 빠진 빌라도는 군중들이 원하는 데로 하도록 부하들에게 명령한다.

그리하여 그리스도는 예루살렘 거리를 지나 골고다 언덕까지 십자가를 메고 가도록 명령을 받는다.

골고다의 언덕 위에서 예수는 십자가에 못 박히게 되고 마지막 유혹에 직면한다. 그의 아버지가 그를 버렸을 지도 모른다는 두려움. 하지만 예수는 두려움을 극복하고 어머니인 마리아를 바라본다.

'유다인의 임금님! 만세! 이 사람을 보라! 십자가형으로 죽이시오! 이래도 모자라는가? 보란 말이다! 십자가에 못 박으시오! 너희의 임금을 십자가에 못 박으란 말이냐? 우리 임금은 카이사르 황제뿐이오! 내게 말해 보아라, 나는 너를 풀어 줄 권한도 있고 십자가에 못 박을 권한도 있다, 당신이 위로부터 받지 않았으면 나에 대해 아무런 권한도 없었을 것이오, 그러므로 나를 당신에게 넘겨준 자의 죄가 더 크오, 총독 각하! 그 사람을 풀어 주면 총독께서는 황제의 충신이 아닙니다, 반드시 그를 십자가에 못 박아야 합니다! 십자가형을 원한 것은 너희들이다, 너희가 알아서 해라.'

마침내 십자가 순교를 당한 예수는 마리아를 향해 '모든 것이 완성 되었다' '나의 영혼을 당신 손에 맡기나이다'라는 말을 남긴다.

『L A 타임즈』는 '멜 깁슨은 〈패션 오브 크라이스트〉를 통해 예수가 죽는 순간, 자연의 모든 것은 변했다는 결론을 제시해 개신교 신도 뿐 아니라 흥행 가에서도 높은 공감을 받아 낸 다'는 리뷰를 게재한다.

부시 행정부를 공격한 〈화씨 9/ 11〉

'2000년 대선 당일 밤, 고어의 당선은 확실해 보였다, 잠시 정규 방송을 중단하고 속보를 전하겠습니다, 델러웨어에서는 고어의 승립니다, 잠시만요, 플로리다에서도 고어가 앞서는 군요, 플로리다는 고어로 확정됐습니다, 그때 폭스 뉴스에서 엉뚱한 보도를 했다, 플로리다는 부시의 승리가 예상되며 부시의 대통령 당선이 유력해졌습니다, 그러자 다른 방송들이 줏대도 없이 폭스에 붙어 버렸다, 저희 방송사의 오보였습니다, 플로리다는 고어의 승리가 아닙니다, 그날 밤 부시의 승전보를 퍼뜨린 폭스의 담당보도 국장은 바로 부시의 사촌 존 엘리스였다, 부시가 어떻게 역전할 수 있었을까? 주지사인 동생이 뒤를 봐주고 우린 플로리다에서 꼭 승리할 거요, 아예 기사 써둬요, 부시 진영 선거운동 본부장이 주 선거관리 위원장직을 맡아 반 부시 성향인 유권자들의 온갖 전과 기록을 들춰내 투표권을 박탈하는 동안 제임스 베이커 부시 변호인, 전 국무장관 부정 선거라니, 엉터리 유언비어요, 부시! 부시! 하원의원 리차드 게파트, 상원의원 탐 대슐, 고어 진영은 그냥 앉아서 당했다.'

마이클 무어 감독의 삐딱한 시선으로 바라본 2001. 9. 11 테러 상황을 담은 다큐 〈화씨 9/ 11〉. © Fellowship Adventure Group, Dog Eat Dog Films

마이클 무어 감독의 〈화씨 9/ 11 Fahrenheit 9/ 11〉은 오프닝에서 부시의 당선은 부당하다는 메시지로 시작한다.

이어 전세계인들에게 엄청난 충격을 안겨준 2001. 9. 11 테러가 당시 공화당 대통령 부시와 중동을 기반으로 활동하고 있는 테러리스트 오사마 빈 라덴의 모종의 협약에 의해 자행된 것이라고 덧붙여 격렬한 찬반 논쟁을 불러일으킨다.

마이클 무어는 미국 교내 총기 사고를 다룬 〈볼링 포 콜럼바인〉(2002)으로 아카데미 다큐멘터리 부문상을 수상한 여세를 몰아 〈화씨 9/ 11〉을 공개하면서 부시 행정부의 대외 정책의 오류와 여러 음모 설을 제기해 부시 대통령 재임 내내 곤혹스런 상황을 주도해 나간다.

마이클 무어는 이번 다큐멘터리에서는 전세계를 경악하게 만든 뉴욕 쌍둥이 빌딩의 비행기 테러 폭파 사건 배후에는 석유 유통 시장을 장학하려는 부시 대통령의 패권 의식이 담겨 있으며 이러한 의지의 일환으로 이라크를 침공한 것이라고 주장한다.

무어는 자신의 주장을 입증시키기 위해 텍사스 석유 재벌에서 출발해 미국 대통령으로 당선한 부시의 지난 행적과 그가 사우디 왕가와 빈 라덴 일가 사이의 오랜 유대 관계를 맺어 왔다는 여러 정황 자료를 공개한다.

여기서 그치지 않고 무어 감독은 '미국이 졸속 입안한 애국 법'의 허점과 부시가 미국 젊은이들의 전쟁 참여를 독려하기 위해 미국에서 가장 빈곤한 지역의 고등학생들에게 입대를 종용하고 있다고 폭로하고 있는 등 미국 정치권에서 자행하고 있는 술수를 폭로하고 있다.

마이클 무어는 〈화씨 9/ 11〉을 이렇게 종결짓고 있다.

'우린 9/ 11의 복수를 한 겁니다, 적이 완전히 섬멸돼야 전쟁이 끝날 거요, 우린 문명을 구하기 위해 전쟁을 택했소, 그리고 우린 승리할 것이오, 조지 오웰은 이렇게 썼다, 가상이든 현실이든 전쟁이란 것에 승리는 없다, 전쟁은 끝없이 이어질 뿐이다, 계급 사회의 기반은 빈곤과 무관심 전쟁의 명분은 달라도 목적은 언제나 같다, 그 목적이란 외국과 싸워 승리하는 게 아니라 한 사회의 지배자가 피지배자에 대해 계속 지배 계급으로 남기 위해 사회의 빈곤을 유지하는 것이다, 테네시 주에 이런 격언이 있소, 남을 속이는 자 창피한 줄 알라, 한 번 속지 두 번 속으랴, 나도 다신 안속아! 이라크에서 전사한 플린트 시의 젊은이들 9/ 11 때 희생당한 2,973인의 시민들 미국이 일으킨 전쟁으로 목숨을 잃은 수많은 아프가니스탄인과 이라크인들에게 이 영화를 바친다.'

멕시코 감독이 메가폰 잡은 〈해리 포터: 아즈카반의 죄수〉

'해리, 해리! 문 열어드려! 아가씨, 어서 와요, 이모부, 서명 좀 해주세요, 뭔데? 학교에 낼 거예요, 착하게 굴면 해주마, 아줌마 하는 거 봐서요, 너, 아직 여기 사냐? 그래요, 그래요? 건방진 자식! 오빠는 마음도 좋지 나 같으면 고아원에 처넣었어! 이게 누구야? 귀여운 두들리! 예쁜 내 새끼 2층에 가방 올려놔! 네, 다 먹으렴, 내 귀염둥이, 한잔 할래? 조금만 줘요, 잘 먹었수, 언니, 조금만 더요, 평소엔 개들 때문에 대충 때워요, 조금만 더요, 울 애기도 줄까? 우리 예쁜이 브랜디 마셔볼래? 비켜요! 마법 쓰면 퇴학이야, 겁 안나요, 그럼 넌 갈 데도 없어, 갈 곳 없는 신세야, 어디든 여기보단 낫겠죠, 도와줘요! 사람 살려! 갈 곳 없는 마법사는 이 구조버스를 타십시오, 저는 승객을 모실 션 파이크 차장입니다.'

멕시코 출신 알폰소 쿠아론이 연출을 맡은 〈해리포터와 아즈카반의 죄수〉. © Warner Bros. Pictures, 1492 Pictures, Heyday Films

〈위대한 유산 Great Expectations〉(1998) 〈이투마마 Y Tu Mama Tambien〉(2001) 등으로 주목을 받은 멕시코 출신 알폰소 쿠아론 감독은 〈해리포터와 아즈카반의 죄수 Harry Potter and the Prisoner of Azkaban〉 메가폰을 잡아 마법사 소년의 모험담에 합류한다.

13세가 된 해리 포터(다니엘 래드클리프).

여름 방학을 이모 가족인 더즐리 일가와 우울하게 보내고 있다.

마법을 쓰는 것은 일체 금지.

이때 버논 이모부의 누이 마지 아줌마(팸 페리스)가 더즐리 가를 방문하면서 상황은 돌변한다.

위압적인 마지는 해리에겐 늘 공포의 존재.

마지 아줌마 때문에 스트레스를 받던 해리는 급기야 실수로 그녀를 거대한 괴물 풍선으로 만들어 하늘 높이 띄워 보내버리고 만다.

이모와 이모부에게 벌을 받을 것도 두렵고, 일반 세상에선 마법 사용이 금지돼 있는 것을 어겼기 때문에 호그와트 마법학교와 마법부의 징계가 걱정된 해리는 밤의 어둠 속으로 도망치지만 순식간에 근사한 보라색 3층 버스에 태워져 한 술집으로 인도된다.

그 술집 이름은 '구멍난 냄비'라는 뜻의 리키 콜드런.

그 곳에는 마법부 장관인 코넬리우스 퍼지가 기다리고 있다. 장관은 해리를 벌주는 대신 호그와트 학교로 돌아가기 전에 주점에서 하룻밤을 보낼 것을 강권한다. 아즈카반의 감옥을 탈출한 시리우스 블랙이라는 위험한 마법사가 해리를 찾고 있다는 것. 전설에 의하면 시리우스 블랙은 어둠의 마왕인 볼드모트 경을 해리의 부모가 있는 곳으로 이끌어 결국 부모님을 죽이도록 만든 당사자. 그렇다면 해리 역시 시리우스 블랙의 표적이 될 가능성도 있다는 것이다.

호그와트 3학년 수업은 해리에게 '벅빅(반은 독수리, 반은 말 모양의 일명 히포크리프)'과의 만남, 시빌 트릴로니 교수(엠마 톰슨)나 '그림'으로 알려진 죽음의 징조와의 대면 등을 체험하게 된다.

'많은 것이 달라졌지! 넌 진실을 밝혀서 시리우스를 구했어, 그것은 커다란 변화야, 난 네가 자랑스럽다, 넌 좋은 제자였어, 이제는 선생이 아니니 죄책감 없이 돌려줘도 되겠군, 그만 작별하자, 해리, 언젠간 또 만나겠지, 잘 있거라, 마법의 장난, 끝, 호그와트 비밀지도, 자꾸 만지면 2층으로 가져간다! 해리! 어디서 샀니? 나중에 나도 태워줘, 뭘 말야? 조용히 해! 수선 떨긴 포장이 풀렸다고 형들이 열어 보랬어, 우리가 언제? 파이어 볼트야, 엄청 빠른 최신형이야! 내게 보낸 거야? 누가? 모르지, 이것도 왔어, 빨리 타봐! 그래, 얼마나 빠르니? 퀴디치 우승은 맡아 놨다, 루모스, 난 못된 짓을 꾸미고 있음을 엄숙히 선언합니다, 마법의 장

난 끝!'

〈해리 포터와 아즈카반의 죄수〉는 시리우스 블랙과 해리의 대결, 루핀 교수와 블랙의 애매모호한 관계, 스네이프 교수(알란 릭만)가 밝히고자 하는 어두운 비밀의 정체 등이 마법의 힘과 친구들의 도움으로 해결되면서 이제 해리의 모험담은 〈해리 포터와 불의 잔 Harry Potter and the Goblet of Fire〉 〈해리 포터와 혼혈왕자 Harry Potter and the Half-Blood Prince〉 등으로 이어질 것임을 알린다.

영화 악동 쿠엔틴 타린티노의 〈킬 빌 2〉

우마 서먼이 펼쳐준 선혈이 낭자한 복수극 〈킬 빌 2〉. © Miramax Films, A Band Apart, Super Cool Man Chu

'5년 만에 혼수상태에서 깨어난 브라이드, 복수는 지금부터 시작이다, 빌을 죽여라!

행복한 결혼식을 앞둔 더 브라이드와 신랑, 그리고 하객들.

의문의 조직의 공격을 받고 살해당한다.

웨딩드레스는 피로 얼룩진다.

5년 후. 코마 상태의 더 브라이드는 극적으로 회복돼 피로 얼룩진 과거 상처를 떠올리면서 텍사스, LA, 멕시코, 중국, 도쿄 그리고 오키나와를 탐문하는 복수극을 펼친다.

2003년 11월 공개된 〈킬 빌〉.

선혈이 낭자한 화면이지만 스타일리시한 빠른 화면 전개와 잔인하지만 통쾌감을 주는 복수극은 감각적이고 흥겨운 록 선율에 담겨져 타란티노 마니아들의 열광적 환대를 받아낸다.

장편 대하 극은 상업적 수익을 위해 2부로 분할돼 2004년 5월 〈킬 빌 Vol. 2 Kill Bill Vol. 2〉로 이어진다.

'고통이 크겠지만 이건 분명히 알아둬, 좋아서 이러는 게 아니야, 절대로, 지금 이 순간 내 심정은 말이야, 너한테 이러는 게 정말 가슴 아프다, 빌, 이 아기는 당신 피야, 내가 죽은 줄 알았겠지? 천만에! 놈들이 날 죽이려는 노력이 부족해서는 아니었지, 난 빌의 마지막 총알 덕에 4년간 혼수상태로 지냈어, 깨어나자, 내 상태는 영화 카피 같았어! 복수를 위한 광란의 포효, 말 그대로 포효하고 광란했어, 그리고 복수를 했지, 난 여태까지 수많은 사람들을 죽였지, 이젠 한 명 남았어, 지금 내가 찾아가는 사람, 마지막 한 명, 목적지에 도착하면 빌을 죽일 거야, 킬 빌'.

〈킬 빌 2〉는 한때 악명을 떨치던 데들리 바이퍼의 1급 암살 단원 '더 브라이드'가 임신 사실을 알고 아이를 위해 과거를 청산하려했다는 것을 보여준다.

동료들의 눈을 피해 평범한 남자와 결혼식을 올리려는 순간 5명의 데들리 바이퍼가 그녀를 찾아와 총알 세례를 퍼부은 것.

4년 동안의 코마 상태에서 깨어난 더 브라이드는 아이가 죽었다는 사실에 분노의 눈물을 흘리고 복수를 맹세한다.

버니타 그린과 오렌 이시이를 처치한 그녀는 이제 버드, 엘, 그리고 최종 목표인 빌이 남은 것이다. 그런데 죽은 줄 알았던 딸이 살아있다는 소식을 접하게 된다.

'제가 뭘 할 건지 말해줄게요, 난 두통이 없어, 없긴 왜 없어, 암사자는 새끼를 되찾았고 정글은 평화로워졌다.'

〈킬 빌 2〉는 결국 브라이드의 복수극이 마무리 되는 동시에 오랜 동안 헤어졌던 딸과의 재회가 이루어 졌음을 암시하면 장대한 피의 복수극이 일단락 됐음을 알린다.

〈킬 빌 1〉에서는 결혼식장을 공격하기 직전의 음산한 분위기를 보여주는 오프닝 장면에서 낸시 시나트라의 'Bang Bang (My Baby Shot Me Down)'을 비롯해 눈덮힌 일본 사찰에서 심야에 칼싸움을 벌이는 브라이드와 오렌 이시이와의 대결 장면에서는 산타 에스메랄다의 'Don't Let Me Be Misunderstood / Esmeralda Suite'와 일본 엔가 메이코 카지의 'Flower of Carnage (Shura No Hana)' 등이 흘러나와 강력한 인상을 심어 준 바 있다.

〈킬 빌 2〉에서도 서막 장면에서 말콤 맥라렌의 'About Her'가 사용된 것을 필두로 해서 시바리의 'Goodnight Moon', 칭곤의 'Malagueña Salerosa', 찰리 페더스의 'Can't Hardly Stand It', 메이코 카지의 'Urami-Bushi', 우 탕 클랜의 'Black Mamba', 엔니오 모리코네의 'A Silhouette of Doom (From Un Dollaro A Testa)' 'Il Tramonto Sundown)(From Il Buono Il Brutto Il Cattivo)' 'A Fistful of Dollars(From Per Un Pugno di Dollari)', 파올로 오르미의 'Dies Irae' 등이 다채롭게 삽입돼 쿠엔틴 타란티노 감독의 천부적인 선곡 솜씨를 만끽시켜 준다.

녹색 괴물 흥행 탑 차지 이변 〈슈렉 2〉

'뚱뚱하고 못생긴 하지만 왠지 귀여운 녹색 괴물이 사건을 일으켰다'-『버라이어티』

월트 디즈니 아성에 도전장을 내건 드림웍스의 야심작 〈슈렉 2〉가 전체 흥행 순위 1위를 차지하는 이변을 기록한다.

'아주 먼 옛날 무대는 겁나 먼 왕국, 왕과 왕비가 사랑스런 딸을 얻자, 온 백성이 다 기뻐했다, 그런데 해가 지자 공주한테 무서운 저주가 내렸는데 그 저주는 밤마다 반복됐다, 급기야 왕과 왕비가 도움을 청하자, 요정은 공주를 성의 탑에 가둔 다음 꽃미남 왕자의 키스를 기다리라고 했다, 왕자는 위험한 길속으로 박차고 나갔고 칼날 추위와 땡볕 사막을 달렸다, 밤낮이 바뀌기를 여러 날 목숨 걸고 쏜살같이 달린 왕자는 마침내 용의 성에 도착했다, 내가 누군가! 용맹으로 똘똘 뭉친 얼짱이 아니던가! 그것도 왕국을 통틀어서! 무시무시한 저주를 푸는 길은 오직 프린스 챠밍의 입맞춤뿐! 까마득한 탑의 꼭대기에 올라가서 은은한 자태가 비치는 공주의 침대에 폼나게 다가간 다음 커튼을 걷어내자 거기엔 너 뭐야? 피오나 공주? 아냐! 천만다행이군요! 그럼 공주는? 신혼여행, 신혼여행? 누구랑?'

괴물 왕자 슈렉으로 인해 벌어지는 기상천외한 해프닝을 담은 〈슈렉 2〉. © DreamWorks SKG

미모의 공주와 입맞춤으로 왕국의 사위를 꿈꾸었던 꽃미남은 녹색 괴물 슈렉에게 선수를 빼앗긴다.

서막부터 고정 관념을 보기 좋게 허물어트린 〈슈렉 2〉. 꿈같이 달콤한 허니문에서 돌아온 슈렉과 피오나 커플.

왕국의 모든 시민들이 피오나 공주 부부를 환영하기 위해 부풀어 있다.

하지만 슈렉이 모습을 드러내는 순간 멋진 왕자를 기대했던 모든 이들은 기절초풍.

피오나 공주도 슈렉을 닮아 녹색 괴물이 되어 버린 상태.

충격적인 상황에 분노가 치민 피오나 아버지 해롤드 왕.

피오나의 정혼남이었던 프린스 챠밍과 그의 사악한 모친 요정 대모의 협박이 이어진다.

마침내 해롤드 왕은 슈렉을 제거하기 위해 전문 킬러 '장화 신은 고양이'를 동원해 피오나 공주와 못생긴 녹색 괴물을 결별시키기 위한 작전을 전개한다.

'당신한테 존경받는 남편이 되고 싶었다오, 지금만큼 존경스러운 때는 없었어요, 다 용서할게요, 나도 모든 공주처럼 영원히 행복하게 살고 싶어, 내가 결혼한 괴물과! 자객은 어떤 장면에서도 울지 않는다.'

주변의 온갖 방해 작전을 극복하고 슈렉과 피오나의 그 어떤 부부 못지 않는 뜨거운 부부애를 과시하면서 2부의 스토리를 막을 내린다.

〈슈렉 2〉에서도 대모가 흥겹게 불러주는 'Holding Out for a Hero'를 비롯해 다양한 록 선율이 슈렉의 모험담에 푹 빠지게 만드는 요소가 된다.

수록 곡 중 동키와 장화 신은 고양이가 합창하는 피날레 곡은 에디 머피의 육성이 담긴 'Livin La Vida Loca'이다.

초반 슈렉이 장인, 장모를 만나기 위해 겁나면 왕국에 들어서는 장면에서 흘러 나오는 경쾌한 펑키 곡은 립스 잉크의 'Funkytown'이다.

피오나가 열창하는 노래로 쓰인 곡이 다나 글로버의 'It is you', 이외 버터플라이 부처의 'Changes', 대시보드 컨페셔널의 'As Lovers Go (Ron Fair Remix)', 리치 프라이스의 'I'm On My Way', 탐 웨이츠의 'Little Drop of Poison', 닉 케이브오 배드 시드의 'People Ain't No Good', 제니퍼 사운더스의 'Fairy Godmother Song' 등의 다양한 선곡은 〈슈렉 2〉가 아동만의 전유물이 아닌 연령을 초월해 박수갈채를 받을 수 있는 흥행 포인트가 된다.

제77회 아카데미가 남긴 진기록 명기록

2005년 1월 25일 발표된 제77회 아카데미 후보작은 여러 진기록을 수립한 행사가 된다.

우선 〈레이〉의 제이미 폭스는 피아니스트 역으로 연기상 후보에 오른 통산 6번째를 기록하게 된다.

이 같은 기록의 효시는 〈아마데우스 Amadeus〉(1984)에서 모차르트 역의 탐 헐스를 제치고 남우주연상을 따낸 F. 머레이 아브라함(F. Murray Abraham)이 효시를 기록한다.

두 번째는 제인 캠피온 감독의 〈피아니스트 The Piano〉(1993)에서 벙어리 피아노 연주자 역으로 여우주연상을 차지한 홀리 헌터(Holly Hunter).

제프리 러쉬(Geoffrey Rush)는 〈샤인 Shine〉(1996)은 천재 음악인에서 정신병원에 수감됐다 극적으로 재기한 피아니스트 데이비드 헬프갓 연기로 남우 주연상을 가져갔다.

아드리안 브로디(Adrien Brody)는 2차 대전 와중에 고충을 겪은 유대인 피아니스트 역을 맡은 〈피아니스트 The Pianist〉(2002), 이어 걸출한 흑인 뮤지션 레이 찰스(Ray Charles) 역을 환생한 듯 열연해준 제이미 폭스가 〈레이 Ray〉(2004)로 남우주연상을 차지해 도합 6번의 기록을 수립하게 된다.

〈레이〉가 아마데미 남우주연상을 차지했을 때 모건 프리만(Morgan Freeman)은 〈밀리언 달러 베이비 Million Dollar Baby〉(2004)로 조연 남우상을 가져갔다. 이것은 2002년 시상식에서 덴젤 워싱턴(Denzel Washington)이 〈트레이닝 데이 Training Day〉

(2001)로 주연 남우상, 할 베리(Halle Berry)가 〈몬스터 볼 Monster's Ball〉(2001)로 여우주연상을 수상한 이후 흑인 배우들이 연기상 부분을 동시 수상한 2번째가 사례가 된다.

제이미 폭스와 홀리 헌터는 피아니스트 역으로 연기 주연상을 수여 받는 것을 비롯해 1993년 홀리 헌터는 탐 크루즈와 공연한 〈야망의 함정 The Firm〉(1993)으로 조연 여우상 후보에 동시 지명 받았다. 흥미로운 점은 제이미 폭스도 〈레이〉로 주연 남우상을 수상했을 때 탐 크루즈의 상대역을 맡은 〈콜래트럴 Collateral〉(2004)로 조연 남우상 후보에 지명 받는 우연한 기록을 수립하게 된다.

제이미 폭스는 〈레이〉로 '골든 글로브 Golden Globe' 'SAG 어워드 the SAG Award' 'BAFTA 어워드 the BAFTA Award' '아카데미' 등 모두 4개의 주요 영화상 주연 남우상을 독식하는 매우 드문 수상 기록을 수립한다.

수상식 후 이야기

제77회 아카데미 시상식 진행은 흑인 코미디언 겸 배우 크리스 록이 전격 발탁돼 주목을 받았다.

이 해 최고 화제작은 마틴 스콜세즈 감독이 기행을 일삼은 하워드 휴즈 Howard Hughes의 일대기를 다룬 〈에비에이터〉였다.

작품, 감독, 남우 주연 등 11개 부분을 지명 받아 선두를 지켰고 클린트 이스트우드의 〈밀리언 달러 베이비〉, 마크 포스터 감독의 〈네버랜드를 찾아서〉는 각 7개 부문을 지명 받는다.

시상 결과 예상을 깨고 〈밀리언 달러 베이비〉가 작품, 감독, 주연 여우 등 알짜배기 상을 모두 가져가는 수확을거둔다.

흑인 뮤지션 레이 찰스의 전기 영화 〈레이〉의 제이미 폭스는 타의 추종을 불허하는 연기로 흑인 배우로는 시드니 포이티어, 덴젤 워싱턴에 이어 3번째 주연 남우상 수상자가 된다.

77회 아카데미 시상식은 73회에 이어 크리스 록의 수위 높은 발언으로 인해 14세 이하 시청자들에게는 시청을 금지하는 TV-14 등급 TV rating of TV-14으로 중계된다.

힐러리 스왱크는 〈소년은 울지 않는다〉(1999)에 이어 클린트 이스트우드의 복싱 영화 〈밀리언 달러 베이비〉로 여우상을 수상, 통산 2회 수상자 명단에 가입된다.

클린트 이스트우드는 74세로 감독상을 수상, 이 분야 최고령 수상자로 기록된다.

제77회 2004 노미네이션, 수상자 총 리스트

작품상 Best Picture

* 〈밀리언 달러 베이비 Million Dollar Baby〉
〈에비에이터 The Aviator〉
〈네버랜드를 찾아서 Finding Neverland〉
〈레이 Ray〉
〈사이드웨이 Sideways〉

감독상 Best Director

* *클린트 이스트우드 Clint Eastwood-〈밀리언 달러 베이비 Million Dollar Baby〉

마틴 스콜세즈 Martin Scorsese-〈에비에이터 The Aviator〉
테일러 핵포드 Taylor Hackford-〈레이 Ray〉
알렉산더 페인 Alexander Payne-〈사이드웨이 Sideways〉
마이크 리 Mike Leigh-〈베라 드레이크 Vera Drake〉

남우상 Best Actor

*제이미 폭스 Jamie Foxx-〈레이 Ray〉
레오나르도 디카프리오 Leonardo DiCaprio-〈에비에이터 The Aviator〉
조니 뎁 Johnny Depp-〈네버랜드를 찾아서 Finding Neverland〉
돈 치들 Don Cheadle-〈호텔 르완다 Hotel Rwanda〉
클린트 이스트우드 Clint Eastwood-〈밀리언 달러 베이비 Million Dollar Baby〉

여우상 Best Actress

*힐러리 스왱크 Hilary Swank-〈밀리언 달러 베이비 Million Dollar Baby〉
아네트 베닝 Annette Bening-〈비잉 줄리아 Being Julia〉
케이트 윈슬렛 Kate Winslet-〈이터널 썬샤인 Eternal Sunshine of the Spotless Mind〉
카탈리나 산디노 모레노 Catalina Sandino Moreno-〈마리아 풀 오브 그레이스 Maria Full of Grace〉
이멜다 스타운튼 Imelda Staunton-〈베라 드레이크 Vera Drake〉

조연 남우상 Best Supporting Actor

*모건 프리만 Morgan Freeman-〈밀리언 달러 베이비 Million Dollar Baby〉
알란 알다 Alan Alda-〈에비에이터 The Aviator〉
클리브 오웬 Clive Owen-〈클로저 Closer〉
제이미 폭스 Jamie Foxx-〈콜레트럴 Collateral〉
토마스 헤이든 처치 Thomas Haden Church-〈사이드웨이 Sideways〉

조연 여우상 Best Supporting Actress

*케이트 블랑쉬 Cate Blanchett-〈에비에이터 The Aviator〉
나탈리 포트만 Natalie Portman-〈클로저 Closer〉
소피 오코네도 Sophie Okonedo-〈호텔 르완다 Hotel Rwanda〉
로라 린네이 Laura Linney-〈킨세이 Kinsey〉
버지니아 매드센 Virginia Madsen-〈사이드웨이 Sideways〉

각본상 Best Original Screenplay

*〈이터널 선사인 Eternal Sunshine of the Spotless Mind〉-찰리 카프만 Charlie Kaufman
〈에비에이터 The Aviator〉-존 로간 John Logan
〈호텔 르완다 Hotel Rwanda〉-테리 조지 Terry George
〈인크레더블 The Incredibles〉-브래드 버드 Brad Bird
〈베라 드레이크 Vera Drake〉-마이크 리 Mike Leigh

각색상 Best Adapted Screenplay

*〈사이드웨이 Sideways〉-알렉산더 페인 Alexander Payne
〈밀리언 달러 베이비 Million Dollar Baby〉-폴 히긴스 Paul Haggis
〈네버랜드를 찾아서 Finding Neverland〉-데이비드 매기 David Magee
〈모터사이클 다이어리 The Motorcycle Diaries〉-호세 리베라 José Rivera
〈비포 선셋 Before Sunset〉-에단 호크 Ethan Hawke

장편 애니메이션상 Best Animated Feature

*〈인크레더블 The Incredibles〉
〈샤크 테일 Shark Tale〉
〈슈렉 2 Shrek 2〉

외국어 영화상 Best Foreign Language Film

* 〈시 인사이드 The Sea Inside〉(스페인)
〈코러스 The Chorus〉(프랑스)
〈다운폴 Downfall〉(독일)
〈예스테데이 Yesterday〉(남 아프리카)
〈애즈 잇 이즈 인 헤븐 As It Is In Heaven〉(스웨덴)

장편 다큐멘터리상 Best Documentary Feature

* 〈본 인투 브로델 Born Into Brothels: Calcutta's Red Light Kids〉-로즈 카프만 Ross Kauffman
〈스토리 오브 위핑 카멜 The Story of the Weeping Camel〉-루이지 파로니 Luigi Falorni
〈슈퍼 사이즈 미 Super Size Me〉-모간 스펄록 Morgan Spurlock
〈투팍 Tupac: Resurrection〉-로렌 라진 Lauren Lazin
〈트위스트 오브 페이스 Twist of Faith〉-커비 딕 Kirby Dick

단편 다큐멘터리상 Best Documentary Short

* 〈마이티 타임스 Mighty Times: The Children's March〉-로버트 허드슨 Robert Hudson
〈오티즘 이즈 어 월드 Autism is a World〉-제라딘 워츠버그 Gerardine Wurzburg
〈레닌그라드스카이 칠드런 The Children of Leningradsky〉-한나 폴락 Hanna Polak
〈하드우드 Hardwood〉-휴버트 데이비스 Hubert Davis
〈시스터 로지 패션 Sister Rose's Passion〉-오렌 야보비 Oren Jacoby

단편 라이브 액션상 Best Live Action Short

* 〈워스프 Wasp〉-안드레아 아놀드 Andrea Arnold
〈에브리씽 인 디스 컨트리 머스트 Everything in This Country Must〉-게리 맥켄드리 Gary McKendry
〈리틀 테러리스트 Little Terrorist〉-아쉬빈 쿠마 Ashvin Kumar
〈7: 35 인 더 모닝 7:35 in the Morning〉-나초 비갈론도 Nacho Vigalondo
〈투 카, 원 나이트 Two Cars, One Night〉-타이카 와이티 Taika Waititi

단편 애니메이션상 Best Animated Short

* 〈라이언 Ryan〉-크리스 랜드레스 Chris Landreth
〈생일 소년 Birthday Boy〉-세종 박 Sejong Park
〈고퍼 브로크 Gopher Broke〉-제프 폴러 Jeff Fowler
〈수호 개 Guard Dog〉-빌 플림튼 Bill Plympton
〈로렌조 Lorenzo〉-마이크 가브리엘 Mike Gabriel

작곡상 Best Original Score

* 〈네버랜드를 찾아서 Finding Neverland〉-얀 A. P. 카츠마렉 Jan A. P. Kaczmarek
〈빌리지 The Village〉-제임스 뉴튼 하워드 James Newton Howard
〈패션 오브 크라이스트 The Passion of the Christ〉-존 데브니 John Debney
〈해리 포터: 아즈카반의 죄수 Harry Potter and the Prisoner of Azkaban〉-존 윌리암스 John Williams
〈레모이 스니커 Lemony Snicket's A Series of Unfortunate Events〉-토마스 뉴먼 Thomas Newman

주제가상 Best Original Song

* 'Al otro lado del río'-〈모토사이클 다이어리 The Motorcycle Diaries〉, 호르헤 드렉슬러 Jorge Drexler
'Learn to Be Lonely'-〈오페라의 유령 The Phantom of the Opera〉, 앤드류 로이드 웨버 Andrew Lloyd Webber
'Believe'-〈폴라 익스프레스 The Polar Express〉, 글렌 발라드 Glen Ballard
'Look to Your Path'-〈코러스 The Chorus〉, 브루노 쿠라이스 Bruno Coulais
'Accidentally in Love'-〈슈렉 2 Shrek 2〉, 아담 두리츠 Adam Duritz

사운드 편집상 Best Sound Editing

*〈인크레더블 The Incredibles〉-마이클 실버스 Michael Silvers
〈스파이더-맨 2 Spider-Man 2〉-폴 N. J. 오토슨 Paul N.J. Ottosson
〈폴라 익스프레스 The Polar Express〉-랜디 톰 Randy Thom

사운드 믹싱 Best Sound Mixing

*〈레이 Ray〉-스코트 밀란 Scott Millan
〈인크레더블 The Incredibles〉-랜디 톰 Randy Thom
〈에비에이터 The Aviator〉-탐 프레이치만 Tom Fleischman
〈스파이더-맨 2 Spider-Man 2〉-케빈 오도넬 Kevin O'Connell
〈폴라 익스프레스 The Polar Express〉-랜디 톰 Randy Thom

미술 감독 & 세트 장식상
Best Art Direction & Set Decoration

*〈에비에이터 The Aviator〉-단테 페레티 Dante Ferretti
〈베리 롱 인게이지먼트 A Very Long Engagement〉-알린 보네토 Aline Bonetto
〈오페라의 유령 The Phantom of the Opera〉-안소니 프래트 Anthony Pratt
〈네버랜드를 찾아서 Finding Neverland〉-겜마 잭슨 Gemma Jackson
〈레모니 스니켓의 위험한 대결 Lemony Snicket's A Series of Unfortunate Events〉

촬영상 Best Cinematography

*〈에비에이터 The Aviator〉-로버트 리차드슨 Robert Richardson
〈베리 롱 인게이지먼트 A Very Long Engagement〉-브루노 데보넬 Bruno Delbonnel
〈패션 오브 더 크라이스트 The Passion of the Christ〉-캐렙 데스채널 Caleb Deschanel
〈오페라의 유령 The Phantom of the Opera〉-존 매디슨 John Mathieson
〈연인 House of Flying Daggers〉-자오 시오딩 Zhao Xiaoding

메이크업상 Best Makeup

*〈레모니 스니켓의 위험한 대결 Lemony Snicket's A Series of Unfortunate Events〉-발리 오레일리 Valli O'Reilly
〈패션 오브 더 크라이스트 The Passion of the Christ〉-키스 밴더란 Keith Vanderlaan
〈시 인사이드 The Sea Inside〉-조 알렌 Jo Allen

의상 디자인상 Best Costume Design

*〈에비에이터 The Aviator〉-샌디 파웰 Sandy Powell
〈네버랜드를 찾아서 Finding Neverland〉-알렉산더 번 Alexandra Byrne
〈트로이 Troy〉-밥 링우드 Bob Ringwood
〈르모니 스니커 Lemony Snicket's A Series of Unfortunate Events〉-콜린 아트우드 Colleen Atwood
〈레이 Ray〉-샤렌 데이비스 Sharen Davis

편집상 Best Film Editing

*〈에비에이터 The Aviator〉-델마 스쿤메이커 Thelma Schoonmaker
〈콜래트럴 Collateral〉-짐 밀러 Jim Miller
〈밀리언 달러 베이비 Million Dollar Baby〉-조엘 콕스 Joel Cox
〈네버랜드를 찾아서 Finding Neverland〉-맷 치스 Matt Chesse
〈레이 Ray〉-폴 히치 Paul Hirsch

시각 효과상 Best Visual Effects

*〈스파이더-맨 2 Spider-Man 2〉-존 다스트라 John Dykstra
〈아이, 로봇 I, Robot〉-존 넬슨 John Nelson
〈해리 포터: 아즈카반의 죄수 Harry Potter and the Prisoner of Azkaban〉-로저 기예트 Roger Guyett

최다 후보작 및 수상작

〈에비에이터 The Aviator〉-11개 부문 후보
〈에비에이터 The Aviator〉-5개 부문 수상

아카데미 명예상 Academy Honorary Award

* 시드니 루멧 Sidney Lumet-배우, 시나리오 작가 겸 감독으로 영화 산업계에 뛰어난 공적

진 허숄트 박애주의상
Jean Hersholt Humanitarian Award

* 로저 메이어 Roger Mayer

배우 겸 감독으로 한 시대를 풍미한 시드니 루멧 감독. 제77회 아카데미 명예 상을 수여 받는다. 2004년 조나단 뎀 감독의 〈맨추리안 폴로 Manchurian polo〉에서는 정치인 푼디트 역으로 연기력을 발휘한다. ⓒ imdb.com.

2005
78th Academy Awards

이 안, <브로크백마운틴> 아시아 최초 감독상 수상

시상식 : 2006년 3월 5일 6:00 PM
장　소 : L A 코닥 극장 Kodak Theatre, Hollywood, Los Angeles, California
사　회 : 존 스트워트 Jon Stewart, ABC 중계

제78회 아카데미 공식 포스터. © A.M.P.A.S/Oscars.org

〈크래쉬〉, 예상을 깨고 작품상 차지

제78회 아카데미 행사는 2006년 겨울 올림픽과 행사 날짜가 겹쳐져 예정 보다 1주일 늦추어져 진행이 된다.

2005년 공개됐던 우수 작품을 대상으로 24개 부문에서 수상작(자)가 선정된다.

예상을 깨고 〈크래쉬 Crash〉가 작품상을 차지해 가장 큰 이슈를 만들어 낸다.

동성애 서부극을 표방한 대만 이 안 감독의 〈브로크백 마운틴〉이 가장 많은 논란을 불러일으킨다.

이어 〈카포테 Capote〉 〈나니아 연대기 The Chronicles of Narnia: The Lion, the Witch and the Wardrobe〉 〈콘스탄틴 가드너 The Constant Gardener〉 〈허슬 앤 플로우 Hustle & Flow〉 〈펭귄의 행진 March of the Penguins〉 〈시리아나 Syriana〉 〈앙코르 Walk the Line〉 〈월레스와 그로밋 Wallace & Gromit: The Curse of the Were-Rabbit〉 등이 수상의 영예를 차지한 작품으로 등록된다.

이 해 아카데미는 미국에서만 3,900만 명 nearly 39 million viewers in the United States의 시청자를 TV 앞으로 집결시킨 것으로 조사된다.

〈크래쉬〉, 인간 사이의 충돌(crash)은 서로의 접촉(touch)을 갈망하는 것

클린트 이스트우드 감독의 〈밀리언 달러 베이비〉로 필력을 인정받은 시나리오 작가 폴 해기스가 메가폰을 잡은 〈크래쉬 Crash〉.

'크래쉬는 고도(高度)의 예술 그리고 종종 숨막히게 하는 지적이고 뻔뻔한 생동감을 갖고 있다. 비록 심약한 것은 아니지만 내 생각에는 클린트 이스트우드의 〈미스틱 리버〉 이후 가장 강한 미국 영화 중 하나다 Crash is hyper-articulate and often breathtakingly intelligent and always brazenly alive. I think it's easily the strongest American film since Clint Eastwood's Mystic River, though it is not for the fainthearted' - 『뉴 요커 New Yorker』

'공연자들의 완벽한 호흡이 돋보이는 뛰어난 미국 영화이다, 관객들에게 해답을 요구하는 거친 질문을 던지고 있다 This is the rare American film really about something, and almost all the performances are riveting. It asks tough questions, and lets its audience struggle with the answers' - 『워싱턴 포스트』

LA 교외 도로에서 시체가 발견한 수사관 그레이엄(돈 치들).

그는 시선을 바라보다 36시간 전에 벌어졌던 15명의 이야기를 떠올린다.

지방검사 릭(브랜든 프레이저)과 아내 진(산드라 블록).

두 명의 흑인 청년에게 차를 강탈당해 아내 진은 주위 모든 것에 잔뜩 화가 나 있는 상태다.

같은 시간, 흑인 방송국 PD 카메론(테렌스 하워드)과 아내 크리스틴(탠디 뉴튼).

지방 검사 릭의 강탈당한 차와 같은 차종이라는 이유로 백인 경찰 라이언과 핸슨에게 검문을 당한다.

라이언(맷 딜런)은 아버지의 병 수발이 힘들기만 하다.

페르시아 계 이민자 파라드.

도둑이 가게에 침입한 날, 그 사건이 열쇠 수리공인 멕시칸인 대니얼 때문이라고 생각한다.

급기야 파라드는 대니얼의 어린 딸을 향해 우발적으로 총을 발사한다.

전혀 관련이 없는 이들과 그들이 부딪히는 사건은

서로 교차하고 충돌하며 서로에게 깊은 영향을 끼치게 된다.

이야기 꾼 폴 해기스는 '〈크래쉬〉는 대도시 속에서 무심하게 스쳐 지나는 사람들과 그들이 갖고 있는 감추고 싶은 내밀한 상처를 다루고 있는 작품이다. 안타까운 것은 우리는 왜 자신이 현실 생활에서 왜 아픈 상처를 겪어야 하는 것인지 대체적으로 모르고 있다.

흑인 형사를 중심으로 해서 라틴계 여형사, 흑인 청년과 백인 부부, 이란인 부녀와 히스패닉청년들. 이들은 LA에 거주하고 있다는 것 외에는 전혀 공통점을 찾을 수 없는 관계이다.

하지만 전혀 눈치 채지 못하고 있는 여러 사건이 얽혀 서로에게 깊은 영향을 주고 있다는 것을 서로 생소한 8커플 15명의 사연을 통해 얽기 설기 풀어내고자 했다'는 연출론을 밝힌다.

할리우드 현지 비평가들은 '늙고 병든 아버지의 간호에 지쳐 있는 백인 경찰은 배려심을 점 점 잃게 되고 정치적 야심에 둘러 싸여 있는 남편 때문에 늘 소외감을 느끼는 아내 그리고 등장인물들을 둘러싸고 있는 것은 의심, 불신, 낯선 이들로부터 느끼는 공포, 단절감 그리고 죽음 등을 통해 알게 모르게 부딪히는 충돌 Crash은 어찌 보면 서로의 깊은 이해를 바라면서 갈망하는 접촉 Touch의 다른 이름이라는 것을 차분하게 펼쳐주고 있다'며 높은 점수를 안겨 준다.

'L.A.에서는 아무도 서로를 건드리지 않아. 모두 금속과 유리 안에 갇혀 있지. 서로에 대한 느낌이 너무 그리워서, 서로를 느끼기 위해서 그렇게 서로 충돌하게 되는 거야' - 흑인 수사관 그레이엄 워터스(돈 치들)의 대사

'정교한 스토리 전개로 관객들에게 끊임없는 사색을 요구하고 있다'는 호평을 받은 〈크래쉬〉는 '사람 사이에서 겪는 상처의 치유, 인간관계와 사랑의 진정한 의미, 그리고 잃어버린 인간에 대한 예의와 가치를 일깨워 주는 수작'이라는 찬사는 소리 소문 없는 공감을 얻어내 2006년 3월 치러진 아카데미에서 최고 영예인 작품상을 수여 받게 된다.

스필버그 〈뮌헨〉, 복수의 정당성에 의문을 제기해 공감 얻어내

'1972년 독일 뮌헨 올림픽. 11명의 이스라엘 선수들이 피살당한다. 스필버그의 역사 액션 드라마는 이후부터 펼쳐지는 이야기다 The world was watching in 1972 as 11 Israeli athletes were murdered at the Munich Olympics. This Action, Drama, History is the story of what happened next'.

오락극의 대가로 알려진 스티븐 스필버그는 1972년 '블랙 9월 후유증 The Black September aftermath'을 통해 묵직한 실화극의 진수를 펼쳐주고 있다는 칭송을 듣는다.

1972년 8월 26일 개막된 제20회 독일 뮌헨 올림픽. 시합이 한창 진행 중이던 9월 5일.

팔레스타인 무장 테러 조직 '검은 9월단' 조직원 8명이 올림픽 선수촌에 난입해 이스라엘 선수단 9명을 인질로 잡는다.

TV를 통해 생중계 되는 와중에 '검은 9월단'은 독일의 악명 높은 테러리스트와 234명의 팔레스타인 죄수의 석방을 요구한다.

이스라엘 정부는 인질 협상은 없다는 강경 대응책을 통해 진압작전을 실행한다.

이스라엘 정부가 자신들 제거 작전에 나섰다는 것을 눈치 챈 '검은 9월단'은 총격과 수류탄으로 인질들을 살해하는 사건을 벌이게 된다.

이야기는 그 다음부터다.

- 이스라엘 수상 골다 메이어 Prime Minister Golda Meir, 사건에 연루된 11명의 유력한 용의자에 대한 강력한 처벌 작전 지시를 하달한다.
- 이스라엘 정보기관 모사드. 최정예 핵심 요원 5명

은 기록조차 없는 비밀 조직을 결성, '검은 9월단'에 대한 복수 작전에 나선다.

- 모사드 출신 비밀 요원 에브너(에릭 바나)를 주축으로 폭발물, 문서 위조, 암살 뒤처리 담당 등 최정예 요원이 출동한다.
- 팔레스타인 용의자들을 찾아낸 이스라엘 비밀 요원들. 이들을 찾아내 한 명씩 찾아내 제거하면서 조국의 임무와 복수가 유일한 해결책인가에 대한 도덕적 책임감 사이에서 고민한다.
- 동시에 자신들도 유럽과 레바논에서 파견된 또 다른 암살 팀의 표적이 되고 있다는 것 때문에 두려움과 죄책감에 시달리게 된다.

복수는 또 다른 복수를 잉태한다는 질문을 던져 묵직한 감동을 선사한 스필버그 감독의 〈뮌헨〉. © DreamWorks, Universal Pictures.

『버라이어티』는 '악의 무리들에 대한 일방적 복수가 아니라 CIA, KGB, PLO 등 각국을 대표하는 정보 조직이 얽히고설킨 첩보전이 벌어지면서 '보복은 또 다른 보복을 초래 한다 with retribution following retribution'는 명제를 제시하는 등 관객들에게 묵직한 질문을 던지고 있는 수작'이라는 평가를 내린다.

『할리우드 리포터』는 '스필버그는 시종 침착한 태도로 중립적 시선을 유지하면서 복수는 복수를 낳는다는 평범한 진리와 국가와 이해 집단이 자행하는 피의 보복이 개인을 얼마나 피폐하게 만드는지 차분하게 펼쳐주고 있다'는 호평을 보낸다.

'그들(팔레스티나)이 공존을 원하지 않는다면, 그들과 공존할 해야 할 의무는 어디에도 없습니다.' - 강력 진압의 정당성을 주장하는 이스라엘 수상의 대사

'우리가 흘린 피는 우리에게 돌아 올 거야 All this blood comes back to us' - 로버트(마티유 카소비츠)가 에브너(에릭 바나)에게 복수는 또 다른 복수를 초래한다고 주장하는 대사

'아빠야, 아빠 목소리를 잊지 말아라 Fafa...Don't forget my voice - 에브너(에릭 바나)가 어린 아들과 전화 통화를 하면서

'두려움에 흔들리지 않을 자신 있어?' - 칼(시아랜 힌즈)이 동료들에게

'하느님의 뜻인 정의를 따라야 하는데 그 정의를 거스르면 난 뭐지?' - 로버트(마티유 카소비츠)가 자신들이 자행하는 팔레스타인 용의자들을 처단해 가면서 느끼는 심적 고뇌의 대사

1984년 출간된 조지 요나스 George Jonas의 비망록 『복수 Vengeance』를 할리우드 이야기 꾼 토니 쿠쉬너 Tony Kushner, 에릭 로스 Eric Roth가 시나리오로 구성했다.

스필버그는 '뮌헨 올림픽 테러 사건으로 인해 이스라엘-팔레스타인 간에 치열하게 펼쳐진 국가 간의 테러 사건을 전면에 내세우면서 전 인류의 축제에 대한 환호와 테러 응징을 위한 총성 그리고 복수와 보복이 반복되는 과정을 2시간 44분의 방대한 분량으로 극화한다.

스필버그는 〈칼라 퍼플〉 〈쉰들러 리스트〉에 이어 국가의 테러 명령을 수행하는 과정에서 느끼는 정보 요원들의 인간적 고뇌도 차분하게 담아내 폭넓은 공감을 받아낸다.

『타임』지는 '스필버그는 〈쉰들러 리스트〉 이후 다시 한 번 인종 문제와 국제적 테러 사건과 같은 국제 정치 및 사회적 문제를 지극히 객관적인 시선으로 펼쳐 내어 거장 감독만의 완숙미를 펼쳐주고 있다'는 호평을 보낸다.

〈해리 포터: 불의 잔〉, 8억 9천 5백만 달러 흥행 돌파

'해리 포터의 흥행 열기는 쭉 지속된다!'

2001년 〈해리 포터와 마법사의 돌 Harry Potter and the Sorcerer's Stone〉로 장대한 시리즈 항해를 밝힌 해리 포터는 〈해리 포터와 비밀의 방 Harry Potter and the Chamber of Secrets〉(2002) 〈해리 포터와 아즈카반의 죄수 Harry Potter and the Prisoner of Azkaban〉(2004)에 이어 4번째 이야기 〈해리 포터와 불의 잔 Harry Potter and the Goblet of Fire〉을 공개한다.

트리위저드 마법 경연 대회의 흥미진진한 풍경을 담고 있는 〈불의 잔〉은 2005년 연말 결산 흥행에서 8억 9천 5백만 달러를 돌파해 쟁쟁한 작품을 제치고 흥행 1위를 차지하는 기염을 토한다.

'망할 꼬마 놈들 그동안 많이 크셨군, 웜테일, 시궁창에서 뒹굴던 쥐새끼 주제에! 날 돌보는 일이 이젠 귀찮아진 건가? 아닙니다, 볼드모트 나으리, 제 말은, 걜 빼고 하면 어떻겠냔 거죠, 안 돼! 걘 아주 중요해! 걔 없인 안 돼 내 지시대로만 일을 진행해! 실망 안 드리겠습니다, 좋아, 그들을 부르자, 이리와 신호를 보내게 내기니 말이 문 밖에서 웬 머글이 엿듣고 있다는군, 비켜봐, 웜테일 손님을 정중히 모셔야지, 아바다 케다브라!'.

악몽 때문에 이마의 상처에 통증을 느끼는 해리(다니엘 래드클리프).

친구 론(루퍼트 그린트)과 헤르미온느(엠마 왓슨)와 함께 퀴디치 월드컵에 참가해 악몽에서 벗어날 수 있게 돼 기쁘다.

하지만 퀴디치 캠프장 근방 하늘에 불길한 기운이 드리운다.

마왕 볼드모트의 상징인 '어둠의 표식'이 나타난 것이다.

볼드모트가 13년 전에 자취를 감춘 뒤, 모습을 드러내지 못했던 추종자 데스 이터(Death Eater)들이 그 표식을 불러낸 것이다.

전세계 8억 달러 이상의 흥행 수익을 거둔 〈해리 포터와 불의 잔〉. © Warner Bros

두려움으로 가득 찬 해리는 호그와트 마법 학교로 돌아가 덤블도어 교장(마이클 갬본 경)이 자신을 지켜줄 것을 기대한다.

한편 덤블도어 교장은 유럽의 세 개 명문 마법학교의 결속을 다지기 위해 중단 됐던 호그와트에서 '트리위저드 대회'를 개최키로 한다.

트리위저드 대회는 마법사들 세계에서 가장 흥미진진하고 위험한 마법경연대회. 마법의 최고 명문 3개 학교에서 선발된 챔피언 한 명씩 출전해, 트리위저드 컵을 놓고 목숨을 건 경합을 벌이는 시합이다.

마법 부 직원 바티 크라우치(로저 로이드 팩)와 덤블도어 교장의 주재 하에 마법의 '불의 잔'이 각 학교 출전자를 선발하는 의식을 진행한다.

이 같은 절차에 따라 덤스트랭 학교의 퀴디치 경기 슈퍼스타 빅터 크룸(스타니슬라브 이아네브스키), 보바통 마법 아카데미의 플뢰르 델라쿠르(클레멘스 포에시), 그리고 호그와트의 팔방미인이자 최고 인기남 케드릭 디고리(로버트 패틴슨)에 이어 불의 잔은 '해리 포터'를 호명한다.

해리를 위험에 처하게 하기 위해 누군가 해리의 이름을 불의 잔에 넣은 것으로 생각한 덤블도어 교장은 신임 '어둠의 마법 방어술' 교수 매드아이 무디(브랜든 글리슨)에게 해리포터를 지켜줄 것을 은밀하게 지시한다.

하지만 시합이 펼쳐지는 와중에 케드릭 디고리가 피살당하는 사건이 벌어진다.

'오늘 우리는 한 학생을 잃었습니다, 케드릭 디고리는 성실한 모범생이었습니다, 늘 공명정대했고 신의를 지킬 줄 알았던 멋진 정의파 학생이었죠, 그가 어떻게 죽었는지 다들 알아야 합니다, 케드릭은 살해당했습니다, 볼드모트 경에게! 마법 부는 비밀로 하길 원했으나 그것은 케드릭을 욕되게 하는 겁니다, 그의 죽음에 모두가 슬퍼함을 보면서 전 느낍니다, 우린 비록 문화도 언어도 다르지만 뛰는 맥박은 똑같다는 걸! 이런 상황에서는 세 학교의 단합이 어느 때보다 중요합니다, 그의 죽음을 헛되게 해선 안 됩니다, 그 점을 명심할 때 정직하고 용감했던 케드릭은 우리 마음속에 언제까지나 살아있을 것입니다.'

'널 위험에 빠뜨렸던 거 정말 미안하다, 교수님 그날 밤 볼드모트 지팡이가 잠시 제 지팡이와 교감한 듯 했어요, 프리오리 인칸타템, 부모님을 봤다고 했지? 그날 밤에, 어떤 주문을 하더라도 죽은 자는 못 깨워! 곧 큰 시련이 닥칠게다, 옳은 것과 쉬운 것 중 한 쪽을 택해야 할 때가 하지만 명심해 너에게는 친구들이 있어, 넌 혼자가 아냐, 헤르미온느! 내 주소야, 꼭 편지해, 안녕, 안녕, 론, 호그와트에도 조용한 날이 올까? 안 올걸? 하긴 사고가 많아야 스릴 있지, 이젠 모든 게 예전 같지 않겠지? 그래, 이번 방학에는 둘 다 편지해, 싫어, 내가 미쳤냐? 해리, 넌 쓸 거지? 쓸께, 매주!'

트리위저드 마법 경연 대회에서 예기치 않은 희생이 발생했지만 해리 포터는 악의 무리들의 음모를 제압하고 정의가 살아 있음을 입증한다.

방학을 맞는 것으로 종료되는 〈불의 잔〉.

해리 포터의 흥미진진한 이야기는 〈해리 포터와 불사조 기사단 Harry Potter and the Order of the Phoenix〉(2007)으로 이어질 것임을 예고시킨다.

28년 흥행가 달군 별들의 전쟁 〈에피소드 3〉로 일단 휴지기

'오래 전 멀고 먼 은하계에 내전은 시작되고 반란군들은 비밀기지를 거점으로 사악한 은하제국에 첫 승리를 거두었고 반란군 첩보원은 제국의 절대적 무기로서 행성을 파괴할 수 있는 가공할 위력을 지닌 우주선 죽음의 별의 설계도를 탈취하였다. 레이아 공주는 제국군의 추격을 받으며 은하계의 자유를 가져다 줄 설계도를 가지고 고향으로 향하는데 A long time ago in a galaxy far, far away, It is a period of civil war. Rebel spaceships, striking from a hidden base, have won their first victory against the evil Galactic Empire. During the battle, Rebel spies managed to steal secret plans to the Empire's ultimate weapon, the DEATH STAR, an armored space station with enough power to destroy an entire planet. Pursued by the Empire's sinister agents, Princess Leia races home aboard her starship, custodian of the stolen plans that can save her people and restore freedom to the galaxy…' 〈스타 워즈〉의 흥행 열기를 확산시키는데 일조한 유명한 오프닝 크롤 대사 Star Wars opening crawl

〈스타 워즈 에피소드 4 : 새로운 희망 Star Wars Episode IV : A New Hope〉(1977)으로 팡파레를 울린 별들의 전쟁은 〈스타워즈 에피소드 3 : 시스의 복수 Star Wars Episode III : Revenge of the Sith〉를 일단 휴지기에 들어간다고 밝힌다.

〈에피소드 3〉는 팰퍼타인 의장과 제다이 사이의 불화가 더욱 격화돼 클론 전쟁은 더 이상 화해할 수 없는 상태가 된다.

제다이가 될 것임을 믿고 있던 아나킨은 기사 자격

을 줄 수 없다는 기사단의 결정에 절망하고 스승 오비완과의 갈등도 더욱 깊어 간다.

펠퍼타인은 아나킨에게 절대적인 힘을 갖게 해 주겠다며 유혹해 점점 어둠의 힘에 빠져 들어간다.

어둠의 세력에 장악 당한 아나킨.

제자의 변절에 충격을 받은 오비완.

마침내 아나킨과 오비완은 서로에게 칼을 겨누는 비운의 상황을 맞게 된다.

〈에피소드 3〉로 28년 동안의 우주 판타지 극을 일단 종료한다고 밝힌다. © Lucasfilm Ltd.

'아나킨! 넌 네 주위에 제다이들이 만들어 놓은 거짓의 안개를 헤쳐 나가야 한다. 내가 포스의 미묘함에 대해 알도록 도와주마. 당신이 어떻게 포스를 아십니까? 내 지지자가 포스에 대한 모든 걸 가르쳐줬지. 심지어 어두운 측면의 속성까지도 어두운 측면도 아십니까? 아나킨! 만일 위대한 미스테리를 이해하고 싶다면 제다이라는 좁고 바른 것뿐만 아니라 그 모든 측면을 공부해야만 한단다. 만일 네가 완전하고 현명한 지도자가 되려면 포스의 더 넓은 면까지도 표용해야 한다. 제다이를 조심하거라. 아나킨! 나를 통해서만 넌 그 어떤 제다이 보다도 강력한 힘을 얻을 수 있어 포스의 어두운 측면을 배우거라. 그러면 네 아내를 구할 수 있어 급작스러운 죽음으로부터 말야. 뭐라고 하셨죠? 내 지식을 사용하거라. 제발! 당신이 시스 로드군요. 널 괴롭히는 것이 무엇인지 안다. 내 말을 들어라. 제다이 원로회의 앞잡이 노릇은 그만 하거라. 내가 널 알기 시작한 이래로 넌 늘 평범한 제다이보다 위대한 삶을 추구해 왔다. 중요하고 양심적인 삶을 날 죽일 거냐? 그러고 싶습니다. 그럴 거라는 거 안다. 네 분노를 느낄 수 있어 그건 네가 집중할 수 있게 해준다.'

〈에피소드 3: 시스의 복수〉는 우주 최고 제다이 영웅에서 우주를 위험으로 빠트리는 악의 화신으로 돌변한 아나킨이 결국 스승 오비완을 죽음으로 몰아넣는 것으로 장대한 폐막을 알리게 되는 것이다.

'소설은 아무것도 읽은 적이 없습니다. 그 세계에 대해서는 전혀 모릅니다. 저의 세계와는 다른 세계입니다. 하지만 일관성을 유지하려고 노력은 합니다. 어떻게 하냐면 스타워즈 백과사전이 있습니다. 제가 이름이나 다른 것이 떠오르면 그것이 이미 쓰인 적이 있는지를 검색해 확인합니다. 제가 다른 사람들이 자신들의 스타워즈 이야기를 만들 수 있다고 했을 때, 저희는 스타 트랙처럼 두 개의 세계를 만들기로 했습니다. 저의 세계와 이 다른 세계이죠. 그 사람들은 자신들의 세계를 저의 것과 최대한 일관성 있게 만들려고 하지만, 분명히 열광해서 다른 방향으로 가고 싶어 하죠. I haven't read any of the novels. I don't know anything about that world. That's a different world than my world. But I do try to keep it consistent. The way I do it now is they have a Star Wars Encyclopedia. So if I come up with a name or something else, I look it up and see if it has already been used. When I said other people could make their own Star Wars stories, we decided that, like Star Trek, we would have two universes: My universe and then this other one. They try to make their universe as consistent with mine as possible, but obviously they get enthusiastic and want to go off in other directions' - 『스타로그 매거진 Starlog Magazine #337』 조지 루카스 인터뷰 중

〈스타 워즈〉를 탄생시킨 조지 루카스는 1996년 영화 업계 전문지 『할리우드 리포터』와 가진 인터뷰를 통해 '스타워즈는 내가 시작한 이야기이지만 그 속에

담긴 이야기들을 모두 영화로 풀어내려면 아주 많은 영화들이 등장해야 할 것이라고 생각한다. 실제로 영화로 구체화 된 은하계 이야기는 내가 처음 구상한 것의 몇 천 분의 1에 불과하다. 하지만 그 많은 이야기들을 전부 내가 다룰 수는 없다. 대신 스타워즈가 창조한 은하계라는 거대한 무대에 영감을 받은 다른 영화감독이 꾸준히 다양한 방법으로 구현해 가고 있으며 이 순간에도 수많은 작가들에 의해 스타 워즈의 유산이 거대한 서사시로 이야기들을 덧붙여나가고 있다'는 의미 부여를 한다.

〈스타 워즈〉 시리즈는 〈스타 워즈 에피소드 3: 시스의 복수 (Star Wars Episode III : Revenge of the Sith〉(2005) 이후 근 7년 동안의 휴지기를 갖은 뒤 〈스타 워즈 에피소드 1: 보이지 않는 위험 3D Star Wars Episode I : The Phantom Menace〉(2012) 〈스타 워즈: 깨어난 포스 Star Wars: The Force Awakens〉(2015) 〈로그 원: 스타 워즈 스토리 Rogue One: A Star Wars Story〉(2017) 〈스타 워즈: 라스트 제다이 Star Wars: The Last Jedi〉(2017)

〈스타 워즈: 라이즈 오브 스카이워커 Star Wars: The Rise of Skywalker〉(2019) 등 새로운 변종 이야기가 계속 공개된 뒤 42년 만에 〈라이즈 오브 스카이워커〉로 당분간 추후 시리즈는 제작되지 않는다고 밝힌다.

판타지 열기 합류 선언한 〈나니아 연대기〉

J. R. R. 톨킨의 〈반지의 제왕〉이 극화되면서 재조명을 받은 원작이 C. S. 루이스의 아동용 판타지 『나니아 연대기 : 사자, 마녀 그리고 옷장 The Chronicles of Narnia : The Lion, the Witch & the Wardrobe』이다.

1939년 집필을 시작했다가 1956년 7권으로 완간된 소설에서는 '말하는 동물, 마법의 일상화, 나니아에서 전개되는 선·악의 대결 등이 장대하게 펼쳐지고 있다.

〈나니아 연대기〉는 미국 소설가 캐슬린 파터슨(Katherine Paterson)의 〈비밀의 숲 테라비시아〉 등이 출간되는데 결정적 영향을 준 것으로 알려진다.

'잘 가라, 안녕! 수잔 우리 큰 딸, 오빠 손 꼭 잡고 절대 놓으면 안돼, 됐다, 이제 그만 가거라, 탑승 하세요! 잘 가라! 이거 놔! 혼자 탈 수 있어, 이거 놓으라니까! 표 좀 보여줄래? 기차표 보여줘, 오빠! 됐어, 어서 타, 고맙습니다, 이쪽이야, 가자, 루시, 내 옆에 꼭 붙어 있어, 별일 없을 테니까 걱정할 거 없어, 안녕, 엄마! 사랑해요! 잘 가거라! 보고 싶을 거예요! 사랑해요, 엄마, 금방 올게요! 편지 기다릴게요! 사랑한다!'

월트 디즈니가 가족 영화로 공개한 〈나니아 연대기〉는 미국 소설가 캐슬린 파터손의 〈비밀의 숲 테라비시아〉 등이 출간되는데 결정적 영향을 준 것으로 알려진 판타지 소설이다. © Walt Disney Pictures

월트 디즈니가 앤드류 아담슨에게 연출을 맡겨 공개한 〈나니아 연대기 : 사자, 마녀 그리고 옷장 The Chronicles of Narnia : The Lion, the Witch & the Wardrobe〉은 루시(조지 헨리), 에드먼드(스캔더 킨즈), 피터(윌리암 모슬리), 수잔(안나 포플웰) 등 4남매가 2차 대전이 발발해 영국이 독일군의 공격을 받자 시골로 피신을 하는 것으로 시작된다.

커크 교수(짐 브로드벤트)의 집에 머물면서 숨바꼭

질을 하다 신기한 옷장을 발견한다.

옷장으로 들어가는 순간 나니아라는 새로운 나라로 들어가게 된다.

이곳은 마녀의 지배로 100년 동안 겨울이 지속되고 있는 곳.

아담의 아들과 이브의 딸들이 마녀를 내쫓고 왕좌에 앉게 될 것이라는 전설이 내려오고 있다.

4명의 남매들은 바다 황제 아들이자 사자인 아슬란의 도움을 받아 마녀를 제압하고 왕좌에 오른 뒤 다시 세상 밖으로 나오게 된다는 흥미진진한 모험담을 담고 있다.

'찬란한 동쪽 바다에는 용감한 루시 여왕을! 위대한 서쪽 숲에는 정의로운 에드먼드 왕을! 눈부신 남쪽 태양에는 자애로운 수잔 여왕을! 그리고 맑은 북쪽 하늘에는 위대한 피터 왕을 통치자로 추대 하노라! 한 번 나니아의 왕과 여왕이 된 자는 그 힘 영원할지니 그대들의 지혜가 저 하늘의 별이 다할 때까지 계속되길 기원하노라. 그런데 이게 뭐지? 낯이 많이 익어 꿈에서 본 것 같아. 꿈속의 꿈이었나? 골방! 루시? 따라 와! 나뭇가지가 아니잖아?

코트야 내 발 밟았어! 저리 가! 그만 밀어! 하지 마! 안 밟았어! 여기들 있었구나. 옷장 속에서 무슨 일이 있었던 게냐? 말씀 드려도 못 믿으실 거예요. 그래도 해보렴. 그렇게 해서는 다시 못 돌아가 나도 벌써 다 해봤단다. 다시 갈 수 있을까요? 그러길 바래야지. 하지만 기대하지 않은 순간에 가게 될 게다. 그러니까 늘 주위를 잘 살펴 보려무나.'

호기심 많은 4명의 형제, 자매가 겪은 옷장 속 나니아 모험담은 〈나니아 연대기-사자, 마녀, 그리고 옷장〉으로 서막을 알린 뒤 〈나니아 연대기 : 캐스피언 왕자 The Chronicles of Narnia : Prince Caspian〉(2008) 〈나니아 연대기 : 새벽 출정호의 항해 The Chronicles of Narnia : The Voyage of the Dawn Treader〉(2010) 등으로 이어져 21세기 흥행가에 판타지 열풍이 지속되는데 일조하게 된다.

거대한 유인원에 대한 끊임없는 호기심 〈킹 콩〉

'난 세상의 꼭대기에 앉아 있다네. 난 세상의 꼭대기에 앉아 있다네. 굴러가고 있는 거지. 그냥 굴러가고 있는 거야. 난 세상의 우울함에서 떠나려 하네 노래를 하고 있지. 그냥 노래를 하고 있다네. 할렐루야. 난 방금 목사님께 전화를 했지. 이봐요, 목사님 전화할 준비하세요. 험티 덤티처럼. 난 떨어지게 될 거야.'

가상 장소인 스컬 섬에서 공수된 거대한 고릴라 킹 콩.

무성 영화 시절 〈킹 콩 King Kong〉(1933)이 공개된 이후 수차례 단골로 리메이크 된 '킹 콩'은 2005년에는 〈반지의 제왕〉의 히트 메이커 피터 잭슨 버전이 공개돼 이 소재에 대한 식지 않는 관심의 일단을 엿보게 해준다.

〈킹 콩〉에 등장하는 집채만한 고릴라는 '콩 Kong' 이다.

피터 잭슨의 〈킹 콩〉. © Universal Pictures

인도양에 있다는 스컬 섬 원주민이 고릴라를 지칭하는 단어.

콩은 뱀, 익룡, 공룡과 같이 거주하고 있다.

킹은 콩을 포획해서 뉴욕 시로 데려온 사냥꾼 칼 덴헴이 관객들의 관심을 끌기 위해 붙인 애칭이다.

전시 도중 콩은 탈출해서 뉴욕의 거대 빌딩 엠파이어 스테이트 빌딩(1976년에는 세계 무역 센터로 변경)에 올라가 인간의 행태에 반기를 들다 전투기 공격을 받고 절명한다는 내용이다.

피터 잭슨 버전은 컴퓨터 그래픽 등 최첨단 영상 테크닉을 가미시켜 보다 생동감 있는 킹 콩 사연을 들려준다.

영화감독 칼 덴햄(잭 블랙).

길거리 캐스팅한 앤 대로우(나오미 왓츠)와 시나리오 작가 잭 드리스콜(애드리안 브로디)과 함께 미지의 공간인 해골 섬을 찾아가 신작 촬영을 시도한다.

고대 풍경이 완벽하게 보존된 해골 섬.

이곳에서 구전으로만 전해진 거대한 킹 콩과 조우한다.

촬영 도중 앤은 해골 섬 원주민들에게 붙잡혀 제물로 바쳐지기 일보 직전의 위기 상황에 놓인다.

이때 킹 콩이 출몰해 공룡과 혈투를 펼쳐 마침내 앤을 구해낸다.

감독 덴햄은 킹 콩이 앤을 좋아한다는 사실을 이용해서 킹 콩을 뉴욕으로 생포한다.

도시인들에게 구경거리로 전락한 킹 콩.

그는 야수의 본능이 폭발해 뉴욕 도심을 순식간에 공포의 도가니로 만든다.

'저 위까지 올라가 죽다니 말야. 원숭이는 자기가 어찌 될지 알았던 모양이야. 저건 멍청한 짐승이야. 알긴 뭘 안다고 그래, 뭐가 문제야? 비행기가 결국 죽인 건데, 비행기가 죽인 게 아니야. 짐승을 죽인 건 미녀였던 거야.'

수천 년 동안 자연 속에서 평온하게 생활하고 있었던 킹 콩은 결국 이기적인 인간들에 의해 대도시로 끌려나와 첨단 문명을 상징하는 빌딩 위에서 전투기 공격을 받고 비명횡사하게 된다.

『뉴스위크』는 '피터 잭슨의 〈킹 콩〉 버전에서는 죽어가는 킹 콩의 애절한 눈빛을 보여주면서 세상에서 인간이 가장 추악한 동물이라는 메시지를 전달해 주고 있다'는 평을 게재한다.

뉴욕 센트럴 파크 동물들의 해프닝극 〈마다가스카〉

뉴욕 센트럴 파크 동물 4인방의 좌충우돌 해프닝 극 〈마다가스카〉. ⓒ DreamWorks SKG

〈이집트 왕자〉 〈슈렉〉 시리즈 등으로 월트 디즈니 아성을 뒤흔든 드림웍스가 기세를 등에 업고 공개한 〈마다가스카 Madagascar〉는 뉴욕 명소 센트럴 파크 동물원에서 인기 있는 동물 스타 4인방의 좌충우돌 사연을 담고 있다.

'작별은 즐겁고도 괴로워 우리가 사랑받던 센트럴 파크에서 모습을 감추고 이 평화로운 마다가스카로 온지가 거의 306일이 다 되어 가는 것 같아. 그렇지만 우린 모두와 함께 같이 살고 있고 얼마나 많은 친구들을 사귀었는지 생각하게 해 줘. 지금까지 중에 최고 연설이었어! 완전 취해서 가 버렸네. 그래도 할 말은 했잖아. 상관없어. 줄리앙과 했던 파티가 그리워. 누군가에게 있어서 작별은 정말 힘들어. 그래, 그럼 엽서나 보내주자. 바람이 알맞게 불고 있어. 어서 하자! 주목 좀 해주실래요? 뉴욕 행 비행기가 막 출발하려고 합니다. 우리는 크리스마스를 위해 고향에 간다!'

사자 알렉스(벤 스틸러)는 뉴욕 센트럴파크 동물원 최고 인기 스타.

정글의 왕인 알렉스는 사실 평생 정글 구경은 해 본 적 없는 뉴욕.토박이라는 치명적 약점을 갖고 있다.

알렉스 친구들인 얼룩말 마티(크리스 록), 기린 멜먼(데이비드 쉬머), 하마 글로리아(제이다 핀켓 스미스) 등도 동물원의 안락한 생활이 익숙해져 있다.

그런 어느 날. 호기심 많은 마티가 고향 남극으로 탈출 기회만을 노리는 펭귄 특공대의 유혹에 넘어가 외출을 시도한다.

알렉스와 친구들은 마티를 찾기 위해 동물원 밖으로 나가게 되고, 사람들에게 발견된 동물 4인방은 동물원 탈출을 모의했다는 오해를 받고 아프리카로 향하는 배에 오르게 된다.

4인방이 갇혀 있는 상자는 미지의 정글 마다가스카 주변을 표류하게 된다.

뉴요커의 삶을 살아온 이들은 거친 야생의 정글 마다가스카에서 힘겨운 생활과 다채로운 경험을 끝내고 뉴욕으로 귀환 도중 다시 마다가스타 정글로 불시착하게 되는 불운(?)을 당해 흥미로운 사연이 〈마다가스카 2 Madagascar : Escape 2 Africa / Madagascar 2〉(2008)로 이어질 것임을 알린다.

이 안 감독이 제시한 록키 산맥 청년들의 애뜻한 사연 〈브로크백 마운틴〉

'이루어 질 수 없는 하지만 만년설 같은 20대 청년들의 20년 동안의 만남과 그리움'.

미국에서 활동하고 있는 중국 출신 이 안 감독이 공개한 〈브로크백 마운틴 Brokeback Mountain〉은 20대 청년들이 나누게 되는 절절한 동성 감정을 담아내고 있다.

'와이오밍 주, 이 고물! 일거리가 필요하면 빨리 튀어 들어와. 브로크백 산에 있는 우리 방목장 근처에서는 산림청이 야영을 금지하고 있어서 밤에는 양을 지킬 수가 없어. 그래서 해가 지면 멀리 떨어진 산림청 지정 캠프로 철수했다가 밤이 되면 몰래 방목장으로 숨어 들어가 양을 지켜야 돼. 식사는 돌아와서 산림청 캠프장에서만 해야 돼! 삼림청 순찰대에 들키지 않도록 돌아오기 전에 모든 흔적을 싹 없애야 하고! 반드시 양 떼 옆에서 자야 돼. 작년처럼 양들이 없어져선 절대 안 돼! 자네는 금요일마다 식료품을 받으러 내려와. 다리에서 사람이 기다릴 거야. 그럼, 내일 아침 시작하자고! 잭 트위스트야. 에니스, 성은 없고? 델마, 반갑군. 에니스'.

수천 마리의 양떼가 장관을 이루고 있는 8월의 록키 산맥 브로크백 마운틴.

양 떼 방목장에서 함께 일하게 된 스물의 두 청년 에니스(히스 레저)와 잭(제이크 질렌할)은 오랜 친구처럼 서로에게 마음을 터놓는 사이가 된다.

이들의 우정은 친구 사이의 친밀함 이상으로 발전해 간다.

동성애 에피소드를 삽입시킨 이색 서부극으로 주목 받은 이 안 감독의 〈브로크백 마운틴〉. © Paramount Pictures, Good Machine, Focus Features

한 여름의 짧은 방목 철이 끝나자 기약도 없이 각자의 삶으로 돌아간다.

그 후 에니스는 약혼녀 알마(미쉘 윌리암스)와 결혼하여 두 딸의 아버지가 된다.

로데오 경기에 참가했다가 미모의 부자집 딸 로린(앤 해서웨이)을 만나 결혼한 잭은 텍사스에 정착하여

장인의 사업을 거들며 지내고 있다.

4년 후. 에니스는 잭으로부터 발송된 엽서 한 장을 받는다.

엽서를 통해 두 사람은 브로크백에서 가졌던 감정이 일시적인 것이 아니었음을 깨닫게 되고

동성애적 관계를 용납하지 못하는 주변 상황에 따라 무려 20년 동안 짧은 만남과 긴 그리움을 반복하며 지낸다.

두 사람의 관계는 잭이 의문의 죽음을 당하면서 새로운 상황을 맞게 된다.

'뭐라 말씀을 드려야 할지 우린 오랜 친구였죠. 브로크백에 묻어 달라던 잭의 소원을 제가 풀어주고 싶어 들렀습니다'.

'언젠간 자네를 이리로 데려와서 이 빌어먹을 목장을 함께 가꾸겠다더니 근데 일이 잘 안 풀린 모양이더군. 오두막도 짓고 목장도 돌보겠다더니 말이야!'

에니스는 장례식장에서 만난 잭의 부친으로부터 잭이 자신과 함께 꿈꾸어 왔던 미완의 포부를 전해 듣는다.

『버라이어티』는 '현실이 가로 막는 동성애. 이로 인해 겪는 고충은 이성간의 애정과 다를 바 없다는 메시지를 제시해 공감을 얻어냈다'는 평을 게재한다.

〈앙코르〉, 컨트리 가수 자니 캐시 업적 추모

제임스 맨골드 감독이 공개한 〈앙코르 Walk the Line〉는 불세출의 컨트리 가수 자니 캐시(Johnny Cash)의 음악적 업적과 아내와 얽힌 사생활을 담은 흥겨운 음악 영화이다.

호아킨 피닉스, 리즈 위더스푼, 제니퍼 굿윈, 로버트 패트릭 등이 출연한 〈앙코르〉는 자니 캐시의 청춘 시절의 음악 일화와 아내 준 카터와의 순애보에 초점을 맞추고 있다.

2005년 9월 4일 텔루라이드 필림 페스티벌(the Telluride Film Festival)을 통해 초연된 뒤 11월 18일 일반 공개, 전세계 수익 1억 8천 6백 달러를 올리는 기대 이상의 수익을 얻는다.

아카데미 어워드에서는 남우(호아킨 피닉스), 여주(리즈 위더스푼), 의상(아리안 필립스) 등 5개 부문에 지명 받아 리즈 위더스푼이 여우주연상을 차지한다.

1950년 자니 캐시는 공군에 입대, 서독에 파견, 근무하게 된다.

1952년 기타 반주에 맞추어 노랫말을 짓는데 그것이 유명한 'Folsom Prison Blues'이다.

제대 후 비비안 리베르토와 결혼, 멤피스로 이주한다.

가족을 부양하기 위해 집 집 마다 찾아다니는 세일즈맨을 하는 틈틈이 가스펠 음악 연주를 통해 가수의 꿈을 키운다.

컨트리 가수 자니 캐시의 음악적 업적을 극화한 〈앙코르〉. © Konrad Pictures, Fox 2000 Pictures.

선 레코드(Sun Records) 사주 샘 필립스(Sam Phillips) 앞에서 자작곡 'Folsom Prison Blues'를 불러 주어 단번에 전속 계약을 맺는다.

자니 캐스 앤 테네시 투(Johnny Cash and the Tennessee Two)를 결성해 순회공연을 하다 음악 동료 준 카터(June Carter)와 운명적인 만남을 갖고 단번에 사랑에 빠진다.

준 카터는 자니 캐시 밴드와 함께 공연을 진행하면

서 서서히 대중적 인지도를 넓혀간다.

첫 결혼에 실패한 준 카터, 조강지처의 완강한 이혼 거부 등에 놓이게 된 자니는 현실적 고통에서 벗어나기 위해 마약과 알코올에 탐닉한다.

그는 마약에 취한 상태에서 'Ring of Fire'를 작곡한다.

1966년 결국 비비안과 자니는 이혼한다.

어느 날 팬을 자처한 수감자로부터 'Folsom Prison'이 죄수들을 위로하는 노래로 애창을 받고 있다는 편지를 받는다.

이를 계기로 교도소를 순회하며 the Folsom Prison concert를 진행, 폭발적인 성원을 받으면서 자니 캐시와 밴드 그리고 준 카터의 존재감을 확실하게 각인된다.

콘서트 도중 전격적인 프로포즈를 통해 오랜 동안 줄다리기를 했던 준 카터와 재혼에 성공한 자니 캐시.

이후 불세출의 컨트리 가수도 수많은 명곡을 탄생시킨다.

〈앙코르〉에서는 호아킨 피닉스가 철저한 연습을 통해 자니 캐시와 구별할 수 없을 정도로 완벽한 보컬을 들려주어 흥행작이 되는데 혁혁한 공적을 세운다.

이제 질세라 리즈 위더스푼도 자니 캐시의 반려자이자 음악 동료 준 카터 역을 위해 수많은 동영상과 노래를 듣고 그녀의 창법을 완벽하게 모창했다는 후일담을 남긴다.

〈앙코르〉가 대중적 기대감을 얻는데 사운드트랙이 일조했다.

2006년 5월 17일 미국음반협회(RIAA)는 100만장 판매고를 돌파, 플래티넘(platinum) 공증을 받는다.

2007년 2월 11일 진행된 그래미 어워드에서는 편집 사운드트랙 앨범 상 Grammy for Best Compilation Soundtrack Album for a Motion Picture, Television or Other Visual Media을 수여 받는다. 화제가 됐던 사운드트랙 명단을 다음과 같다.

❖ Track Listing(제목, 가수 順)

1. Get Rhythm-Joaquin Phoenix
2. I Walk the Line-Joaquin Phoenix
3. Wildwood Flower-Reese Witherspoon
4. Lewis Boogie-Waylon Payne
5. Ring of Fire-Joaquin Phoenix
6. You're My Baby-Johnathan Rice
7. Cry! Cry! Cry!-Joaquin Phoenix
8. Folsom Prison Blues-Joaquin Phoenix
9. That's All Right-Tyler Hilton
10. Juke Box Blues-Reese Witherspoon
11. It Ain't Me Babe-Joaquin Phoenix/Reese Witherspoon
12. Home of the Blues-Joaquin Phoenix
13. Milk Cow Blues-Tyler Hilton
14. I'm a Long Way from Home-Shooter Jennings
15. Cocaine Blues-Joaquin Phoenix
16. Jackson-Joaquin Phoenix/Reese Witherspoon

제78회 행사가 탄생시킨 진기록 명기록

제78회 아카데미에서도 여러 진기한 기록들이 쏟아진다.

아카데미 감독상 역대 수상자는 백인종(Caucasian) 미국 혹은 유럽 출신 감독이 독식했다. 이 안은 동양인 출신으로는 최초 수상자가 된다.

미국 감독 협회 상(Directors Guild of America Award) 중 생존해 있는 상태에서 수상한 연출자는 총 7명이다.

스티븐 스필버그(Steven Spielberg)는 3회로 역대 최다 수상자로 기록되고 있다.

이어 클린트 이스트우드(Clint Eastwood), 론 하워드(Ron Howard), 프란시스 코폴라(Francis Coppola), 올리버 스톤(Oliver Stone), 밀로스 포만(Milos Forman) 등이 2회를 수상했고 이들은 모두 아카데미 작품상과 감독상을 수여 받은 전력을 갖고 있다. 반면 이 안은 작품상 수상 기록은 없지만 미국 감독 협회 상을 수여 받은 첫 번째 수상자가 된다.

이안 감독 작품에 출연한 배우 중 엠마 톰슨(Emma Thompson), 케이트 윈슬렛(Kate Winslet), 히스 레저(Heath Ledger), 제이크 질레한(Jake Gyllenhaal), 미쉘 윌리암스(Michelle Williams)는 모두 주, 조연 연기상 후보에 지명 받았다. 이 가운데 히스 레저는 〈네트워크〉의 피터 핀치에 뒤를 이어 사후(死後) 연기상 수상자가 된다.

골든 글로브(Golden Globe), 감독 협회(Director's Guild), BAFTA, 아카데미(Oscar) 감독상을 모두 석권한 사례는 모두 7명의 감독이 있다.

〈브로크백 마운틴 Brokeback Mountain〉(2005)의 이 안을 비롯해 〈졸업 The Graduate〉(1967)의 마이크 니콜스(Mike Nichols), 〈뻐꾸기 둥지 위로 날아간 새 One Flew Over the Cuckoo's Nest〉(1975)의 밀로스 포만(Milos Forman), 〈간디 Gandhi〉(1982)의 리차드 아텐보로(Richard Attenborough), 〈플래툰 Platoon〉(1986)의 올리버 스톤(Oliver Stone), 〈쉰들러 리스트 Schindler's List〉(1993)의 스티븐 스필버그(Steven Spielberg), 〈슬럼덕 밀리어네어 Slumdog Millionaire〉(2008)의 대니 보일(Danny Boyle) 등이다.

수상식 후 이야기

제78회 아카데미 진행은 토크 쇼 '데일리 쇼 The Daily Show'로 명성을 얻고 있던 존 스트워트가 전격 발탁돼 새로운 분위기를 선사했다.

이 해 아카데미 시상식은 이태리 투린에서 진행된 2006년 겨울 올림픽 행사로 2월 말 진행에서 인해 3월로 순연되어 진행됐다.

중국 출신 이안 감독의 〈브로크백 마운틴〉이 8개 지명을 받아 아시아권 출신 영화인의 저력을 입증시킨다.

폴 히기스 감독의 〈크래쉬〉, 조지 클루니가 연출을 맡은 〈굿 나이트, 굿 럭〉, 롭 마샬 감독의 〈게이사의 추억〉 등이 각각 6개 부문에 지명 받아 치열한 수상 경쟁을 예고했다.

독립 프로덕션 작품들이 다양한 소재를 통해 각 부문에서 두각을 드러낸 것이 제78회 행사의 가장 큰 특징이 됐다.

미국 사회의 암적 존재로 늘 언급되고 있는 인종 차별을 다룬 〈크래쉬〉를 비롯해 서부극과 동성애를 결합시킨 〈브로크백 마운틴〉, 성도착을 다룬 〈트란사메리카〉, 1950년대 미국 정치계와 연예 산업을 강타했던 매카시즘의 후유증을 다룬 〈굿 나이트, 굿 럭〉, 반유대교와 반 테러리즘을 표방한 〈뮌헨〉과 〈시리아나〉 등이 두각을 드러내 메이저 영화사들의 작품이 철저하게 외면(?) 당하는 수모를 당한다.

〈크래쉬〉에서 작품상 수상의 영예를 넘겨주었지만 도발적인 서부극을 표방한 〈브로크백 마운틴〉의 작품상 후보 지명은 창의적인 소재 선택으로 인해 비평가들로 부터는 절대적인 호응을 얻어낸다.

제78회 2005 노미네이션, 수상자 총 리스트

작품상 Best Picture

* 〈크래쉬 Crash〉
〈브로크백 마운틴 Brokeback Mountain〉
〈카포테 Capote〉
〈굿 나잇, 굿 럭 Good Night, and Good Luck〉
〈뮌헨 Munich〉

감독상 Best Director

* 이안 Ang Lee-〈브로크백 마운틴 Brokeback Mountain〉
조지 클루니 George Clooney-〈굿 나이트, 굿 럭 Good Night, and Good Luck〉
폴 히기스 Paul Haggis-〈크래쉬 Crash〉
베네트 밀러 Bennett Miller-〈카포테 Capote〉
스티븐 스필버그 Steven Spielberg-〈뮌헨 Munich〉

남우상 Best Actor

* 필립 세이무어 호프만 Phillip Seymour Hoffman-〈카포테 Capote〉
테렌스 하워드 Terrence Howard-〈허슬 & 플로우 Hustle & Flow〉
히스 레저 Heath Ledger-〈브로크백 마운틴 Brokeback Mountain〉
조아킴 피닉스 Joaquin Phoenix-〈앙코르 Walk the Line〉
데이비드 스트라던 David Strathairn-〈굿 나이트, 굿 럭 Good Night, and Good Luck〉

여우상 Best Actress

* 리즈 위더스푼 Reese Witherspoon-〈앙코르 Walk the Line〉
주디 덴치 Judi Dench-〈미세스 헨더슨 프레즌트 Mrs. Henderson Presents
펠리시티 호프만 Felicity Huffman-〈트랜사메리카 Transamerica〉
키라 나이트리 Keira Knightley-〈오만과 편견 Pride & Prejudice〉
샤를리즈 테론 Charlize Theron-〈노스 컨트리 North Country〉

조연 남우상 Best Supporting Actor

* 조지 클루니 George Clooney-〈시리아나 Syriana〉
맷 딜론 Matt Dillon-〈크래쉬 Crash〉
폴 지아매티 Paul Giamatti-〈신데렐라 맨 Cinderella Man〉
제이크 질레할 Jake Gyllenhaal-〈브로크백 마운틴 Brokeback Mountain〉
윌리암 허트 William Hurt-〈폭력의 역사 A History of Violence〉

조연 여우상 Best Supporting Actress

* 레이첼 와이즈 Rachel Weisz-〈콘스탄틴 가드너 The Constant Gardener〉
아미 아담스 Amy Adams-〈준벅 Junebug〉
캐슬린 키너 Catherine Keener-〈카포테 Capote〉
프란시스 맥도먼드 Frances McDormand-〈노스 컨트리 North Country〉
미셸 윌리암스 Michelle Williams-〈브로크백 마운

틴 Brokeback Mountain〉

각본상 Best Original Screenplay

* 〈크래쉬 Crash〉-폴 히기스 Paul Haggis
〈굿 나이트, 굿 럭 Good Night, and Good Luck〉 조지 클루니 George Clooney
〈매치 포인트 Match Point〉-우디 알렌 Woody Allen
〈오징어와 돌고래 The Squid and the Whale〉-노아 바움바흐 Noah Baumbach
〈시리아나 Syriana〉-스테판 개그한 Stephen Gaghan

각색상 Best Adapted Screenplay

* 〈브로크백 마운틴 Brokeback Mountain〉-래리 맥머트리 Larry McMurtry
〈카포테 Capote〉-댄 푸터맨 Dan Futterman
〈콘스탄틴 가드너 The Constant Gardener〉-제프리 케인 Jeffrey Caine
〈폭력의 역사 A History of Violence〉-조시 올슨 Josh Olson
〈뮌헨 Munich〉-토니 커시너 Tony Kushner

장편 애니메이션상 Best Animated Feature

* 〈월레스와 그로밋 Wallace & Gromit: The Curse of the Were-Rabbit〉-닉 파크 Nick Park
〈하울의 움직이는 성 Howl's Moving Castle〉-하야오 미야자키 Hayao Miyazaki
〈팀 버튼의 유령 신부 Tim Burton's Corpse Bride〉-마이크 존슨 Mike Johnson

외국어 영화상 Best Foreign Language Film

* 〈투치 Tsotsi〉(남 아프리카)
〈비스트 인 더 하트 The Beast in the Heart〉(이태리)
〈즐거운 노엘 Joyeux Noël〉(프랑스)
〈파라다이스 나우 Paradise Now〉(팔레스타인)
〈소피 스콜 Sophie Scholl-The Final Days〉(독일)

장편 다큐멘터리상 Best Documentary Feature

* 〈펭귄의 행진 March of the Penguins〉-뤽 자케 Luc Jacquet
〈다윈의 악몽 Darwin's Nightmare〉-휴버트 사퍼 Hubert Sauper
〈엔론 Enron: The Smartest Guys in the Room〉-알렉 깁니 Alex Gibney
〈머더볼 Murderball〉-앙리 악스 루빈 Henry-Alex Rubin
〈스트리트 파이트 Street Fight〉-마샬 커리 Marshall Curry

단편 다큐멘터리상 Best Documentary Short

* 〈승리의 노트 A Note of Triumph: The Golden Age of Norman Corwin〉-코린 마리난 Corinne Marrinan
〈케빈 카터의 죽음 The Death of Kevin Carter: Casualty of the Bang Bang Club〉-댄 크라우스 Dan Krauss
〈르완다의 신 잠들다 God Sleeps in Rwanda〉-킴벌리 아쿠아로 Kimberlee Acquaro
〈버섯 클럽 The Mushroom Club〉-스티븐 오카자키 Steven Okazaki

단편 라이브 액션상 Best Live Action Short

* 〈식스 쇼터 Six Shooter〉-마틴 맥도프 Martin McDonagh
〈런어웨이 Ausreißer/ The Runaway〉-울라이크 그로테 Ulrike Grote
〈캐시백 Cashback〉-숀 엘리스 Sean Ellis
〈라스트 팜 The Last Farm〉-루나 루나슨 Rúnar Rúnarsson
〈아워 타임 이즈 업 Our Time is Up〉-롭 피얼스테인 Rob Pearlstein

단편 애니메이션상 Best Animated Short

* 〈문 앤 더 선 The Moon and the Son: An Imagined Conversation〉-존 카네메이커 John Canemaker
〈배저리드 Badgered〉-샤론 콜맨 Sharon Colman
〈재스퍼 모레로 The Mysterious Geographic Explorations of Jasper Morello〉-안소니 루카스

Anthony Lucas
〈9〉-세인 액커 Shane Acker
〈원 맨 밴드 One Man Band〉-앤드류 지메네즈 Andrew Jimenez

작곡상 Best Original Score

* 〈브로크백 마운틴 Brokeback Mountain〉-구스타포 산타올랄라 Gustavo Santaolalla
〈콘스탄트 가드너 The Constant Gardener〉-알베르토 이글레시아스 Alberto Iglesias
〈게이사의 추억 Memoirs of a Geisha〉-존 윌리암스 John Williams
〈뮌헨 Munich〉-존 윌리암스 John Williams
〈오만과 편견 Pride & Prejudice〉-다리오 마리안넬리 Dario Marianelli

주제가상 Best Original Song

'It's Hard Out Here for a Pimp'-〈허슬 & 플로우 Hustle & Flow〉, 조르단 휴스턴 Jordan Houston
'In the Deep'-〈크래쉬 Crash〉, 캐슬린 버드 요크 Kathleen Bird York
'Travelin Thru'-〈트란사메리카 Transamerica〉, 돌리 파튼 Dolly Parton

사운드 편집상 Best Sound Editing

* 〈킹 콩 King Kong〉-마이크 홉킨스 Mike Hopkins
〈게이사의 추억 Memoirs of a Geisha〉-와리 스테이트맨 Wylie Stateman
〈세계 전쟁 War of the Worlds〉-리차드 킹 Richard King

사운드 믹싱상 Best Sound Mixing

* 〈킹 콩 King Kong〉-크리스토퍼 보예스 Christopher Boyes
〈나니아 연대기 The Chronicles of Narnia: The Lion, the Witch and the Wardrobe〉-f테리 포터 Terry Porter
〈게이사의 추억 Memoirs of a Geisha〉-케빈 오도넬 Kevin O'Connell
〈앙코르 Walk the Line〉-폴 마세이 Paul Massey
〈세계 전쟁 War of the Worlds〉-앤디 넬슨 Andy Nelson

미술 감독 & 세트 장식상
Best Art Direction & Set Decoration

* 〈게이사의 추억 Memoirs of a Geisha〉-존 미러 John Myhre
〈굿 나이트, 굿 럭 Good Night, and Good Luck〉-짐 비셀 Jim Bissell
〈해리 포터 불의 잔 Harry Potter and the Goblet of Fire〉-스튜어트 크레이그 Stuart Craig
〈킹 콩 King Kong〉-그랜트 메이저 Grant Major
〈오만과 편견 Pride & Prejudice〉-사라 그린우드 Sarah Greenwood

촬영상 Best Cinematography

* 〈게이사의 추억 Memoirs of a Geisha〉-디온 비브 Dion Beebe
〈배트맨 비긴스 Batman Begins〉-월리 피스터 Wally Pfister
〈브로크백 마운틴 Brokeback Mountain〉-로드리고 프리에토 Rodrigo Prieto
〈굿 나이트, 굿 럭 Good Night, and Good Luck〉-로버트 엘스위트 Robert Elswit
〈신세계 The New World〉-엠마누엘 루베스키 Emmanuel Lubezki

메이크업상 Best Makeup

* 〈나니아의 연대기 The Chronicles of Narnia: The Lion, the Witch and the Wardrobe〉-하워드 버거 Howard Berger
〈신데렐라 맨 Cinderella Man〉-데이비드 르로이 앤더슨 David Leroy Anderson
〈스타 워즈: 에피소드 3 Star Wars: Episode III: Revenge of the Sith〉-데이브 엘세이 Dave Elsey

의상 디자인상 Best Costume Design

* 〈게이사의 추억 Memoirs of a Geisha〉-콜린 아트우드 Colleen Atwood
〈찰리와 초콜릿 공장 Charlie and the Chocolate

Factory〉-가브리엘라 페스쿠치 Gabriella Pescucci
〈미세스 헨더슨 프레즌트 Mrs. Henderson Presents〉-샌디 파웰 Sandy Powell
〈오만과 편견 Pride & Prejudice〉-재클린 두란 Jacqueline Durran
〈앙코르 Walk the Line〉-아드리안 필립스 Arianne Phillips

편집상 Best Film Editing

* 〈크래쉬 Crash〉-휴즈 윈본 Hughes Winborne
〈신데렐라 맨 Cinderella Man〉-마이크 힐 Mike Hil
〈콘스탄트 가드너 The Constant Gardener〉-클레어 심슨 Claire Simpson
〈뮌헨 Munich〉-마이클 칸 Michael Kahn
〈앙코르 Walk the Line〉-마이클 맥쿠스커 Michael McCusker

시각 효과상 Best Visual Effects

* 〈킹 콩 King Kong〉-조 레테리 Joe Letteri
〈나디아 연대기 The Chronicles of Narnia: The Lion, the Witch and the Wardrobe〉-딘 라이트 Dean Wright
〈세계 전쟁 War of the Worlds〉-데니스 무렌 Dennis Muren

최다 후보작 및 수상작

〈브로크백 마운틴 Brokeback Mountain〉-8개 부문 후보
〈브로크백 마운틴 Brokeback Mountain〉 〈크래쉬 Crash〉 〈킹 콩 King Kong〉 〈게이샤의 추억 Memoirs of a Geisha〉-각 3개 부문 수상

아카데미 명예상 Academy Honorary Award

* 로버트 알트만 Robert Altman

만년 후보 마틴 스콜세즈, <디파티드>로 작품, 감독상 석권!

시상식 : 2007년 2월 25일 6:00 PM
장　소 : L A 코닥 극장 Kodak Theatre, Hollywood, Los Angeles, California
사　회 : 엘렌 디지니레스 Ellen DeGeneres, ABC 중계

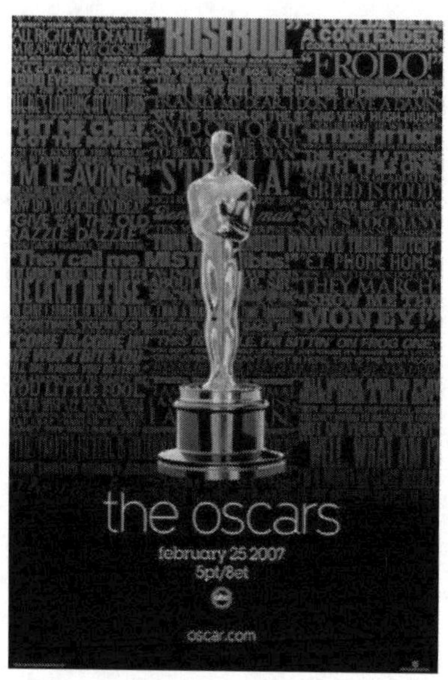

제79회 아카데미 공식 포스터. © A.M.P.A.S/ Oscars.org

전 미국 부통령 엘 고어, 환경 오염의 심각성 일깨워

제79회 아카데미 시상식은 2006년 개봉작을 대상으로 24개 부문에서 우수작(수상자)을 선정한다.

〈디파티드 The Departed〉가 작품, 감독 등 4개의 오스카 트로피를 차지해 최고의 화제작으로 대접 받는다.

이어 〈판의 미로 Pan's Labyrinth〉 환경 다큐 〈불편한 진실 An Inconvenient Truth〉 〈드림걸즈 Dreamgirls〉 〈리틀 미스 선싸인 Little Miss Sunshine〉 〈바벨 Babel〉 〈해피 피트 Happy Feet〉 〈라스트 킹 The Last King of Scotland〉 〈이오지마에서 온 편지 Letters from Iwo Jima〉 〈타인의 삶 The Lives of Others〉 〈마리 앙트와네트 Marie Antoinette〉 〈캐리비안의 해적: 망자의 함 Pirates of the Caribbean: Dead Man's Chest〉 〈더 퀸 The Queen〉 등이 오스카 시상식을 화려하게 수놓은 작품으로 호명 받는다.

올해 시상식은 미국 전역에서 4,000만명 nearly 40 million viewers in the United States의 시청자가 아카데미 축제 생방송을 시청한 것으로 집계 된다.

행사가 생중계 되는 동안 전 미국 부통령이자 환경운동가 활동을 하고 있는 엘 고어 U.S. Vice President and environmental activist Al Gore와 남우상 후보 지명자인 레오나르도 디카프리오는 '아카데미 협회가 영화 행사를 통해 환경과 생태계 문제의 심각성을 적극적으로 알려줄 필요가 있다'는 요구 사항을 밝힌다.

이에 부응하려는 듯 이미 행사장에는 친환경 전기차를 비롯해 재활용 용지로 투표용지를 만들었고 행사 오찬장에서도 재활용이 가능한 머그컵이 준비 되는 등 친환경 조치가 취해져 날로 심각해져 가는 환경 오염에 대한 각성을 할 수 있는 기회를 제공한다.

〈무간도〉의 얼개만 차용한 마틴 스콜세즈 스타일의 〈디파티드〉

홍콩 맥조휘, 유위강 공동 감독의 〈무간도 無間道, Infernal Affairs〉(2002)

'홍콩 영화의 부활을 주도하고 있는 섬세하고 치밀한 서스펜스! 압도적 몰입 감을 선사하는 오락극' - 『롤링 스톤』

'미안하지만 난 경찰이야' - 진영인(양조위)

'그걸 누가 아는데?' - 유건명(유덕화)

'이것만 기억해 둬, 뭔가 하는 척 하면서 집중 안 하고 우릴 쳐다보고 있으면 그게 바로 경찰이야' - 아강(두문택)

홍콩 최대 범죄 조직을 일망타진하기 위해 삼합회에 잠입한 경찰 스파이 진영인과 역으로 경찰 정보를 빼내기 위해 잠입한 폭력 조직 스파이 유건명.

이들은 삼합회의 범죄 현장을 덮치는 작전 중에 서로의 존재를 감지하게 된다.

숨막히는 추격 끝에 둘은 서로를 향해 총을 겨눈다.

'과거에는 선택의 여지가 없었지만…지금은 좋은 사람이 되길 원해' - 유건명(유덕화)

경찰의 스파이가 된 범죄 조직원 vs 범죄 조직의 스파이가 된 경찰의 처지를 긴박하게 묘사해 공감을 얻은 〈무간도〉는 마틴 스콜세즈 감독이 할리우드 스타일로 〈디파티드 The Departed〉를 공개할 만큼 홍콩 원작은 탄탄한 작품성과 오락성을 갖춘 영화로 공인 받는다.

마틴 스콜세즈 감독은 남부 보스턴 매사추세츠 주 경찰청을 배경으로 극을 전개시켜 나간다.

프랭크 코스텔로(잭 니콜슨)가 이끄는 보스턴 최대 범죄 조직망을 와해시키기 위해 신참 경찰 빌리 코스티건(레오나르도 디카프리오)을 조직에 침투시킨다.

빌리가 경찰 뱃지를 반납하고 보스턴 길거리를 떠돌다 코스텔로의 신임을 얻기 위해 애쓰는 동안 또 다른 신참 콜린 설리반(맷 데이먼)은 경찰청 내에서 승승장구하여 특별 수사반에 배치된다.

특별 수사반 임무 또한 코스텔러 제거가 가장 큰 임무.

콜린은 경찰청에 투입된 코스텔로의 첩자.

경찰청의 수사 상황을 코스텔로에게 직보하는 것이 그의 임무이다.

갱단과 경찰이 서로의 조직에 위장 침투하면서 양쪽 조직 모두 첩자의 존재를 감지하게 된다.

정체가 먼저 탄로 나면 목숨을 부지할 수 없는 상황.

상대방 첩자를 알아내기 위한 치열한 내사가 진행된다.

'나는 환경에 지배당하고 싶지 않다. 내가 환경을 지배하고 싶다. I don't want to be a product in my environment. I want my envirnment to be a product of me' - 프랭크 코스텔로(잭 니콜슨)

'당신은 감옥에서 살인자 집단과 함께 앉아 있어요. 살인자 집단 속에 당신 심장 박동은 고요해져요. 당신 손은 떨리지 않아요. 그게 내가 감옥에 있을 때 발견할 수 있었던 겁니다. 내 손이 결코 떨리지 않는다는 것을요' - 빌리 코스티건(레오나르도 디카프리오)

마틴 스콜세즈 감독은 '영화 주제에 대한 여러 가지 해석이 나올 수 있겠지만 인간은 욕망의 동물인 동시에 그 같은 욕구를 갈망하다 파멸을 맞게 된다는 것을 제시하고 싶었다'는 연출론을 공개한다.

『할리우드 리포터』는 '원작 무간도는 이 승도 저 승도 아닌 그 중간계를 뜻하는 것처럼 선, 악의 경계선을 오가게 되는 두 캐릭터들의 처지를 상징하고 있다. 반면 Departed는 죽은(deceased), 지나간, 과거라는 뜻으로 어느 한 쪽에 속하지 못하고 겉돌면서 고통과 기쁨을 누리게 되는 두 남자의 처지를 상징하는 있다.

극중 디카프리오는 불안한 이중생활을 한탄하면서 안정제를 마시고 있으며 맷 데이먼은 성공에 대한 강박 관념을 갖고 살아가는 인물이다. 두 사람의 행적은 성공 혹은 생존을 위해 몸부림치는 남성들의 삶을 제시하고 있다'는 리뷰를 게재하고 있다.

교계의 심기를 불편하게 만든 〈다빈치 코드〉

'멈춰! 어딨는지 말해. 너희 수도회의 물건이 아니다. 뭘 말하는 건지 모르겠소. 발설하느니 죽음을 택하겠다? 제발 소원이라면 잠깐! 죄인을 용서하소서! 생쉴피스 성당. 성 구실 바닥이 로즈 라인이야. 로즈 아래에 있다. 고맙군! '기호의 해석 로버트 랭던'. 감사합니다. 기호는 언어입니다. 과거를 말해주죠. 기호를 어떻게 해석하는가에 따라 의미가 완전히 달라져요. 예를 들어보죠. 뭐가 연상됩니까? 증오, 인종차별, KKK단, 흥미롭군요, 스페인에서는 답이 달라졌을 겁니다. 그곳 성직자들이 입는 옷이니까요. 이번 것은? 악마, 영어로요. 악마의 갈퀴, 가엾은 포세이돈! 그의 삼지창인데 고대인들한텐 힘의 상징이었죠. 이건? 성모자상, 기독교, 태양신 호루스와 그의 어머니예요. 예수 탄생보다 수백 년 앞서죠. 과거를 제대로 이해해야만 현재를 파악할 능력이 생겨요. 믿음과 진실을 어떻게 구분할까요? 개인적, 문화적 역사를 통해 어떻게 우리 정체성을 정의할까요? 오랫동안 왜곡돼 온 역사를 바로 잡아서 진실을 밝혀낼 방법은? 그걸 알아내는 게 우리의 사명이죠.'

기호학자 로버트 랭던의 '왜곡된 역사 바로 잡기 행보'는 개신교 및 가톨릭 교계를 민감하게 만든다.

〈다빈치 코드 The Da Vinci Code〉는 댄 브라운이 2003년 발표한 미스터리 추리 소설을 각색했다.

기호학자 로버트 랭던이 파리 루브르 박물관에서 발

생한 살인 사건의 이면을 추격하면서 시온 수도회와 오푸스 데이가 나사렛 예수 그리스도가 마리아 막달레나와 결혼하여 아이를 가졌다는 사실을 은폐했던 진실을 밝히는 사연을 담고 있다.

가톨릭 교계의 심기를 불편하게 만들었던 〈다빈치 코드〉. © Columbia Pictures Corporation

〈다 빈치 코드〉에 대해 교계가 반발한 가장 주된 이유는 '예수 그리스도와 막달라 마리아가 결혼해서 딸 사라가 출생했고 사라의 후손이 프랑크의 메로빙거 왕조의 왕과 신성 로마 제국의 황제 혈통의 근원'이라고 묘사한 부문.

국내 상영 당시인 2006년 4월 7일, 한국 기독교 총연합회에서는 상영금지 가처분 소송을 제기했지만 법원은 '기독교 사상이나 신자들의 믿음을 흔들 수 있는 요소는 없다'고 기각 하는 등 소동이 벌어졌다.

개신교와 천주교는 예수 결혼 문제에 대해 가장 민감한 반응을 보였다.

예수는 인간을 위해 순교했으며 막달라 마리아는 십자가형으로 죽음을 당했을 때 그의 곁에서 최후를 지켰고 예수가 무덤에 묻히는 모습을 목격했으며 부활절 아침 시신에 사용하기 위해 향료를 휴대하고 무덤으로 찾아갔던 사례 등이 미혼이라는 명확한 근거라고 제기하고 있다.

반면 마가렛 스타버드는 『성배와 잃어버린 장미: 다빈치 코드의 비밀』을 통해 '예수와 막달라 마리아가 결혼했으며 성배는 예수의 후손을 잉태한 막달라 마리아를 뜻한다.'고 주장했다.

예수와 막달라 마리아의 결혼설은 『성혈과 성배』에도 기술되고 있으며 『다빈치 코드』가 저술되는데 가장 큰 영향을 준 것으로 알려졌다.

제목 '다 빈치 코드'는 살인 사건의 피해자가 남긴 메시지들을 지칭하는 의미이다.

살인 사건의 피해자는 루브르의 드농 관에서 벌거벗은 채 레오나르도 다 빈치의 인체 비례도 모습으로 피살당해 있었고 수수께끼 같은 메시지와 피로 배에 별 문양을 그려 놓고 있었다.

극은 성배 전설과 막달레나의 역할에 대한 진실을 파헤치는 과정에서 로마 가톨릭 교회를 부정적으로 묘사해 반발을 불러일으키게 된 것이다.

'하나 물어봅시다. 예수 그리스도의 살아있는 후손이 믿음을 저버릴까요? 아니면 새로이 할까요? 당신의 믿음이 가장 중요해요. 고마워요. 여기 데려다줘서. 할아버지가 당신을 택한 것도 로버트 경! 잘 지내요. 네, 안되네요. 포도주는 될지도 몰라요. 신의 축복을! '성스러운 여성의 상징', 피의 길. 로즈 라인. 로즈 아래에 있다. 고대 로슬린 아래 성배가 기다리노라. 대가들의 예술로 치장된 곳에서 그녀의 문을 지키는 칼날과 잔, 별 가득한 하늘 아래 안식을 취하노라.'

〈다빈치 코드〉는 결국 '소피, 당신이 바로 비밀이오, 사고에서 살아남고 사고였는진 모르겠지만 시온 수도회는 당신이 살았다는 사실을 숨겼고 수도회 수장이 당신을 맡아서 친손녀처럼 키웠던 거예요, 종합해 보면 프린세스 소피 바로 당신이오, 마지막 혈통! 유일하게 살아있는 예수 그리스도의 마지막 후손!'이라며 예수의 결혼설을 확정 짓는 것으로 마무리 되고 있다.

6대 제임스 본드 다니엘 크레이그 데뷔작 〈카지노 로얄〉

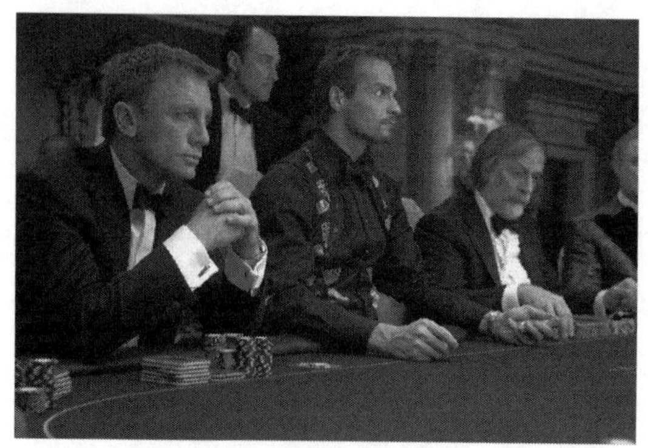

다니엘 크레이그가 6번째 제임스 본드 데뷔 식을 치른 〈카지노 로얄〉. © Columbia Pictures, United Artists, Metro-Goldwyn-Mayer (MGM)

〈카지노 로얄 Casino Royale〉은 21번째 제임스 본드 시리즈로 공개된다.

다니엘 크레이그(Daniel Craig)는 숀 코네리, 조지 레젠비, 로저 무어, 티모시 달튼, 피어스 브로스난에 이어 가상의 영국 첩보 부대 MI6 1급 정예요원 제임스 본드로 첫 신고식을 갖는다.

감독은 마틴 캠벨(Martin Campbell).

이안 플레밍(Ian Fleming)이 1953년 발표한 동명 소설을 극화했다.

원작은 이미 1954년 TV 시리즈, 1967년 데이비드 니븐 주연의 시리즈 번외 풍자 영화로 공개된 바 있다.

이안 플레밍이 첫 번째 소설 〈카지노 로얄〉에서는 첩보원 007이 처음 '살인 면허 licence to kill'를 부여 받는 것으로 묘사되고 있다.

MI 6 요원 제임스 본드.

체코 임무를 마치자 국제 테러조직 자금줄로 알려진 르쉬프(매즈 미켈슨)의 배후를 밝히기 위한 작전에 나선다.

마다가스카에서 작전을 수행하던 007은 르쉬프가 몬테카를로 '카지노 로얄'에서 무제한 배팅이 가능한 '홀뎀 포커'를 통해 대규모 테러 자금을 조성하려 한다는 첩보를 입수한다.

MI 6 상관 M(쥬디 덴치)은 제임스 본드에게 위장 잠입을 지시한다.

아울러 자금 관리를 위해 베스퍼 그린(에바 그린)를 파견한다.

007은 여러 위기를 극복하고 르쉬프의 극비 프로젝트 '엘립시스'를 무산시킨다.

작전 도중에 베스퍼 그린이 희생된다.

21세기 최장수 시리즈물로 인기를 얻고 있는 제임스 본드 007은 이안 플레밍(1908년-1964년)이 만들어낸 가상의 인물이지만 흡사 실존 인물처럼 대접을 받고 있는 존재이다.

제임스 본드에서 '00'은 영국 정보국 MI6에서 허가해 준 살인 면허를 뜻한다.

'7'은 '살인 면허를 소지한 7번째 요원'이라는 의미를 갖고 있다.

소설 속에 묘사된 007 제임스 본드는 영국 스코틀랜드 태생이며 1922년생이다.

영국 명문 이튼 학교와 옥스퍼드 대학 법학과를 졸업했으며 영어, 불어, 독일어 등 3개 국어에 능통한 동시에 사격, 격투기에 능하고 성적 매력이 돋보이는 외모와 뛰어난 화술 등 첩보원으로 갖추어야 할 조건을 110% 구비한 인물이다.

소설에서 본드는 '테레사 트레이시 디 빈센조'(애칭 트레이시)와 결혼했지만 그녀는 악당에게 피살당하는 비운을 당한다.

전세계 흥행 10억 달러 돌파 〈캐리비안의 해적: 망자의 함〉

고어 버번스키 감독, 조니 뎁 주연의 〈캐리비안의 해적: 망자의 함 Pirates of The Caribbean: Dead Man's Chest〉은 2006년 7월 7일 전세계 동시 개봉되면서 흥행가를 강타, 누적 수익 10억 6백만 1십 7만 9천 7백 2십 5달러($1,066,179,725)를 돌파한다.

할리우드 영화 중 10억 달러 돌파는 〈아바타〉 27억

전세계 흥행 시장에서 무려 10억 달러 이상의 수익을 거둔 조니 뎁 주연의 〈캐리비안의 해적 : 망자의 함〉. © Jerry Bruckheimer Films, Walt Disney Pictures

8,230만 달러, 〈타이타닉〉 18억 4,320만 달러, 〈해리 포터와 죽음의 성물2〉 11억 3,420만 달러, 〈반지의 제왕: 왕의 귀환〉 11억 달러에 이어 5번째 기록이다.

'윌, 어떻게 된 거죠? 나도 모르겠소, 당신 오늘 아름답구려, 결혼 전에 신부를 보게 되면 불운이 찾아온대요. 저리들 비키게 나 좀 지나가겠네. 어떻게 감히 나한테! 부하들을 당장 거두게! 내 말 안 들리나? 웨더비 스완 총독 정말 오랜만이로군요, 커틀러 베켓? 사실 이제는 버켓 '경'이 됐소. 경이건 뭐건 간에 당신은 이 사람을 체포할 아무런 이유도 또 권한도 없소! 아니, 사실은 있소. 미스터 머서! 이것은 윌리엄 터너에 대한 체포 영장이오. 이 영장은 엘리자베스 스완에 대한 것인데? 정말 짜증나는군. 내가 실수했소. 여자도 체포해. 무슨 죄목으로? 아하! 여기 윌리엄 터너 것이 있었군. 그리고 하나가 더 있는데 미스터 제임스 노링턴! 지금 이 자리에 있소? 대체 죄목이 뭐예요? 노링턴 사령관은 몇 달 전에 사임했소. 그것은 내 질문의 답이 아닌 것 같은데? 베켓 경, 질문에 답을 안 한다니 드리는 씀인데 우린 국왕 직속인 포트 로얄의 총독 관할 하에 있어요. 그러니 우리를 무슨 죄목으로 체포하는지 말해주시죠. 죄목은 왕국에 대항해 반역죄를 저지르고 사형 판결을 받은 죄인의 탈출을 도모한 죄이며 이들의 처벌은 사형에 처하도록 한다.'

바다 밑 악령들의 지배자 데비 존스. 그에게 영혼으로 빚을 갚아야 하는 블랙펄의 주인 캡틴 잭 스패로우.

어두운 해적의 모습으로 변해가는 윌 터너. 그를 위해 검을 잡아야만 하는 엘리자베스.

도망자가 된 캡틴 잭을 사로 잡기 위해 100년 만에 수면 위로 떠오르는 유령선 플라잉 더치맨과 심해의 거대괴물 크라켄.

잭을 구할 방법은 세상 끝에 존재한다는 망자의 함을 찾는 것뿐이다.

'상자가 하나 있어. 이런 맙소사. 크기도 그 유래도 알려지지 않은 그런 상자야. 데비 존스의 뛰는 심장이 거기 담겨져 있지. 누구든 그 상자만 손에 넣으면 뭐든 원하는 걸 그에게 시킬 수 있지. 불쌍한 윌을 잔혹한 운명에서 구해주는 것까지도 말이야. 이런 이야기를 정말 믿는 건 아니겠죠? 그걸 어떻게 찾아내죠? 이걸로, 내 나침반으로 말야. 이것은 하나 밖에 없는 거지. 이 나침반은 북쪽을 가리키지 않아. 그럼 뭘 가리키는데요? 당신이 이 세상에서 가장 원하는 게 있는 쪽을 가리키지. 잭, 당신 말 사실이겠죠? 그야 물론이지. 당신이 이 세상에서 가장 원하는 것은 바로 데비 존스의 함을 찾는 거야. 윌을 구하기 위해서. 그러려면 데비 존스의 함을 찾아야지. 목적지가 정해졌다. 드디어! 돛을 펴고 닻을 올려라'.

빨간 눈을 갖고 있는 집시 여왕의 안내를 받은 항해는 〈캐리비안의 해적 : 세상의 끝에서 Pirates of the Caribbean: At World's End〉(2007)로 이어질 것임을 예고한다.

『버라이어티』는 '망자의 함을 손에 넣는 자가 바다를 지배할 수 있다. 해적 사냥꾼 커틀러 베켓 경(탐 홀랜더)이 망자의 함을 손에 넣기 위해 혈안이 된다. 이제 바다는 돈에 눈이 먼 사업가와 관료들의 이권 다툼의 장으로 변해 버린다. 모험을 즐기던 해적들이 사라질 위기에 처한 상황이 드넓은 바다와 수많은 등장인물을 통해 흥미롭게 묘사되고 있다.'는 평가를 내린다.

라스트 무렵 '크라켄을 향해서 칼을 찌르는 잭 스페로우의 모습'에 관객들의 찬사가 쏟아진다.

미국과 호주 영화인들의 팀웍으로 제작된 〈해피 피트〉

'이런 금언이 있다. 형제, 자매들이여. 다른 모든 것들의 정점에 있는 금언이니 절대로! 절대로! 무슨 일이 있어도, 알을 떨어뜨리지 말아라. 겨울의 긴 밤동안. 노래를 부른 수많은 펭귄 중에서 가장 열렬히 부른 이는 멤피스였다. 지구가 돌아서 태양이 돌아오게 하기 위해'.

〈해피 피트〉는 음치 펭귄이 노래보다는 발로 춤을 추어 킹카로 등극되는 과정을 춤과 흥겨운 록큰롤 명곡에 담아 전개시켜 연말 흥행 차트 10위를 차지하는 성과를 거둔다.

로리아(브리트니 머피)를 좋아하지만 노래를 못해 구애할 수 없어 늘 주눅이 들어있다.

멈블의 튀는 탭 댄스를 못마땅하게 여기던 왕국의 연장자 노아(휴고 위빙)는 멈블의 댄스가 펭귄 왕국의 질서를 어지렵힌다는 이유로 멈블을 추방시킨다.

남극을 헤매던 멈블은 아델리 펭귄 종족인 라몬(로빈 윌리암스) 일행과 조우해 그들로 부터 절대적인 환영을 받는다.

이후 멈블의 현란한 발동작은 펭귄 왕국에서 '몸으로 노래하는 것'으로 대접 받게 된다.

음치 펭귄이 춤을 통해 자신의 존재감을 인정받는다는 유쾌한 애니메이션 〈해피 피트〉. © Village Roadshow Pictures, Kennedy Miller Productions

남극 대륙 펭귄 왕국.

이 지역에서는 가슴으로 부른 '하트 송'으로 구애를 하기 때문에 노래를 부르지 못한다는 것은 치명적 약점이다.

춤에는 특별한 재능을 가졌지만 노래만은 세계 최악 음치 펭귄 멈블(엘리야 우드).

멈블의 엄마 노마 진(니콜 키드만)은 아들의 탭 댄스가 귀엽다고 생각하지만 아빠 멤피스(휴 잭맨)는 멈블이 펭귄답지 못하다고 불만이다.

멈블은 왕국에서 가장 노래를 잘하는 여자 친구 글

『할리우드 리포터』는 '과거 노래로서 사랑을 표현했다면 이제는 언어 장벽이 없는 춤을 통해 우리가 갖고 있는 여러 가지 감정을 드러낼 수 있다. 이같은 새로운 메시지는 애니메이션이 연령, 국적, 언어를 초월해 환대를 받을 수 있는 최적의 장르라는 점을 새삼 되새겨 준다.'는 평점을 내린다.

〈해피 피트〉는 미국과 호주 영화인들이 의기투합해 애니메이션 합작품을 만들어냈다는 의미를 갖고 있는 작품이다.

감독과 시나리오를 맡은 조지 밀러는 멜 깁슨의 〈매

드 맥스〉 시리즈로 유명세를 얻은 연출자.

그는 시드니에 본부를 두고 있는 비주얼 이펙트 전문 제작사와 애니메이션 스튜디오 애니멀 로직(Animal Logic)의 협조를 받아 할리우드 메이저 워너 브라더스와의 합작 애니메이션을 성공작으로 만들어 내는 수훈자가 된다.

〈해피 피트〉는 아카데미 장편 애니메이션상을 수상한다.

〈반지의 제왕〉의 프로도역으로 유명세를 얻은 엘리야 우드가 멈블 목소리 더빙, 연인 글로리아는 브리트니 머피, 아버지 멤피스는 휴 잭맨, 어머니 노마 진은 니콜 키드만 등 중견 연기자들의 목소리 연기도 흥행 지수를 높여주는데 일조한다.

〈해피 피트〉는 오프닝에서 '나의 그녀가 날 떠난 이후 난 거주할 곳을 새로 찾았다네, 외로운 거리 끝자락에 있는 상심의 호텔이란 곳이지, 그리고 말했지, 너무 외로워, 베이비, 너무 외로워'라는 엘비스 프레슬리의 'Heartbreak Hotel'을 사용했듯이 록큰롤 명곡을 곳곳에 배치한 주크 박스 뮤지컬(jukebox musical)을 표방해 시종 흥겨움을 부추겨 준다.

전체 배경 음악은 존 파웰(John Powell)이 맡아 2006년 10월 31일 출시된다.

음악 팬들로부터 구매 열기를 받은 사운드트랙에 수록 리스트는 다음과 같다.

❖ Track Listing

1. The Song of the Heart/ Prince
2. Hit Me Up/ Gia Farrell
3. Tell Me Something Good/ Pink
4. The Joker mash-up with Everything I Own/ Jason Mraz
5. I Wish/ Fantasia, Patti LaBelle, & Yolanda Adams
6. Boogie Wonderland/ Brittany Murphy; featuring Lombardo Boyar
7. Somebody to Love/ Brittany Murphy
8. My Way (A Mi Manera)/ Robin Williams
9. Do It Again/ The Beach Boys
10. Jump N' Move/ The Brand New Heavies (featuring Jamalski)
11. Kiss/ Nicole Kidman and Hugh Jackman
12. Golden Slumbers/ The End/ k.d. lang
13. The Story of Mumble Happy Feet/ John Powell

1960년대 팝 차트 석권한 흑인 싱어 신화극 〈드림걸즈〉

1960년대 백인들이 주도한 팝 차트까지 점령한 흑인 소울 싱어들의 활약상을 다룬 음악 영화가 〈드림걸즈 Dreamgirls〉이다.

1981년 브로드웨이 뮤지컬로 공연돼 호응을 얻은 원작을 빌 콘돈 감독이 각색을 맡아 비욘세, 제이미 폭스, 에디 머피 등 걸출한 흑인 재능꾼들을 규합시켜 대형 화면으로 공개한다.

사운드트랙 작곡은 브로드웨이 뮤지컬과 동일하게 헨리 크리거(Henry Krieger)가 맡았다.

〈드림걸즈〉는 1960년대 모타운 레코드사의 흥행 주로 명활약했던 슈프림스 The Supremes를 모델로 했다.

디트로이트 출신 여성 트리오 디나(비욘세), 에피(제니퍼 허드슨), 로렐(애니카 노니 로즈). 재능과 열정을 갖춘 이들은 초기에는 오디션에 탈락하는 등 쓴잔을 마신다.

그녀들은 쇼 비즈니스계의 성공을 갈망하는 매니저 커티스(제이미 폭스)와 만나 당시 최고 인기 가수 제임스 썬더 얼리(에디 머피)의 백보컬로 투입된다.

리더 에피를 디나로 교체하는 과정에서 반발로 탈퇴

1960년대 여성 리듬 앤 블루스 그룹 슈프림스의 성공 신화를 극화한 음악 영화 〈드림걸즈〉. © DreamWorks SKG, Paramount Pictures

와 컴백,

마약 과다 복용으로 인한 제임스의 돌연한 사망 등 여러 곡절을 겪지만 이들은 서서히 리듬 앤 블루스 장르의 최고 중창단으로 부각된다.

8,000만 달러를 투입한 〈드림걸즈〉는 아프리카 출신 흑인 연기자들을 대거 기용했음에도 불구하고 백인 관객들의 호응을 얻어내 1억 5천 4백만 달러($154 million)의 흥행 소득을 거둔다.

리듬 앤 블루스 가수 제니퍼 허드슨은 데뷔작으로 2006년 아카데미 조연 여우상을 따내는 기염을 토한다.

비욘세 노우레스(Beyoncé Knowles)가 맡은 디나 존스는 '슈프림스'의 리더이자 1960년대 모타운 레코드의 최대 황금주로 각광 받았던 다이아나 로스를 모델로 한 것으로 알려졌다.

그녀는 시종 수줍은 태도를 가졌지만 매니저 커티스의 결단으로 팀 리더로 발탁되면서 스타 가수로 부상하는 행운을 얻게 된다. 이를 계기로 두 사람은 부부의 인연을 맺게 된다.

'Listen'은 비욘세의 가창력이 돋보인 히트곡이 된다.

극중 디나와 양보할 수 없는 경쟁을 벌였던 에피가 탈퇴한 뒤 다시 컴백하면서 불러 주었던 'One Night Only'도 음악 팬들의 사랑을 받은 사운드트랙 수록곡이다.

음악 영화답게 청각을 자극시키는 다채로운 배경 음악도 일품. 사운드트랙 리스트는 다음과 같다.

❖ Track Listing

1. I'm Looking for Something/ Maxi Anderson, Charlene Carmen, Keisha Heely
2. Goin Downtown/ Steve Russell, Durrell Babbs, Luke Boyd, Eric Dawkins
3. Takin The Long Way Home/ Michael-Leon Wooley
4. Move/ Jennifer Hudson, Beyoncé Knowles, Anika Noni Rose
5. Fake Your Way to The Top/ Eddie Murphy, Anika Noni Rose, Jennifer Hudson, Beyoncé Knowles
6. Cadillac Car/ Eddie Murphy, Anika Noni Rose, Jennifer Hudson, Beyoncé Knowles, Rory O'Malley, Laura Bell Bundy, Anne Warren
7. Steppin to The Bad Side/ Jamie Foxx, Keith Robinson, Hinton Battle, Eddie Murphy, Anika Noni Rose, Jennifer Hudson, Beyoncé Knowles
8. Love You I Do/ Jennifer Hudson
9. I Want You Baby/ Eddie Murphy, Anika Noni Rose, Jennifer Hudson, Beyoncé Knowles
10. Family/ Keith Robinson, Jennifer Hudson, Beyoncé Knowles, Anika Noni Rose, Jamie Foxx
11. Dreamgirls/ Beyoncé Knowles, Jennifer Hudson, Anika Noni Rose
12. Heavy/ Beyoncé Knowles, Jennifer Hudson, Anika Noni Rose
13. It's All Over/ Jennifer Hudson, Jamie Foxx, Beyoncé Knowles, Anika Noni Rose, Keith Robinson, Sharon Leal
14. And I am Telling You I'm Not Going/ Jennifer Hudson

15. Love Love Me Baby/ Beyoncé Knowles, Anika Noni Rose, Sharon Leal
16. I'm Somebody/ Beyoncé Knowles, Anika Noni Rose, Sharon Leal
17. When I First Saw You/ Jamie Foxx
18. Patience/ Eddie Murphy, Anika Noni Rose, Keith Robinson
19. Composer's Demo/ Henry Krieger
20. I am Changing/ Jennifer Hudson
21. Perfect World/ Steve Russell
22. I Meant You No Harm/ Jimmy's Rap/ Eddie Murphy
23. Lorrell Loves Jimmy/ Family (Reprise)/ Anika Noni Rose, Beyoncé Knowles, Sharon Leal
24. Step on Over/ Beyoncé Knowles, Anika Noni Rose, Sharon Leal
25. I Miss You Old Friend/ Loretta Devine
26. Effie, Sing My Song/ Keith Robinson, Jennifer Hudson
27. One Night Only/ Jennifer Hudson
28. One Night Only (Disco)/ Beyoncé Knowles, Anika Noni Rose, Sharon Leal
29. Listen/ Beyoncé Knowles
30. Hard to Say Goodbye/ Beyoncé Knowles, Anika Noni Rose, Sharon Leal
31. Dreamgirls (Finale)/ Jennifer Hudson, Beyoncé Knowles, Anika Noni Rose, Sharon Leal
32. When I First Saw You (Duet End Title Version)/ Jamie Foxx and Beyoncé Knowles
33. Effie White's Gonna Win/ Jennifer Hudson

메릴 스트립의 악마적 연기 돋보인 〈악마는 프라다를 입는다〉

사회 초년생의 애환을 담아 공감을 얻은 〈악마는 프라다를 입는다〉. © 20th Century Fox

로렌 와이즈버거(Lauren Weisberger)의 동명 소설을 극화한 〈악마는 프라다를 입는다 The Devil Wears Prada〉는 순진한 20대 여성이 뉴욕으로 건너와 냉소적이고 몰인정한 잡지 편집장 미란다 프리스트리의 보조 업무를 수행하면서 겪은 애환 극.

사회 초년병을 매몰차게 윽박지르는 패션 잡지계의 거물역할은 중견 배우 메릴 스트립이 맡아 실감나는 연기를 펼쳐준다.

옷차림에 대한 질타. 매일 새벽을 넘기는 야근, 24시간 수시로 걸려오는 직장 상사의 업무 지시.

중소 도시 출신 20대 여성 앤드리아 삭스(앤 해서웨이). 뉴요커지 신문 기자가 되기 위해 고군분투하는 에피소드는 직장 초년병들이 한 번쯤 겪었음직한 상황을 담아 국경을 초월해 공감을 얻어낸다.

'런웨이의 거만한 비서 통해 메모 남겼더니, 미란다가 친필로 팩스를 보냈더군요. 내게 가장 큰 실망을 안겨준 비서다. 하지만, 채용 안 하면 당신은 멍청이다. 일을 제대로 했었나 봐요.'

납득할 수 없는 상사의 요구와 동료 선후배들의 끊

임없는 암투를 극복하고 패션계에서 생존하는 법을 체득한 앤드리아.

그녀는 마침내 악의적이었던 상사 미란다의 마음을 움직여 이직하는데 성공하게 된다.

〈악마는 프라다를 입는다〉는 캐리어 우먼으로서 독자적인 역할을 찾고자 노력하는 20대 여성의 혹독한 사회 입문기를 담아 의욕적인 포부로 일과 사랑에서 모두 성과를 얻고자 하는 여성 관객들의 박수갈채를 받는다.

외국어 영화상 〈타인의 삶 The Lives of Others/ Das Leben der Anderen〉

〈타인의 삶〉. © Wiedemann & Berg Filmproduktion.

1984년, 동 베를린. 개방정책의 기미는 보이지 않는다. 동독(GDR) 시민들은 비밀경찰인 스타지로부터 엄격한 통제를 받고 있다. 10만 비밀경찰과 20만 밀고자들의 힘이 프롤레타리아 독재를 수호 하고 있다, 그들의 목표는 '모든 것을 알아야 한다' 이다.

독일 플로리안 헨켈 폰 도너스마르크 감독, 세바스티안 코치, 마르티나 게덱, 울리히 뮤흐가 출연하고 있다.

전체주의의 냉혹함은 결국 인간 서로간의 신뢰가 해결책이라는 메시지를 제시하고 있다.

베를린 장벽이 무너지기 5년 전.

비밀 경찰 비즐러는 동독 극작가 드라이만과 애인이자 여배우 크리스타의 일거수일투족을 감시하고 있다.

하지만 드라이만을 체포할 만한 단서는 찾을 수 없어 고심하고 있다.

그러다 비즐러는 드라이만과 크리스타의 일상 생활을 지켜 보면서 지금까지 느껴보지 못했던 인간에 대한 애정을 느끼게 된다.

'게오르그 드라이만의 〈좋은 사람의 소나타〉, 감사한 마음으로 HGW XX/7에게 이 책을 바친다, 선물 포장 해드려요? 아니요, 이 책은 절 위한 겁니다'.

냉혈한 비즐러는 감시 대상자 드라이만이 출간한 책자를 선뜻 구매하면서 자신의 과오에 대한 속죄의 행동을 보여준다.

IMDB, 버라이어티 선정, 2006년 최우수 및 최악 리스트

2006년 공개한 작품 중 영화 전문 사이트 IMDB와 연예 전문 잡지 『버라이어티』는 각 분야 우수 작품 및 기대에 못 미치는 졸작을 선정 발표했다.

우수 작품

2006년 미국 영화 팬들이 선정한 최고의 영화는 마틴 스콜세즈의 〈디파티드〉가 추천 받는다.

이어 〈리틀 미스 선샤인〉 〈칠드런 오브 맨〉 〈파운틴〉이 추천 받는다.

최악의 영화

〈데이트 무비〉가 2006년 최악의 영화 1위로 선정된다.

이어 〈다빈치 코드〉 〈보랏〉 〈캐리비안의 해적-망자의 함〉이 추천 받는다.

남우상

〈디파티드〉의 레오나르도 디카프리오가 1위로 추천 받는다.

이어 〈캐리비안의 해적-망자의 함〉의 조니 뎁, 〈보랏〉의 사샤 바론 코헨, 〈카지노 로얄〉]의 다니엘 크레이그, 〈라스트 킹〉의 포레스트 휘태커가 선정된다.

최악의 남자 배우

2006년 최악의 배우는 〈미션 임파서블 3〉의 탐 크루즈가 차지해 꽃미남 배우 명성의 오점이 된다.

이어 〈다빈치 코드〉의 탐 행크스가 2위로 지명 된다.

〈나초 리브레〉의 잭 블랙, 〈리틀 맨〉의 말론 웨이안스, 〈보랏〉의 사샤 바론 코헨 등이 지명 된다.

여우상

2006년 영화 전문 매스컴이 추천하는 최고의 여배우는 〈더 퀸〉에서 엘리자베스 2세역을 열연한 헬렌 미렌이 차지한다.

〈악마는 프라다를 입는다〉의 메릴 스트립, 〈리틀 칠드런〉의 케이트 윈슬렛, 〈귀향〉의 페넬로페 크루즈, 〈브이 포 벤데타〉의 나탈리 포트만 등이 추천 받는다.

최악의 여배우

2006년 가장 실망스런 연기력을 보여 준 여배우는 〈슈퍼맨 리턴즈〉의 케이트 보스워스가 지명 된다.

이어 〈원초적 본능2〉의 샤론 스톤, 〈머티리얼 걸〉의 힐러리 더프와 〈행운을 돌려줘〉의 린제이 로한, 〈다빈치 코드〉의 오드리 토투가 지명 된다.

감독상

2006년 최고 감독은 〈디파티드〉의 마틴 스콜세즈가 절대적 추천 1위로 선정된다.

이어 〈프레스티지〉의 크리스토퍼 놀란, 〈칠드런 오브 맨〉의 알폰소 쿠아론, 〈플라이트 93〉의 폴 그린글래스, 〈바벨〉의 알레한드로 곤잘레스 이냐리투 등이 추천 받는다.

최악의 감독

2006년 최악의 감독 불명예는 〈다빈치 코드〉의 론 하워드가 지명 받는다.

이어 〈마이애미 바이스〉의 마이클 만, 〈엑스 맨-최후의 전쟁〉의 브렛 래트너, 〈블러드 레인〉의 우베 볼, 〈레이디 인 더 워터〉의 M. 나이트 샤말란이 지목된다.

제79회 아카데미가 남긴 진기록 명기록

아카데미 어워드(Aademy Award), BAFTA 어워드, 비평가협회상(Critics' Choice Award), 골든 글로브 어워드(Golden Globe Award), SAG 어워드 등을 모두 석권한 여배우는 8명이다.

〈더 퀸〉으로 이 같은 기록을 수립한 중견 여배우 헬렌 미렌을 비롯해 줄리아 로버츠(Julia Roberts)-〈에린 브로코비치 Erin Brockovich〉(2000), 르네 젤웨거(Renée Zellweger)-〈콜드 마운틴 Cold Mountain〉(2003), 리즈 위더스푼(Reese Witherspoon)-〈앙코르 Walk the Line〉(2005), 제니퍼 허드슨(Jennifer Hudson)-〈드림걸즈 Dreamgirls〉 (2006), 케이트 윈슬렛(Kate Winslet)-〈더 리더 The Reader〉 (2008), 모니크(Mo'Nique)-〈프레셔스 Precious〉 (2009), 나탈리 포트만(Natalie Portman)-〈블랙 스완 Black Swan〉(2010) 등이다.

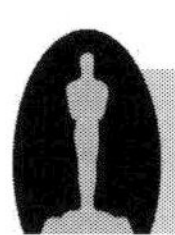

수상식 후 이야기

제79회 아카데미 시상식은 전년도와 마찬가지로 할리우드 코닥 극장에서 2007년 2월 25일 진행됐다. 엘렌 디지니레스가 처음 지구촌 영화 축제를 이끌어 나갔다.

후보작 중 〈드림걸즈〉는 주제가상에 3곡을 올려놓는 동시에 총 8개 부분에 지명 받는 등 독보적인 성과를 얻었지만 최종 결선에서는 조연 여우상 한 개만 건지는 참패(?)를 거두고 만다.

〈바벨〉 역시 7개 후보에 올랐지만 작곡상 한 개만 수여 받는 수모를 당한다.

반면 5개 부분의 〈디파티드〉는 작품, 감독 등 4개 부분의 알짜 상을 독식하는 쾌거를 이룩한다.

〈판의 미로〉는 미술 감독, 촬영상 등 2등급 3개 부분 상을 수여 받는다.

감독상의 마틴 스콜세즈는 〈분노의 주먹 Raging Bull〉 〈크리스도의 마지막 유혹 The Last Temptation of Christ〉 〈좋은 녀석들 Goodfellas〉 〈갱스 오브 뉴욕 Gangs of New York〉 〈애비에이터 The Aviator〉 등에서 감독상 후보에 낙방했지만 올 해 대망의 수상을 차지해 남다른 감회에 젖는 주인공이 된다.

마틴은 감독상외에 〈좋은 녀석들 Goodfellas〉 〈순수의 시대〉에서는 각색상 후보에도 지명 됐지만 번번이 수상에서 실패해 명성에 비해 상복이 없는 영화인이라는 오명을 받은 것을 깔끔하게 털어 버리게 된 것이다.

제78회와 마찬가지로 제79회 주연 남녀 상도 모두 실존 인물을 열연한 배우들이 수상의 영예를 차지한 것도 특별한 기록으로 남게 됐다.

제79회 2006 노미네이션, 수상자 총 리스트

작품상 Best Picture

* 〈디파티드 The Departed〉
〈바벨 Babel〉
〈이오지마의 편지 Letters from Iwo Jima〉
〈리틀 미스 선사인 Little Miss Sunshine〉
〈더 퀸 The Queen〉

감독상 Best Director

* 마틴 스콜세즈 Martin Scorsese-〈디파티드 The Departed〉
클린트 이스트우드 Clint Eastwood-〈이오지마의 편지 Letters from Iwo Jima〉
스테판 프리어스 Stephen Frears-〈더 퀸 The Queen〉
알레한드로 곤잘레스 이나리투 Alejandro González Iñárritu-〈바벨 Babel〉
폴 그린그래스 Paul Greengrass-〈유나이티드 93 United 93〉

남우상 Best Actor

* 포레스트 휘태커 Forest Whitaker-〈라스트 킹 The Last King of Scotland〉
레오나르도 디카프리오 Leonardo DiCaprio-〈블러드 다이아몬드 Blood Diamond〉
라이언 고슬링 Ryan Gosling-〈하프 넬슨 Half Nelson〉
피터 오툴 Peter O'Toole-〈비너스 Venus〉
윌 스미스 Will Smith-〈행복을 찾아서 The Pursuit of Happyness〉

여우상 Best Actress

* 헬렌 미렌 Helen Mirren-〈더 퀸 The Queen〉
페네로페 크루즈 Penelope Cruz-〈볼베르 Volver〉
주디 덴치 Judi Dench-〈스캔들 Notes on a Scandal〉
메릴 스트립 Meryl Streep-〈악마는 프라다를 입는다 The Devil Wears Prada〉
케이트 윈슬렛 Kate Winslet-〈리틀 칠드런 Little

Children〉

조연 남우상 Best Supporting Actor

* 알란 아킨 Alan Arkin-〈리틀 미스 선사인 Little Miss Sunshine〉
재키 얼 할리 Jackie Earle Haley-〈리틀 칠드런 Little Children〉
디몬 하운수 Djimon Hounsou-〈블러드 다이아몬드 Blood Diamond〉
에디 머피 Eddie Murphy-〈드림걸즈 Dreamgirls〉
마크 월버그 Mark Wahlberg-〈디파티드 The Departed〉

조연 여우상 Best Supporting Actress

* 제니퍼 허드슨 Jennifer Hudson-〈드림걸즈 Dreamgirls〉
아드리아나 바라자 Adriana Barraza-〈바벨 Babel〉
케이트 블랑쉬 Cate Blanchett-〈스캔들 Notes on a Scandal〉
아비게일 브레스린 Abigail Breslin-〈리틀 미스 선사인 Little Miss Sunshine〉
린코 키쿠치 Rinko Kikuchi-〈바벨 Babel〉

각본상 Best Original Screenplay

* 〈리틀 미스 선사인 Little Miss Sunshine〉-마이클 안트 Michael Arndt
〈바벨 Babel〉-길레르모 아리아가 Guillermo Arriaga
〈이오지마의 편지 Letters from Iwo Jima〉-이리스 야마시타 Iris Yamashita
〈판의 미로 Pan's Labyrinth〉-길레르모 델 토로 Guillermo del Toro
〈더 퀸 The Queen〉-피터 모간 Peter Morgan

각색상 Best Adapted Screenplay

* 〈디파티드 The Departed〉-윌리암스 모나한 William Monahan
〈보랏 Borat〉-사사 바론 코헨 Sacha Baron Cohen
〈칠드론 오브 멘 Children of Men〉-알폰소 쿠아론 Alfonso Cuarón
〈리틀 칠드런 Little Children〉-토드 필드 Todd Field
〈스캔들 Notes on a Scandal〉-패트리시아 마버 Patrick Marber

장편 애니메이션상 Best Animated Feature

* 〈해피 피트 Happy Feet〉
〈카 Cars〉
〈몬스터 하우스 Monster House〉

외국어 영화상 Best Foreign Language Film

* 〈타인의 삶 The Lives of Others〉(독일)
〈애프터 웨딩 After the Wedding〉(덴마크)
〈영광의 나날 Days of Glory〉(알제리)
〈판의 미로 Pan's Labyrinth〉(멕시코)
〈워터 Water〉(캐나다)

장편 다큐멘터리상 Best Documentary Feature

* 〈불편한 진실 An Inconvenient Truth〉-데이비스 구겐하임 Davis Guggenheim
〈딜리버 어스 프럼 에빌 Deliver Us From Evil〉-에미 버그 Amy Berg
〈이라크 인 프래그먼트 Iraq in Fragments〉-제임스 롱리 James Longley
〈지저스 캠프 Jesus Camp〉-하이디 어윙 Heidi Ewing
〈마이 컨트리 My Country, My Country〉-로라 포이트라스 Laura Poitras

단편 다큐멘터리상 Best Documentary Short

* 〈블러드 오브 잉주 디스트릭트 The Blood of Yingzhou District〉-루비 양 Ruby Yang
〈리사이클 라이프 Recycled Life〉-레슬리 이웍스 Leslie Iwerks
〈리허설 어 드림 Rehearsing a Dream〉-카렌 굿맨 Karen Goodman
〈투 핸드 Two Hands: The Leon Fleisher Story〉-나나니엘 칸 Nathaniel Kahn

단편 라이브 액션상 Best Live Action Short

* 〈웨스트 뱅크 스토리 West Bank Story〉-아리 샌델 Ari Sandel
〈빈타 앤 그레이트 아이디어 Binta and the Great Idea〉-하비에르 페서 Javier Fesser
〈에라모스 포코스 Éramos Pocos〉-보르하 코베아가 Borja Cobeaga
〈헬메르 앤 선 Helmer and Son〉-소렌 필마크 Soren Pilmark
〈구조자 The Saviour〉-피터 템플리맨 Peter Templeman

단편 애니메이션상 Best Animated Short

* 〈덴마크 시인 The Danish Poet〉-토릴 코브 Torill Kove
〈리프티드 Lifted〉-게리 리디스트롬 Gary Rydstrom
〈리틀 매치걸 Liittle Matchgirl〉-로저 알레스 Roger Allers
〈마에스트로 Maestro〉-게자 M. 토스 Géza M. Tóth
〈노 타임 포 너트 No Time for Nuts〉-크리스 레나우드 Chris Renaud

작곡상 Best Original Score

* 〈바벨 Babel〉-구스타보 산타올라라 Gustavo Santaolalla
〈굿 저맨 The Good German〉-토마스 뉴먼 Thomas Newman
〈스캔들 Notes on a Scandal〉-필립 글래스 Phillip Glass
〈팬의 미로 Pan's Labyrinth〉-하비에르 나바레트 Javier Navarrete
〈더 퀸 The Queen〉-알렉산드르 데스플라트 Alexandre Desplat

주제가상 Best Original Song

* 'I Need to Wake Up'-〈불편한 진실 An Inconvenient Truth〉, 멜리사 에스리지 Melissa Etheridge
'Listen'-〈드림걸즈 Dreamgirls〉, 헨리 크리거 Henry Krieger
'Love You I Do'-〈드림걸즈 Dreamgirls〉, 헨리 크리거 Henry Krieger
'Our Town'-〈카 Cars〉, 랜디 뉴먼 Randy Newman
'Patience'-〈드림걸즈 Dreamgirls〉, 헨리 크리거 Henry Krieger

사운드 편집상 Best Sound Editing

* 〈이오지마의 편지 Letters from Iwo Jima〉-알란 로버트 머레이 Alan Robert Murray
〈아포칼립토 Apocalypto〉-숀 맥코맥 Sean McCormack
〈블러드 다이아먼드 Blood Diamond〉-론 벤더 Lon Bender
〈아버지의 깃발 Flags of Our Fathers〉-알란 로버트 머레이 Alan Robert Murray
〈캐리비안의 해적: 망자의 함 Pirates of the Caribbean: Dead Man's Chest〉-크리스토퍼 보예스 Christopher Boyes

사운드 믹싱상 Best Sound Mixing

* 〈드림걸즈 Dreamgirls〉-마이클 밍클러 Michael Minkler
〈아포칼립토 Apocalypto〉-케빈 오도넬 Kevin O'Connell
〈블러드 다이아몬드 Blood Diamond〉-앤디 넬슨 Andy Nelson
〈아버지의 깃발 Flags of Our Fathers〉-존 T.레이츠 John T. Reitz
〈캐리비안의 해적: 망자의 함 Pirates of the Caribbean: Dead Man's Chest〉-폴 마세이 Paul Massey

미술 감독 & 세트 장식상
Best Art Direction & Set Decoration

* 〈판의 미로 Pan's Labyrinth〉-유제니오 카벨레로 Eugenio Caballero
〈드림걸즈 Dreamgirls〉-존 미허 John Myhre
〈굿 쉐퍼드 The Good Shepherd〉-지닌 오펠월

Jeannine Oppewall
〈캐리비안의 해적: 망자의 함 Pirates of the Caribbean: Dead Man's Chest〉-릭 하인리히 Rick Heinrichs
〈프레스티지 The Prestige〉-나단 크로리 Nathan Crowley

촬영상 Best Cinematography

* 〈판의 미로 Pan's Labyrinth〉-길레르모 나바로 Guillermo Navarro
〈블랙 달리아 The Black Dahlia〉-빌모스 지그몬드 Vilmos Zsigmond
〈칠드런 오브 맨 Children of Men〉-엠마누엘 루베즈키 Emmanuel Lubezki
〈일루셔니스트 The Illusionist〉-딕 포프 Dick Pope
〈프레스티지 The Prestige〉-월리 피스터 Wally Pfister

메이크업상 Best Makeup

* 〈판의 미로 Pan's Labyrinth〉-데이비드 마티 David Marti
〈아포칼립토 Apocalypto〉-알도 지그노레티 Aldo Signoretti
〈클릭 Click〉-카주히로 투지 Kazuhiro Tsuji

의상 디자인상 Best Costume Design

* 〈마리 앙트와네트 Marie Antoinette〉-밀레나 카노네로 Milena Canonero
〈황후화 Curse of the Golden Flower〉-청 만 이 Chung Man Yee
〈악마는 프라다를 입는다 The Devil Wears Prada〉-패트리시아 필드 Patricia Field
〈드림걸즈 Dreamgirls〉-샤렌 데이비스 Sharen Davis
〈더 퀸 The Queen〉-콘솔라타 보일 Consolata Boyle

필름 편집상 Best Film Editing

* 〈디파티드 The Departed〉-텔마 스쿨메이커 Thelma Schoonmaker
〈바벨 Babel〉-더글라스 크리스 Douglas Crise
〈블러드 다이아몬드 Blood Diamond〉-스티븐 로젠브룸 Steven Rosenblum
〈칠드런 오브 맨 Children of Men〉-알폰소 쿠아론 Alfonso Cuarón
〈유나이티드 93 United 93〉-클레어 더글라스 Clare Douglas

시각 효과상 Best Visual Effects

* 〈캐리비안의 해적: 망자의 함 Pirates of the Caribbean: Dead Man's Chest〉- 존 크놀 John Knoll
〈포세이돈 Poseidon〉-보이드 셔미스 Boyd Shermis
〈슈퍼맨 리턴 Superman Returns〉-마크 스테슨 Mark Stetson

최다 후보작 및 수상작

〈드림걸즈 Dreamgirls〉-8개 부문 후보
〈디파티드 The Departed〉-4개 부문 수상

아카데미 명예상 Academy Honorary Award

* 엔니오 모리코네 Ennio Morricone

진 허솔트 박애주의상
The Jean Hersholt Humanitarian Award

* 세리 랜싱 Sherry Lansing

<노인을 위한 나라는 없다> vs <데어 윌 비 블러드> 4 : 2

시상식 : 2008년 2월 24일 6:00 PM
장　소 : L A 코닥 극장 Kodak Theatre, Hollywood, Los Angeles, California
사　회 : 존 스트워트 Jon Stewart, ABC 중계

제80회 아카데미 공식 포스터. © A.M.P.A.S/Oscars.org

80주년 기념식이지만 1974년 이후 역대 최저 시청률 기록

제80회 아카데미 시상식은 2007년 흥행가에서 호평을 얻은 작품을 대상으로 24개 부문에서 수상작(자)를 탄생시킨다.

존 스트워트는 2006년 78회에 이어 2번째로 아카데미 진행자로 초빙 받는다.

〈노인을 위한 나라는 없다〉가 작품상을 비롯해 4개 부문 최다 수상작으로 등록된다.

이어 〈본 얼티메이텀 The Bourne Ultimatum〉 〈라 비 엥 로즈 La Vie en Rose/ La môme〉 〈데어 윌 비 블러드 There Will Be Blood〉 〈아톤먼트 Atonement〉 〈카운터페이트 The Counterfeiters〉 〈엘리자베스 Elizabeth: The Golden Age〉 〈프리헬드 Freeheld〉 〈황금 나침반 The Golden Compass〉 〈주노 Juno〉 〈마이클 클레이튼 Michael Clayton〉 〈원스 Once〉 〈피터와 늑대 Peter & the Wolf〉 〈라타뚜이 Ratatouille〉 〈스위니 토드 Sweeney Todd: The Demon Barber of Fleet Street〉 등이 수상의 영예작으로 호명 받는다.

시상식 중계는 미국 전역에서 3,100만 명 31 million viewers이 시청한 것으로 집계돼 1974년 이후 최저 시청률을 기록한 시상식이라는 불명예를 얻게 된다.

〈노인을 위한 나라는 없다〉, 세상은 비관적인 공간이라고 주장

'리오 그란데 근처, 마약 거래 금액으로 추정되는 200만 달러.

총격전 현장에서 우연히 거액을 발견한 사냥꾼 르웰린 모스(조슈 브롤린).

이 돈을 놓고 살인마 안톤 시거(하비에르 바르뎀), 보안관 벨(토미 리 존스) 등이 얽히고 설혀 목숨을 건 추격전이 벌어진다.

사막의 바람 소리, 수갑 떨어지는 소리, 흔들리는 자동차 키 소리, 살인마가 늘 들고 다니는 산소 통에서 터져 나오는 소리 등이 거액을 놓고 신경전을 벌이는 3 남자의 심리적 긴박감을 고조시켜 주는 설정이 되고 있다.

『버라이어티』는 '좋은 사람과 나쁜 사람의 경계를 모호하게 하면서 세상인심이 날로 각박해지고 있다는 과정을 군더더기 없이 냉정하게 펼쳐주고 있다'는 평을 게재한다.

『타임』지 칼럼니스트 리차드 콜리스는 '원작 작가 코맥 맥카시 Cormac McCarthy는 등장인물 중 은퇴를 앞둔 늙은 보안관 벨은 나이가 들면 신의 뜻을 어느 정도 이해할 수 있을 거라 믿었지만 늙어 가는 그는 신의 뜻을 알 수가 없다고 푸념하고 있다. 노인 연금을 노린 늙은 노부부의 범죄, 14살 소녀를 이유 없이 죽이는 10대 소년 등을 통해 세상은 늘 비관적인 분위기에 휩싸여 있는 공간이라고 고발하고 있다'고 원작 의미를 평가하고 있다.

조엘과 코헨 감독은 '오래 살았다는 이유로 세상을 모두 이해하는 것은 아니다. 우리가 살고 있는 나라는 우리가 선택한 것은 아니다. 세상은 좌우, 동전의 앞뒤처럼 딱 2가지만 존재하는 공간이다'라고 역설하면서 '여러 에피소드를 통해 인간의 본성과 사회의 존재 이유에 대해 생각해 볼 수 있는 여지를 제공하고 싶었다.'는 묵직한 연출론을 밝힌다.

〈데어 윌 비 블러드〉, 경제적 풍요가 불러일으키는 증오와 광기

'19세기에서 20세기로 넘어가는 변환기. 석유 발굴로 갑자기 찾아온 경제적 풍요는 가족, 종교에 대한 증오와 광기를 불러일으킨다.'-원작 작가 업톤 싱클레어 Upton Sinclair

1898년.

알코올 중독자인 광부.

홀로 아들을 키우고 있는 그는 사막 한가운데서 금을 캐는 일을 하다 석유 유전이 발굴되면서 일확천금을 얻게 된다.

하지만 갑자기 찾아온 경제적 풍요는 주변 사람들의 탐욕과 폭력을 불러 일으켜 서로간의 극심한 갈등을 불러일으킨다.

'내 아들이 아니야, 그냥 경쟁자 따위일 뿐이지'-다니엘 플레인뷰(다니엘 데이-루이스)

'너는 사막에 버려진 바구니속의 고아일 뿐이야'-다니엘 플레인뷰(다니엘 데이-루이스)

아버지와 아들이 주고 받는 이러한 건조한 대사에 대해 작가 업톤 싱클레어는 '성공과 행복은 반비례 한다. 성공에 대한 집착은 필연적으로 탐욕을 초래한다. 종착 지점이 없는 욕심은 결국 파멸을 자초하고 만다. 〈데어 윌 비 블러드〉를 통해 바로 이같은 평범한 진리를 다시 한 번 일깨우고 싶었다.'는 집필 의도를 밝힌 바 있다.

『뉴스위크』는 '석유업자가 된 다니엘 플레인뷰라는 인물이 드러내고 있는 욕심과 탐욕, 그로인해 초래되는 파멸되는 인간의 모습은 어찌보면 미국 사회에 드리우고 있는 감출 수 없는 취약점이라고 할 수 있다'는 평가를 내리고 있다.

폴 토마스 앤더슨은 '영화의 결론적 메시지는 그곳에는 탐욕이 있을 것이다'이다. 플레인뷰는 자신의 빨대로 아들 엘라이의 밀크쉐이크를 빼앗아 먹고 볼링핀으로 엘라이의 머리를 후려치는 광기를 펼쳐 보인다. 끊없는 탐욕은 결국 모든 것을 파멸 시킬 뿐이라는 메시지는 미국 사회 뿐 아니라 자본주의 사회가 갖고 있는 치명적인 약점이다'라고 역설해 주고 있다.

잭 스나이더의 영상 혁명 〈300〉

'갓 태어난 그 아이도 스파르타 전통의 검사를 거쳤다. 체격이 왜소했거나 장애가 있었다면 버려졌을 것이다. 걸음마를 시작한 순간부터 싸우는 법을 배웠다. 절대 물러서거나 항복해선 안 되며 스파르타를 위해 싸우다 전장에서 죽는 게 최고의 영광이라고 배웠다. 7살이 되자 스파르타 전통에 따라 엄마의 품을 떠나 폭력의 세상에 내던져졌다. 최고의 전사를 양성하기 위해 300년 전 시작된 스파르타의 가혹한 군사 훈련! 아고게라 불린다. 사내아이는 싸우고 굶주리고 훔쳤으며 필요하다면 죽여야 했다. 잘못을 저지르면 채찍질을 당했고 고통이나 자비를 보여서는 안됐다. 훈련은 끝이 없었고 숲속에서는 지혜와 의지만으로 자연과 싸워 이겨야 했다. 그의 성년식이었다. 숲에서 살아남아 용맹한 전사가 돼 집으로 돌아가거나 죽는 것이다.'

'절대 파워를 전달시켜 주는 남성 영화' '역사는 패배자도 기억한다.'

잭 스나이더 감독의 〈300〉은 스파르타 용사 300명이 페르시아 100만 대군에 당당히 맞서 순교한 가상의 전사(戰史)를 극화했다.

그래픽 노블을 완벽하게 영상으로 재현한 〈300〉은 박진감 넘치는 화면 구성과 절대적인 수적 열세에도 불구하고 목숨을 걸고 대항하는 스파르타 용사들의

잭 스나이더 감독을 21세기 영상 혁명가로 부상시켜준 〈300〉.
ⓒ Warner Bros

행동을 담아 깊은 여운을 남겨준다.

크세르크세스 왕이 주도한 페르시아 100만 대군이 그리스를 침공한다.

그리스 군 연합이 지연되자 스파르타 왕 레오니다스(제라드 버틀러)는 300명의 스파르타 용사들을 이끌고 테르모필레 협곡 사수 작전에 들어간다.

스파르타의 용사들은 나라, 가족, 그리고 명예를 위해 패전이 보이는 불가능한 전투에 올인한다.

'그리스에 있는 모든 자유 국가들은 이제 알고 있다. 레오니다스 왕과 300명의 병사들은 머나먼 땅에서 스파르타만을 위해 죽은 것이 아니라. 그리스의 미래를 위해 죽은 것이란 것을! 여기 이 험준한 땅 플라테아에서 페르시아 제국 군대는 몰살될 것이다! 저기 저 야만인들은 겁에 질려 얼음처럼 차가운 손으로 가슴을 움켜쥐고 허둥거리고 있다. 300명의 칼과 창 앞에 잔혹한 극한의 공포를 경험했기 때문이다. 지금 저들은 3만의 자유 그리스인들을 이끄는 1만 스파르타 전사들을 주시하고 있다. 적군의 수가 우리보다 3배나 많지만 충분히 해볼 만하다. 오늘, 폭군으로부터 세상을 구하고 밝은 미래를 후세에 선물할 것이다! 모두 감사해라. 레오니다스 왕과 300명의 전사들에게. 승리를 위하여!'

비록 패전했지만 스파르타 300여 명의 용사들의 용맹한 업적은 후대에 많은 영향을 끼친다.

'판타지 액션극의 새로운 이정표를 세웠다'고 격찬을 받은 〈300〉은 1998년 출간된 프랭크 밀러(Frank Miller)의 동명 코믹 소설을 극화했다.

극의 핵심 요소가 되고 있는 '테르모필레 협곡 전투 the Battle of Thermopylae'는 작가가 창작한 가상의 내용이지만 실화와 같은 현실감을 전달시켜 준다.

작가는 프로듀서와 컨설던트(executive producer and consultant)로 적극 참여하면서 잭 스나이더(Zack Snyder) 감독이 시도한 '수퍼-크로마 키 테크닉 a super-imposition chroma key technique' 촬영 기법을 통해 코믹 북의 이미지를 110% 이상 대형 스크린으로 재현하는데 절대적 후원자 역할을 해낸다.

300명의 스파르타 군을 통솔하는 레오니다스 왕(제라드 버틀러)과 페르시아 크세르크세스 황제(로드리고 산토로), 레오니다스 왕을 위해 적극적 후원을 아끼지 않는 고르고 왕비(레나 헤디)가 펼쳐내는 장대한 서사극은 스파르타 병사 딜리오스(데이비드 웬햄)의 나레이션으로 진행되고 있다.

할리우드 비평가들은 '코믹 노블이 담고 있는 오리지널리티를 완벽하게 구현한 것에 대해 절대적인 찬사를 보낸 반면 지나치게 작위적인 영상을 통해 고대 페르시아 역사적 진실을 왜곡 시켰다는 비판도 보냈다.

찬반양론이 교차했지만 전세계 흥행가에서 4억 5천 6백 6만 8천 1백 8십 1달러($456,068,181)를 거둬 흥행 10위에 오르는 선전을 한다.

드림웍스와 파라마운트 합작 〈트랜스포머〉

〈나쁜 녀석들 Bad Boys〉(1995) 〈더 록 The Rock〉(1996) 〈아마겟돈 Armageddon〉(1998) 〈진주만 Pearl Harbor〉 (2001) 〈아일랜드 The Island〉(2005) 등으로 히트 메이커로 대접 받고 있는 마이클

베이 감독이 <트랜스포머 Transformers>로 흥행 감독임을 연이어 입증시킨다.

'시간이 시작되기 전 큐브라는 것이 있었다, 그것이 어디로부터 왔는지는 모른다, 다만 세상을 창조하고 생명체로 세상을 채울 수 있는 힘을 지녔다는 사실만 알 뿐이다, 우리 종족은 그렇게 해서 태어났다, 우리는 잠시나마 조화 속에 살 수 있었으며 하지만 위대한 힘들을 지닌 다른 존재들과 마찬가지로 일부는 그 능력을 선에, 다른 일부는 악에 사용하려 했다, 그리하여 전쟁이 시작되었다, 우리 행성을 황폐하게 해 죽음에 이를 때까지의 전쟁을 그리고 우주의 머나먼 곳으로 큐브도 잃어버리게 됐다, 우리는 수많은 은하계를 떠다녔다, 큐브를 찾고 우리 고향을 재건할 희망을 품은 채 모든 별들과 세상을 찾아 헤매 다니던 도중에 모든 희망이 사라진 것으로 보일 즈음 새로운 발견을 했다는 말을 듣고 우리는 지구라는 이름의 미지의 행성으로 향하게 됐다.'

마이클 베이 감독의 <트랜스포머>. © DreamWorks SKG, Paramount Pictures, Di Bonaventura Pictures

인류보다 월등히 뛰어난 지능과 파워를 보유한 외계 생명체 트랜스포머.

정의를 수호하는 오토봇 군단과 악을 대변하는 디셉티콘 군단으로 분단된 트랜스포머는 최종 에너지 원천인 큐브를 차지하기 위해 전쟁을 벌여왔다.

행성 폭발로 우주 어딘가로 사라져버린 큐브.

그들은 오랜 전쟁의 종지부를 찍기 위해 큐브를 찾아 우주를 떠돈다.

인류 미래를 좌우할 에너지 원인 큐브는 우주를 떠돌다 지구에 떨어지고 디셉티콘 군단의 끈질긴 추적 끝에 큐브가 지구에 있다는 사실을 밝혀진다.

이제 최후의 전쟁의 무대는 지구가 선택된 것이다.

'나는 사람들에게서 잠재적인 용기를 목격했다. 그리고 비록 우리가 서로 떨어져 있긴 하지만 우리처럼 그들에게도 눈에 보이는 것 이상이 있다. 나는 옵티머스 프라임이다. 나는 살아남아 별들 사이에 흩어져 있는 모든 오토봇들에게 이 메시지를 보내는 바이다. 우린 여기 있다. 여기에서 기다리고 있겠다.'

세상에 존재하는 모든 행성에 침입해 그 곳에 존재하는 기계로 변신할 수 있는 트랜스포머.

정의를 수호하는 오토봇 군단의 범블비는 큐브를 차지하기 위해 음모를 꾸미는 디셉티콘 군단을 일단 제압하는데 성공한다.

큐브의 위치를 찾는데 결정적인 열쇠를 갖고 있는 샘역의 샤이아 라보프와 연인 미카엘라역의 메간 폭스는 <트랜스포머>가 전세계 흥행 시장에서 무려 7억 달러가 넘는 메가 히트를 기록하면서 단번에 할리우드 차세대 주자로 대접 받게 된다.

<트랜스포머>는 샘과 미카엘라의 사랑의 메신저로 흘러나온 더 카 그룹의 'Drive', 플레이어의 'Baby Come Back', 제임스 브라운의 'I Got You (I Feel Good)' 등의 추억의 팝송이 영화 흥행에 일조한다.

마리옹 꼬띠아르, 에디트 피아프 완벽 재현

'나의 시선을 내리 깔게 하는 눈동자. 입술에 사라지는 미소.

이것이 나를 사로잡은 그대의 수정하지 않은 초상화입니다.

그가 나를 품에 안고 가만히 나에게 속삭일 때 나에게는 장미 빛으로 보이지요, 그가 내게 사랑의 말을 할 때, 언제나 같은 말이라도 나는 정신이 어떻게 되고 말아요, 내 마음 속에 행복의 분신이 돌아온 거예요, 그 까닭을 나는 잘 알고 있어요, 나를 위한 그, 그를 위한 나라고 그 분은 내게 말했고, 목숨을 걸고 맹세해 주었지요'.

절절한 연정을 담은 샹송 명곡 'La Vie en rose'의 주인공 에디트 피아프(Édith Piaf).

프랑스의 국민 가수이자 샹송을 세계적인 대중가요로 격상시킨 히로인이다.

목청을 떠는 특유의 발성 속에서 고단한 인생에서 겪은 여러 일화를 선율로 표현해내 시대를 초월해 호응을 얻어낸다.

사랑에 대한 연가, 인생에 대한 적극적인 의지 등을 담은 노래를 단골로 불러 주었다.

'La Vie en rose'(1946) 'Non, je ne regrette rien' (1960) 'Hymne à l'amour'(1949) 'Milord' (1959) 'La Foule'(1957) 'l'Accordéoniste'(1955) 'Padam... Padam'(1951) 등은 불후의 샹송으로 애청되고 있다.

다채로운 남성 편력은 에디트의 또 다른 인생 이력이 되고 있다.

에디트 피아프의 일대기를 다룬 음악 영화 〈라 비 앙 로즈〉. ⓒ Canal Plus

복서 마르셀 세드당(Marcel Cerdan)은 1949년 10월 그녀를 만나기 위해 파리에서 뉴욕으로 오던 도중 비행기 추락 사고로 절명, 연예가 토픽 뉴스를 제공한다.

1951년 샤를르 아즈나블(Charles Aznavour)과 동승한 자동차가 추돌 사고를 당해 팔, 갈비뼈 등이 부러지는 중상을 당한다. 이때 고통을 잊기 위해 모르핀과 알코올을 남용했다 중독 중세에 빠진다.

동료 가수 자크 필스(Jacques Pills)는 그녀를 재활원에 수감시킨다.

1952년 에디트는 자크와 결혼하지만 1956년 이혼한다.

1962년 20년 연하의 그리스 출신 헤어드레서, 가수 겸 배우 데오 사라포(Théo Sarapo)와 재혼한다.

간암(liver cancer)으로 1963년 10월 11일 요절한다.

10대 시절 거리에서 구걸을 하면서 노래를 할 정도로 불우했던 에디트는 치열하고 적극적인 노래 인생을 개척해 사후 수많은 영화와 드라마, 연극 소재로 활용된다.

동시에 그녀가 남긴 샹송은 각국의 여러 가수들이 단골로 리바이벌시키고 있다.

브리지트 아리엘 주연의 〈피아프 Piaf〉(1974)를 비롯해 클로드 를르슈 감독은 피아프와 세르당의 짧은 로맨스 사연을 극화한 〈에디트와 마르셀 Edith et Marcel〉(1983)을 공개한다.

2003년에는 프란시스 레이가 사운드트랙을 맡고 라켈 비튼이 주연을 맡은 〈피아프, 인생과 노래 Piaf Her Story Her Songs〉가 공개된다.

에디트의 일대기가 다시 화제가 된 것은 올리비에 다한 감독이 전기 영화 〈라 비 앙 로즈 La Mome, The Passionate Life of Edith Piaf〉(2007)를 공개하면서.

2007년 2월 베를린 국제 영화제를 통해 첫 선을 보인 〈라 비 앙 로즈〉는 에디트의 극적인 인생 일화를 연대기로 담아 그녀의 음악 인생을 반추시켜 준다.

거리의 가수였던 어머니에게 버림받고 서커스 단원 아버지를 따라 방랑 생활을 하다 거리에서 노래를 부르며 하루하루를 연명하던 20살의 에디트.

그녀는 루이스 레플리의 클럽에서 '작은 참새'라는 뜻의 '피아프'라는 예명으로 데뷔 무대를 갖는다.

에디트에 인기가 증가할 무렵 그녀를 스카웃한 루이스 레플리가 피살되고 그녀는 유력한 살해 용의자가 된다.

세간의 의혹 때문에 한동안 잠적했던 그녀는 프랑스 최고 시인 레이몽 아소에 의해 다시 무대로 복귀한다.

단신에도 불구하고 폭발적으로 터져 나오는 창법과 열정적인 무대 매너로 에디트는 프랑스는 물론 미국 시장까지 인기 영역을 확장시켜 나간다.

파란만장한 에디트의 일대기는 프랑스 샛별 마리옹 꼬띠아르에 의해 완벽하게 복원돼 그녀는 아카데미 여우주연상으로 발군의 연기력을 보답 받는다.

2010년에는 레오나르도 디카프리오 주연의 〈인셉션 Inception〉.

작곡가 한스 짐머는 피아프의 'Non, Je Ne Regrette Rien'을 타인의 꿈을 훔친다는 발칙한 소재 극의 삽입곡으로 선택해 스토리 전개의 설득력을 높이는데 일조하게 만든다.

'La Vie en rose'를 비롯해 그녀가 남긴 수많은 샹송 명곡은 할리우드에서 단골 삽입곡으로 활용되고 있다. 그녀의 노래를 들을 수 있는 작품 리스트는 다음과 같다.

〈아이리쉬맨 The Irishman〉(2019)-'La Vie en Rose'

〈돌레마이트는 내 이름 Dolemite Is My Name〉(2019)-'La Vie en Rose'

〈아이 앰 마더 I Am Mother〉(2019)-'La Vie en Rose'

〈굿 모닝 Good Morning〉(2018)-'La Vie en Rose'

〈스타 이즈 본 A Star Is Born〉(2018)-'La Vie en Rose'

〈미션 임파서블: 풀 아웃 Mission: Impossible-Fallout〉(2018)-'La Vie en Rose'

〈블라인드 Blind〉(2017)-'La Vie en Rose'

〈얼라이드 Allied〉(2016)-'Fais-Moi Valser'

〈헌드레드-풋트 저니 The Hundred-Foot Journey〉(2014)-'La Vie en Rose'

〈디 아더 우먼 The Other Woman〉(2014)-'La Vie en Rose'

〈인형의 집 Dollhouse〉(2012)-'Bal dans ma Rue'

〈엑스 맨: 퍼스트 클래스 X: First Class〉(2011)-'La Vie en Rose'

〈점핑 더 브룸 Jumping the Broom〉(2011)-'La Vie en Rose'

〈디 디 할리우드 Di Di Hollywood〉(2010)-'La Vie en Rose'

〈127 시간 127 Hours〉(2010)-'If You Love Me Really Love Me'

〈인셉션 Inception〉(2010)-'Non, Je Ne Regrette Rien'

〈월 E WALL·E〉(2008)-'La Vie en Rose'

〈버킷 리스트 The Bucket List〉(2007)-'La Vie En Rose' 'Milord'

〈러시 아워 3 Rush Hour 3〉(2007)-'La Vie En Rose'

〈미스터 론리 Mister Lonely〉(2007)-'La Vie en Rose'

〈라비 엥 로즈 La môme〉(2007)-'La vie en rose' 'L'Hymne à l'amour' 'Non, je ne regrette rien' 'Milord' 'L'Hymne à l'amour' 'Les Mômes de La Cloche' 'Mon Dieu' 'Mon Légionnaire' 'La Foule'

〈로드 오브 워 Lord of War〉(2005)-'La Vie en Rose'

〈사랑할 때 버려야 할 아까운 것들 Something's Gotta Give〉(2003)-'La Vie en Rose'

〈참을 수 없는 사랑 Intolerable Cruelty〉(2003)-'Non, Je Ne Regrette Rien'

〈몽상가들 The Dreamers〉(2003)-'Non, je ne regrette rien'

〈버터플라이 Le papillon〉92002)-'L'Hymne A L'Amour'

〈조용한 미국인 The Quiet American〉(2002)-'La Vie en Rose'

〈썸머 오브 샘 Summer of Sam〉(1999)-'La Vie en Rose'

〈꼬마 돼지 베이브 2 Babe: Pig in the City〉(1998)

-'Non, je ne regrette rien'

〈병사의 딸은 울지 않는다 A Soldier's Daughter Never Cries〉(1998)-'La vie en rose'

〈라이언 일병 구하기 Saving Private Ryan〉(1998)-'Tu Es Partout' 'C'Était Une Histoire D'Amour'

〈사브리나 Sabrina〉(1995)-'La vie en rose'

〈아메리칸 퀼트 How to Make an American Quilt〉(1995)-'La vie en rose'

〈프렌치 키스 French Kiss〉(1995)-'La Vie En Rose'

〈파니 핑크 Keiner liebt mich〉(1994)-'Non, je ne regrette rien'

〈내추럴 본 킬러 Natural Born Killers〉(1994)-'La Vie en Rose'

〈백비트 Backbeat〉(1994)-'Cétait un jour de fête'

6명의 배우가 노래한 밥 딜런의 모든 것 〈아임 낫 데어〉

'저기 누워있네요, 주여, 그의 영혼을 쉬게 하소서, 그의 무례함도 이제 게걸스러운 대중들이 그의 남은 광기를 나누어 갖겠지요, 그의 전화번호도 저기 누워 있네요, 시인, 예언자, 무법자, 사기꾼, 스타 오브 일렉트리 시티, 조만간 드러날 훔쳐보는 자에게 못 박힌 사람, (아르튀르 랭보) 시는 벌거벗은 사람 같아요, 허깨비도 한 사람보다 나았죠, 하지만 노래란 혼자 걸어 다니는 것이에요, 아, 넝마장수가 원을 그리네, 그 거리를 오르내리며 무슨 일이냐고 물어봤네, 대답 안 할 줄 알면서, 아가씨들은 내게 친절했고, 내게 테이프를 가져왔네, 하지만 가슴 깊이 도망칠 수 없음을 알지, 오-마마, 이게 정말 끝일까요, 모빌 안에 틀어박혀 또 멤피스 블루스를 부르며? 흠, 셰익스피어, 그대는 동지, 뾰족한 구두와 벨을 가진 프랑스 아가씨에게 이야기를 하네, 그녀가 날 안다고 누가 그랬지? 메시지를 보내서 그녀가 말을 하는지 볼 거라고? 우체국은 털렸고 우편함은 잠겨있네 오-마마, 정말 이게 끝일까요? 모빌 안에 틀어 박혀 멤피스 블루스를 부르면서? 레인 맨이 두 가지 약을 주었지, 그리고 말했어, 뛰어 들어, 하나는 텍사스 약이었고 또 하나는 철도 위스키, 난 바보처럼 둘을 섞었는데, 그게 내 마음을 질식 시켰네, 이제 사람들은 더 추해졌고, 난 시간 감각도 없다네, 오, 마마, 정말 이게 끝일까요? 모빌 안에 틀어 박혀 멤피스 블루스를 부르면서?'

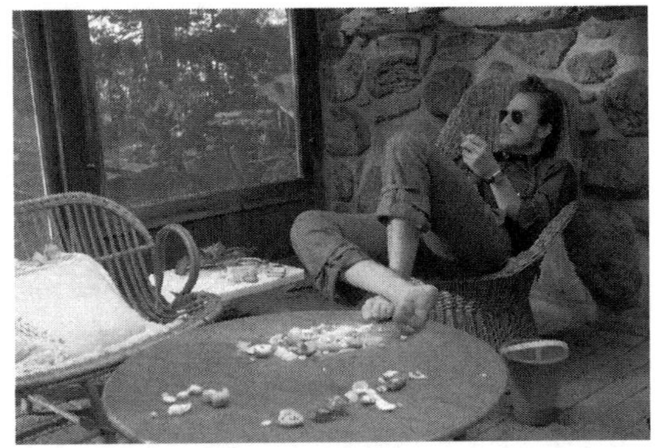

토드 헤인즈 감독이 펼쳐준 밥 딜런의 다채로운 음악 인생극 〈아임 낫 데어〉. © John Wells Productions

토드 헤인즈 감독이 크리스찬 베일, 케이트 블란쳇, 히스 레저, 리차드 기어 등 개성파 연기 진을 초빙해 밥 딜런의 음악 여정을 다양한 에피소드로 구성한 독특한 음악 영화가 〈아임 낫 데어 I'm Not There〉이다.

영화는 포크 록의 기수 밥 딜런이 발표한 주요 노래 가사를 바탕으로 해서 원곡자 밥 딜런이 갖고 있는 6가지 다양한 자아 이야기를 다양하게 펼쳐 놓고 있다.

영화 속에서 등장하고 있는 밥 딜런은 우선 음악적 변신으로 비난을 초래하는 뮤지션 쥬드(케이트 블란쳇)를 비롯해 저항 음악을 통해 사랑 받는 포크 가수 잭(크리스찬 베일), 가스펠 가수 존(크리스찬 베일) 등을 통해 밥 딜런이 구축한 음악 여정에 대한 찬반 여론을 펼쳐주고 있다.

또한 은퇴한 총잡이 빌리(리처드 기어), 시인 아서(벤 위쇼). 음악 스승 우디(마커스 칼 프랭클린) 등은 밥 딜런이 샘솟는 음악적 영감을 발산할 수 있는 원천이라고 언급하고 있다.

'다들 그게 죄라고 하네, 내면을 너무 많이 알고 느끼는 것이 지금도 그녀가 내 쌍둥이라 믿고 있지, 하지만 반지를 잃었네, 그녀는 봄에 태어났는데 난 너무 늦게 태어났어, 뒤틀린 운명을 탓할 수밖에'.

극은 제프 트위디의 육성으로 들려 주는 'Simple Twist of Fate'로 마무리 되고 있다.

이처럼 〈아임 낫 데어〉는 포크 록의 위력을 전파하고 있는 불세출 뮤지션 밥 딜런의 음악 인생과 업적을 6명의 연기진들을 통해 재조명, 신선한 반응을 불러일으킨다.

이 안 감독 〈색, 계〉, 베니스 황금사자상

'스파이가 되어야만 했던 한 여인 그리고 표적이 된 남자의 애틋한 사연!'-『할리우드 리포터』

파격적인 정사(情事) 장면으로 화제를 불러 일으켰던 이 안 감독의 〈색, 계〉. © Haishang Films, Focus Features.

2007년 11월 공개된 직후 장안의 화제를 불러 일으켰던 〈색, 계 Lust, Caution〉는 국가 비밀 조직의 명령에 의해 개인을 희생시켜야 했던 여성 스파이와 그녀의 미인계에 걸려들어 암살 표적이 되는 정보부 대장에 얽힌 비련을 담고 있다.

〈색, 계〉가 공개되면서 영화가 뉴스를 제공했던 것은 연극배우 지망생에서 스파이로 인생 유전을 하게 되는 왕치아즈(탕 웨이)와 친일파의 핵심 인물이자 정보 대장 이(양조위)가 나누는 요가 행위를 떠올려 주는 기이한 정사 장면 때문에 눈길을 끌었다.

정치적 소재를 다루고 있음에도 불구하고 여성 스파이와 그녀의 표적이 되는 정보 당국의 중간 책임자가 나누게 되는 미묘한 감정 선을 곳곳에 배치해 어느 성애 영화보다도 강열한 인상을 남겨 주고 있다.

1938년 홍콩.

제2차 세계대전의 발발과 함께 영국으로 간 아버지를 기다리는 왕치아즈는 대학교 연극부에 가입하게 된다.

하지만 연극 부는 연극을 통해 애국심을 고취하려는 급진파 광위민(왕리홍)이 주도하는 항일 단체.

정보부 대장 이의 암살 계획을 세우고 광위민에게 마음을 두고 있던 왕치아즈는 친구들을 따라 계획에 동참한다.

그녀는 자신의 신분을 위장하고 이의 아내(조안 첸)에게 접근하여 신뢰를 쌓은 후 이에게 가까워진다.

어느 날 레스토랑에서 두 사람만의 식사 장면.

'여기는 손님이 없네요?'

'음식이 맛없거든요, 미안해요, 하지만 얘기를 나누기에는 최적의 장소죠'

'남편 사업은 잘돼요?'

'잘 되는지 어쩌는지, 만날 출장만 다녀요, 하지만 부부는 떨어져 있어야 정이 깊어진다고 하더군요.'

'난 일상적인 대화에 익숙지 않아요 내가 만나는 자들은 국가운명 같은 거창한 얘기만 떠들죠, 하지만 그런 자들 눈에서 난 수없이 봐 왔어요'

'뭐를요?'

'두려움, 그런데 당신은 다른 것 같아요, 두려움이 없지, 안 그래요?'

'당신은요?'

'게다가 영리해 마작에는 젬병이지만 맞아요, 전 잃기만 하죠'

'그래도 당신은 이겼어요.'

대화를 나누는 도중 왕치아즈는 연신 자신의 두 손을 교대로 맞잡고 비벼 댄다. 그리고 손등에 얼굴을 괸다.

인간 생태 연구가 애런 피스의 『바디 랭귀지』에 의하면 '자신의 두 손을 쉴 새 없이 마주 잡고 손바닥을 상대방에서 노출시키는 행동'은 '무엇인가 간절히 갈망하는 행동'이다.

그녀의 행동을 지켜보던 정보부 대장 이는 두 개의 양초에 번갈아 불을 붙인 뒤 담배 한 개비를 건네준다.

이에 기다렸다는 듯이 냉큼 받아 담배 불을 받는 왕치아즈.

'담배와 총'은 남성을 드러내는 대표적인 소품.

'피운다' 보다는 '빤다'가 더 친근감 있게 다가오는 담배를 여성이 받아 쥔다는 것은 성적 유혹에 대한 화답이다.

이와 비슷한 상황은 〈매디슨 카운티의 다리〉에서도 벌어졌다.

1965년 가을. 직업 사진작가 로버트 킨케이드.

내셔널 지오 그래픽지에 게재할 로즈만과 할리웰 다리의 사진을 찍기 위해 매디슨 카운티에 도착해서 평범한 가정주부 프란체스카를 만난다.

남편과 아이들은 일리노이 주 박람회에 간 상황.

로버트는 프란체스카를 보고 첫눈에 반한다.

그는 길 안내를 부탁하면서 녹색 픽업트럭에 태운 15년 차 주부 프란체스카에서 담배를 건넨다.

무릎에 손을 대고 망설이던 그녀는 결국 그가 건네는 담배를 거절한다.

결국 가을 낙엽처럼 스치듯 찾아왔던 낯선 남성의 체취는 '윤리를 저버리지 않는 아름다운 추억으로 남게 되는 계기는 바로 담배를 함께 피우기를 거절한 것이 결정적인 계기'라고 해도 무방한 것이다.

다시 〈색, 계〉.

1941년 상하이.

홍콩에서 돌아와 학업을 계속하던 왕치아즈에게 광위민이 찾아와 장관으로 출세한 이의 암살 작전에 주도적 역할을 해주길 강권한다.

이에 또다시 만나게 된 왕치아즈와 이.

3년이라는 시간이 흐른 뒤 무언가 깊은 감정이 자신들의 속에 자리 잡았음을 직감적으로 느낀다.

이때의 대사를 다시 재현해 보자.

왕치아즈는 친구들과 마작을 하고 있는 이의 아내(조안 첸)에게 홍콩에서 가져온 담배를 가져다주겠다며 트렁크가 있는 2층으로 올라 가방을 연다.

이때 이가 나타나 '아내는 벗이 필요하오, 나는 거의 집을 비우니까!'

'힘드신가 봐요, 살이 많이 빠졌네요!'

'당신도 많이 변했소.'

'3년이 흘렀어요.'

'전쟁이 모든 걸 앗아갔죠, 살아있는 것만으로도 감사해요.'

'사모님 선물로 담배를 가져 왔어요.'

'장관님께 드릴 게 없네요.'

'당신이 와준 게 선물이오!'

이후, 비 오는 어느 날 장관 이의 저택을 찾아온 왕치아즈.

안방구석 의자에 앉아 있는 이는 왕치아즈가 외투를 벗고 있는 모습을 담배를 피워 물면서 쳐다본다.

양 팔이 훤하게 보이는 녹색 원피스를 입고 있는 그녀는 담배가 가지런히 배열돼 있는 케이스를 보여주자 이에게 다가간다.

그리고 이가 물고 있던 담배를 뺏어 바닥에 내팽개친다.

이가 한마디 한다.

'나랑 놀고 싶어?'

'서서 할 거예요?'

'앉아요.'

그리고 스커트를 벗는 왕치아즈.

이때 이는 그녀에게 달려들어 난폭하게 하의를 찢는다.

침대로 던져진 그녀에게 혁대를 풀어 때린 뒤 양손을 뒤로 해서 수갑을 채우듯 묶는다.

자세가 불편하자 혁대를 풀어 주고 이는 후배위로 왕치아즈에게 거칠게 성교를 진행한다.

기진맥진해 있는 왕치아즈는 침대에 누워있고 조감도로 찍힌 화면에서 이는 의자에 앉아 담배를 피워 물고 있는 정경이 조감도도 비추어진다.

다시 만난 두 사람!

'난 오랫동안 아무도 믿지 못했어.'

'진심을 말해 봐, 믿을게'

'많이 외로워 겠군요'

'말도 없이 출장 가버려서 너무 너무 미웠어요.'

'돌아왔잖아'

'아직도 증오해?'

'아니'

이어지는 두 사람의 섹스 체위는 인도의 성전(性典)『카마수트라』에서 제시한 섹스 비법을 재현하고 있다.

침대에서 섹스 행위를 하는 도중 왕치아즈는 상반신을 젖혀 자신이 성적으로 흥분됐음을 알린다.

이때 이는 목덜미에 키스 하는 것보다는 손가락으로 쓰다듬어 여성의 성감을 높이는 방법을 사용하고 있다.

이는 두, 세 번째 손가락으로 목덜미를 쓰다듬어 내려갔다 다시 위로 올라가는 방법을 되풀이하고 있다.

이때 눈여겨 볼 점은 바로 목덜미의 좌우가 아니라 상, 하로 쓰다 듬어야 한다는 것.

목덜미에는 머리와 몸을 잇는 성감과 깊은 부교감신경 중 하나인 미주 신경을 자극해 주기 때문에 성적 흥분을 유발하는데 큰 효과를 발휘할 수 있다고 알려져 있다.

격렬한 성 행위를 끝내고 왕치아즈가 꺼낸 첫마디는 '이러다 들키겠어요'이다.

〈색, 계〉가 공개된 뒤 성인 관객들의 호기심을 자극시킨 것은 단연 후반부에서 전개된 성 행위.

왕치아즈가 자신의 다리를 모두 올려 가슴에 밀착시킨 상태에서 이가 그녀를 끌어안고 교접을 하는 행위에 대해 성의학 전문가들은 이구동성으로 '영화 속에서 보여주는 섹스 신 대부분은 비정상적인 체위를 다루고 있다. 체조나 요가로 단련되어 유연성이 뛰어난 여성들만이 가능한 방식으로, 일반인이 이를 무리하게 따라했다가는 물리적인 해를 입을 수 있다'라고 경고하는 법석을 떨었다.

중국 현지에서는 영화 속 행위를 종이 등을 접는 모양을 연상시킨다고 해서 '클립 형 체위'로 정의 내렸다.

2007년 이태리 베니스 국제 영화제 황금사자상과 촬영상 등을 수상한 〈색, 계〉는 전반부에 탕웨이가 양조위를 집 앞에 데려와서 열쇠로 문을 여는 장면에서부터 남녀 간의 교접을 떠올리는 등 곳곳에 성적 결합을 갈망하는 장면을 삽입시켰다.

두 사람은 '욕망'에 휩싸여 몸이 가는대로 따라 가지만 왕치아즈는 늘상 이로부터 버림받을 것을 두려워하고 있다.

또한 이도 첩보 기관에서 일한다는 속성상 인간에 대한 근원적인 불신을 갖고 있다.

이것은 왕치아즈와의 정사 신에서도 그녀와 얼굴을 마주하는 것을 꺼려서 베개나 완력으로 고개를 수시로 돌리려 하는 행동에서 엿보게 해주고 있다.

영화 전체적으로 '들키면 끝난다.' 혹은 '들켰을지도 모른다'는 긴장감을 지속시켜 성애 영화가 아니지만 노골적인 성인 영화보다도 더욱 자극적인 감흥을 선사하고 있다.

왕치아즈는 아버지에게 버림받고 애국 청년 놀이에 몰두한다.

그녀에게서 외로움을 발견한 이도 살아남기 위해서 모든 것을 버려야 하는 처지므로 역시 외로운 존재다.

이는 조국도 버리고, 아내와, 동창도 모두 버린다.

왕치아즈는 이를 만나서 안식을 느낀다.

하지만 이도 다시 그녀를 버리고 다시 외로움을 선택한다.

라스트. 흰색 침대에 반쯤 그림자가 비친다.

이의 젖은 눈빛은 '치명적인 욕망(色)은 일단 조심(戒)하라!'라는 교훈을 던져 주고 있지만 역설적으로 관객들에게는 첩보 스릴러 영화 속에서 핵폭탄 같은 강렬한 성적 판타지를 느낄 수 있는 기회를 제공한 영화로 기억되고 있다.

제80회 아카데미 시상식이 남긴 진기록, 명기록

〈노인을 위한 나라는 없다〉는 감독이 시나리오, 연출, 프로듀서를 모두 도맡아 아카데미를 수상한 작품이다.

이 같은 사례는 피터 잭슨(Peter Jackson)의 〈반지의 제왕: 왕의 귀환 The Lord of the Rings: The Return of the King〉(2003), 제임스 L. 브룩스(James L Brooks)의 〈애정의 조건 Terms of Endearment〉(1983), 프란시스 F. 코폴라(Francis Ford Coppola)의 〈대부 2 The Godfather: Part II〉(1974), 빌리 와일더(Billy Wilder)의 〈아파트 열쇠를 빌려 드립니다 The Apartment〉(1960), 레오 맥카리(Leo McCarey)의 〈나의 길을 가련다 Going My Way〉(1944) 등이 있다.

덧붙여 제임스 카메론(James Cameron)은 〈타이타닉 Titanic〉(1997)에서 감독, 프로듀서 및 편집을 맡아 아카데미를 수상한다.

공동 연출로 아카데미를 수상한 경우는 후보를 포함해 총 3번이 있었다.

로버트 와이즈(Robert Wise)+제롬 로빈스(Jerome Robbins)의 〈웨스트 사이드 스토리 West Side Story〉(1961), 워렌 비티(Warren Beatty)+벅 헨리(Buck Henry)의 〈헤븐 캔 웨이트 Heaven Can Wait〉(1978), 조엘 코헨(Joel Coen)+에단 코헨(Ethan Coen)의 〈노인을 위한 나라는 없다 No Country for Old Men〉(2007) 등이다.

이 가운데 와이즈/ 로빈스와 코헨 형제 감독이 수상의 영예를 안았다.

수상식 후 이야기

제80회 아카데미 시상식은 총 24개 부분에 걸친 수상작을 결정하기 위한 행사를 2008년 2월 24일 코닥극장에서 거행했다.

존 스트워트가 진행자로 나섰다.

후보작 경쟁에서는 〈노인을 위한 나라는 없다〉와 〈데어 윌 비 블러드〉가 각각 8개 부분에 지명돼 치열한 호각세를 예상케 했다.

그렇지만 오스카 나이트에서는 〈노인을 위한 나라는 없다〉가 작품상을 비롯한 4개상을 차지해 남우상 등 2개에 그친 〈데어 윌 비 블러드〉를 싱겁게 제압하는 형국이 된다.

1964년 진행된 37회에 이어 올해 연기상 후보자 중 4명의 비 할리우드 배우가 후보에 지명 받는 특이한 사례를 기록한다.

다니엘 데이-루이스(영국)을 비롯해 마리옹 꼬띠아르(프랑스), 하비에르 바르뎀(스페인), 틸다 스윈튼(영국) 등이 바로 미국 배우들을 제친 화제의 주인공들이다.

80회 아카데미 축제는 여타 작품을 압도하는 영화보다는 고만 고만한 인정을 받는 평균 작 이상의 작품들이 호각세를 이룬 한 해였다.

〈노인을 위한 나라는 없다〉가 4개로 단독 선두에 나섰고 〈본 얼티메이텀〉이 3개, 〈라 비 엥 로즈〉 〈데어 윌 비 데어〉가 각 2개씩을 차지하는 고른 수상 결과로 귀결됐다.

제80회 2007 노미네이션, 수상자 총 리스트

작품상 Best Picture

* 〈노인을 위한 나라는 없다 No Country for Old Men〉
〈아톤먼트 Atonement〉
〈주노 Juno〉
〈마이클 클레이튼 Michael Clayton〉
〈데어 윌 비 블러드 There Will Be Blood〉

감독상 Best Director

* 조엘 코헨 & 에단 코헨 Joel Coen and Ethan Coen-〈노인을 위한 나라는 없다 No Country for Old Men〉
폴 토마스 앤더슨 Paul Thomas Anderson-〈데어 윌 비 블러드 There Will Be Blood〉
토니 길로이 Tony Gilroy-〈마이클 클레이튼 Michael Clayton〉
제이슨 리트만 Jason Reitman-〈주노 Juno〉
줄리안 슈나벨 Julian Schnabel-〈잠수 종과 나비 The Diving Bell and the Butterfly〉

남우상 Best Actor

* 다니엘 데이-루이스 Daniel Day-Lewis-〈데어 윌 비 블러드 There Will Be Blood〉
조지 클루니 George Clooney-〈마이클 클레이튼 Michael Clayton〉
조니 뎁 Johnny Depp-〈스위니 토드 Sweeney Todd: The Demon Barber of Fleet Street〉
토미 리 존스 Tommy Lee Jones-〈엘라의 계곡 In the Valley of Elah〉
비고 몬테슨 Viggo Mortensen-〈이스턴 프로미스 Eastern Promises〉

여우상 Best Actress

* 마리옹 꼬띠아르 Marion Cotillard-〈라 비 엥 로즈 La Vie en Rose/ La môme〉
케이트 블랑쉬 Cate Blanchett-〈엘리자베스 Elizabeth: The Golden Age〉
줄리 크리스티 Julie Christie-〈어웨이 프럼 허 Away from Her〉
로라 린네이 Laura Linney-〈샤베지 The Savages〉
엘렌 페이지 Ellen Page-〈주노 Juno〉

조연 남우상 Best Supporting Actor

* 하비에르 바르뎀 Javier Bardem-〈노인을 위한 나라는 없다 No Country for Old Men〉
캐시 애플렉 Casey Affleck-〈제시 제임스의 암살 The Assassination of Jesse James by the Coward Robert Ford〉
필립 세이무어 호프만 Philip Seymour Hoffman-〈찰리 윌슨의 전쟁 Charlie Wilson's War〉
할 홀브룩 Hal Holbrook-〈인투 더 와일드 Into the Wild〉
탐 윌킨슨 Tom Wilkinson-〈마이클 클레이튼 Michael Clayton〉

조연 여우상 Best Supporting Actress

* 틸다 스윈튼 Tilda Swinton-〈마이클 클레이튼 Michael Clayton〉
케이트 블랑쉬 Cate Blanchett-〈아임 낫 데어 I'm Not There〉
루비 디 Ruby Dee-〈아메리칸 갱스터 American Gangster〉
사오시 로난 Saoirse Ronan-〈아톤먼트 Atone-

ment〉
아미 라이언 Amy Ryan-〈곤 베이비 곤 Gone Baby Gone〉

각본상 Best Original Screenplay

* 〈주노 Juno〉-디아블로 코디 Diablo Cody
〈라스 앤 리얼 걸 Lars and the Real Girl〉-낸시 올리버 Nancy Oliver
〈마이클 클레이튼 Michael Clayton〉-토니 길로이 Tony Gilroy
〈라따투이 Ratatouille〉-브래드 버드 Brad Bird
〈새베지 The Savages〉-타마라 젠킨스 Tamara Jenkins

각색상 Best Adapted Screenplay

* 〈노인을 위한 나라는 없다 No Country for Old Men〉-조엘 코헨 & 에단 코헨 Joel Coen and Ethan Coen
〈아톤먼트 Atonement〉-크리스토퍼 햄프톤 Christopher Hampton
〈어웨이 프럼 허 Away from Her〉-사라 폴리 Sarah Polley
〈잠수종과 나비 The Diving Bell and the Butterfly〉-로날드 하우드 Ronald Harwood
〈데어 윌 비 블러드 There Will Be Blood〉-폴 토마스 앤더슨 Paul Thomas Anderson

장편 애니메이션상 Best Animated Feature

* 〈라따뚜이 Ratatouille〉
〈퍼세폴리스 Persepolis〉
〈서프 업 Surf's Up〉

외국어 영화상 Best Foreign Language Film

* 〈카운터페인트 The Counterfeiters〉(오스트리아)
〈뷰포트 Beaufort〉(이스라엘)
〈카틴 Katyń〉(폴란드)
〈몽골 Mongol〉(카자흐스탄)
〈12〉(러시아)

장편 다큐멘터리상 Best Documentary Feature

* 〈택시 Taxi to the Dark Side〉-알렉 깁니 Alex Gibney
〈노 엔드 이즈 사이트 No End in Sight〉-찰리 H. 퍼거슨 Charles H. Ferguson
〈귀향 작전 Operation Homecoming: Writing the Wartime Experience〉-리차드 E. 로빈스 Richard E. Robbins
〈식코 Sicko〉-마이클 무어 Michael Moore
〈워/ 댄스 War/Dance〉-안드레아 닉 파인 Andrea Nix Fine

단편 다큐멘터리상 Best Documentary Short

* 〈프리헬드 Freeheld〉-신시아 웨이드 Cynthia Wade
〈라 코로나 La Corona〉-아만다 미첼리 Amanda Micheli
〈살림 바바 Salim Baba〉-팀 스턴버그 Tim Sternberg
〈사리 마더 Sari's Mother〉-제임스 롱리 James Longley

단편 라이브 액션상 Best Live Action Short

* 〈모차르트 오브 픽포킷 The Mozart of Pickpockets〉-필리페 폴렛-빌라드 Philippe Pollet-Villard
〈엣 나이트 At Night〉-크리스탄 E. 크리스센 Christian E. Christiansen
〈대체 The Substitute〉-안드레아 주브린 Andrea Jublin
〈탄기 아헨티니 Tanghi Argentini〉-구이도 디스 Guido Thys
〈톤토 우먼 The Tonto Woman〉-다니엘 바버 Daniel Barber

단편 애니메이션상 Best Animated Short

* 〈피터와 늑대 Peter and the Wolf〉-수지 템플튼 Suzie Templeton
〈아이 멧 더 월러스 I Met the Walrus〉-조시 라스킨 Josh Raskin
〈마담 투티-푸티 Madame Tutli-Putli〉-크리스 라비스 Chris Lavis

〈이븐 피전 Even Pigeons Go To Heaven/ Même les pigeons vont au paradis〉- 사무엘 투넥스 Samuel Tourneux
〈마이 러브 My Love/ Moya Lyubov〉-알렉산더 페트로프 Alexander Petrov

작곡상 Best Original Score

* 〈아톤먼트 Atonement〉-다리오 마리안넬리 Dario Marianelli
〈카이트 러너 The Kite Runner〉-알베르토 이글레시아스 Alberto Iglesias
〈마이클 클레이튼 Michael Clayton〉-제임스 뉴튼 하워드 James Newton Howard
〈라따뚜이 Ratatouille〉-마이클 지아치노 기 Michael Giacchino
〈3: 10 투 유마 3:10 to Yuma〉-마르코 벨트라미 Marco Beltrami

주제가상 Best Original Song

* 'Falling Slowly'-〈원스 Once〉, 글렌 한사드 Glen Hansard
'Happy Working Song'-〈인챈트먼트 Enchanted〉, 알란 멘켄 Alan Menken
'So Close'-〈인챈트먼트 Enchanted〉, 알란 멘켄 Alan Menken
'That's How You Know'-〈인챈트먼트 Enchanted〉, 알란 멘켄 Alan Menken
'Raise It Up'-〈어거스트 러시 August Rush〉, 자말 조셉 Jamal Joseph

사운드 편집상 Best Sound Editing

* 〈본 얼티메이텀 The Bourne Ultimatum〉-카렌 베이커 랜더스 Karen Baker Landers
〈노인을 위한 나라는 없다 No Country For Old Men〉-스킵 리브세이 Skip Lievsay
〈라따뚜이 Ratatouille〉-랜디 탐 Randy Thom
〈데어 윌 비 블러드 There Will Be Blood〉-매튜 우드 Matthew Wood
〈트랜스포머 Transformers〉-에단 반 더 린 Ethan van Der Ryn

사운드 믹싱상 Best Sound Mixing

* 〈본 얼티메이텀 The Bourne Ultimatum〉-스코트 밀란 Scott Millan
〈노인을 위한 나라는 없다 No Country For Old Men〉-스킵 리브세이 Skip Lievsay
〈라따뚜이 Ratatouille〉-랜디 탐 Randy Thom
〈3: 10 투 유마 3:10 to Yuma〉-폴 마세이 Paul Massey
〈트랜스포머 Transformers〉-케빈 오도넬 Kevin O'Connell

미술 감독 & 세트 장식상
Best Art Direction & Set Decoration

* 〈스위니 토드 Sweeney Todd: The Demon Barber of Fleet Street〉-단테 페레티 Dante Ferretti
〈아메리칸 갱스터 American Gangster〉-아서 막스 Arthur Max
〈아톤먼트 Atonement〉-사라 그린우드 Sarah Greenwood
〈골든 콤파스 The Golden Compass〉-데니스 가스너 Dennis Gassner
〈데어 윌 비 블러드 There Will Be Blood〉-잭 피스크 Jack Fisk

촬영상 Best Cinematography

* 〈데어 윌 비 블러드 There Will Be Blood〉-로버트 엘스위트 Robert Elswit
〈제시 제임스의 암살 The Assassination of Jesse James by the Coward Robert Ford〉-로저 디킨스 Roger Deakins
〈아톤먼트 Atonement〉-시무스 맥가비 Seamus McGarvey
〈잠수 종과 나비 The Diving Bell and the Butterfly〉-야누스 카민스키 Janusz Kamiński
〈노인을 위한 나라는 없다 No Country for Old Men〉-로저 딘킨스 Roger Deakins

메이크업상 Best Makeup

〈라비엥로즈 La Vie en Rose〉-디디에르 라버그니

Didier Lavergne
〈노르비트 Norbit〉- 릭 베이커 Rick Baker
〈캐리비안의 해적: 세상의 끝 Pirates of the Caribbean: At World's End〉-비 네일 Ve Neill

의상 디자인상 Best Costume Design

* 〈엘리자베스 Elizabeth: The Golden Age〉-알렉산더 번 Alexandra Byrne
〈어크로스 더 유니버스 Across the Universe〉-알버트 울스카이 Albert Wolsky
〈아톤먼트 Atonement〉-재클린 두란 Jacqueline Durran
〈라 비 엥 로즈 La Vie en Rose〉-매리트 알렌 Marit Allen
〈스위니 토드 Sweeney Todd: The Demon Barber of Fleet Street〉-콜린 아트우드 Colleen Atwood

필름 편집상 Best Film Editing

* 〈본 얼티메이텀 The Bourne Ultimatum〉-크리스토퍼 로즈 Christopher Rouse
〈잠수 종과 나비 The Diving Bell and the Butterfly〉-줄리엣 웰핑 Juliette Welfing
〈인투 더 와일드 Into the Wild〉-제이 캐시디 Jay Cassidy
〈노인을 위한 나라는 없다 No Country for Old Men〉-로데릭 제이네스 Roderick Jaynes
〈데어 윌 비 블러드 There Will Be Blood〉-딜란 티치너 Dylan Tichenor

시각 효과상 Best Visual Effects

* 〈황금 나침반 The Golden Compass〉-마이클 핀크 Michael Fink
〈캐리비안의 해적: 세상의 끝 Pirates of the Caribbean: At World's End〉-존 크놀 John Knoll
〈트랜스포머 Transformers〉-스코트 파라 Scott Farrar

최다 후보작 및 수상작

〈노인을 위한 나라는 없다 No Country for Old Men〉 〈데어 윌 비 블러드 There Will Be Blood〉-각 8개 부문 후보작
〈노인을 위한 나라는 없다 No Country for Old Men〉-4개 부문 수상

아카데미 명예상 Academy Honorary Award

* 로버트 F. 보일 Robert F. Boyle

빈민가 인도 소년의 성공 드라마 <슬럼덕 밀리어네어> 8개 트로피 획득

시상식 : 2009년 2월 22일 6:00 PM
장 소 : L A 코닥 극장 Kodak Theatre, Hollywood, Los Angeles, California
사 회 : 휴 잭맨 Hugh Jackman, ABC 중계

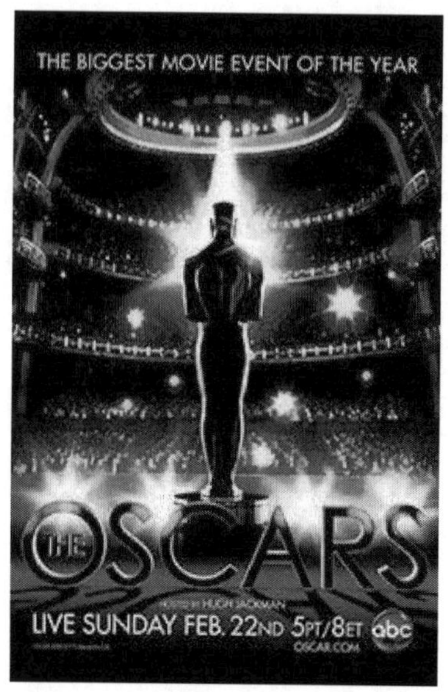

제81회 아카데미 시상식 공식 포스터.
© A.M.P.A.S/ Oscars.org

행사 직전 주요 수상자 명단 유포되는 소동

제81회 아카데미 시상식은 2008년 미국 흥행 시장에서 공개됐던 우수 영화를 대상으로 24개 부문에서 수상작(자)를 선정, 발표한다.

〈슬럼덕 밀리어네어 Slumdog Millionaire〉가 작품, 감독상 등 8개 부문을 독식하면서 이 해 최고 화제작으로 주목을 받아낸다.

이어 〈벤자민 버튼의 시간은 거꾸로 간다 The Curious Case of Benjamin〉 〈다크 나이트 The Dark Knight〉 〈밀트 Milk〉 〈스마일 핑키 Smile Pinki〉 〈토이랜드 Toyland〉 〈비키 크리스티나 바르셀로나 Vicky Cristina Barcelona〉 〈월 E WALL-E〉 등이 수상의 영예를 차지한다.

미국 전역으로 생중계된 시상식은 3,700만 명 almost 37 million viewers in the United States이 시청한 것으로 집계 된다.

〈벤자민...〉은 13개 후보에 지명 받아 최다 후보작에 지명된 작품 9번째를 기록하게 된다.

숀 펜 Sean Penn은 남우상 2회 수상자로 등극된다.

조연 남우상의 히스 레저 Heath Ledger는 1977년 1월 사망했던 〈네트워크〉의 피터 핀치 Peter Finch가 남우상을 수상한 것에 이어 사후 수상자 who posthumously won 2번째를 기록하게 된다.

애니메이션 〈월 E〉는 1991년 〈미녀와 야수 Beauty and the Beast〉와 동일하게 6개 부문 후보작이 되는 영예를 차지한다.

'날조된 수상자 누설 Faked winners leak'로 한바탕 해프닝이 벌어진다.

사건의 발달은 행사 직전에 아카데미 회원 투표 결과 미키 루크 Mickey Rourke-남우상, 케이트 윈슬렛 Kate Winslet-여우상, 에이미 아담스 Amy Adams-조연 여우상, 히스 레저 Heath Ledger-조연 남우상, 〈슬럼덕 밀리어네어 Slumdog Millionaire〉-작품상이라는 명단이 온라인을 통해 유포된다.

이에 행사를 주관하는 AMPAS 대변인 레슬리 운거 Leslie Unger는 즉각 '노출된 명단은 전적으로 사기 later revealed that the list was a complete fraud'라고 발표하면서 투표 결과는 '프라이스워터하우스쿠퍼 PricewaterhouseCoopers'가 집계하고 있다'고 덧붙인다.

하지만 시상 결과 여우상, 조연 남우와 작품상 등은 사전 유포된 명단과 동일하게 발표돼 아카데미 공정성에 대한 일말의 의혹을 남기게 된다.

어둠의 기사 흥행가 강타 〈다크 나이트〉

크리스토퍼 놀란(Christopher Nolan) 감독의 〈다크 나이트 The Dark Knight〉는 어둠의 공간에서 펼치는 박쥐 사나이의 모험담이 흥행 가에서 여전히 흥행메이커가 될 수 있음을 입증시킨다.

전세계 흥행 10억 1백만 달러($1,001,921,825) 이상을 벌어들인 〈다크 나이트 The Dark Knight〉는 DC 코믹스의 간판 캐릭터 배트맨 Batman을 시대감각에 맞게 각색한 작품이다.

놀란 감독의 〈배트맨 비긴스 Batman Begins〉(2005)의 속편으로 공개된다.

성격 파 배우 크리스찬 베일(Christian Bale)이 브루스 웨인/ 배트맨 역, 후원자 알프레드 페니워스 역은 마이클 케인(Michael Caine)이 출연하고 있다.

고담 시의 검사 하비 덴트(아론 엑크하트), 배트맨의

크리스토퍼 놀란 감독이 새롭게 각색한 〈다크 나이트〉. © Warner Bros., Legendary Pictures

어린 시절 여자 친구 레이첼(매기 길레할) 그리고 사사건건 배트맨을 괴롭히고 있는 악인 조커에는 히스 레저(Heath Ledger)가 등장하고 있다.

조커는 1940년 코믹 북부터 등장한 악인으로 '투-페이스 Two-Face'와 함께 배트맨의 숙적 역할을 하고 있다.

개봉 직전 청춘스타 히스 레저가 마약 과다 복용으로 급서해 영화 팬들에게 큰 충격을 안겨준다.

2008년 7월 18일 할리우드 전역에서 공개된 〈다크 나이트〉는 앞서 언급했듯이 10억 달러 이상의 소득을 얻는 동시에 아카데미에서 히스 레저가 조연 남우상과 사운드 편집상을 수여 받는다.

〈다크 나이트〉는 2012년 〈다크 나이트 라이즈 The Dark Knight Rises〉로 시리즈가 이어진다.

〈배트맨 비긴스 Batman Begins〉에서 공동 작곡자로 나섰던 한스 짐머(Hans Zimmer)와 제임스 뉴튼 하워드(James Newton Howard)는 〈다크 나이트〉에서도 팀웍을 이룬다.

오프닝에서 조커 일당이 은행을 터는 긴박한 장면의 배경 음악인 'Why So Serious?'는 박진감 넘치는 신세사이저 배경 음악이 스토리에 대한 몰입도를 유도하는 요소가 된다.

'Harvey Two-Face'는 얼굴 화상을 당한 뒤 배트맨과 적대적인 관계가 된 하비 덴트의 행적을 보여주는 테마곡이다.

'I Am the Batman'는 정체성에 대해 고민하고 있는 배트맨에서 은사인 알프레드가 배트맨이 수행할 사명감을 일깨워 주는 장면의 배경곡이 되고 있다.

이어 16분 14초에 달하는 대곡 'A Dark Knight'는 배트맨과 조커의 숙명적인 대결의 배경 리듬으로 흘러나와 박쥐 사나이의 영웅담에 관심을 쏟게 만들었다.

차이나 신드롬 물씬 담긴 〈쿵푸 팬더〉

중국 색채가 물씬 담겨 있는 〈쿵푸 팬더〉. © DreamWorks Animation

국수집 배달원 뚱보 포가 마을 수호자로 낙점된다는 드림웍스 제작의 〈쿵푸 팬더 Kung Fu Panda〉는 제목에서부터 중국 분위기를 가득 풍겨주고 있는 애니메이션이다.

스티븐 스필버그, 월트 디즈니사에서 〈라이언 킹〉을 대박 히트시켰던 제프리 카첸버그 그리고 한때 키아누 리브스와 동성 관계에 있다는 루머에 휩싸였던 음반 프로듀서 겸 geffen record CEO 데이비드 게펜이 의기투합해서 설립한 영화사가 드림웍스다.

〈인디아나 존스 4〉로 건재를 과시한 스필버그 사단의 영화들은 일단 재미있다.

〈쿵푸 팬더 Kung Fu Panda〉. 92분의 상영 시간이 짧다는 느낌이 들 정도로 재밌다.

애니메이션이 코 묻은 애들의 전유물이라고?

미야자키 하야오의 〈센과 치히로의 행방불명〉은 베를린 영화제 사상 최초로 2003년 그랑프리에 해당되는 황금 곰상을 수상했다. 아카데미 장편 애니메이션상은 보너스다.

〈타이거 마스크〉 〈뱀 베라 베로〉 〈은하 철도 999〉 〈우주 소년 아톰〉.

10대 소년 시절의 추억이 서려 있는 만화 영화가 실은 일본 것이었다는 것을 알고 난 뒤의 허탈감이란!

이런 경험은 또 있다.

〈올드 보이〉 〈미녀는 괴로워〉 〈권순분 여사 납치 사건〉, 이미연 주연의 〈어깨 너머의 연인〉, 가수 비의 할리우드 진출 작 〈스피드 레이서〉, 이준기의 〈플라이 대디〉, 송혜교, 차태현 주연의 〈파랑주의보〉 , MBC 드라마 〈하얀 거탑〉 등. 이들이 모두 일본 만화, 소설, TV 드라마를 각색한 한국 작품들이다.

박찬욱이 칸 영화제 3등상에 해당되는 심사위원대상을 받았다고 한껏 거들먹대지만 〈올드 보이〉의 뼈대는 일본 만화다.

'한국 영화의 저력은 일본 만화의 힘'이라는 자조 섞인 지적이 바로 우리 대중 예술계의 초상이다.

이에 비해 스필버그가 손댄 〈쿵푸 팬더〉는 성인 관객들도 박수갈채를 보낼 오락성을 99% 확보하고 있다. 또한 서두에 '부럽다'고 한 것은 바로 〈쿵푸 팬더〉 제목에 있다.

쿵푸는 이소룡이 대중화시킨 중국 전통 무술.

판다는 중국 최고 지도층이 외국의 정계 거물에게 최고의 국빈 선물로 대접할 때 단골로 활용되는 동물이다. 〈쿵푸 팬더〉에는 앞서 언급한 대로 제목에서 부터 '중국 냄새가 물씬 담겨 있는 것'이다.

소재가 고갈돼 일본 예술품을 들여다 골방에 처박혀 한국식으로 각색하느라 시나리오 작가들의 눈동자가 충혈 되고 있을 때 그 뒤편에서는 중국을 기반으로 한 한류(漢流) 열풍이 쓰나미처럼 한국 흥행가를 덮치고 있는 것이다.

부친이 운영하는 국수 가게에서 식솔을 해결하고 있는 뚱보 판다 포.

체중 과다로 허덕이는 그가 마을에서 가장 학식이 높은 현인(賢人) 우그웨이 대사부로부터 용문서의 전수자로 낙인찍힌다.

포는 쿵푸 비법이 적혀 있는 용문서의 전수자 대회에 출전한 무적의 5인방으로부터 따돌림을 당하고, 용문서를 노리고 감옥에서 탈출한 타이렁이 마을을 공격해 오는 진퇴양난의 상황.

하지만 포는 시푸 사부로부터 혹독한 쿵푸 트레이닝을 받고 처음에는 관계가 소원했던 무적의 5인방의 적극적인 측면 도움도 받아내면서 악한 타이렁을 제압하고 '쿵푸 비법의 전수자'로 당당히 인정받는다는 내용.

〈미녀는 괴로워〉의 김아중이 성형 수술로 환골탈태(換骨脫胎)한 모습을 보여주듯, 자기 몸 하나 가누기도 힘들었던 포가 엄격한 사부로부터 쿵푸 비법을 전수받고 날렵한 쿵푸 유단자로 변신하는 모습은 전형적인 '성장 영화'의 축을 보여주고 있다.

이안 감독의 〈와호장룡〉이나 첸 카이거의 〈패왕별희〉처럼 시종일관 흘러나오는 중국 전통적 리듬, 만두, 국수 등 중국의 먹을거리, 복장, 건축물에서 풍겨져 나오는 중화(中華) 색채 등은 뿌리 없는 '한류(韓流) 신드롬에 함몰돼 몇 년을 우쭐대다 이제는 식어버린 우리 대중예술계의 초라한 위상을 곱씹게 해주는 장면이 되고 있다.

러시아 생리학자 파블로프 박사가 1900년 전후 개를 대상으로 하여 소화(消化)에 관한 연구를 하면서 조건반사 현상을 발견했다. '파블로프 현상'이란 건데, 개에게 종소리를 들려준 다음 곧 먹이를 주는 일을 여러 번 되풀이하면 나중에는 종소리만 들려주고 먹이를 주지 않더라도 개는 침을 흘리게 된다는 것이다.

뚱보 포.

쿵푸 스승 시푸 사부로부터 쿵푸 비법의 단계를 올라 갈 때마다 만두를 한 개씩 하사받아 만두만 보면 군침을 흘리는데 흡사 파블로프 현상을 떠올려 주고 있다. 포는 만두를 차지하기 위해 힘겨운 훈련을 거듭하다 마침내 무술 고수가 된다.

두 사람이 유리 접시에 소복이 쌓여 있는 모락모락

김이 나는 만두를 놓고 젓가락을 갖고 대결을 펼치는 장면, 첩첩산중에 매달려 있는 나무로 만든 다리 위에서 무적의 5인방과 포가 합심해서 절대 강자 타이렁과 대적을 하는 장면 등은 70년대 오락 영화계를 석권했던 성룡의 '취권'을 비롯해 실베스터 스탤런 주연 〈클리프 행어〉의 산악 대결 장면을 떠올려주는 명장면이다.

과다 체중으로 허덕였던 판다 포가 선반에 감추어둔 과자를 훔쳐 먹기 위해 날렵하게, 흡사 발레하 듯 올라가는 장면을 비롯해 호권의 달인 타이그리스(안젤리나 졸리 목소리 연기), 원숭이 권의 달인 몽키(성룡 목소리 연기), 사권의 1인자 바이퍼(루시 리우 목소리 연기), 학권의 권위자 크레인과 당랑권의 달인 캔티스 등 무적의 5인이 펼치는 쿵푸의 기기묘묘한 권법(拳法)은 보고만 있어도 어깨와 허리를 움찔거리게 만들고 있는 묘미를 선사해 주고 있다.

절대 강자인 악당 타이렁을 제압하고 마을에 평화를 되찾아준 포의 보무당당(步武堂堂)한 모습은 1970년대 히트곡인 칼 더글러스의 'Kung Fu Fighting'이 마무리 해주고 있다.

마블 코믹스 영웅 대형 화면으로 각색 〈아이언 맨〉

'선구자이자 천재이며 진정한 애국자, 전설적인 무기 개발자, 하워드 스타크의 아들, 어린 시절부터 천재성을 보인 그는 4살 때, 컴퓨터를 6살 때, 엔진을 만들었고 17살엔 MIT공대를 수석 졸업하였다, 하워드 스타크가 작고한 후 친구이자 동료였던 오베디아 스텐이 회사를 이끌었고 이후 토니 스타크는 21살이 되던 해 스타크 인더스트리의 CEO로 취임하였다, 그는 더욱 지능화된 무기 개발을 통해 회사의 성공 신화를 이어 나갔으며 세계 자유를 수호하고 국익을 극대화함으로써 군수 산업의 새로운 지평을 열었다, 진짜 애국자와 함께 일하는 것은 저에겐 큰 영광이며 특권입니다, 저의 절친한 친구이자 정신적 지주인 올해의 아포지 상 수상자를 소개합니다, 토니 스타크!'.

마블 코믹스(Marvel Comics)의 전속 작가 스탠 리(Stan Lee)가 1963년 3월 발간된 『서스펜스 이야기 39호 Tales of Suspense #39』를 통해 첫 선을 보인 것이 바로 〈아이언 맨 Iron Man〉이다.

현실 생활에서는 '안소니 에드워드 토니 스타크 Anthony Edward Tony Stark'로 활동하고 있는 아이언 맨은 천재 수준의 지능, 초능력을 구사할 수 있는 이들을 규합할 수 있는 무장 복장, 초인적인 괴력, 마하 3(Mach 3)으로 날 수 있는 초음속 비행 능력, 미사일 장착, 태양 광선으로 생명 유지할 수 있는 지구력 보충 능력 등을 구비하고 있다.

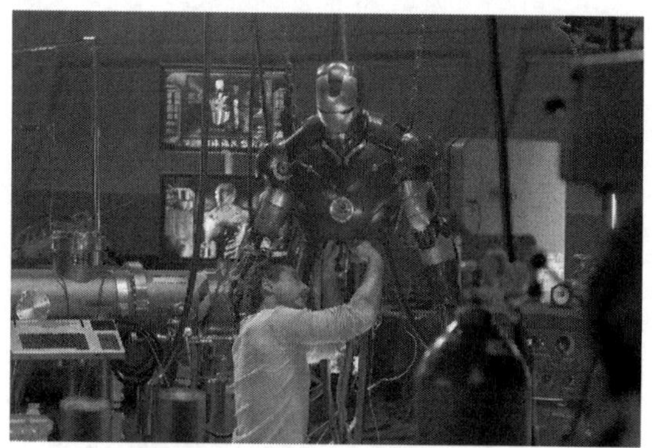
작가 스탠리가 1963년 창안한 슈퍼 영웅 〈아이언 맨〉.

'아이언 맨'-일명 안소니 에드워드 토니 스타크-는 마블 코믹이 창조해 낸 수많은 가상 영웅 중 한명이다.

기업가, 억만장자, 천재 엔지니어 등으로 알려진 스타크.

세계 최강 무기업체 CEO인 토니 스타크는 아프가니스탄에서 신무기 발표를 성공리에 마치고 귀환 도중 게릴라군의 공격을 받아 가슴에 치명적인 부상을 입고 게릴라 군에게 납치된다.

게릴라 군으로 부터 자신들을 위한 강력 무기를 개

발하라는 위협을 받는다.

그는 게릴라 군을 위한 무기 대신, 탈출을 위한 무기가 장착된 철갑 수트인 'Mark1'를 제조한 뒤 이것을 착용하고 극적으로 탈출한다.

군수복합기업 스타크 인더스트리 Stark Industries를 운영하고 있는 토니 스타크는 철갑 슈트로 악의 무리들을 퇴치하는 동시에 여러 군수 무기를 통해 자유민주주의를 수호해 나가는 영웅적 역할을 해낸다.

작가 스탠 리가 〈아이언 맨〉을 창조할 당시 국제 정치는 미, 소련간의 치열한 군사 대결이 펼쳐지고 있는 냉전(Cold War) 체재였기 때문에 원작에서는 공산주의 확산을 차단해서 미국이 주도하고 있는 자유주의를 더욱 공고하게 하는 것이 가장 중요한 핵심 주제로 설정된다.

아이언 맨은 크게는 미국 자유주의 수호자이며 작게는 테러리즘과 일상생활에서 발생하는 다양한 범죄를 진압하는 역할을 수행해 내고 있다.

위기가 닥쳤을 때 '아이언 맨'은 동료 영웅 '캡틴 아메리카 Captain America' '토르 Thor' 등과 돈독한 협력 관계를 구축하고 있다.

〈아이언 맨〉은 존 파브로 감독이 로버트 다우니 주니어, 기네스 팰트로우를 기용해 2008년 4월 흥행가를 장식하기 이전부터 TV 드라마 및 영화 소재로 활용돼 왔다.

블록버스터로 실사 영화로 각색된 〈아이언 맨〉은 로버트 다우니 주니어를 스타덤에 올려놓으면서 〈아이언 맨 2 Iron Man 2〉(2010), 〈어벤져 The Avengers〉(2012) 〈아이언 맨 3 Iron Man 3〉(2013) 등이 연속 공개되는 성원을 받는다.

〈아이언 맨〉은 코믹 전문 잡지 『IGN』가 선정한 역대 코믹 영웅 탑 100 Top 100 Comic Book Heroes 중 12번째 영웅으로 추천 받았다.

지구 최후의 로봇의 흥미진진 모험담 〈월·E〉

'감동과 교훈이 살아 있는 픽사 애니메이션의 진수' '인간보다 더 인간다운 신선한 캐릭터 월 E의 로맨스와 모험 극'-『버라이어티』

〈니모를 찾아서〉를 공개해서 뜨거운 반응을 얻어냈던 애니메이션 전문 감독 겸 각본가 앤드류 스탠튼과 〈인크레더블〉 〈카〉 〈라따뚜이〉 등의 히트작을 발표한 픽사 애니메이션 스튜디오가 의기투합해서 선보인 작품이 〈월 · E WALL · E〉이다.

주인공 월·E는 의지력 강한 로봇이다.

'지구를 뒤덮은 쓰레기! 비앤엘 회장 비상사태 선포, '월·E', 여러분의 쓰레기를 치워 드립니다, 비앤엘 운송 도심 터미널 쓰레기가 너무 많다구요? 비앤엘 우주선은 매일 출항합니다, 떠나 계신 동안 저희가 다 치우겠습니다'.

인적이 거의 없는 지구에 홀로 남아 수백 년 동안 쓰레기 치우는 일을 하고 있는 월 E (WALL-E: Waste Allocation Load Lifter Earth-Class, 지구 폐기물 수거, 처리용 로봇).

인류를 위해 헌신하는 오물 처리 로봇의 사연을 담은 〈월 E〉. © Pixar Animation Studios

매력적인 탐사 로봇 이브와 마주친 순간, 잡동사니 수집만이 인생의 전부였던 월 E에게도 생의 소중한 목표가 생기게 된다.

이브는 지구의 미래를 결정할 열쇠가 우연히 월 E의 손에 들어간 사실을 알게 되고, 고향별로 돌아갈 날만 애타게 기다리는 인간들에게 이를 보고하기 위해 서둘러 우주로 향한다.

월 E가 이브를 쫓아 은하를 가로 지르는 여정에는 애완용 바퀴 벌레, 용맹스럽지만 어딘가 모자란 불량 로봇 군단 등이 합류한다.

우주에서의 여러 사건을 겪은 월 E는 무사히 임무를 마치고 다시 지구로 귀환한다.

월 E의 피날레 행적에서는 '그게 전부입니다, 그게 사랑이에요, 우린 회상할 거예요, 순간이었다고 일생동안 사랑 받고, 살아야죠, 발이 어딘가 닿는 것을 상상해본 적 있나요, 중력이 땅으로 끌어당기는 느낌을 지금까지 택했던 미래가 그대를 속여 왔다는 걸 아나요, 그럼, 이제 이리와요, 그 높은 곳에서의 규칙들은 필요 없답니다, 그러니 이리 내려와요, 내려오세요, 우리는 땅 위로 갑니다, 거기보다 좋은 곳은 없어요'라는 지구 찬가 곡 피터 가브리엘의 'Down to Earth'가 환영곡으로 흘러나오고 있다.

호기심 가득한 '월 E'의 여정은 마이클 크로포드의 'Put On Your Sunday Clothes' 'It Only Takes a Moment'를 비롯해 바비 맥퍼린의 'Don't Worry, Be Happy', 루이 암스트롱의 'La Vie en Rose', 리하르트 스트라우스의 'Also Sprach Zarathustra', 토마스 뉴먼 작곡의 'BNL Jingle' 등 팝 명곡, 샹송, 클래식 곡 등이 배경곡으로 흘러나오면서 극영화를 능가하는 감동을 선사하는데 일조한다.

〈맨 온 와이어〉, 세상에서 가장 높이 올라간 사나이

'세계 초고층 빌딩만을 찾아다니는 이색 사나이!'

'외줄 타기의 신화적 인물'

'인류가 만들어 놓은 가장 높은 건물은 모조리 정복한 사나이'.

뉴욕 세계무역센터 빌딩 옥상 사이에 외줄을 연결해 퍼포먼스를 펼친 사건을 담은 다큐 영화 〈맨 온 와이어〉. © Canal Plus

〈맨 온 와이어〉는 2008 선댄스 영화제 관객상과 심사위원 상, 2009 아카데미 다큐멘터리 상을 비롯해 각국에서 수여하는 다큐멘터리 부문상을 무려 27개를 석권한 화제작이다.

〈맨 온 와이어〉는 프랑스의 공중곡예사 필리페 페티와 그의 친구들이 1974년 8월 7일 일명 쌍둥이 빌딩으로 알려진 뉴욕의 세계무역센터 빌딩 옥상 사이에 외줄을 연결해 45분간 그 위에서 퍼포먼스를 펼친 마법 같은 사건을 다룬 다큐 영화.

필리페 페티와 친구들의 1974년 당시 영상과 생생한 증언, 제임스 마쉬 감독의 스릴과 위트가 적절히 조화를 이루는 재기 넘치는 편집을 통해 완성된 〈맨 온 와이어〉는 해외 공개 당시 '불가능에 대한 도전의 경이로움' 등의 격찬을 받아냈다.

〈맨 온 와이어〉에 대한 뜨거운 관심은 〈베오울프〉 〈폴라 익스프레스〉 등을 감독한 로버트 저멕키스 감독이 〈맨 온 와이어〉의 실사 애니메이션 영화 제작을 제안할 정도로 영화인들 사이에서도 관심을 받아냈다.

〈스타 트렉: 더 비기닝〉 〈미션 임파서블 3〉의 감독 J. J. 에이브람스도 칼럼 맥칸의 픽션 소설『렛 더 그레이트 월드 스핀 Let the Great World Spin』을 촬영하는 도중 필리페 페티의 쌍둥이 빌딩 사이 횡단에 대한 이야기를 삽입시키겠다고 밝히는 등 〈맨 온 와이어〉가 극장가에서 공개되면서 페티와 그의 친구들이 만들어 놓은 경이롭고 놀라운 공중 퍼포먼스에 대한 반응이 확산 됐다.

〈슬럼독 밀리어네어〉 아역 스타, 인도 국민적 영웅 대접

2009년 아카데미 최다 수상작이 된 대니 보일 감독의 〈슬럼독 밀리어네어 Slumdog Millionaire〉에 출연했던 꼬마 배우들이 고국 인도에서 대대적인 축하를 받고 금의환향했다.

아카데미 행사가 끝난 뒤 이들이 도착한 뭄바이 공항(Mumbai airport)은 환영 나온 수천 명의 인파 때문에 공항 경찰이 출동해서 에스코트를 하는 등 법석을 떨었다.

슬럼가에 살고 있는 10대 소년이 퀴즈 프로그램에 출전해 벼락부자가 된다는 사연은 뭄바이 슬럼(Mumbai's slums)가를 배경으로 촬영됐다.

아카데미 행사장에 초대를 받은 아역 배우들은 아유시 마헤시 케데카르(Ayush Mahesh Khedekar)를 필드로 해서 타나이 헤만트 크헤다(Tanay Hemant Chheda), 루비나 알리(Rubina Ali) 등이다.

9살 된 알리는 손에 갈색 버니 인형을 손에 안고 귀국했다.

이들은 환영 나온 인파들을 위해 손에 키스를 해서 날려 보내는 등 흡사 레드 카펫 행사를 치르는 모습을 보여 주었다.

주인공 자말의 어린 시절을 연기한 8세 된 아유시 마헤시 케데카르는 기자들의 질문 공세를 외면하고 서둘러 기다리던 차에 답승 해 공항을 빠져 나갔다.

한 해 900여 편이 제작되는 영화 강국 인도에서 이들 꼬마 배우들은 단번에 벼락 스타가 된 것이다.

이 영화로 아카데미 음악상 부분 중 작곡과 주제가상 등을 모두 차지한 작곡가 A. R. 라만(A. R. Rahman)과 사운드 엔지니어 레술 푸쿠티(Resul Pookutty)도 고향에서 수많은 친지와 팬들로부터 꽃

가난한 인도 청년이 퀴즈 프로그램 우승을 통해 인생 역전의 기회를 갖게 된다는 〈슬럼독 밀리어네어〉. © Celador Films, Film4, Warner Bros.

다발 환영을 받았다는 후문이 전해지고 있다.

라만이 영화 엔딩 부분에 삽입 시켰던 주제곡 'Jai Ho'-영어로 승리의 기쁨을 차지한 것처럼 이라는 뜻-는 인도에서 댄싱 그룹들이 애창곡으로 환대를 받아냈다.

'그들의 사랑으로 나는 거의 죽을 것 같다 They (the fans) almost killed me with their love'고 엄살을 떨고 있는 라만은 고향 체나이 남부 시 southern city of Chennai에서 『프레스 트러스트 오브 인디아 The Press Trust of India』와 인터뷰를 통해 기쁨을 감추지 못했다.

한편 영국의 대니 보일(Danny Boyle) 감독이 인도 뭄바이 빈민들을 위해 영화제가 끝난 직후 74만 7천 달러(한화 약 12억 원)를 쾌척해 해외 토픽을 추가시킨다.

2009년 아카데미 8개 부분 수상과 함께 전세계에서 2억 달러 이상의 수익을 거둔 〈슬럼독 밀리어네어 Slumdog Millionaire〉의 연출을 맡아 다시 한 번 영

화 재능을 과시한 대니 감독은 자신의 히트작의 촬영지가 됐던 뭄바이에서 가난에 시달리고 있는 아동들의 생활 향상을 위해 거금을 기부하게 됐다고 밝혔다.

기금을 전달 받은 인도 아동 자선단체는 향후 5년 동안 뭄바이 아동 5,000여명을 대상으로 자립 교육을 시키겠다고 말했다.

대니 감독은 '영화를 촬영하면서 선진국 어린이들은 상상할 수 없을 정도로 척박한 환경에서 삶을 살아가고 있는 인도 어린이들을 목격하고는 이들에게 영화 속에서 그려진 성공적인 삶을 살아가기 위한 도움을 주고 싶었다'고 덧붙였다.

뭄바이 출신의 가난한 거지 소년이 퀴즈 대회에 출전해 거액의 상금을 수상하게 되면서 '슬럼가 소년이 거지에서 부자가 되어간다는 스토리 a rags-to-riches tale of a slum kid who makes it big'를 담고 있는 〈슬럼독 밀리어네어 Slumdog Millionaire〉는 국내에서도 흥행에 성공하는 등 전세계적인 히트작이 됐다.

기차 역 플랫포옴에서 펼쳐지는 라스트 군무(群舞) 주제곡 'Jai Ho'는 작곡가 A. R. 라만에서 아시아권 출신으로는 최초로 아카데미 작곡, 주제가상 등 2개 부문 음악상을 석권하는 쾌거를 선사했다.

이 곡은 여성 5인조 푸시캣 돌즈가 영어 버전으로 재빨리 리메이크시켜 2009-2010년 시즌 팝 차트 상위권에 오르는 성원을 받았다.

〈벤자민 버튼...〉 인도 리메이크 시도, 강력 제동

브래드 피트에게 81회 아카데미 남우주연상 후보로 등극시켜준 〈벤자민...〉의 인도 버전이 워너 브라더스의 강력한 제동으로 제작이 무산됐다.

발리우드 제작자(Bollywood Producers)가 추진 중이었던 〈벤자민 버튼의 시간은 거꾸로 간다 The Curious Case of Benjamin Button〉에 대해 2009년 4월 인도에서 리메이크가 추진된다는 소식을 듣고 판권을 보유한 워너 브라더스는 곧바로 성명서를 발표, 어떤 형태의 제작도 불허한다고 공식 발표했다.

데이비드 핀처 감독의 〈벤자민 버튼의 시간은 거꾸로 간다〉. © Warner Bros., Paramount Pictures

'누군가는 강가에 앉으려고 태어나고
누군가는 번개를 맞고
누군가는 음악에 조예가 깊고
누군가는 예술가이고
누군가는 수영을 하고
누군가는 버튼을 만들고
누군가는 셰익스피어를 읽고
누군가는 그냥 엄마다
그리고 누군가는 춤을 춘다'.

수많은 명언을 담고 있는 〈벤자민 버튼의 시간은 거꾸로 간다〉는 『위대한 갯츠비』로 유명세를 얻은 F. 스코트 피츠제럴드가 1920년대에 쓴 단편소설을 원안으로 한 작품.

마크 트웨인이 남긴 명언 '인간이 80세 로 태어나 18세를 향해 늙어간다면 인생은 무한히 행복하리라'에서 힌트를 얻어 쓴 이야기는 난해한 내용 때문에 수차례 추진됐다가 중도 포기된 일화를 갖고 있는 영화다.

제 1차 세계대전이 종반으로 치닫던 1918년 여름. 뉴 올리안즈. 80세의 외모를 가진 갓난아이가 태어난다. 그의 이름은 벤자민 버튼.

주위의 놀라움 속에서 자라난 벤자민 버튼은 해가 갈수록 거꾸로 젊어지는 자신을 발견하면서 펼쳐지는 장대한 인생사를 다루고 있다.

벤자민과 사랑을 나누는 데이지 역은 호주 출신의 케이트 블랑쉬가 등장하고 있다.

나이를 거꾸로 먹는 한 남자의 일상을 다루고 있는 원작은 2009년 3월 『타임즈 오브 인디아 The Times of India』가 발리우드 배우 아샤이 쿠마르(Akshay Kumar)와 아쉬와라 라이(Aishwarya Rai)가 캐스팅 돼 〈벤자민...〉과 흡사한 내용의 〈액션 리플레이 Action Replay〉로 제작이 추진되고 있다는 보도를 내보냈다.

이 소식을 접한 워너 브라더스와 파라마운트(Warner Brothers and Paramount)는 즉각 할리우드 영화 전문 매체에 특집 광고를 통해 '인도에서 진행되고 있는 〈벤자민...〉의 리메이크 시도를 허용하지 않는다.'고 발표한다.

뉴 델리에 위치한 한 법률 사무소 관계자는 '워너 브라더스는 영어가 됐든 인도어가 됐든 어떤 언어를 포함해 유사한 스토리, 대사, 배우 캐릭터 등을 언급한 영화 제작을 불허할 것이며 이를 무시하고 추진할 경우 곧바로 법적 행동(legal action)에 들어갈 것'이라고 워너 관계자의 말을 인용해 공식 논평을 내보냈다.

한편 이 같은 사건 전말은 뉴스 통신 AFP(Agence France-Presse)를 통해 주요 각국으로 전파된다.

제81회 아카데미 시상식이 남긴 진기록 명기록

골든 글로브(Golden Globe), 감독 협회 상(Director's Guild), BAFTA 어워드, 아카데미를 동시에 석권한 감독은 〈슬럼독 밀리어네어〉의 대니 보일을 포함해 모두 7명이다.

이 같은 대기록을 수립한 연출자는 마이크 니콜스(Mike Nichols)-〈졸업 The Graduate〉(1967), 밀로스 포만(Milos Forman)-〈뻐꾸기 둥지 위로 날아간 새 One Flew Over the Cuckoo's Nest〉(1975), 리차드 아텐보로(Richard Attenborough)-〈간디 Gandhi〉(1982), 올리버 스톤(Oliver Stone)-〈플래툰 Platoon〉(1986), 스티븐 스필버그(Steven Spielberg)-〈쉰들러 리스트 Schindler's List〉 (1993), 이안(Ang Lee)-〈브로크백 마운틴 Brokeback Mountain〉(2005) 등이다.

수상식 후 이야기

총24개 부문에 대한 최종 수상자를 결정하는 81회 아카데미 시상식은 2009년 2월 22일 유서 깊은 코닥 극장에서 진행됐다. 올해 행사 진행자는 호주 출신 영화배우 휴 잭맨이 낙점됐다.

불우한 빈민가 인도 소년이 퀴즈 쇼에 출전에 백만장자가 된다는 인간 승리극 〈슬럼독 밀리어네어〉는 작품상과 대니 보일에게 감독상을 수여 하는 등 중요 부문 8개상을 독식하는 쾌거를 이룩한다.

반면 13개 후보에 올랐던 〈벤자민 버튼의 시간은 거꾸로 간다〉는 겨우 3개 부문상을 따내는 것에 만족해야 했다.

〈다크 나이트〉와 〈밀크〉는 각 2개 부문을 수상했고 이어 〈더 리더〉 〈맨 온 와이어〉 〈토이랜드〉 〈내 남자의 아내도 좋아〉 등이 각 1개씩의 트로피를 가져갔다.

제81회 2008 노미네이션, 수상자 총 리스트

작품상 Best Picture

* 〈슬럼독 밀리어네어 Slumdog Millionaire〉
〈벤자민 버튼의 시간은 거꾸로 간다 The Curious Case of Benjamin Button〉
〈프로스트/ 닉슨 Frost/ Nixon〉
〈밀크 Milk〉
〈더 리더 The Reader〉

감독상 Best Director

* 대니 보일 Danny Boyle-〈슬럼독 밀리어네어 Slumdog Millionaire〉
스테판 달드리 Stephen Daldry-〈더 리더 The Reader〉
데이비드 핀처 David Fincher-〈벤자민 버튼의 시간은 거꾸로 간다 The Curious Case of Benjamin Button〉
론 하워드 Ron Howard-〈프로스트/ 닉슨 Frost/ Nixon〉
구스 반 산트 Gus Van Sant-〈밀크 Milk〉

남우상 Best Actor

* 숀 펜 Sean Penn-〈밀크 Milk〉
리차드 젠킨스 Richard Jenkins-〈비지터 The Visitor〉
프랭크 랑겔라 Frank Langella-〈프로스트/ 닉슨 Frost/ Nixon〉
브래드 피트 Brad Pitt-〈벤자민 버튼의 시간은 거꾸로 간다 The Curious Case of Benjamin Button〉
미키 루크 Mickey Rourke-〈레슬러 The Wrestler〉

여우상 Best Actress

* 케이트 윈슬렛 Kate Winslet-〈더 리더 The Reader〉
앤 하사웨이 Anne Hathaway-〈레이첼 결혼하다 Rachel Getting Married〉
안젤리나 졸리 Angelina Jolie-〈체인질링 Changeling〉
멜리사 레오 Melissa Leo-〈프로즌 리버 Frozen River〉
메릴 스트립 Meryl Streep-〈다웃트 Doubt〉

조연 남우상 Best Supporting Actor

* 히스 레저 Heath Ledger-〈다크 나이트 The Dark Knight〉
조시 브로린 Josh Brolin-〈밀크 Milk〉
로버트 다우니 주니어 Robert Downey, Jr-〈트로피칼 썬더 Tropic Thunder〉
필립 세이무어 호프만 Philip Seymour Hoffman-〈다웃트 Doubt〉
마이클 섀논 Michael Shannon-〈레볼류셔너리 로드 Revolutionary Road〉

조연 여우상 Best Supporting Actress

* 페네로페 크루즈 Penélope Cruz-〈내 남자의 아내도 좋아 Vicky Cristina Barcelona〉
에이미 아담스 Amy Adams-〈다웃트 Doubt〉
비올라 데이비스 Viola Davis-〈다웃트 Doubt〉
타하이 P. 헨슨 Taraji P. Henson-〈벤자민 버튼의 시간은 거꾸로 간다 The Curious Case of Benjamin Button〉
마리사 토메이 Marisa Tomei-〈레슬러 The Wrestler〉

각본상 Best Original Screenplay

* 〈밀크 Milk〉-더스틴 랜스 블랙 Dustin Lance Black
〈프로즌 리버 Frozen River〉-코트니 헌터 Courtney Hunt
〈해리-고-라운드 Happy-Go-Lucky〉-마이크 리 Mike Leigh
〈킬러들의 도시 In Bruges〉-마틴 맥도프 Martin McDonagh
〈월- E WALL-E〉-앤드류 스탠튼 Andrew Stanton

각색상 Best Adapted Screenplay

* 〈슬럼독 밀리어네어 Slumdog Millionaire〉-사이몬 뷰포이 Simon Beaufoy
〈벤자민 버튼의 시간은 거꾸로 간다 The Curious Case of Benjamin Button〉-에릭 로스 Eric Roth
〈다웃트 Doubt〉-존 패트릭 샌리 John Patrick Shanley
〈프로스트/ 닉슨 Frost/ Nixon〉-피터 모간 Peter Morgan
〈더 리더 The Reader〉-데이비드 헤어 David Hare

장편 애니메이션상 Best Animated Feature

* 〈월-E WALL-E〉-앤드류 스탠튼 Andrew Stanton
〈볼트 Bolt〉-크리스 윌리암스 Chris Williams
〈쿵푸 팬더 Kung Fu Panda〉-마크 오스본 Mark Osborne

외국어 영화상 Best Foreign Language Film

* 〈굿바이 Departures〉(일본)
〈바시르와 왈츠 Waltz with Bashir〉(이스라엘)
〈리반시 Revanche〉(오스트리아)
〈더 클래스 The Class〉(프랑스)
〈바더 마인호프 The Baader Meinhof Complex〉(독일)

장편 다큐멘터리상 Best Documentary Feature

* 〈맨 온 와이어 Man on Wire〉
〈배반 The Betrayal〉
〈세계 종말과의 조우 Encounters at the End of the World〉
〈가든 The Garden〉
〈트러블 더 워터 Trouble the Water〉

단편 다큐멘터리상 Best Documentary Short

* 〈스마일 핀키 Smile Pinki〉-메간 밀란 Megan Mylan
〈넴 엔의 양심 The Conscience of Nhem En〉
〈파이널 인치 The Final Inch〉
〈위트니스 The Witness〉

단편 라이브 액션상 Best Live Action Short

* 〈토이랜드 Toyland〉
〈온 더 라인 On the Line〉
〈마논 온 더 아스팔트 Manon On the Asphalt〉
〈뉴 보이 New Boy〉
〈더 피그 The Pig〉

단편 애니메이션상 Best Animated Short

* 〈라 메이슨 엔 페티 큐브 La Maison En Petits Cubes〉-쿤니오 카토 Kunio Kato
〈실험실 Lavatory〉-콘스탄틴 브론지트 Konstantin Bronzit
〈옥타포디 Oktapodi〉-에무드 목베리 Emud Mokhberi
〈프레스토 Presto〉-도그 스위트랜드 Doug Sweetland
〈디스 웨이 업 This Way Up〉-알란 스미스 Alan Smith

작곡상 Best Original Score

* 〈슬럼독 밀리어네어 Slumdog Millionaire〉-A. R. 라만 A. R. Rahman
〈벤자민 버튼의 시간은 거꾸로 간다 The Curious Case of Benjamin Button〉-알렉산드르 데스플라트 Alexandre Desplat
〈디파이언스 Defiance〉-제임스 뉴튼 하워드 James Newton Howard
〈밀크 Milk〉- 대니 엘프만 Danny Elfman
〈월-E WALL-E〉-토마스 뉴먼 Thomas Newman

주제가상 Best Original Song

* 'Jai Ho'-〈슬럼독 밀리어네어 Slumdog Millionaire〉, A. R. 라만 A. R. Rahman
'Down to Earth'-〈월-E WALL-E〉, 피터 가브리엘 Peter Gabriel
'O Saya'-〈슬럼독 밀리어네어 Slumdog Millionaire〉-A. R. 라만 A. R. Rahman

사운드 편집상 Best Sound Editing

* 〈다크 나이트 The Dark Knight〉-리차드 킹

Richard King
〈아이언 맨 Iron Man〉-프랭크 율너 Frank Eulner
〈슬럼독 밀리어네어 Slumdog Millionaire〉-탐 세이어 Tom Sayers
〈월-E WALL-E〉-벤 버트 Ben Burtt
〈원티드 Wanted〉-왈리 스테이트맨 Wylie Stateman

사운드 믹싱상 Best Sound Mixing

*〈슬럼독 밀리어네어 Slumdog Millionaire〉-레술 푸쿠티 Resul Pookutty
〈벤자민 버튼의 시간은 거꾸로 간다 The Curious Case of Benjamin Button〉-데이비드 파커 David Parker
〈다크 나이트 The Dark Knight〉-로라 허쉬버그 Lora Hirschberg
〈월-E WALL-E〉-탐 메이어스 Tom Myers
〈원티드 Wanted〉-크리스 젠킨스 Chris Jenkins

미술 감독상 Best Art Direction

*〈벤자민 버튼의 시간은 거꾸로 간다 The Curious Case of Benjamin Button〉-도날드 그래함 버트 Donald Graham Burt
〈체인질링 Changeling〉-제임스 J. 무라카미 James J. Murakami
〈다크 나이트 The Dark Knight〉-나단 크롤리 Nathan Crowley
〈더치 The Duchess〉-마이클 카린 Michael Carlin
〈레볼루셔너리 로드 Revolutionary Road〉-크리스티 지아 Kristi Zea

촬영상 Best Cinematography

*〈슬럼독 밀리어네어 Slumdog Millionaire〉-안소니 도드 맨틀 Anthony Dod Mantle
〈체인질링 Changeling〉-탐 스턴 Tom Stern
〈벤자민 버튼의 시간은 거꾸로 간다 The Curious Case of Benjamin Button〉 클라우디오 미란다 Claudio Miranda
〈다크 나이트 The Dark Knight〉-월리 피스터 Wally Pfister
〈더 리더 The Reader〉-크리스 멘지스 Chris Menges

메이크업상 Best Makeup

*〈벤자민 버튼의 시간은 거꾸로 간다 The Curious Case of Benjamin Button〉-그레그 캐놈 Greg Cannom
〈다크 나이트 The Dark Knight〉-존 캐그리온 주니어 John Caglione Jr
〈헬보이 2: 골든 아미 Hellboy II: The Golden Army〉-마이크 엘리잘드 Mike Elizalde

의상 디자인상 Best Costume Design

*〈더치스 The Duchess〉-마이클 오코너 Michael O'Connor
〈오스트렐리아 Australia〉-캐슬린 마틴 Catherine Martin
〈벤자민 버튼의 시간은 거꾸로 간다 The Curious Case of Benjamin Button〉-재클린 웨스트 Jacqueline West
〈밀크 Milk〉-대니 그릭커 Danny Glicker
〈레볼루션너리 로드 Revolutionary Road〉-알버트 울스카이 Albert Wolsky

필름 편집상 Best Film Editing

*〈슬럼독 밀리어네어 Slumdog Millionaire〉-크리스 딕킨스 Chris Dickens
〈벤자민 버튼의 시간은 거꾸로 간다 The Curious Case of Benjamin Button〉-커크 박스터 Kirk Baxter
〈다크 나이트 The Dark Knight〉-리 스미스 Lee Smith
〈프로스트/ 닉슨 Frost/ Nixon〉-마이크 힐 Mike Hill
〈밀크 Milk〉- 엘리오트 그래함 Elliot Graham

시각 효과상 Best Visual Effects

*〈벤자민 버튼의 시간은 거꾸로 간다 The Curious Case of Benjamin Button〉-에릭 바바 Eric Barba

〈다크 나이트 The Dark Knight〉-닉 데이비스 Nick Davis
〈아이언 맨 Iron Man〉-존 넬슨 John Nelson

최다 후보작 및 수상작

〈벤자민 버튼의 시간은 거꾸로 간다 The Curious Case of Benjamin Button〉-13개 부문 후보
〈슬럼덕 밀리어네어 Slumdog Millionaire〉-8개 부문 수상

아카데미 명예상 Honorary Academy Awards

수상자 없음

진 허숄트 박애주의상
Jean Hersholt Humanitarian Award

* 제리 루이스 Jerry Lewis

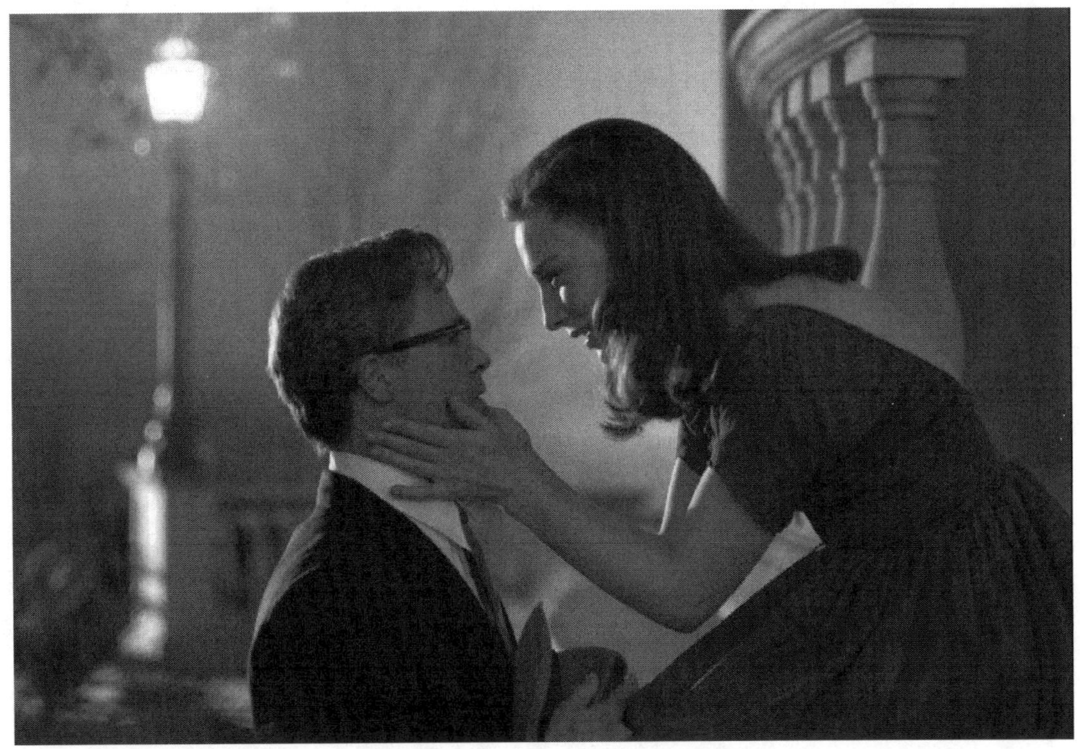

브래트 피트의 열연이 돋보인 〈벤자민 버튼의 시간은 거꾸로 간다〉. 하지만 〈슬럼덕 밀리어네어〉 열풍에 휘말려 미술 감독, 메이크업, 시각 효과 등 3개 부문상에 만족해야 했다. © Warner Bros.

2009
82nd Academy Awards

캐슬린 비겔로우, 여성 최초 아카데미 감독상 수상

시상식 : 2010년 3월 7일 6:00 PM
장 소 : L A 코닥 극장 Kodak Theatre, Hollywood, Los Angeles, California
사 회(공동) : 알렉 볼드윈 Alec Baldwin+ 스티브 마틴 Steve Martin, ABC 중계

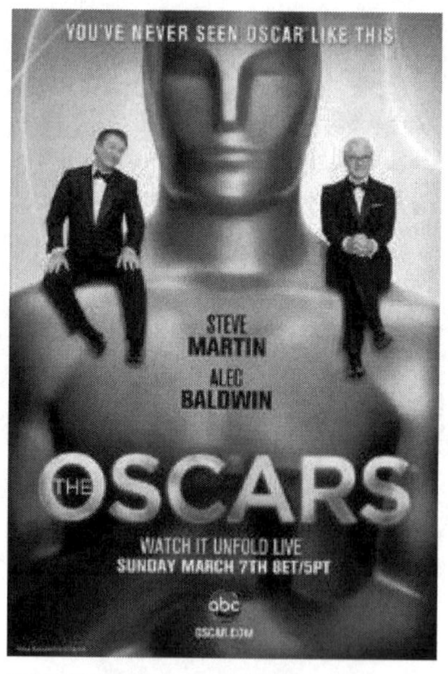

제82회 아카데미 시상식 공식 포스터.
© A.M.P.A.S/ Oscars.org

4,200만 명 브라운관에 모여, 2005년 제77회 행사 이후 최대 시청률 기록

제82회 아카데미 시상식은 2009년에 개봉된 우수 작품을 대상으로 24개 부분에서 시상식을 거행한다.

〈허트 로커〉가 작품, 감독상 등 알짜배기 6개 부문을 차지해 이 해 최고의 화제작임을 입증시킨다.

이어 〈아바타 Avatar〉 〈크레이지 하트 Crazy Heart〉 〈프레셔스 Precious: Based on the Novel Push by Sapphire〉 〈업 Up〉 〈코브 The Cove〉 〈바스터즈: 거친 녀석들 Inglourious Basterds〉 〈블라인드 사이드 The Blind Side〉 〈뮤직 오브 프루던스 Music by Prudence〉 등이 수상의 영예를 차지한 작품으로 호명 받는다.

시상식 중계는 미국 전역에서 4,200만 명이 시청한 것 garnered nearly 42 million viewers in the United States으로 집계돼 2005년 77회 시상식 이후 가장 많은 시청자들을 브라운관으로 끌어 모은 것으로 집계 된다.

3D 제작 붐 주도한 〈아바타〉

'〈타이타닉〉 이후 장고(長考)에 들어갔던 제임스 카메론이 영화계 혁명을 몰고 왔다'-『버라이어티』

〈터미네이터 The Terminator〉(1984) 시리즈, 〈어비스 The Abyss〉(1989) 〈트루 라이즈 True Lies〉(1994) 등으로 흥행 가를 강타했던 제임스 카메론.

21세기 영화가에 3D 제작 열풍을 몰고 온 〈아바타〉. © 20th Century Fox, Lightstorm Entertainment

〈터미네이터〉에서는 끊임없이 변신하는 강력한 로봇, 〈어비스〉에서는 수중 괴물, 〈타이타닉〉에서는 거대한 타이타닉 호의 복원 등 늘 창의적인 영상을 펼쳐, 영화 관객들의 감탄사를 불러 일으켰던 재능 꾼은 〈아바타〉에서는 3D 영화의 진수를 선사하면서 21세기 영상 혁명을 이끌어 나간다.

서기 2148년. 에너지 고갈 문제로 난관에 부딪힌 지구인들은 행성 판도라에서 대체 자원을 채굴을 시도한다.

그렇지만 판도라는 독성을 품고 있는 주변 공기로 인해 자원 채굴에 어려움을 겪자 판도라 토착민 '나비(Na'vi)'의 외형에 인간의 의식을 주입시켜 원격 조종을 할 수 있는 아바타를 탄생시켜 판도라 행성의 무궁무진한 천연 자원 탈취 작전을 펼치게 된다.

공상 과학 영화의 흥미 감을 높여주기 위해 시나리오까지 집필한 카메론은 인간이 원하고 있는 판도라 행성 광물질을 우노타니움 unobtanium으로 가정(假定)하는 동시에 인간과 외형이 흡사한 나비족(Navi-a humanoid species), 전투 중 하반신 중상을 당한 해병대 요원이 '아바타'라는 원격 생물체를 통해 자유자재로 활동하게 된다는 것, 나비(Na'vi)족 여전사와의 교류를 통해 인간의 탐욕스런 야심에 반기를 들게 되는 것 등 다채로운 긴장 요소를 가미시켜 시종 흥미진진한 모험담을 펼쳐 준다.

〈아바타〉의 초안은 1994년부터 시작된 것으로 알려진다.

〈타이타닉〉을 제작하면서 카메론은 자신이 구상한 차기작의 3D 영상 구현을 위한 기술적 준비가 미흡하다고 판단해 여건 조성을 위한 때를 기다리고 있었다고 한다.

2억 3천 7백만 달러($237 million)의 제작비가 투입된 〈아바타〉는 3D로 상영하는 와중에 'RealD 3D' 'Dolby 3D' 'XpanD 3D' 'IMAX 3D' 등 다양한 변종 스타일로 공개가 되는 동시에 전세계 최초로 한국에서는 '4-D'로도 상영되는 등 영상 기술(cinematic technology) 발전에 혁명적인 발전을 주도하게 된다.

2009년 12월 20일 런던에서 최초로 프리미어 행사를 가진 이후 12월 16일 미국과 캐나다 상영에 이어 12월 18일 전세계 주요 각국에서 공개되면서 연일 화제 뉴스를 탄생시키는 동시에 누적 수익 20억 달러($2 billion)라는 영화 역사상 최고 수익 작품으로 등극하게 된다.

제임스 호너(James Horner)는 〈에이리언 Aliens〉 〈타이타닉 Titanic〉에 이어 카메론과 3번째 음악 작업을 진행한다.

호너는 외계 언어인 나비로 불러 주는 합창곡을 위주로 사운드트랙을 구성하는 동시에 완다 브라이언트(Wanda Bryant)와 공동 작업을 통해 '환경생태음악 ethnomusicology'을 들려주어 나비족의 신비스러운 분위기를 고조시켜 주는데 공헌한다.

극의 흐름에 맞추어 들려오는 배경 리듬 외에 영국 출신 레오나 루이스(Leona Lewis)는 테마곡 'I See You'을 취입해 팝계 호응을 유도한다.

영화 공개와 동시에 2009년 11월 출판가에서는 가상 판도라 행성과 나비족의 생태를 분석한 『아바타: 판도라의 생태학과 사회학 역사 보고서 Avatar: A Confidential Report on the Biological and Social History of Pandora』가 발간됐고 2010년 10월에는 제작 에피소드와 하이라이트 영상과 일러스트를 담은 『아바타 메이킹 The Making of Avatar』이 출간된다.

게임 업계에서는 '아바타: 게임 Avatar: The Game'을 2009년 12월 1일 PS3, Xbox 360, Wii, Nintendo DS, iPhone 등 다양한 형태로 출시했는가 하면 프랑스에서는 2009년 12월 아바타 기념우표를 한정판으로 발매, 〈아바타〉가 끼친 여러 문화적 영향력을 체감시켜 준다.

한편 아카데미 어워드에서는 작품상 등 총 9개 부문 후보에 올랐지만 촬영, 시각 효과, 미술 감독상 등 3개 부문 수상에 그쳐 〈아바타〉는 스토리 보다는 영상 테크닉에서 높은 평가를 받은 작품이라는 것을 입증시킨다.

카메론은 여세를 몰아 20세기 폭스와 〈아바타〉 3부작(trilogy)을 공개하기로 약정해 상상을 뛰어 넘는 연이은 영상 기술을 펼쳐 줄 것으로 기대감을 모으고 있다.

고대 마야인들의 인류 멸망 예언 〈2012〉

'오만한 인류는 멸망할 것이다.'

프랑스 천문학자 겸 예언가 노스트라다무스(Nostradamus)는 『예언 집 Les Propheties』을 통해 '1999년 7월에 하늘에서 공포의 대왕이 내려온다.'고 주장해 밀레니엄을 맞는 지구인들의 간담을 서늘하게 만들어 준 바 있다.

불행하게도(?)도 예언가의 지구 종말론은 적중하지 못했다.

그렇지만 2011년 9월 11일 아랍 테러리스트에 의한 미국 쌍둥이 무역 센터 빌딩 폭파 사건 때에는 노스트라다무스의 '1999년 일곱 번째 달에 하늘에서 공포의 대왕이 내려오리라'는 예언은 '1999년도 순서를 바꾸면 9-11-1이 되어 911 테러를 뜻하며 공포의 대왕은 테러리스트 오사마 빈 라덴을 지칭한다.'는 주장

인류 멸망론을 다시 촉발시킨 블록버스터 〈2012〉. © Sony Pictures Entertainment, Centropolis Entertainment

이 전파되기도 했다.

500년 전에 주장했던 노스트라다무스 지구 멸망 론은 롤랜드 에머리히 감독의 〈2012〉가 공개되면서 다시 점화됐다.

〈2012〉의 핵심 내용은 고대 마야 문명에서 지구 멸망 징조로 제시한 '지진, 화산 폭발, 해일' 등 각종 자연 재난들로 인류를 결국 파멸을 맞게 된다는 것을 제시해 호응을 얻어낸다.

여러 문헌을 통해 '마야 제국은 2012년 12월 21일을 인류 멸망의 시기로 정한 뒤 구체적인 징표로 몇 가지는 제시했다.

1. 극이동설

극이동은 대륙과 아래쪽 지구 외각 부분을 구성하고 있는 맨틀이 지구의 중심을 가로 지르는 지각 현상을 뜻한다.

조지 다윈, 알버트 아인슈타인 등도 연구 대상으로 삼았던 이 개념은 빠른 극이동이 발생하면 뉴욕은 북쪽으로 이동해 얼음으로 뒤덮이고, 알래스카는 뜨거운 적도가 될 수도 있다는 것. 〈2012〉에서도 빙하기가 도래하는 것을 보여주고 있다. 프린스턴 대학 지구학자 아담 멀루프 박사는 노르웨이와 호주 등이 대륙운동을 통해 이동한 대표적 국가로 언급하고 있다.

2. 드레스덴 코덱스

독일 색슨 주립 도서관에 보관된 마야 시대 문헌 중 가장 유명한 것이 드레스덴 코덱스(Dresen Codex). 주요 내용은 열대성 기후 변화로 인한 폭풍과 허리케인이 세상 종말을 재촉한다는 것이다.

3. 갑작스런 냉기와 폭설

기후 변화는 인류 멸망을 가속화 시킬 수 있는 가장 중요한 요소로 언급되고 있다.

초원 지대였던 페루 안데스 켈카야도 갑작스런 냉기가 몰아 닥쳐 빙원(氷原) 지대로 돌변했으며 마야인들의 주된 거주 지역인 유카탄 반도도 열대 지방이었지만 기후 변화로 빙하 지역에 됐다는 것이다.

많은 과학자나 지구 생태학자들은 약 5,000여 년 전 마야 문명이 갑작스런 기후 변화로 일순간에 멸망했듯이 현대 인류도 온난화로 인한 빙하 해빙으로 인해 해수면 상승과 홍수가 진행돼 쓰나미와 같은 예측불허의 재난이 멸망을 촉진할 것으로 보고 있는 것이다.

눈길을 끌고 있는 것은 고대 유적지에서 발견된 마야인들에게 물을 퍼붓는 악어 그림은 2012년 인류가 당할 쓰나미와 같은 홍수 사태가 진행되고 있는 것을 떠올려 주고 있는 증거로 언급되고 있다.

블록버스터 〈2012〉에서는 제2차 인류 종말론을 제

기해 관객들의 호기심을 불러 일으켰다.

영화는 그동안 세계 각국에서 제기된 여러 문헌과 정황 등을 내세워 '2012년에는 반드시 인류가 멸망할 것'이라고 주장한 것.

〈2012〉에서 제기된 인류 종말론의 구체적인 증거는 다음과 같다.

1. 마야의 달력

고대 어느 문명보다 천문학과 수학, 건축 등 모든 분야에서 놀라운 업적을 남긴 마야 문명. 그들은 지구가 5,125년을 대주기로 운행되고 있다고 믿었으며 그 주기에 따라 마야 달력을 제작했다고 기록되고 있다. 그들은 주기가 끝나면 지구가 종말을 맞이할 것이라고 예언한 바 있다. 마야 달력이 끝나는 날이 바로 2012년 12월 21일. 마야의 달력에 기록되어 있는 예언의 내용은 바로 '2012'가 제작되는 동기를 제공한 것으로 알려졌다.

2. 중국의 주역

64개의 서로 다른 모양의 괘를 가지고 치는 점인 중국의 주역. 지난 2000년, 미국의 과학자 테렌스 메케나는 주역을 수리적으로 분석해 시간의 흐름과 64 괘의 변화율을 그래프로 표시했다. 놀랍게도 그래프의 흐름은 4천년에 걸친 인류사의 변화와 정확하게 일치했다. 그래프가 상승한 시기에는 영웅이 등장하거나 새로운 국가 탄생했으며 그래프가 하강한 시기에는 인류사의 비극적인 사건이 일어났던 것. 놀라운 사실은 이 그래프가 끝나는 날이 바로 2012년 12월 21일이다.

3. 노스트라다무스의 그림 예언

1982년 로마 국립 중앙도서관에서 노스트라다무스의 새로운 예언서가 발견된다. 노스트라다무스의 예언을 연구하던 많은 학자들은 이 예언서에 있는 암호 같은 그림에 몇 장에 주목했다. 그림 속 어린양이 성경의 요한계시록에 나오는 희생양을 의미하며 이것이 곧 지구의 종말을 뜻한다고 해석한 것. 3개의 달과 1개의 태양 그림은 각각 세 번의 월식과 한 번의 일식을 의미하는 것으로 이 모든 것이 발생한 이후에 지구가 종말 할 것이라고 했다.

그 날이 바로 2012년 12월 21일이다.

4. 웹봇

전세계 인터넷상의 모든 자료들을 모아 핵심적인 단어들을 조합해 주식 시장의 변동을 그래프로 보여주는 프로그램이 바로 웹봇. 그동안 웹봇은 주식 시장에 막대한 영향을 끼치는 사건이 발생하기 전, 이 모두를 예측해 왔다. 2001년 미국 911 테러 사건과 2004년 인도네시아 쓰나미 사고를 예측한 것이 대표적인 사례라 할 수 있다. 주목해야 할 것은 웹봇의 분석이 어느 한 시점을 기준으로 멈췄는데 그 날이 바로 2012년 12월 21일이다.

이처럼 인류 재난에 대한 충격적인 영상과 사실감 넘치는 스토리를 담고 있는 〈2012〉는 2009년 11월 12일 전세계 동시 개봉되면서 다시 한 번 인류 종말론에 대한 시시비비를 불러 일으켰다.

탐정의 대명사 극장가 노크, 가이 리치 감독 〈셜록 홈즈〉

'고개를 기울이는 건 귀가 안 좋다는 뜻, 1차 공격 지점 목을 가격해 비명 못 지르게 하고 곧바로 복부를 강타 중심이 무너지면 무릎을 가격 정신 차리는데 90초 다시 힘쓰자면 15분 소요, 완전한 회복은 불능, 모자 괜찮네, 새로 장만했어, 총 가져왔어? 뭘 깜빡 했더라니, 오븐 켜놓고 나온 줄 알았는데, 켜놨어, 그만 놔줘, 의사가 살인하면 안 되지, 언제 봐도 반가워, 왓슨, 경감은? 부하들 데려온대, 종일 걸리겠군, 셜록 홈즈, 충실한 개도 왔군, 어때? 의사로서 내 작품 맘에 들었나? 얼마나 좋았는지 직접 보여주지'

가이 리치 감독이 로버트 다우니 주니어, 쥬드 로, 레이첼 맥아담스를 기용해 선보인 〈셜록 홈즈 Sherlock Holmes〉로 인해 명탐정의 무소불위의 활약상에 대

아서 코난 도일 경(卿)이 창조한 가상의 탐정 〈셜록 홈즈〉.

한 관심이 집중된다.

'셜록 홈즈'는 스코틀랜드 작가 겸 물리학자 아서 코난 도일 경(Sir Arthur Conan Doyle)이 창조한 가상의 탐정이지만 흡사 실존 인물과 같이 환대를 받고 있는 존재이다.

런던에 근거지를 두고 '컨설팅 탐정 consulting detective'을 자처한 홈즈는 사건 현장에 대한 탐문과 용의자들에 대한 여러 물증을 근거로 해서 과학적이고 논리적인 추론(logical reasoning)으로 난제(難題)를 풀어 나가 명성을 얻고 있는 주인공이다.

홈즈는 1887년부터 출판가에 선을 보여 장편 4, 단편 56편이 전해지고 있다.

비튼 사에서 발간한 『크리스마스 연감 Christmas Annual』에 게재된 『스칼렛 연구 A Study in Scarlet』가 화려한 홈즈 탄생의 서막을 알린다.

2번째 작품은 1890년 립핀코트(Lippincott)사에서 발간한 월간 잡지에 게재된 『4개의 사인 The Sign of the Four』.

1891년 『스트랜드 매거진 Strand Magazine』에 단편 『보헤미아 스캔들 A Scandal in Bohemia』에 이어 홈즈 활약상을 다룬 단편 시리즈가 1914년까지 속개 연재된다.

홈즈가 사건 정황을 설명해주는 『블란치드 병사 The Blanched Soldier』 『사자의 갈기 The Lion's Mane』 등을 제외하고는 대부분이 친구이자 생물학자 존 H. 왓슨 박사가 나레이션을 맡는 것으로 구성되고 있다.

강력 사건 해결을 위해 홈즈는 변장술(Disguise) 외에 다양한 무기와 무술(Weapons and martial arts)을 사용하고 있다.

• 총(Pistols)

홈즈와 왓슨은 구식 리볼버(revolver)를 항시 휴대하고 위급한 경우에는 사용하고 있다.

• 지팡이(Cane)

홈즈를 상징하는 무기 중 하나가 바로 지팡이다.

지팡이(cane) 혹은 막대기(stick)는 신사를 드러내주는 치장품 이지만 악한들의 공격을 차단해 주고 공격할 수 있는 유용한 무기로 활용되고 있다.

• 검(Sword)

『스칼렛 연구 A Study in Scarlet』에서 왓슨은 홈즈가 검을 능수능란하게 다룰 수 있다고 언급하고 있다.

• 승마(Riding crop)

용의자를 추격하거나 이동 수단으로 말을 등장시키고 있기 때문에 홈즈는 자연스럽게 승마에도 일가견이 있는 것으로 묘사되고 있다.

• 주먹 싸움(Fist-fighting)

'법 보다는 주먹이 가깝다'는 속언은 홈즈 시대에서도 유용했다.

『4개의 사인 The Sign of the Four』에서는 홈즈가 복싱 대회에 출전해서 우승을 했을 정도로 완력(腕力)과 펀치력을 갖고 있다고 기술되어 있다.

왓슨 박사도 홈즈는 맨손을 가공할 무기로 사용할 수 있는 능력을 갖고 있다고 동조하고 있다.

• 무술(Martial arts)

『빈 집의 모험 The Adventure of the Empty House』에서 홈즈는 모리아티 교수를 제압하기 위해 무술(martial arts)을 사용하고 있다고 묘사되고 있다.

• 육체 조건(Physical Condition)

'건전한 정신은 건전한 육체에서'는 동서양을 막론하고 통용되는 건강 수칙이다.

자칫 목숨을 위협 받을 수 있는 강력 사건 해결에 나서고 있는 홈즈는 긴박하게 움직이는 민첩함과 사건 파악을 위해 늘 강인한 체력을 유지하고 있는 것으로 기술되고 있다.

『노란 얼굴 The Yellow Face』에서 왓슨 박사는 홈즈가 장정 3-4명은 너끈히 제압할 수 있는 강력한 근력(muscular)을 갖고 있다고 언급하고 있다.

빠트릴 수 없는 것이 홈즈는 다방면의 지식과 상식을 갖춘 인물인데 『스칼렛 연구 A Study in Scarlet』에서는 탐정 홈즈의 지적 능력과 여러 특기 수준에 대해 다음과 같이 묘사하고 있다.

1. 문학 지식(Knowledge of Literature)
2. 철학 지식(Knowledge of Philosophy)
3. 천문학 지식(3.Knowledge of Astronomy)
4. 정치 지식(Knowledge of Politics)
5. 식물 지식(Knowledge of Botany)-아편이나 마약 제조 혐의를 파악하는데 유용
6. 지리 지식(Knowledge of Geology)-강력 사건은 장소와 시간을 가리지 않고 발생한다. 이에 따라 토양을 비롯해 의복 뿐 아니라 먼지 등 사소한 것에서 사건 발생지나 용의자 출신지를 간파할 수 있다.
7. 화학 지식(Knowledge of Chemistry)
8. 천문학 지식(Knowledge of Anatomy)
9. 시사 문학 지식(Knowledge of Sensational Literature)
10. 중급 이상의 바이올린(violin) 연주 실력
11. 복싱, 검술 유단자
12. 영국에서 통용되는 각종 법률에 대한 해박한 지식 등

『기네스 세계 기록 The Guinness World Records』에 의하면 셜록 홈즈는 75명의 배우가 등장해 211편이 제작돼 영화계에서 단골로 극화되고 있는 캐릭터(character)로 등재된 주인공이다.

1899년 윌리암 길레트(William Gillette) 연출의 희극 〈셜록 홈즈 혹은 미스 포크너의 이상한 사건 Sherlock Holmes, or The Strange Case of Miss Faulkner〉이 대중예술계에서 첫 선을 보인 홈즈 각색물이다.

연극의 히트 덕분에 1916년 길레트가 메가폰을 잡은 영화판 〈셜록 홈즈〉가 공개된다.

1924년 버스터 키튼 주연의 코미디 〈셜록 주니어 Sherlock Jr〉가 상영된다.

1929년 클라이브 브룩이 홈즈 역을 맡은 〈돌아온 셜록 홈즈 The Return of Sherlock Holmes〉는 홈즈를 등장시킨 첫 번째 유성 영화로 기록된다.

1939년-1946년까지 바실 라스본이 홈즈, 니겔 브루스가 왓슨 박사 역을 맡은 홈즈 시리즈물 14편이 연속 공개되는 성원을 받는다.

1954년 미국 TV 방송국에서는 로날드 하워드 주연으로 39편의 연속 드라마가 방영된다.

1965년 2월 16일-11월 14일까지 브로드웨이에서는 프리츠 위버 주연의 뮤지컬 〈베이커 스트리트 Baker Street〉가 공연된다.

빌리 와일더 감독은 피터 오툴을 홈즈, 피터 셀레즈를 왓슨 박사로 기용한 〈셜록 홈즈의 사생활 The Private Life of Sherlock Holmes〉(1970)을 대형 화면으로 공개한다.

TV 드라마, 뮤지컬, 연극, 영화 등 다방면의 장르에서 꾸준히 극화되고 있는 셜록 홈즈는 2009년 로버트 다우니 주니어가 홈즈, 주드 로가 왓슨 박사 역을 맡은 〈셜록 홈즈 Sherlock Holmes〉다 공개되면서 다시 흥행가의 환영을 받는다.

원작이 담고 있는 박진감 넘치는 스토리를 화면으로 완벽하게 재현했다는 찬사를 얻은 가이 리치와 로버트 다우니 주니어의 열연에 힘입어 2011년 〈셜록 홈즈: 그림자 게임 Sherlock Holmes: A Game of Shadows〉이 공개된다.

캐슬린 비겔로우, 〈아바타〉 열기 잠재웠다

'전(前) 부인에게 카메론이 뒷덜미를 잡혔다!' -『할리우드 리포터』

캐슬린 비겔로우 감독의 〈허트 로커〉는 〈아바타〉 열기를 단숨에 잠재우면서 아카데미 작품, 감독 등 주요 부문상을 석권한다. ⓒ Castlerock New.

기세등등했던 제임스 카메론 감독의 〈아바타〉가 급제동이 걸렸다.

캐슬린 비겔로우(Kathryn Bigelow) 감독은 아카데미 시상식의 향방을 가름할 감독 조합상 Director's Guild Award에서 가장 강력한 수상 후보작인 〈아바타 Avatar〉의 제임스 카메론(James Cameron)을 제치고 2010년 감독이 추천한 최고 감독 영예를 차지하는 이변을 일으킨 것.

나비 족들의 신화가 이라크 전선에서 벌어지는 미군 병사들의 심리적 불안감을 사실적으로 묘사한 〈허트 로커 The Hurt Locker〉를 할리우드 감독들이 '올 해 최고의 연출력을 보여준 영화 America Outstanding Direction of a feature film'로 꼽은 것이다.

흥미로운 점은 캐슬린 비겔로우는 카메론 감독과 1989년 8월 결혼해 부부 감독으로 명성을 드높이다 성격 차이를 이유로 1991년 전격 이혼한 사이.

자존심 강한 제임스 카메론 감독이 전 부인 보다 '흥행성은 높지만 작품과 예술성에서는 뒤처진' 판정을 받게 되는 상황이 벌어진 것이다.

샌프란시스코 아트 연구소(San Francisco Art Institute)에서 화가로 활동했을 만큼 예술적 재능을 인정받은 캐슬린은 혹독한 비평으로 유명한 리차드 세라(Richard Serra), 로버트 라쉔버그(Robert Rauschenberg), 수잔 손탁(Susan Sontag) 등으로부터 재능 있는 그림꾼 very talented painter이라는 격찬을 받아낸 히로인이다.

컬럼비아 영화학교 졸업 후 연출자로 활동하고 있는 캐슬린은 해리슨 포드 주연의 〈K-19 K-19: The Widowmaker〉(2002)를 비롯해 〈스트레인지 데이즈 Strange Days〉(1995) 〈포인트 브레이크 Point Break〉(1991) 〈블루 스틸 Blue Steel〉(1989) 등으로 흥행 감독 타이틀을 부여 받은 바 있다.

회화 전공자답게 캐슬린의 영화는 흡사 수채화를 보는 듯한 화려한 영상과 남성을 능가하는 파워풀하고 속도감 있는 영상 테크닉을 발휘해 할리우드 대표적인 여류 연출가로 명성을 이어 나가고 있다.

2010년 감독 조합 상에는 제임스 카메론 감독을 비롯해 쿠엔틴 타란티노-〈바스터즈: 거친 녀석들 Inglourious Basterds〉, 리 다니엘스-〈프레셔스 Precious〉, 제이슨 리트맨-〈업 인 더 에어 Up in the Air〉 등이 치열한 경합을 벌였다.

2001년 감독 조합 상(DGA)은 대만 출신 미국 감독 이안의 〈와호장룡 Crouching Tiger, Hidden Dragon〉이 수상했지만 아카데미 어워드에서는 마약 수사관 이야기를 다룬 스티븐 소더버그 감독의 〈트래픽 Traffic〉이 수상했다.

하지만 이안 감독의 역전패 사례를 제외하고는 최근 10년 동안 감독 조합상 수상자가 곧바로 아카데미 어워드 감독상으로 지명 받는 것이 관례로 굳어졌기 때문에 3월 7일 치러졌던 82회 아카데미 어워드에서도 캐슬린이 마침내 수상 열기를 이어가 가장 많은 스포트라이트를 받아낸다.

〈허트 로커〉, 제레미 레너 스타덤

제레미 레너는 〈허트 로커〉로 차세대 성격파 배우로 각인된다.
ⓒ Castlerock New.

82회 아카데미 6개 부문을 수상한 〈허트 로커〉를 통해 개성파 연기자가 배출됐다.

수상에는 실패했지만 아카데미 남우주연상에 당당히 지명 받은 제레미 레너가 화제의 주인공.

〈허트 로커〉에서 죽음도 두려워하지 않는 폭발물 제거반(EOD) 팀장을 열연, 구미 관객들에게 깊은 인상을 남겼다.

단번에 할리우드 연기파 배우로 급부상한 제레미 레너는 이미 〈S.W.A.T 특수 기동대〉에서 동료를 배신한 악랄한 전직 경찰 겜블 역을 맡아 전도유망한 행보가 예견된 바 있다.

〈28주 후〉에서는 살신성인 희생정신을 발휘하는 충직한 군인 도일 역으로 180도 완벽 변신을 시도해 영화 애호가들에게 강렬한 인상을 남겼다.

여세를 몰아 출연한 〈허트 로커〉에서는 EOD 최고 팀장 '제임스 중사역'으로 확실한 개성파 연기자로 합류하게 됐다.

제임스 중사는 폭발물 제거 반(EOD)의 리더이자 873개의 폭탄을 제거한 베테랑 폭발물 제거대원.

돌발적인 행동으로 팀원들을 위험에 빠뜨리며 그들과 마찰을 일으키기도 하지만 목숨이 걸린 위험천만한 임무를 수행할 때는 그 누구보다 침착한 대응으로 팀원들의 목숨을 구하며 부대원들과 차츰 하나가 되는 모습을 보여주고 있다.

제레미 레너는 다소 독단적이지만 완벽한 임무 수행을 위해 죽음도 두려워하지 않는 극중 캐릭터를 소화하기 위해 실제 폭발물 제거 훈련에 참여하는 열정을 발휘하기도 했다는 후문.

캐슬린 비글로우 감독은 '이 영화를 통해 전쟁이 아닌 전쟁에 의해 상처받은 인간을 보여주려고 했는데, 그 중심에 제레미 레너가 있어 성공을 거둘 수 있었다'면서 연기력에 칭찬을 아끼지 않았다.

아카데미 남우주연상에 노미네이트 된 것을 비롯해 제22회 시카고 비평가 협회상 남우주연상, 제44회 전미비평가 협회 남우주연상 등 9개의 남우주연상을 휩쓸며 명실상부 할리우드 최고 배우로 떠올랐다.

〈허트 로커〉를 통해 할리우드에서 가장 전도유망한 배우로 떠오른 제레미 레너는 인기를 입증하듯 2012년에는 액션 블록버스터 대작 〈배틀쉽 Battleship〉과 기획 단계부터 큰 관심을 모으고 있는 프랜차이즈 히어로 무비 〈어벤저 The Avengers〉의 주인공으로 연이어 낙점되는 인기 상종가를 기록했다.

〈크레이지 하트〉, 제82회 아카데미 주제가상 획득

'한 물 간 컨트리 가수, 스포트라이트 받다!'-뉴스위크』

미국 로스 엔젤레스 할리우드 코닥 극장에서 진행된 제82회 아카데미 어워드에서 이제는 잊혀진 컨트리 가수 역을 열연한 제프 브리지스가 통산 4번 후보에 오른 뒤 남우주연상을 따내는 쾌거를 기록한다.

브리지스는 1971년 〈라스트 픽처스〉로 아카데미 남우조연상 후보에 오른 이 후 지금까지 후보에만 4차례 지명 받은 바 있다.

한 때 주가를 높였던 가수. 이제는 술집 밤무대를 전전하는 57세의 컨트리 송 가수 배드(제프 브리지스).

배드는 알코올 중독자에다 건강 상태를 제로다.

결혼과 이혼으로 가족도 없다.

생계를 꾸리기 위해 볼링장 등에서 공연을 갖는다.

마땅한 거처도 없어 모텔을 돌아다니고 숙취 때문에 청바지 지퍼가 열려 있어도 모른다.

전성기 시절 애송이에 불과했던 토미(콜린 패럴)는 상황이 역전돼 스타급 가수가 됐고 이제 배드는 그의 공연에 오프닝 가수로 전전하는 신세로 전락했다.

그런 배드에게 사랑의 빛이 찾아온다.

그의 행색을 취재하러 싱글맘 여기자 진(매기 질렌할)이 늦깍이 사랑을 찾아준 히로인다.

하지만 술 마시다 의붓아들을 잃어버리는 사건으로 인해 진으로부터 이별 통보를 당한다.

그는 실연에서 영감을 받아 'The weary kind'를 만들어 이 곡이 빅히트 하면서 진과 재회하는 행운을 얻게 된다.

술과 마약에 빠져 퇴락한 컨트리 가수가 연인의 사랑으로 재활의 삶을 열어가는 과정을 담은 〈크레이지 하트〉. © 20th Century Fox

〈크레이지 하트〉는 '뜨거운 심장을 추슬러 다시 한 번 도전해야지 Pick up your crazy heart and give it one more try'라는 노래 가사에서 따온 제목이다.

〈오! 형제여 어디 있는가?〉의 T 본 버넷이 OST 작곡을 맡았다.

작곡상은 장편 애니메이션상을 수상한 마이클 지아치노의 〈업〉이 차지했다.

제82회 아카데미가 탄생시킨 진기록 명기록

아카데미 감독상 후보에 여성 감독으로 린다 워트뮬러(Lina Wertmüller), 제인 캠피온(Jane Campion), 소피아 코폴라(Sofia Coppola) 등이 지명 받았지만 수상의 영광을 차지한 것은 캐슬린 비겔로우가 첫 번째가 된다.

전 남편 제임스 카메론과 2010년 감독상을 놓고 경합을 벌이다 승리의 월계관을 차지한다.

아카데미 어워드에서 같은 부문에서 한때의 반려자가 서로 트로피 경쟁을 벌인 것은 첫 번째 사례이다.

수상식 후 이야기

제82회 아카데미 시상식은 2010년 겨울 올림픽과의 행사 중복을 피하기 위해 3월 초로 순연돼 진행됐다.

24개 부문상에 대한 최종 수상작은 중견 배우 알렉 볼드윈과 재담꾼 스티브 마틴의 공동 진행으로 화려하게 펼쳐졌다.

스티브 마틴은 73회, 75회에 이어 3번째 진행자로 낙점 받았다.

2009년 6월 24일 아카데미 협회 시드 가니스 Sid Ganis는 작품상의 경우 5편으로 제한시킨 출품작 규정을 변경시켜 수상할 가치를 인정받고 있는 작품에게 문호를 개방한다고 밝힌다.

이 같은 정책에 따라 이 해 작품상 최종 후보작은 예년의 2배인 10편이 추천 받는다.

82회 아카데미에서 가장 많은 관심을 받은 작품상과 감독상은 여성 감독 캐슬린 비겔로우의 〈허트 로커〉는 각본상, 음향 편집상, 음향 효과상, 편집상 등 6개 부문을 석권, 이 해 행사의 가장 많은 화제를 받은 작품이 됐다.

치열한 경합이 예상됐던 〈아바타〉는 〈허트 로커〉와 함께 9개 부문 후보에 올랐지만 미술 감독상, 촬영상, 시각 효과상 등 마이너 부분 3개상을 수여 받는 것에 머물렀다.

비겔로우는 1929년 제1회 시상식 이래 여성으로는 처음으로 아카데미 감독상을 받는 영예도 기록을 수립했다.

〈허트 로커〉는 이라크 참전 중인 미군 폭탄 제거 팀 대원들 중 폭탄제거에서 삶의 의미를 찾는 윌리엄 하사를 중심으로 이라크의 현재 상황과 파병 군인들의 심리 상태를 차분히 다뤄 공감을 얻어냈다.

산드라 블록은 휴먼 극 〈블라인드 사이드〉로 아카데미 여우주연상을 가져갔다.

불록은 가족을 잃고 집도 없는 10대 소년을 입양해 스타플레이어로 키워내는 리 앤 역을 열연, 강력한 수상이 예상된 바 있었다.

남우조연상과 여우조연상은 골든 글로브, 미국 배우조합상에서 각각 남녀조연상을 받았던 크리스토프 왈츠와 모니크가 다시 차지했다.

왈츠는 쿠엔틴 타란티노 감독의 〈바스터즈: 거친 녀석들〉에서 유태인 사냥꾼 한스 란다 대령 역을 맡았으며 모니크는 〈프레셔스〉에서 주인공 프레셔스를 핍박하는 어머니 메리로 분해 강한 인상을 남겼다.

모니크는 흑인 여배우로는 5번째로 아카데미 연기상 수상자가 됐다.

흑인 여배우는 〈바람과 함께 사라지다〉(1939)의 유모역 해티 맥대니얼이 처음으로 여우조연상을 수상했고 여우주연상은 〈몬스터 볼〉의 할리 베리가 차지한 바 있다.

행사 도중 예기치 않는 해프닝이 벌어졌다.

단편 다큐멘터리 수상작 〈뮤직 바이 프루던스 Music by Prudence〉 감독 로저 로스 윌리암스 Roger Ross Williams가 수상 연설을 할 즈음 다큐 공동 제작자였던 엘리노 버켓트

Elinor Burkett가 연설을 중단시킨 것.

엘리노의 돌발 행동은 '아프리카 짐바브웨에서 촬영된 다큐의 기본 스토리와 제작 방향이 자신의 아이디어였는데 로저가 자신의 창작품으로 둔갑시켜 모든 공적을 뺏았다는 것.

'로저는 내가 설명하기 전에 아프리카 짐바브웨 음악을 전혀 들어 본 적이 없다'고 부연 설명을 했다.

엘리노가 무대로 오르려는 행동은 마침 로저의 모친의 제지로 성사되지는 못했지만 씁쓸한 수상식 해프닝으로 기록되게 된다.

제82회 2009 노미네이션, 수상자 총 리스트

작품상 Best Picture

* 〈허트 로커 The Hurt Locker〉
〈아바타 Avatar〉
〈블라인드 사이드 The Blind Side〉
〈디스릭트 9 District 9〉
〈언 에듀케이션 An Education〉
〈바스터즈 : 거친 녀석들 Inglourious Basterds〉
〈프레셔스 Precious: Based on the Novel Push by Sapphire〉
〈시리어스 맨 A Serious Man〉
〈업 Up〉
〈업 인 더 에어 Up in the Air〉

감독상 Best Director

* 캐슬린 비겔로우 Kathryn Bigelow-〈허트 로커 The Hurt Locker〉
제임스 카메론 James Cameron-〈아바타 Avatar〉
리 다니엘즈 Lee Daniels-〈프레셔스 Precious: Based on the Novel Push by Sapphire〉
제이슨 리트만 Jason Reitman-〈업 인 더 에어 Up in the Air〉
쿠엔틴 타란티노 Quentin Tarantino-〈바스터즈 : 거친 녀석들 Inglourious Basterds〉

남우상 Best Actor

* 제프 브리지스 Jff Bridges-〈크레이지 하트 Crazy Heart〉
조지 클루니 George Clooney-〈업 인 더 에어 Up in the Air〉
콜린 퍼스 Colin Firth-〈싱글 맨 A Single Man〉
모간 프리만 Morgan Freeman-〈인빅터스 Invictus〉
제레미 러너 Jeremy Renner-〈허트 로커 The Hurt Locker〉

여우상 Best Actress

* 산드라 블록 Sandra Bullock-〈블라인드 사이드 The Blind Side〉
헬렌 미렌 Helen Mirren-〈라스트 스테이션 The Last Station〉
캐리 멀리간 Carey Mulligan-〈언 에듀케이션 An Education〉
가보리 시디브 Gabourey Sidibe-〈프레셔스 Precious: Based on the Novel Push by Sapphire〉
메릴 스트립 Meryl Streep-〈줄리 & 줄리아 Julie & Julia〉

조연 남우상 Best Supporting Actor

* 크리스토퍼 왈츠 Christoph Waltz-〈바스터즈 : 거친 녀석들 Inglourious Basterds〉
맷 데이몬 Matt Damon-〈인빅터스 Invictus〉
우디 하렐슨 Woody Harrelson-〈토니 스톤의 메신저 The Messenger as Cpt. Tony Stone〉
크리스토퍼 프럼머 Christopher Plummer-〈톨스토이의 마지막 역 The Last Station as Leo Tolstoy〉
스탠리 투치 Stanley Tucci-〈러블리 본즈 The Lovely Bones〉

조연 여우상 Best Supporting Actress

* 모니크 Mo'Nique-〈프레셔스 Precious: Based on the Novel Push by Sapphire〉
페네로페 크루즈 Penélope Cruz-〈나인 Nine〉
베라 파미가 Vera Farmiga-〈업 인 더 에어 Up in the Air〉
매기 길레할 Maggie Gyllenhaal-〈크레이지 하트 Crazy Heart〉
안나 켄드릭 Anna Kendrick-〈업 인 더 에어 Up in the Air〉

각본상 Best Original Screenplay

* 〈허트 로커 The Hurt Locker〉-마크 보울 Mark Boal

〈바스터즈 : 거친 녀석들 Inglourious Basterds〉-쿠엔틴 타란티노 Quentin Tarantino
〈메신저 The Messenger〉-알레한드로 캐몬 Alessandro Camon
〈시리어스 맨 A Serious Man〉-조엘 코헨 & 에단 코헨 Joel Coen and Ethan Coen
〈업 Up〉-탐 맥카시 Tom McCarthy

각색상 Best Adapted Screenplay

* 〈프레셔스 Precious: Based on the Novel Push by Sapphire〉-게프리 프레처 Geoffrey Fletcher
〈디스트릭스 9 District 9〉-닐 브롬캠프 Neill Blomkamp
〈언 어듀케이션 An Education〉-닉 혼비 Nick Hornby
〈인 더 루프 In the Loop〉-제시 암스트롱 Jesse Armstrong
〈업 인 더 에어 Up in the Air〉-제이슨 리트만 Jason Reitman

장편 애니메이션상 Best Animated Feature

* 〈업 Up〉-피트 닥터 Pete Docter
〈코렐라인 Coraline〉-헨리 셀릭 Henry Selick
〈판타스틱 미스터 폭스 Fantastic Mr. Fox〉- 웨스 앤더슨 Wes Anderson
〈공주와 개구리 The Princess and the Frog〉-론 클레멘트 Ron Clements
〈시크릿 오브 켈 The Secret of Kells〉-탐 무어 Tomm Moore

외국어 영화상 Best Foreign Language Film

* 〈엘 시크레토 : 비밀의 눈동자 The Secret in Their Eyes / El secreto de sus ojos〉(아르헨티나)
〈아자미 Ajami〉(이스라엘)
〈밀크 오브 소로 The Milk of Sorrow〉(페루)
〈예언자 A Prophet〉(프랑스)
〈흰색 리본 The White Ribbon〉(독일)

장편 다큐멘터리상 Best Documentary Feature

* 〈코브 The Cove〉-루이스 프시호요스 Louie Psihoyos
〈버마 VJ Burma VJ〉-앤더스 쿼스터가드 Anders Østergaard
〈푸드 Food, Inc〉-로버트 케너 Robert Kenner
〈가장 위험한 사나이 The Most Dangerous Man in America: Daniel Ellsberg and the Pentagon Papers〉-주디스 이리치 Judith Ehrlich
〈휘치 웨이 홈 Which Way Home〉-레베카 카미사 Rebecca Cammisa

단편 다큐멘터리상 Best Documentary Short

* 〈뮤직 바이 프루던스 Music by Prudence〉-로저 로스 윌리암스 Roger Ross Williams
〈중국 재난 China's Unnatural Disaster: The Tears of Sichuan Province〉-존 알퍼트 Jon Alpert
〈라스트 캠페인 The Last Campaign of Governor Booth Gardner〉-다니엘 준지 Daniel Junge
〈라스트 트럭 The Last Truck: Closing of a GM Plant〉-스티븐 보그나르 Steven Bognar
〈래빗 아 라 베를린 Rabbit à la Berlin〉-바토스 코놉카 Bartosz Konopka

단편 라이브 액션상 Best Live Action Short

* 〈뉴 테넌트 The New Tenants〉-조아킴 백 Joachim Back
〈도어 The Door〉-후아니타 윌슨 Juanita Wilson
〈아브라카다브라 Instead of Abracadabra〉-패트릭 억런드 Patrik Eklund
〈카비 Kavi〉-그레그 헬베이 Gregg Helvey
〈미라클 피시 Miracle Fish〉-루크 두란 Luke Doolan

단편 애니메이션상 Best Animated Short

* 〈로고라마 Logorama〉-니콜라스 슈메킨 Nicolas Schmerkin
〈프렌치 로스트 French Roast〉-패브리체 O. 주베르 Fabrice O. Joubert
〈그래니 오그림 Granny O'Grimm's Sleeping Beauty〉-니키 페란 Nicky Phelan
〈레이디 앤 더 리퍼 The Lady and the Reaper〉-하비에르 레시오 그라시아스 Javier Recio Gracia

〈고기와 죽음의 문제 A Matter of Loaf and Death〉-닉 파크 Nick Park

작곡상 Best Original Score

* 〈업 Up〉-마이클 지아치노 Michael Giacchino
〈아바타 Avatar〉-제임스 호너 James Horner
〈판타스틱 미스터 폭스 Fantastic Mr. Fox〉- 알렉산드르 데스플라트 Alexandre Desplat
〈허트 로커 The Hurt Locker〉-마르코 벨트라미 Marco Beltrami
〈셜록 홈즈 Sherlock Holmes〉-한스 짐머 Hans Zimmer

주제가상 Best Original Song

'The Weary Kind'-〈크레이지 하트 Crazy Heart〉, 라이언 브링햄 Ryan Bingham
'Almost There'-〈공주와 개구리 The Princess and the Frog〉-랜디 뉴먼 Randy Newman
'Down in New Orleans'-〈공주와 개구리 The Princess and the Frog〉-랜디 뉴먼 Randy Newman
'Loin de Paname'-〈파리 36 Paris 36〉, 레인하르트 바그너 Reinhardt Wagner
'Take it All'-〈나인 Nine〉, 마우리 예스톤 Maury Yeston

사운드 편집상 Best Sound Editing

* 〈허트 로커 The Hurt Locker〉-폴 N. J. 오토슨 Paul N.J. Ottosson
〈아바타 Avatar〉-크리스토퍼 보예스 Christopher Boyes
〈바스터즈: 거친 녀석들 Inglourious Basterds〉-왈리 스테이트맨 Wylie Stateman
〈스타 트렉 Star Trek〉-마크 스토킹거 Mark Stoeckinger
〈업 Up〉-마이클 실버스 Michael Silvers

사운드 믹싱상 Best Sound Mixing

* 〈허트 로커 The Hurt Locker〉-폴 N. J. 오토슨 Paul N. J. Ottosson
〈아바타 Avatar〉-크리스토퍼 보예스 Christopher Boyes
〈바스터즈: 거친 녀석들 Inglourious Basterds〉-마이클 밍클러 Michael Minkler
〈스타 트렉 Star Trek〉-안나 벨머 Anna Behlmer
〈트랜스포머: 패자의 역습 Transformers: Revenge of the Fallen〉-그레그 P. 러셀 Greg P. Russell

미술 감독 & 세트 장식상 Best Art Direction & Set Decoration

* 〈아바타 Avatar〉-릭 카터 Rick Carter
〈닥터 파나서스의 상상 극장 The Imaginarium of Doctor Parnassus〉-데이브 워렌 Dave Warren
〈나인 Nine〉-존 미러 John Myhre
〈셜록 홈즈 Sherlock Holmes〉-사라 그린우드 Sarah Greenwood
〈영 빅토리아 The Young Victoria〉-패트리스 버메트 Patrice Vermette

촬영상 Best Cinematography

* 〈아바타 Avatar〉-마우로 피오레 Mauro Fiore
〈해리 포터: 혼혈 왕자 Harry Potter and the Half-Blood Prince〉-브루노 델보넬 Bruno Delbonnel
〈허트 로커 The Hurt Locker〉-배리 액로이드 Barry Ackroyd
〈바스터즈: 거친 녀석들 Inglourious Basterds〉-로버트 리차드슨 Robert Richardson
〈흰색 리본 The White Ribbon〉-크리스찬 버거 Christian Berger

메이크업상 Best Makeup

* 〈스타 트렉 Star Trek〉-바니 버만 Barney Burman
〈일 디보 Il Divo〉-알도 시그노레티 Aldo Signoretti
〈영 빅토리아 The Young Victoria〉-존 헨리 고든 Jon Henry Gordon

의상 디자인상 Best Costume Design

* 〈영 빅토리아 The Young Victoria〉-샌디 파웰 Sandy Powell

〈브라이트 스타 Bright Star〉-자넷 패터슨 Janet Patterson
〈코코 비포어 채널 Coco Before Chanel〉-캐슬린 레테리어 Catherine Leterrier
〈닥터 파나서스의 상상 극장 The Imaginarium of Doctor Parnassus〉-모니크 프로드홈 Monique Prudhomme
〈나인 Nine〉-콜린 아트우드 Colleen Atwood

필름 편집상 Best Film Editing

*〈허트 로커 The Hurt Locker〉-크리스 인니스 Chris Innis
〈아바타 Avatar〉-제임스 카메론 James Cameron
〈디스트릭트 9 District 9〉-줄리안 클라크 Julian Clarke
〈바스터즈: 거친 녀석들 Inglourious Basterds〉-샐리 멘크 Sally Menke
〈프레셔스 Precious: Based on the Novel Push by Sapphire〉-조 크로츠 Joe Klotz

시각 효과상 Best Visual Effects

*〈아바타 Avatar〉-조 레테리 Joe Letteri
〈디스트릭트 9 District 9〉-댄 카프만 Dan Kaufman
〈스타 트렉 Star Trek〉-로저 구예트 Roger Guyett

최다 후보작 및 수상작

〈아바타 Avatar〉〈허트 로커 The Hurt Locker〉-각 9개 부문 후보
〈허트 로커 The Hurt Locker〉-6개 부문 수상

아카데미 명예상 Honorary Academy Awards

*로렌 바콜 Lauren Bacall
*로저 코만 Roger Corman
*고든 윌리스 Gordon Willis

어빙 G. 탈버그 명예상
Irving G. Thalberg Memorial Award

*존 캘리 John Calley

〈허트 로커〉의 캐슬린 비겔로우는 아카데미 역사상 여성으로는 첫 번째 감독상 수상자라는 기록을 수립한다. 〈허트 로커〉 촬영 지도를 하는 모습. © Summit Entertainment.

2010
83rd Academy Awards

<킹스 스피치>=<인셉션> 공동 4관왕!

시상식 : 2011년 2월 27일 6:00 PM
장　소 : L A 코닥 극장 Kodak Theatre, Hollywood, Los Angeles, California
사　회 : 제임스 프랑코 James Franco + 앤 해서웨이 Anne Hathaway, ABC 중계

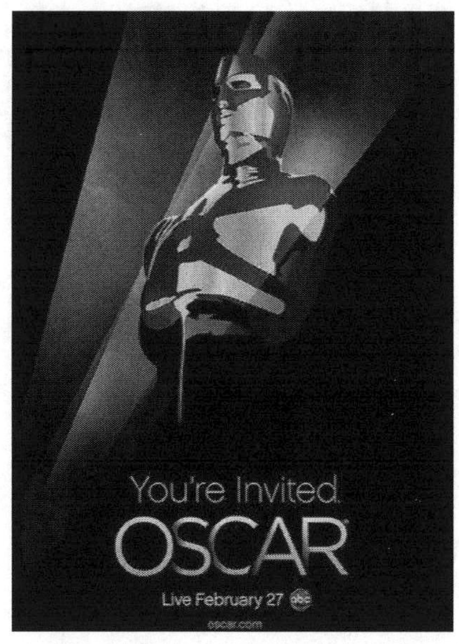

제83회 아카데미 시상식 공식 포스터.
© A.M.P.A.S/ Oscars.org

28세 앤 해서웨이, 역대 아카데미 최연소 진행자로 등극

제83회 아카데미 시상식은 2010년 미국 흥행가에서 공개됐던 우수 작품을 대상으로 24개 부문에서 수상작(자)를 선정하게 된다.

제임스 프랑코와 앤 해서웨이가 남녀 커플을 이뤄 시상식을 진행 한 것은 1957년 29회 아카데미에서 코미디언 제리 루이스 Jerry Lewis와 여배우 셀레스티 홈 Celeste Holm 이후 두 번째이자 영화배우 남녀 커플로는 첫 번째 the first male-female duo to co-host the awards show 사례로 등극된다.

아울러 해서웨이는 시상 당시 28세로 최연소 아카데미 진행자라는 기록 보유자가 된다.

〈인셉션 Inception〉 〈킹스 스피치 The King's Speech〉가 각 4개 트로피를 가져가 이 해 아카데미 행사의 최대 화제작이 된다.

이어 〈쇼셜 네트워크 The Social Network〉 〈이상한 나라의 앨리스 Alice in Wonderland〉 〈파이터 The Fighter〉 〈토이 스토리 3 Toy Story 3〉 〈블랙 스완 Black Swan〉 〈베터 월드 In a Better World〉 〈인사이드 잡 Inside Job〉 〈로스트 씽 The Lost Thing〉 〈스트레인저 노 모어 Strangers No More〉 〈울프맨 The Wolfman〉 등이 수상의 영예를 차지한 작품으로 등록 된다.

미국 전역에서 3,800만 명 almost 38 million viewers in the United States이 TV를 통해 아카데미 시상식을 시청한 것으로 집계 된다.

주인과 영원한 이별 나누는 토이 군단 사연 〈토이 스토리 3〉

2010년 할리우드 영화계에 가장 큰 특징은 〈아바타〉 이후 3D 영화 제작이 대세를 이루고 있다는 점이다.

팀 버튼 감독의 〈이상한 나라의 앨리스 Alice in Wonderland〉를 선두로 해서 그리스 신화를 각색한 액션 서사 극 〈타이탄 Clash of the Titans〉, 엽기적 상황 극 〈잭애스 3 Jackass 3D〉 등은 흥행 가에 몰아닥친 입체 영화 제작 붐에 합류해 관객들의 호응을 얻어낸 대표작들이다.

낡은 카우보이 인형 우디와 6살짜리 앤디가 엮어 내는 장난감 세계의 에피소드를 담은 〈토이 스토리 Toy Story〉(1995)는 픽 사와 월트 디즈니의 돈독한 협력 관계로 탄생한 작품이다.

1편의 호응에 힘입어 〈토이 스토리 2 Toy Story 2〉(1999)에 이어 〈토이 스토리 3 Toy Story 3〉(2010)까지 연속 공개된다.

우디의 모험 여행 완결편 〈토이 스토리 3〉. © Pixar Animation Studios, Walt Disney Pictures

'정의의 심판이다, 애꾸눈 바트! 애꾸눈 베티! 친구를 떨어뜨렸군! 제시? 항복해, 바트, 넌 이제 끝이야! 난 늘 폼나게 퇴장하지! 안 돼! 고아 꼬마들! 갈게, 차가 마중 나왔거든! 나야, 애들이야? 선택해! 바람처럼 달려, 불스아이! 꽉 잡아! 우디, 빨리! 안 돼! 다행히 기차를 잡았어! 이제 악당들을 잡아볼까? 무한의 세계를 향하여! 무한의 세계를 향하여!'.

시리즈 3부의 이야기는 어린 앤디가 이제 대학에 진학하면서 벌어지는 사연을 담고 있다.

앤디가 기숙사 생활을 위해 집을 떠나자 우디, 버즈 등 장난감 친구들은 낙동강 오리 알 신세가 된다.

더욱이 앤디 엄마의 실수로 집 밖으로 내던져지게 된 이들은 탁아소에 기증되는 천덕꾸러기 신세가 된다.

탁아소 아이들이 무지막지하게 다루자 이들은 탈출을 시도한다.

밖의 세상의 무정함과 혹독함을 체험한 장난감 인형들은 앤디가 자신들을 사랑한다는 사실을 알게 돼 우여곡절 끝에 다시 앤디 곁으로 돌아가게 된다.

'네가 보니구나? 난 앤디야, 너, 장난감을 착하게 잘 갖고 논다며? 내가 멀리 가게 돼서 그러는데 애들을 소중히 아껴줄 수 있지? 우디는 내가 아기 때부터 늘 함께 있었어, 카우보이답게 용감하고 무엇보다도 친구에 대한 믿음을 버리지 않아, 절대로! 언제나 네 곁에 있어줄 거야'

토이 군단은 새로운 주인 보니로 인계가 되면서 오랜 정을 나누었던 앤디의 품을 떠나게 된다.

회자정리(會者定離)의 사연으로 마무리 된 3부는 성장이 되면서 본의 아니게 겪게 되는 석별의 사연을 담아 모든 관객들의 눈시울을 뜨겁게 만들었다.

컴퓨터 그래픽을 적극 활용해 장난감에게 생물체처럼 감정이입을시켜 전개하고 있는 테크닉은 일취월장하는 애니메이션 제작 기법의 현 주소를 엿보게 해주었다.

〈토이 스토리〉는 앤디와 우디의 끈끈한 우정을 상징하는 랜디 뉴먼 작곡의 주제 곡 'You've Got A Friend In Me (para Buzz Español)'을 비롯해 3부에서는 역시 랜디 뉴먼의 솜씨가 담겨진 'We Belong Together', 게리 라이트의 팝 명곡 'Dream Weaver', 그룹 시크의 'Le Freak' 등이 삽입곡으로 흘러나오면서 전세계 흥행 시장에서 10억 6천 3백 1십 7만 1천 9백 1십 1 달러($1,063,171,911)라는 천문학적인 흥행 수익을 거두어들인다.

타인의 생각까지 훔친다는 발칙한 상황 〈인셉션〉

단기 기억 상실에 걸린 전직 보험 수사관의 아내 살인범 추격기를 다룬 〈메멘토 Memento〉(2000)를 필두로 해서 〈배트맨 비긴즈 Batman Begins〉(2005) 〈프레스티지 The Prestige〉(2006) 〈다크 나이트 The Dark Knight / Batman Begins 2〉(2008) 등을 잇달아 공개한 크리스토퍼 놀란 감독은 다가올 미래에는 타인의 꿈속에 침투해 생각까지 훔칠 수 있다는 가공할 상황을 다룬 〈인셉션 Inception〉을 통해 또 한 번 무한대의 영화적 상상력을 제시해 준다.

'의식이 혼미한데 보스 이름을 말하더군요, 보여 드려, 이걸 갖고 있었어요, 이것도 날 죽이러 왔나? 이게 뭔지 안다, 아주 오래 전에 본 적이 있지, 꿈에서 본 남자가 가지고 있었다, 급진적 사상을 지닌 남자였지, 가장 강력한 기생충이 뭘까요? 박테리아? 바이러스? 회충? 코브 말은, 생각입니다, 죽이기도 힘들고 전염성도 강해요, 머릿속 깊이 박힌 생각을 제거한다는 것은 거의 불가능하죠, 여기 들었으니 자네가 생각을 훔친다? 네, 꿈을 꾸는 무의식 상태에서는 훔치기가 쉬워요, 추출이라 하죠, 사이토씨, 생각을 지킬 수 있게, 당신 무의식을 훈련시켜 줄게요, 자네가 어떻게? 난 최고의 추출자예요, 마음속 비밀을 훔치는 방법을 알죠, 꿈속에서도 당신의 생각을 지킬 수 있게 해 주겠어요, 그러자면 당신에 대해 모든 걸 알아야 됩니다, 부인이나 정신과 의사보다 더 당신을 잘 알아야 하죠, 마음속 금고에 숨겨진 비밀들 다 알아야 돼요, 날 완전히 믿어야 성공할 수 있어요'.

꿈속에 침투해 다른 사람의 생각까지 훔칠 수 있는 최고 실력자 코브(레오나르도 디카프리오).

꿈속에 침투해 타인의 생각을 조종한다는 기발한 내용으로 호응을 얻어낸 〈인셉션〉. © Warner Bros., Legendary Pictures

아내를 살해했다는 누명을 쓰고 도망자 신세가 된다.

어느 날. 대기업 후계자 머릿속에 새로운 생각을 심어 기업의 합병을 막아 달라는 의뢰를 받는다.

의뢰인이 내건 조건은 거액의 돈과 코브가 집으로 돌아갈 수 있도록 돕겠다는 것.

코브는 5명의 드림팀을 조직해 작전에 나선다.

작전명은 인셉션.

하지만 그들의 침입을 눈치 챈 표적의 무의식이 작전을 저지하기 위한 반격에 나선다.

'둘 다 젊었었는데 나만 늙어버렸어, 후회로 가득 차 혼자 죽을 날을 기다리며 당신을 데리러 왔어요, 또 알려주려고 당신이 잃어버린 진실을 이곳 세상은 진짜가 아니에요, 내가 한 약속을 지키게 하려고? 당신을 믿었어요, 돌아가요, 둘 다 다시 젊어질 수 있어요, 20분 후에 LA에 도착해요, 입국 신고서 필요하세요? 고마워요, 물 수 건 드릴까요? 아니요, 귀국을 환영합니다, 코브 씨, 고마워요, 어서 와라, 이쪽이야, 제임스? 필리파? 누가 왔는지 보렴, 애들아! 잘 지냈어? 아빠! 잘 있었어? 내가 뭘 만들었게? 뭘 만들었는데? 절벽 위에 있는 집! 그래? 아빠한테 보여줄래?'

생각을 훔치는 자와 생각을 지키는 자의 전쟁은 이제 종식되고 코브는 현실이 아닌 몽상적인 상황에서 그토록 원하던 가족과의 재회의 기쁨을 맛보게 된다.

3D로 손질된 팀 버튼 스타일 〈이상한 나라의 앨리스〉

1865년 영국 작가 찰스 루드위지 도슨(Charles Lutwidge Dodgson)이 필명 루이스 캐롤(Lewis Carroll)로 발표한 환상적인 동화가 『이상한 나라의 앨리스 Alice's Adventures in Wonderland/ Alice in Wonderland』이다.

10대 소녀 앨리스가 정원에 있던 토끼의 뒤를 쫓다가 지하에 있는 환상에 나라로 갔다가 여러 기이한 경험을 하게 된다는 내용을 담고 있다.

앨리스가 만나게 되는 인간을 닮은(anthropomorphic) 하지만 다소 기괴한 여러 생물체를 만나서 겪는 일화는 아동 뿐 아니라 기성세대들의 궁금증을 유발시켜 장수 인기를 얻고 있는 동화가 되고 있다.

현실에서는 도저히 벌어질 수 없는 내용을 담아 문단에서는 다소 비하의 의미로 '넌센스 장르 literary nonsense genre'라고 평가했지만 상상할 수 있는 내용을 이야기로 구성한 것은 후에 판타지 장르(fantasy genre)가 정착될 수 있는 토대를 마련한 것으로 인정받고 있다.

'깜깜한 구멍 속으로 떨어지면 이상한 동물들이 나타나요, 어떤 동물들인데? 도도 새와 조끼 입은 토끼랑 웃는 고양이도 있어요, 고양이가 웃는 줄은 몰랐네, 나도 처음 봤어요, 파란 애벌레도 있어요, 파란 애벌레라, 내 머리가 이상해진 걸까요? 그런 것 같구나, 넌 비정상이야. 확실히 이상해, 하지만 비밀인데 멋진 사람들은 다 그래, 그냥 꿈일 뿐이야, 절대 다치진 않아'.

팀 버튼 감독이 콤비 조니 뎁을 비롯해 앤 해서웨이, 미아 와시코브스카, 헬레나 본햄 카터 등을 기용해 선보인 2010년 버전은 입체 영화 답게 이전 영화에서는

팀 버튼의 상상력을 가미시켜 각색된 〈이상한 나라의 앨리스〉. © Walt Disney Pictures, The Zanuck Company

접할 수 없었던 시각적 현란함을 내세워 환상적인 동화 내용을 110% 만끽시켜 준다.

19살 앨리스(미아 와시코우스카)는 10대 초반 들어간 이상한 나라는 더 이상 존재하지 않았다.

이상한 나라는 독재자 붉은 여왕(헬레나 본햄 카터)이 공포 정치를 행사하고 있었다.

이런 억눌린 상황에서도 하얀 토끼, 트위들디와 트위들덤 쌍둥이, 겨울잠 쥐, 애벌레와 음흉하게 웃어대는 체셔 고양이, 미친 모자장수(조니 뎁) 등은 나름대로 흥겨운 일상을 보내고 있다.

'앨리스, 이런, 맙소사! 너 괜찮니? 어떻게 된 거야? 구멍에 떨어져서 머릴 다쳤어요, 미안해요, 결혼 못 해요, 우린 안 맞아요, 사랑해, 언니, 하지만 내 인생은 내가 정해 언니 같은 아내 둔 걸 고맙게 생각해요, 저는 토끼를 좋아해요, 특히 하얀 토끼, 걱정 마요, 엄마, 더 보람 있는 일을 찾을게요'.

팀 버튼은 시대 변화에 맞게 원작을 각색해서 앨리스가 결혼해서 안주하기 보다는 중국과의 무역을 계획하는 등 적극적인 인생을 개척하려는 의도를 보여주면서 극을 마무리시키고 있다.

원작에서는 앨리스가 지하 세계에서 아기 돼지로 변신하는 아기, 인간과 닮은 트럼프와 크로테도, 해안에서 그리폰과 가짜 바다거북이 등을 만나게 되지만 2010년 버전에서는 미친 모자 장수를 등장시킨 동시에 애브릴 라빈의 주제곡 'Alice'를 비롯해 그레이스 포터 앤 더 녹터널스 그룹의 'White Rabbit', 샤인다운의 'Her Name is Alice', 플레인 화이트 T의 'Welcome to Mystery', 울프마더의 'Fell Down a Hole' 등극의 상황에 맞는 신곡들을 삽입시켜 관객들의 호응도를 확산시킨다.

SNS 존재 부각시킨 〈소셜 네트워크〉

'온라인상에서 인적 교류 관계를 결성시켜 준다'는 '소셜 네트워크 서비스 Social Network Service'는 2010년 이후 주요 각국의 정치, 사회, 기업 등의 전통적 의사소통 방식을 혁파시키는 엄청난 파장을 몰고 온다.

한국의 경우는 '사이월드'를 비롯해 해외에서 수입된 트위터, 페이스북 등은 웹상에서 인맥 관리나 자신의 생각을 가감 없이 노출 시킬 수 있다는 점으로 인해 21세기형 '휴먼 네트워크 시스템'으로 각광 받게 된다.

더욱이 간섭이나 통제 없이 1인 미디어와 커뮤니티

를 개설하거나 시도할 수 있다는 점 때문에 10-20대 층에게는 가장 선호되는 신매체로 주목 받게 된다.

이런 상황에서 SNS의 대표 주자인 페이스 북의 탄생 비화를 극화한 작품이 바로 데이비드 핀처의 〈소셜 네트워크 The Social Network〉이다.

SNS 위력을 선도한 페이스북 탄생 비화를 담은 〈소셜 네트워크〉. © Scott Rudin Productions

'너 그거 알아? 중국의 천재 수가 미국 인구보다 많다는 거? 그럴 리가 없어, 정말이야, 누가 그런 걸 세고 있어? 일단, 중국은 인구가 엄청 나잖아, 그럼 질문 하나 할게, SAT에서 만점을 받은 사람들 사이에서 두각을 나타내려면 어떻게 해야 될까? 중국에서는 SAT 시험 안 보잖아? 안 봐, 중국 이야기는 아까 끝났 구 지금은 내 얘기 하고 있는 거야, 너 만점 받았어? 아카펠라 팀에서 들어가도 되지만 노래를 못하고 정말 한 문제도 안 틀렸다구? 조정 팀이나 25$ pc팀에 들어가거나 파이널 클럽에 들어가거나? 하버드 대학 내 엘리트 모임들, 괜찮은 여자 만나려면 아카펠라 팀엔 안드는 게 좋을 걸, 진짜야?'

2003년 가을.

하버드 대 컴퓨터 천재 마크는 윈클보스 형제로부터 하버드 재학생들끼리 온라인상에서 교류할 수 있는 '하버드 커넥션' 사이트 제작을 의뢰 받는다.

여기서 아이디어를 얻은 마크는 친구 왈도의 도움을 받아 인맥 교류 사이트 페이스북을 개설한다.

페이스북은 단숨에 전세계 젊은이들의 의사 소통 수단으로 각광 받으면서 기업 가치가 50조원으로 평가 받으면서 마크는 전세계 최연소 억만장자로 부각된다.

이때부터 윈클보스 형제와 왈도는 마크를 아이디어 도용 혐의로 소송을 벌이면서 하버드 천재들 간의 법적 분쟁이 가열화 된다.

'캐머런/ 타일러 윙클보스는 6천 5백만 달러에 합의하고 비밀 준수 약정서에 서명했다, 그들은 미국 조정팀으로 베이징 올림픽에 출전했으며 6위를 차지했다, 에두아르도의 합의금은 공개되지 않았으며 그의 이름은 페이스북 화면에 공동 설립자로 복원되었다, 페이스북 회원 수는 총 207개국에 걸쳐 5억 명에 달한다, 현재 그 가치는 250억 달러로 평가되고 있다, 마트 주커버그는 전세계에서 가장 젊은 억만장자이다'.

오랜 법적 분쟁 끝에 윙클보스와 마크는 전격 합의한다.

〈소셜 네트워크〉는 5억 명의 온라인 친구가 생긴 순간 진실한 친구들은 적으로 변하게 됐다는 과정을 통해 SNS 총아 페이스북 탄생 이면의 사연을 담아 공감을 얻어낸다.

리들리 스코트, 러셀 크로우 콤비 〈로빈 후드〉 공개

〈글래디에이터〉로 팀웍을 과시했던 리들리 스코트 감독과 러셀 크로우는 〈로빈 후드 Robin Hood〉로 다시 흥행가를 노크한다.

영국 민담에서 전래되고 있는 '로빈 후드'는 서민들의 영웅이지만 권력자 입장에서는 '무법자 outlaw'이다.

활과 검술에 능했던 그는 부자들의 재물을 강탈해 가난한 이들에게 분배해 민중 영웅으로 대접 받게 된다.

급기야 그를 추종하는 일단의 도둑 무리들이 등장하는데 이들을 '메리 맨 Merry Men'이라고 호칭한다.

로빈 후드와 추종 세력들은 '링컨 녹색 복장 Lincoln green clothes'을 착용해 자신들의 존재를 각인시킨다.

설화나 민담을 통해 전파된 로빈 후드의 활동상은 문학, 영화, TV 드라마 등 다양한 장르로 각색돼 탐관오리와 백성들을 수탈하는 권력자에 당당히 대항하는 정의로운 무법자의 대명사로 사랑을 받고 있다.

〈글래디에이터〉 이후 리들리 스코트와 러셀 크로우가 의기투합해서 선보인 의적(義賊) 드라마 〈로빈 후드〉. © Imagine Entertainment, Scott Free Productions, Universal Pictures

로빈 후드와 추종 세력인 메리 맨(Robin Hood and his band of Merry Men)의 근거지는 노팅햄셔(Nottinghamshire) 셔우드 숲 속(Sherwood Forest).

가상의 역사적 인물로 알려진 로빈 후드의 존재는 1420년 앤드류 오브 윈토운(Andrew of Wyntoun)의 『오리기네일 크로니클 Orygynale Chronicle』에서 처음 등장하고 있는 것으로 알려졌다.

TV, 게임, 영화 소재로 단골 활용되고 있는 '로빈 후드'는 1912년 로버트 프레이저 주연의 〈로빈 후드〉가 공개되면서 영화계와 인연을 맺는다.

이 후 더글라스 페어뱅크스 주연의 무성 영화가 빅히트를 기록하며 1973년 디즈니 장편 애니메이션, 1991년에는 패트릭 버긴, 우마 서먼 주연의 TV 영화가 높은 시청률을 기록한다.

같은 해 케빈 코스트너 주연의 〈로빈 후드: 도둑의 왕자 Robin Hood: Prince of Thieves〉가 블록 버스터 급으로 각색된다.

1993년에는 풍자 코미디 달인 멜 브룩스가 연출을 맡은 〈로빈 후드: 맨 인 타이트 Robin Hood: Men in Tights〉가 공개돼 이전의 엄숙함을 털어 버리고 시종 경쾌하고 개그적인 로빈 후드의 모습을 선사한다.

리들리 스코트 감독, 러셀 크로우 주연의 〈로빈 후드 Robin Hood / Nottingham〉(2010)에서는 로빈 후드를 영국 국왕 직속 용병으로 신분을 변경시켜 스토리를 전개시키고 있다.

13세기 영국.

발군의 활 실력을 자랑하는 로빈 롱스트라이드.

왕의 용병으로 프랑스와의 전투에서 맹활약을 하지만 리차드 왕이 전투 중 전사하고 이어 존 왕이 등극한다.

새로운 왕은 오만하고 백성을 수탈하는 정책으로 인해 영국 서민들의 삶은 더욱 핍폐해진다.

급기야 로빈은 국민들은 가난과 폭정의 신음 속으로 빠트리고 있는 존 왕을 몰아내기 위한 반역을 시도한다는 내용으로 꾸며 관객들의 호응을 유도한다.

영국 조지 6세의 실화 극 〈킹스 스피치〉

'나는 당신이 왕이어서 말을 듣는 게 아니고 당신이 말을 하니까 듣는 겁니다'-라이오넬 로그(제프리 러쉬)

'왕은 국민을 대변하기 때문에 왕이요!'-앨버트 왕자 / 조지 6세(콜린 퍼스).

'의사들이 담배는 목을 편하게 해준다고 했소!'-앨버트 왕자 / 조지 6세(콜린 퍼스).

말더듬이 영국 왕이 국민이 가장 사랑하는 왕이 되기까지의 과정을 코믹하고 감동적으로 그려낸 작품이 〈킹스 스피치〉.

〈킹스 스피치〉로 아카데미 주연 남우상을 획득한 콜

린 퍼스는 말더듬 증에 대한 소신 발언으로 영화가 뉴스를 만들어 냈다.

아카데미 트로피를 차지한 것은 물론, 골든 글로브, 영국 아카데미 시상식(BAFTA) 등 주요 영화제 남우주연상을 모두 휩쓴 그는 실제 조지 6세의 연설을 수없이 듣고 반복하며 말더듬 화법을 완벽 재현해내 화제가 되고 있는 것.

언어 장애를 극복한 영국 조지 6세의 일화를 담아 흥미를 끌어낸 〈킹스 스피치〉. © Weinstein Company, The, UK Film Council, Momentum Pictures

콜린 퍼스는 '말더듬이였던 각본가 데이비드 세이들러의 이야기를 귀담아 듣고, 그걸 어떻게 스크린에 풀어 놓을지에 대해 많은 상의를 했다. 왕이 말을 어떻게 더듬느냐가 아니라 말더듬 증을 어떻게 극복해 나가는지가 흥미로웠다'는 출연 소감을 밝혔다.

직접 영국의 말더듬 증 협회의 회장을 만나 이야기를 듣기도 했다는 그는 실제 라이오넬 로그의 치료법은 자신이 말더듬 증을 가지고 있다는 점을 받아들이고 평범한 생활을 이어나갈 수 있도록 도움을 준다는 사실을 알게 되었다고 한다.

'윈스턴 처칠이나 작가 루이스 캐롤, 서머셋 몸의 경우에서도 말더듬 증이라는 난관 그 자체를 극복하는 것이 아닌 그들 스스로의 삶에서 미덕을 찾으며 묵묵히 살아갔다는 것에 많은 감동을 받았다'고 덧붙였다.

이를 증명하듯 CBS 방송국의 수석 특파원 바이런 피트는 〈킹스 스피치〉를 관람한 뒤 '본인을 포함한 세계 6,800만 명으로 추정되는 말더듬이들에게 남다른 감동을 선사해 준 영화이며 영화 속 조지 6세가 남다른 힘을 전달해줬다'고 격찬을 보냈다.

말더듬 증을 가진 시카고 학생들은 영화를 본 후 '격렬한 전투나 액션 씬 없이도 눈에 보이지 않는 전쟁을 겪고 있는 수많은 사람들의 영웅이며 〈킹스 스피치〉가 말더듬 증을 가진 사람들에게 얼마나 큰 의미가 있는지에 대해 거듭 이야기했다'는 소감을 공개했다.

20대 남성의 사투를 담은 감동 실화 〈127시간〉

〈127시간〉은 2003년 미국 블루 존 캐년 등반 중 추락해 바위에 팔이 짓눌린 채 127시간 동안 조난되었다가 자신의 팔을 직접 자르고 살아 돌아온 실존 인물 아론 랠스톤의 경험을 영화화한 극화했다.

실화라는 특수성과 더불어 〈스파이더 맨〉 시리즈에서 해리 오스본 역으로 알려진 제임스 프랭코의 열연으로 더욱 주목 받아냈다.

그는 이번 역할을 통해 2011년 골든 글로브 남우주연상 후보에 오르는 등 대중과 평단을 동시에 사로잡게 된다.

실제 등반처럼 진행되는 암벽 등반과 다이나믹한 영상으로 스포츠 영화를 통한 진한 감동을 느끼고 싶어 하는 20대 남성 관객들에게 뜨거운 호응을 얻어 냈다.

해리의 마지막 모험담 〈해리포터와 죽음의 성물〉

'드디어 해리 포터 모험이 대단원의 막을 내린다!'.

2001년 〈해리 포터와 마법사의 돌 Harry Potter and the Sorcerer's Stone〉로 시작된 해리 포터의 모험이 종착역에 도착했음을 알리게 된다.

해리 포터 모험의 결산 1부작 〈해리 포터와 죽음의 성물 1〉은 2010년 11월 런던 프리미어를 통해 실체를 공개해 해리 포터 마니아들의 뜨거운 환대를 받아냈다.

10년 이상 장수 인기를 누렸던 해리 포터의 모험담은 〈죽음의 성물〉로 대단원의 막을 내렸다. © Heyday Films, Warner Bros

세계에서 첫 번째로 공개된 런던 시사회장에는 수만 명의 팬들이 운집한 가운데 영화 주인공들인 다니엘 래드클리프, 루퍼트 그린트, 엠마 왓슨이 참석해 월드 뉴스를 만들어냈다.

청년으로 성장한 세 배우들의 모습은 핫 이슈를 제공했다.

엠마 왓슨은 숏커트의 머리 모양과 검은색 드레스를 착용하고 등장해 연예가 탑 뉴스를 장식했다.

주역인 세 배우들은 시종 밝은 모습으로 팬들의 환호에 응답하며 축제의 현장을 더욱 뜨겁게 달구었다는 소식.

시리즈가 거듭되면서 전 세계 영화 팬들의 폭발적 관심을 받아내면서 이제 세계적인 배우로 성장한 이들 배우들은 시리즈 대미를 장식하게 될 〈죽음의 성물〉을 통해 더욱 성숙한 매력을 발산했다.

시리즈 마지막 완결의 전편으로 전 세계적으로 이견 없는 최고의 기대작 〈해리 포터와 죽음의 성물 1〉은 이제 마지막 대결을 준비하며 볼드모트의 영혼이 담긴 '성물'을 파괴하러 나선 해리 포터와 론, 헤르미온느의 위험한 여정을 그린 판타지 블록버스터.

대장정의 대미를 장식할 그 첫 번째 이야기답게 위험한 사건과 운명의 대결, 수많은 전투와 마법학교 폭발 등 거침없이 쏟아지는 이야기들로 가득 채워졌다.

한편 2011년 7월 13일 〈해리 포터와 죽음의 성물 2〉의 전세계 동시 개봉을 앞두고 다니엘 래드클리프, 엠마 왓슨, 루퍼트 그린트를 비롯해 긴 시간 동안 영화와 함께 해온 배우들의 특별한 인터뷰가 화제를 불러일으켰다.

영화 전문 잡지 『엠파이어』는 마지막 시리즈에 관련한 특별 판을 발행하면서 '해리 포터에 대한 한 단어 감상'이라는 제목으로 시리즈에 출연했던 배우들의 인터뷰 장면을 보도한 것.

16명이 참여하여 무려 11년 동안 이어온 '해리 포터' 시리즈에 대한 각자의 감상을 단어로 표현했다.

다니엘 래드 클리프는 '잊을 수 없는 Unforgettable', 엠마 왓슨은 '마법 Magical 같은 해리 포터 시리즈', 루퍼트 그린트는 '경이로운 Phenomenal'이라는 말로 시리즈에 대한 감상을 전하고 있다.

해리 포터 시리즈와 함께 성장하고 전 세계적인 사랑을 받으며 배우로 거듭나게 된 작품이기에 그들에게는 더욱 특별한 작품이 아닐 수 없다.

영화 속 캐릭터로 전 세계 팬들을 만났던 배우들은 '숭고한 Sublime' '대단히 훌륭한 Spiffing' '인생 변화 Life Changing' '역사적인 Historical' '영감을 주는 Inspiring' '최고의 행운 Fabulously Lucky' '전설 Legendary' 등의 단어로 시리즈와의 이별을 전했다.

영상은 온라인상에서 화제로 떠오르면 팬들 사이에서 아쉬움을 더하고 있다.

배우 중 한 명이 '우울한 Gloom'이라고 표현한 것처럼 해리 포터 시리즈와의 작별에 대한 세계 팬들의 허전함도 상당하지만 그만큼 이번 시리즈에 대한 기대감 역시 대단하다.

마지막 편은 시리즈 사상 최초 3D로 제작되어 더욱 많은 기대를 모았다.

21세기 대중문화 역사에 한 획을 그은 역사적인 작품이자 전 세계를 사로잡은 판타지의 제왕으로 군림한 '해리 포터' 시리즈 완결 편 〈해리 포터와 죽음의 성물 2〉는 호그와트의 운명이 걸린 해리 포터와 볼드모트의 마지막 전투를 담고 있다.

2001년 처음 소개된 이후 전 세계 약 60억 달러(한화 약 6조 5천억 원)의 흥행 수익과 국내에서도 2,400만 명 이상의 관객을 동원하여 국내 개봉 시리즈 영화 사상 최다 관객의 진기록을 세운 바 있다.

제83회 아카데미가 남긴 진기록, 신기록

콜린 퍼스는 〈싱글 맨 For A Single Man〉(2009)으로 영국 아카데미 BAFTA Awards 남우상 수상, 아카데미 남우상 후보에 지명 받은 뒤 〈킹스 스피치 The King's Speech〉(2010)로 대망의 아카데미 남우상을 거머쥐게 된다.

이 같은 기록의 효시는 로드 스타이거(Rod Steiger).

그는 〈전당포 The Pawnbroker〉(1964)와 〈밤의 열기 속으로 In the Heat of the Night〉(1967)로 BAFTA 어워드 2년 연속 남우상을 차지한 뒤 아카데미 남우상을 차지한 바 있다.

〈토이 스토리 3 Toy Story 3〉는 아카데미 어워드에서 작품, 장편 애니메이션, 각색, 주제가, 사운드 편집상 등 5개 부분 후보에 지명 받았다.

역대 아카데미에서 애니메이션이 작품상 후보에 지명된 것은 〈미녀와 야수 Beauty and the Beast〉 〈업 Up〉에 이어 3번째이다. 〈토이 스토리 3〉는 장편 애니메이션과 주제가상을 차지했다.

수상식 후 이야기

제83회 아카데미 시상식은 역대 대회 최초로 미남 배우 제임스 프랑코와 미녀 앤 해서웨이가 공동 진행자로 나서 2010년 공개됐던 작품을 대상으로 영예의 수상자가 결정되는 영화 축제 이벤트를 거행했다.

〈킹스 스피치〉는 작품, 감독, 주연 남우, 각본 등 주요 4개 부문 상을 석권한다.

남의 생각을 훔친다는 기발한 소재를 담아 영화 애호가들의 절찬을 받아낸 〈인셉션〉은 영화 소재에 맞게 기술 효과상 부문에서 두각을 드러내 역시 4개의 트로피를 가져간다.

전세계 SNS 신드롬을 주도한 페이스북 창업 비화를 담은 〈소셜 네트워크〉는 3개, 이외 〈이상한 나라의 앨리스〉 〈파이터〉 〈토이 스토리 3〉 등은 각각 2개의 트로피를 차지한다.

제83회 2010 노미네이션, 수상자 총 리스트

작품상 Best Picture

* 〈킹스 스피치 The King's Speech〉

〈127 시간 127 Hours〉

〈블랙 스완 Black Swan〉

〈파이터 The Fighter〉

〈인셉션 Inception〉

〈에브리바디 올 라이트 The Kids Are All Right〉

〈소셜 네크워크 The Social Network〉

〈토이 스토리 3 Toy Story 3〉

〈더 브레이브 True Grit〉

〈윈터 본 Winter's Bone〉

감독상 Best Director

* 탐 후퍼 Tom Hooper-〈킹스 스피치 The King's Speech〉

다렌 아론노프스키 Darren Aronofsky-〈블랙 스완 Black Swan〉

에단 코헨 & 조엘 코헨 Ethan Coen and Joel Coen-〈더 브레이브 True Grit〉

데이비드 핀처 David Fincher-〈소셜 네트워크 The Social Network〉

데이비드 O. 러셀 David O. Russell-〈파이터 The Fighter〉

남우상 Best Actor

* 콜린 퍼스 Colin Firth-〈킹스 스피치 The King's Speech〉

하베에르 바르뎀 Javier Bardem-〈비우티풀 Biutiful〉

제프 브리지스 Jeff Bridges-〈더 브레이브 True Grit〉

제시 에이젠버그 Jesse Eisenberg-〈소셜 네트워크 The Social Network〉

제임스 프랑코 James Franco-〈127 시간 127 Hours〉

여우상 Best Actress

* 나탈리 포트만 Natalie Portman-〈블랙 스완 Black Swan〉

아네트 베닝 Annette Bening-〈에브리바디 올 라이트 The Kids Are All Right〉

니콜 키드만 Nicole Kidman-〈래빗 홀 Rabbit Hole〉

제니퍼 로렌스 Jennifer Lawrence-〈윈터 본 Winter's Bone〉

미쉘 윌리암스 Michelle Williams-〈블루 발렌타인 Blue Valentine〉

조연 남우상 Best Supporting Actor

* 크리스찬 베일 Christian Bale-〈파이터 The Fighter〉

존 호크스 John Hawkes-〈윈터 본 Winter's Bone〉

제레미 레너 Jeremy Renner-〈타운 The Town〉

마크 러팔로 Mark Ruffalo-〈에브리바디 올 라이트 The Kids Are All Right〉

제프리 러시 Geoffrey Rush-〈킹스 스피치 The King's Speech〉

조연 여우상 Best Supporting Actress

* 멜리사 레오 Melissa Leo-〈파이터 The Fighter〉

에이미 아담스 Amy Adams-〈파이터 The Fighter〉

헬레나 본햄 카터 Helena Bonham Carter-〈킹스 스피치 The King's Speech〉

헤일리 스테인펠드 Hailee Steinfeld-〈더 브레이브 True Grit〉

재키 위버 Jacki Weaver-〈동물 왕국 Animal Kingdom〉

각본상 Best WritingOriginal Screenplay

* 〈킹스 스피치 The King's Speech〉-데이비드 세이들러 David Seidler

〈아나더 이어 Another Year〉-마이크 리 Mike

Leigh
〈파이터 The Fighter〉-스코트 실버 Scott Silver
〈인셉션 Inception〉-크리스토퍼 놀란 Christopher Nolan
〈에브리바디 올 라이트 The Kids Are All Right〉-리자 초로덴코 Lisa Cholodenko

각색상 Best WritingAdapted Screenplay

* 〈소셜 네트워트 The Social Network〉-아론 소킨 Aaron Sorkin
〈127 시간 127 Hours〉-대니 보일 Danny Boyle
〈토이 스토리 3 Toy Story 3〉-마이클 안트 Michael Arndt
〈더 브레이브 True Grit〉-에단 코헨 Ethan Coen & 조엘 코헨 Joel Coen
〈윈터 본 Winter's Bone〉-데브라 그라닉 Debra Granik

장편 애니메이션상 Best Animated Feature

* 〈토이 스토리 3 Toy Story 3〉-리 운크리치 Lee Unkrich
〈드래곤 길들이기 How to Train Your Dragon〉-크리스 샌더스 Chris Sanders
〈일루셔니스트 The Illusionist〉-실베인 초메트 Sylvain Chomet

외국어 영화상 Best Foreign Language Film

* 〈인어 베러 월드 In a Better World〉(덴마크)
〈비우티풀 Biutiful〉(멕시코)
〈도그투스 Dogtooth〉(그리스)
〈인센디스 Incendies〉(캐나다)
〈아웃사이드 더 로 Outside The Law〉(알제리)

장편 다큐멘터리상 Best Documentary-Feature

* 〈인사이드 잡 Inside Job〉-찰스 H. 퍼거슨 Charles H. Ferguson
〈선물 가게 출구 Exit Through the Gift Shop〉-뱅크시 Banksy
〈가스랜드 Gasland〉-조시 폭스 Josh Fox
〈레스트레포 Restrepo〉-팀 헤더링톤 Tim Hetherington
〈황무지 Waste Land〉-루시 워커 Lucy Walker

단편 다큐멘터리상
Best DocumentaryShort Subject

* 〈스트레인저 노 모어 Strangers No More〉-카렌 굿맨 Karen Goodman
〈킬링 인 더 네임 Killing in the Name〉-저드 로스스테인 Jed Rothstein
〈포스터 걸 Poster Girl〉-사라 네슨 Sara Nesson
〈선 컴 업 Sun Come Up〉-제니퍼 레드피언 Jennifer Redfearn
〈워리어 The Warriors of Qiugang〉-루비 양 Ruby Yang

단편 라이브 액션상 Best Live Action Short Film

* 〈굿 오브 러브 God of Love〉-루크 매소니 Luke Matheny
〈컨페션 The Confession〉-태널 툼 Tanel Toom
〈크러시 The Crush〉-마이클 크레프 Michael Creagh
〈나 위위 Na Wewe〉-이반 골드슈미츠 Ivan Goldschmidt
〈위시 143 Wish 143〉-이안 바네스 Ian Barnes

단편 애니메이션상 Best Animated Short Film

* 〈로스트 씽 The Lost Thing〉-앤드류 루헤만 Andrew Ruhemann
〈데이 앤 나이트 Day & Night〉-테디 뉴튼 Teddy Newton
〈그루팔로 The Gruffalo〉-막스 랭 Max Lang
〈렛츠 폴루트 Let's Pollute〉-지프위 보도 Geefwee Boedoe
〈마다가스카 Madagascar, a Journey Diary〉-바스티엔 두보이스 Bastien Dubois

작곡상 Best Original Score

* 〈소셜 네크워크 The Social Network〉-트렌트 레즈너 Trent Reznor
〈127 시간 127 Hours〉-A.R. 라만 A.R. Rahman

〈드래곤 길들이기 How to Train Your Dragon〉-존 파웰 John Powell
〈인셉션 Inception〉-한스 짐머 Hans Zimmer
〈킹스 스피치 The King's Speech〉-알렉산드르 데스플라트 Alexandre Desplat

주제가상 Best Original Song

'We Belong Together'-〈토이 스토리 3 Toy Story 3〉, 랜디 뉴먼 Randy Newman
'Coming Home'-〈컨트리 스트롱 Country Strong〉, 밥 디피에로 Bob DiPiero
'I See the Light'-〈라푼젤 Tangled〉-알란 멘켄 Alan Menken
'If I Rise'-〈127 시간 127 Hours〉-A. R. 라만 A.R. Rahman

사운드 편집상 Best Sound Editing

* 〈인셉션 Inception〉-리차드 킹 Richard King
〈토이 스토리 3 Toy Story 3〉-탐 메이어스 Tom Myers
〈트론 Tron: Legacy〉-그웬도린 예이츠 휘틀 Gwendolyn Yates Whittle
〈더 브레이브 True Grit〉-스킵 리브세이 Skip Lievsay
〈언스토퍼블 Unstoppable〉-마크 P. 스토엑킨거 Mark P. Stoeckinger

사운드 믹싱상 Best Sound Mixing

* 〈인셉션 Inception〉-로라 허시버그 Lora Hirschberg
〈킹스 스피치 The King's Speech〉-폴 햄블린 Paul Hamblin
〈샐트 Salt〉-제프리 J. 하보시 Jeffrey J. Haboush
〈소셜 네크워크 The Social Network〉-렌 클리체 Ren Klyce
〈더 브레이브 True Grit〉-스킵 리브세이 Skip Lievsay

미술 감독 & 세트 장식상 Best Art Direction & Set Decoration

* 〈이상한 나라의 앨리스 Alice in Wonderland〉- 로버트 스트롬버그 Robert Stromberg
〈해리 포터: 죽음의 성물 1 Harry Potter and the Deathly Hallows: Part 1〉-스튜어트 크레이그 Stuart Craig
〈인셉션 Inception〉-구이 헨드릭스 디야스 Guy Hendrix Dyas
〈킹스 스피치 The King's Speech〉-이브 스튜워트 Eve Stewart
〈더 브레이브 True Grit〉-제스 곤초르 Jess Gonchor

촬영상 Best Cinematography

* 〈인셉션 Inception〉-월리 프피스터 Wally Pfister
〈블랙 스완 Black Swan〉-매튜 리바티크 Matthew Libatique
〈킹스 스피치 The King's Speech〉-대니 코헨 Danny Cohen
〈소셜 네트워크 The Social Network〉-제프 크로넨워스 Jeff Cronenweth
〈더 브레이브 True Grit〉-로저 디킨스 Roger Deakins

메이크업상 Best Makeup

* 〈울프맨 The Wolfman〉-릭 베이커 Rick Baker
〈바니 버전 Barney's Version〉-아드리안 모로트 Adrien Morot
〈웨이 백 The Way Back〉-에드아르드 F. 헨리크 Edouard F. Henriques

의상 디자인상 Best Costume Design

* 〈이상한 나라의 앨리스 Alice in Wonderland〉-코린 아트우드 Colleen Atwood
〈아이 엠 러브 I Am Love〉-안토넬라 칸나로치 Antonella Cannarozzi
〈킹스 스피치 The King's Speech〉-제니 비반 Jenny Beavan
〈템페스트 The Tempest〉-샌디 파웰 Sandy Powell
〈더 브레이브 True Grit〉-메리 조프레스 Mary Zophres

편집상 Best Film Editing

* 〈소셜 네트워크 The Social Network〉-안거스 월 Angus Wall
〈127 시간 127 Hours〉-존 해리스 Jon Harris
〈블랙 스완 Black Swan〉-앤드류 웨이즈블럼 Andrew Weisblum
〈파이터 The Fighter〉-파멜라 마틴 Pamela Martin
〈킹스 스피치 The King's Speech〉-타릭 앤워 Tariq Anwar

시각 효과상 Best Visual Effects

* 〈인셉션 Inception〉-폴 프랭클린 Paul Franklin
〈이상한 나라의 앨리스 Alice in Wonderland〉-켄 랄스톤 Ken Ralston
〈해리 포터: 죽음의 성물 1 Harry Potter and the Deathly Hallows: Part 1〉-팀 버크 Tim Burke
〈히어애프터 Hereafter〉-마이클 오웬 Michael Owens
〈아이언 맨 2 Iron Man 2〉-자넥 시르 Janek Sirrs

최다 후보작 및 수상작

〈킹스 스피치 The King's Speech〉-12개 부문 후보
〈인셉션 Inception〉 〈킹스 스피치 The King's Speech〉-각 4개 부문 수상

아카데미 명예상 Honorary Academy Awards

* 케빈 브라운로우 Kevin Brownlow
* 장-뤽 고다르 Jean-Luc Godard
* 엘리 왈리치 Eli Wallach

어빙 G. 탈버그 기념상
Irving G. Thalberg Memorial Award

* 프란시스 포드 코폴라 Francis Ford Coppola

제83회 작품상 수상작 〈킹스 스피치〉. © See-Saw Films, The Weinstein Company, UK Film Council.

마틴 스콜세즈 <휴고> 11개 부문 지명

시상식 : 2012년 2월 26일 6:00 PM
장　소 : 할리우드 & 하이랜드 센터 Hollywood and Highland Center Theatre
(구 L A 코닥 극장 Kodak Theatre) Hollywood, Los Angeles, California
사　회 : 빌리 크리스탈 Billy Crystal, ABC 중계

제84회 아카데미 시상식 공식 포스터. © A.M.P.A.S/
Oscars.org

무성 영화 〈아티스트〉, 〈날개〉(1927) 이후 두 번째 작품상 수상

제84회 아카데미 시상식은 2011년 미국 흥행가에서 공개된 우수 작품을 대상으로 24개 부문에서 수상작(자)를 선정한다.

2011년 6월 14일 아카데미 회장 탐 쉬락 Academy president Tom Sherak은 '시상식의 활성화를 위해 작품상의 경우 5-10편을 선정한다고 밝힌다.

〈아티스트 The Artist〉가 남우, 감독, 작품 등 5개 부문상을 석권한다.

무성 영화가 작품상을 수상한 것은 1927년 〈날개 Wings〉 이후 처음이다.

이어 〈휴고 Hugo〉 〈철의 여인 The Iron Lady〉 〈비기너 Beginners〉 〈디센던츠 The Descendants〉 〈밀레니엄 : 여자를 증오한 남자들 The Girl with the Dragon Tattoo〉 〈헬프 The Help〉 〈미드나잇 인 파리 Midnight in Paris〉 〈랭고 Rango〉 등이 수상의 영예를 차지한 작품으로 호명 받는다.

이 해 행사는 미국 전역에서 3,900 만 명의 시청자 more than 39 million viewers in the United States가 TV 중계를 시청한 것으로 집계된다.

〈휴고〉, 영화 발달사에 치중해 대중성 확보 실패

〈휴고〉는 브라이언 셀즈닉의 명작 그림책 〈위고 카브레〉를 원작으로 했다.

그림책에는 SF 효시 작 〈달나라의 여행〉을 제작했던 조르주 멜리에스가 등장하고 있다.

스콜세즈는 어린 시절 부친과 함께 극장에서 시간을 보낸 추억을 반추하며 영화를 제작했다는 일화를 남긴다.

〈휴고〉는 멜리에스가 핵심 인물이지만 소년의 시각을 통해 멜리에스의 진면목을 찾아가는 과정이 흥미롭게 펼쳐지고 있다.

12살 소년 휴고(아사 버터필드).

시계 수리 기술자인 부친(주드 로)이 사고로 사망하자 졸지에 고아가 된다.

삼촌은 휴고를 데려와 기차역 시계탑에 살게 하고 시계 관리 일을 맡긴다.

고아원에 끌려가지 않기 위해 시계탑에 숨어 외롭게 지내던 휴고.

어느 날 인형 부품을 훔쳤다는 이유로 장난감 가게 주인 조르주(벤 킹슬리)에게 아버지 유품인 수첩을 뺏긴다.

수첩에는 아버지가 박물관에서 가져온 신비로운 자동인형 설계도가 담겨 있다.

휴고는 자동인형에 아버지가 무언가 메시지를 남겼을 거라 생각한다.

이어 수첩을 찾아 인형을 고치기 위해 조르주의 양손녀인 이자벨(클로이 모레츠)에게 도움을 요청한다.

멜리에스가 건설한 스튜디오 모습, 외로운 소년이 현실적 고통을 극복하고 여러 사람들에게 희망을 제시해 준다는 사연이 잔잔한 감동을 불러일으키고 있다.

옥의 티라면 영화 발달사를 핵심적 내용으로 하고 있어 아동 관객보다는 영화학도 혹은 마니아들에게 흥미를 끌만한 설정이 대중성을 확산시키는데 걸림돌이 됐다는 지적을 듣는다.

스티븐 스필버그, 〈틴틴〉으로 코믹 콘 장르 데뷔

흥행 귀재 스티븐 스필버그(Steven Spielberg)가 〈틴틴 Tintin〉을 통해 코믹-콘(Comic-Con) 장르 데뷔를 선언했다.

'코믹 콘'은 〈슈퍼맨〉 〈딕 트레이시〉 등과 같이 이미 히트된 만화 주인공을 각색해서 선보이는 작품을 지칭하는 동시에 세계 최대 캐릭터 만화 전시회를 뜻하는 용어이다.

2011년 7월 22일 미국 캘리포니아 샌디에고 만화 박람회장에서 개막된 '2011 코믹 콘' 행사는 히트 만화 캐릭터들을 활용한 영화, 게임업계의 움직임을 살펴 볼 수 있는 이벤트로 기록되고 있다.

이 해 행사에서는 〈트랜스포머 3〉 후속 작에 대한 이야기가 코믹 콘을 통해 공개돼 영화가의 핫 이슈를 제공한 바 있다.

스티븐 스필버그가 코믹 콘 장르로 선보인 〈틴틴〉. © Amblin Entertainment, The Kennedy/ Marshall Company, WingNut Films

〈틴틴〉이 영화계에서 주목을 받고 있는 것은 21세기 할리우드 흥행 가를 주도 하고 있는 피터 잭슨(Peter Jackson)과 스티븐 스필버그(Steven Spielberg)가 공동 제작을 맡고 연출은 스필버그가 담당하고 있다는 점.

여기에 스필버그와 단골 콤비인 존 윌리암스가 사운드트랙을 작곡한다.

2011년 12월 23일 전세계 동시 개봉된 〈틴틴의 모험 : 유니콘의 비밀 The Adventures of Tintin : The Secret of the Unicorn〉은 벨기에 출신 만화가 에르제(Herge)의 동명 만화를 각색했다.

불의를 참지 못하는 소년 기자 틴틴과 애견 밀루의 모험을 담은 원작은 1960여 개국에 50개의 언어로 소개되어 3억 부 이상 팔려 나간 베스트셀러 만화.

국내 출판가에서는 『땡땡의 모험』으로 출간됐다.

〈폴라 익스프레스 The Polar Express〉에서 시도된 이모션 캡처(Emotion Capture) 방식을 한 단계 업그레이드 한 '퍼포먼스-캡쳐 영화 performance-capture flick' 방식을 도입해 연기자들의 움직임과 표정을 100% 묘사, 새로운 형식의 애니메이션으로 인정받는다.

〈틴틴의 모험: 유니콘의 비밀〉은 3부작으로 예정돼 2부는 피터 잭슨이 메가폰을 잡을 것으로 알려졌다.

피터 잭슨은 〈반지의 제왕〉을 확장시킨 〈호빗 The Hobbit〉의 촬영 틈틈이 〈틴틴의 모험〉 제작 진행도 맡아 분주한 나날을 보낸다.

조지 루카스는 이번 작품에 대해 '두 사람은 흡사 형제처럼 의기투합해서 제작에 임하고 있다'는 격려를 보낸다.

잭슨은 '어린 시절 코믹 북 틴틴의 모험을 매우 흥미있게 구독했으며 오래전부터 스필버그가 영화 작업을 구상하고 있다는 소식을 들었다'는 후일담을 공개한다.

스필버그는 프랑스 영화 잡지에서 〈레이더스 Raiders of the Lost Ark〉(1981)에서 펼쳐준 인디아나 박사의 모험담이 '틴틴의 모험'과 많은 유사점을 갖고 있다는 비교 기사를 읽고 '틴틴'의 존재에 대해 관심을 갖기 시작했다고 한다.

스필버그는 3-D로 제작되는 〈틴틴의 모험〉을 통해 관객들은 인디아나 존스에서 펼쳐 주었던 흥미진진한 모험담을 한층 업그레이드한 내용으로 접할 수 있을 것'이라는 자신감을 내비쳤다.

스필버그는 2012년 〈쥬라기 공원 4 fourth Jurassic Park movie〉에 대한 시나리오 작업도 지휘하고 있어서 관객들의 예상을 뛰어 넘는 창의력이 끊임없이 솟아오르고 있음을 드러낸 바 있다.

여기서 그치지 않고 스필버그는 2011년 코믹 콘 어워드가 평생 동안 팝 문화 기여도에 대한 공적을 인정해 '잉크포트 어워드 Inkpot Award, Comic-Con's award for lifetime achievement in pop culture' 수상자로 선정된다.

3D 어드벤처 블록버스터 〈틴틴: 유니콘호의 비밀〉이 공개되면서 주인공 '틴틴'에 대한 관심도 확산됐다.

벨기에 출신 만화가 에르제가 탄생시킨 캐릭터는 유럽을 거쳐 전 세계로 퍼져 나간 후 100년 이상 인기를 누리고 있는 수퍼 스타.

국내에서도 책과 TV에 등장해 익숙한 이 캐릭터는 스티븐 스필버그가 25년 이상 푹 빠져있을 정도로 매력을 지닌 가상의 인물이다.

〈틴틴: 유니콘호의 비밀〉이 스티븐 스필버그와 피터 잭슨에 의해 영화화된다는 소식이 알려지자마자 전 세계 영화 팬들은 흥분을 감추지 못했다.

'틴틴'은 24권 시리즈가 50개 언어, 60개국에 출간되어 매년 3백만 권 이상 약 3억 5천 만 부 이상 판매된 베스트셀러.

1929년 첫 등장한 후 현재까지 근 100여 년 동안 변함없는 인기의 주인공이기 때문이다.

갓난아기부터 노신사까지 전 세대에 거친 사랑 덕분에 비틀즈 보다 유명한 전대미문의 캐릭터이다.

만화 주인공 틴틴은 유럽 정치계와 문화계의 유명 인물로 각광받고 있는 존재이다. ⓒ Amblin Entertainment, The Kennedy/ Marshall Company

샤롤르 드 골 프랑스 전 대통령이 선거에서 승리한 직후 '나의 유일한 라이벌은 틴틴이다.'라고 한 연설문은 틴틴의 인기를 증명하는 유명한 사례로 남아 있다.

유럽인들은 영국에 '해리 포터'가 있다면, 유럽에는 '틴틴'이 있다고 자부할 정도로 만화로서는 최초로 유럽 교과서에 실렸고 2002년 발행된 유로화 모델로까지 거론된 바 있다.

실제 '틴틴' 탄생 75주년에는 기념 유로화가 발행되었고 벨기에 국왕 알베르 2세가 최고 외교관 역할을 기리는 공로로 국가 공로 훈장을 수여하기도 했다.

'틴틴'의 이와 같은 인기의 이유는 어드벤처의 정석이라 불리는 방대한 모험에 있다.

동서양을 막론하는 것은 물론 아프리카, 이집트, 티베트, 페루, 소련 등을 거쳐 사막, 극지방, 바닷 속, 심지어 인류가 최초로 달에 착륙한 1969년보다 15년이나 빠른 1954년에 먼저 달나라에 가는 등 20세기 문명의 백과사전이라고 불린다.

긴박한 모험을 펼치는 두려움을 모르는 특종 기자 '틴틴'의 이야기는 어린이에게는 영웅이었고 예술가들에게는 영감을 주는 대상이 되고 있는 것.

스필버그는 앞서 기술했듯이 '처음 이 책을 읽을 당시 틴틴과 나는 무언가 함께 해야 하는 운명이었다.'고 말할 정도로 원작에 영감을 받아 〈인디아나 존스〉를 만들어 세계적인 빅 히트를 이룬바 있다.

원작의 상상력에 사로잡힌 피터 잭슨 역시 주저 없이 '원작자 에르제가 창조한 틴틴의 세계는 21세기 대중문화의 창조적인 장을 열었다'고 주장하면서 스필버그와 함께 영화화를 추진하게 됐다는 후문.

두 명의 거장이 함께 손을 잡은 〈틴틴: 유니콘호의 비밀〉은 해적선 유니콘호가 감춘 수백 년의 미스터리를 찾아 나선 위험한 모험을 대형 스크린 위에 펼쳐 보였다.

〈반지의 제왕〉 〈킹콩〉 〈아바타〉 〈혹성 탈출〉 등 최고의 CG회사인 웨타 디지털이 합류해 '이모션 3D'라는 영화사에서 가장 진보된 영상을 펼쳐 주었다.

한편 스필버그와 피터 잭슨의 3D 어드벤처 블록버

스터 〈틴틴: 유니콘호의 비밀〉의 흥미 있는 제작 에피소드가 공개됐다.

특종 기자 틴틴이 거리의 화가에게 초상화를 받는 장면.

그 화가가 바로 〈틴틴〉 원작자 에르제다.

원작의 열렬한 팬인 감독 스필버그와 제작자 피터 잭슨은 에르제에 대한 경의와 헌사의 의미로 그를 영화 속에 깜짝 출연 시켰다고.

반듯한 가르마와 온화한 미소까지 에르제의 특징을 완벽하게 캐릭터로 재탄생시켰다.

에르제는 틴틴에게 '낯이 익은데 전에 내가 자네를 그린 적이 있나?'라고 물으며 그가 원작자임을 눈치 챈 관객들에게 깜짝 선물을 제공하고 있다.

두려움을 모르는 성격, 위기상황에서의 대처 능력 등 틴틴은 스필버그의 대표 시리즈 〈인디아나 존스〉와 거의 흡사한 캐릭터이다.

스필버그는 〈틴틴〉을 극화하면서 헬리콥터 운전 장면, 모로코 추격 장면, 선상 위의 추격신 등 〈인디아나 존스〉를 떠오르게 하는 장면들을 연결 시켰다.

틴틴의 뾰족하게 선 앞머리를 재치 있게 활용한 〈죠스〉 패러디 등 영화 팬이라면 절대 그냥 지나칠 수 없는 장면들이 곳곳에 숨어있다.

극중 유머를 담당하고 있는 '덤 앤 더머' 같은 콤비가 바로 탐슨 Thomson(닉 프로스트)과 인스펙터 탐슨 Thompson(사이몬 페그)

경관이지만 예리함이나 추리력은 찾아볼 수 없고 어딜 가나 늘 위험에 빠지는 게 특기인 이들은 찰리 채플린처럼 차려 입은 정장, 중절모, 지팡이까지 누가 봐도 쌍둥이처럼 똑 같은 모습으로 늘 함께 다닌다.

머리부터 발끝까지 한 치의 오차 없이 똑 같아 보이지만 사실 이들에게는 결정적인 차이점이 있다.

그것은 바로 콧수염의 모양으로 콧수염 끝이 살짝 올라간 사람이 탐슨, 내려간 사람이 탐슨이다.

해적선 유니콘 호가 감춘 수백 년의 미스터리를 찾아 나선 위험한 모험을 그린 3D 어드벤처 블록버스터 〈틴틴: 유니콘호의 비밀〉은 '20세기 문명의 백과사전' '어드벤처의 정석'이라 불리는 최고의 원작을 바탕으로 해서 〈007〉 시리즈 다니엘 크레이크, 〈킹콩〉 〈점퍼〉 제이미 벨, 〈혹성 탈출〉 〈반지의 제왕〉 앤디 서키스 등 연기파 배우들이 모션 캡쳐 방식을 통해 열연하고 있다.

스칸디나비안 범죄 소설, 할리우드 침공

'스웨덴, 노르웨이, 덴마크, 아이슬란드'.

유럽 북단에 나란히 위치한 스칸디나비아 반도(Scandinavia Pen) 국가에서 출간된 일련의 범죄 소설(Crime Fiction)이 할리우드를 침공(Invasion)하고 있다.

에버트 백스크롬(Evert Backstrom)은 차가운 심성을 갖고 있는 형사.

황달(jaundiced)에 시달리고 있는 그는 성마르고 까탈스런 태도로 범죄 사건을 수사해 나가고 있는 인물이다.

스웨덴 출신으로 정치, 사회를 배경으로 한 범죄 소설을 꾸준히 발표해 성과를 거두고 있는 레이프 GW 페르손(Lief GW Persson)은 『여름의 기다림과 겨울의 끝 사이 Between Summer's Longing and Winter's End』 『어나더 타임, 어나더 라이프 Another Time, Another Life』 등을 베스트셀러로 만들면서 미국 시장에서도 명성을 얻고 있는 작가이다.

타락한 살해 사건(depraved murder case)을 파헤쳐 나가는 페르손의 소설에서는 병적으로 침울한 태도를 갖고 있는 살인 전담 형사가 단골로 등장하고 있다.

페르손이 형상화시킨 북유럽 스타일의 형사는 폭스사가 TV 드라마로 각색하고 있다.

조지 클루니 주연의 〈시리아나〉의 원작자 스테판 개그한은 북유럽에서 명성을 얻고 있는 문필가이다. © Warner Bros., Section Eight Ltd

스테판 개그한(Stephen Gaghan)은 〈트래픽 Traffic〉 〈시리아나 Syriana〉 등의 정치 스릴러 소설을 각색해서 글 솜씨를 인정받았는데 그가 페르손의 작품을 손질해서 할리우드 영화 작업을 이끌고 있다는 소식도 들려오고 있다.

할리우드 제작진들은 최근 스칸디나비아에서 전해지고 있는 사랑과 범죄를 가미시킨 일련의 범죄 소설들이 색다른 소재를 갈망하는 미국 관객들에게 큰 호응을 받고 있다는 판단으로 여러 작품의 영상화 작업을 추진하고 있다.

데이비드 핀처(David Fincher) 감독은 스티그 라슨(Stieg Larsson)의 베스트셀러 『드래곤 타투 The Girl with the Dragon Tattoo』를 극화해 지난 2011년 12월 21일 〈밀레니엄 : 여자를 증오한 남자들〉로 개봉시킨다.

근 40여 년 전 실종된 손녀를 찾는 스웨덴 재벌의 행적을 통해 감추어진 비밀과 음모가 속속 드러나게 된다는 스릴러극이다.

007 6대 제임스 본드 다니엘 크레이그를 비롯해 신예 루니 마라와 북구 출신 스텔란 스카스가드 등이 열연하고 있다.

극단적 자극을 갈망하고 있는 현대인들의 병적인 내면을 담은 〈파이트 클럽 Fight Club〉을 통해 진가를 발휘한 데이비드 핀처는 이번 신작을 통해 북구인들이 갖고 있는 여성 혐오증(misogyny)과 다면체의 부패(multifaceted corruption)를 보여 주겠다는 의욕을 드러낸다.

조 네스보(Jo Nesbo)의 『스노우맨 The Snowman』은 영국 독립 프로덕션 대표 주자인 '워킹 타이틀 Working Title'이 제작을 진두지휘 한다.

추리, 심리 소설가로 명성을 얻었던 존 르카레(John LeCarre)의 『팅커, 테일러, 솔져, 스파이 Tinker, Tailor, Soldier, Spy』도 영상 작업이 추진되고 있다.

제2의 로렌스 올리비에로 칭송 받고 있는 케네스 브래너(Kenneth Branagh)는 헤닝 맨켈(Henning Mankell) 원작의 『이탈리안 슈즈 Italian Shoes』의 영화화를 지휘한다.

미국 공영 방송 PBS도 억울한 범죄 희생자의 억울함을 추적해 나가는 북유럽 형사의 활약상을 시리즈로 만들 준비를 하고 있다는 소식이 전해진다.

이들 지역 출신 수사 요원들은 모두 강박증과 심리적인 불안증을 갖고 있다는 것이 특징으로 설정되고 있다.

아르날더 인드리아손(Arnaldur Indriðason) 원작의 『자 시티 Jar City』는 2006년 발타사르 코마쿠르(Baltasar Kormakur)가 연출을 맡아 아이스랜드에서 공개됐다.

당시 이 영화는 아이슬랜드, 독일, 덴마크 등이 공동 합작했다.

〈자 시티〉는 코마쿠르가 다시 메가폰을 잡고 극중 배경 지는 아이슬랜드에서 미국 루이지애나로 변경해 할리우드 버전으로 공개됐다.

인드리아손은 케이트 베킨세일, 마크 월버그 주연의 〈컨트라밴드 Contraband〉의 각색자로 초빙 받아 아이슬랜드 스타일의 범죄 드라마의 진수를 펼쳐 보이겠다는 의욕을 드러내고 있다.

이 작품은 2012년 1월 공개된다.

〈도그빌 Dogville〉(2003) 〈만덜레이 Manderlay〉(2005) 〈안티크라이스트 Antichrist〉(2009) 등으로 유명세를 얻고 있는 라스 폰 트리에(Lars von Trier)는 덴마크를 대표하는 감독.

트리에는 자국을 대표하는 범죄 추리 전문 작가 주시 아들러-올슨(Jussi Adler-Olsen)과 의기투합해 〈Q Department Q〉 시리즈를 진행하고 있다.

흔적 없이 사라진 진보적 정치인의 행방을 쫓는 이 작품은 '도그마 95 선언 Dogme 95 filmmaking collective'으로 새로운 영화 제작 지침을 제시했던 감독이 선보이는 북유럽 스타일의 심리 범죄 극으로 기대감을 받아낸다.

영상 혁명가 데이비드 핀처 야심작, 〈밀레니엄: 여자를 증오한 남자들〉

전세계 독자들을 사로잡은 베스트셀러 〈밀레니엄 : 여자를 증오한 남자들〉이 할리우드 버전으로 각색돼 2011-2012 시즌 전세계 극장가에서 환영을 받아냈다.

〈다빈치 코드〉와 〈해리 포터〉 시리즈를 잠재울 책자로 대접 받고 있는 베스트셀러 〈밀레니엄 : 여자를 증오한 남자들〉은 원작 소설 〈밀레니엄〉이 3부작으로 출시된 이후 지금까지 전세계 30여 개국에서 출간, 5천만 부 이상이 판매됐다.

데이비드 핀처가 할리우드 버전으로 각색한 〈밀레니엄: 여자를 증오한 남자들〉. © Scott Rudin Productions, Relativity Media

미국에서만 900만부가 판매됐으며 미국, 영국, 프랑스 아마존 종합 판매 베스트 1위를 차지했다.

아마존 전자 책 서비스 킨들에서는 100만 권의 다운로드 기록을 돌파했다.

〈밀레니엄 : 여자를 증오한 남자들〉은 최고의 베스트셀러를 원작으로 검증 받은 스토리와 데이비드 핀처의 감각적인 영상이 만나 공개 이전부터 최고의 스릴러 영화의 탄생을 예고시키고 있다는 찬사를 받은 바 있다.

스타일리쉬하게 편집된 영상과 귀를 사로잡는 음악은 국내 공개 당시 음악 팬들의 절찬을 받아내는 요소가 됐다.

쉴 새 없이 빠르게 교차되어 나오는 컷들은 마치 예측할 수 없는 영화의 스토리를 상징하는 듯 관객들의 궁금증을 자아낸 것.

장면 사이로 영상 전체를 관통하는 듯 반복되어 나오는 대저택으로 향하는 길은 마치 악마의 집으로 가는 듯한 모습으로 보는 이들에게 섬뜩한 기분마저 느끼게 한다.

장면 사이사이 등장하는 '악마에 맞서려면 악마가 되어야 한다'는 임팩트 있는 카피와 누군가가 문을 열고 쳐다보는 마지막 장면은 '밀레니엄 : 여자를 증오한 남자들'의 이야기에 대한 궁금증을 자극시킨다.

감각적으로 빠르게 편집된 영상과 함께 네티즌들의 집중 관심을 받은 예고편 음악은 전설적인 록그룹 레드 제플린의 'Immigrant Song'이다.

〈소셜 네트워크〉의 음악 감독을 맡아 아카데미 작곡상을 수상한 트렌즈 레즈너가 리믹스 한 'Immigrant Song'은 영상과 어우러져 시각과 청각을 동시에 사로잡는다.

할리우드 샛별 루니 마라, 〈밀레니엄〉 히로인 발탁!

할리우드 샛별 루니 마라(Rooney Mara)가 수많은 여배우들이 배역을 탐냈던 '그 소녀 The Girl' 역으로 최종 낙점됐다.

'스칼렛 요한슨과 나탈리 포트만의 이미지를 결합한 히로인'이라는 호평을 듣고 있는 루니는 덴마크, 독일, 스웨덴 3국 합작 심리 스릴러극 〈밀레니엄 : 여자를 증오한 남자들 The Girl with the Dragon Tattoo / Millenium : Part 1 Men Who Hate Women〉의 할리우드 버전 여자 주인공에 발탁된 것이다.

덴마크 출신 닐스 아르덴 오플레브(Niels Arden Oplev) 감독이 공개했던 〈밀레니엄〉은 북유럽 특유의 음산함을 듬뿍 담겨 있는 심리 스릴러로 각국에서 호평을 얻어냈던 작품이다.

루니 마라는 〈밀레니엄〉 히로인 역으로 차세대 샛별로 주목 받고 있다. © Scott Rudin Productions, Relativity Media

1985년 뉴욕 베드포드(Bedford) 태생의 루니 마라(Rooney Mara)는 꿈속에서 나타나는 살인마 프레디 크루거를 등장시킨 장수 호러 물 〈나이트메어〉 시리즈 최신판인 〈2010 나이트메어 A Nightmare on Elm Street〉에서 줄무늬 스웨터를 입고 낡은 중절모로 일그러진 얼굴을 가린 프레디와 정면 승부를 거는 당찬 여성 낸시 탐슨 역을 맡아 스타덤에 오른 히로인이다.

2009년에는 〈데어 Dare〉 〈유스 인 리볼트 Youth in Revolt〉에 연속 출연했으며 트위터와 페이스북 등 급변하는 휴먼 네트워킹 세태를 풍자한 〈소셜 네트워크 The Social Network〉에서는 여주인공 에리카 역을 맡아 국내 팬들에게 낯이 익은 배우다.

〈용의 문신을 한 소녀 The Girl With the Dragon Tattoo〉로 국제 흥행가에서 공개돼 기대 이상의 호응을 받은 이 작품은 36년 전 실종된 손녀를 찾는 스웨덴 대재벌의 부탁을 받은 한 남자가 겪는 비밀과 음모 극을 담고 있다.

유럽 버전에서는 미카엘 블롬크비스트 역은 미카엘 니크비스트(Michael Nyqvist)가 맡았는데 할리우드 각색 판에서 007 제임스 본드 다니엘 크레이그(Daniel Craig)가 일치감치 낙점된 바 있다.

할리우드 버전 연출은 CF를 보는 듯한 감각적인 영상으로 유명한 데이비드 핀처가 맡았다.

핀처는 〈에일리언 3〉로 화려하게 영화계에 진출한 뒤 브래드 피트, 모건 프리만, 기네스 팰트로우를 기용해서 선보인 엽기적인 살인 행각을 담은 〈세븐〉, 브래드 피트를 다시 캐스팅한 〈파이트 클럽〉, 조디 포스터 주연의 〈패닉 룸〉, 브래드 피트와 팀웍을 다시 이룬 〈벤자민 버튼의 시간은 거꾸로 간다〉 등을 꾸준히 공개하면서 '신선하고 쇼킹한 영상 미학을 보여주는 재기 넘치는 감독'으로 명성을 얻고 있는 연출자이다.

〈헬프〉, 막강 히로인 연기 군단 이목 끌어내

〈헬프 The Help〉는 떠오르는 차세대 스타부터 노련한 연기파 배우까지, 할리우드 최고의 여성 파워를 대표하는 배우들의 캐스팅으로 기대를 불러 모았다.

〈헬프〉는 흑인 가정부와 친구가 된 '스키터'가 그녀들의 인생을 책으로 옮기면서 시작된 유쾌한 반란, 세상을 바꾸는 용기 있는 고백을 그린 감동 드라마.

아마존, 뉴욕 타임즈 베스트셀러 1위, 〈인셉션〉 이후 최초로 전미 박스오피스 3주 연속 1위 등 이례적인 흥행 열풍으로 화제를 모은 바 있다.

할리우드를 대표하는 여배우들의 캐스팅도 관객들의 기대감을 고조시킨 흥행 포인트가 됐다.

1963년, 미시시피 잭슨에 살고 있는 흑인 가정부들의 삶을 위험을 무릅쓰고 책으로 옮겨내는 작가 지망생 스키터 역은 영화계와 패션계를 사로잡으며 할리우드 최고의 라이징 스타로 떠오른 엠마 스톤이 맡아 당찬 매력을 선보이고 있다.

엠마 스톤, 바이올라 데이비스, 옥타비아 스펜서, 브라이스 달라스 하워드 등은 〈헬프〉를 통해 개성 있는 연기자로 인정받는다.
ⓒ DreamWorks, Sony Pictures

엠마 스톤은 2012년 개봉된 〈어메이징 스파이더맨〉의 새로운 히로인으로 발탁되어 차세대 여배우로 자리매김하고 있다.

'스키터'와 함께 책을 완성하는 사려 깊은 흑인 가정부 '에이블린' 역에는 〈다우트〉에 단 10분 출연하여 '메릴 스트립의 10분을 훔쳤다'는 극찬을 받은 연기파 배우 바이올라 데이비스가 몰입도 강한 연기력을 선보였다.

그녀는 이 영화로 아카데미 여우주연상 후보로 일치감치 거론되면서 '에이블린 그 자체'라는 평단의 찬사를 받는다.

최고의 요리 솜씨와 입담을 지닌 또 다른 흑인 가정부 '미니' 역은 항상 개성 넘치는 캐릭터를 선보이며 2009년 『엔터테인먼트 위클리』 선정 '할리우드에서 가장 재미있는 여배우 25인'에 선정된 바 있는 옥타비아 스펜서가 맡았다.

절친인 테이트 테일러 감독이 시나리오 단계부터 그녀를 '미니' 역으로 낙점하고 모델로 삼아 캐릭터를 완성했다는 후문.

지고는 못사는 백인 안주인 '힐리' 역에는 거장 론 하워드 감독의 딸로 배우뿐만 아니라 제작자로도 활동하고 있는 브라이스 달라스 하워드가 출연하여 미워할 수 없는 악역을 선보인다.

알 파치노 감독의 베니스 영화제 초청작 〈와일드 살로메〉의 히로인이자 2011년 칸 영화제 황금종려상 수상작 〈트리 오브 라이프〉에서는 브래드 피트의 상대역으로 출연하면서 할리우드에서 가장 활발한 활동을 하고 있는 주역이 제시카 차스테인.

그녀는 해맑은 철부지 안주인 '셀리아' 역을 맡아 지금까지 볼 수 없었던 사랑스러운 매력을 마음껏 발산하고 있다.

이 처럼 〈헬프〉는 할리우드 차세대 스타부터 노련미를 갖춘 연기파 배우까지, 최고의 캐스팅이 선보이는 환상적인 연기 앙상블로 기대감을 불러 일으켰다.

타이틀 〈헬프 help〉에 대해 할리우드 영화 전문지들은 다음 3가지로 정의를 내려 주었다.

1. 가정부 혹은 가사 도우미
2. 용기 내어 서로의 손을 잡아 주는 것
3. 당신에게 웃음과 감동, 용기와 희망을 주는 영화

〈아티스트 The Artist〉 10개 부문 후보 등극

'소리 없이 할리우드를 매혹시키다!'-『버라이어티』

프랑스 흥행 1위를 기록했던 흑백 무성 영화 〈아티스트 The Artist〉는 2012년 아카데미 어워드 10개 후보작에 오르면서 유럽 영화가를 들뜨게 만들었다.

『LA Times』『Entertainment Weekly』『Indiewire』등 주요 매체들은 2012 아카데미 작품상과 감독상으로 〈아티스트〉를 1순위로 꼽은 바 있다.

미국 영화 포털 'Ropeofsilicon'도 흑백 무성 영화라는 독특한 장르로 무장한 〈아티스트〉의 수상에 손을 들어 주었다.

대부분 매체에서는 조지 클루니, 브래드 피트 등과 경쟁할 만한 유력한 남우주연상 후보로 이미 칸 영화제 남우주연상을 거머쥔 바 있는 〈아티스트〉의 주연 배우 장 뒤자르댕을 지목하고 있다.

할리우드 무성 시대를 재현한 흑백 영화 〈아티스트〉는 예술 영화로 유럽 및 미주 시장에서 환대를 얻어냈다. © Canal Plus

2010년 10월 프랑스 개봉 당시 300여 개의 상영관만으로 개봉 첫 주 박스오피스 1위를 차지했던 〈아티스트 The Artist〉는 첫 주의 흥행세에 힘입어 개봉 2주차 상영관을 500여 개로 확대해 당시 누적 $12,896,329의 흥행 수익을 올렸다.

2010년 11월 25일 미국 개봉을 시작으로 전세계적으로 순차적 개봉됐다.

무성 영화에서 유성 영화로 넘어가던 할리우드의 극적이고 역사적인 시대인 1920년대 말부터 1930년대 초반까지의 영화 스타의 사랑 이야기를 담은 작품이 바로 〈아티스트〉이다.

1927년 할리우드.

조지 발렌타인은 무성영화 최고의 스타로 출연하는 영화마다 관객들의 뜨거운 사랑을 받으며 흥행 배우 자리를 지킨다.

하지만 영화계에 '유성 영화'라는 새로운 바람이 불어오고 무성 영화만을 고집하던 조지는 유성 영화의 새로운 스타들에 묻혀 졸지에 퇴물 스타로 전락한다.

그러나 엑스트라 시절 우연히 조지 발렌타인 주연의 영화에 단역으로 출연했던 유성 영화 최고의 여배우 페피 밀러는 그와의 짧지만 운명 같던 사랑의 느낌을 간직한 채 조지가 알아채지 못하게 그의 곁을 맴돌며 그를 돕고, 결국 두 사람은 서로의 마음을 확인하게 된다는 것이 주요 내용이다.

메릴 스트립 〈철의 여인〉 컴백!

메릴 스트립이 영국 수상 재임 중 '철의 여인'으로 명성을 떨친 마가렛 대처 수상 전기 영화로 은막에 컴백했다.

신작은 일반 공개에 앞서 『타임』지 선정 2011 올 해의 영화배우, 제76회 뉴욕 비평가 협회 여우주연상, 제68회 골든 글로브 여우주연상 노미네이트 등 화려한 평가를 받아낸 바 있다.

1979년 영국 최초 여성 총리 자리에 올라 강인한 리

〈철의 여인〉에서 영국 수상 마가렛 대처로 완벽 변신한 메릴 스트립. © Film4, Canal+, Pathe

더십을 발휘하며 11년 동안 최장기 재임 기록을 수립한 주역이 마가렛 대처.

전기 영화 〈철의 여인 The Iron Lady〉에서 메릴 스트립은 '대처 수상이 직접 출연하는 듯한 절묘한 연기를 드러냈다'는 평판을 듣고 있다.

메릴 스트립은 이번 신작으로 2011년 11월 29일 진행됐던 제76회 뉴욕비평가협회 여우주연상을 수상하는 동시에 『타임』지 선정, 2011 올해의 영화배우에 선정됐다.

이어 제68회 골든 글로브 여우주연상을 수상하는 기염을 토했다.

그녀는 이번 수상으로 통산 26번째 노미네이트 기록도 세웠다.

'나의 연기 경력 중, 가장 어려웠던 역할이다'라는 촬영 후일담을 밝힌 메릴 스트립은 영화 〈철의 여인〉을 통해 전 세계에서 가장 파워풀한 여성 마가렛 대처를 완벽하게 소화해 냈다.

그녀는 〈머니볼〉의 브래드 피트와 함께 『타임』지가 뽑은 2011년 최고의 영화배우로 선정되는 영예를 얻어냈다.

『타임』지는 '사견을 개입하지 않고 살아있는 기적을 그려냈다. 다우닝가 10번지의 안방 주인을 사람들의 연민과 공감을 받을 수 있는 여성으로 만들어냈다. 이번에는 위대함(grand)의 의미가 훌륭함(great)이다 Her performance is a miracle of inhabiting, not editorializing; it turns the boss of 10 Downing Street into a woman meriting our sympathy and sadness. This time, grand is great'라고 보도했다.

『타임』지는 영화 〈엑스맨: 퍼스트 클래스〉의 마이클 파스빈더, 영화 〈헬프〉에서 인상적 연기를 펼친 엠마 스톤 등을 우수한 연기자로 추천한다.

중년의 운명적 사랑을 섬세하게 연기한 〈매디슨 카운티의 다리〉, 세계 최고 패션지 편집장으로 악마 같은 카리스마를 드러낸 〈악마는 프라다를 입는다〉, 전 세대 관객층에게 '아바 열풍'을 일으킨 〈맘마 미아!〉 등을 통해 최고의 연기력을 선보이며 대중과 평단의 사랑을 받아온 메릴 스트립.

〈철의 여인〉을 통해서는 실존 인물 마가렛 대처 전 영국 수상 역을 맡아 또 한 번 관객들을 놀라게 한 것이다.

〈맘마 미아!〉를 통해 완벽한 호흡을 과시했던 필리다 로이드 감독에 의해 캐스팅 1순위에 꼽혔던 그녀는 스스로 새로운 언어를 배우는 것 같은 자세로 대처 수상의 목소리와 억양을 깊이 연구했다고.

분장으로 자연스럽게 만든 코와 가발, 보철을 착용한 메릴 스트립의 모습은 실존 인물 대처 수상과 완벽한 일치를 이루고 있다.

〈철의 여인〉으로 제 76회 뉴욕비평가협회 여우주연상 네 번-〈소피의 선택〉 〈어둠 속의 외침〉 〈줄리 & 줄리아〉-을 거쳐 5회 수상에 성공했다.

메릴 스트립은 2011년 기준 골든 글로브 25번째 노미네이트, 7차례 수상-〈크레이머 대 크레이머〉 조연 여우, 〈프랑스 중위의 여자〉 주연 여우, 〈소피의 선택〉 주연 여우, 〈어댑테이션〉 조연 여우, 〈악마는 프라다를 입는다〉 주연 여우, TV 드라마 〈앤젤스 인 아메리카〉 주연 여우, 〈줄리 & 줄리아〉 주연 여우)에 이어, 2012년 1월 15일 진행됐던 제 68회 골든 글로브 시상식에서도 여우주연상 후보에 26번째로 지명된 뒤 수상을 차지해 타의 추종을 불허하는 대기록 보유자임을 입증시킨다.

〈철의 여인〉은 2011년 연말 할리우드 개봉에 이어 국내에서는 2012년 2월 공개된 바 있다.

브래드 피트, 〈트리 오브 라이프〉 & 〈머니볼〉 연속 개봉

브래드 피트 출연작이 흥행 격돌을 벌여 영화가 뉴스를 추가 시켰다.

테렌스 맬릭의 〈트리 오브 라이프〉와 실화극 〈머니볼〉은 할리우드 꽃미남 배우 브래드 피트의 출연으로 화제를 불러 일으켰다.

1950년대 텍사스 주 한 가족의 일상을 담은 영화 〈트리 오브 라이프〉는 가족 안에서 겪을 수 있는 오해와 상처, 그리고 화해를 통해 사랑의 과정으로 나아가는 여정을 그려내고 있다.

테렌스 맬릭 감독의 6년만의 컴백 작이다.

출연 당시 여섯 자녀들 둔 한 가정의 가장의 신분이었던 브래드 피트는 극중 아버지 역할에 대한 남다른 애정을 가지고 있었던 것으로 밝혀져 더욱 기대감을 불러 일으켰다.

브래드 피트는 〈머니볼〉 〈트리 오브 라이프〉(사진) 등을 통해 진중한 연기자로 각인된다. © Plan B Entertainment

아이들에게 다정다감한 성격으로 알려진 브래드 피트지만, 배우로써 영화 속 강인함을 강조하는 보수적인 아버지 캐릭터 연기를 위해 몸짓부터 표정 하나 하나까지 엄격함을 잃지 않았다는 후문.

〈트리 오브 라이프〉의 제작자로도 나선 브래드 피트만의 절제된 연기는 오늘 날 우리의 아버지 모습을 떠올리게 한다.

자식 앞에서 단단한 아버지의 모습을 잃지 않으려 하지만 한편으로는 화려한 성공 뒤에 더욱 중요한 가족이라는 사랑의 존재가 있었음을 깨달아가는 아버지의 모습을 브래드 피트만의 감성으로 표현해내 〈트리 오브 라이프〉 속에서 빛을 발하는 연기로 진한 감동을 선사했다.

한편 메이저리그 역사상 최초로 20연승이라는 기적 같은 기록을 세운 한 전설적인 인물의 감동 실화를 그려낸 〈머니볼〉은 2003년 발간된 동명의 베스트셀러 소설을 재구성하고 있다.

오합지졸 구단으로 알려진 오클랜드 애슬레틱스가 최약체 팀에서 점차 거듭나기 시작하는 드라마틱한 순간을 담아 화제를 몰고 온 작품.

〈머니볼〉에서 특유의 카리스마로 구단을 이끈 실화 속 주인공 빌리 빈을 연기하고 있는 브래드 피트는 '야구의 역사를 바꾼다'는 집념과 능력, 그리고 인간미 넘치는 면모를 섬세하게 연기해내 많은 기대를 불러 모았다.

〈트리 오브 라이프〉와 〈머니 볼〉은 브래드 피트가 모두 제작에 참여했다는 공통점도 갖고 있다.

영화배우 겸 제작자로 활약하고 있는 브래드 피트에 대해 『할리우드 리포터』는 '동시대에 살면서 필요한 이야기들을 정확히 간파해내며 지속적으로 좋은 영화를 고르는 안목을 갖춘 진정한 배우로 자리 매김할 것으로 보인다'는 예견을 내놓고 있다.

미쉘 윌리암스, 골든 글로브 여우상 수상!

미쉘 윌리암스가 〈마릴린 먼로와 함께 한 일주일〉에서 20세기 최고 섹시 심볼 마릴린 먼로를 완벽하게 재현하는 연기를 펼쳐주어 박수갈채를 얻어냈다. © The Weinstein Company, BBC Films.

미쉘 윌리암스가 2012년 벽두 할리우드 최고 히로인으로 등극됐다.

20세기 최고 섹스 심볼 마릴린 먼로의 전성기 시절 1주일 동안의 일화를 다룬 〈마릴린 먼로와 함께 한 일주일 My Week With Marilyn〉로 제 69회 골든 글로브 시상식에서 주연 여우상을 차지한 것.

〈마릴린 먼로와 함께 한 일주일〉에서 섹시 스타 마릴린 먼로 역할을 맡은 미쉘 윌리암스는 워싱턴 비평가 협회, 보스턴 비평가 협회 등 9개의 주연 여우상을 수상하면서 최절정의 인기를 끌어 모은 것.

그녀는 골든 글로브 수상 여세를 몰아 84회 아카데미 주연 여우상에서도 메릴 스트립과 함께 가장 강력한 수상 후보로 꼽혔다.

〈브로크백 마운틴〉 〈셔터 아일랜드〉 등의 작품을 통해 국내 팬들에게도 널리 알려진 미쉘 윌리암스는 〈블루 발렌타인〉(2011)으로 아카데미와 골든 글로브 주연 여우상 후보에 올랐다가 2012년 주연 여우상 수상자가 돼 할리우드 탑 배우로 인정받게 됐다.

배역을 위해 체중을 늘리고 먼로의 억양, 걸음걸이, 습관 등을 완벽하게 익혀 진짜 마릴린 먼로가 환생한 것 같은 착각을 불러일으키게 했다는 격찬을 받아낸다.

2011년 아카데미 작품상을 수상한 〈킹스 스피치〉 제작사의 작품으로, 미쉘 윌리암스와 케네스 브래너를 비롯해 〈새비지 그레이스〉 에디 레드메인, 〈해리 포터〉 엠마 왓슨, 〈007〉 주디 덴치, 〈사브리나〉 줄리아 오몬드, 〈맘마 미아!〉 도미닉 쿠퍼 등 영국을 대표하는 신구 배우들이 총출동한 초호화 캐스팅으로 눈길을 끌고 있다.

〈마릴린 먼로와 함께 한 일주일〉은 1956년 〈왕자와 무희〉의 영화 촬영을 위해 영국을 방문한 세기의 섹시 심볼 마릴린 먼로가 촬영장에서 만난 조감독과 함께 한 비밀스러운 일주일을 다룬 작품이다.

제84회 아카데미 후보작이 남긴 여러 기록들

제84번째 아카데미 어워드가 2012년 2월 26일 성대하게 진행됐다.

화려한 본 행사에 앞서 84회 최종 후보에 선정된 작품(배우)에 대한 명단이 2012년 1월 24일 아카데미 협회장 탐 세락 Tom Sherak president of the Academy과 여배우 제니퍼 로렌스 Jennifer Lawrence에 의해 발표된다.

후보작 공개로 인해 탄생된 여러 사소하지만 흥미있는 에피소드를 정리, 소개하면 다음과 같다.

▪ 작품상 후보작으로 9편이 호명된 것은 처음이다.

아카데미 행사의 백미는 작품상. 통상 작품상 후보작은 5편으로 한정되어 왔다.

5회 행사(1931-1932) 때 8편, 1934년, 1935년은 12편이 선정됐다.

1936년-1943년까지, 2009년은 10편, 그리고 1944년-2008년까지는 5편이 작품상 후보 최종 편수였다.

▪ 비올라 데이비스 Viola Davis는 아카데미 연기상 2회 지명 받은 2번째 흑인 여배우가 됐다.

흑인 여배우 중 해티 맥다니엘 Hattie McDaniel (1939), 모니크 Mo'Nique(2009)가 조연 여우상을 수상한 바 있다.

비올라는 〈다우트 Doubt〉(2008)로 조연 여우상 후보, 〈헬프 The Help〉로 여우상 후보에 올랐다.

2번 후보 기록을 갖고 있는 첫 번째 기록 보유자는 우피 골드버그 Whoopi Goldberg.

1985년 〈칼라 퍼플 The Color Purple〉로 여우상에 지명 받았지만 수상에는 실패한다.

이어 1991년 〈사랑과 영혼 Ghost〉으로 조연 여우상을 수상한 바 있다.

만일 비올라가 여우상을 수상한다면 〈몬스터 볼 Monster's Ball〉 (2001) 할 베리 Halle Berry에 이어 흑인 여배우 사상 2번째 수상자가 된다. 하지만 최종 승자로 〈철의 여인 The Iron Lady〉에서 영국 마가렛 대처 수상역을 열연한 메릴 스트립 Meryl Streep이 호명 된다.

▪ 스티븐 달드리 Stephen Daldry 감독은 재능에 비해 아카데미와는 별 인연이 없는 감독 중 한 명.

〈더 리더 The Reader〉(2008)-2009년 감독상 후보 Nominee Oscar Best Achievement in Directing, 〈디 아워즈 The Hours〉(2002)-2003년 감독상 후보 Nominee Oscar Best Director, 〈빌리 엘리어트 Billy Elliot〉(2000)-2001년 감독상 후보 Nominee Oscar Best Director로 지명 받았지만 모두 수상에 실패.

더욱이 〈엄청나게 시끄럽고 믿을 수 없게 가까운 Extremely Loud And Incredibly Close〉(2011) 〈더 리더〉 〈디 아워즈〉 등은 작품상 후보에도 선정됐지만 역시 수상 트로피는 가져가지 못한다.

또 하나 그가 감독한 작품은 모두 아카데미 연기상 후보를 배출했다는 기록도 갖고 있다.

▪ 〈카 2 Cars 2〉는 픽사 애니메이션 Pixar film 중 처음으로 장편 애니메이션 Best Animated Feature에서 탈락되는 불운을 당한다.

장편 애니메이션 부문 The Best Animated Feature category이 시상된 2001년부터 83회까지 픽사는 이 부문에 후보작을 매년 배출해 왔는데 그만 〈카 2〉에 대한 관객들의 비우호적인 평가가 결정타가 되어 본심 최종 후보작에서 밀려 나는 수모를 당한 것이다.

이로서 자동차 애니메이션은 시리즈 2편에서 정지하게 됐다.

▪ 글렌 클로즈는 여우상, 조연 여우상 통합 6번째 후보가 된다.

할리우드 황금시대를 주도했던 데보라 카 Deborah Kerr, 델마 리터 Thelma Ritter도 연기상 6회 후보였지만 수상을 하지 못한 불운의 히로인.

단지 데보라 카는 1994년 그동안의 영화 업적이 인정받아 '명예상 an Honorary Oscar'을 받는 것으로 만족해야 했다.

제랄린 페이지 Geraldine Page는 7번 후보에 머물다 8번째 후보작 〈바운티풀 여행 The Trip to Bountiful〉(1985)으로 1986년 대망의 여우상 Best Actress in a Leading Role을 수상하는 역전 홈런을 터트린다.

남자 배우 중 피터 오툴 Peter O'Toole은 8번 후보였지만 모두 수상에 실패하고 만다.

▪ 크리스토퍼 플럼머 Christopher Plummer이냐 막스 폰 시도우 Max von Sydow냐?

남자 배우 중 최고령 수상자가 기대되고 있다.

아카데미 역사상 최고령 수상자는 80살의 제시카 탠디 Jessica Tandy/ 〈드라이빙 미스 데이지 Driving Miss Daisy〉(1989)로 당당히 여우상을 차지한 바 있다.

84회 조연 남우상 후보자 중 82세의 크리스토퍼 플럼머는 〈비기너스 Beginners〉에서 암으로 죽어가는 게이 남자 역 as a gay man dying of cancer을 열연하고 있다.

경합자인 독일 출신 노익장 배우 막스 폰 시도우는 82세.

그는 〈엄청나게 시끄럽고 믿을 수 없게 가까운 Extremely Loud And Incredibly Close〉에서 과거 흔적을 철저하게 감추고 있는 미스테리한 벙어리 노인 역을 맡고 있다. 최종 승자는 크리스토퍼 플럼머가 차지, 물이 말라버린 고목나무에서도 꽃이 필 수 있다는 격언을 탄생시킨다.

▪ 할리우드 중견 배우 중 조지 클루니 George Clooney처럼 다양한 능력을 발휘하는 인물도 드물다.

클루니는 그동안 작가, 감독, 배우로 아카데미 후보 7번 지명 경력을 갖고 있다.

2005년에는 정치 스릴러 〈시리아나 Syriana〉로 조연 남우상을 수상했을 때 〈굿 나이트, 굿 럭 Good Night, and Good Luck〉으로 각본상 Original Screenplay 후보에 지명된 바 있다.

84회 아카데미에서 클루니는 〈디센던트 The Descendants〉로 남우상 후보 Best Actor nominee, 〈킹메이커 The Ides of March〉로 각색상 후보 Best Adapted Screenplay nominee로 지명 받아 연기력과 문장력을 갖춘 재능꾼이라는 것을 재차 인정받는다.

아쉽게도 남우상은 〈아티스트 The Artist〉의 장 뒤자르댕 Jean Dujardin, 각색상은 클루니가 출연했지만 각색 작업은 감독 겸 작가 알렉산더 페인을 비롯해 냇 팍손, 짐 라시가 했던 〈디센던트 The Descendants〉가 낙착 받는다.

▪ 조지 클루니 George Clooney와 케네스 브래너 Kenneth Branagh는 1개 부문도 아니고 무려 5개 다른 부문에서 후보로 지명 받은 이력을 갖고 있다.

연기자의 경우 주연 혹은 조연, 시나리오를 쓰는 감독의 경우는 감독 혹은 각본상 등 겨우 2개 부문에 지명 받는 것도 보기 드문 사례인데 클루니와 브래너는 타의 추종을 불허하는 5개 부문에서 재능을 인정 받고 있는 영화인이다.

클루니는 남우상에서는 〈마이클 클레이튼 Michael Clayton〉 〈업 인 더 에어 Up in the Air〉 〈디센던트 The Descendants〉로 지명을 받아낸다.

이어 〈시리아나 Syriana〉로 앞서 이야기 한 대로 조연 남우상을 수상한 것을 비롯해 〈굿 나이트 앤 굿 럭 Good Night and Good Luck〉으로 감독 및 각본상 후보, 〈킹메이커 The Ides of March〉로 각색상 후보에 호명 받는다.

이에 질세라 제 2의 로렌스 올리비에라는 애칭을 듣고 있는 영국 출신의 케네스 브래너는 〈헨리 5세 Henry V〉로 남우상 및 감독상 후보, 〈햄릿 Hamlet〉으로 각색상, 〈스완 송 Swan Song〉으로 라이브 액션 단편상, 〈마릴린 먼로와 함께 한 1주일 My Week with Marilyn〉로 조연 남우상 후보에 오른다.

하지만 재능을 수상 이력으로 이어가지는 못하고 있다.

▪ 마틴 스콜세즈 감독은 〈휴고 Hugo〉와 〈에비에이터 The Aviator〉로 연속 11개 후보 지명 받는다.

입체 3D로 제작한 〈휴고〉는 2004년 할리우드 흥행주로 한 시대를 풍미했던 하워드 휴즈 감독의 일화를 다룬 전기 영화 〈에비에이터〉와 동일하게 11개 후보 지명을 받는다.

하지만 행사 최고의 부문상인 작품상에서 〈휴고〉는 〈아티스트〉에게, 〈에비에이터〉는 〈밀리언 달러 베이비 Million Dollar Baby〉에게 가장 화려한 영예를 넘겨주고 만다.

▪ 〈휴고 Hugo〉는 입체 애니메이션이라는 한계 때문인지 마틴 스콜세즈가 작품상 후보에 올려놓은 영화 중 유일하게 연기상 후보자를 내놓지 못한 사례를 남긴다.

스콜세즈는 그동안 작품상 후보작 〈택시 드라이버 Taxi Driver〉 〈분노의 주먹 Raging Bull〉 〈좋은 녀석들 Goodfellas〉 〈갱스 오브 뉴욕 Gangs of New York〉 〈에비에이터 The Aviator〉 〈디파티드 The Departed〉 등은 모두 연기상 후보자를 지명 받았다.

이외 작품상 후보에는 들지 못했지만 스콜세즈가 감독을 맡았던 〈앨리스는 더 이상 여기 살지 않는다 Alice Doesn't Live Here Anymore〉 〈컬러 오브 머니 The Color of Money〉 〈케이프 피어 Cape Fear〉 〈순수의 시대 The Age of Innocence〉 〈카지노 Casino〉 등을 통해 연기자 부문 후보를 지명 받는다.

▪ 〈브라이즈메이드 Bridesmaids〉로 조연 여우상 후보에 지명 받은 멜리사 맥카시 Melissa McCarthy는 에미상 코미디 여우상 the Best Comedy Actress Emmy을 수상한 뒤 곧바로 아카데미 연기상 후보에 지명 받은 3번째 여배우 명단에 등록된다.

할리우드 연기자 중 에미상 코미디 여배우 상 Emmy for Best Comedy Actress 1호 수상자는 헬렌 헌트 Helen Hunt.

1997년 〈매드 어바웃 유 Mad About You〉로 수상한 뒤 아카데미에서는 〈이 보다 더 좋을 순 없다 As Good as It Gets〉로 트로피를 수여 받는다.

2번째는 펠리시티 호프만 Felicity Huffman.

2005년 〈데스퍼레이트 하우스와이프 Desperate Housewives〉로 수상한 뒤 〈트랜스아메리카 Transamerica〉로 여우상에 지명 받았다.

▪ 한국어 버전으로도 방영돼 폭발적인 인기를 얻은 시츄에이션 코믹 쇼가 〈새터데이 나이트 라이브 Saturday Night Live〉.

제85회 각본상 후보에 지명 받은 〈브라이즈메이드 Bridesmaids〉의 공동 각본가 크리스텐 위그 Kristen Wiig는 2005년부터 SNL의 대본 작가로 활동해 오고 있다.

'SNL'를 통해 코믹 재능을 유감없이 발휘했던 연기자 중 댄 애크로이드 Dan Aykroyd, 빌 머레이 Bill Murray, 에디 머피 Eddie Murphy를 비롯해 여배우 조안 쿠색 Joan Cusack 등이 아카데미 주, 조연 연기상 후보에 지명 받은 바 있다.

▪ 84회 아카데미 작품상을 따낸 〈아티스트 The Artist〉는 1967년 흑백 촬영상 Best Black-and-White Cinematography이 폐지된 뒤 아카데미 후보에 오른 10번째 흑백 영화 the 10th B&W Cinematography다.

흑백으로 촬영된 영화 중 아카데미 후보에 지명 된 영화 명단은 〈콜드 블러드 In Cold Blood〉(1967) 〈라스트 픽쳐 쇼 The Last Picture Show〉(1971) 〈레니 Lenny〉(1974) 〈분노의 주먹 Raging Bull〉(1981) 〈젤리그 Zelig〉(1983) 〈쉰들러 리스트 Schindler's List〉(1993) 〈그 남자는 거기에 없었다 The Man Who Wasn't There〉(2001) 〈굿 나이트 굿 럭 Good Night, and Good Luck〉(2005) 〈하얀 리본 The White Ribbon〉(2009) 등이다.

이 중 〈쉰들러 리스트〉와 〈아티스트〉가 작품상 수상의 영예를 차지한다.

▪ 스티븐 스필버그 Steven Spielberg와 콤비 제작자로 팀웍을 맞추고 있는 여성 프로듀서 캐스린 케네디 Kathleen Kennedy.

제84회 아카데미 기준으로 두 재능꾼은 아카데미 작품상 후보에 7작품을 동시에 진입시키는 성과를 거두고 있다.

스필버그의 작품상 후보 진출작은 〈이티 E.T. The

Extra-Terrestrial〉(1982) 〈칼라 퍼플 The Color Purple〉(1985) 〈쉰들러 리스트 Schindler's List〉(1993, 수상) 〈라이언 일병 구하기 Saving Private Ryan〉(1998) 〈뮌헨 Munich〉(2005) 〈이오지마에서 온 편지 Letters from Iwo Jima〉(2006)-감독은 클린트 이스트우드, 스필버그는 프로듀서로 참여-이다.

반면 케네디는 〈이티 E.T〉(1982)를 필두로 해서 〈칼라 퍼플 The Color Purple〉(1985) 〈식스 센스 The Sixth Sense〉(1999) 〈시비스킷 Seabiscuit〉(2003) 〈뮌헨 Munich〉(2005) 〈벤자민 버튼의 시간은 거꾸로 간다 The Curious Case of Benjamin Button〉(2008) 등이다.

▪ 우디 알렌 Woody Allen은 빌리 와일더 Billy Wilder에 이어 한 작품으로 감독과 각본상 동시 지명이라는 기록을 세운다.

〈미드나잇 인 파리 Midnight in Paris〉로 이같은 성과를 거둔다.

감독은 〈아티스트〉의 미셸 하자나비시어스 Michel Hazanavicius에게 넘겨주지만 각본상은 따낸다.

우디 알렌은 그동안 〈애니 홀 Annie Hall〉(1977) 〈인테리어 Interiors〉(1978) 〈브로드웨이 대니 로즈 Broadway Danny Rose〉(1984) 〈한나와 그 자매들 Hannah and Her Sisters〉 (1986)-각본상, 〈범죄와 비행 Crimes and Misdemeanors〉(1989) 〈브로드웨이를 쏴라 Bullets Over Broadway〉(1994) 등을 포함해 아카데미 부문 누적 후보 23개를 기록하고 있다.

▪ 각본상에 지명 받은 〈세퍼레이션 A Separation〉은 이란 지역에서 통용되는 파시 언어 Farsi-language로는 첫 번째 후보작이다.

LA 비평가협회 각본상을 수상한 〈세퍼레이션〉은 아카데미에서는 각본상에서는 실패했지만 외국어영화상 Best Foreign Language Film 수상작으로 선정된다.

▪ 빔 벤더스 감독의 〈피나 Pina〉는 장편 다큐멘터리 후보에 지명된 첫 번째 3D 영화이다.

영화는 작고한 발레리나 피나 부치 late choreographer Pina Bausch의 예술 열정을 다룬 작품이다.

제84회 아카데미에서 냉대를 받은 작품들과 영화인들

제84회 아카데미 후보작 발표 이후 할리우드 현지 영화 전문지들은 이구동성으로 '아카데미가 냉대를 보낸 9가지 사례'를 보도했다.

그 주요 내용은 다음과 같다.

▪ 〈밀레니엄 : 여자를 증오한 남자들 The Girl with the Dragon Tattoo〉의 작품상 탈락.

데이비드 핀처 감독의 〈밀레니엄...〉은 스웨덴 작가 스티그 라르손의 세계적 베스트셀러를 각색한 작품.

원작은 『다빈치 코드』와 『해리포터』의 특징을 융합시킨 미스테리 스릴러로 격찬을 보내 전세계 주요 50여개 나라에서 번역 출간되는 뜨거운 인기를 얻어냈다.

재벌 비리를 추적 보도하는 기자 미카엘(다니엘 크레이그).

미카엘은 어느 날 재벌 가문에서 행방불명된 손녀를 찾아 달라는 부탁을 받은 뒤 용 문신을 한 천재 해커 리스베트(루니 마라)를 조수로 채용한다.

이후 두 사람은 세상에 은둔해 있던 악의 실체들을 파헤쳐 간다.

〈세븐〉 〈파이트 클럽〉 〈벤자민 버튼의 시간은 거꾸로 간다〉 등으로 명성을 얻은 핀처 감독이 특유의 영상 테크닉을 발휘해 평단과 관객 모두를 만족 시켰지만 아카데미 작품상 명단에서는 제외 당한다.

영화 관계자들은 작품상 후보작 〈디센던트 The Descendants〉 〈헬프 The Help〉 〈미드나잇 인 파리 Midnight in Paris〉와 비교해서 전혀 밀리지 않는 작품이라는 안타까움을 보낸다.

▪ 스티브 맥퀸 감독의 〈셰임 Shame〉은 뉴욕에서 외형상 성공적인 일상을 보내고 있는 여피가 사실 섹스 중독증에 빠져 파멸적인 삶을 보내고 있다는 것을 고발해 큰 이슈를 만들어낸 작품.

마이클 파스벤더 Michael Fassbender가 외견상 성공적 모습과는 철저하게 다른 성에 탐닉하는 병든 남자의 모습을 열연했지만 남우상 명단에 선택되지 못한다.

〈셰임〉으로 LA 비평가 협회 남우상을 수상해 기대감을 받는다.

하지만 극중 올 누드를 마다하지 않고 쾌락 중독에 빠져 드는 형태를 열연한 것이 보수적인 아카데미 회원들에게는 '오 마이 갓 OMG'이라는 혐오감을 불러 일으킨 듯하다는 분석을 받는다.

▪ 클린트 이스트우드 감독과 레오나르도 디카프리오의 팀웍이 만들어낸 〈제이. 에드가 J. Edgar〉.

미국 최강 수사기관 FBI 창설자 J. 에드거 후버에 감추어진 일화를 다룬 전기 영화이다.

후버는 무려 48년이라는 최장수 정보기관의 수장으로 재직하면서 업적 못지않게 많은 추문의 흔적을 남긴 인물.

특히 게이였다는 것이 밝혀져 놀라움을 안겨주기도 했다.

레오나르도 디카프리오가 늙고 탐욕스런 후버 연기를 위해 두터운 분장을 마다하지 않는 열정을 드러냈지만 남우상 후보에도 끼여들지 못하는 냉대를 당하고 만다.

〈씽커 테일러 솔져 스파이 Tinker Tailor Soldier Spy〉의 게리 올드만 Gary Oldman, 〈베터 라이프 A Better Life〉의 데미안 비치르 Demian Bichir의 남우상 노미네이션 탈락도 아쉬움을 받은 사례가 된다.

▪ 〈케빈에 대하여 We Need to Talk About Kevin〉는 아들에게 지극 정성 사랑과 관심을 보내지만 반항적인 아들이 엇나가면서 고통 받는 모성애를 보여준 작품.

아들로 인해 심적 고통을 당하는 어머니 역을 열연한 틸다 스윈튼 Tilda Swinton은 '미국 전국 평론가 협회 The National Board of Review' 여우상을 수여 받는다.

하지만 아카데미 회원들은 마지막 남은 여우상 후보에 〈밀레니엄: 여자를 증오한 남자들 The Girl with the Dragon Tattoo〉의 루니 마라 Rooney Mara를 선택한다.

▪ 〈밀레니엄 : 여자를 증오한 남자들 The Girl with the Dragon Tattoo〉은 작품상 후보에서 제외된 것에서 그치지 않고 데이비드 핀처 David Fincher를 감독상 노미네이션 명단에서도 탈락시킨다.

핀처 감독은 〈벤자민 버튼의 시간은 거꾸로 간다 The Curious Case of Benjamin Button〉 〈쇼셜 네트워크 The Social Network〉로 감독상 후보에 추천 받은 전력이 있다.

제84회 감독상 후보 명단에서는 핀처 대신 〈트리 오브 라이프 The Tree of Life〉의 테렌스 말릭 Terrence Malick이 추천됐다고 알려진다.

▪ 10대 소년은 부친이 사다 준 말 조이와 인간과 동물을 뛰어 넘는 정을 나누게 된다.

조이가 1차 세계 대전 군마(軍馬)로 차출 당하자 말 조이를 되찾기 위해 소년은 군 입대를 감행한다.

소년과 말이 서로 인간끼리의 교분 보다 더 돈독한 정을 나누게 된다는 사연을 들려준 스티븐 스필버그의 〈워 호스 War Horse〉.

지구 소년과 외계인이 기성세대들의 온갖 편견과 방

해에도 불구하고 끈끈한 우정을 나눈다는 〈이티〉가 〈워 호스〉에서는 인간 소년과 동물 말로 대체돼 관객들에게 훈훈한 감동 드라마를 선사한다.

〈워 호스〉는 작품상 후보에는 진입했지만 정작 감독상에서는 탈락돼 84회까지 아카데미 트로피 3개를 간직하고 있던 장인 감독 스필버그의 체면이 약간 손상된다.

▪ 니콜라스 빈딩 레픈 감독의 〈드라이브 Drive〉. LA가 배경.

자동차 정비와 영화 촬영장 자동차 스턴트를 하고 있는 드라이버〈라이언 고슬링)

심야에는 범죄자들의 협력자로 일하면서 서서히 빠져 나올 수 없는 구렁으로 빠지게 된다.

극중 흉포한 범죄 집단 보스 버니로 출연하는 이는 알버트 브룩스 Albert Brooks. 감독, 배우, 시나리오 작가로 재능을 발휘하고 있다.

알버트 브룩스는 출연 분량을 많지 않지만 강력하고 성마른 검은 조직 세계 간부역을 열연, 국립비평가협회 the National Society of Film Critics, 뉴욕 비평가협회 the New York Film Critics Circle 조연 남우상을 따내는 성과를 거두었다.

〈브로드캐스트 뉴스 Broadcast News〉(1987)로 1988년 아카데미 조연 남우상 후보에 진입한 이후 무려 24년 만에 조연 남우상을 노렸지만 안타깝게도 후보 명단에서 조차 제외되는 낭패를 당하게 된다.

알버트가 탈락되고 〈엄청나게 시끄럽고 믿을 수 없게 가까운 Extremely Loud and Incredibly Close〉의 막스 폰 시도우 Max von Sydow가 선택됐다고 한다.

▪ 스티븐 스필버그 감독이 모션 캡쳐 애니메이션으로 의욕적으로 공개한 〈틴틴의 모험 The Adventures of Tintin〉.

벨기에 만화가 에르제의 대표작 만화 시리즈를 입체 애니메이션으로 각색한 것.

호기심 많은 소년이 세계 여행을 하면서 겪는 흥미진진한 모험담은 원작이 1929년 1월 발표된 이후 전 세계 아동들의 환대를 받아낸다.

골든 글로브 '장편 애니메이션상 Best Animated Feature Film'을 수상했지만 아카데미에서는 존 윌리암스가 작곡상 후보에 지명 되는 것으로 만족해야 했다.

▪ 애니메이션 〈노미오와 줄리엣 Gnomeo & Juliet〉에서는 엘튼 존, 테이트 테일러 감독, 엠마 스톤, 비올라 데이비스 주연의 〈헬프 The Help〉에서는 메리 J. 블라이지가 열창해 주는 노래들이 풍성한 사운드트랙이 되는데 막중한 역할을 한다.

팝 거물 엘튼 존 Elton John 그리고 힙합 뮤지션 겸 배우로 주가를 높이고 있는 메리 J. 블라이지 Mary J. Blige.

하지만 제84회 작곡상 혹은 주제가상 후보 명단에서 이들의 이름을 찾아볼 수가 없어 음악팬들의 원성을 불러일으킨다.

LA 영화 비평가 협회 주연 여우상, 윤정희 호명

한국 배우 윤정희가 이창동 감독의 〈시〉로 로스 엔젤레스 영화 비평가 협회(LAFCA) 주연 여우상을 수여 받는다.

LAFCA는 2012년 2월 11일(현지 시간) 제37회 영화상 수상자를 발표했다.

윤정희는 〈멜랑콜리아〉로 칸 영화제에서 주연 여우상을 수상한 할리우드 스타 커스틴 던스트를 제치고 수상을 차지해 더욱 뜻깊은 사연을 만들어낸다.

LAFCA는 2011년 김혜자가 〈마더〉로 주연 여우상을 수상해 한국 여배우가 2회 연속 수상이라는 진기록을 수립한다.

LAFCA는 작품상에는 조지 클루니의 〈더 디센던츠〉, 감독상은 〈트리 오브 라이프〉의 테렌스 말릭 감독, 주연 남우상은 〈데인저러스 메소드〉의 마이클 파스빈더가 영예를 가져간다.

1975년 출범한 LAFCA는 LA 지역 언론사에서 활동하는 전문 기자 및 비평가들의 친목 모임으로 매년 12월 투표로 수상자를 결정하고 있다.

LAFCA 여우주연상 외에 〈시〉는 미국 『시카고 트리뷴』 선정 '2011 최고의 영화 The Best Movie of 2011'로 추천 받았다.

『시카고 트리뷴』은 2011년 12월 18일 문화 섹션 1면과 6-7면 등 총3개 면에 걸쳐 2011 최고 영화 10편과 최악 영화 10편을 소개하면서 한국 영화 〈시〉를 최우수작으로 선정한 것이다.

『트리뷴』을 대표하는 영화 비평가 마이클 필립스는 '2011년 후보작들은 호소력 있는(compelling) 등장인물들을 내세운 스토리가 강한 작품(Telling tales)이 주류를 이루고 있으며 〈시〉는 '심금을 울려 주는 Heartbreaking' 영화로 평가했다.

2위는 브래드 피트 주연, 베넷 밀러 감독의 〈머니볼 Moneyball〉, 3위는 줄리엣 비노쉬 주연, 압바스 키아로스타미 감독의 프랑스 영화 〈사랑을 카피하다 Certified Copy〉, 4위는 조지 클루니 주연, 알렉산더 페인 감독의 코미디 〈더 디센던츠 The Descendants〉, 5위는 〈인터럽터스 The Interrupters〉, 〈공원 벤치의 남자와 매들린 Guy and Madeline on a Park Bench〉 〈세퍼레이션 A Separation〉, 〈트리 오브 라이프 The Tree of Life〉 〈팅커, 테일러, 솔저, 스파이 Tinker, Tailor, Soldier, Spy〉 〈위크엔드 Weekend〉가 탑 10 명단에 올랐다.

반면 잭 스나이더 감독, 에밀리 브라우닝 주연의 〈서커 펀치 Sucker Punch〉는 '2011 최악의 영화 The Best Movie of 2011'라는 오명을 듣는다.

수상식 후 이야기

수상식 전 최대 화제작 중 한 편은 마틴 스콜세즈 감독의 3D 〈휴고〉이다.

제84회 아카데미상에서 11개 부문 후보에 올라 최대 화제작이 된다.

한 가지 아쉬운 점은 연기상 부문에서는 모두 탈락되는 불운을 당했다.

〈휴고〉는 1930년대 파리를 무대로 고아 소년의 모험을 그린 판타지.

〈아바타〉 이후 몰아닥친 3D 물결에 따라 스콜세즈 감독도 입체 영화 제작 대열에 합류하면서 선보인 화제작이다.

1920년대 무성 영화의 전통을 살려낸 미첼 하자나비시어스 감독의 〈아티스트〉는 작품, 감독, 주연 남우 등 10개 부문 후보에 지명 받았다.

스티븐 스필버그 감독의 〈워 호스〉와 베넷 밀러 감독의 〈머니볼〉은 작품상을 포함해 각각 6개 부문 후보에 낙점 받는다.

진행자, 배우, 감독으로 주가를 높이고 있는 빌리 크리스탈이 진행을 맡아 미국 로스 엔젤레스 구 할리우드 코닥 극장에서 진행된 84회 아카데미는 '영화의 역사'를 테마로 해서 꾸며졌다.

총 9번의 시상식을 진행했던 빌리 크리스털은 2004년 이후 8년 만에 아카데미 시상식 사회자로 컴백해 풍성한 영화 이벤트를 안내한다.

최다 후보작인 〈아티스트〉와 〈휴고〉는 모두 20세기 초반 미국 영화가 풍경을 엿볼 수 있는 에피소드를 담아내 주목을 받게 된다.

메릴 스트립은 아카데미 역대 최다인 17번째 후보

에 올라 주, 조연 통상 3번째 트로피를 차지한다.

시상식에서는 급서한 팝 스타 휘트니 휴스턴의 업적을 추모하는 행사가 진행됐다.

수상 결과를 살펴보면 〈아바타〉 이후 3D 제작 추세가 득세를 하는 가운데 무성 흑백 영화 〈아티스트〉가 84회 아카데미를 독식하는 반란을 일으킨다.

프랑스 배우 장 뒤자르댕(Jean Dujardin)은 쟁쟁한 할리우드 배우들을 모두 따돌리고 주연 남우상 트로피를 차지한다.

아카데미 시상 이전부터 2011-2012년 거의 대부분의 시상식을 독식했던 〈아티스트〉는 무성 영화가 유행하던 1920년대 조지(장 뒤자르댕)는 출연 하는 영화마다 흥행을 기록하며 할리우드 최고 스타로 군림하지만 1927년 유성 영화가 등장하면서 입지가 급격히 좁아진다.

졸지에 퇴물 배우로 취급 받게 된 조지와 유성 영화계의 신예 페피는 운명적인 사랑을 나누게 된다.

〈아티스트〉는 소리, 대사가 전혀 없지만 영상 세계만의 품위와 예술성을 가득 담아 지구촌 흥행가의 갈채를 받아낸다.

제84회 아카데미 시상식은 3D 영화의 독주에 역행하는 듯 흑백 무성 영화가 황금 트로피를 차지하는 성원을 받게 된다.

할리우드에서는 무명에 가까운 미셸 하자나비시우스 감독의 〈아티스트〉는 휴먼 드라마를 표방한 거장 마틴 스콜세즈 감독의 3D 〈휴고〉를 거의 전부문에서 따돌리고 영예를 차지했다는 것이 눈길을 끌었다.

〈휴고〉는 예술성, 막대한 할리우드 자본력과 기술력이 융합됐지만 소리 없는 영화에 주요 부문상에서 모두 무릎을 꿇는 수모를 당한 것이다.

아카데미 영화제는 〈재즈 싱어〉로 유성 영화 시대가 도래한 2년 뒤인 1929년부터 시상 제도가 진행됐는데 80여년 뒤 무성 영화가 최첨단 3D를 제압하는 복고 바람이 몰아닥친 것이다.

〈아티스트〉는 사운드 영화 시대로 인해 영화계 주류 인사들이었던 무성 영화인들이 겪게 되는 상실감과 박탈감을 다뤄 관객들의 공감을 얻어낸다.

〈아티스트〉는 주연 남우상 부문에서 할리우드를 대표하는 〈디센던트〉의 조지 클루니와 〈머니 볼〉의 브래드 피트를 제압했다는 것이 이슈를 만들어낸다.

장 뒤자르댕은 칸 영화제, 골든 글로브에서 수상했지만 아카데미에서는 미국 배우들이 수상 경합을 벌일 것으로 예상됐다.

장 뒤자르댕은 'I love Your Country'라고 수상의 영예를 안겨준 미국인들에게 감사를 표시한다.

골든 글로브 시상식에서는 드라마 부문과 뮤지컬, 코미디 부문에서 조지 클루니와 주연 남우상을 나란히 수여 받았던 장은 아카데미에서는 숙적 클루니를 제치고 단독 수상해 84회 시상식에서 스포트라이트를 받게 된다.

〈아티스트〉는 2011년 칸 영화제를 필두로 해서 미국 방송 영화 비평가 협회(BFCA)가 진행한 '크리틱 초이스 어워드' 4관왕, 영국 아카데미 7관왕 등을 수상해 이미 다수의 수상이 예견된 바 있다.

84회 시상식에서는 미셸 하자나비시우스 감독의 흑백 무성 영화 〈아티스트〉가 작품, 감독, 주연남우, 의상, 작곡 등 5관왕을 차지한다.

주연 여우상은 〈철의 여인〉의 메릴 스트립이 차지했다.

〈비기너스〉의 크리스토퍼 플러머와 〈헬프〉의 옥타비아 스펜서는 조연 남녀상을 차지한다.

2012년 기준 82세인 크리스토퍼 플러머는 역대 아카데미 최고령 수상자로 등극 된다.

흥미로운 점은 84회 시상식 결과는 골든 글로브 시상식과 일치해 눈길을 끈다.

11개 부문에 후보로 올랐던 마틴 스코세즈 감독의 3D 〈휴고〉는 촬영, 시각효과, 미술, 음향편집상, 음향 등 2급상 5개를 차지하는데 그쳤다.

외국어 영화상은 이란 아쉬가르 파르하디 감독의 〈씨민과 나데르의 별거 A Seperation〉가 차지했다.

이 영화는 2011년 베를린 국제 영화제 금곰상, 골든 글로브 외국어 영화상 수상한 전력을 갖고 있다.

제 84회 아카데미 시상식 장소는 기존의 코닥 극장이라는 명칭 대신 '할리우드 & 하이랜드 센터'로 개명되면서 첫 번 째 대형 행사로 아카데미를 유치한다.

코닥 극장은 모기업 이스트먼 코닥이 파산되면서 새로운 이름을 붙인 것이다.

기존 코닥 극장 보유사인 CIM 그룹은 2012년 2월 15일 뉴욕 파산 법원의 결정에 따라 코닥이라는 이름을 삭제하기로 결정한 것으로 알려졌다.

2001년 11월 3,300석 규모로 개관된 코닥 극장은 2002년부터 아카데미 시상식을 진행해 왔다.

여우주연상의 메릴 스트립은 행사의 최대 스포츠라이트를 받았다.

영국의 여성 총리로 혁혁한 업적을 이룩했던 마가렛 대처 수상의 일대기를 극화한 〈철의 여인〉으로 주, 조연 포함해 3회 수상의 영예를 차지한다.

63살의 메릴 스트립은 신세대 배우들을 제치고 타의 추종을 불허하는 연기력으로 아카데미 꽃인 주연 여우상을 차지하게 된다.

〈철의 여인〉에서 메릴 스트립은 대처 전 총리를 완벽하게 연기했다는 평가를 받아낸다.

분장에서 부터 걸음걸이까지 대처가 되기 위해 철저하게 노력했던 후문이 전해졌다.

골든 글러브를 수상하며 아카데미 수상 가능성 0 순위로 언급됐던 그녀는 '다시는 상을 받지 못할 것 같기 때문에'라며 '30여 년 전 〈소피의 선택〉 때부터 호흡을 맞춘 스태프를 비롯해 오늘 수상하지 못한 여러 동료와 많은 오랜 영화계 친구들에게 감사 한다. 큰 영광이며 여러분 모두에게 감사드린다.'며 기쁨을 표시했다.

메릴 스트립은 〈크레이머 대 크레이머〉(1979)로 조연 여우상, 〈소피의 선택〉(1982)으로 주연 여우상을 받은 바 있다.

아카데미 통산 3회 수상과 함께 그녀는 17번 후보로 지명된 타의 추종을 불허하는 업적 보유자가 된다.

매부리 코에 날카로운 사각 턱이라는 한계를 극복하고 오직 연기력을 승부를 걸어 치열한 영화계에서 장수 인기를 누리고 있는 히로인이다.

기술상 분야를 석권한 마틴 스콜세즈 감독의 〈휴고〉는 공상 과학 장르 개척자 조르주 멜리에스 감독에 대한 오마주를 3D 기술에 담아 표현했다는 칭송을 듣는다.

제84회 2011 노미네이션, 수상자 총 리스트

작품상 Best Picture

* 〈아티스트 The Artist〉
〈디센던트 The Descendants〉
〈익스트림리 로드 앤 인크레드블리 클로즈 Extremely Loud and Incredibly Close〉
〈헬프 The Help〉
〈휴고 Hugo〉
〈미드나잇 인 파리 Midnight in Paris〉
〈머니볼 Moneyball〉
〈트리 오브 라이프 The Tree of Life〉
〈워 호스 War Horse〉

감독상 Best Director

* 미첼 하자나비시어스 Michel Hazanavicius-〈아티스트 The Artist〉
우디 알렌 Woody Allen-〈미드나잇 인 파리 Midnight in Paris〉
테렌스 말릭 Terrence Malick-〈트리 오브 라이프 The Tree of Life〉
알렉산더 페인 Alexander Payne-〈디센던트 The Descendants〉
마틴 스콜세즈 Martin Scorsese-〈휴고 Hugo〉

남우상 Best Actor

* 장 뒤자르댕 Jean Dujardin-〈아티스트 The Artist〉
데미안 비치르 Demián Bichir-〈베터 라이프 A Better Life〉
조지 클루니 George Clooney-〈디센던트 The Descendants〉
게리 올드만 Gary Oldman-〈싱커 테일러 솔져 스파이 Tinker Tailor Soldier Spy〉
브래드 피트 Brad Pitt-〈머니볼 Moneyball〉

여우상 Best Actress

* 메릴 스트립 Meryl Streep-〈철의 여인 The Iron Lady〉
글렌 클로즈 Glenn Close-〈알버트 놉스 Albert Nobbs〉
비올라 데이비스 Viola Davis-〈헬프 The Help〉
루니 마라 Rooney Mara-〈밀레니엄 : 여자를 증오한 남자들 The Girl with the Dragon Tattoo〉
미쉘 윌리암스 Michelle Williams-〈마릴린 먼로와 함께 한 일주일 My Week with Marilyn〉

조연 남우상 Best Supporting Actor

* 크리스토퍼 플러머 Christopher Plummer-〈비기너 Beginners〉
케네스 브래너 Kenneth Branagh-〈마릴린 몬로와 함께 한 일주일 My Week with Marilyn〉
조난 힐 Jonah Hill-〈머니볼 Moneyball〉
닉 놀테 Nick Nolte-〈워리어 Warrior〉
막스 폰 시도우 Max von Sydow-〈익스트림리 로드 앤 인크레드블리 클로즈 Extremely Loud and Incredibly Close〉

조연 여우상 Best Supporting Actress

* 옥타비아 스펜서 Octavia Spencer-〈헬프 The Help〉
베레니체 베조 Bérénice Bejo-〈아티스트 The Artist〉
제시카 채스테인 Jessica Chastain-〈헬프 The Help〉
멜리사 맥카시 Melissa McCarthy-〈브라이드메이드 Bridesmaids〉
자넷 맥티어 Janet McTeer-〈알버트 놉스 Albert Nobbs〉

각본상 Best Writing – Original Screenplay

* 〈미드나잇 인 파리 Midnight in Paris〉-우디 알렌 Woody Allen
〈아티스트 The Artist〉-미쉘 하자나비시어스 Michel Hazanavicius
〈브라이드메이즈 Bridesmaids〉-크리스텐 위그 Kristen Wiig
〈마진 콜 Margin Call〉- J. C. 챈도르 J.C. Chandor
〈세퍼레이션 A Separation〉-아시하르 파하디 Asghar Farhadi

각색상 Best Writing – Adapted Screenplay

* 〈디센던트 The Descendants〉-알렉산더 페인 Alexander Payne
〈휴고 Hugo〉-존 로간 John Logan
〈아이즈 오브 마치 The Ides of March〉-조지 클루니 George Clooney
〈머니볼 Moneyball〉-스티븐 자밀리안 Steven Zaillian
〈팅커 테일러 솔져 스파이 Tinker Tailor Soldier Spy〉-브리지트 오코너 Bridget O'Connor

장편 애니메이션상 Best Animated Feature

* 〈랭고 Rango〉-고어 버빈스키 Gore Verbinski
〈캣 인 파리 A Cat in Paris〉-알랑 개놀 Alain Gagnol
〈치코 앤 리타 Chico and Rita〉-페르난도 트루에바 Fernando Trueba
〈쿵푸 팬더 2 Kung Fu Panda 2〉-제니퍼 유 넬슨 Jennifer Yuh Nelson
〈장화 신은 고양이 Puss in Boots〉-크리스 밀러 Chris Miller

외국어 영화상 Best Foreign Language Film

* 〈세퍼레이션 A Separation〉(이란)
〈불헤드 Bullhead〉(벨기에)

〈풋노트 Footnote〉(이스라엘)
〈인 다크니스 In Darkness〉(폴란드)
〈라자르 씨 Monsieur Lazhar〉(캐나다)

장편 다큐멘터리상 Best DocumentaryFeature

* 〈언디피티드 Undefeated〉-T. J. 마틴 T J Martin
〈헬 앤 백 어게인 Hell and Back Again〉-단퐁 데니스 Danfung Dennis
〈이프 어 트리 폴 If a Tree Falls: A Story of the Earth Liberation Front〉-마샬 커리 Marshall Curry
〈파라다이스 로스트 3 Paradise Lost 3: Purgatory〉-조 버링거 Joe Berlinger
〈피나 Pina〉-빔 벤더스 Wim Wenders

단편 다큐멘터리상
Best DocumentaryShort Subject

* 〈세이빙 페이스 Saving Face〉-다니엘 전지 Daniel Junge
〈버밍햄 이발사 The Barber of Birmingham: Foot Soldier of the Civil Rights Movement〉-로빈 프라이데이 Robin Fryday
〈갓 이즈 더 비거 엘비스 God Is the Bigger Elvis〉-레베카 카미사 Rebecca Cammisa
〈인시던트 인 뉴 바그다드 Incident in New Baghdad〉-제임스 스피오네 James Spione
〈쓰나미 앤 체리 브로점 The Tsunami and the Cherry Blossom〉-루시 워커 Lucy Walker

단편 라이브 액션상 Best Live Action Short Film

* 〈쇼어 The Shore〉-테리 조지 Terry George
〈펜테코스트 Pentecost〉-피터 맥도날드 Peter McDonald
〈라주 Raju〉-막스 자헤 Max Zähle
〈타임 프릭 Time Freak〉-앤드류 보울러 Andrew Bowler
〈투바 아틀란틱 Tuba Atlantic〉-홀바르 위조 Hallvar Witzø

단편 애니메이션상 Best Animated Short Film

* 〈모리스 레스모어의 환상적인 책 여행 The Fantastic Flying Books of Mr. Morris Lessmore〉-윌리암 조이스 William Joyce
〈디만체 Dimanche〉-패트릭 도욘 Patrick Doyon
〈라 루나 La Luna〉-엔리코 카사로사 Enrico Casarosa
〈모닝 스트롤 A Morning Stroll〉-그란트 오차드 Grant Orchard
〈와일드 라이프 Wild Life〉-아만다 포비스 Amanda Forbis

작곡상 Best Original Score

* 〈아티스트 The Artist〉-루도빅 보세 Ludovic Bource
〈틴틴의 모험 The Adventures of Tintin〉-존 윌리암스 John Williams
〈휴고 Hugo〉-하워드 쇼어 Howard Shore
〈팅커 테일러 솔저 스파이 Tinker Tailor Soldier Spy〉-알베르토 이글레시아스 Alberto Iglesias
〈워 호스 War Horse〉-존 윌리암스 John Williams

주제가상 Best Original Song

* 'Man or Muppet'-〈머펫 The Muppets〉-브렛 맥켄지 Bret McKenzie
'Real in Rio'-〈리오 Rio〉, 세르지오 멘데스 Sérgio Mendes

사운드 편집상 Best Sound Editing

* 〈휴고 Hugo〉-필립 스톡튼 Philip Stockton
〈드라이브 Drive〉-론 벤더 Lon Bender
〈밀레니엄 : 여자를 증오한 남자들 The Girl with the Dragon Tattoo〉-렌 클리세 Ren Klyce
〈트랜스포머 3 Transformers: Dark of the Moon〉-에단 반 더 린 Ethan Van der Ryn
〈워 호스 War Horse〉-리차드 하임스 Richard Hymns

사운드 믹싱상 Best Sound Mixing

* 〈휴고 Hugo〉-탐 프레치맨 Tom Fleischman

〈밀레니엄 : 여자를 증오한 남자들 The Girl with the Dragon Tattoo〉-데이비드 파커 David Parker
〈머니볼 Moneyball〉-뎁 아데어 Deb Adair
〈트랜스포머 3 Transformers: Dark of the Moon〉-그레그 P. 러셀 Greg P. Russell
〈워 호스 War Horse〉-게리 리디스트롬 Gary Rydstrom

미술 감독상 Best Art Direction

* 〈휴고 Hugo〉-단테 페레티 Dante Ferretti
〈아티스트 The Artist〉-로렌스 베네트 Laurence Bennett
〈해리 포터: 죽음의 성물 2 Harry Potter and the Deathly Hallows - Part 2〉-스튜어트 크레이그 Stuart Craig
〈미드나잇 인 파리 Midnight in Paris〉-앤 세이벨 Anne Seibel
〈워 호스 War Horse〉-릭 카터 Rick Carter

촬영상 Best Cinematography

* 〈휴고 Hugo〉-로버트 리차드슨 Robert Richardson
〈아티스트 The Artist〉-길라움 쉬프만 Guillaume Schiffman
〈밀레니엄 : 여자를 증오한 남자들 The Girl With the Dragon Tattoo〉-제프 크로네웨스 Jeff Cronenweth
〈트리 오브 라이프 The Tree of Life〉-엠마누엘 루베즈키 Emmanuel Lubezki
〈워 호스 War Horse〉-야누스 카민스키 Janusz Kamiński

메이크업상 Best Makeup

* 〈철의 여인 The Iron Lady〉-마크 쿠리에 Mark Coulier
〈알버트 놉스 Albert Nobbs〉-마샬 코네빌 Martial Corneville
〈해리 포터: 죽음의 성물 2 Harry Potter and the Deathly Hallows - Part 2〉-닉 더드맨 Nick Dudman

의상 디자인상 Best Costume Design

* 〈아티스트 The Artist〉-마크 브리지스 Mark Bridges
〈무명 Anonymous〉-리지 크리스틀 Lisy Christl
〈휴고 Hugo〉-샌디 파웰 Sandy Powell
〈제인 에어 Jane Eyre〉-마이클 오코너 Michael O'Connor
〈W.E〉-아드리안 필립스 Arianne Phillips

필름 편집상 Best Film Editing

* 〈밀레니엄 : 여자를 증오한 남자들 The Girl with the Dragon Tattoo〉- 앙거스 월 Angus Wall
〈아티스트 The Artist〉-앤-소피 비온 Anne-Sophie Bion
〈디센던트 The Descendants〉-케빈 텐트 Kevin Tent
〈휴고 Hugo〉-델마 스쿤메이커 Thelma Schoonmaker
〈머니볼 Moneyball〉-크리스토퍼 텔레프센 Christopher Tellefsen

시각 효과상 Best Visual Effects

* 〈휴고 Hugo〉-롭 레가토 Rob Legato
〈해리 포터: 죽음의 성물 2 Harry Potter and the Deathly Hallows - Part 2〉-팀 버크 Tim Burke
〈리얼 스틸 Real Steel〉-에릭 내시 Erik Nash
〈혹성 탈출 Rise of the Planet of the Apes〉-조 레테리 Joe Letteri
〈트랜스포머 3 Transformers: Dark of the Moon〉-스코트 파라 Scott Farrar

최다 후보작 및 수상작

〈휴고 Hugo〉-11개 부문 후보
〈아티스트 The Artist〉〈휴고 Hugo〉-각 5개 부문 수상

아카데미 명예상 Academy Honorary Award

* 제임스 얼 존스 James Earl Jones
* 딕 스미스 Dick Smith

진 허숄트 박애주의상
Jean Hersholt Humanitarian Award

* 오프라 윈프리 Oprah Winfrey

〈아티스트〉와 함께 5관왕 동률 수상을 기록한 마틴 스콜세즈 감독의 〈휴고〉. © Paramount Pictures, GK Films.

대만 이 안 감독 <라이프 오브 파이>, 감독 등 4개 석권

시상식 : 2013년 2월 24일 6:00 PM
장　소 : L A 돌비 극장 Dolby Theatre Hollywood, Los Angeles, California, U.S.
사　회 : 세스 맥파랜드 Seth MacFarlane, ABC 중계

제85회 아카데미 공식 포스터. © A.M.P.A.S/
Oscars.org.

스티븐 스필버그 감독의 정치 전기물 〈링컨〉, 12 부문 후보

제85회 아카데미 시상식을 앞두고 최종 후보작의 면면이 2013년 1월 10일 캘리포니아 사무엘 골드윈 극장 the Samuel Goldwyn Theater in Beverly Hills, California에서 세스 맥파레인 Seth MacFarlane, 여배우 엠마 스톤 Emma Stone에 의해 발표된다.

후보작 중 〈링컨 Lincoln〉이 12개 최다 후보작, 이어 〈라이프 오브 파이 Life of Pi〉가 11개로 차석 후보작이 된다.

〈링컨〉은 스티븐 스필버그가 감독상을 수여 받으면 〈라이언 일병 구하기〉 〈쉰들러 리스트〉로 총 3회 감독상 수상 타이틀을 차지할지 관심을 얻어낸다.

아카데미 역대 최연소 또는 최고령 여우상이 탄생할지 모른다는 기대감도 받는다.

〈아무르〉의 엠마누엘 리바는 84세, 〈비스트〉의 쿠벤자네 왈리스는 9살로 역대 최고령, 최연소 여우상 후보가 됐다.

엠마누엘 리바는 2012년 칸 영화제 황금종려상 수상작 〈아무르〉에서 정신과 육체가 같이 무너져 가는 80대 노파가 죽음을 앞두고 펼쳐내는 인생 마지막 사랑을 열연해 갈채를 받아낸 바 있다.

리바는 〈히로시마 내 사랑〉(1959)에서 일본인 건축가와 국경을 초월한 사랑을 나누는 히로인 역으로 유럽 최고 여배우 자리를 차지한 원로 배우.

〈아무르〉에서 몸이 굳어가고 언어 능력까지 잃어버리는 노파 역을 열연해 프로 연기자다운 면모를 드러낸다.

쿠벤자네 왈리스는 〈비스트〉가 데뷔작.

늪지 마을에서 아버지와 함께 사는 호기심 많은 소녀 허쉬파피 역을 맡았다. 5살 때 4,000대 1의 경쟁자를 물리치고 캐스팅돼 6살 때 영화를 촬영했다는 후문. 이 작품으로 2012년 25회 시카고비평가협회상 유망연기상을 받은 바 있다.

한국인 최초 아카데미 수상자가 지명 받을지도 행사에 대한 관심을 부추긴 요소가 된다.

단편 애니메이션상 후보로 지명된 〈아담과 개 Adam and Dog〉는 한국의 이민규가 감독을 맡고 있다.

제 85회 아카데미 시상식은 2012년에 미국 극장가에서 공개된 우수 작품에 대해 24개 부문에 걸쳐 수상작(자)를 선정 발표한다.

〈라이프 오브 파이〉가 감독상을 비롯해 4개 부문 최다 수상작의 영예를 차지한다.

〈아르고〉는 작품상을 포함해 3개 트로피를 차지한다. 감독상에 지명되지 못하고 작품상을 수상한 4번째 작품으로 등록된다.

미국 전역으로 방송된 아카데미 시상식은 4,000만 명이 시청 more than 40 million viewers in the United States한 것으로 집계된다.

역경에 굴복하지 않는 인간 의지 담은 〈라이프 오브 파이〉

'그렇게 오랜 시간 동안 바다에서 표류하고 살아남은 사람은 거의 없다. 더욱이 다 큰 벵갈 호랑이와 함께 하면서…Very few castaways can claim to have survived so long at sea, and none in the company of an adult Bengal tiger'

'망망대해에서 조난당한 청년, 구조 받을 수 없는 절망적 상황, 철저하게 낙오된 상태에서 예상치 못한 또 다른 생존자가 있었으니, 그것은 사나운 벵갈 호랑이, 그 후 인간과 동물이 살아남기 위한 협조와 갈등을 벌이게 된다는 판타지 모험극'-『버라이어티』

스페인 태생으로 캐나다에서 작품 활동을 하는 작가 얀 마텔 Yann Martel.

바다 한가운데서 표류하게 된 소년과 사나운 호랑이의 예기치 않은 동거 생활에서 오는 여러 환상적 사연을 다룬 소설 『라이프 오브 파이 Life of Pi』.

영국의 권위 있는 문학상인 맨 부커 the Man Booker을 수여 받으면서 마텔을 국제적 명성을 듣게 되는 1급 작가로 부상시켜 준다.

캐나다 거주 인도인 파이 파텔.

인도 폰티체리 동물원을 근거지로 해서 유년기를 보내게 된다.

부친이 운영하던 동물원이 적자에 허덕이자 파이 가족은 주요 동물들을 선박에 싣고 캐나다로 향하다 난파된다.

극적으로 살아난 파이와 벵골 호랑만 리차드 파커만이 생존하게 된다.

이 후 좁은 구명선 위에서 치열하게 신경전을 벌이면서 생존해 가는 인간과 포악한 호랑이.

극적으로 멕시코 해안에 도착한 파이.

리차드 파커도 해안에 도착하자 곧바로 숲으로 사라진다.

'좁은 구명선에서 227일 동안 벵골 호랑이와 생존했다는 인도 소년 실화를 컴퓨터 그래픽을 가미시킨 모험극으로 공개한다.

영화 공개 이후 할리우드 현지 영화 전문 매체에서는 '10대 소년이 바다 한가운데에서 동물과 생존하는 과정은 신은 존재하는가라는 질문을 던져 주고 있다. 여기에 인간과 동물이 동시에 갖고 있는 생존 본능, 16살 소년이 역경에도 불구하고 적극적인 의지력을 앞세워 불운한 운명을 파괴시켜 긍정적인 변화를 시도하는 것 등은 종교에서 내세우고 있는 삶을 성찰할 수 있는 여지를 제공하고 있다'는 호평을 쏟아 놓는다.

난해한 내용으로 인해 알폰소 쿠아론, M. 나이트 샤말란 등이 연출을 거부해 결국 대만 출신 이 안에게 메가폰이 낙착되는 곡절을 겪었다는 후문.

이 안 감독은 '제목에서 언급되고 있는 파이는 끝없이 지속된다는 숫자이여서 그 결말을 정확하게 알 수 없다는 미지의 대상이다. 영화 속 주인공이 드넓은 바다에서 나름대로의 신념이나 믿음을 갖고 여행을 지속하는 과정을 상징하는 단어라고 볼 수 있다. 고요하다가도 폭풍우가 몰아치면 제어할 수 없이 거칠어지는 바다는 인간이 합리적 판단력을 갖고 제어를 하려는 대상이기도 하다. 극중 10대 소년이 호기심과 좌절하지 않는 열정을 갖고 자신에게 다가오는 온갖 고난을 적극적으로 극복해 나간다는 설정은 인간이 품게 되는 믿음의 위대성을 깨닫게 해 주는 인물이여서 큰 흥미를 느꼈다'는 연출 후일담을 밝힌다.

『할리우드 리포터』는 '〈라이프 오브 파이〉에서 사나운 존재인 호랑이 리차드 파커는 파이에게 죽음을 압박하는 엄청난 적인 동시에 고난에 찬 인생에게 격려와 자극을 제공하는 스승 같은 존재라는 이중적 의미를 갖고 있다. 이 때문에 이 영화는 엄청난 자연의 힘이 연약한 인간에게 한 단계 한 단계 성장해 나갈 수 있는 지침을 선사해 주고 있다는 힌트를 주고 있는 작품이다'는 리뷰를 게재해 영화 애호가들의 공감을 얻어낸다.

영화 제작을 내세운 인질 구출 작전 〈아르고〉

'1979년. 할리우드 프로듀서 SF 영화 제작이라는 명문을 내세워 이란 테헤란에 도착, 즉시 CIA 요원들이 현지에 인질로 잡혀 있는 6명의 무고한 인질들을 구출해 낸다는 영화 같은 이야기'-『엔터테인먼트 위클리』

'역사는 해학으로 시작해 비극으로 끝나지!'-레스터 시겔(알란 아킨)

'모든 인질들은 무사히 구출되었고 이로써 미국은

국가로서의 자존심을 지킬 수 있었다'-토니 멘데스(벤 애플렉)

〈아르고 Argo〉는 할리우드 미남 배우 벤 애플렉이 감독 겸 주연을 맡아 공개한 실화를 바탕으로 한 스릴러극.

1979년 11월 4일. 주 이란 미국 대사관이 현지 시위대원들에 점령당하고 6명의 외교관 및 직원들이 인근 캐나다 대사관으로 피신한다.

무려 444일 동안의 피신 생활.

CIA는 '캐나다 인질 작전 Operation Canadian Caper'을 통해 이들을 무사히 구출해 낸다.

이 사건은 작가 토니 멘데즈 Tony Mendez가 『변장의 달인 The Master of Disguise』으로 출간했고 조슈아 베어맨 Joshuah Bearman은 잡지 『와이어드 the Wired Magazine』를 통해 '위대한 탈출 The Great Escape'이라는 르포 기사를 보도한다.

두 가지 원전을 기초로 해서 크리스 테리오 Chris Terrio가 시나리오로 구성한다.

극중 CIA 구출 전문 요원 토니 멘데스(벤 에플렉)는 아들이 관람하고 있던 영화 〈혹성 탈출〉에서 아이디어를 얻어 가상의 SF 영화 〈아르고〉를 촬영한다는 구실을 내세워 로케이션을 위해 테헤란에 합법적으로 입국한다.

이후 영화 촬영을 내세워 기발한 인질 구출 작전을 성사시킨다.

영화 공개 후 실제와 다르게 묘사된 몇 가지가 지적당한다.

가장 핵심적 오류는 인질 구출 작전이 CIA 요원 토니가 주도한 것으로 되어 있지만 '캐나다 현지 대사 켄 테일러의 역할을 지대했다'고 밝혀진다.

사건 당시 미국 대통령 지미 카터도 CNN 인터뷰를 통해 '영화적 상상력은 인정하지만 사실 작전 계획 및 실행에서 캐나다현지 대사관과 대사의 헌신적 노력이 컸다'는 의견을 밝힌다.

당사자인 테일러 대사도 '캐나다 대사관으로 피신한 인질의 생명과 보호를 책임진 것은 우리였으며 CIA와 작전 파트너로 협력했었다'는 후일담을 공개한다.

하지만 구성 내용 중 미국 인질들이 '영국과 뉴질랜드 현지 대사관의 거부로 캐나다로 피신할 수밖에 없었다는 설정은 것은 거짓이며 인질들 탈출에 적극적인 지원을 아끼지 않았다'면서 영화 공개 후 감독 벤 애플렉에 대해 강력한 항의를 보내는 후유증을 야기시킨다.

벤 애플렉은 '인질들이 겪는 심리적 위험성을 부각시키기 위한 픽션'이라고 변명했지만 영화 공개 후 '실화를 바탕으로 한 영화에서는 있을 수 없는 사실 왜곡'이라는 비판이 제기 된다.

'아르고 작전'의 실체는 30여 년 동안 국가 기밀서류로 외부 노출이 금지됐다가 빌 클린턴 정부에서 비밀 해제가 되면서 그 실체가 전모가 외부로 공개됐다고 한다.

사랑의 상처를 갖고 있는 남녀의 사랑 맺기 사연 〈실버 라이닝 플레이북〉

'세상은 일요일이 올 때 까지 우리의 마음을 상처 입힌다. 각각의 사람 마음 속 광기가 이유일지도 모르지만 그래도, 일요일이 기다려 진다'-팻 솔리타노(브래들리 쿠퍼)

'내 안에 추한 마음이 있지만 난 그걸 좋아해요! 다른 내 마음만큼이나! 당신은 인정할 수 있어요? 받아들일 수 있어요? 할 수 있어요?'-티파니(제니퍼 로렌스)

'누군가 손을 내밀려 할 때 마음을 알아채는 것이 중

요해. 내민 손을 잡아주지 않는 것은 죄악이고, 평생 후회하게 될 거야! 지금 여기 이 순간에 찾아오는 인생의 큰 변화와 마주해야 돼. 티파니는 널 사랑하고 있고, 니키는 널 사랑하지 않아. 분명히 말하는데 망치지 마라' - 팻 아버지(로버트 드 니로)

'아내의 외도 충격으로 정신 치료소에 수감된 전직 교사, 남편의 죽음 이후 외로움에서 벗어나기 위해 도발적인 연예에 나선 여성이 쌓아가는 이색 로맨스 극' - 『버라이어티』

로맨스 코미디로 흥행가를 강타했던 〈실버 라이닝 플레이북 Silver Linings Playbook〉.

궁금증을 자극시키는 것이 제목 'Silver Linings Playbook'.

'Silver Lining'은 구름 뒤로 햇빛이 가려져 있게 되면 구름 주변에 은색 선이 형성된다. 이런 모양에 대해 서구인들은 '희망' '계획한 것에 대한 성취'를 뜻하는 것으로 받아들이고 있다.

'Playbook'은 영화를 스토리를 담은 각본 혹은 스포츠 팀의 공격과 수비를 일러스트로 만든 작전 가이드북을 지칭하는 것으로 알려졌다.

소심한 학교 선생 팻(브래들리 쿠퍼).

아내가 자신의 학교 동료와 불륜 관계라는 것을 알고 폭행을 가해 아내로부터 접근금지처분을 당한다.

이런 소동으로 급기야 정신 치료를 받게 되면서 팻의 삶의 궤도는 급전직하로 추락하게 된다.

한편 팻은 친구 로니(존 오르티즈)의 집에 방문했다가 로니의 처제 티파니(제니퍼 로렌스)를 만나게 된다.

티파니는 대뜸 팻에게 자신과 섹스해도 상관없다는 도발적인 말을 건넨다.

이에 팻은 반지를 내보이며 완곡하게 거절한다.

팻은 티파니가 남편이 죽은 충격으로 불특정 남자와 섹스를 통해 정신적 갈등을 위로하고 있다는 것을 알게 된다.

반면 티파니도 팻이 아내 때문에 정신적 상흔을 갖고 있다는 것을 알게 된다.

티파니의 권유로 댄스 대회를 준비하면서 사랑의 감정이 파괴된 중년 남자와 애정 감정 과다 분출의 적극적인 20대 여성은 새로운 사랑을 맺어 나간다.

흥미로운 에피소드 하나.

극중 팻이 바람피우게 되는 조강지처 니키(브리 비)와 결혼식을 할 때 축가로 흘러나오는 노래가 스티비 원더의 'My Cherie Amour'.

그런데 이 노래를 니키가 외도를 할 때 틀어 놓았다는 사실을 알게 된 뒤 팻은 이 노래를 들으면 정신적 공황 상태에 빠지게 된다.

이런 설정 때문에 영화 음악 애호가들에게 스티비 원더의 팝 명곡 'My Cherie Amour'가 재차 애청 받는 기회를 제공하게 된다.

한편 영화 소재는 매튜 퀵 Matthew Quick의 동명 소설.

데이비드 O. 러셀 David O. Russell이 각색과 연출을 맡아 공개한다.

데이비드 감독은 '원작 소설은 정통 로맨스 코미디와는 틀을 달리하는 소재를 담고 있다'고 밝히면서 '사랑에 대한 깊은 상처를 갖고 있는 두 남녀 주인공들이 교제를 해 나가면서 서로 내면 깊숙이 자리 잡고 있었던 정신적 상처를 치유하면서 심리적 성장을 한다는 것이 큰 차별점이다' 라고 밝혀 영화 애호가들의 관심을 더욱 끌어낸 요소가 된다.

제니퍼 로렌스도 피해 가지 못한 오스카 저주?

第70회 골든 글로브 여우상에 이어 〈실버 라이닝 플레이북〉에서 남편을 잃은 뒤 통제불능의 성적 행동을 자행하는 젊은 미망인 티파니 역으로 85회 아카데미 여우상을 따낸 제니퍼 로렌스.

제니퍼는 〈엑스맨 : 퍼스트 클래스〉 출연을 계기로 연인 관계를 맺어 왔던 니콜라스 홀트 Nicholas Hoult와 결별, 할리우드 연예가 호사가들은 '오스카 트로피의 저주'라는 쑤군거림을 보낸다.

'오스카의 저주'는 아카데미 시상식에서 여우상을 수상한 여배우들은 연인과 결별하게 된다는 징크스를 지칭.

할리우드 여배우 편당 2,000만 달러 시대를 선도한 〈에린 브로코비치〉의 줄리아 로버츠를 필두로 해서 〈블라인드 사이드〉의 산드라 블록, 〈몬스터 볼〉의 할 베리, 〈더 리더? 책 읽어주는 남자〉의 케이트 윈슬렛, 〈밀러언 달러 베이비〉의 힐러리 스웽크 등이 모두 아카데미 연기상을 수상한 뒤 연인과 결별하는 가십의 주인공이 된 것.

할리우드 연예 전문 매체에서는 '여배우들이 부(거액의 출연료)와 명성(아카데미 수상 배우)을 모두 얻게 되면 커플을 이루고 있었던 남자 연예인들이 의기소침이나 패배 의식(?)까지 초래해 남남으로 헤어지게 되는 요소가 되고 있다는 진단을 제기하고 있다.

허스키한 목소리와 성적인 매력을 물씬 풍겨주는 눈동자가 매력 포인트로 지적되고 있는 히로인이 제니퍼 로렌스.

다행히 제니퍼는 실연의 아픔에서 곧바로 벗어나 동료 연기자 쿠미 마로니 Cooke Maroney와 2019년 10월 19일 전격 결혼을 발표해 현재까지 잉꼬 커플로 지내고 있는 중이다.

수상식 후 이야기

'85회 아카데미 수상작은 그 어느 해 보다 미국 정치권의 영향을 받은 흔적을 남겼다' -『할리우드 리포터』

할리우드 리포터의 진단을 입증시키려는 듯 85회 아카데미 작품상 후보작은 여류 감독 캐스린 비겔로우의 〈제로 다크 서티〉는 2001. 9. 11 테러 배후 인물로 미국 정보 당국의 지명 수배를 받고 있던 빈 라덴 암살 작전을 다루고 있다.

클린트 이스트우드에 이어 배우 출신 감독으로 실력을 발휘하고 있는 벤 애플렉의 3번째 연출작 〈아르고〉는 이란 테헤란을 배경으로 현지에 억류됐던 미국인 인질 구출 작전을 다루고 있는 정치성 소재 영화.

스티븐 스필버그의 〈링컨〉은 제목에서 짐작할 수 있듯이 노예 해방을 주도했던 미국 16대 대통령 에이브라함 링컨의 업적을 극화한 정치인 전기 영화.

쿠엔틴 타란티노의 〈장고: 분노의 추격자〉도 서부극을 표방하고 있지만 그 속내는 미국 정치, 사회의 최대 문제점이었던 흑인 노예 학대 문제를 다루고 있으며 장대한 뮤지컬 영화 〈레 미제라블〉도 프랑스 정치 항쟁을 다루고 있다.

작품상 시상자로 비록 영상 출연이라는 것을 택했지만 퍼스트 레이디 미쉘 오바마를 등장시킨 것도 친(親) 민주당 성향을 보이고 있는 할리우드가 2012년 버락 오바마의 대선 승리를 자축하는 깜짝 행사라는 해석도 제기됐다.

제85회 아카데미 시상식의 대미를 장식한 작품상은 마침내 벤 애플렉 감독, 주연의 〈아르고〉가 차지한다.

눈길을 끈 것은 작품상 시상자로 노익장 배우 잭 니콜슨 Jack Nicholson과 대통령 영부인 미쉘 오바마 Michelle Obama는 영상 화면으로 간접 출연해서 축제 분위기를 고조 시켰다.

'지금으로부터 15년 전인 1998년 이 무대에 섰을 때는 아무 생각이 없었다. 정말 어렸다. 그러다 다시 수상을 위해 이 자리에 서 있을 줄은 전혀 상상도 못했다'

감독 겸 주연을 맡은 〈아르고〉로 85회 아카데미 화룡점정인 최고 영예 작품상에 호명 받은 벤 애플렉은 만감이 교차하는 모습을 보인다.

벤은 1998년 패기만만한 영화 청년으로 동료 맷 데이먼과 공동 각본을 쓰고 출연했던 〈굿 윌 헌팅 Good Will Hunting〉(1997)으로 아카데미 각본상을 수상한 것을 반추한 것이다.

애플렉은 오스카 트로피를 치켜들고 목소리 톤을 높여 '당신이 인생에서 어떻게 실패했는지가 중요한 게 아니다. 가장 중요한 건 당신이 어떻게 일어나느냐는 것이다'는 소감을 밝힌다.

이러한 발언에는 자신이 겪는 영화 인생 부침(浮沈)에 대한 사연이 담겨 있는 것이었다.

〈굿 윌 헌팅〉으로 화려한 출발을 했던 애플렉은 〈아마겟돈〉(1998)으로 흥행 배우 선두 주자로 위세를 드러낸다.

하지만 2000년대 들어서 출연한 〈진주 만〉 〈데어데블〉 〈페이첵〉 〈저지 걸〉 등이 줄줄이 흥행 참패를 한다.

자존심 강한 그에게 일격을 가한 것은 출연작마다 최악의 영화와 배우에게 주는 악명 높은 상인 골드 라즈베리 상 후보에 번번히 지명 받아 조롱의 대상이 된 것.

절치부심했던 애플렉은 2006년 〈할리우드 랜드〉로 베니스 남우상, 2007년 〈곤 베이비 곤〉으로 감독 데뷔를 선언하면서 재기를 모색한다.

그의 행보를 지켜 본 영화 동료 맷 데이먼은 '애플렉은 블록버스터의 연속 흥행 실패로 심한 상실감을 느꼈으며 〈곤 베이비 곤〉 이후에도 배역 제안이 들어오지 않자 〈아르고〉에서는 감독 겸 배우로 출연한 것'이라는 후일담을 털어 놓는다.

〈아르고〉는 아카데미 전초전인 골든 글로브를 비롯해 영국 아카데미 등에서 작품상을 연속 거머쥔다.

하지만 정작 아카데미에서는 감독상에서 제외돼 논란을 불러일으킨다.

애플렉이 수상 소감에서 '악감정을 품으면 안 된다'는 발언을 한 것을 두고 '감독상에서 제외 시켰던 아카데미 회원을 지칭한 것이라는 풀이를 받았다.

대망의 감독상은 〈라이프 오브 파이〉의 대만 출신 이 안이 차지한다. 이 안 감독은 78회 아카데미 어워드에서 〈브로크백 마운틴〉으로 감독상, 2001년 〈와호장룡〉으로 외국어영화상을 수상한 경력이 있어 아시아 출신 최초로 아카데미 3연패라는 위업을 달성하게 된다.

〈라이프 오브 파이〉는 감독상을 비롯해 촬영, 시각효과, 작곡 등 4개 트로피를 가져갔다.

시상식 부문에서 가장 많은 주목을 받고 있는 여우상은 데이비드 O. 러셀 감독의 〈실버 라이닝 플레이북〉의 제니퍼 로렌스가 〈아모르〉의 엠마누엘 리바, 〈임파서블〉의 나오미 왓츠를 제치고 영광의 수상자로 호명된다.

남우상은 아브라함 링컨의 전기 영화 〈링컨〉에서 정치 지도자 링컨 역을 열연한 다니엘 데이 루이스가 차지한다.

대배우 메릴 스트립으로부터 트로피를 건네받은 다니엘은 '이런 일이 일어나다니! 나는 생각했던 것 보다 운이 매우 좋은 사람'이라는 수상 소감을 밝힌다.

다니엘은 〈나의 왼발 My Left Foot: The Story of Christy Brown〉(1989) 〈데어 윌 비 블러드 There Will Be Blood〉(2007)에 이어 남우상 3연패를 달성, 21세기 할리우드 최고의 남자 배우임을 입증시킨다.

조연 여우상 수상자 앤 해서웨이의 이색 일화가 밝혀져 아카데미 축제 이슈를 추가시킨다.

사연을 거슬러 올라가면 이렇다.

1987년 5살 소녀.

미국 필라델피아에서 뮤지컬 배우 활동했던 모친 케이트 맥커리 해서웨이 Kate McCauley Hathaway가 연기하는 〈레 미제라블〉 속 비련의 여인 팡틴 Fantine을 지켜보면서 어린 나이에도 불구하고 어머니의 뒤를 이어 연기자를 꿈꾸게 된다.

그로부터 26년 후.

31세가 된 앤 해서웨이는 탐 후퍼 감독의 뮤지컬 영화 〈레 미제라블〉에서 모친에 이어 팡틴 연기를 통해 조연 여우상을 따내는 위업을 이룩한 것이다.

앤은 〈레 미제라블〉 팡틴 역으로 이미 골든 글로브, 미국 배우조합 시상식, 영국 아카데미 시상식에서 조연 여우상을 석권한 바 있다.

성격파 남우 크리스토퍼 플러머로부터 조연상 트로피를 건네받은 앤은 '여기까지 오는 데는 수많은 영화인들의 도움이 있었다.'면서 같이 공연했던 장발장 역의 휴 잭맨을 향해 '당신은 정말 최고의 연기자'라는 찬사를 보낸다.

1999-2000년 방영된 폭스 TV 드라마 〈겟 리얼 Get Real〉의 메간 그린 역으로 연예계에 데뷔한 앤은 〈프린세스 다이어리 The Princess Diaries〉(2001)에서 공주로 신분 출세를 하게 되는 샌 프란시스코의 여고생 미아 역을 통해 청춘 스타 대열에 합류한다.

〈브로크백 마운틴 Brokeback Mountain〉(2005)에서 잭(제이크 질렌할)과 친교를 나누는 누린 뉴썸 역, 〈악마는 프라다를 입는다 The Devil Wears Prada〉(2006)에서 까탈스런 패션 잡지 편집장 메릴 스트립에게 사회 초년생에서 서서히 당당하게 자기주장을 내세우는 앤디 역, 〈다크 나이트 라이즈〉(2012)의 셀리나 역 등 다양한 장르에서 연기 영역을 확장시키고 있는 중이다.

해서웨이는 〈레 미제라블〉을 통해 홀로 딸을 키우느라 거리에서 몸까지 파는 극빈자 팡틴역을 위해 11kg를 감량하는 독한 모습도 보인다.

모친 케이트는 딸의 연기를 보고 '앤의 팡틴 연기는 완벽했다. 나도 딸만큼 배역에 몰입하지 못했다. 배우로서 팡틴이란 인물을 다시한번 살펴보게 됐다'는 소감을 밝힌다.

조연 남우상은 〈장고: 분노의 추적자〉의 크리스토프 왈츠가 차지한다.

이 날 행사장에서는 유명 배우와 가수들이 뮤지컬 및 음악 영화 주제곡을 열창해 주어 흥겨운 영화 축제의 밤이 되는데 혁혁한 공헌을 한다.

축하 공연 무대 중 사만사 바크 Samantha Barks, 사차 바론 코헨 Sacha Baron Cohen, 헬레나 본햄 카터 Helena Bonham Carter, 러셀 크로우 Russell Crowe, 앤 해서웨이 Anne Hathaway, 휴 잭맨 Hugh Jackman, 에디 레드메인 Eddie Redmayne, 아만다 사이프리드 Amanda Seyfried, 아론 트베이트 Aaron Tveit 등이 〈레 미제라블〉 주제곡 'Suddenly' 'One Day More'을 열창해 주어 객석의 환호성을 불러일으킨다.

영국 가수 아델 Adele은 2012-2013 시즌 가장 많은 애청을 받은 007 〈스카이폴〉 주제곡 'Skyfall'을 불러 주었는데 이 곡은 주제가상을 수여 받아 아델의 인기 지수를 재확인시켜 준다.

재즈 가수 노라 존스 Norah Jones는 〈테드 Ted〉 주제곡 'Everybody Needs a Best Friend', 캐서린 제타 존스 Catherine Zeta-Jones는 자신이 출연했던 뮤지컬 영화 〈시카고〉 주제곡 'All That Jazz', 셜리 베시 Shirley Bassey는 007 제임스 본드 50주년 기념을 기념해 'Goldfinger'를 각각 열창해 주어 행사장 축제 분위기를 고조시켜 준다.

제85회 2012 노미네이션, 수상자 총 리스트

작품상 Best Picture

* 〈아르고 Argo〉
〈아무르 Amour〉
〈비스트 Beasts of the Southern Wild〉
〈장고: 분노의 추적자 Django Unchained〉
〈레 미제라블 Les Misérables〉

〈라이프 오브 파이 Life of Pi〉
〈링컨 Lincoln〉
〈실버 라이닝 플레이북 Silver Linings Playbook〉
〈제로 다크 서티 Zero Dark Thirty〉

감독상 Best Director

* 이 안 Ang Lee-〈라이프 오브 파이 Life of Pi〉
마이클 하네케 Michael Haneke-〈아무르 Amour〉
벤 자이트린 Benh Zeitlin-〈비스트 Beasts of the Southern Wild〉
스티븐 스필버그 Steven Spielberg-〈링컨 Lincoln〉
데이비드 O. 러셀 David O. Russell-〈실버 라이닝 플레이북 Silver Linings Playbook〉

남우상 Best Actor

* 다니엘 데이-루이스 Daniel Day-Lewis-〈링컨 Lincoln〉
브래들리 쿠퍼 Bradley Cooper-〈실버 라이닝 플레이북 Silver Linings Playbook〉
휴 잭맨 Hugh Jackman-〈레 미제라블 Les Misérables〉
조아킨 피닉스 Joaquin Phoenix-〈마스터 The Master〉
덴젤 워싱톤 Denzel Washington-〈플라이트 Flight〉

여우상 Best Actress

* 제니퍼 로렌스 Jennifer Lawrence-〈실버 라이닝 플레이북 Silver Linings Playbook〉
제시카 차스테인 Jessica Chastain-〈제로 다크 서티 Zero Dark Thirty〉
엠마누엘 리바 Emmanuelle Riva-〈아무르 Amour〉
쿠벤자네 왈리스 Quvenzhané Wallis-〈비스트 Beasts of the Southern Wild〉
나오미 왓츠 Naomi Watts-〈임파서블 The Impossible〉

조연 남우상 Best Supporting Actor

* 크리스토퍼 왈츠 Christoph Waltz-〈장고: 분노의 저격자 Django Unchained〉
알란 아킨 Alan Arkin-〈아르고 Argo〉
로버트 드 니로 Robert De Niro-〈실버 라이닝 플레이북 Silver Linings Playbook〉
필립 세이무어 호프만 Philip Seymour Hoffman-〈마스터 The Master〉
토미 리 존스 Tommy Lee Jones-〈링컨 Lincoln〉

조연 여우상 Best Supporting Actress

* 앤 해서웨이 Anne Hathaway-〈레 미제라블 Les Misérables〉
에이미 아담스 Amy Adams-〈마스터 The Master〉
샐리 필드 Sally Field-〈링컨 Lincoln〉
헬렌 헌트 Helen Hunt-〈세션 The Sessions〉
재키 위버 Jacki Weaver-〈실버 라이닝 플레이북 Silver Linings Playbook〉

각본상 Best Original Screenplay

* 〈장고: 분노의 저격자 Django Unchained〉-쿠엔틴 타란티노 Quentin Tarantin
〈아무르 Amour〉-미카엘 하네케 Michael Haneke
〈플라이트 Flight〉-존 가탱 John Gatins
〈문라이즈 킹덤 Moonrise Kingdom〉-웨스 앤더슨 Wes Anderson
〈제로 다크 서티 Zero Dark Thirty〉-마크 보울 Mark Boal

각색상 Best Adapted Screenplay

* 〈아르고 Argo〉-크리스 테리오 Chris Terrio
〈비스트 Beasts of the Southern Wild〉-루시 앨리바 Lucy Alibar
〈라이프 오브 파이 Life of Pi〉-데이비드 매기 David Magee
〈링컨 Lincoln〉-토니 쿠시너 Tony Kushner
〈실버 라이닝 플레이북 Silver Linings Playbook〉-데이비드 O. 러셀 David O. Russell

장편 애니메이션상 Best Animated Feature Film

* 〈브레이브 Brave〉-마크 앤드류스 Mark Andrews
〈프랑켄위니 Frankenweenie〉-팀 버튼 Tim Burton

〈파라노만 ParaNorman〉-샘 펠 Sam Fell
〈해적! The Pirates! Band of Misfits〉-피터 로드 Peter Lord
〈렉-잇 랄프 Wreck-It Ralph〉-리치 무어 Rich Moore

외국어 영화상 Best Foreign Language Film

* 〈아무르 Amour〉(오스트리아)
〈콘-티키 Kon-Tiki〉(노르웨이)
〈노 No〉(칠레)
〈로얄 어페어 A Royal Affair〉(덴마크)
〈전쟁 마녀 War Witch〉(캐나다)

장편 다큐멘터리상 Best Documentary-Feature

* 〈서칭 포 슈가 맨 Searching for Sugar Man〉-말릭 벤데로울 Malik Bendjelloul
〈부서진 카메라 Broken Cameras〉-에마드 버냇 Emad Burnat
〈게이트기퍼 The Gatekeepers〉-드로르 모레 Dror Moreh
〈대역병에서 생존하는 방법 How to Survive a Plague〉-데이비드 프랑스 David France
〈투명 전쟁 The Invisible War〉-커비 딕 Kirby Dick

단편 다큐멘터리상
Best Documentary-Short Subject

* 〈이노슨트 Inocente〉-숀 파인 Sean Fine
〈킹 포인트 Kings Point〉-사리 길맨 Sari Gilman
〈몬데이 엣 라신 Mondays at Racine〉-신시아 웨이드 Cynthia Wade
〈오픈 하트 Open Heart〉-키에프 데이비드슨 Kief Davidson
〈리뎀션 Redemption〉-존 알퍼트 Jon Alpert

라이브 액션 단편 영화상
Best Live Action Short Film

* 〈커페우 Curfew〉-숀 크리스텐센 Shawn Christensen
〈아사드 Asad〉-브라이언 버클리 Bryan Buckley
〈부즈카시 보이 Buzkashi Boys〉-샘 프렌치 Sam French
〈죽음의 그림자 Death of a Shadow/ Dood Van Een Schaduw〉-탐 반 애버맷 Tom Van Avermaet
〈헨리 Henry〉-얀 잉글랜드 Yan England

단편 애니메이션상 Best Animated Short Film

* 〈페이퍼맨 Paperman〉-존 카스 John Kahrs
〈아담과 개 Adam and Dog〉-이 민규 Minkyu Lee
〈프레시 구아카몰 Fresh Guacamole〉-PES
〈헤드 오버 힐즈 Head over Heels〉-티모시 렉카트 Timothy Reckart
〈롱기스트 데이케어 The Longest Daycare〉-데이비드 실버맨 David Silverman

작곡상 Best Original Score

* 〈라이프 오브 파이 Life of Pi〉-마이클 댄나 Mychael Danna
〈안나 카레리나 Anna Karenina〉-다리오 마리안넬리 Dario Marianelli
〈아르고 Argo〉-알렉산드르 데스플랏 Alexandre Desplat
〈링컨 Lincoln〉-존 윌리암스 John Williams
〈스카이폴 Skyfall〉-토마스 뉴먼 Thomas Newman

주제가상 Best Original Song

* 'Skyfall', 〈스카이폴 Skyfall〉-아델 아드킨스 Adele Adkins
'Before My Time', 〈체이싱 아이스 Chasing Ice〉-J. 랄프 J. Ralph
'Everybody Needs a Best Friend', 〈테드 Ted〉-월터 머피 Walter Murphy
'Pi's Lullaby', 〈라이프 오브 파이 Life of Pi〉-마이클 다나 Mychael Danna
'Suddenly', 〈레 미제라블 Les Misérables〉-클로드-미쉘 숀버그 Claude-Michel Schönberg

사운드 편집상 Best Sound Editing

* 〈스카이폴 Skyfall〉-퍼 홀버그 Per Hallberg

〈제로 다크 서티 Zero Dark Thirty〉-폴 N. J. 오토손 Paul N. J. Ottosson
〈아르고 Argo〉-에릭 아달 Erik Aadahl
〈장고: 분노의 추격자 Django Unchained〉-와일리 스테이트맨 Wylie Stateman
〈라이프 오브 파이 Life of Pi〉-유진 기어티 Eugene Gearty

사운드 믹싱상 Best Sound Mixing

*〈레 미제라블 Les Misérables〉-앤디 넬슨 Andy Nelson
〈아르고 Argo〉-존 T. 레이츠 John T. Reitz
〈라이프 오브 파이 Life of Pi〉-론 바트렛 Ron Bartlett
〈링컨 Lincoln〉-앤디 넬슨 Andy Nelson
〈스카이폴 Skyfall〉-스코트 밀란 Scott Millan

프러덕션 디자인상 Best Production Design

*〈링컨 Lincoln〉-릭 카터 Rick Carter
〈안나 카레리나 Anna Karenina〉-사라 그린우드 Sarah Greenwood
〈호빗 The Hobbit: An Unexpected Journey〉-댄 헨나 Dan Hennah
〈레 미제라블 Les Misérables〉-이브 스튜워트 Eve Stewart
〈라이프 오브 파이 Life of Pi〉-데이비드 그롭맨 David Gropman

촬영상 Best Cinematography

*〈라이프 오브 파이 Life of Pi〉-끌로디오 미란다 Claudio Miranda
〈안나 카레니나 Anna Karenina〉-시머스 맥가베이 Seamus McGarvey
〈장고: 분노의 추격자 Django Unchained〉-로버트 리차드슨 Robert Richardson
〈링컨 Lincoln〉-야누스 카민스키 Janusz Kamiński
〈스카이폴 Skyfall〉-로저 디킨스 Roger Deakins

메이크업 & 헤어스타일링상 Best Makeup and Hairstyling

*〈레 미제라블 Les Misérables〉-라이자 웨스트코트 Lisa Westcott
〈히치콕 Hitchcock〉-하워드 버거 Howard Berger
〈호빗 The Hobbit: An Unexpected Journey〉-피터 스워드 킹 Peter Swords King

의상 디자인상 Best Costume Design

*〈안나 카레니나 Anna Karenina〉-재클린 두란 Jacqueline Durran
〈레 미제라블 Les Misérables〉-파코 델가도 Paco Delgado
〈링컨 Lincoln〉-조안나 존스톤 Joanna Johnston
〈백설 공주 Mirror Mirror〉-에이코 이시오카 Eiko Ishioka(사후 지명 posthumous nomination)
〈백설 공주와 사냥꾼 Snow White and the Huntsman〉-콜린 아트우드 Colleen Atwood

필름 편집상 Best Film Editing

*〈아르고 Argo〉-윌리암 골덴버그 William Goldenberg
〈라이프 오브 파이 Life of Pi〉-팀 스퀴레스 Tim Squyres
〈링컨 Lincoln〉-마이클 칸 Michael Kahn
〈실버 라이닝 플레이북 Silver Linings Playbook〉-제이 캐시디 Jay Cassidy
〈제로 다크 서티 Zero Dark Thirty〉-딜란 니체노 Dylan Tichenor

시각 효과상 Best Visual Effects

*〈라이프 오브 파이 Life of Pi〉-빌 웨스텐호퍼 Bill Westenhofer
〈호빗 The Hobbit: An Unexpected Journey〉-조 레터리 Joe Letteri
〈마블 더 어벤져스 Marvel's The Avengers〉-야넥 시르스 Janek Sirrs
〈프로메테우스 Prometheus〉-리차드 스태머스 Richard Stammers
〈백설 공주와 사냥꾼 Snow White and the Huntsman〉-세드릭 니콜라스-트로얀 Cedric Nicolas-Troyan

최다 후보작 및 수상작

〈링컨 Lincoln〉-12개 부문 후보

〈라이프 오브 파이 Life of Pi〉-4개 부문 수상

아카데미 명예상 Academy Honorary Award

* 할 니드햄 Hal Needham
* D. A. 페니베이커 D. A. Pennebaker
* 조지 스티븐스 주니어 George Stevens Jr

진 허숄트 박애주의상
Jean Hersholt Humanitarian Award

* 제프리 카첸버그 Jeffrey Katzenberg

아카데미 시상 규칙 변경

* '미술 감독상 Academy Award for Best Art Direction' 명칭이 '프러덕션 디자인상 Academy Award for Best Production Design'으로 변경
* '메이크업상 Academy Award for Best Makeup' 이 '메이크업 & 헤어스타일링상 Academy Award for Best Makeup and Hairstyling'으로 변경된다.
* 전자 투표 시스템 도입 Introduction of electronic voting system

2012년 1월 아카데미 행사를 주관하는 'AMPAS'는 2013년 행사 부터 전자 투표 시스템 electronic voting system을 통해 후보작 및 수상작을 선정한다고 발표. 디지털 투표 방식 실행 the implementation of the digital ballot으로 회원들이 투표가 보다 적극적으로 이뤄질 것으로 전망된다.

<노예 12년>, 흑인 감독 연출작, 첫 작품상 영예

제86회 아카데미 시상식은 2013년 미국 시장에서 개봉된 우수 작품을 대상으로 24개 부문에서 수상작(자)를 선정한다.

여배우 엘렌 드제너리스가 79회에 이어 2번째로 진행자로 낙점된다.

제86회 최종 본심 후보작 명단은 2014년 1월 16일 사무엘 골드윈 극장에서 아카데미 협회 회장 세릴 분 아이작 Cheryl Boone Isaacs, president of the Academy과 배우 크리스 헴스워스 Chris Hemsworth에 의해 발표된다.

<아메리칸 허슬 American Hustle> <그래비티 Gravity>가 각각 10개 부문에 지명 받는 최다 후보작으로 거명된다.

<노예 12년>이 작품상을 따내 최고 명성을 차지하게 된다.

<그래비티>는 알폰소 쿠아론이 감독 등 7개로 최다 수상작이 된다.

이어 <달라스 바이어스 클럽 Dallas Buyers Club> <겨울 왕국> <위대한 개츠비> <블루 재스민> <그레이트 뷰티> <헬리움> <허> <레이디 인 넘버 6> 등이 주요 부문 수상작으로 지명 받는다.

전 미국으로 중계된 시상식은 4,400만 명 44 million viewers in the United States이 시청, 72회 아카데미 이후 최대 시청률을 기록하게 된다.

시상식 : 2014년 3월 2일 6:00 PM
장　소 : L A 돌비 극장 Dolby Theatre Hollywood, Los Angeles, California, U.S.
사　회 : 엘렌 드제너리스 Ellen DeGeneres, ABC 중계

제86회 아카데미 공식 포스터. © A.M.P.A.S/ Osc

한스 짐머가 선율로 위로해준 〈노예 12년〉

'나는 7번을 도망쳤지만 7번 모두 주민의 신고로 노예주에게 붙잡혔다' -솔로몬 노섭(치웨텔 에지오포)

'살아남고 싶은 게 아니야, 살고 싶은 거지' -솔로몬 노섭(치웨텔 에지오포)

'저는 노예가 맞을 수도 있고 아닐 수도 있습니다' -솔로몬 노섭(치웨텔 에지오포)

'노예 해방 운동을 촉발시킨 남북 전쟁 발발 이전. 뉴욕에서 자유로운 음악가 생활을 하던 흑인 남자가 납치되어 흑인 노예로 12년을 살게 된 기구한 사연' -『버라이어티』

흑인 음악가의 노예 전락 수난사 〈노예 12년〉. 한스 짐머가 사운드트랙을 들려주고 있다. © Columbia Records.

1840년대. 노예 수입이 금지 되자 흑인 납치 사건이 새로운 문젯거리로 등장한다.

노예 제도를 점차적으로 해체시키는 주(州) 흑인을 납치해 아직도 노예제도를 시행하고 있는 남쪽 주(州)로 팔아넘기는 노예 상인들이 더욱 기승을 부리게 된 것.

1841년 뉴욕. 흑인 음악가 솔로몬 노섭(치웨텔 에지오포).

어느 날 납치되어 혹독한 노예 제도를 실행하는 루이지애나 주로 이송된다.

이때부터 노예 플랫으로 전락해 12년 동안 윌리암 포드(베네딕트 컴버배치)와 에드윈 엡스(마이클 패스벤더)라는 2명의 백인 주인을 모시게 된다.

음악가에서 졸지로 노예로 전락해 12년의 혹독한 삶을 살게 된 솔로몬 노섭 Solomon Northup.

체험한 실화 『12년 노예 Twelve Years a Slave』를 스티브 맥퀸 감독이 개인 역사 전기 드라마로 공개한다. 각색은 존 리들리 John Ridley.

흑인이라는 이유만으로 납치돼 혹독한 노예 생활을 하는 솔로몬 역은 〈솔트〉 〈2012〉 등의 조역으로 얼굴을 알린 치웨텔 에지오포가 맡고 있다.

그는 혹독한 인권 유린과 극한 노역에 시달리게 되지만 억울한 굴레에서 벗어나겠다는 의지를 펼쳐 주어 심금을 울려주는 연기력을 선사했다는 찬사를 얻어낸다.

솔로몬을 대하는 극과 극을 오가는 인물 중 윌리암 포드역은 드라마 〈셜록〉 시리즈와 〈호빗: 스마우그의 폐허〉로 스타덤에 오른 중견 배우 베네딕트 컴버배치가 맡고 있다.

그는 노예 솔로몬을 대하면서 '미국 사람들이 농장 나가보니까 못하는 게 없다, 오렌지도 만들고 목화도 만들고 담배도 만들고 못하는 것이 없는데! 왜? 흑인 노예 해방은 못한다는 것 입니까?' 라고 노예제 폐지를 적극 주장하는 인물이다.

반면 〈엑스맨: 퍼스트 클래스〉 〈프로메테우스〉 〈셰임〉 〈제인 에어〉 등으로 성격파 배우로 대접 받고 있는 마이클 패스벤더는 솔로몬 노섭의 두 번째 주인이자 루이지애나의 악명 높은 농장주 에드윈 엡스 역으로 출연하고 있다.

그는 '미개한 니그로 주제에, 안 돼 안 보내 줘. 보낼 생각 없어. 빨리 염전에 돌아가!'라며 솔로몬에게 끊임없는 노역을 시키는 잔혹한 백인 주인의 모습을 펼쳐주고 있다.

솔로몬은 강제 노역에 시달리면서 '나는 목숨 줄이 붙어 있는 것을 원하는 것이 아냐, 살고 싶은 것이지'라며 탈출하겠다는 불굴의 의지를 드러낸다.

마침내 탈출한 뒤 솔로몬은 '이렇게 나타나서 정말 미안하오, 하지만 난 정말 힘들었어요, 지난 몇 년 동안'이라며 가족과 만감에 서려 있는 재회의 기쁨을 나누게 된다.

솔로몬은 '영혼은 무슨 색상일까?'라며 단지 흑인이라는 이유로 자신이 부당하게 억압 받아야 했던 처지를 자책, 악명 높은 흑인 노예 제도가 남긴 상흔을 반추하게 만들어 준다.

〈노예 12년〉의 감동을 부추겨 준 빠트릴 수 없는 요소가 바로 사운드트랙.

영화 음악 거장 한스 짐머는 웅장한 현악 리듬과 재능 있는 1급 아티스트들을 초빙해서 다채로운 배경 음악을 선사하고 있다.

트랙 중 솔로몬 노섭의 테마 리듬 'Solomon'을 필두로 해서 조물주에 대해 자신의 억울함을 토로하는 장면의 배경곡인 'My Lord Sunshine', 마침내 자유의 몸이 됐을 때 상황을 노래하는 'What Does Freedom Mean (To a Free Man)' 등을 통해 '흑인 남자가 겪는 애환과 억압적 환경에서 탈출하고자 하는 인간의 의지를 들려주어 '솔로몬 노섭의 기상천외한 실화 이야기 The extraordinary true story of Solomon Northup'라는 선전 문구의 깊은 의미를 일깨워 주고 있다.

❖ Track Listing

1. Devil's Dream/ Tim Fain
2. Roll Jordan Roll/ John Legend
3. Freight Train/ Gary Clark Jr
4. Yarney's Waltz/ Tim Fain & Caitlin Sullivan
5. Driva Man/ Alabama Shakes
6. My Lord Sunshine (Sunrise)/ David Hughey & Roosevelt Credit
7. Move/ John Legend, feat. Fink
8. Washington/ Hans Zimmer
9. (In the Evening) When the Sun Goes Down/ Gary Clark Jr
10. Queen of the Field (Patsey's Song)/ Alicia Keys
11. Solomon/ Hans Zimmer
12. Little Girl Blue/ Laura Mvula
13. Misery Chain/ Chris Cornell, feat. Joy Williams
14. Roll Jordan Roll/ Topsy Chapman, feat. Chiwetel Ejiofor
15. Money Musk/ Tim Fain
16. What Does Freedom Mean (To a Free Man)/ Cody ChesnuTT

망망 우주 공간에 버려진 우주인들의 생존 투쟁 〈그래비티〉

'자식을 잃은 것보다 큰 슬픔은 없지. 하지만 가기로 했으면 계속 가야해. 두발로 딱 버티고 서서 살아가는 거야'-매트(조지 클루니)

어떻게 되든 결과는 두 가지 입니다. 하나는 제가 불에 타 죽던지 아니면 무사히 도착해 신나는 여행담을 얘기해 줄지, 어느 쪽이든 밑져야 본전이다! 어쨌든 엄청난 여행이 될 거야, 난 준비 됐어'-라이언 스톤 박사(산드라 블록)

'고립무원의 광활한 우주 공간, 사고로 허공을 떠돌게 된 2명의 우주인들의 살아남기 위한 사투'-『버라이어티』

허블 우주 망원경 수리를 위해 우주로 파견된 2명의 우주인.

망망대해 허공에서 인공위성 파편에 부딪혀 허공에 떠돌게 된 상태.

도움의 손길이라고는 티끌 하나 찾을 수 없는 공간.

살아서 지구로 다시 귀환하기 위한 힘겨운 사투가 펼쳐진다.

알폰소 쿠아론 감독은 '딸을 잃고 삶의 의미를 상실했던 라이온 박사. 외로운 죽음을 상징하는 우주에서 미아(迷兒)가 된 뒤 생의 애착을 통해 난관을 극복하고 극적인 귀환을 하는 과정은 아무리 힘겨운 현실 속의 삶도 멀리 도망쳐서 보면 소중하고 아름답다는 우리네 인생의 가치를 일깨워 주는 메시지다'라고 연출 의도를 밝혀 공감을 받아낸다.

『할리우드 리포터』는 '〈그래비티〉는 삶의 애착을 잃어버린 여류 우주인이 죽음, 단절을 뜻하는 우주 공간에 갇힌 뒤 아픔과 슬픔이 혼재되어 있는 지구(현실)의 일상이 지독하게 아름답고 가치가 있다는 것을 깨우쳐 주는 철학적인 작품'이라는 평점을 내려 준다.

FBI, 사기꾼 커플 내세워 범죄 소탕에 나서다 〈아메리칸 허슬〉

FBI 수사관과 사기꾼들이 의기투합해서 벌이는 범죄 소탕 해프닝 〈아메리칸 허슬〉. © Legacy Recordings.

'사람은 사기를 쳐서 목적을 이루는 존재야. 자신에게 사기를 치기도 해. 필요 없는 걸 가지고도 필요한 것처럼 포장하지. 그럼 불편한 진실도 합리화할 수 있거든. 명심해 둬. 우린 어떤 식으로든 자신에게 사기를 쳐. 고된 인생을 살아내려고'-어빙 로젠펠드(크리스찬 베일)

'사기꾼 커플을 내세워 범죄 소탕 작전에 나선 FBI. 돌출 행동을 자행한 이들 커플로 인해 수사 작전은 마피아, 정치인까지 확대되면서 펼쳐지는 속고 속이는 범죄극'-『버라이어티』

'모든 사람들은 살아남으려고 애쓴다 Everyone Hustles To Survive'는 선전 문구를 내걸고 공개된 〈아메리칸 허슬 American Hustle〉.

〈실버 라이딩 플레이북 Silver Linings Playbook〉(2012) 〈쓰리 킹즈 Three Kings〉(1999) 등을 통해 흥행 감독 반열에 올랐던 데이비드 O. 러셀 David O. Russell이 감독과 에릭 워렌 싱어 Eric Warren Singer와 공동 각본까지 맡아 재능을 발휘한 작품이다.

『뉴스위크』는 '범죄 퇴치를 위해 FBI 수사 요원과 희대의 사기꾼들이 의기투합한다는 설정부터 흥미를 자극시키고 있는 재치 넘치는 작품'이라는 칭송을 보냈다.

러셀 감독은 '거짓말 vs 정직, 우정 vs 갈등, 사랑 vs 불륜, 착한 사람 vs 악한 등 등장인물과 사건 설정을 곳곳에서 대립시켜 사기꾼들이 서로를 치열하게 속이면서 발생하는 예측 불허 범죄극을 선보이고 싶었다'는 연출 의도를 드러낸다.

감독은 1970년대 미국 사회를 들썩이게 만들었던 사기 전과범 멜빈 와이버그가 FBI가 시도한 함정 수사에 적극 협조해 다수의 범죄 사건과 상원 및 하원 의원까지도 검거하게 했다는 실화에다 추가적인 가상의 에피소드를 첨부시켜 대본을 완성 시켰다고 알려져 관객들의 호기심을 자극시킨다.

등장인물 중 어빙 로젠펠드(크리스찬 베일)는 어려서부터 사기 기질로 주변을 떠들썩하게 만든 인물.

대부업으로 부당한 돈을 끌어 모으다 FBI 요원 리치 다마소에게 회유 당해 FBI가 전개하는 함정 수사 해결사로 합류하게 된다.

시드니 프로서(에이미 애덤스)는 잡지『코스모폴리탄』직원으로 일하다 어빙을 만나 사기 행각에 동참하게 된다.

카마인 폴리토(제레미 레너)는 뉴 저지 주 시장.

카지노 사업을 하기 위해 투자처를 찾던 중 어빙과 리치의 마수에 걸려든다.

사기꾼 어빙에게 진심을 갖고 대해 주어 어빙은 점차 양심의 가책을 느끼게 된다.

FBI 요원 리치 디마소(브래들리 쿠퍼)는 어빙과 시드니를 체포한 뒤 이들을 적극 활용해 사기 전과자 소탕 작전에 나선다.

의욕이 앞서다 보니 잡범 사기꾼 체포 작전이 본의 아니게 미국 국회의원과 뉴저지 시장 여기에 마피아 단원까지 수사 선상에 올리면서 곤혹스런 상황에 빠지게 된다.

극중 사기에 일가견이 있는 어빙과 시드니는 리치에게 뒤통수 사기를 당하게 된다.

카마인도 사기를 당해 결국 징역형을 당하게 된다.

어빙은 은행에서 합법적인 대출을 받아서 자신의 포부였던 갤러리를 개관해서 이제 거짓 없는 삶을 살아가겠다고 다짐한다.

감독은 어빙을 대사를 통해 '〈아메리칸 허슬〉에서 제시된 생존의 기술은 결코 종결되지 않는 이야기'라는 결론을 제시해 주고 있다.

〈아메리칸 허슬〉의 흥행 포인트를 높여준 것 중 배경 음악도 빠트릴 수 없다.

영화 초반 어빙, 시드니, 디마소가 호기스러운 태도로 호텔로 걸어 들어가는 장면에서 흘러 나오는 경쾌한 배경 곡은 스틸리 댄의 'Dirty Work'. 이들이 계획하는 사기 행각을 예고시켜 주는 노래 역할을 해내고 있다.

이어 부부 동반으로 저녁 식사를 한 어빙과 카마인이 흥에 취해서 탐 존스가 히트시킨 팝 명곡 'Deliah'를 열창해 주고 있다.

이 노래는 '거인 삼손을 배신하는 미녀 데릴라'의 사연을 가사에 담은 노래.

결국 카마인을 이용하는 어빙의 행각을 예고시켜 주는 노래라는 풀이를 받았다.

이어 영화 예고편 배경 음악으로는 레드 제플린의 'Good Times Bad Times'이 선곡되고 있다.

어빙의 조강지처 로잘린 로젠펠드(제니퍼 로렌스)가 집안 청소를 하면서 흥에 겨워 춤을 추면서 불러주는 노래는 폴 맥카트니가 취입했던 007 주제가 'Live and Let Die' 이다.

어빙과 사기 동료이자 불륜 관계를 맺게 되는 시드니 프로서(에이미 애덤스)의 관계를 맺어 주는 곡으로 엘라 피츠제랄드의 'It's De-Lovely'가 흘러 나오고 있다.

이어 어빙이 이제 착하게 살겠다고 다짐하는 라스트 장면의 배경 음악으로 E.L.O의 '10538 Overture'가 사용되고 있다.

❖ Track Listing

1. Dirty Work/ Steely Dan
2. A Horse With No Name/ America
3. 10538 Overture/ Electric Light Orchestra
4. I've Got Your Number/ Jack Jones
5. White Rabbit/ Mayssa Karaa

6. I Feel Love/ Donna Summer
7. Don't Leave Me This Way/ Harold Melvin & The Blue Notes
8. Delilah/ Tom Jones

❖ Disc 2: American Hustle

1. Live and Let Die/ Wings
2. How Can You Mend a Broken Heart/ Bee Gees
3. Goodbye Yellow Brick Road/ Elton John
4. Papa Was a Rollin Stone/ The Temptations
5. I Saw The Light/ Todd Rundgren
6. Long Black Road/ Electric Light Orchestra
7. The Jean Genie/ David Bowie
8. Stream of Stars/ Jeff Lynne
9. The Coffee Song (They've Got an Awful Lot of Coffee In Brazil)/ Frank Sinatra
10. It's De-Lovely/ Ella Fitzgerald
11. Irving Montage/ Danny Elfman

돈, 청춘, 사랑을 갈망한 개츠비의 비극 〈위대한 갯츠비〉

'작가이자 월 스트리트 무역상 닉의 구술로 펼쳐지는 의혹의 백만장자 제이 개츠비의 좌절된 꿈'-『버라이어티』

'나의 삶은 저 빛처럼 돼야 해. 끝없이 올라가야 한다구!'-개츠비(레오나르도 디카프리오)

'느낄 수 있었네. 키스 하는 순간 영원히 그녀를 사랑하리라는 것을, 그래서 멈췄어. 신이 되겠다는 야망이 끝나리라는 것을 알았지. 사랑이 운명을 바꾸리란 것을 그리고 나 자신을 놔버렸어'-개츠비

'1922년 뉴욕. 도시는 광기에 빠져 있었다. 빌딩들은 높아지고 파티는 커졌다 도덕심은 무너지고 술값은 떨어졌다'-닉 캐러웨이(토비 맥과이어)

'모두가 개츠비에게서 부패를 찾아내려 애썼지만, 사실 그는 가장 깊은 곳에 순수함을 숨기고 있 었 다'-닉 캐러웨이

'결국 개츠비는 옳았다. 내가 잠시나마 인간의 짧은 슬픔이나 숨 가쁜 환희에 대해 흥미를 잃어 버렸던 것은 개츠비를 희생물로 이용한 것들, 츠비의 꿈이 지나간 자리에 떠도는 더러운 먼지 때문 이었다'-닉 캐러웨이

재즈와 최신 힙합 리듬을 선곡시켜 음악 팬들의 환호성을 불러일으켰던 〈위대한 개츠비〉 사운드트랙. Ⓒ Interscope Records.

F. 스코트 피츠제랄드의 대표 소설 『위대한 개츠비 The Great Gatsby』는 1920년대 1차 대전 이후 태동했던 시대 조류인 '잃어버린 세대 Lost Generation의 모습과 당시 번성했던 재즈를 융합시켜 출세, 경제

적 풍요로운 그리고 사랑을 찾기 위해 갈망하다 허망한 죽음을 맞고 있는 개츠비의 행적을 다뤄 즐겨 영화화 되고 있는 소재.

제이 개츠비(레오나르도 디카프리오) : 제임스 캐츠 James Gatz를 제이 개츠비 Jay Gatsby로 개명한다.

데이지에 대한 일편단심 애정을 보내고 있다.

자신의 야망을 달성하기 위해 파렴치한 짓도 마다하지 않는 성향을 갖고 있다.

닉 캐러웨이(토비 맥과이어): 소설의 나레이터. 데이지와 사촌.

탐 부차난(조엘 에거톤)과 대학 동기. 개츠비를 지켜보면서 그의 일거수일투족을 체크해서 객관적인 진술을 하는 역할을 하고 있다.

데이지 부차난(캘리 멀리간): 부유한 집안 출신. 매력적인 미모를 갖추어 뭇 남성들의 선망의 대상. 개츠비가 끈질기게 구애를 보이지만 그녀는 자신의 속세적인 갈망을 채워줄 남자를 원하다 결국 탐과 결혼을 선택한다.

탐 부차난(조엘 에거톤): 상류층이 갖고 있는 위선과 거만함이 가득한 인물. 당당한 체구와 막강한 재력을 바탕으로 해서 데이지의 환심을 얻게 된다. 경제적인 부를 내세워 주변 사람들을 마구 다하는 안하무인 인물이다.

개츠비는 부자인 탐과 결혼한 데이지를 찾아오겠다는 일념으로 불법 밀주 거래를 하는 등의 방법으로 돈을 긁어모은다.

닉의 주선으로 개츠비와 데이지는 재회하게 된다.

탐은 아내 데이지와 개츠비의 부적절한 만남을 알아채고 개츠비가 부정한 방법으로 재산을 축적했다고 폭로한다.

그 후 개츠비의 차를 운전하던 데이지는 머틀 윌슨(이슬라 피셔)을 치어 사망사고를 낸다.

데이지의 환심을 얻게 위해 자동차 사고를 자신이 낸 것으로 마무리 하는 개츠비.

이런 사실을 알게 된 탐은 거짓 사실을 추가시켜 머틀 남편 조지 윌슨(제이슨 클라크)에게 고자질 한다.

분노한 조지는 개츠비를 살해하고 자살한다.

인적이 없는 쓸쓸한 개츠비의 장례식.

개츠비의 모든 행적을 지켜 본 닉.

포부를 안고 찾아온 동부의 삶을 정리하고 고향 서부로 갈 채비를 한다.

호주 출신 바즈 루어만은 〈로미오와 줄리엣〉에서 호흡을 맞추었던 레오나르도 디카프리오를 캐스팅해 화려한 뉴욕 풍경과 재즈 음악을 가미시킨 3D로 제작, 2013년 5월 66회 칸 영화제 개막작으로 공개해 절찬을 받아낸다.

바즈 루어만은 '밤이 되면 짜릿함과 호기심이 충만하고, 남자와 여자, 기계들이 빠른 속도로 스치는 뉴욕 풍경의 묘미를 더욱 강조시키기 위해 풍성한 사운드트랙을 선곡 시켰다'는 후문.

감독의 의도를 드러내 주기 위해 극중 트리말치오 오케스트라 리더(아이오타)는 '신사 숙녀 여러분, 블라디미르 토스토프 씨의 세계 재즈의 역사 초연을 위해서 테라스로 나가 주십시오. 불꽃놀이도 함께 합니다'라는 설명과 함께 재즈 음악이 갖고 있는 '유혹적인 선율'을 극대화시키는 동시에 개츠비가 주최하는 파티 장의 흥겨움을 부추겨 주기 위해 최신 힙 합 음악도 선곡하는 음악적 센스를 노출시켜 준다.

사운드트랙 프로듀서로 힙 합 뮤지션 제이 Z가 초빙된다.

그는 〈위대한 개츠비〉를 위해 신곡 'No Church in the Wild' '100$ Bill'을 수록 시켰다고 한다.

퍼기와 큐 팁, 비욘세, 안드레 3000, 브라이언 페리, 플로렌스 앤 더 머신, 라나 델 레이, 런던 밴드 더 엑스엑스 등 팝과 힙 합 1급 뮤지션들의 곡들이 배경 음악으로 흘러나오고 있다.

록 밴드 U2의 히트 곡 'Love is Blindness'는 잭 화이트 버전, 에이미 와인하우스의 발라드 곡 'Back to Black'을 비욘세와 안드레 3000이 듀엣 곡으로 편곡한 노래가 삽입되고 있다.

이외 윌 아이 엠이 불러주는 'Bang Bang', 레오나르도 디카프리오와 토비 맥과이어의 노래 솜씨를 접해 볼 수 있는 'Can't Repeat the Past?', 토비 맥과이어와 작곡가 크레이그 암스트롱이 협업한 개츠비 행적에 대한 추모 곡 'Gatsby Believed in the Green Light' 등이 수록돼 음반 판매고를 높여주게 된다.

팝 전문지 『롤링 스톤』은 '이해관계가 얽힌 다양한 등장인물들이 펼쳐주는 열정, 욕망 그리고 가슴 절이게 만드는 로맨스, 주류 밀매로 막대한 음성 자본이 오가면서 초래되는 폭력, 죽음이라는 비극을 극적으로 전달시켜 주기 위해 재즈를 기조로 해서 다채로운 장르 음악을 감상해 볼 수 있다는 것도 〈위대한 개츠비〉의 상업적 호응을 높여주는 요소가 됐다'고 평가했다.

❖ Track Listing

1. 100$ Bill/ Jay Z
2. Back to Black/ Beyoncé & André 3000
3. Young and Beautiful/ Lana Del Rey
4. Love is Blindness/ Jack White
5. Crazy In Love (Kid Koala Version)/ Emeli Sandé & The Bryan Ferry Orchestra
6. Bang Bang/ will.i.am
7. I Like Large Parties/ Elizabeth Debicki
8. A Little Party Never Killed Nobody (All We Got)/ Fergie, Q-Tip & GoonRock
9. Love is the Drug/ Bryan Ferry & The Bryan Ferry Orchestra
10. Can't Repeat the Past?/ Leonardo DiCaprio & Tobey Maguire
11. Hearts a Mess/ Gotye
12. Where the Wind Blows/ Coco O
13. Green Light
14. No Church in the Wild/ Jay Z & Kanye West, feat. Frank Ocean & The-Dream
15. Over the Love/ Florence + The Machine
16. Together/ The xx
17. Into the Past/ Nero
18. Kill and Run/ Sia
19. Over the Love (of You)/ Florence + The Machine & SBTRKT
20. Young and Beautiful (DH Orchestral Version)/ Lana Del Rey
21. Gatsby Believed in the Green Light/ Tobey Maguire & Craig Armstrong

수상식 후 이야기

2014년 3월 2일 수상식 결과 〈아메리칸 허슬〉은 〈갱즈 오브 뉴욕 Gangs of New York〉(2003) 〈더 브레이브 True Grit〉(2010)에 이어 10개 지명 부문 중 단 1개 부분도 차지하지 못한 3번째 불명예 작품 명단에 등록된다.

제 86회 아카데미 시상식은 최첨단 영상 기술이 돋보였던 〈그래비티〉 보다는 인종 편견이 초래한 비극을 다룬 〈노예 12년〉이 최고 영예인 작품상에 호명된다.

흑인 감독 스티브 맥퀸이 연출한 영화가 작품상을 수여 받은 것은 아카데미 사상 최초의 업적이다.

우주에 홀로 남겨진 우주인의 치열한 지구 귀환 생존기를 다룬 〈그래비티〉는 작품, 남우, 여우상에서는 탈락되고 감독, 촬영, 편집, 시각효과 등 7개 부문을 차지하는데 만족해야 했다.

〈노예 12년〉과 〈그래비티〉가 치열한 수상 접전을 예고 시켰지만 막상 뚜껑을 열어 본 결과는 자유, 휴머니티 소재에 높은 점수를 주어 왔던 아카데미 선정 관례가 〈노예 12년〉에게 작품, 〈그래비티〉에는 기술상 부문을 몰아주어 아카데미 회원들이 보수적 가치관과 미래 지향적 메시지를 담은 영화를 균등하게 대접했다는 평판을 듣게 된다.

〈노예 12년〉의 메가폰을 잡은 스티브 맥퀸은 영국에서 비디오 아티스트로 재능을 인정받으면서 터너상을 수여 받은 재능꾼. 2008년 보다 새로운 영역을 개척해 보고 싶다는 포부를 드러내면서 영화계 진출을 선언, 〈헝거〉(2008)로 칸 영화제 황금 촬영상, 성도착자의 일상을 상세하게 묘사해 이슈를 만들어 냈던 〈셰임〉으로 베니스 영화제 남우상을 차지하는 업적을 이룬다.

여세는 몰아 발표한 〈노예 12년〉에서 연출 특기인 롱 테이크(길게 찍기)를 통해 단지 흑인이라는 이유만으로 음악가에서 노예로 전락해 혹독한 노역을 당하다 극적으로 탈출하는 여정을 담아내 흥행가에서 공감을 얻어낸다.

눈길을 끈 것은 〈노예 12년〉의 제작자로 미남 배우 브래드 피트가 참여했다는 점.

이 때문에 시상식장에서는 데드 가드너 Dede Gardner, 제레미 클레이너 Jeremy Kleiner, 스티브 맥퀸 Steve McQueen, 앤소니 카타가스 Anthony Katagas와 함께 브래드 피트 Brad Pitt가 공동 프로듀서로 트로피를 받게 된다.

스티브 맥퀸은 공동 제작자로 트로피를 수여 받으면서 '어머니를 비롯해 제 주변 여성들은 삶에 있어 늘 의지력이 강한 존재였다'며 '노예 12년은 한 남자의 생존 이야기이며 모든 사람들은 생존이 아니라 살아갈 자격이 있다. 이 작품을 모든 노예, 그리고 노예로 고통 받는 사람들에게 바 친 다'는 수상 소감을 밝혀 공감의 박수를 얻어낸다.

매튜 맥커너히는 〈달라스 바이어스 클럽〉에서 에이즈 진단을 받은 뒤 생존을 위해 밀수 의약품을 파는 남자 역을 열연, 영화계 데뷔 21년 만에 최고 남우상을 차지하는 감격을 누린다.

매튜는 '스스로 정한 이상향을 꾸준히 추구하다 보면 시간이 걸리더라도 언젠가는 그 목표가 이루어진다고 믿는다'면서 스스로 대기만성을 이룬 것에 자축을 보낸다.

알폰소 쿠아론 Alfonso Cuaron은 멕시코 출신으로 감독상을 수여 받은 1호 감독 타이틀을 얻게 된다.

매튜 맥커너히 Matthew McConaughey와 자레드 레토 Jared Leto는 〈달라스 바이어스 클럽 Dallas Buyers Club〉으로 남우상, 조연 남우상을 석권한다.

한 작품으로 남우와 조연 남우를 동시에 획득한 5번째 영화가 된다.

또한 〈아메리칸 허슬 American Hustle〉 〈노예 12년 12 Years a Slave〉 〈울프 오브 월 스트리트 The Wolf of Wall Street〉는 남우와 조연 남우 후보를 배출한 작품으로 등록된다.

케이트 블란쳇은 에이미 아담스-〈아메리칸 허슬〉, 메릴 스트립-〈어거스트〉, 산드라 블록-〈그래비티〉 등을 따돌리고 영화 축제의 가장 화려한 부문인 여우상 트로피를 차지했다.

우디 알렌 감독의 〈블루 재스민〉에서 블란쳇은 뉴욕 사교계 상류층 생활을 하다 남편의 외도를 계기로 결별을 선언하면서 그동안 누렸던 호화로운 것을 잃고 신경 쇠약에 빠지게 되는 중년 여인 재스민 역을 열연했다.

블란쳇은 '오스카에서 상을 받게 돼 정말 영광이다. 여성 주인공이 나오는 영화에 대해 부정적인 생각을 갖고 있던 관객들의 편견을 깨고 싶었다'는 수상 소감을 발표한다.

케이트 블란쳇 Cate Blanchett는 〈에비에이터 The Aviator〉(2004)로 조연 여우, 이 해에는 〈블루 재스민 Blue Jasmine〉으로 주연상을 차지, 여우상 및 조연상을 모두 획득한 6번째 여자 배우로 등록된다.

조연 여우상은 애초 〈아메리칸 허슬〉에서 사기꾼 남편 크리스찬 베일에게 독설을 퍼붓지만 마음 한편에서는 사랑을 갈구하는 순정을 갖고 있는 아내 로잘린 역을 천연덕스럽게 소화해 제니퍼 로렌스가 가장 유력한 수상자로 점쳐졌다.

1990년 8월 15일 생의 제니퍼 로렌스는 영화 〈윈터스 본〉(2010)으로 아카데미 여우상 후보에 지명 받은 뒤 22살 때 〈실버 라이닝 플레이북 Silver Linings

Playbook〉으로 여우상을 수상한다.

21살의 말린 매틀린이 〈작은 신의 아이들 Children of a Lesser God〉로 여우상을 수상한 이후 여배우 중 2번째 최연소 수상자라는 기록을 보유하게 된다.

제니퍼는 〈헝거 게임〉 시리즈의 여주인공 캣니스 에버딘 역으로 가장 핫한 신세대 여배우로 주목을 받고 있는 히로인이다.

하지만 예상을 깨고 〈노예 12년〉에서 여성 노예 팻시 역을 맡았던 흑인 배우 루피타 뇽고가 호명 받는다.

루피타 자신도 아카데미를 수상할 것을 전혀 예상하지 못한 듯 감격한 표정으로 '노예 역할은 누군가에게는 매우 고통스러운 삶이었지만 영화를 촬영하면서 즐거운 경험을 많이 했다. 스티브 맥퀸 감독에게 감사드린다. 이 자리에 오르게 한 분이다'는 소감을 밝힌다.

루피타 뇽고 Lupita Nyong'o는 남녀 합산해서 데뷔작으로 연기상을 수여 받은 16번째 배우이자 데뷔작으로 조연 여우상을 수여 받은 9번째 여자 배우라는 기록을 수립하게 된다.

〈겨울 왕국〉은 장편 애니메이션상과 주제가상-'Let It Go' 등 2관왕을 차지한다.

〈겨울 왕국〉은 아카데미 전초전인 제 71회 골든 글로브 애니메이션 상, 제 67회 영국 아카데미 애니메이션 상을 차지한 바 있다.

2014년 1월 16일 국내 개봉한 〈겨울 왕국〉은 개봉 46일 만인 2월 2일 누적 관객 수 1,000만 315명(영화진흥위원회 통합전산망 기준)을 돌파, 애니메이션으로는 1천만 관객을 돌파한 최초의 작품이 된다.

〈겨울 왕국〉은 애니메이션의 기본 구조인 공주와 왕자의 러브스토리를 벗어나 두 자매가 역경을 뛰어 넘어 진취적으로 자신들의 앞에 놓여 있는 문제를 해결해 나간다는 적극적인 여성의 모습을 펼쳐 주어 연령을 초월한 호응을 받아낸다.

주제곡 'Let it go'는 전세계 각국에서 고른 인기를 얻어내면서 영화 흥행의 견인차 역할을 해낸다.

주제가상 수상곡 'Let It Go'의 작사를 맡았던 로버트 로페즈 Robert Lopez는 39살 최연소 나이로 에미 Emmy, 그래미 a Grammy, 오스카 an Oscar, 토니상 Tony Award 등 미국의 4대 연예상을 모두 석권하는 위업을 세운다.

'Let It Go'의 작곡가 크리스텐 앤더슨-로페즈와는 부부 사이로 이들 커플은 〈겨울 왕국 Frozen〉 〈겨울 왕국 Frozen II〉 〈코코 Coco〉 등의 애니메이션 주제곡을 콤비로 만들어 내 할리우드에서 가장 창의적인 커플 음악가로 주목 받고 있다.

제86회 2013 노미네이션, 수상자 총 리스트

작품상 Best Picture

* 〈노예 12년 12 Years a Slave〉
〈아메리칸 허슬 American Hustle〉
〈캡틴 필립스 Captain Phillips〉
〈그래비티 Gravity〉
〈허 Her〉
〈필로메나 Philomena〉
〈울프 오브 월 스트리트 The Wolf of Wall Street〉
〈달라스 바이어 클럽 Dallas Buyers Club〉
〈네브라스카 Nebraska〉

감독상 Best Director

* 알폰소 쿠아론 Alfonso Cuarón-〈그래비티 Gravity〉
데이비드 O. 러셀 David O. Russell-〈아메리칸 허슬 American Hustle〉
알렉산더 페인 Alexander Payne-〈네브라스카 Nebraska〉
스티브 맥퀸 Steve McQueen-〈노예 12년 12

Years a Slave〉
마틴 스콜세즈 Martin Scorsese-〈울프 오브 월 스트리트 The Wolf of Wall Street〉

남우상 Best Actor

* 매튜 맥커너히 Matthew McConaughey-〈달라스 바이어스 클럽 Dallas Buyers Club〉
크리스찬 베일 Christian Bale-〈아메리칸 허슬 American Hustle〉
브루스 던 Bruce Dern-〈네브라스카 Nebraska〉
레오나르도 디카프리오 Leonardo DiCaprio-〈울프 오브 월 스트리트 The Wolf of Wall Street〉
치웨텔 에지오포 Chiwetel Ejiofor-〈노예 12년 12 Years a Slave〉

여우상 Best Actress

* 케이트 블란쳇 Cate Blanchett-〈블루 재스민 Blue Jasmine〉
에이미 아담스 Amy Adams-〈아메리칸 허슬 American Hustle〉
산드라 블록 Sandra Bullock-〈그래비티 Gravity〉
주디 덴치 Judi Dench-〈필로메나 Philomena〉
메릴 스트립 Meryl Streep-〈어거스트 August: Osage County〉

조연 남우상 Best Supporting Actor

* 자레드 레토 Jared Leto-〈달라스 바이어스 클럽 Dallas Buyers Club〉
바크하드 아디 Barkhad Abdi-〈캡틴 필립스 Captain Phillips〉
브래들리 쿠퍼 Bradley Cooper-〈아메리칸 허슬 American Hustle〉
마이클 파스벤더 Michael Fassbender-〈노예 12년 12 Years a Slave〉
조나 힐 Jonah Hill-〈울프 오브 월 스트리트 The Wolf of Wall Street〉

조연 여우상 Best Supporting Actress

* 루피타 뇽고 Lupita Nyong'o-〈노예 12년 12 Years a Slave〉
샐리 호킨스 Sally Hawkins-〈블루 재스민 Blue Jasmine〉
제니퍼 로렌스 Jennifer Lawrence-〈아메리칸 허슬 American Hustle〉
줄리아 로버츠 Julia Roberts-〈어거스트 August: Osage County〉
준 스큅 June Squibb-〈네브라스카 Nebraska〉

각본상 Best Original Screenplay

* 〈허 Her〉-스파이크 존즈 Spike Jonze
〈아메리칸 허슬 American Hustle〉-에릭 워렌 싱어 Eric Warren Singer
〈블루 재스민 Blue Jasmine〉-우디 알렌 Woody Allen
〈달라스 바이어스 클럽 Dallas Buyers Club〉-크레이그 보텐 Craig Borten
〈네브라스카 Nebraska〉-밥 넬슨 Bob Nelson

각색상 Best Adapted Screenplay

* 〈노예 12년 12 Years a Slave〉-존 리들리 John Ridley
〈비포어 미드나잇 Before Midnight〉-리차드 링클레이터 Richard Linklater
〈캡틴 필립스 Captain Phillips〉-빌리 레이 Billy Ray
〈필로메나 Philomena〉-스티브 쿠간 Steve Coogan
〈올프 오브 월 스트리트 The Wolf of Wall Street〉-테렌스 윈터 Terence Winter

장편 애니메이션상 Best Animated Feature Film

* 〈겨울 왕국 Frozen〉-크리스 벅 Chris Buck
〈크루즈 The Croods〉-커크 드미코 Kirk DeMicco
〈슈퍼배드 2 Despicable Me 2〉-크리스 르너드 Chris Renaud
〈에네스트 & 셀레스틴 Ernest & Celestine〉-벤자민 레너 Benjamin Renner
〈바람이 분다 Wind Rises〉-미야자키 하야호 Hayao Miyazaki

외국어 영화상 Best Foreign Language Film

* 〈그레이트 뷰티 The Great Beauty〉(이태리)
〈브로큰 서클 브레이크다운 The Broken Circle Breakdown〉(벨기에)
〈헌트 The Hunt〉(덴마크)
〈미씽 픽쳐 The Missing Picture〉(캄보디아)
〈오마르 Omar〉(팔레스타인)

장편 다큐멘터리상 Best Documentary-Feature

* 〈20 피트 스타덤 20 Feet from Stardom〉-모간 네빌 Morgan Neville
〈큐티 앤 더 박서 Cutie and the Boxer〉-자차리 헤인저링 Zachary Heinzerling
〈더티 워즈 Dirty Wars〉-리차드 로우리 Richard Rowley
〈스퀘어 The Square〉-제한 누자임 Jehane Noujaim

단편 다큐멘터리상
Best Documentary-Short Subject

* 〈레이디 인 넘버 6 The Lady in Number 6: Music Saved My Life〉-말콤 클라크 Malcolm Clarke
〈케이브디거 CaveDigger〉-제프리 카로프 Jeffrey Karoff
〈페이신 피어 Facing Fear〉-제이슨 코헨 Jason Cohen
〈카라마 Karama Has No Walls〉-사라 이삭 Sara Ishaq
〈프리즌 터미널 Prison Terminal: The Last Days of Private Jack Hall〉-에드가 바렌즈 Edgar Barens

라이브 액션 단편상 Best Live Action Short Film

* 〈헬리움 Helium〉-앤더스 월터 Anders Walter
〈그것은 내가 아니야 Aquél no era yo (That Wasn't Me)〉-에스테반 크레스포 Esteban Crespo
〈모든 것을 잃기 전에 Avant que de tout perdre (Just Before Losing Everything)-자비에르 르그랜드 Xavier Legrand
〈모든 것에서 보호할 수 있을까? Pitääkö mun kaikki hoitaa? (Do I Have to Take Care of Everything?)〉-셀마 빌후넨 Selma Vilhunen
〈부만 프로블럼 The Voorman Problem〉-마크 길 Mark Gill

단편 애니메이션 영화상
Best Animated Short Film

* 〈미스터 후블로트 Mr Hublot〉-로렌트 위츠 Laurent Witz
〈페랄 Feral〉-다니엘 수자 Daniel Sousa
〈겟 어 호스! Get a Horse!〉-로렌 맥물란 Lauren MacMullan
〈포제션스 Possessions〉-수헤이 모리타 Shuhei Morita
〈룸 온 더 브룸 Room on the Broom〉-막스 랑 Max Lang

작곡상 Best Original Score

* 〈그래비티 Gravity〉-스티븐 프라이스 Steven Price
〈책 도둑 The Book Thief〉-존 윌리암스 John Williams
〈허 Her〉-윌리암 버틀러 William Butler
〈필로메나 Philomena〉-알렉산드르 데스플랏 Alexandre Desplat
〈세이빙 미스터 뱅크 Saving Mr. Banks〉-토마스 뉴먼 Thomas Newman

주제가상 Best Original Song

* 'Let It Go', 〈겨울 왕국 Frozen〉-크리스텐 앤더슨-로페즈 Kristen Anderson-Lopez
'Happy', 〈슈퍼배드 2 Despicable Me 2〉-파렐 윌리암스 Pharrell Williams
'The Moon Song', 〈허 Her〉-카렌 오졸렉 Karen Orzolek
'Ordinary Love', 〈만델라 Mandela: Long Walk to Freedom〉-폴 휴슨 Paul Hewson
'Alone Yet Not Alone', 〈얼론 옛 낫 얼론 Alone Yet Not Alone〉-브루스 브러톤 Bruce Broughton

사운드 편집상 Best Sound Editing

*〈그래비티 Gravity〉-글렌 프리맨틀 Glenn Freemantle
〈올 이즈 로스트 All Is Lost〉-스티브 보에데커 Steve Boeddeker
〈캡틴 필립스 Captain Phillips〉-올리버 타니 Oliver Tarney
〈호빗 The Hobbit: The Desolation of Smaug〉-브렌트 버지 Brent Burge
〈론 서바이버 Lone Survivor〉-윌리 스테이트맨 Wylie Stateman

사운드 믹싱상 Best Sound Mixing

*〈그래비티 Gravity〉-스킵 리브세이 Skip Lievsay
〈캡틴 필립스 Captain Phillips〉-크리스 버든 Chris Burdon
〈호빗 The Hobbit: The Desolation of Smaug〉-크리스토퍼 보이예스 Christopher Boyes
〈인사이드 르윈 데이비스 Inside Llewyn Davis〉-스킵 리브세이 Skip Lievsay
〈론 서바이버 Lone Survivor〉-앤디 코야마 Andy Koyama

프러덕션 디자인상 Best Production Design

*〈위대한 개츠비 The Great Gatsby〉-캐서린 마틴 Catherine Martin
〈아메리칸 허슬 American Hustle〉-주디 벡커 Judy Becker
〈그래비티 Gravity〉-앤디 니콜슨 Andy Nicholson
〈허 Her〉-K. K. 바렛 K. K. Barrett
〈노예 12년 12 Years a Slave〉-아담 스톡하우센 Adam Stockhausen

촬영상 Best Cinematography

*〈그래비티 Gravity〉-엠마누엘 루베즈키 Emmanuel Lubezki
〈그랜드마스터 The Grandmaster〉-필립 르 소르드 Philippe Le Sourd
〈인사이드 르윈 데이비스 Inside Llewyn Davis〉-브루노 델보넬 Bruno Delbonnel
〈네브라스카 Nebraska〉-피돈 파파마이클 Phedon Papamichael
〈프리즈너 Prisoners〉-로저 디킨스 Roger Deakins

메이크업 & 헤어스타일링상 Best Makeup and Hairstyling

*〈달라스 바이어스 클럽 Dallas Buyers Club〉-아드루사 리 Adruitha Lee
〈잭애스 프리젠트 Jackass Presents: Bad Grandpa〉-스테판 프라우티 Stephen Prouty
〈론 레인저 The Lone Ranger〉-조엘 할로우 Joel Harlow

의상 디자인상 Best Costume Design

*〈위대한 개츠비 The Great Gatsby〉-캐서린 마틴 Catherine Martin
〈아메리칸 허슬 American Hustle〉-마이클 윌킨슨 Michael Wilkinson
〈그랜드마스터 The Grandmaster〉-윌리암 창 석핑 William Chang Suk Ping
〈투명 여인 The Invisible Woman〉-마이클 오코너 Michael O'Connor
〈노예 12년 12 Years a Slave〉-패트리시아 노리스 Patricia Norris

필름 편집상 Best Film Editing

*〈그래비티 Gravity〉-알폰소 쿠아론 Alfonso Cuarón
〈아메리칸 허슬 American Hustle〉-제이 캐시디 Jay Cassidy
〈캡틴 필립스 Captain Phillips〉-크리스토퍼 루즈 Christopher Rouse
〈달라스 바이어스 클럽 Dallas Buyers Club〉-존 맥 맥머피 John Mac McMurphy
〈노예 12년 12 Years a Slave〉-조 윌커 Joe Walker

시각 효과상 Best Visual Effects

*〈그래비티 Gravity〉-팀 웨버 Tim Webber
〈호빗 The Hobbit: The Desolation of Smaug〉-조 레터리 Joe Letteri
〈아이언 맨 3 Iron Man 3〉-크리스토퍼 타운센드

Christopher Townsend
〈론 레인저 The Lone Ranger〉-팀 알렉산더 Tim Alexander
〈스타 트렉 인투 다크니스 Star Trek Into Darkness〉-로저 구예트 Roger Guyett

최다 후보작 및 수상작

〈아메리칸 허슬 American Hustle〉 〈그래비티〉-각 10개 부문 후보
〈그래비티 Gravity〉-7개 부문 수상

아카데미 명예상 Academy Honorary Awards

* 안젤라 란즈베리 Angela Lansbury
* 스티브 마틴 Steve Martin
* 피에로 토시 Piero Tosi

진 허숄트 박애주의상
Jean Hersholt Humanitarian Award

* 안젤리나 졸리 Angelina Jolie

제86회 아카데미 작품상을 수여 받은 스티브 맥퀸 감독의 〈노예 12년〉. © Fox Searchlight Pictures.

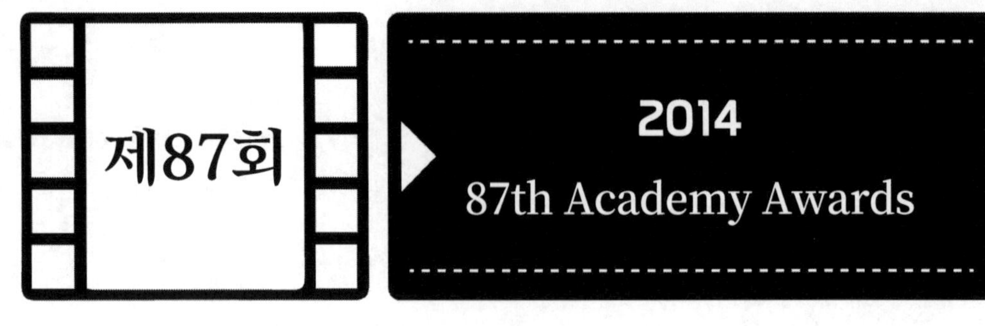

<셀마>, 감독 + 남우상 탈락으로 화이트 오스카 촉발

제87회 아카데미 시상식은 2015년 2월 22일 진행돼 2014년 미국 흥행 시장에서 공개된 우수 작품을 대상으로 24개 부문에서 수상작(자)를 선정한다.

배우 닐 패트릭 해리스 Actor Neil Patrick Harris가 사회자로 지명 받아 지구촌 영화 축제를 진행한다.

87회 행사에서는 <버드맨 Birdman or The Unexpected Virtue of Ignorance> <그랜드 부다페스트 호텔 The Grand Budapest Hotel>이 나란히 4개 부문상을 가져간다.

이어 <위플래시 Whiplash> <아메리칸 스나이퍼 American Sniper> <빅 히어로 6 Big Hero 6> <보이후드 Boyhood> <시티즌포 Citizenfour> <크리시스 핫라인 Crisis Hotline: Veterans Press 1> <피스트 Feast> <아이다 Ida> <이미테이션 게임 The Imitation Game> <인터스텔라 Interstellar> <폰 콜 The Phone Call> <셀마 Selma> <스틸 앨리스 Still Alice> <사랑에 대한 모든 것 The Theory of Everything> 등이 수상작으로 호명 받는다. 미국 전역으로 생중계된 시상식은 3,700만 명이 시청한 것 more than 37 million viewers in the United States으로 집계된다.

시상식 : 2015년 2월 22일 6:00 PM
장　소 : L A 돌비 극장 Dolby Theatre Hollywood, Los Angeles, California, U.S.
사　회 : 닐 패트릭 해리스 Neil Patrick Harris, ABC 중계

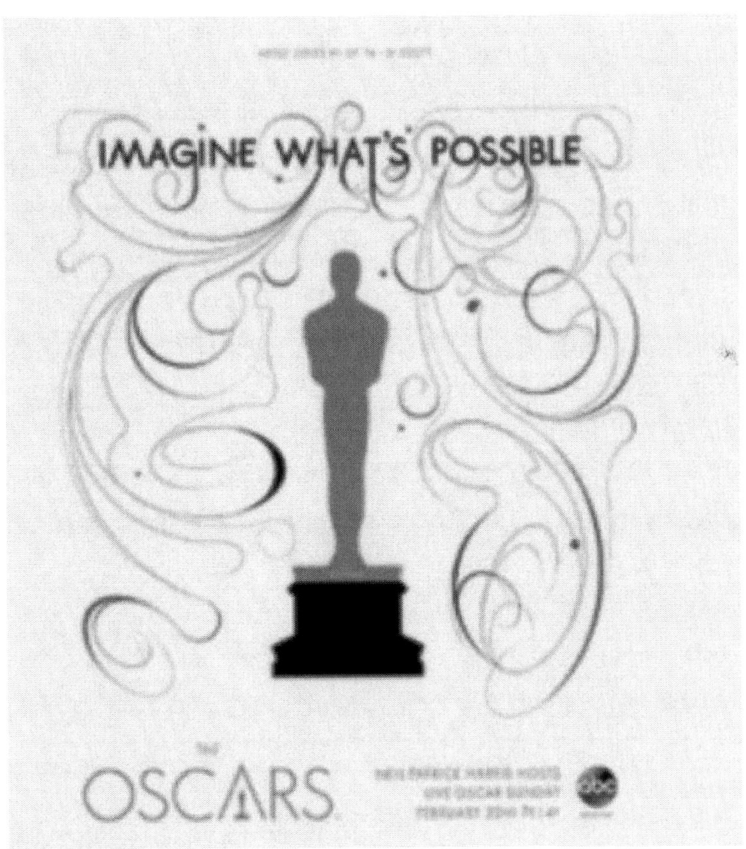

제87회 아카데미 공식 포스터. © A.M.P.A.S/ Osc

제87회 아카데미를 뜨겁게 달군 핫 이슈 5

2015년 1월 15일 비버리 힐즈 사무엘 골드윈 극장에서 87회 아카데미 후보작이 발표된다.

후보작 발표는 아카데미 협회 회장 세릴 분 아이작 Cheryl Boone Isaacs과 크리스 파인 Chris Pine이 진행을 맡는다.

후보작 면면이 공개되면서 각종 매스컴에서는 이에 대한 논평 기사를 속속 발표한다.

87회 본 행사를 앞두고 논란과 이슈를 불러 일으켰던 핫 이슈 5는 다음과 같다.

1. 감독, 남우상 탈락 〈셀마〉로 촉발된 화이트 오스카

아카데미가 백인 영화인들만의 잔치라는 비판의 목소리가 최근 들어 부쩍 제기됐음에도 불구하고 〈셀마〉는 작품, 주제가상 등 달랑 2개 부문에만 진입하고 가장 유력했던 감독 및 남우상에는 본심에도 진입하는 못하는 냉대를 당한다.

1964년. 스웨덴 노벨상 위원회는 인권운동가 마틴 루터 킹을 노벨 평화상 수상자로 호명한다.

이때 알라바마 주 셀마에서는 흑인 투표권에 대한 방해가 노골적으로 자행된다.

마틴 루터 킹은 린든 B. 존슨 대통령을 방문해 흑인들이 위협 받지 않고 투표할 수 있는 보호 장치를 해달라고 요구하지만 거절당한다. 이에 마틴 루터 킹은 셀마를 방문해 항의 시위를 계획하지만 집회 및 시위 위반 혐의로 투옥되는 조치를 당한다.

마틴 목사의 수감을 계기로 흑인들은 '역사를 바꾸는 위대한 행진을 시작하게 된다'는 것이 주요 내용.

흑인 여성 감독 에바 두버네이 Ava DuVernay가 메가폰을 잡고 역시 흑인 배우 데이비드 오예로우 David Oyelowo가 마틴 루터 킹 목사역을 맡았다.

〈셀마〉는 골든 글로브 감독, 남우상 후보에 지명 받은 바 있고 〈노예 12년〉이 작품상을 받는 동시에 〈장고〉 〈헬프〉 등 흑인을 주인공으로 내세운 작품들이 꾸준히 평가를 받는 우호적인 분위기였기 때문에 감독, 남우상 후보에 당연히 지명될 줄 알았지만 탈락된 것.

이에 대해 〈셀마〉에서 존슨 대통령을 흑인 차별을 주도한 인물로 왜곡 묘사한 것이 아카데미 백인 회원들의 분노를 불러 일으켰다는 소식이 전해지는 등 〈셀마〉 탈락에 대한 여러 논란이 제기된다.

어쨌든 〈셀마〉의 탈락에 대해 대다수 매스컴에서는 '2010년대 들어서 진행된 아카데미 중 가장 하얀 오스카 시상식을 예고하고 있다'는 곱지 않은 시선을 보낸다.

2. 〈레고 무비〉, 장편 애니메이션 최종 본심 제외

2014년 애니메이션 흥행작이자 영국 아카데미 애니메이션상을 수여 받았던 〈레고 무비〉가 아카데미 장편 애니메이션 후보에서는 제외된 것도 논란이 된다.

최종 본심에는 〈빅 히어로 6 Big Hero 6〉를 필두로 해서 〈박스트롤 The Boxtrolls〉 〈드래곤 길들이기 2 How to Train Your Dragon 2〉 〈바다의 노래 Song of the Sea〉, 그리고 일본 만화 명가 지브리 스튜디어 제작, 이사오 타카하타 감독의 〈카구야 공주 이야기 The Tale of the Princess Kaguya〉가 수상 경합을 벌이게 됐다.

〈레고 무비〉는 'Everything is Awesome'으로 주제가상 후보에 지명 받는 것으로 만족해야 했다.

할리우드 영화 전문가들은 아카데미 투표단 중 60대 이상이 컴퓨터 그래픽을 가미한 애니메이션 보다는 수작업에 의존한 2D 애니메이션 〈바다의 노래〉 〈카구야 공주 이야기〉를 선호했을 가능성이 크다는 의견을 내놓는다.

3. 이슬람 인종 편견을 불러일으킨 〈아메리칸 스나이퍼〉.

전쟁의 종결자라는 애칭을 들었던 네이비 실.

1급 저격수로 활약했던 크리스 카일 Chris Kyle은 2012년 회고록 『아메리칸 스나이퍼: 미국 군 역사의 가장 치명적 저격수의 자서전 American Sniper: The Autobiography of the Most Lethal Sniper in U.S. Military History』을 출간한다.

목숨이 오가는 긴박한 전쟁터에서 미국 군인들이 용감하게 전투를 벌일 수 있었던 것은 자신들의 배후에는 최고의 저격수들이 든든하게 지켜 주고 있다는 믿음이 있었기 때문이다.

할리우드 극보수주의자를 자처하는 클린트 이스트우드가 메가폰을 잡은 〈아메리칸 스나이퍼〉는 극중 지나치게 아랍인들을 적대시하고 있다는 비판을 불러일으킨 것이다.

영화 공개 직후 미국 내 이슬람차별반대위원회는 〈아메리칸 스나이퍼〉로 인해 '미국 거주 이슬람 신자에 대한 위협이 증가하고 있다'는 우려를 나타낸다.

배우 세스 로건은 '이 영화를 관람하고 타란티노 감독의 〈바스터즈: 거친 녀석들〉에 등장하는 나치 제거 저격수 영화가 떠올랐다'는 비판의 메시지를 온라인 계정에 올려 놓는다.

또한 마이클 무어 감독은 '스나이퍼는 전쟁 영웅이 아니다'는 주장을 제기한다.

이런 논란에도 불구하고 〈아메리칸 스나이퍼〉는 작품, 남우, 각색, 필름 편집, 사운드 믹싱, 사운드 편집 등 6개 부문에 지명 받는 성과를 얻는다.

4. 〈나를 찾아줘〉, 각색상 부문 길리안 플린 탈락

데이비드 핀처 감독의 〈나를 찾아줘 Gone Girl〉.

결혼 5주년 기념일에 아내가 실종된 뒤 남편이 유력한 용의자로 수사 선상에 오르면서 벌어지는 사연을 통해 외견상 완벽한 부부에게 드리워져 있는 감추어진 일면이 세상에 드러나게 된다.

길리안 플린 Gillian Flynn의 베스트셀러를 작가 자신이 각색해서 공개한 이 작품은 아내의 실종으로 초래되는 여러 일화를 통해 색다른 미스테리 스릴러극의 진수를 선사했다는 평을 듣는다.

벤 에플렉과 로자문드 피아크의 커플 연기도 일품.

아카데미를 앞두고 사단(事端)이 난 것은 바로 데이비드 핀처 감독에 대한 아카데미 회원의 거부 반응과 여류 작가 길리언 플린에 대한 성적 차별이 뛰어난 작품성에도 불구하고 각색상 후보에서 탈락했다는 비난이 제기 된 것.

더욱이 〈위플래시〉는 다미엔 차젤 감독의 단편 영화를 장편으로 손질했기 때문에 각본상이 적절함에도 불구하고 각색상 후보에 올려놓아 본의 아니게 〈나를 찾아줘〉가 밀려 났다는 의혹의 시선도 쏟아지게 된다.

기대작 〈나를 찾아줘〉가 제외된 각색상 부문에서는 〈위플래쉬〉 〈아메리칸 스나이퍼〉 〈이미테이션 게임〉 〈사랑에 대한 모든 것〉 〈인히어런트 바이스〉 등이 수상 경합을 벌이게 됐다.

5. 여배우는 성적 대상이 아니다, 질문을 해달라 #AskHerMore

영화 축제장을 화려하게 수놓고 있는 여배우들은 쉴새없는 카메라 플래쉬를 터트리게 만드는 히로인.

화사한 웃음과 눈길을 사로잡는 패션은 레드 카펫의 화사함을 부추겨 주는 요소로 늘 주목을 받고 있다.

하지만 87회 아카데미를 앞두고 펼쳐졌던 여러 행사장에서는 여배우들을 향한 동물적 시선(?)에 강력 반발하는 기류가 형성된다.

배우 조합상 시상식을 위한 레드 카펫에서 곪았던 사건이 터지게 된다.

케이트 블란쳇은 방송 카메라가 '자신의 신체 부위를 상, 하로 반복적으로 비추어 주자 카메라를 향해 '남자 배우들에게도 이러한 카메라 촬영을 시도하는가?'라는 불만에 가득찬 항의를 제기한다.

마침내 87회 아카데미 시상식이 다가오자 대다수 여배우들은 '매니큐어와 반지 혹은 특정 신체 부위를 클로즈업으로 촬영할 경우 이를 강력하게 거부하겠다.'고 밝힌다.

아울러 여배우들을 향해 늘상 '보석, 의상, 드레스에 초점을 맞춘 외형적 질문이 아닌 연기에 대한 깊이 있는 질문을 해달라는 해시태그 운동 '#AskHerMore'를 펼치고 있다는 것을 공지시켜 공감을 얻어낸다.

〈버드맨〉 9개 지명, 작품상 등 4개 수상

화려한 은막, 연극계 이면을 꼬집은 〈버드맨〉

'잊혀진 왕년의 스타 영화배우, 브로드웨이에서 각본, 감독, 주연을 맡아 화려한 재기를 꿈꾸는 이야기'-『버라이어티』

'인생이란 걸어 다니는 그림자 일 뿐, 뽐내고 떠들어 대지만 시간이 지나면 말없이 사라져 버리는 가련한 배우에 불가하다 인생이란 아무런 의미도 없는 헛소리와 분노로 가득한 바보의 이야기 일 뿐이다'-리건(마이클 키튼)

'저번에 비행기에서 내 앞에 조지 클루니가 타고 있었어. 그런데 그 비행기가 폭풍을 맞아서 심하게 흔들리기 시작하는 거야. 다 울고 기도하고 난리도 아니었지. 그와 중에 이런 생각이 들더라. 내가 지금 죽는대도, 딸 샘은 신문에서 조지 클루니의 얼굴을 먼저 보겠지!'-리건(마이클 키튼)

'이 연극을 중요하게 생각하는 것은 아빠 혼자에요, 다른 사람들은 신경 쓰지 않는다 구요, 연극이 끝나면 어디서 커피를 마실지가 그들에게 더 중요한 문제라구요'-샘(엠마 스톤)

멕시코 출신으로 할리우드에서 두각을 드러내고 있는 알레한드로 곤살레스 이냐리투 감독의 〈버드맨 혹은 예기치 않은 무지의 미덕 Birdman: or The Unexpected Virtue of Ignorance〉.

슈퍼 히어로 버드맨 역할로 한때 할리우드 탑 스타로 군림했지만 이제는 잊혀진 배우 리건 톰슨(마이클 키튼).

과거 누렸던 명성과 자신의 건재를 인정받기 위해 브로드웨이 무대에 도전장을 낸다.

하지만 재기해야 한다는 강박감, 제작비 부족 때문에 겪는 자금 압박, 함께 무대에 오른 주연 배우 마이크(에드워드 노튼)의 막무가내 행동, 무명 배우 레슬리가 보이는 불안감(나오미 왓츠), 아빠 리건의 재기 의욕에 대해 사사건건 냉소를 보내는 매니저 딸(엠마 스톤), 연극 흥행을 좌지우지하는 비평가들의 프리뷰에 대한 독설 등.

버드맨 리건 주변에는 온갖 걸림돌과 악재 투성이다.

작가 레이먼드 카버의 소설을 각색한 〈사랑에 대해서 말할 때 우리들이 하는 이야기〉 공연 당일 이혼한 전처 실비아(에이미 라이언)가 공연 대기실로 리건을 찾아와 '이 연극은 제대로 해 볼 마지막 기회'라고 조언한다. 리건은 공연에 몰입하다 흥분해 실탄이 장전된 총을 머리에 발사한다. 관객들은 이런 돌출 행동이 공연 장면이라고 생각하고 기립 박수를 보낸다. 다음 날. 뉴욕 타임즈에서는 찬사가 담긴 공연 리뷰가 게재되고 리건은 다행이 총알이 코를 맞추는 중상을 당하는 것에 그친다.

코 성형 수술로 전혀 다른 사람처럼 보이는 자신의 얼굴을 쳐다본다. 이때 변기에 앉아 있는 버드맨을 발견하고 악담을 퍼붓다가 병실 창문 밖에서 날아가는 새들을 따라 밖으로 나간다.

병실로 돌아온 딸 샘. 리건이 밖으로 나간 창밖을 바라보며 밝은 미소를 보낸다.

라스트 장면에 대해 많은 논란이 제기되자 감독 자신은 '버드맨을 쫓아 하늘을 날아간다는 은유적 설정은 그가 모든 굴레를 벗어 버리고 이제 진정 자유를 찾는 설정이다'는 풀이를 제기한다.

이 때문에 공개 후 해외 평단에서도 '리건이 갈망했던 진정한 버드맨으로 탄생한다는 은유적 표현'이라는 해석을 내놓는다.

『할리우드 리포터』는 '버드맨에서 등장하는 모든 인물은 강박증, 정신 분열, 과대망상, 편집증, 피해망상 등 온갖 정신 질환을 갖고 있는 인물들이다. 어찌 보면 영화에 등장하는 캐릭터들은 우리 주변에서 존재하는 인물들이다. 이 때문에 이 영화는 우리가 지금 살아가고 있는 현실을 냉정하게 제시하고 있는 작품이라고 할 수 있다'는 찬사를 보낸다.

『뉴욕 타임즈』는 '이 연극은 뭐랄까 마치 내가 살아온 기형적인 삶의 축소판 같은 느낌이야. 아주 작은 망치로 끊임없이 불 알 두 쪽을 얻어맞는 그런 느낌이라고나 할까라는 리건의 대사는 예술가들이 느끼는 심적 불안감을 정확하게 표현한 것이며 이 영화가 전달해 주고자 하는 핵심적 메시지라고 할 수 있다'는 리뷰를 게재한다.

〈버드맨〉은 영화학도들에게는 '대부분의 장면을 카메라가 멀리서 바라보는 것 같은 롱 테이크 촬영을 시도하고 있는데 이에 대해 감독은 영화 속에서 펼쳐지는 연극 공연의 효과를 관객들에게 효과적으로 전달하기 위한 테크닉 이었다'고 제작 의도를 밝힌다.

유려한 롱테이크 연출을 시도한 촬영 감독 엠마누엘 루베즈키는 〈그래비티〉에 이어 〈버드맨〉으로 촬영상 2회 연속 수상이라는 위업을 달성하게 된다.

극중 공연 도중 리건이 허공을 날아다니는 장면에서 라흐마니노프의 '제 2번 교향곡 2악장'이 배경 음악으로 쓰이고 있으며 드럼 솔로로 사용된 배경 곡은 팻 매스니 그룹 드러머인 안토니오 산체스가 연주해 주는 곡이여서 영화 음악 애호가들의 찬사를 얻어낸다.

덧붙여 리건의 부탁을 받고 꽃을 사러온 샘이 '꽃에서 전부 역겨운 김치 냄새가 나요 It all smells like fucking kimchi'라는 대사에 대해 '인종차별적인 대사'라는 항의가 제기되기도 했다.

갑부 마담의 의문의 피살 사건 다룬 〈그랜드 부다페스트 호텔〉

'노년 작가가 들려주는 갑부 마담의 미스테리한 죽음. 그 이후에 펼쳐지는 거액의 유산을 차지하기 위한 살아 있는 자들의 암투를 액션 범죄 코미디로 펼쳐준 작품'-『버라이어티』

웨스 앤더슨 감독의 〈그랜드 부다페스트 호텔 The Grand Budapest Hotel〉은 2014년 베를린 영화제 심사위원 대상을 수상하면서 흥미로운 미스테리 범죄 코미디 스릴러극으로 찬사를 받은 작품이다.

추운 겨울 아침.

어린 소녀가 스산한 공동묘지를 방문한다.

『그랜드 부다페스트 호텔』을 출간한 작가 동상에 서 있는 소녀.

화면에 등장한 늙은 작가는 자신이 겪은 이야기를 들려주겠다고 선언한다.

그가 털어 놓는 이야기의 핵심은 이렇다.

세계 최고 부호 마담 D.

그랜드 부다페스트 호텔을 다녀간 지 얼마 안 돼 변사체로 발견된다.

유언장에는 명화 '사과를 든 소년'을 호텔 지배인이자 연인 구스타브에게 넘긴다고 적혀 있다.

마담의 유산을 노리던 아들 드미트리는 구스타브를 용의자로 지목한다. 이에 구스타브는 호텔 보이 제로와 함께 자신에게 씌워진 누명 벗기 작전을 펼친다.

교도소에 수감되는 등 여러 곡절을 겪지만 결국 구스타브는 제로에게 유산을 상속 받게 해 주는 등 은인 역할을 하며 제로는 구스타브에 대해 호텔리어로서 품위를 지킨 인물로 존중 받게 된다.

다양한 에피소드를 삽입시킨 스토리 구조로 극이 진행되고 있다.

1932년의 시대 배경은 1985년, 1968년으로 변동하면서 제로와 구스타프가 본의 아니게 마담 D 살인 혐의자로 몰리면서 겪는 모험담을 펼쳐주고 있다.

종반 무렵 제로는 젊은 작가를 향해 '하지만 단언하건데, 구스타브는 훌륭한 품위와 함께 환상을 지켜내고 있었지 But, I will say, he certainly sustained the illusion with a marvelous grace'라고 존경심을 드러내고 있다.

감독은 이 작품에 대해 '마담 D. 피살 사건이 이해 당사자들의 의견에 따라 여러 가지 여파를 파생시키는 동시에 1, 2차 대전으로 예술을 사랑하던 시대가 종료되고 이어 나치즘, 파시즘의 등장으로 유대인 및 무고한 시민들의 학살 등이 초래되는 등 유럽의 어두운 과거를 파헤쳐 주고 싶었다'는 연출 의도를 밝힌다.

최고 드러머를 갈망하는 청년의 광기 〈위플래쉬〉

'세상에서 제일 쓸모없고 가치 없는 말이 그만하면 잘했어 good job야'-플렛처(J. K. 시몬스)

'북서부의 자랑 미스터 게이 등장했군, 베티 미들러 콘서트가 아니니 그냥 딸딸이 치는 것보다 빠르게 해라, 근처도 못가는 구나, 너는 아일랜드 동화 속 그 땅딸보 닮았구나, 계집애 이름을 붙여줄까?'-플렛처(J. K. 시몬스)

'그 자리는 반드시 내 자리여야만 해! 댓츠 마인! 누구도 넘볼 수 없어! 내가 드럼의 제왕이야!'-앤드류(마일즈 텔러)

'타의 추종을 불허하는 드러머를 갈망하는 패기만만한 젊은 음악인, 그의 욕구를 목구멍까지 차오르는 분노로 채찍질 하는 선생이 펼쳐주는 꿈을 성취하기 위한 미친 드라마'-『버라이어티』

다미엔 차젤 Damien Chazelle 각본, 감독의 음악 드라마 〈위플래시 Whiplash〉.

1류 드러머를 갈망하는 음대 신입생 앤드류.

최고 실력자를 배출하지만 인성을 찾아볼 수 없을 만큼 폭압적인 지도자 플레처 교수.

가차 없는 훈육을 통해 출세 욕망을 자극시키는 플레처의 교육 방식은 앤드류의 잠재돼 있던 광기를 분출시키게 된다.

카네기 홀에서 앤드류가 플레처의 지시를 무시하고 자신의 의도대로 '캐러밴'을 신들린 듯 연주하는 라스트 장면.

이런 결말에 대해 감독은 '타인이 모방할 수 없는 연주를 만들어 내기 위해서는 분노에서 오는 광기도 필요하다'는 것을 제시하고 싶었으며 '앤드류는 모차르트처럼 창의적 재능이 모두 고갈되어 약물에 의존하다 요절할 수도 있는 인물'이라는 견해를 내비친다.

미국 개봉 당시 '앤드류와 플레처라는 두 인물이 사사건건 극단으로 치닫는 설정은 인간에 대한 지나친 증오심을 초래할 위험성이 있다'는 이유를 들어 15세 이상 관람 등급 판정을 받는다.

영화 공개 후 미국 비평가들 사이에서는 찬반양론이 벌어진다.

〈위플래쉬〉를 옹호하는 비평가들은 '목표를 이루기 위해 폭압적 스승의 훈육 방침에 은연중 동화 되어 숱한 고통을 극복하고 목표를 성취해 내는 예술 드라마'라는 호평을 보낸다.

반면 '〈위플래쉬〉는 인격 모독과 온갖 폭력적인 방법을 동원해 극한 상황으로 몰고 가서 예술적 성취를 얻어내는 과정은 지극히 위험한 발상'이라는 우려를 표시한다.

감독은 이런 여론에 대해 '최고 예술가가 되고자 하는 열정 가득한 젊은이가 그러한 과정에 도달하기 위한 대가로 서서히 인간성이 파멸 되어 가는 과정을 다룬 비극으로도 해석할 수 있다'는 의견을 밝힌다.

수상식 후 이야기

제87회 후보작에는 실존 인물을 다룬 전기 영화가 다수 포진한다.

〈이미테이션 게임 The Imitation Game〉은 영국 암호 해독자 British cryptanalyst 알란 터닝 Alan Turing의 일화를 다룬 작품.

〈셀마 Selma〉는 1965년 흑인 인권 운동을 주도한 마틴 루터 킹 목사의 일화를 다루고 있다.

〈사랑에 대한 모든 것 The Theory of Everything as Stephen Hawking〉은 영국 천체 물리학자 the theoretical physicist 스티븐 호킹 Stephen Hawking 박사의 연구 업적만큼 열정적이었던 러브 스토리 사연을 담아 관심을 끌어낸다.

〈어메리칸 스나이퍼 American Sniper〉도 저격수로 전쟁터를 누볐던 실존 인물 크리스 카일 Chris Kyle이 발표했던 회고록을 극화한 전쟁 드라마이다.

다채로운 작품이 치열한 경합을 벌였던 제 87회 아카데미 시상식 최고 승자는 작품, 감독 등 4관왕을 차지한 〈버드맨〉으로 낙착된다.

각본상에 지명 받자 알레한드로 감독은 '건배 Cheers!'라는 여유를 보이면서 '연기 천재 마이클 키튼을 비롯해 열성적인 배우들 덕분에 작품 제목처럼 버드맨이 아카데미 시상식에서 날아오를 수 있었다'는 소감을 밝힌다.

눈길을 끈 것은 86회 〈그래비티〉의 알폰소 쿠아론에 이어 멕시코 출신 감독이 2년 연속 아카데미 감독상을 수상한 이색 기록을 수립한다.

작품상에 지명 받은 이냐리투 감독은 '오스카 트로피를 수여 받는 이 순간은 슬로 모션으로 영원히 기록될 것'이라고 감격해 하면서 '이 상을 멕시코 친구들에게 바치고 싶다. 멕시코에서 살아가는 친구들이 온당한 정부를 세울 수 있기를, 그리고 이 나라 미국에서 이민자 세대로 살아가는 친구들이 이민 국가(미국)를 세운 이들과 똑같이 존경 받기를 기도 한다'고 역설해 미국 국가에 상존하는 여러 차별적 정책을 꼬집는 발언으로 공감을 얻어낸다.

촬영 감독 엠마누엘 루베츠키는 〈그래비티〉에 이어 촬영상 2회 수상이라는 위업을 달성한다.

엠마누엘은 흡사 모든 화면을 이어 붙인 듯 보여주는 롱 테이크 기법으로 영화광들의 찬사를 받고 있는 촬영의 귀재이다.

남우상은 애초 〈버드맨〉의 마이클 키튼이 가장 유력한 수상자로 지목 받았다.

팀 버튼 감독의 〈배트맨〉(1988) 이후 별다른 히트작을 내놓지 못해 〈버드맨〉 극중 주인공처럼 잊혀진 배우에서 화려한 부활을 노렸다.

시상식 내내 초조함을 드러냈던 키튼은 결국 〈사랑에 대한 모든 것 The Theory of Everything〉에서 천재 물리학자 스티븐 호킹 박사 역을 실감나게 연기한 에디 레드메인에게 수상의 영예를 넘겨주어야 했다.

에디는 영국 이튼 칼리지와 케임브리지 대학 출신.

호킹 박사가 근육이 서서히 마비되어 가는 루게릭 환자로 전락해 가는 과정을 세밀하게 연기, 뇌성마비로 인해 왼발로 그림을 그리는 구족 화가 크리스티 브라운의 일대기를 다룬 다니엘 데이 루이스의 〈나의 왼발〉에 이어 백인 장애자 연기로 아카데미 남우상을 수상한 배우 명단에 등록된다.

에디는 로만 폴란스키 감독의 〈피아니스트〉(2003)로 남우상을 차지했던 에드리안 브로디 이후 30대 남자 배우로는 근 12년 만에 남우상을 차지하는 영예의 주인공이 된다.

그는 '이 오스카 트로피는 루게릭병(ALH)를 앓는 많은 사람들과 그들의 가족 모두의 것'이라는 감격적인 소감을 밝힌다.

시상 분야 중 가장 많은 스포트라이트가 쏟아지는 여우상은 〈스틸 앨리스〉에서 알츠하이머병에 걸려 서서히 기억력을 상실해 가는 언어학자 앨리스 하우랜드 역을 실감나게 펼쳐준 중견 배우 줄리안 무어가 호명 받는다.

무어는 〈부기 나이츠〉(1998)로 조연 여우, 〈애수 The End of the Affair〉(2002)로 여우상, 〈파 프롬 헤븐〉(2003)으로 여우상, 같은 해 〈디 아워스〉로 조연 여우상에 올랐지만 수상에 실패했다가 첫 후보 지명 17년 만에 수상자로 낙점돼 더욱 감격스런 표정을 드러낸다.

수상 소감 중 '오스카를 수상하면 배우 수명이 5년 연장된다는 신문 기사를 읽은 적이 있다. 남편이 나보다 연하다. 그래서 이번 상을 계기로 더 오래 살 수 있게 됐다'는 조크를 날려 객석에 앉아 있던 동료 배우들의 박수갈채를 얻어 낸다.

이어 무어는 '오스카는 정말 훌륭하고 영광스러운 상이다. 수상을 계기로 알츠하이머병에 대해 더욱 관심을 갖게 되는 기회가 됐으면 한다'는 희망을 피력한다.

조연 남우상은 〈위플래쉬〉에서 인격 모독을 다반사로 하면서 혹독한 체벌을 가하는 음악 선생 테렌스 플레처 역을 열연한

J. K 시몬스가 지명 받는다.

〈버드맨〉과 치열한 경합을 벌일 것으로 예측됐던 리차드 링클레이터 감독의 성장 드라마 〈보이후드〉는 패트리샤 아퀘트가 조연 여우상을 받는 것에 그쳐 가장 큰 불운을 당한 작품이라는 위로를 받아낸다.

〈보이후드〉에서 아퀘트는 세 번 이혼한 불운한 여성 역할을 맡았으며 극중 대학에 합격해 기숙사로 떠나는 아들을 향해 '나는 내 인생에 뭔가 더 있을 줄 알았다'며 오열하는 모습을 보여주어 관객들의 눈시울을 적시게 만들었다.

초등학생 메이슨(앨라 콜트레인)이 대학에 진학할 때 까지 무려 12년의 성장 과정을 카메라에 담고 있는 리차드 링클레이터 감독의 성장 영화에서 유일하게 오스카 트로피를 차지한 패트리샤 아퀘트는 '아이를 낳은 모든 여성들은 미국에서 세금을 내는 모든 시민들의 평등권을 위해 지금까지 투쟁해 왔다. 임금과 평등한 권리는 이 땅의 모두에게 주어져야 한다. 특히 여성에게!'라고 여성 평등권 회복을 주장해 공감의 박수를 얻어낸다.

아퀘트는 데이비드 린치의 〈로스트 하이웨이〉(1997) 등에 출연하면서 연기력을 인정받은 중견 배우. 〈보이후드〉로 골든 글로브와 아카데미 조연상을 연속 수상하면서 근 20여년 만에 건재를 과시하는 기회를 얻게 된다.

1960년대 흑인 종교 지도자 마틴 루터 킹의 전기 영화 〈셀마〉는 작품, 주제가 등 2개 부문에만 지명 받는 등 주요 부문상에서 철저하게 밀려나 아카데미는 다시 한 번 흑인 소재 영화에 대한 차별이라는 곱지 않은 시선을 받았다.

배우 겸 래퍼 테렌스 하워드 Terrence Howard는 〈위플래시

Whiplash〉 〈이미테이션 게임 The Imitation Game〉 〈셀마 Selma〉 등 주요 작품상 후보를 소개하면서 '차별은 우리가 오늘날까지 여전히 싸우고 있는 문제'라고 지적한다.

흑인 작가 겸 여배우 옥타비아 스펜서 Octavia Spencer 또한 주제가상 후보에 오른 'Glory'의 공연을 소개하는 자리에서 50여년 마틴 목사의 암살로 아카데미 시상식이 연기됐던 사례를 언급한다.

〈셀마〉가 유일하게 수상하게 된 주제가상 트로피를 수여 받은 가수 존 레전드는 '마틴 루터 킹과 선지자들의 희생은 이제야 보상 받았다. 그러나 수많은 흑인들이 아직도 부당한 대접을 받고 있는 것도 현실이다. 자

유를 위한 우리의 고군분투는 계속될 것이고 사람들은 〈셀마〉 노래를 부르며 다같이 행진할 것'이라는 소감을 밝히면서 'Glory'를 열창해 주어 가장 많은 환대를 받아낸다.

장편 다큐멘터리를 수상한 〈시티즌포 Citizenfour〉는 미국 국가 안보국의 무차별 개인 정보 수집 상황을 폭로해 정치적 파문을 불러 일으켰던 에드워드 스노든의 행적을 다루고 있다.

감독 로라 포이트라스 Laura Poitras는 '스노든은 민주주의에 가해지는 부당한 위협을 고발해 준 용기 있는 인물'이라는 수상 소감을 밝혀 공감의 박수 세례가 쏟아진다.

파격적인 의상과 도발적인 공연 매너를 통해 찬사와 비난을 동시에 받고 있는 레이디 가가는 미녀 배우 스칼렛 요한슨의 소개를 받고 연단에 등장한다.

가가는 〈사운드 오브 뮤직〉 공개 50주년 기념 미니 공연을 주도하면서 'The Sound of Music' 'My Favorite Things' 'Edelweiss' 'Climb Ev'ry Mountain'를 열창해 주어 환호성을 불러일으킨다.

〈사운드 오브 뮤직〉의 히로인 쥴리 앤드류스는 오랜만에 공개 석상에 등장해 〈그랜드 부다페스트 호텔 The Grand Budapest Hotel〉의 알렉산드르 데스플랏 Alexandre Desplat에게 작곡상을 수여한다.

데스플랏은 〈이미테이션 게임 The Imitation Game〉으로도 작곡상 후보에 올라 수상이 유력한 후보자로 관심을 얻어냈다.

작곡상의 〈그랜드 부다페스트 호텔〉은 의상, 분장, 미술 감독 등 〈버드맨〉과 함께 동률 4관왕을 차지한다.

클린트 이스트우드가 메가폰을 잡은 이라크와 미국 간의 전쟁 이면을 고발한 〈아메리칸 스나이퍼 American Sniper〉는 비평가들의 찬사를 받았지만 사운드 편집상 1개 부문을 차지하는 수모를 당한다.

재능에 비해 아카데미와는 인연이 없었던 크리스토퍼 놀란 감독의 신작 〈인터스텔라〉도 시각 효과상 Best Visual Effects을 받는 것으로 만족해야 했다.

장편 애니메이션상 Best Animated Feature Film은 월트 디즈니의 〈빅 히어로 6 Big Hero 6〉가 가져간다.

2002년 장편 애니메이션상이 신설된 뒤로 이 부문은 월트 디즈니가 누적 10회를 독식하는 성과를 거두어 만화 왕국 명가임을 확실하게 입증시킨다.

제87회 2014 노미네이션, 수상자 총 리스트

작품상 Best Picture

* 〈버드맨 Birdman or The Unexpected Virtue of Ignorance〉
〈아메리칸 스나이퍼 American Sniper〉
〈보이후드 Boyhood〉
〈그랜드 부다페스트 호텔 The Grand Budapest Hotel〉
〈이미테이션 게임 The Imitation Game〉
〈셀마 Selma〉
〈사랑에 대한 모든 것 The Theory of Everything〉
〈위플래시 Whiplash〉

감독상 Best Director

* 알레한드로 G. 이냐리투 Alejandro G. Iñárritu-〈버드맨 Birdman or The Unexpected Virtue of Ignorance〉
리차드 링클레이터 Richard Linklater-〈보이후드 Boyhood〉
베네트 밀러 Bennett Miller-〈폭스캐처 Foxcatcher〉
웨스 앤더슨 Wes Anderson-〈그랜드 부다페스트 호텔 The Grand Budapest Hotel〉
모텐 타일덤 Morten Tyldum-〈이미테이션 게임

The Imitation Game〉

남우상 Best Actor

* 에디 레드메인 Eddie Redmayne-〈사랑에 대한 모든 것 The Theory of Everything〉
스티브 카렐 Steve Carell-〈폭스캐처 Foxcatcher〉
브래들리 쿠퍼 Bradley Cooper-〈아메리칸 스나이퍼 American Sniper〉
베네딕트 컴버배치 Benedict Cumberbatch-〈이미테이션 게임 The Imitation Game〉
마이클 키튼 Michael Keaton-〈버드맨 Birdman or The Unexpected Virtue of Ignorance〉

여우상 Best Actress

* 줄리안 무어 Julianne Moore-〈스틸 앨리스 Still Alice〉
마리옹 꼬띠아르 Marion Cotillard-〈투 데이즈, 원 나이트 Two Days, One Night〉
펠리시티 존스 Felicity Jones-〈사랑에 대한 모든 것 The Theory of Everything〉
로자문드 파이크 Rosamund Pike-〈나를 찾아줘 Gone Girl〉
리즈 위더스푼 Reese Witherspoon-〈와일드 Wild〉

조연 남우상 Best Supporting Actor

* J. K. 시몬즈 J. K. Simmons-〈위플래시 Whiplash〉
로버트 듀발 Robert Duvall-〈저지 The Judge〉
에단 호크 Ethan Hawke-〈보이후드 Boyhood〉
에드워드 노튼 Edward Norton-〈버드맨 Birdman or The Unexpected Virtue of Ignorance〉
마크 러팔로 Mark Ruffalo-〈폭스캐처 Foxcatcher〉

조연여우상 Best Supporting Actress

* 패트리시아 아퀘트 Patricia Arquette-〈보이후드 Boyhood〉
로라 던 Laura Dern-〈와일드 Wild〉
키이라 나이트리 Keira Knightley-〈이미테이션 게임 The Imitation Game〉
엠마 톰슨 Emma Stone-〈버드맨 Birdman or The Unexpected Virtue of Ignorance〉
메릴 스트립 Meryl Streep-〈인투 더 우즈 Into the Woods〉

각본상 Best Original Screenplay

* 〈버드맨 Birdman or The Unexpected Virtue of Ignorance〉-알레한드로 G. 아냐리투 Alejandro G. Iñárritu
〈보이후드 Boyhood〉-리차드 링크레이터 Richard Linklater
〈폭스캐처 Foxcatcher〉-E. 맥스 프라이 E. Max Frye
〈그랜드 부다페스트 호텔 The Grand Budapest Hotel〉-웨스 앤더슨 Wes Anderson
〈나이트크롤러 Nightcrawler〉-댄 길로이 Dan Gilroy

각색상 Best Adapted Screenplay

* 〈이미테이션 게임 The Imitation Game〉-그래함 무어 Graham Moore
〈아메리칸 스나이퍼 American Sniper〉-제이슨 홀 Jason Hall
〈인히어런트 바이스 Inherent Vice〉-폴 토마스 앤더슨 Paul Thomas Anderson
〈사랑에 대한 모든 것 The Theory of Everything〉-앤소니 맥카텐 Anthony McCarten
〈위플래시 Whiplash〉-다미엔 차젤 Damien Chazelle

장편 애니메이션상 Best Animated Feature Film

* 〈빅 히어로 6 Big Hero 6〉-돈 홀 Don Hall
〈드래곤 길들이기 2 How to Train Your Dragon 2〉-딘 드블로이스 Dean DeBlois
〈바다의 노래 Song of the Sea〉-톰 무어 Tomm Moore
〈카구야 공주의 이야기 The Tale of the Princess Kaguya〉-이사오 타카하타 Isao Takahata

외국어 영화상 Best Foreign Language Film

* 〈아이다 Ida〉(폴란드)

〈레비아탄 Leviathan〉(러시아)
〈탄제린 Tangerines〉(에스토니아)
〈팀북투 Timbuktu/ Mauritania〉(프랑스)
〈와일드 테일즈 Wild Tales〉(아르헨티나)

장편 다큐멘터리상 Best Documentary-Feature

* 〈시티즌포 Citizenfour〉-로라 포이트라스 Laura Poitras
〈파인딩 비비안 메이어르 Finding Vivian Maier〉-존 말루프 John Maloof
〈베트남의 마지막 날 Last Days in Vietnam〉-로리 케네디 Rory Kennedy
〈지구의 소금 The Salt of the Earth〉-빔 벤더스 Wim Wenders
〈비룬가 Virunga〉-올란도 폰 에인시델 Orlando von Einsiedel

단편 다큐멘터리상
Best Documentary-Short Subject

* 〈위기의 핫라인 Crisis Hotline: Veterans Press 1〉-엘렌 구젠버그 켄트 Ellen Goosenberg Kent
〈우리의 저주 Our Curse〉-토마즈 스리윈스키 Tomasz Śliwiński
〈리퍼 The Reaper〉-가브리엘 세라 아르겔로 Gabriel Serra Arguello
〈화이트 어스 White Earth〉-J. 크리스찬 젠센 J. Christian Jensen

라이브 액션 단편영화상
Best Live Action Short Film

* 〈폰 콜 The Phone Call〉-맷 커비 Mat Kirkby
〈부갈루 앤 그래함 Boogaloo and Graham〉-마이클 레녹스 Michael Lennox
〈버터 램프 Butter Lamp〉-후 웨이 Hu Wei
〈파반너 Parvaneh〉-토크혼 햄자비 Talkhon Hamzavi

단편 애니메이션상 Best Animated Short Film

* 〈축제 Feast〉-패트릭 오스본 Patrick Osborne
〈비거 픽처 The Bigger Picture〉-데이지 야곱스 Daisy Jacobs
〈댐 키퍼 The Dam Keeper〉-로버트 콘도 Robert Kondo
〈미 앤 마이 모울톤 Me and My Moulton〉-토릴 코브 Torill Kove
〈싱글 라이프 A Single Life〉-요리스 오프린스 Joris Oprins

작곡상 Best Original Score

* 〈그랜드 부다페스트 호텔 The Grand Budapest Hotel〉-알렉산드르 데스플랏 Alexandre Desplat
〈이미테이션 게임 The Imitation Game〉-알렉산더 데스플랏 Alexandre Desplat
〈인터스텔라 Interstellar〉-한스 짐머 Hans Zimmer
〈미스터 터너 Mr. Turner〉-게리 예손 Gary Yershon
〈사랑에 대한 모든 것 The Theory of Everything〉-요한 요한슨 Jóhann Jóhannsson

주제가상 Best Original Song

* 'Glory', 〈셀마 Selma〉-존 스테판 John Stephens
'Everything Is Awesome', 〈레고 무비 The Lego Movie〉-숀 패터슨 Shawn Patterson
'Grateful', 〈비욘드 더 라이트 Beyond the Lights〉-다이안 워렌 Diane Warren
'I'm Not Gonna Miss You', 〈글렌 캠벨 Glen Campbell: I'll Be Me〉-글렌 캠벨 Glen Campbell
'Lost Stars', 〈비긴 어게인 Begin Again〉-그레그 알렉산더 Gregg Alexander

사운드 편집상 Best Sound Editing

* 〈아메리칸 스나이퍼 American Sniper〉-알란 로버트 머레이 Alan Robert Murray
〈버드맨 Birdman or The Unexpected Virtue of Ignorance〉-마틴 헤르난데즈 Martin Hernández
〈호빗 The Hobbit: The Battle of the Five Armies〉-브렌트 버지 Brent Burge
〈인터스텔라 Interstellar〉-리차드 킹 Richard King
〈언브로큰 Unbroken〉-베키 설리반 Becky Sullivan

사운드 믹싱상 Best Sound Mixing

* 〈위플래시 Whiplash〉-크레이그 맨 Craig Mann

〈아메리칸 스나이퍼 American Sniper〉-존 T. 레이즈 John T. Reitz

〈버드맨 Birdman or The Unexpected Virtue of Ignorance〉-존 테일러 Jon Taylor

〈인터스텔라 Interstellar〉-게리 A. 리조 Gary A. Rizzo

〈언브로큰 Unbroken〉-존 테일러 Jon Taylor

프러덕션 디자인상 Best Production Design

* 〈그랜드 부다페스트 호텔 The Grand Budapest Hotel〉-아담 스톡하우센 Adam Stockhausen

〈이미테이션 게임 The Imitation Game〉-마리아 두르코빅 Maria Djurkovic

〈인터스텔라 Interstellar〉-나단 크로우리 Nathan Crowley

〈인투 더 우즈 Into the Woods〉-데니스 가스너 Dennis Gassner

〈미스터 터너 Mr. Turner〉-수지 데이비스 Suzie Davies

촬영상 Best Cinematography

* 〈버드맨 Birdman or The Unexpected Virtue of Ignorance〉-엠마누엘 루베즈키 Emmanuel Lubezki

〈그랜드 부다페스트 호텔 The Grand Budapest Hotel〉-로버트 예맨 Robert Yeoman

〈아이다 Ida〉-루카즈 잘 Łukasz Żal

〈미스터 터너 Mr. Turner〉-딕 포프 Dick Pope

〈언브로큰 Unbroken〉-로저 디킨스 Roger Deakins

메이크업 & 헤어스타일링상 Best Makeup and Hairstyling

* 〈그랜드 부다페스트 호텔 The Grand Budapest Hotel〉-프란시스 한논 Frances Hannon

〈폭스캐처 Foxcatcher〉-빌 코르소 Bill Corso

〈가디언즈 오브 갤럭시 Guardians of the Galaxy〉-엘리자베스 이안니-조르지우 Elizabeth Yianni-Georgiou

의상 디자인상 Best Costume Design

* 〈그랜드 부다페스트 호텔 The Grand Budapest Hotel〉-밀레나 캐노네로 Milena Canonero

〈인히어런트 바이스 Inherent Vice〉-마크 브리지스 Mark Bridges

〈인투 더 우즈 Into the Woods〉-콜린 아트우드 Colleen Atwood

〈맬리피슨트 Maleficent〉-안나 B. 쉐퍼드 Anna B. Sheppard

〈미스터 터너 Mr. Turner〉-재클린 두란 Jacqueline Durran

필름 편집상 Best Film Editing

* 〈위플래시 Whiplash〉-탐 크로스 Tom Cross

〈아메리칸 스나이퍼 American Sniper〉-조엘 콕스 Joel Cox

〈보이후드 Boyhood〉-산드라 에데어 Sandra Adair

〈그랜드 부다페스트 호텔 The Grand Budapest Hotel〉-바니 필링 Barney Pilling

〈이미테이션 게임 The Imitation Game〉-윌리암 골덴버그 William Goldenberg

시각 효과상 Best Visual Effects

* 〈인터스텔라 Interstellar〉-폴 프랭클린 Paul Franklin

〈캡틴 아메리카 Captain America: The Winter Soldier〉-댄 드리우 Dan DeLeeuw

〈혹성 탈출: 반격의 서막 〈Dawn of the Planet of the Apes〉-조 레터리 Joe Letteri

〈가디언즈 오브 갤럭시 Guardians of the Galaxy〉-스테판 세레티 Stephane Ceretti

〈엑스-맨: 데이즈 오브 퓨처 패스트 X-Men: Days of Future Past〉-리차드 스태머스 Richard Stammers

<스포트라이트> <매드 맥스: 분노의 도로> <레버넌트>, 양보 없는 치열한 경합

제88회 아카데미 시상식은 2015년 미국 흥행 시장에서 공개됐던 우수 작품을 대상으로 24개 부문에서 수상작(자)를 선정하게 된다.

배우 겸 코미디언 크리스 록이 2005년 77회 진행자에 이어 2번째로 초빙 받는다.

<스포트라이트>는 <지상 최대의 쇼 The Greatest Show On Earth>에 이어 작품상 수상작 임에도 불구하고 여타 부문 상 1개에 그친 영화라는 이색 기록을 수립하게 된다.

<매드 맥스>는 기술 부문상에 치중됐지만 6개 트로피로 최다 수상작 명예를 차지한다.

브리 라슨 Brie Larson이 <룸>으로 여우상, 마크 라이랜스 Mark Rylance와 알리시아 비캔더 Alicia Vikander가 <스파이 브릿지 Bridge of Spies> <덴마크 소녀 The Danish Girl>로 각각 조연 남우, 조연 여우상을 차지한다.

이 해 시상식 중계는 미국 전역에서 3,440만 명 34.42 million viewers in the United States이 시청한 것으로 집계 된다.

시상식 : 2016년 2월 28일 6:00 PM
장　소 : L A 돌비 극장 Dolby Theatre Hollywood, Los Angeles, California, U.S.
사　회 : 크리스 록 Chris Rock, ABC 중계

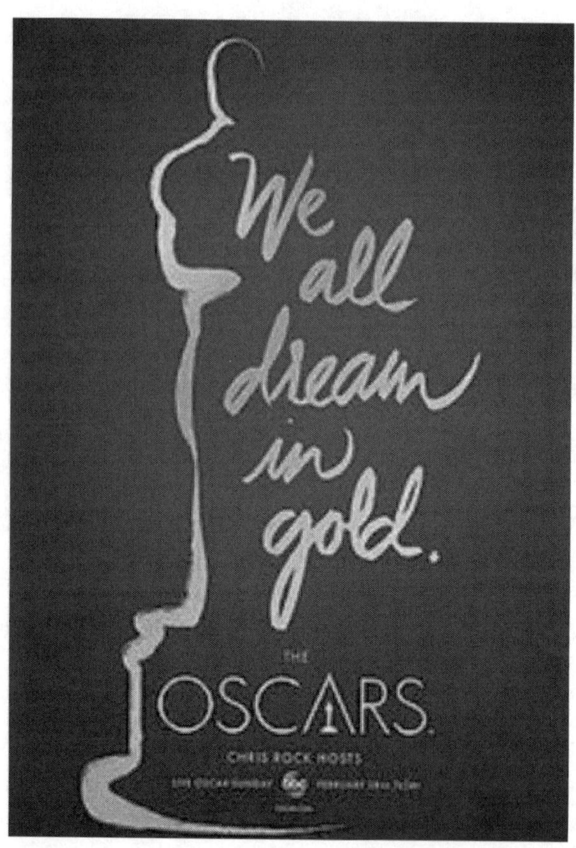

제88회 아카데미 공식 포스터. © A.M.P.A.S/ Osc

<스포트라이트>, 가톨릭 사제들의 아동 성추행 사건 폭로

'우린 어둠 속에서 넘어지며 살아가요. 갑자기 불을 켜면 탓할 것들이 너무 많이 보이죠-마티 배런(리브 슈라이버)

'이걸 밝히지 않으면 그게 언론인입니까?'-마이크 레젠데스(마크 러팔로)

'신체적 학대를 넘어 영적인 학대예요. 성직자에게 당하면 믿음까지 뺏기는 거예요'-필 사비아노(닐 허프)

'그들은 알면서 이런 일이 생기게 놔뒀어요. 당신의 아이가 당할 수도 있었고, 내 아이가 당할 수도 이었고, 누구든 당할 수 있었어요!'-마이크 레젠데스(마크 러팔로)

'두 가지 기사가 있죠. 타락한 성직자 기사, 성학대 아동들을 돈벌이에 이용한 변호사 기사 자, 어떤 기사로 써드릴까요?'-월터 로빈슨(마이클 키튼)

'보스톤 글로브 신문의 실화 스토리, 지역 카톨릭 교구에서 자행된 아동 성 추행 사건을 폭로 보도하고 그 여파는 가톨릭 교단 전체를 뒤흔들어 놓는다'-『버라이어티』

미국의 3대 지역 일간지로 권위를 인정받고 있는 보스턴 글로브 신문 추적 보도 탐사 전문 팀 '스포트라이트'.

보스톤 지역 가톨릭 교구 사제들이 오랜 동안 신도인 아동들을 향해 성추행을 자행해 왔다는 것을 간파한다.

탐사 보도 팀이 취재가 본격화 되면서 종교계, 지방 행정부, 법조계에서는 은밀하게 취재를 방해하는 조짐을 보인다.

팀 맥카시 Tom McCarthy가 공동 각본과 연출을 맡아 공개한 <스포트라이트 Spotlight>는 가장 엄격하고 윤리적이어야 할 종교계가 사실 시정잡배 무리들만큼 타락해 있으며 이런 만행을 감추기 위해 수단 방법을 가리지 않는다는 추악한 면을 세밀하게 드러내 큰 파문을 불러일으킨다.

더욱이 영화 소재가 실화를 근거로 했다는 점 때문에 '스캔들 뒤에 감추어진 진실 된 이야기가 세상을 뒤흔들어 놓다 The true story behind the scandal that shook the world'는 선전 문구가 더욱 실감 나게 다가오게 된다.

조시 싱어 Josh Singer와 탐 맥카시 Tom McCarthy의 공동 각본 원안은 2001년 여름으로 거슬러 올라간다.

보스턴 글로브 신임 편집국장 마티 배런(리브 슈라이버).

30여 년에 걸쳐 수십 명의 어린 아동을 성추행한 혐의로 기소된 지역 교구 가톨릭 신부의 행적을 심층 취재 보도할 것으로 지시한다.

가톨릭 교단의 입김이 강한 보스턴 지역 사회의 거센 반발에 대항하며 일선 취재 기자들은 600여건의 취재 기사를 순차적으로 보도 하면서 그동안 90여명의 사제들이 성 추행을 자행해 왔다는 엄청난 비리를 폭로한다.

'스포트라이트'팀의 집요한 취재를 통해 2002년부터 교단에서 은밀하고 광범위하게 자행된 추한 행적이 보도되기 시작한다.

이어 온갖 압박과 방해를 물리치고 진실 보도를 추구한 취재 팀은 2003년 퓰리처상을 수여 받게 된다.

영화는 공개 직후 '언론의 본연의 역할은 무엇인가를 새삼 일깨워 주는 동시에 정의는 불법에 대해 반드시 승리한다는 것을 다시 한 번 깨우쳐 준 저널 영화의 수작'이라는 찬사가 쏟아진다.

〈어벤져스〉 시리즈와 〈비긴 어게인〉을 통해 여성 팬들을 사로잡은 마크 러팔로가 이번 영화에서는 진실을 밝히기 위해 올인 하는 열혈 기자 마이크 역을 갈채를 받아낸다.

이어 탐사 취재 팀의 홍일점인 사샤역은 〈어바웃 타임〉의 사랑스런 히로인 레이첼 맥아담스가 맡아 연기 변신에 성공한다.

〈버드맨〉으로 진중한 연기를 펼쳐준 중견 배우 마이클 키튼은 스포트라이트 팀장 역을 맡아 진실 보도 진두지휘하는 진중한 연기를 펼쳐주고 있다.

〈매드 맥스: 분노의 도로〉, 조지 밀러 '세상은 모두 미쳤다'고 주장

'희망을 갖는 건 실수야. 내 망가져 버린 삶을 되돌릴 수 없다면 결국 미쳐 버릴거야' -맥스(탐 하디)

'희망이 없는 삶을 헤매이는 우리가 더 나은 삶을 위해 최후로 가야 할 곳은 어디인가?' -맥스(탐 하디)

'핵 전쟁 여파로 황무지로 변한 22세기. 물과 기름을 소유한 자가 세상을 지배하고 있다. 사막을 떠돌던 맥스(탐 하디)는 노예로 끌려가고 폭정에 반발한 여성 사령관 퓨리오사(샤를리즈 테론)의 반격 작전이 광기(狂氣) 속에 펼쳐지고 있다' -『엔터테인먼트 위클리』

* 제3차 세계 대전 이후 지구는 폐허로 돌변 *법을 무시하는 온갖 불한당들의 출현 *물과 기름이 새로운 권력 도구로 등장 *생태계 파괴로 기형 인간들의 탄생 *정의와 부정이 복잡하게 혼재된 세상

34살의 패기만만한 호주 출신 감독 조지 밀러가 선보인 미래 묵시록적 메시지를 담고 있는 〈매드 맥스 Mad Max〉(1979).

폭주족에 의해 사랑하는 가족을 잃게 된 LA 순찰대원 맥스(멜 깁슨). 공권력을 집행하는 와중에 개인적인 복수심을 결합시켜 미친 맥스의 범죄 소탕전을 펼쳐주면서 흥행가를 강타한다.

이 소재는 〈매드 맥스 2 : 로드 워리어 Mad Max II : The Road Warrior〉(1981) 〈매드 맥스 3 : 비욘드 선더돔 Mad Max III : Beyond Thunderdome〉(1985)로 연속 공개되면서 1980년대 프랜차이즈 히트 영화의 대명사로 각광 받는다.

그 후 70세의 노익장인 된 조지 밀러가 핵전쟁 이후 황무지로 돌변한 세상에서 물과 기름을 독점해서 세상을 통치하고 있는 독재자 임모탄 조(휴 키스-번)의 횡포에 맞선 열혈 여전사 리오사(샤를리즈 테론)를 내세워 다시 한 번 흥행가에 미친 맥스 신드롬을 불러일으킨 작품이 〈매드 맥스: 분노의 도로〉이다.

〈레버넌트: 죽음에서 돌아온 자〉, 원한 맺힌 사냥꾼의 처절한 복수극

'1820년대, 아들과 동료와 팀을 이뤄 동물 가죽 채취를 위한 탐험에 나선 사냥꾼.

사냥 도중 거대한 회색 곰의 공격을 받고 치명적 부상을 당한다. 냉혹한 동료는 부상당한 사냥꾼을 죽이려 하고 이에 반항하는 어린 아들을 죽이고 사냥꾼도 살아 있는 채 매장시킨다.

극적으로 살아난 사냥꾼. 그의 처절한 복수극이 혹독한 추위 속에서 펼쳐진다' -『버라이어티』

멕시코 출신 알레한드로 G. 이냐리투 Alejandro G.

Iñárritu가 공동 각색과 연출을 맡아 공개한 〈레버넌트: 죽음에서 돌아온 자 The Revenant〉.

믿었던 동료 사냥꾼이 자행한 배신을 응징하기 위해 펼쳐지는 액션 모험극은 마이클 펑크 Michael Punke가 1824년 필라델피아 지역 일간지에 기고한 변호사의 글을 바탕으로 구성한 실화 소설 『레버넌트: 복수의 소설 The Revenant: A Novel of Revenge』 일부를 영상으로 옮긴 것이다.

1823년, 문명의 혜택이 미치지 않은 황량한 대륙, 직업에 대한 자부심이 가득한 전설적 사냥꾼. 지나친 오만을 응징하려는 듯 거대한 곰의 공격을 받고 성대까지 치명적 부상을 당해 의사소통을 제대로 하지 못하게 된다. 믿었던 동료의 배신과 그가 자행한 어린 아들의 사살. 세상의 모든 한(恨)을 품은 듯한 복수의 일념을 갖고 동료 추적에 나선 사나이의 행적은 거친 산악 지대 풍경만큼 건조한 사연을 펼쳐 주고 있다.

'복수는 신의 뜻대로'라는 원주민의 잠언대로 사냥꾼 휴는 복수의 대상 피츠제럴드가 마침내 인디언 족에게 잡혀 두피가 벗겨지는 처형을 당하는 것을 지켜보게 된다.

공개 직후 『엠파이어』는 '미국 서부 개척시대 1급 사냥꾼 휴 글래스. 그가 들려주는 생고기처럼 비린내 나는 복수 사연'이라는 칭송을 보낸다.

실존 인물 휴 글래스는 흥미진진한 서부 개척사를 장식해 주고 있는 모험가로 알려져 있다.

모피 회사 소속 사냥꾼으로 재직하고 있었던 그가 사냥꾼들이 가장 두려워 하는 회색 곰의 공격으로 치명적 부상을 당하지만 동료들의 배신으로 죽음의 문턱까지 갔다 극적으로 생환했다는 사연은 언론 보도를 통해 널리 알려지게 됐다고 한다.

실화 소설을 접하고 알레한드로 G. 이냐리투 감독은 '죽음 직전까지 가는 부상 그리고 자식의 죽음을 목격하는 등 인생의 나락까지 떨어졌을 때 인간은 어떤 행동을 할 수 있을 것인가?'에 대한 궁금증을 가졌다면서 '휴 글래스라는 실존 인물은 극한적 고난에 처해 있을 때 우리가 고단한 삶을 극복해 나갈 수 있는 등대와 같은 메시지를 전달해 주고 있는 인물'이라고 평가하고 있다.

휴 글래스 역을 통해 완숙한 연기자로 평가를 받게 된 레오나르도 디카프리오는 '촬영이 진행 되는 동안 인간의 정신력과 생존 본능의 위대함을 깨닫게 됐다'고 배역에 대한 만족감을 표시한다.

영화 공개 후 실존 인물 휴 글래스의 말년 행적은 영화와는 다르다는 이야기가 공개돼 영화가 이슈를 제공한다.

즉, 글래스는 피츠제럴드가 군인 신분이었기 때문에 영화처럼 복수를 하지 못했다고 한다.

이후 1833년, 휴 글래스는 유니온 요새 주변에서 사냥꾼 일을 계속 하다가 옐로 스톤 강 주변에서 인디언 어리커러 족의 습격을 받고 사망했다고 한다. 향년 53세.

한편 인간과 동물의 거친 숨소리, 몸을 움츠러들게 만드는 거친 자연의 소리, 생존과 복수심 본능을 일깨워 주는 비올라와 첼로의 신경을 거슬리게 하는 배경 음악은 일본 출신 류이치 사카모토의 솜씨. 배경 음악 작곡자로 알바 노토 Alva Noto가 참여한 것이 걸림돌이 되어 아쉽게도 작곡상 최종 본심 5편 명단에 추천 받지 못한다.

1989년 〈마지막 황제〉에서 데이비드 반, 콩 수 등과 공동 작곡상을 수상한 경력을 갖고 있다.

사카모토는 이냐리투 감독의 전작 〈바벨〉의 일부 배경곡 작곡을 기회로 인연을 맺었다.

〈헤이트풀 8〉, 다시 펼쳐진 타란티노 스타일의 인간 탐욕기

할리우드 악동 쿠엔틴 타란티노의 〈헤이트풀 8 The Hateful Eight〉은 감독의 특기처럼 이해관계가 다른 여러 부류의 인물을 등장시켜 서로간의 불신과 탐욕이 얽혀 비극적 사건을 불러일으킨다는 설정을 펼쳐주고 있다.

교수형 집행인 존 루스(커트 러셀), 현상금 사냥꾼 마르퀴스 워렌 소령(사뮤엘 L. 잭슨), 거친 남성들 틈바구니에 끼여 있는 유일한 여죄수 데이지 도머그(제니퍼 제이슨 리), 리틀 맨 오스왈도 모브레이(팀 로스), 연합군 장교 샌디 스미더스(브루스 던), 이방인 밥(데미안 비쉬어), 카우보이 조 게이지(마이클 매드슨), 보안관 크리스 매닉스(월튼 고긴스) 등이 주요 8인의 면면.

현상금을 노리고 자행되는 의혹의 독살 사건을 비롯해 남부군에 대한 지독한 경멸을 드러내고 있는 북부 출신 흑인 등을 내세워 복잡다단한 복수와 응징의 스토리를 들려주고 있다.

라스트 엔딩 곡으로 흘러나오는 '집으로 귀환하는 사람은 몇 명 없네'라는 의미의 선율 'There won't be many coming home'은 이해관계가 엇갈리면 동료들도 냉혹하게 처치하고 돈을 위해 신념 등을 쉽게 변절하는 풍경을 보여주고 있다.

『할리우드 리포터』는 '서로의 잇점이 맞아 떨어지면 어제의 적도 오늘의 동지가 될 수 있으며 역으로 어제 동료가 곧바로 제거해야 할 대상이라는 타란티노 스타일의 아이러니한 인간의 속성을 다시 한 번 깨우쳐 주고 있는 미스테리 범죄 스릴러'라는 호평을 보낸다.

『롤링 스톤』은 '증오의 8인이라는 제목은 이해관계가 극명하게 갈려 있는 8명의 주요 등장인물들이 풍겨주고 있는 서스펜스를 극대화시키는 요소가 되고 있다. 각자가 갖고 있는 속내를 감춘 비밀은 눈이 가득 쌓여 있는 어느 날 독살 사건이 벌어지면서 하나하나 노출 된다는 설정을 통해 완벽한 긴장감을 선사하고 있다'는 칭송을 보낸다.

타란티노 감독은 공개 직후 가진 인터뷰를 통해 '사방이 눈으로 가득 쌓여 있는 산장의 모습은 그 공간 속에 들어가 있는 이들이 생존할 수 없을 것이라는 긴박함을 전달시켜 주는 장치'라고 역설하면서 '눈으로 가득 차 있는 드넓은 공간은 스노우 웨스턴 서스펜스라는 새로운 스타일의 서부극만의 특징을 드러내 주는 무대 장치라고 할 수 있다'는 설명을 해주고 있다.

숙적 스펙터와 유착설로 위기에 빠진 제임스 본드 <스펙터>

멕시코에서 일어난 폭발 테러 책임을 물어 영국 정부는 첩보 조직 MI6의 해체를 고려하게 된다.

이런 긴박한 위기 상황 속에서 본드가 악의 조직 스펙터와 한때 유착 관계에 있었다는 비밀 정보가 누설된다.

MI6은 즉각 조직을 보호하기 위해 본드를 제명한다.

이에 본드는 무고한 혐의를 벗기 위한 힘겨운 여정에 나선다.

샘 멘데스가 메가폰을 잡은 〈스펙터〉의 타이틀 '스펙터'는 국제 범죄 조직의 대명사.

'SPECTRE: SPecial Executive for Counter-intelligence, Terrorism, Revenge and Extortion'의 축약어.

조직 명칭에서도 설명되어 있듯이 '첩보, 테러, 복수, 강탈을 자행하는 조직'이다.

스펙터는 007 본드 1부 〈살인 번호 Dr. No〉(1962)의 악인 닥터 노가 스펙터의 1급 조직원으로 설정되면서 본드 시리즈와 끈질긴 인연을 이어간다.

스펙터의 두목은 에른스트 스타브로 블로펠드.

그의 존재는 본드 2부 〈007 위기일발 Ian Fleming's From Russia With Love〉(1963)에서 고양이를 쓰다듬는 손만 보여주어 음산한 두려움을 안겨 준다.

본드와 영국 정보부의 가장 큰 숙적으로 지목 된 블로펠드는 임무에 실패한 부대원들은 즉시 제거하는 잔혹한 방법을 사용해 원성을 높이게 된다.

블로펠드는 피터 R. 헌트 감독, 조지 레젠비 주연의

6부 〈여왕 폐하 대작전 On Her Majesty's Secret Service〉(1969)에서 본드의 아내 트레이시(다이아나 리그)를 결혼식 당일 습격해 처지하는 만행을 자행해 본드의 복수를 자초하게 된다.

존 글렌이 메가폰을 잡은 12부 〈유어 아이스 온리 For Your Eyes Only〉(1981) 오프닝에서 헬기에 탄 제임스 본드(로저 무어)를 죽이려다 굴뚝에서 추락사하는 것으로 종결된다.

당시 스펙터와 블로펠드(로버트 리티)의 갑작스런 퇴장은 저작권 분쟁이 초래한 조치로 알려졌다.

이후 2000년 MGM/ UA가 스펙터의 저작권을 회수하면서 24부 제목으로 〈스펙터〉가 다시 등장하게 된 것이다.

하지만 여러 개연성이 부족한 전개 때문에 007 마니아들의 실망을 불러일으킨 〈스펙터〉.

그나마 위안을 얻은 것은 2015년 57회 그래미 어워드 '올 해의 레코드' '올 해의 노래' '최우수 신인상' '베스트 팝 보컬 앨범상'을 수상한 영국 출신 샘 스미스가 불러주는 주제곡 'Writing's On the Wall'이라고 지목 받았다.

수상식 후 이야기

88회 아카데미 시상식은 여러 분란을 야기 시키는 가운데 진행돼 다소 어수선한 분위기를 조성됐다.

'백인 중심의 오스카 시상식이 개선되어야 한다'는 여론이 비등해 지면서 시상식 장소인 돌비 극장 부근에는 전국행동네트워크(NAN)의 알 샤프턴 목사 등이 비판 시위를 주도한다.

더욱이 '수돗물에서 납 성분이 유출됐다'는 환경 재난 때문에 비상사태가 선포된 미시간 주 플린트 시의 자선 행사에 다수의 감독과 연기자들이 참석하는 바람에 아카데미 시상식 관심은 본의 아니게 축소되게 된다.

특히 관객과 평단의 호평을 얻었던 〈컨커션〉의 윌 스미스가 후보에도 지명 받지 못하자 행사장에 불참한다.

여기에 흑인 감독 스파이크 리도 '백인들의 잔치'라고 비난하면서 행사장 불참석을 통보한다.

노령 배우 마이클 케인도 '연기자들은 피부색이 아니라 실력으로 평가 받아야 한다'며 시상식 불참을 선언한다.

'오스카는 백인들만의 잔치'라는 논란이 거세진 여론을 반영하듯 셰릴 분 아이작스 아카데미 협회 위원장은 시상대에 등장해 '아카데미 회원 여러분이 포용성을 존중하고 그러한 행동을 취해야 한다'고 발언, '화이트 오스카라는 지적에 대해 개선해 나갈 것임을 시사한다.

88회 시상식은 코미디언 겸 흑인 배우 크리스 록이 진행자로 나섰으며 시상자로 흑인 배우 및 연예인들이 대거 등장해 '흑인들의 아카데미 시상식장 같은 아이러니한 분위기가 조성된다.

크리스 록은 상의와 하의를 화이트와 블랙으로 착용해, 흑백 화합을 상징하는 제스추어를 보여준다.

이어 '올 해는 그 어느 해 보다 논란이 많은 시상식'이라고 운을 뗀 뒤 '올 해 오스카 후보자 중에는 흑인이 단 한 명도 없다. 내가 사회자가 아닌 후보였다면 이 자리에 오르지 못했을 것'이라고 독설을 날린다.

88회 아카데미 시상식에서는 87회와 동일하게 감독, 남녀 주, 조연상 등 시상 핵심 부문에서 흑인 영화인들이 한 명도 지명 받지 못했다.

이런 상황을 염두에 둔 듯 록은 '흑인 동료들은 이번 시상식을 보이콧해야 한다고 했지만 실업자인 내가 이 자리를 마다하면 결국은 87회 진행을 맡았던 백인 배우 닐 패트릭 해리스에게 진행 기회가 넘어갈 것 같아 진행을 하게 됐다'며 '흑인 배우들은 늘 백인과 동등한 기회를 원하고 있다. 레오나르도 디카프리오가 맡은 배역은 흑인 배우들에게는 기회조차 없다'고 비판의 목소리를 높인다.

부문상 후보에는 오르지 못했지만 대신 시상자로 흑인 연예인들이 대거 무대에 등장한 것도 이 해 시상식만의 특징이 된다.

작곡상과 주제가상 시상자로는 퀸시 존스와 퍼렐 윌리암스, 커먼과 존 레전드가 무대에 오른다.

시상식 여흥을 위해 마련된 축제 공연에서도 영화 〈조이〉의 히로인 조이(제니퍼 로렌스) 배역을 우피 골드버그가 맡아서 등장했고 크리스 록은 〈마션〉 주인공 마크(맷 데이먼) 역할로 출연해 이벤트 즉석 공연을 펼쳐준다.

시상식 도중 흑인과 아시아 소년, 소녀들로 구성된 LA 걸 스카우트 단원들이 객석을 돌면서 쿠키를 팔러 오는 행사가 펼쳐지기도 했다.

한국 배우 이병헌이 소피아 베르가라와 함께 외국어 영화상 시상자로 무대에 올라 헝가리 영화 〈사울의 아들〉의 라즐로 네메스 감독에게 트로피를 전달했는데 이것 또한 시상자 구성을 다양화했다는 것을 보여주려는 의도였다는 풀이를 받는다.

노익장 흑인 배우 모건 프리만은 작품상 수상작 〈스포트라이트〉의 시상자로 행사 대미를 장식한다.

유력한 작품상 수상작으로 〈레버넌트: 죽음에서 돌아온 자〉 〈매드 맥스: 분노의 도로〉 〈스포트라이트〉가 경합을 벌인 끝에 가톨릭 사제들의 10대 소년 성추행 사건을 폭로한 〈스포트라이트〉가 작품과 각본상을 가져간다.

70대 조지 밀러가 흡사 뮤직 비디오와 같은 감각적인 영상을 펼쳐 주었던 〈매드 맥스〉는 감독상에서는 밀려 나고 기술 부문상을 독식하는 것으로 만족해야 했다.

〈레버넌트〉에서 혹한의 설원 풍경과 날 짐승들의 움직임을 화면에 담아냈던 엠마누엘 루베즈키는 〈그래비티〉 〈버드맨〉에 이어 아카데미 3년 연속 촬영상을 수상하는 위업을 달성한다.

후보작 중 〈마션〉 〈캐롤〉 〈스타워즈: 깨어난 포스〉 등은 예술과 공상 과학 영화라는 한계를 극복하지 못해 무관에 그쳤고 〈시카리오: 암살자의 도시〉 촬영 감독 로저 디킨스는 무려 12번의 지목을 받았지만 올 해도 수상해 실패하는 불운의 스탭진이 된다.

〈스파이 브릿지〉의 토머스 뉴먼도 8번째 작곡상에 지명 받았지만 역시 트로피 획득에 실패하고 만다.

그나마 이슈가 된 소식은 레오나르도 디카프리오가 〈레버넌트〉로 대망의 남우상 수상자로 지명 받았다는 것.

알레한드로 곤살레스 이냐리투는 87회 〈버드맨〉에 이어 감독 2연패의 위업을 달성한다.

업적에 비해 상복이 없던 이태리 출신 엔니오 모리코네.

그동안 작곡 부문에 5번을 지명 받았지만 번번이 수상에 실패했는데 88세 나이에 6번째 지명작 〈헤이트풀 8〉로 대망의 작곡상 수상자로 호명돼 시상자 퀸시 존스로부터 오스카 트로피를 수여 받아 객석의 기립 박수를 받아낸다.

조연 남우상 부문에서는 실베스타 스탤론이 골든글러브 조연 남우상을 수상했던 복서 영화 〈크리드〉에서 자신의 트레이드 마크인 록키 발보아 역으로 연이은 수상을 노렸지만 스필버그가 제작을 맡은 냉전 시대 영화 〈스파이 브릿지〉의 마크 라이랜스에게 수상 영예를 넘겨주고 만다.

소프라노 조수미가 불러준 영화 〈유스 Youth〉의 주제가 'Simple Song #3'이 주제가상 후보로 지명됐지만 수상에 실패한다.

6분짜리 클래식 분위기의 노래를 3분으로 축약한 것에 난색을 표해 그녀의 축하 공연 무대도 무산된다.

제88회 2015 노미네이션, 수상자 총 리스트

작품상 Best Picture

* 〈스포트라이트 Spotlight〉
〈빅 쇼트 The Big Short〉
〈스파이 브릿지 Bridge of Spies〉
〈브룩클린 Brooklyn〉
〈매드 맥스: 분노의 도로 Mad Max: Fury Road〉
〈마션 The Martian〉
〈레버넌트 The Revenant〉
〈룸 Room〉

감독상 Best Director

* 알레란드로 G. 이냐리투 Alejandro G. Iñárritu-〈레버넌트 The Revenant〉
아담 맥케이 Adam McKay-〈빅 쇼트 The Big Short〉
조지 밀러 George Miller-〈매드 맥스: 분노의 도로 Mad Max: Fury Road〉
레니 아브라함슨 Lenny Abrahamson-〈룸 Room〉
탐 맥카시 Tom McCarthy-〈스포트라이트 Spotlight〉

남우상 Best Actor

* 레오나르도 디카프리오 Leonardo DiCaprio-〈레버넌트 The Revenant〉
브라이온 크랜스톤 Bryan Cranston-〈트럼보 Trumbo〉
맷 데이먼 Matt Damon-〈마션 The Martian〉
마이클 파스벤더 Michael Fassbender-〈스티브 잡스 Steve Jobs〉
에디 레드메인 Eddie Redmayne-〈덴마크 소녀 The Danish Girl〉

여우상 Best Actress

* 브리 라슨 Brie Larson-〈룸 Room〉
케이트 블랑쉬 Cate Blanchett-〈캐롤 Carol〉
제니퍼 로렌스 Jennifer Lawrence-〈조이 Joy〉
샤로트 램플링 Charlotte Rampling-〈45년 45 Years〉
시얼샤 로난 Saoirse Ronan-〈브룩클린 Brooklyn〉

조연 남우상 Best Supporting Actor

* 마크 라이랜스 Mark Rylance-〈스파이 브릿지 Bridge of Spies〉
크리스찬 베일 Christian Bale-〈빅 쇼트 The Big Short〉
탐 하디 Tom Hardy-〈레버넌트 The Revenant〉
마크 러팔로 Mark Ruffalo-〈스포트라이트 Spotlight〉
실베스타 스탤론 Sylvester Stallone-〈크리드 Creed〉

조연 여우상 Best Supporting Actress

* 알리시아 비칸더 Alicia Vikander-〈덴마크 소녀 The Danish Girl〉
제니퍼 제이슨 리 Jennifer Jason Leigh-〈헤이트풀 8 The Hateful Eight〉
루니 마라 Rooney Mara-〈캐롤 Carol〉
레이첼 맥아담스 Rachel McAdams-〈스포트라이트 Spotlight〉
케이트 윈슬렛 Kate Winslet-〈스티브 잡스 Steve Jobs〉

각본상 Best Original Screenplay

* 〈스포트라이트 Spotlight〉-탐 맥카스 Tom McCarthy, 조시 싱거 and Josh Singer
〈브릿지 스파이 Bridge of Spies〉-맷 차만 Matt Charman
〈엑스 맥시나 Ex Machina〉-알렉 가랜드 Alex Garland
〈인사이드 아웃 Inside Out〉-피트 닥터 Pete Docter
〈스트레이트 아웃터 콤톤 Straight Outta Compton〉-조나단 허만 Jonathan Herman

각색상 Best Adapted Screenplay

* 〈빅 쇼트 The Big Short〉-아담 맥케이 Adam McKay

〈브룩클린 Brooklyn〉-닉 혼비 Nick Hornby

〈캐롤 Carol〉-필리스 나기 Phyllis Nagy

〈마션 The Martian〉-드류 고다드 Drew Goddard

〈룸 Room〉-엠마 도노휴 Emma Donoghue

애니메이션 장편 영화상

Best Animated Feature Film

* 〈인사이드 아웃 Inside Out〉-피트 닥터 Pete Docter

〈아노말리사 Anomalisa〉-찰리 카프만 Charlie Kaufman

〈소년과 세계 Boy and the World〉-알레 아브루 Alê Abreu

〈숀 더 쉽 무비 Shaun the Sheep Movie〉-마크 버튼 Mark Burton

〈마니가 있을 때 When Marnie Was There〉-히로마사 오네바야시 Hiromasa Yonebayashi

외국어 영화상 Best Foreign Language Film

* 〈사울의 아들 Son of Saul〉(헝가리)

〈뱀의 신봉(信奉) Embrace of the Serpent〉(콜롬비아)

〈무스탕 Mustang〉(프랑스)

〈팁 Theeb〉(요르단)

〈전쟁 A War〉(덴마크)

장편 다큐멘터리상 Best Documentary-Feature

* 〈아미 Amy〉-아시프 카파디아 Asif Kapadia

〈카르텔 랜드 Cartel Land〉-매튜 하인맨 Matthew Heineman

〈룩 오브 사이런스 The Look of Silence〉-조수아 오펜하이머 Joshua Oppenheimer

〈미스 시몬에게 무슨 일이? What Happened, Miss Simone?〉-리즈 가버스 Liz Garbus

〈겨울 화재 Winter on Fire: Ukraine's Fight for Freedom〉-이게니 아프니프스키 Evgeny Afineevsky

단편 다큐멘터리상

Best Documentary-Short Subject

* 〈강가의 소녀 A Girl in the River: The Price of Forgiveness〉-샤민 오베이드-치노이 Sharmeen Obaid-Chinoy

〈바디 팀 12 Body Team 12〉-데이비드 다그 David Darg

〈추, 비욘드 더 라인 Chau, Beyond the Lines〉-코트니 마시 Courtney Marsh

〈클로드 랜즈맨 Claude Lanzmann: Spectres of the Shoah〉-아담 벤진 Adam Benzine

〈자유의 마지막 날 Last Day of Freedom〉-디 히버트-존스 Dee Hibbert-Jones

라이브 액션 단편상 Best Live Action Short Film

* 〈셔터러 Stutterer〉-벤자민 클리 Benjamin Cleary

〈아베 마리아 Ave Maria〉-에릭 두퐁 Eric Dupont

〈데이 원 Day One〉-헨리 휴즈 Henry Hughes

〈에브리씽 윌 비 오케이 Everything Will Be Okay〉-패트릭 볼라스 Patrick Vollrath

〈소크 Shok〉-제이미 도나휴 Jamie Donoughue

단편 애니메이션상 Best Animated Short Film

* 〈곰 이야기 Bear Story〉-파토 에스칼라 Pato Escala

〈프로로그 Prologue〉-이모겐 서튼 Imogen Sutton

〈산제이 슈퍼 팀 Sanjay's Super Team〉-니콜 그린들 Nicole Grindle

〈코스모스 없이 살기 어렵다 We Can't Live Without Cosmos〉-콘스탄틴 브론지트 Konstantin Bronzit

〈내일의 세계 World of Tomorrow〉-돈 헤츠펠트 Don Hertzfeldt

작곡상 Best Original Score

* 〈헤이트풀 8 The Hateful Eight〉-엔니오 모리코네 Ennio Morricone

〈스파이 브릿지 Bridge of Spies〉-토마스 뉴먼 Thomas Newman

〈캐롤 Carol〉-카터 버웰 Carter Burwell

<시카리오 Sicario>-요한 요한슨 Jóhann Jóhannsson
<스타 워즈: 깨어난 포스 Star Wars: The Force Awakens>-존 윌리암스 John Williams

주제가상 Best Original Song

* 'Writing's on the Wall', <스펙터 Spectre>-지미 네이플 Jimmy Napes
'Earned It', <그레이의 50가지 그림자 Fifty Shades of Grey>-아마드 발시 Ahmad Balshe
'Manta Ray', <레이싱 익스팅션 Racing Extinction>-J. 랄프 J. Ralph
'Simple Song #3', <유스 Youth>-데이비드 랭 David Lang
'Til It Happens to You', <헌팅 그라운드 The Hunting Ground>-레이디 가가 Lady Gaga

사운드 편집상 Best Sound Editing

* <매드 맥스: 분노의 도로 Mad Max: Fury Road>-마크 A. 맨지니 Mark A. Mangini
<마션 The Martian>-올리버 타니 Oliver Tarney
<레버넌트 The Revenant>-마틴 헤르난데즈 Martin Hernández
<시카리오 Sicario>-알란 로버트 머레이 Alan Robert Murray
<스타 워즈: 깨어난 포스 Star Wars: The Force Awakens>-매튜 우드 Matthew Wood

사운드 믹싱상 Best Sound Mixing

* <매드 맥스: 분노의 도로 Mad Max: Fury Road>-크리스 젠킨스 Chris Jenkins
<스파이 브릿지 Bridge of Spies>-앤디 넬슨 Andy Nelson
<마션 The Martian>-폴 마세이 Paul Massey
<레버넌트 The Revenant>-존 테일러 Jon Taylor
<스타 워즈: 깨어난 포스 Star Wars: The Force Awakens>-앤디 넬슨 Andy Nelson

프러덕션 디자인상 Best Production Design

* <매드 맥스: 분노의 도로 Mad Max: Fury Road>-콜린 깁슨 Colin Gibson
<스파이 브릿지 Bridge of Spies>-아담 스톡하우센 Adam Stockhausen
<덴마크 소녀 The Danish Girl>-이브 스튜어트 Eve Stewart
<마션 The Martian>-아서 맥스 Arthur Max
<레버넌트 The Revenant>-잭 피스크 Jack Fisk

촬영상 Best Cinematography

* <레버넌트 The Revenant>-엠마누엘 루베즈키 Emmanuel Lubezki
<캐롤 Carol>-에드워드 라치맨 Edward Lachman
<헤이트풀 8 The Hateful Eight>-로버트 리차드슨 Robert Richardson
<매드 맥스: 분노의 도로 Mad Max: Fury Road>-존 실즈 John Seale
<시카리오 Sicario>-로저 디킨스 Roger Deakins

메이크업 & 헤어스타일상 Best Makeup and Hairstyling

* <매드 맥스: 분노의 도로 Mad Max: Fury Road>-레슬리 밴더월트 Lesley Vanderwalt
<창밖으로 사라진 100세 노인 The 100-Year-Old Man Who Climbed Out of the Window and Disappeared>-러브 라슨 Love Larson
<레버넌트 The Revenant>-시안 그리그 Siân Grigg

의상 디자인상 Best Costume Design

* <매드 맥스: 분노의 도로 Mad Max: Fury Road>-제니 비밴 Jenny Beavan
<캐롤 Carol>-샌디 파웰 Sandy Powell
<신데렐라 Cinderella>-샌디 파웰 Sandy Powell
<덴마크 소녀 The Danish Girl>-파코 델가도 Paco Delgado
<레버넌트 The Revenant>-재클린 웨스트 Jacqueline West

필름 편집상 Best Film Editing

* <매드 맥스: 분노의 도로 Mad Max: Fury Road>-마가렛 식셀 Margaret Sixel

〈빅 쇼트 The Big Short〉-행크 코윈 Hank Corwin
〈레버넌트 The Revenant〉-스테판 미리온 Stephen Mirrione
〈스포트라이트 Spotlight〉-탐 맥아들 Tom McArdle
〈스타 워즈: 깨어난 포스 Star Wars: The Force Awakens〉-메리안 브랜든 Maryann Brandon

시각 효과상 Best Visual Effects

* 〈엑스 마시나 Ex Machina〉-마크 아딩톤 Mark Ardington

〈매드 맥스: 분노의 도로 Mad Max: Fury Road〉-앤드류 잭슨 Andrew Jackson
〈마션 The Martian〉-앤더스 랑클랜즈 Anders Langlands
〈레버넌트 The Revenant〉-리치 맥브리지 Rich McBride
〈스타 워즈: 깨어난 포스 Star Wars: The Force Awakens〉-크리스 코볼드 Chris Corbould

아카데미 명예상 Academy Honorary Awards

* 스파이크 리 Spike Lee
* 지나 롤랜즈 Gena Rowlands

진 허솔트 박애주의상
Jean Hersholt Humanitarian Award

* 데비 레이놀즈 Debbie Reynolds

최다 후보작 및 수상작

〈레버넌트 The Revenant〉-12개 부문 후보
〈매드 맥스: 분노의 도로 Mad Max: Fury Road〉-6개 부문 수상

<라 라 랜드>, <문라이트>에 작품상 뺏겨

제89회 아카데미는 2016년 미국 흥행 시장에서 공개된 우수 작품 중 24개 부문에서 수상작(자)를 선정하였다.

진행자로 코미디언 지미 킴멜 Comedian Jimmy Kimmel이 초빙된다.

작품상은 <문라이팅>이었지만 시상자 워렌 비티가 <라 라 랜드>로 잘 못 호칭하는 대참사가 벌어지게 된다.

작품상을 넘겨주었지만 <라 라 랜드>는 14개 지명을 받아 감독, 여우상 등 6개를 수상해 이 해 시상식 최대 수상자 명예를 차지하게 된다.

이어 <핵소 리지 Hacksaw Ridge> <맨체스터 바이 더 시 Manchester by the Sea> <펜스 Fences> 등이 화려한 축제를 빛내주는 작품이 된다.

미국 전역으로 생중계된 시상식은 3,300만명이 시청 viewed by 33 million people in the United States 한 것으로 집계된다.

시상식 : 2017년 2월 26일 6:00 PM

장　소 : L A 돌비 극장 Dolby Theatre Hollywood, Los Angeles, California, U.S.

사　회 : 지미 킴멜 Jimmy Kimmel, ABC 중계

제89회 아카데미 공식 포스터. © A.M.P.A.S/ Osc

연기상 부분, 흑인 영화인들의 대거 진입

89회 아카데미를 앞두고 할리우드에서 발간되는 각종 영화 전문지에서는 수상 예측과 작품 선정 경향 등을 분석하는 기사들을 보도한다.

특히 전년도 88회 아카데미 주요 수상자는 100% 백인들로 채워져 시상식이 끝난 뒤 '오스카는 너무 흰색 #OscarstSoWhite'이라는 비판이 쏟아졌다.

이때부터 미국 뿐 아니라 유럽 영화권에서는 '아카데미 회원들이 지나치게 경직되어 있으며 영화계의 다양성을 고의로 방해하고 있는 것은 아닌가?'라는 비판의 목소리가 높아지기 시작한다.

예상하지 못한 거센 비난이 날로 격화될 조짐을 보이자 AMPAS 회장 데이브 루빈 Dave Rubin은 '향후 AMPAS 회원을 추가 선정하고자 할 때 여성과 소수 인종의 비율을 2배로 확대 시키겠다'는 성명서를 발표한다.

이 공약은 2016년 신입 회원 670여명을 임용 때부터 구체적으로 실천에 옮겨져 흑인, 히스패닉, 아시아 영화인(한국의 이창동, 박찬욱 감독, 배우 이병헌, 한국계 미국 감독 김소영 등) 등이 포함되는 다양성을 시도하게 된다.

신규 회원이 영입된 첫 번째 행사인 89회부터 구체적인 변화의 움직임이 감지된다.

〈문라이트〉의 배리 젠킨스는 감독상, 제임스 락스톤은 촬영상 후보에 지명 받는다.

이어 남우주연상 후보에는 〈펜스〉의 덴젤 워싱턴과 여우주연상 후보에는 〈러빙〉의 루스 네가, 조연 남우상에는 마허샬라 알리-〈문라이트〉, 조연 여우상 부문에는 비올라 데이비스-〈펜스〉와 나오미 해리스-〈문라이트〉, 옥타비아 스펜서-〈히든 피겨스〉 등 흑인 배우들이 주, 조연상 후보에 무려 6명이 호명 받아 89회 아카데미는 행사 역사상 최초로 흑인 배우가 최다 지명된 행사로 기록되게 된다.

주제가상 후보 린-마누엘 미란다 Lin-Manuel Miranda-〈모아나〉-도 라틴계로 알려져 전년도 비판이 이 해에는 '오스카는 흰색이 아니다 #Oscars-NotSoWhite'로 반전되는 분위기를 조성하게 된다.

후보작(자) 지명 결과 〈라 라 랜드〉가 작품, 감독, 남우, 여우, 각본, 촬영 등 무려 14개 후보에 이름을 올려 조셉 L. 맨케비츠 감독의 〈이브의 모든 것〉(1950), 제임스 카메론 감독의 〈타이타닉〉(1997)과 함께 아카데미 최다 후보작이라는 명예를 얻게 된다.

〈라 라 랜드〉 감독 다미엔 차젤은 데뷔작 〈위플래쉬〉로 2015년 어워드에서 조연 남우(J. K. 시몬즈), 필름 편집, 사운드 믹싱상 등 3개 부분을 차지한 전력을 갖고 있어 장래 행보가 촉망되는 유망한 감독으로 주목을 받게 된다.

제89회 감독상 부문에서는 〈핵소 리지〉의 멜 깁슨을 제외하고 〈라 라 랜드〉의 데미안 차젤, 〈문라이트〉의 배리 젠킨스, 〈어라이벌〉의 데니스 빌레뉴, 〈맨체스터 바이 더 씨〉의 케네스 로너간 등이 모두 신참급 감독군이여서 급격한 세대교체 바람이 불어오는 징조가 아닌가라는 견해도 제기 된다.

88회 때 스트리밍 업체 넷플릭스 제작의 〈비스트 오브 노 네이션〉이 적극적인 홍보 전략에서 주요 부분상 지명에 실패했는데 비해 89회 때는 아마존이 배급을 맡은 〈맨체스터 바이 더 씨〉가 작품, 감독, 주연상에 지명 받아 전통적인 메이저 영화사와 새로운 영화 감상 수단으로 떠오르고 있는 인터넷 스트리밍 서비스 업체의 치열한 대결이 펼쳐질 것임을 예고시켜 준다.

케이시 애플렉은 이미 '관객들은 늘 다양한 방식을 통해 자신들이 관람 욕구를 찾고 있다'고 강조해 넷플릭스와 아마존의 약진이 증가될 것임을 예고시킨다.

89회 아카데미는 다양성을 추구하려는 의지를 보였지만 앨리슨 슈뢰더가 〈히든 피겨스〉로 각색상 후보에 지명됐을 뿐 주요 부문상에서 여성 영화인들이 철저하게 외면당해 '오스카는 지나치게 남성 #Oscars-SoMale'이라는 해시태그가 등장하게 된다.

〈허트 로커〉의 캐스린 비겔로우가 유일하게 여성으로 감독상을 받는 등 아직도 핵심 부문에서 남성이 강력한 우위를 점령하고 있는 것이다.

또 하나 폭행 사건으로 구설수에 올랐던 멜 깁슨이 감독상, 〈아임 스틸 히어〉(2010)를 연출할 당시 여성 스탭을 성희롱한 혐의로 고소당했던 케이시 애플렉이 남우상 후보에 올랐다는 점 때문에 여성 영화인들의 반발이 제기됐다는 점도 행사를 주관하는 아카데미 협회를 곤욕스럽게 만들었다.

〈국가의 탄생〉(2016)의 네이트 파커 감독은 작품성은 인정받았지만 강간 전력으로 기소 당했다는 것이 밝혀지면서 후보 지명에서 탈락된 사례가 있었다.

여우상 후보자 중 케네디 대통령 영부인 재클린 케네디의 전기 영화 〈재키〉에서 실존 인물을 완벽하게 열연한 나탈리 포트만이 〈블랙 스완〉에 이어 여우상을 2연패 할 것인가가 관심을 끌어낸다.

89회 아카데미에서 슈퍼 히어로를 등장시킨 〈데드풀〉을 비롯해 2009년 뉴욕 비행기 추락사고 당시 탑승객 전원을 구한 파일럿 기장 셀렌버거의 실화를 극화한 클린트 이스트우드의 휴먼극 〈설리: 허드슨 강의 기적〉, 일본 엔도 슈사쿠의 명작 소설 『침묵』을 각색한 마틴 스콜세즈 감독의 서사극 〈사일런스〉, 덴젤 워싱톤이 〈그레이트 디베이터스〉(2007) 〈앤트원 피셔〉(2002)에 이어 3번째 연출작으로 공개한 1950년대 흑인 가족의 사연을 다룬 〈펜스〉가 주요 부문에서 제외 당했다는 것이 의외의 사건으로 언급된다.

이외 젊은 층들에게 가장 많은 관심을 받고 있는 것이 작곡 및 주제가상 부문.

〈원스〉(2006) 〈비긴 어게인〉(2013)에 이어 존 카니 감독의 3번째 음악 영화 〈싱 스트리트〉는 1980년대 더블린 소년의 성장기를 다채로운 배경 음악과 함께 펼쳐 준 작품.

수록 곡 중 'Drive It Like You Stole It'이 구매 열기를 받는 등 높은 관심을 얻었음에도 불구하고 주제가상에서 제외돼 열성 음악 팬들의 항의를 불러일으킨다.

한스 짐머와 퍼렐 윌리암스의 협업 작업으로 주목을 받았던 〈히든 피겨스〉에서 퍼렐 윌리암스가 불러준 주제곡 'Surrender'도 주제가상에서 제외돼 일말의 아쉬움을 남긴다.

주제가상 부문에서는 〈라 라 랜드〉가 'City of Stars' 'Audition (The Fools Who Dream)' 등 2곡을 올려놓아 유리한 고지를 선점한 형국이 된다.

〈라 라 랜드〉, 20대 청춘들의 꿈과 열정 그리고...

'꿈과 야망을 펼쳐 내는 도시 LA. 미래의 포부를 위해 이곳에 온 재즈 뮤지션 겸 피아니스트와 배우를 갈망하는 여성. 뜨겁게 사랑했지만 서로의 야망을 위해 각자의 길을 걷게 된다'-『할리우드 리포터』

'사람들은 다른 사람들의 열정에 끌리게 되어 있어. 자신이 잊은 것을 상기시켜 주니까'-미아(엠마 스톤)

'재능은 없고 하려고 하는 열정만 가득한 사람들 있잖아, 나도 그런 사람 중 하나 였나 봐'-미아(엠마 스톤)

'꿈을 꾸는 그댈 위하여, 비록 바보 같다 하여도, 상처 입은 가슴을 위하여, 우리의 시행착오를 위하여'-미아(엠마 스톤)

'그냥 이렇게 흘러가는 대로 해보자'-세바스찬(라이언 고슬링)

'우리 어디쯤 있는 거지? 그냥 흘러가는 대로 가보자'-미아(엠마 스톤)

'꿈꾸는 사람들을 위하여 부서진 가슴들을 위하여'-

미아(엠마 스톤)

'난 인생의 위기가 좋아 인생이 나에게 날리는 펀치를 계속 맞는 거야, 그러다 코너에 몰린 순간 결정적인 반격의 펀치를 날리는 거지'-세바스찬(라이언 고슬링)

다미엔 차젤 Damien Chazelle 각본, 감독의 〈라라 랜드 La La Land〉.

감칠맛 나는 대사를 가미시켜 20대 청춘 남녀가 열정적 사랑을 나누게 되지만 출세, 명성을 잡기 위한 인생 최종 목표를 위한 과정에서 애정은 허무하게 부스러지고 만다는 애절한 사연을 흡사 물이 흐르는 듯한 유려한 화면 속에서 펼쳐주어 갈채를 얻어낸 작품이다.

노래를 가미시킨 감칠 맛 나는 대사와 흡사 발레 공연을 보는 듯한 배우들의 유려한 제스추어가 2시간 8분 동안 매끄럽게 진행된다.

메가폰을 잡은 다미엔 차젤은 〈위플래쉬 Whiplash〉(2014)에 이어 〈라 라 랜드〉를 연속 공개하면서 21세기 뮤지컬 장르 영화의 패기 넘치는 감독으로 급부상 한다.

프랑스계 미국인 컴퓨터 전문가 부친과 캐나다 출신 미국 역사 교수 겸 작가 모친 사이에서 출생한 다미엔은 '그동안 영화계는 사랑, 성공, 열망 등이 여러 곡절 끝에 성취되는 것에 모든 초점을 맞추어 왔다. 난 〈위플래쉬〉 〈라 라 랜드〉를 통해 파도가 흔들리는 것이 아름답고 존재 가치가 더욱 빛을 발하듯이 완성된 결과보다는 그 과정에서 겪는 실패 혹은 시행착오도 의미가 있다는 것을 보여주고 싶었다. 이 때문에 〈라 라 랜드〉의 라스트 장면에서 한때 뜨겁게 사랑했지만 이제 결합할 수 없는 길을 가게 된 남녀 주인공들이 만감이 교차하는 눈빛을 교환하는 여운을 남겨 주는 미완성의 모습으로 마무리 한 것이다'는 연출론을 공개했다.

〈문라이트〉, 마약 거래상 + 동성애 등 흑인 소년이 겪는 순탄치 않은 인생 여정

'아프리카 출신 미국 흑인 소년. 반항적 청소년기를 거쳐 어른이 되면서 치열하게 겪는 인종 갈등과 동성애에 빠져 겪는 성적 정체성에 대한 고뇌를 다룬 작품'-『버라이어티』

배리 젠킨스 Barry Jenkins가 타렐 알빈 맥크레니 Tarell Alvin McCraney 원작을 각색하고 연출해서 공개한 작품이 〈문라이트 Moonlight〉.

'달빛을 쫓아 뛰어다니는 구나. 달빛 속에선 흑인 아이들도 파랗게 보이지'-후안(마허샬라 알리)

'언젠가는 뭐가 될 지 스스로 결정해야 해'-후안(마허샬라 알리)

'나는 너무 많이 울어서, 때로는 내가 눈물이 될 것 같아'-샤이론(애쉬톤 샌더스)

'흑인 소년이 성장하면서 겪는 인종 및 동성애에 빠져 고심하는 성적 정체성 드라마'라는 평가를 받으면서 작품, 남우 조연, 각색 등 3관왕을 차지한 〈문라이트〉의 잔잔한 공감을 넓힌 요소중 하나는 사운드트랙을 빼놓을 수 없다.

샤이론(트레반트 로즈)이 마약 중독자 어머니가 입원한 재활 병원으로 면회를 가는 장면.

어린 시절부터 어머니가 겪는 마약 중독을 지켜봤던 샤이론은 성장하면서 마약 중개상으로 생계를 꾸리는 아이러니한 상황에 빠져 있는 처지다.

샤이론이 오랜 동안 갖고 있던 마약쟁이 어머니의 처지를 이해하면서 되돌아가는 고속도로 장면.

이때 샤이론의 감정을 달래 주듯 흘러나오는 애틋한 보컬이 카에타노 벨로소 Caetano Veloso가 낭송하

듯 불러 주는 'Cucurrucucu Paloma'.

벨로소는 1960년대부터 브라질 전통 음악을 미국의 록과 포크 음악에 융합시킨 '트로피칼리아' 장르를 통해 유명세를 얻은 뮤지션.

'사랑의 열병으로 그는 죽었다네, 어느 날 슬픈 비둘기 한 마리가 아침 일찍부터 빈집으로 찾아와 노래했지, 그 비둘기는 바로 그의 영혼이라네'.

비둘기를 바라보며 저승으로 먼저 가버린 이의 영혼을 위로해 주고 있다는 노랫말 때문에 애절한 로맨스 극에서 단골로 활용되고 있는 노래이기도 하다.

〈문라이트〉에서는 고속도로 장면에서는 처연한 분위기를 강조한 리듬 앤 블루스 스타일, 마약 거래와 폭력이 오가는 장면에서는 힙 합 버전을 선곡해서 같은 노래 다른 느낌을 전달시켜 주었다.

'Cucurrucucu Paloma'는 페드로 알모도바르 감독의 〈그녀에게〉에서도 수록돼 국내 팝 팬들의 성원을 얻어낸 바 있다.

〈맨체스터 바이 더 씨〉, 오랜만에 귀향해서 겪는 한 남자의 사연

의기소침해 있는 삼촌, 소년의 아버지의 죽음 이후 10대 조카를 돌봐야 하는 요청을 받게 되면서 겪는 일화' -『할리우드 리포터』

케네스 로너간 Kenneth Lonergan 각본, 감독의 〈맨체스터 바이 더 시 Manchester by the Sea〉.

'맨체스터 바이 더 씨 Manchester by the Sea'는 인구 1만 명에 불과한 매사추세츠 주 한적한 해안 도시.

주민 대부분이 가톨릭 신자들.

보스턴에서 아파트 관리인으로 일하고 있는 리(케이시 애플렉)의 유년 시절은 행복했지만 형 조(카일 챈들러)의 임종을 보기 위해 20여년 넘게 떠나 있다 다시 찾아온 고향은 낯설게만 느껴진다.

졸지에 양육을 맡게 된 10대 조카 패트릭(루카스 헤지스)은 록밴드를 조직할 정도로 음악에 푹 빠져 있다.

이혼한 랜디(미쉘 윌리암스)와도 다시 멋쩍은 해후를 하게 된다.

조카의 떠맡으면서 보스턴으로 갈려는 리와 맨체스터를 떠나지 못하겠다는 10대 조카와의 신경전이 본격화 된다.

리는 청년 시절 우발적 살인을 저질렀던 것 때문에 심리적 상처를 갖고 있는 인물이다.

맨체스터에 봄이 찾아와 냉동고에 보관해 두었던 형 조의 장례식을 치르게 된다.

이것을 기점으로 해서 리와 주변 인물들에게도 조금씩 세상과 화해하고 각자가 계획했던 일이 풀릴 기미를 징조를 보여주게 된다.

라스트. 리는 조카에게 '방 하나 더 있는 곳으로 갈거야, 그렇게 된다면 너가 올 수 있잖아'라며 조카와의 결합을 받아들일 것을 귀띔해 준다.

한적한 마을을 배경으로 했다는 것을 입증시켜 줄려는 듯이 담담하게 펼쳐지는 스토리에 대해 감독은 '제아무리 고통스런 기억을 갖고 있다고 해도 세상은 당신이 느끼는 것만큼 심각하게 그것을 생각해 주질 않고 있다. 이 때문에 세상은 좋고 나쁜 일이 교차로 해서 돌아가고 있다는 것을 이혼 후 홀로 살아가고 있는 리의 행적을 통해 제시하고 싶었다'는 연출론을 밝히고 있다.

수상식 후 이야기

아카데미 시상식은 2017년 2월 26일 진행된 89회 행사가 최악의 해프닝으로 기록되는 사건이 발생한다.

사건의 개요는 이렇다

워렌 비티와 페이 더너웨이는 작품상으로 〈라 라 랜드〉를 호명했다.

두 주인공 엠마 스톤과 라이언 고슬링은 감격에 찬 수상 소감을 말한다.

하지만 곧바로 〈라 라 랜드〉 프로듀서 조던 호로위츠는 마이크를 잡고 '잠깐, 실수가 있었답니다. 〈문라이트〉 당신들이 작품상을 받았어요'라고 정정하는 발언을 한다.

곧이어 카메라는 워렌 비티가 든 카드에 〈문라이트〉가 적혀 있는 것을 비추어 준다.

결과적으로 작품상을 뒤늦게 호명 받은 〈문라이트〉와 수상자로 호명 받은 〈라 라 랜드〉 연기자와 제작진들은 동시에 당혹감에 휩싸이게 된다.

워렌 비티와 페이 더너웨이는 작품상 직전에 시상한 여우주연상 수상자 봉투를 전달 받은 것이 아카데미 초유의 사건이 벌어지게 된 전말.

봉투 속에 '엠마 스톤, 라 라 랜드'라고 적혀 있었던 것을 작품상으로 호명했던 것이다.

약 4분 여의 해프닝을 거쳐 〈문라이트〉의 배리 젠킨스 감독은 '꿈에서도 일어나지 않는 일이 벌어졌다. 하지만 꿈은 아니다. 이것은 진짜다'라는 수상 소감을 밝힌다.

웃을 수 없는 해프닝은 즉각 '라 라 랜드 오스카 작품상으로 발표, 하지만 곧바로 착각이라는 것이 밝혀졌으며 실제 수상작인 〈문라이트〉이다 La La Land announced as #Oscars Best Picture winner, but only until a mistake is realized with Moonlight being the real winner-ABC News, 2017년 2월 27일

'라 라 랜드 스탭/ 캐스트들은 실제 작품상이 〈문라이트〉라는 것을 깨달았다 Moment where crew/cast of 'La La Land' realizes a mistake had been made and 'Moonlight' actually won Best Picture-뉴스 프로그램 〈굿 모닝 아메리카 Good Morning America〉, 2017년 2월 27일 등으로 보도된다.

『할리우드 리포터』는 '89회 아카데미 시상식은 작품상 주인공이 잘못 호명되는 해프닝도 있었지만, 동성애자 흑인 소년의 고단한 성장기를 담은 독립 영화 〈문라이트〉를 선택해 최근 오스카는 너무 하얗다(#Oscars So White)라는 해시태그 운동이 벌어질 만큼 백인 위주의 시상식이었던 아카데미 시상식의 변화를 엿보게 하는 상징적인 사건이 됐다'는 평가를 내린다.

2010년대 들어서 흑인들의 고단한 삶을 다룬 〈노예 12〉년이 작품상을 수상한 것을 비롯해 〈문라이트〉가 감독 및 출연진 모두가 흑인 배우로 출연한 작품 중 최초의 아카데미 작품상 수상이라는 기록을 세우게 된다.

〈노예 12년〉 〈문라이트〉가 아카데미에서 조명을 받은 이후 인종 차별을 호러 스타일로 풀어낸 〈겟 아웃〉이 각본상을 수상하게 된다.

흑인 여성 4명의 도로 여행 사연을 다룬 〈걸즈 트립〉에 이어 마블 스튜디오가 흑인 영웅을 내세운 〈블랙 팬서〉 등을 이어서 공개해 할리우드 흥행가에서는 '블랙 필름이 새로운 흥행주로 급부상하고 있다'는 진단이 제기된다.

89회 후보작 중 〈문라이트〉는 아카데미 전초전 골든 글로브 시상식에서 드라마 부문 작품상을 수상하면서 강력 경쟁작 〈라 라 랜드〉 보다 유리한 고지를 선점하게 된다.

〈문라이트〉는 백인들의 도시로 알려진 마이애미를 배경으로 해서 흑인 소년이 청년을 거쳐 성인이 되는 과정을 담아 '성장 영화' 형식으로 분류된다.

〈라 라 랜드〉는 무명의 설움을 겪고 있는 배우 지망

생과 재즈 피아니스트가 만나 사랑하면서 '서로에게 빛나는 존재가 되어주면서 인생의 찬란한 순간을 함께 공유하지만 각자의 더 낳은 꿈을 위해 쿨한 이별을 받아 들인다'는 내용을 담아 진한 여운을 남게 주는 작품으로 기억된다.

'꿈꾸는 청춘들에게 바치는 영화'라는 격찬을 받은 〈라 라 랜드〉로 여우상을 차지한 엠마 스톤은 '꿈이 현실로 이루어졌다'는 감격적인 수삼 소감을 행사 뒤 자신의 페이스 북을 통해 공개한다.

〈맨체스터 바이 더 씨〉는 인생을 살아가면서 피치 못하게 겪는 상처와 좌절을 하나하나 극복해 나가는 과정을 차분하게 열연한 케이스 애플렉은 덴젤 워싱톤, 라이언 고슬링, 앤드류 가필드, 비고 모텐슨 등 경쟁자를 따돌리고 남우상을 따내는 저력을 발휘한다.

대다수 매스컴에서는 '애플렉이 연기 생활 절정의 심도 있는 연기를 펼쳐 주었다'는 찬사를 보낸다.

편집, 음향효과상을 수상한 〈핵소 리지〉는 2차 세계 대전에서 가장 치열했던 전투 장소 중 하나로 지목 받고 있는 핵소 고지 전투 일화를 들려주고 있다.

전쟁터에서 총을 잡고 인명을 살상한다는 것을 종교적 신념을 내세워 거부하는 데스먼드 도스.

동료들의 비난과 군 당국의 여러 제재 통보에도 굴복하지 않고 마침내 총을 들지 않는 의무병으로 일본 오키나와 전투장에서 부상 병사들을 돌보게 된다는 일화를 들려주고 있다.

마침내 부상병 75명의 생명을 구한 데스먼드 도스.

2차 대전 막바지인 1945년 도스는 골치 덩어리에서 곧은 신념을 통해 전쟁의 또다른 영웅으로 거듭나는 실화를 들려준다.

수상자 중 다미엔 차젤 Damien Chazelle은 〈위플래시 Whiplash〉(2014)로 2015 각색상 Oscar Best Writing, Adapted Screenplay 후보에 지명 받았던 재능꾼.

2017년 아카데미에서는 〈라 라 랜드〉로 감독상 Oscar Best Achievement in Directing을 수여 받는다.

당시 그의 나이는 32살 38일로 아카데미 감독상 부문 최연소 수상 at 32 years and 38 days of age, Damien Chazelle becomes the youngest winner for Best Director이라는 기록을 추가시킨다.

89회 아카데미는 인종차별 정책을 추구해 논란을 불러일으킨 도널드 트럼프 대통령의 정책에 반기를 들려는 듯이 〈문라이트〉가 작품, 각색상, 마허샬라 알리와 비올라 데이비스가 조연 남녀 상을 나란히 수상하게 된다.

역대 아카데미 시상식에서 조연 연기상을 흑인 배우가 동시에 차지하는 것은 첫 번째 사례가 된다.

이 같은 시상 결과에 대해 주요 매스컴에서는 '아카데미가 백인들만의 잔치라는 비난에서 벗어날려는 조짐을 보여 주었다'는 평가를 보낸다.

제89회 2016 노미네이션, 수상자 총 리스트

작품상 Best Picture

* 〈문라이트 Moonlight〉
〈어라이벌 Arrival〉
〈펜스 Fences〉
〈핵소 리지 Hacksaw Ridge〉
〈헬 오어 하이 워터 Hell or High Water〉
〈히든 피겨스 Hidden Figures〉
〈라 라 랜드 La La Land〉
〈라이온 Lion〉
〈맨체스터 바이 더 시 Manchester by the Sea〉

감독상 Best Director

* 다미엔 차젤 Damien Chazelle-〈라 라 랜드 La La Land〉
데니스 빌레뉴 Denis Villeneuve-〈어라이벌 Arrival〉
멜 깁슨 Mel Gibson-〈핵소 리지 Hacksaw Ridge〉
케네스 로너간 Kenneth Lonergan-〈맨체스터 바이 더 시 Manchester by the Sea〉
배리 젠킨스 Barry Jenkins-〈문라이트 Moonlight〉

남우상 Best Actor

* 케이시 애플렉 Casey Affleck-〈맨체스터 바이 더 시 Manchester by the Sea〉
앤드류 가필드 Andrew Garfield-〈핵소 리지 Hacksaw Ridge〉
라이언 고슬링 Ryan Gosling-〈라 라 랜드 La La Land〉
비고 모텐센 Viggo Mortensen-〈캡틴 판타스틱 Captain Fantastic〉
덴젤 워싱톤 Denzel Washington-〈펜스 Fences〉

여우상 Best Actress

* 엠마 스톤 Emma Stone-〈라 라 랜드 La La Land〉
이자벨 위페르 Isabelle Huppert-〈엘르 Elle〉
루스 네가 Ruth Negga-〈러빙 Loving〉
나탈리 포트만 Natalie Portman-〈재키 Jackie〉
메릴 스트립 Meryl Streep-〈플로렌스 Florence〉

조연 남우상 Best Supporting Actor

* 마허샬라 알리 Mahershala Ali-〈문라이트 Moonlight〉
제프 브리지스 Jeff Bridges-〈헬 오어 하이 워터 Hell or High Water〉
루카스 헤지스 Lucas Hedges-〈맨체스터 바이 더 시 Manchester by the Sea〉
데브 파텔 Dev Patel-〈라이온 Lion〉
마이클 샤논 Michael Shannon-〈녹터널 애니멀 Nocturnal Animals〉

조연 여우상 Best Supporting Actress

* 비올라 데이비스 Viola Davis-〈펜스 Fences〉
나오미 해리스 Naomie Harris-〈문라이트 Moonlight〉
니콜 키즈만 Nicole Kidman-〈라이온 Lion〉
옥타비아 스펜서 Octavia Spencer-〈히든 피거스 Hidden Figures〉
미쉘 윌리암스 Michelle Williams-〈맨체스터 바이 더 시 Manchester by the Sea〉

각본상 Best Original Screenplay

* 〈맨체스터 바이 더 시 Manchester by the Sea〉-케네스 로너간 Kenneth Lonergan
〈20세기 우먼 20th Century Women〉-마이크 밀즈 Mike Mills
〈헬 오어 하이 워터 Hell or High Water〉-테일러 세리단 Taylor Sheridan
〈라 라 랜드 La La Land〉-다미엔 차젤 Damien Chazelle
〈롭스터 The Lobster〉-요고스 란시모스 Yorgos Lanthimos

각색상 Best Adapted Screenplay

* 〈문라이트 Moonlight〉-배리 젠킨스 Barry Jenkins
〈어라이벌 Arrival〉-에릭 헤서러 Eric Heisserer
〈펜스 Fences〉-어거스트 윌슨 August Wilson
〈히든 피거스 Hidden Figures〉-앨리슨 슈로더 Allison Schroeder
〈라이온 Lion〉-루크 데이비스 Luke Davies

장편 애니메이션상 Best Animated Feature Film

* 〈주토피아 Zootopia〉-바이런 하워드 Byron Howard
〈쿠보 앤 더 투 스트링스 Kubo and the Two Strings〉-트라비스 나이트 Travis Knight
〈모아나 Moana〉-존 머스커 John Musker
〈마이 라이프 애즈 어 주치니 My Life as a Zucchini〉-클라우드 바라스 Claude Barras
〈레드 터틀 The Red Turtle〉-마이클 두독 드 위트 Michaël Dudok de Wit

외국어 영화상 Best Foreign Language Film

* 〈세일즈맨 The Salesman〉(이란)
〈랜드 오브 마인 Land of Mine〉(덴마크)
〈오베라는 사나이 A Man Called Ove〉(스웨덴)
〈타냐 Tanna〉(오스트레일리아)
〈토니 어드만 Toni Erdmann〉(독일)

장편 다큐멘터리상 Best Documentary-Feature

* 〈O. J: 메이드 인 아메리카 O.J.: Made in America〉-에즈라 에델만 Ezra Edelman
〈13th〉-에바 두버네이 Ava DuVernay
〈파이어 엣 시 Fire at Sea〉-지안프란코 로시 Gianfranco Rosi
〈나는 당신의 흑인 I Am Not Your Negro〉-라울 펙 Raoul Peck
〈라이프, 애니메이티드 Life, Animated〉-로저 로스 윌리암스 Roger Ross Williams

다큐멘터리, 단편상
Best Documentary-Short Subject

* 〈흰 헬멧 The White Helmets〉-올란드 폰 에인시에델 Orlando von Einsiedel
〈4. 1 마일 4.1 Miles〉-다프네 마지아라키 Daphne Matziaraki
〈익스트리미스 Extremis〉-댄 크라우스 Dan Krauss
〈조의 바이올린 Joe's Violin〉-카한 쿠퍼맨 Kahane Cooperman
〈와타니: 나의 고향 Watani: My Homeland〉-마르셀 메텔시펜 Marcel Mettelsiefen

라이브 액션 단편영화상
Best Live Action Short Film

* 〈씽 Sing〉-크리스토프 덱 Kristóf Deák
〈에너미스 인터리우스 Ennemis intérieurs〉-세림 아자지 Sélim Azzazi
〈TGV 여인 La femme et le TGV〉-티모 폰 군텐 Timo von Gunten
〈고요한 밤 Silent Nights〉-아스크 뱅 Aske Bang
〈타임코드 Timecode〉-후안조 지메네즈 Juanjo Giménez

단편 애니메이션상 Best Animated Short Film

* 〈파이퍼 Piper〉-알란 바릴라로 Alan Barillaro
〈브라인드 바샤 Blind Vaysha〉-데오도르 우셔프 Theodore Ushev
〈대여한 시간 Borrowed Time〉-앤드류 코츠 Andrew Coats
〈배 사이다와 담배 Pear Cider and Cigarettes〉-로버트 밸리 Robert Valley
〈펄 Pearl〉-패트릭 오스본 Patrick Osborne

작곡상 Best Original Score

* 〈라 라 랜드 La La Land〉-저스틴 허위츠 Justin Hurwitz
〈재키 Jackie〉-미카 레비 Mica Levi
〈라이온 Lion〉-더스틴 오할로란 Dustin O'Halloran
〈문라이트 Moonlight〉-니콜라스 브리텔 Nicholas Britell
〈패신저 Passengers〉-토마스 뉴먼 Thomas Newman

주제가상 Best Original Song

* 'City of Stars', 〈라 라 랜드 La La Land〉-저스틴 허위츠 Justin Hurwitz
'Audition (The Fools Who Dream)', 〈라 라 랜드 La La Land〉-저스틴 허위츠 Justin Hurwitz
'Can't Stop the Feeling!', 〈트롤 Trolls〉-저스틴 팀버레이크 Justin Timberlake
'The Empty Chair', 〈짐: 제임스 폴리 스토리 Jim: The James Foley Story〉-J. 랄프 앤 스팅 J. Ralph and Sting
'How Far I'll Go', 〈모아나 Moana〉-린-마누엘 미란다 Lin-Manuel Miranda

사운드 편집상 Best Sound Editing

* 〈어라이벌 Arrival〉-실베인 벨메어 Sylvain Bellemare
〈딥워터 호라이즌 Deepwater Horizon〉-와일리 스테이트맨 Wylie Stateman
〈핵소 리지 Hacksaw Ridge〉-로버트 맥켄지 Robert

Mackenzie
〈라 라 랜드 La La Land〉-알-링 리 Ai-Ling Lee
〈설리 Sully〉-알란 로버트 머레이 Alan Robert Murray

사운드 믹싱상 Best Sound Mixing

* 〈핵소 리지 Hacksaw Ridge〉-케빈 오코넬 Kevin O'Connell
〈13 시간 13 Hours: The Secret Soldiers of Benghazi〉-그레그 P. 러셀 Greg P. Russell
〈어라이벌 Arrival〉-버나드 가리피 스트롭 Bernard Gariépy Strobl
〈라 라 랜드 La La Land〉-앤디 넬슨 Andy Nelson
〈로그 원: 스타 워즈 스토리 Rogue One: A Star Wars Story〉-데이비드 파커 David Parker

프러덕션 디자인상 Best Production Design

* 〈라 라 랜드 La La Land〉-데이비드 와스코 David Wasco
〈어라이벌 Arrival〉-패트리스 버메트 Patrice Vermette
〈판타스틱 비스트 Fantastic Beasts and Where to Find Them〉-스튜어트 크레이그 Stuart Craig
〈헤일, 시저! Hail, Caesar!〉-제스 곤초르 Jess Gonchor
〈패신저 Passengers〉-가이 헨드릭스 다스 Guy Hendrix Dyas

촬영상 Best Cinematography

* 〈라 라 랜드 La La Land〉-리너스 샌드그렌 Linus Sandgren
〈어라이벌 Arrival〉-브래포드 영 Bradford Young
〈라이온 Lion〉-그레이그 프레이저 Greig Fraser
〈문라이트 Moonlight〉-제임스 랙톤 James Laxton
〈사이런스 Silence〉-로드리고 프리에토 Rodrigo Prieto

메이크업 & 헤어스타일링상 Best Makeup and Hairstyling

* 〈자살 특공대 Suicide Squad〉-알레산드로 베트톨라찌 Alessandro Bertolazzi
〈오베라는 사나이 A Man Called Ove〉-에바 폰 바 Eva von Bahr
〈스타 트렉 비욘드 Star Trek Beyond〉-조엘 할로우 Joel Harlow

의상 디자인상 Best Costume Design

* 〈판타스틱 비스트 Fantastic Beasts and Where to Find Them〉-콜린 아트우드 Colleen Atwood
〈얼라이드 Allied〉-조안 존스톤 Joanna Johnston
〈프로렌스 포스터 젠킨스 Florence Foster Jenkins〉-콘솔라타 보일 Consolata Boyle
〈재키 Jackie〉-마델린 폰테인 Madeline Fontaine
〈라 라 랜드 La La Land〉-메리 조프레스 Mary Zophres

필름 편집상 Best Film Editing

* 〈핵소 리지 Hacksaw Ridge〉-존 길버트 John Gilbert
〈어라이벌 Arrival〉-조 월커 Joe Walker
〈헬 오어 하이 워터 Hell or High Water〉-제이크 로버츠 Jake Roberts
〈라 라 랜드 La La Land〉-탐 크로스 Tom Cross
〈문라이트 Moonlight〉-냇 샌더스 Nat Sanders

시각 효과상 Best Visual Effects

* 〈정글 북 The Jungle Book〉-로버트 레가토 Robert Legato
〈딥워터 호라이즌 Deepwater Horizon〉-크레이그 햄맥 Craig Hammack
〈닥터 스트레인지 Doctor Strange〉-스테판 세레티 Stephane Ceretti
〈쿠보 Kubo and the Two Strings〉-스티브 에머슨 Steve Emerson
〈로그 원: 스타 워즈 스토리 Rogue One: A Star Wars Story〉-존 크놀 John Knoll

최다 후보작 및 수상작

〈라 라 랜드 La La Land〉-14개 부문 후보
〈라 라 랜드 La La Land〉-6개 부문 수상

아카데미 명예상 Academy Honorary Awards

* 성 룽 Jackie Chan-홍콩 배우, 감독, 가수로 영화 산업 발전에 큰 업적을 남김
* 앤 V. 코츠 Anne V. Coates-영국 필림 편집자
* 린 스탈마스터 Lynn Stalmaster-미국 캐스팅 디렉터
* 프레데릭 와이즈맨 Frederick Wiseman-미국 제작자, 다큐멘터리 감독

감탄사를 불러 일으킨 록 뮤지컬 스타일의 〈라 라 랜드〉, 수상자 번복이라는 아카데미 시상식 최악의 해프닝으로 〈문라이트〉에게 작품상을 넘겨주게 된다. © Summit Entertainment, Black Label Media, TIK Films.

<셰이프 오브 워터: 사랑의 모양>, 13 → 4

시상식 : 2018년 3월 4일 6:00 PM
장 소 : L A 돌비 극장 Dolby Theatre Hollywood, Los Angeles, California, U.S.
사 회 : 지미 킴멜 Jimmy Kimmel, ABC 중계

제90회 아카데미 공식 포스터. © A.M.P.A.S/Osc

제90회 기념식에도 불구하고 역대 최저 시청률

제90회 아카데미 시상식은 2017년 미국 시장에서 공개된 우수 영화를 대상으로 24개 부문에서 시상식을 거행한다.

2018년 겨울 올림픽과 시기적으로 겹치는 관계로 행사는 예정됐던 2월 말에서 늦추어져 2018년 3월 4일 진행된다.

〈셰이프 오브 워터 The Shape of Water〉가 작품, 감독상 등 4개 부문을 수상해 최대 화제작으로 등극된다.

이어 〈덩케르크 Dunkirk〉 〈블레이드 러너 2049 Blade Runner 2049〉, 애니메이션 〈코코 Coco〉, 〈다크니스트 아워 Darkest Hour〉 〈쓰리 빌보드 Three Billboards Outside Ebbing, Missouri〉 〈아이, 토냐 I, Tonya〉 등이 각 부문 수상작으로 호명된다.

미국 전역으로 중계된 시상식은 90회라는 기념에도 불구하고 2,650만 명 a U.S. viewership of 26.5 million이 시청하는 등 아카데미 역대 시상식 중 가장 저조한 반응을 얻게 된다.

〈셰이프 오브 워터〉, 베니스 그랑프리 획득

'진실 된 사랑은 언어가 필요 없다는 것을 보여준 기이한 로맨스 드라마'-『엔터테인먼트 위클리』

'괴물을 사랑하는 나도 괴물인가요?'.

기예르모 델 토로 감독만이 선보이는 판타지 로맨스로 주목 받은 작품이 〈셰이프 오브 워터: 사랑의 모양 La forma del agua, The Shape of Water〉이다.

미, 소 강대국의 치열한 우주 개발 경쟁이 가열화 되던 1962년

미 항공 우주 연구센터 비밀 실험실에서 청소부로 일하고 있는 엘라이자(샐리 호킨스).

언어 장애를 갖고 있는 그녀는 늘 외로움을 느끼고 있는 처지.

어느 날 실험실에 온 몸이 비늘로 덮인 괴 생명체가 수조에 갇혀 들어온다.

엘라이자는 흉측한 괴생물체가 음악을 듣고 반응하는 것을 지켜보면서 서서히 호감을 느끼게 된다.

이런 와중에 호프스테틀러 박사(마이클 스털버그)는 기이한 생명체가 인간에 버금가는 지능과 사물 판단 능력을 갖고 있다는 것을 알고 해부한 뒤 우주 개발 도구로 활용할 계획을 세운다.

이러한 것을 간파한 엘라이자는 괴생물체를 피신시키는 보호 작전을 실행한다.

『버라이어티』는 '〈헬보이〉 시리즈, 〈판의 미로-오필리아와 세 개의 열쇠〉 등을 통해 상상의 허를 찌르는 판타지 로맨스를 일관되게 제시했던 기예르모 델 토로 감독. 신작 〈셰이프 오브 워터: 사랑의 모양〉에서는 목소리를 잃은 고독한 여자 청소부가 비밀 실험실에 갇혀 목숨이 경각에 달린 괴 생명체에게 애정을 느낀다는 쉽게 접할 수 없는 애틋한 로맨스를 제시해 허를 찌르는 판타지를 선사하고 있다'는 찬사를 보낸다.

'호기심 가득한 강렬한 러브 스토리'라는 호평을 얻으면서 제74회 베니스 영화제 황금사자상, 제 43회 LA 비평가 협회 감독상, 여우상, 촬영상 등 3관왕을 차지한다.

여세를 몰아 90회 아카데미에서는 작품, 감독, 여우상 등 무려 13개 부문에 지명 받아 2017년 최고 이슈작임을 입증시킨다.

『타임』지는 '미녀와 야수의 성인 버전'이라고 칭송을 보낸다.

흥행가에서 로맨틱 다크 판타지라는 수식어를 받은 〈셰이프 오브 워터〉. Ⓒ Fox Searchlight Pictures.

언어장애로 말을 하지 못하는 엘라이자 역을 위해 행동과 눈 빛 그리고 감정 표현으로 연기력을 소화해 나간 샐리 호킨스는 이미 〈블루 재스민〉 〈해피 고 럭키〉 등을 통해 연기파 배우임을 입증시킨 히로인.

'대사를 할 수 없다는 배역에 묘한 매력을 느꼈다는 그녀는 극중 배역을 위해 눈, 육체의 움직임, 심지어 호흡의 완급을 통해 자신의 감정을 드러내는 무언의 연기력을 펼쳐 보여 극장 공개 이후 '제스추어로 완벽한 연기력을 펼쳐준 탁월한 연기자'라는 찬사를 받는다.

기예르모 델 토로 감독은 '강대국 간의 냉혹한 증오심이 만연한 시기에 장애를 갖고 있는 이들이 주고받는 다소 편하지 않는 러브 스토리는 역설적으로 숭고한 감정을 불러 일으켜 세속적인 것을 정화시키는 역할을 해낼 것이라고 믿었다'는 의미 깊은 연출론을 공개한다.

미스테리한 러브 스토리에 대해 강한 호기심을 자극시켜준 요소 중 하나는 배경 음악.

〈그랜드 부다페스트 호텔〉 〈킹스 스피치〉, 〈벤자민 버튼의 시간은 거꾸로 간다〉로 명성을 얻은 알렉산드르 데스플라가 만들어낸 격조 높은 선율은 '현실과 판타지를 오가는 마법 같은 사랑 이야기의 분위기를 고조시켜 주었다'는 갈채를 받는다.

특히 '괴 생명체에 대한 절절한 사랑을 드러내기 위해 엘라이자가 뮤지컬로 노래를 불러 주는 장면은 진 켈리 주연의 〈사랑은 비를 타고〉 중 빗속에서 열창하는 하이라이트 장면을 원용해서 만들어낸 것으로 알려졌다.

사운드트랙 중 엘라이자의 감정은 왈츠 리듬으로, 괴 생명체가 엘라이자에게 호감을 느끼는 장면에서는 플루트 악기를 활용해 남녀 주인공들이 감정으로 서로의 돈독한 심정을 교환해 나가는 방식을 들려주어 공개 이후 영화 애호가들로부터 '음악이 사랑의 메신저 역할을 해낼 수 있다는 것을 새삼 일깨워 주고 있다'는 갈채를 얻어낸다.

기예르모 델 토로 감독이 가장 심혈을 쏟는 것은 당연히 호기심을 불러일으키는 괴 생명체.

'빛을 발사하는 듯한 피부, 여러 층을 이루고 있는 눈꺼풀, 두터운 입술 등 기이함과 궁금증을 동시에 불러 일으키기 위한 생명체를 만들어 내기 위해 근 1여 년 동안 미술 감독과 작업을 해냈다는 후문이 전해진다.

무능한 경찰 공권력을 향한 모성의 분노를 담은 〈쓰리 빌보드〉

'지역 경찰은 10대 소녀 살해범을 찾는데 실패한다. 이에 분노한 어머니는 홀로 공권력의 무사안일 함을 고발하기 위한 도전을 시작한다' -『뉴스위크』

프란시스 맥도먼드에게 아카데미 여우상을 안겨 준 〈쓰리 빌보드〉. © Fox Searchlight Pictures.

억울한 딸의 죽음에 대해 수수방관하고 있는 경찰 당국의 횡포에 엄마의 분노가 절절하게 새겨져 있다.

엄마는 경찰 당국을 옹호하는 마을 주민을 상대로 홀로 세상을 향한 뜨거운 도전을 시작한다.

마틴 맥도너프 Martin McDonagh 각본, 감독의 〈쓰리 빌보드 Three Billboards Outside Ebbing, Missouri〉.

『버라이어티』는 '억울하게 죽은 딸의 수사를 미적거리는 푸른 제복의 사나이들의 직무 태만, 여기에 분노한 모성이 홀로 정의 찾기 그리고 주변 사람들의 냉소적 태도, 현대 사회의 여러 문제점을 극명하게 드러내 준 작품'이라고 평점을 보낸다.

〈쓰리 빌보드〉는 제목에서 노출시켜 주었듯이 딸의 억울한 살해 사건을 수수방관하고 있는 지역 경찰의 행태에 대해 거리 이정표로 설치된 대형 광고판에 이를 질타하는 문구를 적어 경찰과 냉소적인 이웃들을 향해 고군분투 투쟁을 벌이는 모성의 움직임을 담아 관객들의 공감을 얻어낸다.

'사람들 눈에 띄게 하면 할 수 록 그것을 해결할 수 있는 기회는 더 많아져'-밀드레드(프란시스 맥도맨드)에게 남편이 '왜 그렇게 까지 하느냐고'고 질책하자

'당신이 광고판에 나에 대해 적은 것은 매우 유감이었어요. 하지만 당신이 내가 당신 딸에게 무관심하다고 생각하는 것도 유감이었어요. 왜냐면, 난 정말 많이 신경 썼거든요-지역 경찰 서장 윌러비(우디 해럴슨)

'당신이 더러운 짓을 안 했다고 해도 더러운 걸 보지 못했다 해도 그들과 함께 어울렸으니까, 당신은 죄가 있어요'-밀드레드(프란시스 맥도맨드)

'경찰서에 불지른 것은 나야'-밀드레드(프란시스 맥도맨드)

'나도 경찰 놈들 밥맛이에요. 그러니 힘내요. 당신을 응원하는 친구가'-윌러비(우디 해럴슨)가 맥도먼드에게 익명으로 보낸 5천 달러 임대료와 격려 문구

'난 너가 좋은 사람이란 것을 알아, 딕슨. 그런데 네 속 안에는 화가 너무 많아. 분노는 문제를 해결하는데 있어서 아무 도움이 안 돼. 네 꿈인 형사가 되기 위해 필요한건 사랑을 품는 거야'-윌러비(우디 해럴슨)가 부하 동료 경찰 딕슨에게 남긴 유서 중

'우리는 천국에서 만나게 될 거야. 만일 천국이 없다면 당신과 있었던 이곳이 천국이었어'-암에 걸려 죽어가는 윌러비(우디 해럴슨)가 아내에게 남긴 유서 내용 중 일부

'아니요. 단지 편지를 전해주러 온 거에요'-경찰 서장 윌러비의 자살 후 아내 앤(애비 코니쉬)이 당신 남

편 죽음이 나 때문이냐고 따지는 미드레드 에게 서장 아내 앤이 차분하게 말하는 대사

'힘든 일이에요. 남편이 자살한 날 할 일을 찾는 건 힘든 일이라구요' -앤(애비 코니쉬)

〈쓰리 빌보드〉는 홀로 공권력에 대항하는 밀드레드와 마을 경찰 서장이 각자의 상황에서 처한 사연을 들려주는 장면 그리고 결국 자살을 선택하는 윌러비와 남편의 죽음 이후 생계를 걱정해야 하는 미망인 앤의 처지를 두루 두루 들려주면서 각본 겸 감독 마틴 맥도너프는 '세상을 살면서 겪게 되는 억울하고 분노에 찬 사연의 최종 해결 방법은 무엇인가?' 라는 진중한 질문을 제기해 이 작품에 대한 품격을 높이는데 일조한다.

『롤링 스톤』은 '죽은 딸의 억울함을 풀기 위해 경찰서에 방화를 하는 등 밀드레드의 분노는 경찰 서장과 끊임없는 갈등을 벌이면서 각자의 처지를 이해하는 포용력을 보여주고 있다는 것이 제시해 차원 높은 범죄 코미디로 자리매김 됐다'는 극찬을 보낸다.

〈아이, 토냐〉, 스포츠 영화의 새로운 차원 제시

'세계 최고의 아이스 스케이터 토냐 하딩, 화려한 왕관을 차지한 뒤 전 남편이 자행하는 명예의 흠집내기 그리고 동계 올림픽 출전권을 놓고 경쟁을 벌였던 낸시 캐리건의 무릎 테러 사건의 배후 인물로 지목되면서 졸지에 스캔들 메이커로 전락, 그 뒤 다시 명예회복을 위한 분투 여정을 담은 실화 스포츠극' -『타임』

크레이그 길레스피 Craig Gillespie 감독의 〈아이, 토냐 I, Tonya〉는 '진실은 존재하지 않아요. 모든 사람은 그들만의 진실이 있죠. 그리고 인생은 그냥 흘러가요. 그게 제 이야기에요. 그리고 그게 바로 진실이죠'라고 말하는 토냐 하딩(마고 로비)의 독백이 팬들의 폭발적 인기와 단번에 질타를 받아야 했던 스타 플레이어의 진심을 담아내 주고 있다.

'미국 사람들은 사랑할 사람들을 원하고, 미워할 사람도 필요로 한다'는 토냐 하딩의 역설은 스포츠계에서 갈채를 받다 결국 퇴출당한 뒤 억척스럽게 제 2의 인생을 살아가고자 했던 스스로의 삶의 위안을 보내는 대사로 관객들의 공감을 얻어낸다.

감독은 '스포츠계 뿐 아니라 주변 환경이 요구하는 도덕적 삶에서 벗어났던 토냐의 행적은 모범적인 틀에 맞추어 살기 보다는 주체적인 삶을 살고 싶어 하는 우리 모두의 욕망을 대변해 주고 있는 존재인지도 모른다'라며 '이러한 적극적인 그녀의 가치관이 찬사와 비난을 한 몸에 받았음에도 꿋꿋하게 다시 홀로 서기를 해 나갈 수 있는 토대가 됐다고 본다'고 실존 인물의 행적에 찬사를 보내고 있다.

10대 소년에게 찾아온 뜨거운 동성애 〈콜 미 바이 유어 네임〉

'사랑과 낭만의 공간 이태리. 10대 이태리 소년이 20대 미국 대학 출신 지적인 청년을 만나게 되면서 느끼게 되는 동성 간의 감성적인 첫 사랑의 사연' -『프리미어』

1983년 여름 북부 이태리.

17살 소년 엘리모(티모시 샬라메).

가족과 함께 여름휴가를 왔다.

그런 그에게 24살 청년 올리버(아미 해머)가 아버지(마이클 스털버그)의 보조 연구원 자격으로 엘리모와 인사를 나눈다.

10대 엘리모. 그때부터 올리버를 향한 묘한 동성애를 품게 된다.

앙드레 에시만(André Aciman)의 원작 소설을 루카 구아다그니노 Luca Guadagnino 감독이 2시간 12분짜리 특별한 로맨스 화면으로 각색했다.

루카 감독은 '동성이든 이성이든 사랑의 방식에는 명확하게 규정해 놓은 해답이나 정해 놓은 규칙이 없다는 것을 알려 주고 싶었으며 누군가를 진심으로 사랑했을 때 느끼게 되는 감정의 변화가 얼마나 세상을 밝고 아름답게 만들어 주는 것인지를 보여주고 싶었다'는 연출론을 공개한다.

감독이 제시한 동성들이 펼쳐 놓는 사랑 사연에 대해 『버라이어티』 등 영화 매체 등에서는 '눈부신 햇살처럼 관객들에게 색다른 러브 스토리를 펼쳐주는 작품'이라는 격찬을 보낸다.

극중 엘리모 가족이 머물고 있는 17세기 풍 빌라, 올리버가 연주해 주는 기품 있는 클래식 피아노 소품, 엘리모 부친의 전공 분야인 그레코-로망 문화 Greco-Roman culture, 번역가 모친 아넬라(아미라 카사르)가 들려주는 고급문화론 등이 배경으로 설정돼 엘리오와 올리버가 주고받는 동성애 사연에 대해 기품 있는 분위기를 형성해 주는데 일조하고 있다는 풀이도 받는다.

〈덩케르크〉, 2차 대전 연합군 탈출 작전

'2차 대전, 독일군에게 포위당한 벨기에, 영국, 그리고 프랑스 군, 이들의 목숨을 건 소개(疏開) 작전이 펼쳐진다' -『버라이어티』

〈인터스텔라 Interstellar〉(2014) 〈인셉션 Inception〉(2010) 〈다크 나이트 The Dark Knight〉 (2008) 〈프레스티지 The Prestige〉(2006) 〈배트맨 비긴즈 Batman Begins〉(2005) 〈인솜니아 Insomnia〉 (2002) 〈메멘토 Memento〉(2000) 등 발표하는 작품 마다 소재, 혁신적 영상 스타일로 이슈를 만들어낸 크리스토퍼 놀란 Christopher Nolan이 각본과 감독을 맡아 선보인 전쟁 실화 극이 〈덩케르크 Dunkirk〉이다.

놀란 감독은 '이번 영화에서 등장하는 수많은 병사들에게 놓여진 당면 과제는 국가적인 임무 수행이라는 군인의 본연의 임무 보다는 삶과 죽음이 경각에 달린 상황에서 어떤 수단과 방법을 사용해서라도 살아서 지옥 같은 전쟁터에서 벗어나야 한다는 절박함을 들려주고 싶었다. 아울러 이러한 병사들의 갈망은 파일럿과 배를 움직이는 선장들의 헌신과 희생이 있었기에 가능했다는 것을 들려주고 싶었다'는 연출론을 밝히고 있다.

이런 제작 의도 때문인지 〈덩케르크〉에서는 '죽음의 공포에서 수단과 방법을 가리지 않고 탈출하고자 하는 병사들의 다양한 행동들을 제시하고 있다.

『할리우드 리포터』는 놀란 감독의 제작 의도에 동조하려는 듯이 '〈덩케르크〉는 여러 병사들이 등장하고 있지만 이들을 묶어 주는 하나의 특징은 바로 전쟁터에서 살아남아야 한다는 절박함을 보여주어 적과 아군의 전투에 치중하고 있는 여타 전쟁 영화와는 차별적인 메시지를 전달하고 있다'는 리뷰를 게재한다.

국가 안전이냐 독자의 알 권리냐? 〈더 포스트〉

'국가 기밀이라는 이유로 정보 은폐를 시도하고 있는 대통령 및 정부 최고 당국자, 독자의 알 권리를 위해 투쟁하는 일선 신문 편집자, 그 사이에 낀 여성 신문 발행인의 고충을 다룬 작품' -『버라이어티』

'건국의 아버지들은 민주주의를 위해 언론을 수호

했다. 언론은 통치자가 아닌 국민을 섬겨야 한다'-언론 자유에 대한 미국 대법원 판결 내용 중

'신문 발행의 자유를 지키는 방법은 발행뿐이다, 윤전기를 돌리시오!'-벤 브래들리(탐 행크스)

'뉴스는 역사의 초고(the first rough draft of history). 항상 옳을 수도 없고 완벽하진 않지만 계속 쓰는 거죠'-캐서린 그레이엄(메릴 스트립)

'보도를 하지 않으면 우리가 지는 거고 우리나라가 지는 거야, 닉슨이 이기겠지!'-벤 브래들리(탐 행크스)

스티븐 스필버그 감독의 〈더 포스트 The Post〉는 '정부의 습성인 정보 은폐 A cover-up 이를 추적 보도하려는 신문 기자 및 편집 책임자 그리고 국가 기관과 신문 발행 목적 사이에서 고민 할 수밖에 없는 신문 최고 경영자의 고충을 담담하게 묘사해 호평을 얻어낸다.

1971년 6월 13일.

뉴욕 타임즈는 '펜타곤 페이퍼'를 특종 보도한다.

트루먼, 아이젠하워, 케네디, 존슨 등 역대 4명의 미국 대통령이 베트남 전쟁에서 자행한 만행을 폭로한 것.

1971년 6월 15일.

닉슨 정부는 국가 안보를 위태롭게 하는 보도 행위는 금지한다고 발표.

뉴욕 타임지와 경쟁 관계에 있었던 워싱턴 포스트 편집장 벤(탐 행크스).

그는 정부 기밀문서로 분류되고 있던 '펜타곤 페이퍼'의 전문 모두를 입수한다.

곧바로 이어지는 미국 정부 당국의 보도 금지 압박, 베트남 전쟁 내용을 조작한 것에 대한 실체를 알려야 한다는 편집국원들의 강력한 주장.

이 틈바구니에 놓이게 된 미국 최초 여성 신문 발행인 캐서린(메릴 스트립).

자칫 신문사 사운이 걸려 있는 것에 큰 고심을 했지만 결국 '진실은 말해져야 한다 Truth be told'는 신문 발행 원칙에 따라 '미국이 베트남 전쟁 참전 계기가 됐다는 북 베트남군 선제공격인 통킹 만 사건은 애초 근거가 없이 조작된 것이며 승산 없는 전투를 지속하면서 전세계에 지속적으로 베트남 전쟁의 실체를 속여왔다'는 실체를 보도하게 된다.

〈더 포스트〉에서 언급되고 있는 캐서린(메릴 스트립)은 워싱턴 포스트의 여성 발행인 캐서린 그레이엄이라는 실존 인물.

'펜타곤 페이퍼'의 후속 보도가 재정 적자로 허덕이던 워싱턴 포스트의 존망을 가할 위험이 있었지만 언론 사명으로 보도 강행을 주장한 편집장 벤 브래들리의 주장을 받아 들여 결국 보도하기에 이른다.

워싱턴 포스트의 '펜타곤 페이퍼' 실체 보도는 지금도 '언론 자유를 수호한 대표적 보도 사례이자 미국 근대 역사상 가장 위대한 정치 폭로 사건'으로 기록된다.

'펜타곤 페이퍼' 언론 보도를 결사적으로 반대했던 닉슨은 이후 워터게이트 사건에 휘말려 재임 중 퇴임하는 불명예 대통령으로 추락하게 된다.

스티븐 스필버그 감독은 '열악한 지방 신문 여성 발행인이 언론 역사를 뒤바꾸는 중차대한 결정을 내리면서 여성 지도자로 거듭나게 되는 과정이 이 영화가 전달하고자 하는 핵심적 메시지'라고 역설했다.

90년 동안 아카데미가 남긴 가장 흥미로운 사실들 more interesting facts about Oscars

2017년 5월 아카데미 협회는 2018년 3월 4일 진행될 90회 아카데미 시상식 진행자로 지미 킴멜 Jimmy Kimmel이 89회에 이어 2회 연속 진행을 맡게 됐다고 발표한다.

행사 당일 랜디 토마스 Randy Thomas는 무대에 올라와 90회 아카데미 수상작(자) the 90th annual Academy Awards 발표를 시작한다고 선언하면서 90회를 맞는 세계 최장수 영화상의 수상 퍼레이드가 시작됐음을 선언한다.

행사 90주년을 맞아 할리우드 연예 매체에서는 '오

스카 트로피 수상이 남긴 다양한 일화'를 보도한다.

일부 내용의 경우는 본 책자에서 언급하고 있지만 90회를 결산한다는 의미에서 가장 흥미로운 일화로 기록되는 오스카 수상 에피소드를 정리, 소개하면 다음과 같다.

▪ 1929년 5월 16일 할리우드 루즈벨트 호텔에서 진행된 1회 아카데미 행사 티켓 가격은 5달러였다 A ticket to the first Oscars at the Hollywood Roosevelt Hotel on May 16, 1929 cost USD 5.

▪ 1회 아카데미 어워드는 1929년 270여명의 영화인들이 참석한 만찬 형식으로 진행된다. 저녁 식사 시간은 단 15분이었다.

이후 1959년 아카데미는 1시간 40분에 종료돼 가장 짧은 행사가 된다 The first Oscars, that took place at a private dinner for about 270 people in 1929, lasted 15 minutes. The shortest Oscar telecast happened in 1959, with the screening taking one hour and 40 minutes.

▪ 코미디언 밥 호프는 19번의 아카데미 시상식을 맡아 최다 진행자로 등극된다 Bob Hope has hosted the Oscars 19 times, making him the most frequent host ever.

▪ 1972년 〈카바레〉로 여우상을 수상한 라이자 미넬리는 부모가 모두 아카데미를 수상한 이색 기록을 수립한다.

모친 주디 갈란드는 1939년 명예상, 부친 빈센트 미넬리는 뮤지컬 〈지지〉로 감독상을 수여 받았다 After winning an award for Best Actress for Cabaret (1972), Liza Minnelli became the only Oscar recipient whose parents were Oscar winners too. Her mother, Judy Garland, received an honorary award in 1939 and her father, Vincente Minnelli, won Best Director for Gigi (1958).

▪ 실제 농아인 말리 매틀린은 1987년 출연작 〈작은 신의 아이들〉에서 농아역을 맡은 데뷔작으로 아카데미 여우상을 수상한 첫 번째 여배우가 된다. Marlee Matlin became the first deaf actress to win an Oscar, for the film Children of a Lesser God in 1987.

▪ 남창(男娼,gigolo)를 등장시킨 〈미드나잇 카우보이〉는 성인 등급을 받은 영화 최초로 작품상을 받는다 The only X-rated film to win the Best Picture award is Midnight Cowboy (1969).

▪ 〈바람과 함께 사라지다〉의 상영 시간은 234분. 역대 작품상 수상작 가운데 최장 상영 시간을 보유하게 된다 At 234 minutes, Gone with the Wind (1939) is the longest of all movies to win the Best Picture award.

▪ 이태리는 외국어 영화상 부문에서 누적 10회로 최다 수상 국가가 된다 Italy is the country with the most number of wins for Foreign Language Film at the Oscars, with 10 wins.

▪ 〈대부〉에 이어 〈대부 2〉가 작품상을 수상. 1편과 속편이 작품상 연이어 수상한 유일한 영화가 된다 The Godfather: Part II (1974) is the only sequel to have won the Best Picture award.

▪ 2017년 10월 할리우드 유명 제작자 하비 와인스타인이 영화 출연을 미끼로 유명 여배우에게 성 폭행을 자행했다는 폭로는 온라인 미디어를 통해 '나도 당했다 #MeToo' 운동이 촉발되는 파장을 불러일으킨다. 이 여파로 아카데미 시상식 도중 방영되는 13개 광고에서는 여성의 인권 강화와 흑인 등 유색 인종에 대

한 차별을 지양한다는 다양성에 초점을 맞추게 된다 In response to the #MeToo movements, 13 Commercials focusing on female empowerment and diversity were shown during the telecast.

▪ 〈판타스틱 우먼〉의 히로인 다니엘라 베가는 오스카 시상자로 무대에 오른 첫 번째 트렌스젠더이다 A Fantastic Woman star Daniela Vega is the first transgender actress who has ever presented at the Oscars.

▪ 케이트 블랑쉬는 마틴 스콜세즈 감독의 하워드 휴즈 전기 영화 〈에비에이터〉에서 명배우 캐서린 헵번 역을 맡았다.

이것은 아카데미 수상 배우가 역시 아카데미를 수상했던 배우 역을 맡은 첫 번째 기록이 된다 Cate Blanchett became the first actress to win an Academy Award for playing another Academy Award winner for playing the role of Katharine Hepburn in Martin Scorsese's The Aviator (2004).

▪ 1930년대 아역 배우 셜리 템플은 아카데미 청소년상 첫 번째 수상자가 된다. 재능 있는 떠오르는 청춘 연기자에게 수여하는 미니 오스카상이다.

하지만 매년 시상할 만한 연기자를 선정하지 못하자 1962년 시상 제도를 중단한다 In the 1930s, Shirley Temple was the first performer to receive the Academy Juvenile Award, a mini Oscar trophy given to young stars to recognize their talent. It wasn't given out every year like the usual awards since there wasn't always a contender to receive it. The academy stopped giving them out in 1962.

▪ 1974년 4월 2일 진행된 46회 아카데미 행사에서 로버트 오팔이라는 남자가 나체로 행사장 무대로 돌진하는 해프닝이 발생한다. 데이비드 니븐이 작품상 선정작을 소개하는 장면에서 나체 남자가 그의 뒤로 지나간다 During the Academy Awards ceremony held on April 2, 1974, a man named Robert Opal ran across the stage naked, flashing the peace sign. David Niven had been on stage to introduce the Best Picture category when the streaker ran behind him.

▪ 3명이 오스카 트로피 수상을 거부하는 해프닝을 벌인다.

수상 거절 첫 번째 주인공은 더들리 니콜스. 〈밀고자〉로 각본상 수상자로 호명된다.

두 번째 거절자는 〈패튼〉에서 2차 대전 전쟁 영웅을 열연해 남우상에 지명된 조지 C. 스코트.

조지는 아카데미가 2시간에 걸친 고기 퍼레이드라는 악평을 쏟아 놓으면서 수상 거부를 밝힌다.

3번째는 〈대부〉로 남우상에 지명된 말론 브란도.

브란도는 미국과 할리우드가 토착 인디언을 차별하고 있다는 이유를 밝히면서 인디언 사친 리틀페더라는 여성을 대리자로 무대에 출석시킨다. 하지만 그녀는 인디언이 아닌 마리아 크루즈라는 무명 여배우라는 것이 밝혀진다.

Three people have refused the honour in the history of Oscars. The very first person to refuse an Oscar was Dudley Nichols, who had won Best Screenplay for The Informer (1935). The second one to refuse the award was George C Scott. He refused the honour of Best Actor for his dramatic portrayal of the World War II general in Patton (1970), stating that the awards ceremony was a "a two-hour meat parade." Marlon Brando also refused his award for Best Actor for The Godfather (1972). Brando, who said he refused the award because of the discrimination toward Native Americans by the US and Hollywood, sent a woman supposedly named, Sacheen Littlefeather to collect his award. It turned out later that the woman was really an actress named, Maria Cruz.

제90회 아카데미 시상식이 남긴 여러 기록들

▪ 2018년 90회 아카데미를 위한 행사 비용으로 총 4,400만 달러(한화 약 528억 원, about $44 million USD)가 소요됐다.

▪ 24캐럿 금으로 만든 오스카 흉상 the 24-karat gold-plated Oscar statuette 제조 가격은 900 달러(한화 약 1백 만 원, about $900)이다.

▪ 오스카 중계방송에서 30초 분량 광고 가격은 260만 달러($2.6 million USD)이다.

▪ 오스카 행사장의 레드 카펫은 16,500 평방미터 the 16,500-square-foot Oscars red carpet 규모로 설치된다.
비용은 24,700 달러($24,700 USD)가 소요됐다.

▪ 아카데미 수상을 위해 각 영화사가 투입하는 로비 비용은 총 규모는 1억 달러(100 million)로 추산된다.

▪ 지미 킴벨은 행사 진행비로 15,000 달러(한화 약 1,800만원)를 받았다.

▪ 아카데미 행사로 LA시가 얻게 되는 경제 효과는 1억 3천만 달러(130million)로 추산된다.

▪ 아카데미 시상식이 끝나고 진행되는 월간 『배너티 페어』 주최 오스카 파티 커플용 티켓 가격은 75,000 달러(한화 약 9,000만원이다)

▪ 아카데미 수상작은 평균 300만 달러의 추가 흥행 수익을 거두는 것으로 집계됐다.

▪ 90회 작품상 후보작 중 〈콜 미 바이 유어 네임 Call Me by Your Name〉이 132분으로 최장 시간을 기록한다.

▪ 90회 행사를 중계 방송한 국가는 225개국이다.

▪ 옥타비아 스펜서와 비올라 데이비스는 흑인 여배우로 아카데미 후보 3회라는 동률 기록을 보유하게 된다.

▪ 생존한 인물 중 존 윌리암스가 51번 후보 기록을 보유하고 있으며 역대 최장 후보 기록은 월트 디즈니로 59번이다.

▪ 90회 연기상 최고령 후보는 〈올 더 머니 인 더 월드 All the Money in the World〉로 조연 남우상에 지명된 크리스토퍼 플럼머 Christopher Plummer(88세)

▪ 90회 연기상 최연소 후보는 〈콜 미 바이 유어 네임 Call Me by Your Name〉으로 남우상 후보에 지명 받은 티모시 샬라메 Timothée Chalamet(22세), 티모시는 1944년 이후 남우상 최연소 후보자이다.

▪ 디 리즈 Dee Rees 감독, 조나단 뱅크 Jonathan Banks, 캐리 멀리간 Carey Mulligan 주연의 〈머드바운드 Mudbound〉는 넷플릭스 제작 영화로는 첫 번

째로 아카데미 후보에 지명된 작품이다.

2차 대전에 징용됐던 2명의 흑인 남자. 미시시피 근교 농장에서 흑인이라는 이유로 혹독한 인종 차별과 노역을 강요당한다. 종전 후 귀향에서 일상적인 삶에 적응하기 위해 고군분투하는 장대한 사연을 담고 있다.

90회 아카데미에서 조연 여우상(메리 J. 블라이지), 각색(디 리즈 + 비질 윌리암스), 촬영(레이첼 모리슨), 라파엘 사딕 + 메리 J. 블라이지 + 타우라 시틴슨의 주제가 'Mighty River' 등 4개 부문이다.

▪ 후보자 중 힙합 가수로 유명세를 얻고 있는 메리 J. 블라이지는 아프리카 출신으로 연기와 주제가 등 한 해 2개 부문에 지명 받는 첫 번째 여성이다 Mary J. Blige becomes the first African American woman to receive multiple Oscar nominations in the same year. Additionally, she becomes the first person to be nominated in both a music category and an acting category in the same year.

▪ 디 리즈는 아프리카 출신으로 각색상 후보에 지명된 첫 번째 미국 여성이다 Dee Rees becomes the first African American woman to be nominated for Best Adapted Screenplay이다.

▪ 촬영 감독 레이첼 모리슨은 아프리카 출신으로 촬영상 후보에 지명된 첫 번째 여성이다 Rachel Morrison becomes the first woman to be nominated for the Academy Award for Best Cinematography

수상식 후 이야기

第90회 아카데미 시상식은 2017년 연초부터 여성 영화인들이 성적 평등을 내세우면서 '영화 제작 현장에서의 동등한 대우 보장' '하비 와인스타인으로 지목된 거물급 영화 제작자들의 여성 영화인에 대한 성 학대'가 큰 파문을 불러일으킨다.

진행자 지미 킴멜도 할리우드에 오랜 동안 관행으로 굳혀져 왔던 문제에 대한 새로운 인식 변화를 촉구하는 메시지를 언급하게 된다.

특히 2018년 1월 1일부터 여성에 대한 성적 차별 중단을 요청하는 '타임즈 업 운동과 영화의 다양성 Time's Up movement and diversity in Film'을 촉구하기 위해 애쉴리 주드 Ashley Judd, 살마 헤이엑 피날트 Salma Hayek Pinault, 아나벨라 시오라 Annabella Sciorra 등이 시상식 연단에 등장해 이에 대한 특별 메시지를 발표한다.

시오라와 쥬드는 거물급 영화 제작자이며 프로듀서로 명성을 얻어 왔던 하비 와인스틴이 사실은 수많은 여성 영화인들에게 출연작을 미끼로 해서 다양한 방법의 성 폭행을 시도해 왔다고 폭로해 큰 파문을 불러일으킨다.

89회 때 작품상 수상작 번복 해프닝이 벌어진 것이 재현되지 않도록 하기 위해 사회자와 시상식 연출자가 세심한 배려를 했다는 후문.

작년의 수상자 번복이라는 엄청난 실수를 염두에 둔 듯 진행자 지미 킴멜은 '올 해는 수상자 이름이 호명되더라도 바로 일어나지 마시고 1분 정도 기다려 주세요'라는 개그를 펼쳐 놓기도 했다.

흥행가에 전반적인 불황 여파로 인해 작품상 후보작 중 〈덩케르크〉가 1억 8천만, 〈겟 아웃〉이 1억 7천만 달러 등 단 2편만이 전 세계 1억 달러 이상 수익을 올린 작품 명단에 올려 진다.

스필버그의 〈더 포스트〉는 전세계 수익이 겨우 8천

만 달러, 작품상 수상작인 〈셰이프 오브 워터〉는 겨우 6천 3백만 달러라는 저조한 흥행 수익을 거두게 된다.

반면 2017-2018 시즌 메이저 스튜디오에 여성이 최고 임원으로 임명됐고 〈원더 우먼〉 〈블랙 팬서〉 등 여성과 흑인을 슈퍼 히어로 주인공으로 내세운 영화가 호응을 얻는 등 새로운 변화의 바람을 보여주어 블록버스터 제작 트렌드가 변화될 것임을 예고시킨다.

여우상 수상자 프란시스 맥도먼드는 수상 소감 마지막에 '내가 할 말이 있다, 평등 보장 추가 조항 I have some things to say, Inclusion Rider'이라고 마무리 지었다.

그녀가 언급한 '평등 보장 추가 조항'은 '연기자뿐만 아니라 제작진 전체의 성별 및 인종의 균등 고용을 보장하는 추가 조항을 출연 계약에 포함시켜 달라는 요구 조항'인 것이다.

13개 후보에 지명된 〈셰이프 오브 워터〉는 〈겟 아웃〉 〈레이디 버드〉 〈쓰리 빌보드〉와 치열한 경합을 벌인 끝에 작품상 등 4개 부문상을 수상하는 것으로 만족해야 했다.

가장 강력한 기대작인 〈쓰리 빌보드〉는 공권력에 대해 불편한 감정을 갖고 있었던 이들에게 많은 공감을 받았지만 그에 상응하는 만큼의 반발도 제기돼 골든 글로브 작품상을 수상했지만 아카데미에서는 여우상과 조연 남우상 등 2개 트로피를 차지하는 것으로 그친다.

놀란 감독의 〈덩케르크〉는 음향, 음향 편집, 편집 등 2류 급 부문상을 수상하는 것으로 만족해야 했다.

〈블레이드 러너 2049〉는 촬영, 시각 효과 2개 부문을 차지한다.

오리지날 각본상 Best Original Screenplay을 수상한 〈겟 아웃 Get Out〉의 조던 필 Jordan Peele은 수상 직 후 트위터에 '나 오스카 탔다, fuck'이라고 올려 자신도 전혀 예상하지 못한 것에 대한 직설적 기쁨을 표시했다.

『할리우드 리포터』는 시상 결과를 분석한 2018년 3월 6일자 기사를 통해 '〈셰이프 오브 워터〉 〈겟 아웃〉의 수상은 판타지, 호러 장르에 부정적이었던 아카데미 회원들이 서서히 폐쇄적이었던 투표 성향에 변화가 오고 있음을 감지시키는 징조를 보여 주었다'고 촌평을 내린다.

이 외 90회 수상식장에서는 의혹의 해프닝이 벌어진다.

아카데미 시상 규칙은 여우상 수상자 시상은 전년도 남우상 시상자가 해오던 것이 관례.

하지만 90회 여우상 수상자 호명을 해야 할 전년도 남우상 수상자 캐시 애플렉 Casey Affleck이 '성적 학대 피소 sexual harassment accusations'로 논란의 장본인이 되자 행사 참석을 거부해 조디 포스터 Jodie Foster와 제니퍼 로렌스 Jennifer Lawrence가 시상식을 하는 촌극이 벌어진다.

반면 시상식장은 셋트 디자이너 데렉 맥레인 Derek McLane이 450만 달러가 호가하는 스워로프스키 크리스탈 forty-five million Swarovski crystals로 치장해 눈부시게 화려한 무대 장치를 선사하게 된다.

행사 후 진행되는 수상자 파티 장에서 여우상 수상자 프란세스 맥도맨드 Frances McDormand의 오스카 트로피가 15분 동안 분실되는 소동이 벌어진다.

테리 브라이언트 Terry Bryant라는 괴한이 수상자로 축하 파티 장에 초대 받았다고 속여 마침 맥도맨드의 트로피를 훔쳤던 것.

행사장에 있었던 쉐프 볼프강 퍽 Chef Wolfgang Puck이 절도범을 잡아 오스카 트로피를 무사히 돌려 받는 해프닝이 벌어졌다.

제90회 2017 노미네이션, 수상자 총 리스트

작품상 Best Picture

* 〈셰이프 오브 워터 The Shape of Water〉-길레르모 델 토로 Guillermo del Toro, J. 마일즈 데일 J. Miles Dale

〈콜 미 바이 유어 네임 Call Me by Your Name〉
〈다키스트 아워 Darkest Hour〉
〈덩케르크 Dunkirk〉
〈겟 아웃 Get Out〉
〈레이디 버드 Lady Bird〉
〈팬텀 쓰레드 Phantom Thread〉
〈더 포스트 The Post〉
〈쓰리 빌보드 Three Billboards Outside Ebbing, Missouri〉

감독상 Best Director

* 길레르모 델 토로 Guillermo del Toro-〈셰이프 오브 워터 The Shape of Water〉

크리스토퍼 놀란 Christopher Nolan-〈덩케르크 Dunkirk〉
조르단 필 Jordan Peele-〈겟 아웃 Get Out〉
그레타 거윅 Greta Gerwig-〈레이디 버드 Lady Bird〉
폴 토마스 앤더슨 Paul Thomas Anderson-〈팬텀 쓰레드 Phantom Thread〉

남우상 Best Actor

* 게리 올드만 Gary Oldman-〈다키스트 아워 Darkest Hour〉

티모시 샬라메 Timothée Chalamet-〈콜 미 바이 유어 네임 Call Me by Your Name〉
다니엘 데이-루이스 Daniel Day-Lewis-〈팬텀 쓰레드 Phantom Thread〉
다니엘 칼루야 Daniel Kaluuya-〈겟 아웃 Get Out〉
덴젤 워싱톤 Denzel Washington-〈로만 J 이스라엘 에스콰이어 Roman J. Israel, Esq〉

여우상 Best Actress

* 프란시스 맥도맨드 Frances McDormand-〈쓰리 빌보드 Three Billboards Outside Ebbing, Missouri〉

샐리 호킨스 Sally Hawkins-〈셰이프 오브 워터 The Shape of Water〉
마고 로비 Margot Robbie-〈아이, 토냐 I, Tonya〉
시얼샤 로넌 Saoirse Ronan-〈레이디 버드 Lady Bird〉
메릴 스트립 Meryl Streep-〈더 포스트 The Post〉

조연 남우상 Best Supporting Actor

* 샘 록웰 Sam Rockwell-〈쓰리 빌보드 Three Billboards Outside Ebbing, Missouri〉

윌렘 대포우 Willem Dafoe-〈플로리다 프로젝트 The Florida Project〉
우디 하렐슨 Woody Harrelson-〈쓰리 빌보드 Three Billboards Outside Ebbing, Missouri〉
리차드 젠킨스 Richard Jenkins-〈셰이프 오브 워터 The Shape of Water〉
크리스토퍼 플러머 Christopher Plummer-〈올 더 머니 인 더 월드 All the Money in the World〉

조연 여우상 Best Supporting Actress

* 알리슨 재니 Allison Janney-〈아이, 토냐 I, Tonya〉

메리 J. 블라이지 Mary J. Blige-〈머드바운드 Mudbound〉
레슬리 맨빌 Lesley Manville-〈팬텀 쓰레드 Phantom Thread〉
로리 멧칼프 Laurie Metcalf-〈레이디 버드 Lady Bird〉
옥타비아 스펜서 Octavia Spencer-〈셰이프 오브 워터 The Shape of Water〉

각본상 Best Original Screenplay

* 〈겟 아웃 Get Out〉-조르단 필 Jordan Peele

〈빅 식 The Big Sick〉-에밀리 V. 고든 Emily V. Gordon
〈레이디 버드 Lady Bird〉-그레타 거윅 Greta Gerwig
〈셰이프 오브 워터 The Shape of Water〉-길레르모 델 토로 Guillermo del Toro, 바네사 테일러 Vanessa Taylor
〈쓰리 빌보드 Three Billboards Outside Ebbing, Missouri〉-마틴 맥도너프 Martin McDonagh

각색상 Best Adapted Screenplay

* 〈콜 미 바이 유어 네임 Call Me by Your Name〉-제임스 아이보리 James Ivory
〈디재스터 아티스트 The Disaster Artist〉-스코트 뉴스타터 Scott Neustadter
〈로간 Logan〉-스코트 프랭크 Scott Frank
〈몰리의 게임 Molly's Game〉-아론 소르킨 Aaron Sorkin
〈머드바운드 Mudbound〉-버질 윌리암스 Virgil Williams

애니메이션 장편 부문상
Best Animated Feature Film

* 〈코코 Coco〉-리 운리치 Lee Unkrich
〈보스 베이비 The Boss Baby〉-탐 맥그래스 Tom McGrath
〈브레드위너 The Breadwinner〉-노라 트워메이 Nora Twomey
〈퍼디난드 Ferdinand〉-카를로스 살다나 Carlos Saldanha
〈러빙 빈센트 Loving Vincent〉-도로타 코비엘라 Dorota Kobiela

외국어 영화상 Best Foreign Language Film

* 〈판타스틱 우먼 A Fantastic Woman〉(칠레)
〈인설트 The Insult〉(레바논)
〈러브리스 Loveless〉(러시아)
〈바디 앤 소울 On Body and Soul〉(헝가리)
〈스퀘어 The Square〉(스웨덴)

장편 다큐멘터리상 Best DocumentaryFeature

* 〈이카루스 Icarus〉-브라이언 포겔 Bryan Fogel
〈에바커스 Abacus: Small Enough to Jail〉-스티브 제임스 Steve James
〈페이스 플레이스 Faces Places〉-아그네스 바르다 Agnès Varda
〈라스트 맨 인 알레포 Last Men in Aleppo〉-페라스 페이야드 Feras Fayyad
〈스트롱 아일랜드 Strong Island〉-얀스 포드 Yance Ford

다큐멘터리, 단편상
Best DocumentaryShort Subject

* 〈헤븐 이즈 어 트래픽 잼 Heaven Is a Traffic Jam on the 405〉-프랭크 스티에펠 Frank Stiefel
〈에디스+에디 Edith+Eddie〉-로라 체코웨이 Laura Checkoway
〈히로인 Heroin(e)〉-엘레인 맥밀리온 쉘던 Elaine McMillion Sheldon
〈나이프 스킬 Knife Skills〉-토마스 레논 Thomas Lennon
〈트래픽 스톱 Traffic Stop〉-케이트 데이비스 Kate Davis

라이브 액션 단편상 Best Live Action Short Film

* 〈사일런트 차일드 The Silent Child〉-크리스 오버톤 Chris Overton
〈드칼 엘리멘터리 DeKalb Elementary〉-리드 반 다이크 Reed Van Dyk
〈11시 The Eleven O'Clock〉-데린 실즈 Derin Seale
〈조카 에머트 My Nephew Emmett〉-케빈 윌슨 주니어 Kevin Wilson Jr.
〈와투 워트 Watu Wote/ All of Us〉-카타 벤라스 Katja Benrath

애니메이션 단편상 Best Animated Short Film

* 〈디어 배스킷볼 Dear Basketball〉-글렌 킨 Glen Keane
〈가든 파티 Garden Party〉-빅터 케이르 Victor

Caire
〈루 Lou〉-데이브 멀린스 Dave Mullins
〈네거티브 스페이스 Negative Space〉-막스 포터 Max Porter
〈리볼팅 라임스 Revolting Rhymes〉-야콥 슈 Jakob Schuh

작곡상 Best Original Score

* 〈셰이프 오브 워터 The Shape of Water〉-알렉산드르 데스플라 Alexandre Desplat
〈덩케르크 Dunkirk〉-한스 짐머 Hans Zimmer
〈팬텀 쓰레드 Phantom Thread-자니 그린우드 Jonny Greenwood
〈스타 워즈: 라스트 제다이 Star Wars: The Last Jedi〉-존 윌리암스 John Williams
〈쓰리 빌보드 Three Billboards Outside Ebbing, Missouri〉-카터 버웰 Carter Burwel

주제가상 Best Original Song

* 'Remember Me'-〈코코 Coco〉-크리스틴 앤더슨-로페즈 Kristen Anderson-Lopez
'Mighty River'-〈머드바운드 Mudbound〉-메리 J. 블라이지 Mary J. Blige
'Mystery of Love'-〈콜 미 바이 유어 네임 Call Me by Your Name〉-서판 스티븐스 Sufjan Stevens
'Stand Up for Something'-〈마샬 Marshall〉-커먼 앤 다이안 워렌 Common and Diane Warren
'This Is Me'-〈그레이티스트 쇼맨 The Greatest Showman〉-벤 파섹 Benj Pasek

사운드 편집상 Best Sound Editing

* 〈덩케르크 Dunkirk〉-리차드 킹 Richard King
〈베이비 드라이버 Baby Driver〉-줄리안 슬레이터 Julian Slater
〈블레이드 러너 2049 Blade Runner 2049〉-마크 맨기니 Mark Mangini
〈셰이프 오브 워터 The Shape of Water〉-나단 로비탈Nathan Robitaille
〈스타 워즈: 라스트 제다이 Star Wars: The Last Jedi〉-매튜 우드 Matthew Wood

사운드 믹싱상 Best Sound Mixing

* 〈덩케르크 Dunkirk〉-마크 와인가텐 Mark Weingarten
〈베이비 드라이버 Baby Driver〉-줄리안 슬레이터 Julian Slater
〈블레이드 러너 2049 Blade Runner 2049〉-론 바트렛 Ron Bartlett
〈셰이프 오브 워터 The Shape of Water〉-크리스탄 쿡 Christian Cooke
〈스타 워즈: 라스트 제다이 Star Wars: The Last Jedi〉-데이비드 파커 David Parker

프러덕션 디자인상 Best Production Design

* 〈셰이프 오브 워터 The Shape of Water〉-폴 덴햄 어스터베리
〈미녀와 야수 Beauty and the Beast〉-사라 그린우드 Sarah Greenwood
〈블레이드 러너 2049 Blade Runner 2049〉-데니스 가스너 Dennis Gassner
〈다키스트 아워 Darkest Hour〉-사라 그린우드
〈덩케르크 Dunkirk〉-나단 크로우리 Nathan Crowley

촬영상 Best Cinematography

* 〈블레이드 러너 2049 Blade Runner 2049〉-로저 디킨스 Roger Deakins
〈다키스트 아워 Darkest Hour〉-브루노 델보넬 Bruno Delbonnel
〈덩케르크 Dunkirk〉-호테 반 호테마 Hoyte van Hoytema
〈멜바운드 Mudbound〉-레이첼 모리슨 Rachel Morrison
〈셰이프 오브 워터 The Shape of Water〉-댄 라스트센 Dan Laustsen

메이크업 앤 헤어스타일 상 Best Makeup and Hairstyling

* 〈다키스트 아워 Darkest Hour〉-카주히로 투시 Kazuhiro Tsuji
〈빅토리아 & 아둘 Victoria & Abdul〉-다니엘 필립

스 Daniel Phillips
〈원더 Wonder〉-아렌 투이텐 Arjen Tuiten

의상 디자인상 Best Costume Design

* 〈팬텀 쓰레드 Phantom Thread〉-마크 브리지스 Mark Bridges
〈미녀와 야수 Beauty and the Beast〉-재클린 두란 Jacqueline Durran
〈다키스트 아워 Darkest Hour〉-재클린 두란 Jacqueline Durran
〈셰이프 오브 워터 The Shape of Water〉-루이스 세퀘이라 Luis Sequeira
〈빅토리아 & 아둘 Victoria & Abdul〉-콘솔라타 보일 Consolata Boyle

필름 편집상 Best Film Editing

* 〈덩케르크 Dunkirk〉-리 스미스 Lee Smith
〈베이비 드라이버 Baby Driver〉-폴 마칠리스 Paul Machliss
〈아이, 토냐 I, Tonya〉-타티아나 S. 리겔 Tatiana S. Riegel
〈셰이프 오브 워터 The Shape of Water〉-시드니 울린스키 Sidney Wolinsky
〈쓰리 빌보드 Three Billboards Outside Ebbing, Missouri〉-존 그레고리 Jon Gregory

시각 효과상 Best Visual Effects

* 〈블레이드 러너 2049 Blade Runner 2049〉-존 넬슨 John Nelson
〈가디안 오브 갤럭시 2 Guardians of the Galaxy Vol. 2〉-크리스토퍼 타운센드 Christopher Townsend
〈콩: 해골 섬 Kong: Skull Island〉-스테판 로젠바움 Stephen Rosenbaum
〈스타 워즈: 라스트 제다이 Star Wars: The Last Jedi〉-벤 모리스 Ben Morris
〈혹성 탈출: 종의 전쟁 War for the Planet of the Apes〉-조 레터리 Joe Letteri

최다 후보작 및 수상작

〈셰이프 오브 워터 The Shape of Water〉-13개 부문 후보
〈셰이프 오브 워터 The Shape of Water〉-4개 부문 수상

아카데미 명예상 Academy Honorary Awards

* 아그네스 바르다 Agnès Varda-프랑스 감독, 작가, 편집 및 프로듀서로 영화 발전에 공헌
* 찰스 버넷 Charles Burnett-미국 감독, 작가, 프로듀서, 편집자, 촬영 감독으로 영화 발전에 공헌
* 도날드 서덜랜드 Donald Sutherland-캐나다 배우
* 오웬 로이즈만 Owen Roizman-미국 촬영 감독

특별 공로 상
Special Achievement Academy Award

* 알레한드로 곤잘레스 이나리투 Alejandro González Iñárritu

<보헤미안 랩소디>, <그린 북>에게 작품상 넘겨줘

제91회 아카데미 시상식은 2018년 미국 흥행가에서 호응을 얻었던 우수 작품을 대상으로 24개 부문에서 수상작(자)를 선정하게 된다.

흑인 코미디언 겸 배우 케빈 하트 Kevin Hart가 진행자로 내정됐지만 sns에 동성애자를 혐오하는 호모포비아(Homophobia) 발언이 문제로 지적되자 행사 2일을 앞두고 전격 취소가 된다.

결국 이 해 행사는 1989년 61회 행사 이후 처음으로 메인 진행자 없이 시상식이 진행된다.

<그린 북 Green Book>이 작품상을 비롯해 3관왕을 차지했으며 <보헤미안 랩소디 Bohemian Rhapsody>가 록 밴드 퀸 프레디 머큐리를 완벽하게 열연해 주었던 라미 말렉이 남우상을 차지한 것을 비롯해 4개 트로피를 가져간다.

이어 <로마 Roma>의 알폰소 쿠아론은 멕시코 출신으로 감독상을 첫 번째로 수여 받는 동시에 외국어 영화상 까지 차지하는 위업을 이룩한다.

미국 전역으로 생중계 된 시상식은 2, 960만 명 U.S. viewership of 29.6 million이 시청해 2018년 보다 12% 상승된 것으로 집계된다.

시상식 : 2019년 2월 24일 6:00 PM
장　소 : L A 돌비 극장 Dolby Theatre Hollywood, Los Angeles, California, U.S.
사　회 : 없음, ABC 중계

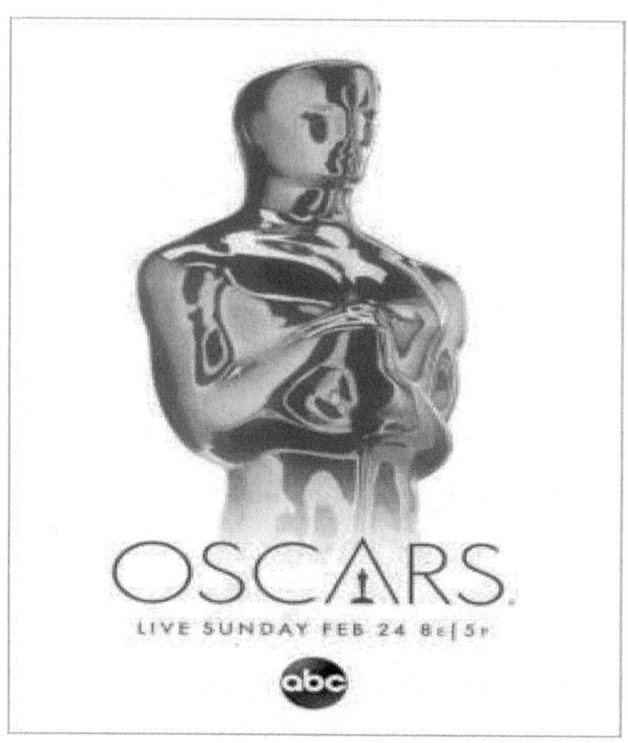

제91회 아카데미 공식 포스터. © A.M.P.A.S/ Oscars.org

록 밴드 퀸의 프레디 머큐리의 업적 추모 <보헤미안 랩소디>

'전설적 영국 록 밴드 퀸, 리드 싱어 프레디 머큐리가 1985년 라이브 에이드를 통해 불세출의 스타덤에 오른 이야기 The story of the legendary British rock band Queen and lead singer Freddie Mercury, leading up to their famous performance at Live Aid (1985)' -『할리우드 리포터』

흥행 감독 브라이언 싱어 Bryan Singer 감독.

안소니 맥카텐 Anthony McCarten+피터 모간 Peter Morgan이 구성한 스토리를 영상으로 옮긴 〈보헤미안 랩소디 Bohemian Rhapsody〉는 머큐리 역을 완벽하게 소화시킨 라미 말렉 Rami Malek의 열연에 힘입어 2018년 10월부터 2019년 봄 시즌까지 전 세계 흥행 시장에 퀸 신드럼을 재현시킨다.

공항 수하물 노동자로 일하고 있던 아프리카 잔지바르 Zanzibar 출신 파록 불사라 Farrokh Bulsara.

가수가 되겠다는 열망은 프레디 머큐리로 개명하면서 영국 최고의 밴드 퀸의 리드 보컬로 한 시대를 풍미하게 된다.

화려한 무대 매너 flamboyant stage persona, 4 옥타브를 넘나드는 탁월한 보컬 영역 four-octave vocal range은 그를 '록 음악 역사상 가장 위대한 리드 보컬 중 한 명 Regarded as one of the greatest lead singers in the history of rock music'으로 각인된다.

머큐리는 6분 동안 이어지는 실험적인 곡 '보헤미안 랩소디'로 단번에 월드 스타로 떠오른다.

『뉴스위크』는 '소외된 아웃사이더들이 주변의 우려를 불식시키고 한 시대의 록 영웅으로 대접 받는 흥미진진한 스토리'로 평가를 내린다.

전성기 시절 그룹 '퀸'은 영국 여왕에 이어 2번째 '여왕'이라는 애칭을 듣는다.

1973년 7월 13일 데뷔 앨범 『Queen』 이후 1975년 11월 21일 4집 앨범 『A Night At The Opera』에서 싱글 'Bohemian Rhapsody'가 영국 록 차트 9주 1위를 차지하면서 퀸과 프레디 머큐리의 신화적인 행보가 시작된다.

브라이언 싱어 감독은 '퀸의 음악적 업적을 실감 나게 하기 위해 타이틀 곡 'Bohemian Rhapsody'를 비롯해 뮤지컬 제목으로 차용된 'We Will Rock You', 스포츠 시합장에서 응원곡으로 단골 차용되고 있는 'We Are The Champions', 열정적 사랑의 발라드 곡 'Love Of My Life', 프라디 머큐리만의 화려한 무대 매너가 돋보이는 'Don't Stop Me Now' 등을 선곡시켜 청춘 및 퀸 음악 세대인 장년층 까지 공감을 받아내는 연출 테크닉을 보여 주었다'는 칭송을 듣는다.

극중 1985년 7월 13일 영국 웸블리 스타디움에서 7만 5,000명을 동원한 '라이브 에이드' 공연은 150개국으로 생중계 되고 퀸의 열정적 무대 공연은 이들을 확실한 월드 록 밴드로 대접 받는 기회를 제공한다.

팝 전문지 『롤링 스톤』은 '나는 스타가 되지 않을 것이다, 전설이 될 것이다'라고 자신만만했던 프레디 머큐리의 평소 주장은 영화 공개 이후 록 팬들로부터 110%의 지지를 받았다'는 리뷰를 게재한다.

〈보헤미안 랩소디〉의 폭발적인 흥행 이후 흥미 있는 사건이 여럿 발생했다. 그중 대표적인 것을 소개하면 다음과 같다.

스위스 몽트뢰 프레디 머큐리 동상 추모 행렬이다.

스위스 몽트뢰는 〈보헤미안 랩소디〉 이후 프레디 머큐리를 추모하려는 전세계 팝 팬들이 몰려와 문전성시를 이룬다.

첩보 영화 및 드라마 단골 촬영 장소로 유명세를 얻고 있는 곳이 스위스 레만 호(湖).

이 주변에 위치한 도시가 몽트뢰이다.

이곳에는 프레디 머큐리가 허공으로 손을 치켜들면서 열창하는 3m 전신 동상이 설치되어 있다.

체코 여성 조각가 이레나 세들레카이 1996년 축조한 조형물로 알려져 있다.

특히 머큐리의 생일 9월 5일에는 전세계 록 팬들이 찾는 순례 장소로도 유명세를 얻고 있다고 전해진다.

인구 3만 명도 채 되지 않는 소도시가 '퀸의 도시'로 급부상한 것은 1978년 출반된 앨범 『Jazz』 음반 녹음을 위해 몽트뢰 카지노에 붙어 있던 스튜디오를 찾았던 멤버들이 주연 자연 절경에 매료됐다는 후문.

1970년대 몽트뢰의 스튜디오는 유럽 최고 음반 녹음 시설을 구비한 곳으로 유명했다고 한다.

영화 〈보헤미안 랩소디〉에서도 일화가 묘사됐듯이 퀸 멤버들은 이 녹음 스튜디오를 통해 명반을 발표했다는 자부심을 느꼈다고 한다.

1979년 스튜디오가 매물로 나오자 퀸이 매입, 1980-1990년대 퀸의 음반 뿐 아니라 데이비드 보위와 예스(Yes) 등이 이곳을 통해 신보 음반을 제작했다고 한다.

몽트뢰는 이미 1967년부터 매년 여름 재즈 페스티벌 개최 장소로 유명했지만 퀸 덕분에 '록의 명소'라는 애칭을 추가로 부여 받게 된 것이다.

생전에 머큐리는 '몽트뢰는 나에게 제2의 고향이다. 영혼의 평화를 원한다면 몽트뢰로 오라'는 애향심을 드러낸다.

영화 공개 이후 재조명된 스튜디오에는 퀸의 멤버들이 사용했던 악기 등이 전시된 '퀸 박물관 Queen: The Studio Experience' 역할도 하고 있는데 머큐리가 1991년 사망 직전 노랫말을 구상했던 메모지도 진열되어 있다고 한다.

록 밴드 퀸, 결성 50주년 내한 콘서트

2020년 1월 18일 결성 50주년 맞은 퀸이 내한 공연을 진행한다.

〈보헤미안 랩소디〉 공개 이후 높은 관심을 받은 퀸은 내한 공연장에서 브라이언 메이가 태극기로 장식한 셔츠를 입고 등장하는 등 한국 록 팬들을 위한 세심한 배려를 보였다.

서울 고척 스카이돔에서 진행된 퀸(Queen) 내한 공연은 기타리스트 브라이언 메이(72)가 주도한다.

발라드 'Love of my life'의 전주를 기타 독주로 연주하면서 콘서트의 진행을 알린다.

프레디 머큐리가 타계한 뒤 한동안 공백기를 가졌던 퀸은 2011년부터 미국 신인 가수 발굴 TV 프로그램 '아메리칸 아이돌' 출신 애덤 램버트를 리드 보컬로 신규 영입해 제 2의 퀸 시대를 진행시키고 있다.

이날 무대 뒤에 설치된 대형 스크린에는 프레디 머큐리가 생전에 활동하던 동영상이 비추어졌다. 메이의 기타에 맞추어 협연을 하는 듯한 모습을 보여주어 객석을 메운 약 25,000여 팬들의 열띤 성원을 받아낸다.

2020년 결성 50주년을 맞게 된 퀸의 내한 공연은 프레디 머큐리의 생전 공연 모습을 적절하게 활용해 주요 히트곡이 불리워질 때마다 함께 노래 부르는 '떼창'이 연출된다.

2일 동안 진행된 내한 공연은 누적 4만 5, 000여 관객이 몰렸는데 여성 관객(68%)이 남성(31%)을 추월하는 기현상이 벌어지는 동시에 퀸의 전성기에는 출생하지도 않은 20-30대 관객이 73%를 차지한 것도 특징으로 집계 된다.

2018년 국내에서 전국 994만 관객을 동원한 영화 〈보헤미안 랩소디〉 이후 '싱어 롱(함께 노래 부르기)' 열풍이 유행하는 등 영화 한 편의 히트가 여러 문화적 현상을 주도하는 일화를 남긴다.

대니 보일 감독의 발칙한 비틀즈 찬가 <예스테데이>

'세상사람 모두가 비틀스 노래를 기억하지 못한다면 어떻게 될까? 라는 가정 아래 유일하게 그들의 음악을 기억하는 무명 뮤지션 잭은 이 같은 기회를 활용해 자신의 인생 역전을 노린다.

발칙한 가상적 내용을 제시하면서 펼쳐지는 〈예스터데이 Yesterday〉는 〈슬럼덕 밀리어네어〉로 아카데미 신화를 창조했던 대니 보일 감독이 선보이는 비틀즈 음악을 배경으로 한 판타지 로맨틱 코미디이다.

영국 런던에 거주하고 있는 가수 잭(히메시 파텔).

싱어 송 라이터로 여러 곡을 발표했지만 무명의 설움을 톡톡히 겪고 있다.

어느 날 집에 돌아가던 도중 교통사고를 당한 그는 병실에서 깨어 난 뒤 자신을 빼고 주변 사람들 모두 팝 신화를 구축했던 비틀즈 노래를 모른다는 사실을 알게 된다.

잭이 불러주는 비틀즈 명곡 '예스터데이'에 대해 주변 친구들이 '콜드 플레이의 '픽스 유' 보다는 약하지만 그래도 좋은데' 라던가 '헤이 주드'를 접한 팝가수 에드 시런이 '주드라는 이름은 올드하니 헤이 듀드라고 제목을 고칠까?' 라고 질문하는 장면을 통해 널리 알려진 비틀즈 명곡의 가치를 재치 있게 각인시키고 있다.

조역 출연을 마다하지 않은 이가 바로 에드 시런.

'Shape of You'를 빅히트시킨 21세기 영국을 대표하는 신세대 가수의 출연은 〈예스터데이〉가 유럽 흥행가에서 높은 호응을 얻을 수 있는 요소가 됐다고.

잭이 비틀스 노래를 자신의 신곡처럼 발표하려고 'Penny Lane'을 부르려고 하지만 가사를 제대로 기억하지 못해 당혹해하는 장면은 모든 것을 인터넷 검색으로 해결하고 있는 요즘 세대들의 정보 의존증을 꼬집는 장면으로 거론되고 있다.

'Let it be' 'Help' 'All you need is love' 등 사운드트랙에 수록된 곡들은 모두 비틀즈 멤버 혹은 유가족으로부터 저작권 문제를 해결하고 선곡 시켰다는 후문.

영화 개봉 이후 사운드트랙도 당연히 베스트셀러 명단에 진입하게 됐는데 주요 곡들의 선곡 장면은 다음과 같다.

'Yesterday'-폴 매카트니가 탄생시킨 비틀즈 최고 명곡.

영화에서는 교통 사고 후 잭이 연주해 주는 곡으로 설정되고 있다. 잭의 친구들은 '단순 명쾌하고 완벽한 노래' 라는 감탄사를 보낸다.

'She Loves You' 'I Want to Hold Your Hand' 'I Saw Her Standing There'-잭 말릭(히메시 파텔)이 가방(알렉산더 아놀드)가 운영하는 스튜디오에서 데뷔 음반을 만들기 위해 불러 주는 노래.

'In My Life'-지역 TV 방송국에 출연한 잭이 불러주는 노래. 이 장면을 에드 시런이 시청한다.

'Back in the USSR'-잭 말릭이 러시아에서 에드 시런 공연의 오프닝 가수로 초빙 받는다. 하지만 무명의 잭에 대해 관중들이 전혀 관심을 주지 않지만 노래를 불러주는 동안 서서히 객석의 뜨거운 호응이 다가온다.

'The Long and Winding Road'-잭이 월드 투어를 진행하던 시기. 에드 시런이 잭에게 누가 빨리 곡을 만드나 시합을 제안한다. 이 때 잭이 몇 분 안에 만들어 내는 곡이다.

'Penny Lane' 'Eleanor Rigby' 'Strawberry Fields Forever'-잭이 가사를 다 기억하지 못하는 곡으로 선곡된다.

'Here Comes the Sun' 'While My Guitar Gently Weeps' 'Hey, Jude'-잭이 음악 동료이자 절친 에드 시런의 도움을 받아 LA 스튜디오에서 녹음하는 곡들. 에드 시런이 '헤이, 주드'를 '헤이, 두드'로 바꿔 부르는 해프닝을 보여준다.

'Help!'-잭이 앨범 발매를 기념해서 진행되는 루프탑 바 공연 행사장에서 환호하는 관중들 앞에서 열창한다.

'All You Need Is Love'-잭이 연인 엘리에게 그동안 자신이 지난 시절의 오류를 시인하는 장면에서 선곡되고 있다.

'One Life'-피날레를 장식하고 있는 엘리와 잭의 사랑이 이루어지는 장면의 배경 곡. 영화를 위해 특별히 에드 시런이 작사, 작곡한 발라드 곡으로 알려졌다.

〈로마〉, 가정부가 겪는 일화를 통해 1970년대 멕시코 정치, 사회 풍속도 보여줘

75회 베니스 영화제 황금사자상 수상작 〈로마〉. © Esperanto Filmoj, Participant.

'1970년대 초반, 멕시코 시티, 중산층 가정에서 일하고 있는 가정부를 통한 삶의 연대기 A year in the life of a middle-class family's maid in Mexico City in the early 1970s'-『버라이어티』

'언제나 저를 지켜주시는 수호천사님 주님께서 저를 당신께 맡기셨으니 늘 제 옆에 함께 하시며 저를 비추시고 지켜주시고 다스리시고 인도하소서'-클레오(얄리차 아파리시오)가 소피를 재울 때 하는 기도문

'죽는 것도 나쁘지 않네'-클레오(얄리차 아파리시오)가 총 싸움 하던 막내와 옥상에 누워서 하는 대사

'엄마한테는 또 다른 모험이 될 거야. 우리는 항상 뭉쳐야 돼. 떨어지면 안 돼'-소피아(마리나 데 타비라)

멕시코를 대표하는 감독 알폰소 쿠아론 감독의 〈로마 Roma〉. 멕시코 시티 주변 도시 로마가 배경.

중산층 가정에서 일하고 있는 가정부 클레오(얄리차 아파리시오).

페르민이라는 남성과의 하룻밤 동침으로 임신을 한다.

낯선 남자는 임신 소식을 듣고 곧바로 사라진다.

클레오는 죽은 아이를 출산하게 되고 집주인 소피아는 남편과 이혼을 하게 된다.

소피아 아이들과 수영을 갔다가 아이들이 물에 익사할 뻔한 사고를 겪는다.

옥상에서 빨래를 널고 있는 클레오.

하늘에 떠 있는 구름과 비행기 그리고 새들이 조잘거리는 소리.

그리고 '평화 Shanti, Shanti, Shanti'라는 글귀로 2시간 15분에 걸쳐 클레오가 겪는 잔잔한 일상 이야기가 종료됐음을 알리게 된다.

중년의 가정부가 겪는 일상 속에서 경제 후진국으로 전락하면서 겪는 1970년대 멕시코의 혼란스런 정치, 사회상까지 담담하게 다룬 〈로마〉는 베니스 영화제 그랑프리를 수상한다.

〈해리 포터와 아즈카반의 죄수〉(2004), 출산이 사라진 암울한 미래 풍속도를 보여준 〈칠드런 오브 맨〉(2006), 우주의 경이로운 풍경을 담아낸 〈그래비티〉(2013) 등으로 흥행 감독 반열에 오른 알폰소 쿠아론 감독은 자전적 사연을 담은 〈로마〉를 통해 멕시코 정치, 사회적 혼란상을 담담한 흑백 영상으로 재현해 내 공감을 얻어낸다.

흑인 피아니스트와 백인 운전수의 특별한 사연 〈그린 북〉

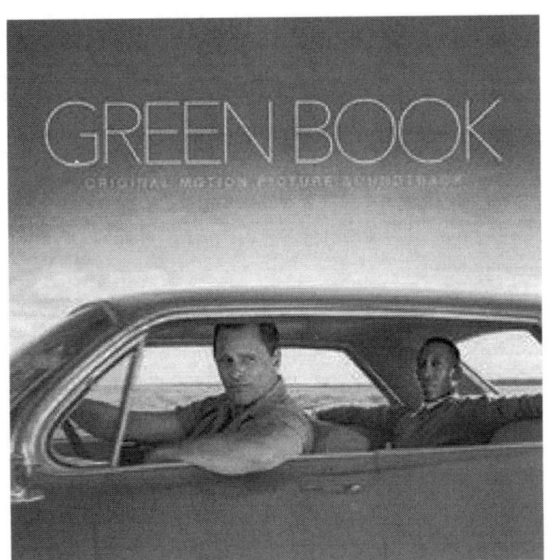

실존했던 음악가 돈 셜리의 일화를 다루고 있는 〈그린 북〉.
Ⓒ Milan Records.

'이태리 이주민 출신 미국인. 노동자 계층의 백인 남성. 입담과 주먹을 믿고 살아 왔던 토니(비고 모텐센). 아프리카 출신 미국 피아니스트 돈 셜리(마허샬라 알리)의 전속 기사로 채용돼 순회 연주회를 가면서 성격이 판이한 중년 남자의 갈등과 우애가 펼쳐진다'-『할리우드 리포터』

흑인에 대한 인종 차별이 극심했던 1960년대를 배경으로 한 피터 패럴리 Peter Farrelly 감독의 〈그린 북 Green Book〉.

백인이 주인, 흑인은 하인이라는 전통적인 할리우드 영화 전개 방식(?)에 어긋나게 건달 백인이 재능 있고 학식이 높은 흑인 피아니스트의 운전수 역할을 한다는 설정으로 이목을 끌어낸다.

'거부할 수 없는 새로운 로드 무비'-『필름 저널 Film Journal』라는 칭송을 받은 〈그린 북〉은 실화를 바탕으로 했다는 점이 공감의 폭을 더욱 넓힐 수 있는 요소가 된다.

흑인 피아니스트는 교양과 우아함, 품위 있는 말투와 친절을 갖고 있는 반면 백인 운전수는 허풍과 자신의 뜻대로 되지 않으면 주먹부터 나가는 다혈질 사나이.

극명하게 성격과 태도가 다른 두 남자는 흑인에 대한 차별이 심한 남부 지방을 8주간 콘서트를 진행하면서 서서히 서로 갖고 있었던 편견과 갈등을 극복하면서 남자다운 우정을 쌓아 나간다.

〈반지의 제왕〉 시리즈에서 반듯한 태도를 갖고 있는 아라곤 역으로 강한 인상을 남긴 비고 모텐센은 체중을 증가시켜 건달 기질을 갖고 있는 이태리 중년 남자로 배역 변신에 성공한다.

이에 질세라 돈 셜리역의 마허샬라 알리는 전작 〈문라이트〉의 후안 역으로 2017년 아카데미 조연 남우상을 수상한 전력자답게 배역을 위해 실존 인물 돈 셜리가 연주했던 음악 자료를 연습하는 동시에 행동이나 독특한 제스추어 등도 연구해서 완벽한 연기를 펼쳐 주었다는 칭송을 받아낸다.

『뉴스위크』는 '1960년대를 배경으로 했지만 미국의 인종적 편견은 아직도 진행 중이다. 이런 심각한 주제를 남자 대 남자의 우정을 쌓아 가는 과정 속에서 노출시킨 상당히 영리한 작품이다'는 평가를 내린다.

〈그린 북〉의 실존 인물 돈 셜리는 피아니스트, 작곡가, 편곡가로 영역을 구축했던 음악가이다.

1955년 데뷔 앨범 『Tonal Expressions』을 발표한다.

이 음반에 대해 피아니스트 겸 작곡가 이고르 스트라빈스키(Igor Stravinsky)는 '신의 경지를 들려주는 앨범'이라고 격찬을 내린다.

사운드트랙 작곡가 크리스 보워스 Kris Bowers는 '돈 셜리에게 영감을 미친 라벨, 거쉰의 음악과 흑인 영가, 가스펠 장르 음악을 적적하게 배분시켜 1960년대와 영화 공개 시점인 2018년의 시대적 공백을 최소화시키려고 노력했다'고 창작 일화를 밝힌다.

음악 팬들에게 널리 호응을 받아냈던 사운드트랙 리스트는 다음과 같다.

❖ Track Listing

1. That Old Black Magic/ The Green Book Copacabana Orchestra
2. 881 7th Ave
3. So Long Lovers Island/ The Blue Jays
4. Dr. Shirley's Luggage
5. I Feel Fine
6. A Letter From My Baby/ Timmy Shaw
7. You Took Advantage of Me/ The Blackwells
8. Blue Skies
9. Dear Dolores
10. Vacation Without Aggravaton
11. Cookin/ Al Casey Combo
12. What'cha Gonna Do/ Bill Massey
13. Water Boy
14. Dearest One/ Jack's Four
15. Field Workers
16. I Got a Call / The Exception
17. Makeup For Wounds / It's a Complicated World
18. Happy Talk
19. I Love My Baby/ Bobby Page & The Riff-Raffs
20. Governor On the Line
21. Need Some Sleep
22. Make the First Move
23. Lullaby of Birdland
24. Let's Roll/ The Orange Bird Blues Band
25. Backwood Blues/ The Orange Bird Blues Band
26. The Lonesome Road
27. Mmm Love/ Bob Kelly
28. Thanks Officer
29. If You Want Me To
30. Thank You For the Letters
31. The Lonesome Road/ Don Shirley

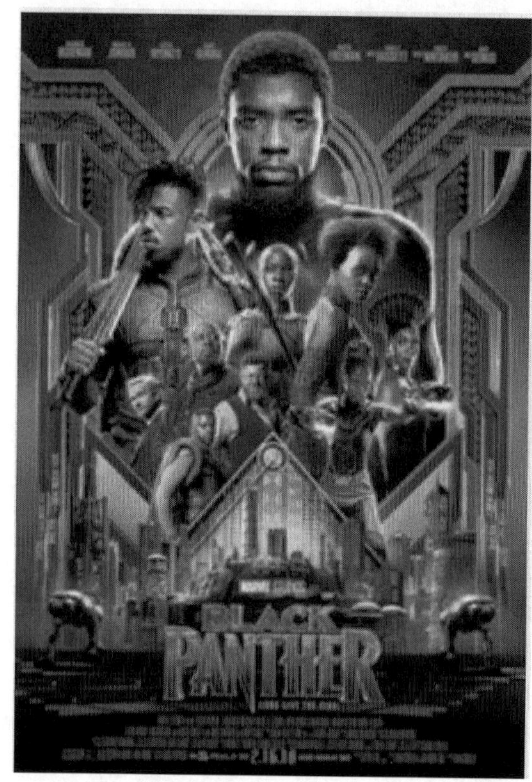

할리우드에 흑인 주인공 동화가 연속 제작되는 기회를 제공한 〈블랙 팬서〉. © Walt Disney Studios Motion Pictures.

마블 코믹 〈블랙 팬서〉, 흑인 슈퍼 영웅담 라이안 쿠글러 Ryan Coogler 감독의 〈블랙 팬서 Black Panther〉.

마블 코믹 Marvel Comics이 탄생시킨 흑인 슈퍼 영웅담을 펼쳐주고 있다.

'시빌 워' 이후 와칸다 왕위를 계승한 티찰라(채드윅 보스만).

와칸다 지역에서만 구할 수 있는 금속 물질 비브라늄을 노리는 동시에 왕권을 찬탈하려는 악한들의 음모를 분쇄하고자 '블랙 팬서'로 나서게 된다.

〈블랙 팬서〉는 마블 시네마틱 유니버스 Marvel Cinematic Universe (MCU)의 18번째 작품, 마블 스튜디오 Marvel Studios 제작, 배급은 월트 디즈니 스튜디오 모션 픽쳐서 Walt Disney Studios Motion Pictures가 맡고 있다.

이 영화가 흥행가에서 이슈를 만들어 낸 주요 이유 중 하나가 바로 흑인 영웅을 내세웠다는 점.

〈블랙 팬서 Black Panther〉에서는 채드윅 보스만, 〈캡틴 마블 Captain Marvel〉에서는 흑인 여성 감독 애너 보든이 메가폰을 잡아 각각 흥행 상위권을 차지한다.

실사판 〈알라딘〉에서도 지니 역으로 흑인 랩퍼 겸 배우 윌 스미스가 기용됐다.

월트 디즈니가 2021년 개봉 예정인 실사 판 〈인어 공주〉의 주인공 아리엘 역도 가수 겸 흑인 배우 할리 베일리가 캐스팅 됐다.

미국의 동화 연구가 매들린 밀러는 『필라델피아 인콰이어러』에 기고한 글을 통해 '백인 주인공들을 당연하게 여겼던 작품에 흑인 재능꾼들을 출연시킨 작품이 점차 증가하고 있는 것은 동화가 갖고 있는 환상적인 스토리를 더욱 확장시켜 주는 계기가 될 것'이라는 긍정적 평가를 하고 있다.

반면 대다수 영화 팬들은 '흑인 뿐 아니라 다양한 인종을 등장시키는 것이 시대적인 흐름이라고 해도 원작이 갖고 있는 주인공에 대한 이미지를 허물어 트려 스토리에 대한 몰입을 방해할 수 있을 것'이라는 우려의 목소리도 제기하고 있다.

『할리우드 리포터』는 '동화나 신화의 존재 이유는 상상과 환상이다. 흑인 주인공들이 익히 알려진 동화나 신화 속의 새로운 주인공으로 맹활약하고 있는 모습은 관객들에게 상상하는 것은 무엇이든 성취할 수 있다는 만족감을 확산시켜 주는 기회가 될 것'이라는 긍정적 평가를 내리고 있다.

월트 디즈니 관계자들도 '흑인 여주인공을 등장시킨 인어 공주 들은 백인 뿐만 아니라 흑인, 아시아, 라틴계 아동들에게 행복은 세상 모든 사람들이 누릴 수 있는 혜택이라는 긍정적인 메시지를 심어줄 수 있을 것'이라는 의견을 밝히고 있다.

『할리우드 리포터』는 '2000년대 들어서 영화계 전 분야에서 인종과 성적 불평등이 대폭 개선되어 가고 있는 실정이며 2015년 40%였던 여성 스탭 비율이 2019년 60%대까지 증가되고 있다'는 분석 자료를 내놓고 있다.

2019년 9월 27일자 『월 스트리트 저널 WSJ』은 '최근 할리우드 메이저 스튜디오에서 개봉되거나 제작 중인 영화에서 인종과 성(gender) 차별 없이 다양성을 중시한 작품들이 대거 제작되고 있으며 2019년 5대 메이저가 공개했거나 준비 중인 70편의 극영화에서 백인 이외의 인종이 주인공으로 등장하는 비율이 51%에 달하고 있다'고 보도했다.

이 신문은 '2015년에는 소수 인종이 등장한 비율은 22%에 불과했다'고 덧붙였다.

이 같은 시류를 적극 반영하고 있는 월트 디즈니는 2020년 공개 예정인 9편의 영화 중 4편이 여성 감독 작품이다. 2015년에는 여성 감독 작품이 단 한 편에 불과했다.

할리우드에서 인종과 성(性) 불평등 문제에 관한 인식 전환은 2015년 '오스카는 너무 백인 위주이다 Oscas So White'는 캠페인이 큰 역할을 한 것으로 분석되고 있다.

당시 'Oscas So White' 캠페인은 아카데미 시상식 후보자 및 수상자들이 지나치게 백인 위주라고 반발하면서 흑인 등 유색 인종 배우들이 시상식을 보이콧, 수상자 선정의 공정성에 의혹을 제기한 사건이다.

2015년 24개 부문 중 20개가 백인 연기자와 스탭들이 지명되자 비평가들도 '나도 당했다, 때가 왔다 MeToo and Time's up'라는 반발 여론을 주도해 영화계 거물 와인 하비스타인이 오랜 동안 자행했던 여배우 성 추행 사건이 외부로 폭로되는 촉발제가 되기도 했다.

미국 연방 평등고용기회위원회(EEOC)는 메이저 영화 스튜디오들이 여성 연기자와 감독 등을 차별 했는 지 조사에 나섰으며

서던 캘리포니아 대학 영화학과 스테이시 엘 스미스

교수는 '성과 인종 차별에서 벗어나 다양한 인종의 영화 인력을 활용하라는 외부 압력은 결국 영화 산업의 다양성을 높이는데 일조할 것'이라는 평가를 내렸다.

이런 자성의 움직임은 거대 메이저들이 그동안 알게 모르게 차별을 당했던 유색 인종 출신 영화인들에 대한 처우 개선과 캐스팅에서 배려를 받는 기회를 제공했으며 급기야 2020년 비영어권 영화인 〈기생충〉이 아카데미 작품상 까지 수상할 수 있는 나비 효과로 귀결 됐다는 분석도 제기됐다.

〈블랙 팬서〉, 흑인 슈퍼 영웅 상업 가치 입증시켜

'티찰라, 은둔해 있지만 진보된 왕국 와칸다 후계자, 국가를 위협하는 도전 세력으로부터 국민과 나라의 앞날을 위해 전면 대결에 나서게 된다 T'Challa, heir to the hidden but advanced kingdom of Wakanda, must step forward to lead his people into a new future and must confront a challenger from his country's past'-『버라이어티』

라이언 쿠글러 Ryan Coogler가 공동 각색자 겸 감독으로 나선 〈블랙 팬더 Black Panther〉는 코믹 북 산실 마블 스튜디오가 선보이는 첫 번째 흑인 슈퍼 영웅담을 대형 화면으로 옮겼다는 이유로 공개되자마자 신선한 반응을 불러일으킨다.

타이틀 '블랙 팬서'는 아프리카 가상의 나라 '와칸다'의 지도자를 지칭하고 있다.

와칸다는 세계 최빈국으로 알려져 있지만 사실은 가장 비싼 금속 물질 비브라늄이 다량 매장돼 있는 동시에 세계 첨단 과학 기술을 보유한 선진국이다.

주변 아프리카 국가들이 불안정한 정치 체제와 빈곤에 허덕일 때 와칸다는 풍요로운 태평성대를 누리고 있었다.

폭파 사고로 목숨을 잃은 아버지의 뒤를 이어 왕위에 오른 티찰라.

이 후 와칸다의 왕좌와 비브라늄을 숙적 킬몽거에게 빼앗기는 비운을 당한다.

티찰라는 블랙 팬서 수트를 착용하고 왕권 회복을 위한 전면 전쟁을 펼치게 된다는 것이 핵심 스토리.

주역을 맡은 채드윅 보스만 Chadwick Boseman은 단번에 백인 영웅 슈퍼맨에 버금가는 흑인 영웅으로 주목을 받아낸다.

2억 달러의 제작비 Budget: $200,000,000 투입, 2018년 2월 18일 개봉 첫 주 수익 2억 2백만 달러 $202,003,951로 제작비를 단번에 벌어들인다.

이 후 전세계 누적 수익으로 13억 4천 6백만 달러 Cumulative Worldwide Gross: $1,346,913,161라는 기대 이상의 흥행을 거두게 된다.

'흑인을 내세운 블록버스터'라는 '블랙버스터'라는 애칭을 받은 〈블랙 팬서〉는 공개 이후 할리우드 영화 전문 매체에서는 흥행 비결과 제작 의미를 놓고 수많은 흥미로운 리뷰가 쏟아진다.

그 가운데 펜실베니아 대 와튼 스쿨 아메리커스 리드(Americus Reed) 교수와 〈블랙 팬서〉 흥행 비하인드 스토리를 집필하고 있는 작가 제시 홀랜드(Jesse Holland) 등은 '블랙 팬서가 블랙 필름이라는 단점을 극복하고 어떻게 전세계 흥행가를 강타했는가라는 흥미 있는 기사를 『할리우드 리포터』를 통해 발표한다.

그 주요 내용을 인용, 소개하면 다음과 같다.

흑인 영웅담도 흥행될 수 있다는 시대적 흐름

〈블랙 팬서〉 히트의 첫 번째 요인으로 꼽히고 있는 것이 '문화적 시대정신 cultural zeitgeist'.

2000년대 들어서 미국은 백인 인구의 점차적 감소와 흑인 및 유색 인종의 증가라는 인구 변화를 맞고 있다.

2017년 미국 인구통계국 조사에 따르면 백인 77%, 유색 인종 23% 중 흑인이 50%가 넘는 14%로 조사됐다.

미국의 대다수 인구 통계전문가들은 향후 30년 후인 2050년 미국 전체 인구 중 유색 인종이 백인 인종을 추월할 것으로 예견하고 있다.

하지만 UCLA는 '2018 할리우드 다양성 보고서'를 통해 '2011년 미국에서 제작된 영화 중 90%가 백인 주인공, 10%가 흑인 포함 유색 인종, 2017년 백인 주인공 87%, 유색 인종 13%로 별다른 변화가 없는 것'으로 보고 있다.

이 같은 백인 독점 제작 추세에서 백인은 당연히 착한 영웅, 고학력자 , 기품 있는 매너를 드러내고 있으며 흑인 및 유색 인종은 범죄자, 나태한 자로 묘사돼 미국 청소년들은 어린 시절부터 인종적 편견을 자연스럽게 터득하게 된다는 비판이 제기됐다.

〈블랙 팬서〉는 제작 착수 단계부터 대다수 영화 전문가나 일선 프로듀서들이 '흑인 영웅담에 관객들 반응은 싸늘할 것'이라는 예상이 많았다.

그럼에도 불구하고 스탭, 캐스트 올 100% 흑인으로 구성된 〈블랙 팬서〉가 흥행가를 강타하면서 '흑인을 포함한 유색 인종을 주인공으로 내세운 영화가 새로운 흥행 주류가 될 수 있다는 것을 입증 시켰다'는 환호를 얻어낸다.

도널드 트럼프의 반이민 정책에 대한 반감

개봉 첫 주에 2억 달러 제작비를 단숨에 벌어들인 〈블랙 팬서〉의 흥행 돌풍은 도널드 트럼프 미국 대통령의 반이민 정책이 초래한 인종차별주의 정책에 대한 반발이 크게 작용했다는 진단.

트럼프 대통령은 2018년 1월 백악관에서 진행된 이민 정책 회의장에서 '아이티와 아프리카 국가들을 향해 거지소굴(shithole)이라고 거친 욕설을 했다는 것이 밝혀진다.

이 발언 이후인 2월 AP 통신이 진행한 여론 조사 결과 미국 성인 중 55% 이상이 트럼프는 인종차별주의자라고 응답한다.

응답자 중 흑인 80%는 트럼프에 대한 강한 반감을 드러낸 것으로 조사됐다.

극중 티찰라는 피날레 무렵 국제연합(UN) 회의에 참석해 전 세계 흑인들과 연대하겠다며 '현명한 자는 다리를 놓고 어리석은 자는 벽을 세운다'는 연설을 한다.

이런 설정은 2016년 트럼프가 대통령 선거 유세 중 국경을 맞대고 있는 멕시코인들에 대해 '범죄자'라고 지칭하며 불법 이민을 막기 위한 국경 장벽을 세우겠다고 공언한 것을 비꼬는 장면으로 풀이 받는다.

이 때문에 관객들이 〈블랙 팬서〉에 열광적 반응을 보인 것은 '미국 트럼프 행정부가 자초한 정치, 사회, 문화적 분란에 대한 분노가 담겨져 있다'는 해석도 받는다.

킬몽거, 악당이지만 관심 받아

슈퍼 영웅담의 기본 얼개는 '선과 악의 대결'.

하지만 〈블랙 팬서〉에서는 악당은 여러 복합적인 배경을 갖고 있는 호기심 끄는 인물로 설정된다.

숙적 킬몽거는 일단 미국 오클랜드 주에서 흑인들로부터 따돌림을 받으면서 성장했고 해외에서 미국 국가를 위한 비밀 요원으로 양성된다.

그는 '흑인들이 당하고 있는 인종 차별을 무너트릴 수 있는 가장 효과적인 방법은 전쟁뿐이라는 생각'을 갖고 있는 인물이다.

영화 비평가들은 티찰라는 부유한 성장 과정에 따라 비폭력주의 간디와 마틴 루터 킹의 이념을 실행하는 인물인데 비해 급진적 폭력을 선호하는 킬몽거는 '적극적 행동만이 흑인들에게 가했던 차별을 개선시킬 수 있다'고 주장한 말콤 X의 정치 이념을 실현하는 인물이라고 분석해 주고 있다.

와칸다는 흑인이지만 부유층이자 갖고 있는 신분이며 킬몽거는 늘 수탈과 학대를 당해 왔던 아프리카계 미국인들의 처지를 상징해 주는 인물인 것이다.

티찰라와 킬몽거 모두 장, 단점을 갖고 있는 인물로 설정해서 어느 한쪽으로 치우칠 수 없도록 균형 감각을 유지한 것도 관객들이 폭넓은 호응을 보낼 수 있는 원동력이 됐다는 것이다.

눈길을 끌고 있는 것은 〈블랙 팬서〉의 명칭은 1966년 오클랜드 메리트 대학생 휴이 뉴튼(Huey Newton)과 바비 실(Bobby Seale)이 창설했던 급진적 흑인 인권 단체 '블랙 팬서 당'을 연상시켜 준다는 지적도 받는다.

당시 블랙 팬서 당은 '흑인에 대한 완전 고용, 경제적 착취에 대한 회복, 흑인에 대한 주거, 교육 환경 개선, 경찰이 자행하는 흑인에 대한 폭력금지 등을 주요 정책 강령으로 채택해 공감을 얻어냈다고 한다.

창당 이후 흑인들에게 아침 무료 식사 및 의료 서비스 등을 제공했으며 검은 베레모를 착용하고 흑인 보호에 나서 큰 호응을 받았다고 전해진다.

이후 경찰 당국과의 빈번한 폭력 충돌에 따라 미국 연방수사국이 '블랙 팬서 당원들은 미국 안보에 위협적 존재'라고 선포하면서 당원 및 책임자에 대한 대대적 단속을 벌여 급기야 1982년 와해된다.

〈블랙 팬서〉 원작자 스탠 리(Stan Lee)는 생전에 애초 제목은 〈코올 타이거 Coal Tiger〉였으며 소설 〈블랙 팬서〉를 읽고 제목을 변경했다는 후일담을 밝힌다.

하지만 이런 원작자의 주장이 있었음에도 불구하고 〈블랙 팬서〉의 오프닝은 '블랙 팬서 당' 창단 지역이었던 캘리포니아 주 오클랜드이 보여지고 있으며 와칸다가 내건 슬로건 '공격받지 않는 한 먼저 공격하지 않는다'는 것도 〈블랙 팬서 당〉의 행동 강령이었다는 것이 밝혀져 흥미를 끌어낸다.

덧붙여 〈블랙 팬서〉가 한국 팬들에게 호감을 받은 이유 중 빼놓을 수 없는 것이 바로 부산 명소 광안대교가 등장하고 있다는 점.

티찰라와 옛 연인 나키아, 오코예 장군이 한국 부산 광안리 해변을 무대로 해서 자동차 150여대 등장하는 대규모 추격 장면이 펼쳐지고 있는 것이다.

마린 시티, 광안대교, 자갈치 시장이 보여지고 있으며 이런 장면에서 한국계 미국 배우 알렉시스 리(Alexis Rhee)가 카메오 출연해서 나키아와 한국어로 대화를 나누는 장면도 보여진다.

여성도 남성과 동격 대우 시도

〈블랙 팬서〉에 등장하는 여성은 국가적 문제를 해결하겠다고 나선 열혈 전사로 묘사되고 있다.

이런 설정 때문에 '인종 평등과 여성을 수동적이고 나약한 존재로 묘사했던 그동안의 남녀의 성적인 편견을 개혁하는 선두 주자가 됐다'는 칭송도 듣고 있다.

극중 티찰라와 연인 관계였던 나키아(루피타 뇽)는 외부에서 정보를 취득해서 와칸다로 전달하는 동시에 티찰라를 자신의 의도대로 움직이려는 적극적 여성 역할을 보여주고 있다.

티찰라 여동생 수리(레티티아 라이트)는 와칸다에서 첨단 기술 개발을 주도하는 과학자.

티찰라의 호위 부대 '도라 밀라제' 대장 오코예(다나이 구리라)를 비롯해 모든 대원이 여성들이다.

특히 2017-2018년 미국 정치, 사회를 뜨겁게 만들었던 '성범죄 폭로 운동인 미투(Me too)를 계기로 여성 및 성 소수자들이 당해야 했던 편견을 바로 잡고 성적 학대에 대한 경각심을 일깨우는 분위기가 조성된다.

이런 시기에 개봉된 〈블랙 팬서〉는 '소외된 계층에 대한 관심과 흑백을 떠나서 모든 인종은 서로 협력해야 한다는 연대 의식을 불어 넣어 주었다'는 흥행 진단을 받는다.

〈더 페이버릿: 여왕의 여자〉, 여왕의 환심을 얻기 위한 여성들의 암투

'18세기 영국, 나약한 통치권자 앤 여왕. 우유부단한 여왕을 대신해 수렴청정을 자행하고 있던 레이디 사라, 두 사람 사이에 새로운 몸 종 아비게일이 궁궐에 들어오면서 여왕의 환심을 얻기 위한 사라와 아비게일의 치열한 암투가 시작된다' -『버라이어티』

요르고스 란티모스 Yorgos Lanthimos 감독의 〈더 페이버릿: 여왕의 여자 The Favourite〉(2018).

유약한 영국 여왕(올리비아 콜맨)이 제 역할을 하지 못하는 권력자의 허점.

이 틈바구니에서 여왕의 오랜 친구이자 권력 실세 사라 제닝스(레이첼 와이즈)와 신분 상승을 노리는 몰락한 귀족 가문 출신 하녀 아비게일 힐(엠마 스톤)이 여왕의 환심을 얻어 권력 정점에 오르기 위한 암투를 벌이는 과정은 거친 남성들의 선혈이 가득한 권력 쟁취극에 버금가는 긴박감을 선사한다.

『뉴스위크』는 '여왕의 총애를 통해 귀족 복귀를 갈망했던 아비게일과 권력을 주도하며 나라를 통치하고자 했던 사라의 목적을 8장의 에피소드로 치밀하게 구성한 수작'이라는 평가를 내린다.

실존 인물 앤 여왕은 1714년 사망.

총애를 차지했던 아비가일은 궁정에서 쫓겨나고 사라는 궁정으로 다시 복귀해 명문가 체통을 유지했다고 전해진다.

사라의 후손으로 가장 저명한 인물이 2차 대전을 연합군 승리로 이끄는데 일조한 윈스턴 처칠 수상으로 알려져 있다.

4차례 리메이크 된 화려한 연예계 이면 다룬 〈스타 탄생〉

수상의 영예는 차지하지 못했지만 91회 여우상 후보자 중 가장 이슈를 만들어 냈던 히로인 중 한 명이 팝 가수 레이디 가가.

요란한 패션과 돌출 무대 매너로 유명세를 더했던

가가는 〈스타 이즈 본 A Star Is Born〉의 앨리 역으로 노래하는 연기자 대열에 당당히 합류하게 된다.

'A Star Is Born'은 레이디 가가 버전 이전에 이미 3차례 리바이벌 됐던 소재.

1937년 4월 27일 '스타가 되고 싶은 열망을 갖고 있는 여성이 할리우드로 건너온다. 마침 그녀는 알코올 중독에 빠져 있는 유명 남자 배우의 헌신적 도움을 받아 자신의 소망을 성취하지만 자신을 스타덤에 올려준 남자는 질투심과 자신이 잊혀지는 존재가 되고 있다는 복합적인 이유로 자멸을 선택하고 만다'는 윌리암 A. 웰만 감독, 자넷 게이너, 프레드릭 마치 주연의 〈스타 탄생 A Star Is Born〉(1937)이 흥행가에 눈물샘을 자극시킨다.

'노래하는 유명 가수가 됐지만 그 대신 사랑을 잃었다'는 선전 문구는 1954년 주디 갈란드 버전, 1976년 바브라 스트라이샌드 버전 그리고 2018년 레이디 가가 버전이 차례대로 공개될 정로도 단골 극화 되고 있다.

브래들리 쿠퍼의 주연 감독 데뷔작, 팝스타 레이디 가가의 연기자 데뷔작이라는 호조건으로 공개된 〈스타 이즈 본〉은 2018년 베니스 국제 영화제 프리미어를 통해 첫 실체를 드러낸 뒤 '완벽한 연기 호흡, 라이브 연주로 들려주는 화려한 사운드트랙 그리고 탑 스타가 겪는 외형적 성공과 내밀한 고민으로 추락하는 모습은 할리우드가 전형적으로 보여주는 멜로극의 진수가 되고 있다'는 칭송을 얻어낸다.

1937년 버전에 대해 『뉴욕 타임즈』는 '할리우드 업계의 이면을 스타 커플의 비극적인 사랑 속에 융합시켜 극적인 드라마 요소를 골고루 펼쳐준 작품'이라는 칭송을 보낸다.

매스컴의 호평에 힘입어 작품, 남우, 여우, 감독, 각색, 조감독, 각본상 등 7개 부문에 지명 받아 윌리암 A. 웰만과 로버트 카슨 William A. Wellman+ Robert Carson이 각본상 Best Writing, Original Story을 수여 받는 동시에 칼라 촬영을 시도한 촬영 감독 W. 하워드 그린 W. Howard Greene이 아카데미 명예상 Honorary Award을 수여 받는다.

『할리우드 리포터』는 '할리우드의 치부를 노골적이지 않게 드러내는 동시에 연예업계에 드리워져 있는 어두운 일면을 로맨스 사연에 녹여서 풀어낸 윌리암 A. 웰만의 연출력이 돋보이고 있다'는 칭송 덕분인지 이후 3차례 리바이벌 되는 동기가 된다.

2번째 작품은 〈오즈의 마법사〉로 주가를 높이던 뮤지컬 스타 주디 갈란드, 3번째는 감독, 배우, 가수로 탤런트 능력을 인정받은 바브라 스트라이샌드가 등장해 동일한 소재를 20년 주기로 공개된 것도 매우 이채로운 사례로 기록되고 있다.

〈스타 탄생〉의 기본 얼개는 모두 비슷하게 전개되고 있는 점도 특징.

유명 남자 배우이지만 알코올 중독자.

우연한 기회에 스타가 되기를 갈망하는 여성을 발굴하고 적극적인 후원으로 서서히 유명세를 얻게 되고 급기야 두 사람은 반려자로 결합된다.

이후 아내의 명성이 돋보일 수 록 남편은 점 점 잊혀지는 초라한 존재가 되고 급기야 자존심 강한 그는 자멸의 길을 선택하고 만다.

할리우드 영화 전문가들은 '출세와 명예를 위해 집결한 연예 공간 할리우드와 LA, 화려한 스포트라이트, 하지만 식상감을 느끼는 팬들의 변덕으로 곧 추락해 버리는 연예업계의 속성이 드라마 소재로는 늘상 반복해서 관심을 갖게 되는 소재'라는 해석을 하고 있다.

1937년 버전은 할리우드의 황금시대, 1954년 버전은 뮤지컬 스타가 펼쳐주는 춤과 노래의 흥겨움, 1976년 버전은 걸출한 팝 여가수와 컨트리 1급 가수 크리스 크리스토퍼슨의 황금 조합이 발표하는 작품 마다 기본 이상의 수익을 챙겨 갈 수 있는 요소가 된다.

4번째 리바이벌을 감독 데뷔작 겸 주연작으로 택한 브래들리 쿠퍼는 '파격적인 퍼포먼스를 내세우는 레이디 가가가 아니라 출연 당시 33세였던 이태리+프랑스+캐나다 혼혈 출신의 스테파니 조안 안젤리나 제르마노타 Stefani Joanne Angelina Germanotta의 민낯을 통해 연예 산업과 그 종사자들의 애환을 묘사해 주고 싶었다'는 연출론을 드러낸다.

이 같은 연출 의도에 따라 레이디 가가가 아닌 본명 스테파니의 일면을 보여주기 위해 화장기 없는 분장, 갈색 헤어스타일과 수수한 복장, 가식 없는 보컬을 사운드트랙에 담아내 연기자 레이디 가가로 재평가 받는 호기를 얻게 된다.

이전 3편이 무명의 여성이 점 점 급부상하면서 남성이 누려왔던 명성이 추락하면서 갈등이 벌어진다.

하지만 2018년 〈스타 이즈 본〉에서는 컨트리 가수 앨리가 지극히 대중적인 팝 가수로 장르 변화를 시도하면서 갈등이 촉발된다는 설정을 보여주는 차이점을 내세우고 있다.

앨리가 인기를 높일 수 있는 〈새터데이 나이트 라이브〉 출연을 앞두고 있는 순간 '진심을 노래하지 않으면 끝이야. 그러니 겁내지 마. 당신 얘기를 언제 들어줄까 겁내지 말고 가서 하고 싶은 얘기를 해'라고 조언을 하지만 마음 한편에서는 순수했던 컨트리 장르 여가수를 이제 잃을 수 있다는 불안감을 갖고 있다는 설정을 병치시킨다.

역대 〈스타 탄생〉의 주요 제작 에피소드는 다음과 같다.

1937년, 할리우드 스타 명암 다뤄 공감 얻은 〈스타 탄생〉

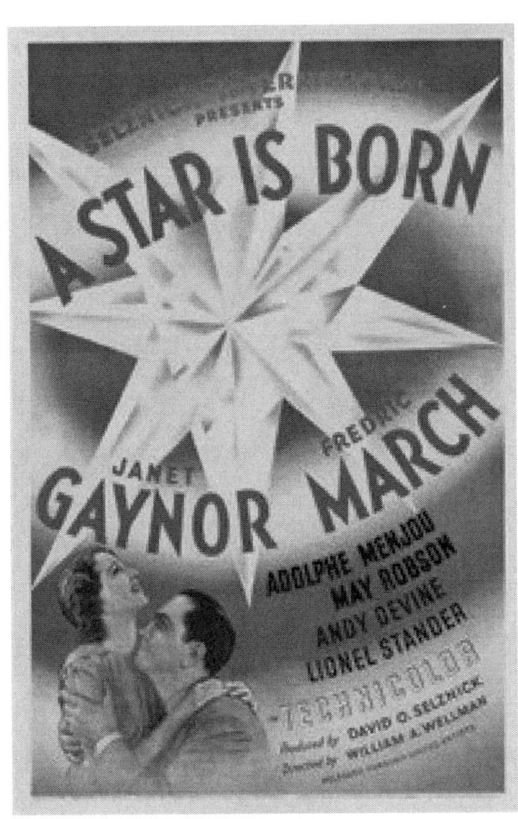

자넷 게이너 주연의 〈스타 탄생〉. © Selznick International Pictures.

윌리암 A. 웰만 감독, 자넷 게이너, 프레드릭 마치, 막스 스타이너 작곡.

〈바람과 함께 사라지다〉의 데이비드 O. 셀즈닉이 프로듀서를 맡았다.

'마음이 산산 조각 나더라도 그 일을 할 수 있겠니? 왜냐하면 꿈을 실현하려면 어떤 대가든 치러야 하기 때문이지-스타 지망생 에스더에게 할머니가 조언해 주는 대사

알코올 문제가 있으며 탑 스타의 위치가 쇄락해 간다는 설정에 대해 공개 당시 육체파 배우 바바라 스탠윅의 남편 프랭크 페이 혹은 콜린 무어의 남편 존 매코믹이라는 소문이 나돌았다.

스타 배우가 되겠다는 포부를 갖고 할리우드로 건너온 에스더 블로젯.

아르바이트를 하던 파티 장에서 할리우드 스타 노먼 메인과 운명적 만남을 갖는다.

노먼은 에스더의 쾌활한 매력을 통해 스타 기질을 간파한다.

제작사 대표에게 에스더를 소개해 할리우드 영화에 출연하게 된다.

단시일 내에 에스더는 스타덤에 오르고 노먼은 반비례하여 잊혀지는 스타가 된다.

은퇴한 뒤 집안일을 도우며 스타가 된 아내의 뒷바라지를 챙긴다는 피날레가 당시로서는 매우 파격적인

설정으로 풀이 받는다.

에스더 할머니가 오프닝과 엔딩에 등장해 할리우드 스타의 숙명을 들려주는 명언은 지금까지도 회자되고 있다.

❖ Track listings

1. California, Here I Come/ Joseph Meyer-에스더가 할리우드 도착하는 장면의 배경 곡
2. Les Préludes/ Franz Liszt-할리우드 보울 the Hollywood Bowl 장면에서 오케스트라가 연주
3. Dancing in the Dark/ Arthur Schwartz-트로카델로 클럽 the Trocadero Club에서 연주되는 곡
4. Auld Lang Syne-에스더가 할리우드로 가기 위해 기차역에서 할머니와 이별하는 장면, 이어 할머니와 출세한 에스더가 할리우드에서 재회하는 장면에서 사용
5. Wah! Hoo!/ Cliff Friend-자넷 게이너가 육성으로 불러주는 노래
6. Bye Bye Baby/ Lou Handman-극중 아카데미 어워드 파티 the Academy Awards Party 장면에서 오케스트라가 연주해 주는 곡.

1954년, 주디 갈란드의 컴백작 〈스타 탄생〉

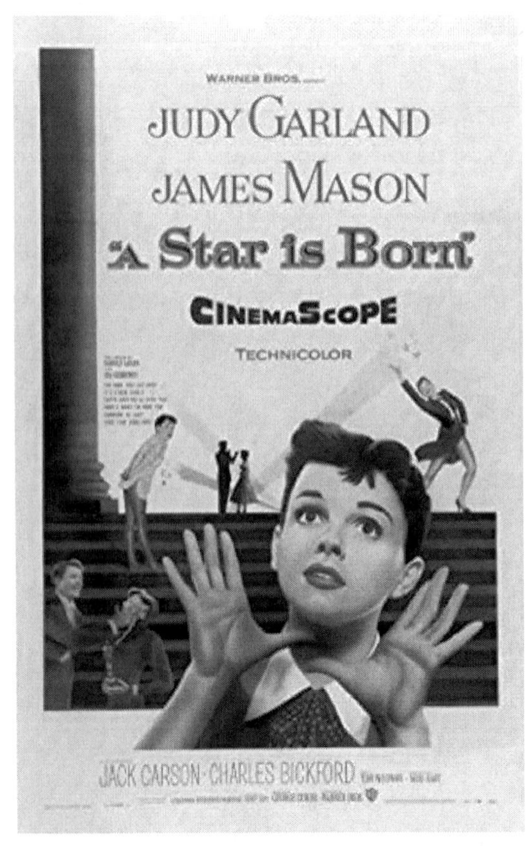

주디 갈란드의 뮤지컬 컴백작 〈스타 탄생〉. © Transcona Enterprises.

감독 조지 쿠커, 주디 갈런드, 제임스 메이슨, 작곡 해롤드 알렌

조지 쿠커는 데이비드 O. 셀즈닉으로부터 〈스타 탄생〉 연출을 제안 받자 자신의 전작 〈홧 프라이스 할리우드?〉와 스토리가 너무 흡사하다는 이유로 연출 의뢰를 거절했다고 한다.

하지만 〈오즈의 마법사〉 이후 별다른 히트작이 없어 은둔 상태에 있었던 주디 갈란드의 출연과 뮤지컬 스타일, 그리고 아낌없는 제작비 후원을 약속 받아 마침내 메가폰을 잡게 된다.

1954년 버전에 등장하는 에스더는 오케스트라 단원과 미국 전역을 순회하는 재능꾼으로 설정된다.

술에 취해 무대에 난입한 노먼과 가깝게 지내게 된다. 〈오즈의 마법사〉 이후 재기를 호시탐탐 노리고 있었던 주디 갈란드의 욕망을 위해 무려 15분에 걸친 'Born in a Trunk'를 통해 여주인공의 춤과 노래 실력을 유감없이 드러내도록 한다.

❖ Track listings

1. Gotta Have Me Go with You/ Judy Garland with Jack Harmon & Don McKay

2. The Man That Got Away/ Judy Garland
3. Here's What I'm Here For/ Judy Garland
4. Lose That Long Face/ Judy Garland
5. Someone at Last/ Judy Garland
6. It's a New World/ Judy Garland
7. Trinidad Coconut Oil Shampoo/ Judy Garland
8. Born in a Trunk/ Judy Garland
9. Swanee/ Judy Garland
10. I'll Get By (As Long as I Have You)/ Judy Garland
11. You Took Advantage of Me/ Judy Garland
12. Black Bottom/ Judy Garland
13. The Peanut Vendor (El Manicero)/ Judy Garland
14. Melancholy aka My Melancholy Baby/ Judy Garland

1976, 바브라 스트라이샌드의 독주가 옥의 티 <스타 탄생>

© Barwood Films, First Artists.

감독 프랭크 피어슨, 바브라 스트라이샌드, 크리스 크리스토퍼슨, 작곡(공동) 케니 아처 + 폴 윌리암스

바브라 스트라이샌드의 〈스타 탄생〉은 전후 3편의 영화가 유명세를 얻고 있던 남성에 선택에 의해 서서히 빛을 발하게 되는 수동적 대상이었다면 바브라 스트라이샌드 버전은 처음부터 강한 존재감을 드러내는 존재이며 잭 노먼(크리스 크리스토퍼슨)은 사사건건 방해자의 역할에 머물고 있다는 차이점을 보여 준다.

바브라 스트라이샌드가 불러주는 주제곡 'Evergreen'이 빅히트 된다.

가수 출신 배우를 동시에 캐스팅 했다는 점이 흥행성을 보증 받는 요소가 된다.

헬리콥터를 타고 공연장에 내려온 록 스타 잭 노먼.

'Watch Closely Now'를 열정적으로 불러 주면서 공연장은 순식간에 열광의 도가니로 빠져 든다.

약물에 취해 팬들을 향해 총을 쏘거나 오토바이를 몰고 무대로 등장하는 등 기이한 행동을 일삼는다.

잭 노먼의 파괴적인 언행은 역대 〈스타 탄생〉 중 가장 거친 인물로 묘사되고 있다.

두 사람이 만나는 장면도 파격적이다.

술에 취해 들어간 바에서 노래하는 에스더(바브라 스트라이샌드)를 발견하고 단번에 운명적 관계를 예감한다.

잭의 무대의 게스트로 등장하면서 에스더는 프로 뮤지션으로 대접 받는다.

『버라이어티』는 '76년 버전은 지나치게 여성 역할에 비중을 두고 전작에서 커플들이 아기자기 하게 주고 받은 밀월 관계를 느낄 수 없다는 것이 오점이다'고 지적하면서 '바브라의 지나친 욕심 때문에 팀웍 연기가 드러나지 않은 것도 아쉬움을 남겼다'고 지적하고 있다.

프로듀서 존 피터스는 당시 바브라와 실제 연인 관계여서 극중 그녀의 존재감을 드러내 주는 클로즈 업 촬영이 빈번한 것도 옥의 티가 됐다는 쑤군거림을 듣는다.

❖ Track listings

1. Watch Closely Now/ Barbra Streisand & Kris Kristofferson
2. Queen Bee/ Barbra Streisand
3. Everything/ Barbra Streisand
4. Lost Inside of You/ Barbra Streisand & Kris Kristofferson
5. Hellacious Acres/ Kris Kristofferson
6. Evergreen (Love Theme from, A Star Is Born)/ Barbra Streisand
7. The Woman in the Moon/ Barbra Streisand
8. I Believe in Love/ Barbra Streisand
9. Crippled Crow/ Kris Kristofferson
10. Finale: With One More Look at You, Watch Closely Now/ Barbra Streisand; Barbra Streisand & Kris Kristofferson
11. Evergreen (Love Theme from, A Star Is Born)/ Reprise/ Barbra Streisand & Kris Kristofferson

2018년, 레이디 가가의 연기력 빛난 〈스타 이즈 본〉

레이디 가가가 연기자 데뷔에 성공한 〈스타 이즈 본〉.
© Interscope Records.

감독 브래들리 쿠퍼, 레이디 가가, 브래들리 쿠퍼.

브래들리 쿠퍼의 신작은 예술가 커플이 끊임없는 대화를 통해 교감의 폭을 넓힌다는 설정을 보여주고 있다.

잭슨과 앨리가 드랙바에서 만난 뒤 편의점 주차장에서 음악과 지나 온 삶의 궤적에 대해 털어 놓는다.

앨리는 외모에 대한 콤플렉스, 잭슨은 불행한 가족사를 밝힌다.

무궁무진한 음악에 대한 열정이 두 사람을 급격하게 가깝게 만든다.

잭슨은 앨리에게 '재능은 누구에게나 있지만 하고 싶은 이야기가 있고 사람들이 그것을 듣는다는 건 특별한 것'이라고 예술가의 역할론을 역설한다.

〈스타 이즈 본〉은 예술적 교감을 나누는 장면과 그런 과정을 통해 수많은 곡들이 만들어 졌다는 창작 과정을 펼쳐주고 있다.

또 하나 〈스타 이즈 본〉에서 잭슨과 앨리가 부르는 극중 노래는 모두 라이브 버전으로 채택했다는 것도 전작 3편과 뚜렷하게 구별되는 차이점이다.

브래들리 쿠퍼는 〈스타 이즈 본〉을 라이브 음악 영

화만의 묘미를 선사하기 위해 콘서트 실황 장면 촬영에 많은 공을 들였다고 제작 일화를 공개한다.

관객들의 함성으로 가득한 뮤직 페스티벌.

입에 약을 털어 넣고 공연을 시작하는 컨트리 뮤지션 잭슨 메인(브래들리 쿠퍼).

술과 약에 빠져 있는 잭슨은 공연을 마치고 우연히 들어간 드랙바에서 노래를 부르는 앨리(레이디 가가)를 만나게 된다.

'La Vie En Rose'를 고즈넉스럽게 불러주는 그녀의 모습에 단번에 빠져드는 잭슨.

잭슨은 이후 펼쳐지는 투어 공연에 게스트로 그녀를 초빙한다.

공연이 거듭 될 수 록 앨리의 존재감은 증가하고 두 사람은 부부의 인연을 맺는다.

한편 잭슨의 고질병인 청력 문제가 점차 심해지고 술과 약물에 의존하면서 결혼 생활도 파경으로 치닫는다.

❖ Track Listing

1. Intro
2. Black Eyes/ Bradley Cooper
3. Somewhere Over the Rainbow/ Dialogue
4. Fabulous French/ Dialogue
5. La Vie en rose/ Lady Gaga
6. I'll Wait for You/ Dialogue
7. Maybe It's Time/ Bradley Cooper
8. Parking Lot/ Dialogue
9. Out of Time/ Bradley Cooper
10. Alibi/ Bradley Cooper
11. Trust Me/ Dialogue
12. Shallow/ Lady Gaga & Bradley Cooper
13. First Stop, Arizona/ Dialogue
14. Music to My Eyes/ Lady Gaga & Bradley Cooper
15. Diggin My Grave/ Lady Gaga & Bradley Cooper
16. I Love You/ Dialogue
17. Always Remember Us This Way/ Lady Gaga
18. Unbelievable/ Dialogue
19. How Do You Hear It?/ Dialogue
20. Look What I Found/ Lady Gaga
21. Memphis/ Dialogue
22. Heal Me/ Lady Gaga
23. I Don't Know What Love Is/ Lady Gaga & Bradley Cooper
24. Vows/ Dialogue
25. Is That Alright?/ Lady Gaga
26. SNL Dialogue
27. Why Did You Do That?/ Lady Gaga
28. Hair Body Face/ Lady Gaga
29. Scene 98/ Dialogue
30. Before I Cry/ Lady Gaga
31. Too Far Gone/ Bradley Cooper
32. Twelve Notes/ Dialogue
33. I'll Never Love Again (Film Version)/ Lady Gaga
34. I'll Never Love Again (Extended Version)/ Lady Gaga

제91회 아카데미 후보작이 남긴 에피소드

2019년 2월 24일 할리우드를 좌지우지 하는 수많은 스타들과 영화 관계자들이 아카데미 행사를 위해 LA 명소 돌비 극장Dolby Theatre Hollywood, Los Angeles, California, U.S으로 집결했다.

전년도에 벌어졌던 영화계의 업적을 총결산하는 화려한 오스카 밤. 2019년 아카데미 최종 결선에 오른 후보작과 영화인들이 남긴 흥미진진 에피소드를 모아 보았다.

▪ 91회 후보작 가운데 〈로마 Roma〉 〈더 페이버릿: 여왕의 여자 The Favourite〉가 각 10개 부문에서 노미네이션을 기록하지만 정작 최종 결과에서는 작품상은 〈그린 북 Green Book〉, 최다 수상의 영예는 남우상 등 4관왕의 〈보헤미안 랩소디 Bohemian Rhapsody〉가 가져간다.

▪ 파격적인 무대 매너와 돌출적 분장으로 이슈를 몰고 다니는 레이디 가가 Lady Gaga.

록 밴드 '퀸 The Queen'의 히트곡 'Radio Gaga'에 푹 빠져 자신의 예명으로 차용했다는 것을 밝혀 이목을 끌어낸다.

레이디 가가가 숭배한다는 밴드 adored the band '퀸'.

흥미롭게도 레이디 가가의 영화 데뷔작 〈스타 이즈 본 A Star Is Born〉은 퀸 리드 싱어 프레드 머큐리의 음악 여정을 다룬 〈보헤미안 랩소디 Bohemian Rhapsody〉와 작품상을 놓고 경합을 벌이게 됐다. 최종 승자는 〈그린 북〉이 불리워진다.

▪ 에이미 아담스 Amy Adams와 크리스찬 베일 Christian Bale. 〈파이터 The Fighter〉(2010) 〈아메리칸 허슬 American Hustle〉(2013)에 이어 〈바이스 Vice〉로 나란히 3번째 아카데미 연기상 후보자에 오르는 이색 기록을 수립하게 된다.

베일은 남우상, 아담스는 조연 여우상에 각각 지명된다.

남우상 최종 승자는 〈보헤미안 랩소디〉에서 프레디 머큐리를 실감 나게 연기한 라미 말렉 Rami Malek.

조연 여우상은 〈빌 스트리트가 말할 수 있다면 If Beale Street Could Talk〉의 레지나 킹 Regina King.

베일은 〈파이터 The Fighter〉(2010)로 2011년 '조연 남우상 Oscar Best Performance by an Actor in a Supporting Role'을 수상했지만 아담스는 3번의 수상 기회를 모두 놓쳐 버리고 만다.

▪ 마허샬라 알리 Mahershala Ali.

1974년 2월 16일 캘리포니아 오클랜드 Oakland, California, USA 태생.

연극, 드라마, 영화계를 종횡무진 누비면서 탄탄한 연기 실력을 입증시키고 있는 흑인 배우 중 가장 유망한 탤런트이다.

중견 배우 브래드 피트 Brad Pitt와 아델 로만스키 Adele Romanski가 제작자로 나섰던 독립 영화 〈문라이트 Moonlight〉(2016)로 2017년 아카데미 조연 남우상 Best Performance by an Actor in a Supporting Role을 수상한 여세를 몰아 〈그린 북 Green Book〉(2018)에서 백악관 초청 연주회를 할 정도로 실력을 인종 받고 있는 흑인 피아니스트 돈 셜리 역을 열연, 2019년 '조연 남우상 Oscar Best Performance by an Actor in a Supporting Role'을 다시 차지하는 기염을 토한다.

알리는 이번 수상을 계기로 '탐 행크스 Tom Hanks가 〈포레스트 검프 Forrest Gump〉(1993) 〈필라델피아 Philadelphia〉(1994)로 연속 아카데미 남우상을 수상한 이후 연기자로서 가장 빠른 시일 내에 연기상 2연패를 차지한 배우 it'll be the quickest an actor has won the same Oscar twice since Tom Hanks, who won best actor in 1993 (for Forrest Gump) and 1994 (Philadelphia)'라는 기록을 보유하게 된다.

▪ 조연 남우상 후보자 중 눈여겨 볼 연기자가 리차드 E. 그랜트 Richard E. Grant.

1957년 5월 5일 아프리카 스와질랜드 호호 주 믐바베인 Mbabane, Hhohho, Swaziland 출신이다.

브루스 로빈슨 감독의 코미디 〈회색빛 우정 Withnail And I〉(1987)은 1960년대 영국의 한적한 지역 캠든 타운을 배경으로 해서 최저 생계비로 허덕이는 만년 조역 배우 위드네일을 열연해 호평을 받아낸다.

〈허드슨 호크 Hudson Hawk〉(1991)의 더윈 역에 이어 1990년대 5인조 여성 보컬 그룹으로 전성기를 구가했던 스파이스 걸 the Spice Girls의 세계 순회공연 모습을 담은 음악 코미디 〈스파이스 월드 Spice World〉(1997)에서 괴팍한 매니어 클리포드 역으로 강한 인상을 남긴다.

〈캔 유 에버 포기브 미? Can You Ever Forgive Me?〉(2018)로 91회 조연 남우상 후보로 지명 받는다.

스파이스 걸즈의 열렬한 팬이었던 영국의 싱어 송 라이터 아델 Adele은 영화 〈스파이스 월드: 더 무비 Spice World: The Movie〉를 관람한 뒤 그랜트와 친교를 맺어 요즘도 아델의 공연 티켓을 보내고 있으며 자신의 든든한 인맥을 과시하고 있다.

아델은 007 제임스 본드 〈스카이폴 Skyfall〉(2012)의 동명 주제곡으로 골든 글로브, 그래미, 아카데미 주제가상 Best Original Song을 모두 석권한 바 있다.

▪ 글렌 클로즈 Glenn Close의 〈더 와이프 The Wife〉.

여성이여서 작가로 성공하기 힘들다는 사회적 편견에 따라 글 솜씨가 자신보다 떨어지는 동시에 플레이 보이 기질을 버리지 못하고 필력도 떨어지는 남편의 대필 역할을 해낸다.

결국 노벨 문학상 수상자로 만드는 킹메이커 역할을 해낸다는 아내 조안 캐스틀맨 역으로 주연상 후보에 지명 받는다.

안타깝게도 클로즈는 91회까지 무려 7번의 아카데미 연기상 후보에 올랐지만 무관(無冠)에 그쳐 탄탄한 연기력에 비해서는 상복이 없는 비운의 배우라는 오명(汚名)을 듣고 있는 히로인.

클로즈는 2019년 골든 글로브 드라마 부문 여우상을 차지해 〈와이프〉로 그 어느 해 보다 수상 가능성이 높다고 점쳐졌지만 〈더 페이버릿 The Favourite〉에서 영국 앤 여왕 Queen Anne역을 냉철하게 열연한 올리비아 콜맨 Olivia Colman에게 다시 한 번 트로피를 넘겨주어야 하는 불운을 당한다.

클로즈가 아카데미 문턱에서 좌절을 당했던 후보 리스트 잔혹사는 다음과 같다.

- 2019년 여우상 후보 Oscar Best Performance by an Actress in a Leading Role-영화 〈와이프 The Wife〉(2017)
- 2012년 여우상 후보 Oscar Best Performance by an Actress in a Leading Role-영화 〈알버트 놉스 Albert Nobbs〉(2011)
- 1989년 여우상 후보 Oscar Best Actress in a Leading Role-영화 〈위험한 관계 Dangerous Liaisons〉(1988)
- 1988년 여우상 후보 Oscar Best Actress in a Leading Role-영화 〈위험한 정사 Fatal Attraction〉(1987)
- 1985년 조연 여우상 후보 Oscar Best Actress in a Supporting Role-〈내추럴 The Natural〉(1984)
- 1984년 조연 여우상 후보 Oscar Best Actress in a Supporting Role-〈빅 칠 The Big Chill〉(1983)
- 1983년 조연 여우상 후보 Oscar Best Actress in a Supporting Role-〈가프의 세계 The World According to Garp〉(1982)

▪ 91회 아카데미 남우상과 조연 남우상 후보작은 실존 인물을 연기한 영화들이 다수 지명 받았다는 특징을 빠트릴 수 없다.

남우상에서 라미 말렉 Rami Malek은 록 밴드 퀸의 리드 싱어 프레디 머큐리 Freddie Mercury, 크리스찬 베일 Christian Bale은 〈바이스 Vice〉에서 조지 W. 부시 대통령 재임 시절인 2001년 1월 20일-2009년 1월 20일까지 무려 8년 동안 제 46대 미국 부통령을 역임한 정치인 딕 체니 Dick Cheney역을 열연하고 있다.

성격파 배우 윌렘 대포우 Willem Dafoe는 〈이터너티 게이트 At Eternity's Gate〉에서 광기를 갖고 있는 정열적 화가 빈센트 반 고흐 Vincent van Gogh역을 맡고 있다.

조연 남우상에 오른 샘 록웰 Sam Rockwell은 〈바이스 Vice〉에서 미국 대통령 조지 W. 부시 George W. Bush-2001년 1월 20일-2009년 1월 20일까지 8년 동안 미국 제43대 대통령으로 재직-역을 맡고 있다.

▪ 영국 앤 여왕과 그녀를 시중하게 된 2명의 하녀 이야기를 다룬 〈더 페이버릿 The Favourite〉은 3명의 연기자 후보를 배출하는 성과를 거둔다.

우선 절대 권력을 행사하고 있지만 신경질적 성격을 갖고 있는 히스테릭한 영국 여왕 앤역의 올리비아 콜맨이 예상을 깨고 여우상을 따내는 깜짝 성적을 거둔다,

앤 여왕의 죽마고우이자 권력 실세 사라 제닝스 역의 레이첼 와이즈와 신분 상승을 목적으로 궁궐에 입궐하는 몰락한 귀족 가문 출신의 하녀 애비게일 힐역의 엠마 스톤이 나란히 조연 여우상에 지명 받는 것.

아쉽게도 조연 여우상은 여우상과 흡사하게 주변 예상을 깨고 흑인 여배우 레지나 킹이 행운의 미소를 짓게 된다.

▪ 스트리밍 업체 넷플릭스 Netflix 제작의 〈로마〉가 아카데미 역사상 첫 번째 작품상 후보작 명단에 진입한다.

2018년 베니스 그랑프리인 황금사자상, 영국 아카데미 작품상, 2019년 골든 글로브 작품상, 외국어영화상 등 2관왕 등의 여세를 몰아 아카데미 작품상까지 노린다.

결과는 〈그린 북〉에게 최고 아카데미 영예를 넘겨주고 대신 감독, 외국어영화, 촬영 등 3개 부문상을 가져가는데 만족해야 했다.

〈로마 Roma〉 히로인역으로 단번에 주목을 받아낸 얄리차 아파리시오 Yalitza Aparicio.

아카데미 여우상에 지명 받은 그녀는 놀랍게도 연기 경험이 전혀 없는 신인.

데뷔작으로 아카데미 여우상에 지명 받은 사례는 종종 있어 왔다.

이런 놀라운 업적을 이룩한 주인공은 쿠벤자인 왈리스 Quvenzhane Wallis-〈비스트 Beasts of the Southern Wild〉(2012)-2013년 여우상 후보, 가보리 시디브 Gabourey Sidibe-〈프레셔스 Precious〉(2009)-2010년 여우상 후보, 헤일리 스테인펠드 Hailee Steinfeld-〈더 브레이브 True Grit〉(2010)-2011년 조연 여우상 후보 등이다.

▪ 91회 연기상 후보 중 레즈비언 lesbian, 게이 gay, 양성애자 캐릭터 bisexual characters를 연기한 이들이 수상 후보로 지명 받는다.

이런 사례는 〈더 페이버릿 The Favourite〉에서 여왕 올리비아 콜맨 Olivia Colman과 신임을 받고 있는 레이첼 와이즈 Rachel Weisz는 서로 동성 관계로 설정되고 있다. 〈그린 북〉의 마허샬라 알리와 백인 운전 기사역의 비고 몬텐센은 호모 파트너 homosexual encounters임을 암시하고 있다. 라미 말렉이 연기하고 있는 록커 프레디 머큐리 Freddie Mercury는 양성애자 bisexual이다.

▪ 2008년 슈퍼 영웅을 소재로 한 〈다크 나이트 The Dark Knight〉이 폭발적인 호응을 받은 이후 아카데미 협회는 관객들의 호응을 적극 반영한다는 의미로 작품상 후보를 5편에서 10편으로 2배 증가시키는 규정 변경을 시도한다.

이러한 문호 개방으로 인해 흑인 슈퍼 영웅담 〈블랙 팬서 Black Panther〉가 작품상 후보로 선택되는 기회를 얻게 된다.

▪ 〈인크레더블 The Incredibles〉(2004)은 2005년 아카데미 장편 애니메이션상 best animated feature this year을 수상한다.

여세를 몰아 공개된 〈인크레더블 2 Incredibles 2〉(2018)가 91회 장편 애니메이션상 후보에 오른다.

만일 속편이 수상한다면 2001년 장편 애니메이션상이 시행된 이후 첫 번째 시리즈 애니메이션 수상이라는 기록을 세우게 된다.

수상 결과는 〈스파이더-맨: 인투 더 스파이더-버스 Spider-Man: Into the Spider-Verse〉가 선정돼 애니메이션 수상 기록은 세우지 못한다.

▪ 〈스타 이즈 본 A Star Is Born〉은 8개 부문에 지명 받는 성과를 거두지만 정작 브래들리 쿠퍼 Bradley Cooper가 의욕을 보였던 감독상에서는 제외 당한다.

▪ 뮤지컬 영화에서 재능을 발휘하고 있는 롭 마샬 Rob Marshall 감독이 신세대 연기자 에밀리 블런트 Emily Blunt를 기용해서 공개한 〈메리 포핀스 리턴 Mary Poppins Returns〉.

판타지 성향을 드러내기 위해 1억 3천만 달러 Budget:$130,000,000의 제작비를 투입해 전세계 흥행 수익 3억 4천 9만 달러 Cumulative Worldwide Gross: $349,537,494를 거두어들이는 성적을 거둔다.

아카데미 후보 명단에는 작곡, 주제가, 의상 디자인, 프러덕션 디자인 등 4개 부문에 지명 받지만 한 개의 트로피도 가져가지 못한다.

쥴리 앤드류스 원작 〈메리 포핀스〉(1964)은 〈마이 페어 레이디 My Fair Lady〉에게 작품상을 넘겨 주었지만 13개 후보에 5개 부문을 수상하는 성적을 거둔 바 있다.

▪ 에이미 아담스 Amy Adams는 〈바이스 Vice〉에서 부통령 부인 린 체니 Lynne Cheney역으로 조연여우상 후보에 지명 받아 통산 6번째 후보가 됐지만 번번이 수상 문턱에서 좌절되는 수모를 당한다.

▪ 연기 달인 크리스찬 베일 Christian Bale은 〈바이스 Vice〉에서 부통령 딕 체니역으로 남우상에 지명 받는다.

흥미로운 점은 베일(1974년 1월 30일), 딕 체니(1941년 1월 30일)로 두 사람 생일이 같다.

행운을 암시하는 듯한 우연의 일치는 정작 수상자가 라미 말렉이 차지하면서 막바지에 암초가 걸린 형국이 된다.

한편 베일은 골든 글로브에서 남우상을 수상하면서 '딕 채니 배역을 연기할 수 있도록 영감을 던져준 사탄에게 감사드린다 Thank you to Satan for giving me inspiration on how to play this role'는 이색 소감을 밝혀 영화가 토픽을 제공한 바 있다.

수상식 후 이야기

'제91회 아카데미 시상식은 다문화와 다양성을 소재로 한 작품에 높은 점수를 주었다'-bbc news.

91회 아카데미 작품상은 폭발적 흥행을 기록한 〈보헤미안 랩소디〉 〈블랙 팬서〉 〈로마〉 등을 제치고 〈그린 북〉으로 호명돼 가장 큰 이변으로 기록된다.

〈블랙 팬서〉는 마블사 제작 슈퍼 히어로 영웅 소재로는 첫 번째로 작품상 후보에 오르는 성과를 거둔다.

〈로마〉는 외국어영화상 수상작이 작품상을 동시에 수상한 전례가 없다는 것도 극장용이 아닌 스트리밍 서비스인 넷플릭스 제작의 영화였다는 점이 호평을 받았음에도 불구하고 작품상에서 제외됐다는 분석이 제기 된다.

골든 글로브 뮤지컬, 코미디 부문 작품상 수상 열기를 아카데미까지 이어 간 〈그린 북〉은 1962년이 배경.

흑인 피아니스트 돈 셜리와 그를 수행하게 된 백인 운전사 토니 발레롱가가 극심한 흑인 차별 지역인 남부 지역 공연을 진행하면서 성격과 가치관이 극명하게 다른 남자들이 서서히 우애를 쌓아간다는 실화를 기초로 한 휴먼 드라마이다.

감독상의 경우 가장 유력했던 알폰소 쿠아론이 멕시코, 〈냉 전〉의 파웰 포우리코프스키가 폴란드 국적이여서 할리우드 감독들의 체면이 구겨지는 행사가 된다. 쿠아론은 〈그래비티〉에 이어 감독상 2연패를 달성하게 된다.

아담 맥케이 감독이 기업가이자 제 46대 미국 부통령 딕 체니의 일화를 블랙 코미디 스타일로 다룬 전기영화가 〈바이스〉.

타이틀 'Vice'는 '부통령 Vice President' 혹은 '악惡'이라는 2중적 의미로 사용하고 있다고 알려졌다.

'악'의 뜻을 의미할 때 언급되는 문구가 'Everybody has their own vices'.

'모든 사람들은 그들만의 악의적인 것을 갖고 있다'는 의미.

개인적으로는 '악'이 '술, 마약, 담배, 쇼핑 중독', 정치, 경제권권에서는 '극우, 자유주의, 승자독식, 무한 경쟁을 조장하는 자본주의'를 뜻하는 잠언으로 알려져 있다.

〈바이스〉에서 '부통령이자 악'은 '딕 체니를 지칭한 것으로 풀이 됐다.

'이 영화는 실화이다. 딕 체니가 역사상 비밀스러운 정치인들 중 한 명이라 최대한 실화에 근접했지만 그래도 제기랄 우리는 할 만큼 했다 This is a true story, Or as true as it can be given that Dick Cheney is known as one of the most secretive leaders in history, But we did our fucking best'는 푸념으로 시작되는 〈바이스〉.

대기업 CEO, 전세계 국방 질서를 관장하는 펜타곤 수장을 거쳐 미국 부통령까지 승승장구 했던 딕 체니

부통령 재임 시절, 딕 채니가 세계사의 흐름을 바꿀 정치적 결단 과정을 대형 화면을 통해 열연한 주역은 크리스찬 베일.

실감 나는 배역을 위해 대머리 분장과 체중도 30kg 이상 증가시켜 '메소드 연기의 달인'이라는 호평과 함께 가장 유력한 남우상 수상자로 지목 받는다.

하지만 크리스찬 베일의 수상을 가로 막은 주역은 〈보헤미안 랩소디〉에서 록 밴드 퀸의 리드 보컬 프레디 머큐리를 완벽하게 모창해 준 라미 말렉.

그는 미국배우조합상(SAG), 영국 아카데미 남우상을 수상한 전력과 음악 팬들의 열성적인 성원을 등에 업고 대망의 아카데미 남우상을 가져간다.

이 해 여우상은 도발적인 가수에서 노래하는 연기자로 변신에 성공한 레이디 가가가 바브라 스트라이샌드에 뒤를 이어 갈 것으로 예측해 준다.

여기에 연기파 배우 글렌 클로즈가 크리틱스 초이스 어워즈, 미국배우조합상(SAG)을 수여 받아 가장 유력한 수상 히로인으로 점쳐 진다.

하지만 〈더 페이버릿: 여왕의 여자〉에서 앤 여왕 역을 차분하게 연기한 올리비아 콜맨도 베니스 영화제 여우상과 미국의 주요 비평가 협회의 여우상을 석권해 만만치 않은 뒷심을 발휘한다.

막판까지의 치열한 경합의 수상자는 〈더 페이버릿: 여왕의 여자〉의 올리비아 콜맨이 호명 된다.

〈로마〉의 얄리차 아파리시오, 〈더 와이프〉의 글렌 클로즈, 〈스타 이즈 본〉의 레이디 가가 등 쟁쟁한 경쟁자를 제치고 낙점 받은 콜맨은 믿기지 않는 듯 놀라는 표정이 카메라에 잡히기도 했다.

할리우드 현존하는 최고 연기 달인으로 회자되고 있는 글렌 클로즈.

이번 수상 실패로 아카데미 후보에만 7회라는 안타까운 기록 보유자가 된다.

북미 흥행 수익 North American Box Office

Gross만 무려 7억 달러 $700.1 million를 돌파한 〈블랙 팬서〉는 7개 부문에 지명 받았지만 주류상에서는 밀려 나고 스탭진의 공로를 평가 받는 미술, 작곡, 의상상 등을 받는 것으로 만족해야 했다.

흑인 연기자들의 절대적인 신임을 받고 있는 스파이크 리는 아카데미에서는 영화적 재능을 인정받지 못하는 감독 중 한 명.

올 해도 론 스탈 Ron Stall의 원작 소설 〈블랙클랜즈맨 BlacKkKlansman〉을 블랙 코미디 범죄극으로 공개해 작품, 감독상 등 6개 부문에 지명 받았지만 공동 각색상 1개 트로피를 받는 것에 그친다.

픽사 애니메이션 〈바오〉는 미국으로 이주해 온 중국 가족의 사연을 담고 있는 작품. 단편애니메이션 상을 받는다.

제91회 2018 노미네이션, 수상자 총 리스트

작품상 Best Picture

- * 〈그린 북 Green Book〉
- 〈팬더 Panther〉
- 〈블랙클랜즈맨 BlacKkKlansman〉
- 〈보헤미안 랩소디 Bohemian Rhapsody〉
- 〈더 페이버릿 The Favourite〉
- 〈로마 Roma〉
- 〈스타 이즈 본 A Star is Born〉
- 〈바이스 Vice〉

감독상 Best Director

- * 알폰소 쿠아론 Alfonso Cuarón-〈로마 Roma
- 스파이크 리 Spike Lee-〈블랙클랜즈맨 BlacKkKlansman〉
- 파웰 포우리코프스키 Paweł Pawlikowski-〈냉 전 Cold War〉
- 요고스 란시모스 Yorgos Lanthimos-〈더 페이버릿 The Favourite〉
- 아담 맥케이 Adam McKay-〈바이스 Vice〉

남우상 Best Actor

- * 라미 말렉 Rami Malek-〈보헤미안 랩소디 Bohemian Rhapsody〉
- 크리스찬 베일 Christian Bale-〈바이스 Vice〉
- 브래들리 쿠퍼 Bradley Cooper-〈스타 이즈 본 A Star is Born〉
- 윌렘 데포우 Willem Dafoe-〈이터니티 게이트 At Eternity's Gate〉
- 비고 모텐센 Viggo Mortensen-〈그린 북 Green Book〉

여우상 Best Actress

- * 올리비아 콜맨 Olivia Colman-〈더 페이버릿 The Favourite〉
- 얄리차 아파리시오 Yalitza Aparicio-〈로마 Roma〉
- 글렌 클로즈 Glenn Close-〈더 와이프 The Wife〉
- 레이디 가가 Lady Gaga-〈스타 이즈 본 A Star is Born〉
- 멜리사 맥캐시 Melissa McCarthy-〈캔 유 에버 포기브 미? Can You Ever Forgive Me?〉

조연 남우상 Best Supporting Actor

- * 마허샬라 알리 Mahershala Ali-〈그린 북 Green Book〉
- 아담 드라이버 Adam Driver-〈블랙클랜즈맨 BlacKkKlansman〉
- 샘 엘리오트 Sam Elliott-〈스타 이즈 본 A Star is Born〉
- 리차드 E. 그랜트 Richard E. Grant-〈캔 유 에버 포기브 미? Can You Ever Forgive Me?〉
- 샘 록웰 Sam Rockwell-〈바이스 Vice〉

조연 남우상 Best Supporting Actress

* 레지나 킹 Regina King-〈빌 스트리트가 말할 수 있다면 If Beale Street Could Talk〉

마리나 드 타비라 Marina de Tavira-〈로마 Roma〉
엠마 스톤 Emma Stone-〈더 페이버릿 The Favourite〉
레이첼 와이즈 Rachel Weisz-〈더 페이버릿 The Favourite〉

각본상 Best Original Screenplay

* 〈그린 북 Green Book〉-닉 밸리롱가 Nick Vallelonga

〈더 페이버릿 The Favourite〉-데보라 데이비스 Deborah Davis
〈퍼스트 퍼포먼드 First Reformed〉-폴 슈레이더 Paul Schrader
〈로마 Roma〉-알폰소 쿠아론 Alfonso Cuarón
〈바이스 Vice〉-아담 맥케이 Adam McKay

각색상 Best Adapted Screenplay

* 〈블랙클랜즈맨 BlacKkKlansman〉-찰리 워츠텔 Charlie Wachtel

〈발라드 오브 버스터 스쿠르지 The Ballad of Buster Scruggs〉-조엘 코헨 & 에단 코헨 Joel Coen and Ethan Coen
〈캔 유 에버 포기브 미? Can You Ever Forgive Me?〉-니콜 홀로프세너 Nicole Holofcener
〈빌 스트리트가 말할 수 있다면 If Beale Street Could Talk〉-배리 젠킨스 Barry Jenkins
〈스타 이즈 본 A Star is Born〉-에릭 로스 Eric Roth

장편 애니메이션 영화상
Best Animated Feature Film

* 〈스파이더-맨 Spider-Man: Into the Spider-Verse〉-밥 퍼시체티 Bob Persichetti

〈인크레더블 2 Incredibles 2〉-브래드 버드 Brad Bird
〈아이슬 오브 독 Isle of Dogs〉-웨스 앤더슨 Wes Anderson
〈미라이 Mirai〉-마모루 호소다 Mamoru Hosoda
〈랄프 브레이크 더 인터넷 Ralph Breaks the Internet〉-리치 무어 Rich Moore

외국어 영화상 Best Foreign Language Film

* 〈로마 Roma〉(멕시코)

〈케이퍼나움 Capernaum〉(레바논)
〈냉 전 Cold War〉(폴란드)
〈네버 룩 어웨이 Never Look Away〉(독일)
〈숍리프터스 Shoplifters〉(일본)

장편 다큐멘터리상 Best Documentary-Feature

* 〈프리 솔로 Free Solo〉-엘리자베스 차이 바사헬이 Elizabeth Chai Vasarhelyi

〈헤일 컨트리 Hale County This Morning, This Evening〉-라멜 로스 RaMell Ross
〈마인딩 더 갭 Minding the Gap〉-빙 리우 Bing Liu
〈아버지와 아들 Of Fathers and Sons〉-탈라 더키 Talal Derki
〈RBG〉-베시 웨스트 Betsy West

단편 다큐멘터리상
Best Documentary-Short Subject

* 〈피어리어스. 엔드 오브 센텐스 Period. End of Sentence〉-레이카 제타치 Rayka Zehtabchi

〈블랙 쉽 Black Sheep〉-에드 퍼킨스 Ed Perkins
〈엔드 게임 End Game〉-롭 엡스타인 Rob Epstein
〈라이프보트 Lifeboat〉-스카예 피츠제랄드 Skye Fitzgerald
〈나이트 엣 더 가든 A Night at the Garden〉-마샬 커리 Marshall Curry

라이브 액션 단편상 Best Live Action Short Film

* 〈스킨 Skin〉-기 나티브 Guy Nattiv

〈억류 Detainment〉-빈센트 램 Vincent Lambe
〈파브 Fauve〉-제레미 콤트 Jérémy Comte
〈마게리트 Marguerite〉-마리안 파리 Marianne Farley
〈마더 Mother〉-로드리고 소로고옌 Rodrigo Sorogoyen

단편 애니메이션상 Best Animated Short Film

* 〈바오 Bao〉-도미 시 Domee Shi
〈동물 행동 Animal Behaviour〉-알리슨 스노우덴 Alison Snowden
〈늦은 오후 Late Afternoon〉-루이즈 배그날 Louise Bagnall
〈원 스몰 스텝 One Small Step〉-앤드류 체스워스 Andrew Chesworth
〈주말 Weekends〉-트레버 지메네즈 Trevor Jimenez

작곡상 Best Original Score

* 〈블랙 팬서 Black Panther〉-루드윅 고란슨 Ludwig Göransson
〈블랙클랜즈맨 BlacKkKlansman〉-테렌스 블란차드 Terence Blanchard
〈빌 스트리트가 말할 수 있다면 If Beale Street Could Talk〉-니콜라스 브리텔 Nicholas Britell
〈아이슬 오브 독 Isle of Dogs〉-알렉산드르 데스플랏 Alexandre Desplat
〈메리 포핀스 리턴 Mary Poppins Returns〉-마크 샤이먼 Marc Shaiman

주제가상 Best Original Song

'Shallow', 〈스타 이즈 본 A Star is Born〉-레이디 가가 Lady Gaga
'All the Stars', 〈블랙 팬서 Black Panther〉-마크 소운웨이브 스피어스 Mark Sounwave Spears
'I'll Fight', 〈RBG〉-다이안 워렌 Diane Warren
'The Place Where Lost Things Go', 〈메리 포핀스 리턴 Mary Poppins Returns〉-마크 샤이먼 Marc Shaiman
'When a Cowboy Trades His Spurs for Wings', 〈발라드 오브 버스터 스크루지 The Ballad of Buster Scruggs〉-데이비드 로링스 David Rawlings

사운드 편집상 Best Sound Editing

* 〈보헤미안 랩소디 Bohemian Rhapsody〉-존 워허스트 John Warhurst
〈블랙 팬서 Black Panther〉-벤자민 A. 버트 Benjamin A. Burtt
〈퍼스트 맨 First Man〉-알-링 리 Ai-Ling Lee
〈콰이어트 플레이스 A Quiet Place〉-에단 반 더 린 Ethan Van der Ryn
〈로마 Roma〉-세르지오 디아즈 Sergio Díaz

사운드 믹싱상 Best Sound Mixing

* 〈보헤미안 랩소디 Bohemian Rhapsody〉-폴 마세이 Paul Massey
〈블랙 팬서 Black Panther〉-스티브 보데커 Steve Boeddeker
〈퍼스트 맨 First Man〉-존 테일러 Jon Taylor
〈로마 Roma〉-스킵 리브세이 Skip Lievsay
〈스타 이즈 본 A Star is Born〉-탐 오재니치 Tom Ozanich

프러덕션 디자인상 Best Production Design

* 〈블랙 팬서 Black Panther〉-한나 비치러 Hannah Beachler
〈더 페이버릿 The Favourite〉-피오나 크롬비 Fiona Crombie
〈퍼스트 맨 First Man〉-나단 크로우리 Nathan Crowley
〈메리 포핀스 리턴 Mary Poppins Returns〉-존 미히 John Myhre
〈로마 Roma〉-유제니오 카발레로 Eugenio Caballero

촬영상 Best Cinematography

* 〈로마 Roma〉-알폰소 쿠아론 Alfonso Cuarón
〈냉 전 Cold War〉-루카즈 잘 Łukasz Żal
〈더 페이버릿 The Favourite〉-로비 라이언 Robbie Ryan
〈네버 룩 어웨이 Never Look Away〉-칼렙 데스채널 Caleb Deschanel
〈스타 이즈 본 A Star is Born〉-매튜 리바티크 Matthew Libatique

메이크업 & 헤어스타일링상
Best Makeup and Hairstyling

* 〈바이스 Vice〉-그레그 캐놈 Greg Cannom
〈보더 Border〉-고란 룬드스트롬 Göran Lundström
〈메리 퀸 오브 스코트 Mary Queen of Scots〉-제니 쉬코어 Jenny Shircore

의상 디자인상 Best Costume Design

* 〈블랙 팬서 Black Panther〉-루스 E. 카터 Ruth E. Carter
〈발라드 오브 버스터 스크루지 The Ballad of Buster Scruggs〉-메리 조프레스 Mary Zophres
〈더 페이버릿 The Favourite〉-샌디 파웰 Sandy Powell
〈메리 포핀스 리턴 Mary Poppins Returns〉-샌디 파웰 Sandy Powell
〈메리 퀸 오브 스코트 Mary Queen of Scots〉-알렉산드라 번 Alexandra Byrne

필름 편집상 Best Film Editing

* 〈보헤미안 랩소디 Bohemian Rhapsody〉-존 오토맨 John Ottman
〈블랙클랜즈맨 BlacKkKlansman〉-배리 알렉산더 브라운 Barry Alexander Brown
〈더 페이버릿 The Favourite〉-요고스 마브롭사리디스 Yorgos Mavropsaridis
〈그린 북 Green Book〉-패트릭 J. 돈 비토 Patrick J. Don Vito
〈바이스 Vice〉-행크 코윈 Hank Corwin

시각 효과상 Best Visual Effects

* 〈퍼스트 맨 First Man〉-폴 람베르 Paul Lambert
〈어벤져스: 인피니트 워 Avengers: Infinity War〉-댄 드루 Dan DeLeeuw
〈크리스토퍼 로빈 Christopher Robin〉-크리스토퍼 로렌스 Christopher Lawrence
〈레디 플레이어 원 Ready Player One〉-로저 구예트 Roger Guyett
〈솔로: 스타 워즈 스토리 Solo: A Star Wars Story〉-롭 브레도우 Rob Bredow

최다 후보작 및 수상작

〈더 페이버릿 The Favourite〉 〈로마 Roma〉-각 10개 부문 후보
〈보헤미안 랩소디 Bohemian Rhapsody〉-4개 부문 수상

아카데미 명예상 Academy Honorary Awards

* 시셀리 타이슨 Cicely Tyson
* 랄로 쉬프린 Lalo Schifrin
* 마빈 레비 Marvin Levy

어빙 G. 탈버그 기념상
Irving G. Thalberg Memorial Award

* 캐스린 케네디 Kathleen Kennedy-미국 출신 영화 제작자
* 프랭크 마샬 Frank Marshall-미국 출신 영화 제작자

<기생충>, 외국어 영화로는 최초 작품상 수상

제92회 아카데미는 91회와 동일하게 메인 진행자 없이 시상식을 거행한다고 밝힌다.

아카데미 시상식을 중계하는 미국 ABC 방송 엔터테인먼트 부문 사장 캐리 버크는 92회 행사에 대해 2020년 1월 8일 '영화예술과학아카데미(AMPAS)와 함께 2020년 시상식도 호스트(진행자) 없이 쇼를 진행하기로 했다'고 공식 발표한다.

버크는 91회 시상식이 별다른 무리 없는 진행한 것도 대표 진행자를 내세우지 않는 주요 요인이 됐다고 덧붙였다.

91회 아카데미 시상식은 애초 미국 코미디언 케빈 하트가 내정됐지만 그가 과거 발언했던 성 소수자 비하 논란이 다시 점화 되자 전격 사퇴한다.

이후 적당한 아카데미 진행자를 찾지 못한 ABC측은 고육지책으로 진행자 없이 아카데미 시상식을 진행하고 있다.

제 92회 아카데미 시상식은 2019년 미국 흥행 시장에서 환대를 받은 우수 작품에 대해 24 부문으로 수상작(자)를 선정했다.

남한 영화 The South Korean film <기생충 Parasite>이 4개 부문상으로 이 해 최대 화제작이 된다.

<기생충>은 비영어권 영화로 작품상을 수상한 첫 번째 the first film in a language other than English to win Best Picture라는 기록을 세우는 동시에 외국어 영화상을 개명한 '국제장편영화상

Best International Feature Film'에 남한 영화로는 첫 번째 본선에 올라 단번에 수상의 영예를 차지하는 진기록도 수립한다.

<기생충>과 치열한 수상 경합을 예고 시켰던 전쟁 영화 <1917>을 비롯해서 <포드 v 페라리 Ford v Ferrari> <조커 Joker> <원스 어폰 어 타임 인 할리우드 Once Upon a Time in Hollywood> <아메리칸 팩토리 American Factory> <밤쉘 Bombshell> <헤어 러브 Hair Love> <조조 래빗 Jojo Rabbit> <주디 Judy> <러닝 투 스케이트보드 Learning to Skateboard in a Warzone (If You're a Girl)> <작은 아씨들 Little Women> <결혼 이야기 Marriage Story> <네이버 윈도우 The Neighbors Window> <로켓맨 Rocketman> <토이 스토리 4 Toy Story 4> 등이 수상작으로 호명된다.

이 해 아카데미 시상식은 미국 전역에서 2,360만명 a viewership of 23.6 million의 시청률을 기록해 '넬슨 사운드스캔 Nielsen Soundscan'이 시청률 집계 조사를 한 이래 최저 시청을 한 행사로 기록된다.

시상식 : 2020년 2월 9일 6:00 PM
장　소 : L A 돌비 극장 Dolby Theatre Hollywood, Los Angeles, California, U.S.
사　회 : 없음, ABC 중계

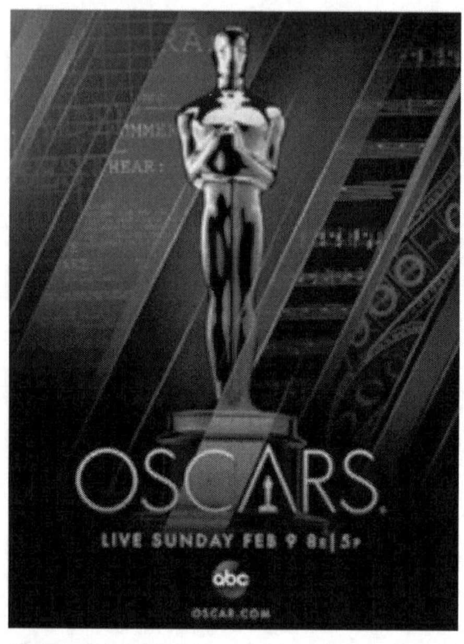

제92회 아카데미 공식 포스터. © A.M.P.A.S/Oscars.org

온라인 플랫폼 넷플릭스 철저하게 외면당해

온라인 동영상 공개 플랫폼인 넷플릭스 제작 영화 〈아이리시맨〉은 2020년 아카데미 10개 후보임에도 단 한 개의 트로피도 수상하지 못한다. 이런 결과는 극장 개봉을 전재로 한 전통적 영화 유통 시스템 관계자들의 거센 반발로 초래된 결과로 분석된다. © Netflix.

'영화관에서 1주일도 상영하지 않는 영화는 아카데미 후보 자격이 없다'-스티븐 스필버그 감독

'영화는 극장이라는 오프라인 시설을 통해 공개하고 관람하는 매체' vs '최신 영화를 온라인을 통해 관람하는 것은 시간과 번거로운 장소 이동 없는 편리성을 제공해 향후 무한대로 발전할 수 있는 트렌트 매체'

영화관인가 넷플릭스(Netflix)인가?

극장 상영을 전제 조건으로 제작되어 왔던 영화 매체가 넷플릭스를 통해 공개되면서 양보 없는 신경전이 가열된 것이 2020년 아카데미 시상식장에서 재연됐다.

우선 불화(?)의 빌미를 제공하고 있는 넷플릭스(Netflix)는 인터넷을 통해 최신 영화나 드라마를 볼 수 있는 미국의 회원제 주문형 비디오 웹사이트.

2009년 온라인 스트리밍 서비스를 본격화해 인터넷에 연결만 되면 컴퓨터, 스마트폰, 텔레비전, 게임기, DVD 플레이어, 셋톱박스 등 다양한 시청 기구를 활용해 시간, 장소, 국가 구분 없이 넷플릭스 제작 동영상을 관람할 수 있는 플랫폼이다.

출범 초기에는 이미 발표됐던 영화나 드라마 등을 구매해서 회원들에게 제공해 왔는데 2012년 부터는 막대한 제작비를 투입해 넷플릭스 독점 콘텐츠를 제작하는 동시에 2012년 12월 매년 3천억 원의 저작권료를 지불하는 조건으로 월트 디즈니의 막대한 영상 콘텐츠도 제공하고 있다.

넷플릭스의 영향력이 증가 되면서 근 100여 년의 역사를 자랑하는 할리우드 메이저 영화사들의 입지가 급격하게 위축되면서 반발이 거세지고 있는 것.

하지만 이에 아랑곳 하지 않고 넷플릭스는 2013년

2월 1일 1시즌 13부로 제작한 〈하우스 오브 카드〉를 연이어 송출시켜 주말이나 심야 시간대에 미드를 집중 관람하는 시청자 관람 태도까지 변화시키고 있는 것이다.

스필버그를 비롯해 대다수 영화인들은 넷플릭스에 대해 '영화의 전통적 가치와 의미를 훼손하는 적대적 매체'로 반발하고 있다.

이런 거부 반응은 2020년 아카데미에서 극명하게 표출된 것.

넷플릭스는 2019년 아카데미 어워드에서 〈로마〉로 감독상과 외국어영화상(현 국제 장편 영화상)을 수여 받는 성과를 거둔다.

2020년 넷플릭스의 아낌 없는 지원을 받고 제작된 〈아이리시맨〉 〈결혼 이야기〉 〈두 교황〉의 극영화와 다큐멘터리 〈아메리칸 팩토리〉, 애니메이션 〈클라우스〉 〈내 몸이 사라졌다〉 등 6개 작품이 24개 부문 후보에 지명 받는 성과를 거둔다.

넷플릭스는 자신 브랜드 작품이 수상으로 이어지도록 막대한 홍보 비용을 투입한 것으로 알려졌다.

경제 전문지 『월 스트리트』는 '아카데미 수상을 위해 넷플릭스가 최소 1억 달러(1,100억 원) 내외의 홍보비용을 쏟아 부었다'는 보도를 한다.

하지만 영상 스트리밍 업체 넷플릭스 제작 영화 중 〈결혼 이야기〉의 로라 던이 조연 여우상, 〈아메리칸 팩토리〉가 장편다큐멘터리 등 겨우 2개의 트로피를 가져가는데 그친 것.

특히 큰 기대감을 받았던 마틴 스콜세즈의 〈아이리스맨〉은 10개 후보에 지명 받았음에도 불구하고 단 1개의 트로피도 차지하지 못하는 철저한 외면을 받는다.

미국 복스(Vox)는 2020년 2월 10일 '92회 아카데미의 진정한 승자는 〈기생충〉이고, 루저(패자)는 넷플릭스'라는 보도를 한다.

뉴욕 타임즈는 '미국 영화업계는 극장을 통해 개봉하지 않고 있는 넷플릭스의 영상 콘텐츠 유통 시스템을 영화 시장을 교란시키는 주범이자 영화계가 구축한 기존 질서를 허무는 원흉으로 바라보고 있는 시각이 아카데미 수상의 최대 걸림돌이 됐으며 이러한 암투 관계는 상당 기간 지속될 것'으로 전망하고 있다.

〈조커〉, 베니스 그랑프리 수상

'할리우드 블록버스터 최초 수상'.

2019년 9월 7일, 유럽 최고 영화제로 평가 받는 76회 이태리 베니스 영화제 황금사자상(최고 작품상)은 워너 브러더스, DC코믹스가 제작한 〈조커〉가 지명 받는다.

예술 영화에 높은 점수를 주어 왔던 베니스가 2019년 행사에서는 대중적인 할리우드 작품에 최고상을 수여하는 파격을 선사한 것이다.

슈퍼 히어로 만화를 원작으로 한 블록 버스터 영화가 3대 영화제에서 최고 작품상을 받은 건 〈조커〉가 처음이다.

〈조커〉는 〈배트맨〉 시리즈 악당 조커(호아킨 피닉스)의 출생 비밀을 다룬 작품.

베니스는 2018년에도 넷플릭스 제작 영화 〈로마〉(감독 알폰소 쿠아론)를 황금사자상에 올려놓는 파격을 2019년에도 이어간 것이다.

프랑스 칸 영화제는 온라인 유통망으로 공개되는 넷플릭스 제작 영화에 대한 출품 자체를 거부하고 있는 실정이다.

칸이 정치적인 작품, 베를린이 실험적인 영화, 반면 베니스는 미학적이고 예술성 높은 작품을 선호하는 특성을 보여 왔다.

『할리우드 리포터』는 '리도 섬에서 진행되는 한계성을 허물고 보다 대중적인 영화제로 다가가기 위한 변화의 시도'로 풀이해 주었다.

'어머니는 항상 미소 짓고 웃으라고 하셨고, 사람들을 즐겁게 하라고 하셨죠'-아서의 나레이션

널리 알려진 DC 코믹스의 간판 코믹 북 〈배트맨〉 시리즈에서 악당 조커가 서서히 악인으로 변해 가는 과정을 다뤄 공감을 얻어낸다.

감독 겸 공동 시나리오 작가로 합류한 토드 필립스 Todd Phillips는 '거리 광대로 생계를 꾸려 가던 아서 플렉이 세상 사람들로부터 조롱당하면서 분노에 찬 악당이 될 수밖에 없었음을 다룬 작품'이라고 자평해 주고 있다.

『할리우드 리포터』는 '이미 공개됐던 배트맨 시리즈에서 고담 시(市)는 선, 악이 분명한 공간으로 묘사됐다면 〈조커〉에서 다루어지고 있는 도시는 폭동이 정의가 되는 곳으로 돌변하고 있다. 해맑게 웃으며 살라는 의미로 해피라는 애칭을 부여 받았던 아서는 폭행 후유증으로 웃음을 멈출 수 없는 질환을 얻게 되며 광대로 일하던 아서는 동네 건달의 폭행, 고용주의 횡포로 직장에서 쫓겨 나가는 박대를 당하면서 악인이 될 수밖에 없었다는 것을 설득력 있게 펼쳐주고 있다'는 리뷰를 게재한다.

탐 후퍼 감독의 〈캣츠 Cats〉

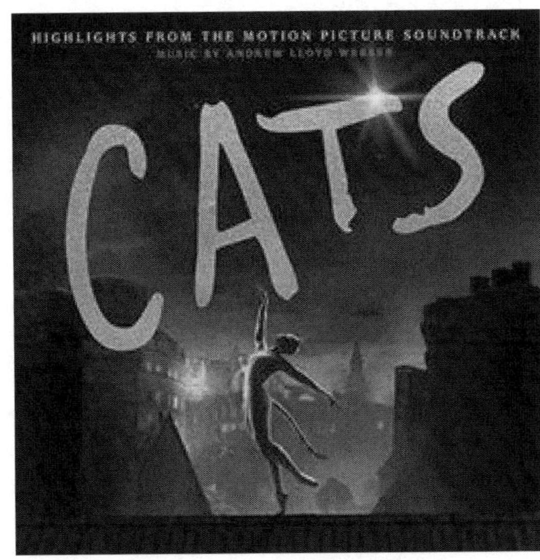

뮤지컬 영화로 각광 받고 있는 〈캣츠〉. 2019년에는 탐 후퍼 감독이 대형 뮤지컬 영화로 공개한다. © Polydor.

'1년에 단 한번 천국 같은 삶을 살 수 있는 기회를 잡기 위한 고양이들의 축제'

노벨 문학상 수상 시인 T.S. 엘리오트 T. S. Eliot가 발표한 시집 『주머니 쥐 할아버지가 들려주는 지혜로운 고양이 이야기 Old Possum's Books of Practical Cats』는 1981년 5월 11일 영국 웨스트엔드에서 초연된 이후 장기 공연되고 있는 소재.

2019년 12월 탐 후퍼 Tom Hooper 감독이 제임스 코덴, 주디 덴치, 제이슨 데루로 등을 기용해 판타지 코미디로 극화시킨다.

화려한 출연진 중 명곡 'Memory'를 열창해 주고 있는 그리자벨라 역은 제니퍼 허드슨이 맡고 있다.

뮤지컬 히트작 〈드림걸즈〉(2007)를 통해 제 79회 아카데미 시상식에서 여우조연상 수상한 가창력 있는 연기자.

지혜로운 고양이 듀터러노미 역은 노익장 배우 주디 덴치가 맡았다.

주디는 〈셰익스피어인 러브〉(1999)로 역시 여우조연상을 수상한 베테랑.

뮤지컬 〈캣츠〉 초연 당시 그리자벨라 역 물망에 올랐을 만큼 연기력과 가창력을 인정받고 있는 탤런트이다.

소동을 불러일으키는 고양이 봄발루리나 역의 테일러 스위프트는 싱어 송 라이터로 유명세를 얻고 있는 신세대 뮤지션.

빅토리아 역의 프란체스카 헤이워드는 로열 발레단 수석 무용수로 발레와 뮤지컬의 조합을 주도하고 있

는 재능 꾼으로 주목을 받아낸다.

탐 후퍼 감독은 〈레 미제라블〉에 이어 〈킹스 스피치〉로 제 83회 아카데미에서 감독상 등 4관왕을 차지한 전력을 갖고 있는 재능 꾼이다.

탐 후퍼 감독이 〈캣츠〉에서 캐스팅 앙상블을 통해 춤과 노래 그리고 흥미로운 스토리를 들려주어 흥행가에서 주목을 받아 낼 수 있는 데 빼놓을 수 없는 인물이 작곡가 앤드류 로이드 웨버.

웨버는 〈오페라의 유령〉 〈에비타〉 등으로 뮤지컬 전문 작곡가로 명성을 얻고 있는 창작인.

웨버는 신작 〈캣츠〉에서는 테일러 스위프트와 팀웍을 맞춘 'Beautiful Ghosts'을 발표해 음원 차트에서 뜨거운 반응을 얻어낸 바 있다.

2019 버전 〈캣츠〉의 사운드트랙 리스트는 다음과 같다.

❖ Track Listing

1. Overture/ Andrew Lloyd Webber
2. Jellicle Songs for Jellicle Cats/ Cast of The Motion Picture Cats
3. The Old Gumbie Cat/ Rebel Wilson & Robbie Fairchild
4. The Rum Tum Tugger/ Jason Derulo
5. Bustopher Jones: The Cat About Town/ James Corden
6. Mungojerrie and Rumpleteazer/ Danny Collins, Naoimh Morgan & Francesca Hayward
7. Old Deuteronomy/ Robbie Fairchild
8. Beautiful Ghosts (Victoria's Song)/ Francesca Hayward
9. Magical Gus/ Andrew Lloyd Webber
10. Gus: The Theatre Cat/ Ian McKellen
11. Skimbleshanks: The Railway Cat/ Steven McRae & Robbie Fairchild
12. Macavity/ Taylor Swift
13. Mr. Mistofelees/ Laurie Davidson
14. Memory/ Jennifer Hudson
15. The Addressing of Cats/ Judi Dench
16. Beautiful Ghosts/ Taylor Swift

제임스 맨골드 감독의 〈포드 V 페라리〉, 남성 승부 본능 자극

'권위와 체면을 중시하는 포드 vs 자율성을 최대한 존중해 주는 페라리의 조직 문화는 왜 21세기에도 페라리가 최고의 스포츠 차종으로 대접 받고 포드는 중저가 브랜드로 추락했는지를 보여주는 영화이다'-『타임』

'불가능에 도전하는 두 남자의 양보 없는 승부 세계는 오락 영화의 매력 점을 유감없이 펼쳐 주고 있다'-『버라이어티』

제임스 맨골드 James Mangold는 〈로건 Logan〉(2017) 〈더 울버린 The Wolverine〉(2013) 〈3:10 투 유마 3:10 to Yuma / Three Ten to Yuma〉(2007) 〈앙코르 Walk The Line〉(2005) 〈아이덴티티 Identity〉 (2003) 〈케이트 앤 레오폴드 Kate & Leopold〉(2001) 〈처음 만나는 자유 Girl, Interrupted〉(1999) 등 액션, 서부극, 음악 영화, 심리 극 등 다양한 장르에서 연출력을 공인 받은 감독.

맨골드가 1966년 르망 24시간 레이스에 도전한 포드사의 혁신적인 자동차 엔지니어 캐롤 셸비(맷 데이먼)와 치열한 승부욕을 자랑하는 레이서 켄 마일스(크리스찬 베일)가 펼치는 양보 없는 자동차 승부 세계를 다뤄 젊은 관객들의 승부욕을 자극시킨 작품이 〈포드 V 페라리 Ford v Ferrari〉다.

『롤링 스톤』은 '오프닝과 라스트를 장식하는 캐롤의 독백 '난 누구인가?는 외형적으로는 거대 자동차 회사의 사운을 건 대결이지만 내밀하게 들어다 보면 모든 것을 돈으로 평가하려는 자본주의 사회에 반항하는 사나이들의 저항 의식을 드러내 공감을 넓혔다'는 평가를 내린다.

2019년 11월 진행된 제 23회 할리우드 필름 어워즈에서 감독상(제임스 맨골드 감독), 편집상, 음향상 등 3개 부문을 차지한다.

〈라이온 킹〉, 2019년 흥행가 다시 강타

2019년 새롭게 공개된 〈라이온 킹〉. © Walt Disney Records.

1994년 애니메이션 히트작 〈라이온 킹 The Lion King〉이 2019년 7월 흥행 가를 재차 노크했다.

신작은 〈아이언맨〉으로 액션 장르에서 두각을 드러내고 있는 존 파브로가 연출을 맡았다.

월트 디즈니의 명성을 재확인 시켜준 히트작 〈라이온 킹〉은 왕국의 후계자인 어린 사자 심바가 삼촌 스카의 음모로 아버지를 잃고 왕국에서 쫓겨난 뒤, 날라와 친구들의 도움을 받아 다시 왕국의 대권을 회복시킨다는 모험담.

존 파브로는 익히 알려진 소재를 리바이벌 하면서 흥행성을 얻기 위해 몇 가지 특징을 내세웠다고 밝힌다.

2019 버전은 '실사와 포토리얼 CGI를 결합시킨 가상현실 시스템을 개발해 관객들이 극중 화면에 더욱 몰입할 수 있도록 했다고 강조한다.

더욱 웅장한 분위기를 조성한 한스 짐머 배경 음악, 그래미, 빌보드 어워즈, 아카데미, 골든 글로브에 호명 받았던 1급 연기진들을 초빙해 화려한 분위기를 더욱 고조 시켰다고 한다.

이외 패브로 감독은 '기억하라, 네가 누구인가? Remember, Who You Are'라는 메시지를 강조시켜 극중 심바가 왕권을 되찾는 과정을 통해 관객들도 현실적 어려움을 극복할 수 있는 용기와 자극을 얻도록 했다'고 덧붙여 연령을 초월해 호응을 얻을 수 있는 요소가 됐다는 평가를 받는다.

신작 사운드트랙 중 가장 많은 기대감을 받은 곡이 'Spirit'.

팝 스타 비욘세의 파워풀한 보컬이 일품인 노래로 아프리카 전통 리듬과 권선징악을 내세운 영화 메시지를 가사로 담아 음악 팬들의 공감을 받아낸다.

심바 역의 도날드 글로버와 날라 역의 비욘세가 화음을 맞춘 듀엣 곡 'Can You Feel The Love Tonight'은 원곡 엘튼 존 버전을 위협하는 호응을 얻어낸다.

1994년 버전의 사운드트랙은 빌보드 OST 차트 9주간 1위, 103주간 차트 40위권을 유지, 제 37회 그래미 어워드 4개 부문 수상을 자랑하고 있다.

2019 버전에서는 비윤세, 도날드 글로버를 필두로 해서 제임스 얼 존스, 세스 로건, 알프리 우다드, 존 카니, 존 올리버, 에릭 안드레 등 개성파 연기자들이 더빙 역을 자처해 흥행 지수를 높여주는데 일조한다.

2019 버전의 사운드트랙은 다음과 같다.

❖ Track Listing

1. Circle of Life / Nants Ingonyama/ Lindiwe Mkhize & Lebo M
2. Life's Not Fair/ Hans Zimmer
3. Rafiki's Fireflies/ Hans Zimmer
4. I Just Can't Wait to Be King/ JD McCrary, Shahadi Wright Joseph & John Oliver
5. Elephant Graveyard/ Hans Zimmer
6. Be Prepared (2019)/ Chiwetel Ejiofor
7. Stampede/ Hans Zimmer
8. Scar Takes the Throne/ Hans Zimmer
9. Hakuna Matata/ Billy Eichner, Seth Rogen, JD McCrary & Donald Glover
10. Simba Is Alive!/ Hans Zimmer
11. The Lion Sleeps Tonight (Full Version)/ Billy Eichner & Seth Rogen
12. Can You Feel the Love Tonight/ Beyoncé, Donald Glover, Billy Eichner & Seth Rogen
13. Reflections of Mufasa/ Hans Zimmer
14. Spirit/ Beyoncé
15. Battle for Pride Rock/ Hans Zimmer
16. Remember/ Hans Zimmer
17. Never Too Late/ Elton John
18. He Lives in You/ Lebo M
19. Mbube/ Lebo M

주디 갈란드의 초라한 말년 다뤄 공감 얻은 〈주디〉

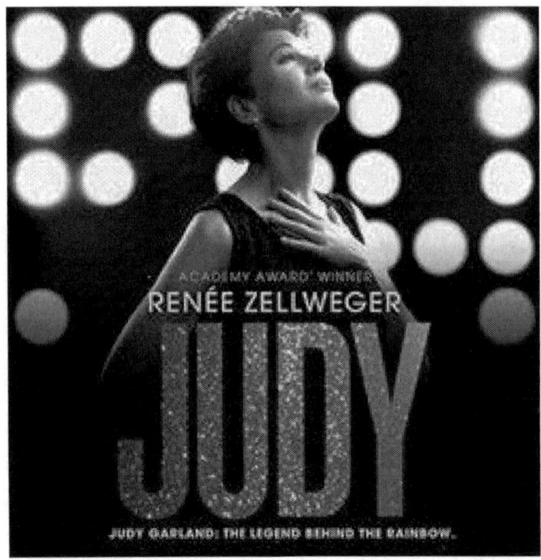

〈오즈의 마법사〉 히로인 주디 갈란드의 불우한 인생 여정을 다뤄 공감을 얻은 〈주디〉. © Decca Records.

'세상에 나가면 네 목소리는 곧장 잊히고 말 거야. 하지만 네 가족인 우리와 함께하면 스무 살이 되기도 전에 100만 달러는 벌 수 있어'.

'콧날이 너보다 날렵하고 치아도 더 고르고 더 키가 크거나 날씬한 애들은 많아. 하지만 넌 그 아이들에게 없는 한 가지가 있지, 바로 목소리야'.

〈오즈의 마법사〉(1939)의 히로인 주디 갈란드.

17살에 출연한 〈오즈의 마법사〉에서 불러준 청아한 보컬이 돋보였던 'Over the Rainbow'는 〈바람과 함께 사라지다〉와 흥행 경쟁을 벌일 만큼 그녀를 불세출의 스타덤에 올려 주게 된다.

영화 제작업자의 스카웃 이후 갈란드는 하루 18시간에 달하는 촬영과 자유롭게 식사를 하지 못하는 엄격한 식단, 수면 부족 등에 시달려 급기야 약물에 의존하다 47세를 넘기지 못하고 요절하고 만다.

잠시 화려한 스타로 대접 받았지만 4번의 이혼, 신경쇠약, 약물 중독에 의한 조울증과 자살 시도를 거쳐 진정제 과다 복용으로 사망에 이르게 된다.

이혼 후 두 아이를 데리고 심야 무대를 전전하고 숙박비를 체납해 체류 호텔에서 쫓겨난다.

〈오즈의 마법사〉에서 극중 도로시는 '집만 한 곳은

없다 There is no place like home'고 노래했지만 정작 당사자는 말년에 육신을 머물 주거지도 없이 전전하는 비운의 인물이 된다.

라스트 무렵.

타계 6개월 전에 진행한 런던 콘서트 장면에서 그 유명한 주제곡 'Over the Rainbow'가 흘러 나와 중년 관객들의 눈시울을 적시게 만들어 준다.

『버라이어티』는 '비음(鼻音) 섞인 목소리, 박자를 늘어트리는 주디 갈란드 특유의 창법을 완벽하게 재현한 르네 젤위거가 주디 갈란드의 애처로운 처지에 더욱 깊은 공감을 전달하게 만들었다'는 칭송을 보낸다.

르네 젤위거가 재현한 천상의 보컬이 담겨 있는 사운드트랙도 흥행에 일조한다.

❖ Track Listing

1. By Myself
2. Get Happy/ Renée Zellweger & Sam Smith
3. For Once In My Life
4. Zing Went the Strings
5. You Made Me Love You
6. Talk of the Town
7. Come Rain Or Come Shine
8. Have Yourself a Merry Little Christmas/ Renée Zellweger & Rufus Wainwright
9. The Trolley Song
10. The Man That Got Away
11. San Francisco
12. Over the Rainbow

마틴 스콜세즈의 묵직한 범죄 스릴러 〈아이리시맨〉

1970년대 미국 트럭 노조 위원장 지미 호파의 행방불명 사건 일화를 담은 마틴 스콜세즈 감독의 〈아이리시맨〉. © Netflix

'이제는 늙어 버린 전직 청부살인업자. 1950-1970년대 사이 친구 지미 호파에 얽힌 사건을 회고해주고 있다' - 『버라이어티』

냉동고기 배달 일을 하고 있는 프랭크(로버트 드 니로).

러셀(조 페시)과 교분을 갖은 이후 암흑가 일에 관여하게 시작한다.

이후 전국 트럭 운송 노조 위원장 지미(알 파치노)를 수행하면서 핵심적 역할을 해나가게 된다.

이제는 나이 들어 요양원 생활을 하고 있는 프랭크가 젊은 시절의 영웅담을 회고하는 것으로 3시간 29분짜리 장대한 범죄 전기 드라마가 펼쳐지고 있다.

극중 핵심적인 내용 중 하나는 지미 호파가 운송 노조와 마피아 간의 치열한 세력 다툼에 휘말려 흔적 없이 사라지게 된다는 것.

지미 호파의 실종 사건은 1975년 발생한다.

미국 노동조합의 대부로 대접 받았던 지미의 실종 사건은 큰 파문을 불러 일으킨다. 1982년 지미는 법적으로 사망 처리된다.

그의 행방은 지금도 마피아와 거대 트럭 노조 사이의 갈등이 초래한 희생양으로 보고 있다.

〈아이리스맨〉은 감칠 맛 나는 명대사를 다수 탄생시켰는데 넷플릭스를 통해 공개된 이후

'총을 들었으면 덤벼들고 칼을 들었으면 도망치라구 So you charge with a gun, with a knife you run'-지미 호파(알 파치노)

'세 사람이 비밀을 지키려면 둘이 죽어야 하지 Usually Three people could keep a secret only when two of them are dead'-프랭크 시런(로버트 드 니로)

'시간은 참 빠르지. 겪어보기 전에는 몰라 you don't know how fast time goes by until you get there'-프랭크 시런(로버트 드 니로)

'어쩔 수 없었어 This is what it is'-지미 호파를 죽이라는 지시를 받고 러셀 버팔리노(조 페시)의 자조 섞인 말 등이 영화 애호가들에게 회자된다.

〈1917〉, 샘 멘데스 전쟁 영화의 새로운 경지 개척

'관객들을 1차 세계 대전 현장으로 직접 끌어 들인 혁신적 전쟁 영화'-『버라이어티』

매끄러운 화면 처리로 전쟁 영화의 새로운 경지를 개척했다고 평가 받은 샘 멘데스 감독의 〈1917〉. © DreamWorks, Reliance Entertainment.

'시간은 적에게 유리하게 흘러가고 있다. 연합군 병사들은 임무 수행을 위해 위험과 극심한 고통 속으로 빠져 들고 만다'는 선전 문구를 내걸고 공개된다.

〈아메리칸 뷰티 American Beauty〉(1999)로 아카데미 감독상을 따냈던 샘 멘데스의 저력이 돋보이는 전쟁 드라마가 〈1917〉.

1차 세계 대전이 치열하게 전개되는 1917년.

독일군에 의해 모든 통신망이 파괴된 상황.

영국 에린무어 장군(콜린 퍼스)은 스코필드(조지 매카이)와 블레이크(딘 찰스 채프먼) 병사를 데번셔 부대에 있는 매킨지 중령(베네딕트 컴버배치)에게 급파시킨다.

독일군이 파놓은 전략적 함정에 걸려 들었으니 적군에 대한 공격을 중지하라는 명령을 전달하려는 것.

1, 600명의 아군 목숨과 블레이크의 형(리차드 매든)을 구하기 위한 절체절명의 임무를 착수하게 된다.

〈1917〉은 서구 극장가 공개 당시 '이제 전장(戰場) 영화는 객석에서 관람하는 것이 아니라 그 현장에 직접 뛰어 들게 만들었다'는 격찬을 받는다.

〈기생충〉과 함께 2020년 아카데미에서 가장 유력한 작품상 수상 기대작이었다.

창의적 촬영 테크닉을 인정받아 로저 디킨스에게 촬영상이 수여 된다.

인류 전쟁 가운데 가장 혹독했다는 1차 세계 대전.

두 병사가 임무 수행을 위해 걷거나 뛰고 넘어지는 159분의 상황이 원 컷 원 씬처럼 완벽하게 처리되고 있다.

『할리우드 리포터』는 '모든 장면을 매끈하게 이어 붙여서 흡사 한 장면처럼 전달하는 원 컨티뉴어스 셧 One Continuous Shot의 효과를 극명하게 보여준 작품'으로 평가를 내린다.

〈조조 래빗〉, 전쟁 블랙 코미디 걸작

호기심 많은 10대 소년의 시선으로 제 2차 대전의 참극을 유쾌하게 풀어내 공감을 받은 〈조조 래빗〉. © Twentieth Century Fox Film.

'현대 정치사에 가장 끔찍한 재난을 초래한 히틀러를 등장시켜 시종 기발하고 재치 있는 상황으로 의미 있는 메시지를 전달하고 있는 작품' -『할리우드 리포터』

뉴질랜드 마오리족 혈통을 갖고 있는 타이카 와이티티 Taika Waititi는 감독, 작가, 프로듀서, 배우 등 다방면에서 재능을 발휘하고 있는 주역.

전쟁 코미디로 공개한 작품이 〈조조 래빗 Jojo Rabbit〉이다.

2차 세계 대전 말기,

엄마 로지(스칼렛 요한슨)와 살고 있는 10살 소년 조조(로만 그리핀 데이비스).

독일 소년단에 입단하지만 토끼를 처지하지 못한 것 때문에 겁쟁이 토끼라는 놀림을 받는다.

주변 사람들로부터 따돌림을 당하고 있는 조조.

상상 속 친구 히틀러(타이카 와이티티)와 교분을 나눈다.

어느 날 집에 몰래 숨어 있던 미스터리한 소녀 엘사(토마신 맥켄지)를 발견하게 된다.

세상에서 제일 위험하다는 유대인 소녀를 만나게 된 조조.

유대인은 머리에 뿔이 났고, 짐승과 같은 생활을 한다고 믿은 조조는 아름다운 소녀를 만나면서 가치관 혼란을 느낀다.

조조 아빠는 레지스탕스로 활동하지만 엄마는 독일의 자유를 위한 친정부 활동을 하다 죽음을 당한다.

이후 히틀러의 자살 소식.

신격화 된 히틀러는 조조와 만찬으로 거대한 유니콘을 시식한다.

이런 이별 의식을 통해 조조는 스스로 홀로 서기에 나서며 이제 더 이상 히틀러의 존재도 필요하지 않게 된다.

전쟁 상황을 코믹하게 다뤄 공감을 받았던 〈인생은 아름다워〉와 흡사하게 전쟁의 참혹함을 10대 소년의 시선으로 시종 낙천적으로 묘사한 〈조조 래빗〉은 '재기 넘치는 대사와 상황 그리고 생기발랄한 화면 구도 등을 내세워 아카데미 각색상을 수여 받는다.

48만 원 짜리 오스카 트로피, 100억대 추가 수입 보장

92회를 맞은 아카데미 어워드는 그 어느 시상식 보다도 높은 관심을 받았다.

주요 원인은 봉준호 감독 〈기생충〉이 남 한-할리우드 현지에서는 한국에 대해 South Korea로 표기-영화 사상 처음으로 6개 부문 후보에 지명 받아 어느 정도의 소득을 얻을 것인가에 대한 많은 궁금증이 제기됐기 때문.

미국영화예술과학아카데미(AMPAS)는 미국 영화인들을 위로하는 축제로 시작됐다는 태동 이유 때문에 봉준호 감독이 '로컬 영화제'라고 비난을 했지만 영화 행사는 지구촌 최대 영화 축제로 자리매김하고 있다.

그러한 대접을 받는 주요 이유를 할리우드 블록버스터들이 전세계 흥행가를 석권하고 있는 동시에 할리우드 배우들은 흥행 파워는 자존심 강한 유럽 영화인들을 압도하는 위세를 누리고 있다는 것을 빠트릴 수 없다.

아카데미의 흥행 파워를 엿볼 수 있는 것은 광고료. 행사가 미국에서만 최소 2,800-3,500만 명이 동시에 시청한다는 막강한 관심도는 중계방송을 맡은 ABC가 30초 CF 단가로 2020년 행사의 경우 200만 달러(한화 약 24억 원)를 챙겼다는 소식이 전해지고 있다.

미국 경제 전문지 『포브스』는 '아카데미 1회 행사 당 총괄 비용으로 약 4,000만 달러(한화 480억 원)가 소요된다고 보도하고 있다.

2020년 기준 길이 34㎝, 무게 3.8㎏에 달하는 금빛 색상의 오스카 트로피의 순수 제작비는 400 달러(한화 약 48만원).

하지만 이 트로피를 수상한 배우들은 이후 편당 출연료가 20-30% 폭등하는 오스카 특수를 누리게 되는 것으로 알려졌다.

작품상 등 주요 부문 수상작의 경우는 행사 이후 평균 추가 흥행 수입으로 1천만 달러(한화 약 120억원)를 보장 받는 것으로 집계되고 있다.

2020년 출품작의 경우 마틴 스콜세즈 감독의 〈아이리시맨〉이 상영 시간 209분을 기록하고 있다.

아카데미 1940년 작품상 수상작 〈바람과 함께 사라지다〉는 3시간 58분(238분)으로 역대 작품상 최장 상영 시간을 자랑하고 있다.

〈디파티드〉(2007)로 감독상을 수여 받는 마틴 스콜세즈는 2020년까지 감독상 누적 후보 9번째를 기록하고 있다.

영화 스탭진 가운데 존 윌리암스는 2020년 〈스타 워즈: 라이즈 오브 스카이워커〉를 포함해 52회 후보, 5회 수상이라는 전무후무한 대기록을 보유하고 있다.

부문상 중 외국어 영화(Foreign Language Film)는 2020년부터 문호를 더욱 개방한다는 의미로 국제 장편 영화(International Feature Film)로 명칭이 변경됐다.

〈기생충〉이 한국 영화로는 첫 번째로 국제장편영화상(외국어 영화상) 본선이 진입하는 위업을 이룩하게 된다.

그동안 이 부문에 〈사랑방 손님과 어머니〉(1962)를 필두로 해서 〈춘향뎐〉(2000) 〈오아시스〉(2002) 〈봄 여름 가을 겨울 그리고 봄〉(2003) 〈왕의 남자〉(2006) 〈밀양〉(2007) 〈마더〉(2009) 〈피에타〉(2012) 〈사도〉(2015) 〈택시 운전사〉(2017) 〈버닝〉(2018) 등이 출품됐었지만 최종 본선 5편에 오르지 못하고 예심에서 탈락되는 수모를 당해 왔다.

『할리우드 리포터』의 분석 자료에 따르면 아카데미 수상작을 결정하는 AMPAS 회원이 2019년 12월 기점으로 9,537명이며 이중 투표권을 행사하는 회원은 8,469명이라고 보도했다.

BBC 르포-2020년 제92회 아카데미 후보작이 남긴 토픽들

영국의 권위 있는 방송국 BBC는 2020년 2월 9일 진행된 92회 행사를 앞둔 2월 8일 '2020년 아카데미 후보작 면면을 심층 분석한 흥미로운 기사를 보도한다.

지구촌 영화 축제에 대한 전체적인 조망을 엿볼 수 있는 귀중한 자료라고 평가된 기사를 인용, 소개한다.

▪ 91회 행사는 2019년 2월 24일 진행됐던 것에 비해 92회 행사가 2월 초순으로 대폭 앞당겨 진 것은 2월 하순의 경우 여러 축제로 인해 아카데미에 대한 관심도가 하락하고 있어 시청률을 증가시키기 위한 고육책으로 전년도 보다 2주 정도 빨리 진행시킨 것으로 알려졌다.

▪ 호아킨 피닉스는 환경 보호를 위해 영국 아카데미(BAFTA)에서 착용한 턱시도를 아카데미 어워드에서 동일하게 착용했다고 한다.

▪ 여배우 중 스칼렛 요한슨은 〈결혼 이야기〉로 주연

상, 〈조조 래빗〉으로 조연 여우상 등 2개 연기상 후보에 오르는 기록을 수립한다.

남녀 배우를 합산해서 1명의 배우가 연기상 주연, 조연상에 모두 노미네이션된 것은 통상 11번째이다.

시고니 위버(1989년), 알 파치노(1993년), 엠마 톰슨(1994년), 제이미 폭스(2005년), 케이트 블란쳇(2008년) 등이 있는데 이중 2개 연기상을 동시 석권한 기록은 아직까지 없다.

▪ 〈결혼 이야기〉는 작품상과 여우상 후보에 모두 지명 받는다.

이 같은 기록은 2004년 힐러리 스왱크의 〈밀리언 달러 베이비〉 이후 16년 만에 일이다.

▪ 〈해리엣〉의 신시아 에리보가 여우상을 수상한다면 EGOT 기록을 수립하는 최연소 수상자-2020년 기준 33세-가 된다. EGOT는 TV의 에미(Emmy), 음악의 그래미(Grammy), 영화의 오스카(Oscar), 연극의 토니(Tony) 등 미국 4대 엔터테인먼트 시상식에서 모두 수상한다는 의미. 신시아는 오스카만 제외하고 3개 부문상을 수상하는 위업을 이룩한 주역이다.

신시아는 여우상 외에 〈해리엣〉 주제가 'Stand Up' 공동 작사가로 주제가상 후보에도 오른 상황이다.

결과는 아쉽게도 2개 부문 모두 수상 실패.

한편 EGOT를 수립한 엔터테이너는 2018년 39세의 로버트 로페즈이다.

여류 작사가 크리스텐 앤더슨-로페즈 Kristen Anderson-Lopez는 작곡가 남편 로버트와 팀웍으로 수많은 명곡을 탄생시키고 있다.

로버트는 현존하는 가장 뛰어난 작곡가로 주목 받고 있다.

2018년 〈코코 Coco〉의 주제가 'Remember Me'로 이 같은 대기록을 수립하게 된다.

로버트는 2014년 〈겨울 왕국 Frozen〉 주제가 'Let It Go'로 아카데미 작곡상을 수상한 바 있으며 〈겨울 왕국 2 Frozen II〉 주제곡 'Into the Unknown'로 작곡상 후보에 지명된 재능 꾼이다.

▪ 1차 대전 영화 〈1917〉의 샘 멘데스가 감독상을 수상한다면 최장 공백 기간을 두고 수상한 사례가 된다. 샘은 〈아메리칸 뷰티〉(1999)로 감독상을 수상한 바 있다. 이번에 수상의 영예를 차지하면 21년 만에 트로피를 받는 것이다.

하지만 감독 수상자는 전혀 예상하지 못했던 〈기생충〉의 봉준호가 호명된다.

한편 빌리 와일더는 〈잃어버린 주말〉(1945) 이후 15년 만에 〈아파트 열쇠를 빌려 드립니다〉(1960)로 감독 2연패를 한 바 있다.

▪ 부부가 작품상을 놓고 경합을 벌이는 사례가 탄생됐다.

〈결혼 이야기〉의 노아 바움백은 여배우 제니퍼 제이슨 리와 2013년 9월 이혼하기 전부터 그레타 거윅과 동거에 들어가 1명의 아이를 두고 있는 상황. 거윅은 〈작은 아씨들〉로 작품상 후보에 올라 있다.

이들 부부 감독은 아카데미 수상 징크스에 걸려 있다.

그것은 감독상에 지명 받지 못한 영화가 작품상을 수상한 경우는 매우 드물어 〈작은 아씨들〉 〈결혼 이야기〉 모두 작품상 수상은 극히 희박하다는 분석이 제기됐다.

희망적인 것은 모든 일에는 예외적 사건이 벌어진다는 것.

그것은 〈그린 북〉의 피터 패럴리가 감독상 후보에서는 제외 됐지만 작품상을 수상했고 〈아르고〉도 감독상 후보로서 탈락했지만 벤 애플렉이 작품상을 수상한 경우가 있어 드문 사례가 92회 작품상 수상 결과에서 재현될 지 귀추가 주목되고 있는 것이다.

거윅은 각색상, 바움백은 각본상 후보에도 올랐지만 부부 모두 최종 수상자 명단에서는 탈락되고 만다.

부부 감독 후보 사례는 2010년 82회 아카데미에서도 벌어진 바 있다.

〈아바타〉의 제임스 카메론과 〈허트 로커〉의 캐슬린 비겔로우는 1989년 8월 17일-1991년 11월 10일 약 2년 동안 부부 감독으로 활동했다 성격 차이로 결별한 상태.

이혼 후 19년 만에 양보할 수 없는 아카데미 트로피 경쟁자로 만난 것.

작품상과 감독상에서 맞붙은 전직 부부 감독의 승패는 캐슬린 비겔로우가 2개 트로피를 모두 가져가는 완승을 거두는 것으로 종결된다.

이때 비겔로우는 여성으로서는 첫 번째 감독상 수상자라는 기록을 수립하게 된다.

▪ 여배우 로라 던은 그레타 거윅의 〈작은 아씨들〉과 노아 바움벡의 〈결혼 이야기〉에 동시 출연하는 이색 기록을 수립하게 된다. 로라 던은 〈결혼 이야기〉로 조연 여우상을 가져간다.

▪ 장편 애니메이션 부문은 2001년부터 시행해 오고 있다.

92회에서 〈토이 스토리 4〉가 수상작으로 결정돼 〈토이 스토리 3〉 수상에 이어 애니메이션 시리즈가 오스카 트로피를 연이어 수상한 첫 번째 사례로 기록된다.

▪ 〈기생충〉은 한국 영화로는 처음으로 작품상 후보에 지명 받는 영예를 얻게 된다. 작품상과 국제영화상(외국어영화상) 후보로 동시 지명 받은 것은 통산 6번째 사례가 된다.

〈로마〉(2019), 2012년 〈아무르〉(2012), 〈와호장룡〉(2000) 등이 작품과 외국어영화상에 동시 지명 받은 바 있다.

▪ 성격파 배우 조나단 프라이스는 생존해 있는 종교인을 연기해 남우상 후보에 지명된 첫 번째 연기자가 된다.

프라이스는 〈두 교황〉에서 로마 가톨릭 266대 교황 프란치스코(2013년 3월 13일부터 재임, 본명 Jorge Mario Bergoglio)를 연기하고 있다.

아울러 안토니오 반데라스는 스페인 페드로 알모도바르를 모델로 했다는 〈페인 앤 글로리 Pain and Glory〉에서 살바도르 말로 역으로 남우상 후보에 지명 받는다.

▪ 92회 여우상 후보작은 그 어느 해 보다 실존 인물을 소재로 한 작품이 다수 포진하고 있다는 특징을 보여준다.

〈주디〉의 르네 젤위거는 뮤지컬 영화배우 주디 갈란드 Judy Garland를 연기하고 있다. 신시아 에리보가 〈해리엣 Harriet〉에서 맡은 헤리엣 텁맨 Harriet Tubman은 노예제도 반대 여성 운동가이다. 남아프리카 출신 여배우 샤를리즈 테론 Charlize Theron이 〈밤쉘 Bombshell〉에서 연기하고 있는 메긴 켈리 Megyn Kelly는 현재 폭스 뉴스에서 여성 앵커맨으로 활약하고 있는 실존 방송인이다.

▪ 르네 젤위거 주연의 〈주디〉로 재조명을 받게 된 〈오즈의 마법사〉의 히로인 주디 갈란드 Judy Garland(1922-1969).

10대 시절 노래와 뛰어난 연기력을 발휘해 1940년 '청소년 상 Juvenile Award'을 수상한 이력을 갖고 있다.

성인 연기자로 활약하면서 1962년 〈뉘렌베르크 재판 Judgment at Nuremberg〉(1961)에서 이레인 호프만역으로 조연 여우상 Oscar Best Actress in a Supporting Role 후보, 1955년 〈스타 탄생 A Star Is Born〉(1954)에서 에스더 역으로 여우상 Oscar Best Actress in a Leading Role 후보 지명에 그친다.

흥미로운 점은 〈오즈의 마법사〉 이후 두드러진 흥행작이 없었던 주디는 〈스타 탄생〉에서 발군의 노래와 연기력을 발산 시켜 가장 유력한 수상자로 지목 된다.

마침 3째 아이 출산 때문에 병실에 있었던 주디의 수상 가능성 때문에 중계 카메라가 산모 실에 대기하는 소동이 벌어진다.

하지만 트로피는 훗날 모나코 왕비로 간택된 신데렐라 스토리의 주역 그레이스 켈리가 〈컨트리 걸 The Country Girl〉로 차지한다.

고배를 마신 주디는 '3째이자 장남인 조이 루프트가 나에게는 최고의 아카데미상이다 my third child and only son Joey Luft was the best Academy Award to me'라는 소감을 밝힌다.

▪ 이런 이유 때문에 르네 젤위거가 〈주디〉로 대망의 여우상을 수상하자 영화 관계자들은 '주디 갈랜드가 사후 50여 년 만에 명배우로서 간접적인 재평가를 받은 것'이라는 의미를 부여한다.

▪ 아카데미 조연 남우상 후보자의 평균 연령은 49-50세.

하지만 92회 조연 남우상의 평균 연령은 70세로 역대 최고령층을 기록하게 된다.

수상의 영예를 차지한 브래드 피트가 56세로 최연소(?).

후보자 중 최고령은 안소니 홉킨스(82세), 이어 알 파치노(79세), 조 페시(76세), 탐 행크스(63세).

고령자 4명은 모두 아카데미 연기상을 수상한 바 있으며 브래드 피트는 〈노예 12년〉 공동 프로듀서 자격으로 작품상 공동 수상자 명단에 등극된 바 있다.

▪ 1980년대 이후 작품상과 편집상은 동일 작품이 수상한 관례가 지켜져 오고 있다.

이런 규칙은 〈버드맨〉이 깬다.

편집상 후보에 오르지 않고 작품상을 수상한 것.

〈1917〉도 편집상 후보에 오르지 못했지만 작품상 후보에 지명 받아 만일 수상한다면 제 2의 〈버드맨〉이 될 수 있다.

할리우드 영화 전문가들은 〈1917〉과 〈버드맨〉이 모두 화면을 커트시키지 않고 이어서 촬영하는 롱 테이크 촬영으로 화면을 구성한 것도 공통점이라는 지적을 하고 있다.

〈기생충〉은 관례대로 작품과 편집상에 동시 후보에 지명 받았지만 편집상은 〈포드 v 페라리 Ford v Ferrari〉의 앤드류 버크랜드 Andrew Buckland와 마이클 맥쿠스커 Michael McCusker에게 넘겨 주는 석패를 당한다.

▪ 제임스 맨골드 James Mangold 감독의 〈포드 v 페라리 Ford v Ferrari〉는 1966년 24시간 자동차 경주를 하는 프랑스 르망 레이스 Le Mans race in France가 배경.

실존하는 자동차 경주 대회를 소재로 작품상 후보에 지명된 1호 영화가 된다.

그동안 자동차 경주 대회를 배경으로 한 존 프랑켄하이머 감독의 〈그랑 프리 Grand Prix〉(1966), 토니 스코트 감독의 〈폭풍의 질주 Days of Thunder〉(1990), 론 하워드 감독의 〈러시: 더 라이벌 Rush〉(2013) 등이 공개됐지만 아카데미 작품상 후보 지명에서 모두 탈락한 바 있다.

아시프 카파디아 감독의 〈세나 : F1의 신화 Senna / Ayrton Senna: Beyond the Speed〉(2010)는 1984년 모나코 그랑프리 F1 대회에서 우승을 차지했던 실존 인물 세나의 업적을 다룬 다큐멘터리.

브라질 출신 포뮬러 원 레이서 Brazilian Formula One racing driver 아일톤 세나 Ayrton Senna는 한 번도 어렵다는 F1 우승을 3번 차지한 뒤 사고사로 34세에 요절한 신화적 인물이다.

2011 LA 영화제 Los Angeles Film Festival 관객상, 2011 선댄스 영화제 Sundance Film Festival 관객상, 2012 영국 아카데미 작품상 BAFTA Film Award 등 주요 영화제에서 호평을 얻었지만 아카데미에서는 철저하게 외면당한다.

▪ 넷플릭스는 92회 아카데미 작품상 수상을 위해 막대한 홍보비를 투입하는 등 전력을 쏟는다.

넷플릭스는 이미 알폰소 쿠아론 감독의 〈로마〉의 작품상 수상을 위해 전력했지만 〈그린북〉에서 석패한 전력을 갖고 있다.

제92회 아카데미에서 넷플릭스는 〈더 킹: 헨리 5세 The King〉, 에디 머피의 재기작 〈내 이름은 돌러마이트 Dolemite Is My Name〉 〈두 교황 The Two Popes〉 〈아이리시맨 The Irishman〉, 스티븐 소더버그 감독, 메릴 스트립 주연의 〈시크릿 세탁소 The Laundromat〉, 〈결혼 이야기 Marriage Story〉 등을 포진시킨다.

▪『할리우드 리포터』는 '수상작을 선정하는 아카데미 회원는 아직까지 스트리밍 서비스 넷플릭스 제작 영화에게 작품상을 수여할 포용성이 열려 있는 것 같지는 않다. 하지만 만일 〈아이리시맨〉이 작품상을 수상한다면 그것은 마틴 스콜세즈, 로버트 드 니로, 조 페시, 알 파치노 등 거물급 연기자들의 협연을 평가했기 때문으로 본다'는 예측을 한다.

영화 업계 전문지의 예상은 실현되지 못해 넷플릭스는 작품상 문턱에서 다시 좌절을 맛보게 된다.

▪92회 후보작 이변 중 빼놓을 수 없는 것이 작품상 후보작 〈기생충〉 〈1917〉이 모두 연기상 후보에서 제외됐다는 것.

〈기생충〉은 출연진 대부분이 고르게 배역을 맡아 두드러 지게 돌출된 배우를 찾을 수 없다는 단점이 주, 조연 연기상 후보에서 배제된 것으로 분석됐다.

반면 〈1917〉에서는 영국군 병사 스코필드역의 조지 맥케이의 혼신의 연기가 돋보였는데 주, 조연 남우상에서 제외된 것을 가장 큰 아쉬움을 남겼다는 동정표를 얻는다.

▪여류 작사가 겸 작곡가로 명성을 얻고 있는 다이안 워렌 Diane Warren.

'Don't Want To Miss A Thing'-록 밴드 에어로스미스 Aerosmith, 'When I See You Smile'-밴드 배드 잉글리시 Bad English, 'Time, Love & Tenderness'-블루 아이드 소울 가수 마이클 볼튼 Michael Bolton, 'Un-Break My Heart'-파워풀한 보컬이 일품인 토니 브랙스톤 Toni Braxton, 'How Do I Live'-리안 라임스 LeAnn Rimes, 'Because You Loved Me'-셀린 디옹 Céline Dion.

팝계를 석권하고 있는 밴드와 솔로 가수들이 히트 차트에 진입시킨 이들 노래들을 작곡가 주역이 바로 다이안 워렌이다.

92회 아카데미 주제가상에 후보로 진입시킨 'I'm Standing with You'는 종교 영화 〈브렉쓰루 Breakthrough〉의 주제가.

워렌은 92회 후보까지 총 11번째 지명을 기록하게 된다.

그동안 후보작을 정리해 보면

- 2019년 '주제가상 Oscar Best Achievement in Music Written for Motion Pictures (Original Song)'-영화 〈RBG〉 (2018) 주제가 'I'll Fight'.
- 2018년 '주제가상 Oscar Best Achievement in Music Written for Motion Pictures (Original Song)'-영화 〈마샬 Marshall〉(2017) 주제가 'Stand Up for Something'
- 2016년 '주제가상 Oscar Best Achievement in Music Written for Motion Pictures, Original Song'-영화 〈헌팅 그라운드 The Hunting Ground〉 (2015) 주제가 'Til It Happens to You'
- 2015년 '주제가상 Oscar Best Achievement in Music Written for Motion Pictures, Original Song'-영화 〈비욘드 더 라이트 Beyond the Lights〉 (2014) 주제가 'Grateful'
- 2002년 '주제가상 Oscar Best Music, Original Song'-영화 〈진주 만 Pearl Harbor〉(2001) 주제가 'There You'll Be'
- 2000년 '주제가상 Oscar Best Music, Original Song-영화 〈뮤직 오브 더 하트 Music of the Heart〉 (1999) 주제가 'Music of My Heart'
- 1999년 주제가상 Oscar Best Music, Original Song-영화 〈아마겟돈 Armageddon (1998) 주제가 'I Don't Want To Miss A Thing'

- 1998년 주제가상 Oscar Best Music, Original Song-영화 〈콘 에어 Con Air〉(1997) 주제가 'How Do I Live'
- 1997년 주제가상 Oscar Best Music, Original Song-영화 〈업 클로즈 앤 퍼스널 Up Close & Personal〉(1996) 주제가 'Because You Loved Me'
- 1988년 주제가상 Oscar Best Music, Original Song-영화 〈마네킨 Mannequin〉(1987) 주제가 'Nothing's Gonna Stop Us Now' 등이다.

수상 결과는 엘튼 존의 자전적 음악 영화 〈로켓맨 Rocketman〉의 주제가 '(I'm Gonna) Love Me Again'에게 다시 한 번 석패.

엘튼 존은 〈라이온 킹〉(1994) 주제가 'Can You Feel The Love Tonight?'로 1995년 아카데미에서 수상한 지 25년 만에 재차 수상의 영예를 차지하는 감격을 누리게 된다.

반면 다이안 워렌은 성격파 여배우 글렌 클로즈의 9번 탈락과 함께 아카데미 역대 후보자 중에서 가장 상복(償復)이 없는 엔터테이너라는 동정표를 얻게 된다.

수상식 후 이야기

제92회 아카데미 시상식에서 가장 큰 이슈를 만들어 낸 것은 봉준호 감독의 〈기생충〉이다.

비영어권 영화라는 절대적인 약점에도 불구하고 작품, 각본, 국제영화상, 감독상 등 4개 부문상을 석권, 92회 아카데미 최다 수상작, 92회 아카데미 역사상 외국어 영화로는 첫 번째 작품상 수상이라는 위업을 달성한 것이다.

미국 CNN은 '백인 영화인들의 잔치인 화이트 오스카에 거센 변혁의 바람이 불어 왔다'고 평가했다.

한국은 1963년 신상옥 감독의 〈사랑방 손님과 어머니〉 이후 수많은 작품이 아카데미 외국어 영화상 부문에 출품했지만 최종 후보 5편에도 선택되지 못하는 수모를 당해왔다.

이런 상황에서 〈기생충〉은 한국 영화 사상 최초로 작품, 감독, 각본, 편집, 미술, 국제 영화상(외국어영화상) 등 무려 6개 부문 후보에 지명 받아 결국 4개의 트로피를 독식하는 이변을 불러 일으킨 것이다.

한국 영화업계에서는 '1919년 한국 최초 영화로 김도산의 〈의리적 구토〉가 상영된 지 101년 만에 이룩한 최고의 경사'라고 의미를 부여하고 있다.

〈기생충〉의 각본상 수상은 외국어 영화로는 2003년 스페인 페드로 알모도바르 감독의 〈그녀에게〉 이후 17년 만에 수상이 된다.

〈기생충〉은 아카데미 전초전으로 평가 받은 골든 글로브, 영국 아카데미에서 외국어영화상을 수상해 아카데미에서도 국제영화상을 수상할 것으로 예견됐다.

하지만 쟁쟁한 감독들을 제치고 감독상에 호명 받자 봉 감독은 '같이 후보에 오른 감독 모두 제가 존경하는 분이며 오스카가 허락한다면 텍사스 전기톱으로 트로피를 다섯 조각내 모두와 나누고 싶다'는 여유 있는 소감을 밝힌다.

시상식 이전에 92회 작품상 1순위는 제 1차 세계 대전의 참상을 유려한 영상으로 담은 샘 멘데스 감독의 〈1917〉이 지목됐다.

하지만 〈기생충〉은 강력한 후보작 〈1917〉과 〈포드 V 페라리〉 〈아이리시맨〉 〈조조 래빗〉 〈조커〉 〈작은 아씨들〉 〈원스 어폰 어 타임 인 할리우드〉 〈결혼 이야기〉 등을 모두 따돌리고 작품상 트로피를 가져간 것이다.

그동안 아카데미는 '영어로 제작된 영화에만 작품상을 수여해 왔기 때문에 〈기생충〉의 수상은 2010년대 이후 '아카데미가 지나치게 미국 및 유럽인들만의 한정된 영화 축제로 폐쇄성을 고집하고 있다'는 비판을 개선하려는 시기에 '마침 〈기생충〉이 적절한 타이밍이 되어 수상의 영예를 차지하게 된 것'이라는 해석이 제기된다.

제92회 2019 노미네이션, 수상자 총 리스트

작품상 Best Picture

* 〈기생충 Parasite〉
〈포드 v 페라리 Ford v Ferrari〉
〈아이리시맨 The Irishman〉
〈조조 래빗 Jojo Rabbit〉
〈조커 Joker〉
〈작은 아씨들 Little Women〉
〈결혼 이야기 Marriage Story〉
〈1917〉
〈원스 어폰 어 타임 인 할리우드 Once Upon a Time in Hollywood〉

감독상 Best Director

* 봉준호 Bong Joon-ho-〈기생충 Parasite〉
마틴 스콜세즈 Martin Scorsese-〈아이리시맨 The Irishman〉
토드 필립스 Todd Phillips-〈조커 Joker〉
샘 멘데스 Sam Mendes-〈1917〉
쿠엔틴 타란티노 Quentin Tarantino-〈원스 어폰 어 타임 인 할리우드 Once Upon a Time in Hollywood〉

남우상 Best Actor

* 호아킨 피닉스 Joaquin Phoenix-〈조커 Joker〉
안토니오 반데라스 Antonio Banderas-〈페인 앤 글로리 Pain and Glory〉
레오나르도 디카프리오 Leonardo DiCaprio-〈원스 어폰 어 타임 인 할리우드 Once Upon a Time in Hollywood〉
아담 드라이버 Adam Driver-〈결혼 이야기 Marriage Story〉
조나단 프라이스 Jonathan Pryce-〈두 교황 The Two Popes〉

여우상 Best Actress

* 르네 젤위거 Renée Zellweger-〈주디 Judy〉
신시아 에리보 Cynthia Erivo-〈해리엣 Harriet〉
스칼렛 요한슨 Scarlett Johansson-〈결혼 이야기 Marriage Story〉
시얼샤 로난 Saoirse Ronan-〈작은 아씨들 Little Women〉
샤를리즈 테론 Charlize Theron-〈밤쉘 Bombshell〉

조연 남우상 Best Supporting Actor

* 브래드 피트 Brad Pitt-〈원스 어폰 어 타임 인 할리우드 Once Upon a Time in Hollywood〉
탐 행크스 Tom Hanks-〈뷰티풀 데이 A Beautiful Day〉
안소니 홉킨스 Anthony Hopkins-〈두 교황 The Two Popes〉
알 파치노 Al Pacino-〈아이리시맨 The Irishman〉
조 페시 Joe Pesci-〈아이리시맨 The Irishman〉

조연 여우상 Best Supporting Actress

* 로라 던 Laura Dern-〈결혼 이야기 Marriage Story〉
캐시 베이츠 Kathy Bates-〈리차드 주웰 Richard Jewell〉
스칼렛 요한슨 Scarlett Johansson-〈조조 래빗 Jojo Rabbit〉
플로렌스 퓨 Florence Pugh-〈작은 아씨들 Little Women〉
마고 로비 Margot Robbie-〈밤쉘 Bombshell〉

각본상 Best Original Screenplay

* 〈기생충 Parasite〉-봉준호 Bong Joon-ho
〈나이브즈 아웃 Knives Out〉-리안 존슨 Rian

Johnson
〈결혼 이야기 Marriage Story〉-노아 바움백 Noah Baumbach
〈1917〉-샘 멘데스 Sam Mendes
〈원스 어폰 어 타임 인 할리우드 Once Upon a Time in Hollywood〉-쿠엔틴 타란티노 Quentin Tarantino

각색상 Best Adapted Screenplay

* 〈조조 래빗 Jojo Rabbit〉-타이카 와이티티 Taika Waititi
〈아이리시맨 The Irishman〉-스티븐 자일리안 Steven Zaillian
〈조커 Joker〉-토드 필립스 Todd Phillips
〈작은 아씨들 Little Women〉-그레타 거윅 Greta Gerwig
〈두 교황 The Two Popes〉-안소니 맥카텐 Anthony McCarten

장편 애니메이션상 Best Animated Feature Film

* 〈토이 스토리 4 Toy Story 4〉-조시 쿨리 Josh Cooley
〈드래곤 길들이기 3 How to Train Your Dragon: The Hidden World〉-딘 드블로이스 Dean DeBlois
〈아이 로스트 마이 바디 I Lost My Body〉-제레미 클래핀 Jérémy Clapin
〈클라우스 Klaus〉-세르지오 파블로스 Sergio Pablos
〈미싱 링크 Missing Link〉-크리스 버틀러 Chris Butler

국제 장편 영화상 Best International Feature Film

* 〈기생충 Parasite〉(남 한 South Korea)
〈코퍼스 크리스티 Corpus Christi〉(폴란드)
〈허니랜드 Honeyland〉(북 마케도니아)
〈레 미제라블 Les Misérables〉(프랑스)
〈페인 앤 글로리 Pain and Glory〉(스페인)

장편 다큐멘터리상 Best Documentary Feature

* 〈아메리칸 팩토리 American Factory〉-스티븐 보그나 Steven Bognar
〈더 케이브 The Cave〉-페라스 페이야드 Feras Fayyad
〈더 에지 오브 디모크라시 The Edge of Democracy〉-페트라 코스타 Petra Costa
〈포 사마 For Sama〉-와드 알-카텝 Waad Al-Kateab
〈허니랜드 Honeyland〉-루보미르 스테파노프 Ljubomir Stefanov

단편 다큐멘터리상
Best Documentary Short Subject

* 〈러닝 투 스케이트보드 Learning to Skateboard in a Warzone (If You're a Girl)〉-캐롤 다이싱거 Carol Dysinger
〈부재 중 In the Absence〉-이 승준 Yi Seung-Jun
〈라이프 오버테이크 미 Life Overtakes Me〉-존 합타스 John Haptas
〈세인트 루이스 슈퍼맨 St. Louis Superman〉-스미티 문드라 Smriti Mundhra
〈워크 런 차-차 Walk Run Cha-Cha〉-로라 닉스 Laura Nix

라이브 액션 단편영화상
Best Live Action Short Film

* 〈네이버 윈도우 The Neighbors Window〉-마샬 커리 Marshall Curry
〈형제애 Brotherhood〉-메리암 주부 Meryam Joobeur
〈네프타 풋볼 클럽 Nefta Football Club〉-이브 피아트 Yves Piat
〈사리아 Saria〉-브라이안 버클리 Bryan Buckley
〈자매 A Sister〉-델핀 지라르 Delphine Girard

단편 애니메이션상 Best Animated Short Film

* 〈헤어 러브 Hair Love〉-매튜 A. 체리 Matthew A. Cherry
〈딸 Dcera/ Daughter〉-다리아 카시치바 Daria Kashcheeva
〈킷불 Kitbull〉-로자나 셜리반 Rosana Sullivan

〈메모러블 Mémorable〉-브루노 콜렛 Bruno Collet
〈자매 Sister〉-시크 송 Siqi Song

작곡상 Best Original Score

* 〈조커 Joker〉-힐두르 구오나도티르 Hildur Guð-nadóttir
〈작은 아씨들 Little Women〉-알렉산드르 데스플랏 Alexandre Desplat
〈결혼 이야기 Marriage Story〉-랜디 뉴먼 Randy Newman
〈1917〉-토마스 뉴먼 Thomas Newman
〈스타 워즈: 라이즈 오브 스카이워커 Star Wars: The Rise of Skywalker〉-존 윌리암스 John Williams

주제가상 Best Original Song

* '(I'm Gonna) Love Me Again', 〈로켓맨 Rocket-man〉-엘튼 존 Elton John
'I Can't Let You Throw Yourself Away', 〈토이 스토리 4 Toy Story 4〉-랜디 뉴먼 Randy Newman
'I'm Standing with You', 〈브레이크쓰루 Breakt-hrough〉-다이안 워렌 Diane Warren
'Into the Unknown', 〈겨울 왕국 2 Frozen II〉-크리스텐 앤더슨-로페즈 Kristen Anderson-Lopez
'Stand Up', 〈해리엣 Harriet〉-조수아 브라이언 캠벨 Joshuah Brian Campbell

사운드 편집상 Best Sound Editing

* 〈포드 v 페라리 Ford v Ferrari〉-도날드 실베스터 Donald Sylvester
〈조커 Joker〉-알란 로버트 머레이 Alan Robert Murray
〈1917〉-올리버 타니 Oliver Tarney
〈원스 어폰 어 타임 인 할리우드 Once Upon a Time in Hollywood〉-와일리 스테이트맨 Wylie Stateman
〈스타 워즈: 라이즈 오브 스카이워커 Star Wars: The Rise of Skywalker〉-매튜 우드 Matthew Wood

사운드 믹싱상 Best Sound Mixing

* 〈1917〉-마크 테일러 Mark Taylor
〈에드 아스타 Ad Astra〉-게리 리드스트롬 Gary Rydstrom
〈포드 v 페라리 Ford v Ferrari〉-폴 마세이 Paul Massey
〈조커 Joker〉-탐 오자니치 Tom Ozanich
〈원스 어폰 어 타임 인 할리우드 Once Upon a Time in Hollywood〉-마이클 민클러 Michael Minkler

프러덕션 디자인상 Best Production Design

* 〈원스 어폰 어 타임 인 할리우드 Once Upon a Time in Hollywood〉-바바라 링 Barbara Ling
〈아이리시맨 The Irishman〉-밥 쇼 Bob Shaw
〈조조 래빗 Jojo Rabbit〉-라 빈센트 Ra Vincent
〈1917〉-데니스 가스너 Dennis Gassner
〈기생충 Parasite〉-리 하-준 Lee Ha-jun

촬영상 Best Cinematography

* 〈1917〉-로저 디킨스 Roger Deakins
〈아이리시맨 The Irishman〉-로드리고 프리에토 Rodrigo Prieto
〈조커 Joker〉-로렌스 셔 Lawrence Sher
〈라이트하우스 The Lighthouse〉-자린 블래치크 Jarin Blaschke
〈원스 어폰 어 타임 인 할리우드 Once Upon a Time in Hollywood〉-로버트 리차드슨 Robert Richardson

메이크업 & 헤어스타일링상
Best Makeup and Hairstyling

* 〈밤쉘 Bombshell〉-카주 히로 Kazu Hiro
〈조커 Joker〉-니키 레더맨 Nicki Ledermann
〈주디 Judy〉-제레미 우드헤드 Jeremy Woodhead
〈말레피센트 2 Maleficent: Mistress of Evil〉-폴 구치 Paul Gooch
〈1917〉-나오미 돈 Naomi Donne

의상 디자인상 Best Costume Design

* 〈작은 아씨들 Little Women〉-재클린 두란 Jacqueline Durran
〈아이리시맨 The Irishman〉-샌디 파웰 Sandy Powell
〈조조 래빗 Jojo Rabbit〉-메이예스 C. 루베오 Mayes C. Rubeo
〈조커 Joker〉-마크 브리지스 Mark Bridges
〈원스 어폰 어 타임 인 할리우드 Once Upon a Time in Hollywood〉-아드리안 필립스 Arianne Phillips

필름 편집상 Best Film Editing

* 〈포드 v 페라리 Ford v Ferrari〉-앤드류 버클랜드 Andrew Buckland
〈아이리시맨 The Irishman〉-델마 슌메이커 Thelma Schoonmaker
〈조조 래빗 Jojo Rabbit〉-탐 이글스 Tom Eagles
〈조커 Joker〉-제프 그루스 Jeff Groth
〈기생충 Parasite〉-양 진-모 Yang Jin-mo

시각 효과상 Best Visual Effects

* 〈1917〉-길라움 로체론 Guillaume Rocheron
〈어벤져스:앤드게임 Avengers: Endgame〉-댄 드리우 Dan DeLeeuw
〈아이리시맨 The Irishman〉-파블로 헬맨 Pablo Helman
〈라이온 킹 The Lion King〉-로버트 레가토 Robert Legato
〈스타 워즈: 라이즈 오브 스카이워커 Star Wars: The Rise of Skywalker〉-로저 기예트 Roger Guyett

최다 후보작 및 수상작

〈조커 Joker〉-11개 부문 후보
〈기생충 Parasite〉-4개 부문 수상

아카데미 명예상 Academy Honorary Award

* 데이비드 린치 David Lynch
* 웨스 스투디 Wes Studi
* 리나 워트뮬러 Lina Wertmüller

진 허솔트 박애주의상
Jean Hersholt Humanitarian Award

* 지나 데이비스 Geena Davis

〈기생충〉은 화이트 오스카에 대한 비난이 비등해 지는 여론을 무마시키기 위해 외국어 영화로는 첫 번째 작품상 수상작으로 호명됐다는 할리우드 현지 비평가들의 해석이 제기됐다. © CJ 엔터테인먼트.

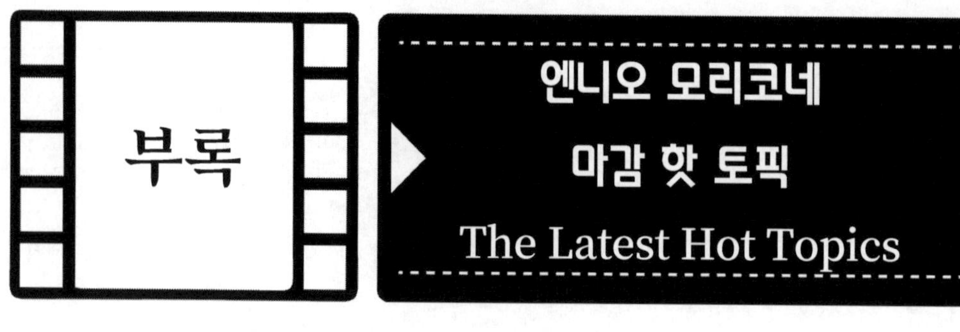

1. 추모 특집 기사(追慕 特輯 記事)
엔니오 모리코네 Ennio Morricone

엔니오 모리코네는 약 520여 편의 배경 음악을 작곡해 20-21세기 최다 영화 음악을 작곡한 거장으로 기록되고 있다. © imdb.com

'인사유명 호사유피 人死留名 虎死留皮 -
인간은 죽어서 이름을 남기고, 호랑이는 죽어서 가죽을 남긴다.

세간의 속설처럼 20-21세기를 거쳐 주옥같은 영화 음악을 창작해낸 엔니오 모리코네는 불멸의 작품 숫자만큼 수많은 에피소드를 남겼다.

활동 당시부터 '최고의 영화 음악가 one of the great composer'로 칭송을 받은 그의 행적에 얽힌 일화를 추모 특집으로 정리해 본다. <필자 注>

1-1. 영화 음악계의 장인(匠人)이 남긴 서너 가지 에피소드

21세기 현존하는 사운드트랙 장르 거장 엔니오 모리코네가 타계했다.

2020년 7월 6일 로마 자택에서 '낙상(落傷) 후유증 aftermath of falling'으로 타계한 것으로 알려졌다.

2021년 공개 예정인 킴 버든 Kim Burdon 감독의 가족 애니메이션 〈캔터빌 고스트 The Canterville Ghost〉를 유작으로 남겼다.

520여 편의 영화 음악을 작곡, 영화 음악 역사상 최다 작품의 배경 음악을 작곡한 업적을 남긴다.

수많은 히트곡을 남겼지만 아카데미 어워드와는 별다른 인연이 없어 2007년 '영화 음악에 끼친 뛰어난 공적을 인정 For his magnificent and multifaceted contributions to the art of film music' 받아 아카데미 명예 상 Honorary Award을 수여 받았으며 2016년 88세의 나이에 쿠인텐 타란티노 감독의 〈헤이트풀 8 The Hateful Eight〉(2015)으로 마침내 작곡 상 Best Achievement in Music Written for Motion Pictures, Original Score을 수여 받는다.

역대 작품 중 〈말레나 Malèna〉(2000) 〈벅시 Bugsy〉(1991) 〈언터처블 The Untouchables〉(1987) 〈미션 The Mission〉(1986) 〈천국의 나날 Days of Heaven〉(1978) 등이 작곡상 후보에 지명 받았지만 번번이 수상에 실패하고 만다.

다채로운 히트작의 배경 음악을 만들었지만 세계 영화계 본산지에서 홀대(忽待)를 받은 것에 대해 영화 칼럼니스트 레오나드 말틴은 '미국 영화인들의 자존심으로 구축해 놓은 존 웨인의 서부극 장르를 철저하게 조롱하는 듯한 세르지오 레오네 감독의 〈황야의 무법자 Per un pugno di dollari〉(1964) 등 스파게티 웨스턴 3부작의 배경 음악을 맡았다는 것이 박대(薄待)를 받는 요인이 된 듯 하다'는 의견도 내놓고 있다.

'법과 질서 수호, 아동과 여성 등 위험에 빠진 약자를 최우선으로 보호, 돈 보다는 명예 중시' 등을 내세웠던 할리우드 대표 장르 웨스턴은 '돈을 위해 수단 방법을 가리지 않고 목적을 위해서는 친구도 흔쾌히 배신할 수 있다'는 파격적인 메시지를 담은 이태리 스타일의 서부극 〈황야의 무법자〉가 공개돼 흥행가에서는 절찬을 받아낸 바 있다.

세계 영화 음악가에서는 소련의 에이젠스타인과 프로코피에프 Eisenstein & Prokofiev, 알프레드 히치콕과 버나드 허만 Hitchcock & Herrmann, 페데리토 펠리니와 니노 로타 Fellini & Rota가 감독+영화 음악가 콤비 시대를 구축한 것처럼 세르지오 레오네와 엔니오 모리코네는 〈황야의 무법자〉 시리즈 3부작과 〈원스 어폰 어 타임 인 아메리카〉 등 흥행작에서 감독과 작곡가로 팀웍을 맞추어 흥행 영화가 걸작으로 인정받게 된다.

로마 셀리리아 콘세르바토레 Rome's Santa Cecilia Conservatory에서 트럼펫 trumpet을 전공한다.

'종 bells' '엘렉트릭 기타 electric guitars' '하모니카 harmonicas' '주스 하프를 활용한 독특한 비음(鼻音) the distinctive twang of the jew's harp' 등이 엔니오만의 특징적인 영화 음악으로 각인되는 동시에 '영화 음악사의 혁명적인 발전을 주도하는 음악 운용법(運用法)으로 평가를 받는다.

모리코네는 특정 장르에 한정되지 않고 '코미디 comedies' '드라마 dramas' '스릴러 thrillers' '공포 horror films' '로맨스 romances' '예술 영화 art movies' 등 거의 모든 영역에서 배경 음악을 만들어 내는 광범위한 창작 능력을 발휘한다.

영화 음악계에서는 세르지오 레오네 Sergio Leone 감독의 〈황야의 무법자 Per un pugno di dollari〉(1964) 〈석양의 건맨 For a Few Dollars More〉(1965) 〈석양의 무법자 : 석양의 건맨 2 The Good, The Bad And The Ugly〉(1966) 〈원스 어폰 어 타임 인 더 웨스트 Once Upon a Time in the West / CEra Una Volta Il West〉(1968) 〈원스 어폰 어 타임 인 아메리카 Once Upon a Time in America〉(1984)을 비롯해 질로 폰테코르보 Gillo Pontecorvo' 감독의 〈알제리 전투 La battaglia di Algeri〉(1966), 롤랑 조페 Roland Joffé 감독의 〈미션 The Mission〉(1986), 브라이언 드 팔마 Brian De Palma 감독의 〈언터처블 The Untouchables〉(1987), 주세페 토르나토레 Giuseppe Tornatore 감독의 〈시네마 천국 Nuovo Cinema Paradiso〉(1988), 말년에 대망의 아카데미 작곡상을 수여 받은 쿠엔틴 타란티노 Quentin Tarantino 감독의 서부 스릴러 〈헤이트풀 8 The Hateful Eight〉(2015)를 걸작(His magnum opus, masterpiece)로 추천하고 있다.
화려한 오케스트라 선율과 함께 여성 보컬 female voices을 단골로 활용하고 있다.

배경 음악에서 트럼펫 trumpets과 클래식 기타 classical guitar를 적극 활용하고 있다.

특정 리듬을 반복적으로 선곡해서 단순하지만 강한 배경 음악 효과를 거두는 방법을 사용했다.

2 남 2녀의 자녀 중 안드레아 모리코네 Andrea Morricone는 부친의 뒤를 이어 영화 음악가로 활약하고 있다.

87세의 늦은 나이에 모리코네에게 고대(苦待) 하던 아카데미 작곡상을 수여 받게 된 〈헤이트풀 8〉. © Visiona Romantica, Double Feature Films, The Weinstein Company.

헤비 메탈 그룹 메탈리카 Heavy-metal band Metallica는 공연 오프닝에서 모리코네의 마카로니 웨스턴 결산 작품에 해당되는 〈석양의 무법자 : 석양의 건맨 2 The Good, The Bad and The Ugly/il buono, il brutto, il cattivo〉(1966)의 주제곡 'The Ecstasy of Gold'을 연주하면서 공연을 시작하는 것으로 유명세를 얻고 있다.

세르지오 레오네 감독의 〈원스 어폰 어 타임 인 아메리카 Once Upon a Time in America〉(1984)는 모리코네가 가장 애착을 보인 작품 중 한 편. 미국 시장에서 개봉 됐을 당시 내심 아카데미 수상을 강력하게 기대했지만 후보에도 지명 받지 못하는 수모를 당한다.

1985년 골든 글로브 Golden Globes에서도 감독 Golden Globe Best Director-Motion Picture 및 작곡 Best Original Score-Motion Picture 후보로 언급되는 것으로 만족해야 했다.

할리우드 영화 음악 전문가들은 〈원스 어폰 어 타임 인 아메리카〉의 배경 음악에 대해 '모리코네 최고의 음악 중 한 곡 This score is still regarded as one of his best'으로 평가하고 있다.

한편 모리코네가 작곡상 수상을 내심 고대했던 57회 아카데미 어워드 The 57th Academy Awards(1985년 3월 25일 진행)의 작곡 상 수상자는 〈인도로 가는 길 A Passage to India〉의 모리스 자르 Maurice Jarre가 차지한다.

할리우드 진출을 여러 번 요청 받았지만 이태리 고향을 타계할 때 까지 지킨다. 고향을 떠나지 못한 이유 중 하나는 '손때가 묻은 스튜디오를 이전하기 싫어서' 였다고.

〈황야의 무법자〉에서 인연을 맺은 클린트 이스트우드 Clint Eastwood와는 평생의 영화 동료로 우애를 나눈다.

2007년 아카데미 명예상 시상식장에서도 모리코네의 이태리어 수상 소감을 이스트우드가 영어로 통역해 주었다.

〈원스 어폰 어 타임 인 아메리카 Once Upon a Time in America〉(1984) 〈원스 어폰 어 타임 인 더 웨스트 Once Upon a Time in the West〉(1968)의 배경 음악에서 들려오는 여성 보컬 그리고 〈석양의 무법자 : 석양의 건맨 2 The Good, The Bad and The Ugly/ il buono, il brutto, il cattivo〉(1966)의 주제곡 'I Cantori Moderni of Alessandroni' 등을 불러준 여성 보컬은 이태리 출신 보컬리스트 에다 델오르소 Edda Dell'Orso이다.

1978년 아르헨티나 월드 컵 공식 주제가를 작곡 composed the official theme for the 1978 World Cup, held in Argentina 한다.

브리티시 팝 듀오 펫 샵 보이즈 the British pop duo Pet Shop Boys와 팀 웍을 맞추어 'It Couldn't Happen Here'을 공동 작곡한다.

이 노래는 펫 샵 보이즈의 1987년 앨범 『Actually』에도 수록되는 동시에 잭 본드 Jack Bond 감독의 음악 모험 영화 〈잇 쿠튼트 해픈 히어 It Couldn't Happen Here〉(1987)의 주제가로도 채택된다.

영화는 소년이 휴일을 맞아 해변 리조트를 방문했다가 살인 전력이 있는 맹인 목사와 간호사의 농간에 말려 곤욕을 겪는 사연을 들려주고 있다. 극중 펫 샵 보이즈 멤버 닐 테넌트 Neil Tennant와 크리스 로웨 Chris Lowe가 실명으로 출연하고 있다. 살인 전력을 있는 맹인 목사로는 조스 액크런트 Joss Ackland가 출연해 간담을 서늘하게 만들어 주고 있다.

2016년 2월 26일 캘리포니아 주 할리우드 거리 7065 라이브 극장 명예에 전당 Star on the Hollywood Walk of Fame for Live Theatre at 7065 Hollywood Boulevard in Hollywood, California에 이름이 헌정된다.

미국 나이로 87세 때인 2016년 〈헤이트풀 8〉으로 경쟁 부문 아카데미 어워드 작곡상을 수여 받아 '최고령 수상자 became the oldest winner of a competitive Academy Award in 2016 (Best Original Score for The Hateful Eight (2015)' 가 된다.

하지만 이 기록은 2018년 89세의 감독 겸 시나리오 작가 제임스 아이보리 James Ivory가 〈콜 미

바이 유어 네임 Call Me by Your Name〉(2017)으로 각본상을 수상하면서 최고령 기록을 넘겨주게 된다.

- 1960년 영화 음악 작곡을 시작해서 무려 55년만인 2015년에 아카데미 작곡상을 수여 받은 것으로 기록되고 있다.
- 〈헤이트풀 8〉이 골든 글로브 작곡상에 호명됐을 때 쿠엔틴 타란티노가 대리 수상했다.
- 영어에 능숙하지 못해 모든 인터뷰는 이태리어로 진행했다.
- 거장 감독 스탠리 큐브릭 Stanley Kubrick은 모리코네의 〈원스 어폰 어 타임 인 더 웨스트 Once Upon a Time in the West〉(1968)의 테마 음악을 듣고 큰 감동을 받는다.

이후 〈시계태엽 오렌지 A Clockwork Orange〉(1971) 배경 음악 작곡을 의뢰하지만 당시 세르지오 레오네 감독의 〈석양의 갱들 A Fistful Of Dynamite / Giu la testa〉(1971) 배경 음악을 작곡 중이여서 불발된다. 1975년 큐브릭은 〈배리 린든 Barry Lyndon〉(1975)의 사운드트랙 작곡을 다시 의뢰하지만 역시 여러 이유로 재차 성사 되지 못한다.

훗날 모리코네는 큐브릭과 영화 음악 작곡을 하지 못한 것에 큰 아쉬움을 느낀다고 토로한다.

1-2. 엔니오 모리코네 어록(語錄)

난 특정 영화 장르 음악에 고정되어 있는 것에 불편함을 느낀다. 늘 변화되는 것을 좋아한다. 특별하게 공포 영화를 즐겨 보는 편은 아니지만 다리오 아르헨토 Dario Argento, 존 카펜터 John Carpenter의 영화를 즐겨 감상하곤 한다.

좋은 영화 음악이 나쁜 영화를 살려 주지는 못한다. 두 부분이 조화를 이루어야 한다.

〈미션〉이 아카데미 작곡상 후보에 지명 받았지만 허비 행콕작곡의 〈라운드 미드나잇 Round Midnight〉(1986)이 수상작으로 지명 받았다. 사실 〈라운드 미드나잇〉은 영화를 위한 창작 곡 보다는 허비 행콕 Herbie Hancock의 편곡이 더욱 많은 비중을 차지했기 때문에 〈미션〉 수상이 밀려난 것에 대해 일말의 아쉬움이 있었다.

2. 팝 전문지 『롤링 스톤』 추천 '엔니오 모리코네 사운드트랙 10 10 Essential Ennio Morricone Soundtracks

세계적 팝 전문지 롤링 스톤 로고. © rolling stone.

<황야의 무법자 A Fistful of Dollars>에서 <헤이트풀 8 The Hateful Eight> 까지.

엔니오 모리코네의 타계 직후 그가 남겨 준 영화 음악의 백미(白眉) 베스트 10을

팝 전문지 『롤링 스톤』이 추천했다. 주요 내용을 인용, 소개한다.

2-1. <황야의 무법자 A Fistful of Dollars>(1964)

정체불명의 사나이.

잇권 다툼으로 갈등을 벌이고 있는 서부의 한적한 마을에 나타나 양 조직을 오가면서 철저한 이득을 챙긴다.

'낮고 저음의 스타카토 혼 블라스 low, staccato horn blasts'가 '야-야-야, 와-와-와 Ay-ya-yahhh. Wah-wah-wah'를 반복시켜 들려주고 있다.

여기에 마치 걷어차듯 들려오는 묵직한 기타 리듬과 합창 음 그리고 무기를 두드리는 듯한 박자가 가미 된다.

거칠고 삭막한 서부. 그곳에서 펼쳐지는 한 치 양보 없는 팽팽한 양육강식의 싸움은 원초적인 다툼을 갈망하는 영화 관객들의 본능을 자극시켜 주는 산파역을 해낸다.

점 점 고조되면서 진행되는 크레센도 비트 가락은 영화 음악의 신기원을 이룩해 내는데 손색이 없다.

할리우드 영화인들이 경멸조로 '마카로니 웨스턴 혹은 스파게티 웨스턴'이라고 평가절하 했지만 이 장르는 1960년대 중반부터 1970년대 초반까지 지구촌 흥행가를 강타한다.

뜨거운 호응을 얻어내는 발판은 혁신적인 배경 음악을 빼놓을 수 없다는 것은 명약관화한 일이다.

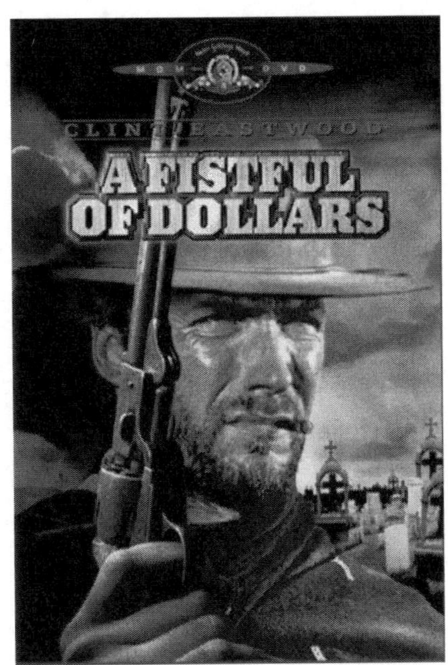

〈황야의 무법자〉. © MGM.

❖ Track listing

1. A Fistful of Dollars
2. Almost Dead
3. Square Dance
4. The Chase
5. The Result
6. Without Pity
7. Main Title
8. A Fistful of Dollars Suite

2-2. <석양의 건맨 For a Few Dollars More/ Per qualche dollaro in più>(1965)

두 명의 현상금 사냥꾼이 팀웍을 이뤄 서부 불한당(不汗黨) 체포 작전에 나선다.

살인과 약탈을 자행해 현상금이 걸려 있는 인디오(지안 마리아 볼론테).

인디오 제거 작전에 나선 이들은 몬코(클린트 이스트우드)와 인디오에게 개인적 원한을 갖고 있는 육군 대령 모티머(리 반 클리프)이다.

〈황야의 무법자〉의 예상을 깬 폭발적인 호응에 힘입어 다음 해 부랴부랴 선보인 시리즈 2번째 작품.

보컬 vocals, 기타 guitars, 팀파니 timpani, 휘슬 whistling 그리고 고전 음악가 바흐 Bach의 작곡 스타일을 원용해서 조 하프 jaw harp를 융합 시킨 배경 음악을 들려주고 있다.

인간의 후두음을 배경 guttural chanting in the background 리듬으로 활용한 것은 모리코네만의 특징적 작곡 스타일로 각인 된다.

간간히 들려오는 피아노 리듬은 인정 없는 서부 사나이들이 느끼는 향수 감 nostalgia을 전달하는 탁월한 효과를 발휘한다.

수록 곡 중 '다소 어둡고 처량한 분위기를 조성시켜 주는 'Il Vizio D'Uccidere'이 모리코네를 '거장 the maestro'이 될 수 있는 가능성을 입증 시킨다.

2016년 모리코네의 회고록 『Ennio Morricone: In His Own Words』를 통해 '레오네와 배경 리듬에 대해 끊임없이 의견을 주도 받으면서 만들어낸 세밀한 음악 덕분에 우리가 팀웍으로 만든 음악에 늘 '시너지 synergy'가 가득했다'고 회고해 주고 있다.

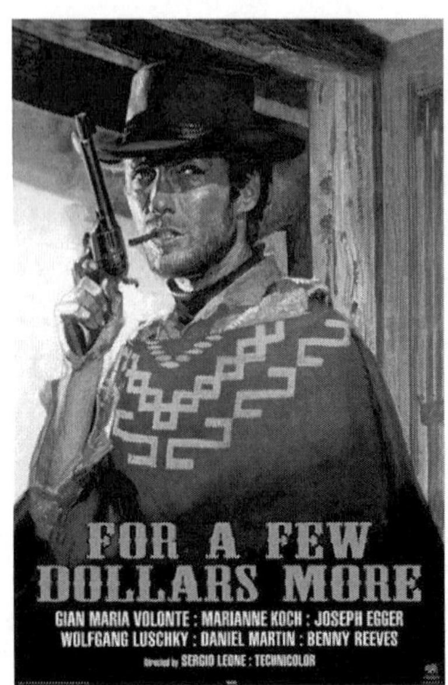

마카로니 웨스턴 2번째 히트 작 〈석양의 건맨〉. © Produzioni Europee Associate (PEA), Arturo González Producciones Cinematográficas.

❖ Track listing

1. Per qualche dollaro in più
2. La resa dei conti
3. Osservatori osservatori
4. Il colpo
5. Poker d'assi
6. Carillion
7. Addio colonnello
8. Il vizio di uccidere

2-3. <석양의 무법자 : 석양의 건맨 2 The Good, The Bad and The Ugly>(1966)

세르지오 레오네 + 모리코네 콤비의 마카로니 웨스턴 결산작인 〈석양의 무법자 : 석양의 건맨 2 The Good, The Bad and The Ugly〉. © Capitol Records.

남북 전쟁이 치열하게 전개되는 서부.

멕시코 총잡이 투코와 신비의 남자 블론디는 위험한 게임을 벌이고 있다.

블론디가 현상범인 투코를 체포하여 상금을 타낸 다음, 교수형이 집행되려는 순간 그를 구출해 낸다.

팀웍을 이루고 있는 투코와 블론디.

하지만 사사건건 상대방을 제거할 기회를 노린다.

이 때 사이코 범죄자 센텐자가 20만 달러라는 거액을 묻힌 장소를 찾고 있다는 것을 알게 된 3명의 남자는 돈 주머니를 차지하기 위한 탐색 작전에 나서게 된다.

돈을 차지하기 위해 어제의 적이 동지가 되고 동지가 단번에 적이 되어 버리는 살벌한 황야의 세계.

투코(엘리 왈리치), 블론디(클린트 이스트우드) 그리고 센텐자(리 반 클리프)가 시종 긴박감 넘치게 펼쳐주고 있다.

모리코네는 '야생 동물 코요테의 소리 the coyote's voice'는 거친 서부에서 펼쳐지는 동물적인 폭력 animal violence in the Wild West'을 떠올려 주기 위한 장치라고 역설했다.

모리코네 버전의 마카로니 웨스턴 배경 음악이 유행 시킨 '와-와 효과 wah-wah effect'는 '두 명의 거친 남성 목소리 two hoarse male voices'를 결합시켜 '달러 3부작 the Dollars trilogy'에 대한 강한 여운을 남겨주고 있다.

'좋은 놈'은 플루트 good flute' '나쁜 놈은 오카리나 bad ocarina' 그리고 '추한 놈은 남성 보컬 some ugly vocals'로 사운드트랙을 구성한 것도 탁월한 서부 음악이 되는데 일조한다.

혼 horns, 플라멩코 가락 flamenco-esque을 결합 시킨 타이틀 곡 'The Trio/ Il Triello'과 '거액을 목전에 두고 사나이들이 느끼는 환희의 감정'을 표현한 'The Ecstasy of Gold'이 가장 많은 환대를 받았다.

앞서 언급했듯이 'The Ecstasy of Gold'는 록 밴드 '메탈리카 Metallica'가 연주 공연 오프닝 곡으로 활용하면서 더욱 유명세를 얻게 된다.

❖ Track listing

1. The Good, The Bad And The Ugly/ Il Buono-Il Brutto- Il Cattivo
2. The Sundown/ Il Tramonto
3. The Strong/ Il Forte
4. The Desert/ Il Deserto
5. The Carriage of The Spirits/ La Carrozza Dei Fantasmi
6. Marcia/ Marcetta
7. The Story of A Soldier/ La Storia De Un Soldato
8. Marcia Without Hope/ Marcetta Senza Speranza
9. The Death of A Soldier/ Morte De Un Soldato
10. The Ecstacy of Gold/ L'Estasi Dell'Oro
11. The Trio (Main Title)/ Il Triello

2-4. <원스 어폰 어 타임 인 웨스트 Once Upon a Time in the West/ C'era Una Volta Il West>(1968)

기차역에 도착하는 무명의 총잡이(찰스 브론슨).

악당 프랭크(헨리 폰다)와 부하들은 막대한 잇권이 걸려 있는 증기 기관차 사업을 놓고 방해 세력을 가차 없이 제거하고 있는 중이다. 이러한 때 무명의 총잡이가 등장해 사업 계획에 제동이 걸리게 되면서 목숨을 건 암투를 펼치게 된다.

날렵한 분위기의 기타 연주, 묵직한 오페라 스타일의 리듬이 오프닝을 장식하고 있다.

뜨거운 바람에 어우러지는 혼 horn 리듬도 긴박한 사건이 벌어질 조짐을 예고시켜 주고 있다.

무명의 총잡이 애칭이 '하모니카 Harmonica'라는 것을 각인시켜 주려는 듯 그는 하모니카 연주로 자신의 존재감을 발산시켜주고 있다.

슬라이드-휘슬 slide-whistle, 묵직한 투바 tuba, 경쾌한 밴조 banjo 등이 찰스 브론슨과 악인 헨리 폰다가 펼치게 되는 '잔혹한 복수 brutal revenge'에 대한 전조(前兆) 리듬을 들려주고 있다.

폭력과 보복의 스토리가 담겨 있지만 심금을 울려주는 감성적melancholic 리듬이 점차 사라져 가고 있는 서부극에 대한 잔상(殘像)을 오래도록 남겨 주는데 일조한다.

❖ Track listing

1. Spiel mir das Lied vom Tod/ C'era una volta il west
2. Come una sentenza
3. Addio a Cheyenne
4. L'attentato
5. La posada N. 1
6. La posada N. 2
7. Das Lied vom Tod/ L'uomo dell'armonica
8. In una stanza con poca luce
9. L'orchestrazzia
10. L'uomo
11. L'America di Jill
12. L'ultimo rantolo
13. Finale

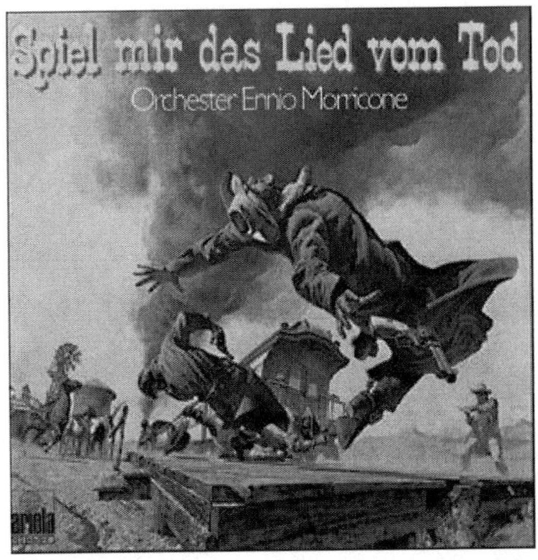

〈원스 어폰 어 타임 인 더 웨스트〉. © Ariola Records.

2-5. <괴물 The Thing>(1982)

혹한의 남극에서 탐사 작업을 하고 있는 미국 기지.
어느 날 정체불명의 거대한 개가 출몰한다.
그 개는 복제가 가능한 외계인.
이후 고립무원의 방하의 공간은 외계인의 공격을 받은 흉측한 괴물들이 출몰하기 시작한다.

1951년 공개됐던 작품이 존 카펜터의 아이디어가 추가되어 공상과학 공포로 리바이벌 된다.

신경을 자극시키는 신세사이저, 기타 그리고 울창한 나무 사이에서 들려오는 리듬을 결합시켜 낸 사운드트랙은 피신할 수 없는 남극의 폐쇄된 공간이 주는 압박감과 상대방이 동료인지 외계인인지 구분을 하지 못하는 것에 오는 두려운 감정을 고조시켜주는 최적의 효과를 발휘한다.

버나드 허만 Bernard Hermann이 즐겨 활용했던 스트링 strings를 전면에 내세운 화음도 존 카펜터를 흥행 감독 반열에 올려놓는 공헌자가 된다.

존 카펜터 감독의 SF 공포극 〈괴물〉의 묘미는 모리코네의 배경 음악이 한몫을 해낸다. © Ariola Records.

❖ Track listing

1. Humanity (Part 1)
2. Shape
3. Contamination
4. Bestiality
5. Solitude
6. Eternity
7. Wait
8. Humanity (Part 2)
9. Sterilization
10. Despair

2-6. <원스 어폰 어 타임 인 아메리카 Once Upon a Time in America>(1984)

1921년, 전후.

금주법 Prohibition-era이 시행되기 직전.

가난한 맨하탄 동부 지역.

10대 유대인 소년들이 좀도둑질과 살해 행각을 자행하면서 격동의 30여년 세월이 흐른다.

이해관계에 따라 죽마고우를 서로 죽고 죽여야 되는 경쟁 상대되고 이 와중에 첫 사랑의 연연 때문에 가슴앓이를 하는 순정적 사연을 결합시켜 거칠지만 잔잔한 느와르 멜로로 각인된다.

좀도둑에서 갱스터로 성장해 나가는 누들스(로버트 드 니로)와 맥스(제임스 우즈) 그리고 데보라(엘리자베스 맥거번)의 사연이 핵심을 이루고 있다.

세르지오 레오네가 '위대한 작품 magnum opus'이라고 만족감을 표시한 것을 입증시키듯 레오네의 유작이 된다.

모리코네 또한 '세르지오의 걸작 I consider it Sergio's masterpiece'이라고 알레산드로 드 로자 Alessandro De Rosa와 진행한 회고록을 통해 밝힌 바 있다.

우정 friendship, 배신 betrayal, 그리고 향수감을 떠올려 주는 흘러간 세월에 대한 감정을 떠올려 주기 위한 대표 곡 'Cockeye's Song' 'Childhood Poverty'에서는 흡사 전통 재즈를 듣는 듯한 정서를 선사해 주고 있다.

모리코네는 전체적으로 주요 등장인물들의 성장 과정의 추억을 떠올려 주기 위해 '비가적(悲歌的) 사운드트랙 An elegiac soundtrack'으로 구성했다고 밝혔다.

트랙 중 팬 플루트 연주가 게오르그 장피엘과 콤비 보컬리스트 에다 델오르소의 화음이 가미된 'Cockeye's Song' 'Friendship and Love' 그리고 모리코네만의 감성이 농축된 'Deborah's Theme-Amapola'' 'Suite from Once Upon a Time in America' 등은 단어 그대로 불멸(不滅)의 사운드트랙으로 지금도 애청 받고 있다.

❖ Track listing

1. Once Upon a Time in America
2. Poverty
3. Deborah's Theme/ vocals: Edda Dell'Orso
4. Childhood Memories/ Pan Flute: Gheorghe Zamfir
5. Amapola
6. Friends
7. Prohibition Dirge
8. Cockeye's Song/ vocals: Edda Dell'Orso / Pan Flute: Gheorghe Zamfir
9. Amapola-Part II
10. Childhood Poverty
11. Photographic Memories
12. Friends
13. Friendship and Love/ vocals: Edda Dell'Orso
14. Speakeasy
15. Deborah's Theme-Amapola
16. Suite from Once Upon a Time in America
17. Poverty (temp. version)
18. Unused Theme
19. Unused Theme (version 2)

엔니오 모리코네의 원숙한 배경 음악이 일품인 〈원스 어폰 어 타임 인 아메리카〉. © Mercury Records.

2-7. <미션 The Mission>(1986)

18세기. 중남미 정글에 거주하고 있는 과라니 족.

가톨릭 국가 스페인에서 예수회 소속 신부 Spanish Jesuits를 파견해 목숨을 건 선교 활동을 펼친다.

포교 활동이 어느 정도 정착될 무렵.

노예 제도 지지 국가이자 무종교(無宗教) 국가 포르투갈 Portugal에게 영토를 넘겨주면서 신부(神父)들에게 철수 명령을 내린다.

하지만 신부들은 인디언들의 탄압이 예견되는 정치적 야합에 반기를 들고 포르투갈 군에게 저항하다 인디언들과 함께 순교 당한다.

롤랑 조페가 추구하고자 하는 종교를 가미시킨 역사 드라마의 의지를 시나리오 작가 로버트 볼트 Robert Bolt와 엔니오 모리코네가 탁월하게 구현시켜 준다.

예수회 소속 가브리엘 신부가 타인에 대한 극한적 불신을 갖고 있는 과라니 족에게 오보에 악기 연주 'Gabriel's Oboe'를 들려주면서 경계심을 허물어 나가는 장면은 음악이 가져다주는 정서적 안도감을 극명하게 실증하는 명장면과 명 연주곡으로 각인된다.

노예 상인으로 악명을 떨쳤던 멘도사(로버트 드 니로)가 종교에 귀의한 뒤 자신의 과거 행적에 대한 참회를 위해 십자가를 매고 폭포수로 기어 올라가다 물살에 휩쓸려 추락하는 장면에서 흘러나오는 'On Earth As It Is In Heaven' 'Falls' 'Climb' 등의 배경 곡은 탄성을 불러일으키는 감동을 선사해 주고 있다.

모리코네는 '인디언들의 토속 리듬 Indian cultural styles, 묵직한 합창 heavenly choir, 갑자기 돌출되어 들려오는 퍼커션 드럼 suddenly, unexpectedly joined by percussive drumming 그리고 오케스트라 합주 the orchestral maneuvers를 융합시켜 탁월한 배경 음악을 만들어 낸다.

〈미션〉에서 가장 갈채를 받은 'Gabriel's Oboe'는 신령(神靈)을 갖고 있는 종교인과 때 묻지 않은 원주민들이 서로를 받아들이는 리듬으로 최적의 역할을 해내 '새삼 영화 음악의 탁월한 기능과 효과'를 반추시켜 주게 된다.

서구 음악 관계자들은 '모리코네가 선율을 통해 진품의 기적 genuine miracle'을 선사했다'는 칭송을 보낸다.

❖ Track listing

1. On Earth As It Is In Heaven
2. Falls
3. Gabriel's Oboe
4. Ave Maria Guarani

5. Brothers
6. Carlotta
7. Vita Nostra
8. Climb
9. Remorse
10. Penance
11. The Mission
12. River
13. Gabriel's Oboe
14. Te Deum Guarani
15. Refusal
16. Asuncion
17. Alone
18. Guarani
19. The Sword
20. Miserere

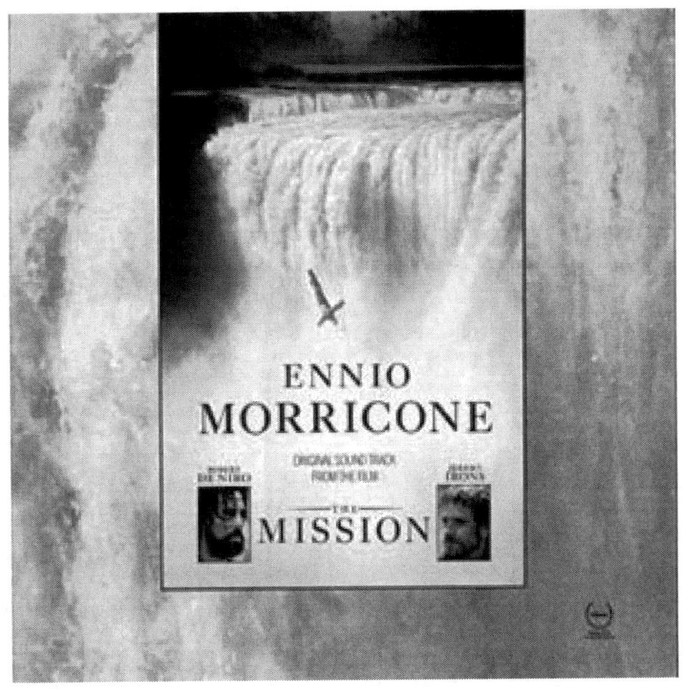

칸 영화제를 통해 공개되면서 전세계적인 흥행작이 된 〈미션〉. © Virgin Records.

2-8. <언터처블 The Untouchables>(1987)

1930년대. 음주를 국가적으로 금지한 금주령 시대.

갱스터 알 카포네는 정부 당국의 조치를 비웃듯 밀주 제조와 범죄를 자행하면서 막대한 치부를 한다.

미 연방경찰 FBI.

정치권과 결탁하고 있던 카포네를 체포하기 위해 엘리어트 네스를 주축으로 한 특수 수사반을 편성해 악의 괴수와의 전면전에 나선다.

1950년대 흑백 TV 시절.

갱스터와 정부 공권력 집행자들이 펼치는 양보 없는 범죄와의 전쟁은 시청자들의 가장 많은 환대를 받은 소재.

이를 브라이언 드 팔마 감독이 대형 화면과 엔니오 모리코네의 박진감 넘치는 관현악 풍 선율로 흥행가를 노크해 알찬 소득을 챙긴다.

알 카포네(로버트 드 니로)가 야구 방망이를 휘둘러 무자비 하게 인명을 살상하는 장면에서 흘러나

온 'The Strength of the Righteous'이 주제 음악으로 선곡되고 있다.

드럼, 오케스트라 협연, 현악기 등을 적절하게 배열해 갱스터가 자행하는 무법천지 행각과 이를 서서히 제압해 나가는 깔끔한 법률 집행자 네스(케빈 코스트너)와의 팽팽한 대결에 몰입하도록 만들어 주고 있다.

❖ Track listing

1. The Untouchables (End Title)
2. Al Capone
3. Waiting at The Border
4. Death Theme
5. On The Rooftops
6. Victorious
7. The Man With The Matches
8. The Strenght of The Righteous (Main Title)
9. Ness and His Family
10. False Alarm
11. The Untouchables
12. Four Friends
13. Machine Gun Lullaby

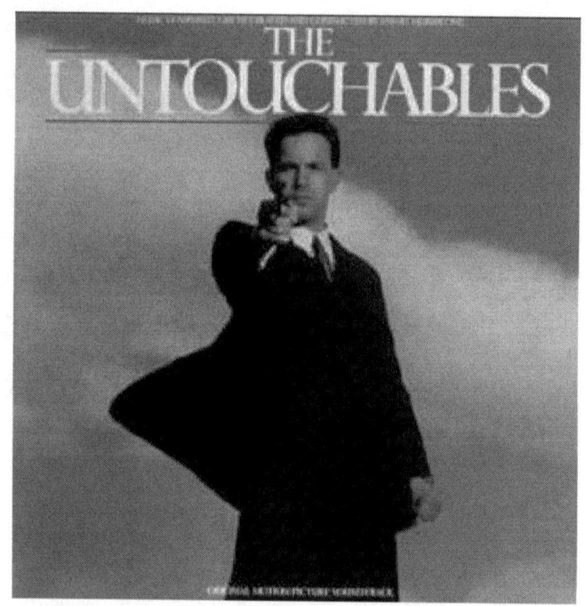

공권력과 거물 갱스터 알 카포네의 대결 상황을 다룬 〈언터처블〉. © A & M Records.

2-9. <시네마 천국 Cinema Paradiso>(1988)

2차 세계 대전 직후.

전쟁이 참패한 이태리 시칠리아.

한적한 마을에는 극장 시네마 천국(Cinema Paradiso)이 주민들의 유일한 안식처를 제공하고 있다.

극장에서 어린 소년 토토와 나이 든 영사 기사가 나이를 초월해 우애를 나누어 간다.

쥬세페 토르나토레 Giuseppe Tornatore는 '영화에 푹빠져 있는 소년 a movie-mad boy(살바토레 카시오)과 영사 기사 the film projectionist(필립 느와레)가 영사기 상영 공간에서 함께 생활하면서 겪는 일화를 주축으로 해서 영화와 마을 사람들 그리고 검열관 역할을 하고 있는 종교 관계자들이 펼쳐 놓는 사연을 들려주고 싶었다'는 연출론을 공개했다.

모리코네의 영화 동료인 제작자 프랑코 크리스탈디(Franco Cristaldi)와 각본과 감독을 맡은 쥬세페 토르나토레 (Giuseppe Tornatore)가 의기투합해서 이태리 영화인들의 저력을 유감없이 발휘한다.

영화감독으로 성장해서 금의환향한 토토가 검열 당한 키스 장면을 시청하면서 알프레도와의 추억을 반추하는 라스트 장면에서 흘러나오는 사랑의 테마는 〈시네마 천국〉이 '할리우드에서 가장 흥행에 성공한 외국 영화 One of the most successful foreign-language films of all time'라는 타이틀을 부여 받게 만들어 준다.

〈시네마 천국〉을 장식해 주는 선율은 피아노를 기조(基調) 가락으로 해서 '황홀한 심포니 the swooning symphonies'를 결합시켜 흡사 무성 영화를 관람하는 듯한 센티멘탈(sentimentality) 감정을 불러일으키고 있다.

어찌 보면 '다소 김이 빠진 mawkishness' 듯한 단조로운 선율이지만 서서히 감정선(感情線)을 고조시키고 있는 매우 영리한 음악 테크닉을 구사하고 있다는 칭송을 받는다.

엔니오는 가장 많은 환대를 받은 '사랑의 테마'를 아들 안드레아 Andrea'와 공동 작곡으로 만들어 내 부자(父子)가 음악적 교감을 전수 받는 멘토쉽(mentorship)과 음악 거장의 연륜을 후세대가 이어 받아 더욱 만개(滿開) 하는 예술적 테크닉으로 발전되어 갈 수 있다는 조짐을 들려주고 있다.

이런 이유 때문인지 〈시네마 천국〉의 음악은 반복해서 들을 수 록 '매우 감미롭다 much sweeter'는 느낌을 선사해 주고 있다.

❖ Track listing

1. Nuovo Cinema Paradiso (Cinema Paradiso)
2. Maturita (Maturity)
3. Ripensandola (While Thinking about Her Again)
4. Infanzia E Maturita (Childhood and Manhood)
5. Cinema In Fiamme (Cinema On Fire)
6. Tema D'Amore (Love Theme)
7. Dopo Il Crollo (After The Descruction)
8. Prima Gioventu (First Youth)
9. Tema D'Amore Per Nata (Love Theme for Nata)
10. Visita Al Cinema (Visit to The Cinema)
11. Quattro Interludi (Four Interludes)
12. Fuga, Ricerca E Ritorno (Runaway, Search and Return)
13. Proiezione A Due (Projection for Two)

영상 세계만이 전달해 주는 푸근한 정서를 담고 있는 〈시네마 천국〉. © Acqua Records.

14. Dal Sex-Appeal Americano Al Primo Fellini (From American Sex Appeal to The First Fellini)
15. Toto E Alfredo (Toto and Alfredo)
16. Per Elena (For Elena)

2-10. <헤이트풀 8 The Hateful Eight>(2015)

살아 있는 모든 것을 얼어 죽일 듯한 와이오밍의 겨울 Wyoming winter.

한치 앞을 내다 볼 수 없는 눈보라를 잠시 피하기 위해 한적한 산장을 찾는다.

이렇게 해서 낯선 공간에는 '흉포한 죄수' '교수형 집행인' '현상금 사냥꾼' '보안관' '연합군 장교' '정체불명의 이방인' '카우보이' 등이 집결하게 된다.

이해관계로 처음부터 서로를 향한 불신을 갖게 된 8인.

제목에서처럼 '서로를 지독하게 증오하게 되는 이들은 독살 사건이 발생하면서 상대방을 향한 극한의 경계심과 증오심이 팽배하게 된다.

잡다한 수다를 늘어놓는 쿠엔틴 타란티노의 특기는 영화 음악 거장 엔니오와 공동 작업을 하면서 씨줄날줄의 묘미가 더해진다.

타란티노는 자신이 직접 사운드트랙의 선곡 작업을 진행했던 〈바스터즈 : 거친 녀석들 Inglourious Basterds〉(2009)에서 엔니오가 1965-1968년 사이에 공개했던 'Un Amico' 'Rabbia e Tarantella' 'The Verdict(Dopo la Condanna)' 'The Surrender (La Resa)' 등 4곡을 스토리에 맞게 차용하면서 엔니오와 음악 교감을 나누게 된다.

〈헤이트풀 8〉의 사운드트랙 작업을 의뢰하기 위해 타란티노는 엔니오의 로마 자택을 찾아 대본을 전달한다.

이렇게 해서 영화계 악동 타란티노와 음악 거장의 협연 작업은 일사천리로 진행됐다는 후문.

엔니오는 서부 + 스릴러 + 액션 스타일을 융합시킨 〈헤이트풀 8〉의 배경 음악을 위해 '환희의 송가(頌歌)'와 같은 경쾌한 분위기에서부터 치열한 암투를 상징하듯 음산한 분위기의 선율 그리고 출연 배우들의 육성을 활용한 트랙 등을 시도해 영화에 대한 몰입도를 집중시키는데 성공하게 된다.

수록 곡 중 1960년대 록커빌리 장르 1인자 로이 오비슨의 감추어진 명곡 'There Won't Be Many Coming Home'은 무사귀환을 보장 받지 못하는 환경에 놓여 있는 8명의 사나이들의 속 깊은 처지를 묘사하는 노래로 흘러나오고 있다.

현상금 사냥꾼이자 교수형 집행인(hang man) 존 루스역의 커트 러셀의 음성이 담겨져 있는 트랙도 음악 애호가들의 구미를 당겨 주었다.

북군 출신 흑인 장교이자 백인에 대한 뿌리 깊은 불신을 갖고 있으며 총잡이로 유명한 현상금 사냥꾼 마르퀴스 워렌 소령 역의 사뮤엘 L. 잭슨, 당시로서는 거액인 1만 달러 현상금이 붙어있는 여성 죄수 데이지 도머그 역의 제니퍼 제이슨 리, 레드록 교수형 집행인 오스왈도 모브레이 역의 팀 로스, 비호감 외모를 갖고 있는 카우보이 조 게이지 역의 마이클 매드슨, 퇴역 남부 연합군 장교 출신인 샌디 스미더스 역의 브루스 던 등이 화음을 맞추어 육성을 들려주는 사운드트랙은 2010년대 발매된 음반 중 가장 많은 판매고를 돌파하는 원동력이 된다.

이런 성원에 힘입어 엔니오는 〈스파이 브릿지 Bridge of Spies〉의 토마스 뉴먼 Thomas Newman, 〈캐롤 Carol〉의 커터 버웰 Carter Burwell, 〈시카리오 Sicario〉의 요한 요한슨 Jóhann Jóhannsson, 〈스타 워즈: 깨어난 포스 Star Wars: The Force Awakens〉의 존 윌리암스 John Williams 등 쟁쟁한 경쟁자를 제치고 2016년 2월 28일 진행된 88회 아카데미 어워드 The 88th Academy Awards ceremony에서 대망의 '작곡 상 Best Original Score' 수상자로 호명(呼名) 된다.

❖ Track listing

1. L'Ultima Diligenza di Red Rock-Versione Integrale
2. Overture
3. Major Warren Meet Daisy Domergue/ Jennifer Jason Leigh, Kurt Russell, Samuel L. Jackson
4. Narratore Letterario
5. Apple Blossom/ The White Stripes
6. Frontier Justice/ Tim Roth, Kurt Russell
7. L'Ultima Diligenza di Red Rock-#2
8. Neve-Versione Integrale
9. This Here Is Daisy Domergue/ Kurt Russell, Michael Madsen
10. Sei Cavalli
11. Raggi di Sole Sulla Montagna
12. Son Of The Bloody Ni**er Killer Of Baton Rouge/ Samuel L. Jackson, Walton Goggins, Bruce Dern
13. Jim Jones at Botany Bay/ Jennifer Jason Leigh, featuring Kurt Russell
14. Neve-#2
15. Uncle Charlie's Stew/ Samuel L. Jackson, Demián Bichir, Walton Goggins
16. I Quattro Passeggeri
17. La Musica Prima del Massacro
18. L'Inferno Bianco-Synth

19. The Suggestive Oswaldo Mobray/ Tim Roth, Walton Goggins, Kurt Russell
20. Now You're All Alone/ David Hess
21. Sangue e Neve
22. L'Inferno Bianco-Ottoni
23. Neve-#3
24. Daisy's Speech/ Walton Goggins, Jennifer Jason Leigh, Michael Madsen
25. La Lettera Di Lincoln-Strumentale
26. La Lettera Di Lincoln-Con Dialogo/ Ennio Morricone, Walton Goggins
27. There Won't Be Many Coming Home/ Roy Orbison
28. La Puntura Della Morte

엔니오가 그토록 수상하기를 갈망했던 아카데미 작곡상을 수여 받도록 해 준 〈헤이트풀 8〉.

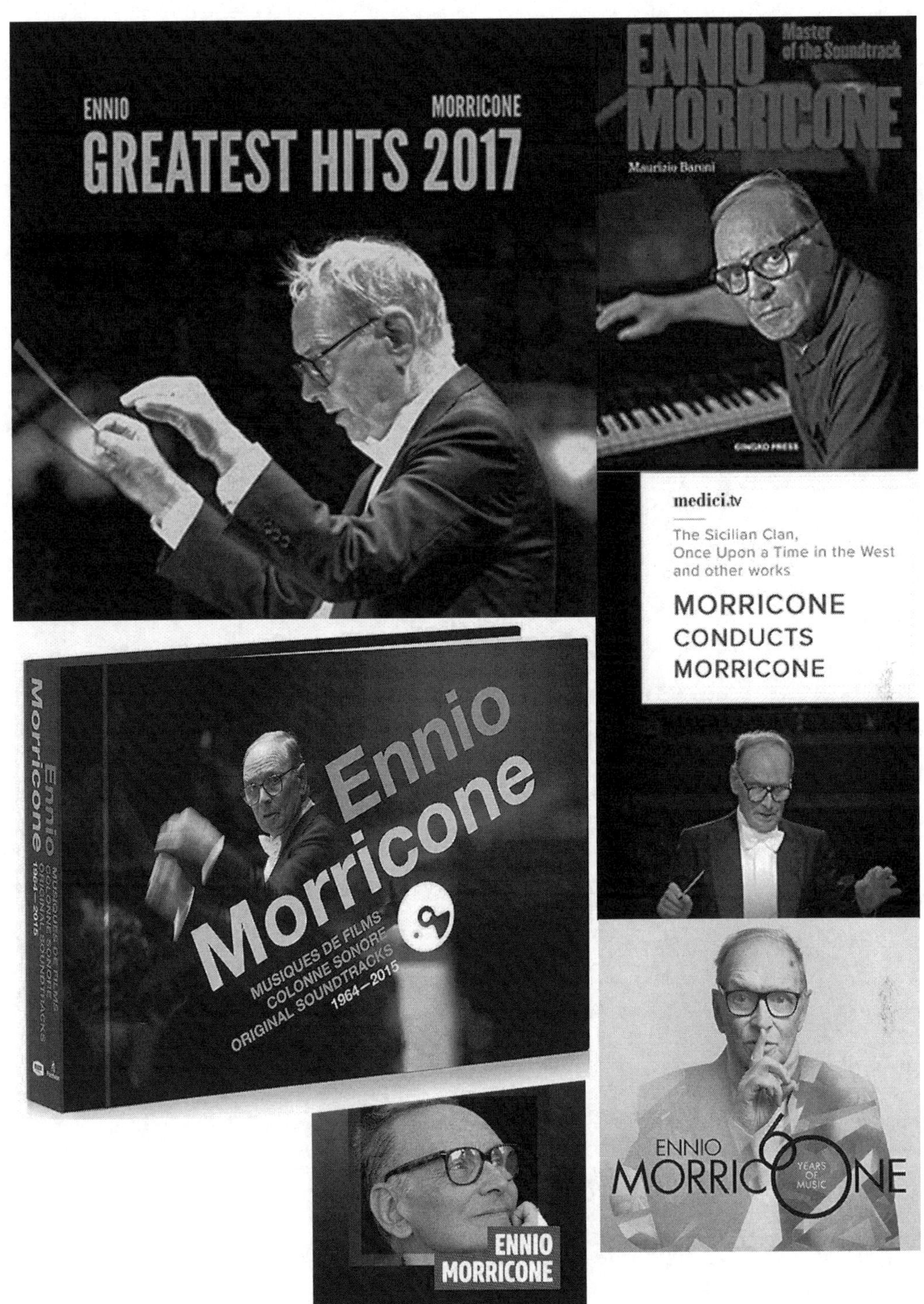

'엔니오 모리코네: 사운드트랙의 거장 Ennio Morricone: Master of the Soundtrack' '20세기 가장 유명한 작곡가. one of the 20th century's most famous composers'. 엔니오 모리코네는 약 60여 년 동안 수많은 명곡을 창작해 내면서 영화 음악의 가치를 확장시킨 주역으로 공인 받고 있다. © amazon.com

1. 아카데미 시상식 전년도에 발표됐던 흥미진진한 제작 에피소드를 통해 영화 선진국에서 펼쳐지는 영화 홍보 전략 및 제작 노하우를 접해 볼 수 있도록 구성했다

2. 현지 영화 전문지 및 각종 매스컴의 보도 내용을 취합, 정리해서 박스 오피스 상위권을 차지한 영화 제작의 트렌드를 분석, 국내 영화 관계자들의 창작 자극을 제공하고자 했다

3. 세계 흥행가를 좌지우지 하고 있는 감독 및 영화배우들의 활동상을 정리해 국내 일선 영화 스탭진 및 연기자들의 역량을 증폭시킬 수 있는 실용적 정보 서적으로 꾸몄다

4. 할리우드 메이저 제작사들이 신작 정보를 통해 수준 높은 제작 노하우를 벤치마킹할 수 있는 정보 창구가 되도록 원고를 구성했다.

5. 한국인의 시각으로 할리우드가 왜 세계 영화 시장을 석권해 가고 있는가를 마켓팅 관점에서 분석한 기사도 꾸준히 수록시켜 한국 영화의 세계화를 개척할 수 있는 지침 도서가 되고자 했다.

6. 행사 전후 발표된 작품의 의미 및 흥행가에서 평가 받은 이유를 비롯해 수상작 및 후보작 명단까지 상세하게 수록해 세계 최초이자 방대한 아카데미 참고 자료가 되도록 했다.

7. 아카데미 수상 결과에 대한 납득할 수 없는 여론이 제기됐을 경우 현지 매스컴에서 보도한 불공정 사례를 취합해 부록 1 아카데미 상이 남긴 숨겨진 비화(悲話) Academy Untolded Story에서도 엿볼 수 있듯이 보다 공정한 시상 제도가 되기 위한 고언(苦言)도 담아냈다.

8. 오스카 기네스 자료라고 할 수 있는 흥미 기획 기사를 통해 그동안 파노라마처럼 펼쳐졌던 영화 축제의 현장을 일목요연하게 엿볼 수 있도록 하였다. 이 진기록은 추가적으로 계속 발굴해서 게재할 예정이다.

영화제 트로피를 수여 받았다는 것을 뜻하는 '오스카 수상 배우 및 감독' 이라는 이름 하나로 각자의 분야에서 일약 1급 스타로 대접 받고 있는 막강한 영향력을 가진 아카데미 이기에 이곳에는 숨은 이야기도 많다.

역대 시상식이 남긴 숨은 비화를 통해 독자들은 화려한 조명 밑에 드러워져 있는 은막의 진솔한 면까지도 좀 더 가까이 접해 보실 수 있으리라 믿는다.

Lee, Kyung Ki

이경기의 영화 총서 Vol. 29

225
Countries and territories in which the Oscars will be televised

전세계 225개 국가로 생중계 되는 지구촌 영화 축제

The Academy Awards, or The Oscars 1994-2023. 66th-95th

아카데미 영화상

66회-95회

이 경 기 (국내 1호 영화 칼럼니스트)

BOOKK

머리말

오늘 밤 저처럼 보이는 모든 어린 소년 소녀들에게 이것은 희망과 가능성의 등대이다.
이것은...큰 꿈을 꾸고 꿈이 이루어진다는 증거이다.

For all the little boys and girls who look like me watching tonight, this is a beacon of hope and possibilities. This is proof that... dream big and dreams do come true.

숙녀 여러분, 아무도 당신이 전성기가 지났다고 말하지 못하게 하십시오.
절대 포기하지 마세요. 나는 이것을 우리 엄마, 세상의 모든 엄마들에게 바쳐야 합니다.
왜냐하면 그들은 정말 슈퍼 히어로이기 때문입니다

Ladies, don't let anybody ever tell you you are past your prime. Never give up. I have to dedicate this to my mom all the moms in the world because they are really the superheroes.

– 95회 아카데미 시상식에서 아시아 최초 여우주연상을 수상한 양 자 경의 수상 소감 중

보이지 않고 들리지 않는다고 느낀 사람들이 너무 많기 때문에 이것이 필요합니다.
아시안 커뮤니티만이 아닙니다. 우리는 들을 자격이 있습니다. 우리는 볼 자격이 있습니다.
우리는 동등한 기회를 가질 자격이 있으므로 테이블에 앉을 수 있습니다. 그것이 우리가 요구하는 전부입니다.
우리에게 그 기회를 주십시오. 우리가 합당하다는 것을 증명 합시다.

We need this because there's so many who have felt unseen, unheard. It's not just the Asian community. We deserve to be heard. We deserve to be seen. We deserve to have equal opportunity so we can have a seat at the table. That's all we're asking for. Give us that opportunity. Let us prove we are worthy.

– 아카데미 여우상 수상 이후 진행된 양 자 경의 수상 기념 기자 회견 중

이런 이야기는 영화에서만 나온다고 하잖아요. 나에게 이런 일이 일어나고 있다는 게 믿기지 않아요.

They say stories like this only happen in the movies. I can't believe it's happening to me.

– 〈인디아나 존스〉의 아역 배우 출신으로 아카데미 조연 남우상을 수여 받은 케 후이 콴의 수상 소감

의상 디자이너 루스 E. 카터는 일요일 아카데미상을 두 번 수상한 최초의 유색 인종 여성이 되었다.
그녀는 수상 연설에서 어머니가 최근 101세 나이로 세상을 떠났다고 밝혔다.
카터는 〈블랙 팬서: 와칸다 포에버〉에 대한 그녀의 작업을 잠시 동안 고인이 된 엄마에게 상을 바쳤다

When costume designer Ruth E. Carter became the first woman of color to win two Academy Awards on Sunday, she revealed in her speech that her mother recently died at the age of 101. Carter said her work on Black Panther: Wakanda Forever prepared her for the moment and dedicated the award to her late mom.

– 2023년 3월 13일자 CNN이 의상 디자이너 수상자에 관한 보도 기사 중

아카데미 어워드는 아시아계, 흑인, 유럽 및 중남미 예술인 등 그동안 소외당했던 이들에게 점차 문호를 개방하고 있는 추세를 보이고 있다.

1927년 미국 영화인들에 대한 노고를 격려하기 위해 진행된 아카데미 어워드-오스카 상-는 2023년 3월 12일 95회 행사를 진행하면서 다시 한 번 가장 오래 된 전 세계 영화 축제임을 입증 시킨다.

2020년 2월 9일 진행됐던 92회 아카데미 어워드에서는 아시아권 영화 〈기생충〉에게 작품, 감독, 각본, 국제 장편 영화 등 무려 4개 트로피를 안겨 주면서 변화의 조짐을 강력하게 시사(示唆)해 준 바 있다.

아카데미는 지구촌 영화 축제라는 칭송에 어울리지 않게 지나치게 '백인 영화인들이 주요 업적 상을 주고받는 그들만의 리그가 펼쳐지고 있다'는 비난을 받아 왔다.

1939년 〈바람과 함께 사라지다〉 하녀 역의 해티 맥다니엘이 흑인 최초로 조연 여우상을 수상하게 된다.

그 후 무려 62년의 세월이 흐른 뒤.
2001년 행사에서 〈트레이닝 데이 Training Day〉의 덴젤 워싱턴과 〈몬스터 볼 Monster's Ball〉의 할 베리가 흑인 최초로 남녀 주연상을 동시 수상하면서 새로운 역사를 수립한 바 있다.

아시아권 연기자로는 1956년 러시아 출신 율 브린너가 〈왕 과 나〉로 남우 주연상을 획득하는 업적을 기록한다.

여성 연기자 중에는 아르메니아 출신 아킴 타미로프가 1936년 〈새벽에 장군 죽다 The General Died at Dawn〉로 조연 여우상을 따낸다.

한국과는 늘 양보할 수 없는 경쟁 상대가 되고 있는 일본은 1957년 미요시 우메키가 〈사요나라〉로 조연 여우상을 차지해 한국을 일치감치 제압한 실정이다.

마침내 2021년 4월 25일 진행됐던 93회 아카데미 시상식장에서 〈미나리〉의 윤 여 정이 한국인 최초 조연 여우상을 수상하면서 한류 주도 국가의 체면을 유지시켜 주게 된다.

2021년 만화 왕국 월트 디즈니는 중남미 콜롬비아의 주술적인 마법 가족의 일화를 펼쳐주고 있는 〈엔칸토: 마법의 세계 Encanto〉를 통해 끊임없는 소재 개발을 추구하고 있음을 엿보게 해주고 있다.

하지만 흑인 예술인들의 역할과 존재감에 대해서는 아직도 푸대접을 하고 있다는 징표가 94회 장편 다큐멘터리 수상작 〈썸머 오브 소울 Summer of Soul ...Or When the Revolution Could Not Be Televised〉로 드러나게 된다.

1969년 8월 우드스탁 록 페스트벌과 같은 시기에 진행됐던 다재다능한 흑인 음악인들의 축제는 무려 50여년이 훨씬 지난 후에야 재조명 되는 홀대(忽待)를 받고 있는 상황이다.

다행히 영화가 본산 할리우드 저변을 이루고 있는 이러한 백인 중심주의 철옹성을 개혁하려는 움직임도 지속적으로 제기되고 있는 것도 사실이다.

세계 각국으로부터 유입된 이민자들로 구성된 다민족 국가의 특성상 이질적이고 다양한 문화 유형을 용광로에 유입 시켜 새로운 예술 형식으로 발전시키고 있는 것이 미국 예술 혹은 영화만의 특징이다.

이런 특성으로 인해 '여러 문화적 흐름과 추세를 함께 뒤섞어 놓은 용광로, 도가니'를 뜻하는 'melting pot' 움직임을 꾸준히 지속될 것으로 예측된다.

이러한 흐름이 특히 95회 아카데미 최종 후보작 및 수상작을 통해 보여주고 있다는 것을 눈여겨 볼 필요가 있을 것이다.

94회 국제 장편 영화상 수상작은 일본 류스케 하마구치 감독의 〈드라이브 마이 카 Drive My Car〉가 차지했다.
당시 은둔의 나라 부탄(Bhutan)의 〈루나나 Lunana: A Yak in the Classroom〉와 북유럽 국가 노르웨이의 〈워스트 퍼슨 인 더 월드 The Worst Person in the World〉가 최종 후보작으로 추천 받아 다양성을 추구하려는 최근의 아카데미 협회 측의 변화의 움직임을 증명 시켜 준 바 있다.

95회 아카데미 후보작에서도 이러한 조짐은 여러 곳에서 감지할 수 있게 해준다.

구체적 본보기는 우선 북유럽 영화 강국 스웨덴 출신 루벤 오스트런드 감독의 〈트라이앵글 오브 새드니스 Triangle of Sadness〉가 감독, 각본상 후보로 지명 받았다.

멕시코 출신 기예르모 델 토로는 〈기예르모 델 토로의 피노키오 Guillermo del Toro's Pinocchio〉로 장편 애니메이션 부문상을 수상해 2018년 〈셰이프 오브 워터: 사랑의 모양 The Shape of Water〉(2017)으로 작품, 감독상을 수여 받은 것을 포함해 3관왕을 차지하는 위업을 이룩하게 된다.

독일 영화 〈서부 전선 이상 없다〉가 장편 국제 영화상 수상자로 낙점 받았지만 아일랜드가 〈콰이어트 걸 The Quiet Girl〉로 아카데미와 첫 인연을 맺는 기회를 얻게 된다.

단편 애니메이션 후보작 중 〈아이스 머천트 Ice Merchants〉는 포르투갈 주앙 곤잘레스와 브루노 개타노 공동 감독 작품이다.

인도 음악인 중 라비 샹카는 비틀즈 조지 해리슨에게 지대한 음악적 감화를 준 인물로 널리 알려진 바 있다.

2009년 아카데미에서 〈슬럼덕 밀리어네어 Slumdog Millionaire〉(2008)로 A. R. 라만이 작곡과 주제가 상을 모두 따내는 위업을 이뤄 재차 음악 강국임을 증명 시킨 바 있다.

95회 아카데미에서도 인도 출신 작곡가 M. M. 키라바니가 음악을 담당한 〈RRR〉의 'Naatu Naatu'가 주제가 상을 획득하는 저력을 과시한다.

마이크 니콜스 감독, 더스틴 호프만 주연의 〈졸업〉 주요 주제가를 불러 주었던 사이먼 앤 가펑클 멤버 폴 사이먼은 1986년 8월 25일 발매한 앨범 'Graceland'를 통해 미국 루이지애나 주 토착 인디언들 음악 zydeco, 남 아프리카 줄루 족 민속 리듬 isicathamiya와 mbaqanga를 팝 pop, 록 rock 그리고 아카펠라 a cappella와 융합 시킨 음악을 들려주어 음악계에 센세이션널한 반응을 불러일으킨 바 있다.

일본 구로자와 아끼라 감독의 〈7인의 사무라이〉가 할리우드에 서 〈황야의 7인 The Magnificent Seven〉으로 각색돼 절찬을 받아냈다.

할리우드 악동 쿠엔틴 타란티노는 〈킬 빌〉 시리즈에서 '쿵푸' '사무라이' 스타일 그리고 1970년대 중반 히트 됐던 디스코 음악 장르를 적절하게 배합 시켜 청장년 층 뿐만 아니라 밀레니엄 세대까지 열광적 팬으로 집결시킨 바 있다.

1960년대 반짝 주목을 받았던 입체 영화 3D는 제임스 카메론 감독이 〈아바타: 물의 길〉로 부활 시켜 전세계 흥행 시장에서 개봉 1개월 만에 무려 22억 달러라는 천문학적 수익을 거둬 들여 액션 환타지 장르에서는 독보적 입지를 구축해 나가고 있다는 것을 증명 시킨다.

이제 아카데미 어워드는 100년 영화 축제를 향해 달려 나가고 있다.

할리우드는 조지 루카스가 〈스타 워즈〉로 탄탄히 결속 시킨 SF 장르를 기반으로 해서 다채로운 지구촌 각국 영상 문화를 초빙해서 더욱 화려하고 풍성한 필름 페스티벌을 펼쳐 보일 것으로 예상된다.

이러한 시대적 흐름에서 〈오징어 게임〉과 같은 재능 있고 기발한 창작 소재를 앞세운 k-movie와 k-actors들의 활약도 기대감을 받고 있다.

필자는 5대양 6대주를 아우르는 영화인들의 축제를 콘텐츠 정보로 구성해 세계 최초로 집대성하고 있다는 것에 무한단 자긍심과 자부심이 갖고 있다.

한국 영화 전문 저술가가 왜 미국 영화인 축제 자료 정리와 소개를 하는 것인가에 대한 일부 시기심 어린 지적과 질타에 대한 답변은 아카데미 상권에 이미 나열한 바 있으니 참고하시고.

글쟁이는 TV 혹은 얼굴을 알리는 탤런트가 아니다.
글로 승부를 걸겠다는 명확한 목표가 있기 때문에 주변의 여러 동업자들의 질투가 가미 된 소음(騷音)은 애초부터 무시하고 있다.

기차는 철로를 힘차게 질주할 때 존재 가치를 인정받는다.

이와 같이 필자 또한 할리우드에서도 인정받는 k-film watcher라는 직함을 얻을 때까지 쉼없이 원고지를 채워나갈 작정이다.

보이지 않는 시선 invisible gaze으로 1-2권 구매해 주시는 무림(茂林) 애독자들에게 깊은 사의를 드린다.

보다 알곡이 충족된
흥미진진한 영화 및 영화 음악 단행본으로
재회할 것을 기대 드린다.

- 2023년 3월 15일
세계 최초 아카데미 어워드 95년사
최종 원고를 탈고한 것을 자축(自祝) 하면서...

국내 1호 영화 칼럼니스트 이 경 기

* 일러두기

영화 제목: < >
노래, 앨범 제목, 연설, 의견, 인터뷰: ' '
잡지, 신문, 도서 제목: 『 』
영화 제작 연도: www.us.imdb.com

2021
93th Academy Awards

중국계 클로이 자오 <노매드랜드 Nomadland>, 작품+감독+여우 주연 등 3관왕

시상식 : 2021년 4월 25일 6:00 PM
장　소 : LA 유니온 스테이션 Union Station Los Angeles, California, U.S
사　회(공동) : 아리아나 드보스 Ariana DeBose + 릴 렐 하워리 Lil Rel Howery, ABC 중계

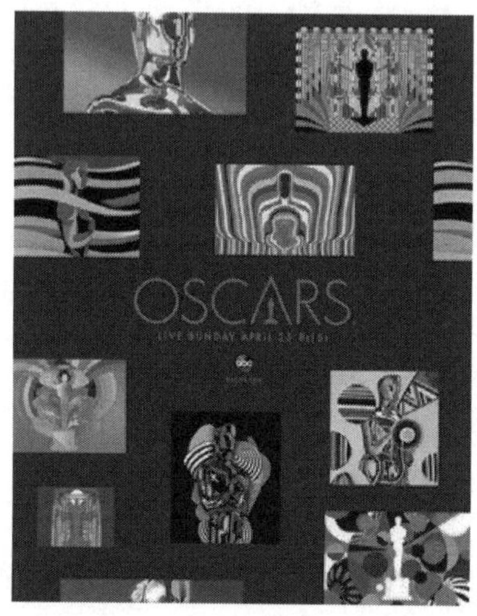

93회 아카데미 포스터. © Academy of Motion Picture Arts and Sciences.

중국 발 우한 바이러스-코로나 19-로 할리우드 역대 최악 불황

2020년은 중국에서 유행시킨 우한 바이러스-코로나 19-여파로 할리우드 역사상 최악의 흥행 부진을 기록한다. 수익 2억 달러로 이 해 흥행 1위를 차지한 〈나쁜 녀석들: 포에버〉. © Sony Pictures

2020년 할리우드 흥행 산업은 역대 최악으로 집계된다.

할리우드 리포터에 의하면 '2020년 미국 및 캐나다에서 거둬들인 극장 입장권 판매 수익은 23억 달러이다. 이 수치는 2019년 114억 달러와 비교했을 때 무려 80%의 영업 이익 감소라는 충격적인 수입 결과이다.

이런 초유의 사태의 원인은 중국 우한에서 발원된 코로나 19 여파. 지난 50여 년 동안 집계된 박스오피스 중 최저 수입으로 기록된다.

미국 현지에서는 코로나 19 팬데믹 선언이 2020년 3월 선포된 뒤 미국 전역 영화관들이 이후 약 6개월가량 강제 휴업 조치당한 결과이다.

영화가 본산 할리우드가 해외 시장에서 거둬들인 인터내셔널 박스 오피스 수익도 참패를 기록한다.

즉, 2020년 국제 영화 시장에서 할리우드 작품이 챙긴 수익은 122억 달러. 2019년 425억 달러와 대비했을 때 무려 70% 격감된 수익.

코로나 바이러스가 흥행업계를 그야말로 초토화 시켰다고 해도 과언이 아닌 상황인 것이다.

2020년 북미 박스오피스 흥행 1위는 〈나쁜 녀석들: 포에버〉로 2억 440만 달러를 기록한다.

2019년 흥행 1위는 〈어벤져스: 엔드게임〉으로 8억 5,800 만 달러.

〈나쁜 녀석들: 포에버〉는 〈나쁜 녀석들〉(1997) 콤비 윌 스미스와 마틴 로렌스가 17 년 만에 의기투합해서 선보인 속편인데 평단의 냉대에도 불구하고 관객들에게는 킬링 타임 용으로 환대를 받아낸다.

이어 흥행 탑 5 작품의 면면은

2위 샘 멘데스 감독의 〈1917〉(1억 5,800 만 달러)

3위 〈수퍼 소닉〉(1억 4900 만 달러)

4위 〈쥬만지: 넥스트 레벨〉(1억 2,800 만 달러)

5위 〈스타 워즈: 라이즈 오브 스카이워커〉(1억 2,400 만 달러)가 차지한다.

이 가운데 〈나쁜 녀석들: 포에버〉와 〈수퍼 소닉〉이 2020년 개봉작이며 나머지 3편은 2019년에 개봉된 작품이다.

2020년 가장 많은 수익을 챙긴 메이저 영화사는 소니 픽처스 엔터테인먼트가 차지한다.

〈나쁜 녀석들: 포에버〉 〈주만지: 넥스트 레벨〉 〈작은 아씨들〉 등의 흥행작을 개봉시켜 약 5 억 달러의 극장 수익을 챙긴다.

이 수치는 2019년 13억 4,000 달러와 비교하면 약 1/3에 불과했다.

지구촌 영화 시장을 석권하고 있는 할리우드가 극심한 침체기를 겪자 이를 기회로 아시아 및 유럽 국가에서는 다양한 소재를 내세운 자국 영화를 통해 경쟁력 강화 기회로 활용하려는 움직임이 가속화된다.

한편 극장과 스트리밍을 통해 동시 개봉을 시도한

〈크루즈 패밀리: 뉴 에이지〉〈원더우먼 1984〉의 극장 수입은 겨우 3천만 달러에 머물렀다.

워너 브라더스 야심작 〈테넷〉 극장 수입도 겨우 6 천만 달러에 그치는 참패 수준을 기록한다.

코로나 팬데믹이 장기화 되면서 할리우드는 온라인으로 영화를 상영하는 OTT를 새로운 개봉 전략으로 선택하게 된다.

이로 인해 극장 산업은 계속 악화되는 상황을 맞게 된다.

반면 초유의 팬데믹 상황으로 가장 큰 수익 매체로 주목 받은 곳이 스트리밍 산업이다.

OTT 산업을 선도하고 있는 넷플릭스는 2021년부터 매주 1 편씩 신작 영화를 온라인을 통해 공개하겠다는 청사진을 밝혀 영화 관람 형식이 극장이라는 외부 공간에서 각 가정으로 축약되는 것이 대세를 이룰 것임을 짐작시켜 주게 된다.

그러나 극장 산업의 미래가 완전히 비관적인 것은 아니다.

업계 전문지 할리우드 리포터는 '펜데믹이 초래한 대인 관계 기피에서 벗어나려는 의지가 드라이브 인이나 극장의 생명력을 지속시켜 줄 것'이라고 전망하면서 '침체기를 벗어나 메이저 스튜디오들은 대형 화면이 던져줄 수 있는 장점을 극대화시킨 점 더 다양해진 블록버스터를 통해 빼앗긴 관객들을 다시 찾아오겠다는 움직임을 시도하고 있다'는 전망 기사를 보도한다.

이런 분위기에 따라 마블 원작의 〈블랙 위도우〉를 비롯해서 파라마운트의 〈탑건: 매버릭〉, 유니버설 픽처스의 〈분노의 질주: 더 얼티메이트〉 등은 2021년으로 개봉을 연기하는 등 극장을 다시 부흥시키기 위한 흥행 카드를 던진다.

반면 할리우드를 주도하고 있는 메이저 워너 브라더스는 연말인 2020년 12월 '향후 신작 영화는 온라인과 오프라인을 병행시켜 개봉하겠다'는 계획을 발표한다.

경쟁사인 유니버설 픽처스도 극장 개봉과 스트리밍 개봉 사이의 간격을 17일로 축소하겠다고 선언해 업계 관계자들로부터 찬반 논쟁이 제기된다.

그렇지만 코로나-19 상황이 당분간 지속될 것이라는 세계보건기구 WHO의 발표가 나오자 워너브라더스가 시도하는 방식에 따라서 온라인과 오프라인 동시 개봉을 추진할 수 밖에 없다는 현실 수용론이 언급된다.

소니 픽처스 엔터테인먼트가 내세운 강력한 히트 예상작 007 25부작 〈노 타임 투 다이〉는 2020년 4월 개봉이었지만 팬데믹 여파로 개봉 일자가 무려 3번 이상 연기된 뒤 2021년 9월 29일에서야 개봉되는 가장 큰 피해를 본 영화로 기록된다.

2020년 할리우드는 흥행에서 극심한 침체를 겪었지만 한 가지 주목할 만한 것은 〈미나리〉〈라야와 마지막 드래곤〉, 넷플릭스 제작의 〈내가 사랑했던 모든 남자들에게〉, 한국계 배우 존 조가 주역을 맡은 〈서칭〉, TV 시리즈인 아콰피나 주연의 〈아콰피나 이즈 노라 프롬 퀸즈〉 등 아시아인들의 정서를 담은 작품이 공감을 얻었다는 사실이다.

이런 현상은 92회 아카데미 4관왕을 차지한 〈기생충〉과 〈크레이지 리치 아시안〉 등이 호응을 얻었던 열기를 이어가는 현상으로 점쳐진다.

〈미나리〉의 경우는 한국계 미국인 정이삭(리 아이작 정) 감독이 1980년대 아메리칸 드림을 위해 미국 아칸소로 이주한 한국 출신 이민자 가정이 겪는 소소한 일상을 담아 서구인들에게도 공감을 얻어낸다.

〈미나리〉는 2020년 2월 진행된 36회 선댄스 영화제에서 심사위원 대상과 미국 영화 부문 관객상을 수상한 여파를 등에 업고 LA 영화 비평가 협회 상(조연 여우, 윤여정), 보스턴 영화비평가 협회상(조연 여우, 윤여정), 아카데미 조연 여우 등 전 세계 주요 각국 영화제에서 무려 121 트로피를 차지하는 업적을 세운다.

〈기생충〉이 한국 자본에 의해 제작된 것과는 달리 〈미나리〉는 브래드 피트가 운영하는 독립 프로덕션 플랜 B와 A24 등이 제작 지원을 맡았다는 점이 눈여겨 볼 사항이다.

전년도 할리우드 영화계 활동을 총결산하는 아카데미 어워드의 경우도 코로나 팬데믹 여파로 개봉작이 현저하게 줄어들자 매년 2월 진행하던 행사를 2021년 4월 25일로 연기하는 초유의 사태를 맞게 된다.

아카데미 행사 연기 여파는 2021년 개최 되는 다양한 영화 축제도 영향을 받게 된다.

독립 영화 축제 선댄스 영화제는 온라인과 오프라인 하이브리드로 병행 진행된다.

로테르담 국제 영화제도 2월 온라인, 6월에는 50주년 기념식이 오프라인으로 진행된다.

고독함 속에서 삶의 지표를 찾아가는 〈노매드랜드〉

〈노매드랜드〉. © Walt Disney

〈노매드랜드 Nomadland〉는 중국계 감독 클로이 자오 Chloé Zhao가 각본, 제작, 편집 및 감독을 맡은 드라마.

경제 붕괴로 도시가 황폐화된다.

펀(프란시스 맥도맨드)은 추억이 새겨진 도시를 떠나 작은 밴을 몰고 낯선 세상을 향해 정체 없는 여정을 시작한다.

여행 도중 펀은 각각의 사연을 갖고 있는 노매드들을 만나게 된다.

끝없이 펼쳐진 자연과 길 위에서의 여정을 자발적으로 선택한 이들과 만남과 헤어짐을 거듭하면서 삶의 의미를 재차 깨달아간다.

제시카 브루더 Jessica Bruder가 2017년 발표한 논픽션 '노매드핸드: 21세기 미국에서의 생존기 Nomadland: Surviving America in the Twenty-First Century'를 각색했다.

성격파 여배우 프란시스 맥도맨드 Frances McDormand가 벤을 모는 유목민으로 출연하고 있다.

출연진 중 린다 메이 Linda May, 스왱키 Swankie 및 밥 웰즈 Bob Wells 등은 실제 도회지 출신 유목민으로 생활하는 이들로 밝혀져 다큐와 같은 사실감을 더해주게 된다.

〈노매드랜드 Nomadland〉는 2020년 9월 11일 베니스 영화제에서 초연되어 황금사자상, 캐나다 토론토 국제 영화제 관객 상 People's Choice Award 등을 수상한다.

2021년 1월 29일 미국의 일부 IMAX 극장에서 서치라이트 픽처스 Searchlight Pictures를 통해 배급된다.

500만 달러의 저예산 영화이지만 작품성을 인정받아 전 세계 누적 수익 3,900만 달러를 거두는 알찬 실적을 올린다.

93회 아카데미 시상식에서 6개 후보에 지명 받아 작품, 감독, 여우주연상 등 3개 부문상을 수여 받는다.

자오는 아시아 출신 첫 번째 감독상 수상자라는 위업을 차지한다.

데이비드 핀처가 카메라 앵글을 겨눈 1930년대 할리우드 뒷면 〈맹크 Mank〉

〈시민 케인〉 탄생 일화를 펼쳐준 데이비드 핀처 감독의 〈맹크〉. © Netflix

1940년, 영화 스튜디오 RKO 1940은 24세 천재 오손 웰스를 고용해서 영화를 완전히 창의적으로 제어할 수 있는 계약을 맺게 된다.

첫 번째 영화에서 술에 취한 알코올 중독자 허만 J. 맨케비츠를 불러 각본을 작성하게 한다.

그 영화는 〈시민 케인〉이다. 이것이 어떻게 쓰여 졌는지에 대한 이야기다. -버라이어티

In 1940, film studio RKO 1940 hires 24- year-old wunderkind Orson Welles under a contract that gives him full creative control of his movies. For his first film, he calls in washed-up alcoholic Herman J. Mankiewicz to write the screenplay.

That film is Citizen Kane and this is the story of how it was written. -Variety

데이비드 핀처 David Fincher는 1989년 마돈나 Madonna 'Express Yourself', 1990년 'Vogue' 뮤직비디오 연출로 MTV 비디오 음악상 the MTV Video Music을 수여 받으면서 영상 감각을 인정받은 주역.

영화계로 진출해 〈밀레니엄 : 여자를 증오한 남자들 The Girl with the Dragon Tattoo〉(2011) 〈소셜 네트워크 The Social Network〉(2010) 〈벤자민 버튼의 시간은 거꾸로 간다 The Curious Case of Benjamin Button〉(2008) 〈조디악 Zodiac〉(2007) 〈패닉 룸 Panic Room〉(2002) 〈파이트 클럽 Fight Club〉(1999) 〈세븐 Se7en〉(1995) 〈에이리언 3 Alien 3〉(1992) 등 화제작을 연이어 발표하면서 '심리 스릴러 psychological thrillers' 대가로 자리 잡고 있다.

〈맹크〉는 냉소적이고 신랄한 사회 비평가로 평가 받은 시나리오 작가 허만 J. 맨케비츠가 명작 〈시민 케인〉 시나리오를 집필하면서 겪는 1930년대 할리우드 풍속도를 담아내 주목을 받아낸다.

〈맹크〉 시나리오는 감독의 부친이자 저널리스트로 명성을 날렸던 잭 핀처 Jack Fincher(1930년 12월 6일-2003년 4월 10일)가 생전에 집필한 것으로 알려졌다.

데이비드 감독은 케빈 스페이시 Kevin Spacey+조디 포스터 Jodie Foster 주연의 〈게임 The Game〉(1997)을 완료한 뒤 〈맹크〉 촬영에 착수할 예정이었다고 한다.

하지만 제작 과정이 연기 되면서 결국 부친은 완성작을 보지 못하고 타계하고 만다.

120 페이지에 달하는 시나리오 초안은 잭 핀처가 비평가 폴린 카엘 Pauline Kael이 1971년 '뉴 요커 New Yorker'에 기고한 기사 '레이징 케인 Raising Kane'에서 힌트를 얻어 구상한 것으로 알려졌다.

기사에서 카엘은 '웰즈가 시나리오를 창작할 능력이 없다'고 주장한다.

이 기사가 보도된 뒤 1972년 10월호 '에스콰이어 Esquire'에는 '케인의 반란 The Kane Mutiny'이라는 반박 기사가 게재된다.

웰즈 친구이자 동료 감독 피터 보그다노비치 Peter Bogdanovich 등은 카엘의 주장이 근거 없는 억측이라면서 조목조목 반박한다.

이런 논란을 계기로 해서 카엘이 주장한 'The Scripts of Citizen Kane'에 대한 연구 비평문도 로버트 L. 캐링거 Robert L. Carringer를 비롯한 다수의 영화학자들로 부터 '편견이 가득한 리뷰'라는 불신을 받게 된다.

산고(産苦) 끝에 완성된 〈맹크 Mank〉는 2020년 11월 13일 제한적으로 극장 개봉을 했으며 12월 4일 넷플릭스 Netflix를 통해 스트리밍 서비스로 방영된다.

방송 직후 비평가들은 '핀처의 탄탄한 연출력, 게리 올드만과 아만다 세이프리드의 연기, 촬영, 배경 음악 등이 높은 갈채를 얻어낸다.

비록 수상 결과로 이어지지 못했지만 아카데미에서는 작품, 감독, 남우주연(올드만), 조연 여우(세이프리드) 등 주요 10개 부문 후보로 지명 받는다.

최종 결과에서는 프로덕션 디자인, 촬영상 등을 수여 받는다.

미국 정보당국이 자행한 흑인 인권 탄압 실상 〈유다 그리고 블랙 메시아 Judas and the Black Messiah〉

미국의 가장 고질적 난제(難題)인 흑인 인권 탄압 실상을 담아내 공감을 얻은 〈유다 그리고 블랙 메시아〉. © BRON Studios, Bron Creative, MACRO

'혁명가를 죽인다 해도 혁명은 결코 죽지 않는다 Even if the revolutionaries are killed, the revolution never dies'

2020년 정치적 메시지를 담아 주목을 받았던 작품이 〈유다 그리고 블랙 메시아 Judas and the Black Messiah〉이다.

FBI 국장 J. 에드거 후버(마틴 쉰).

미국 내 반체제적인 정치 세력을 감시하고 와해시키는 작업에 몰두한다.

급부상하는 흑인 민권 지도자들을 '블랙 메시아'로 규정해 적극적으로 무력화시키는데 총력을 쏟는다.

1968년 FBI는 흑 표 당(Black Panther Party) 일리노이 주 지부장으로서 투쟁을 선도하고 있는 20살 대학생 프레드 햄프톤(다니엘 카루야)을 국가 안보를 위협하는 대중 정치 선동가로 지목한다.

한편, FBI 요원을 사칭해 차를 절도하다 체포된 윌리암 오닐(라키스 스탠필드).

FBI 요원 로이 미첼(제시 플레몬스)로부터 7년 동안 수감될 것인가 흑표당에 가입해 햄프턴을 감시할 것인지를 제안 받는다.

결국 조직에 들어간 오닐은 미첼 요원의 영향력에 강하게 끌리면서도 흑표당이 정면으로 맞서 싸우는 미국 정치, 사회에 만연된 불평등을 목격하게 되면서 햄프톤이 주장하는 의견에 서서히 동조하게 된다.

오닐은 지부 보안 책임자로 승진하는 동시에 햄프톤과 가까워질수록 정보 요원으로서의 책임감과 양심 사이에서 갈등하게 된다.

햄프턴은 결국 경찰의 공격을 받고 피살당한다.

사건이 종결된 뒤 오닐은 미첼에게 조직에서 떠나겠다는 의미로 주유소 열쇠와 돈을 건네주려고 한다.

하지만 미첼의 설득을 듣고 마지못해 돈과 열쇠를 다시 받아 주머니에 넣는다.

자료 영상에는 장례 행렬을 포함한 햄프톤 연설과 1989년 오닐의 생전 인터뷰가 등장하고 있다.

타이틀 카드에는 오닐이 1990년에 자살하기 전에 BPP 내에서 정보원으로 계속 일했다고 명시되어 있다.

햄프톤 유가족은 1970년 FBI를 상대로 소송을 제기해 12년 후 185만 달러의 위로금을 받게 된다.

영화 개봉 당시 프레드 햄프톤 주니어와 어머니는 Black Panther Party Cubs 회장 겸 이사로 활동하고 있다고 알려진다.

개봉 당시 전기 범죄극 biographical crime drama으로 주목 받는다.

프레드 햄프톤 Fred Hampton이 겪은 실화를 2014년부터 루카스 형제가 시나리오로 구성한다.

F. 게리 그레이 F. Gary Gray가 중도에 사퇴하면서 샤카 킹 Shaka King 감독이 긴급 차출되어 마무리 되는 곡절을 겪는다.

영화는 2021년 2월 1일 선댄스 영화제를 통해 초연된다.

93회 아카데미 시상식에서 작품, 조연 남우를 포함해 6개 후보에 지명 받아 조연 남우, 'Fight for You'가 주제가 등 2개 트로피를 차지한다.

영화를 위해 두 개의 사운드트랙 앨범이 발매된다.

첫 번째 음반은 'Judas and the Black Messiah (Original Motion Picture Soundtrack'

마크 아이샴 Mark Isham과 크레이그 해리스 Craig Harris가 작곡한 배경 음악 앨범이다.

2번째는 노래로 구성된 음반 'Judas and the Black Messiah: The Inspired Album'이다.

22 트랙으로 구성됐다. 앨범에는 제이-Z Jay-Z, ASAP Rocky 및 나스 Nas 등과 같은 많은 저명한 래퍼 노래가 음악 애호가들의 구매 열기를 불러일으킨다.

가장 많은 주목을 받은 노래는 드마일 D'Mile 및 티아라 토마스 Tiara Thomas와 공동 작곡하고 H.E.R가 불러준 'Fight for You'이다.

노래가 수록된 앨범은 빌보드 200 차트 12위까지 진입한다.

싱글은 빌보드 사운드트랙 차트 1위를 차지한다.

<유다 그리고 블랙 메시아 Judas and the Black Messiah>로 다시 주목 받은 J. 에드가 후버 J. Edgar Hoover

세계 최강 정보기관 FBI의 수장이었던 J. 에드가 후버는 웬만한 배우나 대중 연예인 못지않은 관심을 받고 있는 실존 인물이다.

존 에드거 후버(John Edgar Hoover, 1895년 1월 1일-1972년 5월 2일, 향년 77세)는 미국의 법 집행관으로 초대 연방수사국(FBI) 국장을 역임한다.

캘빈 쿨리지는 1924년 후버를 FBI 전신 수사국 국장으로 임명한다.

1935년 후버는 FBI 설립에 중요한 역할을 한다.

1972년 사망할 때까지 37년 동안 국장으로 재직하면서 전설적 법률 집행자로 자주 언급하게 된다.

후버는 국장 재직 시절 범죄와의 전쟁을 주도하면서 '중앙 집중식 지문 파일 및 법의학 실험실과 같은 치안 기술을 현대화시킨 공적 modernizations to policing technology, such as a centralized fingerprint file and forensic laboratories'을 인정받고 있다.

최장수 미국 정보 기관장을 역임하면서 연예인 못지않은 주목을 받았던 J. 에드가 후버. © wikipedia

후버는 'FBI 색인 또는 색인 목록 the FBI Index or Index List'이라고 불리는 '국가 블랙리스트 a national blacklist'를 문서화시켜 찬, 반 양론을 불러일으킨다.

수많은 공적에도 불구하고 장기 집권을 해나가면서 후버는 은밀한 권력 남용, FBI가 시행하는 법 위반, 공법 위반, 불법적인 방법을 통한 증거 수집 등 직권 남용 혐의가 제기되면서 논란을 불러일으킨다.

후버의 행적은 사후 많은 영화와 무대극에서 언급되고 있다.

1941년 루니 튠즈 Looney Tunes 단편 'Hollywood Steps Out'을 통해 후버가 대중예술에서 단골로 묘사되는 인물로 주목을 받게 된다.

할리우드에서 후버 시대를 묘사한 작품 명단은 다음과 같다.

- 〈FBI 스토리 The FBI Story〉(1959)에서 FBI 요원들에게 연설하는 카메오로 후버가 출연하고 있다.
- 〈바나나스 Bananas〉(1971)에서 도로시 폭스 Dorothi Fox가 변장한 후버 역할로 출연하고 있다.
- 래리 코헨 Larry Cohen 감독의 〈J. 에드가 후버의 사생활 The Private Files of J. Edgar Hoover〉(1977)에서 브로데릭 클로포드 Broderick Crawford가 후버 역으로 출연
- 돌프 스윗 Dolph Sweet이 TV 미니 시리즈 〈킹 King〉(1978)에서 후버 역으로 출연
- 셸돈 레오나드 Sheldon Leonard, 윌리암 프리드킨 William Friedkin 감독 〈브링크 잡 The Brink's Job〉(1978)에서 후버 역으로 출연
- 어네스트 보그나인 Ernest Borgnine, TV 시리즈 〈피의 복수 Blood Feud〉(1983)에서 후버 역
- 빈센트 가드니아 Vincent Gardenia, TV 미니 시리즈 〈케네디 Kennedy〉(1983)에서 후버 역
- 잭 워덴 Jack Warden, TV 영화 〈후버 대 케네디 Hoover vs. The Kennedys〉(1987)에서 후버 역
- 트리트 윌리암스 Treat Williams, TV 영화 〈J. 에드가 후버 J. Edgar Hoover〉(1987)에서 후버 역
- 케빈 듄 Kevin Dunn, 〈채플린 Chaplin〉(1992)에서 후버 역
- 팻 힌글 Pat Hingle, TV 영화 〈시티즌 코헨 Citizen Cohn〉(1992)에서 후버 역
- 리차드 디사트 Richard Dysart, TV 영화 〈마릴린 앤 바비 Marilyn & Bobby: Her Final Affair〉(1993)에서 후버 역
- 켈세이 그래머 Kelsey Grammer, 코믹 뮤지컬 〈J. 에드가! J. Edgar! at The Guest Quarters Suite Hotel in Santa Monica〉(1994)에서 후버 역
- 리차드 다이사트 Richard Dysart, 〈팬더 Panther〉(1995)
- 밥 호스킨스 Bob Hoskins, 올리버 스톤 Oliver Stone 감독 〈닉슨 Nixon(1995)에서 후버 역
- 웨인 팁핏 Wayne Tippit, 2부작 에피소드 극 〈다크 스카이 Dark Skies〉(1996)에서 후버 역
- 데이비드 프레데릭 David Fredericks, 〈X-파일 The X-Files〉(1998) 에피소드 '무싱 오브 시가렛 스모킹 맨 Musings of a Cigarette Smoking Man'(1996) '트래블러스 Travelers'(1998)에서 후버 역
- 어네스트 보그나인 Ernest Borgnine, 〈후버 Hoover〉(2000)에서 후버 역
- 래리 드레이크 Larry Drake, 로버트 다이크 Robert Dyke 감독 〈타임퀘스트 Timequest〉 (2002)에서

후버 역
- 빌리 크럽업 Billy Crudup, 마이클 만 Michael Mann 감독 〈퍼블릭 에너미 Public Enemies〉(2009)에서 후버 역
- 엔리코 콜란토니 Enrico Colantoni, TV 미니 시리즈 〈케네디스 The Kennedys〉(2011)에서 후버 역
- 레오나르도 디카프리오 Leonardo DiCaprio, 클린트 이스트우드 Clint Eastwood 감독의 전기 영화 〈J. 에드가 J. Edgar〉(2011)에서 후버 역
- 윌리암 해리슨-월레스 William Harrison-Wallace, 2001년 발표된 스티븐 킹 원작 단편 소설 '잭 해밀톤의 죽음 The Death of Jack Hamilton'을 각색한 〈달러 베이비 the Dollar Baby〉(2012)에서 후버 역
- 롭 리글 Rob Riggle, 〈코미디 센트럴 드렁크 히스토리 Comedy Central's Drunk History〉 중 에피소드 '아틀란타 Atlanta'(2013) 편에서 후버 역
- 에릭 라딘 Eric Ladin, HBO 시리즈 〈보드웍 엠파이어 Boardwalk Empire〉 시즌 4(2013)에서 후버 역
- 마이클 맥킨 Michael McKean, 로버트 쉔크칸 Robert Schenkkan 감독의 〈올 더 웨이 엣 더 아메리칸 레퍼토리 씨어터 All the Way at the American Repertory Theater〉(2013)에서 후버 역
- 숀 맥널 Sean McNall, 〈노 굿, 노 마스터 No God, No Master〉(2014)에서 후버 역
- 딜런 베이커 Dylan Baker, 에바 두베르네이 Ava DuVernay 감독의 마틴 루터 킹 주니어 Martin Luther King Jr 전기 영화 〈셀마 Selma〉(2014)에서 후버 역
- 스테판 루트 Stephen Root, HBO TV 영화 〈올 더 웨이 All the Way〉(2016)에서 후버 역
- T. R. 나이트 T. R. Knight, 내서널 지오그라픽 제작 TV 시리즈 〈지니어스 Genius〉(2017)에서 후버 역
- 윌리암 포사이드 William Forsythe, 아마존 제작 TV 미니 시리즈 〈맨 인 더 하이 캐슬 The Man in the High Castle〉(2018)에서 후버 역
- 스테판 스탠튼 Stephen Stanton, 〈배드 타임 엣 더 엘 로얄 Bad Times at the El Royale〉(2018)에서 후버 역
- 마틴 쉰 Martin Sheen, 〈유다 그리고 블랙 메시아 Judas and the Black Messiah〉(2021)에서 후버 역
- 지아코모 배사토 Giacomo Baessato, TV 시리즈 〈레전드 오브 투머로우 Legends of Tomorrow〉(2021)에서 후버 역

픽사 + 월트 디즈니 합작 컴퓨터 애니메이션 〈소울 Soul〉

애니메이션 〈소울〉. © Walt Disney Pictures, Pixar Animation Studios

조는 인생이 자신이 기대한 대로 되지 않은 중학교 밴드 교사.

그의 삶의 원동력과 열정은 재즈이다.

그러나 누군가가 열정을 찾도록 돕기 위해 다른 영역으로 여행을 가면서 그는 곧 영혼을 갖는다는 것이 무엇을 의미하는지 깨닫게 된다. - 버라이어티

〈소울〉은 한 때 경쟁 관계에 있었던 픽사 애니메이션과 월트 디즈니가 합병 되면서 선보인 컴퓨터 애니메이션이다.

뉴욕에서 피아니스트로 활동하고 있는 조 가드너.

전문적인 재즈 연주를 꿈꾸며 중학교에서 시간제로 음악을 가르치고 있다.

전임 교직 제의를 받으면 그의 어머니 리바는 그 제안을 받아들이라고 강력히 권한다.

조는 재즈 뮤지션 도로시아 윌리암스가 재즈 클럽에서 오디션을 개최했었다는 것을 알게 된다.

조의 피아노 연주에 깊은 인상을 받은 도로시아는 공연을 위해 그를 고용한다.

조는 재즈 연주팀으로 합류한다는 것에 흥분하다 하수구 아래 맨홀에 빠지게 된다.

조는 '그레이트 비욘드 Great Beyond'라고 불리는 내세로 향하는 육화되지 않은 영혼이 됐음을 알게 된다.

죽고 싶지 않은 그는 탈출을 시도한다.

하지만 영혼이 지구에 태어나기 전에 성격과 관심을 얻는 영역인 '그레이트 비포어 Great Before'에 머물게 된다.

그는 결국 그레이트 비포에서 카운셀러 멘토 영혼의 도움을 받아 태어나지 않은 영혼의 삶을 준비하게 된다.

각 영혼에는 지구를 통과할 수 있는 배지가 주어진다.

마침내 조는 지구에 있는 자신의 몸으로 돌아가 삶을 즐기기 위해 다음 날을 시작하게 된다.

애니메이션 주인공들을 위해 더빙 연기자로 제이미 폭스, 티나 페이, 그래함 노튼, 레이첼 하우스, 안젤라 바셋 등이 목소리 더빙으로 참여한다.

재즈 뮤지션으로 활약 할 순간에 사고로 사망한 뒤 분리 된 영혼과 육체를 재결합시키려는 피아니스트 조 가드너의 행적을 제이미 폭스가 목소리 열연으로 펼쳐 주고 있다.

공동 시나리오와 연출을 맡은 피트 닥터 Pete Docter는 2016년 1월 우연히 인간 성격의 기원과 결정론 개념을 조사하다 〈소울 Soul〉 시나리오를 구상하게 됐다고 한다.

〈소울 Soul〉은 2016년 1월 피트 닥터 감독이 88회 아카데미 시상식장에서 새로운 창작 방향을 모색하면서 스토리 개발에 착수했다고 한다.

감독은 '결정론 개념으로 인간 성격 기원을 고찰'했다고 한다.

공동 시나리오 작가 마이크 존스 Mike Jones는 '성격을 가진 영혼을 포함하는 시공간에 대한 아이디어를 제시해 이를 결합하게 됐다는 후문.

제작사 픽사 Pixar는 관객들에게 대중적인 호응을 위해 영화의 주인공 직업을 재즈 음악가로 설정하기로 했다.

재즈 역사는 흑인 인종과 관련되어 있기 때문에 주인공 출신을 아프리카계 미국인으로 결정했다고.

〈소울〉 흥미 포인트 중 빼놓을 수 없는 것은 배우들이 더빙을 맡은 캐릭터 특성이다.

이를 구체적으로 살펴보면 다음과 같다.

- 조 가드너(제이미 폭스): 재즈 피아니스트이자 음악 교사
- 22(티나 페이): 지구 삶에 대해 부정적 견해를 갖고 있는 냉소적 영혼
- 문윈드(그래함 노튼): 영적인 사인 돌리기(sign twirler)
- 테리(레이첼 하우스): 강박적인 소울 카운터
- 엘리스 브라가, 리차드 아이오드, 웨스 스튜디, 포춘 페임스터 및 제노비아 쉬로프: 모두 제리 Jerry라는 이름을 갖고 있는 그레이트 비포어 Great Before의 5명의 영혼 상담사
- 리바 가드너(필리시아 라스해드): 조의 어머니, 재봉사로 일하고 있다
- 데즈(도넬 롤링스): 조의 전담 이발사
- 라몬트 컬리 베이커(퀘스트러브): 도로시아 윌리암스 밴드의 드러머, 조의 제자
- 도로시아 윌리암스(안젤라 바셋): 재즈 색소폰 연주자

픽사는 대중적 호응을 위해 제작사는 허비 행콕 Herbie Hancock, 테리 린 캐릴턴 Terri Lyne Carrington 등 1급 뮤지션들의 자문을 받았고 전체 사운드 트랙은 트렌트 레즈너 Trent Reznor, 아티커스 로즈 Atticus Ross, 존 바티스트 Jon Batiste 등 3인에게 의뢰한다.

〈소울〉은 흑인을 주역으로 등장시킨 픽사 1호 영화라는 기록을 세우게 된다.

〈소울〉은 2020년 10월 11일 런던 영화제를 통해 초연된다.

코로나 바이러스 COVID-19로 개봉이 연기되다 2020년 12월 25일 극장과 Disney+를 통한 스트리밍 서비스로 공개된다.

〈소울〉은 뛰어난 예술성, 이색적인 스토리, 배경 음악 등으로 비평가들의 호평을 얻어낸다.

'국립 비평가 협회 National Board of Review' AFI(American Film Institute) 등은 2020년 10대 영화 중 한 편으로 선정한다.

93회 아카데미에서 작곡, 애니메이션 장편 부문상을 수여 받는다.

치매(癡呆), 나를 잊혀져가는 공포와 두려움 〈더 파더 The Father〉

고령 치매 문제를 다뤄 잔잔한 공감을 얻은 〈더 파더〉. 안소니 홉킨스가 최고령 남우주연상을 수상한다. © Les Films du Cru, Film4, Orange Studio

병든 80세 런던 시민 앤소니.

최근 간병인을 두려워한다.

이 후 점차 치매 증상이 심해지고 걱정스러운 외동딸 앤은 아버지에게 런던을 떠나 파리로 이주한다고 말한다.

급속히 버림받은 느낌을 갖게 되는 앤소니.

세상을 뒤틀리게 보는 관점과 급속도록 정신적인 쇠퇴로 인해 혼란스럽고 화가 난 앤소니.

현재와 과거의 불투명한 풍경을 탐색하기 위해 고군분투하면서 현실에 대한 이해를 잃기 시작하게 된다.

이제 흐려진 기억과 명석함의 일면이 갑작스런 감정 기복을 유발하면서 사랑하는 이들과 앤소니의 주변 환경, 심지어 시간 자체도 왜곡된다.

딸이 방문을 중단한 이유는 무엇일까?

앤소니에게 들이 닥친 낯선 사람들은 누구인가?

\- 버라이어티

안소니는 아파트에서 나와 병원 복도에 있는 자신을 발견한다. 루시가 얼굴에 피를 흘리며 병원 침대에 누워 있던 것을 기억해낸다. 그런 다음 요양원에 있는 완전히 다른 침실에서 깨어난다.

이전에 앤(올리비아 콜맨)과 로라(이모겐 풋츠)가 등장했지만 자신을 캐서린이라고 밝힌 간호사가 도착한다. 그녀는 앤이 파리에 살고 가끔 주말에 방문한다고 알려준다. 이전에 딸 앤의 남편으로 보였던 남자 중 한 명과 동일한 빌이라는 또 다른 간호사도 방문한다.

안소니는 자신에게 무슨 일이 일어나고 있는지 이해하지 못한다. 그리고 앤의 실종에 대해 눈물을 흘린다.

그는 어머니를 보고 싶어 한다.

이어 '잎사귀, 가지, 바람, 비를 잃고 있다 losing his leaves, the branches, the wind and the rain'고 말한다.

캐서린은 안소니를 위로한다. 나중에 공원으로 데

려가겠다고 말하면서 극은 종료된다.

〈더 파더 The Father〉는 플로리안 젤러 감독이 선보인 치매를 소재로 한 심리극.

장편 극영화 데뷔작으로 단번에 국제적 호평을 얻어낸다.

뉴 욕 타임즈 The New York Times에 비평문을 기고한 자넷 캣소울리스 Jeannette Catsoulis는 '엄청나게 효과적이고 심오하게 속상하다. 사라지는 것들에 대한 장엄한 묘사 stupendously effective and profoundly upsetting and majestic depiction of things falling away'라는 호평을 보낸다.

영국 일간 신문 가디언 The Guardian 비평가 앤 빌슨 Anne Billson은 '영화에서 홉킨스 연기를 그의 경력 중 최고 Hopkins's performance in the film as the best of his career'라고 평가한다.

젤러는 2012년 공연된 연극 'Le Père'를 동료 극작가 크리스토퍼 햄프턴 Christopher Hampton과 공동 각색했다. 원작은 'Le Fils' 'The Mother' 등이 포함된 3부작이다. 치매(dementia)를 앓고 있는 80대 웨일스 남성 사연을 들려주고 있다.

〈더 파더〉는 2020년 1월 27일 선댄스 영화제를 통해 최초 상영된다. 미국 극장가에서는 2021년 2월 26일 소니 픽처스 배급으로 상영된다. 600만 달러의 저예산을 투자했지만 2,800만 달러의 알찬 수익을 챙긴다.

93회 아카데미 시상식에서 안소니 홉킨스는 역대 최고령 남우주연상 수상자가 된다.

젤러와 햄프턴은 각색상을 공동 수상한다.

〈마 레이니, 그녀가 블루스 Ma Rainey's Black Bottom〉, 1927년 시카고를 뒤흔든 선구적 블루스 가수 일대기

〈마 레이니, 그녀가 블루스〉. 1920년대 시카고를 배경으로 재즈 여가수의 업적을 회고해주고 있다. © Escape Artists, Mundy Lane Entertainment, Netflix

1927년 시카고의 어느 녹음실. 선구적 블루스 가수 마 레이니와 그녀가 이끄는 밴드가 모이면 긴장이 고조 된다 Tensions rise when trailblazing blues singer Ma Rainey and her band gather at a recording studio in Chicago in 1927' - 롤링 스톤

1920년대 시카고의 오후 녹음 세션 동안 뮤지션 밴드가 선구적인 연주자이자 전설적인 블루스 어머니 마 레이니(비올라 데이비스)를 기다리면서 긴장감과 온도가 상승하고 있다.

세션이 끝나갈 무렵, 대담하고 열정적인 마는 자신의 음악을 통제하려는 백인 매니저 및 프로듀서와 의지 싸움을 벌인다.

밴드가 스튜디오의 밀실공포증에 걸린 리허설 실에서 기다리는 동안 마의 여자 친구를 눈여겨본다.

음악 산업에서 자신의 주장을 펼치기로 결심한 야심찬 트럼펫 연주자 레비(채드윅 보스만).

동료 뮤지션들을 부추겨 진실을 폭로하는 이야기를 분출하게 만든다.

그것은 그들의 삶의 과정을 영원히 바꾸게 된다.

두 차례 퓰리처상을 수상한 어거스트 윌슨 희곡을 각색한 〈마 레이니, 그녀가 블루스〉는 사회적 편견이 자신의 가치를 좌우하는 것을 거부하는 예술가와 블루스의 변혁적 힘을 기념하고 있다.

조지 C. 울프가 감독했다.

루벤 산티아고-허드슨이 각색했다.

영화는 덴젤 워싱턴과 토드 블랙이 제작했다.

콜맨 도밍고, 그린 터맨, 마이클 포츠, 테일러 페이지, 두산 브라운 등이 공동 출연하고 있다. 그래미 어워드 수상자 브랜포드 마살리스가 배경 음악 작곡을 맡았다. - 넷플릭스

Tensions and temperatures rise over the course of an afternoon recording session in 1920s Chicago as a band of musicians await trailblazing performer, the legendary 'Mother of the Blues' Ma Rainey (Viola Davis).

Late to the session, the fearless, fiery Ma engages in a battle of wills with her white manager and producer over control of her music. As the band waits in the studio's claustrophobic rehearsal room, ambitious trumpeter Levee (Chadwick Boseman) who has an eye for Ma's girlfriend and is determined to stake his own claim on the music industry spurs his fellow musicians into an eruption of stories revealing truths that will forever change the course of their lives.

Adapted from two-time Pulitzer Prize winner August Wilson's play, Ma Rainey's Black Bottom celebrates the transformative power of the blues and the artists who refuse to let society's prejudices dictate their worth.

Directed by George C. Wolfe and adapted for the screen by Ruben Santiago-Hudson, the film is produced by Denzel Washington and Todd Black. Colman Domingo, Glynn Turman, Michael Potts, Taylour Paige and Dusan Brown co-star alongside Grammy winner Branford Marsalis score. - Netflix

❖ 〈마 레이니, 그녀가 블루스〉는 어떤 영화?

마 레이니는 백인 프로듀서와 계약을 맺을 정도로 높은 평가를 받고 의지가 강한 블루스 가수이다.

1927년 7월 2일, 마의 매니저 어빈은 시카고에 있는 파라마운트 녹음 스튜디오에서 녹음 세션을 앞두고 사건이 벌어진다.

노련한 조지아 재즈 밴드 Georgia Jazz Band 멤버 톨레도 Toledo, 컷틀러 Cutler, 슬로우 드래그 Slow Drag 등은 마가 도착하지 않았음에도 불구하고 도착하여 마의 프로듀서 멜 스터디반트 Mel Sturdyvant를 당황스럽게 만든다.

이들은 마의 영향에서 벗어나 자신들만의 레코드 계약을 추진하고 싶다는 의견을 프로듀서 멜 스터디반트에게 밝힌다.

트럼펫 연주자 레비 그린 Levee Green도 합류한다.

하지만 백인 남성을 다루는 능력에 대해 밴드의 나머지 멤버들에게 놀림을 받고 있는 레비는 그의 어머니가 백인 남성들에게 어떻게 집단 강간을 당했는지 이야기 한다.

레비 아버지는 가해자들에게 복수를 시도해 가해자 중 4명을 죽인 후 린치를 당하고 화상을 입게 된다.

마는 동성 여자 친구 더시 매 Dussie Mae와 조카 실베스터 Sylvester와 함께 1 시간 늦게 도착한다.

즉시 그녀는 프로듀서 및 매니저 어빈과 의견 충돌을 일으킨다.

그녀가 요청한 코카콜라가 제공되지 않았다는 모욕에 마는 녹음 세션 시작을 거부한다.

그녀는 말더듬이 뚜렷한 실베스터가 앨범 시작 단어

를 말하도록 프로듀서에게 요구한다.

이런 고집으로 인해 'Ma Rainey's Black Bottom'이라는 노래를 여러 번 녹음해야 하는 고충을 겪게 된다.

마는 컷틀러에게 백인 상사는 그녀 목소리에만 관심이 있으며 그렇지 않으면 그녀에 대해 '골목의 개 just a dog in the alley'로 간주할 것이라고 털어 놓는다.

그룹은 여러 번의 테이크 끝에 마침내 첫 번째 트랙을 통과한다.

하지만 장비 고장으로 인해 녹음되지 않은 것을 발견한다.

밴드는 서서히 와해되어 간다.

멤버들은 레비가 전선에 걸려 넘어 졌기 때문에 녹음이 되지 않았다고 비난을 보낸다.

멤버들은 컷틀러가 어느 작은 마을을 방문했을 때 백인들로부터 성경을 찢겼고 춤을 추도록 강요 당했다는 이야기를 듣는다.

레비는 이 이야기를 무시한다.

신이 있다면 흑인을 돌볼 것이라고 말한다.

컷틀러는 분노하여 레비를 공격한다.

레비는 컷틀러와 그가 내세우는 신념에 조롱을 보내면서 보복하겠다며 칼을 뽑는다.

이러한 곡절을 겪은 뒤 그룹은 간신히 녹음을 마친다.

마는 곧 레비를 멤버에서 해고시킨다.

레비의 무모한 야망과 타협하지 않는 태도가 밴드에 해롭다는 이유를 제기한다.

그 후 레비는 정신적 쇠약을 겪고 톨레도 Toledo가 실수로 새 신발을 밟은 것을 빌미로 레비는 칼로 그의 등을 찔러 사망하게 한다.

컷틀러와 슬로우 드래그는 후회하는 레비를 등 뒤로 하고 톨레도의 시체를 운반한다.

시일이 지난 뒤 프로듀서 스터디반트는 백인 뮤지션으로 구성된 폴 화이트맨 Paul Whiteman 오케스트라를 초빙해 레비가 남긴 유작 노래에 대한 녹음을 진행시킨다.

영화 공개 이후 호평이 쏟아진다.

ABC News 피터 트래버스 Peter Travers는 '백인 보스들이 원하는 방식으로 음악을 만드는 것을 거부한 마와 그의 밴드 행적을 허름한 시카고 녹음 스튜디오를 통해 펼쳐주고 있다. 시간은 1927년이지만 격렬한 인종적 긴장은 그 어느 때보다 시의적절 하게 느껴진다'는 찬사의 메시지를 보도한다.

<사운드 오브 메탈 Sound of Metal>, 청력을 잃은 뒤 음악의 경지에 도달하는 헤비메탈 드러머의 음악 여정

〈사운드 오브 메탈〉. © Caviar, Flat 7 Productions, Ward Four

메탈 드러머 루벤.

예술에 몰두하면서 내면의 악마를 멀리하고 있다.

지난 4년 동안 현재를 살고 있는 처지다.

리드 싱어이자 여자 친구 루와 함께 투어를 하는 동안 루벤은 청력이 급격히 악화되고 있음을 깨닫게 된다.

갑작스런 청력 상실로 세상은 뒤집어지고 분노한 거부와 짝을 이루는 무감각한 두려움이 이어지게 된다.

루벤은 마지못해 자비로운 베트남 전쟁 참전용사인

조가 운영하는 작은 청각 장애인 공동체에 합류하는 것을 받아들이게 된다.

루벤은 이제 청각 장애가 핸디캡이 아니며 청각 장애가 고쳐야 할 대상이 아니라는 점을 이해하는 견고한 믿음을 찾아야 했다. - 버라이어티

Metal drummer Ruben.

He was immersed in his art and keep away from his inner demons.

This is the situation He has been living in for the past 4 years.

While on tour with lead singer and girlfriend Lou, Ruben realizes that his hearing is rapidly deteriorating.

Sudden hearing loss turns the world upside down, followed by numbing fear paired with angry rejection.

Ruben reluctantly accepts to join a small deaf community run by Joe, a compassionate Vietnam War veteran.

Ruben now had to find a firm belief in understanding that hearing impairment is not a handicap and that it is not something to be corrected. - Variety

여러 곡절을 겪은 뒤 루벤은 루에게 음악 생활로 돌아가고 싶다고 말하자 그녀는 팔을 긁기 시작한다.

루벤은 그녀에게 모든 것이 잘되었고 그녀가 자신의 생명을 구했다고 말한다.

그녀도 루벤이 자신을 구했다고 화답한다.

다음날 아침.

루벤은 루가 자는 동안 물건을 들고 떠난다.

공원에서 교회 종이 울려오고 있다.

루벤은 프로세서를 제거하고 조용히 앉아 있다.

〈사운드 오브 메탈 Sound of Metal〉은 다리어스 마더 Darius Marder가 공동 각본과 연출을 맡고 공개한 음악 영화다.

리즈 아메드 Riz Ahmed가 청력을 잃은 메탈 드러머 역할로 출연하고 있다.

2019년 9월 6일 토론토 국제 영화제 플랫폼 상 프로그램을 통해 월드 프리미어로 공개된다.

아마존 스튜디오 Amazon Studios는 2020년 11월 20일 극장 개봉, 12월 4일에는 아마존 프라임 비디오 Amazon Prime Video를 통해 스트리밍 개봉시킨다.

아메드와 여자 친구 겸 리드 보컬 역할의 올리비아 쿡 Olivia Cooke의 열연, 사운드 디자인, 편집, 마더 연출력 및 각본에 대한 특별한 찬사가 쏟아진다.

93회 아카데미에서 작품, 각본, 남우 주연상(아메드), 조연 남우상(폴 라시) 후보에 올라 사운드 상, 편집상을 수여 받는다.

〈사운드 오브 메탈〉 제작 에피소드 및 매스컴 반응

영화에 대한 스토리 초안은 데렉 시안프란스 Derek Cianfrance가 제공한다. 이를 토대로 아브라함 마더 Abraham Marder와 다리어스 마더가 각본을 구성했다고 한다. 갑자기 귀머거리가 된 메탈 드러머 사연이 펼쳐지고 있다.

극적 사실감을 위해 대다수 조연 출연자들은 '청각 장애인 커뮤니티 the deaf community'에서 초빙했다고 한다.

8개월 동안 아메드는 수화를 배우는 데 하루 2시간, 드럼 레슨에서 하루 2시간, 개인 트레이너와 하루 2시간, 연기 코치와 함께 나머지 시간을 보내면서 영화를 준비하는 열정을 보였다고 한다.

팝 전문지 롤링 스톤 Rolling Stone 저널리스트 데이비드 피어 David Fear는 '이 영화가 당신을 소음 없는 세계에 몰입하게 하지만 영화가 크고 분명하게 말

하게 만드는 것은 스타이다. 영화의 여러 측면에 열광했다'는 찬사를 보낸다.

반면 메탈 음악을 주제로 한 웹 사이트 더 핏 The Pit은 영화에서 표현해 주고 있는 메탈 음악 묘사를 비판하며 '진지한 캐릭터가 성장하는 라이프 스타일로 메탈을 사용하는 할리우드 영화 행렬의 최신작'이라는 미지근한 반응을 보낸다.

연말 52명의 할리우드 비평가들은 '2020년을 빛낸 10 편 중 9위로 선정한다.

〈어나더 라운드 Another Round〉, 북유럽 3국 합작 술에 관한 블랙 코미디

알코올 중독 문제를 소재로 삼은 〈어나더 라운드〉. © Zentropa Entertainments, Film i Väst, Zentropa International Sweden

인간은 100분의 1을 너무 적게 갖고 태어난다.

혈액 속 알코올은 마음을 외부 세계로 열어 주게 된다.

문제는 더 작아 보이고, 창의성은 증가한다는 이론이 있다. 우리는 그것을 잘 알고 있다.

첫 번째 와인 잔을 마신 후 대화가 시작된다.

가능성이 열리게 된다.

마틴은 늙고 지친 느낌이 드는 고등학교 교사이다.

학생과 부모는 평균을 높이기 위해 그가 해고되기를 원하고 있다.

1밀 당 이론에 고무된 마틴.

3명의 동료들은 일상생활에서 지속적인 알코올 영향을 유지하기 위한 실험에 몰두하게 된다.

처칠이 영혼의 짙은 안개 속에서 제 2차 세계 대전에서 승리했다면, 강한 방울이 그들과 그들의 학생들에게 무엇을 할 수 있었을까?

결과는 처음에는 긍정적이었다.

마틴의 수업은 지금과는 다른 방식으로 진행되고 있다.

프로젝트는 결과 수집과 함께 실제 학술 연구로도 추진된다.

천천히 그러나 확실하게 술은 4명의 친구와 주변을 느슨하게 만들어주고 있다.

결과는 상승하고 있다.

실제로 삶을 느끼기 시작하게 된다.

개체가 내부로 이동함에 따라 일부 실험은 진행되고 다른 실험도 진행된다.

알코올이 세계사에서 위대한 결과를 가져올 수 있다.

하지만 모든 대담함도 결과를 가져올 수 있다는 것이 점점 더 분명해진다.

영화는 우정, 자유, 술에 관한 재미있고 감동적이며 생각을 자극하는 드라마로 묘사되고 있다.

\- 버라이어티

There is a theory that man is born with half a per mille too little that alcohol in the blood opens the mind to the outside world, problems seem smaller and creativity increases.

We know it well after the first glass of wine, the conversation lifts, the possibilities open up.

Martin is a high-school teacher who feels old and tired.

His students and their parents want him terminated to increase their average.

Encouraged by the per mille theory, Martin

and his three colleagues throw themselves into an experiment to maintain a constant alcohol impact in everyday life.

If Churchill won World War II in a dense fog of spirits what could the strong drops do for them and their students?

The result is positive in the beginning. Martin's class is in a different way now and the project is being promoted to a real academic study with the collection of results.

Slowly but surely, the alcohol makes the four friends and their surroundings loosen up.

The results are rising and they really begin to feel life.

As the objects go inboard, the experiment progresses for some and goes off track for others. It becomes clearer and clearer that alcohol can generate great results in world history, but that all daring can also have consequences.

The film is described as a fun, touching and thought-provoking drama about friendship, freedom and alcohol. - Variety

교사 마틴(매즈 미켈센), 토미(토마스 보 라르센), 피터(라스 랜더), 니콜라이(매그너스 밀랑) 등은 덴마크 코펜하겐 체육관 학교에서 일하는 동료이자 친구.

4명 모두 학업에 의욕이 없는 학생들과 씨름하면서 자신들의 삶도 따분해 지고 있다고 느낀다.

니콜라이의 40번째 생일 저녁 식사.

정신과 의사 핀 스카르데루드 Finn Skårderud 이론에 대해 논의하기 시작한다.

인간은 0.05%의 혈중 알코올 함량(BAC) 결핍을 갖고 태어나며 0.05%이면 더 창의적이고 편안해진다는 이론이다.

4명의 교사들은 스카르데루드 이론을 테스트하기 위해 실험을 시작한다.

실험 도중 많은 논란이 제기되면서 토미를 제외하고 그룹의 모든 구성원은 낮 동안 술을 끊는다.

하지만 교장이 교사들이 직장에서 술을 마셨다고 밝히는 교직원 회의에서 토미는 엄청나게 취한 상태로 도착한다.

알코올 중독에서 헤어나지 못한 토미는 늙은 개와 함께 술에 취해 배를 타고 바다로 항해하다 바다에서 익사하고 만다.

그룹의 나머지 3 멤버는 토미 장례식이 끝난 후 그를 추모하면서 저녁 식사를 하고 스파클링 와인을 즐긴다.

식사하는 동안 마틴 아내는 그를 많이 그리워한다고 문자를 보낸다.

최근 졸업한 학생들이 차를 타고 지나간다.

마틴, 피터, 니콜라이 등은 제자들과 함께 항구에서 재회를 축하하면서 술을 마신다.

한 때 재즈 발레 댄서였던 마틴은 동료들의 촉구에도 불구하고 지금까지 거부했던 나머지 파티 참석자들과 춤을 춘다.

그의 춤은 항구에서 뛰어 내리기 전에 점점 더 활기차고 즐거운 분위기에 빠져든다.

〈어나더 라운드 Another Round/ Druk〉는 토마스 빈터베르그 Thomas Vinterberg가 연출을 맡은 술에 관한 블랙 코미디이다.

토마스 빈터베르그와 토비아스 린드홈 Tobias Lindholm이 공동 각본을 구성했다.

북유럽 영화 강국 덴마크 + 네덜란드 + 스웨덴 3국 합작이다.

우리에게 낯익은 덴마크 배우 매즈 미켈센 Mads Mikkelsen을 비롯해 토마스 보 라르센 Thomas Bo Larsen, 매그너스 밀랑 Magnus Millang, 라스 랜더 Lars Ranthe 등이 찬조 출연하고 있다.

시나리오 작가 토마스 빈터베르그 Thomas Vinterberg가 비엔나에 위치한 버그씨어터 Burgtheater에서 일할 때 틈틈이 작성한 희곡을 기반으로 했다.

추가적인 아이디어는 덴마크 청소년의 음주 문화에 대한 이야기를 들려준 토마스의 딸 아이다 Ida가 제공했다고 한다.

아이다는 애초 연극을 영화로 각색하도록 아빠에게 압력을 가했다고 한다.

그녀는 마틴의 딸 역할로 출연할 예정이었다.

이야기는 원래 '술이 없었다면 세계사는 달라졌을 것이라는 논문에 근거한 술을 기념하는 것 A celebration of alcohol based on the thesis that world history would have been different without alcohol'이었다.

하지만 촬영 4일 만에 아이다는 그만 불의의 교통사고로 사망하는 비극이 발생한다.

비극적 사건을 겪은 뒤 대본은 더 삶을 긍정하기 위해 시나리오 수정 작업을 하게 된다.

작가 빈터베르그는 '단순히 술을 마시는 것이 아니라 삶에 눈을 뜨는 것이었다 It should not just be about drinking. It was about being awakened to life'고 강조한다.

영화는 딸 아이다에게 헌정된다.

부분적으로 그녀 급우들과 함께 그녀가 생전에 다니던 학교 교실에서 촬영된다.

2020년 5월 73회 칸 국제 영화제에 초청 받는다.

하지만 중국 우한에서 전파 된 바이러스-코로나 19-여파로 행사가 취소되자 2020년 9월 12일 토론토 국제 영화제를 통해 월드 프리미어로 상영된다.

93회 아카데미에서 국제 장편 영화상을 수상한다.

<미나리 Minari>, 다민족 국가 미국에서 겪는 한인 교포들의 애환과 정착 여정

재미 교포들의 애환을 담은 〈미나리〉. 윤여정이 한국인 최초 아카데미 조연 여우상을 수여 받는다. © Plan B Entertainment

미나리는 장소를 가리지 않고 억척스럽게 잘 자라!

1980년대 미국, 아칸소로 떠나온 한국 가족.

가족들에게 가장이라는 존재감을 드러내고 싶은 아빠 제이콥(스티븐 연).

농장을 가꾸기 시작한다.

엄마 모니카(한예리)도 전업 주부에서 생계를 돕기 위한 재취업을 하게 된다.

어린 아이들을 위해 모니카의 친정 엄마 순자(윤여정)가 합류한다.

가방 가득 고춧가루, 멸치, 한약 그리고 미나리 씨앗을 담은 할머니가 도착하면서 가족들은 활기찬 분위기에 휩싸이게 된다.

하지만 치매 증상을 앓으면서 가족의 우애는 분열이 일어나고 농장이 불의의 화재로 소실되고 만다.

여러 애환에 부딪히지만 생명력이 끈질긴 미나리처럼 다시 시작한다는 희망을 품고 새로운 삶의 여정을 밟는다. - 할리우드 리포터

Minari(Water parsley) grows well regardless of the place!

A Korean family moved to Arkansas, USA in the 1980s.

Father Jacob (Steven Yeun) who wants to show his presence as the head of the family to his family start farming.

Monica (Han Ye-ri) is also re-employed to help make a living from a full-time housewife.

Monica's mother Soon-ja (Youn Yuh-jung) joins them for the sake of the young children.

When the grandmother arrives with a bag full of red pepper powder, anchovies, oriental medicine and Minari(water parsley seeds).

the family is enveloped in a lively atmosphere.

However, while suffering from dementia, the family's friendship is divided and the farm is destroyed by an unexpected fire.

Although faced with many sorrows, They embarks on a new journey of life with the hope of starting over like a Minari(water parsley) whose vitality is persistent-Hollywood Reporter

〈미나리 Minari〉는 이삭 정이 각본 및 감독을 맡아 공개한 드라마이다.

'무엇이 우리를 뿌리 내렸는지에 대한 시대를 초월한 이야기 A timeless story of what roots us'라는 선전 문구를 내걸고 공개된다.

감독의 반자전적인 미국 이민 여정을 다루고 있다.

1980년대 미국 시골로 정착한 한국 이주민들이 현지에서 여러 고난을 겪으면서 안락한 삶을 살기 위해 노력하는 과정을 묘사하고 있다.

정 이삭 감독은 애초 윌라 캐더 Willa Cather 원작 소설 '나의 안토니아 My Antonia' 영화 작업을 추진한다.

하지만 작가가 영화 각색을 거부하자 자신이 미국 농촌 지역에서 성장한 사연을 대체 원고로 구상한다.

지역 도서관을 찾아 이야기 토대를 더욱 구체화하기 위한 여러 자료 조사를 진행했다고 한다.

정 감독은 인천에 있는 유타 대학교 아시아 캠퍼스 강사로 부임하기 직전인 2018년 〈미나리〉 각본을 완성한다.

정은 아칸소 농장에서 자란 어린 시절을 주축으로 해서 윌라 캐더와 표도르 도스토예프스키의 여러 소설을 뼈대 구성으로 참고했다고 밝힌다.

'그녀가 감탄을 멈추고 기억하기 시작했을 때 그녀의 삶은 정말로 시작되었다 that her life really began when she stopped admiring and started remembering'는 것이 도스토예프스키 소설에서 원용한 대표적 문장이라고 덧붙인다.

L A 타임스와 인터뷰에서 감독은 '부모님이 개인이라는 사실을 알고 있다는 점에서 많이 힘들었다. 촬영 후 편집실에 있을 때까지 이 영화를 만들고 있었는데, 그들이 무슨 말을 할지 너무 무서웠기 때문이다 It was very difficult in the sense that I know that my parents are private people. And I didn't even tell them that I was making this film until I was in the editing room with it after I had shot it because I was just so scared about what they would say'라고 밝혔다.

한예리는 처음에는 〈녹두 꽃 Nokdu Flower〉을 촬영해야 하기 때문에 모니카 역을 맡을 수 없다고 느꼈다.

모니카를 연기하는 한국 태생 여성이 중요하다고 생각하여 천우희를 추천했다고 한다.

한예리는 주연 중 모니카가 미국 생활이 어려워 '가장 한국적인 것 같다'며 한국에서 태어나 한국말을 하는 배우가 중요하다고 느꼈다고 말했지만 결국 이 역할을 맡게 된다.

촬영은 2019년 7월 오클라호마 툴사 Tulsa, Oklahoma에서 진행된다.

25일 동안 촬영이 진행됐다.

선댄스 영화제 출품 마감일을 맞추기 위해 편집자 해리 윤은 제작이 진행되는 동안 영화를 곧바로 편집해야 하는 등 시간에 쫓겼다고 한다.

촬영 당시 한과 윤여정은 같은 에어비앤비 Airbnb에서 머물렀다고 한다.

윤여정은 한국에서는 유명세를 얻었지만 미국에서는 무명 배우였기 때문에 새로운 관객들에게 자신의 연기력을 보여줄 필요가 있다는 부담감을 느꼈다고 토로했다.

윤여정은 한 때 미국에 거주했던 경험을 영화에서 적극 활용했다고 한다.

감독은 그녀에게 할머니처럼 순자를 연기하지 말라고 말했고, 윤여정도 감독의 이런 제안에 적극 환영했다고.

감독은 극중 순자 딸이 교회 헌금함에 넣은 돈을 도로 가져가는 것을 포함해서 민감한 종교적 행동을 처음에는 망설였지만 적극 수용해서 화면에 반영했다고 한다.

영화는 2020년 1월 26일 선댄스 영화제를 통해 월드 프리미어로 공개된다.

이어 딘빌 Deauville, 발라도이드 Valladolid, 햄프톤 Hamptons,

허트랜드 Heartland 및 몽클레어 Montclair 등 각국의 독립 영화제에 초청 상영된다.

일간 텔레그라프 The Telegraph의 비평가 로비 콜린 Robbie Collin은 '정 이 삭 Lee Isaac Chung의 부드러운 이야기는 가족 관계와 시골 미국의 가치에 대한 세밀하게 관찰된 초상화이다 Lee Isaac Chung's tender story is a finely-observed portrait of family relations and rural American values'라는 호평을 게재한다.

영국 가디언 The Guardian의 벤자민 리 Benjamin Lee도 '아칸소 시골에서 농장을 유지하려는 한인 가족의 자전적 이야기는 페스티벌에서 가장 보편적으로 사랑받는 영화가 되었다 The autobiographical story of a Korean American family trying to sustain a farm in rural Arkansas has deservedly become the festival's most universally loved film'는 찬사를 보낸다.

미국 현지에서는 2020년 12월 11일 제한적으로 개봉됐다가 2021년 2월 12일에 주요 지역으로 개봉 범위가 확장되는 등 주목을 받게 된다.

〈미나리〉는 2020년 선댄스 영화제를 통해 '미국 드라마 심사 위원 상 the U.S. Dramatic Grand Jury Prize' '미국 드라마 관객상 the U.S. Dramatic Audience Award' 등 2개 부문상을 차지하는 쾌거를 이룩한다.

2020년 미국 영화 연구소 the American Film Institute 10대 영화에 추천 받는다.

영화는 골든 글로브 외국어 영화상 Best Foreign Language Film을 수상한다.

93회 아카데미에서 작품, 감독, 작곡, 각본, 남우 주연, 조연 여우 등 6개 부문에 지명 받아 윤여정이 한국인 최초로 아카데미 조연 여우상을 따내는 승전보를 알린다.

〈콜레트 Colette〉, 1944년 여름 레지스탕스로 활약한 콜레트 마린 - 캐서린의 알려지지 않는 일화

2차 대전 당시 여성 레지스탕스 요원의 업적을 회고해 주고 있는 다큐 〈콜레트〉. © Electronic Arts (EA), Oculus VR, Respawn Entertainment

〈콜레트 Colette〉는 미국 자본에 의해 불어로 제작된 다큐멘터리다.

안소니 지아치노 Anthony Giacchino 감독.

역사가 루시 포블레 Lucie Fouble와 90세 된 레지스탕스 투사 콜레트 마린-캐서린 Colette Marin-Catherine.

두 사람은 미텔바우-도라 Mittelbau-Dora 강제 수용소를 방문하기 위해 노르드하우센 Nordhausen으로 여행을 떠난다. 그때까지 그녀는 오빠 장 피에르가 죽은 장소를 방문하는 것을 피했다. 온 가족이 저항에 적극적이었던 집안 내력을 갖고 있다.

그녀 오빠는 레지스탕스를 위해 무기를 수집했고 그 과정에서 체포된다.

오빠는 19세 나이에 강제 노동과 영양실조로 강제 수용소에서 사망하고 만다.

이런 경험 때문에 그동안 독일 여행을 피했다.

포블레는 여행 중에 장 피에르 Jean Pierre 사진을 찍어도 되냐고 묻는다.

콜레트는 그녀 아버지가 사진을 찍기 위해 방문하는 동안 셔츠 아래에 카메라를 어떻게 숨겼는지 이야기 한다.

노르드하우센으로 가는 기차에서 콜레트는 오빠와 멀어진 느낌에 대해 이야기한다.

어머니가 자신이 장 피에르를 대신하기를 바랐을 때 죄책감을 느꼈던 점도 설명한다.

노르드하우센에서 전임 시장은 콜레트에게 몇 마디 말하고 싶어 한다.

그러나 그녀는 몸이 좋지 않다며 그와의 대면을 거부한다.

다음날 강제 수용소 추모 장소를 방문하게 된다.

두 사람은 오빠가 잠을 잤던 감옥 블록과 수감자들이 V-2 로켓을 만들도록 강요받은 터널을 관람한다.

형무소의 폐허를 바라보던 콜레트는 오빠에게 줄 꽃을 가져오는 것을 잊었다는 것을 뒤늦게 알고 아쉬운 눈물을 흘린다.

캠프 화장터를 방문한 후 그녀는 포블레에게 장-피에르가 어머니를 위해 만들었다는 반지를 선물한다.

다큐 주인공 콜레트 마린-캐서린 Colette Marin-Catherine(1929년 4월 25일-)은 브레테빌-오르게일루스 Bretteville-l'Orgueilleuse 출신프랑스 레지스탕스 투사이다.

1944년 여름 레지스탕스에 합류한다.

정찰 요원으로 일하다가 노르망디 상륙 이후 간호사로 일했다.

오빠 장-피에르 카트린도 1943년에 체포되어 1945년 미텔바우-도라 강제 수용소에서 사망한다.

콜레트는 오빠가 사망한 도라 수용소를 방문하는 여정을 담은 안소니 지아키노(Anthony Giacchino) 감독의 단편 다큐멘터리 〈콜레트Colette〉를 통해 2차 대전 당시 업적이 재조명 받게 된다.

다큐 제작 아이디어는 오버로드 작전 중 노르망디에 비상 착륙한 미국 제2차 세계대전 참전용사에 대한 다큐멘터리를 촬영할 때 구상되었다고 한다.

이 때 제작진들은 콜레트 마린-캐서린의 활약상을 듣게 된다.

처음에 제작진들은 콜레트에게 미텔바우-도라 Mittelbau-Dora 강제 수용소를 방문하도록 설득할 수 없었다고 한다.

왜냐하면 그녀가 장소 또는 일반적으로 독일에 대한 강한 혐오감을 갖고 있다는 것을 전달 받았기 때문이다.

그녀가 과거를 잊으려고 70년을 보냈는데 이를 다시 회상하게 한다는 것은 무리하는 판단을 하게 된 것이다.

하지만 제작진은 콜레트 오빠에 대해 연구하고 있던 역사가 루시 포블레 Lucie Fouble을 만나면서 급속도로 다큐 제작을 구체화 하는 작업을 실행에 옮겼다고 한다.

24분 분량의 다큐는 93회 아카데미 단편 다큐멘터리 상을 수여 받는다.

<이프 애니씽 해픈즈 아이 러브 유 If Anything Happens I Love You>, 단편 애니로 묘사한 비극적 사건을 극복해 나가는 유가족들 사연

〈이프 애니씽 해픈즈 아이 러브 유〉는 어린 아이를 잃은 상처를 극복하기 위해 고군분투하는 부모의 특별한 감정적 여정을 삽화 애니메이션으로 담은 단편이다.

윌 맥코맥 Will McCormack + 마이클 고비에르 Michael Govier 공동 감독은 '인간이 느낄 수 있는 극심한 고통과 인간 정신의 회복력을 병치시킨 놀라운 이야기'라는 연출론을 제시한다.

공개 직후 '사랑하고 상실한 경험이 있는 모든 사람에게 감동적인 경험을 제공하는 작품'이라는 찬사를 듣는다.

2D 애니메이션 단편은 학교 총격 사건으로 사망한 딸의 죽음에 맞서기 위해 애쓰는 부모의 행적을 보여주고 있다.

2020년 11월 20일 넷플릭스 Netflix를 통해 방영된다.

영화에 대한 아이디어는 그리피스 공원에서 맥코맥과 고비에르간의 토론 과정을 통해 구체화 된다.

부모는 10대 초반 딸이 죽은 후 서로 떨어져 생활하기 시작한다.

두 사람은 직접 대화를 거부하지만 부모 모두 자신의 진심을 표현하는 그림자가 지켜보고 있다.

아버지가 외출하는 동안 어머니는 딸의 낡은 침실에 들어갈 생각을 하지만, 억눌린 슬픔 때문에 행동을 멈추게 된다.

빨래를 하던 엄마는 딸의 셔츠를 빨았다는 사실을 깨닫고 울기 시작한다.

세탁기 근처에 앉아 축구공을 떨어뜨리고 딸의 침실을 열어 '1950'이라는 노래를 연주하는 레코드 플레이어를 지켜본다.

그 후 아내는 남편과 재회하기 위해 방으로 들어가기로 결정한다.

이런 아내 행동 배경으로 '1950'이 계속 흘러나오고 있다.

딸을 나타내는 그림자가 레코드 플레이어에서 튀어

나오고 부모는 딸의 삶에서 일어난 사건을 기억하기 시작한다.

일련의 플래시백을 통해 부모는 딸이 자라는 것을 지켜 보게 된다.

딸은 축구에 대한 사랑을 키우고 10번째 생일을 축하하고 첫 키스를 경험한다.

마지막 플래시백에서 딸은 학교에 가기 위해 부모를 떠난다.

무슨 일이 일어날지 알고 있는 부모 그림자는 그녀가 학교 구내로 들어오는 것을 막으려 한다.

그러나 이것은 기억이기 때문에 실패하고 만다.

학교 안에서 딸은 학교 총기 난사 중에 총에 맞아 죽고 부모에게 마지막으로 '무슨 일이 생기면 사랑해 If anything happens I love you'라는 문자를 보낸다.

부모 그림자가 멀어지면서 딸 그림자가 그들을 하나로 묶어 준다.

부모는 딸이 살아있을 때 경험할 수 있었던 좋은 추억을 목격하게 된다.

현재, 부모는 포옹하고, 슬픔에 잠긴 부모 그림자 사이에서 딸의 그림자는 밝은 빛이 된다.

맥코맥과 고비에르는 의인화 된 그림자를 통해 이야기를 전달하기를 원했다.

이런 제작 의도 때문에 단편 영화에서 '슬픔을 설명하고 탐구'하기를 원했기 때문에 '풀 테크니컬'로 여러 장면을 그리지 않았다고 한다.

대신 애니메이션 소프트웨어 '슬랙 Slack'을 사용해서 '실시간으로 서로의 작업을 비판하고 확인'하는 과정을 거쳐 작품을 마무리 했다는 후일담을 밝힌다.

배경 음악은 린제이 마커스 Lindsay Marcus가 작곡한다.

극중 '아름다운 몽상가 Beautiful Dreamer' 장면은 찰스 딕커슨 Charles Dickerson이 이끌고 있는 LA의 이너-시티 유스 오케스트라 Inner-City Youth Orchestra가 편곡하고 연주를 맡았다.

애니메이션 스쿱 Animation Scoop과 인터뷰를 통해 맥코맥은 '1950이라는 노래가 영화를 위해 선택되었다고 밝혔다.

1. '1950'은 어떤 노래?

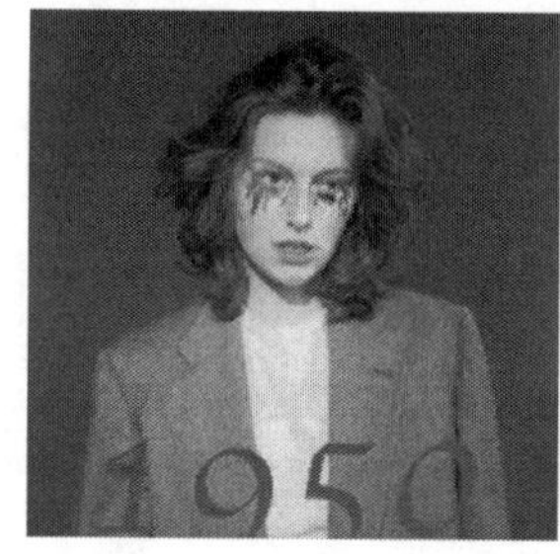

'1950'으로 유명세를 얻은 미숫 출신 싱어 송 라이터 킹 프린세스. © Zelig Recordings

'1950'은 미국 출신 싱어 송 라이터 킹 프린세스 King Princess가 발표한 데뷔 싱글이다.

2018년 2월 23일 젤리그 레코딩 Zelig Recordings을 통해 데뷔 EP 'Make My Bed'의 리드 싱글로 발매 된다.

'1950'의 노랫말은 '1952년에 바치는 헌사'를 담고 있다.

가사는 패트리시아 하이스미스 Patricia Highsmith 원작 소설 '소금 왕자 The Price of Salt'에서 인용한 것으로 알려졌다.

노래는 2019년 11월 8일과 11월 23일에 스티븐 콜버트 Stephen Colbert와 함께 출연했던 '레이트 쇼 The Late Show'와 새터데이 나이트 라이브 Saturday Night Live'를 통해 그녀의 또 다른 싱글 'Hit the Back'과 함께 불리워지면서 음악 팬들에게 널리 알려지게 된다.

〈마이 옥토퍼스 티처 My Octopus Teacher〉, 남아프리카 켈프 숲에 서식하는 문어와의 특별한 우정

바다 생물 문어와 인간과의 교류를 담은 이색 해양 다큐 〈마이 옥토퍼스 티처〉. © A Netflix Original Documentary, Off The Fence, The Sea Change Project

아프리카 끝의 얼어붙은 바다. 수년 동안 매일 수영을 한 뒤 크레이그 포스터는 놀라운 호기심을 보이는 어린 문어라는 뜻밖의 교사를 만나게 된다.

문어의 굴을 방문한다.

몇 달 동안 움직임을 추적한다.

결국 동물의 신뢰를 얻게 된다.

인간과 야생 동물 사이에 전에 본 적이 없는 유대감을 형성하게 된다. - 버라이어티

After years of swimming every day in the freezing ocean at the tip of Africa, Craig Foster meets an unlikely teacher a young octopus who displays remarkable curiosity.

Visiting her den and tracking her movements for months on end he eventually wins the animal's trust and they develop a never before seen bond between human and wild animal.

- Variety

2010년 크레이그 포스터는 남아프리카 케이프타운 근처 폴스 베이 False Bay 외딴 위치에 있는 차가운 수중 다시마 숲에서 프리 다이빙을 시작한다.

위치는 대서양의 차가운 벵겔라 해류에 노출된 케이프 반도의 시몬스 타운(Simon's Town) 근처.

이때부터 경험을 기록하기 시작한다.

시간이 흐르면서 관심을 사로잡은 호기심 많은 어린 문어를 만나게 된다.

영화는 포스터가 거의 1년 동안 문어를 따라 다니면서 점점 친밀해 지는 관계를 보여주고 있다.

문어는 포스터와 놀고 자신이 어떻게 자고, 살고, 먹는지 볼 수 있도록 그를 수중 세계로 허용하는 유대감을 보여주고 있다.

문어는 자주 파자마 상어로부터 자신을 방어해야 한다.

상어로부터 한 번의 공격을 받아 팔을 잃는다.

회복하기 위해 굴로 후퇴하여 3개월에 걸쳐 천천히 팔을 재생한다.

이 후 상어 공격을 받자 문어는 상어 등에 달라붙는 것을 포함하여 생존을 위한 놀랍도록 향상된 창의력을 보여주고 있다.

수컷 문어와 교미하여 수많은 알을 낳은 후 알을 돌보던 중 자연사 한다. 나중에 상어가 그녀의 시체를 뒤져 운반한다.

포스터는 문어가 그에게 제공한 멘토링과 같은 관계의 효과를 설명해 주고 있다.

또한 삶의 취약성과 자연과 인간의 연결에 대한 교훈을 제시해 관객들의 공감을 얻어낸다.

〈마이 옥토퍼스 티처 My Octopus Teacher〉는 핍파 어리치 Pippa Ehrlich와 제임스 리드 James Reed가 공동 시나리오와 연출로 공개한 넷플릭스 제작, 해양 다큐멘터리다.

프로듀서 크레이그 포스터가 남아프리카 켈프 숲에서 야생 문어와의 관계를 구축하는 데 보낸 1년을 기록하고 있다.

93회 아카데미에서 장편 다큐멘터리를 수상한다.

〈프라미싱 영 우먼 Promising Young Woman〉, 30대 여성이 자행하는 세상을 향한 복수극

〈프라미싱 영 우먼〉. © Film Nation Entertainment, Focus Features, Lucky Chap Entertainment

30대에 접어들고 절친한 친구 니나와 관련된 끔찍한 범죄로 인해 감정적으로 상처를 입은 의과대학 중퇴자 카산드라.

어떤 상처는 결코 치유되지 않는다는 것을 직접 알게 된다.

평범한 생활을 영위하면서 여전히 부모님과 함께 살고, 생계를 위해 싸구려 커피숍에서 테이블을 기다리는 카산드라.

고통스러운 과거를 처리할 완벽한 방법을 찾게 된다.

밤에 살인 복장을 한 카산드라는 현지 술집과 나이트클럽을 자주 방문해서 취한 척하고 완전히 무력한 척 한다.

매주 치명적으로 아름다운 카산드라는 모든 종류의 야행성 포식자와 양의 옷을 입은 다른 늑대를 찾아 배회한다.

그들은 때때로 사냥꾼이 먹이가 될 수 있다는 사실을 모른다.

그런 다음 꿀벌처럼 친절하고 배려심 많은 동급생 라이안을 끌어 들인다.

이제부터 카산드라는 과거 비극적인 사건으로 인해 충격을 받은 것을 보복하려는 듯 자신의 앞을 가로막은 사람들에게 본격적인 복수를 시도 한 다.

- 버라이어티

Cassandra is a medical school dropout in her 30s emotionally traumatized by a horrific crime involving her best friend Nina.

You know firsthand that some wounds never heal.

Cassandra leads a normal life, still living with her parents and waiting tables at a cheap coffee shop to make ends meet.

You find the perfect way to deal with your painful past.

Dressed for murder at night, Cassandra frequents local bars and nightclubs, pretending to be drunk and utterly helpless.

Every week the deadly beautiful Cassandra prowls in search of all manner of nocturnal predators and other wolves in sheep's clothing.

They don't know that sometimes hunters can become prey.

He then attracts his classmate Ryan who is kind and caring like a bee.

From now on, Cassandra attempts full-scale revenge on those who stood in her way as if to avenge the shock of the tragic events of the past.

-Variety

〈프라미싱 영 우먼 Promising Young Woman〉은 에메랄드 펜넬 Emerald Fennell이 각본, 공동 제작을 맡고 감독 데뷔작으로 공개한 작품이다.

30세 의과 대학 중퇴자 캐시 토마스.

부모님과 함께 살면서 커피숍에서 일하고 있다.

몇 년 전, 동급생 알 몬로는 같은 학교에 다니는 가장 친한 친구 니나 피셔를 강간하고 살해한다.

하지만 학교의 조사 혹은 법적 시스템의 결과는 흐지부지 된다.

그 후 니나의 억울한 죽음을 홀로 파헤치기 시작한 캐시.

불에 탄 유해와 목걸이를 증거로 해서 결혼식 피로연에서 몬로는 살인 혐의로 체포된다.

애초 감독은 캐시가 몬로 결혼식에 나타나 니나의 죽음에 관련이 있는 남자를 죽이는 것으로 처리하려 했지만 이런 설정이 비현실적이라고 생각해서 결말을 수정했다고.

마침내 감독 펜넬은 알 몬로 결혼식에서 그를 체포하는 것이 캐시의 유머 감각을 반영하는 것이라고 판단했다고 한다.

캐리 멀리간 Carey Mulligan이 용서와 복수의 균형을 유지하면서 충격적인 과거에 시달리는 문제가 있는 젊은 여성 카산드라 역할을 열연해 주고 있다.

〈프라미싱 영 우먼〉은 2020년 1월 25일 선댄스 영화제를 통해 월드 프리미어로 공개된다.

일반 개봉은 2020년 12월 25일.

각본, 연출, 멀리건의 연기에 대한 칭송을 받는다.

L A 타임즈 저스틴 창 Justin Chang은 '암울한 멀티태스킹 피날레는 대담하면서도 불확실한 느낌을 주고 있다. 여류 감독 펜넬은 남성에 대해 말하고 있다. 좋은 남자와 남자에 대해 그리고 자신이 좋은 사람이거나 충분히 좋은 사람이라고 생각하는 사람에 관해' 라는 비평을 게재한다.

93회 아카데미에서 각본상을 수상한다.

〈테넷 Tenet〉, 인류 생존을 책임진 조직 테넷 요원들의 활약상

인류 생존을 위해 헌신하는 테넷 요원들의 활약상 〈테넷〉. © Warner Bros

죽음에 가까운 경험을 한 뒤.

익명의 CIA 요원은 인류 생존을 보장하는 임무를 맡은 조직 테넷이라는 그림자 정부 조직 대열에 합류하도록 선발된다.

무시무시한 최첨단 기술과 미래의 임박한 공격을 파악해야 하는 임무를 맡은 주인공.

비밀스러운 새 파트너인 닐과 팀을 이루어 악랄한 러시아 과두제 집권층 사토르가 남긴 희미한 단서를 쫓게 된다.

하지만 이것은 시간과의 싸움이다.

보이지 않는 위협의 숨막히는 조임이 점 점 더 조여지면서 우리 세계의 미래는 점점 더 위태로워지고 있다.

고독하게 일하는 두 요원이 임박한 아마겟돈을 피할 수 있을까? - 버라이어티

After having a near-death experience, an unnamed CIA operative, known as the Protagonist is selected to join the ranks of the shadowy government organization called Tenet.

a group tasked with ensuring the survival of the human race. Entrusted with coming to grips with a terrifying, cutting-edge technology and an imminent attack from the future, the Protagonist teams up with his cryptic new partner, Neil, following a faint trail of clues that lead to the villainous Russian oligarch Sator.

However, this is a race against time and as the suffocating stranglehold of the invisible threat tightens more and more the future of our world is hanging by a thread.

Can two agents working alone avert the impending Armageddon? - Variety

〈테넷〉은 크리스토퍼 놀란이 감독과 각본을 맡아 공개한 SF 액션 스릴러이다.

현재 세계를 전멸시키려는 미래의 공격을 막기 위해 시간의 흐름을 조작하는 방법을 배우는 전직 CIA 요원의 행적을 보여주고 있다.

크리스토퍼 놀란(Christopher Nolan)은 20년에 걸쳐 〈테넷 Tenet〉 아이디어를 구상하다 2014년부터 대본 작업을 시작했다고 한다.

흥미로운 점은 세르지오 레오네 감독의 〈원스 어폰 어 타임 인 더 웨스트〉(1968) 제작 에피소드를 듣고 영감을 받아 〈테넷〉의 아이디어를 구상했다는 것.

스토리나 영상 구성에서 자칫 영향을 받을 수 있다는 염려로 인해 스릴러 혹은 스파이 장르 영화 관람을 의도적으로 피했다고 한다.

영화에서 시선을 자극시키는 '공상 과학 측면은 사물과 사람의 엔트로피를 역전시켜 시간을 가역적으로 만드는 능력을 중심으로 전개 The science-fiction aspect of the film revolves around the ability to reverse the entropy of things and people, resulting in time reversibility' 된다는 점이다.

아울러 영화에서 '소멸, 열역학 제 2법칙, 맥스웰의 악마, 조부 역설, 파인만과 휠러의 흡수체 이론 등 물리학의 실제 개념 등을 언급 refer to real concepts from physics, among them annihilation, the second law of thermodynamics, Maxwell's demon, the grandfather paradox and Feynman and Wheeler's Absorber Theory 하고 있다.

놀란은 영화 개봉 직후 서구 언론과의 인터뷰를 통해 '우리는 이것이 과학적으로 정확하다고 주장하지 않을 것이다. 테넷에는 일종의 과학적 현실이 있다. 〈인터스텔라〉와는 매우 다른 물고기 주전자이다 we're not going to make any case for this being scientifically accurate. there was some kind of scientific reality to Tenet. It's a very different kettle of fish to Interstellar'라는 의견을 밝혀 주목을 받는다.

촬영 감독 호이트 반 호이테마 Hoyte van Hoytema는 65mm 필름과 IMAX로 촬영했다.

중국에서 발원된 우한 바이러스-코로나 19 Covic-19 대유행으로 극장 개봉이 3차례 연기되는 곡절을 겪다 2020년 9월 3일 미국에서 IMAX, 35mm, 70mm로 개봉된다.

〈테넷〉의 흥행을 끌어 들인 요소 중 배경 음악을 빼놓을 수 없다.

놀란의 오랜 협력자 한스 짐머를 대신해서 루드위그 고란슨 Ludwig Göransson이 초빙된다.

고란슨은 배경 음악을 위해 '레트로그레이드 구성을 연구 Researching retrograde composition' 하면서 앞, 뒤로 같은 소리를 내는 멜로디를 창작해 냈다고 한다.

엔딩 크레디트에서 흘러나오는 노래는 트래비스 스코트 Travis Scott가 불러주는 'The Plan'이다.

개봉 이후 인디펜던트의 클레멘스 미찰론 Clémence Michallon은 '어떤 사람들에게는 재미있고 대뇌적이지만 다른 사람들에게는 부족하고 혼란스러운 것으로 인식 된다'라고 보도 한다.

대다수 언론에서는 '놀란이 이미 발표한 인상적인 작품에 놀라운 추가 기능을 첨부 시켰다'는 호의적 리뷰를 보낸다.

93회 아카데미, 바이러스 창궐(猖獗) 우려로 최소 규모로 진행

93회 아카데미는 애초 2021년 2월 28일 진행하기로 예정됐다.

하지만 중국 우한에서 퍼져 나간 우한 바이러스-코로나 19 Covid-19' 팬데믹이 전 세계를 강타하자 AMPAS 이사회는 긴급 이사회를 갖고 행사를 2개월 연기한 2021년 4월 25일로 결정하게 된다. 1988년 60회 시상식이 4월 진행된 이후 처음이다.

바이러스 전파를 염려해 후보자를 위한 오찬 행사 등 모든 야외 이벤트가 모두 취소된다.

한 편 2020년 12월, 아카데미협회는 텔레비전 프로듀서 제시 콜린스, 영화 프로듀서 스테이시 셔, 오스카상 수상 감독 스티븐 소더버그를 초빙해서 텔레비전 중계를 위한 연출을 의뢰한다.

아카데미 회장 데이비드 루빈 David Rubin과 CEO 던 허드슨 Dawn Hudson은 '다가오는 오스카상은 혁신을 위한 완벽한 기회이다. 시상식 가능성을 재구상할 수 있는 완벽한 기회이다.

이 시대에 직접 대응할 드림팀이다. 아카데미는 그들과 협력하여 영화에 대한 전 세계적인 사랑, 영화가 우리를 연결하고 가장 필요할 때 우리를 즐겁게 하는 방법 The upcoming Oscars is the perfect occasion for innovation and for re-envisioning the possibilities for the awards show. This is a dream team who will respond directly to these times. The Academy is excited to work with them to deliver an event that reflects the worldwide love of movies and how they connect us and entertain us when we need them the most' 이라고 행사 의미를 밝힌다.

협회는 '당신의 영화 사랑을 가져 오세요 Bring Your Movie Love'를 행사 선전 문구로 내세운다.

이 문안에 대해 아카데미 협회는 '연결을 촉진하고, 교육하고, 우리 자신의 이야기를 전하도록 영감을 주는 영화의 힘에 대해 전 세계적인 감사를 반영하는 것'이라는 의미 부여를 해준다.

아티스트 7명을 초빙해서 행사 포스터를 제작했다.

영화인들에게 '당신에게 영화는 무엇을 의미하는가? What do movies mean to you?'라는 질문을 던져서 얻어낸 영감을 행사 포스터에 구현했다고 밝힌다.

코로나 팬데믹 우려로 아카데미협회 AMPAS는 행사 장소를 로스 앤젤레스 다운타운에 위치한 유니언 스테이션으로 변경한다.

하이라이트인 음악 공연의 경우는 주제가상 후보 곡은 미리 녹음된 것을 행사 당일 사용했다.

후보작 중 하나인 〈유로비전 송 콘테스트 Eurovision Song Contest: The Story of Fire Saga〉 주제곡 'Husavik'는 아이슬란드 노래 이름을 딴 마을에서 공연된 영상을 활용한다.

또한 바이러스 전파를 차단하기 위해 행사장에는 후보자와 발표자만 참석하는 등 엄격한 제한을 두어 축제 분위기가 대단히 위축되는 후유증을 자초하게 된다.

93회 아카데미 규칙 변경 사례

- 시상식 날짜 변경으로 인해 아카데미는 장편 영화의 자격 마감일을 2020년 12월 31일에서 2021년 2월 28일로 변경한다.

- 아카데미는 주문형 비디오 또는 스트리밍을 통해 공개된 영화가 원래 극장 개봉이 예정되어 있고 이후 AMPAS 온라인 스크리닝에 업로드 된다는 조건을 충족시킨다면 수상 자격이 있도록 허용하는 등 개봉 및 배급 요건을 개정한다.

- AMPAS는 뉴욕시, 시카고, 샌프란시스코 베이 지역, 애틀랜타, 마이애미에 위치한 극장에서 처음 상영하는 영화 등도 출품 자격을 허용한다.
  그동안 로스 엔젤레스 지역 극장 상영으로 국한 시켰던 출품 자격 규칙을 대폭 완화시키게 된다.

- 앞서 언급한 도시들 내 드라이브-인 극장에서 1주일 동안 야간 상영을 한 영화도 출품 자격을 주기로 한다.

- 아카데미는 특정상 규정 specific award categories도 변경한다.
  사운드 믹싱 Best Sound Mixing 및 사운드 편집 Best Sound Editing 범주는 두 범주가 범위에서 너무 많이 겹치는 사운드 Sound 지점의 우려로 인해 하나의 사운드 Best Sound 범주로 통합시킨다.

- 작곡 상 Best Original Score에 대한 규칙은 영화 악보에 최소 60% 이상의 원본 음악이 포함되도록 변경 된다.

- 프랜차이즈 영화 및 속편에는 최소 80% 이상의 새로운 음악이 포함되어야 작곡상 자격을 주기로 한다.

- '국제 장편 영화에 대한 예비 투표 preliminary voting for Best International Feature Film'도 처음으로 아카데미 모든 투표 회원에게 공개한다.

AMPAS 회장 루빈과 CEO 허드슨은 '영화는 가장 어두운 시기에 우리를 위로하고, 영감을 주고, 즐겁게 하는 데 중요한 역할을 했다. 그들은 확실히 올 해를 소유하고 있다. 자격 기간과 시상식 날짜를 연장하는 우리의 희망은 누구도 통제할 수 없는 것에 대해 불이익을 받지 않고 그들의 영화를 영화 제작자들이 마무리하고 개봉하는 데 필요한 유연성을 제공하는 것이다 For over a century, movies have played an important role in comforting, inspiring and entertaining us during the darkest of times.

They certainly have this year. Our hope, in extending the eligibility period and our Awards date is to provide the flexibility filmmakers need to finish and release their films without being penalized for something beyond anyone's control'라는 성명서를 발표한다.

❖ 주요 매스컴, 대부분 부정적 보도

행사 연기와 야외 행사 취소 그리고 출품작을 간신히 맞추는 등 구색 맞추기로 진행된 2020년 93회 아카데미 어워드는 행사 종료 후 현지 매스컴으로부터 대대적인 질책과 비난을 받게 된다.

뉴 욕 타임즈 The New York Times TV 비평가 마이크 헤일 Mike Hale은 'ABC에서 일요일 방송은 골든 글로브와 길고 지친 대회의 폐막 연회 사이의 교차점에 가깝다. 적은 군중, 사회적 거리두기 또는 동굴 공간의 음질로 인한 트레이드 오프는 음향적으로나 감정적으로 죽은 방처럼 느껴졌다. 강력하고 감동적인 연설이 있었다. 하지만 그들은 그다지 흥분을 일으키지 않는 것 같았다. 방 안에 있는 사람들이 흥분하지 않을 때 집에서 흥분하기가 어렵다 Sunday's broadcast on ABC was more like a cross between the Golden Globes and the closing-night banquet of a long, exhausting convention.

The trade-off whether because of the smaller crowd, the social distancing or the sound quality in the cavernous space was what felt like a dead room, both acoustically and emotionally.

There were powerful and moving speeches but they didn't seem to be generating much excitement and when the people in the room aren't excited. it's hard to get excited at home'는 냉소적 리뷰를 보도한다.

팝 전문지 롤링 스톤 Rolling Stone 칼럼니스트 롭 쉐필드 Rob Sheffield는 '최근 역사상 가장 화려하고 계획되지 않은 오스카의 밤은 처음부터 끝까지 갈기갈기 찢겼다 The most flamboyantly unplanned and half-assed Oscar Night in recent history was a grind from beginning to end'는 의견을 밝힌다.

미국 유일의 전국 일간지 USA Today 켈리 로러 Kelly Lawler는 '쇼를 안전하게 진행하는 것이 확실히 어려웠다. 하지만 지난 달 그래미상은 팬데믹 속에서도 재미있고 매력적인 무언가를 만드는 것이 가능하다는 것을 증명했다. 안타깝게도 오스카상 프로듀서들은 그 쇼를 놓친 것 같다. 오스카상은 기차역의 열차 사고, 우리가 사랑하는 많은 영화의 열정이 부족한 극도로 길고 지루한 텔레비전 방송이 됐다 While it was certainly challenging to stage the show safely, last month's Grammys proved that it is possible to make something entertaining and engaging amid the pandemic.

Unfortunately, the Oscars producers seemingly missed that show. The Oscars were a train wreck at the train station, an excruciatingly long boring telecast that lacked the verve of so many movies we love'는 혹평을 보낸다.

다행히 호의적인 평가도 있었다.

주간 타임 칼럼니스트 주디 버그만 Judy Berman은 '코로나 이전의 평균적인 오스카상보다 더 즐거웠다. 특히 강하게 시작했다.

올 해 시상식의 모든 부분은 내가 기억할 수 있는 어떤 시상식보다 더 친밀하고 덜 답답한 느낌이 들었다. 한 때 영화 예술과 커뮤니티가 영화 비즈니스보다 우선하는 것 같았다 the ceremony was more entertaining than the average pre-Covid Oscars. It started out especially strong. Every part of this year's ceremony felt more intimate and less stuffy than just about any awards show I can remember.

For once, the art and community of film seemed to take precedence over the business of film'는 찬사를 보낸다.

AP Associated Press 통신 린제이 바 Lindsey Bahr 기자는 '93회 아카데미 시상식은 정확히 영화가 아니었다. 하지만 영화에 대해 배우는 것을 좋아하는 사람들을 위해 만들어진 쇼였다 The 93rd Academy Awards wasn't exactly a movie but it was a show made for people who love learning about movies. And it stubbornly, defiantly wasn't trying to be anything else'는 긍정적 평가를 보도한다.

ABC가 중계한 시상식은 평균 1,040만 명이 시청한 것으로 집계된다.

이 수치는 전년 행사보다 무려 56% 감소한 것이다.

주된 시청자 군을 형성하고 있는 18-49세 시청자들로부터 낮은 시청률을 얻었다. 해당 인구 통계의 시청자 사이에서 평점 2.1를 얻었다.

이 평점은 1974년 46회 시상식을 시작으로 집계된 이 후 아카데미상 텔레비전 방송 중 가장 낮은 시청률이라는 수모를 당한다.

중국과 홍콩 당국으로부터 93회 아카데미 의도적인 중계 검열을 당한다.

2013년 '필름메이커 Filmmaker' 인터뷰를 통해 중국에 대해 비판적인 발언을 한 것으로 알려진 중국계 미국인 클로이 자오 감독의 〈노마드랜드〉가 작품, 감독 등 주요 부문상에 지명되자 현지 방송국들이 시상식 중계를 철회한 것이다.

행사 전후로 중국의 대부분 쇼셜 미디어 및 뉴스 매체에서 아카데미 행사 뉴스는 의도적으로 보도 통제가 된다.

이런 분위기는 홍콩에서도 비슷하게 진행된다.

홍콩 방송사 TVB는 1969년 이후 처음으로 이 행사가 홍콩에서 생중계 되지 않을 것이라고 발표한다.

TVB 대변인은 AFP와 가진 인터뷰를 통해 '상업적 결정'이라고 주장한다.

이런 결정은 2019년 홍콩 민주화 시위에 관한 다큐멘터리 〈두 낫 스프리트 Do Not Split〉가 단편 다큐 Best Documentary Short Subject 후보작으로 지명된 것에 대한 보복 조치로 해석된다.

한 편 영화예술과학아카데미(AMPAS)가 주관한 93회 아카데미 시상식은 2020년 1월 1일-2021년 2월 28일까지 LA 유니언 스테이션에서 개봉한 영예로운 영화들을 대상으로 진행된다.

코로나-19 Covid-19 팬데믹 여파로 인해 2월 말 행사가 2021년 4월 25일로 연기되는 수난을 겪는다.

AMPAS는 23개 부문상을 시상했다.

ABC가 미국에서 방영한 시상식은 3년 연속으로 공식 MC 없이 진행된다.

〈노마드랜드 Nomadland〉는 작품상을 포함하여 3개 부문상을 수여 받는다.

이어 〈파더 The Father〉 〈예수와 블랙 메시아 Judas and the Black Messiah〉 〈마 레이니, 그녀가 블루스 Ma Rainey's Black Bottom〉 〈맹크 Mank〉 〈소울 Soul〉 〈사운드 오브 메탈 Sound of Metal〉이 각 2개 트로피를 차지한다.

텔레비전 중계 방송은 대부분 부정적인 평가를 받는다.

1,040만 명의 시청자를 확보하여 닐슨 Nielsen이 시청 기록을 유지하기 시작한 1974년 시상식 이후 가장 적게 시청자를 끌어 들인 오스카 방송으로 기록된다.

〈맹크 Mank〉는 10개 부문 후보작으로 지명 받았지만 겨우 2개 부문상을 차지하는 참패를 당한다.

중국 출신 감독 클로이 자오 Chloé Zhao는 감독상을 수상한 최초의 유색인종 여성이 된다. 〈허트 로커 The Hurt Locker〉로 2010년 감독상을 수여 받은 캐스린 비겔로우 Kathryn Bigelow에 이어 감독상을 수상한 2번째 여성이라는 기록도 세우게 된다.

83세로 남우 주연상을 차지한 안소니 홉킨스는 오스

카 경쟁 연기상을 수상한 최고령 연기자로 등극된다.

여우 주연상 수상자 프랜시스 맥도먼드는 3번의 오스카상을 수상한 3번째 연기자가 된다.

조연 여우상을 수상자한 윤여정은 1957년 〈사요나라 Sayonara〉에서 조연 여우상을 수여 받았던 일본 여배우 미요시 우메키 Miyoshi Umeki에 이어 동양인으로는 2번째 한국 연기자 최초 아카데미 연기상 수상자가 된다.

제93회 아카데미 후보 및 수상작 총 리스트. * 수상자(작)

작품 Best Picture

* 〈노매드랜드 Nomadland〉
〈더 파더 The Father〉
〈맹크 Mank〉
〈미나리 Minari〉
〈프라미싱 영 우먼 Promising Young Woman〉
〈사운드 오브 메탈 Sound of Metal〉
〈시카고 7 시련 The Trial of the Chicago 7〉

감독상 Best Director

* 클로이 자오 Chloé Zhao-〈노매드랜드 Nomadland〉
토마스 빈터베르그 Thomas Vinterberg-〈어나더 라운드 Another Round〉
데이비드 핀처 David Fincher-〈맹크 Mank〉
리 아이작 정 Lee Isaac Chung-〈미나리 Minari〉
에머랄드 펜넬 Emerald Fennell-〈프라미싱 영 우먼 Promising Young Woman〉

남우 주연 Best Actor

* 안소니 홉킨스 Anthony Hopkins-〈더 파더 The Father〉
리즈 아메드 Riz Ahmed-〈사운드 오브 메탈 Sound of Metal〉
채드윅 보스만 Chadwick Boseman-〈마 레이니, 그녀가 블루스 Ma Rainey's Black Bottom〉
게리 올드만 Gary Oldman-〈맹크 Mank〉
스티브 연 Steven Yeun-〈미나리 Minari〉

여우 주연 Best Actress

* 프란시스 맥도먼드 Frances McDormand-〈노마드랜드 Nomadland〉
비올라 데이비스 Viola Davis-〈마 레이니, 그녀가 블루스 Ma Rainey's Black Bottom〉
안드라 데이 Andra Day-〈미국 대 빌리 할리데이 The United States vs. Billie Holiday〉
바네사 커비 Vanessa Kirby-〈여성의 조각 Pieces of a Woman〉
캐리 멀리간 Carey Mulligan-〈프라미싱 영 우먼 Promising Young Woman〉

조연 남우 Best Supporting Actor

* 다니엘 칼루야 Daniel Kaluuya-〈예수와 블랙 메시아 Judas and the Black Messiah〉
사차 바론 코헨 Sacha Baron Cohen-〈시카고 7 시련 The Trial of the Chicago 7〉
레슬리 오돔 주니어 Leslie Odom Jr-〈원 나이트 인 마이애미 One Night in Miami〉
폴 라시 Paul Raci-〈사운드 오브 메탈 Sound of Metal〉
라케스 스탠필드 Lakeith Stanfield-〈예수와 블랙 메시아 Judas and the Black Messiah〉

조연 여우 Best Supporting Actress

* 윤여정 Youn Yuh-jung-〈미나리 Minari〉
마리아 바카로바 Maria Bakalova-〈보랏 서브스퀀트 무비필름 Borat Subsequent Moviefilm〉
글렌 클로즈 Glenn Close-〈힐빌리 엘레지 Hillbilly

Elegy〉
올리비아 콜맨 Olivia Colman-〈더 파더 The Father〉
아만다 세이프리드 Amanda Seyfried-〈맹크 Mank〉

각본 Best Original Screenplay

* 〈프로마싱 영 우먼 Promising Young Woman〉-에메랄드 펜넬 Emerald Fennell
〈예수와 블랙 메시아 Judas and the Black Messiah〉-윌 버슨 Will Berson+샤카 킹 Shaka King
〈미나리 Minari〉-리 아이작 정 Lee Isaac Chung
〈사운드 오브 메탈 Sound of Metal〉-아브라함 마더 Abraham Marder+다리어스 마더 Darius Marder
〈시카고 7 시련 The Trial of the Chicago 7〉-아론 소르킨 Aaron Sorkin

각색 Best Adapted Screenplay

* 〈더 파더 The Father〉-크리스토퍼 햄프톤 Christopher Hampton+플로리안 젤러 Florian Zeller
〈보랏 서브스퀀트 무비필름 Borat Subsequent Moviefilm〉-사차 바론 코헨 Sacha Baron Cohen +피터 베인햄 Peter Baynham
〈노마드랜드 Nomadland〉-클로이 자오 Chloé Zhao
〈원 나이트 인 마이애미 One Night in Miami〉-켐프 파워스 Kemp Powers
〈화이트 타이거 The White Tiger〉-라민 바라니 Ramin Bahrani

장편 애니메이션 Best Animated Feature Film

* 〈소울 Soul〉-피트 닥터 Pete Docter+다나 머레이 Dana Murray
〈온워드 Onward〉
〈오버 더 문 Over the Moon〉
〈숀 더 쉽 무비: 파마게돈 A Shaun the Sheep Movie: Farmageddon〉
〈울프워커스 Wolfwalkers〉

국제 장편 Best International Feature Film

* 〈어나더 라운드 Another Round〉(덴마크 Denmark) -토마스 빈터베르그 Thomas Vinterberg
〈베터 데이 Better Days〉(홍콩 Hong Kong)
〈콜렉티브 Collective〉(루마니아 Romania)
〈피부를 판매한 사나이 The Man Who Sold His Skin〉(튀니지 Tunisia)
〈쿼 바디스, 아이다? Quo Vadis, Aida?〉(보스니아 +헤제고비나 Bosnia and Herzegovina)

장편 다큐멘터리 Best Documentary Feature

* 〈마이 옥토퍼스 티처 My Octopus Teacher〉-핍파 얼리치 Pippa Ehrlich+제임스 리드 James Reed+ 크레이그 포스터 Craig Foster
〈콜렉티브 Collective〉-알렉산더 나나우 Alexander Nanau
〈크립 캠프 Crip Camp〉-사라 볼더 Sara Bolder
〈몰 에이전트 The Mole Agent〉-메이트 알베르디 Maite Alberdi
〈타임 Time〉-가렛 브래들리 Garrett Bradley

단편 다큐멘터리 Best Documentary Short Subject

* 〈콜레트 Colette〉-안소니 지아치노 Anthony Giacchino+
엘리스 도야르드 Alice Doyard
〈콘체르토 이즈 어 컨버세이션 A Concerto Is a Conversation〉
〈두 낫 스프릿 Do Not Split〉
〈헝거 워드 Hunger Ward〉
〈러브 송 포 나타샤 A Love Song for Latasha〉

실사 단편 영화 Best Live Action Short Film

* 〈투 디스턴트 스트레인저 Two Distant Strangers〉-트라본 프리 Travon Free+마틴 데스몬드 로에 Martin Desmond Roe
〈필링 쓰루 Feeling Through〉
〈리틀 룸 The Letter Room〉
〈프레즌트 The Present〉
〈화이트 아이 White Eye〉

단편 애니메이션 Best Animated Short Film

* 〈이프 애니씽 해픈 아이 러브 유 If Anything Happens I Love You〉-마이클 고비에르 Michael Govier+윌 맥코맥 Will McCormack

〈버로우 Burrow〉
〈지니어스 로치 Genius Loci〉
〈오페라 Opera〉
〈예스-피플 Yes-People〉

작곡 Best Original Score

* 〈소울 Soul〉-존 바티스트 Jon Batiste+트렌트 레즈너 Trent Reznor+아티커스 로즈 Atticus Ross
〈다 5 블러드 Da 5 Bloods〉-테렌스 블란차드 Terence Blanchard
〈맹크 Mank〉-트렌트 레즈너 Trent Reznor+아티커스 로즈 Atticus Ross
〈미나리 Minari〉-에밀 모세리 Emile Mosseri
〈뉴스 오브 더 월드 News of the World〉-제임스 뉴튼 하워드 James Newton Howard

주제가상 Best Original Song

* 'Fight for You'-〈예수와 블랙 메시아 Judas and the Black Messiah〉
'Hear My Voice'-〈시카고 시련 The Trial of the Chicago 7〉
'Husavik'-〈유로비전 송 콘테스트 Eurovision Song Contest: The Story of Fire Saga〉
'Io sì (Seen)'-〈라이프 어헤드 The Life Ahead〉
'Speak Now'-〈원 나이트 인 마이애미 One Night in Miami〉

사운드 Best Sound

* 〈사운드 오브 메탈 Sound of Metal〉-제이미 바시트 Jaime Baksht+니콜라스 베커 Nicolas Becker+필립 블라드 Phillip Bladh+카를로스 코르테스 Carlos Cortés
〈그레이하운드 Greyhound〉
〈맹크 Mank〉
〈뉴스 오브 더 월드 News of the World〉
〈소울 Soul〉

프러덕션 디자인 Best Production Design

* 〈맹크 Mank〉-도날드 그래함 버트 Donald Graham Burt
〈더 파더 The Father〉
〈마 레이니, 그녀가 블루스 Ma Rainey's Black Bottom〉
〈뉴스 오브 더 월드 News of the World〉
〈테넷 Tenet〉

촬영 Best Cinematography

* 〈맹크 Mank〉-에릭 메세르슈미트 Erik Messerschmidt
〈예수와 블랙 메시아 Judas and the Black Messiah〉
〈뉴스 오브 더 월드 News of the World〉
〈노마드랜드 Nomadland〉
〈시카고 7 시련 The Trial of the Chicago 7〉

메이크업+ 헤어스타일 Best Makeup and Hairstyling

* 〈마 레이니, 그녀가 블루스 Ma Rainey's Black Bottom〉-서지오 로페즈-리베라 Sergio López-Rivera+미아 닐 Mia Neal+제미카 윌슨 Jamika Wilson
〈엠마 Emma〉
〈힐빌리 엘레지 Hillbilly Elegy〉
〈맹크 Mank〉
〈피노키오 Pinocchio〉

의상 디자인 Best Costume Design

* 〈마 레이니, 그녀가 블루스 Ma Rainey's Black Bottom〉-앤 로스 Ann Roth
〈엠마 Emma〉-알렉산드라 번 Alexandra Byrne
〈맹크 Mank〉-트리시 썸머빌 Trish Summerville
〈뮬란 Mulan〉-비나 데이거러 Bina Daigeler
〈피노키오 Pinocchio〉-마시모 칸티니 파리니 Massimo Cantini Parrini

편집 Best Film Editing

* 〈사운드 오브 메탈 Sound of Metal〉-미켈 E. G. 닐센 Mikkel E. G. Nielsen
〈더 파더 The Father〉
〈노매드랜드 Nomadland〉
〈프라미싱 영 우먼 Promising Young Woman〉
〈시카고 7 시련 The Trial of the Chicago 7〉

시각 효과 Best Visual Effects

* 〈테넷 Tenet〉-스코트 R. 피셔 Scott R. Fisher+앤드류 잭슨 Andrew Jackson+데이비드 리 David Lee+앤드류 록리 Andrew Lockley
〈러브 앤 몬스터 Love and Monsters〉
〈미드나잇 스카이 The Midnight Sky〉
〈뮬란 Mulan〉
〈더 원 앤 온리 이반 The One and Only Ivan〉

진 허숄트 박애주의 상 Jean Hersholt Humanitarian Award

* 타일러 페리 Tyler Perry-아프리카 계 미국인 커뮤니티 구성원이 직면한 노숙자 및 경제적 어려움을 해결하기 위한 노력을 포함하여 최근 몇 년간 박애 및 자선 활동에 적극적으로 참여한 공적

* 모션 픽처 & 텔레비전 펀드 Motion Picture & Television Fund-엔터테인먼트 산업 구성원에게 제공하는 정서적 및 재정적 구호 서비스를 적극 제공한 공적

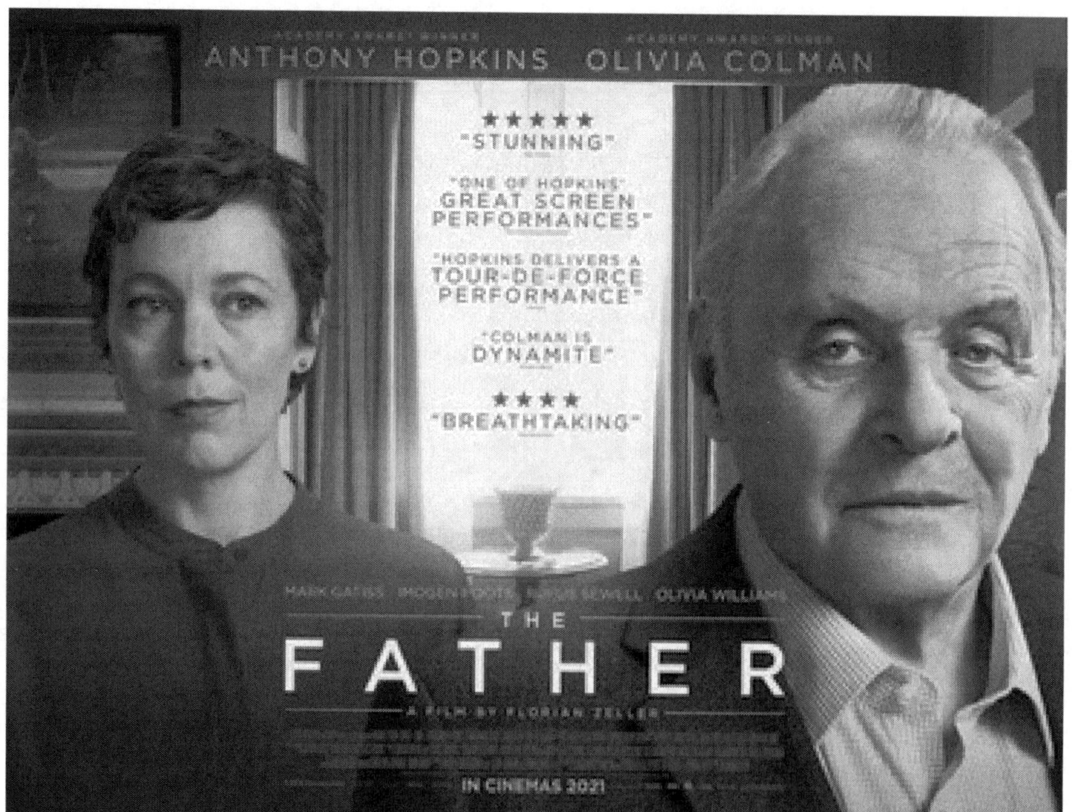

아카데미 최고령 남우상 수상자로 지명 받은 〈더 파더〉의 안소니 홉킨스. © UGC Distribution, Lionsgate, Embankment Films

<코다>, 작품, 각색, 조연 남우 3개 부문 석권

시상식 : 2022년 3월 27일 6:00 PM
장 소 : LA 돌비 극장 Dolby Theatre Hollywood, Los Angeles, California, U.S.
사 회(공동) : 레지나 홀 Regina Hall+에이미 슈머 Amy Schumer+완다 사이케스 Wanda Sykes, ABC 중계

94회 아카데미 포스터. © Academy of Motion Picture Arts and Sciences.

2021년 슈퍼 히어로와 프랜차이즈 소재 인기

음악과 로맨스를 가미시켜 청춘 관객들의 호응을 얻어낸 폴 토마스 앤더슨 감독의 〈리코리쉬 피자〉. © Metro-Goldwyn-Mayer (MGM), Focus Features, Bron Creative

뉴 요커 The New Yorker 영화 전문 기자 리차드 브로디 Richard Brody는 2021년 할리우드를 결산하는 특집 기사를 통해 '예술적 관점에서 2021년은 훌륭한 영화들이 대거 개봉되는 해였지만 흥행에서는 적자의 공기가 가득했다'는 촌평을 제시한다.

코로나-19 여파로 인해 작품성 있는 영화가 대형 스크린으로 개봉되었지만 관람객들은 격감하고 만다.

단지 슈퍼히어로와 프랜차이즈 장르 영화만이 체면치례를 하게 된다.

음악과 로맨스를 가미시킨 폴 토마스 앤더슨 감독의 〈리코리쉬 피자 Licorice Pizza〉, 웨스 앤더슨 감독의 〈프렌치 디스패치 The French Dispatch〉 등은 감독에 대한 선호도로 인해 상당한 수준의 흥행 결과를 예측했지만 결과는 기대 이하로 판정난다.

2021년 흥행 산업의 핫 이슈 중 가장 주목할 만한 것은 온라인을 통한 스트리밍 서비스(OTT)가 활성화 되고 있다는 점이다.

안방에서 편리하고 시간의 구애 없이 신작 영화를 시청할 수 있는 스트리밍 출시는 영화 관람 형식의 혁명적 변화를 예고시켜 주는 사건이 된다.

한 편 중국 우한에서 전파된 괴질 바이러스 코로나 19 여파로 2020년 전 세계 극장가는 초유의 암흑기를 보낸다.

할리우드 기대작 개봉은 대부분이 2021년으로 늦추어지는 후유증을 겪게 된다.

전편 호응에 힘입어 시리즈와 속편이 연이어 극장가를 노크했다는 것이 2021년 할리우드의 가장 큰 제작 흐름 중 한 가지다.

2018년 4월 공개됐던 존 크래신스키 감독, 에밀리 블런트 주연의 〈콰이어트 플레이스 A Quiet Place〉는 * 소리 내지 말 것 * 어떤 말도 하지 말 것 * 붉은 등이 보이면 도망칠 것 등의 조건을 내걸고 진행된 공포 영화.

소리를 내는 순간 공격을 당하는 상황을 맞게 된 가족의 생존 분투기는 색다른 설정으로 관객들의 오금을 저리게 만들었다.

'소리 내면 죽는다'는 선전 문귀를 내걸어 알찬 수익을 챙긴 덕분에 〈콰이어트 플레이스 2〉가 공개되는 성원을 받는다.

2부에서는 정체를 알 수 없는 괴 생명체의 공격으로 아빠가 죽음을 맞은 뒤 유가족들은 살아남기 위해 새로운 은신처를 찾으려는 시도를 한다.

그런데 집 밖 세계는 지독하게도 조용하다.

텅 빈 고요함은 더 큰 위험이 도사리고 있다는 신호였던 것이다.

'소리 내지 말고 맞서 싸워라!'를 선전 문귀로 내건 2부는 1부에 버금가는 호응을 받으면서 '고차원적인 공포 극 시대를 개척했다'는 찬사를 받아낸다.

패트릭 휴즈 감독의 〈킬러의 보디가드 2 Hitman's Wife's Bodyguard〉.

막무가내 독선적 성격의 킬러 다리우스(사무엘 L. 잭슨)의 경호를 맡은 보디가드 마이클(라이언 레이놀즈).

곧이어 남편 다리우스가 납치 되었다며 그를 구하러 가야 한다는 킬러 아내 소니아(셀마 헤이엑)의 압력을 받게 된다.

여기서 그치는 것이 아니라 유럽 정치, 사회를 위기로 몰아넣는 의문의 사건들이 발생하면서 인터폴의 은밀한 의뢰까지 추가 된다.

2부에서는 소니아가 악인(안토니오 반데라스)이 시도하려는 음모를 제압하고 평화로운 세계를 만드는데 일조한다는 내용으로 꾸며졌다.

1986년 개봉돼 절찬을 받았던 탐 크루즈 초기 흥행작 〈탑 건〉은 무려 35년 만에 속편 〈탑 건: 매버릭 Top Gun: Maverick〉으로 흥행가를 노크했다.

해군 전투기 훈련생이었던 청년 매버릭(탐 크루즈)이 교관으로 부임한다.

죽은 매버릭의 절친 구즈(안소니 에드워즈) 아들 브래들리(마일즈 텔러)가 신규 훈련생으로 입교해서 극을 이끌어 나갔다.

이반 라이트만 감독의 〈고스트버스터즈 Ghostbusters〉(1984)는 뉴욕에서 괴짜 교수로 유명세를 얻고 있는 피터 박사가 동료 교수들을 규합해서 뉴욕에 출몰하는 유령 퇴치 회사를 출범시키면서 겪는 해프닝을 담아 공감을 얻은 작품.

1989년 2편에 이어 2016년에는 폴 페이그 감독이 초자연 현상 전문가, 물리학 박사, 무기 개발자 등 여성들로 구성된 유령 퇴치 전문 회사 고스트버스터즈를 발족시킨다는 여성 버전 〈고스트버스터즈 Ghostbusters〉가 공개된 바 있다.

원조 감독 이반의 아들 제이슨 라이트맨 〈주노〉 〈인디 에어〉 등으로 실력을 인정 받은 신예 연출가.

부친의 히트작 위업을 이어 받아 신세대 연기진 캐리 쿤, 핀 울프하드, 맥케나 그레이스를 내세워 〈고스트버스터즈 라이즈 Ghostbusters: Afterlife〉를 선보인다.

여성 판 스핀오프를 제외하고 '고스트버스터즈' 3부작이라고 할 수 있는 〈고스트버스터즈 라이즈〉는 할아버지의 갑작스런 죽음 이후.

트레버와 피비 남매가 의문의 현상과 수상한 물건들을 발견하게 된다.

남매는 집안 뿐 아니라 마을 전체에 미스터리한 현상이 발생하면서 세상의 종말과 관련된 비밀을 추적하게 된다는 내용을 펼쳐주고 있다.

2000년을 앞 둔 1999년 5월 공개됐던 라나 워쇼스키+릴리 워쇼스키 남매 감독의 〈매트릭스 The Matrix〉는 2023년 산업계 최대 화두가 된 AI를 소재로 했다는 점 때문에 세월이 흐른 지금도 재평가 되고 있는 작품이다.

서기 2199년.

인공 지능 AI가 인류를 재배하고 있는 세상.

인간의 기억마저 AI에 의해 입력되고 삭제되는 세상이다.

가상 현실 '매트릭스' 속에서 현실을 인식할 수 없게 재배되고 있는 인간들.

'매트릭스'를 빠져 나오면서 AI에게 가장 위험한 인물이 된 '모피어스'.

그는 인류를 구할 마지막 영웅 그를 찾고 있다.

모피어스는 마침내 평범한 회사원이자 밤에는 해커로 활동하는 청년 네오를 인류를 위한 미래 영웅으로 지목하게 된다.

제작 과정을 담은 〈매트릭스 리비지티드 The Matrix Revisited〉(2001)에 이어 〈매트릭스 2: 리로디드

The Matrix Reloaded〉(2003) 〈매트릭스 3: 레볼루션 The Matrix Revolutions〉(2003)이 숨가프게 공개된 바 있다.

3부에서는 기계들이 인간 말살을 목적으로 인류 최후의 보루 시온을 공격하면서 인류 미래를 지키기 위한 필사적인 전투가 펼쳐지게 된다.

베인의 몸 속에 침투한 에이전트 스미스.

기계들의 통제권까지 벗어나게 된 스미스는 현실 세계와 매트릭스는 물론 기계도시까지 말살할 음모를 계획한다.

이에 니오베의 도움을 받아 네오와 트리니티는 기계도시 심장부로 잠입한다.

그곳에서 기계 세상의 절대 권력자를 만나 파멸 직전의 인류를 구원하기 위한 최후의 카드를 던지게 된다.

18년의 공백을 딛고 개봉된 4부 〈매트릭스: 리저렉션 The Matrix Resurrections〉.

라나 워쇼스키 단독 연출로 4부가 공개된다.

토마스 앤더슨은 현실이 물리적 구성인지 정신적 구성 개념인지 알아내기 위해 흰 토끼를 따라가야 한다.

선택은 매트릭스를 탈출할 유일한 길이다.

평범한 일상과 그 이면에 놓여 있는 또 다른 세계.

두 개의 현실이 존재하는 세상.

18년 공백을 깨고 4부 〈매트릭스: 리저렉션〉이 공개된다. © Warner Bros

운명처럼 인류를 위해 죽음에서 다시 깨어난 구원자 네오. 끊임없는 선택의 고민이 제기된다.

4부에서는 스미스 요원(휴고 위빙)과 모피어스(로렌스 피시번) 존재가 빠지게 된다.

대신 야히아 압둘-마틴 2세 Yahya Abdul-Mateen II가 젊은 시절 모피어스와 스미스 요원 등 2인 역할로 등장해 눈길을 끌었다.

크리스토퍼 맥쿼리 감독의 〈미션 임파서블: 데드 레코닝 part one Mission: Impossible-Dead Reckoning-Part One〉은 시리즈 7부.

이 작품 역시 중국에서 전파 된 코로나-19 여파로 인해 2021년 11월 개봉이 계속 연기돼 2023년 7월 14일 독립 기념일에 맞추어 공개되는 곡절을 겪게 된다.

자동차 매니어들의 절대적 호응을 얻고 있는 〈분노의 질주〉 9부 〈더 얼티메이트 Fast & Furious 9 The Fast Saga〉.

도미닉(빈 디젤)은 제이콥(존 시나)이 사이퍼(샤를리즈 테론)와 공모해서 전 세계를 위협할 음모를 꾸미고 있다는 것을 간파한다.

이에 동료들을 긴급 규합해서 제이콥 일당의 무모한 계획을 무산시켜 버린다.

9부작에서는 원조 멤버 빈 디젤을 비롯해 미셸 로드리게즈, 샤를리즈 테론 등이 등장하고 있다.

반면 액션 묘미를 증가 시켰던 근육질 배우 드웨인 존슨, 제이슨 스타뎀은 출연하지 않고 있다.

9부에서 가장 눈에 띄는 출연진은 6편에서 사망했던 한(성 강)이 생환하는 것으로 설정된다.

4부-6부를 연출했던 저스틴 린이 메가폰을 잡고 카레이서 액션의 진수를 펼쳐 주어 젊은층 관객들의 환호를 받아낸다.

2013년 공개됐던 제임스 완 감독의 〈컨저링 The Conjuring〉.

1971년 로드 아일랜드, 해리스빌.
페론 가족이 이사를 온다.
하지만 이들의 새로운 거처는 1863년 끔찍한 살인 사건이 벌어졌던 공간. 예기치 못한 주술적 공포에 시달리게 된다.
이 소재는 마이클 차베즈가 감독을 이어 받아 〈컨저링 3: 악마가 시켰다 The Conjuring: The Devil Made Me Do It〉로 공개된다.

3부작은 1981년, 엽기적 살인을 자행한 뒤 '악마가 그렇게 시켰다'며 무죄를 주장한 아르넨 셰엔 존슨 사건에서 힌트를 얻어 제작됐다고 한다.
초자연 현상 연구가인 워렌 부부(패트릭 윌슨+베라 파미가)가 살인 사건 전말을 직접 파헤친다는 것으로 극이 진행되고 있다.

차베즈 감독은 〈요로나의 저주 The Curse of La Llorona〉(2019) 흥행 참패로 의기소침 했었지만 3부작을 통해 '긴장감과 잘 짜여진 전개를 펼쳐 주었다'는 찬사를 얻어낸다.

마블 코믹스가 창출한 슈퍼 영웅 거미 사나이의 활약상이 다양하게 펼쳐졌다.
〈스파이더-맨: 노 웨이 홈 Spider-Man: No Way Home〉은 정체가 탄로 난 스파이더맨 피터 파커(톰 홀랜드)가 문제 해결을 위해 닥터 스트레인지(베네딕트 컴버배치)의 도움을 받던 와중에 멀티버스가 열리게 된다.
여기서 닥터 옥토퍼스(알프리드 몰리나) 등 최악의 숙적들이 출현하면서 이들을 제압하기 위한 긴박한 활약상이 펼쳐지게 된다.

루벤 플레셔 감독이 톰 하디를 내세워 공개했던 〈베놈 Venom〉(2018).

정의로운 열혈 기자 에디 브록이 외계 생물체 심비오트의 기습 공격을 받게 된다.
이 후 심비오트와 공생하게 된 에디 브록은 베놈으로 돌변한다.

악한 존재를 제거하려는 에디 브록과는 달리 베놈은 난폭한 힘을 주체하지 못해 내부 충돌을 일으키게 된다.

〈베놈 2: 렛 데어 비 카니지 Venom: Let There Be Carnage〉는 앤디 서키스가 메가폰을 잡았다.

베놈을 파트너로 받아들인 에디 브록(톰 하디).
그의 앞에 연쇄 살인범 클레터스 캐서디(우디 해럴슨)를 숙주로 삼고 있는 카니지가 출현한다.
세상을 혼돈에 빠트리려 하자 이를 제압하기 위한 반격에 나서게 된다.

2021년 흥행가 주요 기록들

- 마블 시네마틱 유니버스 Marvel Cinematic Universe 활약이 두드러졌다.

〈블랙 위도우 Black Widow〉 〈샹치와 텐 링즈의 전설 Shang-Chi and the Legend of the Ten Rings〉 〈이터널스 Eternals〉 〈스파이더-맨: 노 웨이 홈 Spider-Man: No Way Home〉 등을 연속 개봉하면서 누적 수익 250억 달러를 기록한다.

- 〈스파이더-맨: 노 웨이 홈〉은 전 세계 누적 수익 10억 달러를 벌어들인다.〈스파이더-맨: 파 프롬 홈〉을 제치고 소니 역대 최고 수익 영화라는 기록도 차지한다.

- 지아 링 Jia Ling 감독, 공동 주연의 중국 코미디 〈하이, 맘 Hi, Mom〉은 $ 841,674,419 달러의 수익을 올려 〈원더 우먼〉(2017)을 제치고 여성 감독의 최고 흥행작으로 등극 된다.

- 일본 애니메이션 〈디몬 슬레이어: 무겐 트레인 Demon Slayer: Mugen Train〉은 2021년 4월 북미 시장에서 개봉된다.
개봉 첫 주 1,950만 달러 $19.5 million를 거둬들여 북미에서 공개된 외국 영화 중 최고 수익을 거둔 영화로 인정받는다.

2021년 최고 흥행 영화 베스트 10 Highest-grossing films of 2021

1. 〈스파이더-맨: 노 웨이 홈 Spider-Man: No Way Home〉, 소니 픽쳐스 Sony Pictures, $ 1,901,232,550
2. 〈창진 호수의 대결 The Battle at Lake Changjin〉, 후시아 Huaxia, $ 911,666,236
3. 〈하이, 맘 Hi, Mom〉, 리안 레이 Lian Ray, $ 841,674,419
4. 〈노 타임 투 다이 No Time to Die〉, MGM / Universal, $ 774,153,007
5. 〈분노의 질주 9 F9〉, Universal, $ 726,229,501
6. 〈형사 차이나타운 3 Detective Chinatown 3〉, 완다 Wanda, $ 686,084,069
7. 〈베놈 2 Venom: Let There Be Carnage〉, 소니 픽쳐스 Sony Pictures, $ 506,863,592
8. 〈고질라 대 콩 Godzilla vs. Kong〉, Warner Bros+Toho, $ 470,067,014
9. 〈샹치와 텐 링즈의 전설 Shang-Chi and the Legend of the Ten Rings〉, Disney, $ 432,243,292
10. 〈씽 2 Sing 2〉, Universal, $ 408,398,852

〈코다 CODA〉, 청각 장애 가족을 위해 헌신하는 여성의 가슴 뭉클한 행적

매사추세츠 주 글로스터.
청각 장애 성인의 자녀이자 가족 중 유일한 소리를 들을 수 있는 고등학생 루비 로시.
그녀 앞에는 항상 많은 일거리가 놓여 있다.
사실, 아버지의 고깃배, 학업, 사회생활, 가족의 기대에 부응하는 고된 일을 처리하는 것은 10대 소녀에게는 너무 많은 일이 될 수 있다.

Gloucester, Massachusetts. As a Child of Deaf Adults and the only hearing person in her family, high school senior Ruby Rossi always has a lot on her plate. Indeed, trying to juggle back-breaking work on her father's fishing boat, schoolwork, social life and the family's expectations can be too much for a teenager.

94회 아카데미 최다 화제작 〈코다〉. © Apple Original Films, Vendôme Pictures, Pathé Films

하지만 그녀 부모는 루비가 노래 부르는 것을 좋아한다는 것을 알고 있다.

루비가 학교 합창단에 등록할 때 노래는 열정이 되고 갑자기 재능 있는 어린 소녀는 갈림길에 서게 된다.

루비가 날개를 펴고 꿈을 좇아야 할까?

아니면 자랑스러운 로시 가족의 일원으로서 일상적인 싸움을 계속해야 할까? - 버라이어티

But do her parents know Ruby loves to sing!.

When Ruby signs up for the school choir, singing becomes a passion and suddenly, the talented young girl finds herself at a crossroads should Ruby spread her wings and follow her dreams or should she keep fighting everyday battles as a member of the proud Rossi clan?

- Variety

매사추세츠 북동쪽 해안 글로스터.

루비 로시는 가족 중 유일하게 청각이 정상이다.

부모 프랭키와 재키, 오빠 레오 등은 모두 귀머거리다.

그녀는 가족 낚시 사업을 돕고 있다.

고등학교 졸업 후 풀타임으로 참여할 계획이다.

그런 어느 날.

루비는 충동적으로 학교 합창단에 등록하게 된다.

음악 교사 버나도는 루비에게 노래를 부르도록 격려한다. 그는 그녀가 좋아하는 소년 마일즈와 듀엣을 부르도록 지정한다. 루비는 마침내 음악 명문 버클리 Berklee에 합격하게 된다.

가족이 운영하는 어업에 종사하는 청력이 정상인 근로자들은 수화를 배워 루비 가족과 소통하고 통역할 수 있게 된다.

루비 친구 거티는 그녀 가족이 배웅하는 동안 대학을 위해 그녀를 보스턴으로 데려간다.

루비는 '나는 당신을 진심으로 사랑한다 I really love you'라고 서명한다.

* 타이틀 Coda는 '청각 장애가 있는 부모의 말을 들을 수 있도록 태어난 사람 A person born hearing to deaf parents'을 지칭하는 용어이다.

〈코다 CODA〉는 시안 헤더 Sian Heder가 각본 및 감독을 맡아 공개한 드라마이다.

2014년 프랑스-벨기에 영화 〈양(羊)의 가족 La Famille Bélier〉의 영어 리메이크 작품이다.

에밀리아 존스 Emilia Jones가 루비 로시 역으로 출연하고 있다.

존스와 함께 미국 수화를 사용하여 의사소통하는 청각 장애인 캐릭터를 연기하기 위해 청각 장애인 배우를 더블 캐스팅 했다고 한다.

〈코다 CODA〉는 2021년 1월 28일 선댄스 영화제를 통해 최초 공개된다.

2021년 8월 13일 극장과 Apple TV+ 스트리밍 서비스를 통해 일반 개봉된다.

감독 헤더는 〈코다〉를 위해 가장 먼저 루비 엄마 재키 로시 역으로 말리 매틀린 Marlee Matlin을 캐스팅한다.

말리는 〈작은 신의 아이들 Children of a Lesser God〉(1986)에서 사라 역으로 청각 장애자 최초 아카데미 여우상을 수상한 전력을 갖고 있는 여배우이다.

프러덕션 와중에 제작사는 루비 가족 구성원으로 등

장하게 될 청각 장애인 캐릭터에 실제 청각 장애인 배우를 캐스팅하는 것을 거부한다.

이에 대해 말린은 실제 청각 장애인 배우가 캐스팅되지 않는다면 자신도 출연하지 않겠다는 배수진을 쳐서 결국 뜻을 성사시켰다는 후문을 남긴다.

감독은 또한 수 백명이 지원한 오디션을 통해 에밀리아 존스를 농아 가족 중 유일하게 청각이 정상인 딸 루비 역으로 발탁했다고 한다.

에밀리아는 배역을 위해 미국 수화 언어 American Sign Language를 9개월 동안 학습하는 등 배역을 위해 철저한 준비 과정을 거쳤다고 한다.

청각 장애인 관객들의 반응은 찬반양론으로 갈렸지만 비평가들로 부터는 대체적으로 호의적 평판을 얻는다.

미국 영화연구소 AFI American Film Institute는 2021년 10대 영화로 선정한다.

〈코다〉에서 배경 음악은 루비의 소망을 성취시켜 주는 매우 중요한 설정이 된다.

사운드트랙은 마리어스 드 브리에스 Marius de Vries가 작곡을 맡았다.

청각 장애가 있는 캐릭터가 주연을 맡은 영화를 위해 마리어스는 '음악이 감정과 연결되도록 강조하는데 중점을 두었다'는 작곡 비화를 밝힌다.

영화에 삽입된 대부분 노래는 버클리 음대 Berklee College of Music와 글로스터 고등학교 Gloucester High School 학생이 코다 CODA 합창단이 협연으로 들려주고 있다.

주연 배우 에밀리아 존스와 페리디아 왈도-필로 Ferdia Walsh-Peelo는 극중 삽입곡을 라이브 버전으로 불러주고 있다.

엔딩 크레디트에서 흘러나오는 곡은 'Beyond the Shore'. 존스가 불러주는 노래이다.

사운드트랙 앨범은 2021년 8월 13일 영화 개봉과 동시에 리퍼블릭 레코드 Republic Records를 통해 발매됐다.

〈코다〉는 94회 아카데미에서 대망의 작품상을 비롯해 조연 남우, 각색 등 3개 부문상을 차지한다.

또한 '스트리밍 서비스로 배급된 최초의 영화이자 선댄스 영화제에서 초연되어 작품상을 수상한 최초 영화 becoming the first film both distributed by a streaming service and the first film premiered at the Sundance Film Festival to win Best Picture'라는 기록을 수립한다.

〈듄 Dune〉, 환각제 스파이스 생산지를 선점하기 위한 치열한 여정

듄을 지배하는 자가 우주를 지배한다!"

10191년, 아트레이데스 가문 후계자 폴(티모시 샬라메). 시공을 초월한 존재이자 우주를 구원할 예지된 자의 운명을 타고난다.

그는 꿈에서 아라키스 행성에 있는 한 여성을 만난다.

모래 언덕을 뜻하는 '듄'이라 불리는 아라키스.

물 한 방울 없는 사막이다.

하지만 우주에서 가장 비싼 물질인 환각제 스파이스의 유일한 생산지다.

전략적 가치로 이 지역을 차지하기 위한 치열한 전쟁이 펼쳐지고 있다.

황제 특별 명령을 받은 폴과 아트레이데스 가문.

죽음이 늘상 드리워져 있는 아라키스를 향한 여정을 시작하게 된다. - 버라이어티

〈라이온 킹〉에 이어 한스 짐머에게 2번째 아카데미 작곡상을 안겨준 〈듄〉. © Warner Bros, Legendary Entertainment, Villeneuve Films

He who controls the dunes controls the universe!

In the year 10191, Paul (Timothy Chalamet), heir to the Atreides family.

He is a being who transcends time and space and is born with the destiny of a foreknowledge to save the universe.

He meets a woman on the planet Arrakis in his dream.

Arakis is called 'dune' which means sand dune.

It is a desert without a drop of water.

However, it is the only producer of the most expensive substance in the universe, the hallucinogenic spice.

A fierce war is unfolding to occupy this area with strategic value.

Paul and the Atreides family received special orders from the emperor.

We begin our journey towards Arrakis where death always hangs over us-Variety

〈듄: 파트 1 Dune: Part One〉은 드니 빌뇌브 Denis Villeneuve가 메가폰을 잡고 공개한 서사 공상 과학 영화이다.

프랭크 허버트 Frank Herbert가 1965년 발표한 원작을 2부작으로 구성해 발표한다고 밝혔다.

파트 1은 원작 소설의 전반부를 다루고 있다.

머나먼 미래를 배경으로 한 영화는 폴 아트레이드 Paul Atreides 가족인 고귀한 아트레이드 Atreides 가문이 치명적이고 황량한 사막 행성 아라키스 Arrakis를 위해 전쟁에 휘말리는 과정을 펼쳐주고 있다.

파트 1의 후반부는 하코넨 남작 Baron Harkonnen이 조카 라반 Rabban에게 향신료 생산을 다시 시작하도록 명령한다.

폴과 제시카는 오래된 연구 기지로 향한다.

이 와중에 폴은 황제의 배반 소식으로 뒤따를 내전을 피하기 위해 샤담 Shaddam의 딸 중 한 명과 결혼하려는 계획을 밝힌다.

던칸 Duncan은 자신을 희생시켜 이들이 탈출할 수 있도록 돕는다.

키네스 Kynes는 제국군에게 잡히고 생명체를 모두 삼켜 버리는 모래 벌레를 소환시킨다.

깊은 사막에서 폴과 제시카는 폴의 환상에서 나왔던 소녀 챠니 Chani를 포함하여 스틸가르 Stilgar 부족을 만나게 된다.

프리멘 Fremen 전사 제미스 Jamis는 스틸가르 Stilgar의 관대함에 도전하면서 폴에게 죽음에 대한 의식 결투를 신청한다.

폴이 승리하게 된다.

제시카의 바람과는 달리 폴은 아라키스 Arrakis에 평화를 가져다주려는 아버지 목표를 달성하기 위해 프리멘 Fremen에 합류를 선언한다.

한편 원작 소설이 1965년 출판 직후 장대한 스토리와 흥미로운 전개 방식으로 인해 많은 영화 제작사들이 판권 경쟁을 벌였다고 한다.

하지만 열혈 독자들은 원작의 방대함으로 인해 원본을 축약시키는 영화화에 대해 반대 의사를 밝힌다.

이런 와중에 컬트 장르 전문 감독 알레한드로 조도로프스키 Alejandro Jodorowsky는 1970년대 원작을 14부 시리즈로 극화하겠다고 밝혔지만 무산된다.

2013년 미국 출신 프랑스 다큐 감독 프랭크 파비치 Frank Pavich는 알레한드로 감독의 〈듄〉 대하 시리즈 실패 과정을 탐구한 다큐멘터리 〈조도로프스키의 듄 Jodorowsky's Dune〉를 발표해 주목을 받아낸다.

1984년 라파엘라 드 로렌티스 Raffaella De Laurentiis가 제작을 맡고 데이비드 린치 David Lynch가 메가폰을 잡은 3시간 분량의 〈사구 Dune〉는 137분으로 축약돼 공개됐지만 흥행에서 실패하고 만다.

1996년 제작자 리차드 P. 루빈스테인 Richard P. Rubinstein이 소설에 대한 판권을 획득한다.

루빈스테인이 제작하고 존 해리슨이 감독한 미니 시리즈는 2000년 Sci Fi 채널을 통해 방영 된다.

시청률이 높았고 일반적으로 린치 영화보다 더 좋은 평가를 받아낸다.

일부 평론가들은 미니 시리즈가 장편 영화 제작에 제공되는 스펙터클이 부족하고 책에 지나치게 충실해서 지루하다는 비판도 보낸다.

드니 감독 버전은 컬트 감독 데이비드 린치가 1984년 발표한 〈사구Dune〉에 이어 원작을 2번째로 각색한 극장 판이다.

애초 파라마운트 픽처스가 제작하려는 기획이 성사되지 못하자 레전더리 엔터테인먼트가 2016년 〈듄〉의 극장 및 TV 판권을 획득한 뒤 드니를 감독으로 초빙해서 2부작으로 진행된다.

〈듄 Dune〉은 애초 2020년 연말 개봉 예정이었다.

하지만 중국 우한에서 초래 된 코로나-19 바이러스 대유행에 직격탄을 맞아 개봉이 연기된다.

2021년 9월 3일 제 78회 베니스 국제 영화제를 통해 첫 선을 보인다.

2021년 9월 15일 주요 각국에서 일반 개봉되는 곡절을 겪는다.

10월 22일 미국 극장과 HBO Max에서 스트리밍 서비스로 동시 공개된다.

거대하고 화려한 비주얼, 우주 전략 요충지를 차지하기 위한 목숨을 건 투쟁 그리고 한스 짐머의 웅장한 배경 음악 등으로 비평가들의 찬사를 받아낸다.

아카데미 작곡상을 수상한 〈듄〉에서 한스 짐머의 역할을 빼놓을 수 없다.

한스 짐머 Hans Zimmer는 2019년 3월 영화 제작이 시작될 무렵부터 〈듄 Dune〉의 배경 음악을 꼭 하고 싶다는 의욕을 밝힌다.

짐머는 〈블레이드 러너 2049 Blade Runner 2049〉를 통해 드니 감독과 팀워을 이룬 경험이 있다.

당시 짐머는 크리스토퍼 놀란 Christopher Nolan 감독의 〈테넷 Tenet〉 작곡을 의뢰 받았지만 결국 〈듄〉을 선택한다.

짐머는 사운드트랙이 자신의 이전 공상 과학 영화 배경 음악과 흡사하다는 지적을 듣고 싶지 않다는 이유로 'anti-groove'라고 부르는 접근 방식인 서양 오케스트라의 비정형적인 악기를 사용하는 등 열의를 쏟는다.

또한 그룹 토토 Toto가 전달해 준 음악적 영향을 받지 않기 위해 린치 감독의 〈사구 Dune〉을 관람하는 것을 의도적으로 피했다고 한다.

짐머는 유타 주 사막을 방문해서 거대하고 황량한 분위기 음악을 구상했다고 한다.

배경 음악 연주자로 기타리스트 거스 고반 Guthrie Govan과 보컬리스트 로이레 코틀러 Loire Cotler를 초빙한다.

이어 스티브 마자로 Steve Mazzaro와 데이비드 플레밍 David Fleming 등 후배 작곡가를 합류시켜 협력 작업을 시도했다고 한다.

사운드트랙 중 'the House Atreides theme'에서 '백파이프 bagpipes' 악기 사용은 드니 감독의 아이디어를 수용한 것이라고 한다.

짐머는 영국 에든버러를 찾아가 30명의 백파이프 연주자를 교회로 초청해서 배경 음악을 연주 시켰다고 한다.

국립 비평가 협회 National Board of Review 및 미국 영화 연구소 American Film Institute로부터 '2021년 베스트 10'으로 추천 받는다.

94회 아카데미에서 작품 등 10개 부문 지명을 받는다.

사운드 Best Sound, 작곡 Best Original Score, 필림 편집 Best Film Editing, 프로덕션 디자인 Best Production Design, 시각 효과 Best Visual Effects, 촬영 Best Cinematography 등 6개 트로피를 차지, 94회 행사에서 최다 수상작 영예를 차지한다.

속편 〈듄: 파트 2 Dune: Part Two〉는 2023년 11월 3일 개봉됐다.

〈디 아이즈 오브 태미 페이 The Eyes of Tammy Faye〉, 텔레비전 전도사 televangelist 태미 페이 배커의 특별한 흥망성쇠(興亡盛衰)

TV 전도사의 흥망을 다룬 전기 영화 〈디 아이즈 오브 태미 페이〉.
© Searchlight Pictures, Freckle Films, Madison Wells

텔레비전 전도사 태미 페이 배커의 놀라운 흥망성쇠와 구원을 자세히 살펴보시라.

1970년대와 1980년대 태미 페이와 남편 짐 배커는 보잘 것 없는 시작에서 일어나 세계 최대 종교 방송 네트워크와 테마 파크를 만들어낸다.

그들의 사랑, 수용, 번영의 메시지로 존경을 받아낸다.

태미 페이는 지울 수 없는 속눈썹, 독특한 노래, 각계 각층의 사람들을 포용하려는 열의를 갖춘 전설적 인물이었다.

그러나 오래지 않아 재정적 부당함, 음모를 꾸미는 라이벌, 추문이 조심스럽게 건설한 제국을 무너뜨리게 된다.

- 폭스 서치라이트 픽처스

An intimate look at the extraordinary rise, fall and redemption of televangelist Tammy Faye Bakker.

In the 1970s and 80s, Tammy Faye and her husband Jim Bakker rose from humble beginnings to create the world's largest religious broadcasting network and theme park and were revered for their message of love, acceptance and prosperity. Tammy Faye was legendary for her indelible eyelashes, her idiosyncratic singing and her eagerness to embrace people from all walks of life.

However, it wasn't long before financial improprieties, scheming rivals and scandal toppled their carefully constructed empire-Fox Searchlight Pictures

〈디 아이즈 오브 태미 페이 The Eyes of Tammy Faye〉는 2000년 방영된 펜튼 베일리 Fenton Bailey + 랜디 바바토 Randy Barbato 주연의 다큐 〈월드 오브 원더 World of Wonder〉를 극영화로 발표한 작품이다.

에이브 실비아 Abe Sylvia 각본, 마이클 쇼월터 Michael Showalter가 감독했다.

영화는 태미 페이 배커(제시카 채스테인)의 사연을 들려주고 있다.
미네소타 주 인터내셔날 폴즈 International Falls에서 성장한 그녀는 남편 짐 배커(앤드류 가필드)와 함께 텔레비전 전도 경력으로 유명세를 얻는다.

타마라 태미 페이 라벨리 Tamara Tammy Faye LaValley는 미네소타 주 미니애폴리스에 있는 노스 센트럴 바이블 대학 North Central Bible College에서 공부하는 동안 짐 배커 Jim Bakker를 만나 뜨거운 사랑에 빠진다.

두 사람은 태미 모친 레이첼의 반대에도 불구하고 결혼하여 미국 전역의 기독교 공동체에 설교하고 영감을 주기 위해 대학을 중퇴한다.
이들 부부 설교는 팻 로버트슨 Pat Robertson이 운영하는 크리스찬 방송 네트워크 Christian Broadcasting Network의 관심을 받게 된다.
팻은 부부를 어린이 쇼 '짐과 태미' 진행자로 초빙한다.
짐은 머지않아 CBN의 'The 700 Club'의 단독 진행자로 발탁된다.

승승가도를 달리던 이들 부부는 여러 스캔들에 휘말리게 된다.
급기야 1992년 태미와 짐은 결별한다.
태미는 텔레비전 공연을 통해 홀로 서기를 시도한다.
오랄 로버츠 대학교에서 열리는 기독교 콘서트 특별 게스트로 초빙 받는다.
그녀는 'Battle Hymn of the Republic'의 감동적인 연주가 시작되기 전에 설교를 해서 많은 공감을 얻어낸다.

이후 태미는 2007년 7월 20일 미주리 주 캔자스시티 근처에 있는 로치 로이드 Loch Lloyd에 있는 자택에서 암으로 사망할 때까지 LGBTQ+ 커뮤니티에 대한 후원 사업을 진행한다. 향년 65세.

2021년 9월 토론토 국제 영화제를 통해 세계 초연된다.
미국 현지에서는 2021년 9월 17일 서치라이트 픽처스를 통해 개봉된다.
비평가들은 영화가 다큐멘터리보다는 한 수 아랫니며 각본 구성이 탄탄하지 못했다고 비판했지만 대신 채스테인의 연기력에는 우수점을 준다.

2021년 9월 1일 발매된 사운드트랙도 흥행에 일조한다.
데오도르 샤피로 Theodore Shapiro 작곡의 배경음악 음반이 별도로 출반된다.
음반 프로듀서 데이브 콥 Dave Cobb의 진두지휘로 발매된 주제곡 앨범에서는 히로인 제시카 채스테인 Jessica Chastain이 프로 가수 못지않은 가창력을 유감없이 발휘한다.

주제곡 앨범 중 제시카의 육성이 담겨 진 노래들은 'Battle Hymn of the Republic' 'Jesus Keeps Takin Me Higher & Higher' 'The Sun Will Shine Again' 'Somebody Touched Me' 'We are Blest' 'Don't Give Up (On the Brink of a Miracle)' 'Puppet Medley (Give a Hug, Jesus Loves Me, Up with a Giggle)' 등 총 9곡의 트랙 중 그녀가 불러주는 노래는 무려 7곡을 차지하고 있다.

비평가들의 호평 덕분인지 94회 아카데미에서 여우주연상(채스테인)과 메이크업 및 헤어스타일 부문상을 수여 받는다.

〈파워 오브 도그 The Power of the Dog〉, 〈피아노〉 제인 캠피온이 선보인 서부 형제 이야기

제인 캠피온에게 감독상을 안겨준 서부극 〈파워 오브 도그〉.
© New Zealand Film Commission, Cross City Films, BBC Films

1925년 몬타나 시골.

모든 것에 대해 조용하지만 눈에 띄는 의견 차이를 품고 있는 정반대 성격의 버뱅크 형제-허풍쟁이 필과 말쑥하고 온순한 조지-는 수십 년 동안 가족의 번영을 위한 목장을 운영해 왔다.

카리스마와 끊임없는 능력을 갖추었던 고인이 된 멘토 브롱코 헨리 덕분에 필은 변화가 다가오고 있다는 사실을 전혀 모른 채 부드러운 말투의 형제를 괴롭히는 데 큰 기쁨을 느끼고 있다.

미망인 여관 주인 로즈와 그녀의 예민한 10대 아들 피터와의 우연한 만남이 예상치 못한 깊은 유대감으로 이어진다.

이에 갑자기 필은 걱정거리에서 회피하고 쉬운 목표인 조용한 소년에게 집중하기로 결정한다.

그리고 점 점 더 많은 괴롭힘과 학대가 우울증과 알코올 중독으로 이어지게 된다.

그러나 때로는 비밀이 눈에 잘 띄는 곳에 숨어 있다.
부풀어 오르고 유해한 자아가 파괴로 이어질 수 있을까?

\- 넷플릭스

1925 rural Montana. Harbouring a silent but discernible disagreement over everything, the polar opposite Burbank brothers swaggering, boorish Phil and dapper, mild-mannered George have been running the family's prosperous ranch for decades.

Owing his charisma and unrelenting competence to his late mentor Bronco Henry, Phil takes great pleasure in bullying his soft-spoken sibling, utterly unaware that change is on its way. As a chance encounter with widowed lodging house owner Rose and her sensitive teenage son Peter leads to an unexpectedly profound bond, suddenly, mean Phil chooses to shift his focus away from his worries and concentrate on the quiet boy an easy target.

And, more and more, harassment and abuse pave the way for depression and alcoholism.

But, sometimes, secrets hide in plain sight.

Can a bloated, noxious ego lead to destruction?

\- Netflix

극의 후반.

조지는 필이 침대에서 아파서 상처가 심하게 감염된 것을 발견하게 된다.

장례식에서 의사는 조지에게 필이 탄저병으로 사망했을 가능성이 가장 높다고 말한다.

필은 항상 병든 소를 피하기 위해 조심했기 때문에 조지를 당혹스럽게 만든다.

필의 장례식을 주관한 베드로는 일반 기도서를 펴고 장례에 관한 구절을 읽은 다음 시편 22편을 읽는다.

조심스럽게 장갑을 낀 손으로 피터는 완성된 올가미를 침대 밑에 보관한다.

피터는 조지와 술에 취하지 않은 로즈가 집으로 돌아와 포옹하는 것을 지켜본다.

피터는 미소를 짓는다.

어머니 생명을 구하기 위해 일부러 필에게 병든 가죽을 주었다는 것을 암시해 준다.

2017년 초.

〈탑 오브 더 레이크 Top of the Lake〉 두 번째 시즌 촬영을 마친 작가 겸 감독 제인 캠피온은 계모 주디스 Judith로 부터 토마스 새비지 Thomas Savage가 1967년 출간한 소설 '파워 오브 도그 The Power of the Dog' 복사본을 건네 받았다고 한다.

캠피온은 읽자마자 원작에 매료됐다고 한다.

제인과 프로듀서 탄야 세개치안 Tanya Seghatchian은 2017년 칸 영화제에서 만난 캐나다 프로듀서 로저 프래피어 Roger Frappier로부터 판권을 구입하면서 본격적인 영화 작업에 착수하게 된다.

소설은 이전에 최소 5번의 판권 계약이 진행됐지만 모두 구체적인 제작은 진행되지 않았다는 것도 알게 됐다고 한다.

배우 폴 뉴먼 Paul Newman도 생전에 이 책을 각색하려고 시도한 사람들 중 한 명이였다는 것도 밝혀진다.

마침내 대본 작업을 하는 동안 캠피온은 새비지 소설의 2001년 판에 후기를 쓴 미국 출신 여류 작가 애니 프루 Annie Proulx와 계속 서신을 주고받았다고 한다.

초안을 완성한 후 캠피온은 몬타나에 있는 새비지 목장을 방문하여 그의 가족-저자는 2003년 사망-을 만난다.

딜런에 있는 몬타나 웨스턴 대학의 새비지 전문가와 의견도 나눈다.

캠피온은 예산 문제로 인해 몬타나 Montana에서 촬영할 수 없었다.

대신 감독의 모국인 뉴질랜드에서 촬영하기로 결정한다.

촬영 감독 아리 웨그너(Ari Wegner)와 프로덕션 디자이너 그랜트 메이저(Grant Major)는 뉴질랜드 남쪽 섬 센트럴 오타고에서 원작에서 언급한 이상적인 위치를 발견하게 됐다고 한다.

앞서 언급했듯이 〈파워 오브 도그 The Power of the Dog〉는 〈피아노〉로 명성을 얻었던 제인 캠피온 Jane Campion이 각본 및 감독을 맡아 공개한 '수정주의 서부 심리 드라마 revisionist Western psychological drama film'이다.

토마스 새비지 Thomas Savage가 1967년 발표한 동명 소설을 극화했다.

베네딕트 컴버배치, 커스틴 던스트, 제시 플레몬스, 코디 스미트-맥피 등이 출연하고 있다.

뉴질랜드, 영국, 캐나다, 호주 등이 참여한 국제 공동 제작 영화이다.

〈파워 오브 도그 The Power of the Dog〉는 2021년 9월 2일 제78회 베니스 국제 영화제를 통해 첫 공개된다.

베니스에서 감독, 은사자 상을 수상한다.

미국 현지에서는 2021년 11월 제한적으로 극장 개봉 된다.

2021년 12월 1일 넷플릭스 Netflix를 통해 전 세계 스트리밍으로 방영된다.

비평가들로부터 보편적인 찬사를 받았다.

94회 아카데미에서 작품, 컴버배치의 남우 주연, 조연 남우 등 무려 12개 부문 후보에 오르는 찬사를 받는다.

하지만 제인 캠피온이 감독 상 단 1개를 수여 받는 것으로 그친다.

〈아이리시맨〉(2019) 이후 10개 부문 이상에서 패배한 2번째 영화가 된다.

〈크루엘라 Cruella〉, 에스텔라는 잊어, 난 이제 크루엘라야!

〈라 라 랜드〉에 이어 청춘 스타 엠마 스톤이 천부적 연기력을 유감없이 발휘한 〈크루엘라〉. © Walt Disney Pictures, Marc Platt Productions, Gunn Films

크루엘라 드 빌이 되기 전.

10대 에스텔라에게는 꿈이 있었다.

재능, 혁신, 야망을 모두 동등하게 타고난 패션 디자이너가 되고 싶어 했다.

하지만 인생은 꿈이 결코 실현되지 않도록 하는데 열중하는 것 같다. 12세 무일푼으로 런던에서 고아가 된 에스텔라.

10년 후 가장 친한 친구이자 사소한 범죄 파트너인 두 명의 아마추어 도둑인 호레이스와 재스퍼와 함께 도시 거리를 제멋대로 돌아다닌다.

그러나 우연한 만남이 에스텔라를 젊은 부자와 유명인의 세계로 뛰어들게 한다.

이 때, 그녀는 런던에서 자신을 위해 구축한 존재에 의문을 품기 시작한다.

마침내 자신이 더 많은 운명을 맞게 될지 궁금해 한다-버라이어티

Before she becomes Cruella de Vil, teenage Estella has a dream.

She wishes to become a fashion designer, having been gifted with talent, innovation and ambition all in equal measures.

But life seems intent on making sure her dreams never come true.

Having wound up penniless and orphaned in London at 12.

10 years later Estella runs wild through the city streets with her best friends and partners-in-petty-crime, Horace and Jasper two amateur thieves.

When a chance encounter vaults Estella into the world of the young rich and famous.

however, she begins to question the existence she's built for herself in London and wonders whether she might, indeed be destined for more after all-Variety

〈크루엘라 Cruella〉는 도디 스미스 Dodie Smith가 1956년 발표한 소설 '101 마리 달마시안 The Hundred and One Dalmatians'에서 등장하고 있는 캐릭터 크루엘라 드 빌 Cruella de Vil을 주인공으로 내세워 공개된 범죄 코미디극이다.

스토리는 엘라인 브로시 맥케나 Aline Brosh McKenna + 켈리 마르셀 Kelly Marcel + 스티브 지시스 Steve Zissis가 창작해 냈다.

이를 토대로 다나 폭스 Dana Fox+토니 맥나마라 Tony McNamara가 시나리오로 구성한다.

감독은 크레이그 길레스피 Craig Gillespie.

1964년 영국.

에스텔라는 패션에 재능이 있는 창의적인 아이.

하지만 흑백 머리 카락 때문에 배척당하자 사악한 행보를 보이기 시작한다.

어머니 캐서린은 런던으로 이주한다.

헬맨 홀 Hellman Hall 파티에 들러 호스트에게 돈을 요청한다.

안으로 몰래 들어간 에스텔라는 호스트의 사나운 달마시안 개에게 쫓기던 중 어머니 목걸이를 잃어버린다.

이 때 캐서린은 절벽 옆 발코니에서 떨어져 죽는다.

졸지에 고아가 된 에스텔라.

그 후 재스퍼와 호레이스와 친구가 된다.

10년 후인 1974년.

에스텔라는 재스퍼와 호레이스와 함께 도둑질로 생활을 하고 있다.

극중 후반.

합법적으로 죽은 크루엘라 페르소나를 영원히 채택한다. 남작 부인은 크루엘라에 대한 복수를 맹세하면서 체포된다.

크루엘라는 공범자들과 함께 이사하면서 헬맨 홀 Hellman Hall을 '헬 홀 Hell Hall'로 명칭을 변경한다.

그리고 저택을 포함하여 주요 재산을 크루엘라에게 상속하겠다는 뜻을 밝힌다.

영화 가에서는 '101 달마시안' 프랜차이즈 3번째 실사 영화로 알려진다.

청춘스타 엠마 스톤 Emma Stone이 에스텔라에서 크루엘라로 변신하는 역할을 펼쳐준다.

배역을 통해 야심만만한 사기꾼이자 야심찬 패션 디자이너로 악명 높고 위험한 범죄자로 전락하는 연기를 열연해 주고 있다.

1970년대 펑크 록 운동이 한창이던 런던이 배경.

패션 디자이너 지망생 에스텔라 밀러가 크루엘라 드빌이라는 악명 높은 신예 패션 디자이너가 되는 길을 모색하는 과정을 묘사해 주고 있다.

청춘 스타 엠마 스톤은 이미 실사 영화로 발표됐던 〈101 달마시안 101 Dalmatians〉(1996)와 〈102 달마시안 102 Dalmatians〉(2000)에서 크루엘라 역을 연기했던 글렌 클로스 Glenn Close와 함께 영화 총괄 프로듀서로도 참여한다.

2021년 3월 31일, 니콜라스 브리텔 Nicholas Britell이 사운드트랙 작곡가로 초빙 받는다.

배경 음악만을 수록한 앨범은 월트 디즈니 레코드에 의해 2021년 5월 21일에 발매 된다.

엔딩 크레디트에서 들려오는 노래는 플로렌스 앤 더 머신 Florence and the Machine이 불러주는 'Call Me Cruella'이다.

엠마 스톤의 열연에도 불구하고 94회 아카데미에서 여우주연상 후보에서 탈락하고 만다.

반면 화려한 복장이 찬사를 받은 만큼 의상 디자인상을 수여 받는다.

〈벨파스트 Belfast〉 어린 소년과 노동자 가족이 헤쳐 나가는 격동의 1960년대

1969년 8월 15일.

벨파스트. 산발적인 폭력과 커져가는 위험에 둘러싸인 9살 버디.

종파 간 갈등이라는 추악한 현실에 직면하게 된다.

한 때 평화롭던 노동 계급 동네 주변.

점점 커지는 혼란이 질식할 것처럼 목을 졸라맨다.

버디는 트러블스 The Troubles-1969년 전후 영국에서 전개된 사회적 분쟁-를 이해하기 위해 최선을 다하고 있다.

이제 버디 가족은 거의 불가능하지만 삶을 바꾸는

결정에 직면하게 된다.

머물 것인가, 짐을 꾸릴 것인가? - 버라이어티

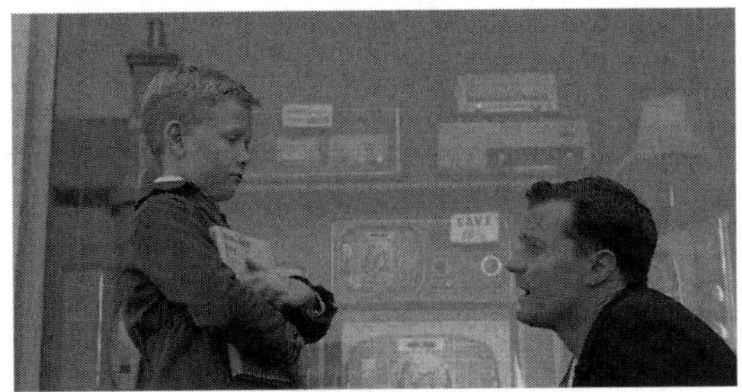

1960년대 후반 아일랜드의 정치, 사회의 격변기를 소재로 한 〈벨파스트〉. © Universal Pictures International (UPI), Focus Features

Belfast, 15 August 1969. Surrounded by sporadic violence and growing danger, nine year old Buddy finds himself confronted with the ugly reality of sectarian conflict.

And, as the suffocating stranglehold of increasing turmoil tightens around his once-peaceful working-class neighbourhood.

Buddy tries his best to understand The Troubles after all, someone must be responsible for forcing people to flee their homes.

Now, Buddy's family must come face to face with a nearly impossible, life-altering decision, stay or start packing? - Variety

영화는 북 아일랜드 벨파스트에서 벌어진 '더 트러블스 The Troubles' 기간 동안 9살 된 아들 버디 관점에서 노동계급이자 개신교 가족의 삶을 연대순으로 기록하고 있다.

버디 아버지 파 Pa는 영국에서 해외 근무를 하고 있다.

엄마, 형 윌, 조부모 그래니와 팝은 벨파스트에 거주하고 있다.

1969년 8월 폭동이 발발하면서 개신교 충성파 그룹이 버디가 거주하고 있는 가톨릭 신자들의 집과 사업체를 공격한다.

거리 주민들은 더 이상의 갈등을 막기 위해 바리케이드를 설치한다.

파 Pa는 가족의 안부를 확인하기 위해 영국에서 집으로 귀환한다.

버디는 가톨릭 동료 캐서린과 친구가 된다.

극중 후반.

벨파스트가 더 이상 안전하지 않다는 것을 알게 된 가족은 영국을 향해 떠나기로 결정한다.

팝은 침대에 누워있다 사망한다.

떠나기 전에 버디는 캐서린과 작별을 나눈다.

가족은 공항으로 향하는 버스에 탑승한다.

벨파스트에 남기로 한 할머니 그래니.

버스가 출발하는 것을 지켜본다.

떠나는 가족이 뒤돌아보지 말고 미래를 향해 나아가도록 격려한다.

〈벨파스트 Belfast〉는 영국을 대표하는 배우 케네스 브래너 Kenneth Branagh가 각본 및 감독을 맡아 공개한 성장 드라마이다.

브래너가 가장 개인적인 체험을 바탕으로 제작했다는 영화는 1969년 영국에서 기승을 부렸던 정치, 사회적 갈등인 '더 트러블스 The Troubles'가 시작될 무렵.

북 아일랜드 벨파스트를 배경으로 어린 소년이 겪는 체험을 묘사해주고 있다.

영화에서 주목할 사항은 배경 음악이다.

벨파스트 출신 밴 모리슨 Van Morrison의 음악을 선곡하고 있다는 것을 빼놓을 수 없다.

모리슨의 팝 명곡 'Caledonia Swing' 'Bright Side of the Road'

'Warm Love' 'Jackie Wilson Said' 'Days Like This' 'Stranded'

'Carrickfergus' 'And the Healing Has Begun' 등 8곡외에 영화를 위해 창작한 신곡 'Down to Joy'

등 총 9곡을 들을 수 있다.

서부극 〈하이 눈〉 삽입곡으로 널리 알려진 텍스 리터가 불러주는 'Do Not Forsake Me, (Oh My Darlin)', 디미트리 티옴킨 작곡의 'The Quarrel', 〈리버티 발란스를 쏜 사나이 The Man Who Shot Liberty Valance〉(1962) 주제가 'Polly Wolly Doodle' 등도 배경 음악으로 흘러나오고 있다.

팝 명곡을 위주로 구성한 것 때문에 〈피터의 친구 Peter's Friends〉(1992) 이 후 브래너와 콤비로 협력했던 작곡가 패트릭 도일 Patrick Doyle이 사운드트랙 작곡 명단에 참여하지 못했다.

〈벨파스트〉는 2021년 9월 2일 제 48회 텔루라이드 영화제 the 48th Telluride Film Festival를 통해 월드 프리미어로 공개된다.

2021년 토론토 국제 영화제에서 피플스 초이스 어워드를 수상한다.

2021년 11월 12일 Focus Features를 통해 미국에서 그리고 영국과 아일랜드에서는 2022년 1월 21일 Universal Pictures를 통해 각각 개봉된다.

브래너의 탄탄한 연출력과 각본, 영화 촬영 배경지의 이채로움 및 출연진 연기에 대해 비평가들로 부터 찬사를 받는다.

타임즈 The Times 케빈 마허 Kevin Maher는 '별 5개 중 5개를 주면서 형식적인 아름다움, 문자 그대로의 완벽한 연기, 복잡하고 질감 있는 글-역시 브래너의 작품-그리고 충분한 한-줄짜리 코미디 영화다.

그리고 밴 모리슨의 뮤지컬 몽타주는 당신이 끓어오르는 종파적 증오에 관한 드라마를 보고 있다는 사실을 잊게 만들 것이다 gave it 5/5 stars and It's a film of formal beauty, letter-perfect performances, complex and textured writing-also from Branagh-and enough comedic one-lines and Van Morrison musical montages to make you forget that you are watching a drama about seething sectarian hatreds'라는 호평을 보낸다.

전 세계 극장가에서 4,900만 달러 이상의 수익을 거둔다.

94회 아카데미에서 작품 등 7개 부문 후보로 지명 받아 각본상을 수여 받는다.

〈썸머 오브 소울 Summer of Soul or When the Revolution Could not be Televised〉, 1969년 할렘 흑인 문화 축제 다큐

〈썸머 오브 소울〉은 흑인 역사, 문화, 패션을 기념하는 장대한 사건을 중심으로 제작된 음악 영화이자 역사적 기록이다.

1969년 여름, 우드스탁에서 남쪽으로 불과 100 마일 떨어진 곳에서 6 주 동안 진행된 할렘 문화 축제는 마운트 모리스 공원-현 마커스 가비 공원-에서 촬영되었다. 영상은 지금까지 본 적이 없으며 대부분 잊혀졌다.

Summer of Soul is part music film part historical record created around an epic event that celebrated Black history, culture and fashion.

Over the course of six weeks in the summer of 1969, just 100 miles south of Woodstock, The Harlem Cultural Festival was filmed in Mount Morris Park-now Marcus Garvey Park.

The footage was never seen and largely forgotten until now.

1969년 8월 진행된 흑인 뮤지션들의 음악 축제 현장을 복원시킨 다큐 〈썸머 오브 소울〉. © Mass Distraction Media, Radical Media, Vulcan Productions

〈썸머 오브 소울〉은 우리의 영적 웰빙에 대한 역사의 중요성을 조명하고 있다.

과거와 현재의 불안한 시기에 음악 치유력에 대한 증거를 표방하고 있다.

이 자료에는 스티비 원더, 니나 시몬, 슬라이 앤 더 패밀리 스톤, 글래디스 나이트 앤 더 핍스, 마할리아 잭슨, B. B. 킹, 피프스 디멘션 등이 펼쳐 주는 전례 없는 콘서트 공연이 포함되어 있다.

- 서치라이트 픽쳐스

Summer of Soul shines a light on the importance of history to our spiritual well-being and stands as a testament to the healing power of music during times of unrest, both past and present.

The feature includes never before seen concert performances by Stevie Wonder, Nina Simone, Sly and the Family Stone, Gladys Knight and the Pips, Mahalia Jackson, B.B. King, The 5th Dimension and more.

- Searchlight Pictures

축제는 정확하게 6월 29일-8월 24일까지 할렘의 마운트 모리스 파크 Mount Morris Park-현재 마커스 가비 파크 Marcus Garvey Park에서 진행된다.

1969년 할렘 Harlem 문화 축제로 명명 된 현장에서 촬영 된 축제 영상, 뉴스로 보도 된 영상 등을 취합 된다.

역사적 배경과 사회적 맥락의 의미를 제공하기 위해 참석자, 음악가 및 해설자와의 인터뷰가 간간히 삽입 되고 있다.

앞서 언급됐듯이 스티비 원더 등 기라성 같은 흑인 뮤지션과 그룹들이 대거 출연한 음악 축제였음에도 불구하고 같은 시기에 진행됐던 우드스탁 록 페스티벌 보다 덜 알려져 있다는 것이 일말의 아쉬운 점으로 언급되고 있다.

〈썸머 오브 소울 Summer of Soul or When the Revolution Could not be Televised〉은 1969년 할렘 문화 축제를 담은 영상 다큐멘터리이다.

당시 축제 조직자이자 진행자 토니 로렌스 Tony Lawrence의 요청에 따라 텔레비전 프로듀서 할 툴친 Hal Tulchin은 1969년 할렘 문화 축제에 대해 약 40 시간 분량의 영상을 비디오테이프에 녹화했다고 한다.

발췌한 내용은 1969년 1시간짜리 TV 스페셜 2개로 편집되어 하나는 7월 CBS를 통해 나머지 1편은 9월 ABC를 통해 각각 방영된다.

테이프는 이 후 방송 자료실에 보관되어 50년 동안 잊혀지게 된다.

2004년.

'영화 역사 자료 Historic Films Archive'의 영화 기록 보관자 조 라우로 Joe Lauro는 영상의 존재를 발견하게 된다.

페스티벌에 대한 영화 작업을 희망하며 할 툴친 Hal Tulchin에게 연락하게 된다.

이에 할은 영상을 디지털화 하고 분류했지만 진행 도중 라우로와의 의견 차이로 작업이 중단된다.

그 후 아미르 톰슨에 의해 부식되고 낙후된 영상이 여러 작업 끝에 복원 되면서 할렘 페스티벌에 대해 들어본 적이 없는 이들을 깜짝 놀라게 할 음악 축제 자료가 세상을 통해 빛을 보게 된다.

영상은 아미르 퀘스트러브 톰슨 Ahmir Questlove Thompson의 연출 데뷔작이다.

2021년 1월 28일 선댄스 영화제를 통해 최초 공개된다.

다큐멘터리 부문 심사위원 대상과 관객상을 수상한다.

2021년 6월 25일 서치라이트 픽쳐스 배급으로 미국에서 제한 상영된다.

이어 Hulu를 통해 스트리밍 방영된다.

잊혀졌던 영상 자료를 발굴해서 복원 시켰다는 것에 대해 비평가들은 찬사를 보낸다.

팝 전문지 '롤링 스톤 Rolling Stone'은 '이 영화를 2021년 선댄스를 시작하기 위한 완벽한 영화이다. 놀랍고도 중요한 복원 및 복구 작업 the film as the Perfect Movie to Kick Off Sundance 2021 and said it was an incredible, vital act of restoration and reclamation'이라고 의미를 부여한다.

영국 일간지 가디언은 '아미르 퀘스트러브 톰슨의 〈썸머 오브 소울〉은 중심에 너무나 강렬하고 힘이 넘치는 순간이 있어 그것을 보는 동안 실제로 숨 쉬는 것을 잊었다 there is a moment so striking and rich with power at the center of Ahmir Questlove Thompson's Summer of Soul or When The Revolution Could not be Televised that, while watching it, We actually forgot to breathe'는 찬사를 게재한다.

94회 아카데미 다큐멘터리, 64회 그래미 어워드 음악 영화상을 수상한다.

〈엔칸토: 마법의 세계 Encanto〉, 마법 능력을 갖추지 못한 콜롬비아 출신 10대 소녀의 애환과 반전

〈엔칸토: 마법의 세계 Encanto〉는 엔칸토라고 불리는 경이롭고 매력적인 곳.

마법의 집, 활기찬 마을, 콜롬비아 산 속에 숨어 사는 특별한 가족 마드리갈 이야기를 들려주고 있다.

엔칸토 마법은 미라벨을 제외한 모든 아이를 치유할 수 있는 초강력 독특한 선물로 가족의 모든 아이를 축복해 주고 있다.

Encanto tells the tale of an extraordinary family, the Madrigals who live hidden in the mountains of Colombia in a magical house in a vibrant town, in a wondrous, charmed place called an Encanto.

The magic of the Encanto has blessed every child in the family with a unique gift from super strength to the power to heal every child except one, Mirabel.

그러나 엔칸토를 둘러싼 마법이 위험에 처해 있음을 알게 된 미라벨.

유일하게 평범한 마드리갈인 그녀가 예외적으로 가족의 마지막 희망일지도 모른다고 결정하게 된다.

- 월트 디즈니 애니메이션 스튜디오

But when she discovers that the magic surrounding the Encanto is in danger, Mirabel decides that she, the only ordinary Madrigal, might just be her exceptional family's last hope. - Walt Disney Animation Studios

중남미 콜롬비아의 주술적 정서를 담아내 호응을 불러일으킨 〈엔칸토: 마법의 세계〉. © Walt Disney Animation Studios, Walt Disney Pictures

〈엔칸토: 마법의 세계〉는 월트 디즈니 스튜디오가 제작한 컴퓨터 애니메이션 뮤지컬 환타지 코미디 영화이다.

스튜디오에서 제작한 60번째 애니메이션이다.

자레드 부시 Jared Bush + 바이론 하워드 Byron Howard 공동 감독.

사운드트랙 주제가는 린-마누엘 미란다 Lin-Manuel Miranda가 담당했다.

하워드와 부시는 다큐멘터리 〈이매지닝 주토피아 Imagining Zootopia〉를 제작하면서 팀웍을 맞추었던 후안 렌돈 Juan Rendon과 나탈리 오스마 Natalie Osma와 함께 라틴 아메리카 문화에 대해 많은 토론을 진행했다고 한다.

렌돈과 오스마는 콜롬비아 출신이었고 토론에서 콜롬비아 문화에 대한 개인적인 경험을 다수 털어 놓으면서 하워드, 부시, 미란다 등은 본격적으로 콜롬비아 문화 전반에 대한 연구를 하게 됐다고 한다.

렌돈와 오스마는 마침내 디즈니 애니메이션 스튜디오로부터 콜롬비아 문화 정서를 담아낸 작품 구상을 의뢰 받고 마침내 〈엔칸토: 마법의 세계〉를 통해 이를 구현해 냈다고 알려진다.

애니메이션 특성상 연기진들의 목소리 더빙에 심혈을 쏟았다고 한다.

스테파니 베아트리즈 Stephanie Beatriz는 가족과 달리 특별한 재능이 없는 15세 주인공 미라벨 마드리갈 목소리 역할을 맡았다.

자레드 부시 감독은 스테파니가 '불완전하고 이상하고 기발하지만 또한 깊은 감정과 믿을 수 없을 정도로 공감하는 목소리 연기를 펼쳐 주었다'는 칭송을 보낸다.

마리아 세실리아 보테로 María Cecilia Botero는 미라벨의 75세 된 할머니이자 가족의 연장자 어른인 아부엘라 알마 마드리갈 목소리 역할을 열연한다.

아부엘라가 극중 노래를 불러 주는 것은 올가 메레디즈 Olga Merediz가 맡았다.

콜롬비아 보고타 출신 성격파 연기자 존 레귀자모 John Leguizamo는 미래를 예지할 수 있는 능력을 갖고 있는 50세 된 미라벨 외삼촌 브루노 마드리갈 목소리 더빙을 맡았다.

〈엔칸토: 마법의 세계〉는 미라벨 마드리갈(베아트리즈)을 제외한 자녀와 손자들이 엔칸토라는 시골 지역 사회에서 사람들을 섬기는데 도움이 되는 마법 선물을 받는 여주인(보테로)이 이끄는 다세대 콜롬비아 가족 마드리갈의 행적을 펼쳐주고 있다.

미라벨은 가족이 마법을 잃어가고 있다는 사실을 알게 되자 무슨 일이 일어나고 있는지 알아보고 가족과 마법의 집을 구하러 나서게 된다.

〈엔칸토: 마법의 세계〉는 2021년 11월 3일 로스 엔젤레스 엘 카피탄 극장 El Capitan Theatre에서 초연된다.

1억 2,000만 달러의 제작비를 투입해 전 세계적으로 2억.5,600만 달러 이상의 수익을 올린다.

2021년 12월 24일 Disney+를 통해 스트리밍 방영된다.

음악, 애니메이션, 성우 연기, 정서적 깊이 및 문화적 충실도를 비롯해 영화의 핵심 개념으로 내세운 마법 세계가 던져주는 흥미로움이 흥행에 일조하게 된다.

사운드트랙도 성공하여 미국 빌보드 200 및 영국 컴필레이션 앨범 차트 1위로 등극한다.

주제가 'We Don't Talk about Bruno'는 빌보드 핫 100 1위를 차지한다.

'Surface Pressure' 등도 가장 성공적인 히트곡으로 환대 받는다.

94회 아카데미 장편 애니메이션 상을 수상한다.

〈킹 리처드 King Richard〉, 테니스 슈퍼스타 비너스와 셀레나 윌리엄스를 육성시킨 아버지 리처드의 위업

걸출한 자매 테니스 여결을 훈육시킨 아버지 공적을 다룬 전기 스포츠 영화 〈킹 리처드〉. 윌 스미스에게 남우상을 안겨준다.
© Warner Bros, Star Thrower Entertainment, Westbrook Studios

명확한 비전과 오만한 78페이지 계획으로 무장한 리처드 윌리엄스.

딸 비너스와 셀레나를 역사에 기록하기로 결심한다.

비가 오나 눈이 오나 캘리포니아의 방치된 테니스 코트 콤프톤에서 훈련을 받는 소녀들.

아버지의 단호한 헌신과 어머니의 균형 잡힌 관점과 예리한 직관에 의해 형성된다.

그들 앞에 놓여 있는 겉보기에 극복할 수 없는 역경과 지배적인 기대를 무시하게 된다.

전 세계에 영감을 줄 실화를 바탕으로 한 〈킹 리처드〉는 흔들리지 않는 결의와 무조건적인 믿음으로 궁극적으로 세계 최고 스포츠 전설 두 명을 낳은 한 가족의 희망찬 여정을 따라가고 있다.

- 할리우드 리포터

Armed with a clear vision and a brazen 78-page plan, Richard Williams is determined to write his daughters, Venus and Serena into history.

Training on Compton, California's neglected tennis courts rain or shine.

the girls are shaped by their father's unyielding commitment and their mother's balanced perspective and keen intuition, defying the seemingly insurmountable odds and prevailing expectations laid before them.

Based on the true story that will inspire the world King Richard follows the uplifting journey of a family whose unwavering resolve and unconditional belief ultimately delivers two of the world's greatest sports legends.

- Hollywood Reporter

극의 에필로그.

15세 나이로 비너스가 리복과 1,200만 달러(2021년 시점으로 2,200만 달러에 해당)에 계약을 맺을 것이라고 밝힌다.

그 후 그녀는 윔블던에서 5번 우승하고 오픈 시대 동안 세계 1위를 차지한 최초 아프리카계 미국인 여성이 된다.

2년 후 프로 선수로 비너스에 이어 입단한 셀레나는 23회 그랜드 슬램 챔피언이 된다.

많은 사람들이 테니스 역사상 가장 위대한 여성 선수로 간주하고 있다.

〈킹 리처드 King Richard〉는 레인날도 마커스 그린 Reinaldo Marcus Green 감독, 재크 베이린 Zach Baylin이 각본을 맡아 공개한 실화 전기 스포츠 영화이다.

유명 테니스 선수 비너스와 셀레나 윌리엄스-두 사람 모두 영화의 총괄 프로듀서로 참여-아버지이자 코치 리처드 윌리엄스 역으로 윌 스미스가 출연하고 있다.

2021년 9월 2일 제48회 텔루라이드 영화제 the 48th Telluride Film Festival를 통해 첫 공개된다.

2021년 11월 19일 워너 브라더스 픽처스와 HBO Max 스트리밍 서비스를 통해 개봉 된다.

5천만 달러 예산을 투입했지만 수익은 겨우 3천 9백만 달러에 그친다.

그렇지만 비평가들로부터 각본과 스미스, 데니 싱글톤 Demi Singleton(셀레나 윌리엄스 역), 새니야 시드니 Saniyya Sidney(비너스 윌리엄스)연기에 대한 찬사와 함께 긍정적인 평가를 받아낸다.

더 타임즈 The Times 케빈 마허 Kevin Maher는 '알리 이 후 그의 최고이자 올 해 최고의 스크린 공연 중 하나인 윌 스미스의 우뚝 솟은 전환은 이 영화의 거의 모든 프레임을 정의하고 있다 A towering turn from Will Smith, his best since Ali and one of the year's great screen performances, defines nearly every frame of this film'는 호평을 보낸다.

L A 타임즈 the Los Angeles Times 저스틴 창 Justin Chang은 '인종, 계급, 스포츠 및 유명인이라는 중첩되고 종종 위압적인 영역 내에서 가족이 어떻게 운영되는지에 대한 날카로운 재고를 두 배로 하는 열광적인 가족 드라마 an engrossing family drama that doubles as a sharp rethink of how a family operates within the overlapping often overbearing spheres of race, class, sports and celebrity'라는 찬사를 게재한다.

미국 영화 연구소 American Film Institute와 국립 비평가 협회 National Board of Review로부터 '최고의 영화 10편 중 한 편'으로 선정 받는다.

윌 스미스는 4,000만 달러 출연료 외에 극장과 HBO Max 방영에 따른 추가 보너스를 받았다고 알려졌다.

2021년 11월 12일에 발매 된 비욘세의 'Be Alive'가 영화 테마곡으로 선곡된다.

94회 아카데미에서 작품상을 포함해 6개 부문 후보에 올랐다.

윌 스미스가 남우주연상을 수상한다.

하지만 스미스가 장편 다큐멘터리 Best Documentary Feature 시상자 크리스 록 Chris Rock의 빰을 때리고 소리를 지르는 사건을 일으키면서 수상 영예가 추락하게 된다.

〈웨스트 사이드 스토리 West Side Story〉, 흥행 메이커 스티븐 스필버그가 첫 도전장을 낸 뮤지컬 영화

스필버그 감독이 첫 뮤지컬 장르에 연출 도전장을 낸 〈웨스트 사이드 스토리〉. © 20th Century Studios, Amblin Entertainment, Amblin Partners

맨하탄, 어퍼 웨스트 사이드, 1957년.

산 후안 힐 지역의 쇠퇴해 가는 아파트와 레킹볼의 끊임없는 위협이 배경.

두 갱단-터프한 리프의 제트 파와 거침없는 버나도의 푸에르토 리칸 샤크 파-이 패권을 놓고 싸우고 있다.

이제 단 한 번뿐인 승자독식의 럼블과 함께 고등학교 댄스에서 전 제트파 싸움꾼 토니와 버나도의 섬세한 여동생 마리아 사이의 예상치 못한 회오리바람 로맨스가 아웃 잔디 전쟁을 위한 무대를 설정하게 된다.

하지만 영토가 없는 갱단이 무슨 소용이 있겠는가?

무엇보다 미래가 불확실할 때 사랑이 없는 희망이 어디 있겠는가? - 롤링 스톤

Manhattan, Upper West Side, 1957. Against the backdrop of the decaying tenements in the San Juan Hill neighbourhood and the constant threat of the wrecking ball, two warring gangs--tough Riff's Jets and swaggering Bernardo's Puerto Rican Sharks fight for supremacy.

Now, with a once and for all, winner-takes-all rumble on the cards, an unexpected whirlwind romance at the high-school dance between former Jet brawler Tony and Bernardo's delicate little sister María sets the stage for an all-out turf war.

But what's a gang without its territory?

Above all, when the future is uncertain, what's hope without love? - Rolling Stone

2004년 스필버그는 영화 전문 매체와 진행된 인터뷰를 통해 뮤지컬 영화 연출에 대해 오랜 동안 희망을 갖고 있다는 것을 밝힌 바 있다.

당시 인터뷰 중 스필버그는 '나는 항상 뮤지컬을 만들고 싶었다. 하지만 구식의 보수적인 뮤지컬인 물랑 루즈와는 다르다. 〈웨스트 사이드 스토리〉나 〈사랑은 빗물을 타고〉처럼.

나는 20년 동안 하나를 찾고 있었다. 나를 흥분시키는 무언가가 필요할 뿐이다 I've always wanted to make a musical. Not like Moulin Rouge though an old-fashioned, conservative musical.

Like West Side Story or Singin in the Rain.

I've been looking for one for twenty years.

I just need something that excites me'라고 말한 바 있다.

〈웨스트 사이드 스토리 West Side Story〉는 토니 커쉬너 Tony Kushner 각색, 스티븐 스필버그 감독 및 공동 제작한 뮤지컬 로맨틱 영화이다.

1957년 히트 됐던 동명 뮤지컬을 두 번째로 각색한 작품이다.

안셀 엘고트 Ansel Elgort와 레이첼 제글러 Rachel Zegler의 영화 데뷔작이다.

1961년 각색 영화에 출연했던 리타 모레노는 커쉬

녀와 함께 총괄 프로듀서로도 참여했다.

레너드 번스타인이 작곡한 배경 음악과 스티븐 손하임이 작사한 것을 현대화시켜 사운드트랙으로 사용하고 있다.

2014년 20세기 폭스가 프리 프로덕션에 착수한다. 커쉬너는 2017년부터 각본을 쓰기 시작했다고 한다. 2018년 1월 감독으로 스필버그가 초빙된다.

2020년 스필버그는 '배너티 패어'와 진행된 인터뷰를 통해 '〈웨스트 사이드 스토리〉는 실제로 우리 가족이 집에 들여온 최초의 대중음악이었다. 나는 어렸을 때 완전히 사랑에 빠졌다. 궁극적으로 이 영화를 103세의 나이로 제작 도중 사망한 아버지 아놀드에게 헌정한다 West Side Story was actually the first piece of popular music our family ever allowed into the home. I fell completely in love with it as a kid and Spielberg would ultimately dedicate the film to his father, Arnold who died during production at age 103'는 소감을 밝힌다.

제작을 끝낸 스필버그는 1961년 공개됐던 뮤지컬 명작을 새롭게 각색하게 된 이유에 대해 다음과 같이 설명했다.

'생각이 다른 사람들 사이의 분열은 시간만큼이나 오래 되었다.

그리고 뮤지컬에 영감을 준 1957년 샤크 파와 제트 파 사이의 분열은 심오했다. 하지만 오늘날 우리가 발견하는 것처럼 분열되지는 않았다. 대본을 개발하는 과정에서 상황이 더 넓어졌다. 슬프게도 영토 분할 뿐만 아니라 인종 분할에 대한 이야기가 1957년보다 오늘날 관객에게 더 관련이 있다고 생각한다.

Divisions between un-likeminded people is as old as time itself. And the divisions between the Sharks and the Jets in 1957 which inspired the musical were profound.

But not as divided as we find ourselves today.

It turned out in the middle of the development of the script, things widened which I think in a sense, sadly made the story of those racial divides not just territorial divides more relevant to today's audience than perhaps it even was in 1957.

한편 저스틴 펙 Justin Peck은 댄스 장면 안무를 맡게 된다.

촬영은 2019년 7월부터 뉴욕과 뉴저지에서 2개월 동안 진행된다.

스필버그는 영화 음악 협력자 존 윌리암스에게 〈웨스트 사이드 스토리〉 배경 음악 작곡을 의뢰한다.

하지만 윌리암스는 작곡가 데이비드 뉴먼 David Newman과 지휘자 구스타보 두다멜 Gustavo Dudamel을 대타로 소개한다.

뉴먼은 1961년 영화를 위해 자니 그린 Johnny Green이 번스타인의 브로드웨이 악보를 변경한 것을 통합시켜 영화에 대한 번스타인의 원래 악보를 편곡하고 각색하는 작업을 시도한다.

일례로 '쿨 푸가 모티프 Cool fugue motif'를 '프롤로그'로 삽입하거나 '맘보의 확장된 트럼펫 솔로 the extended trumpet solo in Mambo'를 삽입시킨 것 등.

두다멜은 2019년 영화 녹음 세션에서 뉴욕 필하모닉을 지휘한다.

이듬 해 코로나-19 Covid-19 대유행 기간 동안 로스 엔젤레스 필하모닉이 추가 녹음을 진행한다.

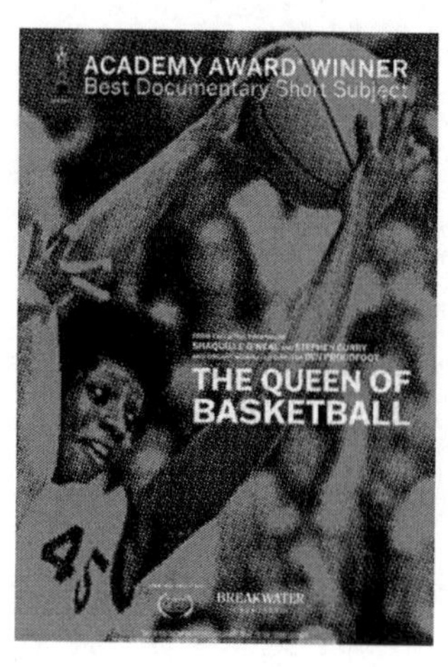

미국 농구 여제 루시 해리스의 업적을 다룬 다큐 〈퀸 오브 배스킷볼〉. © Breakwater Studios, Shaq Entertainment, The New York Times

진니 테소리 Jeanine Tesori와 맷 설리반 Matt Sullivan이 각각 보컬 코치와 음악 감독을 역임한다.

존 윌리암스는 음악 컨설턴트로 참여한다.

모든 곡은 사전 녹음되어 현장에서 사용되었다고 한다.

반면 'One Hand, One Heart' 'Somewhere' 'A Boy like That/ I Have a Love'와 가장 널리 알려진 주제곡 'Maria' 등은 주역을 맡은 출연진이 육성 라이브로 현장에서 열창했다고 한다.

〈웨스트 사이드 스토리〉는 작사가 손하임이 사망한 지 3일 후인 2021년 11월 29일 뉴욕 링컨 센터 로즈 극장에서 월드 프리미어 행사가 진행된다.

영화는 중국 우한에서 전파 된 코로나-19 전염병 여파로 인해 개봉이 1년여 연기된다.

2021년 12월 10일 20세기 스튜디오가 배급을 맡아 전 세계 주요 각국에서 개봉된다.

출연진의 연기, 스필버그의 연출, 영화 촬영법에 대해 비평가들의 찬사를 받는다.

일부 비평가들은 1961년 영화보다 우월하다는 평가도 보낸다.

1억 달러의 제작비가 투입됐지만 수익은 겨우 7,600만 달러에 머물러 흥행 참패 작으로 기록된다.

대중적 호응을 얻는 데는 실패했지만 국립 비평가협회 National Board of Review와 미국 영화 연구소 American Film Institute는 '2021년 베스트 10대 영화'로 선정한다.

94회 아카데미에서 작품 등 7개 후보로 지명 받았지만 조연 여우상(아리아나 드보스) 1개만을 수상한다.

〈퀸 오브 배스킷볼 The Queen of Basketball〉 미국 여자 농구의 신화적 선수 루시 해리스의 삶의 초상

〈퀸 오브 배스킷볼 Queen of Basketball〉은 여자 올림픽 역사상 첫 골을 넣었고 공식적으로 NBA에 드래프트 된 최초이자 유일한 여성 루시 해리스의 짜릿한 초상화이다. 해리스는 지금까지 거의 알려지지 않았다. - 할리우드 리포터

Queen of Basketball is an electrifying portrait of Lucy Harris who scored the first basket in women's Olympic history and was the first and only woman officially drafted into the N.B.A. Harris has remained largely unknown until now. - Hollywood Reporter

루시아 해리스는 델타 주립 대학 Delta State University 재학 시절 전국 챔피언십에서 3번 우승하는데 결정적 기여를 한다.

이어 1976년 하계 올림픽에서 미국 여자 농구 국가대표로 출전, 은메달을 획득하는데 공헌한 농구 스타이다.

그녀의 농구 경력은 WNBA가 1996년까지 설립되지 않았기 때문에 대학 졸업과 함께 종료되고 만다.

그녀는 NBA의 뉴 올리안즈 재즈 New Orleans Jazz-훗날 유타 재즈 Utah Jazz-에 입단할 특별한 기회를 제공 받는다.

하지만 가족을 부양하겠다는 이유로 드래프트 제안을 거절한다.

이 후 모교 델타 주립 대학 여자 팀의 수석 코치로 초빙 받아 지도자 생활을 하게 된다.

〈퀸 오브 배스킷볼〉은 농구 전설 루시아 해리스에 대한 벤 프라우드풋 Ben Proudfoot 감독의 단편 다큐멘터리이다.

2021년 6월 10일 트라이베카 영화제 the Tribeca Film Festival를 통해 처음 공개된다.

94회 아카데미 단편 주제 다큐멘터리 상을 수여 받는다.

〈노 타임 투 다이 No Time to Die〉 납치된 과학자 생환을 위해 고군분투하다 순직(殉職)하는 제임스 본드

본드 25부작 〈노 타임 투 다이〉. 6대 본드 다니엘 크레이그의 은퇴작. 라스트에서 본드가 폭발 사고로 순직하는 것으로 처리되고 있다. © Universal Pictures

본드는 현역에서 떠나 자메이카에서 평온한 삶을 즐기고 있다.

그의 평화로움은 오래가지 못한다.

CIA의 오랜 친구 펠릭스 리터가 도움을 요청했기 때문이다.

납치된 과학자를 구출하는 임무는 예상보다 훨씬 더 위험한 것으로 밝혀진다.

본드는 위험한 신기술로 무장한 신비한 악당의 흔적을 추적하게 된다. - 버라이어티

Bond has left active service and is enjoying a tranquil life in Jamaica.

His peace is short-lived when his old friend Felix Leiter from the CIA turns up asking for help.

The mission to rescue a kidnapped scientist turns out to be far more treacherous than expected leading Bond onto the trail of a mysterious villain armed with dangerous new technology. - Variety

25부작에서는 본드가 은신한 건물이 미사일 공격을 받으면서 본드가 사망하는 것으로 극이 종결돼 큰 충격을 안긴다.

라스트.

MI6에서 M, 머니페니, 노미, Q, 빌 태너 등은 본드를 기억하면서 술을 마신다.

마틸드를 마테라 Matera로 데려가는 스왠 Swann.

그녀는 제임스 본드라는 남자에 대한 이야기를 들려

준다.

〈노 타임 투 다이 No Time to Die〉는 제임스 본드 시리즈 25번째 작품이다.

다니엘 크레이그가 가상의 영국 MI6 요원 제임스 본드 역으로 5번째 출연하는 작품이자 본드 은퇴작이다.

닐 퍼비스 Neal Purvis + 로버트 웨이드 Robert Wade + 후쿠나가 Fukunaga + 피비 월러-브리지 Phoebe Waller-Bridge 공동 각본.

캐리 조지 후쿠나가 Cary Joji Fukunaga가 메가폰을 잡았다.

캐리 조지 후쿠나가는 본드에 대해 '상처 입은 동물에 비유하며 그의 심리 상태를 00 에이전트 역할을 감당하기 위해 고군분투하고 있다. 세상이 변했다. 교전 규칙이 예전과 다르다. 이 비대칭 전쟁 시대에 스파이 활동 규칙은 더 어둡다 Bond to a wounded animal and described his state of mind as struggling to deal with his role as a 00 agent.

The world's changed. The rules of engagement aren't what they used to be. The rules of espionage are darker in this era of asymmetric warfare'는 의견을 밝힌다.

레아 세이두가 매들린 스완 박사 역으로 출연하고 있다.

극중 심리 치료사이자 영화 〈스펙터 Spectre〉에서 임무를 도왔던 본드에 대해 연정을 품고 있는 여성이다.

후쿠나가는 영화에서 매들린 역할의 중요성을 강조한다.

그녀의 존재로 인해 〈카지노 로얄 Casino Royale〉에서 베스퍼 린 Vesper Lynd의 죽음으로 인해 본드의 해결되지 않은 트라우마를 탐구할 수 있었다는 의견을 밝힌다.

세아두는 개봉 이후 진행된 기자 회견을 통해 '이번 본드 작품에는 많은 감정이 있다. 매우 감동적이다. 아마 관객들도 울 것이다. 내가 영화를 보았을 때 나는 울었다'는 소감을 밝힌다.

〈보헤미안 랩소디〉 히어로 라미 말렉이 맡은 루시퍼 사핀 역할이 강한 인상을 던져준다.

본드와 적대적 관계가 되는 그는 스펙터 Spectre가 지시하는 복수 임무를 수행하고 있다.

얼굴이 변형된 테러리스트이자 과학자 신분이다.

프로듀서 바바라 브로콜리 Barbara Broccoli는 사핀 캐릭터에 대해 '본드의 피부 아래에 있는 캐릭터이다. 그는 고약한 존재이다 the one that really gets under Bond's skin. He's a nasty piece of work'라고 설명해 주었다.

반면 후쿠나가는 사핀에 대해 '본드가 만난 그 누구보다 더 위험하다. 초 지능적이고 합당한 적이다 more dangerous than anyone Bond has ever encountered and a hyper-intelligent and worthy adversary'라고 평가한다.

말렉은 자신이 맡은 캐릭터에 대해 '본드가 영웅인 것과 거의 같은 방식으로 자신을 영웅으로 생각하는 사람 someone who considers himself as a hero almost in the same way that Bond is a hero'이라고 의미를 부여했다.

〈노 타임 투 다이〉에서 본드는 MI6 현역에서 은퇴한다.

그렇지만 납치된 과학자를 되찾기 위한 작전에 참여를 요청 받고 CIA에 고용돼 강력한 적과의 대결을 펼치게 된다.

25부작은 2016년부터 프리 프러덕션이 진행된다.

2015년 〈스펙터〉 개봉 이후 소니 픽처스의 계약 만료에 따라 국제 배급권을 획득한 유니버설 픽처스의 첫 배급 본드 영화다.

대니 보일 Danny Boyle이 존 호지 John Hodge와

함께 각본을 구성하고 감독을 맡기로 했다.

그렇지만 진행 과정에서 제작사 측과 창의적인 차이로 인해 2018년 8월 중도 사퇴한다.

1개월 후 후쿠나가가 대타로 초빙된다.

빌리 에이리시 Billie Eilish가 주제곡 'No Time to Die'를 불러주고 있다.

전체 사운드트랙은 한스 짐머 Hans Zimmer가 작곡한다.

〈노 타임 투 다이 No Time to Die〉는 2021년 9월 28일 런던 로얄 알버트 홀에서 첫 공개된다.

영국에서는 2021년 9월 30일, 미국에서는 2021년 10월 8일 개봉된다.

전 세계적으로 7억 7,400만 달러 이상의 수익을 올린다.

제 94회 아카데미에서 주제가 상을 수여 받는다.

〈드라이브 마이 카 Drive My Car〉 아내의 갑작스런 죽음으로 밝혀진 추문에 놓이게 된 무대 배우이자 감독 사연

하루키 단편을 극화한 〈드라이브 마이 카〉. 타이틀은 비틀즈 동명 히트 곡에서 원용했다. © Bitters End, Bungeishunju, C&I Entertainment

아내의 갑작스러운 죽음으로 부터 2년 뒤.

저명한 무대 배우이자 연출가 카후쿠 유스케(니시지마 히데토시)는 히로시마에서 열린 연극제에서 〈바냐 삼촌〉을 감독해 달라는 제안을 받게 된다.

그곳에서 와타리 미사키(미우라 토코)를 만나게 된다.

그녀는 그가 사랑하는 빨간 사브 900을 운전하도록 부탁받게 된 과묵한 젊은 여성이다.

Two years after his wife's unexpected death, Yusuke Kafuku (Hidetoshi Nishijima), a renowned stage actor and director receives an offer to direct a production of Uncle Vanya at a theater festival in Hiroshima.

There, he meets Misaki Watari (Toko Miura). a taciturn young woman assigned by the festival to chauffeur him in his beloved red Saab 900.

제작 작품에 대한 공개가 다가오게 된다.

이에 따라 출연진과 스태프, 특히 유수케는 아내와 반갑지 않은 관계를 공유했던 잘생긴 TV 스타 타카수키 코시 사이에 긴장이 고조 된다.

유스케는 과거로부터 제기 된 고통스러운 진실에 직면하게 된다.

전속 운전사 미사키의 도움을 받아 아내가 남긴 잊혀 지지 않는 미스터리에 직면하기 시작한다. - imdb

As the production's premiere approaches, tensions mount amongst the cast and crew not least between Yusuke and Koshi Takatsuki, a handsome TV star who shares an unwelcome connection to Yusuke's late wife.

Forced to confront painful truths raised from his past, Yusuke begins with the help of his driver Misaki to face the haunting mysteries his wife left behind. - imdb

극의 후반부.
유스케는 반야 역을 맡아 미사키를 포함한 관객 앞에서 열정적 공연을 펼쳐 보인다.
유나는 소냐의 마지막 대사를 의미심장하게 전한다.

'우리의 삶은 평화롭고 부드러우며 애무처럼 달콤해질 것이다. 당신은 삶에 기쁨이 없었다. 하지만 기다려요, 반야 삼촌, 기다려요. 우리는 쉬겠습니다.'

배우와 관객 모두 공연에 감동을 받는다.
얼마 후 미사키는 한국에 살고 있다는 소식이 전해진다. 식료품을 구입해서 개가 쉬고 있는 유스케 소유의 빨간색 사브 Saab 자동차로 돌아간다.
그녀는 수술용 마스크를 벗는다.
흉터가 거의 보이지 않는다는 것을 드러낸다.
그리고 차를 몰고 간다.

〈드라이브 마이 카 Drive My Car〉는 하마구치 류스케 감독.
하마구치와 타카마사가 각색을 구성한 일본 영화이다.

일본을 대표하는 베스트셀러 작가 무라카미 하루키의 단편 소설 'Drive My Car'와 2014년 발표된 컬렉션 '여자 없는 남자 Men Without Women'에서 소재를 얻었다.
하루키는 비틀즈 6번째 앨범 'Rubber Soul' 첫 번째 트랙 'Drive My Car'에서 소설 제목을 차용했다고 밝혔다.

아내의 갑작스런 죽음.
이어 〈반야 삼촌〉이라는 다국어 영화를 감독하게 된 연극 연출가(히데토시 니시지마)가 겪게 되는 행적을 묘사해주고 있다.

애초 영화 배경지는 부산으로 설정되어 있었다고.
코로나-19 바이러스 범람으로 극중 배경지를 히로시마 Hiroshima로 변경했다고 한다.

감독은 영화 제목과 같은 비틀즈 노래 'Drive My Car'를 사운드트랙으로 사용하고 싶었다.
하지만 까다로운 저작권 문제 때문에 포기한다.
대신 무라카미의 원작에서 언급된 베토벤의 '현악 4중주'를 대체 곡으로 선곡했다고 한다.

〈드라이브 마이 카 Drive My Car〉 배경 음악 작곡가로 에이코 이시바시 Eiko Ishibashi가 초빙된다.

버라이어티 인터뷰를 통해 하마구치 감독은 '일반적으로 나는 내 영화에서 많은 음악을 사용하지 않고 있다.
하지만 이시바시가 만든 음악을 듣는 것은 이것이 영화에 효과가 있을 수 있다고 생각한 첫 번째 시간이었다 Typically, I don't use a lot of music in my films but hearing the music Ishibashi made was the first time I thought this could work for the film'는 소감을 밝힌다.
사운드트랙은 12 트랙으로 구성되어 있다.

〈드라이브 마이 카 Drive My Car〉는 2021년 칸 영화제를 통해 최초 상영된다.
칸에서 '각색' '국제 비평가 FIPRESCI Prize' '에큐메니칼 심사 위원 상 Prize of the Ecumenical Jury' 등 3관왕을 차지한다.

94회 아카데미에서 4개 부문 후보에 올라 국제 장편 영화상을 수여 받는다.

〈드라이브 마이 카 Drive My Car〉는 아카데미 작품상 후보에 진입한 첫 번째 일본 영화라는 기록을 수립한다.

수상식 후 이야기

AMPAS(Academy of Motion Picture Arts and Sciences)가 주최한 제 94회 아카데미 시상식은 2022년 3월 27일 로스 엔젤레스 할리우드 돌비 극장에서 진행된다.

시상식은 2022년 동계 올림픽 및 슈퍼볼 LVI와 충돌을 피하기 위해 보통 2월 말 날짜 이후에 예정 되었지만 3월로 순연된다.

행사 기간 동안 AMPAS는 2021년 3월 1일-12월 31일까지 개봉한 영화를 대상으로 23개 부문에 대한 아카데미-일반적으로 오스카-를 수여했다.

ABC가 미국 전역으로 방영한다.

여배우 레지나 홀 Regina Hall, 에이미 슈머 Amy Schumer, 완다 사이케스 Wanda Sykes 등이 쇼를 진행한다.

〈코다 CODA〉가 작품상을 비롯해 3개 트로피를 차지한다.

〈코다 CODA〉는 스트리밍 플랫폼을 통해 방영된 최초 작품상 수상작이 된다.

청각 장애가 있는 연기자가 주연을 맡은 최초의 작품이라는 기록도 수립한다.

작품상 수상작이 3개 후보로 지명 받은 것은 1932년 〈그랜드 호텔〉이 작품상 수상작이 된 이후 가장 적은 숫자였다.

〈코다〉는 감독 혹은 편집 후보자를 배출하지 못한 첫 번째 작품상 수상작이기도 하다.

제인 캠피온은 여성으로 3번째 감독상 수상자가 된다.

제인은 1993년 〈피아노〉로 후보에 지명 받아 여성으로 감독상 후보에 2번 후보가 된 첫 번째 여류 감독이 된다.

〈파워 오브 더 도그 The Power of the Dog〉는 〈졸업 The Graduate〉(1967) 이후 유일하게 감독상만을 수상한 2번째 영화가 된다.

각본상 수상자 케네스 브래너 Kenneth Branagh는 연기 경력 동안 7 부문에 누적 지명 받은 첫 번째 영화인이 된다.

케네스는 〈벨파스트 Belfast〉 프로듀서 중 한 명으로 작품상 후보에도 노미네이트된다.

조연 남우상 수상자 트로이 코트서 Troy Kotsur는 연기상을 수상한 최초의 남자 청각 장애인이 된다.

말리 매트린은 〈작은 신의 아이들〉로 청각 장애 최초 여우 주연상을 수상한 바 있다.

조연 여우상 수상자 아리아나 드보세 Ariana DeBose는 오스카 연기상을 수상한 최초의 아프리카계 라틴계 여성이자 공개적으로 퀴어 여성인 최초 유색 인종 여성이라는 기록을 수립한다.

〈프리 Flee〉는 장편 애니메이션 Best Animated Feature, 국제 장편 영화 Best International Feature Film, 장편 다큐멘터리 Best Documentary Feature 등 3개 부문에서 후보작으로 지명 받는다.

〈듄〉은 기술 상 분야 등을 석권하면서 총 6개 부문상을 석권한다.

〈코다〉는 작품, 조연 남우, 각색 등 3개 부문에만 지명 받았다.

하지만 3개 부문을 모두 수상하는 100% 승률 기록을 수립한다.

〈아이즈 오브 태미 페이 The Eyes of Tammy Faye〉 〈벨파스트 Belfast〉 〈크루엘라 Cruella〉 〈드라이브 마이 카 Drive My Car〉 〈엔칸토 Encanto〉 〈킹 리처드 King Richard〉 〈롱 굿바이 The Long Goodbye〉 〈노 타임 투 다이 No Time to Die〉 〈파워 오브 더 도그 The Power of the Dog〉 퀸 오브 배스킷볼 The Queen of Basketball〉 〈썸머 오브 소울 Summer of Soul〉 〈윈드쉴드 와이퍼 The Windshield Wiper〉 〈웨스트 사이드 스토리 West Side Story〉 등이 1 개씩의 트로피를 골고루 가져갔다.

TV 중계 당시 미국에서 1,662만 명의 시청자가 행사를 지켜본 것으로 집계된다.

제 94회 수상작(자) 및 노미네이션 리스트, * 수상자 및 수상작

작품 Best Picture

* 〈코다 CODA〉-필립 루세렛 Philippe Rousselet
〈벨파스트 Belfast〉-로라 버윅 Laura Berwick
〈돈 룩 업 Don't Look Up〉-아담 맥케이 Adam McKay
〈드라이브 마이 카 Drive My Car〉-테루히사 야마모토 Teruhisa Yamamoto
〈듄 Dune〉-메리 패렌트 Mary Parent
〈킹 리처드 King Richard〉-팀 화이트 Tim White
〈리코리쉬 피자 Licorice Pizza〉-사라 머피 Sara Murphy
〈나이트메어 엘리 Nightmare Alley〉-길레르모 델 토로 Guillermo del Toro
〈파워 오드 더 도그 The Power of the Dog〉-제인 캠피온 Jane Campion
〈웨스트 사이트 스토리 West Side Story〉-스티븐 스필버그 Steven Spielberg

감독 Best Director

* 제인 캠피온 Jane Campion-〈파워 오브 더 도그 The Power of the Dog〉
케네스 브래너 Kenneth Branagh-〈벨파스트 Belfast〉
류수케 하마구치 Ryusuke Hamaguchi-〈드라이브 마이 카 Drive My Car〉
폴 토마스 앤더슨 Paul Thomas Anderson-〈리코리쉬 피자 Licorice Pizza〉
스티븐 스필버그 Steven Spielberg-〈웨스트 사이드 스토리 West Side Story〉

남우 주연 Best Actor

* 윌 스미스 Will Smith-〈킹 리처드 King Richard〉
하비에르 바르뎀 Javier Bardem-〈비잉 더 리카르도스 Being the Ricardos〉
베네딕트 컴버배치 Benedict Cumberbatch-〈파워 오브 더 도그 The Power of the Dog〉
앤드류 가필드 Andrew Garfield-〈틱, 틱...붐! Tick, Tick...Boom!〉
덴젤 워싱톤 Denzel Washington-〈멕베스의 비극 The Tragedy of Macbeth〉

여우 주연 Best Actress

* 제시카 채스테인 Jessica Chastain-〈아이즈 오브 태미 페이 The Eyes of Tammy Faye〉
올리비아 콜맨 Olivia Colman-〈잃어버린 딸 The Lost Daughter〉
페네로페 크루즈 Penélope Cruz-〈패러렐 마더스 Parallel Mothers〉
니콜 키드만 Nicole Kidman-〈비잉 더 리카르도스 Being the Ricardos〉
크리스틴 스튜어트 Kristen Stewart-〈스펜서 Spencer〉

조연 남우 Best Supporting Actor

* 트로이 코트서 Troy Kotsur-〈코다 CODA〉
시아란 힌즈 Ciarán Hinds-〈벨파스트 Belfast〉
제시 플레몬즈 Jesse Plemons-〈파워 오브 더 도그

The Power of the Dog〉
J. K. 시몬즈 J. K. Simmons-〈비잉 더 리카르도스 Being the Ricardos〉
코디 스미트-맥피 Kodi Smit-McPhee-〈파워 오브 더 도그 The Power of the Dog〉

조연 여우 Best Supporting Actress

* 아리아나 드보세 Ariana DeBose-〈웨스트 사이드 스토리 West Side Story〉
제시 버클리 Jessie Buckley-〈잃어버린 딸 The Lost Daughter〉
주디 덴치 Judi Dench-〈벨파스트 Belfast〉
커스턴 던스트 Kirsten Dunst-〈파워 오브 더 도그 The Power of the Dog〉
아운재누 엘리스 Aunjanue Ellis-〈킹 리처드 King Richard〉

각본 Best Original Screenplay

* 〈벨파스트 Belfast〉-케네스 브래너 Kenneth Branagh
〈돈 룩 업 Don't Look Up〉-아담 맥케이 Adam McKay
〈킹 리처드 King Richard〉-재크 베이린 Zach Baylin
〈리코리쉬 피자 Licorice Pizza〉-폴 토마스 앤더슨 Paul Thomas Anderson
〈세상 최악의 사람 The Worst Person in the World〉-에스킬 보그트 Eskil Vogt+호아킴 트리에 Joachim Trier

각색 Best Adapted Screenplay

* 〈코다 CODA〉-시안 헤더 Sian Heder
〈드라이브 마이 카 Drive My Car〉-류수케 하마구치 Ryusuke Hamaguchi
〈듄 Dune〉-존 스페츠 Jon Spaihts
〈잃어버린 딸 The Lost Daughter〉-매기 길렌할 Maggie Gyllenhaal
〈파워 오브 더 도그 The Power of the Dog〉-제인 캠피온 Jane Campion

장편 애니메이션 Best Animated Feature Film

* 〈엔칸토 Encanto〉-자레드 부시 Jared Bush
〈프리 Flee〉-요나스 포허 라스무센 Jonas Poher Rasmussen
〈루카 Luca〉-엔리코 카사로사 Enrico Casarosa
〈미첼 대 머신 The Mitchells vs. the Machines〉-마이크 리안다 Mike Rianda
〈라야 앤 더 라스트 드래곤 Raya and the Last Dragon〉-돈 홀 Don Hall

국제 장편 영화 Best International Feature Film

* 〈드라이브 마이 카 Drive My Car〉(일본 Japan)-류수케 하마구치 Ryusuke Hamaguchi
〈프리 Flee〉(덴마크 Denmark)-요나스 포허 라스무센 Jonas Poher Rasmussen
〈핸드 오브 갓 The Hand of God〉(이태리 Italy)-파올로 소렌티노 Paolo Sorrentino
〈루나나 Lunana: A Yak in the Classroom〉(부탄 Bhutan)-파와 초닝 도리 Pawo Choyning Dorji
〈세상 최악의 사람 The Worst Person in the World〉(노르웨이 Norway)-요아킴 트리에 Joachim Trier

장편 다큐멘터리 Best Documentary Feature

* 〈썸머 오브 소울 Summer of Soul or When the Revolution Could Not Be Televised〉-아미르 퀘스트러브 톰슨 Ahmir Questlove Thompson
〈아센시온 Ascension〉-제시카 킹돈 Jessica Kingdon
〈아티카 Attica〉-스탠리 넬슨 Stanley Nelson
〈프리 Flee〉-요나스 포허 라스무센 Jonas Poher Rasmussen
〈라이팅 위드 파이어 Writing with Fire〉-린투 토마스 Rintu Thomas

단편 다큐멘터리 Best Documentary Short Subject

* 〈퀸 오브 배스킷볼 The Queen of Basketball〉-벤 프라우드 Ben Proud
〈오더빌 Audible〉-매튜 오겐스 Matthew Ogens
〈리드 미 홈 Lead Me Home〉-페드로 코스 Pedro Kos
〈베나지르의 3가지 노래 Three Songs for Benazir〉

-엘리자베스 미르재이 Elizabeth Mirzaei
〈휀 위 워어 벌리 When We Were Bullies〉-제이 로센블래트 Jay Rosenblatt

라이브 단편 Best Live Action Short Film

* 〈롱 굿바이 The Long Goodbye〉-아넬 카리아 Aneil Karia
〈알라 카츄-테이크 앤 런 Ala Kachuu-Take and Run〉-마리아 브렌들 Maria Brendle
〈드레스 The Dress〉-타데스 리시악 Tadeusz Łysiak
〈온 마이 마인드 On My Mind〉-마틴 스트레인지-한센 Martin Strange-Hansen
〈프리즈 홀드 Please Hold〉-K. D. 다빌라 K.D. Dávila

단편 애니메이션 Best Animated Short Film

* 〈윈드실드 와이퍼 The Windshield Wiper〉-알베르토 미엘고 Alberto Mielgo
〈어페어 오브 더 아트 Affairs of the Art〉-
〈베스티아 Bestia〉
〈박스발렛 Boxballet〉
〈로빈 로빈 Robin Robin〉

작곡 Best Original Score

* 〈듄 Dune〉-한스 짐머 Hans Zimmer
〈돈 룩 업 Don't Look Up〉-니콜라스 브리텔 Nicholas Britell
〈엔칸토 Encanto〉-제메인 프랑코 Germaine Franco
〈파라렐 마더스 Parallel Mothers〉-알베르토 이글레시아스 Alberto Iglesias
〈파워 오브 더 도그 The Power of the Dog〉-자니 그린우드 Jonny Greenwood

주제가 Best Original Song

* 'No Time to Die'-〈노 타임 투 다이 No Time to Die〉-빌리 엘리시 Billie Eilish
'Be Alive'-〈킹 리처드 King Richard〉-딕슨 DIXSON+비욘세 노우레스 Beyoncé Knowles
'Dos Oruguitas'-〈엔칸토 Encanto〉-린-마누엘 미란다 Lin-Manuel Miranda
'Down to Joy'-〈벨파스트 Belfast〉-밴 모리슨 Van Morrison
'Somehow You Do'-〈포 굿 데이즈 Four Good Days〉-다이안 웨런 Diane Warren

사운드 Best Sound

* 〈듄 Dune〉-맥 루스 Mac Ruth
〈벨파스트 Belfast〉
〈노 타임 투 다이 No Time to Die〉
〈파워 오브 더 도그 The Power of the Dog〉
〈웨스트 사이드 스토리 West Side Story〉

프러덕션 디자인 Best Production Design

* 〈듄 Dune〉-패트리스 버메트 Patrice Vermette
〈나이트메어 엘리 Nightmare Alley〉
〈파워 오브 더 도그 The Power of the Dog〉
〈멕베스의 비극 The Tragedy of Macbeth〉
〈웨스트 사이드 스토리 West Side Story〉

촬영 Best Cinematography

* 〈듄 Dune〉-그레이그 프레서 Greig Fraser
〈나이트메어 엘리 Nightmare Alley〉-댄 로스트센 Dan Laustsen
〈파워 오브 더 도그 The Power of the Dog〉-아리 웨그너 Ari Wegner
〈맥베스의 비극 The Tragedy of Macbeth〉-브루노 델보넬 Bruno Delbonnel
〈웨스트 사이드 스토리 West Side Story〉-야뉴스 카민스키 Janusz Kamiński

메이크업+헤어스타일 Best Makeup and Hairstyling

* 〈아이즈 오브 태미 페이 The Eyes of Tammy Faye〉-린다 도우즈 Linda Dowds+스테파니 잉그램 Stephanie Ingram+저스틴 랄리 Justin Raleigh
〈커밍 2 아메리카 Coming 2 America〉
〈크루엘라 Cruella〉
〈듄 Dune〉
〈하우스 오브 구찌 House of Gucci〉

의상 디자인 Best Costume Design

* 〈크루엘라 Cruella〉-제니 비밴 Jenny Beavan
〈시라노 Cyrano〉-마시모 칸티니 파리니 Massimo Cantini Parrini
〈듄 Dune〉-자클린 웨스트 Jacqueline West
〈나이트메어 엘리 Nightmare Alley〉-루이스 세퀘이라 Luis Sequeira
〈웨스트 사이드 스토리 West Side Story〉-폴 타지웰 Paul Tazewell

필림 편집 Best Film Editing

* 〈듄 Dune〉-조 워커 Joe Walker
〈돈 룩 업 Don't Look Up〉
〈킹 리처드 King Richard〉
〈파워 오브 더 도그 The Power of the Dog〉
〈틱, 틱...붐! Tick, Tick... Boom!〉

시각 효과 Best Visual Effects

* 〈듄 Dune〉-폴 람베르 Paul Lambert+트리스탄 마이레스 Tristan Myles+브라이안 코너 Brian Connor+거드 네프저 Gerd Nefzer
〈프리 가이 Free Guy〉
〈노 타임 투 다이 No Time to Die〉
〈샹치와 텐 링즈의 전설 Shang-Chi and the Legend of the Ten Rings〉
〈스파이더-맨: 노 웨이 홈 Spider-Man: No Way Home〉

* 아카데미 명예상 Honorary Academy Awards
- 사무엘 L. 잭슨 Samuel L. Jackson-역동적인 연기는 장르와 세대를 넘어 전 세계 관객들에게 큰 반향을 일으켰다
- 엘레인 메이 Elaine May-작가, 감독, 연기자 등 다방면에서 활동하면서 유쾌한 코미디 불꽃을 관객들에게 비추어 준 선구자
- 리브 울만 Liv Ullmann-깊은 영향을 주는 화면 묘사와 인간의 조건을 탐구하기 위한 평생의 연기 헌신에 대한 공적을 치하

* 진 허솔트 휴머니즘상 Jean Hersholt Humanitarian Award
대니 글로버 Danny Glover-정의와 인권 가치 확립을 위해 수십 년 동안 화면 안 밖에서 활동

* 최다 후보작
〈파워 오브 더 도그 The Power of the Dog〉-12
〈듄 Dune〉-10
〈벨파스트 Belfast〉-7
〈웨스트 사이드 스토리 West Side Story〉-7
〈킹 리처드 King Richard〉-6

* 최다 수상작
〈듄〉-6
〈코다〉-3

❖ 아카데미 규칙 및 자격 기간 변경 Rule and eligibility period changes

2020년 6월, 아카데미협회는 제 94회 시상식부터 작품상 후보작을 기존의 5편에서 10편으로 확대하겠다고 발표한다.

할리우드 리포터 The Hollywood Reporter 보도에 따르면 이 규칙 변경은 '아카데미 최고 영예를 의미하는 작품상 후보에 다양성을 극대화하기 위한 조치'라고 풀이한다.

AMPAS는 2010년 82회 시상식을 시작으로 2년 동안 10편의 최우수 작품상 후보를 발표하는 실험적 규칙을 시행한 바 있다.

아카데미협회는 코로나-19 팬데믹에 대한 지속적인 우려로 인해 주문형 비디오 또는 스트리밍을 통해 방영된 영화도 애초 극장 개봉이 예정되었다는 조건이 있었다면 후보작으로 추천 받을 수 있다고 밝힌다.

극장 개봉의 경우 2021년 3월 1일부터 12월 31일까지 10개월 동안 개봉된 전력이 있어야 한다.

❖ 윌 스미스-크리스 록 뺨 때리기 사건 Will Smith-Chris Rock slapping incident

장편 다큐멘터리 Best Documentary Feature 시상 도중 배우 윌 스미스 Will Smith가 무대에 올라와 진행자이자 코미디언 크리스 록 Chris Rock을 폭행하는 돌발 사건이 발생한다.

스미스 아내 제이다 핀케트 스미스 Jada Pinkett Smith에 대한 농담이 촉발이 됐다.

록은 1997년 영화 〈G.I 제인〉에서 데미 무어가 해병대 요원을 위해 머리를 삭발하고 출연한 적이 있다.

제이다는 2018년부터 탈모증 진단을 받고 행사 당일 머리를 삭발한 채 참석을 했다.

그런데 록이 제이다를 향해 '제이다!, 사랑해. 〈G. I 제인 2〉를 보고 싶어 Jada, I love you. G.I. Jane 2, can't wait to see it'라는 즉흥 농담을 던진 것.

이에 대해 스미스는 아내를 공개적으로 모욕했다고 생각해 무대에 올라 록의 뺨을 때리는 돌발 사건을 벌인 것이다.

록은 '윌 스미스가 방금 나를 때렸다'고 말한다.

스미스는 자리로 돌아온 뒤 록에게 '내 아내 이름을 언급하지 말라'고 두 번 외친다.

아카데미측은 이 날의 사건에 대해 '아카데미 시상식 역사상 첫 번째 무대 폭력 사건이다'라고 유감을 표시한다.

폭행 사건을 일으킨 뒤 약 40분 뒤 스미스는 〈킹 리처드 King Richard〉로 남우 주연상 수상자로 호명 받는다.

그는 주변 사람들을 보호해야 할 필요성에 대해 수상 연설을 하면서 폭행 사건에 대해 아카데미와 다른 후보자들에게 사과한다.

하지만 피해자인 록에게는 별도의 사과는 하지 않는다.

행사 후 이코노미스트지는 '사랑의 이름으로 미친 짓을 하라고 신에게 호소한 스미스의 수상 연설은 매우 위험하고 이기적인 발언'이라고 비난을 보낸다.

폭행 사건에 대한 논란이 커지자 윌 스미스는 아카데미 회원에서 사퇴하겠다고 발표한다.

아카데미 어워드 행사가 종료된 뒤 1주일 뒤.

아카데미 이사회는 '향후 10년 동안 아카데미 시상식을 포함한 모든 아카데미 행사에서 윌 스미스의 참석을 금지 시킨다.'고 발표한다.

양 자 경, 아시아 최초 여우주연상 수상!

시상식 : 2023년 3월 12일 6:00 PM
장 소 : LA 돌비 극장 Dolby Theatre Hollywood, Los Angeles, California, U.S.
사 회 : 지미 킴멜 Jimmy Kimmel, ABC 중계

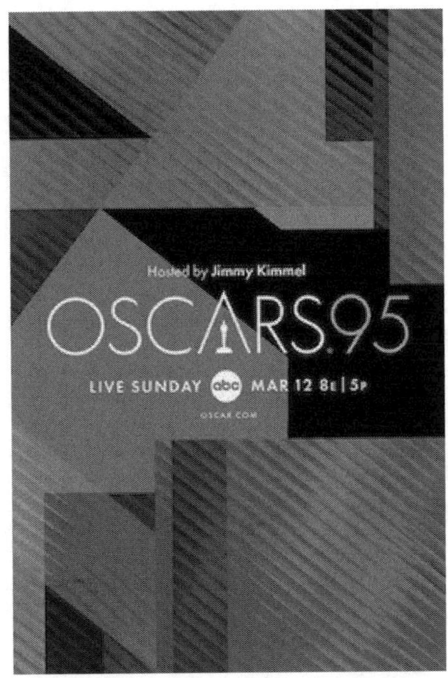

95회 아카데미 시상식 포스터. © A.M.P.A.S
Academy of Motion Picture Arts and Sciences

안정적 흥행 수익 보장 창구는 속편과 리메이크

〈아바타: 물의 길〉은 2020년에 이어 할리우드에서 꾸준히 진행되고 있는 속편 제작 열기에 합류를 선언한 작품이다. © 20th Century Studios, Lightstorm Entertainment

2022년 흥행 가는 2020년과 흡사하게 많은 관객들을 끌어 들인 소재는 리메이크, 속편 및 정신적 후속작 spiritual successors 등이다.

〈나쁜 녀석들〉 〈버즈 오브 프레이〉 〈두리틀 Doolittle〉 〈투 올 더 보이즈 P.S 아이 스틸 러브 유 To All the Boys: P.S. I Still Love You〉 〈엠마 Emma〉 그리고 〈아바타: 물의 길〉 등이 이런 제작 흐름 속에서 공개된 대표작들이다.

속 편 Sequels은 이미 관람했던 애호가들이 자신이 알고 있는 이야기와 좋아하는 캐릭터를 위해 다시 돌아오기 때문에 자연스럽게 안정적인 흥행을 보장해 주고 있다는 분석을 받고 있다.

이런 추세에 따라 2022년에는 프랜차이즈에 대한 수요가 매우 높을 것이라는 예상이 제기 됐다.

비평가들도 프랜차이즈 인기는 상당 기간 동안 지속될 것이라고 부연해 주었다.

할리우드 리포터는 '보다 안정적인 수익을 위해서 익히 각색됐던 베스트셀러 소설을 시대 분위기에 맞게 손질한 시나리오는 늘 제작 현장에 대기하고 있다.

고전 이야기는 시대를 초월해 환대를 받고 있는 소재이기 때문이다.

이러한 프로젝트를 더욱 성공시키기 위해 대다수 영화인들은 오늘도 자신들이 갖고 있는 지식과 창의성을 보충시켜 주는 노력을 쏟고 있다 Scenarios adapted from well-adapted best-selling novels to suit the mood of the times are always waiting at the production site for more stable profits.

This is because the classic story is a material that has been welcomed beyond the times.

In order to make these projects even more successful, most filmmakers are making efforts to supplement their knowledge and creativity today'는 일선 영화인들 움직임을 보도했다.

그렇다면 좋아하는 이야기와 캐릭터를 어떻게 창조하고 모방할 수 있을까?

할리우드 현지 비평가들은 '애나 빌러(Anna Biller)나 쿠엔틴 타란티노(Quentin Tarantino)처럼 한동안 사랑 받았던 촬영 스타일을 복원시켜 재사용 하거나 가장 인상 깊은 명작의 대표적 장면을 패러디로 활용시켜 한 단계 업그레이드 된 캐릭터를 만들어 내는 것도 한 가지 방법'이라는 제안을 내놓고 있다.

일상에서 겪는 고충에서 위안을 받으려는 관객들, 거친 현실주gritty realism 장르에 열광

사회학자들은 이구동성으로 '현실 도피 escapism는 서로 믿지 못하는 분위기를 중단시키려는 의도와 밀접한 관계가 있다'는 의견도 내놓고 있다.

그런데 여기서 중요하게 언급되는 것은 카타르시스라는 심리적 정서이다.

놀라운 스턴트나 CG 모험을 통해 현실 도피를 받아

들이지 않는 일단의 사람들은 거친 현실주의 속에서 엔터테인먼트를 찾으려는 경향이 있다는 분석도 제기하고 있다.

흥행 전문가들은 대다수 관객들은 외부 세계를 잊을 수 없게 상기시키려는 의도로 〈컨테이젼 Contagion〉을 관람했다는 것이다.

중국에서 전파된 괴질 바이러스와 흡사한 소재를 담아 간담이 서늘한 공감을 받았던 스티븐 스더버그 감독의 〈컨테이젼〉. © Regency Enterprises, Warner Bros

스티븐 소더버그 감독의 〈컨테이젼〉.
단 한 번의 접촉만으로도 원인불명의 죽음을 당할 수 있는 바이러스.
전 세계로 전파 되면서 겪는 인간들의 공포, 혼란과 거기서 대두되는 정치적 음모론 등을 담아내 공감을 받아낸 작품이다.

켄 로치(Ken Loach) 감독의 〈쏘리 위 미스트 유 Sorry We Missed You〉.
영국의 배달 기사와 아내.
가족을 부양하기 위해 고군분투하는 와중에 현대판 노동 착취의 악순환을 절절하게 겪게 된다.

쟝 피에르 다르덴+뤽 다르덴 공동 감독의 〈소년 아메드 Young Ahmed / Le jeune Ahmed〉.

아랍 성경 꾸란에 대한 극단주의적 해석을 받아들이고 있는 벨기에 10대 소년.

신의 이름으로 칼을 들게 된 무슬림 아메드는 어릴 적부터 자신을 가르친 스승 이네스를 배교자라는 이유를 들어 처단하려는 음모를 꾸미게 된다.

현실에서 대면하게 되는 상황을 소재로 한 이들 영화에 대해 관객들은 늘 흥미로운 반응을 보이고 있는 것이다.
세련되지 못한 거친 현실주의 사연들을 이끌어 나가는 극중 캐릭터들의 행동.
관객들이 이들 장르에 대해 꾸준한 갈채와 환대를 제기하는 요소가 되고 있다는 것이다.

버라이어티는 '많은 장르와 달리 초현실적인 이야기는 간단한 예산으로 전달할 수 있다. 당신만이 말할 수 있는 개인적인 이야기가 있을 수도 있다. 이야기가 사실적으로 설정되어 있다면 장비를 대여하고 자료 영상을 연결해서 많은 작업을 직접 수행할 수 있다.
그리고 저렴하게 촬영할 수 있다 Unlike many genres, hyper-realistic stories can be told on a simple budget. Maybe you have a personal story only you can tell.
If the story's set in realism, you might be able to shoot it cheaply, renting equipment, splicing in stock footage and doing much of the work yourself'는 장르 특성을 보도해 주고 있다.

스트리밍 기능 중요하게 부각

지난해와 동일하게 2022년도 코로나-19 팬데믹 여파로 인해 우리는 서로에 대한 만남이나 노출을 지극히 피해오고 있다.

극장이라는 집단적 관람에서 벗어나 안방 등 개인 공간에게 대중영화를 관람할 수 있게 해주는 OTT를 통한 스트리밍은 이제 영화 관람의 매우 중요한 플랫폼으로 자리 잡고 있는 실정이다.

애초 극장용으로 촬영된 영화도 속속 스트리밍 장치로 전환되어 방영되고 있는 실정이다.

지역 예술 극장은 이제 라이브 Q & A를 줌을 사용하여 처리하고 있다.

이어 예술 전용 창구인 크라이테리온 Criterion 채널로 송출 방식을 변경시키고 있는 중이다.

이제 넷플릭스 Netflix는 100여년 이상 지속되어 왔던 전통적 극장 관람 방식을 급격하게 개인용 안방 극장 시대로의 변화를 선도해 나가고 있다.

스트리밍은 유행 그 이상의 존재로 다가오고 있는 중이다.

이제 이 방식은 신작 영화를 관람할 수 있는 새로운 혜택 창구가 되고 있는 것이다.

할리우드 리포터는 '다음 프로젝트를 위한 완벽한 관객은 이제 스트리밍으로 만나야 하는 시기이다.

아이디어를 브레인스토밍 하고, 콘텐츠를 만들고, YouTube 또는 TikTok에 업로드 하는 것을 적극적으로 고려해야할 시기이다.

동료 영화인들이나 제작자들이 스트리밍 하는 것을 확인하고 해당 데이터를 어떻게 사용하고 있는 가를 면밀하게 연구해야할 때가 온 것이다 Now is the time to meet the perfect audience for your next project through streaming.

It's time to actively consider brainstorming ideas, creating content and uploading it to YouTube or TikTok.

The time has come to see what fellow film-makers and producers are streaming and to study closely how they are using that data'는 조언을 제시해 주고 있다.

대다수 할리우드 영화 전문 매체에서는 '2022년은 영화 제작자와 영화 애호가들 모두에게 낯설고 낯선 해가 됐다. 그럼에도 불구하고 변하지 않는 한 가지가 있다. 바로 영화의 몰입감과 즐거움이다. 2022년 이후 더 다양한 영화 트렌드가 나타날 것이다.

감독, 시나리오 작가, 편집자 또는 영화광이든 관계없이 지금 관람하고 있는 것을 주변 사람들에게 널리 알려야 할 때인지도 모른다. 이런 행동을 통해 시대를 선도하고 방향을 제시하는 트렌드세터 trendsetter가 될 수도 있을 것이다'는 조언을 내놓고 있다.

〈탑 건: 매버릭〉 〈아타바: 물의 길〉 2022년 흥행 가에서 가장 많은 호응 얻어

2022년 영화계는 2021년에 비교해서 양질의 작품이 다수 선보인 괜찮은 한 해로 기록되고 있다.

〈펄 Pearl〉 혹은 〈더 파벨만스 The Fabelmans〉 등과 같은 작가 주도 영화에서 부터 〈놉 Nope〉 및 〈엘비스 Elvis〉와 같은 블록버스터에 이르기까지.

할리우드는 전 세계 극장과 관객들을 사로잡은 다수의 영화를 선보였다.

2022년 흥행 탑 10

2022년 좋든 나쁘든 영화 애호가들과 함께 했던 영화를 흥행 수익으로 되돌아 봤을 때 상위 베스트 10을 차지한 작품의 면면은 다음과 같다.
〈오름 차순 순위, 제목, 흥행 수익(달러) 順〉

10. <블랙 아담 Black Adam>($168 million)

〈블랙 아담〉. © Warner Bros

액션 배우 드웨인 존슨 Dwayne Johnson이 〈블랙 아담 Black Adam〉을 통해 영화에 활기를 불어 넣었다.

하지만 기대에 부응하지 못한 리뷰와 바람직하지 않은 흥행 수치로 인해 많은 사람들이 기대했던 것처럼 DC 유니버스를 크게 흔들지는 못했다.

그럼에도 불구하고 〈맨 인 블랙 Man in Black〉 〈저스티스 소사이어티 Justice Society〉 및 〈인터갱 Intergang〉 등과 흥행 대결을 펼치면서 많은 관객들에게 놀랍고 스릴 넘치며 즐거운 슈퍼 히어로 유희를 선사한 공적을 세우게 된다.
또한 잠시 동안은 헨리 카빌 Henry Cavill 주연의 〈슈퍼맨 Superman〉과 흥행 우열을 다투면서 상당한 화제를 불러 일으켰다.

9. <수퍼 소닉 2 Sonic the Hedgehog 2>($190 million)

〈수퍼 소닉 2〉. © Paramount Pictures, Sega Sammy Group, Original Film

〈수퍼 소닉 2 Sonic the Hedgehog 2〉는 소닉 Sonic, 테일즈 Tails 및 너클즈 Knuckles 등이 팀 구성을 이루고 있다.

영화 공개 직전 제작사는 '지구에서 가장 좋아하는 푸른 고슴도치가 다시 극장으로 돌아왔다. 이번에는 두 친구 테일즈와 너클즈가 합류하여 또 다른 스릴 넘치는 모험을 선사할 것이다'라는 대대적 선전을 제기했다.

흥행 전문가들은 '게임 전설을 활용해서 마침내 혼돈에 카오스 에메랄드와 슈퍼 소닉을 자신만의 시네마틱 세계로 구축시킨다. 결국, 속편은 팬들에게 소닉과 그의 친구들이 펼치게 되는 흥미로운 모험에 대한 기대감을 고취시켰다'는 평가를 내린다.

〈수퍼 소닉 2 Sonic the Hedgehog 2〉는 전작을 제치고 세계에서 가장 높은 수익을 올린 비디오 게임 영화로 등극된다.

8. <토르: 러브 앤 썬더 Thor: Love and Thunder>($343 million)

〈토르: 러브 앤 썬더〉. © Marvel Studios, Walt Disney Pictures

〈갓 오브 썬더 God of Thunder〉의 네 번째 솔로 영화이다.

마블 스튜디오 Marvel Studios는 오랫동안 기다려 온 제인 포스터 Jane Foster에게 마이티 토르 Mighty Thor 역을 맡겼다.

박스 오피스에서 7억 6천만 달러 이상을 벌어들였지만 많은 사람들은 영화의 진부한 분위기와 다소 수준 미달의 CGI에 대한 실망의 목소리를 제기한다.

흥행 전문가들은 '마블이 최근 페이즈 4 Phase Four에서 쇠퇴한 대표적인 사례'라는 안타까움을 표시한다.

여러 논란에도 불구하고 타이키 와이티티 Taiki Waititi 감독의 최신 영화는 짜릿한 스릴을 선사하는 생생한 영상과 뛰어난 연기력 및 재미있는 순간 등이 가득하다는 우호적 찬사가 쏟아졌다.

7. <더 배트맨 The Batman>($369.3 million)

맷 리브스 Matt Reeves 감독은 〈더 배트맨〉을 통해 다크 나이트 Dark Knight와 고담 시티 Gotham City에 대한 새로운 버전을 대형 화면으로 제시했다.

널리 알려져 있는 배트맨 신화에 대한 영화적인 반복에서 탈피했다.

로버트 패틴슨 주연의 〈더 배트맨〉. © Warner Bros

이번 리부트는 배트맨 Caped Crusader의 도덕성을 깊이 파고들면서 그가 정말로 영웅으로 간주될 수 있는 지에 대해 진지한 질문을 던져 관객들의 공감을 얻어낸다.

〈더 배트맨〉의 핵심은 배트맨이 리들러와 고담의 부패한 엘리트와의 전쟁을 배경으로 펼쳐지고 있다.

아울러 도시 지하 범죄 세계를 통해 긴장감 넘치고 흥미진진하며 액션으로 가득 찬 모험을 선사해 관객들의 갈채를 얻어낸다.

6. <미니언즈 2 Minions: The Rise of Gru> ($369.6 million)

〈미니언즈 2〉. © Illumination Entertainment

오랫동안 기다려온 〈슈퍼배드 Despicable Me〉 속편에서 그루 Gru와 그의 부하들이 다시 등장하고 있다.

세계 최고 악당이 되려는 어린 그루의 행적을 쫓고 있다.

그의 미니언들은 비셔스 6로부터 '미니 보스'를 구하려고 계속해서 쇼를 훔치고 있다.

노란색 먼치킨 yellow munchkins이라는 제목의 재미있고 사랑스러운 순간이 많다.

이런 이유 때문에 영화는 흥행에서 엄청난 소득을 얻어낸다.

극장 주변에서는 일단의 사람들이 미니언으로 분장하고 극장에서 사람들을 성가시게 만드는 이상하지만 비열한 움직임도 시작된다.

5. <쥬라기 월드: 도미니언 Jurassic World: Dominion>($376 million)

〈쥬라기 월드: 도미니언〉. © Amblin Entertainment, Universal Pictures

이미 공개된 3편의 '쥬라기 월드 Jurassic World'를 잇는 마지막 공룡 여행을 선언하고 공개한 작품이다.

프랜차이즈 열기를 이어가기 위해 원래 출연진 뿐만 아니라 콜린 트레보로우 Colin Trevorrow를 다시 감독 의자로 초빙했다고 한다.

프랜차이즈의 다른 영화와 마찬가지로 도미니언 Dominion은 극장에서 막대한 수익을 올린다.

이런 외부적 성과에도 불구하고 영화에 대한 작품성 평가는 여전이 부정적인 리뷰가 쏟아진다.

많은 관객들은 이제 '쥬라기 공원 Jurassic Park'이 영원히 폐정할 때라는 것에 동의하고 있다.

결점에도 불구하고 3부작 캐릭터가 대형 화면에 모이는 것을 보는 것은 여전히 시선을 끌어냈다.

입이 떡 벌어지는 많은 공룡과 함께 도미니언 Dominion은 프랜차이즈에 대한 확실한 결론처럼 느껴졌다는 평가를 받는다.

4. <닥터 스트레인지: 대 혼돈의 멀티버스 Doctor Strange in the Multiverse of Madness>($411 million)

〈닥터 스트레인지: 대 혼돈의 멀티버스〉. © Marvel Studios

'닥터 스트레인지'를 소재로 내건 두 번째 단독 영화는 특히 〈스파이더 맨〉으로 재차 연출력을 인정받은 샘 레이미가 메가폰을 잡았다는 이유로 마블 팬들을 열광시킨 바 있다.

거의 10억 달러의 막대한 수익을 올렸다.

하지만 여전히 엄청난 과대광고에 부응하지 못한 MCU의 분열적인 프로젝트 중 하나라는 핀잔도 받았다.

할리우드 리포터는 '영화는 본질적으로 일루미나티 Illuminati와 함께 환타스틱 4 Fantastic Four, X-Men 및 인휴먼스 Inhumans를 다시 가져 왔다. 하지만 관객은 여전히 이 차원 간 블록버스터가 잠재력에 도달하지 못했다고 느꼈다. 그럼에도 불구하고 레이미 감독의 독특한 스타일과 마음을 사로잡는 영상으로 영화는 의심할 여지없이 지금까지 마블 스튜디오가 제작한 가장 독특한 감독 중심의 영화 중 한 편이다'는 찬사를 보낸다.

3. <블랙 팬서: 와칸다 포에버 Black Panther: Wakanda Forever>($453 million*)

〈블랙 팬서: 와칸다 포에버〉. © Marvel Studios

버라이어티는 이 영화 개봉에 대해 '최근 기억에 남는 문화적으로 가장 영향력 있는 영화 중 하나의 속편 와칸다 포에버는 관객을 확보할 것이 확실하다. 비록 이 영화는 슬프게도 고인이 된 위대한 채드윅 보스만이 빠졌다. 하지만 여전히 수중 탈로칸 the aquatic Talokans과의 전쟁 중에 비극적인 상실을 치유하려는 국가에 대한 흥미진진한 이야기를 제공하고 있다'는 찬사를 게재한다.

골든 글로브 연기 후보로 지명 받은 안젤라 바셋 Angela Bassett의 뛰어난 연기 공연.

그리고 라이언 쿠글러 Ryan Coogler 감독의 아름답게 만들어진 서사시.

이런 특징을 내세우고 있는 〈와칸다 포에버〉는 마블 Marvel의 다른 많은 영화 중에서 가장 밝게 타오르는 영화가 되고 있다는 찬사가 쏟아진다.

여기에 기존 및 신규 출연진의 뛰어난 협연 공연도 흥행작이 되는데 일조한다.

2. <아바타: 물의 길 Avatar: The Way of Water> ($637 million*)

관객들은 제임스 카메론 감독의 아바타 속편을 13년 동안 기다렸다.

속편은 개봉 되자마자 자연스럽게 영화가 핫 뉴스를 제공한다.

오리지널 영화와 마찬가지로 속편 〈물의 길 The Way of Water〉은 영화 기술 발전을 최대한 활용하고 있다.

제임스 카메론 감독이 필생을 걸고 제작하고 있는 〈아바타〉 속편 〈아바타: 물의 길〉. © 20th Century Studios + Lightstorm Entertainment

숨막히는 수중 장면을 위해 최첨단 모션 캡처 시스템을 도입해서 관객들의 찬사를 불러일으킨다.

다소 복잡하고 카메론 감독의 이전 발표작의 하이라이트 영상을 여러 번 원용하고 있는 〈물의 길〉에 대해 비판적인 리뷰도 제기됐다.

그렇지만 골든 글로브 작품상 및 감독상 후보에 연속 지명되면서 즉각적인 흥행 성공을 거둔다.

영화는 앞서 언급했듯이 카메론 감독의 〈타이타닉 Titanic〉 〈어비스 The Abyss〉 〈에이리언 Aliens〉 및 〈터미네이터 The Terminator〉 영화의 핵심적 장면을 군데군데 재활용하고 있다.

이런 영상 특징 때문에 향후 시리즈 5부로 완결될 〈아바타〉는 카메론 감독의 고귀한 경력을 정점처럼 활용할 것이라는 의견도 제기되고 있다.

1. <탑 건: 매버릭 Top Gun: Maverick> ($718 million)

리부트 reboot는 원래 영화보다 나은 경우가 드물다. 그렇지만 〈탑 건: 매버릭 Top Gun: Maverick〉은 비평가와 흥행 모두에서 최고 성과를 거둔다.

탐 크루즈의 <탑 건: 매버릭>. 최고 전투기 조종사로서의 성취욕망이 가득했던 전편과는 달리 후속편에서는 패기만만한 이들을 엄격하게 지도하는 교관 역할로 출연하고 있다. © Paramount Pictures

관객은 속편에서 고인이 된 친구 구스의 아들을 포함하여 새로운 탑 건 전투기 조종사 팀을 가르치는 임무를 맡은 피트 매버릭 미첼과 뜨거운 재회를 하게 된다.

할리우드 리포터는 '입이 떡 벌어지는 액션, 상쾌하고 소울풀한 스토리, 첫 번째 영화에 대한 사랑스러운 콜 백을 갖춘 <탑 건: 매버릭>은 오랜 세월 동안 유산 영화가 될 속편이다 With jaw-dropping action, a refreshing and soulful story, and loving call-backs to the first movie, Top Gun: Maverick is a sequel that has become a legacy film for the ages'는 리뷰를 보도한다.

중국 우한 바이러스 - 코로나 19-팬데믹 침체에서 점차 탈피 - 할리우드 리포터 특별 리포트

2022년 다양성 소재 영화에서 주목을 받아낸 흥행 마술사 스티븐 스필버그 감독의 반 자전적 영화 <더 파벨만스>. © Amblin Entertainment, Amblin Partners, Reliance Entertainment

2022년은 다양성을 내세운 영화들이 흥행가를 석권했다.

그러나 본질적으로 들어가면 제작비를 평균 2배 이상 투입해서 공개한 블록버스터들이 기대만큼의 성적을 거두지 못한 것도 사실이다.

할리우드 결정이 100% 만족할 만한 결과를 얻지 못했다는 것은 향후 제작 방향에 대해 심사숙도를 해야 할 과제를 남기고 있다.

2022년 영화계는 매우 중요한 해였다.

2020년 이후 3년 만에 처음으로 관객들은 본질적으로 코로나-19 팬데믹으로 인한 제약 없이 극장에서 영화를 볼 수 있게 되었다는 것이 가장 큰 변화의 움직임이라고 할 수 있다.

메이저 스튜디오들은 자신들이 야심차게 제작한 영화들이 극장에서 어떤 유형의 호응을 보일지.

그리고 관객 선호도 변화와 스트리밍 서비스의 확산을 염두에 두었을 때 팬데믹 이전의 비즈니스 수준으로 돌아갈 수 있을지에 대해 많은 걱정을 했다.

즉, 2022년은 업계가 어떻게 앞으로 나아갈 수 있는지에 대한 리트머스 테스트가 될 것 같다는 전망이 우세했다.

한 편, 극장에서 더 많은 개봉작이 나오면 사람들이

얼마나 기꺼이 극장으로 돌아올 것인지를 보여주는 좋은 지표를 제시했던 한 해로 기록되고 있다.
마찬가지로 많은 기대를 모은 대규모 예산 영화의 흥행 실적은 스트리밍 서비스가 이러한 유형의 개봉에 대한 제작 흐름을 변경 시킬 것인지에 대한 여부를 결정하는 것에도 많은 도움이 될 것이라는 여론이 제기된다.

2022년 할리우드는 평소처럼 사업을 계속할 수 있는지 또는 시장의 변화를 더 잘 수용하기 위해 향후 개봉작에 대해 변경이 필요한지 결정할 수 있는 최고의 기회가 됐다는 업계의 지적도 나왔다.

또한 2022년은 영화 산업 전체에 대해 정확히 무엇을 제시했을까?
글쎄!
안타깝게도 스튜디오나 영화 애호가들이 기대했던 것처럼 명확한 정답은 나오지 않았다.

영화 사업은 개선되고 있다.
하지만 이것이 상승 추세의 단계인지 또는 지난 2년에 비해 극장에서 더 많은 양의 영화가 개봉되는 것과 관련된 단기 호황인지 판단하는 데 더 많은 시간이 걸릴 것이라는 것이다.

할리우드 흥행 전문가들은 '거의 모든 영역에서 혼합된 성공이 있었다. 단지 시장 예측은 여전히 다루기가 어렵다. 그러나 몇 가지 주목할 만하고 중요한 관찰이 가능하다'는 의견을 내놓고 있다.

첫째, 사람들은 영화를 보기 위해 극장에 가고 있지만 팬데믹 이전과 같은 비율은 아니다.
2022년 미국 캐나다 박스오피스 총액은 2019년보다 무려 35% 감소한 약 75억 달러로 마무리 됐다.
다행히 중국 우한 바이러스가 기승을 부렸던 2021년 45억 달러보다는 상당수 증가했다는 것이 위안이 되고 있다.

이러한 흥행 결과는 전년 대비 상당한 성장이다.
그렇지만 이것이 지속 가능한지 확인하려면 2023년 말까지 기다려야 할 것이라는 것이 대체적인 흥행 전문가들의 의견이다.

메이저 스튜디오는 반드시 시장이 팬데믹 이전 수준으로 돌아갈 것으로 기대하지는 않고 있다.

그러나 얼마나 시장이 축소될지 그리고 일관되게 유지되는지 여부를 정확히 알기는 어렵다는 것이 딜레마가 되고 있다.

두 번째.
주요 특징은 국제 시장이 할리우드 메이저 스튜디오들에게 안정적 수익을 보장해 줄 수 있는 창구라는 것이다.

이것은 할리우드가 지속적으로 막대한 블록버스터 예산 영화에 투자를 할 수 있는 근거가 되고 있다.

주요 개봉작은 전통적인 미국 내수 시장만을 겨냥한 것이 아니라 국제 시장 취향에도 지속적으로 어필해야 한다는 과제를 던져 준 것이다.

과거에도 할리우드는 단순히 미국 내수 시장 뿐만 아니라 국제 시장 등 두 가지 유통 시장에서 호응을 얻을 수 있는 실현 가능한 소재 개발을 해 온 전력을 갖고 있다.

2022년 가장 높은 수익을 올린 상위 10 편 영화를 분석해 보면 모두 국제 시장에서 흥행 수익의 50% 이상을 달성했다는 공통점을 갖고 있다.

이런 흥행 수치를 2019년과 비교하면 두 편을 제외

하고 미국 국내 흥행 수익은 모두 40% 미만에 불과했다는 것을 알 수 있다.

이런 결과는 짧은 시간에 상당한 변화라고 할 수 있다.

이러한 것은 코로나 대유행으로 일부 미국 내 극장이 폐쇄 되는 인위적 조치를 당한 것에 상당한 영향을 받았다는 것으로 파악할 수 있다.

그러나 더 중요한 것은 할리우드 수익 대부분이 현재 대부분 해외에서 발생하고 있다는 것이다.

미국 국내 박스오피스 총액이 2019년보다 축소된 상황에서 할리우드는 현재 운영 중인 규모를 유지할 희망이 있다면 분명히 그 수익 방향을 쫓을 것이라는 것이 정설이다.

이러한 유형의 국제 시장으로의 전환이 이미 진행 중이다.

2022년 할리우드에서 개봉된 영화의 유형을 고려하는 것은 매우 흥미로울 것이다.

최고 수익을 올린 3편의 영화는 〈탑 건: 매버릭 Top Gun: Maverick〉 〈쥬라기 월드: 도미니언 Jurassic World: Dominion〉 〈아바타: 물의 길 Avatar: The Way of the Water〉이다.

상위 탑을 차지한 흥행작 3편의 공통점은 무엇인가?

이들 작품들은 본질적으로 과거 할리우드 최고 히트작을 이어 받고 있는 속편이라는 점이다.

이어 2022년 박스오피스 상위권을 차지한 작품들은 대부분이 슈퍼히어로 장르 영화라는 점이다.

다시 설명하자면 2022년 흥행 영화는 이미 실적이 입증된 친숙한 소재에 대해 관객들이 일종의 완고한 충성심을 보낸 것을 반영했다고 볼 수 있는 것이다.

〈아바타: 물의 길 Avatar: Way of the Water〉은 개봉 전에 2022년 가장 큰 위험을 담고 있는 영화라는 우려가 제기 됐다.

그것은 할리우드 역사상 최고액인 3억 5천만 달러 $ 350,000,000라는 막대한 예산이 투입됐기 때문이다.

다행히 개봉 1개월 만에 전 세계 극장가에서 투자 대비 7배에 달하는 22억 1천 4백만 달러 $ 2,217,479,262를 넘는 막대한 흥행 수익을 얻어 제임스 카메론 위상은 타의 추종을 불허하게 만든다.

할리우드는 동일한 제품을 새 포장지로 만들어 시장에 내놓는 것에는 매우 능숙하다.

이러한 접근 방식은 지난 10여 년 동안 잘 작동했다.

지금까지 이런 제작 방식을 중단할 이유가 없었다.

이것은 코로나 대유행 이전에 보았던 것과 똑같은 접근 방식으로 풀이 됐다.

할리우드는 늘상 익숙한 느낌을 제공하는 소재에 유독 많은 관심을 기우려 왔다.

하지만 그동안 안정적 수익을 보장했던 이러한 제작 관행에 큰 결함이 있다는 것이 증명되기 시작했다.

할리우드가 단골로 활용해 왔던 강력한 흥행 코드에 균열이 생기고 있다는 것을 시사하는 몇 가지 사건이 발생하기 시작한 것이다.

이러한 우려 중 가장 중요한 것은 대형 프랜차이즈에 대한 관객들의 피로도가 증가하고 있다는 사실이다.

MCU가 야심차게 공개한 〈페이즈 4 phase 4〉에 대해 찬반양론이 극명하게 갈린 것이다.

〈해리 포터〉 프랜차이즈는 이미 식상감이 더해져 흥행 파괴력을 상실한 지 오래됐다.

〈스타 워즈 Star Wars〉에 대한 관심도 이제는 축소되어가고 있다는 것에 대부분이 수긍하고 있다.

스트리밍 등을 통해 영상 콘텐츠가 폭발적 증가를 기록하고 있는 것도 프랜차이즈에 대한 관심이 점점 식어 가고 있는 원인이 되고 있다.

이런 우려 섞인 여론에도 불구하고 프랜차이즈 제작 움직임은 꾸준히 진행되고 있다.

일례로 새로운 〈스타 워즈〉는 지속해서 제작 중에 있다. MCU는 사라지지 않고 있다.
경쟁업체 DC도 여전히 다양한 장르 영화 제작을 추진하고 있다.

〈쥬라기 월드: 도미니언〉. 일부 영화 애호가들은 '쥬라기 공원'을 활용한 시리즈물에 대한 식상감을 표시한다. © Amblin Entertainment, Universal Pictures

이러한 유형의 영화가 국제적인 시장에서 점유율을 지속해서 확대해 나가고 있음에도 불구하고 과거처럼 흥행 성공도 계속할지는 아직 알 수 없다.

2022년 개봉 된 이러한 유형의 주요 프랜차이즈 영화는 팬데믹 이전 개봉된 유사한 영화에 비해 일부 작품을 제외하고는 전반적으로는 흥행 실적이 저조했다.

흥행 분석가들은 '이런 흥행 추이의 변화는 영화 시장이 다시 상승세를 타고 있다는 신호일 수도 있지만 새로운 상태의 흥행 질서가 형성되고 있다는 것을 의미할 수도 있다'는 의견을 제시하고 있다.

이러한 유형의 영화 대부분은 과거보다 2022년에 국제적으로 더 좋은 성과를 거두었다.

이런 이유 때문에 해외 관객들이 여전히 관심을 갖고 있다는 신호일 수 있다고 해석됐다.

그러나 이들 영화의 총 흥행 수익은 감소했다.
이런 수치는 결국 전반적으로 관객들의 관심이 감소했음을 의미한다고 풀이할 수 있다.
해외 박스오피스가 미국 내 박스오피스 하락을 만회하지 못하고 있다.
미국 내 박스 오피스 쇠퇴는 수익에 영향을 미치고 있다.
이런 흥행 결과가 검증 된 할리우드 접근 방식에 어떤 영향을 미칠지 지켜보는 것은 흥미로울 것이다.

2022년 개봉작 중 가장 많은 이슈를 만들어 낸 영화는 〈에브리씽 에브리웨어 올 앳 원스 Everything, Everywhere, All at Once〉이다.

그동안 대다수 관객들은 MCU에서 제공하고 있는 영화 취향에 심취해 있었다.

하지만 가정적인 인디 분위기의 영화 출현은 현대 영화 취향의 집합체 역할을 해낸다.

인디 영화들은 관객들을 다시 극장으로 유인해서 커다란 반향을 불러일으킬 활기와 실험으로 가득 찬 것이 특징이다.

인디 영화를 만드는 영화 제작자의 다양한 관점을 공유하려는 젊은 세대 관객들이 증가하고 있다는 것도 매우 고무적인 시장 변화를 예고시켜주고 있다.

2022년 또 다른 가장 큰 놀라움을 불러일으킨 영화는 〈탑 건: 매버릭〉이었다.

개봉일이 계속 연기되었다.
구식 블록버스터 접근 방식은 동시대 영화 제작 흐름과 맞지 않을 것이라는 여러 불리한 조건이 제기됐다.

하지만 극장에서 경쟁하는 현대 영화들과 친숙하면서도 다르기 때문에 흥행과 평단에서 큰 성공을 거둔다.

비평가들은 〈탑 건: 매버릭〉에 대해 '향수는 항상 힘을 갖고 있다. 이 영화는 바이러스라는 초유의 사태로 인해 발생한 어려운 시기에 우리가 간절히 바라는 '즐거웠던 시절 the good ol days'을 적극 활용한 것이 흥행 대박을 불러일으킨 요인이 됐다'는 분석을 제시한다.

하지만 〈탑 건: 매버릭〉이 영감을 얻기 위해 할리우드의 과거에 의존한 유일한 영화는 아니었다.

2022년 극장가를 강타한 작품 중에는 무대 공연 예술에서 영감을 얻었거나 품위 있는 자전적 영상물로 각색된 영화들이 많다는 것을 빼놓을 수 없다.

〈바빌론 Babylon〉을 필두로 해서 〈엠파이어 오브 라이트 Empire of Light〉 〈더 파벨만스 The Fabelmans〉 〈블론디 Blonde〉 〈엄청난 재능의 참을 수 없는 무게 The Unbearable Weight of Massive Talent〉 〈엘비스 Elvis〉 〈위어드: 알 얀코빅 스토리 Weird: The Al Yankovic Story〉 〈오피셜 컴피티션 Official Competition〉 〈타르 Tár〉 등이 이 범주에 속한다.
이들 영화들은 어떤 식으로든 연예계 산업을 반영해서 주목을 받아낸다.

특히 〈바빌론 Babylon〉 〈엠파이어 오브 라이트 Empire of Light〉 〈더 파벨만스 The Fabelmans〉 등과 같은 영화들은 좋든 나쁘든 본질적으로 과거를 회상하는 고전적인 할리우드 장르를 반영해서 눈길을 끌었다.

이들 영화들의 공통적 특징은 '기본으로 돌아가기 back to the basics'에 대한 보다 광범위한 정서를 담고 있다는 것이다.

이것이 〈탑 건: 매버릭〉이 뜨거운 반향을 불러일으킨 가장 주요한 이유라고 지적 받는다.

앞서 언급된 영화들은 반드시 과거가 오늘날보다 나았다고 언급하지는 않고 있다.

그렇지만 많은 측면에서 급격한 변화에 직면한 일반 대중이 일상적 생활에서 찾지 못하는 친숙함을 제공하고 있다.

실제로 영화는 예전처럼 도피적이지 않다.

팬데믹 영향으로 많은 사람들은 이전보다 더 캐주얼한 영화 관람자가 되었다.

영화 제작자들은 모든 수준의 영화에서 이러한 정서적 변화를 적극 활용하려고 노력하고 있다.

새로운 세대 정서에 부응하려는 것은 할리우드가 직면한 최대 현안 중 하나이다.

2010년대를 대상으로 했던 젊은 관객 중 많은 부분을 차지했던 밀레니얼 세대는 이제 나이가 들어 가정을 꾸리고 있는 중이다.

그들은 영화를 자주 보러 가지 않고 있다.

그 사이의 격차를 메우기 위해 스트리밍 프로그램을 통해 최신 영화 혹은 대중 예술 정보를 접하려는 움직임을 보이고 있다.

팬데믹은 이런 과정을 가속화시켰다.

복고 정서를 담아 공감을 얻어낸 〈바빌론〉. 〈라 라 랜드〉 〈위플래쉬〉 등으로 일약 흥행 감독으로 부각된 다미엔 차젤. 브래드 피트, 마고 로비 등을 기용해서 고대 도시 바빌론에서 벌어진 인간의 탐욕과 욕망의 세계를 묘사해주고 있다. © Paramount Pictures

MCU에서 우리는 초점이 젊은 캐릭터로 이동하는 것을 볼 수 있다.

젊은 관객들은 이전 세대보다 표현과 양성 평등을 더 중요하게 생각하고 있다.

할리우드는 이러한 시대적 변화를 즉각 반영하려는 움직임을 보이고 있다.

〈트라이앵글 오브 새드니스 Triangle of Sadness〉 〈메뉴 The Menu〉 〈암스테르담 Amsterdam〉 〈에밀리 더 크리미날 Emily the Criminal〉 〈글래스 유니온: 나이브스 아웃 미스테라 Glass Onion: A Knives Out Mystery〉 등과 같은 영화에는 부패와 부의 불평등을 논의하는 플롯을 담고 있다.

〈프린세스 The Princess〉 〈우먼 킹 The Woman King〉 〈프레이 Prey〉 등과 같은 영화는 호평을 받은 실용적인 스턴트 중심 영화의 주역으로 여성을 배치하고 있다.

〈엘비스 Elvis〉 〈블론디 Blonde〉 및 〈펄/ X Pearl/ X〉에는 연예계에 만연된 인권 착취 상황을 적절하게 담아내 관객들의 공감을 얻어낸다.

한편 호러 장르에서는 〈맨 Men〉 〈바바리안 Barbarian〉 〈블랙 폰 The Black Phone〉 그리고 〈바디스 바디스 바디스 Bodies Bodies Bodies〉 등을 통해 동시대적 고민과 사회적 메시지를 담아 내 주목을 받아낸다.

2022년 영화계의 또 다른 흥미로운 추세는 1980년대 후반/ 1990년대 초반 히트됐던 영화와 그 시대 유행했던 TV 쇼에 대한 매력을 반추 시켰다는 점이다.
1990년대 열띤 호응을 얻었던 히트작에 대한 속편/ 프리퀄/ 리메이크에는 〈쥬라기 월드:도미니언 Jurassic World: Dominion〉 〈라이트이어 Lightyear〉 〈스크림 Scream〉 〈신부의 아버지 Father of the Bride〉 〈클럭 3 Clerks III〉 〈비비스 앤 버트헤드 Beavis and Butthead do the Universe〉 〈마틸다 더 뮤지컬 Matilda the Musical〉 등이 있다.
1980년대 후반 환대를 받았던 히트작의 새로운 버전 행렬에는 〈컨페스 플레치 Confess Fletch〉 〈탑건: 매버릭 Top Gun: Maverick〉 〈프레이 Prey〉 및 〈칩 앤 데일 Chip n Dale: Rescue Rangers〉 등이 합세했다.

2022년 흥행가를 노크했던 주목 할 만한 속편으로는 〈아이스 에이지: 벅 와일드의 모험 Ice Age: the Adventures of Buck Wild〉 〈미니언즈 2 Minions: The Rise of Gru〉 〈수퍼 소닉 2 Sonic the Hedgehog 2〉 〈나일 강의 죽음 Death on the Nile〉 〈장화 신은 고양이: 라스트 Puss in Boots: The Last〉 〈위시

Wish〉〈블랙 팬서: 와칸다 포에버 Black Panther 2: Wakanda Forever〉〈토르: 러브 앤 썬더 Thor: Love and Thunder〉〈닥터 스트레인지: 대 혼돈의 멀티버스 Doctor Strangelove and the Multiverse of Madness〉 등을 들 수 있다.

리메이크 행진에는 〈서부 전선 이상 없다 All Quiet on the Western Front〉〈헬레이저 Hellraiser〉〈파이어스타터 Firestarter〉〈나일 강의 죽음 Death on the Nile〉〈텍사스 전기톱 연쇄 살인 사건 : 제로 The Texas Chainsaw Massacre〉〈열두 명의 웬수들 Cheaper by the Dozen〉〈더 배트맨 The Batman〉〈피노키오 Pinnochio〉 등이 라인 업 대열에 합세했다.

리메이크와 속편 제작이 활기를 띄었다는 것을 염두에 둔다면 2022년 할리우드는 흡사 힘차게 앞으로 전진한 것이 아니라 를 바라보는 퇴행적 움직임을 보인 것처럼 느껴졌다.

비평가들은 이런 제작 추세에 대해 '미지의 영역에 발을 들이기보다 고전적이고 편안한 영화 마술을 동경하는 느낌이었다. 할리우드는 최근까지 성공한 작품과 동일한 블록버스터를 계속 내놓았다. 그렇지만 시장의 지속적인 변화로 인해 수익은 오히려 감소했다'는 진단을 제기했다.

이런 제작 추세가 지속 가능할 것인지 여부는 아직 단정하기는 어렵다.

한편으로는 할리우드 산업에 대한 보다 비판적인 시선과 보다 사회적으로 의식적인 영화 제작 덕분에 다양한 장르의 많은 영화들이 흥행가를 찾아왔다고 정리할 수 있다.

현재 제작 방향은 어찌 보면 '우리가 살고 있는 복잡한 세상 풍경을 반영하고 있다'는 여론도 제시되고 있다.

할리우드에서 활동하고 있는 대다수 비평가들은 '영화는 우리를 즐겁게 할 수 있을 뿐만 아니라 우리에게 가르쳐 줄 수 있다. 영화에서 배우는 것은 우리가 영화에서 추출하는 단기적인 오락보다 우리 삶에 훨씬 더 유익할 수 있다 Film can teach us just as well as it can entertain us, and the things we learn from film can be much more beneficial to our lives than the short-term entertainment we extract from it'는 영화 효용론을 내놓아 공감을 얻어내고 있다.

이런 이유 때문에 할리우드는 지금도 관객들의 호응을 얻어 히트작 대열에 합류 시킬 작품 제작을 위해 혼신을 다하고 있는 중이다.

〈서부 전선 이상 없다 All Quiet on the Western Front/ Im Westen nichts Neues〉, 1차 세계 대전 와중에 독일 젊은 군인이 겪는 고통스런 경험

이야기는 자발적으로 독일 군에 입대한 10대 폴 바우머와 친구 알베르트 및 뮬러의 행적을 따라가고 있다.

애국적인 열정의 물결을 타고 전선에서 삶의 잔인한 현실에 직면하면서 빠르게 사라지고 만다,

적과 갈등의 옳고 그름에 대한 바울의 선입견은 곧 무너지게 된다.

하지만 휴전 카운트다운이 진행되는 가운데 폴은 독일의 공세로 전쟁을 끝내려는 최고위층 욕구를 만족시키는 것 외에 다른 목적 없이 끝까지 싸워야 한다.

\- 넷플릭스

The story follows teenagers Paul Bäumer and

his friends Albert and Müller who voluntarily enlist in the German army riding a wave of patriotic fervor that quickly dissipates once they face the brutal realities of life on the front.

Paul's preconceptions about the enemy and the rights and wrongs of the conflict soon crumble.

However, amid the countdown to armistice, Paul must carry on fighting until the end with no purpose other than to satisfy the top brass desire to end the war on a German offensive.

- Netflix

레마르크 소설을 극화한 〈서부 전선 이상 없다〉. 단골로 리바이벌 되는 소재이다. © Netflix

극중 후반부.

11월 11일 오전 5시경.

에즈버거 Erzberger 대표단은 오전 11시에 발효될 휴전 협정에 서명한다.

휴전 사실을 알게 된 폴과 캣.

마지막으로 농장에서 도둑질을 한다.

하지만 캣은 농부의 어린 아들에게 총을 맞고 폴이 그를 병원으로 데려가는 동안 죽는다.

프레드리히 Friedrichs는 독일의 승리로 전쟁을 끝내고 싶어 하면서 오전 10시 45분에 공격을 시작하도록 명령한다.

낙담하고 전투에 단련 된 폴은 전투가 중단되고 전선이 침묵하는 오전 11시 전 후. 총검으로 많은 프랑스 군인들을 죽인다.

얼마 후 새로 도착한 독일 신병은 폴을 진흙 투성이에서 시체로 발견한다.

그리고 프란츠 Franz의 스카프를 집어 든다.

- Netflix

에릭 마리아 레마르크 Erich Maria Remarque가 1929년 발표한 반전 명작이 넷플릭스 Netflix 지원으로 147분 대하 극으로 선보였다.

원작 묘미를 살리기 위해 독일어와 불어로 제작된다.

제1차 세계대전 종전이 배경.

17세 된 폴 바우머라는 이상주의적인 젊은 독일 군인이 겪는 전쟁 터 일화를 따라가고 있다.

친구와 함께 독일군에 입대한 바우머 Bäumer는 전쟁의 현실에 노출된 자신을 발견하고 살아남기 위해 최선을 다한다.

그러면서 전쟁 영웅이 되겠다는 초기 희망은 산산조각 난다.

〈서부 전선 이상 없다 All Quiet on the Western Front〉는 2022년 9월 12일 47회 토론토 국제 영화제를 통해 초연된다.

이어 10월 28일 넷플릭스 Netflix 스트리밍으로 방영된다.

벤 케니그버그 Ben Kenigsberg는 뉴 욕 타임즈 The New York Times에 기고한 비평문을 통해 '이번 영화가 1930년 버전보다 덜 인상적이라는 것을 알았다. 하지만 두근거리는 사운드트랙이 매력적이다. 또한 소설의 1인칭 서사와는 다르지만 휴전을 추적하는 병렬 플롯을 추가시킨 것은 신선했다.

주요 등장인물들이 겪는 뒤틀린 운명이 서사적으로 강력하다는 것을 발견했다 I found this film less impressive than the 1930 version. However, the thrilling soundtrack is attractive. Also, although it is different from the novel's first-person narrative, it was refreshing to add a parallel plot to pursue a truce.

I found the twists and turns of fate of the main characters to be narratively powerful'라는 호평을 게재한다.

반면 모국 독일에서는 비판적 의견이 대부분이었다.

독일 대표 일간지 프랑크푸르트 알게마이너 자이퉁 Frankfurter Allgemeine Zeitung을 통해 역사가 손케 니첼 Sönke Neitzel은 '전투 장면이 이전 각색보다 역사적으로 더 정확하다.

하지만 제1차 세계 대전 중 처형된 군인은 48명에 불과했다.

그럼에도 불구하고 탈영을 막기 위해 많은 군인들이 총살당했다는 것은 대표적인 역사 왜곡 The battle scenes are more historically accurate than in previous adaptations. However, only 48 soldiers were executed during World War I. Nevertheless, the fact that many soldiers were shot to prevent desertion is a representative distortion of history'이라고 비판한다.

찬반양론이 있었지만 2022년 버전은 원본 자료의 반전 메시지에 대한 충실성에 대해 비평가들로부터 대체적으로 긍정적 평가를 얻어낸다.

제95회 아카데미 작품, 각색, 국제 영화상 등 9개 부문 후보작으로 추천 받는다.

<이니셰린의 밴시 The Banshees of Inisherin>, 죽마고우의 결별 이야기

〈이니셰린의 밴시〉. 독특한 제목이 영화 관람 욕구를 자극 시켰다. © Searchlight Pictures, Film 4, Blueprint Pictures

아일랜드 서해안의 외딴 섬이 배경.

〈이니셰린의 밴시〉는 평생 친구 파드랙(콜린 파웰)과 콤(브렌단 글리슨)의 행적을 따라가고 있다.

기절한 파드랙은 여동생 시옵한(케리 콘돈)은 문제가 있는 젊은 섬 주민 도미닉(배리 게오한)의 도움을 받아 관계를 회복하기 위해 노력하며 대답을 거부한다.

Set on a remote island off the west coast of Ireland, The Banshees of Inisherin follows lifelong friends Padraic (Colin Farrell) and Colm (Brendan Gleeson), who find themselves at an impasse when Colm unexpectedly puts an end to their friendship.

A stunned Padraic aided by his sister Siobhan (Kerry Condon) and troubled young islander Dominic (Barry Keoghan) endeavours to repair the relationship, refusing to take no for an answer.

그러나 파드랙의 반복적인 노력은 이전 친구의 결심을 강화할 뿐이다.

콤이 절박한 최후통첩을 전달하면서 사건은 충격적인 결과와 함께 빠르게 확대된다.

- 버라이어티

But Padraic's repeated efforts only strengthen his former friend's resolve and when Colm delivers a desperate ultimatum events swiftly escalate with shocking consequences.

- Variety

1923년 아일랜드 내전이 끝날 무렵.

가상의 아일랜드 섬 이니셰린.

민속 음악가 콤 도허티는 갑자기 평생 친구이자 술 친구 파드랙 설리베인을 무시하기 시작한다.

파드랙은 섬 주민들에게 친절해서 좋아한다.

하지만 남은 여생을 음악을 작곡하고 기억할 일을 하는 데 보내고 싶어 하는 콤에게는 마을 분위기가 너무 둔하다는 생각을 갖고 있다.

파드랙은 그의 삶에서 몇 안 되는 친구 중 한 명인 콤을 잃게 돼 불안하다.

극중 후반.

어느 날 파드랙은 개와 함께 불탄 집 옆 해변에 서 있는 콤을 발견한다. 콤은 당나귀 죽음에 대해 사과하고 집을 파괴하면서 그와의 불화를 끝내자고 제안한다.

콤이 남북 전쟁이 끝났는지 궁금해 한다.

마침내 파드랙이 마을을 떠난다고 선언한다. 콤은 그동안 개를 돌봐 준 것에 대해 고마움을 표시한다.

한편 그동안 정체를 드러내지 않았던 맥코믹 부인은 콤의 불에 탄 오두막 옆에서 두 사람을 지켜보고 있다.

〈이니셰린의 밴시 The Banshees of Inisherin〉는 마틴 맥도나 Martin McDonagh 감독, 각본 및 공동 제작한 블랙 비극코미디 영화 black tragicomedy film다.

아일랜드 서해안의 외딴 섬을 배경으로 하고 있다.

콜린 파렐 Colin Farrell과 브렌단 글리슨 Brendan Gleeson이 평생을 함께 하다 결별하게 되는 친구로 출연하고 있다.

콜린과 브렌단은 맥도나 감독의 〈킬러들의 도시 In Bruges〉(2008)에서도 팀웍을 맞춘 바 있다.

영화는 2022년 9월 5일 제 79회 베니스 국제 영화제를 통해 월드 프리미어로 공개된다.

베니스에서 파렐은 볼피 컵 남우 the Volpi Cup for Best Actor, 맥도나 감독은 골든 오셀라 각본 the Golden Osella for Best Screenplay 상을 각각 수상한다.

2022년 10월 21일 극중 배경지인 아일랜드를 비롯해 영국, 미국 주요 극장에서 개봉된다.

맥도나의 연출력과 각본, 주연 배우들의 콤비 연기 등이 비평가들의 찬사를 얻어낸다.

영국 일간지 가디언 The Guardian의 피터 브래드쇼 Peter Bradshaw는 '남성의 외로움과 삼킨 분노에 대한 연구로서 이상하게 매력적이다. 종종 매우 재미있다 as a study of male loneliness and swallowed anger it is weirdly compelling and often very funny'는 비평문을 게재한다.

감성을 자극 시켰던 배경 음악은 맥도나 감독의 오랜 콤비 카터 버웰 Carter Burwell이 작곡했다.

흥미롭게도 맥도나는 영화 설정에도 불구하고 버웰에게 '아일랜드 기반으로 한 작곡 Irish-based score'을 피해달라고 부탁한다.

이에 카터는 패드랙 캐릭터를 염두에 두고 '어린이 같은' '디즈니 캐릭터'를 떠올려 주는 배경 음악을 작곡했다고 한다.

콤을 위해서는 '바이올린 테마'를 작곡한다.

사운드트랙은 영화와 함께 2022년 10월 21일 할리우드 레코드에서 디지털로 공개 된다.

〈이니셰린의 밴시 The Banshees of Inisherin〉는 95회 아카데미에서 작품, 감독, 남우, 조연 남우, 조연 여우, 각본 등 무려 9개 부문 후보작으로 지명 받는다.

〈아바타: 물의 길 Avatar: The Way of Water〉, 판도라 행성을 떠난 제이크 설리 부부가 겪는 위협과 생존을 위한 여정

제임스 카메론이 5부작으로 완성시킬 야심작 〈아바타〉 시리즈 2부는 〈물의 길〉로 공개된다. © 20th Century Studios, Lightstorm Entertainment

제이크 설리는 외계 위성 판도라에서 새로 찾은 가족과 함께 살고 있다.

이전에 시작된 일을 끝내기 위해 친숙한 위협이 돌아오면 제이크는 네이트리외 나비 종족의 군대와 협력하여 집을 보호해야 한다. - 할리우드 리포터

Jake Sully lives with his newfound family formed on the extrasolar moon Pandora.

Once a familiar threat returns to finish what was previously started, Jake must work with Neytiri and the army of the Na'vi race to protect their home-Hollywood Reporter

나비 Na'vi가 RDA의 판도라 침공을 격퇴한 지 16년 후.

제이크 설리 Jake Sully는 아마티카야 Omatikaya 일족의 우두머리로 살고 있다.

네이트리 Neytiri와 함께 가족을 양육하고 있다.

아들 네테얌 Neteyam과 로아크 Lo'ak, 딸 턱 Tuk, 입양된 자녀 키리 Kiri, 마일즈 쿼리치 Miles Quaritch 대령의 판도라 Pandora에서 태어난 인간 아들 스파이더 Spider 등이 가족이다.

새로운 지도자 프란세스 아드모어 Frances Ardmore가 이끄는 RDA는 지구가 죽어가는 와중에 판도라를 식민지로 만들기 위해 돌아오게 된다.

극중 후반부.

제이크, 쿼리치, 네이티리 및 턱 등은 침몰하는 선박 안에 갇혀 있다.

긴장된 전투를 끝낸 제이크.

쿼리치는 의식을 잃어 로아크와 파야칸에 의해 구조된다.

키리는 네이티리와 턱을 구해낸다.

스파이더는 쿼리치와 함께 가기를 거부한다.

제이크는 스파이더를 진정한 아들로 받아 들인다.

네테얌 Neteyam의 장례식이 끝난 뒤.

제이크는 토노와리 Tonowari에게 메카이나 Metkayina를 떠나기로 결정했음을 알린다.

추장은 제이크를 일족의 일원으로 정중하게 확인하고 그와 그의 가족이 머무르는 것을 환영한다.

RDA에 대한 캠페인 재개를 맹세하기 전에 제이크와 가족은 바다에서 새로운 삶을 받아들이고 살아간다.

〈아바타: 물의 길 Avatar: The Way of Water〉은 2009년 3 D 선풍을 일으킨 〈아바타〉 속편이다.

시리즈 2부는 나비 제이크 설리(샘 워싱턴)와 가족이 새로운 인간들의 위협을 받게 된다.

이에 메트카이나 Metkayina 판도라 일족과 함께 피난처를 찾아 나선다는 것이 핵심 내용이다.

카메론 감독은 〈아바타〉의 폭발적 호응에 용기를 얻어 영화 인생 후반을 온통 〈아바타〉 시리즈 완성에 몰

두하고 있는 상황이다.

1부가 창공이라면 2부는 수중에서 주요 상황이 펼쳐지고 있다.

2편이 10년 넘게 소요된 것은 수중 퍼포먼스 캡처 장면을 촬영하기 위한 새로운 기술 개발의 필요성 때문으로 알려졌다.

2부는 할리우드 역대 최고 제작비인 3억 5천 만 달러 $ 350,000,000가 투입됐다.
하지만 개봉 1개월 만에 전 세계 흥행 시장에서 무려 21억 7천만 달러 $2,178,629,726라는 천문학적 흥행 수익을 거둬들이면서 카메론의 위상은 타의 추종을 불허하는 위치에 올라서게 된다.

카메론은 2024년-2028년까지 순차적으로 〈아바타〉를 시리즈 5부작으로 완성하겠다는 원대한 계획을 제시해 놓고 있는 상황이다.

개봉 일정을 여러 차례 연기한 끝에 〈아바타; 물의 길 Avatar: The Way of Water〉은 2022년 12월 6일 런던에서 첫 선을 보였고 2022년 12월 16일 미국에서 개봉된다.
효과와 기술적인 성과에 대해서는 호평을 받았지만 너무 많은 내용을 담으려는 욕심 때문에 줄거리가 복잡하고 3시간 12분에 달하는 긴 상영 시간이 옥의 티로 지적 받았다.

RogerEbert.com 평론가 브라이언 탈레리코 Brian Tallerico는 〈아바타: 물의 길〉의 전개 과정이나 여러 액션 장면 등은 〈타이타닉〉(1997) 〈에이리언〉(1986) 〈어비스〉(1989) 〈터미네이터〉(1984) 〈터미네이터 2: 심판의 날〉(1989) 등 카메론이 감독한 이전 영화의 하이라이트 장면을 떠올려주고 있다는 지적을 했다.

예를 들어 〈아바타: 물의 길〉은 〈터미네이터〉처럼 강적에게서 도망쳐 숨어야 할지, 악과 싸워야 할지 묻고 있다고 덧붙였다.

또한 〈아바타: 물의 길〉은 환경주의 environmentalism와 정착민 식민주의 settler colonialism라는 문제에 대한 토론을 불러일으킨다.

〈아바타: 물의 길〉 사운드트랙은 애초 제임스 호너 James Horner가 진작부터 내정됐다.
하지만 그는 2015년 6월 불의의 자가용 비행기 추락 사고로 급서하는 돌발 사태가 벌어진다.

2019년 12월, 1997년 〈타이타닉 Titanic〉 이후 레코드 프로듀서 및 편곡가로 호너와 함께 작업했던 사이먼 프랭글렌 Simon Franglen-그는 호너의 사망 이후 2016년 〈황야의 7인 The Magnificent Seven〉에 대한 마무리 작업도 진행했다-이 전격 초빙된다.

호너가 생전에 작곡해 두었던 악보를 바탕으로 해서 프랭글렌이 〈아바타: 물의 길〉 사운드트랙 작업을 2022년 7월 29일 시작해서 2022년 12월 16일 할리우드 레코드를 통해 정식 출반하게 된다.

2022년 11월, 프랭글렌과 조 살다나 Zoe Saldaña가 협연한 'Song Chord'가 가장 중요한 트랙 중 한 곡으로 선곡된다.

이어 캐나다 가수 위큰 The Weeknd은 프랭글렌과 스웨덴 슈퍼 그룹 스웨디시 하우스 마피아 Swedish House Mafia가 협력 작곡한 'Nothing is Lost (You Give Me Strength)'를 불러주게 된다.

제95회 아카데미에서는 작품, 시각 효과, 사운드, 프로덕션 디자인 등 4개 부문 후보작으로 추천 받는다.

〈엘비스 Elvis〉, 호주 영상파 감독 바즈 루어만이 복원시킨 록큰롤 황제 엘비스 프레슬리

호주를 대표하는 바즈 루어만 감독이 록큰 롤 황제 업적을 은막으로 부활시킨 〈엘비스〉. © Warner Bros

1977년 8월 16일 테네시 주 멤피스에서 요절한 지 거의 반세기가 지난 지금.

록큰롤 제왕 엘비스 프레슬리와 그의 오랜 매니저 톰 파커 대령 사이의 역기능적인 관계는 계속해서 논란을 불러일으키고 있다.

자신의 이름을 밝히고 엘비스 명성과 경력 상승에 관여했다는 기록을 바로잡기 위해 죽어가는 무일푼 파커.

기억으로 가득 찬 마음으로 1997년 라스 베가스 병실에서 홀로 깨어난다.

대령이 20년에 걸친 그들의 다사다난한 사랑/ 증오 관계, 엘비스 프레슬리 이야기 요소들-가수의 겸손한 뿌리, 1955년 파커와 프레슬리의 첫 만남, 흑인 음악, 컨트리, 가스펠, 블루스-이 펼쳐진다.

Almost half a century after his untimely death on August 16, 1977, in Memphis, Tennessee, the dysfunctional relationship between Elvis Presley, The King of Rock n Roll and his long-time manager Colonel Tom Parker continues to stir controversy.

To clear his name and set the record straight about his involvement with Elvis's rise to fame and career, a dying, penniless Parker awakens alone in a Las Vegas hospital room in 1997 with his mind filled with memories.

As the colonel reminisces about their eventful, two-decade-long love/ hate relationship, elements of Elvis Presley's story from the singer's humble roots, Parker's first encounter with Presley in 1955, the influence of black music, country, gospel and blues unfold.

임종 당시 톰 파커는 엘비스의 서독 군복무, 새로운 영화 경력에 대한 그의 집중, 배우 프리실라 프레슬리와의 결혼 등 경력 경로의 다른 중추적인 랜드마크를 되돌아본다.

On his deathbed, Tom Parker looks back on other pivotal landmarks of their career path, including Elvis's military service in West Germany his focus on a new movie career and the performer's marriage to Priscilla Presley.

물론, 전 매니저는 1968년 텔레비전으로 중계된 크리스마스 콘서트 〈엘비스: 컴백 스페셜 Elvis: The Comeback Special〉(1968)로 엘비스 프레슬리의 라이브 공연 복귀를 떠올린다.

Of course, the former manager calls to mind Elvis Presley's return to live performances with the 1968 televised Christmas concert, Elvis: The Comeback Special (1968).

라스 베가스 국제 호텔에서의 5년 전속 활동, 1977년 6월 20일 링컨의 퍼싱 시립 강당에서 열린 마지막 네브래스카 콘서트.

엘비스 프레슬리는 사망하기 불과 6주 전인 1977년

6월 26일 인디애나폴리스 마켓 스퀘어 아레나에서 타의 추종을 불허하는 마지막 공연으로 무대를 뒤흔들었다. - 롤링 스톤

The 5-year residency in the International Hotel, Las Vegas and the last Nebraska concert on June 20, 1977, at the Pershing Municipal Auditorium, Lincoln.

Elvis Presley rocked the stage in an unrivalled last performance on June 26, 1977 at the Market Square Arena in Indianapolis only six weeks before his death-Rolling Stone

1997년 1월 20일.

엘비스 프레슬리 전 매니저 톰 파커 대령이 뇌졸중으로 사망한다.

도박 중독으로 궁핍한 말년을 보낸 그는 죽기 전 처음 엘비스를 만난 과정에 대해 털어 놓으면서 극이 시작된다.

극중 후반부.

파커 대령의 욕심으로 인해 연일 강행군을 하는 엘비스는 점점 지쳐간다.

1974년.

프레슬리는 아내 프리실라에게 자신이 노래 인생 과정에서 가치 있는 것을 성취하지 못했다고 말한다.

이런 생각하기 때문에 죽은 뒤 잊혀지는 존재가 될 것이 가장 두렵다는 속내를 털어 놓는다.

1977년 6월 21일 사우스 다코타 주 래피드 시티에서 진행된 콘서트.

이제 비만하고 창백해 진 프레슬리는 'Unchained Melody'를 열창한다.

우레와 같은 박수를 받으면서 공연을 끝낸다.

회상을 마친 파커는 1997년 가난하게 홀로 세상을 떠난다.

이에 앞서 1977년 8월 16일 세상을 떠난 프레슬리.

전 세계적으로 사랑 받으며 역사상 가장 많이 팔린 솔로 아티스트로 등극된다.

엘비스가 끼친 음악에 대한 영향력과 유산은 오늘날까지 이어지고 있다.

〈엘비스 Elvis〉는 음악에 상당한 조예가 있는 호주 출신 바즈 루어만 Baz Luhrmann이 연출을 맡아 공개한 전기 음악 영화이다.

루어만은 샘 브롬멜 Sam Bromell, 크레이그 피어스 Craig Pearce, 제레미 도너 Jeremy Doner 등과 공동 각본을 구성한다.

제목에서 짐작할 수 있듯이 미국 록큰롤 가수이자 배우 엘비스 프레슬리의 삶을 매니저였던 톰 파커 대령의 관점에서 들려주고 있다.

청춘스타 오스틴 버틀러가 프레슬리, 톰 행크스가 파커로 출연하고 있다.

〈엘비스 Elvis〉는 2022년 5월 25일 칸 영화제에서 최초 공개된다.

2022년 6월 24일 워너 브라더스를 통해 미국을 비롯해 전 세계 주요 각국에서 개봉된다.

8,500만 달러의 예산을 투입해 누적 흥행 수입 2억 8,730만 달러를 기록한다.

〈보헤미안 랩소디〉(2018)에 이어 역대 두 번째로 높은 수익을 올린 전기 음악 영화로 등극 된다.

개봉 이 후 오스틴 버틀러가 가창력과 뛰어난 연기력을 펼쳐 보이면서 광범위한 찬사를 얻어낸다.

또한 루어만의 탄탄한 연출력, 현란한 촬영 기법, 속도감 있는 편집 테크닉, 사운드 디자인, 의상 디자인, 프로덕션 디자인 및 사운드트랙 등이 평균 이상의 호응을 얻어낸다.

미국 영화 연구소 American Film Institute는 〈엘비스 Elvis〉를 2022년 10대 영화 중 한 편으로 선정한다.

제 95회 아카데미에서는 작품, 남우주연상을 포함하여 8개 부문 후보로 지명 받는다.

아카데미에서 전기 음악 영화로는 밀로스 포만의 〈아마데우스〉가 11개 부문 수상작으로 탑을 차지하고 있다.

8개 후보는 마이클 커티스 감독의 〈양키 두들 댄디 Yankee Doodle Dandy〉(1942)와는 동률을 기록하게 된다.

〈엘비스〉는 록큰롤 황제의 전기 영화답게 사운드트랙에 높은 비중을 두고 있다.

2022년 6월 12일 루어만은 '극중 엘비스의 젊은 시절 노래는 버틀러 버전을 사용했고 나이든 엘비스가 등장할 때는 엘비스 원곡을 사용했다는 사운드트랙 구성 테크닉을 밝힌다.

버틀러는 2019년 초 젊은 엘비스 역의 사전 제작 테스트 촬영장에서 'That's All Right'을 열창해 주면서 뛰어난 가창력을 과시한다.

그의 노래는 영화 공개 전에 유튜브 등을 통해 공개되면서 영화에 대한 관심과 버틀러의 노래 실력이 수준 이상이라는 것을 증명하는 계기가 됐다고 한다.

2022년 4월 25일 여성 래퍼이자 싱어 송 라이터 도자 캣 Doja Cat이 신곡 'Vegas'를 트랙에 헌정했다고 발표된다.

이 노래는 빅 마마 손톤 Big Mama Thornton이 발표했던 'Hound Dog' 요소를 결합시켜 만든 신곡으로 알려졌다.

〈엘비스〉에서 팝 명곡 'Hound Dog'은 오스틴 버틀러와 엘비스 원곡 등 2곡이 선곡되어 흘러나오고 있다.

장르와 스타일이 다른 저명한 아티스트들이 엘비스 명곡을 자신들만의 특색을 담아 수록한 것도 색다른 흥미를 전달해 주었다.

이태리 록 밴드 마네스킨 Måneskin과 케세이 머스그레이브스 Kacey Musgraves는 각각 'If I Can Dream'과 'Can't Help Falling in Love'를 커버 버전으로 불러 주어 음악 팬들의 관심을 불러일으킨다.

2022년 5월 23일, 래퍼 에미넴 Eminem은 자신의 인스타그램 Instagram을 통해 씨로 그린 CeeLo Green과 공동으로 곡을 만들고 닥터 드레 Dr. Dre가 프로듀싱을 맡은 'The King and I'가 〈엘비스〉 사운드트랙에 수록될 것이라는 소식을 밝힌다.

이 외 스티비 닉스 Stevie Nicks의 'Cotton Candy Land', 크리스 아이작 Chris Isaak의 'A Fool Such as I', 스왜 리와 디플로 Swae Lee and Diplo의 'Tupelo Shuffle', 코디 스미트-맥피 Kodi Smit-McPhee의 'How Do You Think I Feel', 게리 클락 주니어 Gary Clark Jr의 'Black Snake Moan' 등 다채로운 뮤지션들의 노래들이 풍성한 배경 음악을 구성하는데 참여하고 있다.

사운드트랙은 2022년 6월 24일에 발매되어 2022년 7월 9일 빌보드 사운드트랙 차트 1위에 진입하는 성적을 거둔다.

〈에브리씽 에브리웨어 올 앳 원스 Everything Everywhere All at Once〉
- 중년의 중국 이민자가 겪는 미친 모험담

2022년 예상하지 못한 히트 행진으로 주목을 받아낸 〈에브리씽 에브리웨어 올 앳 원스〉. © A 24, Pathé Live, Elevation Pictures

그녀의 빨래방은 실패의 위기에 처해있다.

겁쟁이 남편 웨이몬드와의 결혼 생활로 인해 과로한 에블린 콴.

비판적인 친정 아버지 공 공과 딸 조이와의 너덜너덜한 관계를 포함하여 모든 것에 대처하기 위해 고군분투하고 있다.

그녀는 초라한 옷차림의 IRS 감사 디어드레와 같은 비인격적관료와의 불쾌한 만남에 대비해야 했다.

With her laundromat teetering on the brink of failure and her marriage to wimpy husband Waymond on the rocks, overworked Evelyn Wang struggles to cope with everything, including tattered relationships with her judgmental father Gong Gong and her daughter Joy. She must also brace herself for an unpleasant meeting with an impersonal bureaucrat: Deirdre, the shabbily-dressed IRS auditor.

그러나 선미 요원이 인내심을 잃게 된다.

설명할 수 없는 다중 우주 균열이 평행 현실에 대한 눈을 뜨게 하는 탐험이 된다.

에블린이 토끼 굴로 뛰어내릴까?

우주에는 몇 개의 별이 있을까?

지친 에블린은 억누를 수 없는 가능성의 힘을 헤아리고 있다.

새로 발견한 힘을 활용하고, 보이지 않는 세계의 얇고 무수한 층을 파괴하는 사악한 존재를 막을 수 있을까?

- 할리우드 리포터

However, as the stern agent loses patience, an inexplicable multiverse rift becomes an eye-opening exploration of parallel realities. Will Evelyn jump down the rabbit hole?

How many stars are in the universe? Can weary Evelyn fathom the irrepressible force of possibilities, tap into newfound powers and prevent an evil entity from destroying the thin, countless layers of the unseen world?

- Hollywood Reporter

에블린 콴은 남편 웨이몬드 왱과 함께 세탁소를 운영하는 중년의 중국 출신 미국 이민자.

20년 전 그들은 미국으로 도망쳐 딸 조이를 낳았다.

빨래방은 IRS의 감사를 받고 있다.

웨이몬드는 에블린의 이혼 서류를 처리하려고 한다.

에블린의 까다로운 아버지 공 공은 그녀의 설날 파티를 위해 방문한다.

조이는 어머니가 중국인이 아닌 여자 친구 베키를 받아주길 원하고 있다.

하지만 에블린은 그녀를 조이의 '좋은 친구'로 공 공에게 소개한다.

극중 후반부.

여러 갈등 관계에 있던 가족 관계는 개선된다.

세금을 다시 신고하기 위해 IRS 건물로 들어선다.

에블린의 관심은 그녀가 고향 우주로 돌아가기 전에 잠시 그녀의 대체 자아와 다중 우주에 관심을 쏟는다.

〈에브리씽 에브리웨어 올 앳 원스 Everything Everywhere All at Once〉는 다니엘 콴 Daniel Kwan과 다니엘 쉐이너트 Daniel Scheinert가 공동 각본과

연출한 부조리 코미디 영화이다.

IRS 감사를 받는 동안 강력한 존재가 다중 우주를 파괴하는 것을 막기 위해 자신의 평행 우주 버전과 연결해야 한다는 것을 알게 된 중국계 미국인 이민자(양자경)의 이색 사연을 들려주고 있다.

제이미 리 커티스가 조역으로 찬조 출연하고 있다.

뉴 욕 타임즈는 New York Times는 '초현실적 코미디, SF, 환타지, 무술 영화, 애니메이션 요소가 포함된 장르 무정부 상태의 소용돌이 영화 the film a "swirl of genre anarchy" with elements of surreal comedy, science fiction, fantasy, martial arts films, and animation'라는 평가를 제시한다.

공동 감독 다니엘 콴과 다니엘 쉐이너트는 로즈 맥엘위 Ross McElwee의 다큐멘터리 〈셔먼 마치 Sherman's March〉(1986)에서 내세운 주제 '모달 리얼리즘 개념 the concept of modal realism'을 접했다고 한다.

이 후 아동 도서 '실베스터와 매직 페블 Sylvester and the Magic Pebble'(1969), 비디오 게임 '에브리씽 Everything'(2017) 등을 읽고 시청하면서 '다중 우주 개념 the concept of the multiverse'을 연구하기 시작했다고 한다.

콴은 다중 우주 개념을 다룬 애니메이션 〈스파이더-맨: 뉴 유니버스 Spider-Man: Into the Spider-Verse〉(2018)를 매우 흥미롭게 관람했다고 밝힌다.

각본 작업에 착수하면서 감독은 주인공을 진단되지 않은 주의력 결핍 과잉 행동 장애 (ADHD)가 있는 것으로 계획하게 된다.

히로인 에블린이 무술을 훈련하고 액션 영화배우가 되는 장면은 왕가위 영화를 관람하고 시각적으로나 스토리 설정 등에서 많은 영감을 받았다고 한다.

콴은 '왕 감독의 영화에서는 즉시 인식할 수 있는 절묘하고 낭만적인 분위기가 일품'이라는 찬사를 보낸다.

중국 가락이 담겨져 있는 사운드트랙은 손 룩 Son Lux이 맡았다.

사운드트랙 리듬과 함께 미츠키 Mitski, 데이비드 번 David Byrne, 앙드레 3000 André 3000, 존 햄슨 John Hampson, 랜디 뉴먼 Randy Newman 등이 협연자로 참여하고 있다.

〈에브리씽 에브리웨어 올 앳 원스〉는 2022년 3월 11일 텍사스 주 오스틴에서 진행되는 복합 예술 행사 사우스 바이 사우스웨스트 South by Southwest를 통해 첫 선을 보인다.

2022년 3월 25일 미국 일부 지역에서 개봉을 거쳐 독립 배급사 A24에 의해 광범위한 지역에서 개봉된다.

예상을 깨고 전 세계적으로 약 1억 700만 달러의 수익을 올리면서 A24가 배급한 영화 중 첫 번째 1억 달러를 돌파한 영화로 등극된다.

영화를 통해 실존주의 existentialism, 허무주의 nihilism, 부조리주의와 같은 철학적 개념 philosophical concepts absurdism 그리고 세대 간의 트라우마 generational trauma, ADHD, 아시아계 미국인의 정체성 Asian-American identity 등 여러 복합적인 주제를 담아내 보편적인 찬사를 얻어낸다.

95회 아카데미에서는 작품 상 등 11개 부문에 지명받아 이 해 출품작 중 가장 많은 후보를 배출한 작품이 된다.

〈더 파벨만스 The Fabelmans〉, 〈지상 최대의 쇼〉를 관람한 뒤 영화 세계 매력에 푹 빠진 스필버그의 반자전적 사연

스필버그가 영화 세계로 입문하도록 많은 영향을 끼친 부모에게 헌정한 반자전 영화 〈더 파벨만스〉. © Universal Pictures

1952년 뉴 저지 주. 처음으로 영화관을 방문해서 세실 B. 드밀 감독이 오스카를 수상했던 〈지상 최대의 쇼〉의 강력한 이미지에 사로잡힌 젊은 새미 파벨만.

집으로 돌아와 그것을 재현하려고 한다.

맹목적 애정을 드러내고 있는 모친 미지의 격려를 받아 새미는 홈 무비 제작에 대한 거부할 수 없는 열정을 발견하게 된다.

결과적으로 소년의 창의적인 프로젝트는 존 포드 감독과 〈리버티 발란스를 쏜 사나이〉(1962)를 통해 영감을 받으면서 점 점 더 야심차게 된다.

New Jersey, 1952. Entranced by his first visit to a movie theatre and haunted by the powerful imagery of Cecil B. DeMille's Oscar-winning The Greatest Show on Earth (1952).

young Sammy Fabelman returns home seeking to recreate it.

And encouraged by Mitzi, his doting mother, Sammy discovers an irresistible passion for making home movies.

As a result, the boy's creative projects become increasingly ambitious inspired by John Ford and The Man Who Shot Liberty Valance (1962).

그러나 평범한 시야에 숨겨진 삶을 바꾸는 가족의 비밀이 가족 관계에 부담을 주게 된다.

이런 사실이 일에 영향을 미친다.

이러한 때에 새미는 렌즈의 힘을 믿고 느린 성장 과정을 받아들인다.

꿈을 추구하면서 이야기꾼이 된다.

- 할리우드 리포터

However, when a life-altering family secret hidden in plain sight puts a strain on family ties influencing his work Sammy will have to believe in the power of the lens embrace the slow process of growing up and pursue his dream to become a storyteller. - Hollywood Reporter

극중 후반부.

새미는 마침내 CBS로부터 시트콤 〈호간의 영웅 Hogan's Heroes〉 제작 제안을 받게 된다.

그가 영화 연출에 더 관심이 있다는 것을 알게 된 쇼 공동 제작자 버나드 페인 Bernard Fein은 영화감독 존 포드와의 만남을 주선한다.

그의 영화 연출 방식에 가장 큰 영향을 준 사람 중 한 명인 존 포드.

포드는 새미에게 화면 구성 법 등 연출 방식에 대한 여러 유익한 정보를 제공한다.

새롭게 활력을 얻은 새미.

포드의 조언과는 달리 카메라가 수평선을 중심으로 프레임을 지정한다.

그리고 스튜디오 야외 촬영장을 거닐면서 포드의 조언을 받아들여 맨 아래에서 수평선을 다시 구성하는 것으로 화면 구도를 마무리 짓는다.

스필버그는 〈더 파벨만스 The Fabelmans〉의 시나리오는 토니 커쉬너 Tony Kushner와 공동 집필 한다.

스필버그 청소년기와 영화감독으로서 초창기 풍경을 다소 여유롭게 보여주고 있는 반자전적 이야기로 알려졌다.

영화의 힘이 자신의 진실을 보는 데 어떻게 도움이 되는지 탐구하고 있는 젊은 영화감독 새미 파벨만 사연이 가족 풍경과 함께 펼쳐지고 있다.

영화는 2017년과 2020년에 사망한 스필버그의 실제 부모 레아 아들러와 아놀드 스필버그에게 헌정된다.

1999년 스티븐 스필버그는 자신의 어린 시절에 관한 영화를 감독할 구상을 하고 있다고 주변 영화계 인사들에게 밝힌다.

가상 제목 〈집에 있을 거야! I'll Be Home〉의 시나리오 초고는 여동생 앤 스필버그 Anne Spielberg가 구상한다.

하지만 여동생은 '나의 가장 큰 두려움은 엄마와 아빠가 이러한 영화 작업을 좋아하지 않았다는 것이다. 심지어 모욕이라고 생각했다.

부모님은 자식을 끔찍하게 사랑하면서도 혹시 제기될지 모르는 비판적인 관점에 대해서는 공유하지 않겠다는 생각이 강했다' 고 고충을 털어 놓는다.

2002년 스필버그는 '〈집에 있을 거야〉를 제작하는 것에 대해 긴장하고 있다. 상업적 흥행을 염두에 두고 있더라도 여전히 개인 영화를 만든다는 한계가 있다' 는 소회를 밝힌다.

극중 가족 이야기를 담게 된다는 것이 부모님들에게 원치 않는 불편함과 걱정을 줄 수 있다는 생각 때문에 기획안은 실행에 옮기지 못하게 된다.

스필버그는 2019년 〈웨스트 사이드 스토리 West Side Story〉를 연출하는 와중에 시나리오 작가이자 협력자 관계였던 커쉬너와 함께 오랜 동안 구상했던 프로젝트를 재가동 시켰다고 한다.

미쉘 윌리암스 Michelle Williams는 미치 쉴드크라우트-파벨만 Mitzi Schildkraut-Fabelman 역을 맡는다.

미치는 새미에게 끊임없는 격려와 용기를 주고 있으며 능숙한 피아노 연주자였다. 스필버그 생모 레아 아들러 Leah Adler를 모델로 했다.

폴 다노 Paul Dano는 버트 파벨만 Burt Fabelman으로 출연하고 있다.

새미의 부친이자 컴퓨터 엔지니어이다.

스필버그 부친 아놀드 스필버그 Arnold Spielberg를 모델로 했다.

컬트 장르 명 감독 데이비드 린치 David Lynch가 새미의 영화 연출 세계에 지대한 영향을 미치는 거장 감독 존 포드 역할로 등장해 이목을 끌어낸다.

배경 음악은 스필버그와의 29번째 콤비작이자 영화 음악 작곡 50주년을 맞는 존 윌리암스가 맡았다.

〈더 파벨만스〉 사운드트랙은 스필버그가 선택한 다수의 클래식 음악이 선곡됐다는 것이 특징이다.

프리드리히 쿠라우 Friedrich Kuhlau, 무지오 클레멘티 Muzio Clementi, 요한 세바스찬 바흐 Johann Sebastian Bach 및 조셉 하이든 Joseph Haydn의 명곡과 미츠 파벨만이 극중 피아노를 연주하는 리듬이 선곡되고 있다.

사운드트랙은 2022년 11월 11일 Sony Classical에서 디지털로 출반된다.

2022년 12월 9일 CD로도 출시된다.

새미 파벨만의 고등학교 학창 시절 풍경에서는 디온 워익 Dionne Warwick의 'Walk On By'와 제임스 다렌 James Darren의 'Goodbye Cruel World' 등이 흘러나오고 있다.

이들 팝송은 사운드트랙 앨범에서는 누락됐다.

한 편 2022년 6월 23일 윌리암스는 이번 영화와 제임스 맹골드 감독의 〈인디아나 존스와 운명의 다이얼 Indiana Jones and the Dial of Destiny〉이 은퇴하기 직전에 창작하는 마지막 사운드트랙이 될 것이라는 소감을 밝힌다.

〈더 파벨만스〉는 2022년 9월 10일 토론토 국제 영화제를 통해 첫 실체를 드러낸다.

영화는 연기, 연출, 각본, 영화 촬영법, 존 윌리암스의 배경 음악 등에 대한 찬사가 이어진다.

하지만 일반에 개봉됐을 때 4천 만 달러가 투입된 영화는 겨우 2,850만 달러의 수익을 얻는데 그쳐 흥행 참패 작으로 귀결된다.

제 95회 아카데미에서 작품, 감독, 여우주연(미셸 윌리암스), 조연 남우(저드 허쉬) 등 7개 부문에 지명 받는다.

〈탑 건: 매버릭 Top Gun: Maverick〉, 교관으로 돌아 온 최고 해군 비행사

탐 크루즈 초기 출세작 〈탑 건〉 속편 〈탑 건: 매버릭〉. © Paramount Pictures

30년이 지난 후에도 매버릭은 여전히 최고 해군 비행사로서 한계를 뛰어넘고 있다.

하지만 탑 건 엘리트 졸업생들을 이끌고 비행을 위해 선택된 사람들에게 궁극적인 희생을 요구하는 임무를 수행하면서 과거 유령과 맞서야 했다.

After thirty years, Maverick is still pushing the envelope as a top naval aviator but must confront ghosts of his past when he leads TOP GUN's elite graduates on a mission that demands the ultimate sacrifice from those chosen to fly it.

전임자로부터 30년 후를 배경으로 하고 있다.

매버릭이 미국 해군 타격 전투기 전술 교관 프로그램(U.S. Navy-Fighter Weapons School)-탑 건이라고도 함-으로 복귀하는 과정을 따라가고 있다.

조종사 중에는 매버릭의 사망한 가장 친한 친구 미군 해군 USN의 닉 구즈 브래드쇼 중위의 아들도 있다.

- 할리우드 리포터

Set 30 years after its predecessor, it follows Maverick's return to the United States Navy Strike Fighter Tactics Instructor program-also known as U.S. Navy-Fighter Weapons School-TOP GUN where he must confront his past as he trains a group of younger pilots among them the son of Maverick's deceased best friend Lieutenant Nick Goose Bradshaw, USN

- Hollywood Reporter

탑 건을 졸업한 지 30년이 지난 지금.

미국 해군 대위 피트 매버릭 미첼은 테스트 파일럿으로 재직하고 있다.

많은 업적에도 불구하고 반복되는 불복종으로 인해 그는 요주의 인물로 치부되고 있다.

다행히 친구이자 탑 건 라이벌인 태평양 함대 사령관 톰 아이스맨 카잔스키 제독이 종 종 매버릭 처지를 방어해 주고 있는 상황이다.

극중 후반부.

루스터는 매버릭이 P-51 무스탕 Mustang을 조종하는데 적극 지원하고 있다.

루스터는 P-51을 타고 날아가는 페니와 매버릭을 흐뭇하게 바라고 있다.

이 때 이제 고인이 된 아버지 닉 구즈와 젊은 시절 매버릭이 비행 임무에 성공하고 위엄을 드러내는 과거 사진이 비추어 진다.

〈탑 건: 매버릭 Top Gun: Maverick〉은 조셉 코신스키 Joseph Kosinski가 메가폰을 잡았다.

피터 크레이그 Peter Craig와 저스틴 마크 Justin Marks가 이야기 초안을 제공한다.

이를 바탕으로 어렌 크루거 Ehren Kruger, 에릭 워렌 싱어 Eric Warren Singer, 크리스토퍼 맥쿼리 Christopher McQuarrie가 시나리오를 구성했다.

1986년 공개돼 흥행에서 성공했던 토니 스코트 감독의 〈탑 건〉 속편이다.

후속편에서 매버릭은 위험한 임무 도중 사망한 가장 친한 친구 아들을 포함해서 젊은 탑 건 졸업생 그룹을 혹독하게 훈련시킨다.

이런 과정에서 패기만만했던 과거 젊은 시절의 모습을 떠올리게 된다.

〈탑 건〉 속편 계획은 2010년부터 추진된다.

주역 탐 크루즈를 비롯해 프로듀서 제리 브룩하이머 Jerry Bruckheimer, 원조 감독 토니 스코트 Tony Scott과 함께 복귀 요청을 받는다.

크레이그는 2012년 각본 초안을 구성한다.

하지만 이 해 연 말 토니가 우울증으로 인해 자살하는 돌발 사태가 발생한다.

프로젝트는 중단된다.

2017년 코신스키가 연출자로 초빙 받으면서 프로젝트는 다시 진행된다.

전투 비행기를 동원한 훈련 장면을 실감나게 전달해 주기 위해 IMAX 인증 6K 풀프레임 카메라로 촬영됐다.

〈탑 건: 매버릭〉은 원작 만큼 사운드트랙 비중이 상당히 높다.

원본 작곡가 해롤드 팔터마이어 Harold Faltermeyer는 레이디 가가 Lady Gaga, 원퍼블릭 OneRepublic, 한스 짐머 Hans Zimmer 등을 초빙해서 배경 음악을 구성한다.

사운드트랙은 인터스코프 레코드 Interscope Records를 통해 2022년 5월 27일 발매된다.

트랙 중 레이디 가가가 열창해 주고 있는 'Hold My Hand'와 원퍼블릭 OneRepublic의 'I Ain't Worried'라는 두 곡의 싱글이 팝 팬들의 주목을 받아낸다.

〈탑 건〉에서 조르지오 모로더가 작곡했던 'Top Gun Anthem'과 케니 로긴스 Kenny Loggins가 불러준 'Danger Zone'도 재활용 된다.

애초 개봉일은 2019년 7월 12일.

하지만 여러 현란하고 복잡한 액션 장면을 추가 촬영하고 중국 우한에서 전파된 우한 바이러스-코로나19 Covid-19 대유행여파로 여러 차례 연기된다.

코로나 대유행 기간 동안 여러 스트리밍 회사는 파라마운트에 스트리밍 권한을 구매하려고 시도한다.

하지만 공동 제작자 탐 크루스는 〈탑 건: 매버릭〉은 반드시 극장에서만 관람해야 할 액션 극이라고 주장하면서 모든 외부 제안은 거부당한다.

마침내 〈탑 건: 매버릭〉은 2022년 4월 28일 미국 최대 극장 운영 주 협의체인 시네마콘 CinemaCon을 통해 첫 실체를 공개한다.

2022년 5월 27일 미국 파라마운트 픽처스에서 IMAX, 4DX, ScreenX 및 돌비 시네마 Dolby Cinema 등 다양한 상영 방식으로 개봉된다.

평론가들과 관객들로부터 오락성과 작품성 등에서 원작을 능가한다는 찬사를 얻어낸다.

전 세계적으로 14억 8,900만 달러의 흥행 수익을 거둬들인다.

2022년 22억 달러의 〈아바타: 물의 길 Avatar: The Way of Water〉에 이어 두 번째로 높은 수익을 올린 영화이자 탐 크루즈 경력 중 가장 높은 수익을 올린 영화로 등극된다.

국립 비평가협회 National Board of Review, 미국 영화 연구소 American Film Institute로부터 '2022년 10대 영화'로 선정된다.

제 95회 아카데미에서 작품상 등 6개 부문 후보로 지명 받는다.

〈타르 Tár〉 베를린 필하모닉의 1호 여성 지휘자 리디아 타르의 열정적 음악 인생

베를린 필하모닉 여성 1호 지휘자 리디아 타르 음악 인생을 다룬 〈타르〉. © Focus Features, Standard Film Company, EMJAG Productions

국제적인 서양 클래식 음악 세계를 배경으로 하고 있다.

영화는 살아 있는 가장 위대한 작곡가 겸 지휘자 중 한 명이자 독일 주요 오케스트라 최초 여성 감독으로 널리 알려진 리디아 타르를 중심으로 전개된다.

Set in the international world of Western classical music, the film centers on Lydia Tár widely considered one of the greatest living composer-conductors and the very first female director of a major German orchestra.

베를린 필하모닉 첫 여성상임 음악 감독인 저명한 지휘자이자 작곡가 리디아 타르.

거의 꿈도 꿀 수 없는 부러운 경력을 달성한 최고의 자리에 있다.

지휘자로서 리디아는 지휘할 뿐만 아니라 조종하기도 한다.

Having achieved an enviable career few could even dream of, renowned conductor/composer Lydia Tár the first female principal music director of the Berlin Philharmonic is at the top of her game.

As a conductor, Lydia not only orchestrates, she manipulates.

선구자로서 열정적인 거장은 남성 심장의 클래식 음악 산업을 다루고 있다.

게다가 리디아는 일과 가정을 오가며 회고록 출간을 준비한다. 또한 가장 중요한 문제 중 하나인 구스타프 말러 교향곡 5번의 라이브 녹음을 시도한다.

As a trailblazer, the passionate virtuoso leads the way in the male-dominated classical music industry. Moreover, Lydia prepares for the release of her memoir while juggling work and family.

She is also willing to take up one of her most significant challenges a live recording of Gustav Mahler's Symphony No. 5.

그러나 오만한 마에스트로도 통제할 수 없는 힘이 서서히 리디아의 정교한 외관을 깎아 내리게 된다.

천재의 더러운 비밀과 교활하고 부식적인 권력의 본질이 드러나게 된다.

인생이 리디아를 받침대에서 떨어뜨리면 어떻게 될까?

- 할리우드 리포터

However, forces that even the imperious maestro can't control slowly chip away at Lydia's elaborate facade, revealing the genius's dirty secrets and the insidious, corrosive nature of power.

What if life knocks Lydia off her pedestal?

- Hollywood Reporter

극중 후반부.

베를린 필에서 리디아는 여러 논란에 휩싸이면서 결국 해임된다.

여러 의혹과 리디아와의 의사 소통 부족에 분노한 샤론은 리디아가 딸 페트라를 보지 못하도록 금지시킨다.

리디아는 점 점 우울하고 혼란스러운 상황에 빠진다.

말러의 5번의 라이브 녹음 현장에 몰래 들어가 그녀를 대신하고 있는 엘리어트를 난폭하게 공격한다.

매니지먼트 에이전시로 부터 은둔하라는 조언을 받는다.

출생 이름 린다 타르 Linda Tarr가 적힌 증명서를 갖고 스태튼 아일랜드에 있는 어린 시절 집으로 귀향한다.

그곳에서 레너드 번스타인이 음악의 의미에 대해 이야기하는 오래된 콘서트 테이프를 시청하면서 눈물을 흘린다.

얼마 후 리디아는 필리핀에서 수행할 일을 찾는다.

새로운 오케스트라와 함께 리디아는 코스플레이어 cosplayers 청중 앞에서 비디오 게임 시리즈 '몬스터 헌터 Monster Hunter' 악보를 지휘하게 된다.

〈타르 Tár〉는 토드 필드 Todd Field가 각본, 감독을 맡는다.

케이트 블란쳇이 주연을 맡아 공개된 음악을 가미한 심리극으로 평가 받는다.

블란쳇은 성폭행 혐의로 기소된 유명한 지휘자 리디아 타르를 연기하고 있다.

2022년 10월 21일.

로버트 에임스 Robert Ames가 지휘하는 런던 컨템포러리 오케스트라 the London Contemporary Orchestra와 힐두르 구드나도티르 Hildur Guðnadóttir의 사운드트랙, 드레스덴 필하모닉 the Dresden Philharmonic을 지휘한 블란쳇의 구스타프 말러 교향곡 5번 리허설이 포함된 컨셉 앨범 concept album이 발매 된다.

첼리스트 소피 카우어 Sophie Kauer는 나탈리 머레이 빌 Natalie Murray Beale이 지휘하는 런던 심포니 오케스트라 지원을 받아 엘가 Elgar의 '첼로 협주곡'을 연주해 주고 있다.

2022년 11월 5일 〈타르〉 컨셉 앨범은 실제 베를린 필하모닉 앨범을 제치고 빌보드 매거진 전통 클래식 앨범 판매 1위를 차지하는 기염을 토한다.

〈타르〉는 2022년 9월 제 79회 베니스 영화제를 통해 첫 공개된다.

이 영화제에서 블란쳇은 볼피컵 여우주연상 Volpi Cup for Best Actress을 수여 받는다.

2022년 10월 10월 28일 포커스 픽쳐스 Focus Features 배급으로 미국 전역에서 개봉된다.

〈타르〉는 뉴욕 영화 비평가협회 New York Film Critics Circle, L A 비평가 협회 Los Angeles Film Critics Association, 런던 비평가 모임 London Film Critics Circle 등 전 세계 주요 비평가 그룹들로부터 모두 '2022년 최고의 영화'로 동시에 선정되는 극찬을 받아낸다.

뉴 욕 타임즈 The New York Times의 A. O. 스코트는 '〈타르〉와 같은 영화를 본 적이 있는지 잘 모르겠다. 감독 필드는 아폴로니안 Apollonian 구속과 디오니시안 Dionysian이 펼쳐 주는 광란의 균형을 적절하게 맞추어 주고 있다.

〈타르〉는 꼼꼼하게 예술가와 예술을 분리하는 것에 대한 끊임없는 질문을 제기하는 새로운 방법을 제시하고 있다.

감독이 제안하는 질문은 다른 질문에 의해서만 대답될 수 있다. 우리는 '타르'가 예술이기 때문에 우리는 그녀를 걱정하고 있다 I don't know if you've ever seen a movie like Tar. The director's field strikes the right balance between Apollonian restraint and Dionysian frenzy.

Tar meticulously presents a new way to raise the persistent question of the separation of artist and art.

The question the bishop proposes can only be answered by another question. We are worried about her because Tar is art'는 리뷰를 게재한다.

제 95회 아카데미에서는 작품, 감독, 각본, 여우 주연, 촬영, 편집 등 6개 부문 후보작으로 추천 받는다.

〈트라이앵글 오브 새드니스 Triangle of Sadness〉 슈퍼 리치를 위해 패션모델 커플이 겪는 해프닝

칸 황금종려상 수상작 〈트라이앵글 오브 새드니스〉. © Imperative Entertainment, Film i Väst, BBC Films

루벤 오스트룬드의 사악하고 우스꽝스러운 황금종려상 수상작에서는 사회적 위계질서가 뒤집어져 권력과 아름다움 사이의 천박한 관계가 드러나고 있다.

유명 모델 커플 칼(해리스 디킨슨)과 야야(찰비 딘). 부유층을 위한 호화 크루즈에 초대 받는다.

불안정한 선장(우디 해럴슨)이 이끈다.

처음 인스타 그래머블한 것처럼 보였던 것이 비극적으로 끝난다. 생존자들은 무인도에 좌초되고 생존을 위해 싸우게 된다. - imdb

In Ruben Östlund's wickedly funny Palme d'Or winner social hierarchy is turned upside down, revealing the tawdry relationship between power and beauty. Celebrity model couple, Carl (Harris Dickinson) and Yaya (Charlbi Dean) are invited on a luxury cruise for the uber-rich, helmed by an unhinged boat captain (Woody Harrelson).

What first appeared instagrammable ends catastrophically, leaving the survivors stranded on a desert island and fighting for survival-imdb

모델 칼과 모델이자 인플루언서 야야는 열애 중이다.

칼 Carl은 야야 Yaya가 자신보다 더 많은 돈을 벌지만 그가 늘 식사비를 지불해야 한다는 것에 대해 불만이 많다.

종종 돈과 성 역할에 대해 논쟁하고 있다.

야야는 소셜 미디어를 통해 여러 소통을 하고 있다.

그녀는 트로피 아내가 되려고 한다고 인정한다.

하지만 칼은 그녀가 자신을 진정으로 사랑하게 될 것이라고 선언한다.

극중 후반부.

야야는 섬 반대편으로 하이킹을 하기로 결정한다.

아비게일은 칼의 우려에도 불구하고 야야와 함께 가겠다고 자원한다.

그들은 곧 고급 리조트 근처에 좌초되었음을 깨닫게 된다.

캠프로 돌아온 테레즈는 해변 상인을 만났지만 자신의 상황을 전달할 수 없다.

얼마 후.

칼은 야야와 아비게일을 따라 해변 주변에 널려 있는 정글을 향해 미친 듯이 달려간다.

〈트라이앵글 오브 새드니스 Triangle of Sadness〉는 루벤 오스트런드 Ruben Östlund의 영어 장편 감독 데뷔작이다.

풍자 블랙 코미디로 주목 받는다.

부유한 손님과 함께 호화 유람선에 탑승하게 된 유명인 커플 행적을 펼쳐주고 있다.

〈트라이앵글 오브 새드니스〉는 감독 루벤 오스트런드가 70회 칸 영화제에서 〈더 스퀘어 The Square〉로 황금종려상을 수상한 뒤 2017년 6월 프로젝트를 발표한다.

제목에서는 '자본으로서의 외모 appearance as capital'와 '통화로서의 아름다움 beauty as currency'을 은유하고 있다고 밝힌다.

여기에 패션계와 부유층에 대한 가차 없고 냉혹한 풍자를 가미 시켰다는 연출론을 공개한다.

의료계에서는 제목에 대해 '성형외과 의사들이 눈썹 사이에 생기는 고민 주름을 일컫는 용어'라고 한다.

보톡스를 맞으면 곧바로 교정될 수 있다고 덧붙이고 있다.

〈트라이앵글 오브 새드니스〉는 2022년 5월 21일 2022년 칸 영화제에서 세계 최초로 공개된다.

8분여 동안의 기립 박수를 받으며 황금 종려상을 수상한다.

뉴 요커 The New Yorker 리차드 브로디 Richard Brody는 '〈트라이앵글 오브 새드니스〉는 아트 하우스 관객들의 선입견에 손쉬운 정치적 입장을 제시하는 표적 선동 영화이다.

감독의 연출 방향은 정확하지만 다소 뻣뻣하다.

예리한 관찰은 사회 비판과 정치 철학에 대한 감독의 노력이 담겨져 있다. 특히 야야 역의 찰비 딘 Charlbi Dean 연기가 뛰어 나다 Triangle of Sadness is a targeted demagoguery film that presents an easy political stance against the preconceptions of art house audiences.

The director's directing direction is correct but somewhat stiff.

Keen observation contains the director's efforts on social criticism and political philosophy.

In particular, Charlbi Dean's performance as Yaya is outstanding'는 리뷰를 게재한다.

제 95회 아카데미에서 작품, 감독, 각본 등 3개 부문 후보에 지명 받는다.

<우먼 토킹 Women Talking> 고립된 종교 공동체에서 여성들이 직면하는 잔인한 현실

루니 마라, 클레어 포이 협연 연기자 돋보였던 <우먼 토킹>. © Hear/ Say Productions, Plan B Entertainment

아무 것도 하지 마라. 머물면서 싸워라. 아니면 떠나라.

2010년, 고립된 종교 공동체 여성들은 잔인한 현실과 신앙을 조화시키기 위해 고군분투 하고 있다.

- 버라이어티

Do nothing!. Stay and fight or leave.

In 2010, the women of an isolated religious community grapple with reconciling a brutal reality with their faith. - Variety

젊은 여성이 침대에서 혼자 자고 있다.

엉덩이와 위쪽 허벅지 안쪽에 눈에 띄는 타박상과 상처가 보인다. 강간으로 인한 부상이다.

2010년. 이름이 알려지지 않은 고립된 메노나이트 식민지의 여성과 소녀들.

남성들이 여성들을 제압하고 강간하기 위해 소 진정제를 사용하고 있음을 발견한다.

공격자들은 체포되어 인근 도시에 수감된다.

식민지 대부분의 남성은 보석금을 내고 이동한다.

여성들은 향후 어떤 대처 방안을 내놓을 지를 결정하기 위해 이틀 동안 남겨진다.

그들은 남아서 아무 것도 하지 않을 것인지, 남아서 싸울 것인지, 아니면 떠날 것인지를 결정하기 위해 투표를 진행한다.

극중 후반부.

마침내 일단의 여성들이 떠나기 전.

멜빈은 살로메에게 10대 아들 아론이 도망쳐 숨었다고 말한다. 아들은 발견되었지만 충분한 시간 내에 떠나도록 설득할 수 없다.

출발 규칙을 어긴 살로메는 아론을 진정시켜 그들과 함께 떠나도록 강요한다.

멜빈은 여성들에게 가해지는 더 이상의 폭력을 방지하기 위해 소년들을 제대로 가르쳐 달라고 부탁한다.

<우먼 토킹 Women Talking>은 사라 폴리가 각본 및 감독을 맡아 공개했다.

2018년 미리암 토스 Miriam Toews의 동명 소설을 각색했다.

볼리비아 외딴 메노파 공동체인 마니토바 콜로니 Manitoba Colony에서 발생한 실제 사건을 기반으로 한 것으로 알려졌다.

힐두르 구오나도티르 Hildur Guðnadóttir가 사운드트랙 작곡을 맡았다.

기타 솔로는 스쿠리 스베리슨 Skúli Sverrisson이 담당하고 있다.

음반은 2022년 12월 23일 디지털로 공개된다.

예고편 배경 곡 'Speak Up'은 2022년 11월 4일 디지털로 공개된다.

〈우먼 토킹〉은 2022년 9월 2일 제 49회 텔루라이드 영화제를 통해 첫 공개된다.

2023년 1월 20일 UA 배급으로 미국 주요 지역에서 개봉된다.

버라이어티 피터 드브러지 Peter Debruge는 '강력한 비폭력 시위 행위를 담아내고 있다.

당신이 어떤 경험을 하든 폴리의 직관을 갖고 있는 여성이 영화 언어를 다시 한 번 밀어붙이는 것을 보는 것은 전율이다 It contains strong non-violent protest actions.

Whatever your experience, it's thrilling to see a woman with Polly's intuition push the language of cinema once again'는 리뷰를 게재한다.

국립 비평가 협회 National Board of Review와 미국 영화 연구소 American Film Institute가 선정한 '2022년 베스트 10'으로 선정된다.

95회 아카데미에서 각본, 작곡상 후보작으로 추천 받는다.

95회 아카데미 후보작이 남긴 에피소드

- 후보 지명은 2023년 1월 24일 배우 리즈 아메드 Riz Ahmed와 알리슨 윌리암스 Allison Williams에 의해 발표된다.
- 미쉘 예 Michelle Yeoh(양자경)는 아시아 여성으로는 첫 번째로 여우주연상 후보자가 된다.
- 홍 추 Hong Chau와 스테파니 후 Stephanie Hsu는 아시아 여배우로는 첫 번째로 조연 여우상 후보에 동시 지명 받는 연기자가 된다.
- 양자경이 여우주연상, 커 후이 콴 Ke Huy Quan이 조연 남우 등 연기상 부문에서 아시아권 배우가 다수 후보에 오른 것은 이번이 처음이다.
- 〈블랙 팬서: 와칸다 포에버 Black Panther: Wakanda Forever〉로 조연 여우상 후보에 오른 덕분에 안젤라 바셋 Angela Bassett은 마블 시네마틱 유니버스 Marvel Cinematic Universe 장르 역할로 오스카 상 연기 후보로 지명된 최초의 여배우가 된다.
- 〈서부 전선 이상 없다 All Quiet on the Western Front〉는 국제 장편 후보와 작품상 후보에 동시 지명 받은 역대 15번째 영화가 된다.
- 90세 된 존 윌리암스 John Williams는 53번째 지명 받아 생존 인물 가운데 오스카에 가장 많이 후보에 오른 기록을 수립한다.
- 〈콰이어트 걸 The Quiet Girl〉은 국제 장편 영화 Best International Feature 후보에 지명 된 첫 번째 아일랜드 영화가 된다.
- 〈아바타: 물의 길 Avatar: The Way of Water〉과 〈탑 건: 매버릭 Top Gun: Maverick〉은 속편이 작품상 후보에 지명된 첫 번째 사례가 된다.

전 세계적으로 10억 달러 이상의 수익을 올린 두 편의 영화가 동시에 작품상 후보에 오른 것도 이번이 처음이다.

- 제7회 아카데미 시상식 이후 88년 만에 남우주연상 후보는 모두 처음 지명 받은 연기자들이다.

95회 아카데미 수상식 후 이야기

USA TODAY

Start the day smarter

Historic achievements

Who made history

Where they are moving

SUBSCRIBE NOW

First month free

For You U.S. Sports Entertainment Life Money Tech Travel Opinion Subscribe Sign in

The best (and worst) moments of the Oscars, from Lady Gaga to Malala

Didn't watch the 2023 Academy Awards? Here are the biggest moments you missed at the Oscars, from Lady Gaga's performance to Jamie Lee Curtis' speech.

MOVIES

Oscars 2023 was a night of 'firsts.' Here's who made history

The 2023 Academy Awards were historic in many ways. See the many record-breaking "firsts" of the night.

Top Headlines

Who are the five biggest snubs for this year's men's tournament?

Oscars best dressed: Jaw-dropping looks from Lady Gaga, Angela Bassett

Brendan Fraser's Oscar win proves nice guys can finish first

Rihanna earns standing ovation with powerful Oscars performance: Watch

8 dead in 'worst maritime smuggling tragedies' off San Diego beach

Feds offer emergency plan, Silicon Valley Bank up for auction

US-South Korea military drills begin after North Korea submarine missile tests

95회 아카데미에서 아시아 최초 여우 주연상 수상자가 된 양자 경. 미국 전국 일간지 USA Today 2023년 3월 13일자 보도 내용. © USA Today

95회 아카데미 어워드는 2023년 3월 12일 로스 엔젤레스 돌비 극장에서 영화예술과학아카데미(AMPAS) 주최로 진행된다.

2022년 개봉된 영화가 주요 후보작으로 지명 받았다.

행사는 ABC에 의해 미국 전역으로 방영된다.

코미디언 겸 심야 토크쇼 진행자 지미 키멜(Jimmy Kimmel)이 2017년과 2018년 89회 및 90회 행사에 이어 3번째로 쇼를 진행했다.

시상 결과 〈에브리씽 에브리웨어 올 앳 원스 Everything Everywhere All at Once〉가 작품상, 여우 상을 포함해 총 7개 트로피를 차지, 95회 행사의 최대 수상작으로 등극된다.

〈서부 전선 이상 없다 All Quiet on the Western Front〉가 4개 부문, 〈더 웨일 The Whale〉이 2개의 트로피를 가져갔다.

가장 많은 관심을 불러일으킨 여우상은 말레이시아 출신 중국 배우 양자경이 차지, 아시아권 배우로는 최초 아카데미 여우상 수상자라는 기록 보유자가 된다.

여우상 부문에서는 〈타르〉의 케이트 블란쳇과 막판까지 치열한 경합을 벌인 것으로 알려졌다.

양자경은 〈에브리씽...〉에서 아메리칸 드림을 꿈꾸며 미국으로 이주해 온 이민 1세대. 세탁소를 운영하는 에벌린 역할을 열연했다.

〈에브리씽...〉은 에벌린이 다중 우주를 넘나들게 되며 벌어지는 이야기를 통해 아시아 출신 미국 이주 가족들이 겪는 현실적 고충과 세대 갈등을 SF 장르에 담아냈다는 호평을 받아냈다.

극중 에벌린은 현실 세계에서는 동성애자 딸(스테파니 후)과 갈등을 빚는다. 다중 우주에서는 세상을 파괴하려는 악당 조부 투바키에 맞서 싸우는 캐릭터이다.

〈에브리씽...〉은 95회 시상식에서 작품상, 조연 여우(제이미 리 커티스), 조연 남우(키 호이 콴) 등을 차지해 가장 많은 스포트라이트를 받아낸다.

남우주연상은 〈더 웨일〉의 브렌든 프레이저가 호명받았다.

프레이저는 〈더 웨일〉에서 연인의 죽음 이후 자신을 스스로 방치하고 학대해 무려 272㎏ 거구가 된 대학 강사 찰리 역할을 열연해 관객들의 호응을 수상의 영예로 이어갔다.

❖ 2023년 오스카 역사를 만든 사람들

- USA Today 2023년 3월 13일자

새롭게 후보로 지명 받은 수많은 배우와 영화로 인해 2023년 오스카상은 많은 사람들에게 중요한 첫 번째 밤이 되었다.

With a plethora of newly nominated actors and movies, the 2023 Oscars marked a momentous night of firsts for many.

제이미 리 커티스Jamie Lee Curtis는 아카데미 첫 번째 후보 지명을 수상으로 이어갔다.
임신한 리하나 Rihanna도 첫 번째 오스카상 공연을 진행했다.
많은 사람들은 일요일 밤 돌비 극장 Dolby Theatre에서 다양한 최초 기록을 기억할 것이다.
더욱이 일부 후보와 영화는 아카데미 시상식 95년 역사에서 기록을 갱신하고 있다.

From Jamie Lee Curtis first nomination and win to pregnant Rihanna's first Oscars performance, many will remember Sunday night at the Dolby Theatre for its many firsts.
even more so, some nominees and movies are breaking records in the 95-year-history of the awards show.

누가 그들의 승리로 역사를 만들고 있는가?
다음은 오늘 밤을 기억해야 할 역사적 사건이었던 몇 가지 방법에 대한 요약이다.

Who is making history with their win?
Here's a rundown of some of the ways tonight was a historic one to remember.

1. 양자경, 아시아 여배우 첫 번째 수상

Michelle Yeoh: First Asian actress to win

95회 아카데미 최다 후보 영화 〈에브리씽 에브리웨어 올 앳 원스 Everything, Everywhere All At Once〉로 찬사를 받은 영화 업계 베테랑 양자경은 오스카 밤의 가장 큰 상 중 하나인 여 우 주연상을 집으로 가져갔다.
그녀는 이 상을 수상한 최초 아시아 여배우가 된다.
양자경 업적에 가장 근접한 사람은 인도 태생 여배우 멀 오베론 Merle Oberon이다.

그녀는 〈다크 엔젤 The Dark Angel〉 주연으로 지명된 1936년으로 거슬러 올라간다.
시대 흐름을 감안할 때 오베론은 혼혈 유산을 숨겼다. 그녀는 그 해 〈데인져러스 Dangerous〉의 역할을 수행한 베티 데이비스 Bette Davis에게 패한다.

Industry veteran Yeoh who garnered national praise for her performance in the most-nominated film Everything, Everywhere All At Once took home one of the biggest prizes of the night.
best actress. She is the first Asian actress to win the award.
The closest anyone has come to Yeoh's achievement was back in 1936 when India-born actress Merle Oberon was nominated for her leading role in The Dark Angel.
Given the tenor of the times, Oberon hid her

mixed-race heritage.

She lost that year to Bette Davis who won for her role in Dangerous.

양자경은 수상 연설에서 '이것은 희망과 가능성의 등대이다'라고 눈물을 흘렸다.

이어 '역사가 만들어지는 순간이며 이것은 큰 꿈을 꾸고 꿈이 이루어진다는 증거입니다'라고 말했다

'This is a beacon of hope and possibilities'.

Yeoh tearfully said during her acceptance speech calling the moment 'history in the making. This is proof to dream big, that dreams do come true'.

2. 기예르모 델 토로: 작품상, 감독상, 애니메이션 상을 모두 수상한 최초 인물 Guillermo del Toro: First to win best picture, best director and best animated feature

기예르모 델 토로와 〈기예르모 델 토로의 피노키오〉로 장편 애니메이션 상을 수상한 마크 구스타프손.

〈셰이프 오브 워터: 사랑의 모양〉 〈나이트메어 앨리〉 등으로 유명한 멕시코 감독 델 토로는 2022년 애니메이션 〈기예르모 델 토로의 피노키오〉로 3관왕에 오르는 뜻 깊은 밤을 보내게 된다.

Guillermo del Toro and Mark Gustafson accepting the best animated feature award for Guillermo del Toro's Pinocchio.

Mexican filmmaker Del Toro known for The Shape of Water and Nightmare Alley witnessed a momentous night winning three major accolades for his 2022 animated film Pinocchio.

델 토로 감독은 기자 회견장에서 '영화, 감독, 애니메이션이 있다는 것은 대단한 일이다. 왜냐하면 그들은 내가 어렸을 때부터 평생 사랑해 온 것을 정의하기 때문이다'라고 말했다.

'나는 언젠가 메이크업 효과를 위해 하나를 원한다. 하지만 그것은 아름다운 멕시코와 라틴 아메리카 커뮤니티에서 더 많은 움직임을 구현하여 가장 민주적인 애니메이션 형식 중 하나인 스틸 모션을 계속 추진하는 데 도움이 될 것이다'고 말했다.

'It's great to have picture, director and animation because they define what I have loved all my life since I was a kid'

del Toro said in the press room.

'I want one for makeup effects one day.

But it's beautiful and it will help us implement more movement in the community in Mexico and in Latin America to keep pushing for still motion which is one of the most Democratic form of animation'

3. 'Naatu Naatu': 오스카 상 후보에 오르고 수상한 최초 인도 영화 노래 'Naatu Naatu': First Indian film song to be nominated for and win an Oscar

M M. 키라바니와 챈드라보스는 95회 아카데미 시상식에서 영화 〈RRR〉 주제가 'Naatu Naatu'로 오리지널 주제가 상을 수상하게 된다.

M. M. Keeravaani and Chandrabose accept the award for best original song for Naatu Naatu from RRR during the 95th Academy Awards.

인도 뮤지컬 영화 〈RRR〉에서 틱 톡에서 입소문이

난 즐거운 곡 'Naatu Naatu'는 일요일 밤 진행된 아카데미에서 베스트 주제가 상을 수상하면서 인도 영화의 첫 번째 수상 노래가 된다.

다른 후보로는 레이디 가가의 'Hold My Hand'-〈탑 건: 매버릭〉, 리하나의 'Lift Me Up'-〈블랙 팬서: 와칸다 포에버〉, 소피아 카슨의 'Applause'-〈텔 잇 라이크 어 우먼 Tell It Like a Woman〉 등이 지명 받은 바 있다.

'Naatu Naatu' the joyous tune that went viral on TikTok from the Indian musical movie RRR won best original song on Sunday night becoming the first song from an Indian film to bring home the prize. Other nominees included Lady Gaga's Hold My Hand (Top Gun), Rihanna's Lift Me Up (Black Panther: Wakanda Forever) and Sofia Carson's Applause (Tell It Like a Woman).

4. 루스 E 카터: 두 개의 오스카상을 수상한 첫 번째 흑인 여성 Ruth E Carter: First Black woman to win two Oscars

루스 E. 카터는 2023년 3월 12일 로스 엔젤레스 돌비 극장에서 진행 된 95회 아카데미 시상식에서 〈블랙 팬서: 와칸다 포에버〉로 의상 디자인상을 수상한다

Ruth E. Carter accepts the award for best costume design for Black Panther: Wakanda Forever during the 95th Academy Awards at the Dolby Theatre in Los Angeles on March 12, 2023.

아카데미는 이제 오스카 역사상 최초로 흑인 여성이 2개의 상을 수상한 카터를 공식적으로 축하한다.

카터는 2019년 〈블랙 팬서〉로 처음 의상 디자인을 수상한 바 있다. 그리고 오늘 밤 〈블랙 팬서: 와칸다 포에버〉로 연이은 상을 받게 된 것이다

The Academy formally congratulated Carter now the first Black woman in Oscars history to win two awards her first for best costume design for Black Panther in 2019 and another, tonight, for Black Panther: Wakanda Forever.

카터는 기자 회견장에서 오스카 역사를 만든 것에 대한 질문을 받았다.

이 때 '나는 내 부트스트랩에서 스스로를 끌어냈다' 고 말했다. '나는 의상 디자이너가 되고 싶었다. 공부하고, 긁어모았고, 업계에서 때때로 나와 같지 않은 역경을 겪었다. 그리고 버텼다. 그래서 이번 우승은 다른 젊은 의상 디자이너들에게 이 산업이 그들을 위한 것이라고 생각하지 않을 수도 있다. 그리고 바라건대 그들은 나를 보고 내 이야기를 보고 자신들도 오스카상을 받을 수 있다고 생각할 것이다'는 소감을 밝힌다.

'I pulled myself up from my bootstraps' Carter said in the press room when asked about making Oscar history.

'I wanted to be a costume designer. I studied, I scraped I dealt with adversity in the industry that sometimes didn't look like me. And I endured. So, I feel that this win opens the door for other young costume designers that may not think that this industry is for them. And hopefully they will see me, and they will see my story, and they will think that they can win an Oscar too'

5. <엘리펀트 위스퍼러스 The Elephant Whisperers>: 인도 제작 영화로 최초 수상 The

Elephant Whisperers: First Indian-produced title to win

95회 아카데미 시상식에서 〈엘리펀트 위스퍼러스 The Elephant Whisperers〉로 단편 다큐멘터리 상을 수상한 카르티키 곤살베스 Kartiki Gonsalves와 구니트 몽가 Guneet Monga.

새끼 코끼리 라구(Raghu)에 관한 다큐멘터리 단편 영화 〈엘리펀트 위스퍼러스 The Elephant Whisperers〉는 넷플릭스에 따르면 오스카상을 수상한 최초의 인도 영화가 되었다.

〈홀아웃 Haulout〉 〈하우 투 유어 메저 어 이어 How Do You Measure A Year〉 〈마사 미첼 이펙트 The Martha Mitchell Effect〉 〈스트레인저 엣 더 게이트 Stranger At The Gate〉 등의 경쟁 작을 제압했다.

Kartiki Gonsalves and Guneet Monga, winners of the Best Documentary Short Subject award for The Elephant Whisperers at the 95th Academy Awards.

The Elephant Whisperers a documentary short film about an orphaned baby elephant named Raghu has become the first-ever Indian-produced film to win an Oscar according to Netflix beating out contenders including Haulout, How Do You Measure A Year, The Martha Mitchell Effect and Stranger At The Gate.

상을 받은 카르티키 곤살베스 감독은 '나의 조국 인도'에 이 상을 바친다고 말했다

Director Kartiki Gonsalves who accepted the award, dedicated it to 'my motherland, India'.

이어 '우리 영화를 인정하고 원주민과 동물을 강조한 아카데미에 감사하다. 이 영화의 힘을 믿어준 넷플릭스에도 감사하다'는 소감을 밝힌다.

'Thank you to the Academy for recognizing our film highlighting Indigenous people and animals. To Netflix for believing in the power of this film', she said.

❖ 2023년 95회 아카데미 가장 중요한 순간들

- LA Times 2023년 3월 13일자

Gaga and Rihanna! Oh my! (a donkey and a bear too): The must-see 2023 Oscars moments

SUBSCRIBERS ARE READING >

11 perfect California road trips to take this spring break

As snow records fall along the eastern Sierra Nevada, fears loom over impending snowmelt

95회 아카데미 행사의 주요 하이라이트 장면을 보도한 2023년 3월 13일자 LA Times. © latimes

가가와 리한나! 어머! (당나귀와 곰도): 꼭 봐야 할 2023 오스카 순간들 Gaga and Rihanna! Oh my! (a donkey and a bear too): The must-see 2023 Oscars moments

세탁, 세금. 꿈 그리고 아카데미 시상식
Laundry, taxes. Dreams and Academy Awards.

여러 우주를 넘나들며 시상식 시즌의 통제할 수 없는 거대한 힘이 된 〈에브리씽 에브리웨어 올 앳 원스 Everything Everywhere All at Once〉 배후에 있는 '이상한 사람들'은 일요일 진행된 오스카 시상에서 자신들의 주장을 내세워 제 95회 아카데미 시상식에서 작품상과 감독상을 포함해 7개의 상을 수상하게 된다.

이 영화는 11개의 아카데미상 후보에 올랐다.
작년 시상식에서 윌 스미스가 뺨을 때린 것에서 깨어난 저녁에 우리는 〈더 웨일〉 스타이자 열광한 남우주연상 수상자 브렌든 프레이저의 말을 인용할 것이다. '멀티버스는 어떻게 생겼어?'

The 'weirdos' behind the multiverse- hopping awards-season juggernaut 'Everything Everywhere All at Once' staked their claim in the Oscars-verse on Sunday dominating the 95th Academy Awards with seven wins including best picture and directing.

The film was up for 11 Academy Awards and on an evening resuscitating itself from Will Smith's show-stopping slap during last year's ceremony, we'll quote 'The Whale' star and besotted lead actor winner Brendan Fraser: 'So this is what the multiverse looks like?'

심야 행사를 충실하게 진행한 지미 킴멜은 3번째로 아카데미 행사를 진행했다.
행사는 오스카 위기 팀이 요구했던 예정된 3시간 예정 시간보다 최소 30분 넘게 진행됐다.

마침내 킴멜은 오스타 쇼가 윌 스미스의 따귀 사건 및 포스트 팬데믹 이전의 정상 상태로 돌아가려고 시도함에 따라 '사고가 없는 오스카 순서'를 재설정하게 된다.

Late-night stalwart Jimmy Kimmel hosted the ceremony for the third time and the ceremony went at least 30 minutes over its planned three-hour run time a certainty the host repeatedly referred to throughout the evening as the telecast staved off incidents that would require the Oscars crisis team.

By the end, Kimmel reset the count on his 'Number of Oscars without incidents' counter as the show tried to return to post-slap and post-pandemic normalcy.

2023년 아카데미 행사의 주요 순간을 살펴 보자!

Here's a look at this year's key moments

1. 지미 킴멜이 다시 뺨을 때리다-반복해서 Jimmy Kimmel slaps back-repeatedly

아카데미 진행자는 오프닝 독백과 방송 내내 2022년 주연상 수상자 윌 스미스를 겨냥해서 지난 해 벌어졌던 따귀 사건을 놓아 주지 않았다

The host did not let last year's slap go quietly repeatedly taking aim at 2022 lead actor winner Will Smith in his opening monologue and throughout the show.

'우리는 당신이 안전하다고 느끼기를 바란다. 그리고 가장 중요한 것은 제가 안전하다고 느끼기를 바란다'.
킴멜은 독백으로 말했다.
'그래서 우리는 엄격한 정책을 시행하고 있다. 이 극장에 있는 누군가가 폭력 행위를 저지르면 오스카 남우주연상을 받고 19분 동안 연설할 수 있다'

'We want you to feel safe. And most importantly, we want me to feel safe' Kimmel said during his monologue.
'So we have strict policies in place. If anyone in this theater commits an act of violence, you

will be awarded the Oscar for best actor and permitted to give a 19 minute-long speech'

2. 오스카 과거에 대한 코스 수정
Course- correcting Oscars past

2022년 행사에서 장편 다큐멘터리를 수상했던 퀘스트러브는 슬랩 〈스커미시〉가 작년에 그의 큰 승리를 무색하게 한 후 올해 이 부문을 발표했다.

〈썸머 오브 소울 Summer of Soul〉 감독은 무대에서 사건을 직접 언급하지는 않았다.

하지만 그는 이미 작년 그래미 어워드와 오스카 레드 카펫에서 언급했다.

그의 등장은 코스 수정에 대한 제작자의 명백한 시도 중 하나였다.

Last year's documentary feature winner Questlove presented the category this year after the slap 'skirmish' eclipsed his big win last year.

Though the 'Summer of Soul' filmmaker didn't directly address the incident onstage.

he already did at last year's Grammy Awards and on the Oscars red carpet, his appearance was one of producers' apparent attempts at course correction.

일반적으로 전년도 주연상 수상자-이 경우 윌 스미스-가 수여하는 여우 주연 오스카상은 이전 수상자 제시카 차스테인과 할 베리가 양자경에게 대신 수여한다.

The lead actress Oscar which is typically presented by the previous year's lead actor winner-Smith in this case was instead handed out by previous winners Jessica Chastain and Halle Berry who welcomed Michelle Yeoh into their ranks.

한 편 〈크리드 3 Creed III〉 감독 마이클 B. 조단은 조나단 메이저스와 함께 발표했을 때 조연상 후보에 오른 안젤라 바셋에게 큰 소리로 인사한다.

'안녕하세요, 숙모'라고 그는 〈블랙 팬서〉 대사 중 하나를 되풀이 한다. 바셋이 오스카상에서 다시한번 무시당했다고 느낀 사람은 누구에게나 공감할 수 있는 기회를 제공하게 된다.

Meanwhile, Creed III director-star Michael B. Jordan gave a shout-out to supporting-actress nominee Angela Bassett when he and Jonathan Majors presented together. 'Hey, Auntie'.

he said, echoing one of his lines from Black Panther and allowing anyone who felt that Bassett was again snubbed at the Oscars a chance to feel seen.

〈와칸다 포에버〉 의상 디자이너 루스 E. 카터는 또 다른 오스카상을 받기 위해 무대로 돌아왔을 때, 그녀는 '흑인 여성인 슈퍼히어로를 인정해 준' 아카데미에 감사를 표시한다.

When Wakanda Forever costume designer Ruth E. Carter returned to the stage to collect another Oscar, she thanked the academy 'for recognizing the superhero that is a Black woman'

그리고 '절망적으로 헌신적인' 존 트라볼타-아델 다짐의 악명 높은 인물-는 〈그리스〉 공동 출연자 올리비아 뉴튼-존에 대한 눈물 어린 찬사와 함께 '고인을 기리며 In Memoriam' 부분을 소개한다.

And 'hopelessly devoted' John Travolta-he of Adele Dazeem infamy-introduced the In Memoriam segment with a tearful tribute to his Grease co-star Olivia Newton-John.

3. <에브리씽 에브리웨어 올 앳 원스> 수상 연설은 여전히 즐거워 Those 'Everything Everywhere All at Once' speeches are still joyous

기나 긴 시상식 시즌과 많은 수상 후에 〈에브리씽 에브리웨어 올 앳 원스〉 출연진과 제작진은 계속해서 열광적인 연설을 이어갔다.

다중 우주 마법을 믿지 않았다면 적어도 그 별이 느리게 타는 직업 마법을 믿도록 도와주시길.

또는 케 후 콴이 〈인디아나 존스 Indiana Jones and the Temple of Doom〉(1984) 공동 출연자 해리슨 포드를 열광적으로 감싸고 포드가 그와 팀에게 최우수 작품상을 수여하는 것을 보시라!

After a long awards season and plenty of wins, the cast and crew of Everything Everywhere All at Once kept their rousing speech momentum.

If you didn't believed the magic of the multiverse, at least let its stars help you believe in slow-burn career magic.

Or see Ke Huy Quan frenetically envelop his Indiana Jones and the Temple of Doom (1984) co-star Harrison Ford as Ford presented him and the team with the award for best picture

쇼가 시작되자 아메리칸 드림에 대한 조연 배우 수상자 콴의 감동적인 연설이 시작됐다.

조연 여우상 수상자 제이미 리 커티스는 '우리는 오스카상을 수상했다'라는 축제에 대한 맞받아치기 지원이 더해진다.

이어 다니엘의 '우리 연기자들은 복합적인 천재들이다'와 함께 양자경의 '모든 개인 연기자들의 위대함을 입증 받았다'는 수상 소감이 이어진다.

As the show began, Kwan, an award-winning supporting actor delivered a touching speech about the American Dream.

Best Supporting Actress winner Jamie Lee Curtis adds volleying support to the festivities of 'We Won the Oscars'.

Next, Daniel's 'our actors are complex geniuses' followed by Yeoh's acceptance speech 'The greatness of all individual actors has been proven'

양자경은 '이것은 희망과 가능성의 등대이다. 꿈은 이루어진다'.

이어 '숙녀 여러분, 아무도 당신이 전성기가 지났다고 말하지 못하게 하십시오'라고 선언한다.

'This is a beacon of hope and possibilities....Dreams do come true'.

Yeoh proclaimed. 'Ladies, don't let anyone tell you are ever past your prime'

4. 레이디 가가의 파격적 라이브 공연 Lady Gaga's unconventional live performance

'Hold My Hand'로 주제가 상 후보로 지명 받은 레이디 가가.

그녀는 2019년 진행 된 아카데미 행사에서 〈스타 이즈 본 A Star Is Born〉(2018) 테마 곡 'Shallow'로 주제가 상을 수상한 바 있다.

95회 행사를 앞두고 행사 진행을 맡은 프로듀서들은 레이디 가가가 '우리가 할 수 있는 수준의 공연을 할 수 있을 것 같지 않다. 올 해 방송에서 공연하지 않은 유일한 노래 후보가 될 지도 모른다'는 발언이 주요 언론매체 헤드라인을 장식한다.

Lady Gaga nominated for Best Original Song

for 'Hold My Hand'.

At the Academy event held in 2019, she won the theme song award for 'Shallow', the theme song of A Star Is Born(2018).

Ahead of the 95th event made headlines earlier this week after producers who were in charge of the event said that Lady Gaga would be the only song nominee not to perform during this year's telecast because she didn't feel like she can get a performance to the caliber that we're used to with her and that she is used to in time.

그렇지만 샴페인 칼라의 레드카펫을 화려하게 밟은 후 가가는 검정 티셔츠, 찢어진 청바지, 운동화를 착용하고 그녀 얼굴에 남아 있는 메이크업을 핥으면서 〈탑건: 매버릭 Top Gun: Maverick〉 파워 발라드의 친근한 노출 퍼포먼스로 기대를 완전히 산산조각 낸다.

But after walking the champagne-colored red carpet in full glam, Gaga disrupted expectations altogether with an intimate stripped-down performance of the Top Gun: Maverick power ballad while wearing a black T-shirt, ripped jeans and sneakers with nary a lick of makeup remaining on her face.

리하나는 〈블랙 팬서: 와칸다 포에버〉로 오스카 상 후보에 오른 노래 'Life Me Up'을 전달하기 위해 지난달 슈퍼 볼 Super Bowl LVI 공연을 마친 뒤 라이브 TV로 흥미진진하게 돌아왔다.

이 발라드는 〈블랙 팬서〉의 고인이 된 스타 채드윅 보스맨 Chadwick Boseman에 대한 찬사로 작성 되었다.

임신한 팝의 강력한 실세가 라이브로 공연하는 것을 보고 다른 느낌을 받게 된다.

Rihanna made her exciting return to live TV after last month's performance at Super Bowl LVI to deliver her Oscar-nominated song 'Life Me Up' from Black Panther: Wakanda Forever.

The ballad was written as a tribute to late Black Panther star Chadwick Boseman and seeing it performed live by the pregnant pop powerhouse just hit different, as they say.

그리고 데이비드 반은 손 룩스와 〈에브리씽 에브리웨어 올 앳 원스〉의 스타 스테파니 후와 함께 우리가 필요로 하는지 몰랐던 'This is a Life'의 묘기를 부리는 커버 노래를 제공한다.

And David Byrne was joined by Son Lux and Everything Everywhere All at Once star Stephanie Hsu to give us the hot dog fingers cover of 'This is a Life' we didn't know we needed.

5. <서부 전선 이상 없다> 예상을 깬 성과 All Quiet on the Western Front' make Unexpected results

에드워드 버거 감독의 제 2차 세계 대전 서사시인 〈서부 전선 이상 없다〉는 〈에브리씽 에브리웨어 올 앳 원스〉의 가장 큰 승자로 대체할 태세를 갖춘 것처럼 보였다.

촬영, 국제 장편 영화, 프로덕션 디자인 및 오리지널 스코어 부문에서 수상한 이 영화는 9개 부문 후보에 올라 4개의 오스카상을 수상해 두 번째로 많은 수상을 한 작품이 된다.

Edward Berger's World War II epic 'All Quiet on the Western Front' seemed poised to displace 'Everything Everywhere All at Once' as the big winner.

Picking up wins for cinematography, international feature film, production design and original score, the film hit a streak mid-ceremony that made it the second most winning film of the night with four Oscars off nine nominations.

6. 오스카는 실제 동물원이 되다 The Oscars become an actual zoo

우리는 동물원에 동조했다!

진행자 킴멜은 〈이니셰린의 밴시 The Banshees of Inisherin〉에서 등장했던 은퇴한 당나귀 조수 제니를 소개하면서 일부 감정적인 동물을 무대로 불러 세웠다. 하지만 진짜 제니는 아니었다.

We tuned into a zoo! Kimmel gleefully brought some wildlife onstage when he introduced Jenny, the now-retired donkey sidekick from 'The Banshees of Inisherin' as an emotional support animal at least that's what they told the airline for the show.

It wasn't the real Jenny though.

나중에 〈코카인 베어〉의 엘리자베스 뱅크스 감독은 거대한 곰 의상을 입은 사람과 함께 시각 효과상을 수여 받는다. 오스카는 매우 거칠었다.

Later, 'Cocaine Bear' director Elizabeth Banks presented the award for visual effects accompanied by a person in a massive bear costume.

The furry guest star later made its way into the. Oscars, man, they're wild.

7. 오스카 행사장에서 재회 Reunion at the Oscars

안방에서 오스카 행사를 시청한 이들에게 반가운 장면이 목격된다.

영국 배우 휴 그랜트와 미국 여배우 앤디 맥도웰이 95회 아카데미 시상식장에서 오랜만에 재회를 하게 된 것을 목격하게 된 것이다.

두 사람은 〈4번 결혼식과 한 번의 장례식〉에서 콤비 연기를 펼친 바 있다.

아카데미 제 95회 행사 포스터. © A.M.P.A.S

두 사람은 오랜만에 무대에서 재회해 프로덕션 디자인상을 수여 한다.

행사 전에 진행된 인터뷰에서 휴 그랜트가 다소 무례하고 성적인 농담을 한 것이 다소 잡음을 일으키기도 했다.

A welcome scene is witnessed by those who watched the Oscars event in the living room.

British actor Hugh Grant and American actress

Andie MacDowell witnessed a long-awaited reunion at the 95th Academy Awards ceremony.

The two acted as a duo in 'Four Weddings and a Funeral'

The two reunite on stage after a long time to present the production design award.

Hugh Grant's rather rude and sexual jokes in an interview prior to the event caused some noise.

제95회 수상작(자) 및 노미네이션 리스트, * 수상자 및 수상작

작품 Best Picture

* 〈에브리씽 에브리웨어 올 앳 원스 Everything Everywhere All at Once〉-다니엘 콴 Daniel Kwan+다니엘 쉐이너트 Daniel Scheinert+조나단 왕 Jonathan Wang

〈서부 전선 이상 없다 All Quiet on the Western Front〉-말테 그루너트 Malte Grunert

〈아바타: 물의 길 Avatar: The Way of Water〉-제임스 카메론 James Cameron+존 랜다우 Jon Landau

〈이니셰린의 밴시 The Banshees of Inisherin〉-그래함 브로드벤트 Graham Broadbent+피터 체린 Peter Czernin+마틴 맥너프 Martin McDonagh

〈엘비스 Elvis〉-바즈 루어만 Baz Luhrmann+캐서린 마틴 Catherine Martin+게일 버만 Gail Berman

〈더 파벨만스 The Fabelmans〉-
크리스티 매코스코 크리거 Kristie Macosko Krieger+스티븐 스필버그 Steven Spielberg+토니 커쉬너 Tony Kushner

〈타르 Tár〉-토드 필드 Todd Field+알렉산드라 밀찬 Alexandra Milchan+스코트 램베르 Scott Lambert

〈탑 건: 매버릭 Top Gun: Maverick〉-탐 크루즈 Tom Cruise+크리스토퍼 맥쿼리 Christopher McQuarrie+데이비드 엘리슨 David Ellison+제리 브룩하이머 Jerry Bruckheimer

〈트라이앵글 오브 새드니스 Triangle of Sadness〉-에릭 헴멘도르프 Erik Hemmendorff+필립 보버 Philippe Bober

〈우먼 토킹 Women Talking〉-데드 가드너 Dede Gardner+제레미 클레이너 Jeremy Kleiner+프란시스 맥도먼드 Frances McDormand

감독 Best Director

* 다니엘 콴 Daniel Kwan+다니엘 쉐이너트 Daniel Scheinert-〈에브리씽 에브리웨어 올 앳 원스 Everything Everywhere All at Once〉

마틴 맥너프 Martin McDonagh-〈이니셰린의 밴시 The Banshees of Inisherin〉

스티븐 스필버그 Steven Spielberg-〈더 파벨만스 The Fabelmans〉

토드 필드 Todd Field-〈타르 Tár〉

루벤 오스트런드 Ruben Östlund-〈트라이앵글 오브 새드니스 Triangle of Sadness〉

남우 Best Actor

* 브렌단 프레이저 Brendan Fraser-〈더 웨일 The Whale〉

오스틴 버틀러 Austin Butler-〈엘비스 Elvis〉

콜린 파렐 Colin Farrell-〈이니셰린의 밴시 The Banshees of Inisherin〉

폴 메스칼 Paul Mescal-〈애프터썬 Aftersun〉

빌 나이 Bill Nighy-〈리빙 Living〉

여우 Best Actress

* 양자경 Michelle Yeoh-〈에브리씽 에브리웨어 올 앳 원스
Everything Everywhere All at Once〉

케이트 블란쳇 Cate Blanchett-〈타르 Tár〉

아나 드 아르마스 Ana de Armas-〈블론드 Blonde〉

안드레아 라이즈보러프 Andrea Riseborough-〈투 레슬리 To Leslie〉

미쉘 윌리암스 Michelle Williams-〈더 파벨만스 The Fabelmans〉

조연 남우 Best Supporting Actor

* 케 후이 콴 Ke Huy Quan-〈에브리씽 에브리웨어 올 앳 원스 Everything Everywhere All at Once〉

브렌단 글리슨 Brendan Gleeson-〈이니셰린의 밴시 The Banshees of Inisherin〉

브라이언 타이리 헨리 Brian Tyree Henry-〈커즈웨이 Causeway〉

저드 허치 Judd Hirsch-〈더 파벨만스 The Fabelmans〉

배리 케오간 Barry Keoghan-〈이니셰린의 밴시 The Banshees of Inisherin〉

조연 여우 Best Supporting Actress

* 제이미 리 커티스 Jamie Lee Curtis-〈에브리씽 에브리훼어 올 앳 원스 Everything Everywhere All at Once〉
안젤라 바셋 Angela Bassett-〈블랙 팬서: 와칸다 포에버 Black Panther: Wakanda Forever〉
홍 차우 Hong Chau-〈더 웨일 The Whale〉
케리 콘돈 Kerry Condon-〈이니셰린의 밴시 The Banshees of Inisherin〉
스테파니 후 Stephanie Hsu-〈에브리씽 에브리훼어 올 앳 원스 Everything Everywhere All at Once〉

각본 Best Original Screenplay

* 〈에브리씽 에브리훼어 올 앳 원스 Everything Everywhere All at Once〉-다니엘 콴 Daniel Kwan+다니엘 쉐이너트 Daniel Scheinert
〈이니셰린의 밴시 The Banshees of Inisherin〉-마틴 맥너프 Martin McDonagh
〈더 파벨만스 The Fabelmans〉-스티븐 스필버그 Steven Spielberg+토니 커쉬너 Tony Kushner
〈타르 Tár〉-토드 필드 Todd Field
〈트라이앵글 오브 새드니스 Triangle of Sadness〉-루벤 오스트런드 Ruben Östlund

각색 Best Adapted Screenplay

* 〈우먼 토킹 Women Talking〉-사라 폴리 Sarah Polley, 원작 미리암 토스 Miriam Toews
〈서부 전선 이상 없다 All Quiet on the Western Front〉
〈글라스 어니온 Glass Onion: A Knives Out Mystery〉
〈리빙 Living〉
〈탑 건: 매버릭 Top Gun: Maverick〉
장편 애니메이션 Best Animated Feature Film

* 〈기예르모 델 토로의 피노키오 Guillermo del Toro's Pinocchio〉-기예르모 델 토로 Guillermo del Toro, 마크 구스타프슨 Mark Gustafson, 게리 운가르 Gary Ungar, 알렉 버클리 Alex Bulkley
〈마르셀 더 쉘 위드 슈즈 온 Marcel the Shell with Shoes On〉
〈장화 신은 고양이: 라스트 위시 Puss in Boots: The Last Wish〉
〈바다 짐승 The Sea Beast〉
〈터닝 레드 Turning Red〉

국제 장편 영화 Best International Feature Film

* 〈서부 전선 이상 없다 All Quiet on the Western Front〉(독일 Germany)-에드워드 버거 Edward Berger
〈아르헨티나, 1985 Argentina, 1985〉(아르헨티나 Argentina)
〈클로즈 Close〉(벨기에 Belgium)
〈EO〉(폴란드 Poland)
〈콰이어트 걸 The Quiet Girl〉(아일랜드 Ireland)

장편 다큐멘터리 Best Documentary Feature

* 〈나발니 Navalny〉-다니엘 로어 Daniel Roher+오데사 래 Odessa Rae+다이안 베커 Diane Becker+멜라니 밀러 Melanie Miller+세인 보리스 Shane Boris
〈올 댓 브레스 All That Breathes〉
〈올 더 뷰티 앤 더 블러드쉐드 All the Beauty and the Bloodshed〉
〈파이어 오브 러브 Fire of Love〉
〈하우스 메이드 오브 스프린터스 A House Made of Splinters〉

단편 다큐멘터리 Best Documentary Short Subject

* 〈엘리펀트 위스퍼러 The Elephant Whisperers〉-카티키 곤살베스 Kartiki Gonsalves+구니트 몽가 Guneet Monga
〈하우라우트 Haulout〉
〈하우 드 유 메져 어 이어? How Do You Measure a Year?〉
〈마사 미첼 이펙트 The Martha Mitchell Effect〉
〈스트레인저 엣 더 게이트 Stranger at the Gate〉

라이브 액션 단편 영화 Best Live Action Short Film

* 〈아이리시 굿바이 An Irish Goodbye〉-탐 버클리 Tom Berkeley+로즈 화이트 Ross White
〈이발루 Ivalu〉
〈푸필 Le Pupille〉
〈나이트 라이드 Night Ride〉
〈레드 슈트케이스 The Red Suitcase〉

단편 애니메이션 Best Animated Short Film

* 〈보이, 더 모울, 더 폭스 앤 더 호스 The Boy, the Mole, the Fox and the Horse〉-찰리 맥케시 Charlie Mackesy+매튜 프로이드 Matthew Freud
〈플라잉 세일러 The Flying Sailor〉
〈아이스 머천트 Ice Merchants〉
〈마이 이어 오브 딕스 My Year of Dicks〉
〈오스트리치 톨드 미 더 월드 이즈 페이크 An Ostrich Told Me the World is Fake and I Think I Believe It〉

작곡 Best Original Score

* 〈서부 전선 이상 없다 All Quiet on the Western Front〉-볼커 베텔만 Volker Bertelmann
〈바빌론 Babylon〉-저스틴 허위츠 Justin Hurwitz
〈이니셰린의 밴시 The Banshees of Inisherin〉-카터 버웰 Carter Burwell
〈에브리씽 에브리웨어 올 앳 원스 Everything Everywhere All at Once〉-손 룩 Son Lux
〈더 파벨만스 The Fabelmans〉-존 윌리암스 John Williams

주제가 상 Best Original Song

* 'Naatu Naatu-〈RRR〉-M. M. 키라바니 M. M. Keeravani
'Applause'-〈텔 잇 라이크 어 우먼 Tell It Like a Woman〉-다이안 워렌 Diane Warren
'Hold My Hand'-〈탑 건: 매버릭 Top Gun: Maverick〉-레이디 가가 Lady Gaga+블러드팝 BloodPop
'Lift Me Up'-〈블랙 팬서: 와칸다 포에버 Black Panther: Wakanda Forever〉-템스 Tems+리아나 Rihanna+라이안 쿠거 Ryan Coogler+루드위그 고란슨 Ludwig Göransson
'This Is a Life'-〈에브리씽 에브리웨어 올 앳 원스 Everything Everywhere All at Once〉-라이안 로트 Ryan Lott+데이비드 번 David Byrne+미츠키 Mitski

사운드 Best Sound

* 〈탑 건: 매버릭 Top Gun: Maverick〉-마크 웨인가르텐 Mark Weingarten+제임스 H. 마더 James H. Mather+알 넬슨 Al Nelson+크리스 버든 Chris Burdon+마크 테일러 Mark Taylor
〈서부 전선 이상 없다 All Quiet on the Western Front〉
〈아바타: 물의 길 Avatar: The Way of Water〉
〈배트맨 The Batman〉
〈엘비스 Elvis〉

프로덕션 디자인 Best Production Design

* 〈서부 전선 이상 없다 All Quiet on the Western Front〉-크리스티안 M. 골드벡 Christian M. Goldbeck+아네스틴 히퍼 Ernestine Hipper
〈아바타: 물의 길 Avatar: The Way of Water〉
〈바빌론 Babylon〉
〈엘비스 Elvis〉
〈더 파벨만스 The Fabelmans〉

촬영 Best Cinematography

* 〈서부 전선 이상 없다 All Quiet on the Western Front〉-제임스 프렌드 James Friend
〈바르도 Bardo, False Chronicle of a Handful of Truths〉-다리어스 콘디 Darius Khondji
〈엘비스 Elvis〉-맨디 워커 Mandy Walker
〈엠파이어 오브 라이트 Empire of Light〉-로저 디킨스 Roger Deakins
〈타르 Tár〉-플로리안 로프마이스터 Florian Hoffmeister

메이크업+헤어스타일 Best Makeup and Hairstyling

* 〈더 웨일 The Whale〉-아드리엔 모로트 Adrien Morot+주디 친 Judy Chin+앤 마리 브래들리 Anne

Marie Bradley
〈서부 전선 이상 없다 All Quiet on the Western Front〉
〈배트맨 The Batman〉
〈블랙 팬서: 와칸다 포에버 Black Panther: Wakanda Forever〉
〈엘비스 Elvis〉
〈더 웨일 The Whale〉

의상 디자인 Best Costume Design

* 〈블랙 팬서: 와칸다 포에버 Black Panther: Wakanda Forever〉-루스 카터 Ruth Carter
〈바빌론 Babylon〉-메리 조프레스 Mary Zophres
〈엘비스 Elvis〉-캐서린 마틴 Catherine Martin
〈에브리씽 에브리웨어 올 앳 원스 Everything Everywhere All at Once〉-셜리 쿠라타 Shirley Kurata
〈해리스 부인 파리 가다 Mrs. Harris Goes to Paris〉-제니 비반 Jenny Beavan

필름 편집 Best Film Editing

* 〈에브리씽 에브리웨어 올 앳 원스 Everything Everywhere All at Once〉-폴 로저스 Paul Rogers
〈이니셰린의 밴시 The Banshees of Inisherin〉
〈엘비스 Elvis〉
〈타르 Tár〉
〈탑 건: 매버릭 Top Gun: Maverick〉

시각 효과 Best Visual Effects

* 〈아바타: 물의 길 Avatar: The Way of Water〉-조 레터리 Joe Letteri+리차드 바네햄 Richard Baneham+에릭 세인든 Eric Saindon+다니엘 바레트 Daniel Barrett
〈서부 전선 이상 없다 All Quiet on the Western Front〉
〈배트맨 The Batman〉
〈블랙 팬서: 와칸다 포에버 Black Panther: Wakanda Forever〉
〈탑 건: 매버릭 Top Gun: Maverick〉

* 아카데미 명예 상 Academy Honorary Awards
유잔 팔시 Euzhan Palcy
다이안 워렌 Diane Warren
피터 웨어 Peter Weir

* 진 허숄트 박애주의 상 Jean Hersholt Humanitarian Award
마이클 J. 폭스 Michael J. Fox

95회 아카데미 최다 후보작

〈에브리씽 에브리웨어 올 앳 원스 Everything Everywhere All at Once〉-11개
〈서부 전선 이상 없다 All Quiet on the Western Front〉-9개
〈이니셰린의 밴시 The Banshees of Inisherin〉-9개
〈엘비스 Elvis〉-8개
〈더 파블맨스 The Fabelmans〉-7개
〈타르 Tár〉-6개
〈탑 건: 매버릭 Top Gun: Maverick〉-6개
〈블랙 팬서: 와칸다 포에버 Black Panther: Wakanda Forever-5개
〈아바타: 물의 길 Avatar: The Way of Water-4개

95회 여우 주연상 후보 안드레아 라이즈보러프 해프닝

안드레아 라이즈보러프 Andrea Riseborough가 영화 〈투 레슬리 To Leslie〉로 여우주연상 후보에 올랐을 때 배급사 모멘텀 픽쳐스 Momentum Pictures는 시상식 캠페인에 자금을 지원하지 않았다.
수상을 위한 매우 소극적인 태도에 대해 비평가들과 영화 전문가들 사이에서 분노를 불러일으킨다.
이에 마이클 모리스 감독과 그의 아내이자 배우 메리 맥코맥은 라이즈보러가 아카데미 여우주연상 후보에 오르도록 '유명인이 후원하는 캠페인 celeb-backed campaign'을 조직하는 등 적극적 지원을 아끼지 않았다.
2023년 1월 24일 L A 타임즈 Los Angeles Times는 라이즈보러프가 마침내 여우 주연상 후보로 지명 받자 '오스카 역사상 가장 충격적인 후보 중 한 명 one of the most shocking nominations in Oscar history'이라고 보도한다.

참고 자료(Reference Books)

이 책을 쓰기 위해 미국 현지에서 발간된 아카데미 어워드 관련 단행본, 영화 전문지 및 인터넷 간행물 등이 큰 도움이 되었다. 좀 더 전문적 아카데미 역사를 공부를 하려는 독자들을 위해 참고 자료를 밝힌다.

1. AMPAS Drops 90th Academy Awards–Now It's Just The Oscars. The Wrap. February 19, 2013.
2. About the Academy Awards. Academy of Motion Picture Arts and Sciences. Archived from the original on April 7, 2007.
3. Essex, Andrew (May 14, 1999). The Birth of Oscar. Entertainment Weekly. Archived from the original on November 11, 2013.
4. History of the Academy Awards. Academy of Motion Picture Arts and Sciences. Archived from the original on July 6, 2010.
5. Monush, Barry. The Lure of Oscar: A Look at the Mightiest of All Award Shows, the Academy Awards. The Paley Center for Media. Archived from the original on October 29, 2019.
6. Oscar Statuette. Academy of Motion Picture Arts and Sciences. Archived from the original on March 1, 2017.
7. Historic Academy Awards Venues. Discover Los Angeles. Retrieved November 5, 2019.
8. Academy Awards, Academy of Motion Picture Arts and Sciences. Retrieved October 29, 2019.
9. Steve Harvey (March 29, 1993). What You Won't See at Oscars On Cue: Behind Those Cameras on Oscar Night. Los Angeles Times.
10. Disney hoping to win first Oscar for Best Animated Feature. New York Post. February 28, 2014.
11. Oscar Statuette: Legacy. Academy of Motion Picture Arts and Sciences. Archived from the original on December 11, 2013.
12. Kojen, Natalie (February 16, 2016). The Academy and Polich Tallix Fine Art Foundry Revive the Art of Oscar Statuettes. Academy of Motion Picture Arts and Sciences. Archived from the original on February 18, 2016.
13. Hiskey, Daven. Why Are the Academy Awards Statuettes Called Oscars? Mental Floss. Archived from the original on February 25, 2019.

14. Oscars: Who Came Up With the Name Oscar and More About the Statuette's History (Video). The Hollywood Reporter. Retrieved October 29, 2019.

15. Levy, Emanuel (2003). All About Oscar: The History and Politics of the Academy Awards. Burns & Oates.

16. How Much Is an Oscar Statue Worth? Here Are 3 Estimates. Money. Retrieved October 29, 2019.

17. McNary, Dave (April 7, 2017). Oscars: New Rules Bar Multi-Part Documentaries Like O. J.: Made in America. Variety. Archived from the original on April 15, 2017.

책자에 언급된 영화 제작 연도, 상영 시간, 스탭, 캐스트 명단, 역대 수상 기록 등은 http://www.imdb.com, www.about.com, EW article, www.Moviereporter. net, Variety article, www.amazon.com, www.wikipedia.org 등을 참고했다.

Photo References Notice

본 저술 물에서 인용된 이미지는 'Academy of Motion Picture Arts and Sciences' 'oscar.go.com' 'Oscars.org'에서 제공하는 press release still cut을 활용했습니다.
저작권자는 각 스틸에 명시하였습니다.
단, 의도하지 않게 스튜디오 컷을 사용해 저작권을 침해했을 경우 합당한 사진 저작료를 지불하겠습니다.
아울러 본 책자에 게재된 사진들은 저작권법 제28조 '공표된 저작물은 보도, 비평, 교육, 연구 등을 위하여 정당한 범위 안에서 공정한 관행에 합치되게 이를 인용할 수 있다'에 의거해서 사용한 사진입니다.
출처가 인터넷의 경우 원, 저작권자는 영화 제작사임을 밝힙니다.

Oscars official poster & film still cut & a logo owned by Academy of Motion Picture Arts and Sciences for Academy Awards and http://trendyreel.wordpress.com

본 저술물에 대한 제반 문의:
영화 칼럼니스트 이경기 (LNEWS4@chol.com)

◘ 이 책은 아모레퍼시픽의 아리따글꼴을 사용하여 디자인 되었습니다.

이경기의 영화 총서 흥미진진 시네마 천국의 세계

스티븐 스필버그도 궁금해 하는 절대적 영화 파일 1,001

제1권 영화 일반 흥미진진 에피소드

〈보헤미안 랩소디〉 흥행 비화 및 극장 의자는 왜 붉은 색일까? 등 극장 화면에서 펼쳐졌지만 무심하게 지나쳤던 영상 세계의 정보 수록.

제2권 히트작 흥미진진 에피소드

괴도 신사 뤼팽, 〈돈키호테〉, 마술 영화 등이 장수 인기를 얻고 있는 매력 포인트 분석 등 할리우드 흥행 영화의 히트 요인 등을 감칠맛 담긴 에세이 스타일로 구성.

제3권 배우, 감독 흥미진진 에피소드

팝 스타 겸 배우 마이클 잭슨 업적, 007 제임스 본드 히트의 1등 공신 본드 걸이 남긴 일화 등 해외 발행 연예 매체 뉴스를 국내 실정에 맞게 종합 구성.

제4권 흥행가 흥미진진 에피소드

성인 영화의 대명사 〈목구멍 깊숙이〉 상영 저지를 위해 미국 첩보 기관까지 동원됐다는 흥미로운 비사 등 스크린 밖에서 펼쳐지고 있는 다양한 핫 이슈 수록.

제5권 영화 제목 흥미진진 에피소드

'갈리 폴리 전투'의 역사적 의미, 〈다모클레스의 검〉 〈달과 6펜스〉 등 히트작 제목에 담겨 있는 서구 신화 일화를 일목요연하게 정리.

제6권 지구촌 영화계 흥미진진 에피소드

닌자 영화에 스며있는 일본인들의 민족 특성을 비롯해 말보로 등 담배 영화가 남성 관객들의 호기심을 끌고 있는 심리적 요인 등 영화 세계가 전파시키고 있는 감추어진 토픽을 집대성.

1960년대-2019년 팝 아티스트 212명의 사운드트랙 협력 에피소드

영화 음악을 만들어 내는 팝 아티스트 (1권, 2권)

록 음악과 영화계의 최전성시기로 꼽히고 있는 1960년대부터 2019년 최근까지 흥행가를 강타했던 히트 영화 속에서 차용됐거나 배경 음악으로 흘러 나와 관객들을 매료시켰던 창작자들의 음악 이력을 살펴 본 이 분야 국내 최초이자 최대 분량을 담은 의미 있는 단행본이다.

유튜브에서 당장 감상할 수 있는 생생(生生) 팝 정보아티스트

영화 음악 1인치가 더 들린다.
엄청난 록큰롤 정보를 알게 되면 (1권, 2권)

약 3,000여 명에 달하는 록 아티스트뿐만 아니라 3,700여 노래에 대한 간략한 언급과 약 440여 편에 대한 영화 목록이 담겨져 있는 록큰롤 시대를 주도했던 팝 아티스트와 록 밴드들이 탄생시킨 다채로운 에피소드, 영화계와의 유기적인 협력 관계를 조망해 보았다.

미국 영화연구소(AFI) 선정

영화, 할리우드를 뒤흔든
창의적이고 혁명적 사건 101 장면

영화 전공자 및 애호가들이 쉽고 평이하게 일독(一讀)할 수 있는 세계 영화 발달사에 대한 에세이 개론서

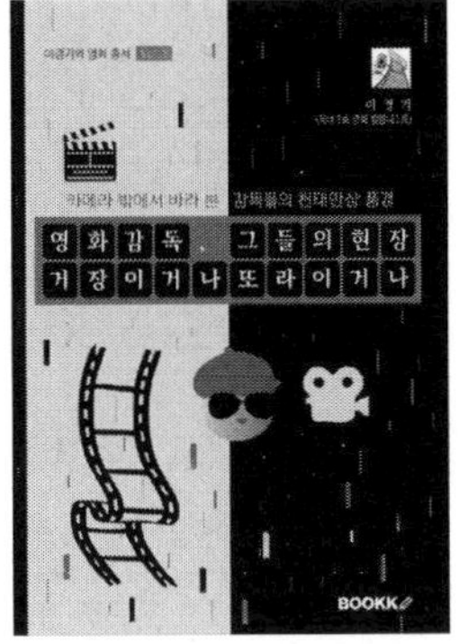

카메라 밖에서 바라 본 감독들의 천태만상 풍경

영화감독, 그들의 현장
거장이거나 또라이거나

카메라 밖에서 바라 본 할리우드 1급 감독들의 적나라한 천태만상 풍경

흥행작 타이틀에 숨겨 있는
재밌고 흥미있는 스토리

영화 제목, 아 하! 그렇게 깊은 뜻이!

약 5,700여 편에 달하는 방대한 작품에 대한 국내 최초 영화 타이틀 해제(解題) 도서.

와우(Wow)! 시네마 천국에서 펼쳐지는
발칙한 영화 100과

영화, 알고 싶었던 모든 것.
하지만 차마 묻지 못했던 여러 가지

영화가 제작되기까지 기기묘묘한 일화 및 약 3,500여 편의 영화 종합 백과사전.

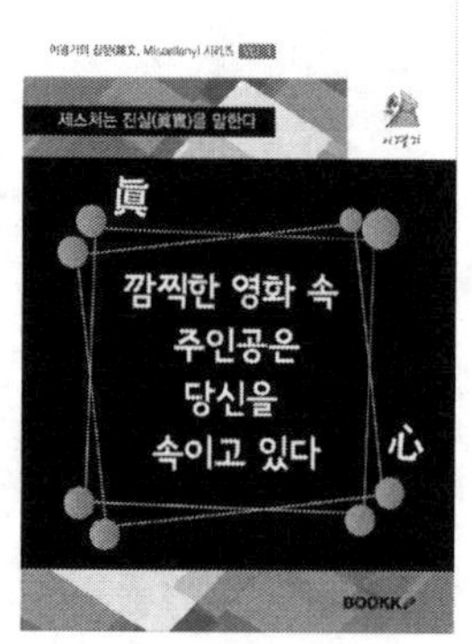

제스처는 진실(眞實)을 말한다.

깜찍한 영화 속 주인공은
당신을 속이고 있다

타인의 속마음을 편견 없이 파악하는 동시에 내실 있는 대인 관계를 맺어 갈 수 있는 요령 제시.

A, B, AB, O 형에 담겨 있는 대인 관계 비법

혈액형을 알면
성공이 보인다

A, B, AB, O 형에 담겨 있는 대인 관계 비법 및 자신의 참모습을 발견할 수 있는 가이드 북.

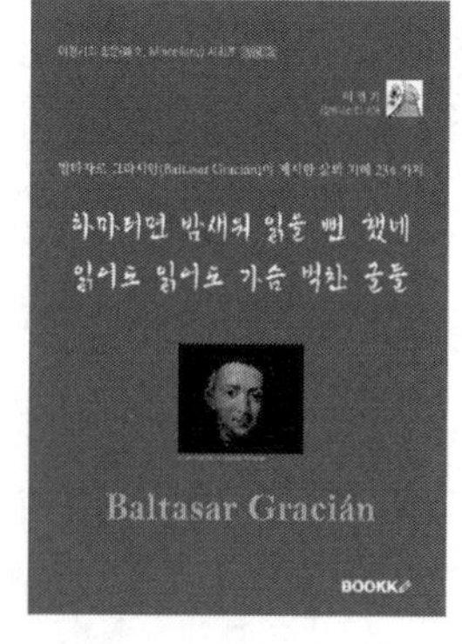

발타자르 그라시안(Baltasar Gracián)이
제시한 삶의 지혜 234 가지

하마터면 밤새워 읽을 뻔 했네
읽어도 읽어도 가슴 벅찬 글들

400년 전 발타자르 신부가 제시한 인생과 삶의 나침반.

넌센스, 두뇌 퀴즈 및 추리 소설 베스트 컬렉션

추리 익스프레스 특급
& 미스테리 걸작 소설

수수께끼 같은 설정을 읽어나가는 동안 흡사 1급 탐정이 된 듯한 기분에 빠져 볼 수 있을 것이다.

촌철살인(寸鐵殺人), 세계 저명
셀럽(Celebs)들의 언어 퍼레이드

명사(名士)들이 남긴
말(言), 말(word), 말(speech)

이 책에 기술된 말들은 현재의 삶이 보다 풍요로워지는 가이드 역할을 해낼 것이라고 믿는다.

용기를 불어 넣어주는 인생 4막(幕) 이야기

오늘도 힘차게 살아간다.
성공+희망+복(행운)+사랑이 있기에!

다른 사람을 거울삼아 나를 돌아보았을 때, 인생의 많은 지혜를 얻어 갈 수 있을 것이다.

청춘의 책갈피를 장식했던 참 좋은 글

내 가슴을 뛰게 만든
명구(名句)들 - 제1권 -

독서를 통해 한 자락 감동을 느낄 수 있을 것이다. 적어두고 싶은 글, 공감을 하거나 여운을 주었던 명구들을 모아 보았다.

해외 OST 전문지 추천 베스트 콜렉션

영화 음악, 사운드트랙
히트 차트로 듣다

서구 영화 음악 히트 발달사에 대한 가장 핵심적인 베스트 영화 음악 자료를 소개한 책자.

007 제임스 본드 25부 + 〈조커〉
그리고 무성영화 걸작까지

영화, 스크린에서 절대 찾을 수 없는 1896가지 정보들

영화 관람에서 놓쳤던 기기묘묘한 영화 상식을 흥미롭게 증가시킬 수 있는 영화 정보 서적이자 영화 만물 사전.

전 세계 225개 국가로

생중계 되는 지구촌 영화 축제

아카데미 영화상

1927-1993, 1회-65회
1993-2020, 66회-92회

2020년 기준 전 세계 225여개 이상 국가에서 매년 행사를 라이브 중계하고 있다. 시청 인구 약 3억 명 추산. 국제 영화제 중 라이브 시상식 중계를 하는 곳은 아카데미 어워드가 유일하다. 역대 시상식이 남긴 숨은 비화를 통해 독자들은 화려한 조명 밑에 드리워져 있는 은막의 진솔한 면까지도 좀 더 가까이 접해 보실 수 있으리라 믿는다.

풍 빠지게 만드는
또 다른 시네마 천국의 세계

영화 엄청나게 재밌는
필름용어 알파&오메가
[1권] [2권] [3권]

영화 용어는 영화를 효과적으로 관람하기 위한 최소한의 준비 재료이다. 국내외 주요 일간지와 방송가에서 빈번하게 쓰고 있는 영상 용어를 국내 출판 사상 최초로 엄선해 용어의 탄생 유래와 구체적인 사용 사례를 보다 심층적이고 다양한 영상 세계에 대한 체계적인 학습을 할 수 있는 참고 자료로 꾸몄다.

스크린을 수놓은 고전 음악의 선율들

시네마 클래식 2022 Edition

영화계는 고전 음악을 배경 곡으로 차용함으로써 관객들에게 영화에 대한 호감도와 작품에 대한 품위를 높이는 이중 효과를 거두어 왔다. 클래식이 영화 음악으로 효과적으로 쓰일 수 있는 다양한 작품을 볼 수 있다.

당연히 알 것 같지만 전혀 몰랐던
영화제작 현장 일화들

영화 흥행 현장의
기기묘묘한 에피소드

이 책은 주로 할리우드 제작 현상에서 쏟아진 정보를 다양하게 집대성한 에피소드 모음집이다.

21C 언택트(Untact) 시대에서
〈기차 도착〉 까지

영화계를 깜짝 놀라게 한 이슈 127

이번 책자는 영화 역사에서 획기적인 계기를 초래한 사건을 파노라마처럼 엮은 영화 교양서이다.
필독서로 늘 유용하게 활용될 책자라고 자부한다.

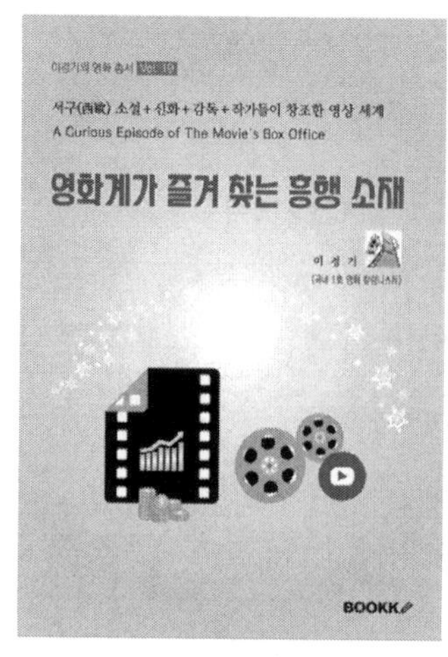

서구(西歐) 소설+신화+감독+작가들이 창조한 영상 세계

영화계가 즐겨 찾는 흥행 소재

영화계가 가장 고민하고 큰 비중을 두고 있는 것이 '뭐 확 끌어당길 만한 이야기꺼리 없어?'라는 질문이다. 그에 대한 해답을 조금 엿보기로 하자.

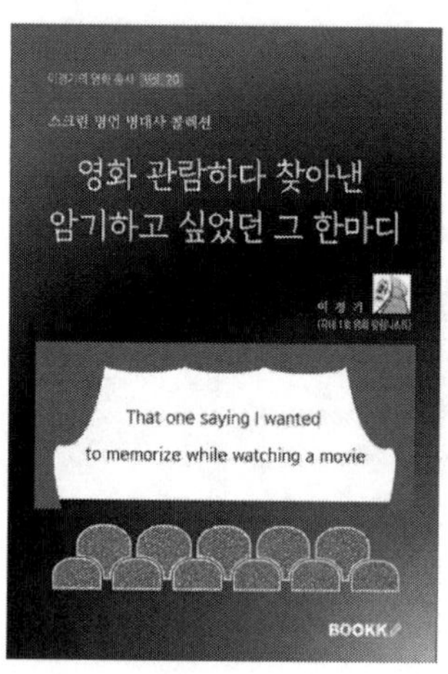

스크린 명언 명대사 콜렉션

영화 관람하다 찾아낸 암기하고 싶었던 그 한마디

작가들의 땀과 영화 혼이 배어있는 촌철살인의 지혜는, 영화 애호가들에게 대화의 소재를 다양하게 해 줄 언어 화수분이 되어 줄 것이라고 믿는다.

한국에서 영화칼럼니스트로 산다는 것은

영화 기자는 영화를 모른다

패기만만한 초년 기자 시절부터 직접 체험한 취재 뒷이야기와 국내외 유명 엔터테이너들을 만나고 나서 느낀 소회와 짧은 인연의 사연을 실었다.

사운드트랙이 남긴
달콤 쌉싸름한 이야기들

영화 음악, 이런 노래 저런 사연

영화 배경 음악 단골로 활용되고 있는 팝 선율이나 클래식이 탄생되는 뒷이야기를 모아 본 탄생 스토리는 색다른 영화 음악 감상법을 제공할 것이다.

스크린을 바라보는 삐따기의 또 다른 시선

영화가 알려주는 세상에 대한 모든 지식

관객들이 무심코 흘려보낸 극중 사건의 의미, 등장인물들이 제시한 귀감이 될 만한 인생 교훈 등 영화 한 편을 통해 다양한 정보와 상식으로 구성하였다.

사운드트랙이 남긴
달콤 쌉싸름한 이야기들

영화 음악 2019-2022 시즌 핫 이슈 콜렉션

흥행작 중 영화 음악으로 재평가 받고 있는 작품들을 정리한 최신 영화 음악 뉴스 모음 칼럼집이다.

한 vs 영어 대역(對譯)으로 읽는

영화감독 31인 육성 고백 /

영화란 도대체 무엇인가?

한 vs 영어 대역(對譯)으로 읽는

영화음악 작곡가 22인 육성 고백

영화란 도대체 무엇인가?

인간의 희로애락(喜怒哀樂)을 부추겨 주고 있는 '영화라는 매체의 정체는 무엇일까?' 이 책을 통해 진솔하게 고백한 수많은 영화인들의 육성 메시지를 접할 수 있을 것이다.

한 vs 영어 대역(對譯)으로 읽는

영화음악 작곡가 22인 육성 고백

영화음악이란 도대체 무엇인가?

영화 음악을 직접 창작해 내는 일선 작곡가들의 육성 증언을 통해 '영화 음악에 대한 의견이나 직업적 가치관, 음악을 하게 된 성장 배경 등 허심탄회한 소회를 들어볼 수 있을 것이다.

2021-2022 시즌 핫 토픽
사운드트랙 앤소로지(anthology)

영화 음악 <미나리> <블랙 팬서>
그리고 OST 289

1950년대 흘러간 명화부터 2022년 근래 뜨거운 호응을 불러 일으켰던 작품과 영화 음악으로 이슈를 만들어낸 화제작 등 영화 음악 해설을 담고 있다.

2021-2022 시즌을 장식한 Hot OST

영화음악 크루엘라 + 캐시 트럭 그리고
빌보드 추천 사운드트랙 450

배경 음악 덕분에 꾸준히 상영되고 있는 흥행작, 팝 전문지 등에서 총력 특집으로 보도한 베스트 OST 등 원문(原文)을 병기해서 사운드트랙 해설을 접할 수 있도록 구성하였다.

『엠파이어』『할리우드리포터』
『버라이어티』 탑을 장식한 핫 이슈

영화, 할리우드를 시끄럽고
흥미롭게 만든 엄청난 토픽들

할리우드 현지에서 발간되고 있는 영화 전문지와 엔터테인먼트 관련 매체에서 쏟아내는 뉴스와 토픽은 대형 화면에서 펼쳐지는 감동적 화면에 버금가는 호기심을 줄 것이다.

해외 음악 전문지 절대 추천 사운드트랙 퍼레이드

영화음악 21세기 최고의 사운드트랙 2525

미국 및 영국 등 영화 선진국에서 발행되는 영화, 영화 음악, 대중음악 및 연예 전문지 등에서 보도한 핫이슈를 특집 기획 기사를 꼼꼼하게 체크한 뒤 국내 영화 음악 애호가들의 정보 욕구에 충족할만한 내용을 중심으로 재구성했다.

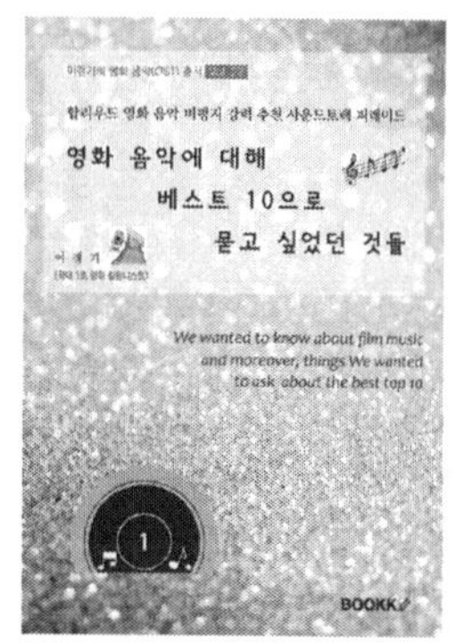

할리우드 영화 음악 비평지 강력 추천 사운드트랙 퍼레이드

영화 음악에 대해 베스트 10으로 묻고 싶었던 것들 (1)(2)(3)(4)

최신 사운드트랙 뉴스, 역대 베스트 OST 콜렉션, 팝 및 록 뮤지션과 영화 음악의 협력 작업 사례, 사운드트랙 발달에 획기적 계기를 제시했던 사건 등 주옥같은 팝 선율 중 영화 음악으로 단골 채택되고 있는 베스트 10을 선정, 핵심적인 내용을 조망해 볼 수 있도록 구성하였다.

베스트 10으로 할리우드 최신 흥행작 둘러보기

영화 틱! 톡! 100과 정보

〈영화 틱! 톡! 100과 정보〉는 책자 타이틀처럼 유투브를 뜨겁게 달구고 있는 어플 '틱! 톡!'과 밀폐된 용기에 다양한 먹거리를 담고 있는 용기처럼 베스트 10 혹은 15 그리고 근래 극장가를 노크한 최신작 등을 30가지 주제로 묶어서 흥미로운 영화 에피소드 일화를 수록했다.

스크린을 장식한 바로 그 말(語)

영화 대사에는 뭔가 특별한 것이 있다

등장인물들이 주고받는 감칠 맛 나는 대사는 영화 흥행 성공의 1차적인 조건이다. 주인공의 성격이 규정되고, 관객이 그 주인공을 좋아하게 되는 지름길은 바로 영화 캐릭터가 구사하는 대사가 핵심적인 요소라는 점이다. 명작 영화에서 흘러나왔던 보석 같은 명대사를 엿보자.